Beiträge zum Verwaltungsrecht

herausgegeben von
Wolfgang Kahl, Jens-Peter Schneider
und Ferdinand Wollenschläger

31

Thomas Kienle

# Datenschutz in der amtlichen Statistik

Unionsrechtliche Vorgaben und
mitgliedstaatliche Gestaltungsräume
am Beispiel der Bundesstatistik

Mohr Siebeck

*Thomas Kienle*, geboren 1990; Studium der Rechtswissenschaften an der Ludwig-Maximilians-Universität München; 2016 Erste Juristische Prüfung in München; Wissenschaftlicher Mitarbeiter am Lehrstuhl für Verwaltungswissenschaft, Staats-, Verwaltungs- und Europarecht an der Deutschen Universität für Verwaltungswissenschaften Speyer; Rechtsreferendariat am OLG München; 2018 Zweite Juristische Prüfung in München; 2023 Promotion; Rechtsanwalt in Frankfurt am Main.
orcid.org/0000-0002-2886-1393

Zugl.: Speyer, Univ., Diss. 2022

ISBN 978-3-16-162678-4 / eISBN 978-3-16-163308-9
DOI 10.1628/978-3-16-163308-9

ISSN 2509-9272 / eISSN 2569-3859 (Beiträge zum Verwaltungsrecht)

Die Deutsche Nationalbibliothek verzeichnet diese Publikation in der Deutschen Nationalbibliographie; detaillierte bibliographische Daten sind über *https://dnb.dnb.de* abrufbar.

© 2024 Mohr Siebeck Tübingen. www.mohrsiebeck.com

Das Werk einschließlich aller seiner Teile ist urheberrechtlich geschützt. Jede Verwertung außerhalb der engen Grenzen des Urheberrechtsgesetzes ist ohne Zustimmung des Verlags unzulässig und strafbar. Das gilt insbesondere für die Verbreitung, Vervielfältigung, Übersetzung und die Einspeicherung und Verarbeitung in elektronischen Systemen.

Das Buch wurde von Gulde Druck in Tübingen aus der Times Antiqua gesetzt, auf alterungsbeständiges Werkdruckpapier gedruckt und gebunden.

Printed in Germany.

*Meinen Eltern*

# Vorwort

Diese Arbeit ist zwischen 2018 und 2022 an der Deutschen Universität für Verwaltungswissenschaften Speyer entstanden und wurde dort im August 2022 als Dissertation angenommen. Rechtsprechung und Literatur sind grundsätzlich auf dem Stand von August 2022. Vereinzelt wurde einschlägige Rechtsprechung und Literatur noch bis Juli 2023 nachgetragen. Das gilt insbesondere für die von Jürgen Kühling neu herausgegebene Kommentierung des Bundesstatistikgesetzes, die im Frühjahr 2023 erschienen ist. Diese Kommentierung stößt in eine Forschungslücke und regt in vielfacher Weise zu weiteren Forschungsfragen auf dem Gebiet des Statistikrechts und seiner Verschränkungen mit dem Datenschutzrecht an.

Allen voran möchte ich meinem Doktorvater, Herrn Prof. Dr. Mario Martini, für die gute Betreuung, den offenen fachlichen Austausch und die Möglichkeit danken, mich während der Zeit an seinem Lehrstuhl mit den vielfältigen Rechtsfragen der Digitalisierung auseinandersetzen zu dürfen – er hat meine wissenschaftliche Neugier geweckt und gefördert. Frau Prof. Dr. Margrit Seckelmann, M.A. sei ebenfalls für die stets anregenden Diskussionen sowie die rasche Erstellung des Zweitgutachtens gedankt.

Den Herausgebern dieser Schriftenreihe, den Herren Prof. Dr. Wolfgang Kahl, Prof. Dr. Jens-Peter Schneider und Prof. Dr. Ferdinand Wollenschläger, danke ich für die Aufnahme dieser Arbeit in die Beiträge zum Verwaltungsrecht (BVwR).

Das Statistische Bundesamt hat es mir im Rahmen einer Hospitation ermöglicht, hinter die Fassade der amtlichen Statistik zu blicken, um ein Gespür dafür zu bekommen, wie Statistiken entwickelt, erstellt und verbreitet werden. Dank gebührt dabei insbesondere dem Institut für Forschung und Entwicklung in der Bundesstatistik und Herrn Prof. Dr. Markus Zwick. Zudem haben die Gespräche mit anderen Fachbereichen des Statistischen Bundesamtes und der Einblick in das europäische Forschungsprojekt „ESSnet Smart Surveys" diese Arbeit in vielerlei Hinsicht bereichert.

Meinen Speyerer Kolleginnen und Kollegen danke ich für die schöne gemeinsame Zeit und die stets gute Zusammenarbeit. Die Doktorandenkolloquien und die Sommerfeste werden mir in bester Erinnerung bleiben. Mit Carsten Berger, Dr. Jonas Botta, Dr. Jonas Ganter, Matthias Hohmann, Michael Kolain, Dr. Jan

Mysegades, Dr. David Nink, Tobias Rehorst, Jun.-Prof. Dr. Hannah Ruschemeier, David Wagner, Dr. Quirin Weinzierl, LL.M. (Yale) und Dr. Michael Wenzel möchte ich dabei jene hervorheben, die durch zahlreiche Gespräche zum Gelingen dieser Arbeit beigetragen haben. Beate Bukowski, der guten Seele des Lehrstuhls, danke ich für die redaktionelle Durchsicht des Manuskripts.

Für die stetige Aufmunterung und den bedingungslosen Rückhalt möchte ich schließlich meiner Freundin Marisa und meinen Eltern ganz herzlich danken. Sie haben mit ihrem Vertrauen und ihrer unermüdlichen Unterstützung maßgeblich zum Abschluss dieser Arbeit beigetragen.

Frankfurt am Main, im Juli 2023 *Thomas Kienle*

# Inhaltsübersicht

Vorwort .................................................... VII
Inhaltsverzeichnis ........................................... XI

Einleitung .................................................. 1

Erster Teil: Grundlagen der Bundesstatistik ................. 15

§ 1. Die Bundesstatistik: Anwendungsbereich, Organisation, Grundsätze   17
§ 2. Das Geschäftsprozessmodell Amtliche Statistik (GMAS) ......   55
§ 3. Datenschutz- und Statistikrecht in der
     Mehrebenenordnung – Regelungssystematik ................   81

Zweiter Teil: Rechtmäßigkeit der Datenverarbeitung –
Rechtsgrundlagen ............................................ 93

§ 4. Einwilligung – Statistiken auf freiwilliger Grundlage ........   95
§ 5. Gesetzliche Verarbeitungsbefugnisse ..................... 136
§ 6. Die Verarbeitung öffentlicher personenbezogener Daten –
     Beispiel *Web Scraping* ............................... 198

Dritter Teil: Die Verarbeitung personenbezogener Daten
zu statistischen Zwecken – Begriff, Garantien, Privilegien ...... 219

§ 7. Die statistischen Zwecke im Datenschutzrecht ............ 221
§ 8. Geeignete Garantien (Sicherungsvorkehrungen) ............ 249
§ 9. Statistikprivileg – Ausnahmen für
     die Verarbeitung zu statistischen Zwecken ............... 352

Vierter Teil: Entwicklungen der amtlichen Statistik .......... 467

§ 10. *Trusted Smart Statistics* – Datenschutzrechtliche
      Herausforderungen .................................. 469

Zusammenfassung der wesentlichen Ergebnisse in Thesen ..... 533
Literaturverzeichnis ....................................... 549
Sachverzeichnis ........................................... 575

# Inhaltsverzeichnis

Vorwort . . . . . . . . . . . . . . . . . . . . . . . . . . . . . . . . . . . . . . . . . . . . VII
Inhaltsübersicht . . . . . . . . . . . . . . . . . . . . . . . . . . . . . . . . . . . . . . IX
Abkürzungsverzeichnis . . . . . . . . . . . . . . . . . . . . . . . . . . . . . . . XXV

## Einleitung . . . . . . . . . . . . . . . . . . . . . . . . . . . . . . . . . . . . . . . . . . 1

A. Statistik und staatliche Informationsvorsorge . . . . . . . . . . . . . 1
B. Entwicklungen in der amtlichen Statistik . . . . . . . . . . . . . . . . 5
C. Europäisierung des Datenschutzrechts . . . . . . . . . . . . . . . . . . 7
D. Stand der rechtswissenschaftlichen Forschung . . . . . . . . . . . 9
E. Gegenstand der Untersuchung . . . . . . . . . . . . . . . . . . . . . . . . 10
F. Gang der Untersuchung . . . . . . . . . . . . . . . . . . . . . . . . . . . . . 11

## Erster Teil
## Grundlagen der Bundesstatistik

### § 1. Die Bundesstatistik:
*Anwendungsbereich, Organisation, Grundsätze* . . . . . . . . . . . . . 17

A. Gesetzgebungskompetenz: „Statistik für Bundeszwecke" . . . . . . 18
    I. Verfassungsrechtlicher Begriff der Statistik . . . . . . . . . . 19
    II. Für Bundeszwecke: objektive Bundesaufgabe(n) . . . . . . . 21
    III. Zuordnung kompetenzieller Zweckbündel –
        Abgrenzung zur Landes- und Kommunalstatistik . . . . . . . . . 23
    IV. Verhältnis zur Unionsstatistik (Art. 338 AEUV) . . . . . . . 25
    V. Materieller Gehalt der Statistikkompetenz? . . . . . . . . . . 26
B. Aufgabenteilung und Zusammenarbeit im Statistischen Verbund –
   Verwaltungszuständigkeit . . . . . . . . . . . . . . . . . . . . . . . . . . . . . 29
    I. Aufgaben der Statistischen Landesämter . . . . . . . . . . . . 30
    II. Aufgaben des Statistischen Bundesamtes . . . . . . . . . . . . 31
    III. Zusammenarbeit der statistischen Ämter (§ 3a BStatG) . . . 33
    IV. Folgen für die datenschutzrechtliche Verantwortlichkeit –
        Beispiel Zensus 2022 . . . . . . . . . . . . . . . . . . . . . . . . . . . . . 36
        1. Die statistischen Ämter als verantwortliche Stelle . . . . . . . 36

      2. Entscheidung über die Zwecke und Mittel der Verarbeitung . . 37
      3. Bestimmung des Verantwortlichen durch den Gesetzgeber . . 37
      4. Beispiel: Verantwortlichkeit(en) im Rahmen des Zensus 2022  38
  V. Zwischenergebnis . . . . . . . . . . . . . . . . . . . . . . . . . . . . . . 41
C. Grundsätze der Bundesstatistik . . . . . . . . . . . . . . . . . . . . . . . . . 41
  I. Neutralität (Unparteilichkeit) . . . . . . . . . . . . . . . . . . . . . 42
  II. Objektivität . . . . . . . . . . . . . . . . . . . . . . . . . . . . . . . . . . 44
  III. Fachliche Unabhängigkeit . . . . . . . . . . . . . . . . . . . . . . . 45
  IV. Weitere (ungeschriebene) Grundsätze . . . . . . . . . . . . . . . 48
      1. Zuverlässigkeit (Reliabilität) . . . . . . . . . . . . . . . . . . . . 49
      2. Kostenwirksamkeit . . . . . . . . . . . . . . . . . . . . . . . . . . 50
      3. Statistische Geheimhaltung . . . . . . . . . . . . . . . . . . . . 52
      4. Transparenz . . . . . . . . . . . . . . . . . . . . . . . . . . . . . . . 53

*§ 2. Das Geschäftsprozessmodell Amtliche Statistik (GMAS)* . . . . . . . 55
A. Phase 1: Bedarf bestimmen . . . . . . . . . . . . . . . . . . . . . . . . . . . 57
B. Phase 2: Statistik konzipieren . . . . . . . . . . . . . . . . . . . . . . . . 59
C. Phase 3: Produktionssystem aufbauen . . . . . . . . . . . . . . . . . . 60
D. Phase 4: Daten gewinnen . . . . . . . . . . . . . . . . . . . . . . . . . . . . 62
  I. Teilprozess 4.1: Auswahlgrundlage erstellen und
     Stichprobe ziehen . . . . . . . . . . . . . . . . . . . . . . . . . . . . . 63
  II. Teilprozess 4.2: Datengewinnung vorbereiten . . . . . . . . . . 64
  III. Teilprozess 4.3: Datengewinnung durchführen . . . . . . . . . 65
  IV. Teilprozess 4.4: Datengewinnung abschließen . . . . . . . . . 66
E. Phase 5: Daten aufbereiten . . . . . . . . . . . . . . . . . . . . . . . . . . . 66
  I. Teilprozess 5.1: Daten integrieren . . . . . . . . . . . . . . . . . . 67
  II. Teilprozess 5.2: Daten klassifizieren und kodieren . . . . . . . 68
  III. Teilprozess 5.3: Daten prüfen und validieren
     (Fehlererkennung und Steuerung) . . . . . . . . . . . . . . . . . . 69
  IV. Teilprozess 5.4: Daten plausibilisieren und imputieren . . . . . . 70
  V. Teilprozess 5.5: Neue Merkmale und Einheiten ableiten . . . . 73
  VI. Teilprozesse 5.6 bis 5.8: Gewichte berechnen;
     Aggregate berechnen; Ergebnisdateien fertigstellen . . . . . . . 74
F. Phase 6: Ergebnisse analysieren . . . . . . . . . . . . . . . . . . . . . . . 74
G. Phase 7: Ergebnisse verbreiten . . . . . . . . . . . . . . . . . . . . . . . . 76
H. Phase 8: Prozessdurchlauf evaluieren . . . . . . . . . . . . . . . . . . . 78

*§ 3. Datenschutz- und Statistikrecht in der Mehrebenenordnung –
Regelungssystematik* . . . . . . . . . . . . . . . . . . . . . . . . . . . . . . . . . 81
A. Anwendungsbereich der Datenschutz-Grundverordnung . . . . . . . 82
  I. Sachliche Reichweite: Anwendungsbereich des Unionsrechts . . 82

II. Weite Auslegung in der Rechtsprechung des EuGH . . . . . . . . . 84
III. Folgerung für die Datenverarbeitung
durch nationale Statistikbehörden . . . . . . . . . . . . . . . . . . . 86
B. Bereichsspezifischer Datenschutz im nationalen Statistikrecht . . . . 87
C. Subsidiarität des Bundesdatenschutzgesetzes . . . . . . . . . . . . . . 89
D. Verhältnis zum Data Governance Act (DGA) . . . . . . . . . . . . . . 90

# Zweiter Teil
# Rechtmäßigkeit der Datenverarbeitung – Rechtsgrundlagen

## § 4. Einwilligung – Statistiken auf freiwilliger Grundlage . . . . . . . . 95
A. Vorgaben des Statistikrechts:
Freiwilligkeit und Auskunftspflicht . . . . . . . . . . . . . . . . . . . 96
B. Datenschutzrechtliche Einwilligung: Grundrechtliche
Steuerungsvorgaben und systematische Einordnung . . . . . . . . . . 98
C. Allgemeine Voraussetzungen der Einwilligung –
insbesondere Freiwilligkeit, Informiertheit und Bestimmtheit . . . . 100
   I. Freiwilligkeit . . . . . . . . . . . . . . . . . . . . . . . . . . . . . 101
      1. Freiwilligkeit im Verhältnis der Subordination
         (Bürger – Staat) . . . . . . . . . . . . . . . . . . . . . . . . . 102
         a) Wortlaut des Erwägungsgrunds: Vermutung
            der Unfreiwilligkeit . . . . . . . . . . . . . . . . . . . . . 103
         b) Historische Auslegung . . . . . . . . . . . . . . . . . . . . 104
         c) Systematische Auslegung: Vergleich zu anderen
            (Parallel-)Rechtsakten . . . . . . . . . . . . . . . . . . . . 105
         d) Teleologische Auslegung – insbesondere
            Schutzbedürftigkeit . . . . . . . . . . . . . . . . . . . . . 106
         e) Primärrechtskonforme Auslegung: Die Garantie des
            Art. 8 Abs. 2 S. 1 GRCh . . . . . . . . . . . . . . . . . . . 108
         f) Zwischenergebnis . . . . . . . . . . . . . . . . . . . . . . . 110
      2. Die Statistikbehörden im Besonderen – Vermutung für
         die Freiwilligkeit . . . . . . . . . . . . . . . . . . . . . . . . 110
      3. Zu den Grenzen staatlicher Verhaltenssteuerung
         am Beispiel von Anreizen (Incentives) . . . . . . . . . . . . . 112
   II. Informiertheit . . . . . . . . . . . . . . . . . . . . . . . . . . . . 115
   III. Bestimmtheit . . . . . . . . . . . . . . . . . . . . . . . . . . . . 118
      1. Grundsatz: „für den bestimmten Fall";
         „für [...] bestimmte Zwecke" . . . . . . . . . . . . . . . . . . 118
      2. Privilegierung: Broad Consent für wissenschaftliche
         Forschungszwecke . . . . . . . . . . . . . . . . . . . . . . . . 119

|  |  |
|---|---|
| 3. Zur Übertragbarkeit der Privilegierung auf statistische Zwecke | 120 |
| D. Besondere Verarbeitungssituationen | 122 |
| I. Verarbeitung sensibler Daten | 122 |
| II. Einwilligung von Minderjährigen („Kinder") | 124 |
| III. Stellvertretung – Zur Zulässigkeit sog. Proxy-Interviews | 128 |
| E. Kombinierte Erhebungen – datenschutzrechtliche Zulässigkeit | 130 |
| F. Widerruf der Einwilligung – Das Recht und seine Folgen für die Statistik | 132 |
| G. Ergebnis | 134 |

## § 5. Gesetzliche Verarbeitungsbefugnisse ... 136

|  |  |
|---|---|
| A. Gesetzliche Erlaubnistatbestände (Art. 6 Abs. 1 DSGVO) | 137 |
| I. Erfüllung einer rechtlichen Verpflichtung (Art. 6 Abs. 1 UAbs. 1 Buchst. c DSGVO) | 138 |
| 1. Rechtliche Verpflichtung | 138 |
| 2. Verpflichtungsadressat: der Verantwortliche | 140 |
| 3. Erforderlichkeit | 141 |
| II. Wahrnehmung einer öffentlichen Aufgabe (Art. 6 Abs. 1 UAbs. 1 Buchst. e DSGVO) | 142 |
| 1. Wahrnehmung einer (öffentlichen) Aufgabe | 143 |
| 2. „im öffentlichen Interesse ..." – Gemeinwohlbezug | 145 |
| 3. „... oder in Ausübung öffentlicher Gewalt" | 146 |
| 4. Aufgabenübertragung | 148 |
| 5. Erforderlichkeit | 149 |
| III. Abgrenzungsfragen | 151 |
| IV. Ausgeschlossene oder nicht einschlägige Tatbestände | 152 |
| 1. Interessenabwägung (Buchst. f) | 153 |
| 2. Vertrag und vorvertragliche Maßnahmen (Buchst. b) | 154 |
| 3. Schutz lebenswichtiger Interessen (Buchst. d) | 155 |
| B. Öffnungsklauseln für das mitgliedstaatliche Statistikrecht | 156 |
| I. Begriff der Öffnungsklausel | 156 |
| II. Typologie(n) | 158 |
| III. Die Öffnungsklauseln des Art. 6 Abs. 2 und 3 DSGVO | 160 |
| 1. Systematik: Das „unklare" Verhältnis der Öffnungsklauseln | 160 |
| 2. Reichweite der Öffnungsklauseln | 162 |
| 3. Einordnung in die Typologie | 164 |
| C. Grundrechtsmaßstab im gestaltungsoffenen Bereich | 165 |
| D. Anforderungen an mitgliedstaatliche Rechtsgrundlagen | 170 |
| I. Gesetzesvorbehalt – insbesondere Form der Rechtsgrundlage | 172 |
| 1. Rechtsformoffenheit des Datenschutzsekundärrechts | 172 |

|  |  |  |
|---|---|---|
| | 2. Vorgaben aus dem deutschen Verfassungsrecht – Parlamentsvorbehalt | 173 |
| | 3. Einfach-rechtlicher Gesetzesvorbehalt im Statistikrecht (§ 5 BStatG) | 174 |
| II. | Regelungsdichte: Gebot der Normenklarheit und -bestimmtheit | 176 |
| III. | Grundsatz der Verhältnismäßigkeit | 179 |
| | 1. Zweckfestlegung: „im öffentlichen Interesse liegendes Ziel" | 180 |
| | 2. Geeignetheit | 182 |
| | 3. Erforderlichkeit | 183 |
| | 4. Angemessenheit – Verhältnismäßigkeit im engeren Sinne | 185 |
| IV. | Ausblick: Methodenwechsel – Vom registergestützten Zensus zum Registerzensus | 188 |
| E. Gesetzesfolgenabschätzung (Art. 35 Abs. 10 DSGVO) – Beispiel Statistikrecht | | 192 |
| I. | Adressat der Regelung: Gesetzgeber | 193 |
| II. | Allgemeine Voraussetzungen | 194 |
| III. | Rechtsfolge: Handlungsalternativen des Gesetzgebers | 195 |
| IV. | Die Gesetzesfolgenabschätzung im Statistikrecht – Beispiel Zensus 2022 | 196 |
| F. Ergebnis | | 197 |

*§ 6. Die Verarbeitung öffentlicher personenbezogener Daten – Beispiel Web Scraping* . . . . . . . . . . . . . . . . . . . . . . . . . . . 198

|  |  |  |
|---|---|---|
| A. Anwendungsbeispiele | | 199 |
| B. Grundrechtlicher Rahmen | | 203 |
| C. Rechtmäßigkeit der Datenverarbeitung – Anforderungen des Datenschutzsekundärrechts | | 208 |
| I. | Öffentliche Daten als (datenschutz-)rechtliche Kategorie | 209 |
| II. | Verbot mit Erlaubnisvorbehalt – Erfordernis einer Rechtsgrundlage? | 212 |
| III. | Rechtsgrundlagen im Einzelnen | 215 |
| D. Ergebnis | | 217 |

Dritter Teil
# Die Verarbeitung personenbezogener Daten zu statistischen Zwecken – Begriff, Garantien, Privilegien

|  |  |  |
|---|---|---|
| *§ 7. Die statistischen Zwecke im Datenschutzrecht* | | 221 |
| A. Statistikbegriff | | 221 |
| I. | Statistik als Verarbeitung (Verfahren) | 222 |

|     |     |     |
| --- | --- | --- |
| II. | Statistik als Ergebnis: Beschreibung eines Massenphänomens | 223 |
|     | 1. Information(en) oder auch Merkmale | 224 |
|     | 2. Grundgesamtheit (Population) als Beobachtungsobjekt | 225 |
|     | 3. Ziel: Beschreibung eines Massenphänomens | 226 |
| III. | Synthese: eigener Definitionsvorschlag | 227 |
| IV. | Vergleich zum Statistikbegriff des Grundgesetzes | 228 |

B. Statistik als Verarbeitungszweck ..... 229
C. Beschränkungen
(amtliche Statistik; Verarbeitung im öffentlichen Interesse)? ..... 230
    I. Wortlaut und Systematik ..... 231
    II. Entstehungsgeschichte ..... 233
    III. Sinn und Zweck: Schutz personenbezogener Daten ..... 235
    IV. (Grund-)Rechte und berechtigte Interessen
        des privaten Datenverarbeiters ..... 236
    V. Nutzen der Datenverarbeitung:
        Wissenszuwachs für Staat und/oder Gesellschaft als
        Bedingung? ..... 238
    VI. Vergleich zu den wissenschaftlichen Forschungszwecken ..... 239
    VII. Zwischenergebnis ..... 241
D. Weitere Voraussetzungen gemäß EG 162 S. 5 DSGVO? ..... 242
    I. Ergebnis der Verarbeitung: aggregierte Daten ..... 243
    II. Keine Maßnahmen oder Entscheidungen gegenüber
        einzelnen natürlichen Personen ..... 244
E. Kumulierte Verarbeitungszwecke – „Infektionswirkung" ..... 245
F. Ergebnis ..... 248

*§ 8. Geeignete Garantien (Sicherungsvorkehrungen)* ..... 249

A. „Rechte und Freiheiten" als Schutzgüter ..... 250
B. Funktion: geeignete Garantien als Bedingung und Rechtfertigung
    des Statistikprivilegs ..... 253
C. Anonymität und Anonymisierung ..... 255
    I. Zum Begriff der Anonymität ..... 255
        1. Anonymität aus Sicht des Datenschutzrechts:
           Wann sind Daten nicht (mehr)
           personenbezogen? ..... 256
        2. Anonymität aus Sicht des Statistikrechts ..... 258
           a) Innen- und Außenanonymisierung ..... 259
           b) Anonymitätsgrade ..... 260
               aa) Formale Anonymität ..... 261
               bb) Faktische Anonymität ..... 262
               cc) Absolute Anonymität ..... 264

|  |  | 3. Zwischenergebnis | 265 |
|---|---|---|---|
|  | II. | Vorrang der Anonymisierung (Art. 89 Abs. 1 S. 4 DSGVO) | 265 |
|  | III. | Vergleich zum (verfassungsrechtlichen) Gebot möglichst frühzeitiger (faktischer) Anonymisierung | 267 |
|  | IV. | Beispiel aus dem Bundesstatistikrecht: Anonymisierung durch Trennung und Löschung der Hilfsmerkmale? | 268 |
|  |  | 1. Merkmalskategorien: Erhebungs- und Hilfsmerkmale | 269 |
|  |  | a) Begriff der Erhebungsmerkmale | 269 |
|  |  | b) Begriff der Hilfsmerkmale | 270 |
|  |  | 2. Frühestmögliche Abtrennung der Hilfsmerkmale (§ 12 Abs. 1 S. 2 BStatG) | 271 |
|  |  | 3. Löschung der Hilfsmerkmale (§ 12 Abs. 1 S. 1 BStatG) | 272 |
|  |  | 4. Datenschutzrechtliche Einordnung | 273 |
|  | IV. | Ergebnis | 274 |
| D. | Pseudonymisierung |  | 275 |
|  | I. | Begriff der Pseudonymisierung | 275 |
|  | II. | Gebot möglichst frühzeitiger Pseudonymisierung (Art. 89 Abs. 1 S. 3 DSGVO)? | 277 |
|  | III. | Beispiel: Studienverlaufsstatistik | 278 |
|  | IV. | Ausblick: Die Identifikationsnummer (§ 1 IDNrG) als geeignetes Pseudonym? | 280 |
| E. | Weitere technische und organisatorische Maßnahmen (TOM) |  | 281 |
| F. | Besondere Sicherungsvorkehrungen der Bundesstatistik |  | 283 |
|  | I. | Statistische Geheimhaltung (§ 16 BStatG) | 284 |
|  |  | 1. Schutzziele: Wen oder was schützt das Statistikgeheimnis? | 285 |
|  |  | a) Individualschutz: Schutz der statistischen Einheiten | 286 |
|  |  | b) Schutz des Vertrauensverhältnisses zwischen befragten Personen und statistischen Ämtern | 287 |
|  |  | c) Funktionsfähigkeit der amtlichen Statistik | 288 |
|  |  | d) Zwischenergebnis und Synthese: doppelte Schutzrichtung | 289 |
|  |  | 2. Tatbestandliche Voraussetzungen | 290 |
|  |  | a) Gegenstand des Statistikgeheimnisses: Was ist geheim zu halten? | 290 |
|  |  | aa) „Einzelangaben über persönliche oder sachliche Verhältnisse [...]" (Mikrodaten) | 290 |
|  |  | bb) „[...], die für eine Bundesstatistik gemacht werden" | 292 |
|  |  | cc) Offenkundige Tatsachen? | 295 |
|  |  | dd) Nicht: Rechtmäßigkeit der Verarbeitung („Verfügungsberechtigung") | 295 |
|  |  | b) Verpflichteter Personenkreis: Wen trifft die Geheimhaltungspflicht? | 296 |
|  |  | c) Rechtsfolge („sind [...] geheimzuhalten") | 297 |

|   |   |   |
|---|---|---|
| | d) Dauer der Geheimhaltungspflicht . . . . . . . . . . . . . . . | 299 |
| 3. | Ausnahmen von der Geheimhaltungspflicht (§ 16 Abs. 1 S. 3 BStatG) . . . . . . . . . . . . . . . . . . . . . . | 300 |
| | a) Einwilligung . . . . . . . . . . . . . . . . . . . . . . . . . . . | 300 |
| | b) Einzelangaben aus allgemein zugänglichen Quellen mit Bezug zu einer öffentlichen Stelle . . . . . . . . . . . | 303 |
| | c) Zusammenfassung der Einzelangaben in statistischen Ergebnissen (Aggregate) . . . . . . . . . . . . . . . . . . . . | 304 |
| | d) Keine Zuordenbarkeit zu befragten oder betroffenen Personen („absolute" Anonymität) . . . . . . . | 305 |
| | e) Ausnahme kraft besonderer Rechtsvorschrift . . . . . . . . | 307 |
| 4. | Durchbrechungen der Geheimhaltung: Datenübermittlung und Datenzugang . . . . . . . . . . . . . . | 309 |
| | a) Übermittlung von Einzelangaben innerhalb des statistischen Systems (§ 16 Abs. 2 und 3 BStatG) . . . . . . | 309 |
| | b) Übermittlung von Einzelangaben an Gemeinden und Gemeindeverbände – kommunale Statistikstellen (§ 16 Abs. 5 BStatG) . . . . . . . . . . . . . . . . . . . . . . . | 310 |
| | c) Übermittlung von Tabellen an oberste Bundes- oder Landesbehörden (§ 16 Abs. 4 BStatG) . . . . . . . . . . . . . | 311 |
| | d) Datenzugang für die Wissenschaft (§ 16 Abs. 6 BStatG) . . | 313 |
| | e) Gemeinsame organisations- und verfahrensrechtliche Sicherungen . . . . . . . . . . . . . . . . . . . . . . . . . . . | 315 |
| | f) Zwischenergebnis . . . . . . . . . . . . . . . . . . . . . . . . | 316 |
| 5. | Folgen einer Geheimnisverletzung – insbesondere strafrechtlicher Schutz . . . . . . . . . . . . . . . . . . . . . . | 317 |
| 6. | Zwischenergebnis . . . . . . . . . . . . . . . . . . . . . . . . . . | 318 |
| II. | Rückspielverbot . . . . . . . . . . . . . . . . . . . . . . . . . . . . . | 319 |
| 1. | Historischer Ursprung: „Nachteilsverbot" . . . . . . . . . . . . | 320 |
| 2. | Volkszählungsurteil: Vom „Nachteilsverbot" zum „Rückspielverbot" . . . . . . . . . . . . . . . . . . . . . . . | 321 |
| 3. | Folgerungen: Das Rückspielverbot als Schranken-Schranke des Rechts auf informationelle Selbstbestimmung . . . . . . . | 323 |
| | a) Rezeption des Volkszählungsurteils in der Literatur . . . . . | 323 |
| | b) Stellungnahme: kein generelles und absolutes Rückspielverbot im Volkszählungsurteil . . . . . . . . . . . | 324 |
| | c) Strengere Linie in der Entscheidung des BVerfG zum Zensus 2011? . . . . . . . . . . . . . . . . . . . . . . . . | 324 |
| 4. | Beispiele aus dem einfachen Recht – insbesondere Themenkomplex „Zensus" . . . . . . . . . . . . | 325 |
| | a) Zensusvorbereitung: Überprüfung der Daten im Steuerungsregister . . . . . . . . . . . . . . . . . . . . . . | 326 |

|  |  |  |  |
|---|---|---|---|
|  |  | b) Mehrfachfallprüfung (§ 21 Abs. 4 ZensG 2022) . . . . . . . | 327 |
|  |  | c) Übermittlung von Tabellen an oberste Bundes- und Landesbehörden: keine „Regelung von Einzelfällen" . . . . | 328 |
|  |  | d) Eingeschränkte (gerichtliche) Überprüfung statistischer Ergebnisse (hier: Feststellung der amtlichen Einwohnerzahl) | 329 |
|  |  | e) Ausblick: Rückspielverbot und Registerzensus . . . . . . . | 330 |
|  | 5. | Rückspielverbot im europäischen Datenschutzrecht? . . . . . . | 331 |
|  | 6. | Zwischenergebnis . . . . . . . . . . . . . . . . . . . . . . . . . | 332 |
| III. | Organisationsrechtliche Sicherungen – Abschottungsgebot . . . | | 333 |
|  | 1. | Abschottung der Statistik als grundrechtliche Schutzvorkehrung . . . . . . . . . . . . . . . . . . . . . . . . . | 334 |
|  | 2. | Die drei Dimensionen der Abschottung im einfachen Recht . . | 336 |
|  |  | a) Organisatorische Abschottung . . . . . . . . . . . . . . . . | 337 |
|  |  | b) Räumliche Abschottung . . . . . . . . . . . . . . . . . . . | 339 |
|  |  | c) Personelle Abschottung . . . . . . . . . . . . . . . . . . . | 341 |
|  | 3. | Vergleich zur Trennung der Verwaltungsbereiche im Registermodernisierungsgesetz . . . . . . . . . . . . . . . . | 344 |
|  | 4. | Zwischenergebnis . . . . . . . . . . . . . . . . . . . . . . . . . | 345 |
| IV. | Verbot der Reidentifizierung (§ 21 BStatG) . . . . . . . . . . . . | | 345 |
|  | 1. | Entstehungsgeschichte und (datenschutz-)rechtliche Funktion | 346 |
|  | 2. | Tatbestandliche Voraussetzungen . . . . . . . . . . . . . . . . | 347 |
|  |  | a) Adressat der Regelung . . . . . . . . . . . . . . . . . . . . | 348 |
|  |  | b) Zusammenführung von Einzelangaben, um statistische Einheit(en) zu reidentifizieren . . . . . . . | 348 |
|  |  | c) Außerhalb statistikrechtlich definierter Aufgaben . . . . . | 349 |
|  | 3. | Strafbewehrung (§ 22 BStatG) . . . . . . . . . . . . . . . . . . | 350 |
|  | 4. | Zwischenergebnis . . . . . . . . . . . . . . . . . . . . . . . . . | 351 |

G. Ergebnis . . . . . . . . . . . . . . . . . . . . . . . . . . . . . . . . . . . . 351

## § 9. Statistikprivileg – Ausnahmen für die Verarbeitung zu statistischen Zwecken . . . . . . . . . . . . . . . . . . . . . . . . . 352

|  |  |  |  |
|---|---|---|---|
| A. Grundsatz der Zweckbindung . . . . . . . . . . . . . . . . . . . . . . | | | 353 |
| I. | Grundlagen: Normative Konstruktion der Zweckbindung . . . . | | 354 |
|  | 1. | Erstes Element: Festlegung eindeutiger und legitimer Zwecke | 355 |
|  | 2. | Zweites Element: Zweckbindung i. e. S. . . . . . . . . . . . . . | 356 |
| II. | Ausnahme für die Weiterverarbeitung zu statistischen Zwecken | | 358 |
|  | 1. | Voraussetzungen der Privilegierung . . . . . . . . . . . . . . . | 358 |
|  | 2. | Fiktion der Zweckvereinbarkeit . . . . . . . . . . . . . . . . . | 359 |
|  | 3. | Zwischenergebnis . . . . . . . . . . . . . . . . . . . . . . . . . | 360 |
| III. | Rechtsfolgen der fingierten Zweckvereinbarkeit . . . . . . . . . | | 361 |
|  | 1. | Kein Kompatibilitätstest gemäß Art. 6 Abs. 4 DSGVO . . . . . | 361 |

## 2. Erfordernis einer „neuen" Rechtsgrundlage für die Weiterverarbeitung? ... 362
    a) Begründungserwägung des Gesetzgebers (EG 50 DSGVO) ... 363
    b) Entstehungsgeschichte: Kein Redaktionsversehen ... 364
    c) Systematik; Wertungswiderspruch ... 366
    d) Grundsatz der Rechtmäßigkeit; Schutz der betroffenen Person(en) ... 367
    e) Aber: Personenidentität des Verantwortlichen als Schranke ... 369
    f) Hilfsweise: Auffangfunktion des § 23 BDSG (Verarbeitung zu anderen Zwecken durch öffentliche Stellen) ... 370
    g) Zwischenergebnis ... 372
IV. Vergleich zur Rechtsprechung des BVerfG zum Recht auf informationelle Selbstbestimmung ... 372
  1. Differenzierung zwischen Zweckbindung und Zweckänderung ... 373
  2. Maßstab: Vom Kriterium der Zweckvereinbarkeit zur hypothetischen Datenneuerhebung ... 374
  3. Anwendung auf die Datenverarbeitung der amtlichen Statistik (Sekundärstatistik) ... 375
    a) Zulässige Zweckänderung: Von der Verwaltung in die Statistik ... 375
    b) Unzulässige Zweckänderung: Von der Statistik in die Verwaltung („Zweckentfremdung") ... 378
V. Folgerungen: Zweckbindung und Once-only-Prinzip in der (Bundes-)Statistik ... 379
VI. Ergebnis ... 380
B. Grundsatz der Speicherbegrenzung ... 381
  I. Grundsatz: Begrenzung der Verarbeitungsdauer ... 382
  II. Ausnahme für die Verarbeitung zu statistischen Zwecken – Datenspeicherung „auf Vorrat" ... 384
    1. Voraussetzungen der Ausnahmevorschrift ... 384
      a) Verarbeitung personenbezogener Daten zu statistischen Zwecken ... 384
      b) Ausschließlichkeit ... 385
      c) Vorbehalt geeigneter Garantien ... 385
    2. Rechtsfolge: Was heißt „längere" Speicherung? ... 386
      a) Differenzierung zwischen Primär- und Sekundärzweck ... 387
      b) Differenzierung zwischen allgemeinen und konkreten Zwecken ... 387
      c) Anwendung auf die Datenverarbeitung der amtlichen Statistik ... 388
    3. Zwischenergebnis ... 389

- III. Vergleich und Abgrenzung zur „klassischen"
  Vorratsdatenspeicherung (Telekommunikationsdaten) ...... 389
  - 1. Erster Unterschied: Ort der Datenspeicherung ......... 390
  - 2. Zweiter Unterschied: Zweck der Bevorratung ......... 391
  - 3. Beispiel: Pilotdatenlieferung im Rahmen der Vorbereitung des Zensus 2022 – Kritik an der Entscheidung des BVerfG (1 BvQ 4/19) ........................................ 393
- IV. Ergebnis ........................................ 394
- C. Verarbeitung sensibler Daten ........................... 395
  - I. Die Kategorie der sog. sensiblen Daten ............... 396
    - 1. Unmittelbar sensible Daten ...................... 397
    - 2. Mittelbar sensible Daten („hervorgehen") ........... 399
    - 3. Mischdatensätze ............................... 400
    - 4. Vergleich zu den Datenkategorien des Statistikrechts ..... 401
  - II. Grund für die gesteigerte Schutzbedürftigkeit .......... 402
  - III. Regelungssystematik ............................. 404
  - IV. Ausnahme(n) von dem Verarbeitungsverbot – Privilegierung für die Verarbeitung zu statistischen Zwecken ........... 405
    - 1. Rechtsnatur und Systematik der Öffnungsklausel ...... 406
    - 2. Angemessene und spezifische Maßnahmen ......... 407
    - 3. Verhältnismäßigkeit ........................... 409
    - 4. Wesensgehalt des „Rechts auf Datenschutz" ......... 409
    - 5. Vergleich zur Generalklausel („erhebliches öffentliches Interesse"; Buchst. g) ....... 411
  - V. Rechtsgrundlagen im mitgliedstaatlichen Recht ......... 412
  - VI. Ergebnis ........................................ 413
- D. Betroffenenrechte ................................... 414
  - I. Grundrechtlicher Rahmen – Funktionen der Betroffenenrechte . 415
  - II. Systematik: Privilegierungen und Beschränkungen ....... 416
  - III. Unmittelbare Privilegierungstatbestände im Unionsrecht .... 417
    - 1. Informationspflicht bei indirekter Erhebung (Dritterhebung) . 417
      - a) Voraussetzungen und Systematik ................ 418
      - b) Ausnahme für die Verarbeitung zu statistischen Zwecken . 419
        - aa) Systematische Vorfragen ................... 419
        - bb) Grundtatbestand: Unmöglichkeit; unverhältnismäßiger Aufwand ............................... 420
        - cc) Statistik als Regelbeispiel ................... 421
        - dd) Beispiel: Zensus 2022 (Übermittlung von Daten durch die Meldebehörden) ................... 422
      - c) Weitere Ausnahme für die amtliche Statistik: statistische Geheimhaltung? ................... 423
      - d) Zwischenergebnis ........................... 424

2. Widerspruchsrecht ........................... 425
   a) Recht auf Widerspruch gemäß Art. 21 Abs. 1 DSGVO
      („Grundfall") ........................... 426
   b) Widerspruch gegen die Verarbeitung zu statistischen
      Zwecken (Art. 21 Abs. 6 DSGVO): Privilegierung für
      Aufgaben im öffentlichen Interesse ............... 427
      aa) Voraussetzungen des besonderen Widerspruchsrechts  427
      bb) Ausnahme für die Statistik: Verarbeitung ist für die
          Wahrnehmung einer öffentlichen Aufgabe erforderlich  428
   c) Verhältnis der beiden Widerspruchsrechte – Kollisionsregel  429
   d) Zwischenergebnis ........................... 431
3. Recht auf Löschung („Recht auf Vergessenwerden") ...... 431
   a) Grundkonzeption: Recht auf und Pflicht zur Löschung ... 432
   b) Ausnahme für die Verarbeitung zu statistischen Zwecken . 433
   c) Zwischenergebnis ........................... 434
4. Ergebnis ................................. 434
IV. Ausnahmen kraft der Öffnungsklausel des
    Art. 89 Abs. 2 DSGVO – Beschränkungsmöglichkeiten
    des (mitgliedstaatlichen) Gesetzgebers ................ 435
 1. Voraussetzungen der Öffnungsklausel ................ 436
 2. Allgemeine Ausnahmen für Statistikzwecke
    (§ 27 Abs. 2 S. 1 BDSG) ......................... 438
    a) Regelungstechnik: Zur Kritik an der mitgliedstaatlichen
       Beschränkungsnorm ........................ 439
    b) Unmöglichkeit oder ernsthafte Beeinträchtigung,
       den Statistikzweck zu verwirklichen ............. 440
       aa) Subjektive Unmöglichkeit ................. 440
       bb) Ernsthafte Beeinträchtigung ............... 441
    c) Prognoseentscheidung („voraussichtlich") ........... 442
    d) Beschränkung ist im Einzelfall notwendig
       (Verhältnismäßigkeit) ....................... 444
 3. Anwendung auf die Datenverarbeitung zu
    statistischen Zwecken ......................... 445
    a) Auskunftsrecht ........................... 446
    b) Recht auf Berichtigung ..................... 448
    c) Widerspruchsrecht ........................ 450
    d) Recht auf Einschränkung der Verarbeitung ......... 453
       aa) Tatbestandliche Voraussetzungen im Kontext
           der amtlichen Statistik .................. 453
       bb) Rechtsfolgen: Einschränkung der Verarbeitung;
           Verarbeitung trotz Einschränkung ........... 454

|     |     |     |
| --- | --- | --- |
| | 4. Nicht: unverhältnismäßiger Aufwand gemäß § 27 Abs. 2 S. 2 BDSG (analog) . . . . . . . . . . . . . . . . . . | 455 |
| | 5. Ergebnis . . . . . . . . . . . . . . . . . . . . . . . . . . . . . . . | 457 |
| V. | Weitere Beschränkungen der Betroffenenrechte (Art. 23 DSGVO) . . . . . . . . . . . . . . . . . . . . . . . . . . | 458 |
| | 1. Reichweite und Funktion der Öffnungsklausel . . . . . . . . . | 458 |
| | 2. Beschränkungstatbestände – amtliche Statistik als wichtiges Ziel des allgemeinen öffentlichen Interesses . . . . . . . . . . | 460 |
| | 3. Beschränkbare Betroffenenrechte: insbesondere Informationspflicht gem. Art. 13 DSGVO . . . . | 462 |
| VI. | Ergebnis . . . . . . . . . . . . . . . . . . . . . . . . . . . . . . . | 464 |

## Vierter Teil
## Entwicklungen der amtlichen Statistik

### § 10. Trusted Smart Statistics – Datenschutzrechtliche Herausforderungen . . . . . . . . . . . . . . . . . 469

|     |     |     |
| --- | --- | --- |
| A. Trusted Smart Statistics: ein entwicklungsoffenes Konzept . . . . . . | | 469 |
| I. | Begriffliche Annäherung: Was sind Trusted Smart Statistics? . . | 470 |
| II. | Gestaltungsprinzipien („design principles") . . . . . . . . . . . . | 472 |
| III. | Das Forschungsprojekt „ESSnet Smart Surveys" . . . . . . . . . | 474 |
| IV. | Anwendungsfälle („Use Cases") . . . . . . . . . . . . . . . . . | 476 |
| B. Datenschutzrechtliche Herausforderungen – ausgewählte Probleme . . . . . . . . . . . . . . . . . . . . . . . . . . . | | 478 |
| I. | Absolute Verarbeitungsgrenzen – Schutz vor digitaler (Selbst-)Vermessung . . . . . . . . . . . . . . | 479 |
| II. | Rechtmäßigkeit der Datenverarbeitung – Die Einwilligung im Kontext von „Smart Surveys" . . . . . . . . | 481 |
| | 1. Funktion und Legitimationskraft der Einwilligung . . . . . . . | 481 |
| | 2. Informierte und freiwillige Willensbekundung – Zur Verhaltenssteuerung durch „Gamification" . . . . . . . . . | 481 |
| | 3. Einwilligungsdesign – Grenzen der Gestaltung (insbesondere „Dark Patterns") . . . . . . . . . . . . . . . . . | 483 |
| III. | Grundsatz der Datenminimierung . . . . . . . . . . . . . . . . . | 484 |
| IV. | Grundsatz der Integrität und Vertraulichkeit; Datensicherheit . . | 486 |
| V. | Grundsatz der Transparenz . . . . . . . . . . . . . . . . . . . . | 489 |
| | 1. Allgemeines: Transparenz schafft Vertrauen . . . . . . . . . . | 490 |
| | 2. Konkretisierung durch die Betroffenenrechte . . . . . . . . . | 491 |
| | 3. Transparenz durch Design („Technikgestaltung") . . . . . . . | 492 |
| | 4. Transparenz durch Visualisierung („standardisierte Bildsymbole") . . . . . . . . . . . . . . . . . | 494 |

|          | 5. Transparenz durch Gamification? | 495 |
|---|---|---|

        6. Anforderungen an die Transparenz beim Einsatz
algorithmischer Systeme ... 496
  VI. Einbindung externer IT-Dienstleister – Auftragsverarbeitung .. 498
        1. Auftragsverarbeitung: Begriff und Abgrenzung ... 499
        2. Auswahlverantwortung ... 501
        3. Rechtliche Grundlage ... 502
            a) Vertrag ... 503
            b) Anderes Rechtsinstrument ... 504
        4. Weisungsgebundenheit des Auftragsverarbeiters ... 506
        5. Statistische Geheimhaltung als Schranke für die
Auftragsverarbeitung ... 507
        6. Private Auftragsverarbeiter und der
„Grundsatz digitaler Souveränität" ... 510
            a) Statistik bzw. Informationsvorsorge als
obligatorische Staatsaufgabe? ... 510
            b) Gewährleistungsverantwortung ... 512
                aa) Gewährleistungsverantwortung nach innen:
Funktionsfähigkeit der amtlichen Statistik ... 512
                bb) Gewährleistungsverantwortung nach außen:
effektiver Grundrechtsschutz ... 514
            c) Vertrauen ... 516
                aa) Vertrauen in den staatlichen Einsatz
digitaler Informationstechnologien ... 517
                bb) Vertrauen in die amtliche Statistik ... 518
                cc) Zur Vertrauenswürdigkeit privater IT-Dienstleister –
Vergleich zur Finanzverwaltung ... 520
            d) Zwischenergebnis ... 523
        7. Ergebnis ... 523
  VI. Datenübermittlungen in Drittländer ... 524
        1. Anwendungsbereich: Übermittlung personenbezogener
Daten in ein Drittland ... 525
        2. Zulässigkeit gemäß Art. 44 ff. DSGVO –
Systematik und Rechtsgrundlagen ... 526
        3. Sonderfall: Datenübermittlung in die USA ... 527
C. ePrivacy – Schutz der Privatsphäre in Endeinrichtungen ... 528
D. Ergebnis ... 531

## Zusammenfassung der wesentlichen Ergebnisse in Thesen ... 533

Literaturverzeichnis ... 549
Sachverzeichnis ... 575

# Abkürzungsverzeichnis

| | |
|---|---|
| AZR | Ausländerzentralregister |
| BfDI | Der Bundesbeauftragte für den Datenschutz und die Informationsfreiheit |
| BIP | Bruttoinlandsprodukt |
| BKG | Bundesamt für Kartographie und Geodäsie |
| CAPI | Computer Assisted Personal Interview |
| CATI | Computer Assisted Telephone Interview |
| CAWI | Computer Assisted Web Interview |
| CBS | Centraal Bureau voor de Statistiek (Statistics Netherlands) |
| CCI | Consumer Confidence Index |
| DGA | Data Governance Act |
| DPF | EU-US Data Privacy Framework |
| DSFA | Datenschutz-Folgenabschätzung |
| EHIS | European Health Interview Survey |
| ESS | Europäisches Statistisches System |
| ESSC | European Statistical System Committee |
| ESSnet | Collaborative ESS Networks |
| EU-SILC | European Union Statistics on Income and Living Conditions |
| EVS | Einkommens- und Verbrauchsstichprobe |
| EXDAT | Experimentelle Daten (Statistisches Bundesamt) |
| FDZ | Forschungsdatenzentrum |
| GFA | Gesetzesfolgenabschätzung |
| GMAS | Geschäftsprozessmodell Amtliche Statistik |
| GSBPM | Generic Statistical Business Process Model |
| GWAP | Gastwissenschaftlerarbeitsplätze |
| HBS | Household Budget Surveys |
| HETUS | Harmonised European Time Use Surveys |
| HVPI | Harmonisierter Verbraucherpreisindex |
| IAB | Institut für Arbeitsmarkt und Berufsforschung |
| IFEB | Institut für Forschung und Entwicklung in der Bundesstatistik |
| ITZBund | Informationstechnikzentrum Bund |
| KDFV | Kontrollierte Datenfernverarbeitung |
| MAR | Missing at Random |
| MCAR | Missing Completely at Random |
| ML | Machine Learning |
| MNAR | Missing Not at Random |
| PMM | Predictive Mean Matching |
| SJI | Statistical Journal of the IAOS (Zeitschrift) |
| SUF | Scientific Use Files |
| TOM | Technische und organisatorische Maßnahmen |

| | |
|---|---|
| UGR | Umweltökonomische Gesamtrechnungen |
| UNECE | United Nations Economic Commission for Europe |
| VGR | Volkswirtschaftliche Gesamtrechnungen |
| VPI | Verbraucherpreisindex |
| WISTA | Wirtschaft und Statistik (Zeitschrift) |
| ZVE | Zeitverwendungserhebung |

Im Übrigen wird auf das Abkürzungsverzeichnis der Rechtssprache von Kirchner (10. Aufl. 2021) verwiesen.

# Einleitung

## A. Statistik und staatliche Informationsvorsorge

„Daten verdoppeln die Welt, enthalten sie aber nicht", schreibt *Armin Nassehi* in seiner soziologischen Theorie der digitalen Gesellschaft.[1] Er fragt nicht danach, was „Digitalisierung" ist oder welche Probleme sie bereitet, sondern welches Problem die Digitalisierung zu lösen versucht. Eine der zentralen Thesen lautet: Die Digitalisierung ist mit der gesellschaftlichen Struktur unmittelbar verwandt.[2] Indem das Digitale gesellschaftliche Muster sichtbar macht, entdecke sich die Gesellschaft digital „neu", ja womöglich sogar „endgültig"[3]. In der „Verdoppelung der Welt in Datenform" und der „technischen Möglichkeit, Daten[4] miteinander in Beziehung zu setzen"[5], liegt zweifelsohne auch eine Chance für die amtliche Statistik. Denn: Die gesellschaftlichen Regelmäßigkeiten und Muster zu erkennen, ist für eine Politik, die sich am Sozialstaatsprinzip des Grundgesetzes orientiert, unerlässlich.[6] Die amtliche Statistik liefert hierfür eine „unentbehrliche Handlungsgrundlage"[7].[8] Die ökonomische und soziale Entwicklung darf, so das Motiv des BVerfG, nicht als „unabänderliches Schicksal" hingenommen, sondern muss als „permanente Aufgabe" verstanden werden.[9] Es bedürfe daher einer „umfassenden, kontinuierlichen sowie laufend aktualisierten Information über die wirtschaftlichen, ökologischen und sozialen Zusammenhänge".[10] Damit hat das Volkszählungsurteil eine (eigenständige)

---

[1] *Nassehi*, Muster – Theorie der digitalen Gesellschaft, 2019, S. 108 f.
[2] *Nassehi*, Muster – Theorie der digitalen Gesellschaft, 2019, S. 18.
[3] *Nassehi*, Muster – Theorie der digitalen Gesellschaft, 2019, S. 45.
[4] Zu Daten als „Bausteine der Digitalisierung" s. *Hoffmann-Riem*, Recht im Sog der digitalen Transformation, 2022, S. 32 ff. Zu den Begriffen Daten, Informationen und Einzelangaben s. unten S. 224 ff. und S. 290 ff.
[5] *Nassehi*, Muster – Theorie der digitalen Gesellschaft, 2019, S. 33 f.
[6] BVerfGE 65, 1 (44).
[7] BVerfGE 65, 1 (47) unter Verweis auf BVerfGE 27, 1 (9).
[8] Für den Zensus 2022: Daten seien „unabdingbare Planungsgrundlage" (BT-Drs. 19/8693, S. 1); allg. zum Wissen als Grundlage staatlichen Handelns *Fassbender*, in: Isensee/Kirchhof (Hrsg.), HStR IV, 3. Aufl., 2006, § 76 – passim. Zur Bedeutung von Wissen für das *evidence based policy making* s. etwa *Seckelmann*, Evaluation und Recht, 2018, S. 23 ff. m. w. N.
[9] BVerfGE 65, 1 (47).
[10] BVerfGE 65, 1 (47).

Staatsaufgabe umschrieben, die *Rupert Scholz* und *Rainer Pitschas* unter dem Begriff „staatliche Informationsvorsorge" zusammengefasst haben.[11] Die „planvolle Daseinsvorsorge"[12] sei stets mit einem hohen Bedarf an statistischen Daten verbunden. Gesetzgeber und Verwaltung stünden insofern in der Verantwortung, die hierfür erforderlichen Informationen zu erlangen. Das Statistische Bundesamt nimmt dabei eine zentrale Rolle ein: Es beschreibt sich in seiner Digitalen Agenda 2019 selbst als „führenden Informationsdienstleister und Datenmanager", der Politik, Wirtschaft und Gesellschaft mit relevanten Informationen versorgt.[13]

Drei Beispiele sollen in diesem Kontext die (verfassungs-)rechtliche Bedeutung der amtlichen Statistik aufzeigen:

– Das erste Beispiel betrifft die Ermittlung der *Einwohnerzahl*, an die das Grundgesetz in mehrfacher Hinsicht anknüpft. Eine spezifische verfassungsrechtliche Bedeutung hat die Einwohnerzahl insbesondere für die Stimmenanzahl der Länder im Bundesrat, ihrer Stellung im Bund-Länder-Finanzausgleich sowie im Fall einer Neugliederung des Bundesgebiets.[14] Aus diesen Bestimmungen leitet der 2. Senat des BVerfG in seinem Urteil zum Zensus 2011 die Verpflichtung des Bundes ab, „für die Bereitstellung eines geeigneten und realitätsgerechten Zahlenmaterials zu sorgen".[15] Dem Bund kommt insoweit der „Verfassungsauftrag"[16] zu, eine *realitätsgerechte* Ermittlung der amtlichen Einwohnerzahlen[17] sicherzustellen. Die „wahre" oder „richtige" Einwohnerzahl zu ermitteln, verlangt die Verfassung jedoch nicht. Denn es gebe, so das BVerfG, „nach einhelliger Auffassung der insoweit maßgeblichen statistischen Wissenschaft kein praktisch durchführbares Verfahren", das hierfür Gewähr bieten könnte. Jedes denkbare Verfahren sei mit Unsi-

---

[11] *Scholz/Pitschas*, Informationelle Selbstbestimmung und staatliche Informationsverantwortung, 1984, S. 103 ff.; dies aufgreifend *Di Fabio*, in: Dürig/Herzog/Scholz (Hrsg.), GG, 39. EL (Juli 2001), Art. 2 Abs. 1 Rn. 179; zur Staatsaufgabe i. R. d. Privatisierung s. unten S. 510. Vgl. auch *Wischmeyer*, in: Voßkuhle/Eifert/Möllers (Hrsg.), GVerwR, 3. Aufl., 2022, § 24 Rn. 5, der in die Informationsvorsorge auch „verfahrensexterne Informationskanäle und -strukturen" einbezieht und dabei ausdrücklich auf die Statistikämter verweist.

[12] *Scholz/Pitschas*, Informationelle Selbstbestimmung und staatliche Informationsverantwortung, 1984, S. 103.

[13] *Statistisches Bundesamt*, Digitale Agenda, Version 2.1, März 2019, S. 12.

[14] BVerfGE 150, 1 (80, Rn. 150 ff.). Zur Bedeutung der Einwohnerzahl für die Gemeinden: *Martini*, Der Zensus 2011 als Problem interkommunaler Gleichbehandlung, 2011, S. 11 ff.

[15] BVerfGE 150, 1 (85, Rn. 164).

[16] BVerfGE 150, 1 (86, Rn. 165); vgl. auch *Gößl*, Statistische Monatshefte Niedersachsen 2018, 610 (611 f.).

[17] Über das Thema Wohnungslosigkeit lagen bislang keine „belastbaren Zahlen" vor (so BT-Drs. 19/15651, S. 1). Diesem Missstand versucht der Gesetzgeber durch eine neue Bundesstatistik über Wohnungslose ab dem Jahr 2022 zu begegnen; hierfür hat er im März 2020 das sog. Wohnungslosenberichterstattungsgesetz (WoBerichtsG) erlassen, BGBl. I 2020, S. 437.

cherheiten und Ungenauigkeiten behaftet sowie fehleranfällig. Die Pflicht des Gesetzgebers beschränke sich mithin darauf, Verfahrensregelungen zu erlassen, die geeignet und erforderlich sind, um die Einwohnerzahlen realitätsgerecht zu ermitteln.[18] Dabei verfügt er über einen Gestaltungs- und Entscheidungsspielraum.[19] Das BVerfG trägt damit dem Umstand Rechnung, dass die Regelung des Erhebungsverfahrens eine „komplexe Abwägungsentscheidung" ist, bei der der Gesetzgeber vielfältige Zielkonflikte zu lösen habe: Wechselwirkungen bestehen namentlich zwischen dem informationellen Selbstbestimmungsrecht der Auskunftsverpflichteten, dem verfassungskräftigen Anspruch der Länder auf eine realitätsgerechte Einwohnerermittlung sowie dem Wirtschaftlichkeitsgebot und dem Zeitbedarf.[20]

– (Verfassungs-)Rechtliche Bedeutung hat die Arbeit der amtlichen Statistik zweitens für die *Gewährleistung eines menschenwürdigen Existenzminimums*. Dieses Grundrecht lässt sich aus Art. 1 Abs. 1 i. V. m. Art. 20 Abs. 1 GG ableiten: Die Menschenwürdegarantie begründet den Anspruch und das Sozialstaatsprinzip erteilt dem Gesetzgeber den Auftrag, jedem ein menschenwürdiges Existenzminimum zu sichern.[21] Das Grundrecht garantiert jedem Hilfebedürftigen diejenigen materiellen Voraussetzungen, die für seine physische Existenz und für ein Mindestmaß an Teilhabe am gesellschaftlichen, kulturellen und politischen Leben unerlässlich sind (soziokulturelle Existenz[22]).[23] Dieses Gewährleistungsrecht ist dem Grunde nach unverfügbar – es muss eingelöst werden. Gleichwohl ist es darauf angewiesen, dass der Gesetzgeber Inhalt und Umfang konkretisiert und stetig aktualisiert:[24] Er hat die zu erbringenden Leistungen an dem jeweiligen Entwicklungsstand des Gemeinwesens und den bestehenden Lebensbedingungen auszurichten. Dabei steht ihm zwar ein „Gestaltungsspielraum" zu,[25] jedoch verpflichtet das Sozialstaatsgebot den Gesetzgeber, „die soziale Wirklichkeit zeit- und realitätsgerecht im Hinblick auf die Gewährleistung des menschenwürdigen Existenzminimums zu erfassen", die sich – so das BVerfG weiter – „etwa in einer

---

[18] BVerfGE 150, 1 (86 f., Rn. 167).
[19] BVerfGE 150, 1 (88, Rn. 170).
[20] BVerfGE 150, 1 (88, Rn. 171).
[21] BVerfGE 125, 175 (222 ff.); vgl. BVerfGE 152, 68 (112, Rn. 118 ff.).
[22] Siehe z. B. BVerfGE 152, 68 (113 f., Rn. 119).
[23] BVerfGE 125, 175 – Leitsatz 1.
[24] Das Grundgesetz selbst erlaube keine exakte Bezifferung des Anspruchs, so BVerfGE 125, 175 (225 f.). Vgl. dazu auch *von Aswege*, Quantifizierung von Verfassungsrecht, 2016, S. 224 ff. und S. 351 ff.
[25] BVerfGE 125, 175 (222). Mit dem Gestaltungsspielraum korrespondiert eine eingeschränkte verfassungsgerichtliche Kontrolle; das BVerfG prüft lediglich, ob die Leistungen (also das Ergebnis) „evident unzureichend" sind (sog. Evidenzkontrolle), BVerfGE 125, 175 (225 f.).

technisierten Informationsgesellschaft anders als früher" darstelle.[26] Wie aber lassen sich die existenznotwendigen Aufwendungen bemessen bzw. quantifizieren? Das Grundgesetz schreibt dem Gesetzgeber keine bestimmte Methode vor, jedoch muss er ein transparentes und sachgerechtes Verfahren wählen, um den tatsächlichen Bedarf zu ermitteln.[27] Der Gesetzgeber bedient sich dabei eines (modifizierten) *Statistikmodells*[28], das das BVerfG in seinem Urteil vom 9.2.2010 grundsätzlich gebilligt hat.[29] Die Datengrundlage bildet eine Bundesstatistik: die sog. Einkommens- und Verbrauchsstichprobe (EVS).[30] Das Statistische Bundesamt nimmt sodann Sonderauswertungen vor, die die tatsächlichen Verbrauchsangaben gerade unterer Einkommensgruppen („einkommensschwache" Haushalte) berücksichtigen (vgl. § 28 SGB XII i.V.m. dem Regelbedarfsermittlungsgesetz[31]). Vor diesem Hintergrund erweist sich die Bestimmung des physischen und soziokulturellen Existenzminimums als Paradebeispiel für die bereits im Volkszählungsurteil enthaltene[32] und einfach-rechtlich in § 1 S. 5 BStatG verankerte Aussage, wonach die Bundesstatistik „Voraussetzung für eine am Sozialstaatsprinzip ausgerichtete Politik" sei.

– Als drittes Beispiel ist der *Klimaschutz* zu nennen. Ausgangspunkt ist der Beschluss des BVerfG vom 24.3.2021.[33] Der 1. Senat hat darin aus der grundrechtlichen Schutzpflicht des Staates nicht nur eine Verpflichtung abgeleitet, Leben und Gesundheit vor den Gefahren des Klimawandels zu schützen. Wegweisende Bedeutung kommt überdies dem Gedanken der „intertemporalen Freiheitssicherung" zu, wonach die Grundrechte unter bestimmten Voraussetzungen auch die künftigen Generationen schützen und den Staat dazu anhalten, die Freiheitschancen über die Zeit verhältnismäßig zu verteilen.[34] Art. 20a GG, der dazu verpflichtet, Klimaneutralität herzustellen, belasse dem Gesetzgeber zwar „Wertungsspielräume" – er dürfe sie aber nicht „nach politischem Belieben ausfüllen". Vielmehr trifft ihn eine besondere Sorgfaltspflicht, und zwar auch dann, wenn „wissenschaftliche Ungewissheit über

---

[26] BVerfGE 125, 175 (224).
[27] BVerfGE 125, 175 (225).
[28] Bis zum Jahr 1996 wurde das sog. Warenkorbmodell verwendet, s. dazu BVerfGE 125, 175 (187f.).
[29] BVerfGE 125, 175 (234ff.); ferner BVerfGE 137, 34 (76, Rn. 84).
[30] Siehe § 1 i.V.m. § 4 des Gesetzes über die Statistik der Wirtschaftsrechnungen privater Haushalte v. 11.1.1961 (BGBl. I S. 18), zuletzt geändert durch Art. 5 des Gesetzes zur Änderung des Bundesstatistikgesetzes und anderer Statistikgesetze v. 21.7.2016 (BGBl. I S. 1768).
[31] BGBl. I 2020, S. 2855, in Kraft getreten am 1.1.2021.
[32] BVerfGE 65, 1 (47): „unentbehrliche Handlungsgrundlage".
[33] BVerfGE 157, 30 – Klimaschutz. Zu einem geltend gemachten „Grundrecht auf ein ökologisches Existenzminimum" und zu einem „Recht auf eine menschenwürdige Zukunft" hat sich der Senat nicht abschließend verhalten, s. BVerfGE 157, 30 (95f., Rn. 113ff.).
[34] BVerfGE 157, 30 – Leitsätze 1 und 4.

umweltrelevante Ursachenzusammenhänge" besteht. Der Gesetzgeber muss insofern bereits „belastbare Hinweise" auf mögliche gravierende oder irreversible Beeinträchtigungen bei seinen Entscheidungen zugunsten künftiger Generationen berücksichtigen.[35] Die amtliche Statistik kann hierzu einen wichtigen Beitrag leisten. So erstellt sie zahlreiche Umweltstatistiken, führt bspw. aber auch Umweltökonomische Gesamtrechnungen (UGR) und Ökosystemgesamtrechnungen durch (vgl. etwa § 3 Abs. 1 Nr. 13 und § 19 BStatG). Im November 2021 hat das Statistische Bundesamt gemeinsam mit dem Bundesamt für Kartographie und Geodäsie (BKG) einen sog. Ökosystematlas veröffentlicht, der sichtbar macht, wie die Ökosysteme bundesweit räumlich verteilt sind.[36] Auf Grundlage dieser „Flächenbilanz" soll es möglich sein, den Zustand der Ökosysteme anhand ausgewählter Variablen und Indikatoren zu analysieren; auf dieser Basis ließen sich die Leistungen, die diese Systeme für die Gesellschaft erbringen (z. B. Erosions- oder Überflutungsschutz), berechnen.[37] Bereits diese wenigen Beispiele zeigen, welche Aufgaben die statistischen Ämter im Bereich des Klimaschutzes übernehmen (können). Sie fügen sich in einen Transformationsprozess ein, den man mit dem Titel des 30. Wissenschaftlichen Kolloquiums beim Statistischen Bundesamt 2021 wie folgt umschreiben kann: „Von der Umweltstatistik zur nachhaltigen Entwicklung[38]".

## B. Entwicklungen in der amtlichen Statistik

Die Methodik der (amtlichen) Statistik ist keineswegs statisch. Vielmehr entwickelt sie sich ständig fort. Das lässt sich am Beispiel der *Volkszählung* aufzeigen. Die für das Jahr 1983 geplante und im Jahr 1987 durchgeführte Volkszählung war eine primärstatistische[39] Vollerhebung mit Auskunftspflicht. Die nächste Volkszählung – dann Zensus genannt – fand erst im Jahr 2011 statt. Beraten durch Wissenschaft und statistische Praxis hat sich der Gesetzgeber für ein sog. *registergestütztes Verfahren* entschieden, das Daten aus Verwaltungsregistern

---

[35] BVerfGE 157, 30 (157, Rn. 229).
[36] Zur Methode s. *Statistisches Bundesamt*, Umweltökonomische Gesamtrechnungen Methode der Flächenbilanzierung der Ökosysteme, 2021.
[37] So die Pressemitteilung Nr. 526 des Statistischen Bundesamtes v. 18.11.2021.
[38] Siehe dazu bspw. *Statistisches Bundesamt*, Nachhaltige Entwicklung in Deutschland – Indikatorenbericht, 2021, der anhand von verschiedenen Indikatoren darstellt, „wo wir auf dem Weg zu einer nachhaltigen Gesellschaft stehen und in welche Richtung wir uns bewegen" (ebenda, S. 3).
[39] Von einer *Primärstatistik* spricht man, wenn die Daten speziell und originär für die Statistik erhoben werden (z. B. durch einen Fragebogen); bei der *Sekundärstatistik* liegen die Daten bereits vor (z. B. in der Verwaltung) und werden später für statistische Zwecke weiterverarbeitet; s. z. B. *Fahrmeir et al.*, Statistik, 8. Aufl., 2016, S. 21; ferner unten S. 293.

um eine Haushaltebefragung auf Stichprobenbasis ergänzt. Dem Methodenwechsel war dereinst ein umfangreicher Zensustest[40] vorausgegangen.[41] Dieses Erhebungsverfahren, welches das BVerfG mit Urteil vom 19.9.2018 für verfassungskonform erklärt hat, kam auch für die letzte Zensusrunde im Jahr 2022[42] zum Einsatz. Perspektivisch soll der Zensus jedoch *rein registerbasiert* durchgeführt werden.[43] Gegenwärtig bereitet das Statistische Bundesamt diesen erneuten Methodenwechsel vor. Rechtsgrundlage hierfür ist das im Juni 2021 verabschiedete Gesetz zur Erprobung von Verfahren eines Registerzensus (Registerzensuserprobungsgesetz)[44]. Charakteristisch für das neue Verfahren ist, dass es auf eine primärstatistische Befragung der Haushalte verzichtet.[45] Damit kommt der Gesetzgeber zugleich einer Empfehlung des Statistischen Beirats (§ 4 BStatG) nach, sich die Möglichkeiten einer verknüpften Registerlandschaft für die Statistik nutzbar zu machen.[46] Als weitere Empfehlung zur Fortentwicklung der amtlichen Statistik in den Jahren 2022 bis 2026 hat der Beirat – neben der Modernisierung des Statistikprogramms (z. B. Flexibilisierung des Rechtsrahmens[47]; Zugang zu Daten, die bei Unternehmen vorliegen) und der Aufgaben (z. B. Stärkung der Analysetätigkeit der statistischen Ämter; Erweiterung der Forschungsdatenzentren; Ausbau von *Data Literacy*[48]) – die konsequente Nutzung der *Digitalisierung* betont. In dieser sieht er den „Schlüssel für eine zukunftsfähige Weiterentwicklung der amtlichen Statistik".[49] Das betrifft zum

---

[40] Die Rechtsgrundlage bildete das Gesetz zur Erprobung eines registergestützten Zensus (Zensustestgesetz – ZensTeG) vom 27.7.2001 (BGBl I S. 1882).
[41] Vgl. dazu auch die Darstellung bei BVerfGE 150, 1 (12, Rn. 5 ff.).
[42] Ursprünglich sollte der Zensus im Jahr 2021 stattfinden. Wegen der Corona-Pandemie wurde er jedoch in das Jahr 2022 verschoben, s. Gesetz zur Verschiebung des Zensus in das Jahr 2022 und zur Änderung des Aufenthaltsgesetzes v. 3.12.2020 (BGBl. I S. 2675); Begründung in BT-Drs. 19/22848, S. 11 ff.
[43] Dazu *Thiel/Puth*, NVwZ 2023, 305 ff.
[44] Gesetz zur Erprobung von Verfahren eines Registerzensus v. 9.6.2021 (RegZensErpG), BGBl. I S. 1649.
[45] Es bedarf daher anderer Methoden, um eine möglichst realitätsgerechte Ermittlung der Einwohnerzahlen sicherzustellen, etwa den sog. Lebenszeichenansatz; s. *Körner/Krause/Ramsauer*, WISTA (Sonderheft Zensus 2021) 2019, 74 (81); dazu unten S. 191.
[46] *Statistischer Beirat*, Fortentwicklung der amtlichen Statistik – Empfehlungen des Statistischen Beirats für die Jahre 2022 bis 2026 v. 25.10.2021, S. 6.
[47] Vgl. dazu insbesondere die Reformvorschläge von *Kühling*, ZGI 2023, 3 ff.; auf der EU-Ebene hat die Kommission jüngst einen Vorschlag vorgelegt, die VO (EG) Nr. 223/2009 zu reformieren, um dem „tiefgreifenden digitalen Wandel" und dem „neuen Informationsbedarf" Rechnung zu tragen, COM(2023) 402 final v. 10.7.2023.
[48] Dazu etwa *Collesi*, AStA Wirtsch Sozialstat Arch 13 (2019), 203 ff.; *Schüller*, AStA Wirtsch Sozialstat Arch 13 (2019), 297 ff.; zu den Anforderungen an eine Statistikausbildung *Christensen*, AStA Wirtsch Sozialstat Arch 13 (2019), 193 ff.; mit Fokus auf den öffentlichen Diskurs *Radermacher*, SJI 37 (2021), 747 ff.
[49] *Statistischer Beirat*, Fortentwicklung der amtlichen Statistik – Empfehlungen des Statistischen Beirats für die Jahre 2022 bis 2026 v. 25.10.2021, S. 5.

einen die Automatisierung manueller Verarbeitungsschritte, zum anderen aber auch das Erschließen neuer Datenquellen („Internet als Erhebungsraum"), insbesondere durch *Web Scraping*[50]. Neue digitale Daten[51] in den statistischen Produktionsprozess zu integrieren, stellt dabei eine der großen Herausforderungen für die statistischen Ämter dar.

## C. Europäisierung des Datenschutzrechts

Das Datenschutzrecht ist mit der Arbeit der Statistik eng verbunden. Dies verwundert nicht, gilt doch das berühmte Volkszählungsurteil[52] als die „Geburtsstunde" des (verfassungsrechtlichen) Datenschutzes.[53] Mit diesem Urteil hat das BVerfG (1. Senat) das Recht auf informationelle Selbstbestimmung[54] als Ausprägung des Allgemeinen Persönlichkeitsrechts entwickelt. In der Folge schrieb das BVerfG seine Rechtsprechung zum informationellen Selbstbestimmungsrecht stetig fort.[55] In der Entscheidung zum Zensus 2011 hat der 2. Senat die grundrechtlichen Fragen, die mit der Datenverarbeitung im registergestützten Verfahren verbunden sind, zwar angesprochen, aber nicht vertieft. Die Aussagen des Volkszählungsurteils zu den Besonderheiten der statistischen Datenverarbeitung hat der Senat nicht im Ansatz infrage gestellt. In den zehn Randnummern

---

[50] Siehe dazu ausf. unten § 6, S. 198 ff.
[51] Dazu etwa *Wiengarten/Zwick*, WISTA 5/2017, 19 ff.
[52] BVerfGE 65, 1. *Ighreiz et al.*, AöR 145 (2020), 537 ff. zählen das Volkszählungsurteil zum „veränderungsfesten Kanon" bundesverfassungsgerichtlicher Rechtsprechung (ebenda, S. 554); in ihrer empirischen Studie belegt das Urteil Rang 8 der 50 meistzitierten Entscheidungen des BVerfG (amtl. Sammlung der Jahre 1951 bis 2017; ebenda, S. 576).
[53] Krit. dazu bspw. *Schneider*, DÖV 1984, 161 (161): „verfassungsrechtliche Bergpredigt des Datenschutzes"; *Scholz/Pitschas*, Informationelle Selbstbestimmung und staatliche Informationsverantwortung, 1984, S. 12 sehen das Urteil jedoch als „Meilenstein auf dem (auch rechtlich zu verfassenden) Weg in die ‚Zukunft der Informationsgesellschaft'"; positiv auch *Simitis*, NJW 1984, 398 ff.
[54] Krit. zu diesem Begriff bereits die Anm. von *Schneider*, DÖV 1984, 161 (162); s. dazu auch *Nassehi*, Muster – Theorie der digitalen Gesellschaft, 2019, S. 295 („Selbstbestimmung […] im Hinblick auf Informationen kann es schon aus kategorialen Gründen nicht geben"). Vgl. aber auch *Benda*, DuD 1984, 86 (87 f.), der für den „nicht sehr schönen" Begriff um Verständnis bat; es handle sich um eine Kurzformel für das komplexe Geflecht von Rechten und Pflichten, die der Bürger im Hinblick auf das durch Art. 2 GG geschützte Persönlichkeitsrecht im Bereich des neuen Gebietes der elektronischen Datenverarbeitung habe; dem Gericht sei es „trotz intensiver Bemühungen nicht gelungen", für das gleiche Ziel ein besseres Wort zu finden. Vgl. dazu jüngst auch die dogmatische Grundsatzkritik bei *Behrendt*, Entzauberung des Rechts auf informationelle Selbstbestimmung, 2023.
[55] Die Schwerpunkte lagen und liegen aber im Bereich des Polizei- und Sicherheitsrechts; exemplarisch aus der jüngeren Vergangenheit: BVerfGE 150, 244 – Kfz-Kennzeichenkontrollen 2; 155, 119 – Bestandsdatenauskunft II; 156, 11 – Antiterrordateigesetz II; 165, 63 – Elektronische Aufenthaltsüberwachung.

des Maßstabteils verweist er stolze 19 Mal auf das Volkszählungsurteil.[56] Die im Jahr 1983 aufgestellten Maßstäbe gelten damit im Grundsatz unverändert fort.

Verändert hat sich indes der datenschutzrechtliche Rahmen, der – ebenso wie das Statistikrecht[57] – einer fortschreitenden *Europäisierung*[58] unterliegt. Ihren Anfang hat diese Entwicklung schon mit der im Jahr 1995 verabschiedeten Datenschutzrichtlinie (95/46/EG) genommen – der EuGH hat ihr spätestens in seiner ASNEF-Entscheidung grundsätzlich einen vollharmonisierenden Charakter zugesprochen.[59] Die Veränderungen, die die Datenschutz-Grundverordnung[60] seit dem 25.5.2018 mit sich bringt, sind – insbesondere im materiellen Recht – eher „evolutionär" denn „revolutionär".[61] Gleichwohl hat der Rechtsformwechsel von der Richtlinie zur Verordnung (vgl. Art. 288 Abs. 2 und 3 AEUV) einen umfassenden Anpassungsbedarf im mitgliedstaatlichen Recht ausgelöst. Das gilt gleichermaßen für das allgemeine wie für das bereichsspezifische Datenschutzrecht. Dafür legen insbesondere das erste[62] und zweite Datenschutz-Anpassungs- und Umsetzungsgesetz EU[63] Zeugnis ab. Das Bundesstatistikgesetz hat der Gesetzgeber indes noch nicht (ausdrücklich) an das – inzwischen nicht mehr ganz so neue – Datenschutzsekundärrecht angepasst. Für einzelne Fachstatistikgesetze (z.B. für das Steuerstatistikgesetz[64]) hat er immerhin redaktionelle Anpassungen vorgenommen, um zumindest begrifflich Kohärenz herzustellen.

Dabei muss der mitgliedstaatliche Gesetzgeber in den Überschneidungsbereichen (also bei der Verarbeitung *personenbezogener* Daten)[65] darauf achten, dass er unmittelbar geltendes Sekundärrecht nicht einfach wiederholt, um das anvisierte „gleichmäßige[…] und hohe[…] Datenschutzniveau"[66] in der Union nicht zu gefährden (sog. Wiederholungsverbot[67]). Dort, wo der mitgliedstaatliche Ge-

---

[56] BVerfGE 150, 1 (106 ff., Rn. 218 ff.); dazu *Kienle*, ZD 2018, 581 (581).
[57] Siehe für den Zensus 2022 etwa § 1 Abs. 3 Nr. 1 ZensG 2022; allg. wirken z.B. die VO (EU) 2019/1700 (Statistiken über Personen und Haushalte auf der Grundlage von Einzeldaten aus Stichprobenerhebungen) sowie – für Unternehmensstatistiken – die VO (EU) 2019/2152 (umgesetzt durch BGBl. I 2021, S. 266; dazu BT-Drs. 19/24840) auf das mitgliedstaatliche Statistikrecht ein. Zur Unionsstatistik s. unten S. 25.
[58] Statt vieler *Kühling*, Die Europäisierung des Datenschutzrechts, 2014 – passim.
[59] EuGH, Urt. v. 24.11.2011 – C-468/10 u. a., ECLI:EU:C:2011:777, Rn. 29; s. auch *Kühling*, Die Europäisierung des Datenschutzrechts, 2014, S. 11 f.
[60] ABl. 2016 L 119; zur Evaluation s. den Bericht der EU-Kommission v. COM(2020) 264 final.
[61] Siehe *Kühling/Martini*, EuZW 2016, 448 (454).
[62] BGBl. I 2017, S. 2097; Begründung in BT-Drs. 18/11325.
[63] BGBl. I 2019, S. 1626; Begründung in BT-Drs. 19/4674 (mit immerhin 454 Seiten).
[64] BT-Drs. 19/4674, S. 88, 289; Entsprechendes gilt für das Agrarstatistik- und das Energiestatistikgesetz.
[65] Zur Regelungssystematik von Datenschutz- und Statistikrecht unten § 3, S. 81 ff.
[66] EG 10 S. 1 DSGVO.
[67] Siehe dazu bspw. *Kühling et al.*, Die Datenschutz-Grundverordnung und das nationale Recht, 2016, S. 6 ff.

setzgeber indes noch Recht setzen darf, ja ggf. sogar muss, stellt sich die Frage, ob das deutsche Recht auf informationelle Selbstbestimmung weiterhin tauglicher Prüfungsmaßstab ist. Oder kommt das nächste „Volkszählungsurteil", um einen Aufsatztitel von *Indra Spiecker gen. Döhmann* und *Markus Eisenbarth* aufzugreifen, „nun durch den EuGH"[68]?

## D. Stand der rechtswissenschaftlichen Forschung

Die Verbindung von „Datenschutz" und „amtlicher Statistik" hat in der Rechtswissenschaft bislang vergleichsweise wenig Beachtung gefunden. Einschlägige Monographien aus diesem Themenbereich sind rar: Im Jahr 1990 hat *Otto Ziegler* eine grundlegende Studie zum Verhältnis von „Statistikgeheimnis und Datenschutz" vorgelegt.[69] Wenige Jahre später untersuchte *Holger Poppenhäger*, welche Vorgaben sich aus dem Recht auf informationelle Selbstbestimmung für die Übermittlung und Veröffentlichung statistischer Daten ergeben (1995).[70] Beide Arbeiten nehmen eine verfassungsrechtliche Perspektive ein, die aufgrund der fortschreitenden Europäisierung des Datenschutzrechts zwar nicht gänzlich „überholt", aber zumindest unvollständig[71] ist. Das europäische Sekundärrecht, namentlich die Datenschutz-Grundverordnung, gibt nunmehr die Regeln für die Datenverarbeitung zu statistischen Zwecken vor. Bislang fehlt es an einer grundlegenden Untersuchung, die die datenschutzrechtlichen Vorschriften für die amtliche Statistik in systematischer Weise erfasst und im Zusammenwirken mit dem (Bundes)Statistikrecht aufzeigt. Aufgrund der weitgehend parallelen Regelungstechnik[72] lässt sich zwar durchaus Anleihe bei Arbeiten aus dem Themengebiet „Forschungsdatenschutz" nehmen: Das gilt insbesondere für die Aufsätze von *Alexander Roßnagel*[73] („Datenschutz in der Forschung") und *Thilo Weichert*[74] („Die Forschungsprivilegierung in der DS-GVO") sowie für den Beitrag von *Sebastian Golla* im „Handbuch Europäisches und deutsches Datenschutzrecht".[75] Die Verarbeitung zu statistischen Zwecken weist indes Besonderheiten auf, die

---

[68] *Spiecker gen. Döhmann/Eisenbarth*, JZ 2011, 169.
[69] *Ziegler*, Statistikgeheimnis und Datenschutz, 1990 – passim.
[70] *Poppenhäger*, Die Übermittlung und Veröffentlichung statistischer Daten im Lichte des Rechts auf informationelle Selbstbestimmung, 1995 – passim; s. ferner *Poppenhäger*, in: Roßnagel (Hrsg.), Handbuch Datenschutzrecht, 2003, S. 1622 ff.
[71] Zur Anwendbarkeit der nationalen Grundrechte s. unten S. 165 ff.
[72] Vgl. Art. 89 Abs. 1 DSGVO; dazu unten S. 219 ff.
[73] ZD 2019, 157.
[74] ZD 2020, 18; s. auch *Weichert*, FS Roßnagel, 2020, S. 419 ff.
[75] *Golla*, in: Specht/Mantz (Hrsg.), Handbuch Europäisches und deutsches Datenschutzrecht, 2019, § 23. Ein entsprechendes Kapitel „Datenschutz in der amtlichen Statistik" fehlt jedoch in diesem Handbuch (anders im „Handbuch Datenschutzrecht" von *Roßnagel* aus dem Jahr 2003, s. Einl. Fn. 70).

bei der Rechtsauslegung und -anwendung (z. B. bei der Frage, ob ein Betroffenenrecht den Statistikzweck unmöglich macht oder ernsthaft gefährdet[76]) unbedingt zu berücksichtigen sind. Ein Blick auf das Statistikrecht, das in der (Verwaltungs-)Rechtswissenschaft bislang „eher vernachlässigt"[77] wurde, unterstreicht die hier identifizierte Forschungslücke. *Jürgen Kühling* hofft gar „auf ein Ende der stiefmütterlichen Behandlung der statistischen Ordnung in der Rechtswissenschaft".[78] Das sollte etwa für die – aus datenschutzrechtlicher Perspektive besonders relevante – Regelung zur statistischen Geheimhaltung (§ 16 BStatG)[79] gelten. Auch andere Normen wie das strafbewehrte Verbot der Reidentifizierung (§§ 21 f. BStatG) hat die Rechtswissenschaft bislang allenfalls „stiefmütterlich" behandelt, obgleich der dahinterliegende Rechtsgedanke (in der Diskussion findet sich teils auch der Topos „Verbot der Deanonymisierung") als grundrechtliche Sicherung zunehmend Bedeutung erlangt.[80]

## E. Gegenstand der Untersuchung

Diese Untersuchung nimmt die Perspektive des europäischen Datenschutzrechts ein. Sie stellt die sekundärrechtlichen Vorgaben für die *Datenverarbeitung zu statistischen Zwecken* erstmals systematisch dar und versucht dabei insbesondere, die vielfältigen Interdependenzen herauszuarbeiten. Hierbei zeigt sie mitgliedstaatliche Gestaltungsspielräume auf, die das Unionsrecht durch ihre sog. Öffnungsklauseln gewährt. Die Reichweite dieser Öffnungsklauseln bestimmt auch zu einem Gutteil darüber, ob und inwieweit das nationale Statistikrecht in seiner gegenwärtigen Fassung einer Anpassung und Modifikation bedarf.

Die Untersuchung beschränkt sich auf die *Bundesstatistik*. Die Landes- und Kommunalstatistik ist insoweit anzusprechen, als es darum geht, die Bundesstatistik im föderativ gegliederten Gesamtsystem der amtlichen Statistik (sog. Statistischer Verbund) zu verorten. Ähnliches gilt für das europäische Statistikrecht, das hier ebenfalls nur punktuell Erwähnung finden soll – insbesondere um Unterschiede, aber auch Parallelen zum Recht der Bundesstatistik aufzuzeigen.

Auf dieser Normebene kommt dem Bundesstatistikgesetz herausragende Bedeutung zu. Es bildet eine(n) normative(n) „Klammer" bzw. „Rahmen" für die Durchführung von Bundesstatistiken.[81] Die allgemeinen Vorgaben, die dieses

---

[76] Siehe z. B. Art. 89 Abs. 2 DSGVO und § 27 Abs. 2 S. 1 BDSG, dazu ausf. unten S. 435 ff.
[77] So das Resümee von *Ladeur*, in: Voßkuhle/Eifert/Möllers (Hrsg.), GVerwR, 3. Aufl., 2022, § 21 Rn. 84.
[78] *Kühling*, ZGI 2023, 3 (11).
[79] Siehe unten S. 284 ff. Reformvorschläge finden sich bei *Kühling*, ZGI 2023, 3 (9 f.).
[80] Siehe dazu unten S. 345 ff.
[81] *Dorer/Mainusch/Tubies*, Bundesstatistikgesetz, 1988, Vorwort V; unpassend ist es jedoch, das BStatG als „Grundgesetz[…] der amtlichen Statistik zu bezeichnen" (ebenda, Vor

Gesetz aufspannt, werden durch die zahlreichen Fachstatistikgesetze ergänzt und konkretisiert. Als Beispiel zieht die Untersuchung insbesondere das Zensusgesetz 2022 heran: Denn laut der Bundesregierung stellt der Zensus den „Grundpfeiler des statistischen Gesamtsystems in Deutschland"[82] dar. Als Beispiel ist dieses Fachstatistikgesetz aber auch deshalb von besonderem Interesse, weil der Gesetzentwurf für sich in Anspruch nimmt, die vorgesehenen datenschutzrechtlichen Bestimmungen entsprächen nicht nur den Anforderungen des Grundgesetzes, des Bundesstatistikgesetzes und des Bundesdatenschutzgesetzes, sondern auch jenen der europäischen Datenschutz-Grundverordnung.[83]

Fragen des Datenzugangs – insbesondere solche im Verhältnis *Business to Government (B2G)*[84] – behandelt diese Arbeit nicht. Die damit verbundenen Rechtsfragen sind vielfältig, dem Datenschutzrecht aber gewissermaßen vorgelagert. Die Arbeit setzt ein „Datenzugangsrecht" der amtlichen Statistik daher voraus.

## F. Gang der Untersuchung

Die Arbeit gliedert sich in vier Teile.

Der *erste* Teil führt in die Grundlagen der Bundesstatistik ein. In § 1 geht es zunächst darum, den Begriff der „Bundesstatistik" zu bestimmen, um den Gegenstand dieser Untersuchung festzulegen. Da die Organisation der Bundesstatistik unmittelbaren Einfluss auf die datenschutzrechtlichen Akteure hat, ist zu skizzieren, wie die Aufgaben innerhalb des Statistischen Verbunds (insbesondere zwischen den statistischen Ämtern des Bundes und der Länder) verteilt sind und in welchen Fällen diese zusammenarbeiten. Sodann werden die Grundsätze der

---

§ 1 Rn. 1). Gleichwohl ist dem BStatG eine gewisse „Leitfunktion" (krit. dazu in Bezug auf das BDSG a. F. *Simitis*, in: ders. (Hrsg.), BDSG, 7. Aufl., 2014, § 1 BDSG a. F. Rn. 2) für die Landesstatistikgesetze nicht abzusprechen. Die Landesgesetzgeber orientieren sich nicht selten an dem bundesrechtlichen Vorbild, wie etwa die Beispiele LStatG NRW (vgl. LT-Drs. 17/5197, S. 27) und BbgStatG (LT-Drs. 7/407, S. 1) zeigen.

[82] Siehe BT-Drs. 19/8693, S. 1.
[83] So BT-Drs. 19/8693, S. 26.
[84] Die EU-Kommission setzte eine „High-Level Expert Group on Business-to-Government Data Sharing" ein, die Anfang 2020 ihren Abschlussbericht („Towards a European strategy on business-to-government data sharing for the public interest") vorgelegt hat. Dieser hat sodann Eingang in die im Februar 2020 veröffentlichte „Datenstrategie" der Kommission gefunden, die u. a. die Bedeutung des Datenzugangs für die amtliche Statistik betont, COM(2020) 66 final, S. 9. Der Entwurf für einen „Data Act" (zu Deutsch: „Datengesetz") sieht denn auch Privilegierungen für die Arbeit der statistischen Ämter vor, s. insbes. Art. 21 Abs. 1 i. V. m. EG 58 S. 3, 68 S. 2 (z. B. rechtzeitige Erstellung einer amtlichen Statistik als „außergewöhnliche Notwendigkeit", die eine Datenbereitstellungspflicht des Unternehmens begründen kann; privilegierte Weitergabe erlangter Daten, um amtliche Statistiken zu erstellen), COM(2022) 68 final. – Siehe dazu nunmehr auch COM(2023) 402 final, S. 20 ff.

Bundesstatistik (z. B. Neutralität, Objektivität und Unabhängigkeit) dargestellt, die die Arbeit und damit auch die Datenverarbeitung der statistischen Ämter insgesamt anleiten. Unter § 2 stellt die Arbeit das Geschäftsprozessmodell Amtliche Statistik (GMAS) in seinen Grundzügen dar und ordnet es rechtlich ein. Dieser Abschnitt soll zeigen, wie eine Bundesstatistik entsteht und welche Phasen sie – von der Bestimmung des Bedarfs bis hin zur Evaluation der Prozesse – typischerweise durchläuft. Dies ist schon deshalb angezeigt, weil das Datenschutzrecht stets an den einzelnen Verarbeitungsvorgang anknüpft und insoweit dem Konzept der Phasenregulierung folgt.[85] § 3, der den ersten Teil abschließt, befasst sich mit der Systematik des Datenschutzrechts in der Mehrebenenordnung. Im Zentrum steht mithin die Frage: Wann gilt welcher Rechtsakt – und auf welcher Normebene? Dabei gilt es, das nationale Statistikrecht als „bereichsspezifisches Datenschutzrecht" in das komplexe Regelungsgeflecht im Mehrebenensystem zu integrieren.

Auf diesen begrifflichen und systematischen Grundlagen baut der *zweite Teil* auf. Er stellt – dem Ansatz des europäischen Datenschutzrechts („Verbot mit Erlaubnisvorbehalt") folgend – umfassend dar, welche Rechtsgrundlagen die statistischen Ämter für die Verarbeitung personenbezogener Daten heranziehen können. Dabei folgt diese Arbeit der im Primärrecht (vgl. Art. 8 Abs. 2 S. 1 GRCh) angelegten Dichotomie und unterscheidet zwischen der Einwilligung (§ 4) und den gesetzlichen Befugnisnormen (§ 5). Über die Öffnungsklauseln, die für die gesetzlichen Verarbeitungsbefugnisse bestehen, lassen sich die Rechtsgrundlagen des Fachstatistikrechts in das europäische Datenschutzsekundärrecht einbetten. Ein besonderes Augenmerk liegt schließlich auf der Verarbeitung öffentlicher bzw. allgemein zugänglicher Daten (§ 6), denen im Kontext der amtlichen Statistik – wie das teilweise bereits eingesetzte *Web Scraping* zeigt – immer größere Bedeutung zukommt.

Der *dritte* Teil widmet sich sodann speziell der Verarbeitung personenbezogener Daten zu statistischen Zwecken. Dieser Teil bildet gleichsam das Herzstück der Untersuchung. In § 7 versucht die Arbeit, dem weit definierten Begriff der „Statistik" Konturen zu verleihen. In welchen Fällen kann sich der Verantwortliche auf die Sondervorschriften zur Statistik berufen? Anders gefragt: Was versteht das europäische Datenschutzrecht unter „Statistik"? Damit ist die Frage verknüpft, welchen geeigneten Garantien (§ 8) die Datenverarbeitung unterliegen muss. Diese Sicherungsvorkehrungen sind in ihrer Systematik aufzufächern und mit den Anforderungen zu vergleichen, die die deutsche Verfassungsrechtsprechung im Zusammenhang mit dem Recht auf informationelle Selbstbestimmung entwickelt hat. Die Garantien bieten dann wiederum die Voraussetzung dafür, dass der Verantwortliche in den Genuss der unionsrechtlichen Privilegie-

---

[85] *Albers*, in: Voßkuhle/Eifert/Möllers (Hrsg.), GVerwR, 3. Aufl., 2022, § 22 Rn. 82: „problemorientierte Steuerung von Verarbeitungsphasen".

rungen kommt (sog. Statistikprivileg; § 9). Auch insoweit sind die Gemeinsamkeiten und Unterschiede mit der Rechtsprechung des BVerfG darzustellen.

Im *vierten* – und letzten – Teil wagt die Untersuchung einen Ausblick: Wohin entwickelt sich die amtliche Statistik in Deutschland und Europa? So skizziert § 10 die datenschutzrechtlichen Herausforderungen, die sich für die (europäische) Statistik auf ihrem Transformationsprozess hin zu sog. *Trusted Smart Statistics* ergeben. Dabei handelt es sich um ein entwicklungsoffenes Konzept, dessen Rahmenbedingungen in den Jahren 2021 und 2022 in einem europäischen Forschungsprojekt („ESSnet Smart Surveys") untersucht worden sind. Dieses Konzept hat das Potenzial, die Arbeitsweise der amtlichen Statistik innerhalb der Europäischen Union – und somit auch die der Bundesstatistik – nachhaltig zu verändern. Damit stellt sich insbesondere die Frage, ob das Datenschutzrecht dieser Fortentwicklung (die manche gar als „Paradigmenwechsel"[86] bezeichnen) entgegensteht.

Die Untersuchung schließt mit einer Zusammenfassung der wesentlichen Ergebnisse.

---

[86] Vgl. *Ricciato et al.*, SJI 35 (2019), 589 (592).

Erster Teil

# Grundlagen der Bundesstatistik

## § 1. Die Bundesstatistik: Anwendungsbereich, Organisation, Grundsätze

Der Begriff „Statistik" findet im Grundgesetz nur an zwei Stellen Verwendung. Art. 136 Abs. 3 S. 2 WRV i. V. m. Art. 140 GG sieht eine Ausnahme vom sog. religiösen Schweigerecht[1] („Niemand ist verpflichtet, seine religiöse Überzeugung zu offenbaren"[2]) vor: Die Behörden haben u. a. das Recht, nach der Zugehörigkeit zu einer Religionsgesellschaft zu fragen, wenn „eine gesetzlich angeordnete *statistische Erhebung* dies erfordert".[3] Diese Schranke der negativen Bekenntnisfreiheit, also das Recht, „zu verschweigen, daß und was man glaubt oder nicht glaubt"[4], sagt indes noch nichts darüber aus, wer im föderalen Bundesstaat für den Erlass des Gesetzes zuständig ist. Dies bestimmt Art. 73 Abs. 1 Nr. 11 GG: Danach hat der Bund die *ausschließliche Gesetzgebungskompetenz* für „die Statistik für Bundeszwecke". Dieser Kompetenztitel bildet den verfassungsrechtlichen Anknüpfungspunkt, um die Bundesstatistik von der Landes- und Kommunalstatistik abzugrenzen und den Untersuchungsgegenstand dieser Arbeit zu beschreiben. In diesem Rahmen ist auch zu klären, was das Grundgesetz unter „Statistik" versteht (dazu A.). Bundesstatistiken durchzuführen, obliegt dem Statistischen Bundesamt nicht allein. Weil daran datenschutzrechtliche Fragen – insbesondere zur Verantwortlichkeit – anknüpfen, wird unter B. skizziert, wie sich die Aufgaben zwischen den statistischen Ämtern des Bundes und der Länder verteilen und inwieweit sie im Statistischen Verbund zusammenarbeiten. Die sog. Grundsätze der Bundesstatistik, die den statistischen Produktionsprozess insgesamt anleiten und dabei – mal mehr, mal weniger – Einfluss auf datenschutzrechtliche Fragen nehmen, schließen das Kapitel ab (dazu D.).

---

[1] Nach *Korioth*, in: Dürig/Herzog/Scholz (Hrsg.), GG, 42. EL (Feb. 2003), Art. 136 WRV Rn. 72 sei der Begriff „Freiheit von Offenbarungszwang" treffender.

[2] Art. 136 Abs. 3 S. 1 WRV i. V. m. Art. 140 GG.

[3] Hervorhebung d. Verf.; zu dieser Schranke *Korioth*, in: Dürig/Herzog/Scholz (Hrsg.), GG, 42. EL (Feb. 2003), Art. 136 WRV Rn. 101 f.

[4] BVerfGE 12, 1 (4); s. dazu *Morlok*, in: Dreier (Hrsg.), GG, Bd. III, 3. Aufl., 2018, Art. 136 WRV Rn. 21.

## A. Gesetzgebungskompetenz: „Statistik für Bundeszwecke"

Art. 73 Abs. 1 Nr. 11 GG verleiht dem Bund die ausschließliche Gesetzgebung über die Statistik (dazu I.), allerdings nur „für Bundeszwecke" (dazu II.). Dabei handelt es sich – anders als beim Datenschutz[5] – um eine „positivierte Annexkompetenz"[6]. Das geht aus der Entstehungsgeschichte der Norm hervor. Die Kompetenz, die Art. 73 Abs. 1 Nr. 11 GG normiert, ist in der deutschen Verfassungsgeschichte ohne Vorbild.[7] Im Parlamentarischen Rat war der Kompetenztitel denn auch nicht unumstritten. Die Bundesstatistik, so hieß es dort[8], gehöre nicht in den Katalog, sei aber zumindest überflüssig. Sie stehe in einem Sachzusammenhang mit der Materie, die dem Bund andernorts zugeschlagen ist. Der Bund müsse selbstverständlich auch Fragen der Statistik regeln können, soweit sie für die jeweilige Sachmaterie erforderlich sind. In diesen Stellungnahmen kommt der Grundgedanke der Annexkompetenz zum Ausdruck: Der Bund kann zu einem bestimmten, selbstständigen Sachbereich auch punktuelle Annexregelungen treffen, sofern diese in einem notwendigen Zusammenhang mit der in der Zuständigkeit des Bundes liegenden Materie stehen und daher für den wirksamen Vollzug der Bestimmungen erforderlich sind.[9] Die Zuständigkeit für die Bundesstatistik ergebe sich, so der damalige Berichterstatter *Walter Strauß*, aus den jeweiligen anderen Zuständigkeiten „von selbst"[10], sie ist – mit anderen Worten – bei der jeweiligen Bundeskompetenz „stillschweigend mitgeschrieben"[11]. Dieser Ansicht wurde jedoch entgegengehalten, dass man den Bund nicht nur auf diejenigen statistischen Aufgaben beschränken sollte, die zu seiner gesetzlichen Zuständigkeit gehörten. Da es nicht Sache der Länder sein dürfe, Vorschriften über die „Bundesstatistik" zu erlassen, hat sich der Parlamentarische Rat letztlich dazu entschlossen, die „Statistik für Bundeszwecke" in den Katalog der ausschließlichen[12]

---

[5] Dazu statt vieler *Simitis*, in: ders. (Hrsg.), BDSG, 7. Aufl., 2014, § 1 BDSG a. F. Rn. 1 ff.
[6] So *Heintzen*, in: von Mangoldt/Klein/Starck (Hrsg.), GG, 7. Aufl., 2018, Art. 73 Rn. 123; *Höfling/Engels*, in: Friauf/Höfling (Hrsg.), Berliner Kommentar GG, 24. EL (Aug. 2008), Art. 73 Abs. 1 Nr. 11 Rn. 1. Vgl. auch *Fuß*, AöR 44 (1958), 383 (405 f.).
[7] *Uhle*, in: Dürig/Herzog/Scholz (Hrsg.), GG, 58. EL (April 2010), Art. 73 Rn. 256; *Höfling/Engels*, in: Friauf/Höfling (Hrsg.), Berliner Kommentar GG, 24. EL (Aug. 2008), Art. 73 Abs. 1 Nr. 11 Rn. 1.
[8] Siehe *Schneider*, Das Grundgesetz – Dokumente seiner Entstehung, Band 17, 2007, S. 1053.
[9] Siehe nur BVerfGE 109, 190 (215).
[10] *Schneider*, Das Grundgesetz – Dokumente seiner Entstehung, Band 17, 2007, S. 1053.
[11] *Uhle*, in: Dürig/Herzog/Scholz (Hrsg.), GG, 58. EL (April 2010), Art. 73 Rn. 256.
[12] Neben der vorgelagerten Frage, ob man die Statistikkompetenz überhaupt positiv-rechtlich festschreiben müsse, wurde darüber diskutiert, ob das Gesetzgebungsrecht für die Bundesstatistik der ausschließlichen oder der konkurrierenden Gesetzgebungsbefugnis zuzuordnen sei, vgl. *Schneider*, Das Grundgesetz – Dokumente seiner Entstehung, Band 17, 2007, S. 1054 ff.; s. ferner § 1 Fn. 57.

Gesetzgebungsbefugnisse aufzunehmen.[13] Die Reichweite dieser Bundeskompetenz bestimmt dann zugleich den Kompetenzbereich der Länder – die Abgrenzung wird insbesondere dort bedeutsam, wo sich Bundes- und Landeszwecke überschneiden (dazu III.).

## I. Verfassungsrechtlicher Begriff der Statistik

Das Grundgesetz definiert und konkretisiert den Begriff „Statistik" nicht – es setzt ihn vielmehr voraus.[14] Das BVerfG versteht unter Statistik i. S. d. Art. 73 Abs. 1 Nr. 11 GG die „Erhebung, Sammlung, Darstellung und Auswertung von Daten und Fakten im Wege methodischen Vorgehens für staatliche Zwecke".[15] Dabei ist klarzustellen, dass sich der verfassungsrechtliche Statistikbegriff nicht auf „Fakten" (also Tatsachen, die dem Beweis zugänglich, wahr oder unwahr sind) beschränkt. Die amtliche Statistik vermag – bis zur Grenze der „verwaltungstechnischen ‚Entpersönlichung'" (Art. 1 Abs. 1 GG)[16] – auch das „Innere" des Menschen statistisch zu vermessen. Die Statistik erfasst mithin ebenso „innere[...] Tatsachen und Vorgänge" wie politische Wertungen und Meinungen der Bürger.[17] Demnach können z. B. auch amtliche Meinungsumfragen, etwa vor politischen Wahlen, „Statistik" im verfassungsrechtlichen Sinne sein.[18]

Die Statistik sei, so das BVerfG, nur eine „Registrierung ohne Beeinflussung der zu registrierenden beeinflußbaren Verhältnisse".[19] Gemeint ist: Ihr darf nicht die Absicht innewohnen, politische Aktionen zu bewirken; begrifflich erschöpft sich die Statistik vielmehr darin, die erforderlichen Daten zu erheben,

---

[13] *Parlamentarischer Rat* (Zuständigkeitsausschuß), StenProt. der 9. Sitzung v. 7.10.1948, S. 53 f. sowie Kurzprot. der 9. Sitzung, Drs. PR 10.48 – 184, S. 6, jeweils abgedruckt bei *Schneider*, Das Grundgesetz – Dokumente seiner Entstehung, Band 17, 2007, S. 1060.

[14] *Höfling/Engels*, in: Friauf/Höfling (Hrsg.), Berliner Kommentar GG, 24. EL (Aug. 2008), Art. 73 Abs. 1 Nr. 11 Rn. 6.

[15] BVerfGE 150, 1 (79, Rn. 144). Der 2. Senat macht sich insofern die Definitionsversuche in der Kommentarliteratur zu eigen; er verweist namentlich auf *Kunig*, *Wittreck* und *Heintzen*. So schreibt *Kunig*, in: Münch/Kunig (Hrsg.), GG, 6. Aufl., 2012, Art. 73 Rn. 47 (Vorauflage): „Grob formuliert bedeutet Statistik die Erhebung, Sammlung, Darstellung und Auswertung von Daten und Fakten im Wege eines methodischen Vorgehens"; nach *Wittreck*, in: Dreier (Hrsg.), GG, Bd. II, 3. Aufl., 2015, Art. 73 Rn. 79 wird Statistik „als methodische Erhebung, Darstellung und Auswertung von Daten und Fakten umschrieben"; ebenso *Heintzen*, in: von Mangoldt/Klein/Starck (Hrsg.), GG, 7. Aufl., 2018, Art. 73 Rn. 121, demzufolge (dort Fn. 388) diese Begriffsbestimmung „wohl" auf *von Münch*, in: ders., GG, 2. Aufl. 1983, Art. 73 Rn. 70 zurückgehe. – Zum datenschutzrechtlichen Statistikbegriff ausf. unten S. 221 ff.

[16] BVerfGE 27, 1 (7).

[17] BVerfGE 8, 104 (111).

[18] Ebenso *Höfling/Engels*, in: Friauf/Höfling (Hrsg.), Berliner Kommentar GG, 24. EL (Aug. 2008), Art. 73 Abs. 1 Nr. 11 Rn. 7; *Schwartmann*, in: Kahl/Waldhoff/Walter (Hrsg.), Bonner Kommentar GG, 203. EL (April 2020), Art. 73 Abs. 1 Nr. 11 Rn. 8.

[19] Siehe BVerfGE 8, 104 (111).

aufzubereiten und darzustellen.[20] Es handelt sich um einen „rezeptive[n] Vorgang"[21]. Der Kompetenztitel des Art. 73 Abs. 1 Nr. 11 GG endet mithin dort, wo die Statistik ihren dienenden Charakter verlässt und gleichsam zu fordern beginnt. So waren etwa die Volksbefragungen über Atomwaffen in Hamburg und Bremen im Jahr 1958, die „,offensichtlich' politischen Druck" erzeugen sollten, keine „Gesetze über Statistik".[22] Dient eine Befragung (oder eine andere Form der Erhebung) unmittelbar politischen Zwecken,[23] handelt es sich *nicht* um eine Statistik im verfassungsrechtlichen Sinne. Kurzum: Die Statistik dient, fordert aber nicht.[24] Sie ergreift nicht selbst Partei.[25]

Die Wendung „im Wege methodischen Vorgehens" deutet darauf hin, dass der Kompetenztitel nur ein Vorgehen *lege artis*[26] genügen lässt. Dann erfasste der Titel nur jene Statistiken, die nach den „Regeln der Kunst", mithin nach wissenschaftlich anerkannten Methoden entstanden sind. Das einfache Recht weist diese Aufgabe dem Statistischen Bundesamt ohnedies zu (s. nur § 1 S. 2 und 3 BStatG). Angesprochen sind damit allen voran die Grundsätze[27] und Qualitätsstandards, die (teilweise) gesetzlich verankert sind und zu denen sich die statistischen Stellen selbst verpflichtet haben. Die Verletzung dieser Standards, etwa des Verhaltenskodexes für europäische Statistiken (engl.: *Code of Practice*)[28], vermag den kompetenzrechtlichen Statistikbegriff indes nicht einzuschränken. Denn eine Statistik, die bundesgesetzlich angeordnet wird und abstrakt gesehen der Kompetenznorm entspricht, kann nicht dadurch formell verfassungswidrig *werden*, dass die mit der Statistik betrauten Stellen nicht diejenigen Regelwerke beachten, die sich selbst aufgegeben haben. Die (konkrete) *Durchführung* des

---

[20] Vgl. BVerfGE 8, 104 (111), dort aber mit der zu engen Formulierung, die Statistik erschöpfe sich begrifflich „in der Erhebung des Tatsachenmaterials".
[21] *Schwartmann*, in: Kahl/Waldhoff/Walter (Hrsg.), Bonner Kommentar GG, 203. EL (April 2020), Art. 73 Abs. 1 Nr. 11 Rn. 9.
[22] So BVerfGE 8, 104 (111). Das BVerfG erklärte die Gesetze in Hamburg und Bremen für nichtig.
[23] Vgl. auch *Höfling/Engels*, in: Friauf/Höfling (Hrsg.), Berliner Kommentar GG, 24. EL (Aug. 2008), Art. 73 Abs. 1 Nr. 11 Rn. 7 („dem politischen Willensbildungsprozess zugehörig"). Ausf. dazu *Fuß*, AöR 44 (1958), 383 ff., der dem BVerfG nur im Ergebnis, nicht aber in der Begründung folgt.
[24] A.A. *Pestalozza*, in: von Mangoldt/Klein/Pestalozza (Hrsg.), 3. Aufl., 1996 (Altauflage), Art. 73 Rn. 712 (dort Fn. 914); zweifelnd *Daleki*, JZ 1983, 60 (61).
[25] *Radermacher*, AStA Wirtsch Sozialstat Arch 11 (2017), 65 (67), der hinzufügt, Statistiken seien ein politisches Element, nicht eine Politik in sich selbst.
[26] Vgl. dazu *Uhle*, in: Dürig/Herzog/Scholz (Hrsg.), GG, 58. EL (April 2010), Art. 73 Rn. 257 m.w.N.
[27] Siehe unten C., S. 41 ff.
[28] *Verhaltenskodex für europäische Statistiken*, Für die nationalen statistischen Ämter und Eurostat (statistisches Amt der EU), 2017.

Gesetzes bestimmt somit nicht über die Reichweite der Kompetenz, auf der es fußt.[79] Die Erlassebene ist von der Vollzugsebene zu trennen.

Art. 73 Abs. 1 Nr. 11 GG erfasst allein die *amtliche* Statistik. Das bringt das BVerfG mit den Worten „für staatliche Zwecke" zum Ausdruck. Indes sagt der Begriff „Statistik" nach dem allgemeinen Sprachgebrauch für sich genommen nichts darüber aus, wer sie durchführt und welchen Zwecken sie dient.[30] Die vom BVerfG verwendete Definition („für staatliche Zwecke") ist dann redundant, wenn man die Kompetenznorm als Ganzes liest, nämlich mit dem Zusatz „für Bundeszwecke" (dazu sogleich unter II.). Der Wortlaut stellt klar, dass Nr. 11 nur die amtliche Statistik meint. Die historische Auslegung unterstreicht diese Lesart: So beziehen die Dokumente zur Entstehungsgeschichte[31] – soweit ersichtlich – an keiner Stelle die *private* Statistik mit ein. Sie stellen nurmehr auf die „Bundesstatistik" ab, deren Verhältnis insbesondere zur Landesstatistik streitig beraten worden ist. Stets ging es aber um die Statistik *des Staates*. Vor diesem Hintergrund fällt etwa die Tätigkeit privater Meinungsforschungsinstitute (z. B. Demoskopie) nicht darunter.[32] Dies bedarf indes einer Einschränkung: Private können eine Statistik auch *im Auftrag*[33] des Staates durchführen.[34] Somit erfasst die Kompetenznorm gleichermaßen die statistische Tätigkeit privater Institute, wenn und soweit sie im staatlichen Auftrag tätig werden.[35]

## II. Für Bundeszwecke: objektive Bundesaufgabe(n)

Statistiken verfolgen keinen Selbstzweck. Sie haben „dienenden Charakter".[36] Das Grundgesetz bringt diese Funktion auch im Normtext des Art. 73 Abs. 1 Nr. 11 GG zum Ausdruck: Damit der Bund eine ausschließliche Gesetzgebungs-

---

[29] Ebenso *Uhle*, in: Dürig/Herzog/Scholz (Hrsg.), GG, 58. EL (April 2010), Art. 73 Rn. 257: ordnungsgemäße Durchführung sei kein konstitutives Kriterium.

[30] Zutreffend *Pestalozza*, in: von Mangoldt/Klein/Pestalozza (Hrsg.), 3. Aufl., 1996 (Altauflage), Art. 73 Rn. 709 („Das Wort ‚Statistik' sagt nichts über ihren Träger aus.").

[31] Abgedruckt bei *Schneider*, Das Grundgesetz – Dokumente seiner Entstehung, Band 17, 2007, S. 1040 ff.

[32] Siehe z. B. *Schwartmann*, in: Kahl/Waldhoff/Walter (Hrsg.), Bonner Kommentar GG, 203. EL (April 2020), Art. 73 Abs. 1 Nr. 11 Rn. 13.

[33] Datenschutzrechtlich sind sie i. d. R. Auftragsverarbeiter gem. Art. 28 DSGVO, ausf. S. 498 ff.

[34] Dazu bereits *Pestalozza*, in: von Mangoldt/Klein/Pestalozza (Hrsg.), 3. Aufl., 1996 (Altauflage), Art. 73 Rn. 709, der zugleich darauf hinweist, dass diejenigen Stimmen, die „private Meinungsforscher" ausschließen, sicher an die dächten, die nicht im amtlichen Auftrag „forschen".

[35] Ebenso *Höfling/Engels*, in: Friauf/Höfling (Hrsg.), Berliner Kommentar GG, 24. EL (Aug. 2008), Art. 73 Abs. 1 Nr. 11 Rn. 8; *Heintzen*, in: von Mangoldt/Klein/Starck (Hrsg.), GG, 7. Aufl., 2018, Art. 73 Rn. 121; zu den Grenzen der Privatisierung unten S. 510 ff.

[36] Erstmals: BVerfGE 8, 104 (111) – Volksbefragung; vgl. auch BVerfGE 65, 1 (39); 150, 1 (79 f., Rn. 147).

befugnis für sich in Anspruch nehmen kann, muss die Statistik „Bundeszwecke[n]"[37] dienen. Dem Kompetenztitel ist ein finales Element („*für* Bundeszwecke"[38]) eingeschrieben. Der Begriff „Bundeszweck" ist weit zu verstehen. Er umfasst alle *objektiven*[39] *Bundesaufgaben*. Das Grundgesetz enthält hier eine „verdeckte Verweisung"[40] auf diejenigen Staatsaufgaben, die (nur) der Bund erfüllen darf. Diese sind indes mannigfaltig. Sie beschränken sich insbesondere nicht auf das Gebiet der Gesetzgebungskompetenz[41]. Vielmehr sind auch Verwaltungs- und Finanzierungsaufgaben erfasst.[42] Die verschiedenen Bundesaufgaben lassen sich kumulieren. Der Wortlaut des Art. 73 Abs. 1 Nr. 11 GG verwendet insofern ganz bewusst den Plural („Bundeszwecke"). Diese Auslegung entspricht auch dem Wesen der Statistik, d.h. ihrem typischerweise multifunktionalen Charakter.[43] Stets muss es sich jedoch um eine Aufgabe des *Bundes* handeln. Gemeinschaftsaufgaben[44] (vgl. Art. 91a Abs. 1 GG) genügen nicht: Denn eine Gemeinschaftsaufgabe ist keine Bundesaufgabe. Und auch der Zweck, eine unionsrechtliche Übermittlungspflicht zu erfüllen (vgl. z.B. § 1 Abs. 3 Nr. 1 ZensG 2022), begründet noch keine Bundeskompetenz.[45] Das Unionsrecht[46] richtet etwaige Berichtspflichten an den Mitgliedstaat, nicht an eine bestimmte

---

[37] Ausf. dazu *Pestalozza*, in: von Mangoldt/Klein/Pestalozza (Hrsg.), 3. Aufl., 1996 (Altauflage), Art. 73 Rn. 711 ff., der dabei zwischen „Erkenntnis-Zweck" und „Erkenntnisfolgen-Zweck" unterscheidet.

[38] Hervorhebung d. Verf.; vgl. dazu auch *Kühling*, in: ders. (Hrsg.), BStatG, 2023, Einl. Rn. 16.

[39] BVerfGE 150, 1 (79, Rn. 144). Auf die subjektive Vorstellung des Gesetzgebers kommt es insoweit nicht an; a.A. noch *Daleki*, JZ 1983, 60 (62).

[40] *Daleki*, JZ 1983, 60 (62).

[41] *Pestalozza*, in: von Mangoldt/Klein/Pestalozza (Hrsg.), 3. Aufl., 1996 (Altauflage), Art. 73 Rn. 717 ff. beschränkt die Reichweite des Kompetenztitels auf die ausschließliche und die konkurrierende Gesetzgebungskompetenz – letztere indes nur insoweit, als der Bund hiervon bereits *Gebrauch gemacht hat* (vgl. Art. 72 Abs. 1 GG). Dies greift jedoch zu kurz. Schon der Wortlaut der Norm gibt für eine solche Einschränkung nichts her, ebenso *Uhle*, in: Dürig/Herzog/Scholz (Hrsg.), GG, 58. EL (April 2010), Art. 73 Rn. 261. Da die Statistikkompetenz gerade auch zur *Vorbereitung* eines Bundesgesetzes „sinnvoll, ja manchmal geboten" (so *Pestalozza*, ebenda, Rn. 722) ist, kann es auf ein Gebrauchmachen nicht ankommen. Denn die Statistik versetzt den Gesetzgeber regelmäßig erst in die Lage, zu entscheiden, ob es erforderlich ist, im Interesse gleichwertiger Lebensverhältnisse die konkurrierende Gesetzgebungszuständigkeit auszuüben. Eine andere Lesart entzöge dem Bund eine für diese Entscheidung zumeist unentbehrliche empirische Grundlage.

[42] Vgl. etwa *Höfling/Engels*, in: Friauf/Höfling (Hrsg.), Berliner Kommentar GG, 24. EL (Aug. 2008), Art. 73 Abs. 1 Nr. 11 Rn. 9; *Uhle*, in: Dürig/Herzog/Scholz (Hrsg.), GG, 58. EL (April 2010), Art. 73 Rn. 261; *Danzer*, DVBl 2019, 673 (673).

[43] So für die Volkszählung 1983: BVerfGE 65, 1 (48). Selbstverständlich sind auch Statistiken denkbar, die nur *einem* ganz bestimmten Bundeszweck dienen.

[44] Siehe zum Begriff der Gemeinschaftsaufgabe nur *Seckelmann*, in: Friauf/Höfling (Hrsg.), Berliner Kommentar GG, 2019, Art. 91a Rn. 8 ff. und Rn. 21 ff.

[45] BVerfGE 150, 1 (79, Rn. 146).

[46] Zur Unionsstatistik (Art. 338 AEUV) sogleich unter IV., S. 25 f.

föderale Einheit im Bundesstaat. Insbesondere vermag es – schon wegen Art. 4 Abs. 2 S. 1 EUV – nicht auf die innerstaatliche Kompetenzverteilung einzuwirken. Das BVerfG beruft sich insofern mit Recht auf den „Grundsatz der institutionellen und verfahrensmäßigen Autonomie der Mitgliedstaaten".[47]

### III. Zuordnung kompetenzieller Zweckbündel – Abgrenzung zur Landes- und Kommunalstatistik

Die Statistik muss *nicht ausschließlich* Bundeszwecken dienen.[48] Der Wortlaut („Statistik für Bundeszwecke") gibt insoweit zwar wenig vor und ließe auch eine andere Auslegung zu. Nach der – in der Kommentarliteratur akzeptierten[49] – Rechtsprechung des BVerfG ist es im Ausgangspunkt indes unschädlich, wenn in bundesstatistischen Programmen „auch statistischen Anforderungen der Länder" Rechnung getragen wird.[50] Das Gericht beruft sich hierbei auf die bisherige *Staatspraxis*[51], der wesentliche Bedeutung für die Interpretation der Kompetenznorm zukomme. Insofern berücksichtigt es den Umstand, dass sich Gesetzes-, Verwaltungs- und Planungszuständigkeiten im föderalen Bundesstaat „vielfältig überschneiden".[52] Die (objektiven) Statistikzwecke zu trennen, sei „nicht praktikabel".[53] Demnach steht es der Bundeskompetenz nicht entgegen, wenn Länder und Kommunen[54] die im Rahmen einer Bundesstatistik gewonnenen Informationen für eigene Planungsprozesse und politische Entscheidungen heranziehen. Die Rechtsprechung lässt mithin Überschneidungen zu. Das BVerfG bricht die „an sich begriffsnotwendige Begrenzung auf Bundeszwecke"[55] zugunsten der Staatspraxis ein Stück weit auf.

---

[47] BVerfGE 150, 1 (79, Rn. 146) m.w.N. zur Rechtsprechung des EuGH.
[48] A.A. wohl *Uhle*, in: Dürig/Herzog/Scholz (Hrsg.), GG, 58. EL (April 2010), Art. 73 Rn. 262.
[49] *Degenhart*, in: Sachs (Hrsg.), GG, 9. Aufl., 2021, Art. 73 Rn. 54; *Kment*, in: Jarass/Pieroth (Hrsg.), GG, 16. Aufl., 2020, Art. 73 Rn. 40.
[50] BVerfGE 150, 1 (80, Rn. 148); Hervorhebung d. Verf.
[51] Siehe dazu auch BVerfGE 157, 223 (260, Rn. 100) – Berliner Mietendeckel.
[52] BVerfGE 150, 1 (80, Rn. 148). Vgl. schon die Gesetzesbegründung zum StatGes 1953: „Bund, Länder und auch andere Einrichtungen haben vielfach Interesse an der gleichen Statistik. Dabei decken sich die Anforderungen nicht immer, sondern schneiden und überlagern sich." (BT-Drs. I/4168, S. 6).
[53] So nunmehr BVerfGE 150, 1 (80, Rn. 148) unter Verweis auf *Heintzen*, in: von Mangoldt/Klein/Starck (Hrsg.), GG, 7. Aufl., 2018, Art. 73 Rn. 123 („reinliche Trennung […] wäre nicht praktikabel"); vgl. auch *Schwartmann*, in: Kahl/Waldhoff/Walter (Hrsg.), Bonner Kommentar GG, 203. EL (April 2020), Art. 73 Abs. 1 Nr. 11 Rn. 12.
[54] Innerhalb der „amtliche[n] Statistik [eines] Landes" lässt sich wiederum zwischen Landes- und Kommunalstatistik unterscheiden (s. *pars pro toto* § 1 S. 1 LStatG BW).
[55] *Wittreck*, in: Dreier (Hrsg.), GG, Bd. II, 3. Aufl., 2015, Art. 73 Rn. 79.

Damit ist aber noch nichts zum *Verhältnis* von Bundes- und Landeszwecken gesagt. Weil dem Grundgesetz eine Doppelzuständigkeit fremd ist[56], bedarf es einer kompetenzrechtlichen Zuordnung: Entweder ist der Bund oder es sind die Länder zuständig. Die Abgrenzungsfunktion der grundgesetzlichen Kompetenzordnung verlangt nach einer Zuordnungsregel – insbesondere bei sachlich weit ausgreifenden Titeln wie der „Statistik", bei der sich die Aufgabenbereiche nicht stets hermetisch trennen lassen.[57] Die *eine* Regel gibt es jedoch nicht. In Rechtsprechung und Literatur hat sich vielmehr ein „bunter Strauß" an Kriterien herausgebildet, um eine Sachmaterie einem Kompetenzträger zuzuordnen.[58] Im Kontext des Art. 73 Abs. 1 Nr. 11 GG erscheint es sachgerecht, auf den *Schwerpunkt* bzw. den *Hauptzweck*[59] des Gesetzgebungsvorhabens abzustellen.[60] Mit anderen Worten: Die Bundeszwecke müssen die Landeszwecke jedenfalls überwiegen. Andernfalls verkehrte sich die ausschließliche Gesetzgebungsbefugnis „für Bundeszwecke" begrifflich in ihr Gegenteil.

So darf der Bund bspw. eine Statistik über die *berufliche* Bildung (Berufsbildungsstatistik, § 87 BBiG), nicht aber allgemein für den Sachbereich „Bildung" anordnen – denn insbesondere das Schulwesen fällt in den Kompetenzbereich der Länder. Demgegenüber stellt bspw. der Zensus eine Bundesstatistik dar: Die hierbei erhobenen und aufbereiteten Daten liefern u. a. Informationen über die *Einwohnerzahlen* von Bund, Ländern und Gemeinden – und damit über die gesamte Bevölkerung; Entsprechendes gelte, so das BVerfG in seiner Entscheidung zum Zensus 2011, auch für „*weitere Strukturdaten* auf den Gebieten Bevölkerung, Wirtschaft, Soziales, Wohnungswesen, Raumordnung, Verkehr, Umwelt und Arbeitsmarkt".[61] Auf dieser Grundlage würden politische Ent-

---

[56] Siehe statt vieler BVerfGE 157, 223 (254, Rn. 81) – Berliner Mietendeckel.

[57] Dieser Aspekt blieb bereits in der Entstehungsgeschichte nicht unbeleuchtet. So erkannte man im Parlamentarischen Rat durchaus die mitunter „doppelte[…] Bedeutung" von Statistiken. Die Landesstatistiken könnten auch für den Bund nötig sein, um aus ihnen die Bundesstatistiken zusammenzustellen. Daher wurde vorgeschlagen, den Kompetenztitel nicht unter die ausschließliche Gesetzgebung zu fassen, da dies womöglich die Tätigkeit der Länder, zumindest aber die Begründung von Zuständigkeiten, blockierte, s. dazu im Einzelnen *Schneider*, Das Grundgesetz – Dokumente seiner Entstehung, Band 17, 2007, S. 1055. Vgl. allg. auch *Wittreck*, in: Dreier (Hrsg.), GG, Bd. II, 3. Aufl., 2015, Vor Art. 70–74 Rn. 56: das verfassungsrechtliche Ideal einer überschneidungsfreien Kompetenzverteilung scheitere an „Untiefen der Realität".

[58] Ausf. dazu *Herbst*, Gesetzgebungskompetenzen im Bundesstaat, 2014, S. 133 ff. und 160 ff. m. w. N. *Herbst* schlägt vor, auf den „Ordnungsschwerpunkt" abzustellen (ebenda, S. 137 f.).

[59] So etwa BVerfGE 157, 223 (262 f., Rn. 105) in der Entscheidung zum „Berliner Mietendeckel".

[60] A. A. *Kühling*, in: ders. (Hrsg.), BStatG, 2023, Einl. Rn. 20, der eine parallele Erstellung von Statistiken beim Bund und bei den Ländern für „denkbar" hält und damit auf eine Zuordnung der Aufgaben verzichtet.

[61] BVerfGE 150, 1 (79 f., Rn. 147); Hervorhebung d. Verf.

scheidungen des Bundes, die an bestehende Entwicklung auf diesen Gebieten anknüpfen und ggf. steuernd eingreifen wollen, überhaupt erst möglich.[62]

## IV. Verhältnis zur Unionsstatistik (Art. 338 AEUV)

Die Kompetenzvorschriften der Art. 70 ff. GG verteilen allein die Gesetzgebungsbefugnisse zwischen Bund und Ländern. Zu den *unionsrechtlichen* Kompetenzen enthält dieser Abschnitt des Grundgesetzes keine Aussage.[63] Das europäische Primärrecht kennt mit Art. 338 Abs. 1 AEUV[64] eine eigene Kompetenzgrundlage: Danach „beschließen das Europäische Parlament und der Rat gemäß dem ordentlichen Gesetzgebungsverfahren *Maßnahmen für die Erstellung von Statistiken*". Gemeint sind sog. *Unionsstatistiken* oder auch „europäische Statistiken"[65]. Die unionale Rechtsetzungskompetenz ist dabei in zweifacher Hinsicht begrenzt: „Maßnahmen" – erfasst sind alle Handlungsformen gemäß Art. 288 AEUV[66] – sind zum einen nur dann zulässig, „wenn dies für die Durchführung der Tätigkeiten der Union erforderlich ist". Art. 338 Abs. 1 AEUV begründet demnach *kein eigenständiges Politikfeld* der Union. *Thorsten Kingreen* spricht in diesem Zusammenhang zu Recht von der „dienenden Funktion des Statistikrechts"[67]. Zum anderen steht die Kompetenz unter dem Vorbehalt der *Erforderlichkeit*. In dieser Formulierung kommen das Subsidiaritätsprinzip und der Grundsatz der Verhältnismäßigkeit zum Ausdruck, die gemeinsam die Ausübung der unionalen Zuständigkeiten beschränken (Art. 5 Abs. 1 S. 2 EUV).[68] Ob diese Schranken ihre „‚präventive' Wirkung" tatsächlich entfalten, ist durchaus zweifelhaft: So kritisiert bspw. *Georg Thiel*, ehemaliger Präsident des Statistischen Bundesamtes, dass die Europäische Kommission neue statistische Rechtsakte „geradezu formelhaft" begründe; zudem zeige sie sich bei der Aufstellung des Europäischen Statistischen Programms oftmals „sehr

---

[62] BVerfGE 150, 1 (79 f., Rn. 147).
[63] Vgl. dazu allg. nur *Rengeling*, in: Isensee/Kirchhof (Hrsg.), HStR VI, 3. Aufl., 2008, § 135 Rn. 3.
[64] Zu weiteren speziellen Rechtsgrundlagen im Unionsrecht s. *Thiel*, in: Grabitz/Hilf/Nettesheim (Hrsg.), EUV/AEUV, 78. EL (Jan. 2023), Art. 338 AEUV Rn. 12 ff.
[65] So die Terminologie der europäischen Rahmen-VO (EG) Nr. 223/2009, s. z. B. Art. 1. Die Kompetenz schließt auch akzessorische Regelungen ein – etwa erforderliche Statistikregister einzurichten bzw. zu harmonisieren, s. *Ladenburger*, in: Groeben/Schwarze/Hatje (Hrsg.), Europäisches Unionsrecht, 7. Aufl., 2015, Art. 338 AEUV Rn. 4.
[66] *Kingreen*, in: Calliess/Ruffert (Hrsg.), EUV/AEUV, 6. Aufl., 2022, Art. 338 AEUV Rn. 3.
[67] *Kingreen*, in: Calliess/Ruffert (Hrsg.), EUV/AEUV, 6. Aufl., 2022, Art. 338 AEUV Rn. 4. Ähnlich bereits *Kröger/Pilniok*, DÖV 2015, 917 (923).
[68] Vgl. etwa *Nowak*, in: Pechstein/Nowak/Häde (Hrsg.), Frankfurter Kommentar, 2017, Art. 338 AEUV Rn. 5.

kreativ", um die Schwelle der Erforderlichkeit zu nehmen.[69] Und nicht zuletzt ist allgemein eine fortschreitende Europäisierung des nationalen Statistikrechts zu beobachten, die das „prinzipielle[...] Nebeneinander"[70] der Gesetzgebungszuständigkeiten zunehmend infrage stellt. Das gilt einerseits für die mitgliedstaatliche Organisationsstruktur, die durch die europäischen Regelungen zur statistischen Governance (s. nur Art. 5 f. VO (EG) Nr. 223/2009) unter „Europäisierungsdruck"[71] gerät.[72] Andererseits bleibt aber auch das materielle Statistikrecht nicht davor verschont, was insbesondere auf die „außerordentliche Regelungstiefe" des Sekundärrechts zurückgeführt werden kann.[73] So wirken die europäischen Statistikverordnungen[74] – etwa die VO (EU) 2019/1700 zur Schaffung eines gemeinsamen Rahmens für europäische Statistiken über Personen und Haushalte auf der Grundlage von Einzeldaten aus Stichprobenerhebungen oder die neue Rahmen-VO (EU) 2019/2152 für Unternehmensstatistiken – in vielfältiger Weise auf das Recht der Bundesstatistik ein.[75] Ein anderes Beispiel ist der Reformvorschlag der EU-Kommission zur europäischen Bevölkerungs- und Wohnungsstatistik vom 20.1.2023.[76] Schon heute dient der Zensus auch dazu, unionsrechtliche Berichtspflichten zu erfüllen (§ 1 Abs. 3 Nr. 1 ZensG 2022). Obgleich also die beiden Rechtsordnungen (Unionsstatistiken einerseits, Bundesstatistiken andererseits) formal getrennt sind, kommt es zu *gehaltvollen Verflechtungen* im Mehrebenensystem der Statistik.[77]

### V. Materieller Gehalt der Statistikkompetenz?

Art. 70 ff. GG verteilen und ordnen die Gesetzgebungsbefugnisse im Bundesstaat. Ob zumindest einzelnen Kompetenzvorschriften darüber hinaus ein *ma-*

---

[69] *Thiel*, in: Grabitz/Hilf/Nettesheim (Hrsg.), EUV/AEUV, 78. EL (Jan. 2023), Art. 338 AEUV Rn. 20 (so bereits die Voraufl. von *Johann Hahlen*). Zum Europäischen Statistischen Programm s. Art. 13 ff. VO (EG) Nr. 223/2009.

[70] *Uhle*, in: Dürig/Herzog/Scholz (Hrsg.), GG, 58. EL (April 2010), Art. 73 Rn. 266.

[71] Ausf. dazu *Kröger/Pilniok*, DÖV 2015, 917 ff.

[72] Siehe dazu auch den Reformvorschlag der EU-Kommission v. 10.7.2023, COM(2023) 402 final.

[73] *Thiel*, in: Grabitz/Hilf/Nettesheim (Hrsg.), EUV/AEUV, 78. EL (Jan. 2023), Art. 338 AEUV Rn. 20, der jedoch zugleich bemerkt, dass dies nicht unbedingt der „Regelungswut" der EU-Kommission geschuldet sei. Vgl. auch oben S. 8 mit Einl. Fn. 57.

[74] *Ladenburger*, in: Groeben/Schwarze/Hatje (Hrsg.), Europäisches Unionsrecht, 7. Aufl., 2015, Art. 338 AEUV Rn. 5 weist darauf hin, dass sich der Unionsgesetzgeber ganz überwiegend der Handlungsform „Verordnung" (Art. 288 Abs. 2 AEUV) bedient.

[75] Zur Umsetzung s. etwa BT-Drs. 19/24840 (Gesetzentwurf); BT-Drs. 19/26217 (Beschlussempfehlung und Bericht des Ausschusses für Wirtschaft und Energie); BGBl. I 2021, S. 266.

[76] COM(2023) 31 final. Es wird erwartet, dass die neue EU-Verordnung noch im Jahr 2023 in Kraft treten wird, s. *Thiel/Puth*, NVwZ 2023, 305 (308).

[77] Zu den Auswirkungen auf das anwendbare Datenschutzrecht s. unten § 3, S. 81 ff.

*terieller Gehalt* innewohnt, ist umstritten.[78] Die Diskussion wird maßgeblich durch zwei Entscheidungen des BVerfG geprägt: Im Jahr 1979 schloss das Gericht aus der bloßen Existenz des Kompetenztitels für die friedliche Nutzung der *Kernenergie*[79], dass die Verfassung diese Form der Energieerzeugung grundsätzlich anerkennt und billigt.[80] Das BVerfG sei nicht dazu berufen, angesichts der damit verbundenen Gefahren über die generelle (Un-)Zulässigkeit der Kernenergie zu befinden; diese „Grundsatzentscheidung" obliege allein dem Gesetzgeber.[81] In seiner Entscheidung zur *Kriegsdienstverweigerung* aus dem Jahr 1985 knüpft der Senat gedanklich daran an: Einrichtung und Funktionsfähigkeit der Bundeswehr hätten Verfassungsrang; dem Grundgesetz sei eine „verfassungsrechtliche Grundentscheidung für eine wirksame militärische Landesverteidigung" zu entnehmen.[82] Das BVerfG stellt dabei u. a. auf die Kompetenzvorschriften der Art. 73 Abs. 1 Nr. 1 und Art. 87a GG ab. Für die *amtliche Statistik* hat sich das BVerfG zu einem etwaigen materiellen Gehalt des Art. 73 Abs. 1 Nr. 11 GG bislang nicht mit derselben Deutlichkeit geäußert. Im Volkszählungsurteil scheint er aber immerhin auf: Eher beiläufig erwähnt das Gericht, dass eine Weiterleitung (noch) personenbezogener Daten (z. B. aus der Statistik in die allgemeine Verwaltung) „nicht nur das verfassungsrechtlich gesicherte Recht auf informationelle Selbstbestimmung unzulässig einschränken" würde, „sondern auch *die vom Grundgesetz selbst in Art. 73 [Abs. 1] Nr. 11 vorgesehene und damit schutzwürdige amtliche Statistik*"[83] gefährdete. In diesem Sinne „schutzwürdig" ist die *Funktionsfähigkeit* der amtlichen Statistik – nicht um ihrer selbst willen, sondern als Bedingung für eine staatliche Informationsvorsorge.[84] Nach *Rupert Scholz* und *Rainer Pitschas* gehe es dem BVerfG vordergründig nicht darum, aus dem Gedanken der Funktionsfähigkeit (grundrechtliche)

---

[78] Vgl. etwa *Degenhart*, in: Sachs (Hrsg.), GG, 9. Aufl., 2021, Art. 70 Rn. 70 ff.
[79] Art. 74 Nr. 11a GG a. F.; heute: Art. 73 Abs. 1 Nr. 14 GG.
[80] BVerfGE 53, 30 (55 ff.) – Mühlheim-Kärlich.
[81] BVerfGE 53, 30 (56); krit. dazu etwa *Rozek*, in: von Mangoldt/Klein/Starck (Hrsg.), GG, 7. Aufl., 2018, Art. 70 Rn. 54.
[82] BVerfGE 69, 1 (21 f.) S. aber auch die Sondervoten der Richter *Mahrenholz* und *Bockenförde* (BVerfGE 69, 1 [57 ff.]): „Bundesstaatliche Kompetenzvorschriften haben den Sinn, die Handlungsbereiche von Bund und Ländern gegeneinander abzugrenzen. […] Sie erheben Gegenstände möglichen staatlichen Handelns aber nicht zu materiell-rechtlichen Handlungsaufträgen, -geboten oder sonstigen ‚Wert'-Entscheidungen, die anderweitig in der Verfassung festgelegte Modalitäten oder Begrenzungen staatlichen Handeln wieder aufheben oder einschränken".
[83] BVerfGE 65, 1 (50); Hervorhebung d. Verf. Die Gefährdung sieht das BVerfG darin, dass ein „möglichst hoher Grad an Genauigkeit und Wahrheitsgehalt der erhobenen Daten", der für die Funktionsfähigkeit der amtlichen Statistik notwendig ist, dann nicht erreicht werden könnte.
[84] Siehe schon *Scholz/Pitschas*, Informationelle Selbstbestimmung und staatliche Informationsverantwortung, 1984, S. 106; vgl. auch *Ladeur*, in: Voßkuhle/Eifert/Möllers (Hrsg.), GVerwR, 3. Aufl., 2022, § 21 Rn. 77, 84; ferner *Ziekow*, VerwArch 104 (2013), 529 (530):

Schranken für das staatliche Informationshandeln abzuleiten.[85] Vielmehr spiegele die Kompetenzvorschrift „deutlich die Ansicht des Verfassungsgebers wider, die staatliche Informationsvorsorge gerade mittels *staatlicher* Datenerhebung und -verarbeitung als einen *Kernbereich der modernen Staatsaufgaben* zu betrachten".[86] So gesehen „unterstreicht" Art. 73 Abs. 1 Nr. 11 GG die verfassungsrechtlich abgeleitete „Funktionsverantwortung"[87] der amtlichen Statistik, die Daten zu produzieren, die Gesetzgeber und Verwaltung benötigen, um evidenzbasiert zu steuern. Die Statistik liefere, so das BVerfG im Volkszählungsurteil, schließlich „die für eine am Sozialstaatsprinzip orientierte staatliche Politik unentbehrliche Handlungsgrundlage".[88] Zu weit geht es aber, diesen *Kompetenztitel* den Grundrechten, namentlich dem Recht auf informationelle Selbstbestimmung, in *materieller* Hinsicht im Rahmen der Abwägung gegenüberzustellen[89]. Für sich genommen[90] vermag er ein Grundrecht nicht zu beschränken. Es ist nachgerade umgekehrt: Das informationelle Selbstbestimmungsrecht konstituiert das *Ausmaß*, in dem der Gesetzgeber von seiner Zuständigkeit Gebrauch machen darf.[91] Im Ergebnis hat die Kompetenznorm des Art. 73 Abs. 1 Nr. 11 GG *selbst keinen materiellen Gehalt.*[92] Für die Frage, in welchem Umfang die Statistik personenbezogene Daten verarbeiten darf, sagt sie nichts aus.[93]

---

„amtliche Statistik als verfassungskräftiges und schutzwürdiges Instrument"; s. einleitend auch S. 1 ff.

[85] *Scholz/Pitschas*, Informationelle Selbstbestimmung und staatliche Informationsverantwortung, 1984, S. 107.

[86] *Scholz/Pitschas*, Informationelle Selbstbestimmung und staatliche Informationsverantwortung, 1984, S. 107; Hervorhebung d. Verf.

[87] *Scholz/Pitschas*, Informationelle Selbstbestimmung und staatliche Informationsverantwortung, 1984, S. 106.

[88] BVerfGE 65, 1 (47); zur sozialstaatlichen (und kompetenziellen) Legitimation der Informationsvorsorge *Scholz/Pitschas*, Informationelle Selbstbestimmung und staatliche Informationsverantwortung, 1984, S. 105 ff. Zu Zweck und Bedeutung der Statistik auch *Uhle*, in: Dürig/Herzog/Scholz (Hrsg.), GG, 58. EL (April 2010), Art. 73 Rn. 260.

[89] So aber *Scholz/Pitschas*, Informationelle Selbstbestimmung und staatliche Informationsverantwortung, 1984, S. 107.

[90] Die verfassungsrechtliche Bedeutung der amtlichen Statistik speist sich aus anderen Bestimmungen des Grundgesetzes, etwa aus dem Sozialstaatsprinzip (s. dazu oben S. 1 ff.; einfach-gesetzlich: § 1 S. 5 BStatG); speziell für die Einwohnerzahl, an die das GG verschiedentlich anknüpft, BVerfGE 150, 1 (80, Rn. 149 ff.).

[91] Zu diesem „Grundrechts-Kompetenz-Zusammenhang" allg. *Rengeling*, in: Isensee/Kirchhof (Hrsg.), HStR VI, 3. Aufl., 2008, § 135 Rn. 28; materielle Schranke für die „Kompetenzausübung", s. *Uhle*, in: Dürig/Herzog/Scholz (Hrsg.), GG, 58. EL (April 2010), Art. 73 Rn. 265. Vgl. dazu auch *Kühling*, in: ders. (Hrsg.), BStatG, 2023, Einl. Rn. 33 ff.

[92] So auch *Heintzen*, in: von Mangoldt/Klein/Starck (Hrsg.), GG, 7. Aufl., 2018, Art. 73 Rn. 125.

[93] Wie hier z. B. *Broemel*, in: von Münch/Kunig (Hrsg.), GG, 7. Aufl., 2021, Art. 73 Rn. 50.

## B. Aufgabenteilung und Zusammenarbeit im Statistischen Verbund – Verwaltungszuständigkeit

Die amtliche Statistik ist in Deutschland in einem „föderativ gegliederten Gesamtsystem" (§ 1 S. 1 BStatG; aus dem Landesrecht z. B. § 1 S. 1 LStatG BW) organisiert. Das gilt zum einen für die Statistik für Bundeszwecke (Bundesstatistik), die von der Landes- und Kommunalstatistik kompetenzrechtlich zu trennen ist.[94] Angesprochen sind zum anderen aber auch die *Verwaltungskompetenzen*.[95] Denn die Bundesstatistik ist ein „Gemeinschaftsprodukt":[96] Das bedeutet, die statistischen Ämter des Bundes und der Länder[97] wirken beim Vollzug des Bundesstatistikrechts in vielfältiger Weise zusammen.[98] So heißt es bspw. schon in der Regierungsbegründung zum Statistikgesetz aus dem Jahr 1953: Die Aufgaben zwischen dem Statistischen Bundesamt und den Statistischen Landesämtern zu verteilen und dabei die Länderinteressen zu berücksichtigen, entspreche dem Grundgesetz und dem Grundgedanken des föderalen Staatsaufbaus.[99] Innerhalb des Nationalen Statistischen Systems[100] spricht man denn auch von einem „Statistischen Verbund"[101] oder auch von einem „Verbund der deutschen amtlichen Statistik"[102]. Darin liegt schon rein begrifflich eine Abgrenzung zum Begriff des „Verwaltungsverbunds"[103]. Die Wortwahl unterstreicht den verfassungskräftigen Grundsatz der Trennung von Statistik und

---

[94] Siehe zur Abgrenzung oben § 1.A.III., S. 23.

[95] Siehe dazu allg. *Trute*, in: von Mangoldt/Klein/Starck (Hrsg.), GG, 7. Aufl., 2018, Art. 83 Rn. 13; im Hinblick auf die Statistik ebenso *Kühling*, in: ders. (Hrsg.), BStatG, 2023, Einl. Rn. 21 ff.

[96] *Statistisches Bundesamt*, Das System der amtlichen Statistik, 2020, S. 7.

[97] In bestimmten Bereichen werden andere Organisationseinheiten mit der Durchführung einer Bundesstatistik betraut. So ist die Bundesagentur für Arbeit bspw. für Arbeitsmarktstatistiken zuständig (§ 281 SGB III). Die Deutsche Bundesbank erstellt Statistiken auf dem Gebiet des Bank- und Geldwesens (§ 18 BBankG).

[98] Krit. dazu *Drechsler*, in: Kühling (Hrsg.), BStatG, 2023, § 2 Rn. 10 ff. (teilweise formell verfassungswidrig).

[99] BT-Drs. I/4168, S. 6.

[100] So der Begriff bei *Kröger/Pilniok*, DÖV 2015, 917 (921 f.), in Abgrenzung zum Europäischen Statistischen System (ESS); vgl. Art. 5a Abs. 2 Buchst. g und h VO (EG) Nr. 223/2009 („nationales statistisches System").

[101] Erwähnt z. B. in BT-Drs. 19/24840, S. 26; BT-Drs. 19/26935, S. 15; BT-Drs. 19/30740, S. 3; *Statistisches Bundesamt*, Das System der amtlichen Statistik, 2020, S. 7; ferner *Kühling*, ZGI 2023, 3 (10).

[102] *Statistische Ämter des Bundes und der Länder*, Qualitätshandbuch 2021 (Version 1.21), 2021, S. 13.

[103] Zum Begriff *Siegel*, Entscheidungsfindung im Verwaltungsverbund, 2009, S. 11 ff., der insbes. auch den nat. Verwaltungsverbund einbezieht; zum Europäischen Verwaltungsverbund z. B. *Schmidt-Aßmann/Schöndorf-Haubold*, in: Voßkuhle/Eifert/Möllers (Hrsg.), GVerwR, 3. Aufl., 2022, § 5 Rn. 22 ff.

(Verwaltungs-)Vollzug.[104] Die Bundesstatistik ist ein *geschlossenes (Informations-)System*[105], das organisationsrechtlich von anderen Verwaltungsbereichen getrennt ist. Aus datenschutzrechtlicher Perspektive stellt sich dabei insbesondere die Frage, *wer* die personenbezogenen Daten erhebt und weiterverarbeitet. Das hängt maßgeblich davon ab, wie die amtliche Statistik organisiert ist. Die Vollzugsfrage wirkt teilweise sogar auf das anzuwendende materielle Datenschutzrecht zurück: Soweit die *Statistischen Landesämter* Bundesrecht ausführen und dabei personenbezogene Daten verarbeiten, greifen subsidiär die *Landesdatenschutzgesetze* (vgl. § 1 Abs. 1 S. 1 Nr. 2 BDSG *e contrario*), nicht das Bundesdatenschutzgesetz.[106]

## I. Aufgaben der Statistischen Landesämter

Im föderalen Bundesstaat ist der Vollzug von Bundesgesetzen grundsätzlich Sache der Länder – sie führen die Bundesgesetze gemäß Art. 83 GG als „eigene Angelegenheit" aus (Landeseigenverwaltung[107]). Danach sind allen voran die statistischen Ämter der Länder dazu berufen, das Bundesstatistikrecht – insbesondere die Fachstatistikgesetze – zu vollziehen.[108] Das schließt v. a. die Prozessphasen der Datenerhebung und -aufbereitung[109] ein. Die verfassungsrechtliche Grundentscheidung für den „Vollzugsföderalismus" hat einfach-gesetzlich in § 3 Abs. 1 BStatG Ausdruck gefunden: Nr. 5 weist die Aufgabe, Bundesstatistiken zu erstellen, dem Statistischen Bundesamt nur zu, „wenn und soweit dies in diesem [Anm.: dem BStatG] oder einem sonstigen Bundesgesetz bestimmt ist oder die beteiligten Länder zustimmen"[110]. Diese Aufgabenbeschreibung findet sich der Sache nach bereits im Statistikgesetz 1953,[111] geht in der heutigen Fassung jedoch auf die Novellierung des Bundesstatistikgesetzes aus dem Jahr

---

[104] Siehe nur BVerfGE 65, 1 (61); ausf. unten S. 283 ff.

[105] Vgl. dazu insbes. *Wischmeyer*, in: Voßkuhle/Eifert/Möllers (Hrsg.), GVerwR, 3. Aufl., 2022, § 24 Rn. 87.

[106] Vgl. *Gusy/Eichenhofer*, in: Wolff/Brink (Hrsg.), BeckOK DatenschutzR, 40. Ed. (1.11.2021), § 1 BDSG Rn. 70 ff.; zur Regelungssystematik unten § 3, S. 81 ff.

[107] Art. 83 f. GG; dazu *Kirchhof*, in: Dürig/Herzog/Scholz (Hrsg.), GG, 93. EL (Okt. 2020), Art. 83 Rn. 168 ff.

[108] Aus der Rechtsprechung z. B. VG Stuttgart, Urt. v. 27.2.2009 – 9 K 3538/08, juris Rn. 29.

[109] Siehe dazu ausf. unten S. 62 (Phase 4: Daten gewinnen) und S. 66 (Phase 5: Daten aufbereiten).

[110] Siehe bereits BT-Drs. I/4168, S. 7 f.: Nach der Regierungsbegründung zum StatGes 1953 sollte diese Formulierung verhindern, dass die Länder, die ihre Zustimmung nicht erteilen wollen, im Bundesrat überstimmt werden können.

[111] Siehe § 2 Nr. 2 StatGes 1953 („Aufgabe des Statistischen Bundesamtes ist es, Bundesstatistiken zu erheben und aufzubereiten, wenn es in einem Bundesgesetz bestimmt ist oder soweit die beteiligten Länder zustimmen.").

1987¹¹² zurück. Die Regierungsbegründung führt dazu aus: „Die zentrale Erhebung und Aufbereitung von Bundesstatistiken obliegt dem Statistischen Bundesamt grundsätzlich nur subsidiär."¹¹³ Im Umkehrschluss folgt daraus: Grundsätzlich sind es die statistischen Ämter der Länder, die die Daten für die Bundesstatistik erheben und teilweise auch aufbereiten (z. B. Daten plausibilisieren, § 5 Abs. 3 ZensG 2022).¹¹⁴ Diese Aufgabe manifestiert sich außerdem in § 3 Nr. 2 BStatG: Danach obliegt es den Ländern („durch die Länder"), die Bundesstatistiken einheitlich und termingemäß zu erstellen. Dahinter stecke – nach einer Eigenbeschreibung des Bundesamtes – das Prinzip „regionale[r] Dezentralisierung".¹¹⁵ Bei den sog. *dezentralen* Bundesstatistiken werden von den statistischen Ämtern der Länder also typischerweise zunächst statistische Ergebnisse auf der Landesebene erstellt. Das Statistische Bundesamt (dazu sogleich II.) führt die Länderergebnisse später zu einem Bundesergebnis zusammen.

## II. Aufgaben des Statistischen Bundesamtes

Nach dem – in § 3 BStatG angelegten – Subsidiaritätsprinzip¹¹⁶ bilden sog. *zentrale* Bundesstatistiken¹¹⁷ die Ausnahme. Gemeint sind damit solche Statistiken, die allein vom Statistischen Bundesamt konzipiert, produziert und veröffentlicht werden. Ein Beispiel ist die Zeitverwendungserhebung¹¹⁸, ein anderes die neue Statistik über Wohnungslosigkeit: Letztere wird gemäß § 1 Abs. 2 des Wohnungslosenberichterstattungsgesetzes¹¹⁹ „zentral vom Statistischen Bundesamt durchgeführt". Dabei handelt es sich um eine selbstständige Bundesoberbehörde im Geschäftsbereich des Bundesministeriums des Innern und für Heimat (§ 2 Abs. 1 BStatG). Die Behörde gründet auf Art. 87 Abs. 3 S. 1 i. V. m. Art. 73

---

[112] § 3 Abs. 1 Nr. 2 Buchst. a BStatG 1987; BGBl. I 1987, S. 462 (463).
[113] BT-Drs. 10/5345, S. 14; dazu auch *Bierschenk*, in: Kühling (Hrsg.), BStatG, 2023, § 3 Rn. 28.
[114] Wie hier z. B. VG Stuttgart, Urt. v. 27.2.2009 – 9 K 3538/08, juris Rn. 29. Zur Plausibilisierung S. 70.
[115] *Statistisches Bundesamt*, Das System der amtlichen Statistik, 2020, S. 7; ebenso *Drechsler*, in: Kühling (Hrsg.), BStatG, 2023, § 2 Rn. 1.
[116] Zu diesem Begriff schon BT-Drs. 10/5345, S. 14.
[117] Begriff etwa bei BT-Drs. 19/15651, S. 12 (Wohnungslosenberichterstattungsgesetz – WoBerichtsG); zur Unterscheidung dezentraler und zentraler Erhebungen auch *Bierschenk*, in: Kühling (Hrsg.), BStatG, 2023, § 3 Rn. 27.
[118] Siehe dazu das ZVEG, BGBl. I 2021, S. 1293; s. dazu S. 95 und S. 476.
[119] BGBl. I 2020, S. 437; s. bereits oben Einl. Fn. 17.

Abs. 1 Nr. 11 GG.[120] Die „Generalklausel"[121] der fakultativen Bundesverwaltung[122] stellt es dem Bund anheim („können"), für Angelegenheiten, für die er gesetzgebungsbefugt ist, u.a. selbstständige Bundesbehörden durch Gesetz zu errichten. Die Gesetzgebungszuständigkeit, die diese Bestimmung voraussetzt, folgt aus der ausschließlichen Kompetenz, die „Statistik für Bundeszwecke" zu regeln.[123] Art. 87 Abs. 3 GG dient vor allem dazu, durch eine Konzentration (oder auch: „Zentralisierung"[124]) bestimmter Aufgaben eine behördliche Spezialisierung zu erreichen.[125] Das Statistische Bundesamt versteht sich als „Informationsdienstleister"[126]. Es führt seine Aufgaben nach den Anforderungen der fachlich zuständigen Bundesministerien[127] auf der Grundlage jeweils sachgerechter Methoden durch – und zwar im Rahmen eines mit der Finanzplanung abgestimmten Aufgabenprogramms und der verfügbaren Haushaltsmittel (§ 2 Abs. 3 BStatG). So gehört es zu seinen Aufgaben, die Ergebnisse der Bundesstatistiken in der erforderlichen sachlichen und regionalen Gliederung *für den Bund* zusammenzustellen. Auf Anforderung oberster Bundesbehörden führt das Bundesamt bspw. sog. Zusatzaufbereitungen[128] durch oder bereitet in deren Auftrag Daten aus dem Verwaltungsvollzug (§ 8 BStatG) auf (§ 3 Abs. 1 Nr. 6 und 9 BStatG). Im föderal gegliederten Gesamtsystem kommt dem Statistischen Bundesamt dabei primär die Funktion der *Koordination* und *Qualitätssicherung* zu. Dies kommt im Aufgabenkatalog des § 3 Abs. 1 BStatG hinreichend deutlich zum Ausdruck: So hat das Bundesamt insbesondere die „einheitliche und termingemäße Erstellung von Bundesstatistiken durch die Länder zu koordinieren sowie die Qualität der Ergebnisse dieser Statistiken in Zusammenarbeit mit den statistischen Ämtern der Länder zu sichern" (§ 3 Abs. 1 Nr. 3 BStatG). Die Koordinationsfunktion setzt sich auf der Unionsebene fort: Das Statistische Bun-

---

[120] Siehe schon die Begründung zum StatGes 1953 BT-Drs. I/4168, S. 6; ebenso z.B. *Heintzen*, in: von Mangoldt/Klein/Starck (Hrsg.), GG, 7. Aufl., 2018, Art. 73 Rn. 124; *Uhle*, in: Dürig/Herzog/Scholz (Hrsg.), GG, 58. EL (April 2010), Art. 73 Rn. 264; *Drechsler*, in: Kühling (Hrsg.), BStatG, 2023, § 2 Rn. 9; aus der Rechtsprechung z.B. VG Stuttgart, Urt. v. 27.2.2009 – 9 K 3558/08, juris Rn. 29; allg. zu Art. 87 Abs. 3 GG *Kröger*, Unabhängigkeitsregime im europäischen Verwaltungsverbund, 2020, S. 115 ff.

[121] *Ibler*, in: Dürig/Herzog/Scholz (Hrsg.), GG, 64. EL (Jan. 2012), Art. 87 Rn. 218.

[122] *Broß/Mayer*, in: von Münch/Kunig (Hrsg.), GG, 7. Aufl., 2021, Art. 87 Rn. 29.

[123] Dazu bereits oben A., S. 18 ff.

[124] *Kröger*, Unabhängigkeitsregime im europäischen Verwaltungsverbund, 2020, S. 116: Selbständigkeit nach Art. 87 Abs. 3 S. 1 GG stehe synonym für Zentralisierung.

[125] *Ibler*, in: Dürig/Herzog/Scholz (Hrsg.), GG, 64. EL (Jan. 2012), Art. 87 Rn. 252 („Hauptzweck" sei die „behördliche Spezialisierung").

[126] *Statistisches Bundesamt*, Digitale Agenda, Version 2.1, März 2019, S. 12.

[127] Für die Zeitverwendungserhebung (ZVE) ist bspw. das Bundesministerium für Familie, Senioren, Frauen und Jugend zuständig (vgl. § 9 ZVEG sowie BT-Drs. 19/26935, S. 11 und 23).

[128] Vgl. z.B. auch § 16 Abs. 5 Umweltstatistikgesetz (UStatG): Danach übermitteln die Statistischen Ämter der Länder dem Statistischen Bundesamt die von ihnen erhobenen, anonymisierten Einzelangaben *für Zusatzaufbereitungen des Bundes*.

desamt ist „nationale statistische Stelle" (NSA[129]) – es tritt im Kontext europäischer Statistiken als „einzige Kontaktstelle" für die Kommission (Eurostat) auf.[130] Seine Zuständigkeit erstreckt sich insbesondere darauf, die statistische Planung und Berichterstattung, die Qualitätskontrolle, die Methodik, die Datenübermittlung und die Kommunikation zu den statistischen Tätigkeiten im ESS auf der nationalen Ebene zu koordinieren.[131]

### III. Zusammenarbeit der statistischen Ämter (§ 3a BStatG)

Innerhalb des föderalen Gesamtsystems arbeiten die statistischen Ämter in vielfältiger Weise zusammen. Gesetzlicher Anknüpfungspunkt ist die Vorschrift des § 3a BStatG. Sie bildet seit 2005 die „rechtliche Grundlage" für eine Arbeitsteilung im Verbund der Statistikbehörden.[132] Leitmotiv war das Prinzip „einer oder einige für alle".[133] Der Ausschussbericht betont, dass sich durch eine solche „Aufgabenbündelung" die Vorteile der Arbeitsteilung nutzen, Wirtschaftlichkeitsreserven generieren und Qualitätsverbesserungen erreichen ließen.[134] Nach § 3a Abs. 1 S. 1 BStatG dürfen das Statistische Bundesamt und die statistischen Ämter der Länder im Rahmen ihrer Zuständigkeit die *Ausführung einzelner Arbeiten* oder hierzu erforderliche *Hilfsmaßnahmen* auf andere statistische Ämter übertragen.[135] Als Handlungsform ist eine Verwaltungsvereinbarung vorgesehen („durch […] oder auf Grund einer Verwaltungsvereinbarung").

---

[129] Im Englischen: National Statistical Institutes (NSI).

[130] Art. 5 Abs. 1 VO (EG) Nr. 223/2009 i. V. m. § 18 Abs. 3 BStatG. *Kröger*, Unabhängigkeitsregime im europäischen Verwaltungsverbund, 2020, S. 349 ff. sieht darin die Gefahr, dass die föderalen Vollzugsstrukturen des GG weiter ausgehöhlt werden. Gleichwohl würden die Landesbehörden durch diese Regelung nicht zu „Befehlsempfängern der Bundeseinrichtung"; vielmehr blieben sie für den Vollzug zuständig und könnten in diesem Rahmen weiterhin eigenständig entscheiden. Problematisch sei jedoch die Kompetenz, „nationale Leitlinien" (s. Art. 5a Abs. 2 Buchst. g VO [EG] Nr. 223/2009) zu erlassen.

[131] Art. 5 Abs. 1 UAbs. 2 S. 2 VO (EG) Nr. 223/2009.

[132] Die Vorschrift war im Gesetzentwurf der Bundesregierung v. 21.1.2005 (BT-Drs. 15/4696) noch nicht enthalten. § 3a BStatG geht auf einen Vorschlag des BR zurück (BR-Drs. 878/04[Beschluss] v. 17.12.2004), den der BT-Ausschuss für Wirtschaft und Arbeit in seine Beschlussempfehlung v. 23.2.2005 aufgenommen hat (BT-Drs. 15/4955).

[133] BT-Drs. 15/4955, S. 5. Vgl. dazu auch das „Einer für Alle/Viele (EfA)"-Prinzip, das die Umsetzung des OZG prägt, s. etwa *Guckelberger*, Öffentliche Verwaltung im Zeitalter der Digitalisierung, 2019, S. 282 ff.; *Martini*, in: Kahl/Ludwigs (Hrsg.), HVerwR I, 2021, § 28 Rn. 32; aus datenschutzrechtlicher Sicht: *Böllhoff/Botta*, NVwZ 2021, 425 ff. Zu diesem Zusammenhang auch BR-Drs. 140/21 (Beschluss) hinsichtlich des RegZensErpG.

[134] BT-Drs. 15/4955, S. 5.

[135] *Schnoor*, SächsVBl 2012, 245 (248 f.) hält diese Vorschrift für verfassungswidrig. Soweit sie auch die Verarbeitung personenbezogener Daten zu legitimieren versucht, verstoße § 3a Abs. 1 S. 1 BStatG insbes. gegen den Vorbehalt des Gesetzes; der damit verbundene Grundrechtseingriff könne nicht auf eine Verwaltungsvereinbarung gestützt werden. Vgl. zu dieser Problematik ausf. unten S. 170 ff. Für eine formelle Verfassungswidrigkeit auch

Die statistischen Arbeiten, die übertragen werden dürfen, sind mannigfaltig und lassen sich kaum abschließend beschreiben. In den Gesetzesmaterialien wird – neben der Durchführung einer Bundesstatistik – beispielhaft die Führung des Unternehmensregisters genannt.[136] § 3a Abs. 2 BStatG stellt lediglich klar, dass die statistischen Ämter „auch" bei der „Bereitstellung von Daten für die Wissenschaft" zusammenarbeiten dürfen.[137] Dadurch sollten wohl insbesondere die arbeitsteilig organisierten Forschungsdatenzentren (FDZ)[138] gesetzlich abgesichert werden.[139] Nicht übertragbar ist aber die Heranziehung zur Auskunftserteilung und die Durchsetzung der Auskunftspflicht – diese Arbeiten sind gemäß § 3a Abs. 1 S. 2 BStatG explizit ausgenommen.[140] Gemeint sind jene Maßnahmen, die *unmittelbare Rechtswirkung nach außen* entfalten, insbesondere die „klassische" Handlungsform des Verwaltungsakts.[141]

Vor diesem Hintergrund ist § 3a BStatG auch mit dem verfassungsrechtlichen *Verbot der Mischverwaltung*[142] vereinbar.[143] Denn eine „Verflechtung von Zuständigkeiten"[144] ist insoweit nicht zu befürchten. Nach der Rechtsprechung des BVerfG muss der Bürger v. a. wissen können, wen er wofür – nicht zuletzt durch Vergabe oder Entzug seiner Stimme – verantwortlich machen kann; daran fehle es, wenn die Aufgaben durch Organe oder Amtswalter unter Bedingungen wahrgenommen werden, die eine solche Verantwortungszuordnung nicht ermöglichen.[145] Dieser demokratietheoretische Ansatz verfängt indes nicht, wenn die Verwaltungseinheit dem Bürger (mit Hoheitsgewalt[146]) schon gar nicht ge-

---

*Drechsler*, in: Kühling (Hrsg.), BStatG, 2023, § 2 Rn. 15f., der vorschlägt, die „Architektur des Statistikverbunds" in Gestalt der Kooperationsmechanismen durch einen neuen Art. 91f GG zu legitimieren.

[136] BT-Drs. 15/4955, S. 5.
[137] BT-Drs. 15/4955, S. 5.
[138] Siehe dazu unten S. 313 ff.
[139] Ebenso *Dommermuth*, in: Kühling (Hrsg.), BStatG, 2023, § 3a Rn. 24. Vgl. zur Entstehungsgeschichte *Schnoor*, SächsVBl 2012, 245 (246f.).
[140] Vgl. dazu auch *Schnoor*, SächsVBl 2012, 245 (247f.).
[141] Siehe auch BT-Drs. 15/4955, S. 5.
[142] Ausf. BVerfGE 119, 331 (363ff.); s. ferner BVerfGE 137, 108 (143, Rn. 81); 139, 194 (225f., Rn. 108f.); im Zusammenhang mit Art. 91c GG s. *Martini*, in: Kahl/Ludwigs (Hrsg.), HVerwR I, 2021, § 28 Rn. 18. Krit. zum Verbot der Mischverwaltung z.B. *Trute*, in: von Mangoldt/Klein/Starck (Hrsg.), GG, 7. Aufl., 2018, Art. 83 Rn. 28 ff. Vgl. auch *Kirchhof*, in: Dürig/Herzog/Scholz (Hrsg.), GG, 93. EL (Okt. 2020), Art. 83 Rn. 118, der zu Recht anmerkt, dass die Diskussion durch den undefinierten und weiten Begriff der Mischverwaltung „verdunkelt" werde. Dem Unionsrecht ist ein Verbot der Mischverwaltung fremd, s. *Schmidt-Aßmann/Schöndorf-Haubold*, in: Voßkuhle/Eifert/Möllers (Hrsg.), GVerwR, 3. Aufl., 2022, § 5 Rn. 17c.
[143] Offen *Schnoor*, SächsVBl 2012, 245 (248): „könnte […] in verfassungswidriger Weise beeinträchtigt sein".
[144] BVerfGE 137, 108 (144, Rn. 81).
[145] BVerfGE 119, 331 (366); 137, 108 (144).
[146] Die Gesetzesbegründung führt aus, dass § 3a Abs. 1 S. 2 BStatG (die Drs. nennt hier S. 1 – dabei dürfte es sich jedoch um ein Redaktionsversehen handeln) einer Übertragung

genübertritt (vgl. § 3a Abs. 1 S. 2 BStatG). Eine Verantwortungsdiffusion stellt sich dann nicht ein. Zudem handelt es sich bei der Statistik um eine „eng umgrenzte[…] Verwaltungsmaterie"[147], die von anderen Aufgaben der allgemeinen öffentlichen Verwaltung noch dazu getrennt ist. Der Aufgabenbereich ist – mit anderen Worten – nach außen hin „abgeschirmt".

Und schließlich liegt für die Zusammenarbeit auch ein „besondere[r] sachliche[r] Grund"[148] vor: Insofern betont *Egon Hölder*, ehemaliger Präsident des Statistischen Bundesamtes, zutreffend, dass das Recht der Bundesstatistik schon allgemein „Grundlage und Teil eines Gesamtsystems besonderer Weise" sei.[149] So liege das Ziel der Bundesstatistik darin, aussagekräftige Ergebnisse für das gesamte Bundesgebiet zu erhalten, die wiederum auf regionalen und sektoralen Teilergebnissen aufbauen und deshalb „untereinander gleichwertig, vergleichbar, addierbar und kombinierbar sein müssen".[150] Um dies zu erreichen, müsse der Vollzug des Bundesrechts, insbesondere die Aufbereitung der Daten bei den statistischen Ämtern des Bundes und der Länder, „Hand in Hand" gehen.[151] Daher kann es geboten sein, dass z.B. kleinere Statistikämter bestimmte Aufgaben an andere Landesämter oder an das Statistische Bundesamt übertragen. Maxime sollte hier jeweils sein, dass die

„Vergleichbarkeit der Verhältnisse […] auch im Vollzug soweit gegeben und gesichert [ist], daß die regionalen Teilergebnisse ohne Schwierigkeiten zusammengeführt und nach vorgegebenen Terminen bereitgestellt werden können".[152]

Nach alledem ist die Zusammenarbeit der statistischen Ämter unter den Voraussetzungen des § 3a BStatG von Verfassungs wegen nicht zu beanstanden.[153]

---

von sog. Plausibilitätsprüfungen (dazu unten S. 70) dann nicht entgegenstehe, wenn und soweit die Nachfragen „ohne Geltendmachung der Auskunftspflicht erfolgen" (BT-Drs. 15/4955, S. 5).

[147] BVerfGE 119, 331 (367).
[148] Zu diesem Erfordernis BVerfGE 119, 331 (367).
[149] *Hölder*, in: Statistisches Bundesamt (Hrsg.), Zum Gesetz über die Statistik für Bundeszwecke, Forum Bundesstatistik, Bd. 9, 1988, S. 134 (134).
[150] *Hölder*, in: Statistisches Bundesamt (Hrsg.), Zum Gesetz über die Statistik für Bundeszwecke, Forum Bundesstatistik, Bd. 9, 1988, S. 134 (134).
[151] *Hölder*, in: Statistisches Bundesamt (Hrsg.), Zum Gesetz über die Statistik für Bundeszwecke, Forum Bundesstatistik, Bd. 9, 1988, S. 134 (134).
[152] So zutreffend *Hölder*, in: Statistisches Bundesamt (Hrsg.), Zum Gesetz über die Statistik für Bundeszwecke, Forum Bundesstatistik, Bd. 9, 1988, S. 134 (134 f).
[153] A.A. *Drechsler*, in: Kühling (Hrsg.), BStatG, 2023, § 2 Rn. 16 (formell verfassungswidrig, da Mitentscheidungsbefugnisse anderer Behörden begründet würden).

## IV. Folgen für die datenschutzrechtliche Verantwortlichkeit – Beispiel Zensus 2022

Die Arbeitsteilung und Zusammenarbeit im föderativ gegliederten Gesamtsystem der amtlichen Statistik hat Folgen für das Datenschutzrecht. So stellt sich insbesondere die Frage, *wer* für die einzelnen Verarbeitungsvorgänge verantwortlich ist.[154] Der Verantwortliche ist der zentrale Akteur.[155] Denn er ist es, den das Datenschutzrecht zuvörderst in die Pflicht nimmt.

### 1. Die statistischen Ämter als verantwortliche Stelle

Wer Verantwortlicher ist, definiert Art. 4 Nr. 7 DSGVO legal: Gemeint ist eine Stelle (z. B. eine Behörde[156]), die „alleine oder gemeinsam mit anderen über die Zwecke und Mittel der Verarbeitung von personenbezogenen Daten entscheidet" (Hs. 1). Die Verordnung geht dabei von einem *funktionalen* Behördenbegriff aus.[157] Im öffentlichen Bereich hebt sie z. B. auf die „Wahrnehmung einer Aufgabe"[158] ab; maßgeblich ist – entsprechend § 1 Abs. 4 VwVfG[159] – also nicht die organisationsrechtliche Verfasstheit, sondern die konkrete (öffentliche) Aufgabe, der die Datenverarbeitung dient. Dessen ungeachtet formuliert Art. 4 Nr. 7 Hs. 1 DSGVO den Kreis der möglichen Verantwortungssubjekte denkbar weit („Einrichtung oder andere Stelle"). Ob der jeweilige Akteur rechtsfähig ist, kann dahinstehen. Dem europäischen Datenschutzsekundärrecht ist ein Rechtsträgerprinzip deutscher Provenienz ohnehin fremd.[160] Dass etwa Behörden keine juristischen Personen, sondern Organe eines Verwaltungsträgers[161] sind, ist hier nicht von Belang. Im Ergebnis können sowohl das Statistische Bun-

---

[154] Vgl. dazu i. R. d. Digitalisierung der Verwaltung (OZG-Umsetzung) ausf. *Böllhoff/Botta*, NVwZ 2021, 425 ff.; s. ferner die Dekonstruktion der Verantwortung bei *Augsberg*, RW 2019, 109 (109 f.): Verantwortungssubjekt, -objekt und -grund.

[155] Davon ist der Auftragsverarbeiter (ausf. dazu unten S. 498 ff.) sowie der „Empfänger" (Art. 4 Nr. 9) und der „Dritte" (Art. 4 Nr. 10 DSGVO) zu unterscheiden.

[156] Neben der Behörde noch: „natürliche oder juristische Person" sowie „Einrichtung". *Petri*, in: Simitis/Hornung/Spiecker gen. Döhmann (Hrsg.), DatenschutzR, 2019, Art. 4 Nr. 7 Rn. 13 ordnet diese Aufzählung als „Regelbeispiele" ein. Vgl. auch EuGH, Urt. v. 9.7.2020 – C-272/19, ECLI:EU:C:2020:535 – Land Hessen, Rn. 65.

[157] I. d. S. wohl auch *Petri*, in: Simitis/Hornung/Spiecker gen. Döhmann (Hrsg.), DatenschutzR, 2019, Art. 4 Nr. 7 Rn. 19 („eher funktional als institutionell"); vgl. allg. *EDPB*, Guidelines 07/2020, Version 2.0 v. 7.7.2021, Rn. 21: „the concept of controller is a functional concept".

[158] Art. 6 Abs. 1 UAbs. 1 Buchst. e DSGVO; dazu ausf. unten S. 142 ff.

[159] Siehe nur *Schoch*, in: Schoch/Schneider (Hrsg.), VerwR, Grundwerk (Juli 2020), § 1 VwVfG Rn. 133 ff.

[160] Ebenso *Böllhoff/Botta*, NVwZ 2021, 425 (426): „Behörden- und kein Rechtsträgerprinzip".

[161] Vgl. statt vieler *Jestaedt*, in: Voßkuhle/Eifert/Möllers (Hrsg.), GVerwR, 3. Aufl., 2022, § 16 Rn. 36.

desamt[162] als auch die statistischen Ämter der Länder[163] Verantwortliche im datenschutzrechtlichen Sinne sein.

## 2. Entscheidung über die Zwecke und Mittel der Verarbeitung

Voraussetzung ist hierfür zunächst, dass die statistischen Ämter über die Zwecke und Mittel der Datenverarbeitung *entscheiden* (Art. 4 Nr. 7 Hs. 1 DSGVO). Danach ist zu fragen: Wer hat in tatsächlicher oder rechtlicher Hinsicht die „Entscheidungsgewalt"[164] über die jeweilige Verarbeitung inne? Bezugspunkte sind „Zweck" und „Mittel", mithin: Wofür werden personenbezogene Daten verarbeitet („to what end"; „what for")[165] und wie soll dieses Ziel erreicht werden? Beide Voraussetzungen sind kumulativ zu verstehen: Um Verantwortlicher zu sein, muss der Akteur sowohl über die Zwecke als auch über die Mittel der Verarbeitung bestimmen (können).[166] Allerdings gibt im öffentlichen Sektor regelmäßig der *Gesetzgeber* den Zweck (ggf. auch die Mittel) vor. Dadurch wird er aber nicht automatisch selbst zum Verantwortlichen. Stattdessen geht es darum, wer das Gesetz letztlich anwendet, also *vollzieht*.[167] Denn maßgeblich ist stets die konkrete Datenverarbeitung. Die Verantwortlichenstellung folgt dann aus der – verfassungsrechtlich vorgezeichneten – Zuständigkeitsordnung[168]; sie beruht weniger auf tatsächlichen denn vielmehr auf rechtlichen Gründen.[169]

## 3. Bestimmung des Verantwortlichen durch den Gesetzgeber

Daneben kann der Gesetzgeber den datenschutzrechtlich Verantwortlichen aber auch unmittelbar *durch Gesetz* bestimmen. Die – etwas versteckte – Öffnungsklausel des Art. 4 Nr. 7 Hs. 2 DSGVO[170] räumt ihm diese Rechtsetzungsbefugnis („kann"; „können") ausdrücklich ein. Dem liegt folgender Gedanke zugrun-

---

[162] Siehe § 2 Abs. 1 BStatG; dazu oben § 1.B.II., S. 31.
[163] Siehe exemplarisch § 2 Abs. 1 LStatG RP: „obere Landesbehörde im Geschäftsbereich des Ministeriums des Innern und für Sport"; § 3 S. 1 LStatG Berlin und § 3 S. 1 BbgStatG: „Amt für Statistik Berlin-Brandenburg".
[164] *EDPB*, Guidelines 07/2020, Version 2.0 v. 7.7.2021, Rn. 20: „decision-making power".
[165] *EDPB*, Guidelines 07/2020, Version 2.0 v. 7.7.2021, Rn. 35.
[166] *EDPB*, Guidelines 07/2020, Version 2.0 v. 7.7.2021, Rn. 36.
[167] Dabei macht es keinen Unterschied, ob auf der Rechtsfolgenseite eine gebundene Entscheidung oder Ermessen vorliegt. Vgl. dazu i. R. d. Abgrenzung der Rechtsgrundlagen unten S. 151.
[168] Zur Zuständigkeit allg. *Jestaedt*, in: Voßkuhle/Eifert/Möllers (Hrsg.), GVerwR, 3. Aufl., 2022, § 16 Rn. 42 ff., zur Unterscheidung von Aufgabe, Zuständigkeit und Befugnis ebenda, Rn. 52.
[169] *EDPB*, Guidelines 07/2020, Version 2.0 v. 7.7.2021, Rn. 21, der zwischen zwei Formen der „Kontrolle" unterscheidet: „control stemming from *legal provisions*" einerseits, „control stemming from *factual influence*" andererseits (Hervorhebung d. Verf.).
[170] Siehe dazu bereits *Kühling et al.*, Die Datenschutz-Grundverordnung und das nationale Recht, 2016, S. 25 f.

de: Dort, wo das Gesetz selbst die Zwecke der (und ggf. auch die Mittel zur) Verarbeitung bestimmt[171], kann es *zugleich* den hierfür Verantwortlichen benennen. Auf diese Weise wirkt der Gesetzgeber einer „Verantwortungsdiffusion"[172] entgegen und sorgt – positiv gewendet – für Verantwortungsklarheit[173]. Dabei handelt es sich nicht nur um einen allgemeinen, aus dem Rechts- und Demokratieprinzip abgeleiteten Grundsatz des Verwaltungsrechts. In diesem Sinne „klar" muss die Verantwortlichkeit auch im (europäischen) Datenschutzrecht sein. Die betroffene Person muss wissen bzw. erkennen können, wer für die Datenverarbeitung rechtlich verantwortlich ist. Das Leitmotiv ist insoweit ein wirksamer und umfassender Schutz der Rechte und Freiheiten der betroffenen Personen.[174] Der (Bundes-)Gesetzgeber ist aufgerufen, von dieser Regelungsoption Gebrauch zu machen – gerade auch im Kontext *dezentraler*[175] Bundesstatistiken. Er kann jedoch nicht irgendeine Organisationseinheit benennen; die Pflichten, die die Datenschutz-Grundverordnung an die Verantwortlichenstellung knüpft (s. Kapitel IV, Art. 24 ff.; z. B. Datenschutz-Folgenabschätzung[176]), machen nur dann Sinn, wenn der gesetzlich bestimmte Akteur auch *tatsächlich* Einfluss auf die jeweilige Datenverarbeitung nehmen kann.[177] Andernfalls liefe das Pflichtenregime – Entsprechendes gilt für die Betroffenenrechte (Kapitel III, Art. 12 ff. DSGVO) – faktisch leer.

*4. Beispiel: Verantwortlichkeit(en) im Rahmen des Zensus 2022*

Um das an einem Beispiel deutlich zu machen: § 27 ZensG 2022[178] regelt – ausweislich der amtlichen Überschrift – die „[d]atenschutzrechtliche Verantwortlichkeit" für den Zensus 2022. Die Vorschrift betrifft indes nur einen Teilbereich, nämlich die Verarbeitung der „zentral gespeicherten Daten". Diese weist

---

[171] Hierfür bedarf es einer anderweitigen Öffnungsklausel, *Kühling et al.*, Die Datenschutz-Grundverordnung und das nationale Recht, 2016, S. 26; s. zu Art. 6 Abs. 2 und 3 DSGVO unten S. 160 ff.
[172] Dazu *Martini/Weinzierl*, NVwZ 2017, 1251 (1254) am Bsp. einer Blockchain-Architektur.
[173] Zu diesem Topos BVerfGE 119, 331 (379); s. auch BVerwG BeckRS 2020, 27310 Rn. 40.
[174] Vgl. z. B. EuGH, Urt. v. 5.6.2018 – C-210/16, ECLI:EU:C:2018:388, Rn. 28.
[175] Siehe oben S. 31.
[176] Dazu im Kontext des Zensus 2022 BT-Drs. 19/9766, S. 1 f.: Nach dem Bundesrat liege die Verantwortlichkeit, eine ggf. erforderliche Datenschutz-Folgenabschätzung für den Zensus durchzuführen, „vorrangig" beim Statistischen Bundesamt; vgl. dazu auch die Gegenäußerung der Bundesregierung ebenda, S. 11; s. (insbes. zu Art. 35 Abs. 10 DSGVO) unten S. 192 ff.
[177] *EDPB*, Guidelines 07/2020, Version 2.0 v. 7.7.2021, Rn. 23; *Böllhoff/Botta*, NVwZ 2021, 425 (429).
[178] Vgl. dazu auch die Vorgängerregelung des § 12 Abs. 8 ZensG 2011 (dazu BT-Drs. 16/12219, S. 41); sehr krit. zu den Verantwortlichen für die IT-Teilprojekte (§ 12 Abs. 7 ZensG 2011) *Schnoor*, SächsVBl 2012, 245 (249 ff.). – Beim Zensus 2022 liegt die Verantwortung für die IT-Gesamtsteuerung und den IT-Betrieb hingegen erstmals beim Bund (BT-Drs. 19/9766, S. 11).

## B. Aufgabenteilung und Zusammenarbeit im Statistischen Verbund

S. 1 dem *jeweils zuständigen statistischen Amt* zu.[179] Eine normenklare Verantwortungszuweisung sieht anders aus. Denn nach dieser Vorschrift muss die betroffene Person für die einzelnen Verarbeitungsschritte gesondert prüfen, wer „nach den Vorschriften dieses Gesetzes" sowie nach § 2 (Aufgaben des Statistischen Bundesamtes) und § 3 (Aufbau eines anschriftenbezogenen Steuerungsregisters) ZensVorbG 2022 zuständig ist. Und auch die Regierungsbegründung erschöpft sich in dem Hinweis, die datenschutzrechtlichen Vorgaben seien von den statistischen Ämtern des Bundes und der Länder „innerhalb ihres jeweiligen Zuständigkeitsbereiches eigenverantwortlich wahrzunehmen".[180] Die gesetzlichen Kriterien führen damit gleichsam in eine „Verweisungskaskade"[181]. In der Sachverständigenanhörung sah sich diese Regelungstechnik denn auch einiger Kritik ausgesetzt. So hat der Bundesbeauftragte für den Datenschutz und die Informationsfreiheit (BfDI) schon während der Ressortabstimmungen gefordert, die Verantwortlichkeiten trennscharf und normenklar auszugestalten.[182] Der Gesetzentwurf enthalte aber immer noch „Grauzonen".[183] Diese entstehen jedoch – anders als der Vertreter des BfDI ausführt – nicht primär durch „Formulierungen wie ‚im Benehmen mit' oder ‚im Zusammenwirken von verschiedenen Ämtern'"[184]. Vielmehr beruhen sie letztlich auf der Eigenart des registergestützten Verfahrens, das schon auf der tatsächlichen Ebene – insbesondere, weil Daten aus verschiedenen Quellen erhoben und zusammengeführt werden[185] – sehr komplex ist.[186] Gleichwohl ist der Gesetzgeber aufgerufen,

---

[179] Nach § 27 S. 3 ZensG 2022 trägt der Empfänger die Verantwortung „für die Zulässigkeit des Abrufs im automatisierten Verfahren". § 27 S. 2 ZensG 2022 regelt demgegenüber nicht die Verantwortlichkeit an sich. Vielmehr statuiert er eine Pflicht des Verantwortlichen: Er muss gewährleisten, dass die anderen statistischen Ämter auf die Daten nur insoweit zugreifen können, als dies erforderlich ist, um ihre Aufgaben nach dem ZensG 2022 und dem ZensVorbG 2022 zu erfüllen. Dazu BT-Drs. 19/8693, S. 60 f.

[180] BT-Drs. 19/8693, S. 60.

[181] Dazu aus verfassungsrechtlicher Perspektive BVerfGE 154, 152 (266, Rn. 215).

[182] BT, Wortprotokoll der 50. Sitzung des Ausschusses für Inneres und Heimat v. 6.5.2019, S. 7.

[183] Siehe § 1 Fn. 182. Der Vertreter des BfDI führt zur Begründung einer klaren Verantwortungszuweisung zutreffend aus: „[...] nur wenn ich weiß, wer der Verantwortliche ist, kann ich die Betroffenenrechte richtig adressieren. Nur wenn ich weiß, wer der Verantwortliche ist, kann ich auch die zuständige Datenschutzaufsichtsbehörde benennen. Und nur wenn ich weiß, wer der Verantwortliche ist, kann ich dafür sorgen, dass bestimmte Verfahrensgrundsätze zu beachten sind, wie zum Beispiel: ‚Brauche ich eine Auftragsverarbeitung oder brauche ich sie nicht?'".

[184] Siehe § 1 Fn. 182.

[185] Siehe nur § 1 Abs. 2 ZensG 2022; dazu BT-Drs. 19/8693, S. 33 f.

[186] Vgl. auch BVerfGE 150, 1 (112, Rn. 233) hinsichtlich der verfassungsrechtlichen Bestimmtheitsanforderungen: Der Zensus 2011 sei das Ergebnis eines über ein Jahrzehnt angelegten komplexen Prozesses, in dem normative und fachliche Anforderungen miteinander abgeglichen worden sind und der Spielraum des Gesetzgebers hinsichtlich der verfahrensrechtlichen Ausgestaltung nach und nach verengt wurde. – I. R. d. RegZensErpG konnte sich

hinreichend normenklare Vorschriften zur Verantwortlichkeit zu erlassen. Immerhin enthält § 29 Abs. 1 S. 3 ZensG 2022 eine spezielle Regelung für manuelle Abgleiche oder gezielte Nacherhebungen für den Fall unplausibler Angaben: Das Gesetz weist diese Aufgabe den statistischen Ämtern der Länder für ihren jeweiligen Zuständigkeitsbereich zu; insoweit sind sie auch datenschutzrechtlich verantwortlich. Es bedarf hiernach der Abgrenzung im Einzelfall. Dem Vorschlag der FDP-Fraktion, eine *gemeinsame Verantwortlichkeit* gesetzlich festzuschreiben,[187] ist der federführende Innenausschuss (und in der Folge auch das Plenum) mehrheitlich nicht gefolgt.[188] Der Ausschuss verweist in diesem Zusammenhang darauf, dass das in § 27 ZensG 2022 verankerte Prinzip „erforderlichenfalls" in einer entsprechenden Vereinbarung[189] zwischen den statistischen Ämtern des Bundes und der Länder – also im Innenverhältnis – zu konkretisieren sei; dabei seien auch die datenschutzrechtlichen Verantwortlichkeiten „klar" abzugrenzen.[190] Nach eigenen Angaben haben die statistischen Ämter eine Vereinbarung i. S. d. Art. 26 DSGVO geschlossen.[191] Diese regele die Betroffenenrechte[192], konkret die Art. 15 bis 21 DSGVO: Die jeweils betroffenen Personen könnten sich an jedes statistische Amt wenden[193]; die Anträge werden von dem Amt beantwortet, das für die Datenverarbeitung zuständig ist.

---

ein Vorschlag des BR, zentrale Datenbanken *gemeinsam* durch die statistischen Ämter des Bundes und der Länder zu betreiben, nicht durchsetzen. Die Bundesregierung stimmte ihm aus datenschutzrechtlichen Gründen nicht zu, da dies „insbesondere zu Unklarheiten hinsichtlich der datenschutzrechtlichen Verantwortlichkeit" führte; s. BT-Drs. 19/28168, S. 14.

[187] Auch bei gemeinsam Verantwortlichen („joint control") kann der Gesetzgeber die Verantwortung im Einzelfall zuweisen und so das Innenverhältnis regeln; die „Vereinbarung" („arrangement") greift nur subsidiär, s. Art. 26 Abs. 1 S. 2 DSGVO („sofern und soweit [...] nicht [...]"); im Ergebnis wie hier *EDPB*, Guidelines 07/2020, Version 2.0 v. 7.7.2021, Rn. 22. Nach *Böllhoff/Botta*, NVwZ 2021, 425 (427 f.) lasse sich die EuGH-Rechtsprechung zum (weiten) Verantwortlichkeitsbegriff, insbes. zur gemeinsamen Verantwortlichkeit, nicht unbesehen auf die Kooperation *öffentlicher* Stellen übertragen.

[188] Ausschuss-Drs. 19(4)278 C, abgedruckt bei BT-Drs. 19/10679, S. 8.

[189] Gemeint ist wohl eine Vereinbarung i. S. d. Art. 26 Abs. 1 S. 2 DSGVO; dazu bspw. *Martini*, in: Paal/Pauly (Hrsg.), DSGVO/BDSG, 3. Aufl., 2021, Art. 26 Rn. 22 ff.; *Spoerr*, in: Wolff/Brink (Hrsg.), BeckOK DatenschutzR, 39. Ed. (1.11.2021), Art. 26 Rn. 44 ff. Zu beachten ist, dass diese Vereinbarung nicht konstitutiv wirkt; vielmehr ist sie Rechtsfolge einer gemeinsamen Verantwortlichkeit.

[190] BT-Drs. 19/10679, S. 8.

[191] Siehe https://www.zensus2022.de/DE/Wie-funktioniert-der-Zensus/Datenschutz-mehr als-Pflicht.html (zuletzt abgerufen am 31.7.2023).

[192] Siehe dazu ausf. – insbes. zu den Ausnahmen – unten S. 414 ff.

[193] Vgl. auch die Möglichkeit („kann"), in der Vereinbarung eine „Anlaufstelle" für die betroffenen Personen anzugeben (Art. 26 Abs. 1 S. 3 DSGVO) – etwa um dem „Risiko eines Zuständigkeitskarussells" (*Martini*, in: Paal/Pauly (Hrsg.), DSGVO/BDSG, 3. Aufl., 2021, Art. 26 Rn. 28) zu begegnen.

*V. Zwischenergebnis*

Die amtliche Statistik ist in einem föderalen Gesamtsystem organisiert. Zentrale Bundesstatistiken führt das Statistische Bundesamt allein durch. Bei dezentralen Bundesstatistiken übernehmen die statistischen Ämter der Länder typischerweise die – datenschutzrechtlich besonders relevante – Aufgabe der Datenerhebung und -aufbereitung. Das Bundesamt koordiniert den Gesamtprozess und führt die Länderergebnisse später auf der Bundesebene zusammen. Im Übrigen kooperieren die statistischen Ämter im Verbund in vielfältiger Weise (etwa bei der Bereitstellung von Mikrodaten für die Wissenschaft). Darin liegt kein Verstoß gegen das sog. Verbot der Mischverwaltung. Aus datenschutzrechtlicher Sicht macht die mitunter komplexe Verbundstruktur indes eine systematische Analyse der Verarbeitungsbeziehungen erforderlich, um Verantwortlichkeiten (ggf. auch Auftragsverarbeitungen) zuweisen zu können.

## C. Grundsätze der Bundesstatistik

Das Bundesstatistikgesetz stellt drei Grundsätze auf: Neutralität, Objektivität und fachliche Unabhängigkeit (§ 1 S. 2). In den Landesstatistikgesetzen finden sich vergleichbare Grundsätze für die Landes- und Kommunalstatistik, doch gehen sie teilweise auch über das bundesrechtliche Vorbild hinaus. So buchstabiert das Landesstatistikgesetz Baden-Württemberg auch die „statistische Geheimhaltung" als eigenen Grundsatz aus[194]; das Gesetz in Nordrhein-Westfalen kennt zudem die Grundsätze der „weitgehenden Transparenz und Offenheit der Daten"[195] und in Sachsen formuliert das Landesstatistikgesetz etwa den „Schutz der Privatsphäre" sowie die „frühestmögliche Anonymisierung"[196] als statistischen Grundsatz. Und schließlich kennt auch das europäische Primärrecht statistische Grundsätze: Nach Art. 338 Abs. 2 Hs. 1 AEUV sind Unionsstatistiken unter Wahrung der Unparteilichkeit, der Zuverlässigkeit, der Objektivität, der wissenschaftlichen Unabhängigkeit, der Kostenwirksamkeit und der statistischen Geheimhaltung zu erstellen. Diese primärrechtlichen „Grundsätze"[197] werden in der VO (EG) Nr. 223/2009 konkretisiert und definiert. Diese Verord-

---

[194] § 1 S. 2 Hs. 2 LStatG BW.
[195] § 2 Abs. 1 S. 3 LStatG NRW.
[196] § 1 Abs. 2 Hs. 2 SächsStatG.
[197] *Thiel*, in: Grabitz/Hilf/Nettesheim (Hrsg.), EUV/AEUV, 78. EL (Jan. 2023), Art. 338 AEUV Rn. 21; *Kingreen*, in: Calliess/Ruffert (Hrsg.), EUV/AEUV, 6. Aufl., 2022, Art. 338 AEUV Rn. 5. *Ladenburger*, in: Groeben/Schwarze/Hatje (Hrsg.), Europäisches Unionsrecht, 7. Aufl., 2015, Art. 338 AEUV Rn. 14 spricht von „allgemeine[n] Rechtsgrundsätzen des Statistikrechts"; *Herrmann*, in: Streinz (Hrsg.), EUV/AEUV, 3. Aufl., 2018, Art. 338 AEUV Rn. 6: „allgemeine Prinzipien"; *Nowak*, in: Pechstein/Nowak/Häde (Hrsg.), Frankfurter Kommentar, 2017, Art. 338 AEUV Rn. 19: „Kerngrundsätze des europäischen Statistikrechts".

nung kann auch zur Auslegung der bundesrechtlichen Grundsätze herangezogen werden. Denn mit dem Gesetz zur Änderung der Bundesstatistik und anderer Statistikgesetze vom 26.7.2016 hat der Bundesgesetzgeber terminologische und materiell-rechtliche Anpassungen an das ehedem so bezeichnete „neuere europäische Recht" vorgenommen.[198] Die Harmonisierung mit dem Unionsrecht entspricht dem erklärten Willen des Bundesgesetzgebers – gerade in Bezug auf die statistischen Grundsätze.[199] Eine „gespaltene Auslegung" (Unionsstatistik einerseits, Bundesstatistik andererseits) der bundesrechtlichen Statistikgrundsätze (§ 1 S. 2 BStatG) ist daher nicht geboten; vielmehr spricht eine Vermutung für eine einheitliche Auslegung.[200] Die statistischen Grundsätze sollen im Folgenden skizziert werden, da sie die Arbeit (und damit auch die Datenverarbeitung) der amtlichen Statistik insgesamt anleiten. Deshalb ist – soweit angezeigt – auf die Wechselwirkungen zum Datenschutzrecht einzugehen.

### I. Neutralität (Unparteilichkeit)

Als ersten (geschriebenen) Grundsatz nennt § 1 S. 2 BStatG die *Neutralität*. Das Bundesstatistikgesetz definiert indes nicht, was es unter „Neutralität" versteht. Auch die Gesetzgebungsmaterialien geben für die Auslegung nichts her. Im staatsrechtlichen Schrifttum fehlt es nicht an Versuchen, den schillernden Begriff der Neutralität in verschiedenen Kontexten zu operationalisieren. Auch kennen wir die allgemeine „Neutralität des Staates" sowie die – aus dem Rechtsstaatsprinzip abgeleitete und sich im Prinzip der Gesetzmäßigkeit der Verwaltung manifestierende – „Neutralität der Verwaltung". Jedoch warnte bereits *Klaus Schlaich* angesichts der Unmöglichkeit, „Neutralität" generell inhaltlich zu definieren, vor einer

„leerformelhaften, das eigentliche und entscheidende Sachargument mehr verschleiernden Verwendung des Begriffs".[201]

Denn es handelt sich um einen Relationsbegriff,[202] der seinen Gehalt erst aus dem Bezugssystem gewinnt: der amtlichen Statistik. Wenn das europäische

---

[198] BT-Drs. 18/7561, S. 15.
[199] Vgl. BT-Drs. 18/7561, S. 2, 15 f. und 20.
[200] In diesem Sinne auch *Kühling/Schmid*, in: Kühling (Hrsg.), BStatG, 2023, § 1 Rn. 20 f. Vgl. dazu am Bsp. der überschießenden Umsetzung von EU-Richtlinien *Habersack/Mayer*, in: Riesenhuber (Hrsg.), Europäische Methodenlehre, 3. Aufl., 2014, § 14 Rn. 20 ff., insbes. Rn. 41. Methodisch gesehen handelt es sich dabei nicht um eine unionsrechtskonforme Auslegung, da der Rechtsanwendungsbefehl des europäischen Gesetzgebers seine Grenze an der ihm übertragenen Kompetenz findet (arg. Prinzip der begrenzten Einzelermächtigung). Die VO (EG) Nr. 223/2009 gilt unmittelbar nur für Unionsstatistiken; s. oben S. 25.
[201] *Schlaich*, Neutralität als verfassungsrechtliches Prinzip, 1972, S. 223.
[202] *Fehling*, Verwaltung zwischen Unparteilichkeit und Gestaltungsaufgabe, 2001, S. 20 ff. Auch nach *Schlaich*, Neutralität als verfassungsrechtliches Prinzip, 1972, S. 222 ist

Recht stattdessen den Begriff der *Unparteilichkeit*[203] (engl.: „impartiality"; franz.: „impartialité") verwendet, so ist er in diesem Zusammenhang synonym zur Neutralität zu verstehen. Dies folgt hier auch daraus, dass die sekundärrechtliche Begriffsbestimmung einen Begriff durch den anderen definiert: Nach Art. 2 Abs. 1 Buchst. b VO (EG) Nr. 223/2009 bedeutet „Unparteilichkeit", dass „die Statistiken auf *neutrale* [Hervorhebung d. Verf.] Weise entwickelt, erstellt und verbreitet und dass alle Nutzer gleich behandelt werden müssen". In dieser Legaldefinition sind zwei Elemente vereint: ein – nach innen gerichtetes – *Neutralitätsgebot* sowie ein – primär nach außen gerichtetes – *Gleichbehandlungsgebot*. Gerade weil amtlichen Statistiken der Nimbus der Glaubwürdigkeit anhaftet und sie als empirisches Fundament politische Entscheidungen tragen (können), müssen sie unabhängig von äußeren Einflüssen (insbesondere seitens der Politik und sonstiger Interessengruppen) sein.[204] Die Neutralität steht damit in einem engen Zusammenhang mit den Grundsätzen der Objektivität und der fachlichen bzw. wissenschaftlichen Unabhängigkeit.[205] Sie wird überdies verfahrensrechtlich abgesichert: Angesprochen ist insbesondere die aus dem Grundrecht auf informationelle Selbstbestimmung abgeleitete Abschottung der Statistik, also die organisationsrechtliche Trennung von Statistik und Verwaltung.[206] Denn die Aufteilung von Verwaltungsaufgaben auf spezialisierte Organisationseinheiten gewährleistet prinzipiell eine unparteiische Aufgabenerfüllung.[207] Diese Unparteilichkeit schließt als zweiten Aspekt ein, auch die *Nutzer* im Rechtssinne gleich zu behandeln. Gemeint ist ein Recht auf gleiche Teilhabe am staatlichen Informationsangebot. Und so hält bspw. der *Verhaltenskodex für europäische Statistiken* die maßgeblichen Akteure dazu an, „[a]lle[n] Nutzerinnen und Nutzern […] gleichzeitigen und gleichberechtigten Zugang zu statistischen Daten" zu gewähren[208] – gleichviel, welche Interessen oder politische Überzeugungen sie auch verfolgen mögen. Beispielsweise steht einer Gemeinde kein

---

Neutralität „ein Begriff der Relation, bei dem alles auf den jeweiligen Gegenstand, Standort, Maßstab" ankomme.

[203] Zum Begriff und zu möglichen Bedeutungen von „Unparteilichkeit" s. *Fehling*, Verwaltung zwischen Unparteilichkeit und Gestaltungsaufgabe, 2001, S. 4 ff.

[204] Vgl. dazu die Vorgängerregelung Art. 10 VO (EG) Nr. 322/97: Unparteilichkeit bedeute, „daß die Gemeinschaftsstatistiken in objektiver Weise und unabhängig erstellt werden, ohne daß politische Gruppen oder sonstige Interessengruppen Druck ausüben können […]"; ferner *Thiel*, in: Grabitz/Hilf/Nettesheim (Hrsg.), EUV/AEUV, 78. EL (Jan. 2023), Art. 338 AEUV Rn. 23 (mit Fn. 3). Zum Statistikbegriff des GG s. oben S. 19 ff.

[205] Zu diesen sogleich unter II. (S. 44) und III. (S. 45).

[206] Siehe dazu unten S. 333 ff.

[207] *Groß*, in: Voßkuhle/Eifert/Möllers (Hrsg.), GVerwR, 3. Aufl., 2022, § 15 Rn. 95 („Grundsatz der aufgabenadäquaten Organisation").

[208] *Verhaltenskodex für europäische Statistiken*, Für die nationalen statistischen Ämter und Eurostat (statistisches Amt der EU), 2017, S. 13 (Grundsatz 6.7). Vgl. auch bereits BT-Drs. 10/5345, S. 14 zu § 1 BStatG 1987.

vorrangiges Nutzungsrecht zu, nur weil sich die Daten auf das entsprechende Gemeindegebiet beziehen.[209]

## II. Objektivität

Nicht weniger Schwierigkeiten bereitet es, den Grundsatz der Objektivität (§ 1 S. 2 BStatG) zu definieren. „Was heißt hier Objektivität?" fragte schon *Max Weber* im Jahr 1904 im Archiv für Sozialwissenschaft und Sozialpolitik. Seiner Auffassung nach gebe es „keine schlechthin ‚objektive' wissenschaftliche Analyse des Kulturlebens oder [...] der ‚sozialen Erscheinungen'", die von „speziellen und ‚einseitigen' Gesichtspunkten, nach denen sie – ausdrücklich oder stillschweigend, bewußt oder unbewußt – als Forschungsobjekt ausgewählt, analysiert und darstellend gegliedert werden", unabhängig ist.[210] Erkenntnis (dort in Bezug auf Kulturvorgänge) geschehe in der „individuell geartete[n] Wirklichkeit des Lebens", ist abhängig von „Wertideen" und sei daher „stets eine Erkenntnis unter spezifisch besonderten Gesichtspunkten".[211] Gemeint ist daher – gerade auch im statistischen Kontext (§ 1 S. 2 BStatG) – eine *methodologisch-wissenschaftliche* Objektivität. Kurzum: Objektivität ist hier als *Intersubjektivität*[212] zu verstehen. So gesehen zielt auch die (amtliche) Statistik auf eine „kommunikativ oder diskursiv hergestellte Einhelligkeit" der behauptenden statistischen Aussagen, die idealerweise allgemeinverbindlich und zutreffend zugleich sind.[213] In einem Handbuch der sozialwissenschaftlichen Datenanalyse wird Objektivität definiert als „Grad, in dem das Untersuchungsresultat unabhängig ist von jeglichen Einflüssen außerhalb der untersuchten Person".[214] In diesem Sinne ist wohl auch die Begriffsbestimmung der europäischen Statistikverordnung (EG) Nr. 223/2009 zu verstehen, wonach Statistiken dann objektiv sind, wenn sie „in systematischer, zuverlässiger[215] und unvoreingenommener Weise entwickelt, erstellt und verbreitet" werden. Dabei sind

---

[209] So *Kühling/Schmid*, in: Kühling (Hrsg.), BStatG, 2023, § 1 Rn. 19.
[210] *Weber*, Archiv für Sozialwissenschaft und Sozialpolitik 19 (1904), 22 (45).
[211] *Weber*, Archiv für Sozialwissenschaft und Sozialpolitik 19 (1904), 22 (55 f.).
[212] Vgl. dazu im Kontext des verfassungsrechtlichen Wissenschaftsbegriffs bspw. *Starck/Paulus*, in: von Mangoldt/Klein/Starck (Hrsg.), GG, 7. Aufl., 2018, Art. 5 Rn. 474. – Nicht weil das, worüber sich Menschen einigen, notwendigerweise wahr ist, sondern weil Intersubjektivität von der Interaktion mit der Welt abhängt, sei sie die Wurzel der Objektivität, so *Davidson*, Subjective, Intersubjective, Objective, 2001, S. 91.
[213] *Ritsert*, Leviathan (Berliner Zeitschrift für Sozialwissenschaft) 26 (1998), 184 (187).
[214] *Rammstedt*, in: Wolf/Best (Hrsg.), Handbuch der sozialwissenschaftlichen Datenanalyse, 2010, S. 240. Vgl. auch *Krebs/Menold*, in: Baur/Blasius (Hrsg.), Handbuch Methoden der empirischen Sozialforschung, 2019, S. 490 f., die zwischen Durchführungs-, Auswertungs- und Interpretationsobjektivität unterscheiden.
[215] Siehe zur Zuverlässigkeit, die auch als eigenständiger Grundsatz behandelt werden kann, sogleich unter IV.1., S. 49.

„fachliche und ethische Standards" anzuwenden und die „angewandten Grundsätze und Verfahren [...] für Nutzer und Befragte transparent" zu machen.[216] Aus diesem Grund verlangt der Verhaltenskodex, dass Informationen zu den verwendeten Datenquellen, Methoden und Verfahren öffentlich zugänglich sind.[217] Dass es bei der Objektivität – Entsprechendes gilt für den Wissenschaftsbegriff des Grundgesetzes[218] – jedenfalls nicht um „Wahrheit" als Ergebnis geht, zeigt die Entscheidung des BVerfG zum Zensus 2011: Die Verfassung fordert nicht, die „wahre" oder „richtige" Einwohnerzahl zu ermitteln. Denn hierfür könne – nach „einhelliger Auffassung der insoweit maßgeblichen statistischen Wissenschaft" – kein praktisch durchführbares Verfahren Gewähr bieten. Da alle „denkbaren Verfahren" mit „Unsicherheiten und Ungenauigkeiten" behaftet sowie fehleranfällig seien, verlange das Grundgesetz nurmehr ein „zur Erfüllung der verfassungsrechtlichen Zwecke notwendige[s] Maß an Genauigkeit".[219] Der Gesetzgeber ist daher „lediglich" verpflichtet, die Verfahrensvorschriften zu erlassen, die erforderlich sind, um eine *realitätsgerechte* Einwohnerzahl ermitteln zu können.[220] Beim Vollzug dieses gesetzlichen Programms sind die statistischen Stellen dann wiederum dem Grundsatz der Objektivität verpflichtet.

### III. Fachliche Unabhängigkeit

Der dritte Grundsatz, den § 1 S. 2 BStatG verbürgt, ist die *fachliche Unabhängigkeit*. Dieser geht auf die Reform des Bundesstatistikgesetzes im Jahr 1987 zurück.[221] Damals hieß der Grundsatz indes noch „wissenschaftliche Unabhängigkeit". Mit der Novellierung des Bundesstatistikgesetzes im Jahr 2016 hat der Gesetzgeber das Wort „wissenschaftlich" durch das Wort „fachlich" ersetzt.[222] Ausweislich der Gesetzesbegründung ging es der Änderung darum, § 1 S. 2 BStatG an die entsprechende Terminologie des europäischen Sekundärrechts anzupassen.[223] Nach Art. 2 Abs. 1 Buchst. a der VO (EG) Nr. 223/2009 bedeutet

---

[216] Art. 2 Abs. 1 Buchst. c VO (EG) Nr. 223/2009. Ebenso *Kühling/Schmid*, in: Kühling (Hrsg.), BStatG, 2023, § 1 Rn. 20.
[217] *Verhaltenskodex für europäische Statistiken*, Für die nationalen statistischen Ämter und Eurostat (statistisches Amt der EU), 2017, S. 13 (Indikator 6.5).
[218] *Gärditz*, in: Dürig/Herzog/Scholz (Hrsg.), GG, 88. EL (August 2019), Art. 5 Abs. 3 Rn. 67; vgl. auch *Seckelmann*, Evaluation und Recht, 2018, S. 228 ff.
[219] BVerfGE 150, 1 (86 f., Rn. 167); s. bereits die Einleitung, S. 2 f.
[220] BVerfGE 150, 1 (87, Rn. 167).
[221] Das StatGes 1953 und das BStatG 1980 kannten noch keinen dementsprechenden Grundsatz, vgl. BGBl. I 1953, S. 1314 sowie BGBl. I 1980, S. 289.
[222] BGBl. I 2016, S. 1768 (1768).
[223] BT-Drs. 18/7561, S. 20; vgl. auch *Kühling/Schmid*, in: Kühling (Hrsg.), BStatG, 2023, § 1 Rn. 21.

*fachliche Unabhängigkeit*, „dass die Statistiken auf unabhängige Weise entwickelt, erstellt und verbreitet werden müssen". Das betrifft

„insbesondere die Wahl der zu verwendenden Verfahren, Definitionen, Methoden und Quellen sowie den Zeitpunkt und den Inhalt aller Verbreitungsformen".

Der Grundsatz soll verhindern, dass „politische Gruppen, Interessengruppen, Stellen der Union oder einzelstaatliche Stellen [...] Druck ausüben können". Der Grundsatz zielt damit generell darauf, die amtliche Statistik vor politischer und sonstiger Einflussnahme zu immunisieren. Er sei inzwischen, so schreibt *Georg Thiel*, nicht weniger als eine „Kardinalfrage".[224] Den Grund fasst der Verhaltenskodex wie folgt zusammen: Die fachliche Unabhängigkeit der statistischen Stellen gegenüber anderen politischen Regulierungs- oder Verwaltungsstellen sowie gegenüber den Akteuren des Privatsektors ist der *Garant für die Glaubwürdigkeit* der (europäischen) Statistiken.[225] Sie geht somit über die „bloß" wissenschaftliche Unabhängigkeit hinaus.[226]

Um diese Glaubwürdigkeit und damit das Vertrauen der Nutzer in die Qualität der amtlichen Statistik zu erhalten, reformierte der Unionsgesetzgeber im Jahr 2015 den *organisationsrechtlichen* Rahmen der statistischen Governance.[227] Sein Leitmotiv war, die fachliche Unabhängigkeit der statistischen Stellen zu stärken.[228] Ein maßgeblicher Anknüpfungspunkt war dabei die Rechtsstellung der Leiter der nationalen Statistikämter. Die Gesetzesreform stellte sie *weisungsfrei*: Bei der Ausführung ihrer statistischen Aufgaben handeln sie unabhängig und dürfen Weisungen von einer Regierung, einem Organ, einer Einrichtung oder jeder anderen Stelle weder einholen noch entgegennehmen.[229] Zudem müssen die Mitgliedstaaten sicherstellen, dass die Verfahren für die

---

[224] *Thiel*, in: Grabitz/Hilf/Nettesheim (Hrsg.), EUV/AEUV, 78. EL (Jan. 2023), Art. 338 AEUV Rn. 26 (ebenso die Voraufl. von *Johann Hahlen*). Er weist darauf hin, dass seit der Jahrtausendwende in Mitgliedstaaten verschiedentlich die Leiter der nationalen statistischen Ämter nach Parlamentswahlen ausgetauscht bzw. nicht nach fachlichen Kriterien bestellt worden seien. Überdies sei es im Rahmen der Finanzkrise zu „Ungenauigkeiten" bei griechischen Statistiken über das öffentliche Defizit und den öffentlichen Schuldenstand gekommen; s. KOM(2010) 1 endgültig; KOM(2011) 211 endgültig, S. 2.

[225] Vgl. dazu auch COM(2012) 167 final, S. 2.

[226] Ebenso *Thiel*, in: Grabitz/Hilf/Nettesheim (Hrsg.), EUV/AEUV, 78. EL (Jan. 2023), Art. 338 AEUV Rn. 23: „inhaltliche Erweiterung".

[227] Vgl. dazu auch *Kröger/Pilniok*, DÖV 2015, 917 (918 ff.) m. krit. Ausführungen im Hinblick auf die Rechtsetzungskompetenz der Union (i. Erg. sehen sie jedoch keinen Verstoß gegen das Subsidiaritäts- und Verhältnismäßigkeitsprinzip) und die gewählte Handlungsform (Verordnung). Zur Governance der Statistik, insbes. zum Vertrauen in die Qualität der statistischen Daten, s. *Radermacher*, AStA Wirtsch Sozialstat Arch 11 (2017), 65 ff.

[228] Siehe nur EG 8 RL (EU) 2015/759, ABl. L 123/91; ferner COM(2012) 167 final, S. 2.

[229] Art. 5a Abs. 2 Buchst. c VO (EG) Nr. 223/2009; vgl. auch Art. 52 Abs. 2 DSGVO. Dazu *Kröger/Pilniok*, DÖV 2015, 917 (919).

Einstellung und Ernennung der Amtsleitung *transparent*[230] sind und *ausschließlich auf fachlichen Kriterien* beruhen; spiegelbildlich dürfen die Gründe für die Abberufung die fachliche Unabhängigkeit nicht infrage stellen.[231] Diese unionsrechtlichen Vorgaben gelten – ob der Regelungskompetenz (Art. 338 Abs. 1 AEUV) – formal zwar nur für Unionsstatistiken[232]. Indes weisen *Malte Kröger* und *Arne Pilniok* zutreffend darauf hin, dass die sekundärrechtlichen Organisationsvorschriften als „Hebel" dienen (könnten), um die mitgliedstaatlichen Strukturen insgesamt (also auch bei an sich „unionsfesten" Sachverhalten) zu transformieren und an europäische Verfahrensstandards zu binden.[233] Denn eine Verwaltungsorganisation ist nicht derart flexibel, dass sie sich entlang der Gesetzgebungskompetenzen (Unionsstatistiken einerseits, Bundesstatistiken andererseits) aufspalten ließe.[234]

Im Bundesstatistikgesetz finden sich demgegenüber deutlich weniger Regelungen zur Organisation:[235] § 2 Abs. 1 bestimmt lediglich, dass das Statistische Bundesamt eine „selbständige" (nicht: unabhängige) Bundesoberbehörde ist – und zwar im Geschäftsbereich des Bundesministeriums des Innern und für Heimat (BMI). Anders als bspw. die datenschutzrechtlichen Aufsichtsbehörden ist das Statistische Bundesamt also nicht „völlig unabhängig" (Art. 52 Abs. 1 DSGVO);[236] vielmehr ist es in die hierarchische Verwaltungsorganisation eingegliedert und unterliegt teilweise staatlicher Aufsicht[237]. So hat das BMI die Rechts- und Dienstaufsicht inne; die Fachaufsicht obliegt dem jeweils fachlich zuständigen Bundesministerium (vgl. auch § 2 Abs. 3 BStatG).[238] Aus dem Unabhängigkeits-

---

[230] Vgl. dazu auch Art. 53 Abs. 1 DSGVO für die Mitglieder der Datenschutzaufsichtsbehörden.

[231] Art. 5a Abs. 4 S. 1 und 3 VO (EG) Nr. 223/2009; vgl. zum Ernennungs- und Entlassungsverfahren etwa *Kröger/Pilniok*, DÖV 2015, 917 (919 f.).

[232] Dazu gehören auch „gemischt nationale-europäische Statistiken", so *Kröger*, Unabhängigkeitsregime im europäischen Verwaltungsverbund, 2020, S. 323.

[233] *Kröger/Pilniok*, DÖV 2015, 917 (917).

[234] So auch *Kröger/Pilniok*, DÖV 2015, 917 (917): Eine nur binnenorganisatorische Trennung zwischen nationalen und europäischen Statistiken sei „kaum sinnvoll denkbar". Zum Verhältnis oben S. 25.

[235] Ebenso *Kröger*, Unabhängigkeitsregime im europäischen Verwaltungsverbund, 2020, S. 319: Ausdrückliche Regelungen zur Aufsicht oder zu Weisungsrechten enthalte das Gesetz nicht.

[236] Vgl. – noch zur früheren Rechtslage – EuGH, Urt. v. 9.3.2010 – C-518/07, ECLI:EU:C:2010:125 – Kommission/Deutschland, Rn. 17 ff.; Urt. v. 16.10.2012 – C-614/10, ECLI:EU:C:2012:631 – Kommission/Österreich, Rn. 36 ff.; sowie Urt. v. 8.4.2014 – C-288/12, ECLI:EU:C:2014:237 – Kommission/Ungarn, Rn. 37 ff. S. zur Rechtsprechung des EuGH nur *Kibler*, Datenschutzaufsicht im europäischen Verbund, 2021, S. 99 ff.

[237] Anders für das Datenschutzrecht EuGH, Urt. v. 16.10.2012 – C-614/10, ECLI:EU:C:2012:631 – Kommission/Österreich, Rn. 59 zur „Dienstaufsicht".

[238] Vgl. *Kröger/Pilniok*, DÖV 2015, 917 (918 f.); *Drechsler*, in: Kühling (Hrsg.), BStatG, 2023, § 2 Rn. 17 m.w.N. Krit. auch *Kröger*, Unabhängigkeitsregime im europäischen Verwaltungsverbund, 2020, S. 322: „Fach-, Rechts- und Dienstaufsicht [...]" sei „mit dem Prin-

versprechen (§ 1 S. 2 BStatG) lässt sich immerhin ableiten, dass der Präsident[239] des Statistischen Bundesamtes in *methodischen und wissenschaftlichen* Fragen der Statistik nicht an fachliche Weisungen gebunden ist.[240] Die Weisungsfreiheit ist aber auch insoweit nicht ausdrücklich im Gesetz verankert. Im Kontext europäischer Statistiken kann sich der Präsident des Statistischen Bundesamtes jedenfalls unmittelbar auf die Vorgaben der Statistikverordnung (Art. 5a der VO (EG) Nr. 223/2009) berufen.

Trotz der einfach-gesetzlich verbürgten (fachlichen) Unabhängigkeit unterliegt das Bundesamt der *Datenschutzaufsicht*. Eine Analogie zu Art. 55 Abs. 3 DSGVO („justizielle Tätigkeit"[241]) kommt mangels Vergleichbarkeit der Sachverhalte nicht in Betracht.[242]

## IV. Weitere (ungeschriebene) Grundsätze

Diese – im Normtext (§ 1 S. 2 BStatG) verankerten – Grundsätze werden durch weitere, *ungeschriebene* Grundsätze ergänzt. Sie folgen mittelbar aus Art. 338 Abs. 2 AEUV: Danach sind Unionsstatistiken über die Unparteilichkeit, Objektivität und wissenschaftliche Unabhängigkeit hinaus „unter Wahrung der [...] *Zuverlässigkeit*, der *Kostenwirksamkeit* und der *statistischen Geheimhaltung*" zu erstellen.[243] Diese Grundsätze, die in der Statistikverordnung (EG) Nr. 223/2009 konkretisiert werden, gelten zwar unmittelbar nur für Unionsstatistiken; ihr Anwendungsbereich wird durch die Rechtsetzungskompetenz der Union begrenzt. Die reine, das heißt „unionsfeste", Bundesstatistik erfasste sie demnach nicht. Diese formelle Trennung ist aber jedenfalls dann nicht durchführbar, wenn der Gesetzgeber unionale und nationale Zwecke in einem Gesetz – wie etwa im Zensusgesetz 2022 (§ 1 Abs. 3) – kombiniert. Denn dann kommt es ohnedies zu

---

zip der fachlichen Unabhängigkeit i. S. d. Statistikverordnung, insbesondere auch mit der Weisungsfreiheit, nicht zu vereinbaren". *Kröger* kommt zu dem Ergebnis, dass die derzeitigen Regelungen auf Bundes- und Landesebene nicht den unionsrechtlichen Anforderungen zur Unabhängigkeit entsprächen (ebenda, S. 323).

[239] Der Präsident oder die Präsidentin wird vom Bundespräsidenten auf Vorschlag der Bundesregierung ernannt (§ 2 Abs. 2 BStatG). Im Vergleich dazu wird z. B. der BfDI vom Deutschen Bundestag (ohne Aussprache) gewählt, allerdings ebenfalls auf Vorschlag der Bundesregierung (§ 11 Abs. 1 S. 1 BDSG).

[240] Siehe etwa BT-Drs. 8/2517, S. 10 zu § 2 BStatG 1980 (der heute § 2 Abs. 3 BStatG entspricht). Zu § 2 BStatG 1987 ebenso *Dorer/Mainusch/Tubies*, Bundesstatistikgesetz, 1988, § 2 Rn. 4; zurückhaltender wohl *Kröger*, Unabhängigkeitsregime im europäischen Verwaltungsverbund, 2020, S. 319, der (zu Recht) bemerkt, dass sich diese Einschränkung der Rechts- und Fachaufsicht nicht ausdrücklich aus dem Gesetz ergebe. Vgl. auch *Drechsler*, in: Kühling (Hrsg.), BStatG, 2023, § 2 Rn. 22.

[241] Zu dieser Ausnahme EuGH, Urt v. 24.3.2022 – C-245/20, ECLI:EU:C:2022:216, Rn. 29 ff.

[242] Vgl. dazu *Martini/Kienle*, Die Verwaltung 52 (2019), 467 (481 ff.) am Beispiel der – mit richterlicher Unabhängigkeit ausgestatteten – Rechnungshöfe.

[243] Hervorhebung d. Verf.

einer Europäisierung des mitgliedstaatlichen Statistikrechts.[244] Daten, die für solche „gemischten"[245] Statistiken erhoben und verarbeitet werden, müssen schon wegen des Anwendungsvorrangs den unionsrechtlichen Grundsätzen entsprechen. Für Bundesstatistiken können somit auch die Grundsätze der Zuverlässigkeit (dazu 1.), der Kostenwirksamkeit (dazu 2.), der statistischen Geheimhaltung (dazu 3.) sowie der Transparenz (dazu 4.) herangezogen werden.

*1. Zuverlässigkeit (Reliabilität)*

Der Grundsatz der *Zuverlässigkeit* steht in einem engen Zusammenhang mit den Grundsätzen der Neutralität und Objektivität. Die inhaltlichen Überschneidungen mit dem Begriff der Objektivität sind bereits in der sekundärrechtlichen Definition angelegt, wenn es dort heißt, dass (europäische) Statistiken „in systematischer, unvoreingenommener und *zuverlässiger* Weise" zu entwickeln, erstellen und zu verbreiten sind.[246] Gleichwohl hebt das unionale Primär- und Sekundärrecht die Zuverlässigkeit (engl.: „reliability"; franz.: „fiabilité") als *eigenständigen* Grundsatz hervor.[247] Nach der Legaldefinition des Art. 2 Abs. 1 Buchst. d VO (EG) Nr. 223/2009 bedeutet Zuverlässigkeit, „dass die Statistiken die Gegebenheiten, die sie abbilden sollen, so getreu, genau und konsistent wie möglich messen müssen". Die Auswahl der Quellen, Methoden und Verfahren erfolgt dabei stets nach wissenschaftlichen Kriterien. Diese Begriffsbestimmung wird im Verhaltenskodex – allerdings ohne Rechtsverbindlichkeit – weiter konkretisiert: Statistiken müssen die Realität genau und zuverlässig widerspiegeln. Zur „Genauigkeit und Zuverlässigkeit"[248] (Grundsatz 12) gehört bspw., die Basisdaten, die integrierten Daten, die vorläufigen Ergebnisse und die statistischen Produkte regelmäßig zu evaluieren und zu validieren.[249] Im Kern meint Zuverlässigkeit (oder auch: Reliabilität) ein *Gütekriterium*, das traditionell auch in der empirischen Sozialforschung herangezogen wird.[250] Darunter ist das

---

[244] Siehe bereits oben S. 26. Vgl. – zum Grundsatz der Unabhängigkeit – auch *Kröger/Pilniok*, DÖV 2015, 917 (917); ferner die Begründung für die Neufassung des Brandenburgischen Statistikgesetzes, LT-Drs. 7/107, S. 5: Die Grundsätze des § 2 Abs. 2 „basieren auf dem Verhaltenskodex für europäische Statistiken [...]". Zur Gesetzgebungskompetenz des Bundes für Unionsstatistiken s. die Kritik bei *Drechsler*, in: Kühling (Hrsg.), BStatG, 2023, § 18 Rn. 4 f.
[245] *Kröger*, Unabhängigkeitsregime im europäischen Verwaltungsverbund, 2020, S. 323.
[246] Hervorhebung d. Verf. Art. 2 Abs. 1 Buchst. c VO (EG) Nr. 223/2009; zur Objektivität oben S. 44.
[247] Siehe dazu auch *Thiel*, in: Grabitz/Hilf/Nettesheim (Hrsg.), EUV/AEUV, 78. EL (Jan. 2023), Art. 338 AEUV Rn. 24; *Nowak*, in: Pechstein/Nowak/Häde (Hrsg.), Frankfurter Kommentar, 2017, Art. 338 AEUV Rn. 21.
[248] In der Sache ebenso § 2 Abs. 2 S. 1 BbgStatG („Genauigkeit und Zuverlässigkeit").
[249] Zu diesem Indikator s. *Verhaltenskodex für europäische Statistiken*, Für die nationalen statistischen Ämter und Eurostat (statistisches Amt der EU), 2017, S. 17; vgl. unten S. 78.
[250] Vgl. zu den Gütekriterien Reliabilität, Validität, Objektivität etwa *Rammstedt*, in: Wolf/Best (Hrsg.), Handbuch der sozialwissenschaftlichen Datenanalyse, 2010, S. 239 ff.;

„Ausmaß" zu verstehen, „in dem wiederholte Messungen eines Einstellungsobjekts zu gleichen Werten führen".[251] Reliabilität bezieht sich in diesem Sinne auf die „*Replizierbarkeit von Messungen* und beschreibt die *Genauigkeit* (Präzision, Zuverlässigkeit), mit der ein (Einstellungs)Objekt erfasst werden kann".[252] Kurzum: Das Gütekriterium gibt an, wie genau[253] gemessen wird.[254] Das Statistikrecht fordert ein größtmögliches Maß an Zuverlässigkeit (Reliabilität). Dies kann insbesondere anhand der Qualitätsberichte, die die statistischen Stellen veröffentlichen (müssen)[255], überprüft werden.[256]

## 2. Kostenwirksamkeit

Statistiken sind ferner so zu erstellen, dass „die Kosten [...] in einem angemessenen Verhältnis zur Bedeutung des angestrebten Ergebnisses und Nutzens stehen"; die Mittel sind „optimal" einzusetzen; der Beantwortungsaufwand ist „so gering wie möglich" zu halten (Art. 2 Abs. 1 Buchst. f VO (EG) Nr. 223/2009). Diese sekundärrechtliche Begriffsbestimmung gestaltet den primärrechtlichen Grundsatz der *Kostenwirksamkeit* (vgl. Art. 338 Abs. 2 AEUV; engl.: „cost-effectiveness"; franz.: „l'efficacité au regard du coût") aus. Sie besteht im Kern aus zwei Elementen: der *Wirtschaftlichkeit* und der *Belastungsarmut*.

---

*Krebs/Menold*, in: Baur/Blasius (Hrsg.), Handbuch Methoden der empirischen Sozialforschung, 2019, S. 490 ff.

[251] *Krebs/Menold*, in: Baur/Blasius (Hrsg.), Handbuch Methoden der empirischen Sozialforschung, 2019, S. 491.

[252] *Krebs/Menold*, in: Baur/Blasius (Hrsg.), Handbuch Methoden der empirischen Sozialforschung, 2019, S. 492 (Hervorhebung im Original). Vgl. auch *Himme*, in: Albers/Klapper et al. (Hrsg.), Methodik der empirischen Forschung, 3. Aufl., 2009, S. 485, wonach Reliabilität „die Zuverlässigkeit und Stabilität eines Messinstruments" betreffe; das Kriterium beziehe sich auf die Frage, wie gemessen wird, und fordere, dass die Messergebnisse bei wiederholter Messung reproduzierbar sein sollten. – Bei der *Validität* geht es hingegen um das „Ausmaß, in dem ein Messinstrument das Phänomen misst, das gemessen werden soll"; *Krebs/Menold*, in: Baur/Blasius (Hrsg.), Handbuch Methoden der empirischen Sozialforschung, 2019, S. 496; ähnlich *Himme*, in: Albers/Klapper et al. (Hrsg.), Methodik der empirischen Forschung, 3. Aufl., 2009, S. 485.

[253] Siehe dazu auch Art. 12 Abs. 1 S. 2 VO (EG) Nr. 223/2009: Das Qualitätskriterium „Genauigkeit" bezieht „sich auf den Grad der Übereinstimmung der Schätzungen mit den unbekannten wahren Werten".

[254] Bei *Rammstedt*, in: Wolf/Best (Hrsg.), Handbuch der sozialwissenschaftlichen Datenanalyse, 2010, S. 243 findet sich dazu ein anschauliches Beispiel: „Eine Waage mit Digitalanzeige kann beispielsweise völlig objektiv in dem Sinne sein, dass zwei Personen genau das gleiche Messergebnis von ihr ablesen. Sie kann jedoch dabei gleichzeitig sehr unreliabel sein, wenn sie bei einer Person mit stabilem Gewicht und täglichen Messungen deutlich unterschiedliche Angaben macht".

[255] Vgl. z. B. § 17 Abs. 5 S. 1 ZensG 2011; auf europäischer Ebene z. B. Art. 12 Abs. 3 VO (EG) Nr. 223/2009; Art. 13 Abs. 5 VO (EU) 2019/1700.

[256] Vgl. *Thiel*, in: Grabitz/Hilf/Nettesheim (Hrsg.), EUV/AEUV, 78. EL (Jan. 2023), Art. 338 AEUV Rn. 24.

## C. Grundsätze der Bundesstatistik

Letztere hebt das Primärrecht nochmals hervor: Nach Art. 338 Abs. 2 S. 2 AEUV dürfen der *Wirtschaft* keine übermäßigen Belastungen entstehen.[257] Dieser Grundsatz lässt sich aus dem Prinzip der Verhältnismäßigkeit[258] ableiten: So sind etwa Eingriffe in die unternehmerische Freiheit (Art. 16 GRCh) nur insoweit zulässig, als sie einem legitimen Ziel dienen, geeignet, erforderlich und angemessen sind. Auch wenn das Primärrecht explizit nur die Wirtschaft anspricht, so gilt das Gebot, die Belastung so gering wie möglich zu halten, selbstverständlich auch gegenüber *natürlichen Personen*.[259] Dies folgt unmittelbar aus den Grundrechten: So sind etwa Eingriffe in das Recht auf Achtung des Privatlebens (Art. 7) und das Recht auf Schutz personenbezogener Daten (Art. 8 GRCh) auf das „absolut Notwendige" zu beschränken.[260] Aus diesem Grund stellt bspw. § 2 Abs. 2 S. 3 Hs. 2 BbgStatG deklaratorisch klar: „[E]ine übermäßige Belastung der Auskunftgebenden ist zu vermeiden".[261] Eine bedeutsame Ausprägung dieses Grundsatzes ist das Gebot, vorrangig auf bereits vorhandene Verwaltungsdaten zurückzugreifen (s. nur Art. 17a VO (EG) Nr. 223/2009; § 5a BStatG). Die bereits verfügbaren Daten zu verwenden, ist nach der Rechtsprechung des BVerfG „grundrechtsschonender".[262]

Mit dem *Wirtschaftlichkeitsgebot* ist demgegenüber das Verhältnis von Kosten und Nutzen angesprochen. Es geht also um mehr als Sparsamkeit im Sinne einer Kostenminimierung bei vorgegebenen Handlungszielen.[263] Dies entspricht dem (verfassungsrechtlichen) Prüfungsmaßstab des Art. 114 Abs. 2 GG (neben

---

[257] Ein Beispiel, bei dem sich ein Auskunftspflichtiger gegen einen Heranziehungsbescheid unter Verweis auf die wirtschaftliche Belastung zur Wehr setzt, findet sich bei OVG Lüneburg BeckRS 2021, 27897 Rn. 18 ff.

[258] Vgl. z. B. OVG Münster BeckRS 2020, 21597 Rn. 20: Die Grenze der Verhältnismäßigkeit sei erst dann überschritten, wenn die Belastung für Unternehmen gleicher Art und Größe durch die Heranziehung zur in Rede stehenden Statistik unter Berücksichtigung weiterer Auskunfts-, Berichts- oder Dokumentationspflichten schlechthin nicht mehr hinnehmbar sei, etwa weil deren Rentabilität ernsthaft gefährdet wäre. Vgl. auch BVerwG NJW 2017, 2570 (2572, Rn. 24 f.): Das OVG habe eine geltend gemachte Verletzung der Berufsausübungsfreiheit der Kl. (gemeinnützige Baugenossenschaft, die zur Dienstleistungsstatistik herangezogen wurde) durch „additive Grundrechtseingriffe" mit dem Resultat einer unzumutbaren Gesamtbelastung durch zahlreiche statistische Erhebungen im Ergebnis zu Recht verneint.

[259] Nach Angaben der Bundesregierung im Gesetzentwurf zum Zensus 2022 belaufe sich der einmalige Zeitaufwand für die Bürgerinnen und Bürger auf rund 8,2 Mio. Stunden (205 Mio. Euro), die einmaligen Sachkosten auf 3,1 Mio. Euro. Vgl. BT-Drs. 19/8693, S. 2 und 65 (Anlage mit Stellungnahme des NKR); für die Wirtschaft wird der Erfüllungsaufwand mit 10 Mio. Euro beziffert.

[260] Siehe aus der st. Rspr. des EuGH z. B. EuGH, Urt. v. 16.7.2020 – C-311/18, ECLI:EU:C:2020:559, Rn. 176 – Schrems II; Urt. v. 2.3.2021 – C-746/18, ECLI:EU:C:2021:152, Rn. 38 – Prokuratuur; ferner unten S. 179.

[261] Siehe dazu auch die Gesetzesbegründung LT-Drs. 7/407, S. 5: Es sei u. a. sicherzustellen, dass der Beantwortungsaufwand für die Auskunftspflichtigen „nicht übermäßig hoch" ist.

[262] BVerfGE 150, 1 (134 f., Rn. 286); krit. jedoch unten S. 188 ff.

[263] Vgl. dazu etwa *Schwarz*, in: von Mangoldt/Klein/Starck (Hrsg.), GG, 7. Aufl., 2018,

„Ordnungsmäßigkeit" auch „Wirtschaftlichkeit"). Und so zielt das Wirtschaftlichkeitsprinzip allgemein darauf, „ein möglichst günstiges Verhältnis zwischen Ressourceneinsatz und Nutzen zu erreichen".[264] Von diesem ökonomischen Prinzip war und ist die amtliche Statistik stets angeleitet. So war etwa die Suche nach alternativen Methoden für die Volkszählung auch von „Kosten- und Akzeptanzerwägungen" bestimmt: Die Ergebnisse des sog. Zensustests im Jahr 2001[265] führten zu dem Vorschlag, ein registergestütztes Verfahren (erstmals für den Zensus 2011) einzuführen, das im Vergleich zur Vollerhebung nicht nur zu einem geringeren Eingriff in das informationelle Selbstbestimmungsrecht führe, sondern – bei gleicher Qualität – auch „deutlich kostengünstiger" sei.[266] Der Zensus 2022 hält zwar an dieser Erhebungsform fest, obwohl die Kosten erheblich sind.[267] Jedoch soll dieses Verfahren künftig durch eine rein registerbasierte Datenerhebung ersetzt werden. Der Registerzensus könnte – so der Nationale Normenkontrollrat (NKR) in seiner Stellungnahme zum Registerzensuserprobungsgesetz – nicht nur grundrechtsschonender, sondern auch zu einem Bruchteil der bisherigen Kosten durchgeführt werden.[268] Diese Entscheidung trifft aber der Gesetzgeber, nicht die vollziehende Gewalt.

*3. Statistische Geheimhaltung*

Neben der Zuverlässigkeit und Kostenwirksamkeit handelt es sich auch bei der *statistischen Geheimhaltung* um einen Grundsatz des Statistikrechts. Im Bundesstatistikgesetz ist er nicht als solcher benannt (vgl. § 1 S. 2). Anders als der Bund buchstabiert jedoch das Primär- und Sekundärrecht die Geheimhaltung als statistischen Grundsatz aus (Art. 338 Abs. 2 AEUV, Art. 2 Abs. 1 Buchst. e VO (EG) Nr. 223/2009). Nach der sekundärrechtlichen Definition bedeutet statistische Geheimhaltung, „dass direkt für statistische Zwecke oder indirekt aus administrativen oder sonstigen Quellen eingeholte vertrauliche Angaben über einzelne statistische Einheiten" zu schützen sind; diese Angaben für „nichtstatistische Zwecke" zu verwenden und sie unrechtmäßig offenzulegen, ist „untersagt". Im Bundesstatistikgesetz heißt es in § 16 Abs. 1 S. 1 hingegen schlicht: Einzel-

---

Art. 114 Rn. 88 m.w.N. aus der Literatur; vgl. auch *Heun/Thiele*, in: Dreier (Hrsg.), GG, Bd. III, 3. Aufl., 2018, Art. 114 Rn. 33.

[264] *Gröpl*, in: Isensee/Kirchhof (Hrsg.), HStR V, 3. Aufl., 2007, § 121 Rn. 11.

[265] Siehe dazu das Zensustestgesetz v. 27.7.2001 (BGBl. I S. 1882). Zu den Ergebnissen s. etwa *Braun*, Statistisches Monatsheft Baden-Württemberg 2004, 3 ff.; *Statistische Ämter des Bundes und der Länder*, WISTA 8/2004, 813 ff.

[266] So die Erläuterung des Statistischen Bundesamts im Verfahren BVerfGE 150, 1 (70, Rn. 117).

[267] Der Gesetzentwurf der Bundesregierung gab den Erfüllungsaufwand für die Verwaltung im Gesetzentwurf v. 25.3.2019 mit rund 994 Mio. Euro an (BT-Drs. 19/8693, S. 2).

[268] Vgl. BT-Drs. 19/27425, S. 57: Der NKR schätzt das Einsparpotential – wie in früheren Stellungnahmen – auf über 90 %. S. dazu auch *Thiel/Puth*, NVwZ 2023, 305 (305).

angaben über persönliche und sachliche Verhältnisse, die für eine Bundesstatistik gemacht werden, sind geheim zu halten.[269] Das Statistikgeheimnis ist nicht weniger als das „Fundament"[270] der amtlichen Statistik. Dabei hat die statistische Geheimhaltung nach überkommener Ansicht drei Funktionen: (1.) Schutz des Einzelnen vor der Offenlegung seiner persönlichen und sachlichen Verhältnisse (Individualschutz)[271], (2.) Erhaltung des Vertrauensverhältnisses zwischen den Befragten und den statistischen Ämtern (Vertrauensschutz) und (3.) Gewährleistung der Zuverlässigkeit[272] der Angaben und der Berichtswilligkeit der Befragten (Funktionsfähigkeit der Statistik).[273] Dies rechtfertigt es, die statistische Geheimhaltung auch für Bundesstatistiken als (ungeschriebenen) Grundsatz anzuerkennen. In einigen Landesstatistikgesetzen ist dies sogar ausdrücklich der Fall (s. etwa § 1 S. 2 Hs. 2 LStatG BW[274]). Die Landesgesetze unterstreichen damit die – verfassungsrechtlich fundierte – Bedeutung, die dem Geheimnisschutz für die Funktionsfähigkeit der amtlichen Statistik zukommt.[275]

### 4. Transparenz

Und schließlich stellt die *Transparenz*[276] einen statistischen Grundsatz dar. Das unionale Primär- und Sekundärrecht erwähnen diesen Grundsatz zwar nicht ausdrücklich: Weder die Aufzählung in Art. 338 Abs. 2 AEUV noch die Begriffsbestimmungen in Art. 2 VO (EG) Nr. 223/2009 sprechen die Transparenz als solche an. Lediglich im Rahmen der Objektivität verlangt die Verordnung: Die angewandten Grundsätze und Verfahren müssen für Nutzer und Befragte transparent sein.[277] Allerdings finden sich im *Soft Law*, namentlich im Verhaltenskodex für europäische Statistiken, hinreichende Anhaltspunkte dafür, dass sich die statistischen Stellen generell zur Transparenz verpflichtet haben. So heißt es schon in der Präambel, dass die jeweiligen Indikatoren („Leitlinien")

---

[269] Ausf. dazu unten S. 284 ff.; zu den Ausnahmen s. S. 300 ff., zu den Durchbrechungen S. 309 ff.

[270] *Dorer/Mainusch/Tubies*, Bundesstatistikgesetz, 1988, § 16 Rn. 1. S. bereits § 12 StatGes 1953 (BGBl. I 1953, S. 1315); zur Geschichte des Statistikgeheimnisses etwa *Ziegler*, Statistikgeheimnis und Datenschutz, 1990, S. 44 ff.

[271] In seiner individualschützenden Funktion weist die statistische Geheimhaltung eine besondere Nähe zu den Zielen des Datenschutzrechts auf (vgl. Art. 1 Abs. 2 DSGVO).

[272] Zur Zuverlässigkeit als Grundsatz der Bundesstatistik oben S. 49.

[273] Siehe etwa die Gesetzesbegründung zu § 16 BStatG 1987: BT-Drs. 10/5345, S. 20; dem folgend *Ziegler*, Statistikgeheimnis und Datenschutz, 1990, S. 55 ff.; ausf. unten S. 285 ff.

[274] Weitere Beispiele: § 2 Abs. 2 S. 1 BbgStatG; § 2 Abs. 1 S. 3 LStatG MV; § 1 Abs. 2 Hs. 2 SächsStatG.

[275] Ausf. unten S. 284 ff.

[276] Zum Begriff der Transparenz s. nur *Bröhmer*, Transparenz als Verfassungsprinzip, 2004, S. 20 ff.; zur Transparenz im Zusammenhang mit dem Konzept *Trusted Smart Statistics* ausf. unten S. 489 ff.

[277] Art. 2 Abs. 1 Buchst. c Hs. 2 VO (EG) Nr. 223/2009.

gerade dafür Sorge tragen, die „Transparenz innerhalb des Europäischen Statistischen Systems" zu steigern.[278] Außerdem betont der sechste Grundsatz des Verhaltenskodexes („Unparteilichkeit und Objektivität"), dass (europäische) Statistiken u. a. in „objektiver, professioneller und *transparenter* Weise" zu erstellen sind.[279] Damit ist das gesamte Verfahren angesprochen. Kurzum: Der statistische Produktionsprozess muss in dem Sinne transparent sein, dass er sowohl für die Nutzer als auch für die Befragten – zumindest in den Grundzügen – nachvollziehbar ist. Dies entspricht in der Sache dem datenschutzrechtlichen Transparenzgrundsatz (Art. 5 Abs. 1 Buchst. a DSGVO), der Anwendung findet, wenn es um die Verarbeitung personenbezogener Daten geht. Wenn etwa das Landesstatistikgesetz Nordrhein-Westfalens eine „weitgehende[...] Transparenz und Offenheit der Daten" anordnet (§ 2 Abs. 1 S. 3), dann können mit „offen" nur solche Daten gemeint sein, die *nicht* der statistischen Geheimhaltung unterliegen.[280] Daneben[281] schränkt – worauf die Gesetzesbegründung zu Recht hinweist – das Recht auf informationelle Selbstbestimmung diese Grundsätze (ggf. weiter) ein.[282] Bei der Transparenz handelt es sich mithin um einen statistischen Grundsatz[283], der mit anderen Grundsätzen – insbesondere mit der statistischen Geheimhaltung – in Ausgleich zu bringen ist. Er gilt nicht absolut. Man könnte insoweit auch von einem „Grundsatz limitierter Transparenz"[284] sprechen. Überträgt man die Normaussage des § 2 Abs. 1 S. 3 LStatG NRW auf die Ebene des Bundes, lautet sie in modifizierter Form: *Für die Bundesstatistik gilt der Grundsatz möglichst weitgehender Transparenz.*

---

[278] *Verhaltenskodex für europäische Statistiken*, Für die nationalen statistischen Ämter und Eurostat (statistisches Amt der EU), 2017, S. 4.
[279] *Verhaltenskodex für europäische Statistiken*, Für die nationalen statistischen Ämter und Eurostat (statistisches Amt der EU), 2017, S. 12 (Hervorhebung d. Verf.).
[280] Das Statistikgeheimnis schließt insbes. auch informationsfreiheitliche Ansprüche aus (§ 3 Nr. 4 IFG i. V. m. § 16 BStatG); dazu BVerwG NVwZ 2018, 179 (179 f., Rn. 13 ff.). Zur Weiterverwendung von Daten, die der statistischen Geheimhaltung unterliegen s. Art. 3 ff. DGA (zum Anwendungsbereich des DGA unten S. 90).
[281] Zur Regelungssystematik s. unten S. 87 ff.
[282] LT-Drs. 17/5197, S. 19. Vgl. dazu auf der europäischen Ebene allg. Art. 15 (einerseits) und Art. 16 AEUV (andererseits), Art. 41 Abs. 2 Buchst. b und c, Art. 42 GRCh, s. *Gusy*, DVBl 2013, 941 (941).
[283] Ausdrücklich bspw. § 2 Abs. 2 S. 1 BbgStatG.
[284] So *Gusy*, DVBl 2013, 941 (941 f.) unter Bezug auf das europäische Primärrecht sowie das deutsche Verfassungsrecht. Der Grundsatz „limitierter Transparenz [des Staates]" bezeichne das „rechtliche Postulat der Transparenz bzw. Öffentlichkeit, welches aber auch Grenzen kennt und diese rechtlich anerkennt". In dieser Gestalt sei es nicht nur ein Postulat, sondern Inhalt des geltenden Rechts.

## § 2. Das Geschäftsprozessmodell Amtliche Statistik (GMAS)

Wer die datenschutzrechtlichen Rahmenbedingungen für die amtliche Statistik analysiert, sollte sich mit der Frage auseinandersetzen, wie eine (Bundes-)Statistik entsteht. Welche Verarbeitungsphasen gibt es standardmäßig? Und welche Wechselwirkungen bestehen zwischen ihnen? Diese Perspektive ist schon deshalb angezeigt, weil das (europäische) Datenschutzrecht die *Verarbeitung* personenbezogener Daten reguliert. Der Verarbeitungsbegriff ist in Art. 4 Nr. 2 DSGVO denkbar weit definiert.[1] Die Verordnung versteht darunter „jeden mit oder ohne Hilfe automatisierter Verfahren ausgeführten Vorgang oder jede solche Vorgangsreihe im Zusammenhang mit personenbezogenen[2] Daten". In der Legaldefinition finden sich – nicht abschließend[3] – einige „klassische" Formen der Datenverarbeitung, wie das Erheben, die Organisation, das Ordnen, die Speicherung, den Abgleich oder die Verknüpfung, die Offenlegung bis hin zur Löschung oder Vernichtung. Jeder „Vorgang" oder jede „Vorgangsreihe", die der Verantwortliche in Gang setzt[4], ist für sich genommen rechtfertigungsbedürftig. Die Grundverordnung verfolgt den Ansatz einer *Phasenregulierung*, und zwar im Sinne einer „problemorientierte[n] Steuerung von Verarbeitungsphasen".[5]

Die Verarbeitungsvorgänge der amtlichen Statistik sind – wie *Jürgen Kühling* zu Recht bemerkt – „äußerst komplex" und verlaufen „oftmals dynamisch".[6] Die Phasen und Prozesse der Statistikproduktion werden im sog. *Geschäftspro-*

---

[1] Vgl. z.B. *Herbst*, in: Kühling/Buchner (Hrsg.), DSGVO/BDSG, 3. Aufl., 2020, Art. 4 Nr. 2 Rn. 1, 3. Zur Verarbeitung *Conrad*, DuD 2021, 603 ff. mit zahlreichen Beispielen aus der Praxis.

[2] Zum Kriterium des Personenbezugs s. unten i. R. d. Anonymisierung S. 256.

[3] Siehe nur EuGH, Urt. v. 16.7.2020 – C-311/18, ECLI:EU:C:2020:559 – Facebook Ireland und Schrems, Rn. 82: „beispielhaft". Für das alte Recht bereits EuGH, Urt. v. 6.11.2003 – C-101/01, ECLI:EU:C:2003:596 – Lindqvist, Rn. 25.

[4] Siehe aber auch OVG Hamburg ZD 2021, 278 (280, Rn. 21): Die bloße Lagerung von Patientenakten („Zustand") sei noch keine Verarbeitung; insofern fehle es an einer Handlung i. S. e. menschlichen Aktivität.

[5] *Albers*, in: Voßkuhle/Eifert/Möllers (Hrsg.), GVerwR, 3. Aufl., 2022, § 22 Rn. 82. Dieser Ansatz ist freilich nicht neu. Er liegt auch schon dem Gutachten von *Steinmüller* et al. („Grundfragen des Datenschutzes", Juli 1971, abgedruckt in BT-Drs. VI/3826, S. 57 ff.) zugrunde.

[6] *Kühling*, ZD 2021, 74 (74) im Zusammenhang mit dem Auskunftsrecht.

zessmodell Amtliche Statistik (GMAS) standardisiert beschrieben.[7] Dieses Modell geht auf das international entwickelte und anerkannte *Generic Statistical Business Process Model (GSBPM)* der United Nations Economic Commission for Europe (UNECE) zurück. Das GSBPM beschreibt und definiert Prozesse, die typischerweise erforderlich sind, um eine (amtliche) Statistik zu erstellen. Das Modell ist dabei grundsätzlich unabhängig von der Methodik, den Erhebungsinhalten oder den Besonderheiten einzelner Statistiken. Es verleiht dem statistischen Produktionsprozess Struktur, zeichnet sich aber gleichzeitig durch Flexibilität aus. In diesem Sinne handelt es sich um eine Art „Matrix"[8], die prinzipiell über jede (amtliche) Statistik gelegt werden kann – gleichviel, ob es sich um ein registergestütztes bzw. -basiertes Verfahren, eine Stichprobenerhebung, eine Vollerhebung oder um ein Gesamtrechnungssystem handelt.[9]

Das GMAS versteht sich als *Konkretisierung* des GSBPM: Es enthält eine detaillierte und an die Bedürfnisse der deutschen amtlichen Statistik angepasste Beschreibung seiner Phasen und Teilprozesse.[10] Indem es sich an dem internationalen Standard orientiert, bleibt es anschlussfähig für andere Prozessmodelle. Dies tut in besonderer Weise not, wenn mehrere Ämter – insbesondere im Europäischen Statistischen System (ESS) – in die Statistikproduktion eingebunden sind. Zugleich ist es *entwicklungsoffen* – das Geschäftsprozessmodell ist in diesem Sinne ein „lebender Leitfaden"[11]. In ihrer „Digitalen Agenda"[12] vom März 2019 hat das Statistische Bundesamt bspw. elf digitale Handlungsfelder identifiziert, von denen sich sieben auf die Kernprozesse des GMAS beziehen: Zu den sog. Leuchtturmprojekten gehört etwa das *Machine Learning* (ML, z.B. um statistische Daten zu klassifizieren und fehlende Daten zu imputieren[13]), die Auswertung von Mobilfunkdaten, der integrierte Registerzensus sowie PRISMA (Prozessunterstützende Integrierte Statistikdaten Management Plattform), ein Konzept für einen umfassend digitalen Statistikprozess.

Vor diesem Hintergrund erscheint es angezeigt, das GMAS in seinen Grundzügen zu skizzieren. Das Modell gliedert sich in acht Phasen, die von der Bedarfsbestimmung bis hin zur Evaluation des Gesamtprozesses reichen. Jede

---

[7] Siehe dazu auch *Bierschenk*, in: Kühling (Hrsg.), BStatG, 2023, § 3 Rn. 29.

[8] Zur Matrixstruktur auch *Gehle/Lüüs*, WISTA 5/2017, 46 (49).

[9] Siehe *Statistische Ämter des Bundes und der Länder*, Qualitätshandbuch 2021 (Version 1.21), 2021, S. 155.

[10] *Statistische Ämter des Bundes und der Länder*, Qualitätshandbuch 2021 (Version 1.21), 2021, S. 155; vgl. auch *Blumöhr/Teichmann/Noack*, WISTA 5/2017, 58 (65).

[11] *Blumöhr/Teichmann/Noack*, WISTA 5/2017, 58 (66).

[12] *Statistisches Bundesamt*, Digitale Agenda, Version 2.1, März 2019, S. 14 ff. Vgl. dazu auch *Riede/Tümmler/Wondrak*, WISTA 1/2018, 102 ff.

[13] Zum Einsatz von ML in der amtl. Unternehmensstatistik s. *Dumpert/Beck*, AStA Wirtsch Sozialstat Arch 11 (2017), 83 ff.; zum ML-Projekt der High-Level-Group for the Modernization of Official Statistics (HLG-MOS) und die Anwendbarkeit für die deutsche amtliche Statistik s. *Dumpert*, WISTA 4/2021, 53 ff.

Phase wird durch mehrere Teilprozesse (insgesamt sind es 44) beschrieben und konkretisiert. Das GMAS ist von dem Gedanken getragen, dass die Statistikproduktion einer „gemeinsamen Prozesslogik"[14] folgt. Es handelt sich um ein flexibles Modell, d. h. einzelne Phasen und Teilprozesse können sowohl nacheinander als auch zeitgleich stattfinden.[15] Aus datenschutzrechtlicher Sicht sind nicht alle Prozesse gleichermaßen interessant. Denn dieses Rechtsgebiet wird erst dann „aktiviert", wenn der Verantwortliche (ggf. auch sein Auftragsverarbeiter) *personenbezogene Daten verarbeitet* (s. Art. 2 Abs. 1 DSGVO). Angesprochen sind damit zuvörderst die Phasen 4 („Daten gewinnen"), 5 („Daten aufbereiten"), 6 („Ergebnisse analysieren") und 7 („Ergebnisse verbreiten"). Jedoch wirken Konzepte wie der Systemdatenschutz[16] und „Data Protection by Design"[17] zeitlich vor.[18] Sie setzen schon beim Design, also bei der Konzeption einer Statistik an. Die Phasen 2 („Statistik konzipieren") und 3 („Produktionssystem aufbauen") gewinnen somit aus datenschutzrechtlicher Sicht zunehmend an Bedeutung.

## A. Phase 1: Bedarf bestimmen

In der 1. Phase geht es zunächst darum, den *Bedarf* für eine Statistik zu ermitteln (1.1).[19] Insbesondere: Welche Statistik wird benötigt und was soll diese leisten? So führt das Statistische Bundesamt ab dem Jahr 2022 bspw. eine Statistik zur Wohnungslosigkeit in Deutschland durch, um eine entsprechende Datenlücke zu schließen und belastbare Zahlen für sozialpolitische Entscheidungen zu generieren.[20] Den Bedarf formuliert hier also der Gesetzgeber, wobei die Initiative regelmäßig auf die Bundesregierung zurückgeht (Art. 76 Abs. 1 GG).[21] Nachdem der Bedarf festgestellt worden ist, sind die Nutzer (Stakeholder) einzubeziehen (1.2); dazu gehören auch Gremien wie die Fachausschüsse des Sta-

---

[14] *Gehle/Lüüs*, WISTA 5/2017, 46 (49).
[15] *Blumöhr/Teichmann/Noack*, WISTA 5/2017, 58 (66).
[16] Grdl. zu den Prinzipien *Podlech*, FG Grüner, 1982, S. 454 ff.; allg. auch *Dix*, in: Roßnagel (Hrsg.), Handbuch Datenschutzrecht, 2003, S. 363 ff.
[17] Siehe Art. 25 Abs. 1 DSGVO („zum Zeitpunkt der Festlegung der Mittel für die Verarbeitung [...]"); dazu *Martini*, in: Paal/Pauly (Hrsg.), DSGVO/BDSG, 3. Aufl., 2021, Art. 25 Rn. 43 ff. Zum Systemdatenschutz als Kontextgestaltung s. *Albers*, in: Voßkuhle/Eifert/Möllers (Hrsg.), GVerwR, 3. Aufl., 2022, § 22 Rn. 70 f.
[18] Siehe zur Vorwirkung nur *Albers*, in: Voßkuhle/Eifert/Möllers (Hrsg.), GVerwR, 3. Aufl., 2022, § 22 Rn. 70.
[19] Siehe zu Phase 1 des GMAS *Statistische Ämter des Bundes und der Länder*, Qualitätshandbuch 2021 (Version 1.21), 2021, S. 70 ff.
[20] BGBl. I 2020, S. 437; dazu oben Einl. Fn. 17.
[21] Zur Rolle der Verwaltung im Gesetzgebungsverfahren bspw. *Reimer*, in: Voßkuhle/Eifert/Möllers (Hrsg.), GVerwR, 3. Aufl., 2022, § 11 Rn. 90.

tistischen Beirats (§ 4 BStatG). Das Statistische Bundesamt versteht sich selbst als „Informationsdienstleister"[22]. Relevante Fragen sind daher z.B.: Welche Daten werden wann, wie und – wohl am wichtigsten – weshalb angefordert bzw. erwartet? Sodann werden in einem weiteren Teilprozess die Produktziele festgelegt (1.3) und erste Begriffsdefinitionen geklärt (1.4). Im fünften Teilprozess wird die *Datenverfügbarkeit* geprüft (1.5): Müssen ggf. neue digitale Daten erhoben oder kann auf bereits vorhandene Daten bzw. Datenquellen zurückgegriffen werden? Angesprochen ist damit insbesondere die Nutzung von Verwaltungsdaten[23], die § 5a BStatG seit der Gesetzesnovelle im Jahr 2016[24] allgemein regelt: Bevor eine Bundesstatistik angeordnet oder geändert wird, hat das Statistische Bundesamt zu prüfen, ob bei Stellen der öffentlichen Verwaltung (oder bei Stellen, die Aufgaben der öffentlichen Verwaltung wahrnehmen) bereits qualitativ geeignete Daten vorhanden sind. Für diese Eignungsprüfung wurde beim Bundesamt eine elektronische Verwaltungsdaten-Informationsplattform (VIP) eingerichtet, in welche die Dateninhaber[25] entsprechende Metadaten[26] (insbesondere zu Herkunft, Struktur und Inhalt) einspeisen (§ 5a Abs. 2 S. 1 und 2 BStatG).[27] In § 5a BStatG manifestiert sich das Prinzip „once only", das die Informationsordnung der öffentlichen Verwaltung zunehmend prägt.[28] Am

---

[22] Siehe oben S. 2 mit Einl. Fn. 13.

[23] Das BStatG definiert den Begriff nicht. Die Gesetzesbegründung (BT-Drs. 18/7561, S. 23) verweist insofern auf die entsprechende Legaldefinition in § 20a Abs. 1 des Agrarstatistikgesetzes: Verwaltungsdaten sind demnach „Daten, die von Verwaltungsstellen auf Grund nichtstatistischer Rechts- oder Verwaltungsvorschriften erhoben worden oder auf sonstige Weise bei solchen Stellen angefallen sind". Vgl. dazu auch Art. 2 Nr. 8 VO (EU) 2019/1700: Der Begriff „Verwaltungsdatensätze" bezeichnet „Daten, die eine nichtstatistische Quelle, üblicherweise eine öffentliche Stelle, ohne die vorwiegende Absicht erzeugt hat, Statistiken zu erstellen".

[24] BGBl. I 2016, S. 1768 (1769); dazu BT-Drs. 18/7561, S. 23f.; geändert durch BGBl. I 2021, S. 266 (272).

[25] Dieser Begriff findet sich nicht im BStatG. Der DGA definiert den Begriff „Dateninhaber" als juristische Person (öffentliche Stellen eingeschlossen) oder natürliche Person (nicht: die datenschutzrechtlich betroffene Person), die „nach geltendem Unionsrecht oder […] nationalen Recht *berechtigt* ist, Zugang zu bestimmten personenbezogenen oder nicht personenbezogenen Daten zu gewähren oder diese Daten weiterzugeben" (Art. 2 Nr. 8; Hervorhebung d. Verf.). – Anders der Vorschlag der EU-Kommission v. 10.7.2023, wonach Dateninhaber „eine juristische oder natürliche Person" meint, „die nach dem geltenden Unionsrecht oder nationalen Rechtsvorschriften zur Umsetzung des Unionsrechts berechtigt oder in der Lage ist, bestimmte Daten bereitzustellen", COM(2023) 402 final, S. 17.

[26] Zu diesem Begriff *Kühling/Schmid*, in: Kühling (Hrsg.), BStatG, 2023, § 5a Rn. 27f.; s. ferner unten S. 62 mit § 2 Fn. 63.

[27] Informationen, die auf der VIP enthalten sind, werden öffentlich bereitgestellt (§ 5a Abs. 2 S. 4 BStatG).

[28] Siehe dazu etwa *Denkhaus*, in: Seckelmann (Hrsg.), Digitalisierte Verwaltung, Vernetztes E-Government, 2. Aufl., 2019, Kap. 1 Rn. 47 f.; *Wimmer*, in: Seckelmann/Brunzel (Hrsg.), Handbuch Onlinezugangsgesetz, 2021, S. 145 ff. Aus datenschutzrechtlicher Sicht: *Martini/*

Ende der 1. Phase sind die gewonnenen Erkenntnisse in Gestalt eines Vorgehensmodells zu dokumentieren. In diesem letzten Teilprozess (1.6) ist u. a. eine Soll-Ist-Analyse anzustellen und – dem Wirtschaftlichkeitsgebot[29] entsprechend – der Aufwand zu kalkulieren.

## B. Phase 2: Statistik konzipieren

Nachdem der Bedarf bestimmt worden ist, geht es über in die sog. *Konzeptionsphase*. In dieser Phase werden die „konzeptionellen Grundlagen" gelegt:[30] Es geht also generell darum, die Entwicklungs- und Konzeptionsaktivitäten in ihrer Gesamtheit nach nationalen und internationalen Standards zu beschreiben.[31] In einem ersten Schritt sind die erforderlichen statistischen Produkte zu konzipieren (2.1). Daran schließt sich die Definition der statistischen Merkmale an, einschließlich der abgeleiteten Merkmale[32] und der maßgeblichen Klassifikationen[33] (2.2 „Merkmalsbeschreibungen festlegen"). Dieser Teilprozess steht in einem engen Zusammenhang mit dem Folgeprozess, der Konzeption der Erhebung (2.3). Denn hier sind insbesondere geeignete Methoden und Instrumente der Datengewinnung[34] festzulegen. Diese sind naturgemäß von der Art der Statistik, der Befragungseinheiten sowie von der Verfügbarkeit der Datenquellen abhängig. Die Qualitätsrichtlinien geben dabei elektronischen Übermittlungsformen (vgl. auch § 11a BStatG) den Vorzug.[35] Allgemein sind diese Teilprozesse stark vom *Input* geprägt. Mit anderen Worten: Welche Merkmale muss ich erheben, damit ich am Ende der statistischen Verarbeitungsprozesse ein bestimmtes Produkt (*Output*) erhalte? Diese input-orientierte Betrachtungsweise liegt u. a. in § 9 Abs. 1 BStatG begründet: Danach muss eine Rechtsvorschrift, die eine Bundesstatistik anordnet, die Erhebungs- und Hilfsmerkmale, die Art der Erhebung, den Berichtszeitraum oder den Berichtszeitpunkt, die Periodizität sowie den Kreis der zu Befragenden bestimmen (Erhebungsprogramm). Die-

---

*Wenzel*, DVBl 2017, 749 ff. Aus dem unionalen Statistikrecht s. insbes. Art. 14 VO (EU) 2018/1724. Dazu im Kontext des Zweckbindungsgrundsatzes unten S. 379.

[29] Siehe dazu oben S. 51 f.

[30] *Statistische Ämter des Bundes und der Länder*, Qualitätshandbuch 2021 (Version 1.21), 2021, S. 77.

[31] Dabei nehmen konzeptionelle Grundlagendokumente (z. B. Fachkonzepte; Lasten- und Pflichtenhefte) eine „wichtige Rolle" ein, so *Tümmler/Meinke*, WISTA (Sonderheft Zensus 2021) 2019, 59 (67): das Pflichtenheft enthalte u. a. einen sog. Datenflussplan.

[32] Siehe Teilprozess 5.5, S. 73.

[33] Siehe Teilprozess 5.2, S. 68.

[34] Siehe Phase 4, S. 62 ff.

[35] *Statistische Ämter des Bundes und der Länder*, Qualitätshandbuch 2021 (Version 1.21), 2021, S. 80.

ser „Regelungsumfang"[36] ist verfassungsrechtlich vorgezeichnet: So muss der Bürger bspw. erkennen können, über welche „Grundtatbestände der Sozialstruktur" er befragt werden soll (Gebot der Normenklarheit).[37] Nach der Erhebung sind – in einem vierten Teilprozess – ggf. die *Auswahlgrundlage* und die *Stichprobe* zu konzipieren. Auch diese Konzeption ist durch rechtliche Rahmenbedingungen gleichsam programmiert.[38] Mitunter sind hier „komplexe Abwägungsentscheidung[en]" erforderlich.[39] Der Gesetzgeber habe „vielfältige Zielkonflikte" zu lösen – im Zensus etwa zwischen dem „verfassungskräftigen Anspruch der Länder auf eine realitätsgerechte Einwohnerermittlung, dem [...] Recht der Auskunftsverpflichteten auf informationelle Selbstbestimmung[40], dem Wirtschaftlichkeitsgebot[41] und dem Zeitbedarf".[42] Dabei ist fachbehördlicher (etwa durch das Statistische Bundesamt) sowie fachwissenschaftlicher Sachverstand einzubeziehen und auszuwerten.[43] Die eigentliche Stichprobe wird erst später, nämlich in Teilprozess 4.1,[44] gezogen. Im fünften Teilprozess (2.5) wird sodann die Methodik für die Phase der Datenaufbereitung konzipiert. Im abschließenden Teilprozess (2.6) sind das Produktionssystem und die Arbeitsabläufe zu entwerfen.

## C. Phase 3: Produktionssystem aufbauen

Die 3. Phase umfasst Aufbau und Test der Produktionssysteme. Sie gliedert sich in sieben Teilprozesse, in denen es zunächst darum geht, Instrumente zur Datengewinnung (3.1), zur Verarbeitung und Analyse (3.2) sowie zur Verbreitung (3.3) aufzubauen bzw. wiederzuverwenden. Im vierten Teilprozess werden die im statistischen Geschäftsprozess eingesetzten Arbeitsabläufe und Systeme

---

[36] So die amtliche Überschrift des § 9 BStatG.
[37] BVerfGE 65, 1 (54); dazu unten S. 176. Der Gesetzgeber müsse außerdem dafür Sorge tragen, dass der Inhalt des Fragebogens mit dem Gesetz übereinstimmt, s. BVerfGE 65, 1 (60 f.). Reformvorschläge für eine Flexibilisierung im Sinne einer Reduktion parlamentarischer Vorsteuerung finden sich bei *Kühling*, ZGI 2023, 3 (7 f.).
[38] Siehe allg. zum Gesetz als Steuerungsmittel und Kontrollmaßstab *Reimer*, in: Voßkuhle/Eifert/Möllers (Hrsg.), GVerwR, 3. Aufl., 2022, § 11 Rn. 1 (Steuerungsfunktion) und Rn. 4 (Kontrollfunktion).
[39] BVerfGE 150, 1 (88, Rn. 171) in Bezug auf den Zensus 2011.
[40] Zum Grundrechtsmaßstab im Anwendungsbereich der DSGVO ausf. unten S. 165 ff.
[41] Zu diesem Grundsatz oben S. 51 f.
[42] BVerfGE 150, 1 (88, Rn. 171).
[43] BVerfGE 150, 1 (88, Rn. 174). Siehe *Statistische Ämter des Bundes und der Länder*, Qualitätshandbuch 2021 (Version 1.21), 2021, S. 38: „Die Auswahl der Quelle(n) erfolgt im Rahmen des Gesetzgebungsverfahrens. Den Statistischen Ämtern des Bundes und der Länder kommt im Rahmen dieses Verfahrens eine besondere Rolle zu, indem sie die jeweiligen Möglichkeiten vorab untersuchen und Empfehlungen zur geeigneten Methode einbringen".
[44] Zum Teilprozess 4.1 (Auswahlgrundlage erstellen und Stichprobe ziehen) unten S. 63.

konfiguriert und ggf. Anpassungen vorgenommen.[45] Aus (datenschutz)rechtlicher Sicht sind zuvörderst die Teilprozesse 3.5 („Produktionssystem testen")[46] sowie 3.6 („Methode und Vorgehen testen"), etwa in Gestalt eines Feldversuchs oder einer Pilotstudie[47], von Bedeutung. So bedürfen gerade komplexe Erhebungen wie der Zensus der Vorbereitung und Erprobung – insbesondere dann, wenn die Statistik mit einem Methodenwechsel verbunden ist.[48] So wurde der Übergang von der tradierten Vollerhebung zum registergestützten Zensusverfahren durch das Zensustestgesetz[49] normativ eingehegt. Den Zensusrunden im Jahr 2011 und 2022 sind außerdem sog. Zensusvorbereitungsgesetze[50] vorausgegangen, die mitunter sogar umfassende Verarbeitungsbefugnisse enthalten. Ein Beispiel ist § 9a ZensVorbG 2022. Um die „Übermittlungswege" und die „Qualität" der Melderegisterdaten zu prüfen sowie die Programme für die Durchführung des Zensus zu testen, fand im Jahr 2019 eine sog. Pilotdatenlieferung[51] statt. Die Meldebehörden waren verpflichtet, umfangreiche Datensätze[52] über die statistischen Ämter der Länder an den Bund zu übermitteln. Dabei verzichtete der Gesetzgeber bewusst darauf, synthetische Daten[53] zu verwenden.[54] Stattdessen wurde das Produktionssystem mit vollständigen (nicht: bloße Stichprobe) Echtdaten der gemeldeten Personen (Klarnamen eingeschlossen) getestet. Aus grundrechtlicher Sicht ruft dies insbesondere die Frage auf den Plan, ob dieser Eingriff *erforderlich* war. Das BVerfG hat einen – von der Gesellschaft für Freiheitsrechte initiierten – Antrag auf Erlass einer einstweiligen Anordnung abgelehnt und sich vorbehalten, diese Rechtsfrage im Hauptsacheverfahren zu klären.[55] Die Verfassungsbeschwerde in der Hauptsache hat das Gericht indes ohne

---

[45] *Statistische Ämter des Bundes und der Länder*, Qualitätshandbuch 2021 (Version 1.21), 2021, S. 90.
[46] Angesprochen ist hier vordergründig die technische Komponente der informationstechnischen Systeme, vgl. *Statistische Ämter des Bundes und der Länder*, Qualitätshandbuch 2021 (Version 1.21), 2021, S. 91.
[47] So *Statistische Ämter des Bundes und der Länder*, Qualitätshandbuch 2021 (Version 1.21), 2021, S. 92.
[48] Siehe dazu bereits die Einleitung S. 5 ff.
[49] BGBl. I 2001, S. 1882, s. Einl. Fn. 40.
[50] BGBl. I 2007, S. 2808 (ZensVorbG 2011); BGBl. I 2017, S. 388 (ZensVorbG 2022).
[51] So die Terminologie der Gesetzesbegründung BT-Drs. 19/3828. Zum Verfahren s. *Kienle/Wenzel*, ZD-Aktuell 2019, 6485; im Kontext der Speicherbegrenzung unten S. 393 ff.
[52] Siehe BT-Drs. 19/3828, S. 10: „Der Datenumfang der Pilotdatenlieferung soll daher die umfangreichste Datenlieferung des Zensus 2021 abbilden".
[53] Zu diesem Begriff bspw. *Datenethikkommission*, Gutachten, Oktober 2019, S. 59, 132: Synthetische Daten werden „künstlich generiert"; sie sind mit anderen Worten „nicht unmittelbar in der realen Welt" erhoben worden. Vgl. zu dieser Datenkategorie im Kontext von KI-Systemen *Raji*, DuD 2021, 303 ff.
[54] BT-Drs. 19/3828, S. 10. Zum Test mit Originaldaten im Kontext (privater) Softwareentwicklung s. *Kneuper/Jacobs*, DuD 2021, 163 ff.
[55] BVerfG NVwZ 2019, 640 (641 f., Rn. 9 und 18 f.).

Begründung nicht zur Entscheidung angenommen.[56] Und schließlich wirft auch der Registerzensus seine legislativen „Schatten" voraus:[57] Das sog. Registerzensuserprobungsgesetz[58] schafft die rechtlichen Grundlagen, um den erneuten Methodenwechsel hin zu einem rein registerbasierten Verfahren „auf Herz und Nieren" zu testen. Insbesondere § 4 (Daten der Meldebehörden), § 6 (Verarbeitung von Daten aus dem Zensus 2022 zur Methodenentwicklung), § 7 (Übermittlung von Daten aus Vergleichsdatenbeständen) sowie § 8 (Zusammenführungen) RegZensErpG sehen umfassende Verarbeitungsbefugnisse vor.[59] Diese Beispiele zeigen, dass bereits die 3. Phase des GMAS ggf. einer sorgfältigen datenschutzrechtlichen Prüfung bedarf. Das Datenschutzrecht unterscheidet insoweit nicht; es sieht insbesondere keine „Erprobungsräume" (z. B. durch sog. *regulatory sandboxes*[60]) vor, die den Regulierungsanspruch für Testphasen in einer sicheren Verarbeitungsumgebung ein Stück weit zurücknähmen.

## D. Phase 4: Daten gewinnen

Aus datenschutzrechtlicher Perspektive kommt der 4. Phase im GMAS, der Datengewinnung, maßgebliche Bedeutung zu. Mit dieser Phase wird das Datenschutzrecht gleichsam „aktiviert". Der sachliche Anwendungsbereich stellt auf die *Verarbeitung* personenbezogener Daten ab (Art. 2 Abs. 1 DSGVO). Unter den Verarbeitungsbegriff fällt unstreitig auch der Vorgang der Datenerhebung.[61] Gemeint ist das „Beschaffen" (vgl. auch die engl. Sprachfassung: „collection") von (personenbezogenen) Daten, mithin ein Vorgang, durch den der Verantwortliche (etwa das Statistische Bundesamt oder ein Statistisches Landesamt) Kenntnis oder zumindest die faktische Verfügungsmacht über die Daten erlangt.[62] Das GMAS beschreibt in dieser Phase also den gesamten *Prozess der Datenerhebung*. Die für die jeweilige Statistik erforderlichen Daten – dazu gehören auch

---

[56] Diese Information geht auf eine Antwort von *Ulf Buermeyer* (GFF) zurück, die er i. R. e. Podiumsdiskussion zum Thema „Volkszählungen als fortwährende Herausforderung für die informationelle Selbstbestimmung" am 1.3.2022 in Hamburg gegeben hat. Zu den Rechtsfragen ausf. unten S. 393 f.
[57] Siehe dazu etwa *Thiel/Puth*, NVwZ 2023, 305.
[58] Siehe oben Einl. Fn. 44.
[59] Zum Zusammenspiel der statistischen Rechtsgrundlage mit der DSGVO s. unten S. 156 ff.
[60] Dazu aus Sicht des allg. Verwaltungsrechts *Krönke*, JZ 2021, 434 ff. Im Entwurf für eine KI-VO findet sich bspw. in Art. 53 unter der Titelüberschrift „Maßnahmen zur Innovationsförderung" eine besondere Regelung für „Reallabore", COM(2021) 206 final, S. 79.
[61] Siehe Art. 4 Nr. 2 DSGVO; dazu auch oben S. 55. Vgl. aber auch § 3 BDSG a. F.: Das alte Datenschutzrecht unterschied begrifflich zwischen Erhebung (Abs. 3), Verarbeitung (Abs. 4) und Nutzung (Abs. 5).
[62] So *Roßnagel*, in: Simitis/Hornung/Spiecker gen. Döhmann (Hrsg.), DatenschutzR, 2019, Art. 4 Nr. 2 Rn. 15 m. w. N.

Meta-[63] und Paradaten[64] – gelangen in die amtliche Sphäre und werden für die (Weiter-)Verarbeitung zu statistischen Zwecken in eine geeignete Datenumgebung überführt. Die Methoden der (primären oder sekundären)[65] Datengewinnung sind vielfältig[66] und können – wie im Mikrozensus – auch kombiniert werden ("Multi-Mode-Design").[67] Soweit es sich um personenbezogene Daten handelt, bedarf es für die Verarbeitungsform der Erhebung grundsätzlich einer Rechtsgrundlage.[68] Das gilt im Prinzip auch für den Einsatz moderner Erhebungsinstrumente, etwa beim sog. *Web Scraping*[69].

## I. Teilprozess 4.1: Auswahlgrundlage erstellen und Stichprobe ziehen

Die Phase der Datengewinnung gliedert sich in vier Teilprozesse.[70] Im ersten Teilprozess (4.1) geht es u. a. darum, auf Basis der konzipierten Methodik (siehe Teilprozess 2.4) die Auswahlgrundlage[71] festzulegen und die Stichprobe für den Erhebungsdurchlauf zu ziehen. Dabei ist insbesondere darauf zu achten, dass die Erhebungsgrundlage mit der – in der Regel gesetzlich festgelegten – Grundgesamtheit[72] möglichst weitgehend übereinstimmt.[73] Beim Mikrozensus 2016

---

[63] Zum Begriff der Metadaten s. *Statistische Ämter des Bundes und der Länder*, Qualitätshandbuch 2021 (Version 1.21), 2021, S. 143 (Glossar): „Als Metadaten bezeichnet man Daten, die Informationen über andere Daten enthalten. In der Statistik gehören dazu alle strukturierten Informationen, die Inhalte und Entstehungszusammenhänge von statistischen Daten beschreiben. Metadaten machen aus einer statistischen Wertgröße (der reinen Zahl) erst eine interpretierbare Information (bspw. durch Tabellenbeschriftungen, Nennung des Bezugsjahres oder der Bezugsregion)". Vgl. auch COM(2023) 402 final v. 10.7.2023, S. 17: „Daten, die andere Daten und Prozesse definieren und beschreiben oder die hierzu verwendet werden".

[64] Paradaten sind „Prozessdaten, die begleitend zur computergestützten Datenerhebung generiert werden können", die also „quasi nebenher entstehen" (etwa die Anzahl der Kontaktversuche bei telefonischen Befragungen oder das benutzte Endgerät, z. B. Smartphone oder Tablet). Ausf. zu Paradaten in der empirischen Sozialforschung s. *Felderer/Birg/Kreuter*, in: Baur/Blasius (Hrsg.), Handbuch Methoden der empirischen Sozialforschung, 2019, S. 413 ff.

[65] Zu den Begriffen oben Einl. Fn. 39.

[66] Vgl. zu den Datenerhebungstechniken bspw. *Schnell/Hill/Esser*, Methoden der empirischen Sozialforschung, 11. Aufl., 2018, S. 291 ff.

[67] Instruktiv *Hundenborn/Enderer*, WISTA 6/2019, 9 (15).

[68] Siehe dazu ausf. Zweiter Teil, S. 93 ff.

[69] Dazu unten § 6, S. 198 ff.

[70] Dazu ausf. *Statistische Ämter des Bundes und der Länder*, Qualitätshandbuch 2021 (Version 1.21), 2021, S. 93 ff.

[71] Der Begriff Auswahlgrundlage beschreibt „die Menge der Einheiten, aus der die Stichprobeneinheiten ausgewählt werden", s. *Statistische Ämter des Bundes und der Länder*, Qualitätshandbuch 2021 (Version 1.21), 2021, S. 136.

[72] Zu diesem Begriff ausf. unten S. 225. Ferner *Schnell/Hill/Esser*, Methoden der empirischen Sozialforschung, 11. Aufl., 2018, S. 239 ff.

[73] Vgl. dazu auch *Schnell/Hill/Esser*, Methoden der empirischen Sozialforschung, 11. Aufl., 2018, S. 245.

dienten bspw. Daten aus dem Zensus 2011 als Auswahlgrundlage.[74] Die Erhebungseinheiten werden dabei auf der Grundlage von Flächen oder vergleichbaren Bezugsgrößen (Auswahlbezirke) ausgewählt und durch mathematisch-statistische Verfahren bestimmt (§ 4 Abs. 1 MZG).[75] Der Auswahlsatz beträgt ein Prozent der Bevölkerung (Grundstichprobe; § 4 Abs. 2 S. 1 MZG).[76] Für die Zeitverwendungserhebung (ZVE) im Jahr 2022 erfolgte die Auswahl der Stichprobenhaushalte auf Basis eines Quotenverfahrens (sog. Quotenstichprobe[77]); befragt werden bis zu 15.000 Haushalte (sog. Bruttostichprobe[78]).

## II. Teilprozess 4.2: Datengewinnung vorbereiten

Sodann ist im zweiten Teilprozess (4.2 „Datengewinnung vorbereiten") sicherzustellen, dass sowohl geschultes Personal als auch die erforderlichen informationstechnischen Systeme bereitstehen. Im Hinblick auf die Erhebungsdaten ist eine sog. Datengewinnungsstrategie zu entwickeln, die die Teilprozesse 2.3 („Erhebung konzipieren") und 3.1 („Instrumente der Datengewinnung aufbauen") ergänzt und fortschreibt. So sind hier bspw. Online-Fragebögen und *Web Scraping*-Instrumente vorzubereiten. Ein wesentliches Element dieses Teilprozesses ist außerdem, die Sicherheit der Datenübermittlung zu gewährleisten.[79] Angesprochen ist damit zuvörderst der datenschutzrechtliche Grundsatz der Integrität und Vertraulichkeit (Art. 5 Abs. 1 Buchst. f), der durch die Vorschrift zur Sicherheit der Verarbeitung (Art. 32 DSGVO) konkretisiert wird.[80] Weitere Vorgaben ergeben sich aus Art. 25 Abs. 1 DSGVO, der das Konzept „Datenschutz durch Technikgestaltung" (engl.: „Data protection[81] by design") ausformt. Diese Grundregel einer datenschutzgerechten Systemgestaltung trifft den Verantwortlichen nicht nur im Zeitpunkt der „eigentlichen Verarbeitung"; vielmehr

---

[74] Vgl. *Schnell/Hill/Esser*, Methoden der empirischen Sozialforschung, 11. Aufl., 2018, S. 262 f.

[75] Vgl. dazu aus der Rechtsprechung z. B. VG Schleswig, Beschl. v. 7.2.2018 – 12 A 184/17, juris Rn. 6. Zum (alten) Auswahlverfahren beim Mikrozensus OVG Magdeburg, Urt. v. 24.11.2010 – 3 L 91/10, juris Rn. 30 ff.

[76] Zum Stichprobendesign des neuen Mikrozensus ab 2022 s. *Hundenborn/Enderer*, WISTA 6/2019, 9 (14).

[77] Siehe dazu BT-Drs. 19/26935, S. 16 f. Zu den verschiedenen Stichprobenverfahren (z. B. einfache oder geschichtete Zufallsstichprobe; Klumpenstichprobe; mehrstufige Auswahlverfahren) s. aus der Literatur zur empirischen Sozialforschung bspw. *Schnell/Hill/Esser*, Methoden der empirischen Sozialforschung, 11. Aufl., 2018, S. 247 ff.

[78] Siehe BT-Drs. 19/26935, S. 17. Die Nettostichprobe soll 10.000 Haushalte betragen.

[79] Zur Datensicherheit beim Zensus 2011 s. *Statistische Ämter des Bundes und der Länder*, Zensus 2011 – Methoden und Verfahren, 2015, S. 15.

[80] Siehe dazu S. 486 ff.

[81] Gegen eine Gleichsetzung von „Privacy" und „Datenschutz" s. *Hansen*, in: Simitis/Hornung/Spiecker gen. Döhmann (Hrsg.), DatenschutzR, 2019, Art. 25 Rn. 23; zur Abgrenzung *Eichenhofer*, e-Privacy, 2021, S. 51 ff.

kommt es zu einer Vorverlagerung, indem das europäische Datenschutzsekundärrecht bereits an den „Zeitpunkt der Festlegung der Mittel für die Verarbeitung" anknüpft.[82]

### III. Teilprozess 4.3: Datengewinnung durchführen

Im dritten Teilprozess (4.3) werden die Daten gewonnen, also erhoben. Hierbei handelt es sich um einen aus datenschutzrechtlicher Sicht *zentralen Prozess*: Denn sobald die Verarbeitung personenbezogener Daten beginnt, ist der Anwendungsbereich des (europäischen) Datenschutzrechts grundsätzlich eröffnet.[83] Die eigentliche Phase der Datenerhebung kann vielfältige Formen annehmen. Das wird am Beispiel des Zensus 2022 besonders deutlich. Mehrere Erhebungsformen greifen in diesem registergestützten Verfahren ineinander: So werden etwa Daten von den Meldebehörden zunächst an die statistischen Ämter der Länder übermittelt (vgl. § 5 ZensG 2022); andere Daten, insbesondere solche, die nicht in Registern vorliegen, werden im Rahmen einer Haushaltsstichprobe (§§ 11–13 ZensG 2022) erhoben, wobei die Form der Auskunftserteilung variiert (vgl. § 23 und § 25 ZensG 2022). Für den Zensus 2022 gilt insgesamt das Leitmotiv „online first".[84] Der Registerzensus, der gegenwärtig bereits vorbereitet und erprobt wird, kommt künftig ohne ergänzende primärstatistische Erhebung (Haushaltebefragung) aus.[85] Bis es soweit ist, muss aber gerade die Auskunftspflicht u. U. auch mit Zwangsmitteln durchgesetzt werden. Hierfür erlassen die zuständigen Behörden sog. Heranziehungsbescheide, die regelmäßig mit einer Zwangsgeldandrohung versehen sind.[86] Insbesondere – aber nicht nur – bei freiwilligen Erhebungen ist ein etwaiger Antwortausfall (Unit- oder Item-Nonresponse) zu dokumentieren. In diese Phase des „Erstkontakts" fallen zudem die

---

[82] Vgl. dazu etwa *Hansen*, in: Simitis/Hornung/Spiecker gen. Döhmann (Hrsg.), DatenschutzR, 2019, Art. 25 Rn. 33 ff. Zum Zeithorizont auch *Martini*, in: Paal/Pauly (Hrsg.), DSGVO/BDSG, 3. Aufl., 2021, Art. 25 Rn. 43 ff., der zu Recht darauf hinweist, dass die Vorverlagerung im sachlichen Anwendungsbereich ihre zeitliche Grenze findet. Mit anderen Worten: Ein Verstoß gegen Art. 25 Abs. 1 DSGVO liegt nur dann vor, wenn die ursprünglich nur geplante Datenverarbeitung später *tatsächlich* stattfindet. *Baumgartner*, in: Ehmann/Selmayr (Hrsg.), DSGVO, 2. Aufl., 2018, Art. 25 Rn. 7 verneint daher zu Recht einen Datenschutzverstoß *während der Entwicklungsphase*.
[83] Weiterführend unten S. 82.
[84] *Freier/Mosel*, WISTA (Sonderheft Zensus 2021) 2019, 46 ff. Zu „Once-Only und Digital First als Gestaltungsprinzipien der vernetzten Verwaltung […]" s. *Wimmer*, in: Seckelmann/Brunzel (Hrsg.), Handbuch Onlinezugangsgesetz, 2021, S. 145 ff.
[85] BT-Drs. 19/27425, S. 18; dazu etwa *Thiel/Puth*, NVwZ 2023, 305.
[86] Siehe aus der reichhaltigen Rechtsprechung z.B. OVG Saarlouis, Beschl. v. 4.9.2020 – 1 B 237/20, juris Rn. 2; VG München, Beschl. v. 18.3.2019 – M 30 S 19.657, juris Rn. 12 ff.

datenschutzrechtlichen Informationspflichten gemäß Art. 13 oder 14 DSGVO[87], die durch die Unterrichtungspflicht gemäß § 17 BStatG[88] ergänzt werden.

### IV. Teilprozess 4.4: Datengewinnung abschließen

Der vierte und letzte Teilprozess (4.4) schließt die Phase der Datengewinnung ab. Die erhobenen Daten sind zur weiteren Aufbereitung in eine geeignete elektronische Umgebung zu überführen. Die gesamte Prozessphase der Datengewinnung ist exakt zu dokumentieren. Dazu zählen auch Metadaten, die wiederum Grundlage für eine spätere Evaluierung (s. Phase 8; S. 78 ff.) sein können. Mit dieser Dokumentation könnte die verantwortliche Statistikbehörde ggf. zugleich die allgemeine datenschutzrechtliche Rechenschaftspflicht gemäß Art. 5 Abs. 2 DSGVO[89] (zumindest teilweise) erfüllen.

## E. Phase 5: Daten aufbereiten

Die 5. Phase der Datenaufbereitung[90] lässt sich in acht Teilprozesse untergliedern. Die Verarbeitungsprozesse sind aus datenschutzrechtlicher Sicht besonders relevant und beschreiben eindrücklich, was mit den erhobenen Daten passiert. Zudem kommt es in dieser Phase regelmäßig zu einer *Zäsur*, da im Fall eines hinreichenden Aggregationsniveaus in Teilprozess 5.7 („Aggregate berechnen")[91] der Anwendungsbereich des Datenschutzrechts verlassen wird. Im Folgenden sollen die einzelnen Teilprozesse, die nicht stets nacheinander ablaufen müssen und sich teilweise auch wiederholen können,[92] ausführlich beschrieben und an ausgewählte (datenschutz-)rechtliche Fragen rückgebunden werden.

---

[87] Zur Abgrenzung der Informationspflichten unten S. 417 f., zu den Ausnahmen S. 419 ff. sowie S. 462 ff.
[88] Dazu – sowie zum Zusammenspiel mit Art. 13 und 14 DSGVO – s. unten S. 463 f.
[89] Siehe dazu etwa *Roßnagel*, in: Simitis/Hornung/Spiecker gen. Döhmann (Hrsg.), DatenschutzR, 2019, Art. 5 Rn. 174 ff. Ferner OLG Stuttgart, Urt. v. 31.3.2021 – 9 U 34/21, juris Rn. 42 ff.: Die allgemeine Rechenschaftspflicht lasse die (prozessualen) Darlegungs- und Beweisregeln unberührt (keine Beweiserleichterung oder -umkehr); str.
[90] Im GSBPM „Process Phase", die wiederum in acht „Sub-processes" unterteilt ist: „Integrate data"; „Classify and code"; „Review and validate"; „Edit and impute"; „Derive new variables and units"; „Calculate weights"; „Calculate aggregates" and „Finalise data files".
[91] Siehe dazu unten S. 74.
[92] Vgl. auch *Statistische Ämter des Bundes und der Länder*, Qualitätshandbuch 2021 (Version 1.21), 2021, S. 102: Die Phasen 5 (Daten aufbereiten) und 6 (Ergebnisse analysieren) können parallel ablaufen und sich auch wiederholen; zudem können Aktivitäten aus diesen beiden Phasen auch schon vor Abschluss der 4. Phase (Daten gewinnen) beginnen.

## I. Teilprozess 5.1: Daten integrieren

Im ersten Teilprozess werden Daten aus einer oder mehreren Quellen zusammengeführt. Die Datenquellen sind – wie das Beispiel Zensus zeigt – vielfältig. So werden bspw. administrative Daten (Verwaltungsdaten; z. B. aus den Melderegistern) mit solchen aus der Haushaltsstichprobe (z. B. zum Bildungsstand) verknüpft. Die zentrale Verarbeitung und Zusammenführung wird durch § 28 und § 29 ZensG 2022 im Rahmen des Erforderlichen legitimiert. Der Prozess der Datenintegration (auch *Record Linkage* genannt)[93] stellt sich als ein Prozess der Datenzusammenführung und -kombination ein; das gewünschte Produkt ist ein „konsistenter Datensatz"[94]. Dieser Abschnitt ist aus datenschutzrechtlicher Sicht besonders sensibel. So war es gerade die Gefahr, dass umfassende Persönlichkeitsprofile innerhalb der Verwaltung entstehen, die das BVerfG dereinst veranlasst hatte, das Recht auf informationelle Selbstbestimmung als freiheitssichernden Vorfeldschutz zu entwickeln.[95] Im Zensus 2011 kam dem sog. Referenzdatenbestand[96] eine koordinierende Funktion zu; er bildete gleichsam den Grundstein, um die verschiedenen Erhebungsteile miteinander zu verknüpfen.[97] Als Identifikator diente eine „personenbezogene Ordnungsnummer" (PON)[98]. Jedem Personendatensatz wurde außerdem eine sog. Anschriften-ID zugeordnet, die auf dem zuvor aufgebauten Anschriften- und Gebäuderegister (AGR) basierte. Auf diese Weise (also durch die Kombination von Anschriften-ID und PON) war jeder Datensatz eindeutig bezeichnet.[99] Wie die eindeutige Zuordnung verschiedener Datensätze in einem künftigen Registerzensus aussehen wird, ist noch nicht absehbar. Im Rahmen des Registerzensuserprobungsgesetzes erfolgt die Zuordnung vorerst über personenidentifizierende Merkmale.[100] Die Gesetzesbegründung führt insoweit aus, dass hierfür mindestens sechs Merkmale erforderlich sind; dies belegten wissenschaftliche Untersuchungen, wobei die Bundesregierung diese in der Drucksache nicht benennt.[101] Perspektivisch soll

---

[93] Siehe dazu etwa *Cielebak/Rässler*, in: Baur/Blasius (Hrsg.), Handbuch Methoden der empirischen Sozialforschung, 2019, S. 423 ff.
[94] *Statistische Ämter des Bundes und der Länder*, Qualitätshandbuch 2021 (Version 1.21), 2021, S. 102.
[95] BVerfGE 65, 1 (41 ff.).
[96] Siehe dazu auch *Hirner/Stiglmayr*, WISTA 1/2013, 30 (32 ff.).
[97] *Statistische Ämter des Bundes und der Länder*, Zensus 2011 – Methoden und Verfahren, 2015, S. 20. Ausf. zu Methoden und Techniken der Datenverknüpfung *Christen/Ranbaduge/Schnell*, Linking Sensitive Data, 2020, S. 81 ff.
[98] *Statistische Ämter des Bundes und der Länder*, Zensus 2011 – Methoden und Verfahren, 2015, S. 21.
[99] *Statistische Ämter des Bundes und der Länder*, Zensus 2011 – Methoden und Verfahren, 2015, S. 21 und 26.
[100] BT-Drs. 19/27425, S. 38.
[101] BT-Drs. 19/27425, S. 40.

die Datenverknüpfung jedoch mittels einer registerübergreifenden Identifikationsnummer (§ 1 IDNrG) erfolgen.[102]

## II. Teilprozess 5.2: Daten klassifizieren und kodieren

Im zweiten Teilprozess werden die Eingangsdaten *klassifiziert* und *kodiert*. Allgemein geht es hier darum, Mikrodaten in Textform mit Hilfe automatisierter Verfahren (hilfsweise auch manuell) nach einem vorgegebenen Klassifizierungsschema eindeutigen numerischen Codes zuzuordnen.[103] Die Klassifikation ermöglicht es, statistische Einzeldaten zu gruppieren. Hierfür bedient sich die amtliche Statistik anerkannter internationaler Standardklassifikationen. Auf europäischer Ebene existiert z. B. eine Klassifikation der Gebietseinheiten für die Statistik (*Nomenclature des Unités territoriales statistiques* – NUTS). Diese geografische Systematik teilt das Gebiet der EU in vertikaler Hinsicht in drei Stufen ein: NUTS-1, NUTS-2 und NUTS-3.[104] Diese Einordnung ermöglicht es, EU-Regionen grenzüberschreitend statistisch zu vergleichen. Die Übersetzung in numerische Codes (z. B. „DEB38" für Speyer) erleichtert die informationstechnische Weiterverarbeitung. Ein anderes Beispiel aus der Bildungsberichterstattung ist die *International Standard Classification of Education* (ISCED 2011), die eine Person mit abgeschlossener Promotion dem Level 8 („doctoral or equivalent level") zuordnet.[105] Für Berufe[106] findet vielfach die *Internationale Standardklassifikation ISCO-08* Verwendung, die Anwälten bspw. den Code „OC2612" zuschreibt. Jeder Beruf kann so eindeutig einer bestimmten Gruppe zugeordnet werden. Mit diesen drei Beispielen lässt sich eine promovierte Anwältin aus Speyer eindeutig klassifizieren und kodieren („DEB38"; „ISCED 2011: Level 8"; „OC2612").

---

[102] Siehe dazu BT-Drs. 19/27425, S. 38. Zu den rechtlichen Problemen unten S. 188.

[103] Zum Einsatz von *Machine Learning* s. bspw. *Dumpert*, WISTA 4/2021, 53 (54 ff.).

[104] Als Beispiel für Deutschland (DE) = NUTS-0: Rheinland-Pfalz (DEB) = NUTS-1, Rheinhessen-Pfalz (DEB3) = NUTS-2 und Speyer, Kreisfreie Stadt (DEB38) = NUTS-3; im Saarland bspw. ist NUTS-1 und 2 identisch. Operationalisiert z. B. in der Durchführungs-VO (EU) 2017/543 (in Bezug auf Volks- und Wohnungszählungen, um den „üblichen Aufenthaltsort" zu klassifizieren).

[105] Das ISCED geht von „level 0 = early childhood education" bis zu „level 8 = doctoral or equivalent".

[106] Vgl. dazu allg. auch *Schüller/Wingerter*, WISTA 5/2019, 44 ff. (zu den neuen internationalen Klassifikationen der Arbeitsbeziehungen).

## III. Teilprozess 5.3: Daten prüfen und validieren (Fehlererkennung und Steuerung)

Der dritte Teilprozess beschreibt die *Datenvalidierung*[107]. Es geht hier also grob gesagt darum, *Fehler*[108] in den Daten *zu erkennen*. Hierfür wendet die amtliche Statistik sog. Plausibilitätsprüfungen an, die bestimmten, vorher festgelegten Regeln folgen und weitgehend automatisiert sind.[109] Dabei kommen auch selektive Methoden zum Einsatz: Fehler, die einen größeren Einfluss auf das statistische Ergebnis haben, sind zu identifizieren, damit sie mit besonderer Sorgfalt behandelt werden können (selektive Plausibilisierung). Der Zeitpunkt dieser Prüfungen ist variabel. Sie kann vor oder nach der Datenintegration stattfinden. In der statistischen Praxis kommt es mitunter vor, dass die Validierung (teilweise) in der an sich vorgelagerten Phase 4 („Daten gewinnen") stattfindet, zum Beispiel im Bereich einer Online-Erhebung[110]. Die Datenvalidierung kann (mehrmals) wiederholt werden. Nach den Qualitätsrichtlinien sind bei sog. dezentralen Statistiken die gelieferten Ergebnisse im Statistischen Bundesamt zumindest für Aggregate auf ihre Plausibilität hin zu prüfen. Das Statistikrecht knüpft an diesen Prozessabschnitt bisweilen konkrete Rechtspflichten: So sind bspw. Hilfsmerkmale[111] zu löschen, sobald die statistischen Ämter die Erhebungs- und Hilfsmerkmale „auf ihre Schlüssigkeit und Vollständigkeit" hin überprüft haben (§ 12 Abs. 1 S. 1 BStatG[112]; konkretisiert z. B. durch § 31 Abs. 1 S. 2 und 3 ZensG 2022). Sämtliche Verfahren in diesem Teilprozess tragen insoweit auch dem datenschutzrechtlichen *Grundsatz der Richtigkeit*[113] Rechnung: Danach müssen (personenbezogene) Daten „sachlich richtig und erforderlichenfalls auf dem neuesten Stand sein"; das Unionsrecht verpflichtet den Verantwortlichen dazu, „alle angemessenen Maßnahmen" zu treffen, „damit personen-

---

[107] So auch der Begriff bei *Statistische Ämter des Bundes und der Länder*, Qualitätshandbuch 2021 (Version 1.21), 2021, S. 106.

[108] Dabei sind Muss- und Kann-Fehler zu unterschieden: Bei sog. Muss-Fehlern liegt ein „echter" Fehler vor, die Angaben sind also nicht konsistent oder unzulässig (z. B. Geburtsdatum „1.1.1882") und müssen bereinigt werden; sog. Kann-Fehler (auch Prüfhinweise genannt) gehen demgegenüber auf unplausible oder auffällige („Ausreißer"), aber zulässige Kombinationen von Angaben zurück (z. B. Anzahl der Kinder: 12).

[109] Für die Gebäude- und Wohnungszählung i. R. d. Zensus 2011 wurden insgesamt 109 Plausibilitätsregeln aufgestellt, s. *Grundwald/Krause*, WISTA 2014, 437 (441). Wo manuelle Prüfungen notwendig werden, kommen IT-Tools als Unterstützung zum Einsatz (sog. Dialogverfahren), s. *Statistische Ämter des Bundes und der Länder*, Qualitätshandbuch 2021 (Version 1.21), 2021, S. 106.

[110] So *Statistische Ämter des Bundes und der Länder*, Qualitätshandbuch 2021 (Version 1.21), 2021, S. 106.

[111] Siehe die Legaldefinition in § 10 Abs. 1 S. 3 BStatG; ausf. unten S. 270 f.

[112] Ferner § 6 Abs. 1 S. 4 BStatG (Maßnahmen zur Vorbereitung und Durchführung von Bundesstatistiken).

[113] Siehe Art. 5 Abs. 1 Buchst. d DSGVO.

bezogene Daten, die im Hinblick auf die Zwecke ihrer Verarbeitung unrichtig sind, unverzüglich gelöscht oder berichtigt werden". Speziell für den Fall der Einwohnerzahl[114] formuliert das BVerfG sogar einen Verfassungsauftrag: Der Gesetzgeber muss zwar nicht die „wahre" oder „richtige", wohl aber deren „realitätsgerechte" Ermittlung sicherstellen.[115] Er muss hierfür ein Verfahren wählen, das geeignet ist, typische Fehlerquellen (wie z. B. die Über- und Untererfassung in Melderegistern[116]; sog. Karteileichen und Fehlbestände) zu erkennen und anschließend – im Teilprozess 5.4 – zu korrigieren. Im Zensus 2022 führte das Statistische Bundesamt zu diesem Zweck u. a. eine sog. Mehrfachfallprüfung (§ 21 ZensG 2022)[117] durch.

### IV. Teilprozess 5.4: Daten plausibilisieren und imputieren

Im vierten Teilprozesse (5.4) geht es darum, die erkannten *Fehler zu beheben*.[118] Die einzelnen Schritte lassen sich nach dem Qualitätshandbuch der statistischen Ämter wie folgt standardmäßig beschreiben: Zunächst ist zu entscheiden, ob Daten hinzugefügt oder geändert werden müssen; die Qualitätsrichtlinien sehen vor, dass der originäre Datenbestand („Rohdaten") weiterhin zu Dokumentationszwecken gespeichert bleibt.[119] Sodann ist die Methodik zu bestimmen, ehe die Daten *verändert* bzw. *ergänzt* werden. Die Datenveränderung ist zu kennzeichnen (z. B. als „geändert"). Unter *Imputation* versteht die amtliche Statistik ein Verfahren, das bei Antwortausfällen[120] bzw. bei der Plausibilisierung feh-

---

[114] Die Einwohnerzahl ist ein statistisches Ergebnis und unterliegt als solches nicht dem datenschutzrechtlichen Grundsatz der Richtigkeit, da es sich nicht um ein personenbezogenes Datum handelt. Der Richtigkeitsgrundsatz setzt früher an: Umso weniger Fehler in den (noch) personenbezogenen Datensätzen enthalten sind, desto realitätsgerechter (man könnte auch sagen: „richtiger") wird das Ergebnis, d. h. die Einwohnerzahl Deutschlands.

[115] BVerfGE 150, 1 (86 f., Rn. 166 f.). Zur Verfassungsrelevanz der Einwohnerzahl oben S. 2.

[116] Vgl. dazu auch BVerfGE 150, 1 (13, Rn. 7; 38, Rn. 33; 119, Rn. 246); ferner *Martini*, Der Zensus 2011 als Problem interkommunaler Gleichbehandlung, 2011, S. 70.

[117] Dazu unten S. 327. Vgl. zum Zensus 2011: BVerfGE 150, 1 (123, Rn. 258). Von der Mehrfachfallprüfung sind die Wiederholungsbefragungen nach § 22 ZensG 2022 zu unterscheiden – sie dienen der *nachträglichen* Qualitätsbewertung der Zensusergebnisse, ohne diese jedoch zu verändern oder zu korrigieren; BT-Drs. 19/8693, S. 57.

[118] Siehe aber auch *Preising/Lange/Dumpert*, WISTA 5/2021, 40 (41 mit Fn. 3): Es gäbe auch Algorithmen, die gleichzeitig Fehler erkennen und Daten imputieren (z. B. die Software „CANadian Census Editing and Imputation System – CANCEIS").

[119] *Statistische Ämter des Bundes und der Länder*, Qualitätshandbuch 2021 (Version 1.21), 2021, S. 108.

[120] Nach den Qualitätsrichtlinien der amtlichen Statistik sollen Imputationen nur Anwendung finden, wenn einzelne Merkmalswerte fehlen (Item-Nonresponse); Imputationen ganzer Datensätze sollen möglichst nur dann stattfinden, wenn der Totalausfall (Unit-Nonresponse) durch entsprechende Hochrechnungen nicht in hinreichender Qualität ausgeglichen werden

## E. Phase 5: Daten aufbereiten

lende („missing data"), ungültige oder inkonsistente Daten korrigieren soll.[121] Dabei werden manuelle (z. B. durch Rückfragen bei der Auskunftsperson) und automatische Imputationsverfahren unterschieden; die amtliche Statistik erprobt zudem, ob und inwieweit *Machine Learning* in diesem Teilprozess eingesetzt werden kann.[122] Die Beispiele und eingesetzten Verfahren sind vielfältig: Bei der Statistik über Schutzsuchende (vgl. § 23 AZR-Gesetz) werden fehlende oder fehlerhafte Angaben – etwa zu den Merkmalen „Geschlecht", „Familienstand", „Geburtsdatum" oder „Einreisedatum" – nach dem sog. Random-Hot-Deck-Verfahren imputiert.[123] Im Rahmen des Mikrozensus wird seit 2018 das Imputationsverfahren „Predictive Mean Matching (PMM)" eingesetzt, um fehlende[124] Angaben zur Geburt von Kindern (die Angabe ist freiwillig[125]) zu ergänzen.[126] Dabei wird – grob gesagt – aus allen vollständigen Datensätzen eine kleine Gruppe von „Spendern" (typischerweise 3, 5 oder 10)[127] berechnet, deren Schätzwerte dem geschätzten Wert im unvollständigen Datensatz (der Person A) am nächsten kommen. Aus dieser Gruppe wird sodann ein „Datenspender" (Person B) zufällig ausgewählt; dessen Wert wird imputiert, um den fehlenden Wert zu ersetzen. Im Beispiel können auf diese Weise die Angaben zu

---

kann, s. *Statistische Ämter des Bundes und der Länder*, Qualitätshandbuch 2021 (Version 1.21), 2021, S. 108.

[121] Man spricht in diesem Zusammenhang allg. auch von „Datenfusion", s. etwa die Einführung bei *Schaller*, WISTA 4/2021, 76 (78); aus der empirischen Sozialforschung auch *Cielebak/Rässler*, in: Baur/Blasius (Hrsg.), Handbuch Methoden der empirischen Sozialforschung, 2019, S. 423 ff. („Eine Datenfusion lässt sich den *Missing-Data Techniken* [...] zuordnen und als Ergänzungs- bzw. Imputationsproblem verstehen."). Vgl. ferner *Andridge/Little*, Int Stat Rev 78 (2010), 40 (40): „the objective of imputation is not to get the best possible predictions of the missing values, but to replace them by plausible values in order to exploit the information in the recorded variables in the incomplete cases for inference about population parameters".

[122] *Dumpert*, WISTA 4/2021, 53 (56 f.).

[123] Bei einem Hot-Deck-Verfahren werden – stark vereinfacht gesagt – fehlende Angaben durch beobachtete Werte aus *derselben* Erhebung ersetzt. Davon sind sog. Cold-Deck-Verfahren zu unterscheiden, die Werte aus *anderen* (z. B. vergangenen, in diesem Sinne „kalten") Erhebungen zur Imputation heranziehen. Der Qualitätsbericht zur Statistik über Schutzsuchende gibt die Imputationsquoten für das Jahr 2020 z. B. wie folgt an: 0,08 % für das Merkmal „Geschlecht", 0,003 % für das Merkmal „Familienstand", 0,01 % für das Merkmal „Geburtsdatum" und 0,1 % für das Merkmal „Einreisedatum".

[124] In der Statistik unterscheidet man grds. drei Kategorien: „Missing at Random" (MAR); „Missing Completely at Random" (MCAR) und „Missing Not at Random" (MNAR). Grdl. *Rubin*, Biometrika 63 (1976), 581 ff.; s. auch *Cielebak/Rässler*, in: Baur/Blasius (Hrsg.), Handbuch Methoden der empirischen Sozialforschung, 2019, S. 429.

[125] Siehe für Frauen im Alter von 15 bis 75 Jahren: § 6 Abs. 2 Nr. 3 i. V. m. § 13 Abs. 7 S. 1 MZG.

[126] Dazu ausf. – auch zu entsprechenden Simulationsstudien – *Lange/Pötzsch*, WISTA 5/2019, 9 ff. Zum Vergleich der Verfahren Random-Hot-Deck und Predictive-Mean-Matching *Schaller*, WISTA 4/2021, 76 ff.

[127] *van Buuren*, Flexible Imputation of Missing Data, 2. Aufl., 2018, S. 77.

den Fragen „Haben Sie Kinder geboren?" und „Wie viele Kinder haben Sie insgesamt geboren"?[128] aufgefüllt werden, um etwaigen Verzerrungen (*Biases*) im Rahmen der Hochrechnung entgegenzuwirken.

Dabei stellt sich im vorliegenden Kontext etwa die Frage, ob es sich bei den imputierten Werten („Ja"/"Nein"; ggf. „Anzahl der Kinder") um personenbezogene Daten im datenschutzrechtlichen Sinne handelt. So verneint etwa *Jürgen Kühling* das Inhaltselement[129] des Personenbezugs mit dem Argument, dass sich imputierte Daten in ihrer technischen (Hilfs-)Funktion erschöpften; sie bezögen sich – mit der Behauptung bzw. Vermutung der Richtigkeit – nur auf den „Datenspender" (B).[130] Jedoch ist hier der Zweck, also die Funktion der Information, gerade auszublenden. Zudem bezieht sich die imputierte Information (z. B.: „A hat 3 Kinder geboren") *inhaltlich* sehr wohl auf eine (identifizierte oder identifizierbare) natürliche Person. Denn die imputierten Werte werden für anschließende Analysen „wie beobachtete Werte behandelt".[131] Die Daten, die dem unvollständigen Datensatz hinzugefügt worden sind, treffen mit einer gewissen Wahrscheinlichkeit eine Aussage darüber, ob A bspw. „Kinder" hat oder „kinderlos" ist. Damit ist sehr wohl eine Richtigkeitsannahme verbunden – die Information leitet sich zwar von B ab, bezieht sich durch das „Predictive Mean Matching"-Verfahren aber nunmehr auch auf A. Ob diese Schätzwerte tatsächlich zutreffen, ist unerheblich. So hat etwa der Oberste Gerichtshof in Österreich (OGH) zu Recht entschieden, dass auch Daten, die über *statistische Wahrscheinlichkeiten* errechnet worden sind, personenbezogen sein können.[132] Für das Inhaltselement kommt es schließlich weder auf den Zweck (Besteht der Zweck der Verarbeitung darin, eine Person zu beurteilen, in einer bestimmten Weise zu behandeln oder ihre Stellung oder ihr Verhalten zu beeinflussen?) noch auf das Ergebnis (Kann sich die Verarbeitung der maßgeblichen Daten auf die Rechte und Interessen der betroffenen Person auswirken?) an. Nach alledem kann es sich auch bei der Imputation um einen datenschutzrechtlich relevanten Verarbeitungsvorgang handeln.[133]

---

[128] Fragen zitiert nach *Lange/Pötzsch*, WISTA 5/2019, 9 (11).

[129] Für die Frage, ob es sich um eine Information „über" eine natürliche Person handelt, unterscheidet die Art. 29-Datenschutzgruppe zwischen drei (alternativen) Elementen: dem Inhalts-, dem Zweck- und dem Ergebniselement; *Art. 29-Datenschutzgruppe*, Stellungnahme 4/2007 zum Begriff „personenbezogene Daten" – WP 136, 2007, S. 11 ff. Vgl. zu diesem „Drei-Elemente"-Modell, das auf die neue Rechtslage übertragen werden kann, bspw. *Kühling*, DuD 2021, 168 (169 f.).

[130] *Kühling*, DuD 2021, 168 (169 f.): „technische Referenzierung", „technische Vervollständigung"; „rein technisch-statistische Gründe".

[131] So *Lange/Pötzsch*, WISTA 5/2019, 9 (15).

[132] ÖOGH ZD 2021, 430 (431, Rn. 19).

[133] A. A. *Kühling*, DuD 2021, 168 (170 f.) am Beispiel des Auskunftsrechts.

## V. Teilprozess 5.5: Neue Merkmale und Einheiten ableiten

Im fünften Teilprozess leiten die Statistiker ggf. *neue* Merkmale und Erhebungseinheiten aus den erhobenen bzw. aufbereiteten Daten ab.[134] So verwenden die statistischen Ämter im Rahmen des Zensus 2022 einzelne Hilfsmerkmale, um neue Merkmale zu Typ und Größe der Familie und des Haushalts zu generieren und zu speichern. Die Rechtsgrundlage zu dieser „Merkmalsgenerierung" findet sich in § 30 ZensG 2022 (ggf. i. V.m. Art. 6 Abs. 1 UAbs. 1 Buchst. e DSGVO[135]). Personen können hiernach bspw. zu Wohnhaushalten gruppiert werden; dieser Haushalt ist dann wiederum einer konkreten Wohnung zuordenbar. Auf diese Weise können die Statistikämter auch ihren unionsrechtlichen Berichtspflichten gegenüber Eurostat nachkommen. Das unionale Statistikrecht fragt z. B. die Merkmale „Größe des Haushalts", „Typ des Haushalts", „Stellung im Haushalt", „Größe der Kernfamilie"[136], „Typ der Kernfamilie" und „Stellung in der Familie" ab,[137] die im Zensus so nicht unmittelbar erhoben werden. Für die Ableitung bedient sich die amtliche Statistik regelmäßig arithmetischer Formeln und wendet sie auf Merkmale an, die im Datensatz bereits vorhanden sind. Die Gesetzesbegründung[138] zum Zensus 2022 nennt exemplarisch „[w]ichtige Indizien", die ggf. Rückschlüsse auf neue Merkmale (etwa auf das Zusammenleben von Personen) ermöglichen: Das sind u. a. Übereinstimmungen von Namen, gleiche Einzugsdaten oder frühere gemeinsame Wohnanschriften. Wenn und soweit sich diese neuen Merkmale auf natürliche Personen beziehen, handelt es sich um personenbezogene Daten i. S. d. Art. 4 Nr. 1 DSGVO. Die Personen, die einem Haushalt bzw. einer Familie zugeordnet werden, müssen in diesem Fall aber zumindest identifizierbar[139] sein.

---

[134] Siehe dazu *Statistische Ämter des Bundes und der Länder*, Qualitätshandbuch 2021 (Version 1.21), 2021, S. 109: Dazu gehöre auch die Anreicherung des Datenbestands mit anonymisierten Daten, wenn sie einem „prätabularen Geheimhaltungsverfahren" (z. B. SAFE = „Sichere Anonymisierung für Einzeldaten" – ein Verfahren der Mikrodatenaggregation, das im Zensus 2011 zum Einsatz kam) unterlagen; zur Anonymisierung allg. unten S. 255 ff.

[135] Zu diesem Erlaubnistatbestand unten S. 142 ff.

[136] Der Begriff „Kernfamilie" wird eng definiert. Die Durchführungs-VO (EU) 2017/543 versteht darunter „zwei oder mehr Personen, die zu demselben Haushalt gehören und die als Ehemann und Ehefrau, als Partner in einer eingetragenen Partnerschaft, als Partner in einer eheähnlichen Gemeinschaft oder als Eltern und Kind miteinander verbunden sind". Dieses Familienkonzept beschränkt Beziehungen zwischen Kindern und Erwachsenen auf solche ersten Grades; „Großeltern-Enkel-Haushalte" fallen bspw. nicht unter die Definition einer Familie.

[137] Vgl. BT-Drs. 19/8693, S. 62.

[138] BT-Drs. 19/8693, S. 62.

[139] Zu diesem Kriterium vgl. unten S. 256 ff.

## VI. Teilprozesse 5.6 bis 5.8: Gewichte berechnen; Aggregate berechnen; Ergebnisdateien fertigstellen

Sodann werden im sechsten Teilprozess ggf. sog. *Gewichte* berechnet (5.6). Diese werden bspw. für Hochrechnungen verwendet (z. B. bei Stichprobenerhebungen).[140] Man spricht deshalb in diesem Zusammenhang auch von „Hochrechnungsfaktoren".[141] Für das Datenschutzrecht ist dieser mathematisch-methodische Teilprozess von eher untergeordneter Bedeutung.

Anders stellt sich dies für den nachfolgenden Teilprozess 5.7 („Aggregate berechnen") dar. Hier werden aus den Einzelangaben (Mikrodaten)[142] sog. Summendaten für die beobachtete Grundgesamtheit erstellt. Aus datenschutzrechtlicher Sicht erweist sich dieser Teilprozess typischerweise als *Zäsur*. Denn er beschreibt standardmäßig, was die Datenschutz-Grundverordnung für die Verarbeitung zu statistischen Zwecken allgemein voraussetzt: Das Produkt (also das Ergebnis der Verarbeitung) besteht aus „aggregierte[n] Daten"[143] (engl.: „aggregate data"; EG 162 S. 5). Erreichen diese Datensätze ein hinreichendes Aggregationsniveau, endet der Anwendungsbereich des Datenschutzrechts *ipso iure*.[144]

Im letzten Teilprozess der Datenaufbereitungsphase sind die „Ergebnisdateien" fertigzustellen (5.8). Die jeweils zuständigen Stellen fassen die Ergebnisse der anderen Teilprozesse in einer Datei (üblicherweise mit Aggregatdaten) zusammen. Diese – auch mal nur vorläufigen – Dateien bilden das Ausgangsprodukt für Phase 6 („Ergebnisse analysieren").[145]

## F. Phase 6: Ergebnisse analysieren

Auf die Phase der Datenaufbereitung folgt die Phase der *Datenanalyse*. Nach § 1 S. 1 BStatG muss die Bundesstatistik „Daten über Massenerscheinungen" nicht nur laufend erheben, sammeln, aufbereiten und darstellen, sondern auch *analysieren*. Dazu gehört, die Ergebnisdateien zusammenzustellen, ggf. weiter

---

[140] Vgl. zum Hochrechnungsverfahren für Zusatzmerkmale beim Zensus 2011 (gemeint sind Daten zu Erwerbstätigkeit, Bildungsstand, Migration und Religion, die auf Grundlage einer Haushaltsstichprobe erhoben worden sind) *Berg/Bihler*, WISTA 4/2018, 81 ff.

[141] *Kiesl*, in: Baur/Blasius (Hrsg.), Handbuch Methoden der empirischen Sozialforschung, 2019, S. 405; ebenso *Berg/Bihler*, WISTA 4/2018, 81 (82).

[142] Entsprechendes gilt für Daten, die bislang nur auf niedriger Ebene aggregiert worden sind *Statistische Ämter des Bundes und der Länder*, Qualitätshandbuch 2021 (Version 1.21), 2021, S. 110.

[143] Anders als EG 162 S. 5 DSGVO insinuiert, besteht zwischen den Begriffen „personenbezogene Daten" und „aggregierte Daten" nicht immer ein Gegensatz; s. dazu unten S. 243 f.

[144] Ausf. dazu unten S. 255 ff.

[145] *Statistische Ämter des Bundes und der Länder*, Qualitätshandbuch 2021 (Version 1.21), 2021, S. 110 f.

aufzubereiten, sie eingehend zu prüfen und für die Verbreitung (7. Phase) fertigzustellen. Die Ergebnisse und Produkte müssen gewissermaßen „fit for purpose" sein.[146]

Die Phase der Datenanalyse gliedert sich in fünf Teilprozesse:

Im ersten Teilprozess (6.1 „Ergebnisse erstellen") werden die aufbereiteten Daten der vorausgehenden Arbeitsschritte („Aggregate berechnen" und „Ergebnisdateien fertigstellen") in statistische Ergebnisse und Produkte umgewandelt. Dabei sind ggf. auch Indizes wie etwa der Verbraucherpreisindex (VPI)[147] zu berechnen. Sodann gilt es, die Qualität der erzeugten Ergebnisse und Produkte zu *validieren* (6.2). Gemeint sind Plausibilitätsprüfungen auf der Makroebene. Die Methoden sind vielfältig. So kann die Statistik bspw. mit Vorperioden verglichen oder geprüft werden, ob die verknüpften Meta- und Paradaten vorhanden sind und den Qualitätsanforderungen entsprechen. Antwortausfälle sind u.a. im Hinblick auf systematische Korrelationen (z.B. bei Beziehern hoher Einkommen) zu untersuchen; auch der Stichprobenfehler kann als Qualitätskriterium herangezogen werden. Im dritten Teilprozess geht es sodann darum, die Ergebnisse zu *interpretieren* und zu *erläutern* (6.3). Im Rahmen der Interpretation führen die Statistiker verschiedene Analysen durch, etwa Zeitreihenanalysen, Konsistenz- und Vergleichbarkeitsanalysen, Revisionsanalysen oder Analysen zu Asymmetrien (z.B. Diskrepanzen in einer Spiegelstatistik).

Aus datenschutzrechtlicher Sicht ist der vierte Teilprozess besonders relevant: die *Sicherstellung der Geheimhaltung* (6.4).[148] Die konkreten Handlungsaufträge der statistischen Stellen ergeben sich dabei unmittelbar aus dem Gesetz. Für die Bundesstatistik ist die statistische Geheimhaltung in § 16 BStatG verbürgt; im Unionsrecht finden sich entsprechende Garantien für europäische Statistiken.[149] Das Statistikgeheimnis gehört zu den Garantien für die Rechte und Freiheiten der betroffenen Personen, sichert überdies das Vertrauensverhältnis zwischen den statistischen Ämtern und den befragten Personen ab und gewährleistet dadurch nicht zuletzt auch die Zuverlässigkeit der Angaben. Dabei wird prinzipiell zwischen der sog. primären und sekundären Geheimhaltung

---

[146] *Statistische Ämter des Bundes und der Länder*, Qualitätshandbuch 2021 (Version 1.21), 2021, S. 112.

[147] Der VPI misst die durchschnittliche Preisentwicklung (Geldwertstabilität) von Waren und Dienstleistungen (sog. Warenkorb), die die privaten Haushalte in Deutschland zu Konsumzwecken kaufen; s. dazu bspw. *Hagenkort-Rieger/Sewald*, WISTA 1/2021, 19 (20 f.; 24 ff.) mit Blick auf die Inflationsmessung in Zeiten der Corona-Pandemie. Zur rechtlichen Relevanz des VPI s. z.B. § 43 Abs. 1 Wohngeldgesetz (Fortschreibung des Wohngeldes); aus der Rechtsprechung etwa OLG Schleswig, Urt. v. 6.4.2011 – 4 U 60/10, juris Rn. 33 (Heranziehung des VPI für die Mietzinserhöhung). Für europäische Zwecke wird der sog. Harmonisierte Verbraucherpreisindex (HVPI) berechnet, s. dazu Art. 1 und EG 1 VO (EU) 2016/792.

[148] *Statistische Ämter des Bundes und der Länder*, Qualitätshandbuch 2021 (Version 1.21), 2021, S. 115. Im GSBPM firmiert dieser Abschnitt unter „Apply disclosure control".

[149] Siehe allg. Art. 20 ff. VO (EG) Nr. 223/2009; vgl. auch unten S. 284 ff.

unterschieden.[150] Die Geheimhaltungsverfahren sind sehr unterschiedlich ausgestaltet und richten sich nach der Art der Statistik (z. B. Bevölkerungs- oder Wirtschaftsstatistik) sowie dem Zweck der Veröffentlichung (z. B. *Public Use Files* oder *Scientific Use Files*)[151]. Im Zensus 2022 soll die Geheimhaltung durch die sog. Cell-Key-Methode[152], ein post-tabulares stochastisches Überlagerungsverfahren, sichergestellt werden.

Im letzten Teilprozess der 6. Phase werden die Ergebnisse fertiggestellt.

## G. Phase 7: Ergebnisse verbreiten

Die 7. Phase betrifft die Veröffentlichung bzw. *Verbreitung*[153] der statistischen *Ergebnisse*. Das entspricht der Aufgabe des Statistischen Bundesamtes, die Ergebnisse nicht nur „in der erforderlichen sachlichen und regionalen Gliederung für den Bund zusammenzustellen",[154] sondern sie auch „für allgemeine Zwecke zu veröffentlichen und darzustellen" (§ 3 Abs. 1 Nr. 3[155]; vgl. auch § 8 Abs. 1 S. 2 BStatG für die Aufbereitung von Daten aus dem Verwaltungsvollzug). Im Unionsrecht ist die Verbreitung sogar in einem eigenen Kapitel geregelt (Art. 18 f. VO (EG) Nr. 223/2009): Die Statistiken sind bspw. „in vollständiger Übereinstimmung" mit den statistischen Grundsätzen (insbesondere: statistische Geheimhaltung) zu verbreiten; außerdem ist ein gleichberechtigter Zugang nach dem Grundsatz der Unparteilichkeit zu gewährleisten. Dateien, die zur öffentlichen Verwendung bestimmt sind (sog. *Public Use Files*), müssen so aufbereitet worden sein, „dass die statistische Einheit unter Berücksichtigung aller in Frage kommender Mittel, die nach vernünftigem Ermessen von einem Dritten angewandt werden könnten, weder direkt noch indirekt identifiziert werden kann"[156].

---

[150] Vgl. dazu bereits *Poppenhäger*, Die Übermittlung und Veröffentlichung statistischer Daten im Lichte des Rechts auf informationelle Selbstbestimmung, 1995, S. 60 f.

[151] Siehe dazu unten S. 313 ff.

[152] Dazu *Höhne/Höninger*, Statistische Monatshefte Niedersachsen 1 (2019), 18 ff.; am Beispiel der Hochschulstatistik *Enderle/Vollmar*, WISTA 6/2019, 87 ff.

[153] So die Terminologie in der Rahmen-VO für Unionsstatistiken, s. Art. 1 VO (EG) Nr. 223/2009: „Diese Verordnung schafft einen Rechtsrahmen für die Entwicklung, Erstellung und *Verbreitung* europäischer Statistiken." (Hervorhebung d. Verf.).

[154] Zur Bedeutung der Statistik für die Kommunikationsinfrastruktur der Verwaltung s. *Ladeur*, in: Voßkuhle/Eifert/Möllers (Hrsg.), GVerwR, 3. Aufl., 2022, § 21 Rn. 70 ff.; allg. dazu bereits in der Einleitung, S. 1 ff.

[155] *Vorgrimler/Decker*, WISTA 3/2021, 17 (21) leiten daraus eine „Pflicht zur Veröffentlichung" ab.

[156] So Art. 19 VO (EG) Nr. 223/2009. In eine andere Richtung weist die allgemeine Regelung des § 27 Abs. 4 BDSG: Danach darf der Verantwortliche personenbezogene Daten nur veröffentlichen, wenn die betroffene Person eingewilligt hat (1. Alt.) oder die Veröffentlichung unerlässlich ist, um Forschungsergebnisse über Ereignisse der Zeitgeschichte darzustellen (2. Alt.).

Keine der hier skizzierten Vorschriften sagt jedoch, in welcher Form die statistischen Ergebnisse zu veröffentlichen sind.[157] Allein der Verhaltenskodex für europäische Statistiken gibt – rechtlich nicht verbindlich – vor, dass bei der Verbreitung moderne Informations- und Kommunikationstechnologie, Methoden, Plattformen und Open-Data-Standards zum Einsatz kommen sollen.[158] Das Statistische Bundesamt betreibt z. B. die öffentliche Datenbank GENESIS-Online und das „Dashboard Deutschland".[159]

Die Verbreitungsphase gliedert sich wiederum in fünf Teilprozesse: Im ersten Teilprozess geht es darum, die verschiedenen Informationssysteme (insbesondere: Datenbanken) zu aktualisieren (7.1). Dabei ist auch zu prüfen, ob die erforderlichen Metadaten enthalten sind. Dies entspricht dem Verhaltenskodex: Die Statistiken und die entsprechenden Metadaten sind so zu präsentieren und zu archivieren, dass sie eine korrekte Interpretation sowie aussagekräftige Vergleiche ermöglichen bzw. erleichtern. Ggf. sind auch neue Produkte zu erstellen (7.2). Im dritten Teilprozess (7.3) ist die Verbreitung zu organisieren. Dies betrifft etwa die Zeitplanung, um angekündigte oder vereinbarte Veröffentlichungstermine einhalten zu können. Denn auch die „Aktualität und Pünktlichkeit" ist ein Grundsatz des Kodexes, zu dem sich die statistischen Stellen im ESS bekannt haben. Vorläufige Ergebnisse können dann veröffentlicht werden, wenn ihr Grad an Genauigkeit und Zuverlässigkeit „akzeptabel" ist.[160] Das Statistische Bundesamt hat in diesem Zusammenhang die Rubrik „EXDAT – Experimentelle Daten" neu aufgelegt.[161] Seit dem Jahr 2020 veröffentlicht die Behörde regelmäßig neue, innovative Projektergebnisse. Sie unterscheiden sich im Reifegrad und in der Qualität von der „klassischen" amtlichen Statistik – insbesondere mit Blick auf die Harmonisierung, den erfassten Bereich und die Methodik.[162] Es handelt sich um – im besten Wortsinn – *experimentelle Statistiken*, die für die Nutzer entsprechend gekennzeichnet sind.[163] Die Teilprozesse 7.4

---

[157] Anders z.B. § 12a Abs. 1 S. 1 EGovG („maschinenlesbare Daten"). Nach *Vorgrimler/Decker*, WISTA 3/2021, 17 (21) sei die „Selbstbestimmung über die Art und Weise der Veröffentlichung" sogar „das tragende Fundament für die Neutralität, Objektivität und fachliche Unabhängigkeit der Statistischen Ämter des Bundes und der Länder"; zu diesen Grundsätzen oben S. 41 ff. Zu den Veröffentlichungsmethoden auch *Bierschenk*, in: Kühling (Hrsg.), BStatG, 2023, § 3 Rn. 23.

[158] *Verhaltenskodex für europäische Statistiken*, Für die nationalen statistischen Ämter und Eurostat (statistisches Amt der EU), 2017, S. 19: Grundsatz 15 „Zugänglichkeit und Klarheit".

[159] Auf europäischer Ebene liefert seit Dezember 2020 das „European Statistical Recovery Dashboard" wertvolle Daten zu den Auswirkungen der Covid-19-Pandemie auf die Bereiche Wirtschaft, Finanzen und Soziales, vgl. dazu *Schliffka*, WISTA 3/2021, 28 (31).

[160] So der *Verhaltenskodex für europäische Statistiken*, Für die nationalen statistischen Ämter und Eurostat (statistisches Amt der EU), 2017, S. 18 (Indikator 13.5).

[161] Siehe dazu *Hauf/Stehrenberg/Zwick*, WISTA 4/2020, 51 ff.

[162] *Hauf/Stehrenberg/Zwick*, WISTA 4/2020, 51 (52).

[163] Dies gilt auch für experimentelle Statistiken von Eurostat. Dort werden sie mit dem Logo „experimental" gekennzeichnet.

„Produkte vermarkten" und 7.5 „Nutzerservice organisieren" schließen die Verbreitungsphase ab.

## H. Phase 8: Prozessdurchlauf evaluieren

In der abschließenden Phase 8 ist der gesamte Statistikprozess (intern) zu evaluieren[164]. Sie steht in der Regel am Ende des Prozessdurchlaufs (*Ex post*-Evaluation[165]).[166] Die Evaluationsphase unterscheidet sich vom übergreifenden Prozess des statistischen Qualitätsmanagements dadurch, dass sie sich auf einen ganz bestimmten Durchlauf konzentriert. Gegenstand der Evaluation ist also nicht – jedenfalls nicht unmittelbar – das Gesetz[167], sondern dessen Vollzug. Mit anderen Worten: Evaluiert wird der konkrete Produktionsprozess, und zwar von der ersten bis zur siebten Phase.

Man bedient sich dabei der Informationen, die im Rahmen vorausgegangener Prozesse angefallen sind. Das so beschriebene „Evaluationsmaterial" kann etwa aus Prozessmetadaten, Systemkennzahlen, Nutzerfeedback oder aus Mitarbeitervorschlägen stammen. Dafür dient der Teilprozess 8.1, bei dem das Material gesammelt und Qualitätsindikatoren (z.B. Indikatoren zum Stichprobenfehler,

---

[164] Siehe zum Begriff der Evaluation nur *Seckelmann*, Evaluation und Recht, 2018, S. 158 ff. Sie versteht „Evaluation" in ihrer grundlegenden Untersuchung sowohl als Verfahrens- als auch als Ergebnisbegriff. Unter Evaluation sei – im Anschluss an die Definition der *Deutschen Gesellschaft für Evaluation* – die systematische Untersuchung des Nutzens oder Wertes eines Gegenstandes zu verstehen. Es handle sich um methodisch angeleitete Bewertungsvorgänge; die aus den Evaluationen hervorgehenden Empfehlungen müssen nachvollziehbar sein und auf empirisch gewonnenen qualitativen und/oder quantitativen Daten beruhen. *Seckelmann* nimmt überdies das Kriterium der „intersubjektiven Vermittelbarkeit" in die Definition auf, um den Evaluationsbegriff „von nicht weiter begründeten Werturteilsbekundungen abzugrenzen" (ebenda, S. 159 f.). – Von der internen (auch Selbstevaluation genannt) ist die *externe* Evaluation zu unterscheiden, wobei sich in der Praxis auch Mischformen etabliert haben (dazu ebenda, S. 163 f.).

[165] Davon ist die *Ex ante*- und die *Ongoing*-Evaluation zu unterscheiden; zu den verschiedenen Evaluationszeitpunkten s. *Seckelmann*, Evaluation und Recht, 2018, S. 166 ff.

[166] *Statistische Ämter des Bundes und der Länder*, Qualitätshandbuch 2021 (Version 1.21), 2021, S. 125.

[167] Die (Bundes-)Statistik kann freilich auch Mittel einer (Gesetzes-)Evaluation sein. Ein Beispiel findet sich in § 22 BEEG: Danach sind laufende Erhebungen zum Bezug von Elterngeld als Bundesstatistik durchzuführen, um die Auswirkungen des neuen Bundeselterngeld- und Elternzeitgesetzes beurteilen und ggf. fortentwickeln zu können. Vgl. auch *Vorgrimler/ Decker*, WISTA 3/2021, 17 (19 f.) mit der Feststellung, dass Gesetze „immer häufiger den Auftrag der Evaluation oder zumindest der Berichterstattung über die Auswirkungen des Gesetzes enthalten"; diese „Evaluationsaufträge" generierten neue Daten mit weiteren Nutzungsmöglichkeiten.

Quote der Überabdeckung, Quote der Antwortausfälle bei Einheiten oder Merkmalen, Imputationsquote[168]) gebildet werden.

Im zweiten Teilprozess (8.2) wird die Evaluation durchgeführt; die Ergebnisse münden in einen Evaluationsbericht. Wichtige Qualitätskriterien sind neben der Aktualität der Statistik auch deren Genauigkeit, die Belastung der Auskunftgebenden und die Kosten der Erhebung.[169] Weitere Qualitätsdimensionen ergeben sich aus dem Verhaltenskodex für europäische Statistiken.[170] Gegenstand der Evaluation ist auch die Effizienz der Statistikdurchführung: Die eingesetzten Ressourcen sollten in einem angemessenen Verhältnis zum Ergebnis stehen.[171] Damit ist insbesondere die Erkenntnis- und Kontrollfunktion der Evaluation angesprochen.[172]

Im letzten Teilprozess (8.3 „Verbesserungsmaßnahmen vereinbaren") geht es schließlich darum, auf der Grundlage des Evaluationsberichts einen Maßnahmenplan zu erstellen und zu verabschieden. Zu den Verbesserungsmaßnahmen kann auch gehören, die Belastung für die betroffenen Personen zu reduzieren. Der Evaluation kann insoweit eine *grundrechtsschützende Funktion* zukommen. In seiner Entscheidung zum Zensus 2011 hat das BVerfG dem Gesetzgeber aufgegeben, zu prüfen, „ob aufgrund der Fortentwicklung der statistischen Wissenschaft Möglichkeiten einer grundrechtsschonenderen Datenerhebung bestehen".[173] Dieser, aus den Grundrechten abgeleitete Auftrag, die Eingriffsintensität zu überprüfen und künftig ggf. zu verringern, geht über die „statistische Wissenschaft" im engeren Sinne hinaus. Es ist kein Grund ersichtlich, die statistischen Ämter auszunehmen, zumal sie sich – jedenfalls in Teilbereichen (s. z. B. das Institut für Forschung und Entwicklung in der Bundesstatistik – IFEB beim Statistischen Bundesamt) – am wissenschaftlichen Diskurs beteiligen.[174] Das subjektive Empfinden der befragten Person ist jedoch keine normative Kategorie, um die Eingriffsintensität zu bestimmen.[175] Es bedarf also einer „normativen Übersetzungsleistung", zu der die Evaluation etwas beitragen kann. Und schließlich können auch „veränderte Umstände" den Gesetzgeber allgemein

---

[168] Zum Begriff der Imputation bereits oben S. 70 f., s. ferner § 2 Fn. 123.
[169] *Statistische Ämter des Bundes und der Länder*, Qualitätshandbuch 2021 (Version 1.21), 2021, S. 127. Vgl. dazu auch die entsprechenden Grundsätze der Bundesstatistik oben S. 41 ff.
[170] Siehe oben S. 20.
[171] *Statistische Ämter des Bundes und der Länder*, Qualitätshandbuch 2021 (Version 1.21), 2021, S. 127.
[172] Zu den weiteren vier „klassischen" Funktionen gehören die Dialog- sowie die Legitimationsfunktion; ausf. dazu *Seckelmann*, Evaluation und Recht, 2018, S. 53 ff.
[173] BVerfGE 150, 1 – Leitsatz 7.
[174] Ob sog. Ressortforschungseinrichtungen (dazu *Groß*, Die Verwaltung 2010 (Beiheft 9), 135 ff.) dem Wissenschaftsbegriff des GG unterfallen, ist umstritten (dafür: *Trute*, in: Isensee/Kirchhof (Hrsg.), HStR IV, 3. Aufl., 2006, § 88 Rn. 25; dagegen: *Mager*, in: Isensee/Kirchhof (Hrsg.), HStR VII, 3. Aufl., 2009, § 166 Rn. 18), kann hier aber dahinstehen.
[175] *Ruschemeier*, Der additive Grundrechtseingriff, 2019, S. 100.

dazu verpflichten, ursprünglich verfassungsgemäße Regelungen nachzubessern.[176] Es handelt sich dann nicht um eine bloße Obliegenheit. Vielmehr mündet die Beobachtungspflicht in eine *Nachbesserungspflicht*. Sie stellt gleichsam die Kehrseite des Prognosespielraums dar, der dem Gesetzgeber bei der Auswahl des statistischen Erhebungsverfahrens von Verfassungs wegen zusteht.[177]

---

[176] BVerfGE 150, 1 (110, Rn. 226) m.w.N.
[177] Siehe BVerfGE 150, 1 (90, Rn. 176 und 133, Rn. 284). Vgl. allg. auch *Seckelmann*, Evaluation und Recht, 2018, S. 99 f.

## § 3. Datenschutz- und Statistikrecht in der Mehrebenenordnung – Regelungssystematik

Das Statistikrecht sei „besonderes Datenschutzrecht" – mit dieser Kurzformel beschreibt das VG München[1] im Jahr 2017 eine Kollisionsregel und leitet daraus den Vorrang des Statistikrechts gegenüber den allgemeinen datenschutzrechtlichen Bestimmungen ab. Dieses Urteil erging indes noch zum alten Recht. Es ist nunmehr überholt. Denn etwaige Normkollisionen sind nicht mehr allein auf der Ebene des nationalen Rechts zu lösen. Mit dem Rechtsformwechsel („von der Richtlinie zur Verordnung")[2] geht eine komplexe Regelungssystematik einher. Ausgangspunkt für die Bundesstatistik ist das mit Anwendungsvorrang ausgestattete Datenschutzsekundärrecht, allen voran die unmittelbar anwendbare Datenschutz-Grundverordnung (A.). Sie soll grundsätzlich eine „vollständige Harmonisierung" der nationalen Rechtsvorschriften sicherstellen.[3] Ob ihrer Öffnungsklauseln[4] ist sie jedoch unvollkommen („hinkende Verordnung"[5], „lex imperfecta"[6] oder auch „atypischer Hybrid aus Verordnung und Richtlinie"[7]): Sie bedarf – gerade im öffentlichen Sektor – einer ausfüllenden, teils ergänzenden, teils spezifizierenden „Begleitgesetzgebung" im mitgliedstaatlichen Recht. *Jan Henrik Klement* apostrophiert die Grundverordnung insofern zutreffend als „eine Art supranationales Basisrecht", das „auf eine Ergänzung ‚von unten' durch das nationale Recht angelegt" ist.[8] Dort geht dann wiederum das bereichsspezifische (B.) dem allgemeinen (C.) Datenschutzrecht vor. Die übergrei-

---

[1] Urt. v. 6.12.2017 – 7 K 16.2053, juris Rn. 46 – Mietspiegel als kommunale Statistik.
[2] So der Untertitel bei *Albrecht*, CR 2016, 88 ff.; s. allg. bereits oben S. 7 ff.
[3] EuGH, Urt. v. 28.4.2022 – C-319/20, ECLI:EU:C:2022:322 – Meta Platforms Ireland, Rn. 57.
[4] Zu diesem Begriff *Müller*, Die Offnungsklauseln der Datenschutzgrundverordnung, 2018, S. 54 ff.; ferner *Sandhu*, Grundrechtsunitarisierung durch Sekundärrecht, 2021, S. 167 ff. Ausf. unten S. 156 ff.
[5] So der Begriff bei *Selmayr/Ehmann*, in: dies. (Hrsg.), DSGVO, 2. Aufl., 2018, Einführung Rn. 88 unter Bezug auf *Schroeder*, in: Streinz (Hrsg.), EUV/AEUV, 3. Aufl., 2018, Art. 288 AEUV Rn. 46. Vgl. auch *Ruffert*, in: Calliess/Ruffert (Hrsg.), EUV/AEUV, 6. Aufl., 2022, Art. 288 AEUV Rn. 22.
[6] *Kibler/Sandhu*, NVwZ 2018, 528 (531).
[7] *Kühling/Martini*, EuZW 2016, 448 (449), an anderer Stelle: „Richtlinie im Verordnungsgewand" (448).
[8] *Klement*, JZ 2017, 161 (162).

fende Frage dieses Abschnitts lautet also: *Welches Datenschutzrecht gilt bei der Durchführung von Bundesstatistiken?*

## A. Anwendungsbereich der Datenschutz-Grundverordnung

Die Datenschutz-Grundverordnung ist – ungeachtet ihres teilweise ausfüllungsbedürftigen Charakters – formell eine Verordnung i. S. d. Art. 288 Abs. 2 AEUV. Sie gilt in jedem Mitgliedstaat unmittelbar. Als Handlungsform des Sekundärrechts genießt sie *Anwendungsvorrang*[9]. Das bedeutet: Kollidierendes mitgliedstaatliches Recht bleibt gültig, ist jedoch insoweit *unanwendbar*, als es dem unionalen Datenschutzrecht widerspricht. Aus dem unionalen Primärrecht, insbesondere aus dem Grundsatz der loyalen Zusammenarbeit, folgt die Pflicht des mitgliedstaatlichen Gesetzgebers, eigenes Recht anzupassen und es fortan zu unterlassen, entgegenstehende Vorschriften zu erlassen.[10] Das nationale Datenschutzrecht unterliegt damit – gestützt durch eine weite Interpretation der Rechtsetzungskompetenz durch den EuGH – einer fortschreitenden Europäisierung.[11]

### I. Sachliche Reichweite: Anwendungsbereich des Unionsrechts

Der Anwendungsvorrang ist an den *sachlichen* Anwendungsbereich des europäischen Datenschutzsekundärrechts geknüpft. Ein Vorschlag Spaniens, in die Datenschutz-Grundverordnung eine Bereichsausnahme für die amtliche Statistik („(f) by competent authorities for the purposes of producing and disseminating the *official statistics* entrusted to them")[12] aufzunehmen, ist nicht Gesetz geworden. Im vorliegenden Kontext („Bundesstatistik") ist somit auf die unspezifische Ausnahmeklausel des Art. 2 Abs. 2 Buchst. a DSGVO abzustellen. Danach findet die Verordnung „im Rahmen einer Tätigkeit, die nicht in den Anwendungsbereich des Unionsrechts fällt", keine Anwendung. Diese Regelung ist deklaratorischer Natur.[13] Sie normiert eine „juristische Selbstverständlichkeit"[14], indem sie an die – durch das Prinzip der begrenzten Einzelermächtigung

---

[9] Grdl. EuGH, Urt. v. 15.7.1964 – C-6/64, ECLI:EU:C:1964:66 – Costa/E.N.E.L.

[10] Vgl. zu dieser Handlungs- und Unterlassungspflicht bspw. *Kahl*, in: Calliess/Ruffert (Hrsg.), EUV/AEUV, 6. Aufl., 2022, Art. 4 EUV Rn. 118 ff. und Rn. 164 ff.

[11] Siehe dazu bereits oben S. 7 ff.

[12] *Council of the European Union*, Doc. 9897/2/12 REV 2, S. 43; Hervorhebung d. Verf.

[13] *Kühling/Raab*, in: Kühling/Buchner (Hrsg.), DSGVO/BDSG, 3. Aufl., 2020, Art. 2 Rn. 21. Ebenso z. B. *GA Szpunar*, Schlussanträge v. 17.12.2020 – C-439/19, ECLI:EU:C:2020: 1054, Rn. 49.

[14] So zu Art. 3 Abs. 2 erster Gedankenstrich DS-RL: *Dammann/Simitis*, EG-Datenschutzrichtlinie, 1997, Art. 3 Rn. 6; zur entsprechenden Regelung der DSGVO s. nur *Kühling/Raab*, in: Kühling/Buchner (Hrsg.), DSGVO/BDSG, 3. Aufl., 2020, Art. 2 Rn. 21.

(Art. 5 Abs. 2 S. 1 EUV) – präformierte Gesetzgebungszuständigkeit der Union erinnert. Bei geringfügig anderer Wortwahl formuliert Art. 16 Abs. 2 UAbs. 1 S. 1 AEUV in der hier maßgeblichen Variante[15]: Die Datenschutzkompetenz erfasst den

„Schutz natürlicher Personen bei der Verarbeitung personenbezogener Daten […] durch die Mitgliedstaaten im Rahmen der Ausübung von Tätigkeiten, die in den Anwendungsbereich des Unionsrechts fallen".

Wie weit dieser Kompetenztitel im Einzelnen reicht, ist in Rechtsprechung und Literatur umstritten.[16] Eine streng am Wortlaut orientierte Auslegung schlösse unionsfeste Sachverhalte, die keinen hinreichenden Bezug zum Unionsrecht aufweisen, aus.[17] Rein innerstaatliche, also unionsrechtlich nicht determinierte Verarbeitungsvorgänge deutscher Behörden unterfielen so gesehen nicht dem Anwendungsbereich der Grundverordnung.[18] Mit anderen Worten: Als finale („über den Schutz") Querschnittskompetenz[19] hinge der Datenschutz von anderen sektorspezifischen Kompetenzzuweisungen ab.[20] Auf die *Rechtsetzungskompetenz für Unionsstatistiken* kann dabei jedoch nicht – jedenfalls nicht isoliert – zurückgegriffen werden. Denn Art. 338 Abs. 1 AEUV ist ebenfalls akzessorisch konzipiert, begründet selbst also kein Politikfeld der Union.[21] Auf die Durchführung europäischer Statistiken abzustellen, käme einer *petitio principii* gleich. So setzt auch diese Kompetenz voraus, dass die jeweils angeordnete Statistik „für die Durchführung der *Tätigkeiten der Union* erforderlich ist".[22] Die Datenverarbeitung konkreten „Tätigkeiten" bzw. Sachgebieten zuzuordnen, bereitet aber gerade im *Kontext der Statistik* besondere Probleme. Denn es entspricht ihrem Wesen, dass die Daten später für die „verschiedensten, nicht von

---

[15] Siehe zu den drei Elementen der Datenschutzkompetenz auch *Marsch*, Das europäische Datenschutzgrundrecht, 2018, S. 334 ff.

[16] Die Diskussion konzentriert sich in Deutschland insbes. auf die Bereiche Parlament (s. statt vieler *Hilbert*, NVwZ 2021, 1173 ff.) und Finanzverwaltung (FG Niedersachsen v. 28.1.2020 – 12 K 213/19; vgl. auch *Seer*, DStJG 42 (2019), 247 [260], der zwischen der Verwaltung nationaler und unionsrechtlich harmonisierter Steuern differenziert; von einem „gespaltenen steuerrechtlichen Datenschutz" spricht z.B. *Drüen*, in: Tipke/Kruse (Hrsg.), AO/FGO, 166. EL (Mai 2021), § 2a Rn. 6 m. w. N.).

[17] Vgl. dazu schon *Martini/Kienle*, Die Verwaltung 52 (2019), 467 (470 ff.) m. w. N.

[18] In diesem Sinne z.B. *Roßnagel*, in: Simitis/Hornung/Spiecker gen. Döhmann (Hrsg.), DatenschutzR, 2019, Art. 2 Rn. 21; *Schröder*, in: Streinz (Hrsg.), EUV/AEUV, 3. Aufl., 2018, Art. 16 AEUV Rn. 9 m. w. N.

[19] Vgl. zu den Querschnittskompetenzen in Abgrenzung zu den sachgebietsbezogenen Kompetenzen allg. *Pache*, in: Pechstein/Nowak/Häde (Hrsg.), Frankfurter Kommentar, 2017, Art. 5 EUV Rn. 39 ff.

[20] *Sandhu*, Grundrechtsunitarisierung durch Sekundärrecht, 2021, S. 109.

[21] Siehe oben S. 25 f.

[22] Hervorhebung d. Verf. Vgl. dazu auch die positivierte Annexkompetenz des Art. 73 Abs. 1 Nr. 11 GG („Statistik für Bundeszwecke"); ausf. oben S. 17 ff.

vornherein bestimmbaren Aufgaben verwendet werden sollen".[23] Dies wird am Beispiel des Zensus besonders deutlich, der – ganz i. S. d. staatlichen Informationsvorsorge – auch dazu dient, Grunddaten für das Gesamtsystem der amtlichen Statistik sowie Strukturdaten als Datengrundlage für politische Entscheidungen zu gewinnen (§ 1 Abs. 3 Nr. 3 ZensG 2022). Daneben verfolgt der Zensus jedoch auch das Ziel, *unionsrechtliche* Berichtspflichten zu erfüllen (§ 1 Abs. 3 Nr. 1) sowie die Einwohnerzahl von Bund, Ländern und Gemeinden in Deutschland festzustellen (§ 1 Abs. 3 Nr. 2 ZensG 2022). In dieser *Multifunktionalität* verschwimmen die Politikfelder in der Mehrebenenordnung zusehends. Eine Abgrenzung – so sie denn überhaupt möglich ist – hieße, einen einheitlichen Verarbeitungsvorgang künstlich aufzuspalten.

## II. Weite Auslegung in der Rechtsprechung des EuGH

Der EuGH legt den (sachlichen) Anwendungsbereich der Datenschutz-Grundverordnung tendenziell weit aus.[24] In der Rechtssache *Land Hessen* hat er bspw. den Petitionsausschuss des Hessischen Landtags als Verantwortlichen i. S. d. Art. 4 Nr. 7 DSGVO eingestuft und dessen Datenverarbeitung – jedenfalls abstrakt gesehen – dem europäischen Datenschutzsekundärrecht unterworfen.[25] Damit führt der Gerichtshof seine Rechtsprechung, die er zur Richtlinie entwickelt hat, unbeirrt fort. Er bedient sich eines Erst-recht-Arguments zur Rechtssache *Lindqvist* aus dem Jahr 2003[26]: Schon unter der alten Rechtslage setzte die Rechtsgrundlage (damals: die Binnenmarktkompetenz[27]) nicht „in jedem Einzelfall" voraus, dass „tatsächlich ein Zusammenhang mit dem freien Verkehr zwischen den Mitgliedstaaten" besteht; es sei „unangebracht", wenn jeweils geprüft werden müsste, ob die in Rede stehende konkrete Tätigkeit den freien Datenverkehr unmittelbar beeinträchtigt.[28] Dies gelte „erst recht" für die Daten-

---

[23] BVerfGE 65, 1 (47); s. auch BVerfGE 150, 1 (108, Rn. 223). Zur Zweckbindung S. 358 ff. und S. 372 ff.

[24] Siehe EuGH, Urt. v. 9.7.2020 – C-272/19, ECLI:EU:C:2020:535 – Land Hessen, Rn. 68; Urt. v. 22.6.2021 – C-439/19, ECLI:EU:C:2021:504 – Latvijas Republikas Saeima (Points de pénalité), Rn. 61; vgl. auch EuGH, Urt. v. 24.3.2022 – C-245/20, ECLI:EU:C:2022:216 – Autoriteit Persoonsgegevens, Rn. 25 f. zur Datenverarbeitung durch Gerichte („justizielle Tätigkeit"); dem folgend BVerwG, Urt. v. 2.3.2022 – 6 C 7/20, juris Rn. 26 f. – Zu den verschiedenen Ansätzen im Schrifttum, den „Anwendungsbereich des Unionsrechts" positiv zu bestimmen, s. die Darstellung bei *Sandhu*, Grundrechtsunitarisierung durch Sekundärrecht, 2021, S. 144 ff.

[25] EuGH, Urt. v. 9.7.2020 – C-272/19, ECLI:EU:C:2020:535, Rn. 63 ff.

[26] EuGH, Urt. v. 6.11.2003 – C-101/01, ECLI:EU:C:2003:596, Rn. 37–48.

[27] Damals Art. 95 EG-Vertrag; heute Art. 114 AEUV.

[28] EuGH, Urt. v. 9.7.2020 – C-272/19, ECLI:EU:C:2020:535, Rn. 66 unter Rekurs auf EuGH, Urt. v. 6.11.2003 – C-101/01, ECLI:EU:C:2003:596 – Lindqvist Rn. 40 und 42.

schutz-Grundverordnung.[29] Ob dieses Argument trägt, ist jedoch zweifelhaft. Denn durch den Vertrag von Lissabon haben die Mitgliedstaaten der Union gerade eine *selbstständige* Kompetenz übertragen (Art. 16 Abs. 2 AEUV) und den Datenschutz damit von seiner Akzessorietät zum Binnenmarkt befreit.[30] Es wäre vor diesem Hintergrund durchaus angezeigt, die eigenen Präjudizien kritisch zu hinterfragen.[31] Der Gerichtshof wechselt sodann aber auf die *Ebene des Sekundärrechts*: Er legt die Ausnahmen des Art. 2 Abs. 2 DSGVO – und damit auch Buchst. a – eng aus.[32] Nach dem *ejusdem generis*-Ansatz[33] entspreche die Tätigkeit eines parlamentarischen Ausschusses nicht den in Buchst. b (Gemeinsame Außen- und Sicherheitspolitik) und Buchst. d (Strafrecht und Gefahrenabwehr) ausdrücklich genannten Ausnahmen und sei auch nicht derselben Kategorie zuzuordnen.[34] Dieses Argument mutet zirkulär an und verleitet dazu, die Reichweite der Verordnung aus ihr selbst heraus zu bestimmen. In diese Richtung weist denn auch das letzte Argument des Gerichtshofs, bei dem er darauf abhebt, dass weder EG 20 noch Art. 23 DSGVO („Beschränkungen"[35]) eine Ausnahme für parlamentarische Tätigkeiten vorsehen.[36] Die eigentliche Frage ist aber: Ist die Union primärrechtlich überhaupt befugt, den Datenschutz in den mitgliedstaatlichen Parlamenten zu regeln? Der Gerichtshof geht auf die primärrechtlichen Grenzen indes nicht ein. Vielmehr hat er seine Auslegung im Rahmen eines lettischen Vorabentscheidungsersuchens zu Strafpunkten in einem staatlichen Verkehrsregister im Juni 2021 erneut bestätigt.[37] Entsprechendes gilt für ein Urteil vom Oktober 2022, mit dem der EuGH festgestellt hat, dass die Verarbeitung personenbezogener Daten im Zusammenhang mit der

---

[29] EuGH, Urt. v. 9.7.2020 – C-272/19, ECLI:EU:C:2020:535, Rn. 67.
[30] Siehe statt vieler *Kingreen*, in: Calliess/Ruffert (Hrsg.), EUV/AEUV, 6. Aufl., 2022, Art. 16 AEUV Rn. 6; *Marsch*, Das europäische Datenschutzgrundrecht, 2018, S. 337.
[31] Siehe allg. zur sog. horizontalen Bindungswirkung durch (eigene) Präjudizien des EuGH *Martens*, Methodenlehre des Unionsrechts, 2013, S. 224 ff.
[32] EuGH, Urt. v. 9.7.2020 – C-272/19, ECLI:EU:C:2020:535, Rn. 68; ebenso EuGH, Urt. v. 20.10.2022 – C-306/21, ECLI:EU:C:2022:813, Rn. 35.
[33] Vgl. dazu aus der Methodenlehre *Möllers*, Juristische Methodenlehre, 2. Aufl., 2019, § 4 Rn. 116.
[34] EuGH, Urt. v. 9.7.2020 – C-272/19, ECLI:EU:C:2020:535, Rn. 69.
[35] Dazu unten S. 457 ff.
[36] EuGH, Urt. v. 9.7.2020 – C-272/19, ECLI:EU:C:2020:535, Rn. 71.
[37] Urt. v. 22.6.2021 – C-439/19, ECLI:EU:C:2021:504 – Latvijas Republikas Saeima (Points de pénalité), Rn. 61–68; i. Erg. ebenso aber in der Begründung noch weitergehend GA *Szpunar*, Schlussanträge v. 17.12.2020 – C-439/19, ECLI:EU:C:2020:1054, Rn. 45 ff. Der GA erkennt im Datenschutz – wie ihn Art. 16 AEUV verbürgt – sogar ein „eigenständiges Politikfeld" der Union (Rn. 52). Es sei gerade Zweck der DSGVO, *jede* Form der Verarbeitung personenbezogener Daten zu erfassen – gleichviel, ob sie durch Mitgliedstaaten oder Einzelpersonen erfolgt und welchen Gegenstand sie hat. Eine restriktive Auslegung des Art. 2 Abs. 2 Buchst. a DSGVO ließe dieses Ziel vollständig leerlaufen. Bildhaft fügt er hinzu: „Die DSGVO, die für den Datenschutz als Tiger gedacht war, entpuppte sich dann als Hauskätzchen".

Durchführung von Wahlen in einem Mitgliedstaat in den Anwendungsbereich der Datenschutz-Grundverordnung fällt.[38]

### III. Folgerung für die Datenverarbeitung durch nationale Statistikbehörden

Nach diesen – dogmatisch durchaus kritikwürdigen[39] – Maßstäben unterliegt die Verarbeitung personenbezogener Daten durch die nationalen *Statistikbehörden* grundsätzlich[40] dem europäischen Datenschutzregime. So sind die Tätigkeiten der statistischen Ämter des Bundes und der Länder zweifellos behördlicher Art und somit – in der Diktion des EuGH – eine spezifische des Staates. Dies reicht jedoch nach dem *ejusdem generis*-Argument des Gerichtshofs nicht aus, damit die Generalklausel des Art. 2 Abs. 2 Buchst. a DSGVO greift. Die Datenverarbeitung durch die statistischen Ämter ist weder den Sachgebieten der nationalen Sicherheit noch der Gemeinsamen Außen- und Sicherheitspolitik noch der Strafverfolgung und Gefahrenabwehr zuzuordnen; sie gehört auch nicht derselben Kategorie an. Eine andere Auslegung führte u. U. dazu, dass die Abgrenzung des Anwendungsbereichs „ungewiss wäre" und nicht selten „von Zufälligkeiten abhinge".[41] Der EuGH ist dieser Gefahr schon früh entgegengetreten. So hat er bspw. die – nicht grenzüberschreitende – Datenverarbeitung des österreichischen Rechnungshofs in der Rechtssache *Österreichischer Rundfunk u. a.* (jedenfalls implizit) dem Unionsrecht unterworfen.[42] Und in der Rechtssache *Huber* differenziert der Gerichtshof nach der „Funktion" von Registerdaten (hier: im Ausländerzentralregister): Geht es um die Anwendung aufenthaltsrechtlicher Vorschriften oder um die Nutzung der Registerdaten zu *statistischen Zwecken*, sei der Anwendungsbereich der alten Datenschutz-Richtlinie – anders als für die Verarbeitung zur Bekämpfung der Kriminalität – eröffnet.[43]

Somit ist festzuhalten: Führen die statistischen Ämter Bundesstatistiken durch und verarbeiten sie in diesem Zusammenhang personenbezogene Daten, ist die Datenschutz-Grundverordnung prinzipiell anwendbar. Ihr gilt der „erste Blick", denn ihre Bestimmungen gehen im Konfliktfall dem nationalen Recht vor (deklaratorisch: § 1 Abs. 5 BDSG).

---

[38] EuGH, Urt. v. 20.10.2022 – C-306/21, ECLI:EU:C:2022:813, Rn. 30 ff.
[39] Vgl. z. B. die Kritik bei *Sandhu*, Grundrechtsunitarisierung durch Sekundärrecht, 2021, S. 140 ff.
[40] Etwas anderes mag gelten, wenn sich eine Statistik auf den Bereich der nationalen Sicherheit bezieht.
[41] EuGH, Urt. v. 20.5.2003 – C-465/00, ECLI:EU:C:2003:294, Rn. 42.
[42] EuGH, Urt. v. 20.5.2003 – C-465/00, ECLI:EU:C:2003:294, Rn. 39–47; krit. dazu etwa *Ruffert*, EuGRZ 2004, 466 (469 f.).
[43] EuGH, Urt. v. 16.12.2008 – C-524/06, ECLI:EU:C:2008:724, Rn. 45 f.

Von diesem Verständnis geht im Übrigen auch der deutsche Gesetzgeber aus: So enthalte der Gesetzentwurf zum Zensusgesetz 2022 u. a. Bestimmungen, die der Datenschutz-Grundverordnung Rechnung tragen[44]; Entsprechendes gilt für das Gesetz über die Zeitverwendungserhebung[45]. Dies impliziert in beiden Fällen, dass die Bundesstatistik durch das unionale Datenschutzrecht überformt wird. In diesem Sinne sind auch die Landesstatistikgesetze zu verstehen: Teilweise stellen sie in ihrem Normtext ausdrücklich klar (s. z.B. § 18 Abs. 1 BbgStatG), dass die statistikrechtliche Unterrichtung die Informationspflichten gemäß Art. 13 und 14 DSGVO „ergänzt".[46] Das europäische Datenschutzsekundärrecht gelte – so die Gesetzesbegründung – grundsätzlich unmittelbar.[47] Dort aber, wo sich die Grundverordnung selbst öffnet, wird der „Spielraum" des mitgliedstaatlichen Gesetzgebers aktiviert. Der Blick wandert dann gleichsam von der unionalen auf die nationale Ebene.

## B. Bereichsspezifischer Datenschutz im nationalen Statistikrecht

Auf der Ebene des mitgliedstaatlichen Rechts ist der *bereichsspezifische* Datenschutz, den das Recht der Bundesstatistik garantiert, vom *allgemeinen* Datenschutzrecht abzugrenzen.[48]

Ausgangspunkt ist die Kollisionsregel des § 1 Abs. 2 S. 1 BDSG: Danach gehen „andere Rechtsvorschriften des Bundes über den Datenschutz" den Vorschriften des Bundesdatenschutzgesetzes vor. Die Vorschrift greift indes nur bei *Tatbestandskongruenz*[49]. Denn nach § 1 Abs. 2 S. 2 findet das Bundesdatenschutzgesetz nur dann Anwendung, wenn und soweit die bereichsspezifischen Vorschriften einen Sachverhalt „nicht oder nicht abschließend" regeln. Damit gilt im Datenschutzrecht weiterhin eine *gestufte Regelungstechnik*, die zu einer „Zersplitterung" führt. Das dürfte ob der „unterschiedlichen Sachgesetzlichkeiten"[50] der Bereiche aber wohl auch nicht vollständig zu überwinden sein.[51]

---

[44] BT-Drs. 19/8693, S. 26. Vgl. zum RegZensErpG auch BT-Drs. 19/27425, S. 43 f. zum Grundsatz der Speicherbegrenzung (Art. 5 Abs. 1 Buchst. d DSGVO; dazu ausf. unten S. 381 ff.).

[45] BT-Drs. 19/26935, S. 11, wonach die bundesrechtlichen Vorschriften zum Umgang mit personenbezogenen Daten auch und gerade der DSGVO Rechnung trügen.

[46] Zu diesen Betroffenenrechten ausf. S. 417 ff. und S. 462 ff.

[47] LT-Drs. 7/407, S. 29 (Brandenburg).

[48] Siehe dazu allg. *Kühling/Klar/Sackmann*, Datenschutzrecht, 5. Aufl., 2021, Rn. 217.

[49] Statt vieler *Gola/Reif*, in: Gola/Heckmann (Hrsg.), BDSG, 13. Aufl., 2019, § 1 Rn. 11.

[50] Siehe bereits BT-Drs. 7/1027, S. 16.

[51] So *Gusy/Eichenhofer*, in: Wolff/Brink (Hrsg.), BeckOK DatenschutzR, 40. Ed. (1.11.2021), § 1 BDSG Rn. 78 f., die BT-Drs. 7/1027, S. 16 zitieren: „Eine umfassende bundesgesetzliche Datenschutzregelung, die den besonderen Bedürfnissen in allen einschlägigen Bereichen in vollem Umfang und abschließend gerecht werden wollte, müßte außerordentlich

Das Recht der Bundesstatistik ist bereichsspezifisches Sonderrecht; die statistikrechtlichen Datenschutzbestimmungen sind vorrangig anzuwenden. Dabei gehen die fachstatistischen Einzelgesetze wiederum dem allgemeinen Bundesstatistikgesetz im Kollisionsfall vor (*lex specialis derogat legi generali*). Denn Letzteres ist ein „Rahmengesetz"[52], das das Verfahrens- und Organisationsrecht der Bundesstatistik in allgemeiner Form vor die Klammer zieht.[53] So finden sich die Rechtsgrundlagen für die Verarbeitung personenbezogener Daten, die das Unionsrecht ausfüllen (vgl. Art. 6 Abs. 2 und 3 DSGVO), grundsätzlich in den Einzelstatistikgesetzen. Dies beruht auf der Grundregel des § 5 BStatG („Anordnung von Bundesstatistiken").[54] In diese Regelungstechnik fügt sich bspw. auch § 5a Abs. 4 S. 2 BStatG ein: Die Übermittlung von Verwaltungsdaten ist in der Rechtsvorschrift zu regeln, die die jeweilige Bundesstatistik anordnet oder ändert. Das Statistikrecht verfolgt also – ähnlich wie das Datenschutzrecht – einen gestuften Regelungsansatz in Gestalt allgemeiner Grundregeln und bereichsspezifischen Sonderrechts.

Die Verpflichtung, „gesetzliche Geheimhaltungspflichten" (gleiches gilt für Berufs- oder besondere Amtsgeheimnisse, die nicht auf gesetzlichen Vorschriften beruhen) zu wahren, bleibt weiterhin[55] unberührt (§ 1 Abs. 2 S. 3 BDSG). Angesprochen ist damit insbesondere auch das Statistikgeheimnis (§ 16 BStatG).[56] Mit der Wendung „unberührt bleiben" ordnet der Gesetzgeber eine *Parallelgeltung*[57] an. Der Geheimnisschutz zieht insofern eine „zusätzliche Schutzebene" ein. Die Verarbeitung personenbezogener Daten folgt dabei grundsätzlich einer „Zwei-Schranken-Theorie"[58]: Nach dem Sinn und Zweck dieser Klausel, ein hohes Schutzniveau zu gewährleisten, greift das Sondergeheimnis immer dann, wenn es *restriktiver* ist als das allgemeine nationale Datenschutzrecht.[59] Kurzum: Was das Statistikgeheimnis verbietet, kann das Datenschutzrecht nicht erlauben. Relevant wird diese Frage indes nur in Überschneidungsbereichen, etwa bei der

---

umfangreich, unübersichtlich und perfektionistisch ausfallen. Damit wäre niemandem gedient. Ein entsprechendes Bundesgesetz kann deshalb nur subsidiär gelten; es soll besondere Rechtsvorschriften des Bundes mit Datenschutzcharakter unberührt lassen".

52 So *Dorer/Mainusch/Tubies*, Bundesstatistikgesetz, 1988, Vor § 1 Rn. 3.
53 Vgl. auch *Dorer/Mainusch/Tubies*, Bundesstatistikgesetz, 1988, Vor § 1 Rn. 6.
54 *Ladeur*, in: Voßkuhle/Eifert/Möllers (Hrsg.), GVerwR, 3. Aufl., 2022, § 21 Rn. 73 ff. spricht zu Recht davon, dass es eine „kaum überschaubare Fülle" gesetzlicher Vorschriften über statistische Erhebungen gebe, die in Spezialgesetzen enthalten seien.
55 Siehe schon § 1 Abs. 3 S. 2 BDSG a.F.
56 Ebenso z.B. *Gusy/Eichenhofer*, in: Wolff/Brink (Hrsg.), BeckOK DatenschutzR, 40. Ed. (1.11.2021), § 1 BDSG Rn. 85.
57 Diff. zum alten Recht *Dix*, in: Simitis (Hrsg.), BDSG, 7. Aufl., 2014, § 1 BDSG a.F. Rn. 184 ff.
58 Siehe dazu *Dix*, in: Simitis (Hrsg.), BDSG, 7. Aufl., 2014, § 1 BDSG a.F. Rn. 186 mit Fn. 472.
59 Zum Statistikgeheimnis ausf. unten S. 284 ff.

Offenlegung personenbezogener Daten, die zugleich unter die statistische Geheimhaltung fällt.[60]

## C. Subsidiarität des Bundesdatenschutzgesetzes

Dem Bundesdatenschutzgesetz kommt in diesem Regelungsgeflecht nurmehr eine „lückenfüllende Auffangfunktion" zu.[61] Dies folgt *e contrario* aus § 1 Abs. 2 S. 2 BDSG, der den Vorrang *tatbestandskongruenter* Regelungen anordnet. Im Übrigen findet das *Bundesdatenschutzgesetz* Anwendung, wenn eine öffentliche Stelle des Bundes (etwa das Statistische Bundesamt[62], § 1 Abs. 1 S. 1 Nr. 1) personenbezogene Daten verarbeitet.[63] Nach der Gesetzesbegründung ermöglicht auch eine nicht abschließende (also teilweise) Regelung oder das Schweigen eines bereichsspezifischen Gesetzes den Rückgriff auf die *subsidiären* Vorschriften des allgemeinen Bundesdatenschutzgesetzes.[64] Bedeutsam sei dies insbesondere für die Betroffenenrechte, die der Gesetzgeber in Teil 2 Kapitel 2 (§§ 32 ff. BDSG) beschränkt hat.[65] Für die Verarbeitung zu statistischen Zwecken ist speziell § 27 Abs. 2 S. 1 BDSG[66] zu nennen, der bestimmte unionale Rechte der betroffenen Personen (namentlich das Auskunftsrecht, das Recht auf Berichtigung, das Recht auf Einschränkung der Verarbeitung sowie das Widerspruchsrecht) einschränkt. Auf diese Norm, die u. a. die Funktionsfähigkeit der amtlichen Statistik gewährleisten soll, *kann* als *Auffangregelung* zurückgegriffen werden, wenn und soweit das bereichsspezifische Statistikrecht keine tatbe-

---

[60] Daneben sind noch zwei weitere Szenarien denkbar: Zum einen die Verarbeitung personenbezogener Daten, die nicht dem Statistikgeheimnis unterfällt, und zum anderen ein Vorgang, der zwar dem Statistikgeheimnis unterliegt, der aber nicht-personenbezogene Daten betrifft. Vgl. auch unten S. 285.
[61] BT-Drs. 18/11325, S. 79.
[62] Zur Rechtsnatur oben S. 31 f. Führen die *Statistischen Landesämter* Bundesstatistiken durch, greift nicht das BDSG, sondern (wiederum subsidiär zum Statistikrecht) das jeweilige LDSG; vgl. etwa *Kühling/Klar/Sackmann*, Datenschutzrecht, 5. Aufl., 2021, Rn. 214 ff. Das folgt aus § 1 Abs. 1 S. 1 Nr. 2 Buchst. a BDSG. Im Folgenden sollen die LDSG aber grds. außer Betracht bleiben.
[63] Wie der Umkehrschluss zu § 1 Abs. 1 S. 2 BDSG zeigt, ist die Art und Weise der Datenverarbeitung bei öffentlichen Stellen irrelevant. Das BDSG erfasst jedwede Datenverarbeitung. Anders als für nicht-öffentliche Stellen ist unerheblich, ob eine „ganz oder teilweise automatisierte Verarbeitung personenbezogener Daten" oder eine „nicht automatisierte Verarbeitung personenbezogener Daten, die in einem Dateisystem gespeichert sind oder gespeichert werden sollen" in Rede steht. Für öffentliche Stellen geht der Anwendungsbereich des BDSG über den der DSGVO hinaus, vgl. auch *Gola/Reif*, in: Gola/Heckmann (Hrsg.), BDSG, 13. Aufl., 2019, § 1 Rn. 5.
[64] BT-Drs. 18/11325, S. 79.
[65] BT-Drs. 18/11325, S. 79.
[66] Eingehend S. 438 ff.

standskongruente Norm enthält. Im Ergebnis entsteht so schon auf der nationalen Ebene ein komplexes Regelungsgeflecht[67] mit der schematischen Reihenfolge: Fachstatistikgesetz – Bundesstatistikgesetz – Bundesdatenschutzgesetz. Die drei Rechtsakte werden ihrerseits jeweils vom unionalen Datenschutzrecht normhierarchisch überlagert. Beim Rechtsanwender erfordert dies gleichsam einen „Pendelblick", der zwischen den Regelungsebenen hin und her wandert und innerhalb derselben Ebene nochmals – gewissermaßen „quer"[68] – zwischen bereichsspezifischen und allgemeinen Vorschriften unterscheidet.[69]

## D. Verhältnis zum Data Governance Act (DGA)

Auf europäischer Ebene wird künftig ein weiterer Rechtsakt hinzutreten. Beim „Daten-Governance-Rechtsakt" (engl.: „Data Governance Act"; VO (EU) 2022/868[70]) handelt es sich – trotz des missverständlichen Titels – um eine Verordnung i. S. d. Art. 288 Abs. 2 AEUV. Dieser Rechtsakt ist Teil einer übergreifenden europäischen Datenstrategie.[71] Die Europäische Kommission hat im November 2020 einen entsprechenden Vorschlag veröffentlicht[72], der sodann das ordentliche Gesetzgebungsverfahren durchlaufen hat und nach den Trilogverhandlungen im Dezember 2021 schließlich im Juni 2022 in Kraft getreten ist. Die Verordnung gilt ab dem 24.9.2023. Für diese Untersuchung ist insbesondere Kapitel II (Art. 3–9) relevant, das allgemeine Bedingungen für die Weiterverwendung bestimmter Datenkategorien aufstellt, die sich im Besitz öffentlicher Stellen befinden und besonders geschützt sind. Dazu gehören u. a. Daten, die der *statistischen Geheimhaltung* unterliegen (Art. 3 Abs. 1 Buchst. b DGA). Der Grundgedanke hinter diesem Abschnitt ist, den Informationswert dieser Daten, die nicht unter die Richtlinie „über offene Daten und die Weiterverwendung von Informationen des öffentlichen Sektors" ([EU] 2019/1024; PSI-OD-RL) fallen[73], innerhalb einer „sicheren Verarbeitungsumgebung"[74] nutzbar zu machen. Der Data Governance Act gilt dabei sowohl für personenbezogene als auch für

---

[67] Vgl. allg. auch *Kühling/Klar/Sackmann*, Datenschutzrecht, 5. Aufl., 2021, Rn. 209.

[68] *Kühling/Klar/Sackmann*, Datenschutzrecht, 5. Aufl., 2021, Rn. 217.

[69] *Kühling/Klar/Sackmann*, Datenschutzrecht, 5. Aufl., 2021, Rn. 209 sehen darin eine „dreifache Ausdifferenzierung des Datenschutzrechts", die „ungewöhnlich komplex" ist.

[70] ABl. 2022 L 152/1 (im Folgenden: DGA). Der Data Act, den die EU-Kommission am 23.2.2022 vorgestellt hat (COM(2022) 68 final), bleibt in dieser Untersuchung außer Betracht. Fragen des Datenzugangs im B2G-Verhältnis werden hier ausgeklammert, s. oben S. 10 f.

[71] COM(2020) 66 final, S. 14 f.

[72] COM(2020) 767 final.

[73] Siehe Art. 1 Abs. 2 Buchst. d PSI-OD-RL (das Akronym „PSI" steht für „Public Sector Information"; „OD" für „Open Data").

[74] Siehe die Legaldefinition in Art. 2 Nr. 20 DGA (engl.: „secure processing environment").

nicht-personenbezogene Daten[75]. Damit stellt sich die Frage nach dem Verhältnis zur Datenschutz-Grundverordnung: Nach der Kollisionsregel des Art. 1 Abs. 3 DGA bleiben andere Rechtsakte über den Schutz personenbezogener Daten unberührt[76] (S. 2: „unbeschadet"; engl.: „shall be without prejudice"); im Kollisionsfall gehen die Bestimmungen der Datenschutz-Grundverordnung[77] vor (S. 3). S. 4 stellt überdies klar, dass der Data Governance Act keine Rechtsgrundlage dafür schafft, personenbezogene Daten zu verarbeiten. Mit anderen Worten: Die grundlegenden Vorschriften der Datenschutz-Grundverordnung für die Verarbeitung zu statistischen Zwecken gelten unverändert fort. Die neuen Regelungen zur „Datengovernance" treten hinzu. Sie sind in diesem Kontext insbesondere für den Datenzugang der Wissenschaft zu vertraulichen Statistikdaten relevant.[78]

---

[75] Vgl. etwa Art. 2 Nr. 1 und 4 i.V.m. Art. 1 DGA.
[76] Zum Spannungsverhältnis zwischen dem DGA und dem (europäischen) Datenschutzrecht ausf. *Veil*, PinG 2023, 1 ff.
[77] Gleiches gilt für die VO (EU) 2018/1725 und die RL 2002/58/EG.
[78] Siehe dazu unten S. 313 ff.

Zweiter Teil

# Rechtmäßigkeit der Datenverarbeitung – Rechtsgrundlagen

Im europäischen Datenschutzrecht gilt das Verbot mit (gesetzlichem) Erlaubnisvorbehalt:[1] Im Ausgangspunkt ist die Verarbeitung personenbezogener Daten verboten; rechtmäßig ist sie nur dann, wenn die betroffene Person eingewilligt hat oder eine gesetzliche Rechtsgrundlage einschlägig ist. Diese „normative Grundaussage"[2] des Datenschutzrechts ist primärrechtlich vorgegeben: Nach Art. 8 Abs. 2 S. 1 GRCh dürfen personenbezogene Daten „nur [...] mit Einwilligung der betroffenen Person oder auf einer sonstigen gesetzlich geregelten legitimen Grundlage verarbeitet werden". Der europäische Gesetzgeber hat dieses „Strukturprinzip"[3] sekundärrechtlich ausgestaltet (s. Art. 6 Abs. 1 und – für sensible Daten – Art. 9 Abs. 1 DSGVO[4]) und damit Forderungen nach einer risikobasierten Regulierung[5] eine Absage erteilt. Die Datenschutz-Grundverordnung kennt auch kein „Primat der Einwilligung" – ihr kommt also kein Vorrang gegenüber den anderen Erlaubnistatbeständen zu.[6] Vielmehr stehen die verschiedenen Rechtsgrundlagen gleichberechtigt nebeneinander. Im öffentlichen Sektor ist der Verantwortliche jedoch primär auf die gesetzlichen Tatbestände verwiesen. Denn es ist an dem Gesetzgeber, die erforderlichen und verhältnis-

---

[1] *Buchner/Petri*, in: Kühling/Buchner (Hrsg.), DSGVO/BDSG, 3. Aufl., 2020, Art. 6 Rn. 11 ff.; dagegen bspw. *Albers*, in: Voßkuhle/Eifert/Möllers (Hrsg.), GVerwR, 3. Aufl., 2022, § 22 Rn. 56. *Roßnagel*, NJW 2019, 1 (5) zieht den Begriff „Erlaubnisprinzip" vor. S. auch *Marsch/Rademacher*, Die Verwaltung 54 (2021), 1 (10 f.): „Verbotsprinzip", an das sich – in einem zweiten Schritt – die Suche nach einer einfachrechtlichen Verarbeitungsgrundlage anschließe; „gestufte[s] Wechselspiel aus Verbot und (begrenzter) Erlaubnis". Aus der Rspr. z.B. BGH ZD 2022, 326 (327, Rn. 19).
[2] *Albers/Veit*, in: Wolff/Brink (Hrsg.), BeckOK DatenschutzR, 39. Ed. (1.11.2021), Art. 6 Rn. 11.
[3] So *Marsch*, Das europäische Datenschutzgrundrecht, 2018, S. 134 ff., der Art. 8 Abs. 2 S. 1 GRCh nicht als Grundrechtsschranke interpretiert.
[4] Zu Art. 9 und der Systematik zu Art. 6 DSGVO s. unten S. 404 f.
[5] Vgl. dazu bspw. *Veil*, NVwZ 2018, 686 (688 f.); vgl. auch die Zusammenfassung der Kritik am Verbotsprinzip bei *Buchner/Petri*, in: Kühling/Buchner (Hrsg.), DSGVO/BDSG, 3. Aufl., 2020, Art. 6 Rn. 14. Die Kritik an der „verarbeitungsfeindlichen" Regelungstechnik (*Veil*, ebenda) bezieht sich aber v.a. auf den privaten Bereich.
[6] Tendenziell a.A. EuGH, Urt. v. 4.7.2023 – C-252/21, ECLI:EU:C:2023:537 – Meta Platforms u.a., Rn. 92 f.

mäßigen Rechtsgrundlagen für die Datenverarbeitung der öffentlichen Verwaltung selbst zu schaffen – das gilt auch und gerade im Bereich der amtlichen Statistik (dazu § 5; S. 136 ff.). Dem Rechtsinstitut der Einwilligung kommt hier jedoch nicht bloß eine „untergeordnete Auffangfunktion"[7] zu – denn nicht wenige Statistiken beruhen auf freiwilligen Umfragen (dazu § 4; S. 95 ff.). Außerdem verarbeitet die amtliche Statistik in zunehmendem Maße neue digitale Daten, für die es einer Einwilligung bedarf.[8] Am Beispiel des sog. *Web Scraping* stellt sich die Frage, ob die Verarbeitung öffentlicher, also allgemein zugänglicher, Daten einer eigenständigen Rechtsgrundlage bedarf (dazu § 6; S. 198 ff.).

---

[7] So *Marsch*, Das europäische Datenschutzgrundrecht, 2018, S. 151 zur allg. Funktion der Einwilligung im öffentlichen Bereich. Vgl. auch *Albers*, in: Voßkuhle/Eifert/Möllers (Hrsg.), GVerwR, 3. Aufl., 2022, § 22 Rn. 57: „nur ergänzende Bedeutung".

[8] Dazu *Wiengarten/Zwick*, WISTA 5/2017, 19 (21 ff.).

## § 4. Einwilligung – Statistiken auf freiwilliger Grundlage

Die Einwilligung ist ein zentraler Erlaubnistatbestand für die amtliche Statistik. Dies mag zunächst verwundern. Denn gemeinhin bringt man mit einer statistischen Befragung eine Auskunftspflicht in Verbindung – so etwa im Zensusgesetz 2022 (§ 23). Und auch das vielzitierte Volkszählungsurteil stellt – dem Eingriffscharakter des Gesetzes folgend – auf die „zwangsweise Erhebung", den „Zwang zur Angabe" oder die „zwangsweise verlangten Auskünfte" ab.[1] Doch beruhen nicht sämtliche Statistiken auf staatlichem Zwang. Ein Beispiel für eine Bundesstatistik, die auf freiwilliger Basis durchgeführt wird, ist die sog. Einkommens- und Verbrauchsstichprobe (EVS). Die Auskunftserteilung ist hier „freiwillig".[2] Gleiches gilt für die Statistik über die Nutzung von Informations- und Kommunikationstechnologien (IKT) in privaten Haushalten[3] sowie die – kürzlich erstmals in einem eigenen Gesetz geregelte – Zeitverwendungserhebung (ZVE).[4] Daneben gibt es Statistiken, die beide Erhebungsformen kombinieren: Sie ordnen grundsätzlich eine Auskunftspflicht an, nehmen aber einzelne Angaben ausdrücklich davon aus (Beispiel: Mikrozensus). Zudem führt das Statistische Bundesamt sog. *Pretests*[5] (etwa in Form von kognitiven Interviews im Labor) durch. Das Amt folgt damit einer Vorgabe des Verhaltenskodexes für europäische Statistiken: Fragebögen sind vor der eigentlichen Erhebung systematisch zu testen.[6] Solche *Pretests* beruhen ebenfalls auf einer Einwilligung der befragten Personen. Und schließlich dürfte das Rechtsinstitut der Einwilligung in modernen Konzepten wie *Trusted Smart Surveys*[7] noch an Be-

---

[1] BVerfGE 65, 1 (45, 46 und 50). Zum Eingriffscharakter zwangsweiser Befragungen *Di Fabio*, in: Dürig/Herzog/Scholz (Hrsg.), GG, 39. EL (Juli 2001), Art. 2 Abs. 1 Rn. 176.

[2] Siehe oben S. 4 mit Einl. Fn. 30.

[3] Siehe § 5 des Gesetzes über die Statistik zur Informationsgesellschaft (InfoGesStatG).

[4] Siehe § 4 des Gesetzes über die statistische Erhebung der Zeitverwendung (Zeitverwendungserhebungsgesetz – ZVEG) v. 2.6.2021, BGBl. I 2021, S. 1293. Bisherige ZVE wurden als Bundesstatistiken für besondere Zwecke gem. § 7 BStatG durchgeführt (s. BT-Drs. 19/26935, S. 2).

[5] Dazu aus Sicht der empirischen Sozialforschung *Weichbold*, in: Baur/Blasius (Hrsg.), Handbuch Methoden der empirischen Sozialforschung, 2019, S. 349 ff.

[6] Siehe für den Zensus etwa *Blanke/Gauckler/Sattelberger*, WISTA 8/2008, 641 ff.; zur Entwicklung des Fragebogens für die Haushaltsstichprobe im Zensus 2011 *Gauckler*, WISTA 8/2011, 718 ff.; zum Zensus 2022 *Dittrich*, WISTA (Sonderheft Zensus 2021) 2019, 5 (9).

[7] Siehe zu diesem Forschungsprojekt im ESS ausf. unten § 10, S. 469 ff.

deutung gewinnen. Vor diesem Hintergrund ist die Rolle der datenschutzrechtlichen Einwilligung für die Aufgabenerfüllung (§ 3 BStatG) der amtlichen Statistik nicht zu unterschätzen.

## A. Vorgaben des Statistikrechts: Freiwilligkeit und Auskunftspflicht

Anders als einige Landesstatistikgesetze[8] sagt das Bundesstatistikgesetz nicht explizit, ob und inwieweit amtliche Statistiken auf freiwilliger Grundlage durchgeführt werden dürfen. Gleichwohl setzt auch das Bundesstatistikgesetz diese Erhebungsform voraus. Das folgt mittelbar aus § 15 Abs. 1 S. 1 BStatG[9]: Danach hat die Rechtsvorschrift, die eine Bundesstatistik anordnet, festzulegen, „ob" und „in welchem Umfang" die Erhebung mit oder ohne Auskunftspflicht erfolgen soll. Diese Bestimmung räumt dem Gesetzgeber ein Wahlrecht ein. Sie stellt es ihm anheim („ob"), entweder eine Auskunftspflicht oder eine Freiwilligkeit der Auskunftserteilung anzuordnen. Die Wendung „in welchem Umfang" zeigt, dass auch eine kombinierte Erhebungsform grundsätzlich zulässig ist. Ein Beispiel dafür findet sich im Mikrozensusgesetz (MZG)[10], konkret in § 13 Abs. 1 und 7. Der Gesetzgeber wählte hierbei bewusst eine kombinierte Methode, um die Befragung so belastungsarm wie möglich durchzuführen. Eine getrennte Erhebung zöge – nach Ansicht der damaligen Bundesregierung – insgesamt einen höheren Durchführungsaufwand nach sich: Zum einen hätten die statistischen Ämter mehr Personen als bei einer integrierten Erhebung befragen müssen; zum anderen hätten sie aber auch mehr Fragen stellen müssen, da jede Erhebung bestimmte demografische Angaben erfordere.[11]

Die heutige Regelung des § 15 Abs. 1 S. 1 BStatG stellt eine Abkehr von der früheren Rechtslage dar. Das Bundesstatistikgesetz 1980 ging – ebenso wie der

---

[8] So sieht etwa § 7 Abs. 3 S. 1 HessLStatG vor, dass eine Landesstatistik keiner Anordnung durch Gesetz bedarf, wenn sie „eine *ausschließlich freiwillige Beteiligung* der zu Befragenden voraussetz[t]" (Hervorhebung d. Verf.). Gleiches gilt in Mecklenburg-Vorpommern: Landesstatistiken, die auf freiwilliger Grundlage durchgeführt werden, bedürfen keiner Anordnung durch Rechtsvorschrift (§ 5 Abs. 3 S. 1 LStatG MV). S. ferner § 6 Abs. 3 S. 1 LStatG BW; Art. 9 Abs. 1 S. 2 Nr. 1 Buchst. a BayStatG; § 7 Abs. 4 S. 1 BbgStatG; § 2 Abs. 2 Nr. 5 HmbStatG; § 4 Abs. 3 S. 1 StatG LSA; § 9 Abs. 1 S. 2 Nr. 1 Buchst. a ThürStatG.
[9] Siehe auch § 5 Abs. 2 S. 2 BStatG: Bundesstatistiken (mit Ausnahme von Wirtschafts- und Umweltstatistiken) dürfen auf Grundlage einer Rechtsverordnung „nur ohne Auskunftspflicht" angeordnet werden. Gem. § 7 BStatG dürfen Bundesstatistiken ohne Auskunftspflicht durchgeführt werden, um einen kurzfristig auftretenden Datenbedarf oberster Bundesbehörden (Abs. 1) zu erfüllen oder um wissenschaftlich-methodische Fragestellungen auf dem Gebiet der Statistik zu klären (Abs. 2).
[10] BGBl. I 2016, S. 2826; zuletzt geändert durch BGBl. I 2023, Nr. 191.
[11] BT-Drs. 18/9418, S. 25.

A. Vorgaben des Statistikrechts    97

Gesetzentwurf für das Bundesstatistikgesetz 1987[12] – noch von einer „grundsätzlichen Auskunftsverpflichtung" aus.[13] Die Auskünfte freiwillig zu erteilen, ist seit der Gesetzesreform im Jahr 1987 jedoch eine *gleichgestellte* Alternative.[14] Der Gesetzgeber trug insofern der Rechtsprechung des BVerfG Rechnung.[15] Im Volkszählungsurteil forderte das Gericht zwar keine Erhebung auf „ausnahmslos freiwilliger Basis", gab dem Gesetzgeber aber auf, sich mit dem jeweiligen Stand der statistischen und sozialwissenschaftlichen Methodik auseinanderzusetzen.[16] Der Grundsatz der Verhältnismäßigkeit verpflichtet ggf. dazu, eine ursprünglich verfassungsgemäße Erhebungsform nachzubessern. Dies schließt auch die Frage ein, ob eine freiwillige Befragung qualitativ gleichwertige Ergebnisse liefert. § 15 Abs. 1 S. 1 BStatG verlangt dem Gesetz- oder Verordnungsgeber somit einen „Abwägungsprozess"[17] ab, der verfassungsrechtlich vorgesteuert ist: Er hat stets das (gegenwärtig) *relativ mildeste Mittel* zu wählen.

In seiner Entscheidung zum Zensus 2011 hat das BVerfG diesen Verfassungsauftrag erneut aktiviert. Soweit das Grundgesetz unmittelbar an die Einwohnerzahl anknüpft, müsse der Gesetzgeber ihre „hinreichend realitätsnahe" Ermittlung sicherstellen.[18] Ohne eine gesetzliche Grundlage (wobei insofern die zwangsweise Erhebung gemeint sein dürfte) erschien es dem Gericht wegen der – unterstellten – „mangelnden Freiwilligkeit eines Teils der Bevölkerung aussichtslos", die Zahlen realitätsgerecht erheben zu können.[19] Für den Zensus 2022 hält der Gesetzgeber an der grundsätzlichen Auskunftspflicht fest (s. nur § 23 Abs. 1 S. 1 ZensG 2022). Entsprechendes gilt für den Mikrozensus (§ 13 MZG). Die Auskunftspersonen in die Pflicht zu nehmen, sei nach dem gültigen Erkenntnisstand geradezu unentbehrlich.[20] Um die notwendige Qualität und

---

[12] BT-Drs. 10/5345, S. 9 und 20.
[13] Siehe etwa § 10 Abs. 1 BStatG 1980 (BGBl. I 1980, S. 291): „Alle natürlichen und alle juristischen Personen […] sind zur Beantwortung der ordnungsgemäß angeordneten Fragen verpflichtet, *soweit nicht* die Antwort ausdrücklich freigestellt ist" (Hervorhebung d. Verf.). Das HessLStatG statuiert demgegenüber den Grundsatz, dass Landesstatistiken ohne Auskunftspflicht der zu Befragenden durchzuführen sind (§ 13 Abs. 1 S. 1). Zur Entstehungsgeschichte auch *Sackmann/Drechsler,* in: Kühling (Hrsg.), BStatG, 2023, § 15 Rn. 4 ff.
[14] Vgl. auch *Sackmann/Drechsler,* in: Kühling (Hrsg.), BStatG, 2023, § 15 Rn. 11: kein „Grundsatz der Freiwilligkeit der Auskunft".
[15] Siehe die Beschlussempfehlung des Innenausschusses BT-Drs. 10/6666, S. 14 f.
[16] BVerfGE 65, 1 (55). Krit. zur Methodenaufbereitung im Anschluss an das Volkszählungsurteil etwa *Rottmann,* KJ 1987, 77 (82), auch in Bezug auf die Alternative, Erhebungen auf freiwilliger Basis durchzuführen.
[17] So BT-Drs. 10/6666, S. 14.
[18] So die Terminologie in BVerfGE 150, 1 (81, Rn. 150); s. auch: „Bereitstellung eines geeigneten und realitätsgerechten Zahlenmaterials" (Rn. 164); „realitätsgerechte Ermittlung" (Rn. 166).
[19] BVerfGE 150, 1 (86, Rn. 166).
[20] So die Begründung der Bundesregierung für das Mikrozensusgesetz 2016, BT-Drs. 18/9418, S. 44.

Genauigkeit der Ergebnisse zu erreichen, sei die Auskunftspflicht nach den Erfahrungen aus früheren Mikrozensus-Testerhebungen sowie den Untersuchungen des Statistischen Bundesamtes und der empirischen Sozialforschung alternativlos.[21] Existieren grundrechtsschonendere Alternativen, muss sie der Gesetzgeber indes ergreifen. Für die Zeitverwendungserhebung (ZVE) konstatiert die Bundesregierung: Wegen Art und Umfang der erbetenen Angaben stelle sie „erhebliche Anforderungen" an die teilnehmenden Haushalte.[22] Es erscheine daher „zweckmäßig", so der Regierungsentwurf weiter, nur solche Haushalte heranzuziehen, die bereit sind, *freiwillig* an der Befragung teilzunehmen. Der Gesetzgeber geht davon aus, genügend Haushalte (Nettostichprobe: 10.000 Haushalte[23]) für die Statistik gewinnen zu können. Auf eine Auskunftspflicht hat er daher ausdrücklich verzichtet.

Als datenschutzrechtlicher Erlaubnistatbestand kommt hier die Einwilligung in Betracht.[24]

## B. Datenschutzrechtliche Einwilligung: Grundrechtliche Steuerungsvorgaben und systematische Einordnung

Das Rechtsinstitut der Einwilligung ist grundrechtlich fundiert. Nach Art. 8 Abs. 2 S. 1 GRCh dürfen personenbezogene Daten u. a. „mit Einwilligung der betroffenen Person" verarbeitet werden. Das unionale Primärrecht garantiert die Einwilligung („institutionelle Garantie"[25]) und verleiht damit zugleich dem Gedanken einer Rechtsordnung Ausdruck, die auf Würde, individueller Freiheit und Verantwortlichkeit beruht.[26] Eine autonome und selbstbestimmte Entscheidung verleiht der Datenverarbeitung Legitimation. Der Gesetzgeber ist an diese grundrechtliche Steuerungsvorgabe insofern gebunden, als er die Rechtsfigur der Einwilligung weder vollständig ausschließen noch substantiell einschrän-

---

[21] BT-Drs. 18/9418, S. 44: Die Statistik sei auf eine „ausreichend hohe Teilnahmequote" angewiesen.
[22] BT-Drs. 19/26935, S. 17.
[23] BT-Drs. 19/26935, S. 17. Die Bruttostichprobe ist in § 3 Abs. 3 ZVEG mit „bis zu" 15.000 Haushalten angegeben („Stichprobenobergrenze", BT-Drs. 19/26935, S. 17). Der Netto-Stichprobenumfang beschreibt die Anzahl der ursprünglich ausgewählten Stichprobeneinheiten abzüglich der (echten) Antwortausfälle, s. *Statistische Ämter des Bundes und der Länder*, Qualitätshandbuch 2021 (Version 1.21), 2021, S. 144. Vgl. dazu bspw. *Engel/Schmidt*, in: Baur/Blasius (Hrsg.), Handbuch Methoden der empirischen Sozialforschung, 2019, S. 386.
[24] Davon scheint auch der Gesetzgeber auszugehen, vgl. BT-Drs. 19/26935, S. 17 zu § 4 Abs. 2 ZVEG.
[25] *Klement*, in: Simitis/Hornung/Spiecker gen. Döhmann (Hrsg.), DatenschutzR, 2019, Art. 7 Rn. 25.
[26] *Klement*, in: Simitis/Hornung/Spiecker gen. Döhmann (Hrsg.), DatenschutzR, 2019, Art. 7 Rn. 1.

ken darf.[27] Einem „Datenpaternalismus", also dem „,aufgedrängte[n]' Schutz vor der ausdrücklichen oder konkludenten Preise personenbezogener Daten",[28] sind primärrechtliche Grenzen gesetzt. Das europäische Datenschutzgrundrecht – entsprechendes gilt für das deutsche Recht auf informationelle Selbstbestimmung – gewährleistet somit grundsätzlich auch die Freiheit, sich selbst durch die Preisgabe „eigener" Daten zu gefährden.[29]

Der Unionsgesetzgeber hat an der Einwilligung – trotz anhaltender Kritik[30] – festgehalten und sie im europäischen Datenschutzsekundärrecht näher ausgestaltet. Ihr liegt, von wenigen Ausnahmen abgesehen, ein *vollharmonisiertes* Konzept zugrunde. Mitgliedstaatliche Regelungsspielräume bestehen grundsätzlich nicht.[31] Einschränkungen sind daher unmittelbar am *Maßstab der Unionsgrundrechte* zu messen; das gilt nach einer Rechtsprechungsänderung („Recht auf Vergessen II") nunmehr auch für das BVerfG.[32] Prüfungsmaßstab sind damit allen voran das Recht auf Schutz personenbezogener Daten (Art. 8) und das Recht auf Achtung des Privatlebens (Art. 7 GRCh). In grundrechtsdogmatischer Hinsicht handelt es sich bei der Einwilligung nicht um einen Rechtfertigungstatbestand. Vorzugswürdig ist die Ansicht, die bereits den Eingriff verneint.[33] Mit anderen Worten: Die Einwilligung setzt schon auf der Ebene des Tatbestands an und hebt das Verbot, fremde personenbezogene Daten zu verarbeiten, auf.[34] Daneben liegt in der Einwilligung auch eine Form der *Grundrechtsausübung*.[35] So gewährleistet das europäische Datenschutzgrundrecht

---

[27] Zu den Grenzen bspw. *Klement*, in: Simitis/Hornung/Spiecker gen. Döhmann (Hrsg.), DatenschutzR, 2019, Art. 7 Rn. 25 ff. Die Regelung des Art. 9 Abs. 2 Buchst. a DSGVO sei daher krit. zu sehen und bedürfe einer „grundrechtskonformen restriktiven Auslegung und Anwendung" (ebenda, Rn. 27).

[28] *Krönke*, Der Staat 55 (2016), 319 (324) sowie – speziell zur Einwilligung – (325 ff.).

[29] Monographisch *Hermstrüwer*, Informationelle Selbstgefährdung, 2016 – passim.

[30] Zusammenfassend *Buchner/Kühling*, in: dies. (Hrsg.), DSGVO/BDSG, 3. Aufl., 2020, Art. 7 Rn. 10 ff. Vgl. ferner die „kurze Kritik" bei *Hacker*, Datenprivatrecht, 2020, S. 255 ff.; aus der englischsprachigen Literatur: *Hartzog*, The University of Chicago Law Review 88 (2021), 1677 (1684): „But the massive scale and widespread adoption of digital technology have made meaningful informational self-determination impossible. People are simply overwhelmed by the choices presented to them".

[31] A. A. wohl *Sackmann*, PinG 2019, 277 (278), der für Gesundheitsdaten die Möglichkeit anerkennt, über die Öffnungsklauseln des Art. 9 DSGVO die „Voraussetzungen und Wirkungen einer Einwilligung abweichend zu regeln".

[32] BVerfGE 152, 216 (233, Rn. 42 ff.).

[33] I. d. S. etwa *Augsberg*, in: Groeben/Schwarze/Hatje (Hrsg.), Europäisches Unionsrecht, 7. Aufl., 2015, Art. 8 GRCh Rn. 12; *Kingreen*, in: Calliess/Ruffert (Hrsg.), EUV/AEUV, 6. Aufl., 2022, Art. 8 GRCh Rn. 14; *Wolff*, in: Pechstein/Nowak/Häde (Hrsg.), Frankfurter Kommentar, 2017, Art. 8 GRCh Rn. 24; für Art. 7 GRCh etwa *Jarass*, Charta der Grundrechte der EU, 4. Aufl., 2021, Art. 7 Rn. 27.

[34] *Klement*, in: Simitis/Hornung/Spiecker gen. Döhmann (Hrsg.), DatenschutzR, 2019, Art. 7 Rn. 18.

[35] Vgl. zur „Grundrechtswahrnehmung" *Bethge*, in: Isensee/Kirchhof (Hrsg.), HStR IX,

auch die Möglichkeit, die „eigenen personenbezogenen Daten selbstbestimmt zur Verarbeitung freizugeben".[36] Auch die Freiheit, persönliche Informationen zu offenbaren, ist grundrechtlich geschützt.[37]

## C. Allgemeine Voraussetzungen der Einwilligung – insbesondere Freiwilligkeit, Informiertheit und Bestimmtheit

Die Datenschutz-Grundverordnung knüpft die legitimierende Kraft der Einwilligung an einen „bunten Strauß" von Kriterien. Sie ergeben sich erst aus einer Zusammenschau verschiedener Regelungen, die gleichsam ineinandergreifen müssen.[38] Wirksamkeitsvoraussetzungen statuiert insbesondere die Legaldefinition des Art. 4 Nr. 11 DSGVO:[39] Danach ist die Willensbekundung[40] freiwillig, für den bestimmten Fall, in informierter Weise und unmissverständlich abzugeben. In formeller Hinsicht ist entweder eine Erklärung oder eine sonstige eindeutige bestätigende Handlung erforderlich, in der das Einverständnis der betroffenen Person zum Ausdruck kommt. Es bedarf mithin einer *aktiven* Handlung, etwa im Sinne einer *Opt-in*-Erklärung.[41] Ein bloßes Stillschweigen oder bereits angekreuzte Kästchen (sog. *Opt-out*-Voreinstellung) genügen nicht.[42] Die Willensbekundung unterliegt keiner bestimmten Form (Grundsatz

---

3. Aufl., 2011, § 203 Rn. 2 f. und 64 ff.: Grundrechtswahrnehmung sei die Inanspruchnahme, Ausübung und Behauptung der Möglichkeiten einer grundrechtlichen Gewährleistung.

[36] *Klement*, in: Simitis/Hornung/Spiecker gen. Döhmann (Hrsg.), DatenschutzR, 2019, Art. 7 Rn. 19.

[37] Vgl. BVerfG JZ 2007, 576 (577) für das deutsche Recht auf informationelle Selbstbestimmung.

[38] Siehe Art. 6 Abs. 1 UAbs. 1 Buchst. a i. V. m. Art. 4 Nr. 11, Art. 7 DSGVO; für Kinder gilt zusätzlich die Sondervorschrift des Art. 8, für die Verarbeitung sensibler Daten ferner Art. 9 DSGVO.

[39] Vgl. auch BGH NJW 2020, 2540 (2543, Rn. 30).

[40] Die Rechtsnatur der datenschutzrechtlichen Einwilligung (rechtsgeschäftliche Erklärung, geschäftsähnliche Handlung, Realakt) ist – nach wie vor – umstritten, vgl. nur *Ingold*, in: Sydow (Hrsg.), DSGVO, 2. Aufl., 2018, Art. 7 Rn. 13. Sie kann für diese Untersuchung dahinstehen. Da es sich um ein vollharmonisiertes Konzept handelt, wird im Folgenden die Terminologie der DSGVO („Willensbekundung") übernommen.

[41] Vgl. EuGH, Urt. v. 1.10.2019 – C-673/17, ECLI:EU:C:2019:801 – Planet49, Rn. 62; Urt. v. 11.11.2020 – C-61/19 – Orange Romania, Rn. 35 f. („aktive Einwilligung").

[42] Siehe EG 32 S. 3 DSGVO. Dazu EuGH, Urt. v. 1.10.2019 – C-673/17, ECLI:EU:C:2019:801, Rn. 63; im Anschluss: BGH NJW 2020, 2540 (2545, Rn. 51 ff.) – Cookie-Einwilligung II; ferner EuGH, Urt. v. 11.11.2020 – C-61/19, ECLI:EU:C:2020:901, Rn. 37. Zur Voreinstellung als Instrument der Entscheidungssteuerung (z. B. *Default Effect*) z. B. *Martini/Weinzierl*, RW 10 (2019), 287 (288 ff.) mit Fokus auf eine *Mandated-Choice*-Architektur. Zu den Anforderungen i. R. v. *Trusted Smart Statistics* unten S. 481 ff.

der Formfreiheit⁴³). Sie kann mündlich, schriftlich, aber auch elektronisch erfolgen (s. EG 32 S. 1 DSGVO). Allerdings trifft den Verantwortlichen, etwa das Statistische Bundesamt, eine Nachweispflicht: Die Behörde muss nachweisen können (engl.: „shall be able to demonstrate"), dass die betroffene Person in die konkrete Datenverarbeitung eingewilligt hat (Dokumentations- und Archivierungspflicht, Art. 7 Abs. 1 DSGVO).⁴⁴ Besondere Anforderungen ergeben sich im statistischen Kontext für die Tatbestandsmerkmale der Freiwilligkeit (dazu I.), Bestimmtheit (dazu II.) und Informiertheit (dazu III.). So stellt sich erstens die Frage, ob die betroffene Person *gegenüber einer Behörde* wie dem Statistischen Bundesamt überhaupt rechtswirksam in die Datenverarbeitung einwilligen kann. Mit dem Kriterium der Freiwilligkeit steht und fällt mithin die Erlaubnis der statistischen Ämter, personenbezogene Daten auf der Grundlage einer Einwilligung zu verarbeiten. Und zweitens erfordert der multifunktionale Charakter der Statistik womöglich Erleichterungen im Hinblick auf das objektive *Bestimmtheitsgebot*, das wiederum – drittens – mit der *Informiertheit* eng verbunden ist („subjektive[s] Gegenstück"⁴⁵).

## I. Freiwilligkeit

Im Freiwilligkeitsgebot manifestiert sich die „zentrale Maxime" der Einwilligung. Was die Datenschutz-Grundverordnung unter „freiwillig" (engl.: „freely given"; Art. 4 Nr. 11) versteht, definiert sie nicht – jedenfalls nicht in ihrem verfügenden Teil. Einigkeit besteht darin, dass die Einwilligungserklärung *ohne Zwang* abgegeben werden muss. Dem Regulierungsanspruch der Verordnung genügt das jedoch nicht. Nach den Erwägungsgründen muss die betroffene Person eine „echte oder freie Wahl" (engl.: „genuine or free choice"; EG 42 S. 5 DSGVO) haben. Die bloße Abwesenheit von Zwang reicht dann nicht aus.⁴⁶ Vielmehr bedarf es einer echten⁴⁷ bzw. hinreichenden⁴⁸ Wahlfreiheit. Werden Optionen – gleichviel auf welche Art und Weise – eingeschränkt, entsteht „Unfreiheit im Sinn von Unfreiwilligkeit"⁴⁹. So verstanden ist die Einwilligung nur

---

⁴³ *Klement*, in: Simitis/Hornung/Spiecker gen. Döhmann (Hrsg.), DatenschutzR, 2019, Art. 7 Rn. 39.
⁴⁴ Aus der Rspr. z. B. OVG Saarlouis ZD 2021, 386 (386 f., Rn. 24), das in der Folge von der Rechtswidrigkeit der Verarbeitung ausgeht; zu den Voraussetzungen im Einzelnen *Klement*, in: Simitis/Hornung/Spiecker gen. Döhmann (Hrsg.), DatenschutzR, 2019, Art. 7 Rn. 42 ff.
⁴⁵ *Klement*, in: Simitis/Hornung/Spiecker gen. Döhmann (Hrsg.), DatenschutzR, 2019, Art. 7 Rn. 72.
⁴⁶ Vgl. bereits *Dammann/Simitis*, EG-Datenschutzrichtlinie, 1997, Art. 2 Rn. 23; zust. *Buchner/Kühling*, in: dies. (Hrsg.), DSGVO/BDSG, 3. Aufl., 2020, Art. 7 Rn. 42.
⁴⁷ *Gierschmann*, in: Gierschmann/Schlender/Stentzel/Veil (Hrsg.), DSGVO, 2018, Art. 7 Rn. 50.
⁴⁸ *Ingold*, in: Sydow (Hrsg.), DSGVO, 2. Aufl., 2018, Art. 7 Rn. 29.
⁴⁹ *Gutmann*, Freiwilligkeit als Rechtsbegriff, 2001, S. 79.

dann wirksam, wenn sie auf einer *freien Entscheidung*[50] der betroffenen Person beruht. Nach dem EuGH in der Rechtssache *Meta Platforms* bedarf es einer „Wahlfreiheit".[51] In diesem Sinne versteht auch der EDSA den Freiwilligkeitsbegriff: In seinen Leitlinien verlangt er eine „echte Wahl und [...] Kontrolle"; hat die betroffene Person keine „wirkliche Wahl", fühlt sie sich zur Einwilligung gedrängt oder muss sie negative Auswirkungen fürchten, wenn sie nicht einwilligt, ist die Einwilligung ungültig.[52] Vor diesem Hintergrund stellen sich im Wesentlichen drei Fragen: Ist im Verhältnis Bürger – Staat überhaupt eine freie Entscheidung möglich (dazu 1.)? Gelten für die statistischen Ämter des Bundes und der Länder Besonderheiten (dazu 2.)? Und schließlich: Ob und inwieweit darf eine (statistische) Behörde das Verhalten der betroffenen Person durch Anreize beeinflussen (dazu 3.)?

### 1. Freiwilligkeit im Verhältnis der Subordination (Bürger – Staat)

Mit dem Begriff der Subordination ist das „klassische" Über- bzw. Unterordnungsverhältnis zwischen Staat und Bürger angesprochen. Dieses Verhältnis ist typischerweise durch ein Ungleichgewicht geprägt: Der Staat tritt dem Bürger als mit einem Gewaltmonopol versehene Hoheitsmacht gegenüber. Der Unionsgesetzgeber greift den Gedanken asymmetrischer Machtverhältnisse der Sache nach auf und formuliert zunächst allgemein: Besteht zwischen dem Verantwortlichen und der betroffenen Person ein „klares Ungleichgewicht" (engl.: „clear imbalance"; EG 43 S. 1 DSGVO), fehlt es – so die Begründungserwägung – regelmäßig am Kriterium der Freiwilligkeit. Das europäische Sekundärrecht hält es in diesen „besonderen Fällen" für „unwahrscheinlich", dass die betroffene Person ihr Einverständnis tatsächlich freiwillig erteilt hat. Insofern fallen hier tendenziell der tatsächlich betätigte und der rechtlich anerkannte Wille auseinander.[53] Nach dem gesetzgeberischen Willen soll die Einwilligung dann „keine gültige Rechtsgrundlage liefern" (engl.: „consent should not provide a valid legal ground"; EG 43 S. 1 DSGVO). Der Gesetzgeber aktiviert insofern seine Schutzpflicht. Er schützt die (vermeintlich) schwächere Person damit gleichsam auch vor sich selbst.[54]

---

[50] So auch der Wortlaut des § 4a Abs. 1 S. 1 BDSG a. F.; § 51 Abs. 4 S. 1 BDSG; ebenso *Dammann/Simitis*, EG-Datenschutzrichtlinie, 1997, Art. 2 Rn. 23: „Produkt einer freien Entscheidung"; monographisch dazu *Rogosch*, Die Einwilligung im Datenschutzrecht, 2012, S. 79 ff.; *Lindner*, Die datenschutzrechtliche Einwilligung nach §§ 4 Abs. 1, 4a BDSG – ein zukunftsfähiges Institut?, 2013, S. 151 ff. – Eine vollkommene, absolute Freiheit kann es in der Realität nicht geben. Sie ist stets *relativ* und wird als „Freiheit von einem bestimmten Ausschnitt aller denkbaren Wirkfaktoren beschrieben", so *Amelung*, NStZ 2006, 317 (318) aus strafrechtlicher Sicht.
[51] EuGH, Urt. v. 4.7.2023 – C-252/21, ECLI:EU:C:2023:537 – Meta Platforms u. a., Rn. 148.
[52] *EDSA*, Leitlinien 5/2020, Version 1.1 v. 4.5.2020, Rn. 13.
[53] *Krönke*, Der Staat 55 (2016), 319 (326).
[54] Vgl. dazu allg. *von Münch*, FS Ipsen, 1977, S. 113 ff.; *Hillgruber*, Der Schutz des Menschen vor sich selbst, 1992, S. 63 ff.

*C. Allgemeine Voraussetzungen der Einwilligung* 103

Als Regelbeispiel⁵⁵ („insbesondere") für ein solches klares Ungleichgewicht nennt er das Verhältnis der betroffenen Person zu einer *Behörde*. Deshalb sind zunächst einmal auch die statistischen Ämter, etwa das Statistische Bundesamt (vgl. § 2 Abs. 1 BStatG), erfasst. Zwar ist der Erwägungsgrund selbst unverbindlich;⁵⁶ innerhalb des Auslegungskanons kommt ihm aber eine herausragende Bedeutung zu.⁵⁷ Es stellt sich damit die Frage, welche Rechtsfolge der Erwägungsgrund selbst vorsieht und wie sich dieses Ergebnis zu den anderen Auslegungsmethoden verhält.

*a) Wortlaut des Erwägungsgrunds: Vermutung der Unfreiwilligkeit*

Schon der Wortlaut des EG 43 S. 1 DSGVO schließt die Einwilligung gegenüber Behörden nicht kategorisch aus. Die Begründungserwägung enthält insgesamt keine absolute Aussage („sollte"; „insbesondere"; „in besonderen Fällen"). Vielmehr trägt sie dem Einzelfall Rechnung: Der Erwägungsgrund stellt auf den „speziellen Fall" ab. In „Anbetracht aller Umstände" muss es „unwahrscheinlich" sein, dass die betroffene Person die Einwilligung aus freien Stücken heraus abgegeben hat. Damit verbindet der Gesetzgeber die Einzelfallbetrachtung mit einem gesetzlich vorgesteuerten Wahrscheinlichkeitsurteil. Das bedeutet: Selbst in den typischen subordinationsrechtlichen Verhältnissen kommt es auf die *konkreten Umstände des Einzelfalls* an.⁵⁸ Maßgeblich ist der Kontext der Datenverarbeitung. Der Erwägungsgrund kehrt also lediglich die Wahrscheinlichkeit im Verhältnis zu einer Behörde um: Die Freiwilligkeit der Willensbekundung sei hier *in der Regel unwahrscheinlich*. Dem Erwägungsgrund kommt daher – entsprechend der aus dem Strafrecht bekannten Regelbeispielstechnik – eine Indizwirkung zu. Daraus folgt aber auch: Die gesetzliche Vermutung der Unfrei-

---

⁵⁵ Ähnlich *Ruschemeier*, ZD 2020, 618 (621): „Fallgruppe".
⁵⁶ Siehe nur EuGH, Urt. v. 26.1.2021 – C-422/19, ECLI:EU:C:2021:63, Rn. 64 sowie § 7 Fn. 119 m.w.N.
⁵⁷ EuGH, Urt. v. 26.1.2021 – C-422/19, ECLI:EU:C:2021:63, Rn. 64: „wichtiges Auslegungselement, das den Willen des Gesetzgebers erhellen kann". Vgl. zur Bedeutung der Erwägungsgründe *Köndgen*, in: Riesenhuber (Hrsg.), Europäische Methodenlehre, 3. Aufl., 2014, § 6 Rn. 48 ff.
⁵⁸ Vgl. EuGH, Urt. v. 4.7.2023 – C-252/21, ECLI:EU:C:2023:537 – Meta Platforms u.a., Rn. 147 ff. Ebenso *Ingold*, in: Sydow (Hrsg.), DSGVO, 2. Aufl., 2018, Art. 7 Rn. 28; ferner z.B. *Buchner/Kühling*, in: dies. (Hrsg.), DSGVO/BDSG, 3. Aufl., 2020, Art. 7 Rn. 44. Anders noch Art. 7 Abs. 4 DSGVO-E(KOM): Die Einwilligung scheide als Rechtsgrundlage aus, „wenn zwischen der Position der betroffenen Person und des für die Verarbeitung Verantwortlichen ein erhebliches Ungleichgewicht" bestehe (KOM[2012] 11 endgültig, S. 51). Für die Würdigung der konkreten Umstände des Einzelfalls hätte diese Formulierung keinen Raum gelassen. Wohl vor diesem Hintergrund betonte der Bundesrat in seiner Stellungnahme v. 30.3.2012, es sei sicherzustellen, dass mitgliedstaatliche Regelungen, die eine Einwilligung als Rechtsgrundlage für Datenverarbeitungen im Rahmen der öffentlichen Verwaltung vorsehen, weiterhin möglich bleiben, BR-Drs. 52/12 (Beschluss) (2), S. 12 Ziffer 22.

willigkeit datenschutzrechtlicher Einwilligungen ist – auch gegenüber einer Behörde – *widerlegbar*. Im Rahmen einer gebotenen Gesamtwürdigung sind die Umstände und Gründe, die Für und Wider eine freie, zwanglose Entscheidung sprechen, gerecht abzuwägen. Dem Verantwortlichen (hier also: der Behörde) obliegt dabei die Darlegungs- und Beweislast für die Freiwilligkeit.[59]

*b) Historische Auslegung*

Die Entstehungsgeschichte[60] ist mehrdeutig. Sie gibt für die Auslegung nicht viel her. Die abgelöste Datenschutz-Richtlinie konkretisierte den Begriff „ohne Zwang" ebenfalls nicht. Sie überantwortete diese Frage den Mitgliedstaaten und gab ihnen so Spielraum bei der Umsetzung. Anhaltspunkte für die historische Auslegung finden sich allenfalls im Entwurf der *Europäischen Kommission*: EG 34 S. 3 des Entwurfs adressierte den Fall, dass es sich bei dem Verantwortlichen um eine Behörde handelt.[61] Die Kommission schloss eine Einwilligung im Verhältnis Bürger – Staat nicht kategorisch aus. Vielmehr differenzierte sie nach dem Typus des Verwaltungshandelns: Ein „Ungleichgewicht" bestünde nur bei Verwaltungsvorgängen, bei denen die Behörde aufgrund ihrer jeweiligen *obrigkeitlichen Befugnisse* eine *Verpflichtung auferlegen* kann.[62] In diesen Fällen fingierte („gelten") der Erwägungsgrund den Zwangscharakter. Er hob damit insbesondere auf die sog. Eingriffsverwaltung[63] ab. Die Wendung „nur" indiziert einen Umkehrschluss: Außerhalb der eingreifenden Verwaltung sollte eine Einwilligung prinzipiell zulässig sein. Diese Beschränkung wurde im Laufe des Gesetzgebungsverfahrens gestrichen; sie findet sich im geltenden EG 43 DSGVO nicht wieder. Die Entstehungsgeschichte spricht demnach eher für einen weiten Ausschluss der Einwilligung im öffentlichen Sektor, der bspw. auch den Bereich der sog. Leistungsverwaltung[64] erfasste.

---

[59] Vgl. *Klement*, in: Simitis/Hornung/Spiecker gen. Döhmann (Hrsg.), DatenschutzR, 2019, Art. 7 Rn. 44.

[60] Zur historischen Auslegung im Unionsrecht *Möllers*, Juristische Methodenlehre, 2. Aufl., 2019, § 4 Rn. 27, der zur Bedeutung u. a. auf EuGH, Urt. v. 3.10.2013 – C-583/11P, ECLI:EU:C:2013:625, Rn. 50 („Zusammenhang und das gesamte Unionsrecht" sei bei der Auslegung zu berücksichtigen) verweist. S. auch EuGH, Urt. v. 10.12.2018 – C-621/18, ECLI:EU:C:2018:999, Rn. 47: die Entstehungsgeschichte könne ebenfalls relevante Anhaltspunkte für die Auslegung liefern.

[61] KOM(2012) 11 endgültig, S. 25.

[62] KOM(2012) 11 endgültig, S. 25.

[63] Dazu *Geis*, in: Kahl/Ludwigs (Hrsg.), HVerwR I, 2021, § 18 Rn. 1 ff., wobei ein Eingriff nicht nur im „klassischen" Sinne (z. B. belastender Verwaltungsakt; ebenda, Rn. 3) zu verstehen ist. Erfasst ist bspw. auch die „versagte Leistung" oder neuere Formen, wie das aus der Verhaltensökonomik in die Rechtswissenschaft hineingetragene Konzept des *Nudging* (ebenda, Rn. 6).

[64] Zur Entwicklung des Begriffs *Wallrabenstein*, in: Kahl/Ludwigs (Hrsg.), HVerwR I, 2021, § 19 Rn. 1 ff., insbes. in Abgrenzung zur Eingriffsverwaltung.

### c) Systematische Auslegung: Vergleich zu anderen (Parallel-)Rechtsakten

Die systematische Auslegung ergibt ein weniger paternalistisches Bild. Die Binnensystematik der Datenschutz-Grundverordnung ist für die Auslegung des Freiwilligkeitsbegriffs unergiebig. Jedoch können zwei andere Rechtsakte, die in einem engen sachlichen Zusammenhang[65] mit der Grundverordnung stehen, im Wege einer gesamt-systematischen Auslegung[66] herangezogen werden: die parallel verhandelte RL (EU) 2016/680 für den Bereich der Strafverfolgung und der Gefahrenabwehr sowie die VO (EU) 2018/1725, die den Datenschutz für die Organe und Einrichtungen der EU regelt. Die Rechtsakte bilden einen kohärenten Rahmen für ein – im Grundsatz gleichwertiges – Datenschutzniveau innerhalb der EU. So wollte die Kommission bspw. die VO (EU) 2018/1725 als systematisches „Gegenstück" zur Datenschutz-Grundverordnung verstanden wissen: Soweit den Vorschriften dasselbe Konzept zugrunde liegt, sind die sich entsprechenden Bestimmungen „homogen auszulegen".[67]

Die VO (EU) 2018/1725 sieht in der Einwilligung eine taugliche Rechtsgrundlage (Art. 5 Abs. 1 Buchst. d). Anders als die Datenschutz-Grundverordnung reguliert sie aber nicht (auch) die Datenverarbeitung der Privatwirtschaft; vielmehr erfasst sie nach ihrer Konzeption nur das *vertikale* Verhältnis, also das zwischen der betroffenen Person und den Organen, Einrichtungen und sonstigen Stellen der Union (vgl. Art. 2 Abs. 1). Damit anerkennt der Unionsgesetzgeber aber gerade die Möglichkeit, in einem klassischen Verhältnis der Subordination eine rechtswirksame Einwilligung zu erteilen. Ebenso wie in der Datenschutz-Grundverordnung setzt dies eine „echte und freie Wahl" voraus, die die betroffene Person in die Lage versetzt, „die Einwilligung zu verweigern oder zurückzuziehen, ohne Nachteile zu erleiden".[68] Zwar sei die Freiwilligkeit auch hier „unwahrscheinlich", wenn zwischen dem Verantwortlichen und der betroffenen Person ein „klares Ungleichgewicht" besteht.[69] Das Regelbeispiel einer behördlichen Datenverarbeitung sucht man in der VO (EU) 2018/1725 jedoch vergebens. Demnach ist die einwilligungsbasierte Datenverarbeitung durch EU-Einrichtungen – wie etwa Eurostat – prinzipiell rechtswirksam möglich.

Und auch der zweite Rechtsakt, die RL (EU) 2016/680, schließt die Einwilligung gegenüber dem Staat nicht kategorisch aus. Das Rechtsinstitut findet sich zwar im verfügenden Normtext nicht bei den Rechtsgrundlagen. Die Erwä-

---

[65] Vgl. etwa EG 11 und 34 RL (EU) 2016/680. Gleichsam umgekehrt rekurrieren *Heckmann/Paschke*, in: Gola/Heckmann (Hrsg.), BDSG, 13. Aufl., 2019, § 51 Rn. 26 auf die DSGVO, um den Begriff der Freiwilligkeit in § 51 Abs. 4 BDSG zu bestimmen.
[66] Vgl. zu dieser Auslegungsmethode (auch rechtsaktübergreifend) *Riesenhuber*, in: ders. (Hrsg.), Europäische Methodenlehre, 3. Aufl., 2014, § 10 Rn. 22.
[67] COM(2017), 8 final, S. 2. Siehe auch EG 5 VO (EU) 2018/1725.
[68] EG 26 S. 5 VO (EU) 2018/1725.
[69] EG 19 S. 8 VO (EU) 2018/1725.

gungsgründe zeigen aber, dass sie selbst im sensiblen Bereich[70] wie der Strafverfolgung einer Datenverarbeitung Legitimation verleihen *kann*.[71] Die Mitgliedstaaten sind somit nicht generell gehindert, die Einwilligung als Verarbeitungserlaubnis zu konstruieren.[72] Dabei ist freilich zu berücksichtigen, dass der Unionsgesetzgeber die Reichweite ihrer Legitimationskraft eingeschränkt wissen wollte. Denn nach den in der Richtlinie niedergelegten Erwägungsgründen trägt die Einwilligung dann nicht, wenn die zuständigen Behörden die betroffene Person „auffordern oder anweisen [könnten], ihren Anordnungen nachzukommen". Mit anderen Worten: Wo staatlicher Zwang (hypothetisch) wirksam werden kann, ist es mit der Wahlfreiheit nicht weit her. Der (angedrohte) Zwang ist nachgerade das Gegenteil einer freien Entscheidung. Einer Verarbeitung personenbezogener Daten, die mit einer gesetzlichen Duldungs- oder Mitwirkungspflicht einhergeht, verleiht die Einwilligung daher in der Regel keine Legitimation.[73] Jenseits dieser Verarbeitungssituation ist eine Einwilligung jedoch grundsätzlich zulässig.[74]

*d) Teleologische Auslegung – insbesondere Schutzbedürftigkeit*

Die Datenschutz-Grundverordnung schützt die Grundrechte und Grundfreiheiten natürlicher Personen, insbesondere deren Recht auf Schutz personenbezogener Daten (Art. 1 Abs. 2; Art. 8 Abs. 1 ggf. i. V.m. Art. 7 GRCh).[75] Einschränkungen der Einwilligungsfähigkeit sind dort gerechtfertigt, wo die betroffene Person *schutzbedürftig* ist. Das ist typischerweise im „klassischen" hoheitlichen Subordinationsverhältnis der Fall. Muss der Betroffene davon ausgesehen, dass sein Einverständnis durch einen hoheitlichen Eingriff ersetzt wird, ist nicht von einer echten Wahlfreiheit auszugehen.[76] Angesprochen ist damit insbesondere

---

[70] Zur generellen „Drucksituation" im Anwendungsbereich der JI-RL aber zutreffend *Golla/Skobel*, GSZ 2019, 140 (140 f.): Einwilligung sei im Bereich der Strafverfolgung, der Gefahrenabwehr und des Strafvollzugs „wesensfremd".

[71] Siehe insbes. EG 35 S. 6 RL (EU) 2016/680. So auch *Golla/Skobel*, GSZ 2019, 140 (141).

[72] Siehe § 51 BDSG. Dabei handelt es sich allerdings um einen unvollständigen Rechtssatz. Denn nach § 51 Abs. 1 BDSG bedarf es zusätzlich einer Rechtsvorschrift, die die Datenverarbeitung auf „Grundlage einer Einwilligung" gestattet.

[73] Vgl. nur *Golla/Skobel*, GSZ 2019, 140 (143 f.); *Heckmann/Paschke*, in: Gola/Heckmann (Hrsg.), BDSG, 13. Aufl., 2019, § 51 Rn. 9.

[74] Restriktiver wohl *Golla/Skobel*, GSZ 2019, 140 (145), die einer generalklauselartigen Umsetzung im Ergebnis krit. gegenüberstehen.

[75] Das Schutzgut des Datenschutzrechts ist freilich umstritten. Einigkeit besteht wohl nur insoweit, als es das *eine* Schutzgut nicht gibt. Vgl. etwa *Stentzel*, PinG 2015, 185 ff.; zur Debatte auch *Botta*, DVBl 2021, 290 (290 f.).

[76] Zutreffend *Ruschemeier*, ZD 2020, 618 (621); s. aber auch § 54 S. 2 VwVfG, der subordinationsrechtliche Verträge nicht kategorisch ausschließt. Dem Bürger stehen indes besondere Sicherungsvorschriften (etwa § 56 Abs. 1 S. 2 oder § 59 Abs. 2 VwVfG) zur Seite.

die sog. *Eingriffsverwaltung*.⁷⁷ Für diesen Typ des Verwaltungshandelns ist die Einwilligung ein prinzipiell „untaugliches Instrument".⁷⁸ Im Bereich der *Leistungsverwaltung*⁷⁹ ist dies weniger eindeutig. Maßgeblich dürfte auch hier sein, ob die betroffene Person „in der Lage ist, die Einwilligung zu verweigern oder zurückzuziehen, ohne Nachteile zu erleiden" (EG 42 S. 5 DSGVO). Hat sie Nachteile⁸⁰ zu besorgen, befindet sie sich regelmäßig in einem faktischen Abhängigkeitsverhältnis. Ein gleichwohl erklärtes Einverständnis ist dann nicht im datenschutzrechtlichen Sinne „frei".

Auf der anderen Seite tritt der Bürger dem Staat mitunter auch im Verhältnis der *Gleichordnung* gegenüber. Ein Beispiel ist das zweiseitige kooperative Verwaltungshandeln, das etwa in der Handlungsform des öffentlich-rechtlichen Vertrags (§§ 54 ff. VwVfG) prinzipiell angelegt ist: So sind Verträge zwischen einer Privatperson und einem Verwaltungsträger zwar typischer-, aber doch nicht notwendigerweise subordinationsrechtlicher⁸¹ Natur.⁸² Auch diese Vertragsparteien können sich gleichgeordnet gegenüberstehen und sog. koordinationsrechtliche Verträge schließen.⁸³ In einer von Kooperation und Konsens geprägten Vertragsbeziehung bedarf es dann auch keiner „gesteigerten Schutzbedürftigkeit"⁸⁴. Im Übrigen gibt es vielfältige Formen staatlichen Informationshandelns, die sich nicht ohne Weiteres in die klassische Typologie einfügen. Ein Beispiel sind staatliche digitale Angebote, die sich in der Informationsgewinnung erschöpfen und nicht mit Rechtsfolgen für die betroffenen Personen verknüpft sind (z. B. bei der Corona-Warn- oder Corona-Datenspende-App).⁸⁵ Ist das Risiko für die Freiheiten der betroffenen Person gering, entfällt das Schutzbedürfnis. Die Unfreiwilligkeit der Einwilligung normativ zu vermuten, ist dann nicht gerechtfertigt.

---

[77] Eingehend – insbes. zu den verschiedenen Eingriffsbegriffen – *Geis*, in: Kahl/Ludwigs (Hrsg.), HVerwR I, 2021, § 18 Rn. 3 ff.
[78] *Ruschemeier*, ZD 2020, 618 (621) am Beispiel der Corona-Warn-App.
[79] Zum Begriff s. oben § 4 Fn. 64.
[80] Das sind z. B. Kosten, s. dazu *EDSA*, Leitlinien 5/2020, Version 1.1 v. 4.5.2020, Rn. 46.
[81] Die verwaltungsgerichtliche Rechtsprechung legt § 54 S. 2 VwVfG weit aus; s. etwa BVerwGE 111, 162 (165 f.); vgl. auch *Bonk/Neumann/Siegel*, in: Stelkens/Bonk/Sachs (Hrsg.), VwVfG, 9. Aufl., 2018, § 54 Rn. 110.
[82] *Bonk/Neumann/Siegel*, in: Stelkens/Bonk/Sachs (Hrsg.), VwVfG, 9. Aufl., 2018, § 54 Rn. 2, 110.
[83] *Rozek*, in: Schoch/Schneider (Hrsg.), VerwR, Grundwerk (Juli 2020), § 54 VwVfG Rn. 75 m.w.N. (str.). Zu kooperationsrechtlichen Verträgen als dritte Kategorie: *Bonk/Neumann/Siegel*, in: Stelkens/Bonk/Sachs (Hrsg.), VwVfG, 9. Aufl., 2018, § 54 Rn. 111.
[84] Vgl. *Bonk/Neumann/Siegel*, in: Stelkens/Bonk/Sachs (Hrsg.), VwVfG, 9. Aufl., 2018, § 54 Rn. 4.
[85] Dazu *Ruschemeier*, ZD 2020, 618 (621 f.), die sich am Bsp. der Corona-Warn-App für eine neue Kategorie der Freiwilligkeit für staatliche digitale Angebote ausspricht. Für die Zulässigkeit auch *Kühling/Schildbach*, NJW 2020, 1545 (1548 f.) – und zwar sowohl in Bezug auf die Corona-Warn- als auch die Corona-Datenspende-App („freie, altruistisch motivierte Entscheidung").

In diesem Sinne geht auch der EDSA davon aus, dass das Rechtsinstitut der Einwilligung für behördliche Datenverarbeitungen „nicht vollständig ausgeschlossen ist".[86] Der Ausschuss führt insoweit drei Beispiele an, in denen die Einwilligung gegenüber Behörden „unter bestimmten Umständen angemessen" sein kann.[87] Im ersten Beispiel[88] geht es um die reine Information von Gemeindebürgern über Umfang und Fortschritt von Straßeninstandhaltungsarbeiten; zu (ausschließlich) diesem Kommunikationszweck erbittet die Gemeinde die E-Mail-Adresse der betroffenen Bürger, wobei die Informationen auch öffentlich zur Verfügung stehen. Das zweite Beispiel betrifft den Informationsaustausch zwischen zwei Behörden, die im Rahmen eines Genehmigungsverfahrens jeweils über einen Antrag entscheiden müssen. Sie fragen den Antragsteller, ob er damit einverstanden ist, dass sie die erforderlichen Informationen aus zwei Datenbanken zusammenführen, „um doppelte Verfahren und Korrespondenz zu vermeiden".[89] Im dritten Beispiel bittet eine staatliche Schule ihre Schüler (ggf. die Eltern) um die Einwilligung, ihre Fotos für eine gedruckte Schülerzeitung verwenden zu dürfen.[90] Gerade im ersten und dritten Beispiel[91] ist das Risiko für das Recht auf Schutz personenbezogener Daten als typischerweise gering anzusehen. Insofern sind an den Freiwilligkeitsbegriff keine übersteigerten Anforderungen zu stellen.

*e) Primärrechtskonforme Auslegung: Die Garantie des Art. 8 Abs. 2 S. 1 GRCh*

Schließlich widerspräche ein kategorialer Ausschluss der Einwilligung im öffentlichen Bereich der grundrechtlichen Wertentscheidung, die in Art. 8 Abs. 2 S. 1 GRCh Ausdruck gefunden hat. Das europäische Datenschutzgrundrecht enthält eine „institutionelle Garantie" der Einwilligung.[92] Indem die Grundrechtecharta die Einwilligung neben den „sonstigen gesetzlich geregelten legitimen Grundlage[n]" nennt, hebt sie die freiheitsrechtliche Grundentscheidung für die Autonomie und informationelle Selbstbestimmung der betroffenen Person eigens hervor. Sie im vertikalen Verhältnis generell auszuschließen, hieße, die – hier paternalistisch anmutende – Schutzpflichtdimension des Grundrechts zu überdehnen. Für eine selbstbestimmte Entscheidung des Bürgers gegenüber der (vermeintlich allmächtigen) Staatsgewalt bliebe dann von vornherein kein Raum. Eine solche Auslegung konfligiert mit Art. 51 Abs. 1 S. 1 GRCh: Denn

---

[86] *EDSA*, Leitlinien 5/2020, Version 1.1 v. 4.5.2020, Rn. 17.
[87] Siehe § 4 Fn. 86.
[88] *EDSA*, Leitlinien 5/2020, Version 1.1 v. 4.5.2020, Rn. 18.
[89] So *EDSA*, Leitlinien 5/2020, Version 1.1 v. 4.5.2020, Rn. 19.
[90] *EDSA*, Leitlinien 5/2020, Version 1.1 v. 4.5.2020, Rn. 20.
[91] Im zweiten Beispiel dürfte je nach Kontext zu entscheiden sein.
[92] *Klement*, in: Simitis/Hornung/Spiecker gen. Döhmann (Hrsg.), DatenschutzR, 2019, Art. 7 Rn. 25. Vgl. bereits oben S. 98 ff.

grundrechtsverpflichtet ist der Staat.[93] Wenn dem so ist, dann geht es nicht an, der Einwilligung jedwede legitimatorische Kraft im Verhältnis Bürger – Staat abzusprechen.

Nichts anderes ergibt sich, wenn man das europäische Datenschutzgrundrecht (Art. 8 GRCh) als bloßen „objektiv-rechtlichen Ausgestaltungsauftrag an den Gesetzgeber" begreift, das erst in Verbindung mit anderen Freiheitsgrundrechten zu einem Abwehrrecht erstarkt.[94] Denn zum einen bedeutet der Auftrag, das Grundrecht auszugestalten, keineswegs, das „Strukturprinzip"[95] der Einwilligung gegenüber staatlichen Behörden generell auszuschließen. Vielmehr ist dem Freiheitsgebrauch des Bürgers Raum zu geben; das heißt, es sind nur die speziellen Situationen gesetzlich einzuhegen und abzusichern, in denen der Bürger wirklich schutzbedürftig ist (z. B. im Bereich der Eingriffsverwaltung). Das paternalistische Schutzkonzept der Datenschutz-Grundverordnung kehrt dieses Regel-Ausnahme-Verhältnis um, indem es hier generell Unfreiwilligkeit unterstellt.[96] Zum anderen verbürgt das Grundrecht auf Achtung des Privatlebens (Art. 7 GRCh) die „personale Selbstbestimmung und Lebensführung", was Verfügungen über die eigene Person einschließt.[97] Dem Grundrechtsträger steht es grundsätzlich frei, sich seiner Privatheit zu entledigen. Das gilt – in den Grenzen einer Schutzpflicht[98] – auch für die informationelle Dimension der Privatheit: Obgleich es nicht Aufgabe der Union und der Mitgliedstaaten ist, dem Einzelnen die Entfaltung seiner Privatsphäre positiv zu ermöglichen,[99] so darf er – von Konstellationen einer gerechtfertigten Schutzpflicht abgesehen – daran nicht (negativ) gehindert werden. Eine Auslegung, die dazu führte, die Ausübung des Freiheitsrechts im öffentlichen Sektor zu unterbinden, bricht sich am Gewährleistungsgehalt, den Art. 7 GRCh (ggf. i. V. m. Art. 8 GRCh) garantiert: die „informationelle Preisgabe"[100] der „eigenen" Daten.[101]

---

[93] Eingehend dazu *Nusser*, Die Bindung der Mitgliedstaaten an die Unionsgrundrechte, 2011, S. 9 ff. Namentlich der EuGH hält nicht an sich, Art. 7 und 8 GRCh (unmittelbar) auf das Verhältnis zwischen Privaten zu übertragen, s. bspw. EuGH, Urt. v. 13.5.2014 – C-131/12, ECLI:EU:C:2014:317 – Google Spain, Rn. 68 ff.; zur Horizontalwirkung des Art. 8 GRCh etwa *Reinhardt*, AöR 142 (2017), 528 (544 ff.); vgl. ferner *Masing*, NJW 2012, 2305 (2307), der Datenschutzvorschriften für erforderlich hält, um die Freiheit zwischen Privaten auszugleichen.
[94] So die (abwehrrechtliche) Konzeption bei *Marsch*, Das europäische Datenschutzgrundrecht, 2018, S. 203 ff.
[95] *Marsch*, Das europäische Datenschutzgrundrecht, 2018, S. 151.
[96] Siehe oben a), S. 103 f.
[97] *Jarass*, Charta der Grundrechte der EU, 4. Aufl., 2021, Art. 7 Rn. 14.
[98] Vgl. dazu etwa *Sandfuchs*, Privatheit wider Willen?, 2015, S. 116 ff., insbes. S. 128 ff. zum grundgesetzlichen Recht auf informationelle Selbstbestimmung.
[99] *Augsberg*, in: Groeben/Schwarze/Hatje (Hrsg.), Europäisches Unionsrecht, 7. Aufl., 2015, Art. 7 GRCh Rn. 11, der im Übrigen zu Recht die Abwehrdimension des Art. 7 GRCh in den Vordergrund stellt.
[100] Zu diesem Begriff *Sandfuchs*, Privatheit wider Willen?, 2015, S. 7 ff.
[101] Vgl. dazu auch die Wertung des Art. 9 Abs. 2 Buchst. e DSGVO; s. unten S. 210 ff.

## f) Zwischenergebnis

Die Datenschutz-Grundverordnung schließt die Einwilligung gegenüber Behörden nicht kategorisch aus. Vielmehr geht der Unionsgesetzgeber davon aus, dass eine Willensbekundung in diesen Fällen wahrscheinlich nicht freiwillig abgegeben worden ist – stets sind jedoch die Umstände des Einzelfalls zu prüfen. Die historische Auslegung ist nicht eindeutig; ein Vergleich zum ursprünglich weiter gefassten Kommissionsentwurf spricht eher dafür, dass die Einwilligung im öffentlichen Sektor nur ausnahmsweise wirksam sein soll. Wer hingegen die Gesamtsystematik in den Blick nimmt, sieht, dass verwandte Unionsrechtsakte (insbesondere RL (EU) 2016/680 und VO (EU) 2018/1725) diese Rechtsfigur gegenüber einer Behörde prinzipiell zulassen. Nach teleologischer Auslegung, welche nach der Schutzbedürftigkeit fragt, ist die Einwilligung jedenfalls dort zulässig, wo die betroffene Person dem Staat nicht in einem Verhältnis der Subordination gegenübertritt. Zudem spricht eine primärrechtskonforme Auslegung (Art. 8 Abs. 2 S. 1 GRCh: „mit Einwilligung") dafür, dass eine betroffene Person gegenüber dem grundrechtsverpflichteten Staat prinzipiell rechtswirksam in die Verarbeitung solcher Daten einwilligen kann, die sie betreffen.

## 2. Die Statistikbehörden im Besonderen – Vermutung für die Freiwilligkeit

Die statistischen Ämter des Bundes und der Länder sind keine „klassischen" Verwaltungsbehörden. Zwar handelt es sich beim Statistischen Bundesamt organisationsrechtlich um eine selbstständige Bundesoberbehörde im Geschäftsbereich des Bundesministeriums des Innern und für Heimat (§ 2 Abs. 1 BStatG).[102] Die Behörde gehört der Bundesverwaltung (vgl. Art. 87 Abs. 3 S. 1 GG[103]) an. Im System der Gewalten ist sie der Exekutive zuzuordnen.

Gleichwohl weist das Statistische Bundesamt einige Besonderheiten auf, die es von anderen (Bundes-)Behörden unterscheidet. Es charakterisiert sich selbst als „Informationsdienstleister" – und zwar für Staat und Gesellschaft.[104] Das illustriert etwa die Aufgabenzuweisung des § 3 Abs. 1 Nr. 3 BStatG: So hat das Bundesamt die „Ergebnisse der Bundesstatistiken […] für den Bund zusammenzustellen sowie für allgemeine Zwecke zu veröffentlichen und darzustellen". Der Aufgabenkatalog des § 3 BStatG belegt, dass das Bundesamt *keine operative* Behörde ist.[105] Vielmehr handelt es sich um eine nicht-operative

---

[102] Siehe bereits oben S. 31 f.
[103] I. V. m. Art. 73 Abs. 1 Nr. 11 GG (dazu oben S. 18 ff.).
[104] Siehe bereits oben S. 2 mit Einl. Fn. 13.
[105] Vgl. zur Unterscheidung operativer und nicht-operativer Behörden i. R. d. Zweckänderung auch BVerfGE 154, 152 (242, Rn. 149 und 249 f., Rn. 165) – BND – Ausland-Ausland-Fernmeldeaufklärung; BVerfG, Urt. v. 26.4.2022 – 1 BvR 1619/17 – Bayerisches Verfassungsschutzgesetz, Rn. 153 ff. zu den Besonderheiten nachrichtendienstlicher Befugnisse; s. ferner unten S. 377.

## C. Allgemeine Voraussetzungen der Einwilligung

„Querschnittsbehörde"[106] mit der übergreifenden Aufgabe, „laufend Daten über Massenerscheinungen zu erheben, zu sammeln, aufzubereiten, darzustellen und zu analysieren" (§ 1 S. 1 BStatG).[107] Überdies ist die Behörde nicht nur Datenproduzent für Verwaltung und Gesetzgebung, sondern ist auch selbst wissenschaftlich tätig:

> „So wie die Wissenschaft statistikgetragen sein kann, nutzt die praktische Statistik der Datenproduktion wissenschaftliche Erkenntnisse und entwickelt diese [...] weiter"[108].[109]

Das Recht garantiert ihr hierfür wissenschaftliche bzw. fachliche (§ 1 S. 2 BStatG) Unabhängigkeit.[110] Die statistischen Ämter haben am „klassischen" Verwaltungsvollzug gerade nicht teil – von der Heranziehung zur Auskunft abgesehen, treten sie dem Bürger also nicht mit hoheitlichen Eingriffsbefugnissen gegenüber.

Im Hinblick auf die Datenverarbeitung wirken vor allem die besonderen *organisations- und verfahrensrechtlichen Sicherungsvorkehrungen*[111] risikominimierend. So gilt für die amtliche Statistik etwa das Gebot, die Daten möglichst frühzeitig (faktisch) zu anonymisieren. Zudem wirken das Statistikgeheimnis (§ 16 BStatG) und das sog. Rückspielverbot den Gefährdungen für die Rechte und Freiheiten der betroffenen Personen entgegen. Letzteres besagt, dass Daten, die zu statistischen Zwecken erhoben oder weiterverarbeitet worden sind, nicht in den Verwaltungsvollzug „zurückgespielt" werden dürfen.[112] Den Vollzugsbehörden dürfen personenbezogene Daten daher nicht übermittelt werden. Der betroffenen Person drohen insoweit keine (persönlichkeitsrechtlichen) Nachteile[113], die über die „Preisgabe" der sie betreffenden Daten selbst hinausgingen. In

---

[106] So bereits *Dorer/Mainusch/Tubies*, Bundesstatistikgesetz, 1988, § 2 Rn. 3; ebenso *Drechsler*, in: Kühling (Hrsg.), BStatG, 2023, § 2 Rn. 1.
[107] Hervorhebung d. Verf.
[108] *Chlumsky/Egeler/Zwick*, in: Bönders (Hrsg.), Kompetenz und Verantwortung in der Bundesverwaltung, 2009, S. 725 (728).
[109] Siehe etwa den Aufgabenbereich des Instituts für Forschung und Entwicklung in der Bundesstatistik (IFEB) sowie das dort eingegliederte Forschungsdatenzentrum (FDZ) des Bundes. Vgl. auch *Statistischer Beirat*, Fortentwicklung der amtlichen Statistik – Empfehlungen des Statistischen Beirats für die Jahre 2022 bis 2026 v. 25.10.2021, S. 7, der in seinem Bericht empfiehlt, die Analysetätigkeit der statistischen Ämter zu stärken und – im Statistischen Bundesamt – eine „[e]igene unabhängige wissenschaftliche Forschung" zu etablieren. Die Aufgabe „Forschung" solle daher explizit im BStatG verankert werden.
[110] Dazu oben S. 45 ff.; zur Unabhängigkeit ausf. *Kröger*, Unabhängigkeitsregime im europäischen Verwaltungsverbund, 2020, S. 132 ff., 142 ff., 317 ff.
[111] Siehe dazu BVerfGE 65, 1 (58 ff.); 150, 1 (107 f., Rn. 221 f.). Ausf. unten S. 283 ff.
[112] Ausf. dazu unten S. 319 ff.
[113] Damit ist nicht der Nachteil i. S. d. EG 42 S. 5 DSGVO gemeint. Dort geht es um das Kriterium der *Wahlfreiheit*. Die Testfrage lautet demnach: Drohen der betroffenen Person „Nachteile", wenn sie die Einwilligung verweigert oder widerruft (im Wortlaut: „zurück[zieht]")? Ist der Nachteil, den der Betroffene zu besorgen hat, nicht ganz unerheblich (*Gierschmann*, in: Gierschmann/Schlender/Stentzel/Veil (Hrsg.), DSGVO, 2018, Art. 7 Rn. 50 setzt eine „gewisse Erheblichkeit" voraus), fehlt es an einer echten oder freien Wahl.

organisationsrechtlicher Hinsicht wird das Rückspielverbot (ebenso wie das Statistikgeheimnis) durch das Abschottungsgebot zusätzlich abgesichert: Danach sind die statistischen Stellen in organisatorischer, räumlicher und personeller Hinsicht von anderen öffentlichen Stellen, insbesondere Verwaltungsbehörden, zu trennen.[114]

Diese Sicherungsvorkehrungen sind eine Funktionsbedingung für das Vertrauen der befragten Personen. Dieses Vertrauen ist nicht nur bei verpflichtenden, sondern gerade auch bei freiwilligen Erhebungen unerlässlich für die Qualität der Angaben (Genauigkeit und Wahrheit). Weiß die betroffene Person von diesen Aspekten des Systemdatenschutzes (oder vertraut sie zumindest darauf), kann sie eine Erklärung abgeben, die von einem freien Willen getragen ist. Sie muss nicht fürchten, dass sich die Statistikbehörde ggf. ihrer obrigkeitlichen Befugnisse bedient. Die statistische Behörde kann eine Datenerhebung, die ein Gesetz als „freiwillig" bezeichnet, nicht erzwingen. Über die Freiwilligkeit der Auskunftserteilung ist überdies zu informieren (§ 17 Nr. 3 BStatG). Die Befugnisse der Behörde bleiben kraft normativ verbürgter Transparenz nicht im Unklaren.[115] Der Bürger steht den statistischen Ämtern daher nicht in einem „klassischen" Verhältnis der Subordination bzw. des „klaren Ungleichgewichts" gegenüber. Die Indizwirkung, dass die Freiwilligkeit der Erklärung in hoheitlichen Subordinationsverhältnissen unwahrscheinlich sei, greift hier nicht. Im Ergebnis ist – analog zur „Datenspende"[116] gegenüber dem Robert Koch-Institut – von einer freiwilligen Einwilligung auszugehen. Dies führt zu einer *Umkehr der Vermutungsregel* in EG 43 S. 1 DSGVO für Statistikbehörden: Die Freiwilligkeit ist im Ausgangspunkt „wahrscheinlich"; um diese Vermutung zugunsten einer freien Entscheidung zu widerlegen, bedarf es besonderer Umstände.

*3. Zu den Grenzen staatlicher Verhaltenssteuerung am Beispiel von Anreizen (Incentives)*

Die amtliche Statistik sieht sich – ebenso wie die empirische Sozialforschung allgemein – mit dem Problem sinkender Ausschöpfungsquoten[117] bzw. *Respon-*

---

[114] Ausf. dazu unten S. 333 ff.

[115] Vgl. zu diesem Kriterium, das die Freiwilligkeit ausschließt, etwa *Frenzel*, in: Paal/Pauly (Hrsg.), DSGVO/BDSG, 3. Aufl., 2021, Art. 7 Rn. 19.

[116] Dazu etwa *Sackmann*, PinG 2019, 277 ff. mit Bezug zur medizinischen Forschung; *Freiherr von Ulmenstein*, PinG 2020, 47 (48 ff.), der Datenspende als „grundsätzlich widerrufliche Hingabe von Daten ohne unmittelbaren Anreiz zum Zweck der kontextspezifisch informationsgewinnenden Verarbeitung" (51) definiert. Die *Datenethikkommission* der Bundesregierung (DEK) bezeichnet den Begriff der „Datenspende" als „irreführend", denn im Unterschied zur Spende eines Organs oder einer Geldspende könnten Daten beliebig oft sowie gleichzeitig auch vom Datengeber selbst weiterverwendet werden, s. *Datenethikkommission*, Gutachten, Oktober 2019, S. 124.

[117] Siehe z. B. die Definition bei *Schnell*, Nonresponse in Bevölkerungsumfragen, 1997, S. 19 ff.

*se*-Raten[118] konfrontiert. Die Ursachen für einen echten Antwortausfall (sog. Unit-Nonresponse[119]) sind vielfältig – und ebenso vielfältig sind die Maßnahmen, um ihm entgegenzuwirken. So denkt auch die amtliche Statistik über verschiedene Instrumente nach, um den rückläufigen *Response*-Raten zu begegnen. Dabei knüpft sie bspw. an die sog. *Tailored-Design*-Methode an und differenziert zwischen drei Kategorien von Maßnahmen: dem Aufbau von Vertrauen, der Senkung der Teilnahmekosten und der Steigerung des Teilnahmenutzens.[120] Zur dritten Kategorie gehören bspw. Gutscheine oder auch Geldprämien, also monetäre *Incentives*, die vorher (*prepaid*) oder nachträglich (*postpaid*) ausbezahlt werden können.[121] In der amtlichen Statistik gelten Aufwandsentschädigungen bei freiwilligen Erhebungen „weiterhin [als] unverzichtbar".[122] Das neue Gesetz zur Zeitverwendungserhebung vom Juni 2021 sieht sie denn auch ausdrücklich vor. § 4 Abs. 3 S. 1 ZVEG bestimmt: Haushalte, die freiwillig Auskunft erteilen, erhalten eine „Aufwandsentschädigung".[123] Der Gesetzgeber will damit dem Umstand Rechnung tragen, dass die ZVE – insbesondere hinsichtlich der Tagebuchaufzeichnung – eine „sehr aufwendige Erhebung" darstellt.[124] Eine breit angelegte Studie von *Pforr* et al.[125] hat gezeigt, dass *Incentives* die Antwortraten erhöhen (können); unmittelbare, monetäre Anreize haben dabei einen stärkeren positiven Steuerungseffekt als bspw. Verlosungen. Der Effekt stieg mit dem monetären Wert. Das ruft ethische Fragen hervor. So weisen die GESIS

---

[118] Zu den Ursachen bspw. *Engel/Schmidt*, in: Baur/Blasius (Hrsg.), Handbuch Methoden der empirischen Sozialforschung, 2019, S. 386 ff.

[119] Bei einem sog. Unit-Nonresponse liegen für eine Erhebungseinheit zum Zeitpunkt der Aufbereitung keine Daten vor – etwa, weil die Auskunftsperson die Teilnahme komplett verweigert. Dazu *Statistische Ämter des Bundes und der Länder*, Qualitätshandbuch 2021 (Version 1.21), 2021, S. 152; aus der Literatur: *Engel/Schmidt*, in: Baur/Blasius (Hrsg.), Handbuch Methoden der empirischen Sozialforschung, 2019, S. 385 ff. Zum „Nonresponse-Problem" allg. und instruktiv *Schnell*, Nonresponse in Bevölkerungsumfragen, 1997 – passim, speziell zu den Begriffen S. 17.

[120] *Krüger*, WISTA 4/2019, 56 (60 ff.).

[121] Siehe auch *Krüger*, WISTA 4/2019, 56 (60, 63).

[122] So *Krüger*, WISTA 4/2019, 56 (60).

[123] Vgl. aber auch *Krüger*, WISTA 4/2019, 56 (61), die darauf hinweist, dass der Begriff „Aufwandsentschädigung" eine – für die amtliche Statistik ggf. nachteilige – Kosten-Nutzen-Analyse auslösen könne. Sie schlägt stattdessen folgende Formulierung vor: „Als Dankeschön für Ihre Teilnahme erhalten Sie 100 Euro." Ebenso *Engel/Schmidt*, in: Baur/Blasius (Hrsg.), Handbuch Methoden der empirischen Sozialforschung, 2019, S. 387.

[124] BT-Drs. 19/26935, S. 17. Zu Methodik und Durchführung der ZVE 2012/2013 *Maier*, WISTA 2014, 674 ff.

[125] *Pforr et al.*, Public Opinion Quarterly 79 (2015), 740 (755 ff.) in Bezug auf Deutschland. S. aus der umfangreichen Studienlage ferner *Göritz*, International Journal of Internet Science 1 (2006), 58 ff.; *Singer/Ye*, ANNALS AAPSS 645 (2013), 112 ff.; zu monetären Incentives bei staatlichen Umfragen in den USA: *Shettle/Mooney*, Journal of Official Statistics 15 (1999), 231 ff.

Survey Guidelines zum Thema „Incentives" darauf hin, dass Anreize durchaus infrage stellen können, ob die Teilnahme an der Umfrage tatsächlich noch auf einem freien Willen beruht.[126]

Anreize[127] wie eine Aufwandsentschädigung schließen die Freiwilligkeit – rechtlich gesehen – nicht schlechthin aus. Das gilt auch für solche des Staates. Wer bloße Anreize setzt – und sei es auch in asymmetrischen oder subordinationsrechtlichen Verhältnissen – schränkt die Wahlfreiheit der Auskunftspersonen nicht ohne Weiteres ein.[128] Das gilt auch für amtliche Umfragen wie etwa die Einkommens- und Verbrauchsstichprobe (EVS) oder die Zeitverwendungserhebung (ZVE). Die jeweils betroffene Person kann die Teilnahme (und damit die Einwilligung) verweigern bzw. die Befragung abbrechen (und damit die Einwilligung widerrufen), ohne Nachteile fürchten zu müssen. Beide Entscheidungen bleiben (rechts-)folgenlos.

Die Grenze zulässiger Verhaltenssteuerung ist aber dort erreicht, wo der Verantwortliche (etwa das statistische Amt, das für die Erhebung zuständig ist) durch Anreizsysteme „stark verhaltenssteuernd" auf die Entscheidung der Auskunftspersonen einwirkt.[129] Ab wann eine staatliche Steuerung in diesem Sinne „stark" ist, hängt vom Kontext ab. Allgemein kann man – in Anlehnung an den risikobasierten Ansatz – auf das Produkt von Steuerungsgrad und drohender Schadensschwere abstellen.[130] Wegen der Garantien bzw. Sicherungsvorkehrungen (z. B. Statistikgeheimnis und Rückspielverbot)[131] ist der drohende Schaden indes eher gering. Zudem weisen bloße monetäre *Incentives* noch keinen Steuerungsgrad auf, der eine freie Entscheidung ausschließt. Damit die Willens-

---

[126] *Pforr*, GESIS Survey Guidelines – Incentives, Dezember 2016, S. 2: „no longer voluntary but rather a paid or ‚coer-ced' activity".

[127] Zu Anreizen als Steuerungsinstrumente, insbes. zu den Erscheinungsformen, *Sacksofsky*, in: Voßkuhle/Eifert/Möllers (Hrsg.), GVerwR, 3. Aufl., 2022, § 39 Rn. 12 ff. sowie Rn. 107 ff. zur Effizienz von Anreizen. Unter dem Begriff „Anreiz" versteht *Sacksofsky* – „in einem weiten Sinne" – „jede[n] Umstand, der einen Akteur zu einem bestimmten Verhalten veranlasst oder veranlassen soll" (Rn. 4). Unerheblich sei es ihrer Ansicht nach, ob es sich um einen positiven oder negativen Anreiz handle (Rn. 5); zudem beschränke sich der Begriff nicht auf monetäre Anreize (Rn. 6). Im juristischen Sinne geht es nicht darum, erwünschtes Verhalten als Rechtspflicht anzuordnen; das Recht verzichte hier auf (staatlichen) Zwang (Rn. 6c). – In eine etwas andere Richtung geht der „juristische Anreizbegriff" von *Johanna Wolff*. Sie betrachtet Anreize in Form von *Rechtsakten*, „soweit diese Verhalten beeinflussen sollen, ohne dass das Verhalten [...] rechtlich zwingend vorgegeben ist", s. *Wolff*, Anreize im Recht, 2021, S. 8 f. Ihre Untersuchung folgt daher einem engen Anreizbegriff, der insbes. Realakte (und damit auch viele Formen des Nudging) ausschließt (ebenda, S. 10).

[128] In diesem Sinne wohl auch *EDSA*, Leitlinien 5/2020, Version 1.1 v. 4.5.2020, Rn. 48.

[129] Vgl. *Martini/Weinzierl*, RW 10 (2019), 287 (311).

[130] In diesem Sinne *Weinzierl*, NVwZ-Extra 15/2020, 1 (7), der einen starken Steuerungsgrad z. B. bei einer Abweichung um 25 % von der (hypothetisch) unbeeinflussten Entscheidung annimmt. Diese quantitative Grenze ist empirisch freilich nur schwer zu bestimmen.

[131] Dazu unten S. 284 ff. und S. 319 ff.

bekundung unfreiwillig ist, müssen regelmäßig weitere Steuerungselemente hinzukommen.[132] Ausnahmsweise können sie in der Summe einen „übermäßige[n] Anreiz finanzieller oder sonstiger Natur"[133] setzen, der die betroffene Person zur Preisgabe ihrer Daten verleitet. Die Anforderungen liegen durchaus hoch. So erachtet bspw. der EDSA im verloren gegangenen (zulässigen) Anreiz infolge eines *Widerrufs* der Einwilligung allein noch keinen Nachteil, der die Freiwilligkeit der *Erklärung* ausschließt.[134] Entsprechendes dürfte dann auch im Fall des sog. Postpaid-*Incentive* gelten: Die Entscheidung, an einer Umfrage (nur deshalb) bis zum Schluss teilzunehmen, um die versprochene Geldprämie zu erhalten, kann – ungeachtet der aus der Verhaltensökonomik bekannten *loss aversion*[135] – gleichwohl „frei" sein. Bricht die Auskunftsperson die Umfrage ab, „verliert" sie allein die in Aussicht gestellte Prämie – andere Nachteile drohen ihr grundsätzlich nicht.

## II. Informiertheit

Eine Einwilligung ist nur dann wirksam, wenn sie „in informierter Weise" abgegeben worden ist (Art. 4 Nr. 11 DSGVO). Die Voraussetzung hinreichender Informiertheit knüpft an das subjektive Wissen der betroffenen Person an. Sie muss Umstände und Tragweite ihrer Einverständniserklärung im Wesentlichen abschätzen können.[136] Mit anderen Worten: Der betroffenen Person müssen alle entscheidungserheblichen Gesichtspunkte tatsächlich bekannt sein; sie muss in der Lage sein, auf einer hinreichenden Beurteilungsgrundlage das Für und Wider der „Datenpreisgabe" realitätsgerecht abzuwägen.[137] Nur dann ist von einer eigenverantwortlichen und selbstbestimmten Erklärung auszugehen. Zur „Kenntnis der Sachlage" gehört „mindestens": Wer verarbeitet die Daten, also wer ist datenschutzrechtlich verantwortlich? Und für welche Zwecke sollen die Daten verarbeitet werden?[138] Darüber hinaus sollte die betroffene Person auch wissen

---

[132] Vgl. zur Verhaltenssteuerung i. R. v. *Trusted Smart Statistics* unten S. 481 ff.
[133] Vgl. etwa BGH NJW 2008, 3055 (3056, Rn. 21); NJW 2010, 864 (865 f., Rn. 21); OLG Köln ZD 2011, 34 (34). S. auch *Radlanski*, Das Konzept der Einwilligung in der datenschutzrechtlichen Realität, 2016, S. 14 f.
[134] EDSA, Leitlinien 5/2020, Version 1.1 v. 4.5.2020, Rn. 50 (Beispiel 9).
[135] *Tversky/Kahnemann*, The Quarterly Journal of Economics, 106 (1991), 1039 (1039): „the function is steeper in the negative than in the positive domain"; vgl. auch *Sacksofsky*, in: Voßkuhle/Eifert/Möllers (Hrsg.), GVerwR, 3. Aufl., 2022, § 39 Rn. 25a; zu Dark Patterns: *Martini et al.*, ZfDR 1 (2021), 47 (62).
[136] Etwas überzogen EuGH, Urt. v. 11.11.2020 – C-61/19, ECLI:EU:C:2020:901 – Orange Romania, Rn. 40: „in voller Kenntnis der Sachlage"; ebenso EuGH, Urt. v. 25.11.2021 – C-102/20, ECLI:EU:C:2021:954, Rn. 59.
[137] Vgl. BVerfGE 153, 182 (273, Rn. 240 ff.) zu den Anforderungen an eine freie Suizidentscheidung.
[138] EG 42 S. 4 DSGVO. Vgl. auch *Veil*, NJW 2018, 3337 (3339), der außerdem die folgenden

(können), welche Daten verarbeitet und wie lange diese voraussichtlich gespeichert werden sollen.[139] Diese Informationen müssen der betroffenen Person – logischerweise – *vor* der Abgabe der Einwilligungserklärung bekannt sein.[140] Eine Synchronisation mit den Informationspflichten bei direkter Erhebung[141] ist nicht zwingend, aber empfehlenswert.[142]

Die Informiertheit steht mit dem – aus Art. 7 Abs. 2 S. 1 DSGVO abgeleiteten – *Transparenzgebot* in einem „enge[n] Zusammenhang".[143] Generell gilt: Soweit der Verantwortliche die Informationen zur Verfügung stellt,[144] muss er das – in Anlehnung an die Grundregel des Art. 12 Abs. 1 S. 1 DSGVO – in einer „verständliche[n] und leicht zugängliche[n] Form" sowie „in einer klaren und einfachen Sprache" tun. Die Informationen müssen für einen *durchschnittlichen Verbraucher* verständlich sein.[145] Auf juristische Fachtermini ist – nach Möglichkeit – zu verzichten.[146] Stattdessen kann es sich anbieten, die Informationen

---

Informationen nennt: Der Einwilligende müsse darüber informiert sein, dass (1.) ihn betreffende Daten verarbeitet werden, dass er (2.) durch die Einwilligung sein Einverständnis mit der Verarbeitung erklärt (s. jeweils Art. 4 Nr. 11 i. V.m. EG 32 S. 1 DSGVO) und (3.) berechtigt ist, die Einwilligung jederzeit zu widerrufen (Art. 7 Abs. 3 S. 3 DSGVO). Mit den ersten beiden Informationen ist jedoch weniger die inhaltliche Informationsdichte denn vielmehr das sog. *Einwilligungsbewusstsein* angesprochen; vgl. dazu *Buchner/Kühling*, in: dies. (Hrsg.), DSGVO/BDSG, 3. Aufl., 2020, Art. 7 Rn. 56 ff. Im Übrigen dürfte eine fehlende Belehrung über die Möglichkeit des Widerrufs nicht auf die Wirksamkeit der Einwilligung „durchschlagen": Denn wer dennoch einwilligt, zeigt, dass er mit der Datenverarbeitung ohnedies einverstanden ist. Das Widerrufsrecht, das nachträglich entsteht, gibt der betroffenen Person sodann ein starkes Recht, die Verarbeitung jederzeit zu beenden. Freilich muss sie davon wissen. Die Belehrung (gem. Art. 7 Abs. 3 S. 3 DSGVO) ist daher unverzüglich nachzuholen. Gegen die Unwirksamkeitsfolge etwa *Heckmann/Paschke*, in: Ehmann/Selmayr (Hrsg.), DSGVO, 2. Aufl., 2018, Art. 7 Rn. 89; a. A. z. B. *Kramer*, in: Eßer/Kramer/von Lewinski (Hrsg.), Auernhammer, 7. Aufl., 2020, Art. 7 Rn. 38.

[139] Ebenso *Ingold*, in: Sydow (Hrsg.), DSGVO, 2. Aufl., 2018, Art. 7 Rn. 35.
[140] Vgl. auch *Buchner/Kühling*, in: dies. (Hrsg.), DSGVO/BDSG, 3. Aufl., 2020, Art. 7 Rn. 59, die auf den „Beginn der Datenerhebung" abstellen.
[141] Art. 13 DSGVO; dazu unten S. 462 ff.
[142] Die Rechtsfolgen sind unterschiedlich. Ist die Person nicht hinreichend informiert, ist die Einwilligung *ipso iure* unwirksam; ein Verstoß gegen die Informationspflicht gem. Art. 13 DSGVO führt hingegen nicht automatisch zur Unwirksamkeit der Einwilligung (so z. B. auch *Veil*, NJW 2018, 3337 [3339]).
[143] So *Buchner/Kühling*, in: dies. (Hrsg.), DSGVO/BDSG, 3. Aufl., 2020, Art. 7 Rn. 59. Vgl. allg. auch *Schantz/Wolff*, Das neue Datenschutzrecht, 2017, Rn. 520 ff. („Informiertheit und Transparenz").
[144] Dies ist in der Regel, aber nicht notwendigerweise der Fall, vgl. *Klement*, in: Simitis/Hornung/Spiecker gen. Döhmann (Hrsg.), DatenschutzR, 2019, Art. 7 Rn. 73.
[145] *Buchner/Kühling*, in: dies. (Hrsg.), DSGVO/BDSG, 3. Aufl., 2020, Art. 7 Rn. 60. Weiterführend – auch zum Sprachproblem („In welcher Sprache"?) – *Ernst*, ZD 2017, 110 (113).
[146] Ebenso *Klement*, in: Simitis/Hornung/Spiecker gen. Döhmann (Hrsg.), DatenschutzR, 2019, Art. 7 Rn. 73.

zu visualisieren.[147] Art. 12 Abs. 7 S. 1 DSGVO sieht die Information durch „standardisierte[...] Bildsymbole" ausdrücklich vor, um einen „aussagekräftigen Überblick über die beabsichtigte Verarbeitung zu vermitteln". Daran ließe sich speziell für die informierte Einwilligung anknüpfen. Bei statistischen Erhebungen muss zudem stets erkennbar sein, welche Angaben freiwillig sind und für welche Auskunftspflicht besteht (§ 17 Abs. 1 Nr. 3 BStatG).[148] Fragebögen können diese grundlegende Unterscheidung bspw. farblich abbilden.[149] Und schließlich ist das Einwilligungsersuchen auch *im Umfang* auf das erforderliche Maß zu beschränken. Eine „Buchstabenwüste"[150] vermittelt regelmäßiges kein hinreichendes Wissen; es gibt auch „zu viel" Information, mit gegenteiligem Effekt – ein Phänomen, das auch als „Transparenzdilemma"[151] bezeichnet wird. Damit es nicht zu einem *information overload*[152] kommt, bietet sich – gerade in komplexen Verarbeitungsprozessen wie der amtlichen Statistik – ein *zweistufiges Verfahren* an:[153] Auf der ersten Stufe sind jedenfalls die Mindestvorgaben (Wer verarbeitet welche Daten, zu welchem Zweck, wie lange und an wen werden sie ggf. weitergegeben?) in „groben Zügen" darzustellen.[154] Die betroffene Person muss sich einen ersten Eindruck über die Datenverarbeitung verschaffen können. Auf der zweiten Informationsstufe kann die *key information* sodann verdichtet und ggf. ergänzt werden, wobei der Zugang so einfach wie möglich zu gestalten ist.[155]

---

[147] Dafür auch *Buchner/Kühling*, in: dies. (Hrsg.), DSGVO/BDSG, 3. Aufl., 2020, Art. 7 Rn. 59; s. ferner unten S. 494.

[148] Zum Verhältnis der Unterrichtungspflicht gem. § 17 BStatG zu den Informationspflichten gem. Art. 13 und 14 DSGVO unten S. 463.

[149] Zum Design von Fragebögen etwa *Fietz/Friedrichs*, in: Baur/Blasius (Hrsg.), Handbuch Methoden der empirischen Sozialforschung, 2019, S. 813 ff., insbes. S. 819 ff. (Layout).

[150] *Buchner/Kühling*, in: dies. (Hrsg.), DSGVO/BDSG, 3. Aufl., 2020, Art. 7 Rn. 60a.

[151] *Veil*, NVwZ 2018, 686 (695); *Klement*, in: Simitis/Hornung/Spiecker gen. Döhmann (Hrsg.), DatenschutzR, 2019, Art. 7 Rn. 74 spricht von einem „Spannungsverhältnis zwischen Verständlichkeit und Vollständigkeit der Informationen".

[152] *van Ooijen/Vrabec*, Journal of Consumer Policy 42 (2019), 91 (94 f.).

[153] Ein Zwei-Stufen-Modell findet sich z.B. bei *Klement*, in: Simitis/Hornung/Spiecker gen. Döhmann (Hrsg.), DatenschutzR, 2019, Art. 7 Rn. 74; für ein gestuftes Vorgehen am Beispiel der Regulierung algorithmenbasierter Systeme auch *Martini*, Blackbox Algorithmus, 2019, S. 165; ferner *Buchner/Kühling*, in: dies. (Hrsg.), DSGVO/BDSG, 3. Aufl., 2020, Art. 7 Rn. 60a, die ein „mehrschichtiges Informationsmodell[...]" vorschlagen.

[154] So bspw. *Klement*, in: Simitis/Hornung/Spiecker gen. Döhmann (Hrsg.), DatenschutzR, 2019, Art. 7 Rn. 74; ebenso *Martini*, Blackbox Algorithmus, 2019, S. 165: „Grobinformationen".

[155] *Klement*, in: Simitis/Hornung/Spiecker gen. Döhmann (Hrsg.), DatenschutzR, 2019, Art. 7 Rn. 74. Zu den Transparenzanforderungen s. auch unten S. 489 ff.

## III. Bestimmtheit

### 1. Grundsatz: "für den bestimmten Fall"; "für [...] bestimmte Zwecke"

Nach der Begriffsbestimmung des Art. 4 Nr. 11 DSGVO kann die betroffene Person eine Einwilligung nur „für den bestimmten Fall" (engl.: „specific"; franz.: „spécifique") erteilen. Die entsprechende Vorschrift zur Rechtmäßigkeit knüpft hingegen an den Verarbeitungszweck an: Danach muss die betroffene Person ihr Einverständnis „für einen oder mehrere *bestimmte* Zwecke" gegeben haben (Art. 6 Abs. 1 UAbs. 1 Buchst. a DSGVO).[156] In beiden Normen scheint das datenschutzrechtliche *Bestimmtheitsgebot* auf. Der Zweck wiederum ist untrennbar mit der konkreten Datenverarbeitung (gemeint ist hier der „Fall"[157]) verbunden.[158] Der festgelegte Zweck muss hinreichend bestimmt sein;[159] nur dann kann der Grundsatz der Zweckbindung[160] seine Begrenzungsfunktion erfüllen. Im Kontext der Einwilligung geht es auch um die *Vorhersehbarkeit*.[161] Die Einwilligungserklärung bzw. das Einwilligungsersuchen ist somit stets so „präzise wie möglich"[162] zu fassen. Dies soll verhindern, dass personenbezogene Daten für Zwecke verarbeitet werden, mit denen die betroffene Person nicht gerechnet hat – und vernünftigerweise auch nicht rechnen musste. Das datenschutzrechtliche Bestimmtheitsgebot soll insbesondere Schutz vor einer „schleichenden Ausweitung der Zweckbestimmung" bieten.[163] Der EDSA warnt insoweit zu Recht vor einem drohenden „Kontrollverlust".[164] Wie bestimmt bzw. „granular"[165] die Einwilligung zu sein hat, ist *kontextabhängig*.[166] Blankoeinwilligungen oder pauschale Erklärungen (etwa: „zu statistischen Zwecken") sind mit dem Bestimmtheitsgebot jedoch im Grundsatz unvereinbar.

---

[156] Für sensible Daten s. Art. 9 Abs. 2 Buchst. a DSGVO: „für einen oder mehrere festgelegte Zwecke".

[157] *Klement*, in: Simitis/Hornung/Spiecker gen. Döhmann (Hrsg.), DatenschutzR, 2019, Art. 7 Rn. 68.

[158] Vgl. auch *Buchner/Kühling*, in: dies. (Hrsg.), DSGVO/BDSG, 3. Aufl., 2020, Art. 7 Rn. 61; ferner EuGH, Urt. v. 11.11.2020 – C-61/19, ECLI:EU:C:2020:901 – Orange Romania, Rn. 38.

[159] Siehe auch *EDSA*, Leitlinien 5/2020, Version 1.1 v. 4.5.2020, Rn. 58: „konkret für den jeweiligen Zweck".

[160] Siehe dazu ausf. unten S. 353 ff.

[161] Vgl. *Klement*, in: Simitis/Hornung/Spiecker gen. Döhmann (Hrsg.), DatenschutzR, 2019, Art. 7 Rn. 69 f.

[162] *Buchner/Kühling*, in: dies. (Hrsg.), DSGVO/BDSG, 3. Aufl., 2020, Art. 7 Rn. 61.

[163] *EDSA*, Leitlinien 5/2020, Version 1.1 v. 4.5.2020, Rn. 56.

[164] *EDSA*, Leitlinien 5/2020, Version 1.1 v. 4.5.2020, Rn. 56.

[165] Zur Granularität auch *EDSA*, Leitlinien 5/2020, Version 1.1 v. 4.5.2020, Rn. 60.

[166] Siehe hierzu schon *Simitis*, in: ders. (Hrsg.), BDSG, 7. Aufl., 2014, § 4a BDSG a.F. Rn. 80: „relative Unvollständigkeit" sei in Kauf zu nehmen.

## 2. Privilegierung: Broad Consent für wissenschaftliche Forschungszwecke

Für die Datenverarbeitung zu wissenschaftlichen Forschungszwecken lockert EG 33 DSGVO das an sich strenge Bestimmtheitsgebot ein Stück weit auf. Nach dieser Begründungserwägung sollte es der betroffenen Person erlaubt sein, ihre Einwilligung „für bestimmte Bereiche" wissenschaftlicher Forschung zu erteilen, wenn dabei die „anerkannten ethischen Standards" eingehalten werden (S. 2).[167] Angesprochen ist damit das Konzept des *Broad Consent*.[168] Grund dieser Privilegierung ist, dass der Verarbeitungszweck im Zeitpunkt der Datenerhebung oftmals noch nicht hinreichend bestimmt angegeben werden kann (s. EG 33 S. 1 DSGVO). Das gilt insbesondere in der (bio-)medizinischen Forschung,[169] aber auch in allen anderen Forschungsgebieten und -projekten, die naturgemäß darauf angewiesen sind, Daten bspw. für künftige, im Einzelnen noch nicht vorhersehbare Studien vorzuhalten. Denn das Datenschutzrecht soll Langzeitstudien nicht unmöglich machen.[170] Die normative Lösung besteht darin, die Anforderungen an die *Bestimmtheit* für diese Forschungszwecke abzusenken. Die Einwilligung ist hinsichtlich der Zweckfestlegung „breiter" angelegt. Gleichwohl ist der Verantwortliche gehalten, den Zweck so konkret wie möglich anzugeben. Eine sog. Pauschaleinwilligung (z.B. zu „wissenschaftlichen Forschungszwecken") ist auch unter den Erleichterungen des *Broad Consent* unzulässig. Ein Beispiel findet sich im österreichischen Forschungsorganisationsgesetz: Nach dessen § 2d Abs. 3 genügt es, den Zweck entweder für *einen oder mehrere Forschungsbereiche*, für *Forschungsprojekte* oder *Teile von Forschungsprojekten* anzugeben („broad consent").[171] Und auch im deutschen Sozialdatenschutzrecht findet sich eine Regelung, die das Konzept des *Broad Consent* aufgreift: Nach § 67b Abs. 3 S. 1 SGB X kann die Einwilligung zu Forschungszwecken nicht nur

---

[167] Siehe dazu auch EG 50 DGA.
[168] Ausf. *Rammos*, in: Taeger (Hrsg.), Recht 4.0 – Innovationen aus den rechtswissenschaftlichen Laboren, 2017, S. 359 ff. Die Aufsichtsbehörden haben in der Vergangenheit aber auch auf die Risiken zu weit gefasster Einwilligungserklärungen hingewiesen und teils restriktivere Positionen vertreten, vgl. dazu bspw. *Hänold*, ZD-Aktuell 2020, 6954; ferner *Cepic*, ZD-Aktuell 2021, 5214. – Als „datenschutzfreundlichere" Alternative wird mitunter auf das Konzept *Dynamic Consent* verwiesen, s. *Raum*, in: Ehmann/Selmayr (Hrsg.), DSGVO, 2. Aufl., 2018, Art. 89 Rn. 36. Für das Medizinrecht wurde zuletzt das Konzept eines *Contextual Consent* i.S.e. „living legal instrument" entwickelt, grdl. *Dorneck et al.*, MedR 2019, 431 ff.
[169] Insbes. bei Biobanken, vgl. etwa *Sheehan/Martin*, Public health ethics 4 (2011), 226 ff.; aus ethischer Sicht z.B. *Richter/Buyx*, Ethik Med 28 (2016), 311 ff.; zu Biobanken und Einwilligung auch *Taupitz/Weigel*, WissR 45 (2012), 35 (63 ff.) mit Fokus auf das Regelungskonzept des Deutschen Ethikrates. Vgl. auch *Herbst*, RphZ 5 (2019), 271 ff., der darauf hinweist, dass es aufgrund der großen Zahl und der mitunter verstrichenen Zeit oftmals nicht (mehr) möglich ist, eine weitere, an das neue Studiendesign angepasste Einwilligung einzuholen.
[170] *Roßnagel*, ZD 2019, 157 (160).
[171] BGBl. I Nr. 31/2018 [„Datenschutz-Anpassungsgesetz 2018 – Wissenschaft und Forschung"], S. 16.

für „bestimmte[...] Vorhaben", sondern auch „für bestimmte *Bereiche* der wissenschaftlichen Forschung erteilt werden".[172] Eine ähnliche Regelung existiert schließlich für die Verarbeitung von Daten der elektronischen Patientenakte zu Forschungszwecken (§ 363 Abs. 8 SGB V).[173] Das entspricht jeweils dem Willen des Unionsgesetzgebers wie er in EG 33 S. 3 DSGVO („nur für bestimmte Forschungsbereiche oder Teile von Forschungsprojekten") Ausdruck gefunden hat.

*3. Zur Übertragbarkeit der Privilegierung auf statistische Zwecke*

Vor diesem Hintergrund stellt sich die Frage: Kann das Konzept des *Broad Consent* auf die Datenverarbeitung zu *statistischen Zwecken* übertragen werden? Der normative Ansatzpunkt (EG 33 DSGVO) spricht ausdrücklich nur die „wissenschaftliche Forschung" an. Das legt ein beredtes Schweigen nahe. Demnach wäre eine „breite" Einwilligung im statistischen Kontext unzulässig. Allerdings ist die gesetzgeberische Erwägung für sich genommen rechtlich nicht verbindlich.[174] Sie ist lediglich ein – wenn auch gewichtiges – Auslegungselement und muss daher stets an den verfügenden Teil der Verordnung rückgebunden werden.[175] Mit anderen Worten: Die Erwägungsgründe sind Hilfsmittel der Auslegung, aber selbst nicht Gegenstand derselben. Geht man aber – wie hier – davon aus, dass sich der *Broad Consent* mit dem im verbindlichen Normtext verankerten Bestimmtheitsgebot in Einklang bringen lässt, dann wäre prinzipiell auch Raum, diese Privilegierung auf die Statistik zu erstrecken. Denn in methodologischer Hinsicht geht es dann nicht um eine Analogie des Erwägungsgrunds. Zu beantworten ist vielmehr die Frage, ob der Rechtsgedanke des EG 33 DSGVO für die Verarbeitung zu statistischen Zwecken in gleicher Weise zutrifft und ob der verfügende Teil der Verordnung eine solche (extensive) Interpretation zulässt.

Dafür ist *erstens* bedeutsam, dass die Verarbeitungssituation bei der Statistik ebenfalls eine besondere (s. Kapitel IX der Datenschutz-Grundverordnung[176]) ist. Nicht ohne Grund fasst die Verordnung die Verarbeitung zu wissenschaftlichen Forschungszwecken *und* zu statistischen Zwecken in mehreren Vorschriften – allen voran in Art. 89 – zusammen. Neben dem Besonderen betont der Sekundärrechtsakt damit in systematischer Hinsicht auch das Gemeinsame, das

---

[172] Hervorhebung d. Verf. Der Bundesgesetzgeber griff dabei ausdrücklich auf den Rechtsgedanken des EG 33 DSGVO zurück, s. BT-Drs. 18/12611, S. 104.

[173] Vgl. dazu auch den 29. Tätigkeitsbericht für den Datenschutz und die Informationsfreiheit (2020), BT-Drs. 19/29681, S. 40 mit zurückhaltender Kritik des BfDI; s. in diesem Zusammenhang auch schon die Datenstrategie der Bundesregierung, BT-Drs. 19/26450, S. 31.

[174] EuGH, Urt. v. 24.11.2005 – C-136/04, ECLI:EU:C:2005:716 – Deutsches Milch-Kontor, Rn. 32 m.w.N.; zur Rechtsnatur von Erwägungsgründen S. 242 m.w.N. in § 7 Fn. 119.

[175] Vgl. dazu etwa *Köndgen*, in: Riesenhuber (Hrsg.), Europäische Methodenlehre, 3. Aufl., 2014, § 6 Rn. 51: „Richtschnur für jede teleologische Interpretation"; „primäre[s] *policy statement*" (Hervorhebung im Original).

[176] Vgl. zu Art. 89 DSGVO unten S. 219 ff.

### C. Allgemeine Voraussetzungen der Einwilligung

diesen Zwecken typischerweise anhaftet. Entsprechendes gilt für den Zweckbindungsgrundsatz, der eng mit dem Bestimmtheitsgebot der Einwilligung verbunden ist („für [...] bestimmte Zwecke"[177]). Die Sekundärverarbeitung wird dadurch privilegiert.[178] Diese Auslegung verträgt sich *zweitens* auch mit dem „multifunktionalen Charakter" der Datenverarbeitung zu statistischen Zwecken, den auch die Rechtsprechung[179] anerkennt. Das Gericht hat schon in seinem Volkszählungsurteil darauf hingewiesen, dass eine enge und konkrete Zweckbindung hier nicht verlangt werden könne. Denn es gehöre zum Wesen der Statistik, dass die Daten nach ihrer statistischen Aufbereitung für die verschiedensten, nicht von vornherein bestimmbaren Aufgaben verwendet werden sollen.[180] Das Gericht gewährt der amtlichen Statistik daher eine Ausnahme von dem Erfordernis, den Zweck konkret zu umschreiben. Diese Ausführungen sind zwar unmittelbar an den Gesetzgeber adressiert, lassen sich aber auch für Einwilligungskonstellation fruchtbar machen. Die Realbedingungen (Multifunktionalität) sind durchaus vergleichbar. Und *drittens* begegnet das europäische Datenschutzrecht – ebenso wie das deutsche Verfassungsrecht – dem gesteigerten Risiko für die Rechte und Freiheiten der betroffenen Personen mit besonderen Sicherheitsvorkehrungen.[181] Diese kompensieren das Fehlen zweckorientierter Schranken. Dort, wo die zusätzlichen Garantien die freiheitsrechtlichen Gefährdungen hinreichend absichern, erscheint es vertretbar, die strengen Anforderungen an die Bestimmtheit der Einwilligung auch für die Statistik ein Stück weit abzusenken.

Ein *Broad Consent* ist somit in statistischen Verarbeitungskontexten prinzipiell möglich. Selbstverständlich gilt aber auch hier: Die Einwilligungsersuchen sollten „so konkret wie nur möglich, aber so abstrakt wie nötig"[182] sein. Analog zur Forschung ist die Legitimationskraft der „breiten" Einwilligung daher auf bestimmte Statistik*bereiche* beschränkt. Umgekehrt heißt das: Eine pauschale Einwilligung in die Verarbeitung „zu statistischen Zwecken" (z.B. „Ich bin damit einverstanden, dass meine Daten zu statistischen Zwecken weiterverarbeitet werden.") wäre jedenfalls zu unbestimmt.

---

[177] Art. 6 Abs. 1 UAbs. 1 Buchst. a DSGVO; dazu oben S. 118.
[178] Ausf. zu dieser Privilegierung unten S. 358 ff.
[179] BVerfGE 65, 1 (48).
[180] BVerfGE 65, 1 (47); bestätigt in BVerfGE 150, 1 (108, Rn. 223).
[181] Vgl. dazu § 8, S. 249 ff.
[182] *Rammos*, in: Taeger (Hrsg.), Recht 4.0 – Innovationen aus den rechtswissenschaftlichen Laboren, 2017, S. 370.

## D. Besondere Verarbeitungssituationen

Für bestimmte Verarbeitungssituationen stellt die Datenschutz-Grundverordnung besondere Anforderungen an die Rechtmäßigkeit der Einwilligung. Das gilt (I.) für die Verarbeitung sog. sensibler Daten gemäß Art. 9 Abs. 1 DSGVO. Schwierigkeiten bereitet zudem die Einwilligungsfähigkeit von Minderjährigen, die die Verordnung – etwas ungenau – als „Kinder" bezeichnet (II.). Bei statistischen Befragungen geben Personen mitunter stellvertretend Auskunft für andere Personen; somit stellt sich die Frage, ob diese Erhebungsform (Stellvertretung in sog. Proxy-Interviews) mit dem europäischen Datenschutzrecht vereinbar ist (III.)

### I. Verarbeitung sensibler Daten

Die Verarbeitung sensibler Daten i. S. d. Art. 9 Abs. 1 DSGVO steht unter besonderem Schutz. Der Unionsgesetzgeber unterstellt, dass diese Datenkategorien (z. B. Gesundheitsdaten[183] oder Daten, „aus denen die rassische und ethnische Herkunft, politische Meinungen, religiöse oder weltanschauliche Überzeugungen [...] hervorgehen") „ihrem Wesen nach hinsichtlich der Grundrechte und Grundfreiheiten besonders sensibel sind" (EG 51 S. 1 DSGVO). Gleichwohl kann das Rechtsinstitut der Einwilligung auch die Verarbeitung sensibler Daten legitimieren. Das an sich strenge Verbot, diese Daten zu verarbeiten, gilt dann nicht, wenn die betroffene Person eingewilligt hat (Art. 9 Abs. 2 Buchst. a DSGVO). Anders als bei „einfachen" personenbezogenen Daten muss der Betroffene die Einwilligung aber *ausdrücklich* erklären.[184] Eine bloß konkludente Willensbekundung genügt nicht.[185] Die Ausdrücklichkeit begründet indes kein Formerfordernis. Der Schriftform im bürgerlich-rechtlichen Sinne (§ 126 BGB) bedarf es also nicht. Zu Nachweiszwecken (vgl. Art. 5 Abs. 2 und Art. 7 Abs. 1 DSGVO) empfiehlt es sich jedoch, das Einverständnis schriftlich oder elektronisch zu dokumentieren.[186]

---

[183] Siehe dazu die Legaldefinition in Art. 4 Nr. 15 DSGVO; weiterführend unten S. 395 ff.

[184] Die allgemeinen Voraussetzungen (s. oben S. 100 ff.) gelten freilich auch für die Einwilligung gem. Art. 9 Abs. 2 Buchst. a DSGVO; ebenso *Albers/Veit*, in: Wolff/Brink (Hrsg.), BeckOK DatenschutzR, 39. Ed. (1.11.2021), Art. 9 Rn. 50.

[185] So z. B. auch OLG Naumburg CR 2020, 184 (186); aus der Literatur nur *Albers/Veit*, in: Wolff/Brink (Hrsg.), BeckOK DatenschutzR, 39. Ed. (1.11.2021), Art. 9 Rn. 51. Gleiches galt schon unter dem alten Recht, s. *Simitis*, in: ders. (Hrsg.), BDSG, 7. Aufl., 2014, § 4a BDSG a. F. Rn. 88.

[186] Vgl. *Albers/Veit*, in: Wolff/Brink (Hrsg.), BeckOK DatenschutzR, 39. Ed. (1.11.2021), Art. 9 Rn. 51; *Petri*, in: Simitis/Hornung/Spiecker gen. Döhmann (Hrsg.), DatenschutzR, 2019, Art. 9 Rn. 33; *Schulz*, in: Gola (Hrsg.), DSGVO, 2. Aufl., 2018, Art. 9 Rn. 17. Nach *Veil*, NJW 2018, 3337 (3339) manifestiert sich in der Nachweispflicht der präventive Charakter des Datenschutzrechts („Risikovorsorge"; „Vorfeldschutz").

*D. Besondere Verarbeitungssituationen*

Die amtliche Statistik kann daher auch sensible Daten auf Grundlage einer Einwilligung erheben und weiterverarbeiten. Von der Ermächtigung[187], die Einwilligung bei sensiblen Daten sektoral auszuschließen („Einwilligungsfestigkeit"[188]), hat der (Bundes-)Gesetzgeber bislang – soweit ersichtlich – keinen Gebrauch gemacht (vgl. etwa § 22 und § 27 BDSG). Dieser Erlaubnistatbestand ist im Verhältnis Bürger – Staat mithin nicht per se ausgeschlossen.[189] Zwar gelten in diesem Kontext ggf. erhöhte Rechtmäßigkeitsanforderungen, insbesondere bei der Bestimmtheit und der Freiwilligkeit. So ist besonders sorgfältig zu prüfen, ob das erklärte Einverständnis wirklich auf einer freien Entscheidung der betroffenen Person beruht.[190] Jedoch sind die Befugnisse der statistischen Ämter – wie gezeigt – nicht mit denen „klassischer" Verwaltungs(vollzugs-)behörden vergleichbar. Die Statistikbehörden sind in erster Linie bloße „Informationsdienstleister", die zudem strengen Sicherungsvorkehrungen (insbesondere Geheimhaltung, Rückspielverbot und Abschottungsgebot)[191] unterliegen. Aus diesem Grund sollten die Anforderungen an die Einwilligung insgesamt nicht überdehnt werden. Die betroffene Person kann daher an statistischen Erhebungen teilnehmen und dabei auch in die Verarbeitung sensibler Daten (z. B. Gesundheitsdaten) einwilligen. Amtliche Befragungen auf freiwilliger Grundlage können somit auch besondere Kategorien personenbezogener Daten i. S. d. Art. 9 Abs. 1 DSGVO betreffen.

---

[187] Art. 9 Abs. 2 Buchst. a DSGVO a. E. („es sei denn […]"); für eine restriktive Interpretation *Albers/Veit*, in: Wolff/Brink (Hrsg.), BeckOK DatenschutzR, 39. Ed. (1.11.2021), Art. 9 Rn. 49; *Frenzel*, in: Paal/Pauly (Hrsg.), DSGVO/BDSG, 3. Aufl., 2021, Art. 9 Rn. 23: „nur in Ausnahmefällen gerechtfertigt".

[188] *Frenzel*, in: Paal/Pauly (Hrsg.), DSGVO/BDSG, 3. Aufl., 2021, Art. 9 Rn. 22 f.

[189] Vgl. dazu z. B. die im April 2020 bereitgestellte „Datenspende-App" des Robert Koch-Instituts. Das RKI analysierte freiwillig zur Verfügung gestellte Daten aus Fitness-Trackern von mehr als 500.000 Bürgerinnen und Bürgern (s. 29. Tätigkeitsbericht des *BfDI* für das Jahr 2020, BT-Drs. 19/29681, S. 27 f.). Erlaubnistatbestand war und ist auch hier die – vom *BfDI* soweit ersichtlich nicht prinzipiell infrage gestellte – Einwilligung. Vgl. dazu auch *Kühling/Schildbach*, NJW 2020, 1545 (1546).

[190] In diesem Sinne z. B. auch *Kühling/Schildbach*, NJW 2020, 1545 (1547), die hinsichtlich der Datenspende-App des RKI keinerlei „Anzeichen für einen sozialen, staatlichen oder durch Anreizsysteme erzeugten Druck" sehen und daher zu Recht von einer prinzipiell „freie[n], altruistisch motivierte[n] Entscheidung" ausgehen (ebenda, S. 1548).

[191] Ausf. dazu S. 283 ff.

## II. Einwilligung von Minderjährigen („Kinder")

Die Einwilligung von Kindern[192] ist in der Datenschutz-Grundverordnung nicht allgemein geregelt.[193] Ob und nach welchen Maßgaben sie zulässig ist, ist in Rechtsprechung und Literatur bislang nicht geklärt. Lediglich für „Dienste der Informationsgesellschaft"[194] (engl.: „information society services", also z. B. soziale Netzwerke) enthält die Verordnung eine Sonderregelung: Art. 8 trägt dem besonderen Schutzbedürfnis von Kindern Rechnung und reguliert die Einwilligung bei Angeboten, die der Verantwortliche direkt bzw. „speziell"[195] einem Kind macht. Da die amtliche Statistik keine Dienste der Informationsgesellschaft in diesem Sinne anbietet, ist die Vorschrift nicht unmittelbar anwendbar. Die dort genannten Altersgrenzen können aber gleichwohl herangezogen werden, um die *Einwilligungsfähigkeit* von Kindern bzw. Minderjährigen im Einzelfall zu bestimmen. Eine Person ist – nach einer Definition von *Ansgar Ohly* – einwilligungsfähig, „wenn sie nach der Wertung der Rechtsordnung über die Fähigkeit verfügt, selbständig wirksam in einen Eingriff einwilligen zu können".[196] Maßgeblich ist insofern, ob die betroffene Person – hier das Kind – *einsichtsfähig*[197] ist, mithin „Bedeutung und Tragweite [ihrer] auf die Freizeichnung eines Datenumgangs gerichteten Erklärung"[198] versteht.

---

[192] Als Kinder werden hier mit der h. M. im datenschutzrechtlichen Schrifttum solche Personen verstanden, die das 18. Lebensjahr noch nicht vollendet haben, vgl. nur *Roßnagel*, ZD 2020, 88 (89). Zu den Unterschieden zum BGB insbes. *Hacker*, Datenprivatrecht, 2020, S. 231 f.

[193] Ebenso *Schrader*, Datenschutz Minderjähriger, 2021, S. 168.

[194] Siehe die Legaldefinition in Art. 4 Nr. 25 i. V. m. Art. 1 Abs. 1 Buchst. b RL (EU) 2015/1535: „jede in der Regel gegen Entgelt elektronisch im Fernabsatz und auf individuellen Abruf eines Empfängers erbrachte Dienstleistung".

[195] So z. B. *Botta*, Datenschutz bei E-Learning-Plattformen, 2020, S. 126 m. w. N., der auf den objektiven Empfängerhorizont eines Kindes abstellt. Vgl. dazu auch *EDSA*, Leitlinien 5/2020, Version 1.1 v. 4.5.2020, Rn. 130 sowie *Schrader*, Datenschutz Minderjähriger, 2021, S. 140 ff., auch zu Abgrenzungsschwierigkeiten bei Dual-use-Angeboten.

[196] *Ohly*, „Volenti non fit iniuria" – Die Einwilligung im Privatrecht, 2002, S. 293; ihm folgend *Schrader*, Datenschutz Minderjähriger, 2021, S. 74.

[197] Siehe dazu auch die Darstellung des Meinungsstreits (Geschäftsfähigkeit oder Einsichtsfähigkeit) bei *Schrader*, Datenschutz Minderjähriger, 2021, S. 74 ff., demzufolge der Streit wegen der großen Überschneidungen der Begriffe „im Ergebnis unerheblich" sei.

[198] So die Definition bei *Kramer*, in: Eßer/Kramer/von Lewinski (Hrsg.), Auernhammer, 4. Aufl., 2014, § 4a BDSG a. F. Rn. 15. Vgl. die verschiedenen Definitionen bei *Schrader*, Datenschutz Minderjähriger, 2021, S. 77 ff., der letztlich dafür plädiert, nicht nur auf ein *kognitives*, sondern zusätzlich auf ein *voluntatives* Element abzustellen.

Art. 8 Abs. 1 DSGVO ist eine *Regelvermutung* zu entnehmen.[199] Kinder *ab 16 Jahren*[200] besitzen regelmäßig die nötige Einsichtsfähigkeit, um eine datenschutzrechtliche Einwilligung rechtswirksam zu erteilen. Der Unionsgesetzgeber spricht diesen Personen prinzipiell „Datenmündigkeit"[201] zu. Kinder sind – so die gesetzgeberische Vermutung – ab diesem Alter für gewöhnlich in der Lage, ihre datenschutzrechtlichen Rechte selbstbestimmt und eigenverantwortlich auszuüben. Es bedarf dann schon besonderer Umstände, um diese Vermutung für die altersbedingte Verstandesreife[202] zu widerlegen. I. d. S. mündige Kinder können daher selbstständig einwilligen. Eine kumulative Einwilligung – also von Kindern *und* deren gesetzlichen Vertretern – kennt das europäische Datenschutzrecht nicht (mehr). Eine Doppelzuständigkeit, wie sie unter dem alten Recht diskutiert worden war,[203] ist der Verordnung fremd:[204] Entweder es ist der (gesetzliche) Vertreter zuständig oder das einsichtsfähige Kind. Dies entspricht auch der Regelung für die Zeitverwendungserhebung (ZVE): Haben

---

[199] *Kienle*, PinG 2020, 208 (211 f.); wohl auch *Hacker*, Datenprivatrecht, 2020, S. 230 (mit Fn. 755). In methodologischer Hinsicht handelt es sich nicht um eine analoge Anwendung des Art. 8 Abs. 1 DSGVO; dagegen auch *Schrader*, Datenschutz Minderjähriger, 2021, S. 169. Vielmehr wird die Wertung bzw. der Rechtsgedanke herangezogen, um die Einsichtsfähigkeit im Regelfall zu bestimmen. S. ferner *Schrader*, Datenschutz Minderjähriger, 2021, S. 170, der die Vorschrift als „Indiz für den Eintritt der Einwilligungsfähigkeit" heranzieht. Er plädiert schließlich dafür, im Interesse „eines hohen Grades an Rechtssicherheit" die in der Art. 8 Abs. 1 DSGVO gesetzten Altersgrenzen einzuhalten (ebenda, S. 170).
[200] Gem. Art. 8 Abs. 1 UAbs. 2 DSGVO *können* die Mitgliedstaaten die Altersgrenze jedoch bis auf 13 Jahre absenken. Dies gilt jedoch nur für Angebote von Diensten der Informationsgesellschaft, die direkt einem Kind gemacht werden. Einige Mitgliedstaaten haben von dieser fakultativen Öffnungsklausel Gebrauch gemacht (krit. zur heterogenen Rechtslage der Evaluationsbericht der *Europäischen Kommission*, COM[2020] 264 final, S. 7): 13 Jahre in Belgien, Dänemark, Estland, Finnland, Lettland, Malta, Portugal und Schweden; 14 Jahre in Bulgarien, Italien, Litauen, Österreich, Spanien und Zypern; 15 Jahre in Frankreich, Griechenland und Tschechien; 16 Jahre in Deutschland, Irland, Kroatien, Luxemburg, den Niederlanden, Polen, Rumänien, der Slowakei und Ungarn; s. SWD(2020) 115, S. 17 (mit Fn. 60). S. dazu auch *Schrader*, Datenschutz Minderjähriger, 2021, S. 167.
[201] Zu dem Begriff wohl erstmals *Heckmann/Paschke*, in: Ehmann/Selmayr (Hrsg.), DS-GVO, 2. Aufl., 2018, Art. 8 Rn. 30, s. auch *Albrecht*, CR 2016, 88 (97): „Schwelle zur Datenschutz-Mündigkeit"; eingehend *Kienle*, PinG 2020, 208 ff.: Datenmündigkeit beschreibt hier den Grad an Einsichtsfähigkeit, ab dem ein Kind seine datenschutzrechtlichen Rechte selbstbestimmt und eigenverantwortlich wahrnehmen kann. Von „digitaler Mündigkeit" spricht bspw. *EDSA*, Leitlinien 5/2020, Version 1.1 v. 4.5.2020, Rn. 132.
[202] I. d. S. auch *Klement*, in: Simitis/Hornung/Spiecker gen. Döhmann (Hrsg.), DatenschutzR, 2019, Art. 8 Rn. 12; weitergehend *Buchner/Kühling*, in: dies. (Hrsg.), DSGVO/BDSG, 3. Aufl., 2020, Art. 8 Rn. 19.
[203] Vgl. etwa *Rogosch*, Die Einwilligung im Datenschutzrecht, 2012, S. 54 f.
[204] Wie hier *Klement*, in: Simitis/Hornung/Spiecker gen. Döhmann (Hrsg.), DatenschutzR, 2019, Art. 8 Rn. 27; a. A. wohl *Gierschmann*, in: Gierschmann/Schlender/Stentzel/Veil (Hrsg.), DSGVO, 2018, Art. 7 Rn. 42.

Minderjährige das 16. Lebensjahr vollendet, erteilen sie die Einwilligung selbst (§ 4 Abs. 2 S. 2 ZVEG).

Personen *unter 13 Jahren* besitzen demgegenüber die nötige Einsichtsfähigkeit typischerweise noch nicht. Diese Altersgrenze ist zwar nicht unmittelbar im Unionsrecht verankert. Sie lässt sich aber aus der fakultativen Öffnungsklausel des Art. 8 Abs. 1 UAbs. 2 DSGVO ableiten. Diese stellt es den Mitgliedstaaten anheim, die Altersgrenze in Bezug auf Dienste der Informationsgesellschaft bis auf 13 Jahre abzusenken.[205] Mit dieser „absoluten Untergrenze"[206] gibt die Verordnung zu erkennen, dass Kinder diesen Alters generell noch nicht in der Lage seien, die spezifischen Gefährdungen von Informationsdienstleistungen für ihre Rechte und Freiheiten zu übersehen. Nun ist ein Schluss vom Besonderen auf das Allgemeine bei Untergrenzen zwar nicht unproblematisch: Denn in weniger schutzbedürftigen Verarbeitungskontexten könnte die Altersgrenze theoretisch auch niedriger liegen. Gleichwohl enthält die gesetzgeberische Typisierung einen Richtwert im Sinne einer negativen Vermutung, der kontextspezifisch angepasst werden kann.[207]

Im Korridor *zwischen 13 und 16 Jahren* ist die Einsichtsfähigkeit des Kindes stets *im Einzelfall* zu prüfen – gesetzlich vorgesteuerte Vermutungen bestehen insofern nicht. Die hier vertretenen Altersgrenzen unterscheiden sich damit von denen, die die Verbände der Markt- und Sozialforschung in Deutschland in ihrer „Richtlinie für die Befragung von Minderjährigen" aus dem Jahr 2021 empfehlen:[208] Danach seien Personen unter 14 Jahren grundsätzlich nicht einwilligungsfähig; bei Personen im Alter zwischen 14 und 17 Jahren hänge die Entscheidung, ob diese befragt werden dürfen, von Ort und Thema der Befragung sowie der jeweiligen Einsichtsfähigkeit des Minderjährigen ab. Diese Schwellenwerte sind in doppelter Hinsicht strenger (erst ab 14 Jahren und noch bis 17 Jahren) als die im Sekundärrecht bereichsspezifisch festgelegten Altersgrenzen.

Fehlt es an der Einsichtsfähigkeit, kommen die (gesetzlichen) *Vertreter* ins Spiel. In Bezug auf die Dienste der Informationsgesellschaft verweist Art. 8 Abs. 1 UAbs. 1 S. 2 DSGVO insofern auf den „Träger der elterlichen Verantwor-

---

[205] Siehe dazu die Nachweise in § 4 Fn. 200.

[206] *Karg*, in: Wolff/Brink (Hrsg.), BeckOK DatenschutzR, 39. Ed. (1.11.2021), Art. 8 Rn. 19.

[207] *Kienle*, PinG 2020, 208 (210ff.). Vgl. auch *Klement*, in: Simitis/Hornung/Spiecker gen. Döhmann (Hrsg.), DatenschutzR, 2019, Art. 8 Rn. 12, der zu Recht betont, dass die Altersgrenze etwa bei der Verarbeitung sensibler Daten (oben S. 122) auch höher liegen kann.

[208] *Verbände der Markt- und Sozialforschung*, Richtlinie für die Befragung von Minderjährigen, Januar 2021, S. 1. Die Richtlinie wurde im Januar 2021 überarbeitet. Sie löst die Fassung aus dem Jahr 2006 ab, die noch auf andere Altersgrenzen (unter 11: grds. nicht einsichtsfähig; 11 bis 13: im Einzelfall festzustellen, 14 bis 17: Einsichtsfähigkeit wird grds. unterstellt) abstellte; ebenso z.B. *Nachtsheim/König*, in: Baur/Blasius (Hrsg.), Handbuch Methoden der empirischen Sozialforschung, 2019, S. 929.

tung" (engl.: „holder of parental responsibility").²⁰⁹ Da spezielle, unionsrechtliche Vorschriften zur Vertretung fehlen, ist ein Rückgriff auf das mitgliedstaatliche Recht möglich.²¹⁰ Gesetzliche Vertreter sind nach § 1626 Abs. 1 i. V. m. § 1629 BGB grundsätzlich die Eltern. Sie sind insofern gleichsam „Treuhänder" der kindlichen Interessen:²¹¹ Somit leitet allen voran das *Kindeswohl* in seiner persönlichkeitsrechtlichen Ausprägung die Entscheidung der Eltern an. Rechtstheoretisch bestehen zwei Alternativen: So können die Eltern die Einwilligung entweder *selbst* (also gleichsam „für" das Kind) abgeben oder aber ihre *vorherige Zustimmung* zur kindlichen Willensbekundung erteilen.²¹² Stets haben sie dabei den Willen des Kindes in einer Weise zu berücksichtigen, die seinem Alter und Reifegrad entspricht.²¹³ Sobald das Kind aber die „digitale Mündigkeit"²¹⁴ erreicht, geht die Entscheidungskompetenz auf das erwachsen gewordene Kind über: Es kann die Einwilligung nunmehr in eigener Verantwortung bestätigen, ändern oder widerrufen.²¹⁵ Eine vormals erklärte Einwilligung der gesetzlichen Vertreter bleibt indes wirksam, wenn und soweit das Kind nicht tätig wird.²¹⁶ Ein Beispiel für eine spezielle Vertretungsregelung findet sich in § 4 Abs. 2 S. 1 ZVEG:²¹⁷ Bei der Zeitverwendungserhebung 2022 muss *eine*²¹⁸ sorgeberechtigte Person einwilligen, wenn sich die Befragung an Minderjährige unter 16 Jahren²¹⁹ richtet. Der Gesetzgeber wählt diese Altersgrenze, da sich jüngere Personen der „Risiken, Folgen und Garantien" sowie „ihrer Rechte bei der Verarbei-

---

²⁰⁹ Im Kommissionsentwurf war noch von „Eltern oder [...] Vormund des Kindes" die Rede, s. KOM(2012) 11 final, S. 52. Nach *Buchner/Kühling*, in: dies. (Hrsg.), DSGVO/BDSG, 3. Aufl., 2020, Art. 8 Rn. 20 trage diese Formulierung der „Heterogenität mitgliedstaatlicher Regelungen des kindlichen Sorgerechts" Rechnung.
²¹⁰ *Klement*, in: Simitis/Hornung/Spiecker gen. Döhmann (Hrsg.), DatenschutzR, 2019, Art. 8 Rn. 25; wohl auch *Hacker*, Datenprivatrecht, 2020, S. 230 (mit Fn. 754).
²¹¹ *Klement*, in: Simitis/Hornung/Spiecker gen. Döhmann (Hrsg.), DatenschutzR, 2019, Art. 8 Rn. 27; vgl. auch *Heckmann/Paschke*, in: Ehmann/Selmayr (Hrsg.), DSGVO, 2. Aufl., 2018, Art. 8 Rn. 28 ff. und 31 ff.
²¹² *Heckmann/Paschke*, in: Ehmann/Selmayr (Hrsg.), DSGVO, 2. Aufl., 2018, Art. 8 Rn. 28 ff.
²¹³ Vgl. Art. 24 Abs. 1 S. 3 GRCh, § 1626 Abs. 2 BGB.
²¹⁴ EDSA, Leitlinien 5/2020, Version 1.1 v. 4.5.2020, Rn. 132; für weitere Nachweise siehe § 4 Fn. 201.
²¹⁵ EDSA, Leitlinien 5/2020, Version 1.1 v. 4.5.2020, Rn. 147.
²¹⁶ EDSA, Leitlinien 5/2020, Version 1.1 v. 4.5.2020, Rn. 148.
²¹⁷ Die Vorschriften im ZensG 2022 (§ 25 Abs. 1 S. 1) und MZG (§ 13 Abs. 2), die sich an Minderjährige mit einem eigenen Haushalt richten, sind hier nicht einschlägig. Sie ordnen eine Auskunftspflicht an – es handelt sich mithin nicht um eine Erhebung auf freiwilliger Grundlage.
²¹⁸ Vgl. aber auch OLG Düsseldorf ZD 2021, 650 (651), wonach für die Verbreitung von Fotos eines Kindes in digitalen sozialen Medien gem. § 22 KUG die Einwilligung *beider* sorgeberechtigter Elternteile erforderlich sei.
²¹⁹ In der ZVE werden Personen ab 10 Jahren in einem eigenen Fragebogen erfasst, vgl. § 6 Abs. 2 ZVEG.

tung personenbezogener Daten möglicherweise weniger bewusst" seien.[220] Es sei Aufgabe des oder der Sorgeberechtigten, die Privatsphäre der Kinder zu schützen.[221]

### III. Stellvertretung – Zur Zulässigkeit sog. Proxy-Interviews

Die amtliche Statistik führt sog. Proxy-Interviews durch. Darunter versteht man den Fall, dass eine Person X stellvertretend Auskunft über eine Person Y erteilt, etwa weil diese Zielperson Y (gerade) nicht anwesend oder erreichbar ist.[222] Anders gewendet: Die Person, die Informationen preisgibt, ist nicht identisch mit der Person, auf die sich die Informationen beziehen.

Im Zensusgesetz 2022 ist diese Konstellation im Rahmen der Auskunftspflicht geregelt. § 25 Abs. 4 enthält eine gesetzliche Vermutung: Danach sind alle auskunftspflichtigen Personen eines Haushalts grundsätzlich befugt, Auskünfte auch für die jeweils *anderen* Personen desselben Haushalts zu erteilen. Die Gesetzesbegründung verweist insofern auf die „Verwaltungspraktikabilität" und „Verwaltungsökonomie" sowie auf die – nicht näher begründeten – „Erfahrungen" der Erhebungsbeauftragten.[223] Eine ähnliche Regelung findet sich im Mikrozensusgesetz (§ 13 Abs. 8). Beide Vorschriften lassen sog. Proxy-Interviews ausdrücklich zu. Da sie jedoch eine Auskunftspflicht anordnen, handelt es sich aus datenschutzrechtlicher Sicht *nicht* um eine Einwilligungskonstellation.

Der Einwilligung kann jedoch insofern eine Auffangfunktion zukommen, als sie solche Angaben erfasst, die nur auf freiwilliger Basis erhoben werden (dürfen). So ist etwa im Rahmen des Zensus vorgesehen, dass „[i]m Falle von Antwortausfällen" bei der Gebäude- und Wohnungszählung (auskunftspflichtig sind vorrangig die Eigentümer, die Verwalter oder die sonst Verfügungs- und Nutzungsberechtigten) „ersatzweise die Bewohnerinnen und Bewohner des Gebäu-

---

[220] BT-Drs. 19/26935, S. 17.

[221] BT-Drs. 19/26935, S. 17.

[222] Siehe etwa *Statistische Ämter des Bundes und der Länder*, Qualitätshandbuch 2021 (Version 1.21), 2021, S. 146. Vgl. auch BT-Drs. 19/8693, S. 59: „Eine stellvertretende Befragung (sogenannte Proxy-Befragung) liegt vor, wenn ein Haushaltsmitglied stellvertretend Auskünfte für ein anderes Haushaltsmitglied erteilt [...]." Ferner VG Hannover, Urt. v. 25.10.2016 – 10 A 4657/16, juris Rn. 2 („Proxy-Interview"; dort aber nur im Tatbestand). – Zur Befragung von älteren und alten Menschen s. etwa *Motel-Klingebiel/Klaus/Simonson*, in: Baur/Blasius (Hrsg.), Handbuch Methoden der empirischen Sozialforschung, 2019, S. 935 (940); zu pflegebedürftigen Personen: *Trübner/Schmies*, in: Baur/Blasius (Hrsg.), Handbuch Methoden der empirischen Sozialforschung, 2019, S. 957 (962); im Kontext des Mikrozensus s. *Hartmann/Lengerer*, in: Baur/Blasius (Hrsg.), Handbuch Methoden der empirischen Sozialforschung, 2019, S. 1223 (1225). Vgl. aber auch Art. 4 Abs. 3 Durchführungs-VO (EU) 2021/861 für den Bereich „Allgemeine und berufliche Bildung gemäß VO (EU) 2019/1700": „Proxy-Befragungen sind soweit wie möglich zu vermeiden".

[223] BT-Drs. 19/8693, S. 59.

des oder der Wohnung befragt werden" (§ 24 Abs. 4 S. 1 ZensG 2022). Diese sind allerdings nicht auskunftspflichtig (§ 24 Abs. 1 S. 2 ZensG 2022); sie erteilen ihre Auskunft freiwillig.[224] Eine Besonderheit gilt bei den sog. *Dependent-Interviews*[225] im Rahmen des Mikrozensus: Gemäß § 14 Abs. 2 S. 1 MZG bedarf es hierfür der Einwilligung der Betroffenen. Die Gesetzesbegründung stellt insofern klar, dass dies auch für den Fall der Proxy-Befragung gelten soll: Danach dürfen sowohl frühere Angaben *aus* Proxy-Befragungen für Folgebefragungen verwendet als auch *Dependent-Interviews* in Folgebefragungen *als* Proxy-Interviews durchgeführt werden, sofern die jeweils befragten Personen eingewilligt haben. Es bedarf dann einer „zweifachen" Einverständniserklärung: Die betroffene Person muss zum einen in die Nachnutzung der früheren Angaben einwilligen und zum anderen ausdrücklich erklären, dass die Person, die ggf. stellvertretend Auskunft gibt, diese früheren Angaben auch sehen darf.[226]

Aus datenschutzrechtlicher Sicht stellt sich vor diesem Hintergrund die Frage: Können Proxy-Interviews über das Rechtsinstitut der Einwilligung konstruiert und damit legitimiert werden? Angesprochen ist die umstrittene Frage nach der *Höchstpersönlichkeit*[227] der Einwilligung. Nach einer Ansicht kann die Einwilligung nicht vertretungsweise erklärt werden. Die betroffene Person habe die Entscheidung über die Preisgabe seiner Daten selbst zu treffen; denkbar sei allenfalls, dass ein Dritter gleichsam als Bote eine Willensbekundung der betroffenen Person überbringt.[228] Zudem seien die Informationspflichten sinnvollerweise gerade auf die betroffene Person zugeschnitten.[229] Eine Stellvertretung wäre hiernach ausgeschlossen.

Die Gegenansicht verweist im Ausgangspunkt zu Recht darauf, dass die Datenschutz-Grundverordnung die Rechtsfigur der Stellvertretung im Kontext von Minderjährigen („für das Kind") prinzipiell anerkannt. Eine gesetzliche Vertretung ist somit dem Grunde nach zulässig. Außerdem gilt für die rechtsgeschäftlich begründete Vertretungsmacht: Auch derjenige, der eine Vollmacht erteilt

---

[224] Siehe BT-Drs. 19/8693, S. 59.
[225] Nach der Gesetzesbegründung zielt das sog. Dependent-Interview darauf, Angaben aus vorangegangenen Befragungen in der Folgebefragung derselben Person wiederzuverwenden anstatt alle Angaben neu erheben zu müssen, s. BT-Drs. 18/9418, S. 45.
[226] Vgl. dazu BT-Drs. 18/9418, S. 45 f. Ziel dieser Konzeption ist, sowohl die Befragten als auch die Erhebungsbeauftragten bei der Durchführung der Folgebefragungen zu entlasten (ebenda, S. 46).
[227] Die Stellvertretung (§§ 164 ff. BGB) ist bei höchstpersönlichen Rechtsgeschäften ausgeschlossen, vgl. *Schäfer*, in: Hau/Poseck (Hrsg.), BeckOK BGB, 61. Ed. (1.2.2022), § 164 Rn. 4 m.w.N.
[228] So *Ernst*, ZD 2017, 110 (111); für eine Höchstpersönlichkeit wohl auch *Schwartmann/Klein*, in: Schwartmann/Jaspers/Thüsing/Kugelmann (Hrsg.), DSGVO/BDSG, 2. Aufl., 2020, Art. 6 Rn. 12; „eher ablehnend" auch *Taeger*, in: Taeger/Gabel (Hrsg.), DSGVO/BDSG/TTDSG, 3. Aufl., 2022, Art. 7 Rn. 15.
[229] Vgl. zu diesem Argument *Ingold*, in: Sydow (Hrsg.), DSGVO, 2. Aufl., 2018, Art. 7 Rn. 19, der jedoch – zu Recht – der Gegenansicht folgt.

(vgl. § 167 BGB), übt sein informationelles Selbstbestimmungsrecht aus. Das Grundrecht – entsprechendes dürfte für Art. 8 (ggf. i. V. m. Art. 7) GRCh gelten – umfasst somit gleichermaßen die Befugnis, den Vollmachtnehmer zu ermächtigen, Daten über den Vollmachtgeber preiszugeben.[230] Diese Ansicht betont die Autonomie des Grundrechtsträgers und drängt eine übermäßig paternalistische Schutzkonzeption zurück.[231] Sie ist vorzugswürdig. Insbesondere ist ein Schutzbedürfnis dann nicht ersichtlich, wenn an den Akt der Bevollmächtigung dieselben Anforderungen wie an die Einwilligung selbst (insbesondere: Informiertheit und Bestimmtheit) gestellt werden.

Nach alledem ist sowohl eine gewillkürte als auch eine gesetzliche Stellvertretung prinzipiell zulässig. Die sog. Proxy-Interviews sind daher mit dem europäischen Datenschutzrecht prinzipiell vereinbar.

## E. Kombinierte Erhebungen – datenschutzrechtliche Zulässigkeit

In der statistischen Praxis finden sich drei Erhebungsformen: Statistiken mit Auskunftspflicht; Statistiken, die ausschließlich auf freiwilliger Grundlage entstehen sowie Statistiken, die beide Formen kombinieren[232]. Das Gesetz, das die jeweilige Statistik anordnet, bestimmt dann, welche Angaben freiwillig sind und für welche Auskunftspflicht besteht. Die Rahmenregelung des § 15 Abs. 1 S. 1 BStatG sieht diesen gemischten Erhebungstyp vor („ob und *in welchem Umfang*"[233]). Ein Beispiel findet sich im Mikrozensusgesetz. Der Gesetzgeber hat sich aus Gründen der Effizienz bewusst gegen eine getrennte Durchführung entschieden. Im Fragebogen aus dem Jahr 2019 waren z. B. die – besonders sensiblen – Angaben zur Behinderung („amtlich festgestellte Behinderteneigenschaft"; „Grad der Behinderung") freiwillig. Für den überwiegenden Teil der Erhebungsmerkmale bestand indes Auskunftspflicht (vgl. § 13 Abs. 1 und 7 MZG). Was aber sagt das europäische Datenschutzrecht dazu? Darf der Verantwortliche die Einwilligung mit gesetzlichen Erlaubnistatbeständen in einer Umfrage kombinieren?

---

[230] I. d. S. etwa *Buchner/Kühling*, in: dies. (Hrsg.), DSGVO/BDSG, 3. Aufl., 2020, Art. 7 Rn. 31; *Ingold*, in: Sydow (Hrsg.), DSGVO, 2. Aufl., 2018, Art. 7 Rn. 19. Für eine prinzipielle Vertretungsmöglichkeit im Kontext von Datentreuhändern: *Kühling*, ZfDR 1 (2021), 1 (8 f.); in Bezug auf Personal Information Management Systeme (PIMS) *Botta*, MMR 2021, 946 (948) m. w. N.

[231] Vgl. auch *Ingold*, in: Sydow (Hrsg.), DSGVO, 2. Aufl., 2018, Art. 7 Rn. 19; ebenso z. B. *Kühling*, ZfDR 1 (2021), 1 (8).

[232] Davon ist der Fall zu unterscheiden, dass eine statistische Erhebung neben der Statistik noch andere (Verwaltungs-)Zwecke verfolgt. Dies ist grds. verfassungsrechtlich unzulässig, s. etwa *Di Fabio*, in: Dürig/Herzog/Scholz (Hrsg.), GG, 39. EL (Juli 2001), Art. 2 Abs. 1 Rn. 186; ausf. unten S. 372 ff.

[233] Hervorhebung d. Verf.; s. bereits oben S. 96 ff.

Im Ausgangspunkt ist festzustellen: Die Einwilligung und die gesetzlichen Erlaubnistatbestände stehen unabhängig nebeneinander.[234] Das folgt schon aus dem Wortlaut des Art. 6 Abs. 1 DSGVO: Die Verarbeitung ist rechtmäßig, wenn und soweit „mindestens eine" der nachfolgenden Rechtsgrundlagen gegeben ist. Dies entspricht auch der englischen („at least one of the following applies") und der französischen („au moins une des conditions suivantes est remplie") Sprachfassung. Die Tatbestände schließen sich nicht gegenseitig aus. Der Verantwortliche – etwa das Statistische Bundesamt – kann die Datenverarbeitung auf mehrere Legitimationsgründe stützen.[235] Sie begründen jeweils eigenständig die Rechtmäßigkeit der Verarbeitung.[236] Das gilt selbst dann, wenn der Verantwortliche nur *einen* Zweck verfolgt.[237] Denn der Grundsatz der Zweckbindung verlangt für sich genommen nicht, dass der im Vorhinein festgelegte Zweck an nur eine Rechtsgrundlage gebunden wäre. Solange der Verantwortliche die betroffene Person in hinreichender transparenter Weise aufgeklärt hat, ist es sogar möglich, eine gesetzliche Verarbeitungserlaubnis durch eine Einwilligung „abzusichern".[238] Wer darüber informiert, dass er sich neben der Einwilligung *auch* auf eine gesetzliche Grundlage beruft, verstößt nicht gegen den Grundsatz von „Treu und Glauben" (engl.: „fairly"; franz.: „loyale").[239] Und auch ein widersprüchliches Verhalten (*venire contra factum proprium*)[240] ist darin nicht ohne Weiteres zu sehen.

Vor diesem Hintergrund ist es – erst recht – zulässig, einen Teil der statistischen Erhebung auf die Einwilligung und einen anderen Teil auf eine gesetzliche Verarbeitungserlaubnis zu stützen. Beide Teile, der freiwillige und der ver-

---

[234] Die Alternativität der Rechtsgrundlagen wurde indes jüngst durch EuGH, Urt. v. 4.7.2023 – C-252/21, ECLI:EU:C:2023:537 – Meta Platforms u. a., Rn. 92 f. infrage gestellt.
[235] Vgl. EuGH, Urt. v. 9.3.2017 – C-398/15, ECLI:EU:C:2017:197 – Manni, Rn. 42.
[236] So z. B. auch BGH NJW 2018, 3178 (3187, Rn. 94).
[237] *Schwartmann/Jacquemain*, in: Schwartmann/Jaspers/Thüsing/Kugelmann (Hrsg.), DSGVO/BDSG, 2. Aufl., 2020, Art. 6 Rn. 7.
[238] Zutreffend *Schwartmann/Jacquemain*, in: Schwartmann/Jaspers/Thüsing/Kugelmann (Hrsg.), DSGVO/BDSG, 2. Aufl., 2020, Art. 6 Rn. 8 und *Schwartmann/Klein*, in: Schwartmann/Jaspers/Thüsing/Kugelmann (Hrsg.), DSGVO/BDSG, 2. Aufl., 2020, Art. 6 Rn. 141. Vgl. auch *Schantz/Wolff*, Das neue Datenschutzrecht, 2017, Rn. 475; *Veil*, NJW 2018, 3337 (3341 f.).
[239] A. A. *Uecker*, ZD 2019, 248 (249). Wie hier z. B. *Schulz*, in: Gola (Hrsg.), DSGVO, 2. Aufl., 2018, Art. 6 Rn. 11 f.; noch weitergehend *Klement*, in: Simitis/Hornung/Spiecker gen. Döhmann (Hrsg.), DatenschutzR, 2019, Art. 7 Rn. 34, wonach die Anwendbarkeit der gesetzlichen Erlaubnisnormen nicht davon abhänge, dass sich der Verarbeiter auf sie beruft, auf sie zurückgreift oder den Betroffenen auf ihre (mögliche) Einschlägigkeit hingewiesen hat.
[240] I. d. S. wohl *Buchner/Kühling*, in: dies. (Hrsg.), DSGVO/BDSG, 3. Aufl., 2020, Art. 7 Rn. 18, die im Ergebnis „allenfalls" dann von einer rechtswirksamen Einwilligung ausgehen, wenn die betroffene Person auf den (alternativen) gesetzlichen Erlaubnistatbestand hingewiesen worden ist; enger *Buchner/Petri*, in: Kühling/Buchner (Hrsg.), DSGVO/BDSG, 3. Aufl., 2020, Art. 6 Rn. 23. Dagegen zu Recht *Albers/Veit*, in: Wolff/Brink (Hrsg.), BeckOK DatenschutzR, 39. Ed. (1.11.2021), Art. 6 Rn. 27.

pflichtende, sind gedanklich und rechtstheoretisch trennbar. Es kommt dann nicht zu einer Kombination, sondern zu einer *Kumulation* der Rechtsgrundlagen. Dies ist eine Frage der *Transparenz*, nicht der Rechtmäßigkeit. Damit die Einwilligung trägt, muss die betroffene Person hinsichtlich jeder Angabe wissen, ob diese freiwillig ist oder nicht. Die Unterrichtungspflicht gemäß § 17 Abs. 1 Nr. 3 BStatG trägt diesem Transparenzgebot Rechnung. Flankiert wird diese Regelung durch die sekundärrechtliche Pflicht, die betroffene Person über die Rechtsgrundlage für die Verarbeitung vorab zu informieren (Art. 13 Abs. 1 Buchst. c DSGVO[241]). Beide Vorschriften fördern die Informiertheit, die für eine rechtswirksame Einwilligungserklärung notwendig ist (*informed consent*).[242]

## F. Widerruf der Einwilligung – Das Recht und seine Folgen für die Statistik

Die betroffene Person hat das Recht, die Einwilligung jederzeit zu widerrufen (Art. 7 Abs. 3 S. 1 DSGVO; Grundsatz der freien Widerrufbarkeit[243]).[244] Darin manifestiert sich die *einseitig* legitimierende Kraft dieser Rechtsfigur: Die betroffene Person kann die Befugnis zur Datenverarbeitung verleihen, sie aber auch jederzeit grundlos wieder entziehen. Die Einwilligung ist gewissermaßen „schwebend wirksam". Der freien Widerrufbarkeit kommt dabei die Funktion eines normativen Korrekturinstruments zu.[245] Aus diesem Grund kann die betroffene Person auf das Recht, der Verarbeitung zu widersprechen, auch nicht rechtswirksam verzichten;[246] die Vorschrift ist nicht abdingbar. Denn andernfalls begäbe sich die betroffene Person ihres informationellen Selbstbestimmungsrechts – und das womöglich für alle Zeit. Zudem muss der Widerruf als Kehrseite der Einwilligung so einfach wie ihre Erteilung sein (Art. 7 Abs. 3 S. 4 DSGVO). So genügt etwa eine konkludente Willensbekundung, die erkennen lässt, dass die betroffene Person mit der Datenverarbeitung nicht mehr einverstanden ist (z.B. der Abbruch einer Befragung). Der Widerruf bedarf weder ei-

---

[241] Zu Ausnahmen bzw. Beschränkungsmöglichkeiten s. unten S. 462.
[242] Zur Informiertheit oben S. 115.
[243] *Buchner/Kühling*, in: dies. (Hrsg.), DSGVO/BDSG, 3. Aufl., 2020, Art. 7 Rn. 33; s. überblickshaft *Buchner*, DuD 2021, 831 ff.
[244] Das Widerrufsrecht ist vom Widerspruchsrecht des Art. 21 DSGVO zu unterscheiden. Das Recht, einer – an sich rechtmäßigen – Datenverarbeitung zu widersprechen, knüpft an eine *gesetzliche* Verarbeitungserlaubnis an und folgt anderen Wirksamkeitsvoraussetzungen (s. nur *Veil*, NJW 2018, 3337 [3341]; zum Widerspruchsrecht bei der Verarbeitung zu statistischen Zwecken S. 425 ff. und S. 450 ff.). Im Fall einer kombinierten Erlaubnis (einwilligungsbasiert und gesetzlich), stehen Widerruf und Widerspruch selbstständig nebeneinander, ebenso *Schulz*, in: Gola (Hrsg.), DSGVO, 2. Aufl., 2018, Art. 21 Rn. 3.
[245] *Buchner/Kühling*, in: dies. (Hrsg.), DSGVO/BDSG, 3. Aufl., 2020, Art. 7 Rn. 34.
[246] *Buchner/Kühling*, in: dies. (Hrsg.), DSGVO/BDSG, 3. Aufl., 2020, Art. 7 Rn. 35.

ner Begründung noch ist er fristgebunden. Die Datenschutz Grundverordnung sieht folgerichtig auch keine „Halbwertszeit"[247] für das Widerrufsrecht vor – er ist „jederzeit" (engl.: „at any time"; Art. 7 Abs. 3 S. 1 DSGVO) möglich. Über dieses Recht ist die betroffene Person *vor* Abgabe der Einwilligung zu informieren (Art. 7 Abs. 3 S. 3 DSGVO).

Das „Damoklesschwert" des Widerrufs schwebt somit stets über der einwilligungsbasierten Datenverarbeitung. Der Verantwortliche muss jederzeit damit rechnen, dass einzelne Personen das Widerrufsrecht ausüben. Auf der Rechtsfolgenseite lässt der Widerruf zwar die Rechtmäßigkeit *vergangener* Verarbeitungsvorgänge unberührt (s. Art. 7 Abs. 3 S. 2 DSGVO: „bis zum Widerruf"). Indes folgt aus dieser Regelung ein *Verbot für die Zukunft* (ex-nunc-Wirkung), die betreffenden Daten *weiterzuverarbeiten*.[248] Die Einwilligung verliert im Moment des Zugangs[249] beim Verantwortlichen ihre legitimierende Kraft. Für die Statistik kann das mitunter gravierende Folgen haben. So müssen Stichprobenerhebungen bspw. dem Prinzip der *Repräsentativität*[250] genügen. Fehlt es an einer anderweitigen Rechtsgrundlage, sind die Daten grundsätzlich zu löschen.[251] Jedenfalls aber darf sie die statistische Stelle nicht mehr weiterverarbeiten. Das Verbot kommt in der Wirkung einem Antwortausfall, also einem sog. Unit-Nonresponse[252], gleich. Das kann zu *Verzerrungen* (*Unit-Nonresponse Bias*) in der gezogenen Stichprobe führen, die mitunter statistisch nicht (mehr) korrigiert werden können.[253]

---

[247] Begriff in Anlehnung an *Schulz*, CR 2012, 686 ff.
[248] Zu den Rechtsfolgen bspw. *Hacker*, Datenprivatrecht, 2020, S. 206 ff.
[249] Die DSGVO äußert sich nicht zum Zeitpunkt des Wirksamwerdens. Man kann jedoch auf den Rechtsgedanken des § 130 BGB abstellen. Zugegangen ist der Widerruf, wenn er so in den Machtbereich des Verantwortlichen gelangt ist, dass dieser unter normalen Verhältnissen die Möglichkeit hat, vom Inhalt des Widerrufs Kenntnis zu nehmen, vgl. etwa BGH NJW 1977, 194 (194); NJW-RR 2011, 1184 (1185). Denn erst dann ist es gerechtfertigt, die Rechtsfolge „Weiterverarbeitungsverbot" eintreten zu lassen.
[250] Siehe z.B. § 1 Abs. 1 MZG („Erhebung auf repräsentativer Grundlage"). Der Begriff der „Repräsentativität" wird in der (empirischen) Sozialwissenschaft krit. diskutiert. Vgl. etwa *Gabler/Quatember*, AStA Wirtsch Sozialstat Arch 7 (2013), 105 (107 ff.); *Schnell/Hill/Esser*, Methoden der empirischen Sozialforschung, 11. Aufl., 2018, S. 277 ff.
[251] So Art. 17 Abs. 1 Buchst. b DSGVO; zu den Ausnahmen für die Statistik unten S. 433.
[252] Darunter versteht man den Fall, dass die in der Stichprobe gezogenen Personen die Teilnahme an der Befragung gänzlich verweigern oder aus anderen Gründen keine Antwort abgeben, etwa weil sie schon nicht erreichbar sind (Total- oder Komplettausfall). S. oben S. 112 f. mit Nachweisen in § 4 Fn. 119.
[253] Vgl. etwa *Engel/Schmidt*, in: Baur/Blasius (Hrsg.), Handbuch Methoden der empirischen Sozialforschung, 2019, S. 386 („„bias" oder „verzerrte Schätzungen"). Zu den sog. nicht-stichprobenbedingten Fehlern *Statistisches Bundesamt*, Einkommens- und Verbrauchsstichprobe – Qualitätsbericht EVS 2013, 2019, S. 9 (Kontrollerhebungen waren nicht möglich). Vgl. – im Zusammenhang mit den Rechtswirkungen der Betroffenenrechte – unten S. 445 ff.

Im statistischen Produktionsprozess, der von einer hohen Dynamik geprägt ist,[254] ist vor allem der *Zeitpunkt* des Widerrufs maßgeblich. Zwar erlischt das Widerrufsrecht nicht durch Zeitablauf, jedoch steht und fällt es mit dem Anwendungsbereich des Datenschutzrechts. Das heißt: Sobald der Personenbezug nicht mehr gegeben ist, entfällt auch das Gestaltungsrecht. Gemeint ist damit insbesondere eine hinreichende Aggregationsstufe bzw. ein im Rechtssinne anonymisierter Datensatz (bspw. nach dem Löschen der sog. Hilfsmerkmale)[255]. Denn die Statistik ist ihrer Natur nach darauf ausgerichtet, dass im *Ergebnis* keine personenbezogenen Daten mehr vorhanden sind. Von dieser Zielvorstellung geht auch das europäische Datenschutzrecht aus (vgl. EG 162 S. 5 DSGVO). Ein gleichwohl erklärter Widerruf wirkt sich dann zwar nicht mehr auf das Ergebnis der Statistik, wohl aber auf die ggf. archivierten (personenbezogenen) Grunddaten aus. Sie stehen dann zumindest für eine Weiterverarbeitung nicht mehr zur Verfügung.

## G. Ergebnis

Die statistischen Ämter des Bundes und der Länder können sich grundsätzlich auf die Einwilligung stützen. Die Besonderheiten der Datenverarbeitung zu statistischen Zwecken und die für sie geltenden Sicherungsvorkehrungen rechtfertigen es, die Freiwilligkeit im Bürger-Staat-Verhältnis zu vermuten. Es bedarf dann besonderer Umstände, um diese zu widerlegen. Setzt die amtliche Statistik Anreizsysteme ein, dürfen diese in der Summe jedenfalls nicht stark verhaltenssteuernd wirken. Bloße Aufwandsentschädigungen schließen die Freiwilligkeit jedoch nicht aus. Solange die Verarbeitung der statistischen Ämter geeigneten Garantien unterliegt, erscheint es angezeigt, die Grundsätze des *Broad Consent* nicht nur für wissenschaftliche Forschungszwecke, sondern auch für Statistikzwecke anzuwenden. Wird die Einwilligung ausdrücklich erteilt, kann sie auch die Verarbeitung sensibler Daten legitimieren. Bei der Einwilligung von Kindern ist auf deren Einsichtsfähigkeit abzustellen; im Dienste einer gewissen Rechtssicherheit sind die in Art. 8 DSGVO normierten Altersgrenzen (unter 13 Jahren; ab 16 Jahren) im Sinne einer Regelvermutung heranzuziehen. Eine gesetzliche oder gewillkürte Stellvertretung ist prinzipiell zulässig; sog. *Proxy-Interviews* können daher auf Grundlage einer Einwilligung (weiterhin) durchgeführt werden. Voraussetzung ist, dass entweder eine gesetzliche Vertretungsmacht vorliegt oder die betroffene Person die Auskunftsperson wirksam bevollmächtigt hat. An die Erteilung der Vollmacht sind die gleichen Anforde-

---

[254] Vgl. dazu am Beispiel des Auskunftsrechts *Kühling*, ZD 2021, 74 (74).
[255] § 12 Abs. 1 BStatG, dazu unten S. 268 ff. Das bloße Abtrennen der Hilfsmerkmale genügt regelmäßig nicht. Ein Widerruf macht dann u. U. eine Plausibilitätskontrolle unmöglich.

rungen zu stellen wie an die Einwilligung selbst. Der Gesetzgeber kann sich schließlich auch dafür entscheiden, für manche Daten eine Auskunftspflicht anzuordnen und andere (insbesondere sensible) Daten nur auf freiwilliger Basis (Einwilligung) abzufragen. Diese Kumulation der Rechtsgrundlagen in einer (Bundes-)Statistik ist zulässig, wenn und soweit die betroffene Person darüber in hinreichend transparenter Weise unterrichtet wird (§ 17 Nr. 3 BStatG). So wichtig die Einwilligung für Statistiken ohne Auskunftspflicht (z. B. Einkommens- und Verbrauchsstichprobe; Zeitverwendungserhebung) auch ist, so „unsicher" ist diese Rechtsgrundlage: Es gilt der Grundsatz der freien Widerruflichkeit, auf den die betroffene Person im Übrigen auch nicht rechtswirksam verzichten kann.

## § 5. Gesetzliche Verarbeitungsbefugnisse

Neben der Einwilligung (§ 4) verleihen gesetzliche Erlaubnistatbestände der Datenverarbeitung Legitimation. Die Alternativität der Rechtsgrundlagen ist im Primärrecht angelegt: Nach Art. 8 Abs. 2 S. 1 GRCh darf die amtliche Statistik personenbezogene Daten entweder „mit Einwilligung der betroffenen Person oder auf einer sonstigen gesetzlich geregelten legitimen Grundlage" verarbeiten. Der Gesetzgeber hat diese Vorgabe im europäischen Sekundärrecht konkretisiert: Art. 6 Abs. 1 UAbs. 1 DSGVO enthält fünf gesetzliche Erlaubnistatbestände (dazu A.), wobei zwei Tatbestände im Kontext der amtlichen Statistik herausragende rechtspraktische Bedeutung haben. Angesprochen ist damit zum einen die Verarbeitung, um eine rechtliche Verpflichtung zu erfüllen (dazu A.I.) und zum anderen die Verarbeitung, um eine Aufgabe wahrzunehmen, die im öffentlichen Interesse liegt oder in Ausübung öffentlicher Gewalt erfolgt (dazu A.II.). Beide Tatbestände sind für sich genommen jedoch unvollständig. Sie begründen erst im Zusammenspiel mit dem unionalen oder mitgliedstaatlichen (Fach-) Recht die Zulässigkeit der Verarbeitung.[1] Die Datenschutz-Grundverordnung hält hierfür sog. Öffnungsklauseln bereit (dazu B.), die im Mehrebenensystem dafür sorgen, dass Rechtsgrundlagen im nationalen Statistikrecht erhalten bleiben sowie erlassen werden können. Mit dieser Gestaltungsoffenheit ist die Frage verbunden, welcher Grundrechtsmaßstab an bundesstatistische Rechtsvorschriften anzulegen ist (dazu C.): Sind es die Grundrechte der Charta und/oder die des Grundgesetzes? Davon hängt insbesondere auch die Frage ab, ob die Rechtsprechung des BVerfG zum deutschen Recht auf informationelle Selbstbestimmung (Art. 2 Abs. 1 i. V. m. Art. 1 Abs. 1 GG) – allen voran die speziellen Maßgaben des „Volkszählungsurteils"[2] – weiterhin Anwendung finden. Wird der (Bundes-)Gesetzgeber tätig, enthält insbesondere Art. 6 Abs. 3 DSGVO sekundärrechtliche Anforderungen für die Ausgestaltung (dazu D.). Im Gesetzgebungsverfahren steht es den rechtsetzenden Organen schließlich frei, eine sog. Gesetzesfolgenabschätzung i. S. d. Art. 35 Abs. 10 DSGVO durchzuführen (dazu E.).

---

[1] Wie hier z.B. *Albers/Veit*, in: Wolff/Brink (Hrsg.), BeckOK DatenschutzR, 39. Ed. (1.11.2021), Art. 6 Rn. 76. Vgl. VerfGH Saarland ZD 2021, 35 (38, Rn. 94 f.), der jedoch irrig davon ausgeht, dass auch die anderen Tatbestände keine „Eingriffsgrundlagen" darstellen; dagegen zu Recht die krit. Anm. von *Dieterle*, ebenda, S. 40; offen gelassen in BVerwG NVwZ 2019, 1126 (1131, Rn. 46).

[2] BVerfGE 65, 1 (47 ff.); bestätigt durch BVerfGE 150, 1 (108, Rn. 223 f.).

## A. Gesetzliche Erlaubnistatbestände (Art. 6 Abs. 1 DSGVO)

Die Datenschutz-Grundverordnung sieht für die Verarbeitung personenbezogener Daten *zu statistischen Zwecken* keine eigenständige Rechtsgrundlage vor. Insbesondere enthält Art. 89 DSGVO nach allgemeiner Ansicht selbst keinen Erlaubnistatbestand.[3] Im Gesetzgebungsverfahren hatte die Kommission zwar immerhin vorgeschlagen, die Statistik in Art. 6 Abs. 2 DSGVO-E(KOM) eigens anzusprechen. So hieß es dort: „Die Rechtmäßigkeit der Verarbeitung personenbezogener Daten zu historischen oder statistischen Zwecken oder für wissenschaftliche Forschungszwecke unterliegt den Bedingungen und Garantien des Artikels 83".[4] Wie der Wortlaut zeigt, hätte aber auch dieser Absatz die Datenverarbeitung nicht selbstständig legitimiert. Vielmehr stellte er lediglich klar, dass die „Rechtmäßigkeit" den Bedingungen und Garantien des Art. 83 DSGVO-E(KOM)[5] „unterliegt". Um eine „eigenständige Rechtsgrundlage" handelte es sich gerade nicht.[6] Die Vorschrift des Kommissionsentwurfs ordnete nurmehr die Rechtsfolge („Rechtmäßigkeit") an; die tatbestandlichen Voraussetzungen hätten sich indes aus Art. 83 DSGVO-E(KOM) ergeben. Mit diesem Vorschlag konnte sich die Kommission jedoch im weiteren Gesetzgebungsverfahren nicht durchsetzen. Die Rechtmäßigkeit der Datenverarbeitung ergibt sich somit aus den allgemeinen Tatbeständen des Art. 6 Abs. 1 UAbs. 1 DSGVO[7], wobei die Erfüllung einer rechtlichen Verpflichtung (Buchst. c; dazu I.) und die Wahrnehmung einer öffentlichen Aufgabe (Buchst. e; dazu II.) für die amtliche Statistik besonders relevant sind. Da beide Tatbestände teils unterschiedliche Rechtsfolgen auslösen (können), sind sie voneinander abzugrenzen (dazu III.). Weitere gesetzliche Erlaubnistatbestände sind entweder kraft Gesetzes ausgeschlossen oder typischerweise im Kontext der amtlichen Statistik nicht einschlägig (dazu IV.).

---

[3] Siehe aus der Kommentarliteratur z. B. *Buchner/Tinnefeld*, in: Kühling/Buchner (Hrsg.), DSGVO/BDSG, 3. Aufl., 2020, Art. 89 Rn. 1; *Pauly*, in: Paal/Pauly (Hrsg.), DSGVO/BDSG, 3. Aufl., 2021, Art. 89 Rn. 1.
[4] KOM(2012) 11 endgültig, S. 51.
[5] Entspricht dem heutigen Art. 89 DSGVO.
[6] Vgl. dazu *Buchner/Tinnefeld*, in: Kühling/Buchner (Hrsg.), DSGVO/BDSG, 3. Aufl., 2020, Art. 89 Rn. 5.
[7] Für sog. sensible Daten i. S. d. Art. 9 Abs. 1 ist zusätzlich (zur Regelungssystematik S. 404) zu prüfen, ob ein Ausnahmetatbestand nach Art. 9 Abs. 2 und 3 DSGVO gegeben ist. Diese Frage wird – wegen des systematischen Zusammenhangs – jedoch i. R. v. § 9 (Statistikprivileg) erörtert, ausf. dazu S. 395 ff.

## I. Erfüllung einer rechtlichen Verpflichtung (Art. 6 Abs. 1 UAbs. 1 Buchst. c DSGVO)

Die Verarbeitung personenbezogener Daten zu statistischen Zwecken ist rechtmäßig, wenn und soweit sie *erforderlich* (dazu 3.) ist, um eine *rechtliche Verpflichtung* (dazu 1.) zu erfüllen (Art. 6 Abs. 1 UAbs. 1 Buchst. c DSGVO). Adressat der Verpflichtung ist der Verantwortliche (dazu 2.). Bei diesem Tatbestand handelt es sich jedoch um einen unvollständigen Rechtssatz[8]. Für sich genommen verleiht er einer Datenverarbeitung noch keine Legitimation. Im Schrifttum wird die Vorschrift daher auch als „Scharniernorm"[9] oder Transformationsnorm[10] bezeichnet, die gleichsam eine „Brücke" bildet.[11] Der Tatbestand des Buchst. c enthält seine „konstitutive, Rechtsfolgen begründende Kraft"[12] mithin erst durch die Verbindung mit einem anderen Rechtssatz: der Rechtsgrundlage i. S. d. Art. 6 Abs. 3 S. 1 DSGVO[13]. Dies stellt EG 45 S. 1 DSGVO[14] nochmals klar: Will der Verantwortliche (etwa das Statistische Bundesamt) personenbezogene Daten aufgrund einer ihm obliegenden Verpflichtung verarbeiten, „muss hierfür eine Grundlage im Unionsrecht oder im Recht eines Mitgliedstaats bestehen". Beide Rechtsnormen sind also stets zusammen zu lesen. Erst gemeinsam begründen sie eine „sonstige[…] gesetzlich geregelte[…] legitime[…] Grundlage" i. S. d. Art. 8 Abs. 2 S. 1 GRCh.

### 1. Rechtliche Verpflichtung

Zentrales Tatbestandsmerkmal ist eine „rechtliche Verpflichtung", der der Verantwortliche unterliegt. Was die Verordnung darunter versteht, definiert und konkretisiert sie nicht. Gemeint ist jedenfalls eine Pflicht im Rechtssinne, kurzum: eine „Rechtspflicht"[15]. Eine rechtsgeschäftlich begründete Verpflichtung

---

[8] Zu diesem Begriff *Larenz/Canaris*, Methodenlehre der Rechtswissenschaft, 3. Aufl., 1995, S. 78 ff.

[9] *Roßnagel*, in: Simitis/Hornung/Spiecker gen. Döhmann (Hrsg.), DatenschutzR, 2019, Art. 6 Abs. 1 Rn. 52; krit. zu diesem Begriff jedoch *Albers/Veit*, in: Wolff/Brink (Hrsg.), BeckOK DatenschutzR, 39. Ed. (1.11.2021), Art. 6 Rn. 76.

[10] Siehe *Schantz/Wolff*, Das neue Datenschutzrecht, 2017, Rn. 592, wonach mitgliedstaatliche gesetzliche Regelungen aus anderen Bereichen in „Datenschutzrecht transformiert" würden.

[11] So *Albers/Veit*, in: Wolff/Brink (Hrsg.), BeckOK DatenschutzR, 39. Ed. (1.11.2021), Art. 6 Rn. 49.

[12] *Larenz/Canaris*, Methodenlehre der Rechtswissenschaft, 3. Aufl., 1995, S. 78.

[13] Ausf. unten S. 170 ff.

[14] Dazu bspw. auch VerfGH Saarland ZD 2021, 35 (38, Rn. 96).

[15] *Buchner/Petri*, in: Kühling/Buchner (Hrsg.), DSGVO/BDSG, 3. Aufl., 2020, Art. 6 Rn. 76; *Reimer*, in: Sydow (Hrsg.), DSGVO, 2. Aufl., 2018, Art. 6 Rn. 24; *Schulz*, in: Gola (Hrsg.), DSGVO, 2. Aufl., 2018, Art. 6 Rn. 43.

genügt nicht.¹⁶ Die anderen Sprachfassungen bringen dies deutlicher zum Ausdruck: So heißt es im Englischen: „for compliance with a legal obligation" und im Französischen „au respect d'une obligation légale". Gemeint ist eine Verpflichtung „kraft *objektiven* Rechts".¹⁷ In systematischer Hinsicht folgt dies auch aus Art. 6 Abs. 3 S. 1 DSGVO, wonach die Rechtsgrundlage „durch Unionsrecht oder das Recht der Mitgliedstaaten, dem der Verantwortliche unterliegt" (engl.: „shall be laid down by: Union law; or Member State law to which the controller is subject"), festzulegen ist. Mit anderen Worten: Die Pflicht wird „durch oder aufgrund einer *Rechtsvorschrift*" begründet.¹⁸ Erfasst sind somit jedenfalls formelle Gesetze, aber auch Rechtsverordnungen (vgl. § 5 Abs. 2 und 2a BStatG).¹⁹ Welches Gebot die Rechtsnorm ausspricht, ist unerheblich. Es ist danach nicht erforderlich, dass sich die in der Vorschrift normierte Verpflichtung explizit bzw. unmittelbar auf die *Datenverarbeitung* bezieht (z. B.: „A ist verpflichtet, das Datum X an B zu übermitteln.").²⁰ Schon der Wortlaut der Sekundärrechtsnorm gibt für eine solche Beschränkung nichts her. Vielmehr manifestiert sich darin die „Subsidiarität des Datenschutzrechts"²¹: Wie *Philipp Reimer* zutreffend bemerkt, entbindet das präventive Verarbeitungsverbot nicht von anderen (gesetzlichen) Pflichten; stattdessen setzen andere Rechtspflichten die Zulässigkeit der Datenverarbeitung voraus.²² Wer durch das Recht verpflichtet wird, muss auch die *insoweit* erforderlichen personenbezogenen Daten verarbeiten dürfen. Andernfalls entstünden unzählige Normkollisionen. Das Datenschutz-

---

¹⁶ Siehe etwa *Frenzel*, in: Paal/Pauly (Hrsg.), DSGVO/BDSG, 3. Aufl., 2021, Art. 6 Rn. 16; *Kotschy*, in: Kuner/Bygrave/Docksey (Hrsg.), The EU General Data Protection Regulation (GDPR) – A Commentary, 2020, S. 332. Aus der Rspr. z. B. VG Hannover, Urt. v. 9.11.2021 – 10 A 502/19, juris Rn. 35.
¹⁷ *Schulz*, in: Gola (Hrsg.), DSGVO, 2. Aufl., 2018, Art. 6 Rn. 43 (Hervorhebung d. Verf.); ebenso *Kühling/Klar/Sackmann*, Datenschutzrecht, 5. Aufl., 2021, Rn. 392; s. bereits *Dammann/Simitis*, EG-Datenschutzrichtlinie, 1997, Art. 6 Erl. 8. *Röhl/Röhl*, Allgemeine Rechtslehre, 3. Aufl., 2008, S. 407: „Unter objektivem Recht versteht man die Rechtsordnung ‚als solche'. […] Objektives Recht und subjektive Rechte oder Pflichten sind zwei verschiedene Seiten derselben Medaille."
¹⁸ *Buchner/Petri*, in: Kühling/Buchner (Hrsg.), DSGVO/BDSG, 3. Aufl., 2020, Art. 6 Rn. 77; Hervorhebung d. Verf.
¹⁹ Dazu unten S. 172 ff.
²⁰ In der Tendenz wie hier z. B. *GA Kokott*, Schlussanträge v. 30.3.2017 – C-73/16, ECLI:EU:C:2017:253, Rn. 107. A. A. *Buchner/Petri*, in: Kühling/Buchner (Hrsg.), DSGVO/BDSG, 3. Aufl., 2020, Art. 6 Rn. 76; ihnen folgend LSG Hessen BeckRS 2020, 1442 Rn. 13; ebenso *Schwartmann/Jacquemain*, in: Schwartmann/Jaspers/Thüsing/Kugelmann (Hrsg.), DSGVO/BDSG, 2. Aufl., 2020, Art. 6 Rn. 74. In diese Richtung wohl auch *Albers/Veit*, in: Wolff/Brink (Hrsg.), BeckOK DatenschutzR, 39. Ed. (1.11.2021), Art. 6 Rn. 57 (zu Buchst. e), die eine „datenverarbeitungsbezogene Rechtsgrundlage" fordern.
²¹ *Reimer*, in: Sydow (Hrsg.), DSGVO, 2. Aufl., 2018, Art. 6 Rn. 22.
²² *Reimer*, in: Sydow (Hrsg.), DSGVO, 2. Aufl., 2018, Art. 6 Rn. 22; i. d. S. auch *Taeger*, in: Taeger/Gabel (Hrsg.), DSGVO/BDSG/TTDSG, 3. Aufl., 2022, Art. 6 Rn. 79: Prinzip des Verbots mit Erlaubnisvorbehalt wandle sich in ein „Gebot zur Datenverarbeitung".

recht mutierte dann gleichsam zu einem „Superrecht", indem jede materielle Rechtspflicht einer datenschutzrechtlichen Begleitregelung bedürfte. Einer solchen „Verrechtlichungsfalle"[23] entgeht, wer „mittelbare Verarbeitungspflichten"[24] ausreichen lässt. Eine rechtliche Verpflichtung i. S. d. Buchst. c begründen mithin auch solche Rechtsvorschriften, die eine Datenverarbeitung zwar nicht unmittelbar regeln, aber doch voraussetzen.

*2. Verpflichtungsadressat: der Verantwortliche*

Der Tatbestand richtet sich an den Verantwortlichen. Das folgt unmittelbar aus dem Wortlaut der Norm: Danach muss der Verantwortliche[25] einer rechtlichen Verpflichtung „unterlieg[en]" (engl.: „to which the controller is subject"; franz.: „à laquelle le responsable du traitement est soumis"). Wird bspw. der Auftragsverarbeiter[26] gesetzlich verpflichtet, genügt das nicht. Dieser leitet seine Verarbeitungserlaubnis von dem Verantwortlichen ab[27] – nicht umgekehrt. Ebenso wenig erfasst ist der Fall, dass die Rechtsvorschrift die betroffene Person in die Pflicht nimmt (z. B. Auskunftspflicht gemäß § 15 BStatG i. V. m. §§ 23 ff. ZensG 2022). Denn wer im datenschutzrechtlichen Sinne betroffen ist, kann nicht zugleich Verantwortlicher sein. Beide Rollen schließen sich gegenseitig aus. Mit anderen Worten: „Verantwortlicher und Betroffener sind personenverschieden".[28] Verpflichtet also bspw. ein Statistikgesetz eine betroffene Person dazu, über sich selbst Auskunft zu erteilen (etwa i. R. d. Haushaltsstichprobe gemäß §§ 11 ff. i. V. m. § 25 ZensG 2022), kann sich der Verantwortliche (etwa das statistische Amt) *nicht* auf den Erlaubnistatbestand des Buchst. c berufen.[29] Und schließlich unterscheidet Art. 6 Abs. 1 UAbs. 1 Buchst. c DSGVO nicht zwischen öffentlichen und nicht-öffentlichen Stellen.[30] Somit können sich neben privaten Akteuren insbesondere *Behörden* auf diesen Tatbestand stützen (vgl.

---

[23] Siehe z. B. *Hoffmann-Riem*, AöR 123 (1998), 513 (514 ff.); *Marsch/Rademacher*, Die Verwaltung 54 (2021), 1 (17). Vgl. dazu unten S. 174 m. w. N.

[24] So der Begriff bei *Reimer*, Verwaltungsdatenschutzrecht, 2019, S. 87.

[25] Vgl. dazu auch VG Berlin, Urt. v. 23.6.2021 – 6 K 90/20, juris Rn. 110 (hier verneint für die Vermietungsplattform Airbnb, die einem behördlichen Auskunftsverlangen nachkommt).

[26] Art. 4 Nr. 8 DSGVO; zum Begriff des Auftragsverarbeiters unten S. 499 ff.

[27] Dazu bspw. *Martini*, in: Paal/Pauly (Hrsg.), DSGVO/BDSG, 3. Aufl., 2021, Art. 28 Rn. 8a ff. m. w. N.

[28] *Frenzel*, in: Paal/Pauly (Hrsg.), DSGVO/BDSG, 3. Aufl., 2021, Art. 6 Rn. 19. Vgl. auch *Roßnagel*, in: Simitis/Hornung/Spiecker gen. Döhmann (Hrsg.), DatenschutzR, 2019, Art. 6 Abs. 1 Rn. 55.

[29] Indes dürfte regelmäßig Buchst. e (dazu II., S. 142 ff.) greifen.

[30] *Frenzel*, in: Paal/Pauly (Hrsg.), DSGVO/BDSG, 3. Aufl., 2021, Art. 6 Rn. 18; *Roßnagel*, in: Simitis/Hornung/Spiecker gen. Döhmann (Hrsg.), DatenschutzR, 2019, Art. 6 Abs. 1 Rn. 54. Vgl. auch *Kotschy*, in: Kuner/Bygrave/Docksey (Hrsg.), The EU General Data Protection Regulation (GDPR) – A Commentary, 2020, S. 333.

auch Art. 55 Abs. 2 DSGVO: „Verarbeitung durch Behörden oder private Stellen").[31] Denn auch sie unterliegen gesetzlichen Verpflichtungen.

### 3. Erforderlichkeit

Rechtmäßig ist eine Datenverarbeitung, wenn und soweit sie erforderlich ist, eine rechtliche Verpflichtung zu erfüllen. Dem Kriterium der Erforderlichkeit kommt generell eine wichtige Begrenzungsfunktion zu. Es steht in einem engen Zusammenhang mit den Grundsätzen der Datenminimierung (Umfang)[32] und der Speicherbegrenzung (Dauer)[33]. Was für die Pflichterfüllung erforderlich ist, ergibt sich hier jedoch primär aus dem Gesetz. Mit anderen Worten: „Eine Verarbeitung ist in Fällen einer entsprechend konkreten Verpflichtung stets schon dann erforderlich, wenn sie durch (verfassungsgemäßes) Gesetz verpflichtend angeordnet ist".[34] Maßgeblicher Steuerungsfaktor ist dabei die *Regelungsdichte*[35] der Vorschrift, die die Pflicht begründet. Regelt sie bspw., dass der Verantwortliche – sei es eine Behörde, sei es eine private Stelle – ein ganz bestimmtes personenbezogenes Datum erheben oder an eine andere Stelle übermitteln *muss*, sind dessen Handlungsspielräume von vornherein gesetzlich beschränkt. Weder kann noch darf der Verantwortliche z. B. entscheiden, in welchem Umfang er personenbezogene Daten verarbeitet. Dies hat der Gesetzgeber auf einer *abstrakt-generellen* Ebene[36] bereits durch die angeordnete Verpflichtung entschieden. Die *individuell-konkrete* Ausrichtung der Erforderlichkeit i. S. d. Buchst. c (maßgeblich ist hier stets der konkrete Verarbeitungsvorgang) geht darin gleichsam auf. Insoweit verschwimmen hier auch die Maßstäbe einer Verhältnismäßigkeitsprüfung, bei denen typischerweise zwischen der gesetzlichen Regelung und einer Einzelfallmaßnahme zu unterscheiden ist.[37] Denn: Die Grundrechte wirken „bei der Legislative […] generell-abstrakt, bei der Exekutive individuell-konkret".[38] Dort aber, wo die Rechtspflicht „abstrakt-typisierend"[39] ausge-

---

[31] Dazu bspw. auch *Assion/Nolte/Veil*, in: Gierschmann/Schlender/Stentzel/Veil (Hrsg.), DSGVO, 2018, Art. 6 Rn. 92, 94, wobei sie betonen, dass die Regelung „in erster Linie auf die Verarbeitung durch Private" ziele.
[32] Zu diesem Grundsatz unten S. 484 ff.
[33] Ausf. – auch zu den Ausnahmen für die Statistik – unten S. 381 ff.
[34] *Albers/Veit*, in: Wolff/Brink (Hrsg.), BeckOK DatenschutzR, 39. Ed. (1.11.2021), Art. 6 Rn. 50, die sich dabei auf *Frenzel*, in: Paal/Pauly (Hrsg.), DSGVO/BDSG, 3. Aufl., 2021, Art. 6 Rn. 16 beziehen.
[35] Siehe dazu unten S. 176 ff.
[36] Zur *abstrakt-generellen* Erforderlichkeit, die sich an den Gesetzgeber richtet, s. unten D.III.3., S. 183.
[37] Instruktiv *Seedorf*, in: Jestaedt/Lepsius (Hrsg.), Verhältnismäßigkeit, 2015, S. 139 ff. Vgl. am Beispiel der Maßnahmen in der Corona-Pandemie *Heinig et al.*, JZ 2020, 861 (865).
[38] *Heinig et al.*, JZ 2020, 861 (865).
[39] So *Albers/Veit*, in: Wolff/Brink (Hrsg.), BeckOK DatenschutzR, 39. Ed. (1.11.2021), Art. 6 Rn. 50.

staltet worden ist, begrenzt das Kriterium der Erforderlichkeit die Verarbeitungsbefugnis auf der *Vollzugsebene*. Der Verantwortliche, etwa ein Statistisches Amt, darf personenbezogene Daten nur insoweit verarbeiten, als es zur Erfüllung der rechtlichen Verpflichtung erforderlich ist. Nach alledem ist im Sinne einer Je-desto-Formel festzuhalten: Je bestimmter eine Vorschrift abgefasst ist, desto weniger Handlungsspielraum hat der Regelungsadressat.[40] Ein Beispiel für eine hohe Regelungsdichte und damit für eine starke gesetzliche Steuerung ist § 5 ZensG 2022, der die Meldebehörden verpflichtet, enumerativ benannte Merkmale zu einem bestimmten Zeitpunkt elektronisch an die jeweils zuständigen Statistischen Landesämter zu übermitteln.

## *II. Wahrnehmung einer öffentlichen Aufgabe (Art. 6 Abs. 1 UAbs. 1 Buchst. e DSGVO)*

Neben der Erfüllung einer rechtlichen Verpflichtung kann sich die amtliche Statistik insbesondere auf den Erlaubnistatbestand des Art. 6 Abs. 1 UAbs. 1 Buchst. e DSGVO berufen.[41] Schon *Ulf Brühann* wies in seiner Kommentierung zur Vorgängerregelung[42] darauf hin, dass die Wahrnehmung öffentlicher Aufgaben „die typische Verarbeitungssituation des öffentlichen Bereichs" sei.[43] In dieser Tradition charakterisieren *Nikolaus Marsch* und *Timo Rademacher* die heute gültige Norm als „[z]entrale[n] Erlaubnistatbestand für die öffentliche Verwaltung".[44] Wie bei Buchst. c handelt es sich auch bei der Befugnisnorm des Buchst. e um ein „Einfallstor"[45] für das mitgliedstaatliche Fachrecht. Nach der Binnensystematik bedarf es hier ebenfalls einer gesonderten Rechtsgrundlage, die sich aus dem Unionsrecht oder aus dem Recht der Mitgliedstaaten ergibt (Art. 6 Abs. 3 S. 1 DSGVO; „Rechtsaktvorbehalt"[46]). Der Wortlaut des Buchst. e ist dabei keineswegs eindeutig. Mit *Alexander Roßnagel* darf man ihn durch

---

[40] Wie hier *Albers/Veit*, in: Wolff/Brink (Hrsg.), BeckOK DatenschutzR, 39. Ed. (1.11.2021), Art. 6 Rn. 50.

[41] Siehe für den Zensus 2022 etwa VG Neustadt a.d. Weinstraße ZD 2023, 366 (367f.).

[42] Art. 7 Buchst. e DS-RL lautete wörtlich: „die Verarbeitung ist erforderlich für die Wahrnehmung einer Aufgabe, die im öffentlichen Interesse liegt oder in Ausübung öffentlicher Gewalt erfolgt und dem für die Verarbeitung Verantwortlichen oder dem Dritten, dem die Daten übermittelt werden, übertragen wurde".

[43] *Brühann*, in: Grabitz/Hilf (Hrsg.), Das Recht der EU, 13. EL (Mai 1999), Art. 7 DS-RL Rn. 12.

[44] *Marsch/Rademacher*, Die Verwaltung 54 (2021), 1 (14).

[45] *Albers/Veit*, in: Wolff/Brink (Hrsg.), BeckOK DatenschutzR, 39. Ed. (1.11.2021), Art. 6 Rn. 35.

[46] *Assion/Nolte/Veil*, in: Gierschmann/Schlender/Stentzel/Veil (Hrsg.), DSGVO, 2018, Art. 6 Rn. 151.

aus als „missglückt" bezeichnen.⁴⁷ Bei unbefangener Lektüre bleibt insbesondere unklar, in welcher Beziehung die verschiedenen Tatbestandsmerkmale zueinanderstehen. Zieht man die englische („processing is necessary for the performance of a task carried out in the public interest or in the exercise of official authority vested in the controller") und die französische Sprachfassung („le traitement est nécessaire à l'exécution d'une mission d'intérêt public ou relevant de l'exercice de l'autorité publique dont est investi le responsable du traitement") heran, lässt sich die Befugnisnorm des Buchst. e wie folgt dekonstruieren: Die Verarbeitung ist rechtmäßig, wenn sie *erforderlich* (dazu 5.) ist, um eine *Aufgabe* wahrzunehmen (dazu 1.), die entweder *im öffentlichen Interesse* liegt (Alt. 1; dazu 2.) oder in *Ausübung öffentlicher Gewalt* (Alt. 2; dazu 3.) erfolgt; die Aufgabe muss *dem Verantwortlichen* zudem *übertragen* worden sein (dazu 4.).

### 1. Wahrnehmung einer (öffentlichen) Aufgabe

Der Verantwortliche muss zunächst eine Aufgabe⁴⁸ wahrnehmen, die im öffentlichen Interesse liegt (Alt. 1) oder in Ausübung öffentlicher Gewalt erfolgt (Alt. 2). Beide Alternativen sind zu unterscheiden, haben aber das Tatbestandsmerkmal der Aufgabe gemein.⁴⁹ Das ergibt sich weniger aus der deutschen als vielmehr aus der englischen Sprachfassung:

„Processing shall be lawful [...], if [it] is necessary for the performance of *a task carried out in the public interest or in the exercise of official authority* [...]"⁵⁰.

Indem beide Alternativen an die Aufgabe („task") anknüpfen, folgen sie einem *funktionalen Ansatz*:⁵¹ Die Aufgabe, nicht der Aufgabenträger gibt der Befugnisnorm das Gepräge. Der Tatbestand des Buchst. e gilt damit nicht nur für öffent-

---

⁴⁷ *Roßnagel*, in: Simitis/Hornung/Spiecker gen. Döhmann (Hrsg.), DatenschutzR, 2019, Art. 6 Abs. 1 Rn. 70.

⁴⁸ Der Begriff der Aufgabe bezieht sich auf ein positives Tun, für den eine „prospektive Zielorientierung" sowie eine „Handlungstendenz" charakteristisch ist, so *Baer*, in: Voßkuhle/Eifert/Möllers (Hrsg.), GVerwR, 3. Aufl., 2022, § 13 Rn. 13 im Kontext der „Verwaltungsaufgaben".

⁴⁹ Siehe auch *Frenzel*, in: Paal/Pauly (Hrsg.), DSGVO/BDSG, 3. Aufl., 2021, Art. 6 Rn. 23: „Im Zentrum steht die öffentl. Aufgabe".

⁵⁰ Hervorhebung d. Verf. Vgl. auch die franz. Fassung: „le traitement est nécessaire à l'exécution d'une mission d'intérêt public ou relevant de l'exercice de l'autorité publique dont est investi le responsable du traitement". Demgegenüber hält *Kotschy*, in: Kuner/Bygrave/Docksey (Hrsg.), The EU General Data Protection Regulation (GDPR) – A Commentary, 2020, S. 335 die deutsche Fassung für klarer. Dies bezieht sie aber auf das Merkmal der Aufgabenübertragung („die dem Verantwortlichen übertragen wurde"; dazu unten 4., S. 148).

⁵¹ *Frenzel*, in: Paal/Pauly (Hrsg.), DSGVO/BDSG, 3. Aufl., 2021, Art. 6 Rn. 23; s. bereits *Dammann/Simitis*, EG-Datenschutzrichtlinie, 1997, Art. 7 Erl. 7. Nach *Albers/Veit*, in: Wolff/Brink (Hrsg.), BeckOK DatenschutzR, 39. Ed. (1.11.2021), Art. 6 Rn. 56 trage „die Norm damit zugleich der zunehmenden Diffusion der Trennlinien zwischen öffentlichen und priva-

liche, sondern auch für nicht-öffentliche Stellen. Aus der (öffentlichen) Aufgabe erwächst die *Befugnis*, personenbezogene Daten zu verarbeiten. Jedoch nicht unmittelbar: Vielmehr setzt die Verarbeitungsbefugnis eine „Rechtsgrundlage" voraus; die Aufgabe muss positiv-rechtlich normiert, mithin „durch [eine] Rechtsvorschrift definiert"[52] sein. Buchst. e transformiert damit eine gesetzliche Aufgabenzuweisung in eine datenschutzrechtliche Verarbeitungserlaubnis.[53] So verstanden kommt es auch nicht zu einem – etwa im deutschen Polizei- und Ordnungsrecht – unzulässigen Schluss von der Aufgabe auf die Befugnis.[54] Die Aufgabe, die Buchst. e voraussetzt, ist dabei „untrennbar" mit dem Zweck der Verarbeitung verbunden.[55] Die Übertragung der Aufgabe müsse, so der EuGH in der Rechtssache *Puškár*, den jeweiligen Verarbeitungszweck „eindeutig [...] umfassen".[56] Mit anderen Worten: Die gesetzlich definierte öffentliche Aufgabe[57] muss den Verarbeitungszweck hinreichend gehaltvoll begrenzen. In dem so

---

ten Bereichen [...] und dem Umstand Rechnung, dass sich die Unterscheidung in den relativ heterogen strukturierten Mitgliedstaaten mitunter verschieden gestaltet".

[52] *Buchner/Petri*, in: Kühling/Buchner (Hrsg.), DSGVO/BDSG, 3. Aufl., 2020, Art. 6 Rn. 114; ebenso *Schwartmann/Jacquemain*, in: Schwartmann/Jaspers/Thüsing/Kugelmann (Hrsg.), DSGVO/BDSG, 2. Aufl., 2020, Art. 6 Rn. 98.

[53] Vgl. dazu auch *Marsch/Rademacher*, Die Verwaltung 54 (2021), 1 (15); ferner *Taeger*, in: Taeger/Gabel (Hrsg.), DSGVO/BDSG/TTDSG, 3. Aufl., 2022, Art. 6 Rn. 96: es genüge, wenn im Fachrecht eine öffentliche Aufgabe zugewiesen wird und die weiteren Voraussetzungen des Buchst. e i. V. m. Abs. 3 erfüllt sind.

[54] Vgl. aber auch die Kritik bei *Marsch/Rademacher*, Die Verwaltung 54 (2021), 1 (4 ff.) m. w. N., die u. a. die Generalisierbarkeit polizeirechtlicher Grundsätze bezweifeln (ebenda, S. 6 ff). Sie weisen überdies darauf hin, dass in anderen Verwaltungsrechtsordnungen eine „klare Trennung zwischen Aufgabenzuweisung und Befugnisnorm [...] jedenfalls als übergeordnetes Rechtsprinzip" nicht existiere (15).

[55] So EuGH, Urt. v. 27.9.2017 – C-73/16, ECLI:EU:C:2017:725 – Puškár, Rn. 110. Vgl. auch *Baer*, in: Voßkuhle/Eifert/Möllers (Hrsg.), GVerwR, 3. Aufl., 2022, § 13 Rn. 2 und 13, die – zu Recht – die Begriffe „Aufgabe" und „Zweck" unterscheidet.

[56] EuGH, Urt. v. 27.9.2017 – C-73/16, ECLI:EU:C:2017:725 – Puškár, Rn. 110; dieses Urteil erging noch zur alten Rechtslage, ist aber auf die entsprechende Vorschrift der DSGVO übertragbar. Der EuGH rekurriert hier auf *GA Kokott*, Schlussanträge v. 30.3.2017 – C-73/16, ECLI:EU:C:2017:253, Rn. 106, die wiederum auf den Datenschutzgrundsatz des Art. 6 Abs. 1 Buchst. b DS-RL (Zweckbindung) verweist.

[57] Im deutschen (Verfassungs-)Recht gibt es unzählige Versuche, den Begriff der „öffentlichen Aufgabe" zu definieren und von anderen Begriffen (etwa von der Staatsaufgabe) abzugrenzen. Das BVerfG versteht darunter Aufgaben, „an deren Erfüllung ein gesteigertes Interesse der Gemeinschaft besteht, die aber weder allein im Wege privater Initiative wirksam wahrgenommen werden können noch zu den im engeren Sinn staatlichen Aufgaben zählen [...]" (BVerfG NVwZ 2002, 335 [336]; s. bereits BVerfGE 38, 281 [299]). Vgl. aus der Literatur z. B. *Voßkuhle*, VVDStRL 62 (2003), 266 (273), der bemerkt, der konturenlose Begriff der öffentlichen Aufgabe stelle lediglich klar, dass nicht alle im öffentlichen Interesse liegenden Aufgaben durch den Staat selbst wahrgenommen werden müssten.

gezogenen Rahmen obliegt es ggf. dem Verantwortlichen, den gesetzlichen Zweck im Einzelfall zu konkretisieren, mithin präziser festzulegen.[58]

## 2. „im öffentlichen Interesse ..." – Gemeinwohlbezug

Die Aufgabe, die der Verantwortliche wahrnimmt, muss in der 1. Alt. im „öffentlichen Interesse lieg[en]". Die Verordnung definiert den Begriff selbst nicht. Immerhin konkretisiert EG 45 S. 6 DSGVO durch Beispiele, was sie darunter verstanden wissen will: Der Begriff schließt danach etwa „gesundheitliche[...] Zwecke, wie die öffentliche Gesundheit oder die soziale Sicherheit oder die Verwaltung von Leistungen der Gesundheitsfürsorge" ein;[59] auch das „Funktionieren des demokratischen Systems" ist nach einer anderen Begründungserwägung (EG 56 DSGVO) ein öffentliches Interesse in diesem Sinne; ein weiteres Beispiel – das zugleich (lebenswichtige) Individualinteressen anspricht (Doppelfunktion) – ist die Verarbeitung personenbezogener Daten für „humanitäre Zwecke einschließlich der Überwachung von Epidemien und deren Ausbreitung" sowie für „humanitäre Notfälle insbesondere bei Naturkatastrophen [...]" (EG 46 S. 3 DSGVO); überdies stellt EG 55 DSGVO klar, dass die Datenverarbeitung „durch staatliche Stellen zu verfassungsrechtlich oder völkerrechtlich verankerten Zielen von staatlich anerkannten Religionsgemeinschaften [...] aus Gründen des öffentlichen Interesses" erfolgt bzw. erfolgen kann. In dieser beispielhaften Aufzählung kommt insgesamt ein *Gemeinwohlbezug* zum Ausdruck (z. B. im Rahmen der Daseinsvorsorge[60]); ein „rein individuell-private[s] Interesse"[61] genügt jedenfalls nicht. Nach der Rechtsprechung des EuGH muss es sich jedoch um *„ein von der Union anerkanntes Ziel"* im allgemeinen Interesse" handeln.[62] Maßgeblich ist insoweit das Unionsrecht. Dem Recht der Mitgliedstaaten verbleibt in diesem Rahmen lediglich die Kompetenz, den unionsrechtlichen Begriff auszufüllen bzw. zu konkretisieren.[63] Man kann in diesem Zu-

---

[58] Dazu *Spies*, ZD 2022, 75 (77 ff.). Zur Zweckfestlegung (durch Gesetz) ausf. unten D.III.1., S. 180.
[59] Ähnlich Art. 36 Abs. 5 DSGVO: „zur Erfüllung einer im öffentlichen Interesse liegenden Aufgabe, einschließlich der Verarbeitung zu Zwecken der *sozialen Sicherheit* und der öffentlichen Gesundheit" – Hervorhebung d. Verf.; s. ferner EG 54 DSGVO
[60] Siehe aber auch *Buchner/Petri*, in: Kühling/Buchner (Hrsg.), DSGVO/BDSG, 3. Aufl., 2020, Art. 6 Rn. 128, die diesbezüglich nicht jeden „noch so weit entfernt liegende[n] Gemeinwohlbezug" ausreichen lassen.
[61] *Reimer*, in: Sydow (Hrsg.), DSGVO, 2. Aufl., 2018, Art. 6 Rn. 39.
[62] EuGH, Urt. v. 22.6.2021 – C-439/19, ECLI:EU:C:2021:504 – Latvijas Republikas Saeima (Points de pénalité), Rn. 108 zur Verbesserung der Straßenverkehrssicherheit; Hervorhebung d. Verf. Zur alten Rechtslage s. bspw. EuGH, Urt. v. 27.9.2017 – C-73/16, ECLI:EU: C:2017:725 – Puškár, Rn. 108 (bejaht für die Ziele „Steuerhebung und Bekämpfung von Steuerbetrug").
[63] I. d. S. EuGH, Urt. v. 22.6.2021 – C-439/19, ECLI:EU:C:2021:504 – Latvijas Republikas Saeima (Points de pénalité), Rn. 108: „Die Mitgliedstaaten sind [...] berechtigt, die Straßen-

sammenhang durchaus von einem „Wertungsspielraum"[64] sprechen, wobei die Datenschutz-Grundverordnung definiert, wie weit der Spielraum des mitgliedstaatlichen Gesetzgebers reicht. Denn über die äußeren Grenzen der Rechtmäßigkeit nach Art. 6 Abs. 1 DSGVO hat ein Mitgliedstaat im Anwendungsbereich des europäischen Sekundärrechts nicht (mehr) einseitig befinden.[65] Gleichwohl dürfte es angesichts des weiten Begriffsgehalts nur selten zu Konflikten im Mehrebenensystem kommen. Mit anderen Worten: Was das deutsche Recht unter einem „öffentlichen Interesse"[66] versteht, deckt sich regelmäßig mit dem unionsrechtlichen Begriffsverständnis. Die Datenverarbeitung im Kontext der amtlichen[67] Statistik liegt dabei grundsätzlich im öffentlichen Interesse (vgl. insbesondere § 1 i. V. m. § 3 BStatG). Dies entspricht wohl auch der Rechtssache *Huber*, in der der EuGH jedenfalls implizit davon ausging, dass die *statistische Funktion* des Ausländerzentralregisters (AZR) unter die Vorgängerregelung des Art. 7 Buchst. e RL 95/46/EG zu subsumieren ist.[68] Diese Rechtsprechung ist – ob des ähnlichen Wortlauts – auf die neue Rechtslage übertragbar.

*3. „… oder in Ausübung öffentlicher Gewalt"*

In der 2. Alt.[69] nimmt der Verantwortliche eine Aufgabe wahr, indem er *öffentliche Gewalt* ausübt (engl.: „exercise of official authority"; franz.: „l'exercice de

---

verkehrssicherheit als ‚Aufgabe…, die im öffentlichen Interesse liegt', im Sinne von Art. 6 Abs. 1 Buchst. e der DSGVO einzustufen".

[64] *Kühling et al.*, Die Datenschutz-Grundverordnung und das nationale Recht, 2016, S. 30 f.

[65] Siehe auch *Buchner/Petri*, in: Kühling/Buchner (Hrsg.), DSGVO/BDSG, 3. Aufl., 2020, Art. 6 Rn. 87: „begrenzte[r] Regelungsspielraum" (zu Art. 6 Abs. 3 DSGVO); a. A. *Roßnagel*, in: Simitis/Hornung/Spiecker gen. Döhmann (Hrsg.), DatenschutzR, 2019, Art. 6 Abs. 1 Rn. 71. Wohl auch *Kühling et al.*, Die Datenschutz-Grundverordnung und das nationale Recht, 2016, S. 31 f., die u. a. auf die Rechtslage unter der alten Richtlinie verweisen, wonach die „Interpretation des öffentlichen Interesses in Art. 7 lit. e DSRL *ausschließlich* den Mitgliedstaaten" oblag; der dortige Verweis auf *Brühann*, in: Grabitz/Hilf (Hrsg.), Das Recht der EU, 13. EL (Mai 1999), Art. 7 DS-RL Rn. 18 geht jedoch insoweit fehl, als dieser lediglich ausführt, dass es an den Mitgliedstaaten ist, „die Aufgaben *festzulegen*, die im öffentlichen Interesse liegen" (Hervorhebung d. Verf.). Vgl. zum alten Recht bereits EuGH, Urt. v. 16.12.2008 – C-524/06, ECLI:EU:C:2008:724 – Huber, Rn. 52, wonach der Begriff der Erforderlichkeit „keinen variablen Inhalt" haben dürfe.

[66] Siehe aus dem deutschen Schrifttum nur *Isensee*, in: Isensee/Kirchhof (Hrsg.), HStR IV, 3. Aufl., 2006, § 73 Rn. 5: „öffentliche Interessen sind Gemeinwohlinteressen". Sie bezögen sich auf die Bürgerschaft insgesamt (subjektive Allgemeinheit), nicht lediglich auf einzelne oder auf Gruppen; zudem verkörperten öffentliche Interessen nicht eine private Angelegenheit, sondern „die Sache des staatlichen Gemeinwesens" (objektive Allgemeinheit), so *Isensee* (ebenda).

[67] Zur Frage, ob die private Statistik unter das datenschutzrechtliche Statistikprivileg fällt, unten S. 230 ff.

[68] EuGH, Urt. v. 16.12.2008 – C-524/06, ECLI:EU:C:2008:724 – Huber, Rn. 49 ff.

[69] *Albrecht/Jotzo*, Das neue Datenschutzrecht der EU, 2016, Teil 3 Rn. 45 sehen demge-

l'autorité publique"). Die Grundverordnung definiert auch diesen Begriff nicht. Andernorts verwendet sie die Wörter „in Ausübung ihrer hoheitlichen Befugnisse" (vgl. Art. 49 Abs. 3, Art. 79 Abs. 2 DSGVO). Die Begriffe sind jedoch nicht notwendigerweise deckungsgleich. Eine bloße redaktionelle Ungenauigkeit liegt deshalb fern, weil sich die unterschiedlichen Begrifflichkeiten auch in anderen Sprachfassungen finden (engl.: „exercise of its [their] public powers"; franz.: „l'exercice de ses [leurs] prérogatives de puissance publique").[70] Gleichwohl dürften die Begriffspaare „öffentliche Gewalt" und „hoheitliche Befugnisse" weitgehend übereinstimmen, setzt die Ausübung von Hoheitsgewalt – zumindest nach deutschem Verständnis – eine entsprechende normative Ermächtigung voraus. „Öffentliche" Gewalt i. S. d. Art. 6 Abs. 1 UAbs. 1 Buchst. e DSGVO ist also grundsätzlich gleichbedeutend mit „hoheitlicher" Gewalt. Dies entspricht zudem der alten Rechtslage, die zumindest in ihren Erwägungsgründen von der „Ausübung hoheitlicher Gewalt" gesprochen hat.[71] Unterschiede ergeben sich dann lediglich in Bezug auf die handelnden *Akteure*: Im Fall der Art. 49 Abs. 3 und Art. 79 Abs. 2 DSGVO sind es jeweils „Behörden", die hoheitliche Gewalt ausüben. Demgegenüber ist die 2. Alt. des Buchst. e als Rechtmäßigkeitstatbestand (wohl) bewusst offen gefasst: Öffentliche Gewalt i. d. S. kann hiernach nicht nur eine Behörde, sondern auch eine *andere öffentliche oder private Stelle* (z. B. Beliehene[72]) ausüben.[73] Ein Beispiel sind sog. Erhebungsbeauftragte, die mit der Erhebung von Bundesstatistiken amtlich betraut worden sind und etwa im Zensus 2022 erneut[74] zum Einsatz kamen (§ 14 BStatG i. V. m. § 20 ZensG 2022). Voraussetzung ist lediglich, dass diesem Personenkreis entsprechende Hoheitsrechte übertragen worden sind. Auf die Staatsfunktion[75]

---

genüber in der Ausübung hoheitlicher Gewalt ein „Musterbeispiel" für die Wahrnehmung einer Aufgabe im öffentlichen Interesse und stellen damit die Eigenständigkeit dieses Kriteriums infrage.

[70] Wie hier *Albers/Veit*, in: Wolff/Brink (Hrsg.), BeckOK DatenschutzR, 39. Ed. (1.11.2021), Art. 6 Rn. 55; *Buchner/Petri*, in: Kühling/Buchner (Hrsg.), DSGVO/BDSG, 3. Aufl., 2020, Art. 6 Rn. 116.

[71] Vgl. EG 30, 32 und 45 RL 95/46/EG.

[72] Wie hier z. B. *Buchner/Petri*, in: Kühling/Buchner (Hrsg.), DSGVO/BDSG, 3. Aufl., 2020, Art. 6 Rn. 117; *Frenzel*, in: Paal/Pauly (Hrsg.), DSGVO/BDSG, 3. Aufl., 2021, Art. 6 Rn. 24; zum alten Recht bereits *Brühann*, in: Grabitz/Hilf (Hrsg.), Das Recht der EU, 13. EL (Mai 1999), Art. 7 DS-RL Rn. 18.

[73] Vgl. auch *Albers/Veit*, in: Wolff/Brink (Hrsg.), BeckOK DatenschutzR, 39. Ed. (1.11.2021), Art. 6 Rn. 55; *Buchner/Petri*, in: Kühling/Buchner (Hrsg.), DSGVO/BDSG, 3. Aufl., 2020, Art. 6 Rn. 117. Vgl. dazu auch § 2 Abs. 4 S. 2 BDSG, der fingiert, dass eine *nichtöffentliche* Stelle insoweit als öffentliche Stelle i. S. d. BDSG anzusehen ist, als sie „hoheitliche Aufgaben der öffentlichen Verwaltung" wahrnimmt.

[74] Siehe zum Zensus 2011 insbes. § 11 ZensG 2011 i. V. m. § 14 BStatG.

[75] Vgl. dazu auch den Begriff der öffentlichen Gewalt i. S. d. Art. 19 Abs. 4 GG; dazu *Schmidt-Aßmann*, in: Dürig/Herzog/Scholz (Hrsg.), GG, 92. EL (Aug. 2020), Art. 19 Abs. 4 Rn. 45 ff.

kommt es der datenschutzrechtlichen Erlaubnisnorm nicht an. Erfasst sind neben der Exekutive prinzipiell auch die anderen zwei Gewalten: Legislative und Judikative[76]. Jedenfalls aber kann sich die öffentliche Verwaltung im Rahmen ihrer hoheitlichen Aufgabenwahrnehmung (etwa in Gestalt der Eingriffs- oder Leistungsverwaltung) grundsätzlich auf die 2. Alt. des Buchst. e berufen. Eine bestimmte Handlungsform setzt das europäische Datenschutzsekundärrecht dabei nicht voraus. Der Wortlaut ist – wohl in Kenntnis und aus Respekt vor den mitgliedstaatlichen Spezifika – offengehalten. Somit sind aus der Perspektive des deutschen Verwaltungsrechts sämtliche öffentlich-rechtliche Handlungsformen mit Außenwirkung erfasst. Das schließt insbesondere das „klassische" Instrument des Verwaltungsakts ein. Die statistischen Ämter des Bundes und der Länder machen davon insbesondere bei der Durchsetzung der statistikrechtlichen Auskunftspflicht (vgl. § 15 BStatG; §§ 23 ff. ZensG 2022) Gebrauch.

*4. Aufgabenübertragung*

Die Aufgabe muss dem Verantwortlichen *übertragen* worden sein. Der Wortlaut der Norm ist insoweit zwar nicht eindeutig. Denn der letzte Halbsatz („die dem Verantwortlichen übertragen wurde") kann auch so gelesen werden, dass er sich nur auf die 2. Alt. („in Ausübung öffentlicher Gewalt") bezieht. Die 1. Alt. („Aufgabe [...], die im öffentlichen Interesse liegt") erfasste er dann nicht. Auch die anderen Sprachfassungen (z. B. engl.: „processing is necessary for the performance of a task carried out in the public interest or in the exercise of official authority *vested in the controller*"; franz.: „le traitement est nécessaire à l'exécution d'une mission d'intérêt public ou relevant de l'exercice de l'autorité publique *dont est investi le responsable du traitement*")[77] bleiben indifferent. Nach dem Sinn und Zweck der Vorschrift ist jedoch auch in der 1. Alt. eine (gesetzliche) Aufgabenübertragung erforderlich.[78] Andernfalls könnte sich ein Verantwortlicher einer Aufgabe im öffentlichen Interesse berühmen. Diese Form der „Selbstbefassung" verleiht der Datenverarbeitung indes noch keine Legitimation. Das BVerwG formuliert insofern prägnant: „Eine Privatperson kann sich

---

[76] I. d. S. wohl auch *Engeler*, NJOZ 2019, 593 (596 f.).
[77] Hervorhebung d. Verf.
[78] EuGH, Urt. v. 4.7.2023 – C-252/21, ECLI:EU:C:2023:537 – Meta Platforms u.a., Rn. 133; aus der Literatur z. B. *Roßnagel*, in: Simitis/Hornung/Spiecker gen. Döhmann (Hrsg.), DatenschutzR, 2019, Art. 6 Abs. 1 Rn. 70; i. Erg. auch *Kotschy*, in: Kuner/Bygrave/Docksey (Hrsg.), The EU General Data Protection Regulation (GDPR) – A Commentary, 2020, S. 335, die die deutsche Fassung wegen ihrer Kommasetzung für klarer hält. Ebenso wohl *Kühling et al.*, Die Datenschutz-Grundverordnung und das nationale Recht, 2016, S. 33, die das Merkmal „Übertragung hoheitlicher Gewalt" i. R. d. Buchst. e prüfen, ohne zwischen den Alt. weiter zu differenzieren.

nicht selbst zum Sachwalter des öffentlichen Interesses erklären".[79] Somit bezieht sich der letzte Halbsatz auf die *Aufgabe* (engl.: „task"; franz.: „mission") insgesamt, nicht bloß auf die Ausübung öffentlicher Gewalt. Die Übertragung erfolgt dann wiederum durch *Rechtsvorschrift*.[80] Dem Verantwortlichen, der auch ein Privater sein kann[81], muss durch oder aufgrund eines Gesetzes die öffentliche Aufgabe jeweils zugewiesen worden sein. Der Übertragungsakt stellt damit zugleich die „informationelle Gewaltenteilung"[82] sicher,[83] indem er den Informationsaustausch auch innerhalb der öffentlichen Verwaltung rechtsstaatlich steuert und begrenzt. Ob und ggf. inwieweit den jeweils maßgeblichen Akteuren eine Aufgabe im nationalen Recht übertragen worden ist, prüfen die mitgliedstaatlichen Gerichte, nicht der EuGH.[84] *Juliane Kokott* formuliert es in ihren Schlussanträgen in der Rechtssache *Puškár* zutreffend so: „Welche Aufgaben nach [den mitgliedstaatlichen] Bestimmungen […] welcher Behörde zukommen, können nur die innerstaatlichen Gerichte entscheiden".[85]

*5. Erforderlichkeit*

Ebenso wie Buchst. c unterliegt auch die Verarbeitungsbefugnis nach Buchst. e dem Erforderlichkeitskriterium. Mit anderen Worten: Die Verarbeitung personenbezogener Daten muss für die Wahrnehmung der öffentlichen Aufgabe erforderlich sein. Bezugspunkt ist auch hier der *konkrete Verarbeitungsvorgang*, den der Verantwortliche ausführt. Der Maßstab ist somit individuell-konkreter, nicht abstrakt-genereller Natur. Davon ist die Frage zu unterscheiden, ob die *Rechtsgrundlage* ihrerseits verhältnismäßig, mithin geeignet, erforderlich und angemessen ist.[86] *Sebastian Seedorf* weist insofern zutreffend darauf hin, dass der Gesetzgeber dabei zwar „individuelle Sachverhalte beispielhaft vor Augen haben" könne, seine Regelung aber abstrakt-generell gestalten müsse.[87] Im Kontext von Art. 6 Abs. 1 DSGVO ist indes zu prüfen, ob die konkrete Verarbeitung *im Einzelfall* rechtmäßig ist. Es handelt sich bei der Erforderlichkeit i.S.d. Buchst. e um ein „datenschutzrechtliches Regelungs- und Tatbestandselement",

---

[79] BVerwG NVwZ 2019, 1126 (1131, Rn. 46) für den Fall einer Videoüberwachung in einer Zahnarztpraxis.
[80] Vgl. auch *Frenzel*, in: Paal/Pauly (Hrsg.), DSGVO/BDSG, 3. Aufl., 2021, Art. 6 Rn. 24.
[81] Vgl. BVerwG NVwZ 2019, 1126 (1131, Rn. 46).
[82] Vgl. dazu unten S. 283 ff.
[83] So *Frenzel*, in: Paal/Pauly (Hrsg.), DSGVO/BDSG, 3. Aufl., 2021, Art. 6 Rn. 25.
[84] Für eine Aufgabenübertragung durch slowakisches Recht: EuGH, Urt. v. 27.9.2017 – C-73/16, ECLI:EU:C:2017:725 – Puškár, Rn. 109; zuvor bereits EuGH, Urt. v. 30.5.2013 – C-341/12, ECLI:EU:C:2013:355 – Worten, Rn. 35.
[85] *GA Kokott*, Schlussanträge v. 20.3.2017 – C-73/16, ECLI:EU:C:2017:253, Rn. 104.
[86] Siehe dazu bereits oben I.3., S. 141. Zum Grundsatz der Verhältnismäßigkeit bei der Gesetzgebung allg. *Seedorf*, in: Jestaedt/Lepsius (Hrsg.), Verhältnismäßigkeit, 2015, S. 139 ff.; zu den Anforderungen an die Rechtsgrundlage ausf. unten D., S. 170 ff.
[87] *Seedorf*, in: Jestaedt/Lepsius (Hrsg.), Verhältnismäßigkeit, 2015, S. 140.

das zwar grundrechtlich (Art. 8 Abs. 1 ggf. i. V. m. Art. 7 GRCh) vorgesteuert, von dieser primärrechtlichen Ebene aber dogmatisch zu trennen ist.[88] Wenn der EuGH in ständiger Rechtsprechung betont, die Datenverarbeitung müsse sich auf das „absolut Notwendige" beschränken, dann verschwimmen nicht selten diese Normebenen.[89] Hier stellt das Kriterium der Erforderlichkeit indes eine „Relation zwischen einem Informationsverarbeitungsvorgang und einer Aufgabenerfüllung" her.[90] Es beschreibt mithin eine „Abhängigkeitsbeziehung" zwischen der Datenverarbeitung und den (gesetzlich) festgelegten Zwecken; die Erforderlichkeitsprüfung drückt aus, in welchem Grad die jeweils adressierte Stelle auf den *konkreten* Verarbeitungsvorgang angewiesen ist.[91] Das ist etwas anderes als das relativ mildeste Mittel, das man aus der grundrechtlichen Verhältnismäßigkeitsprüfung (Übermaßverbot) kennt.[92] Stattdessen ist für den „Abhängigkeitsgrad"[93] – in Anlehnung an den Grundsatz der Datenminimierung[94] – zu fragen, ob die Verarbeitung personenbezogener Daten „auf das für die Zwecke der Verarbeitung notwendige Maß beschränkt" ist. Bei der Erforderlichkeit handelt es sich vor diesem Hintergrund um einen „vielschichtige[n] Begriff"[95], den es je nach Verarbeitungskontext auszudifferenzieren gilt. So wäre bspw. zu prüfen, ob der Zweck (hier: die gesetzlich definierte öffentliche Aufgabe) nicht auch durch die Verarbeitung lediglich pseudonymisierter Daten erreicht werden könne. Im Kontext der amtlichen Statistik ist diese Rechtsfrage indes regelmäßig bereits auf der Ebene des Gesetzes (vor-)entschieden worden (vgl. etwa die Pilotdatenübermittlung gemäß § 9a ZensVorbG 2022).[96] Ein anderes Beispiel betrifft die Frage, welche Informationen in einem (staatlichen) Register gespeichert werden dürfen: In der Rechtssache *Huber* hat der EuGH ent-

---

[88] Wie hier z. B. *Albers/Veit*, in: Wolff/Brink (Hrsg.), BeckOK DatenschutzR, 39. Ed. (1.11.2021), Art. 6 Rn. 15.
[89] Vgl. aus der Rechtsprechung z. B. EuGH, Urt. v. 24.2.2022 – C-175/20, ECLI:EU:C:2022:124 – Valsts ieņēmumu dienests, Rn. 73; dazu auch *Albers/Veit*, in: Wolff/Brink (Hrsg.), BeckOK DatenschutzR, 39. Ed. (1.11.2021), Art. 6 Rn. 15. Weitere Nachweise in § 5 Fn. 313.
[90] *Podlech*, FG Grüner, 1982, S. 455.
[91] So *Albers*, in: Voßkuhle/Eifert/Möllers (Hrsg.), GVerwR, 3. Aufl., 2022, § 22 Rn. 87.
[92] *Albers/Veit*, in: Wolff/Brink (Hrsg.), BeckOK DatenschutzR, 39. Ed. (1.11.2021), Art. 6 Rn. 15, 59; a. A. *Frenzel*, in: Paal/Pauly (Hrsg.), DSGVO/BDSG, 3. Aufl., 2021, Art. 6 Rn. 23, demzufolge „jedenfalls nach gleich geeigneten, aber milderen Mitteln zu fragen" sei.
[93] *Albers/Veit*, in: Wolff/Brink (Hrsg.), BeckOK DatenschutzR, 39. Ed. (1.11.2021), Art. 6 Rn. 19. Vgl. dazu schon *Podlech,* FG Grüner, 1982, S. 456.
[94] Art. 5 Abs. 1 Buchst. c DSGVO. Dafür auch *Albers/Veit*, in: Wolff/Brink (Hrsg.), BeckOK DatenschutzR, 39. Ed. (1.11.2021), Art. 6 Rn. 15.
[95] *Albers/Veit*, in: Wolff/Brink (Hrsg.), BeckOK DatenschutzR, 39. Ed. (1.11.2021), Art. 6 Rn. 59, s. auch Rn. 21 (im Tatbestandsmerkmal der Erforderlichkeit steckten „komplizierte Probleme"). Vgl. auch VG Cottbus, Urt. v. 4.2.2022 – 4 K 1191/19, juris Rn. 100, wonach der unionsrechtliche Begriff der Erforderlichkeit „noch nicht vollständig konturiert" sei.
[96] Dazu BVerfG ZD 2019, 266 m. krit. Anm. *Kienle/Wenzel*.

schieden, dass „jedenfalls" die Speicherung und Weiterverarbeitung namentlich genannter Personen im Ausländerzentralregister (AZR) zu *statistischen* Zwecken nicht erforderlich sei.[97] Ob und inwieweit die Verarbeitung zu *aufenthaltsrechtlichen* Zwecken erforderlich sei, müsse hingegen das vorlegende Gericht prüfen.[98] Dies darf indes nicht darüber hinwegtäuschen, dass es sich bei der Erforderlichkeit gemäß Buchst. e um einen *autonomen Begriff des Unionsrechts* handelt.[99] Nur so ist ein gleichwertiges Schutzniveau innerhalb der Union zu erreichen.

### III. Abgrenzungsfragen

Die Erlaubnisnorm des Buchst. e ist von der des Buchst. c[100] abzugrenzen. Denn die Datenschutz-Grundverordnung knüpft an beide Normen teils unterschiedliche Rechtsfolgen. So greift etwa das Recht, einer Verarbeitung zu widersprechen, nur im Fall des Art. 6 Abs. 1 UAbs. 1 *Buchst. e* DSGVO. Stützt sich der Verantwortliche hingegen auf *Buchst. c*, besteht das Widerspruchsrecht gemäß Art. 21 Abs. 1 DSGVO nicht.[101] Dies ist auch sachgerecht. Die gesetzliche angeordnete Verarbeitungspflicht verträgt sich nicht mit einer Interessenabwägung, die das allgemeine Widerspruchsrecht dem Verantwortlichen abverlangt. Vor diesem Hintergrund darf die Abgrenzung jedenfalls dann nicht offenbleiben, wenn ein Betroffenenrecht davon abhängt.[102] Im Kontext der amtlichen Statistik relativiert sich diese Abgrenzungsfrage indes ein Stück weit: Denn bei der Verarbeitung zu statistischen Zwecken begründet Art. 21 Abs. 6 DSGVO ein eigen-

---

[97] EuGH, Urt. v. 16.12.2008 – C-524/06, ECLI:EU:C:2008:724 – Huber, Rn. 68. Die Zentralisierung der Melderegisterdaten im AZR hat der EuGH indes nicht beanstandet; der Gerichtshof erkennt hier Effizienzvorteile ausdrücklich an (ebenda, Rn. 62 und 66). S. nunmehr § 23 Abs. 2 S. 1, Abs. 4 S. 1 AZRG. Zur Erforderlichkeit, pseudonymisierte Geschäftszeichen zu verwenden, s. die Begründung in BT-Drs. 19/8752, S. 62.
[98] EuGH, Urt. v. 16.12.2008 – C-524/06, ECLI:EU:C:2008:724 – Huber, Rn. 67; ebenso EuGH, Urt. v. 27.9.2017 – C-73/16, ECLI:EU:C:2017:725 – Puškár, Rn. 111. Vgl. zur Aufgabentrennung i.R.d. Vorlageverfahrens auch EuGH, Urt. v. 24.3.2022 – C-245/20, ECLI:EU:C:2022:216 – Autoriteit Persoonsgegevens, Rn. 21.
[99] EuGH, Urt. v. 16.12.2008 – C-524/06, ECLI:EU:C:2008:724 – Huber, Rn. 52 zur Vorgängerregelung des Art. 7 Buchst. e DS-RL. Ebenso z.B. *Schwartmann/Jacquemain*, in: Schwartmann/Jaspers/Thüsing/Kugelmann (Hrsg.), DSGVO/BDSG, 2. Aufl., 2020, Art. 6 Rn. 100.
[100] Dazu oben I., S. 138 ff.
[101] Siehe dazu aus der Rechtsprechung bspw. VG Stade NVwZ 2019, 251 (252, Rn. 37).
[102] Teilw. differenziert die Rspr. nicht, so etwa in EuGH, Urt. v. 3.5.2013 – C-342/12, ECLI:EU:C:2013:355 – Worten, Rn. 34 f. Vgl. auch *GA Sánchez-Bordona*, Schlussanträge v. 17.10.2018 – C-496/17, ECLI:EU:C:2018:838 – Deutsche Post, Rn. 64 ff. Aus der Literatur z.B. *Heberlein*, in: Ehmann/Selmayr (Hrsg.), DSGVO, 2. Aufl., 2018, Art. 6 Rn. 23, der davon ausgeht, dass das Widerspruchsrecht nach Art. 21 Abs. 1 DSGVO nicht bestehe, wenn neben Buchst. e auch noch Buchst. c greife. Zu diesem Problem unten S. 425 ff.

ständiges Widerspruchsrecht[103], das nicht auf die Rechtsgrundlage, sondern auf den *Zweck der Verarbeitung* abstellt. Gleichwohl kann die Abgrenzung für die gesetzliche Zweckbestimmung bedeutsam sein, da Art. 6 Abs. 3 S. 2 DSGVO – jedenfalls dem Wortlaut nach – zwischen den Rechtsgrundlagen differenziert.

Gerade im Bereich der öffentlichen Verwaltung bietet es sich an, für die Abgrenzung auf die Rechtsfolgenebene abzustellen.[104] Handelt es sich um eine gebundene Entscheidung oder ist das Ermessen der Behörde (z.B. des Statistischen Bundesamtes) ausnahmsweise auf Null reduziert, greift Buchst. c. Dieser Erlaubnistatbestand erfasst demnach Konstellationen, in denen eine Rechtsvorschrift eine „Verarbeitungs*pflicht*"[105] begründet (z.B.: „Die Behörde übermittelt […]"). Eine bloße *Erlaubnis*, personenbezogene Daten zu verarbeiten, ist demgegenüber unter Buchst. e zu subsumieren.[106] Das gilt dann für solche Normen, die auf der Rechtsfolgenseite Ermessen einräumen.[107] Die Abgrenzungsfrage kann demnach z.B. lauten: *Muss* die Behörde die Daten verarbeiten oder *darf* sie es „nur"? Diese Differenzierung zwischen „Müssen" und „Dürfen"[108] fügt sich denn auch in die normative Struktur des Widerspruchs ein: Dieses Betroffenenrecht macht nur dann Sinn, wenn der Verantwortliche eine Handlungsalternative hat, also von der Datenverarbeitung von Rechts wegen absehen darf – bzw. wegen besonderer Umstände (vgl. Art. 21 Abs. 1 DSGVO) ggf. sogar absehen muss.

### IV. Ausgeschlossene oder nicht einschlägige Tatbestände

Neben den Buchst. c und e kennt Art. 6 Abs. 1 UAbs. 1 DSGVO noch drei weitere gesetzliche Tatbestände (Buchst. b, c und f)[109], die *unmittelbar* – also ohne

---

[103] Dazu unten S. 427 ff.

[104] Siehe zu anderen Abgrenzungsversuchen den Meinungsstand bei *Engeler*, NJOZ 2019, 593 (597).

[105] *Reimer*, DÖV 2018, 881 (887); Hervorhebung d. Verf.

[106] *Reimer*, DÖV 2018, 881 (887); ebenso wohl EuGH, Urt. v. 8.12.2022 – C-180/21, ECLI:EU:C:2022:967, Rn. 94.

[107] I. d. S. auch *Heberlein*, in: Ehmann/Selmayr (Hrsg.), DSGVO, 2. Aufl., 2018, Art. 6 Rn. 15 a.E., der den Anwendungsbereich bei „Befugnissen mit eine[m] Ermessens- oder Beurteilungsspielraum" sieht. Die Kategorie des Beurteilungsspielraums bezieht sich nach herkömmlicher Dogmatik jedoch auf die Ebene des *Tatbestands*.

[108] Dazu aus rechtstheoretischer Perspektive *Reimer*, Rechtstheorie 48 (2017), 417 ff.

[109] Der Katalog des Art. 6 Abs. 1 UAbs. 1 DSGVO ist abschließend, s. EuGH, Urt. v. 11.12.2019 – C-708/18, ECLI:EU:C:2019:1064 – Asociaţia de Proprietari bloc M5A-ScaraA, Rn. 37 zu Art. 7 DS-RL; Urt. v. 22.6.2021 – C-439/19, ECLI:EU:C:2021:504 – Latvijas Republikas Saeima (Points de pénalité), Rn. 99 zu Art. 6 DSGVO: „erschöpfende und abschließende Liste".

## 1. Interessenabwägung (Buchst. f)

Auf einen Tatbestand kann sich die amtliche Statistik indes von vornherein nicht berufen: Die allgemeine Interessenabwägungsklausel des Buchst. f ist schon kraft Gesetzes ausgeschlossen. Denn nach Art. 6 Abs. 1 UAbs. 2 DSGVO gilt diese Norm nicht für „Behörden" (engl.: „public authorities"), soweit sie personenbezogene Daten „in Erfüllung ihrer Aufgaben" (engl.: „in the performance of their tasks") verarbeiten.[110] Diese Ausnahme stellt nicht – wie sonst üblich – auf den Verarbeitungszweck, sondern auf den *handelnden Akteur* (konkret: die Behörde) ab. Die statistischen Ämter des Bundes und der Länder sind Behörden in diesem Sinne, deren Aufgabenkreis überdies gesetzlich beschränkt ist (vgl. etwa § 3 BStatG).[111] Sinn und Zweck dieser Vorschrift ist es, den Vorbehalt des Gesetzes[112] zu wahren. Im hoheitlichen Bereich ist es die vornehmste Aufgabe des Gesetzgebers, Grund und Grenze einer zulässigen Datenverarbeitung festzulegen. Eine allgemeine und zudem typisierende Interessenabwägung genügte dem nicht. Stattdessen haben die rechtsetzenden Organe grundsätzlich „klare und präzise" Regeln aufzustellen.[113] Die Interessenabwägung nach Buchst. f kann und darf kein „Auffangtatbestand für Interessen der Hoheitsträger"[114] sein. Die Legislative muss die Abwägung vielmehr hinreichend bestimmt vorsteuern – sie darf im gewaltengeteilten Rechtsstaat nicht allein der Exekutive überlassen bleiben. Dem Gesetz kommt, wie das BVerfG zu Recht betont, eine den Handlungsspielraum der Exekutive „begrenzende Funktion" zu.[115] Neben der objektiv-rechtlichen Steuerungs- und Begrenzungsfunktion geht es – aus individual-rechtlicher Perspektive – auch und gerade um die Vorhersehbarkeit staatlichen Handelns.[116] Der Verordnungsgeber hat sich demnach

---

[110] Dazu z.B. EuGH, Urt. v. 8.12.2022 – C-180/21, ECLI:EU:C:2022:967, Rn. 84 f.; BVerwG NVwZ 2019, 473 (476, Rn. 26). Die Parallelvorschrift für die Datenverarbeitung durch EU-Organe sieht schon gar keinen entsprechenden Erlaubnistatbestand („berechtigte Interessen") vor, vgl. Art. 5 VO (EU) 2018/1725.

[111] Für das Statistische Bundesamt: § 2 Abs. 1 BStatG; dazu bereits oben S. 31 f. Vgl. auch *Reimer*, in: Sydow (Hrsg.), DSGVO, 2. Aufl., 2018, Art. 6 Rn. 66, der den Begriff weit auslegt und darunter „alle mitgliedstaatlichen […] Stellen mit administrativer[,] judikativer oder sogar legislativer Funktion" versteht.

[112] Dazu statt vieler *Reimer*, in: Voßkuhle/Eifert/Möllers (Hrsg.), GVerwR, 3. Aufl., 2022, § 11 Rn. 26 ff.

[113] Ausf. dazu unten S. 170 ff., insbes. S. 176.

[114] *Frenzel*, in: Paal/Pauly (Hrsg.), DSGVO/BDSG, 3. Aufl., 2021, Art. 6 Rn. 26. Ebenso BVerwG NVwZ 2019, 473 (476, Rn. 26): könne nicht durch einen umfassenden Auffangtatbestand überspielt werden.

[115] BVerfG NVwZ 2007, 688 (690).

[116] Vgl. dazu im Kontext des Datenschutzrechts *Marsch/Rademacher*, Die Verwaltung 54

zu Recht dagegen entschieden, die allgemeine Interessenabwägung in die Hände der verantwortlichen Behörden zu legen. Die statistischen Ämter können somit nicht auf die datenschutzrechtliche Abwägungsklausel des Buchst. f zurückgreifen, wenn sie Bundesstatistiken durchführen.

*2. Vertrag und vorvertragliche Maßnahmen (Buchst. b)*

Die Tatbestände des Buchst. b (Vertragserfüllung) und d (Schutz lebenswichtiger Interessen; dazu 3.) sind zwar prinzipiell anwendbar, doch im Kontext der amtlichen Statistik in der Regel nicht einschlägig. Zwar gilt *Buchst. b* für sämtliche zweiseitigen Rechtsgeschäfte – mithin auch für einen öffentlich-rechtlichen Vertrag (§§ 54 ff. VwVfG).[117] Für ein Massenverfahren wie die Statistik ist diese Handlungsform jedoch untauglich. Der Erlaubnistatbestand setzt nämlich *Personenidentität* voraus: Die betroffene Person muss selbst Vertragspartei sein.[118] Das hieße, die statistischen Ämter müssten mit jeder einzelnen betroffenen Person einen (rechtswirksamen) Vertrag schließen; für die klassische Statistikproduktion geht das ersichtlich an der Lebenswirklichkeit vorbei. Schon bei vergleichsweise kleineren Erhebungen wie der Zeitverwendungserhebung wären z.B. bis zu 15.000 Haushalte betroffen (vgl. § 3 Abs. 3 ZVEG). Im Übrigen wäre ohnedies fraglich, worin hier das vertragstypische Austauschverhältnis (Leistung und Gegenleistung) bestehen soll. Die statistischen Ämter sind allein an den relevanten Daten der statistischen Einheiten interessiert. Daten für statistische Zwecke bereitzustellen, bildete dann den eigentlichen Leistungsgegenstand.[119] Das Vertragsrecht lässt dies zwar ausdrücklich zu.[120] Gleichwohl ist datenschutzrechtlich umstritten, ob sich der Verantwortliche insoweit auf den Tatbestand der Vertragserfüllung berufen darf oder ob nicht die Einwilligung vorzugswürdig ist.[121] Für die amtliche Statistik liegt die Verarbeitung auf vertraglicher Grundlage im Ergebnis eher fern.

---

(2021), 1 (11 f.), die jedoch – zu Recht – auch auf die gegenteiligen Effekte einer überkomplexen Regelungsstruktur hinweisen (ebenda, S. 17 f.). Weiterführend unten § 5 D.II., S. 176 am Beispiel einer (statistikrechtlichen) Generalklausel.

[117] So auch *Reimer*, DÖV 2018, 881 (887).

[118] Siehe den Wortlaut der Norm („[…] eines Vertrags, dessen Vertragspartei die betroffene Person ist"; engl.: „of a contract to which the data subject is party"). Vgl. bereits *Martini/Kienle*, JZ 2019, 235 (237).

[119] Siehe etwa Art. 3 Abs. 1 UAbs. 2 RL (EU) 2019/770; dazu etwa *Mischau*, ZEuP 2020, 335 ff.

[120] Vgl. dazu aus dem deutschen Zivilrecht insbes. § 312 Abs. 1a und § 327 Abs. 3 BGB.

[121] Vgl. dazu bspw. *Taeger*, in: Taeger/Gabel (Hrsg.), DSGVO/BDSG/TTDSG, 3. Aufl., 2022, Art. 6 Rn. 61 ff. m.w.N.

### 3. Schutz lebenswichtiger Interessen (Buchst. d)

Dass die amtliche Statistik personenbezogene Daten verarbeitet, um lebenswichtige Interessen zu schützen (Buchst. d), ist kaum vorstellbar. Denn es geht der Vorschrift um konkrete Gefahrensituationen im Sinne einer unmittelbaren Bedrohung. Als bedrohte Rechtsgüter erkennt die Grundverordnung insbesondere die körperliche Unversehrtheit und das Leben an (vgl. EG 112 S. 2; engl.: „physical integrity of life"). Der Tatbestand normiert so gesehen eine „Selbstverständlichkeit"[122]: Dem Schutz des Lebens und der körperlichen Unversehrtheit (vgl. Art. 2 und 3 GRCh; Art. 2 Abs. 2 S. 1 GG) gebührt der Vorrang gegenüber dem Datenschutz; eine Interessenabwägung findet nicht statt. Gleichwohl soll nach dem Willen des Unionsgesetzgebers zum einen nicht jedweder Gesundheitsbezug ausreichen („lebenswichtig"). Als normatives Korrektiv dient zum anderen das – ungeschriebene – Kriterium der *Unmittelbarkeit*.[123] Statistische Erhebungen und Analysen – und sei es auch zu infektionsepidemiologischen Zwecken – lassen sich nicht auf diese Erlaubnisnorm stützen, da sie allenfalls mittelbar in konkrete (politische) Entscheidungen münden. So ist bspw. für Datenverarbeitungen des Robert Koch-Instituts[124] eine Rechtsgrundlage andernorts zu suchen – und auch zu finden. Gleiches gilt für die sog. Corona-Statistiken des Statistischen Bundesamtes, etwa zum Thema „Sterbefallzahlen und Übersterblichkeit"[125]. Das Bundesamt erhebt und verarbeitet nach eigenen Angaben schon „keine Daten in Echtzeit zu Infektionen mit dem […] Coronavirus".[126] Seine Aufgabe ist es vielmehr, die Auswirkungen der Covid 19-Pandemie für Gesellschaft und Wirtschaft insgesamt darzustellen. Dessen ungeachtet soll der Tatbestand des Buchst. d nach dem Willen des Verordnungsgebers lediglich *subsidiär* greifen, nämlich dann, wenn „offensichtlich" keine andere Rechtsgrundlage einschlägig ist.[127] Als Beispiel nennt EG 46 S. 3 DSGVO die

---

[122] So *Albers/Veit*, in: Wolff/Brink (Hrsg.), BeckOK DatenschutzR, 39. Ed. (1.11.2021), Art. 6 Rn. 51.

[123] Vgl. dazu bspw. *Roßnagel*, in: Simitis/Hornung/Spiecker gen. Döhmann (Hrsg.), DatenschutzR, 2019, Art. 6 Abs. 1 Rn. 62; *Schulz*, in: Gola (Hrsg.), DSGVO, 2. Aufl., 2018, Art. 6 Rn. 47 verlangt einen „unmittelbare[n] Bezug zur Gesundheit oder der körperlichen Unversehrtheit". Nach *Schwartmann/Jacquemain*, in: Schwartmann/Jaspers/Thüsing/Kugelmann (Hrsg.), DSGVO/BDSG, 2. Aufl., 2020, Art. 6 Rn. 80 muss die Verarbeitung „unumgänglich" sein, um die Beeinträchtigung abzuwenden. Der EuGH legt diesen Tatbestand eng aus und verlangt jedenfalls mehr als eine bloß abstrakt-präventive Betrachtung, s. EuGH, Urt. v. 4.7.2023 – C-252/21, ECLI:EU:C:2023:537 – Meta Platforms u. a., Rn. 137.

[124] Das RKI ist als sog. Other National Authority (s. Art. 4 f. VO [EG] Nr. 223/2009) Teil des Europäischen Statistischen Systems (ESS); zu den Unionsstatistiken oben S. 25.

[125] *zur Nieden/Engelhart*, WISTA 3/2021, 47 ff.; s. allg. zur amtlichen Statistik in Zeiten von Corona die beiden Themenhefte WISTA 4/2020 und 3/2021.

[126] Siehe die Pressemitteilung Nr. 108 des Statistischen Bundesamtes vom 23.3.2020. Diese Aufgabe ist dem RKI vorbehalten.

[127] EG 46 S. 2 DSGVO. Dem ist entgegenzuhalten, dass die Subsidiarität im verbindlichen

Datenverarbeitung u. a. für „humanitäre Zwecke einschließlich der Überwachung von Epidemien und deren Ausbreitung". Für die Meldung der Corona-Infektionszahlen (von den Gesundheitsämtern über die zuständigen Landesbehörden an das RKI) hat der deutsche Gesetzgeber indes spezielle Rechtsgrundlagen geschaffen.[128] Ein Rückgriff auf den Tatbestand des Buchst. d scheidet daher in sämtlichen Konstellationen aus.

## B. Öffnungsklauseln für das mitgliedstaatliche Statistikrecht

Die gesetzlichen Erlaubnistatbestände des Art. 6 Abs. 1 UAbs. 1 Buchst. c und e DSGVO legitimieren die Datenverarbeitung für sich genommen noch nicht. Sie sind vielmehr ausfüllungsbedürftig. *Jürgen Kühling* und *Mario Martini* bemerken insoweit zu Recht, dass die Grundverordnung „in weiten Teilen […] für das komplexe und grundrechtssensible Datenschutzregime des digitalen Zeitalters als solche *nicht hinreichend vollzugsfähig*" sei.[129] Die Verordnung verweist insofern in das sonstige Unionsrecht und in das Recht der Mitgliedstaaten (vgl. Art. 6 Abs. 3 S. 1 DSGVO[130]). Das europäische Datenschutzsekundärrecht öffnet sich in Art. 6 Abs. 2 und 3 DSGVO damit auch für das (mitgliedstaatliche) Statistikrecht. Dabei handelt es sich um sog. Öffnungsklauseln, wobei bereits dieser Begriff umstritten ist (dazu I.). Im Rahmen einer Typologie wird versucht, den Begriffsgehalt zu konkretisieren und die beiden Öffnungsklauseln des Art. 6 Abs. 2 und 3 DSGVO entsprechend einzuordnen (dazu II.). Sodann gilt es, ihr Verhältnis zueinander (dazu III.) sowie ihre Reichweite zu bestimmen (dazu IV.).

### *I. Begriff der Öffnungsklausel*

Der Begriff der „Öffnungsklausel" ist im Kontext des europäischen Datenschutzrechts nicht unumstritten.[131] Die Kritik findet ihren Ausgangspunkt zumeist darin, dass die Datenschutz-Grundverordnung ein „gleichmäßiges und

---

Normtext keinen Niederschlag gefunden hat. Art. 6 DSGVO geht zudem von einem alternativen Verhältnis der Erlaubnistatbestände aus („mindestens eine der …").

[128] Siehe z. B. § 11 IfSG i. V. m. Art. 6 Abs. 1 UAbs. 1 Buchst. c und Art. 9 Abs. 2 Buchst. i DSGVO. Vgl. auch *Schwartmann/Jacquemain*, in: Schwartmann/Jaspers/Thüsing/Kugelmann (Hrsg.), DSGVO/BDSG, 2. Aufl., 2020, Art. 6 Rn. 87; ferner *Buchner/Petri*, in: Kühling/Buchner (Hrsg.), DSGVO/BDSG, 3. Aufl., 2020, Art. 6 Rn. 219, die allerdings Art. 9 DSGVO nicht zitieren.

[129] *Kühling/Martini*, EuZW 2016, 448 (449); Hervorhebung d. Verf.

[130] Zu den Anforderungen ausf. unten S. 170 ff.

[131] Vgl. nur die Darstellung bei *Sandhu*, Grundrechtsunitarisierung durch Sekundärrecht, 2021, S. 238 ff.

hohes Datenschutzniveau" anstrebt; das Schutzniveau in allen Mitgliedstaaten soll „gleichwertig" sein.[132] Der Rechtsformwechsel zur Verordnung zielt insbesondere darauf, Unterschiede bei der „Umsetzung und Anwendung", die durch die alte Datenschutzrichtlinie entstanden sind, zu beseitigen, jedenfalls aber zurückzudrängen.[133] Die Grundverordnung bestimme denn auch die „Unter- und Obergrenze des unionsrechtlichen Datenschutzniveaus".[134] Von dieser Warte aus lehnen etwa *Martin Selmayr* und *Eugen Ehmann* den Begriff „Öffnungsklausel" gänzlich ab – er suggeriere fälschlicherweise, dass es möglich sei, vom gleichmäßigen Schutzniveau, das die Grundverordnung verbürgt, „in umfangreicher Weise flexibel nach oben oder nach unten abzuweichen".[135]

Eine solche Deutung ist jedoch keineswegs zwingend. Der Begriff der Öffnungsklausel ist einer anderen Auslegung zugänglich. Im rechtswissenschaftlichen Schrifttum ist er als Oberbegriff[136] – obgleich dogmatisch noch nicht gefestigt – inzwischen weitgehend anerkannt.[137] Und auch der EuGH verwendet ihn.[138] Öffnungsklauseln stehen dann allgemein

„für jegliche Konkretisierungsbedürftigkeit von Unionsrechtsnormen, für Verweise in das mitgliedstaatliche Recht, für Interessenabwägungen sowie für explizite Abweichungsmöglichkeiten".[139]

Ihnen sei, so *Marian Müller* in seiner grundlegenden Untersuchung, eine „gewisse Permeabilität, d.h. eine Durchlässigkeit des Regelwerks" eigen – und zwar

„für korrespondierende, abweichende oder ergänzende Bestimmungen, die nicht selbst in dem Regelwerk enthalten sind, seine Geltung oder Wirkung aber unmittelbar beeinflussen können".[140]

---

[132] EG 10 S. 1 DSGVO.
[133] EG 9 S. 4 DSGVO.
[134] *Selmayr/Ehmann*, in: dies. (Hrsg.), DSGVO, 2. Aufl., 2018, Einführung Rn. 89.
[135] *Selmayr/Ehmann*, in: dies. (Hrsg.), DSGVO, 2. Aufl., 2018, Einführung Rn. 89 („aus europarechtlichen Gründen abzulehnen").
[136] So zutreffend *Müller*, Die Öffnungsklauseln der Datenschutzgrundverordnung, 2018, S. 59.
[137] Vgl. aus dem reichhaltigen Schrifttum (chronologisch) z.B. *Kühling et al.*, Die Datenschutz-Grundverordnung und das nationale Recht, 2016, S. 9 ff.; *Benecke/Wagner*, DVBl 2016, 600 ff.; *Laue*, ZD 2016, 463 ff.; *Gömann*, Das öffentlich-rechtliche Binnenkollisionsrecht der DS-GVO, 2021, S. 81 ff.; *Sandhu*, Grundrechtsunitarisierung durch Sekundärrecht, 2021, S. 238 ff.; *Albers*, in: Voßkuhle/Eifert/Möllers (Hrsg.), GVerwR, 3. Aufl., 2022, § 22 Rn. 59. Aus der Rechtsprechung s. nur BVerfGE 152, 216 (247, Rn. 79) – Recht auf Vergessen II. Auch der deutsche Gesetzgeber spricht von „Öffnungsklauseln", s. nur BT-Drs. 18/11325, S. 69 (1. DSAnpUG-EU); BT-Drs. 19/4674, S. 1 (2. DSAnpUG-EU).
[138] EuGH, Urt. v. 28.4.2022 – C-319/20, ECLI:EU:C:2022:322, Rn. 57; Urt. v. 30.3.2023 – C-34/21, ECLI:EU:C:2023:270, Rn. 59.
[139] *Sandhu*, Grundrechtsunitarisierung durch Sekundärrecht, 2021, S. 239.
[140] *Müller*, Die Öffnungsklauseln der Datenschutzgrundverordnung, 2018, S. 54.

Das muss nicht bedeuten, dass von dem unionalen Schutzniveau nach „unten" oder nach „oben" abgewichen werden darf. Der Begriff der Öffnungsklausel steht so gesehen lediglich synonym für die *Unabgeschlossenheit* der Grundverordnung, *in deren Rahmen* weitere Regelungen möglich, ja manchmal sogar notwendig sind. Diese Untersuchung hält daher am Begriff der Öffnungsklausel fest. Sie versteht darunter im Anschluss an *Müller*

„solche Regelungen innerhalb eines Sekundärrechtsaktes [...], die innerhalb des Anwendungsbereiches des Unionsrechtsaktes einen handlungsformuntypischen, fakultativ oder verpflichtend auszufüllenden, mitgliedstaatlichen *Regelungsspielraum* eröffnen".[141]

## II. Typologie(n)

Öffnungsklausel ist, wie unter I. gezeigt, ein Oberbegriff, der für sich genommen wenig aussagt. Im Schrifttum finden sich verschiedene Ansätze, die unterschiedlichen Klauseln der Datenschutz-Grundverordnung *typologisch* zu ordnen. In ihren „[e]rsten Überlegungen zum innerstaatlichen Regelungsbedarf"[142] unterscheiden *Jürgen Kühling et al.* im Ausgangspunkt *drei Kategorien*: Die erste Kategorie betrifft die Reichweite der Öffnungsklauseln, die allgemeiner oder spezifischer Natur sein kann; in der zweiten Kategorie geht es um den „Anpassungstypus", der sich zum einen in die Handlungsoptionen „Konkretisierung", „Ergänzung", „Modifikation" gliedert und zum anderen danach unterscheidet, ob die Öffnungsklauseln obligatorisch oder nur fakultativ sind; die dritte Kategorie differenziert schließlich zwischen sog. echten und unechten Öffnungsklauseln und betrifft damit die Frage, ob die jeweilige Rechtsnorm eine *eigenständige* Ermächtigung enthält (echte Öffnungsklausel) oder nicht (unechte Öffnungsklausel).[143] *Marian Müller* stellt hingegen maßgeblich auf die „Regelungsstruktur" ab und differenziert zwischen Anpassungs-, Verstärkungs-, Gestaltungs-, Verweisungs- und Ausnahmeklauseln.[144] Unter *Anpassungsklau-*

---

[141] *Müller*, Die Öffnungsklauseln der Datenschutzgrundverordnung, 2018, S. 60; Hervorhebung d. Verf. Vgl. auch EuGH, Urt. v. 28.4.2022 – C-319/20, ECLI:EU:C:2022:322 – Meta Platforms Ireland, Rn. 57: Der Gerichtshof fasst darunter Bestimmungen der Verordnung, die den Mitgliedstaaten die Möglichkeit eröffnen „zusätzliche, strengere oder einschränkende, nationale Vorschriften vorzusehen, die ihnen einen Ermessensspielraum hinsichtlich der Art und Weise der Durchführung dieser Bestimmungen lassen".

[142] *Kühling et al.*, Die Datenschutz-Grundverordnung und das nationale Recht, 2016. Die Untersuchung geht auf ein Gutachten für das BMI zurück.

[143] *Kühling et al.*, Die Datenschutz-Grundverordnung und das nationale Recht, 2016, S. 9 ff. Daran anknüpfend *Gömann*, Das öffentlich-rechtliche Binnenkollisionsrecht der DS-GVO, 2021, S. 86 ff.

[144] *Müller*, Die Öffnungsklauseln der Datenschutzgrundverordnung, 2018, S. 95 ff. Ähnlich *Selmayr/Ehmann*, in: dies. (Hrsg.), DSGVO, 2. Aufl., 2018, Einführung Rn. 82 ff., die zwischen (fakultativen und obligatorischen) Spezifizierungsklauseln, Verstärkungsklauseln und Abschwächungsklauseln unterscheiden. Vgl. dazu auch EuGH, Urt. v. 28.4.2022 – C-319/20,

*seln* versteht er solche Rechtsvorschriften des unionalen Sekundärrechts, die die Mitgliedstaaten zum Handeln verpflichten („Regelungsaufträge")[145], wie etwa das – auch primärrechtlich verankerte[146] – Gebot, unabhängige Aufsichtsbehörden einzurichten (Art. 51 Abs. 1 DSGVO: „Jeder Mitgliedstaat sieht vor […]"). *Verstärkungsklauseln* (z.B. Art. 9 Abs. 4 DSGVO: „zusätzliche Bedingungen") ermöglichen es den Mitgliedstaaten, vom unionalen Schutzniveau „positiv",[147] also gleichsam „nach oben hin", abzuweichen. Verwendet der Unionsgesetzgeber eine *Verweisungsklausel*, nimmt er ausdrücklich auf das Recht der Mitgliedstaaten Bezug (etwa im Rahmen der Auftragsverarbeitung, s. Art. 28 Abs. 3 DSGVO).[148] Die (selbstständige oder unselbstständige) *Ausnahmeklausel* räumt dem mitgliedstaatlichen Gesetzgeber die Befugnis ein, ggf. unter bestimmten Voraussetzungen von an sich zwingenden Vorgaben des Unionsrechts abzuweichen, also etwas anders zu regeln. So kann der Mitgliedstaat bspw. die Einwilligung in die Verarbeitung sensibler Daten gesetzlich ausschließen[149] oder die Altersgrenze für die Einwilligungsfähigkeit von Kindern bis auf 13 Jahre herabsetzen[150]. Bei den sog. *Gestaltungsklauseln* handle es sich schließlich um Vorschriften, die es gestatten, „zusätzliche nationale Regelungen einzuführen, die den Inhalt des Sekundärrechtsaktes *modifizieren* können, ohne dass eine Anpassungs- bzw. Umsetzungspflicht begründet wird oder Ausnahmeregelungen […] zugelassen werden".[151] Mit anderen Worten: Den Mitgliedstaaten wird ein Ge-

---

ECLI:EU:C:2022:322 – Meta Platforms Ireland, Rn. 57 („zusätzliche, strengere oder einschränkende, nationale Vorschriften"). – Eine andere Typologie findet sich bei *Sandhu*, Grundrechtsunitarisierung durch Sekundärrecht, 2021, S. 241 ff., die – aus der Perspektive des Grundrechtsschutzes im Mehrebenensystem – die folgenden Typen unterscheidet: 1. deklaratorische Öffnungsklauseln, die Ausdruck originärer, nicht unionsrechtlich determinierter Spielräume sind (explizite und implizite Bereichsausnahmen); 2. funktionale Spielräume, die Abwägungsvorgaben im horizontalen Verhältnis der Staatsfunktionen einräumen; 3. Bereiche, für die das Primärrecht nur eine Mindestharmonisierung vorsieht; 4. normstrukturelle Spielräume, die sich in unbestimmten, wertungsoffenen Rechtsbegriffen ausdrücken sowie 5. Öffnungsklauseln, die den Mitgliedstaaten hinsichtlich des „Ob" keinerlei Entscheidungsfreiheit und hinsichtlich des „Wie" nur ein Ermessen innerhalb unionsrechtlicher Direktiven zugestehen.
[145] *Müller*, Die Öffnungsklauseln der Datenschutzgrundverordnung, 2018, S. 95; *Kühling et al.*, Die Datenschutz-Grundverordnung und das nationale Recht, 2016, S. 10 verwenden hierfür den Begriff „obligatorische Öffnungsklausel".
[146] Siehe Art. 8 Abs. 3 GRCh; Art. 16 Abs. 1 UAbs. 1 S. 2 AEUV.
[147] *Müller*, Die Öffnungsklauseln der Datenschutzgrundverordnung, 2018, S. 98.
[148] *Müller*, Die Öffnungsklauseln der Datenschutzgrundverordnung, 2018, S. 184 ff., der insgesamt 22 Verweisungsklauseln in der DSGVO zählt.
[149] Art. 9 Abs. 2 Buchst. a DSGVO; dazu oben S. 122. Zu Recht krit. zu dieser „Einwilligungsfestigkeit" *Frenzel*, in: Paal/Pauly (Hrsg.), DSGVO/BDSG, 3. Aufl., 2021, Art. 9 Rn. 23 („nur in Ausnahmefällen gerechtfertigt").
[150] Art. 8 Abs. 1 UAbs. 2 DSGVO; dazu bspw. *Kienle*, PinG 2020, 208 (211); zur Einwilligung von Kindern ausf. oben S. 123 ff.
[151] *Müller*, Die Öffnungsklauseln der Datenschutzgrundverordnung, 2018, S. 100.

staltungsspielraum[152] gewährt, innerhalb dessen sie das unionale Sekundärrecht spezifizieren bzw. konkretisieren können.

### III. Die Öffnungsklauseln des Art. 6 Abs. 2 und 3 DSGVO

Die Öffnungsklauseln des Art. 6 Abs. 2 und 3 DSGVO sind in die unter II. skizzierte Typologie einzuordnen (dazu 3.). Zuvor ist das – umstrittene – Verhältnis der beiden Öffnungsklauseln zueinander zu klären (dazu 1.) sowie ihre inhaltliche Reichweite zu bestimmen (dazu 2.).

#### 1. Systematik: Das „unklare" Verhältnis der Öffnungsklauseln

Die Öffnungsklauseln des Art. 6 Abs. 2 und 3 DSGVO geben in systematischer Hinsicht Rätsel auf. Beide Absätze knüpfen ausdrücklich an die Erlaubnistatbestände des Art. 6 Abs. 1 UAbs. 1 Buchst. c und e DSGVO an, und sind wohl gerade deshalb „schwer handhabbar"[153]. Das mag auch daran liegen, dass Abs. 2 erst nachträglich auf Drängen des Rates in die Verordnung aufgenommen worden ist.[154] Sinn und Zweck dieser Regelung dürfte die Forderung der Mitgliedstaaten gewesen sein, den Datenschutz im öffentlichen Bereich auch unter der Grundverordnung „weitestgehend eigenverantwortlich ausgestalten zu können".[155] Dies hat zu einer teilweise redundanten Formulierung der beiden Absätze geführt, deren Verhältnis „jedenfalls nicht selbsterklärend"[156] ist.

Nach Art. 6 Abs. 2 DSGVO *können* die Mitgliedstaaten[157] *„spezifischere Bestimmungen […] in Bezug auf die Verarbeitung zur Erfüllung von Absatz 1 Buchstaben c und e beibehalten oder einführen, indem sie spezifische Anforde-

---

[152] Der EuGH spricht in der Rechtssache *Meta Platforms Ireland* (Urt. v. 28.4.2022 – C-319/20, ECLI:EU:C:2022:322) von einem „Ermessensspielraum", der den Mitgliedstaaten zukomme. Zu den Auswirkungen auf den Grundrechtsmaßstab unten C., S. 165 ff.

[153] *Assion/Nolte/Veil*, in: Gierschmann/Schlender/Stentzel/Veil (Hrsg.), DSGVO, 2018, Art. 6 Rn. 147. Vgl. auch *Schantz/Wolff*, Das neue Datenschutzrecht, 2017, Rn. 606: „Vergleicht man den Normtext der Öffnungsklauseln von Art. 6 Abs. 2 und Art. 6 Abs. 3 S. 3 DS-GVO, kann man als Leser schon verzweifeln".

[154] *Buchner/Petri*, in: Kühling/Buchner (Hrsg.), DSGVO/BDSG, 3. Aufl., 2020, Art. 6 Rn. 6 („auf nachhaltiges Betreiben Deutschlands eingefügt").

[155] *Schulz*, in: Gola (Hrsg.), DSGVO, 2. Aufl., 2018, Art. 6 Rn. 197; vgl. auch *Albrecht*, CR 2016, 88 (92); *Benecke/Wagner*, DVBl 2016, 600 (600 f.); *Heberlein*, in: Ehmann/Selmayr (Hrsg.), DSGVO, 2. Aufl., 2018, Art. 6 Rn. 35 weist auf den „Kompromisscharakter" des Abs. 2 hin.

[156] So zutreffend *Schulz*, in: Gola (Hrsg.), DSGVO, 2. Aufl., 2018, Art. 6 Rn. 197.

[157] Abs. 2 richtet sich nur an die *Mitgliedstaaten*, während Abs. 3 auch den *Unionsgesetzgeber* adressiert (s. nur Abs. 3 S. 1 Buchst. a einerseits und Buchst. b andererseits). Im Folgenden soll es aber nur um das mitgliedstaatliche Recht gehen.

*rungen* für die Verarbeitung sowie sonstige Maßnahmen *präziser* bestimmen",[158] ähnlich formuliert Abs. 3 S. 3: die (unionale oder mitgliedstaatliche) Rechtsgrundlage *kann* „spezifische Bestimmungen [...] enthalten". Zudem stellen beide Öffnungsklauseln auf die besonderen Verarbeitungssituationen des IX. Kapitels und damit auch auf die Sonderregelung des Art. 89 DSGVO[159] zur Statistik ab.[160]

Es verwundert daher nicht, dass das dogmatische Verhältnis zwischen den beiden Klauseln im Schrifttum umstritten ist.[161] Im Grunde gibt es hier kaum etwas, das nicht vertreten wird. So geht eine Ansicht davon aus, dass Abs. 2 lediglich deklaratorisch sei („dem Grunde nach entbehrlich" bzw. „im Wesentlichen [...] klarstellende Funktion"[162]; „eigentlich überflüssig"[163]); andere sehen es gleichsam umgekehrt und erkennen in Abs. 2 die „Ermächtigungsgrundlage" bzw. „verordnungsrechtliche Erlaubnis", die durch Abs. 3 eingeschränkt wird („Schranken-Schranke")[164]; und wieder eine andere Ansicht geht von einem ambivalenten Verhältnis aus, wonach Abs. 2 einerseits weiter als Abs. 3, andererseits Abs. 3 spezieller als Abs. 2 sei und insoweit (also hinsichtlich der Gestaltung der *Rechtsgrundlagen*) vorgehe.[165]

Die widersprüchliche Systematik, die – wohl historisch bedingt – im Normtext der beiden Öffnungsklauseln angelegt ist, lässt sich nicht restlos auflösen. Klarheit für die Rechtspraxis, also insbesondere für den mitgliedstaatlichen Gesetzgeber, kann allenfalls der EuGH schaffen.[166] Einstweilen bietet es sich aus Gründen der Rechtssicherheit an, beide Öffnungsklauseln *kumulativ* anzuwenden.[167] Der Mitgliedstaat muss im Rahmen seiner ausfüllenden Gesetzgebung

---

[158] Hervorhebung d. Verf. Krit. zum Wortlaut bspw. *Frenzel*, in: Paal/Pauly (Hrsg.), DSGVO/BDSG, 3. Aufl., 2021, Art. 6 Rn. 32.

[159] Ausf. dazu § 7, S. 221 ff.

[160] Ebenso *Roßnagel*, in: Simitis/Hornung/Spiecker gen. Döhmann (Hrsg.), DatenschutzR, 2019, Art. 6 Abs. 2 Rn. 10 m. w. N. Vgl. auch die systematische Gegenüberstellung der Normtexte bei *Schantz/Wolff*, Das neue Datenschutzrecht, 2017, Rn. 606.

[161] Vgl. etwa die Darstellung bei *Albers/Veit*, in: Wolff/Brink (Hrsg.), BeckOK DatenschutzR, 39. Ed. (1.11.2021), Art. 6 Rn. 84 ff.

[162] *Buchner/Petri*, in: Kühling/Buchner (Hrsg.), DSGVO/BDSG, 3. Aufl., 2020, Art. 6 Rn. 93.

[163] *Reimer*, in: Sydow (Hrsg.), DSGVO, 2. Aufl., 2018, Art. 6 Rn. 29.

[164] *Benecke/Wagner*, DVBl 2016, 600 (601), insbes. mit Bezug zu Abs. 3 S. 1 Buchst. b.

[165] *Roßnagel*, in: Simitis/Hornung/Spiecker gen. Döhmann (Hrsg.), DatenschutzR, 2019, Art. 6 Abs. 2 Rn. 7; in diese Richtung auch *Albers/Veit*, in: Wolff/Brink (Hrsg.), BeckOK DatenschutzR, 39. Ed. (1.11.2021), Art. 6 Rn. 86.

[166] In jüngeren Entscheidungen stellt der EuGH lediglich auf Abs. 3 ab, s. etwa EuGH, Urt. v. 30.3.2023 – C-34/21, ECLI:EU:C:2023:270, Rn. 86; Urt. v. 4.7.2023 – C-252/21, ECLI:EU:C:2023:537, Rn. 128.

[167] So insbes. auch *Albers/Veit*, in: Wolff/Brink (Hrsg.), BeckOK DatenschutzR, 39. Ed. (1.11.2021), Art. 6 Rn. 87; *Buchner/Petri*, in: Kühling/Buchner (Hrsg.), DSGVO/BDSG, 3. Aufl., 2020, Art. 6 Rn. 196. Von einem kumulativen Nebeneinander gehen wohl auch *Kühling et al.*, Die Datenschutz-Grundverordnung und das nationale Recht, 2016, S. 27 ff. und *Heberlein*, in: Ehmann/Selmayr (Hrsg.), DSGVO, 2. Aufl., 2018, Art. 6 Rn. 39 aus.

daher grundsätzlich sowohl die Vorgaben des Abs. 2 wie auch des Abs. 3 beachten. Im 2. Datenschutz-Anpassungs- und Umsetzungsgesetz EU v. 25.11.2019[168] hat sich der Bund bspw. vielfach auf beide Absätze berufen, ohne insoweit zu differenzieren.[169]

## 2. Reichweite der Öffnungsklauseln

Für die Frage, welchen Gestaltungsspielraum der mitgliedstaatliche Gesetzgeber hat[170], ist entscheidend, wie weit die Öffnungsklauseln *inhaltlich* reichen. Dies ist in der Kommentarliteratur umstritten. Die Diskussion nimmt ihren Ausgangspunkt im Wortlaut des Art. 6 Abs. 2 und Abs. 3 S. 3 DSGVO: Danach *können* die Mitgliedstaaten

„spezifischere Bestimmungen [...] in Bezug auf die Verarbeitung zur Erfüllung von Absatz 1 Buchstaben c und e beibehalten oder einführen, indem sie *spezifische Anforderungen für die Verarbeitung* sowie *sonstige Maßnahmen* präziser bestimmen, um eine rechtmäßig und nach Treu und Glauben erfolgende Verarbeitung zu gewährleisten" (Abs. 2);[171]

die „spezifische[n] Bestimmungen", die Abs. 3 S. 3 adressiert, können sich „unter anderem" darauf beziehen, welche allgemeinen Bedingungen für die Rechtmäßigkeit gelten, welche Arten von Daten verarbeitet werden, welche Personen betroffen sind, an welche Einrichtungen und für welche Zwecke die personenbezogenen Daten offengelegt werden dürfen, welcher Zweckbindung sie unterliegen, wie lange sie gespeichert und welche Verarbeitungsvorgänge und -verfahren angewandt werden dürfen.[172] Beide Rechtssätze schließen dabei ausdrücklich die *besonderen Verarbeitungssituationen gemäß Kapitel IX* (und damit auch die Datenverarbeitung zu statistischen Zwecken, Art. 89 DSGVO)[173] ein. Dadurch erweitert sich aber nicht der Gestaltungsspielraum des (mitgliedstaatlichen) Gesetzgebers. Nach der Binnensystematik beziehen sich die Öffnungsklauseln des Art. 6 Abs. 2 und Abs. 3 DSGVO allein auf die *Rechtmäßigkeit* der Verarbeitung, mithin auf die „Rechtsgründe" der Buchst. c und e.[174] Der beispielhafte Verweis auf das IX. Kapitel soll lediglich klarstellen, dass der (mitgliedstaatliche) Gesetzgeber regeln darf, ob und inwieweit eine Verarbeitung personenbezogener Daten in diesen Konstellationen – z. B. bei Verwendung einer nationalen Kennziffer – rechtmäßig ist.[175] Der Gestaltungsspielraum be-

---

[168] BGBl. I 2019, S. 1626.
[169] Siehe nur BT-Drs. 19/4674, S. 219 (zum E-Government-Gesetz), S. 222 (zum Bundesmeldegesetz).
[170] Dazu sogleich unter D., S. 170 ff.
[171] Hervorhebung d. Verf.
[172] Siehe dazu bspw. die Übersicht bei *Assion/Nolte/Veil*, in: Gierschmann/Schlender/Stentzel/Veil (Hrsg.), DSGVO, 2018, Art. 6 Rn. 179.
[173] Ausf. dazu § 7, S. 221 ff.
[174] *Heberlein*, in: Ehmann/Selmayr (Hrsg.), DSGVO, 2. Aufl., 2018, Art. 6 Rn. 35, 37.
[175] Wie hier *Müller*, Die Öffnungsklauseln der Datenschutzgrundverordnung, 2018, S. 181.

schränkt sich daher auf solche Materien, die in einem untrennbaren Zusammenhang mit der *Zulässigkeit* der Datenverarbeitung stehen. Die Öffnungsklauseln erfassen so gesehen auch nicht ohne Weiteres andere Kapitel der Datenschutz-Grundverordnung.[176] Das gilt insbesondere für die Kapitel III (Rechte der betroffenen Person) und IV (Pflichten des Verantwortlichen und Auftragsverarbeiters). Die ausdifferenzierte Systematik der Öffnungsklauseln (s. etwa Art. 23[177] oder Art. 89 Abs. 2[178]) darf nicht unter Rückgriff auf die Rechtmäßigkeitsklauseln der Art. 6 Abs. 2 und 3 DSGVO unterlaufen werden.[179] So kann sich der Bundesgesetzgeber bspw. nicht auf diese Öffnungsklauseln berufen, um das Widerspruchsrecht aus Art. 21 Abs. 1 DSGVO zu modifizieren.[180] Trotz dieser systematischen Beschränkungen ermöglichen es die Öffnungsklauseln, bereichsspezifisches Statistikrecht insoweit *beizubehalten* oder *einzuführen*[181], als es die Rechtmäßigkeit der Verarbeitung gemäß Art. 6 Abs. 1 UAbs. 1 Buchst. c und e DSGVO betrifft.[182] Angesprochen sind damit zuvörderst die Vorschriften zur Datenerhebung und -verarbeitung, etwa §§ 5 ff. und §§ 11 ff. ZensG 2022. Das dabei einzuhaltende Datenschutzniveau gibt indes allein das Unionsrecht vor. Funktionell betrachtet erlauben die Öffnungsklauseln somit die

„Integration des unionalen Datenschutzstandards in die vielfältigen und in bestimmten Hinsichten heterogenen nationalen Rechtssysteme".[183]

Umgekehrt ließe sich formulieren: Durch die Regelungsspielräume, die Art. 6 Abs. 2 und 3 DSGVO eröffnen, ist es den Mitgliedstaaten grundsätzlich möglich, ihr nationales Statistikrecht in den europäischen Datenschutzrahmen zu integrieren. Unionales Datenschutzsekundärrecht und Bundesstatistikrecht gehen insoweit „Hand in Hand".

---

[176] In diese Richtung aber z. B. *Taeger*, in: Taeger/Gabel (Hrsg.), DSGVO/BDSG/TTDSG, 3. Aufl., 2022, Art. 6 Rn. 158; ausf. *Assion/Nolte/Veil*, in: Gierschmann/Schlender/Stentzel/Veil (Hrsg.), DSGVO, 2018, Art. 6 Rn. 183 ff., insbes. mit Blick auf die Entstehungsgeschichte der Norm. Unklar *Schulz*, in: Gola (Hrsg.), DSGVO, 2. Aufl., 2018, Art. 6 Rn. 200: Die Öffnungsklauseln würden „Unterschiede in der Quantität der bereichsspezifischen Normen", nicht aber in der „Qualität" des unionalen Datenschutzniveaus gestatten.

[177] Dazu unten S. 458 ff.

[178] Ausf. dazu unten S. 435 ff.

[179] A. A. etwa *Martini*, in: Paal/Pauly (Hrsg.), DSGVO/BDSG, 3. Aufl., 2021, Art. 21 Rn. 80e.

[180] A. A. *Martini*, in: Paal/Pauly (Hrsg.), DSGVO/BDSG, 3. Aufl., 2021, Art. 21 Rn. 80 ff., der insoweit zwischen § 36 Alt. 1 und 2 BDSG differenziert.

[181] Siehe hierzu die Formulierung in Art. 6 Abs. 2 DSGVO; zur Entstehungsgeschichte *Assion/Nolte/Veil*, in: Gierschmann/Schlender/Stentzel/Veil (Hrsg.), DSGVO, 2018, Art. 6 Rn. 35.

[182] Für sensible Daten gilt zusätzlich die Öffnungsklausel des Art. 9 Abs. 2 Buchst. j DSGVO, unten S. 405 ff.

[183] So die treffende Formulierung von *Albers/Veit*, in: Wolff/Brink (Hrsg.), BeckOK DatenschutzR, 39. Ed. (1.11.2021), Art. 6 Rn. 78 zu Art. 6 Abs. 2 DSGVO.

*3. Einordnung in die Typologie*

Nachdem Systematik und Reichweite der Öffnungsklauseln bestimmt worden sind, können Art. 6 Abs. 2 und 3 DSGVO in die o. g. Typologie eingeordnet werden. Klar ist zunächst, dass beide Klauseln den mitgliedstaatlichen Gesetzgeber nicht zum Handeln zwingen. In Abs. 2 kommt der *fakultative* Charakter der Öffnungsklausel unmittelbar im Wortlaut („können") zum Ausdruck. Gleiches gilt für Abs. 3 S. 3 („[d]iese Rechtsgrundlage kann"). Aus Abs. 3 S. 2 und 4, die jeweils verpflichtende Vorgaben für die unionale oder nationale Rechtsgrundlage aufstellen, ergibt sich nichts anderes. Denn diese Anforderungen greifen nur und erst dann, wenn der Gesetzgeber entschieden hat, die Erlaubnistatbestände des Buchst. c oder e inhaltlich auszufüllen. Bei dieser ersten Entscheidung („ob") ist er indes frei. Obligatorische Handlungsaufträge lassen sich den beiden Öffnungsklauseln insoweit nicht entnehmen. Nimmt man die materielle Reichweite hinzu,[184] dann sind Art. 6 Abs. 2 und 3 DSGVO – nach der hier zugrunde gelegten Typologie[185] – als *Gestaltungsklauseln* einzuordnen.[186] Denn beide Absätze räumen den Mitgliedstaaten die Möglichkeit ein, nationale Rechtsvorschriften zu erlassen, die den Inhalt des Datenschutzsekundärrechts zwar nicht abschwächen, wohl aber *konkretisieren* können. Man kann sie daher auch als „fakultative Spezifizierungsklauseln" bezeichnen.[187] Soweit sie daneben als „allgemeine Öffnungsklauseln"[188] bezeichnet werden, ist klarzustellen, dass mit diesem Begriff eine sektoriell nicht begrenzte Regelungsbefugnis gemeint ist.[189] Nach der hier vertretenen Reichweite ist die Gestaltungsmacht jedoch in systematischer Hinsicht begrenzt: Beide Öffnungsklauseln beziehen sich auf die Rechtsgründe des Art. 6 Abs. 1 UAbs. 1 Buchst. c oder e DSGVO und umfassen somit „nur" die *Rechtmäßigkeit* der Verarbeitung. Trotz dieser einschränkenden Auslegung gewähren die Öffnungsklauseln dem mitgliedstaatlichen Gesetzgeber einen nicht unerheblichen Gestaltungsspielraum – insbesondere für das bereichsspezifische Datenschutzrecht.[190]

---

[184] Dazu oben § 5 B.III.2., S. 162.
[185] Siehe dazu oben § 5 B.II., S. 158; sowie § 5 Fn. 144.
[186] Ebenso *Müller*, Die Öffnungsklauseln der Datenschutzgrundverordnung, 2018, S. 181.
[187] *Selmayr/Ehmann*, in: dies. (Hrsg.), DSGVO, 2. Aufl., 2018, Einführung Rn. 84 zu Art. 6 Abs. 2 DSGVO.
[188] *Kühling et al.*, Die Datenschutz-Grundverordnung und das nationale Recht, 2016, S. 28; krit. dazu *Heberlein*, in: Ehmann/Selmayr (Hrsg.), DSGVO, 2. Aufl., 2018, Art. 6 Rn. 39.
[189] Vgl. *Kühling/Martini*, EuZW 2016, 448 (449); *Schulz*, in: Gola (Hrsg.), DSGVO, 2. Aufl., 2018, Art. 6 Rn. 197.
[190] A.A. wohl *Albrecht/Jotzo*, Das neue Datenschutzrecht der EU, 2016, Teil 3 Rn. 46: „nur scheinbar breite Öffnungsklauseln".

## C. Grundrechtsmaßstab im gestaltungsoffenen Bereich

Erlässt der mitgliedstaatliche Gesetzgeber Vorschriften, die auf einer unionsrechtlichen Öffnungsklausel (hier: Art. 6 Abs. 2 und 3 DSGVO) beruhen, stellt sich die Frage, welches Grundrechtsregime anwendbar ist.[191] Anders gewendet: Sind die nationalen Regelungen des Bundesstatistikrechts am Maßstab der Grundrechte der Charta oder an denen des Grundgesetzes zu messen? Das ist insofern von Bedeutung, als davon die Frage abhängt, ob die Rechtsprechung des BVerfG zum Recht auf informationelle Selbstbestimmung (Art. 2 Abs. 1 i. V. m. Art. 1 Abs. 1 GG), einschließlich der besonderen Sicherungsvorkehrungen für die Verarbeitung zu statistischen Zwecken[192], unter der Datenschutz-Grundverordnung weiterhin maßgeblich ist.

Die Rechtsprechung des EuGH geht von einer „bedingten Doppelgeltung"[193] aus: In der Rechtssache *Melloni* und in der – am gleichen Tag verkündeten – Rechtssache *Åkerberg Fransson* stellte es der Gerichtshof in unionsrechtlich nicht vollständig determinierten Bereichen den nationalen Behörden und Gerichten anheim, „nationale Schutzstandards für die Grundrechte anzuwenden".[194] Dies gilt jedoch nicht vorbehaltlos: Die Anwendung des mitgliedstaatlichen Grundrechtsregimes darf „weder das Schutzniveau der Charta [...] noch de[n] Vorrang, die Einheit und die Wirksamkeit des Unionsrechts beeinträchtig[en]".[195] Daraus hat das Schrifttum zu Recht den Schluss gezogen, dass sich die beiden Grundrechtsräume dort überlappen, wo der Mitgliedstaat Unionsrecht i. S. d. Art. 51 Abs. 1 S. 1 GRCh „durchführt"[196], dabei aber gewisse „Spielräume" hat (Kumulationsthese[197]). Hier bedürfe es eines „föderativ geschichteten Grundrechtsschutzes"[198].

---

[191] Dabei sind zwei Dinge zu unterscheiden: Prüfungsgegenstand und -maßstab. *Kühling/Sackmann*, JURA 2018, 364 (375) stellen hierfür die eingängige Frage: „Welches Gericht prüft *was* (Prüfungsgegenstand) und *woran* (Prüfungsmaßstab)?"; Hervorhebung im Original.

[192] Insbes. BVerfGE 65, 1 (48 ff.); 150, 1 (108 f., Rn. 224); dazu ausf. unten § 7, S. 221 ff.

[193] *Thym*, JZ 2015, 53 (55): es komme zu einer „Verdoppelung des Grundrechtsschutzes".

[194] EuGH, Urt. v. 26.2.2013 – C-399/11, ECLI:EU:C:2013:107 – Melloni, Rn. 60; Urt. v. 26.2.2013 – C-617/10, ECLI:EU:C:2013:105 – Åkerberg Fransson, Rn. 29; zu den Unterschieden der beiden Entscheidungen bspw. *Wendel*, JZ 2020, 157 (160 mit Fn. 45); aus jüngerer Zeit z. B. EuGH, Urt. v. 29.7.2019 – C-476/17, ECLI:EU:C:2019:624 – Pelham u. a., Rn. 80.

[195] EuGH, Urt. v. 26.2.2013 – C-399/11, ECLI:EU:C:2013:107 – Melloni, Rn. 60.

[196] Wie das Tatbestandsmerkmal „Durchführung" auszulegen ist, ist in Rechtsprechung und Literatur umstritten; s. nur die Darstellung des Meinungsstands bei *Sandhu*, Grundrechtsunitarisierung durch Sekundärrecht, 2021, S. 183 ff.

[197] *Kingreen*, JZ 2013, 801 (804).

[198] So *Wendel*, JZ 2020, 157 (160). Vgl. dazu schon *Masing*, JZ 2015, 477 (483), der die Folgen der EuGH-Rechtsprechung wie folgt beschreibt: „Der Grundrechtsschutz ist [...] nicht mehr geteilt, sondern geschichtet".

Demgegenüber ging das BVerfG bis zu den „bahnbrechenden"[199] Entscheidungen vom November 2019 („Recht auf Vergessen I und II") von getrennten Grundrechtssphären bzw. -räumen aus. Diese sog. Trennungsthese[200] hat der 1. Senat mit seiner Entscheidung *Recht auf Vergessen I* aufgegeben.[201] Im gestaltungsoffenen Bereich treten die Unionsgrundrechte nunmehr neben die Grundrechtsgewährleistungen des Grundgesetzes („Doppelbindung"[202]).[203] Damit gibt der Senat seine Trennungsthese auf und geht einen „großen Schritt" auf den EuGH zu, indem er den europäischen „Grundrechtspluralismus" anerkennt.[204] Das BVerfG übt seine Prüfungskompetenz seitdem *primär* am Maßstab des Grundgesetzes aus („Anwendungspräferenz"[205]). Es stützt sich im unionsrechtlich *nicht vollständig determinierten* Bereich auf die – widerlegbare – Vermutung, dass der Schutz der deutschen Grundrechte das Schutzniveau der Charta mitgewährleistet.[206] Dem liegt die Annahme zugrunde, dass das gestaltungsoffene Fachrecht (das gilt auch und gerade für die Datenschutz-Grundverordnung) „Raum für ein auf Vielfalt gerichtetes Grundrechtsschutzniveau eröffnet"[207]. Etwas anderes gilt im Einzelfall dann, wenn „konkrete und hinreichende Anhaltspunkte" (diese können sich insbesondere aus der Rechtsprechung des EuGH ergeben) dafür vorliegen, dass das grundrechtliche Schutzniveau des Unionsrechts nicht gewahrt sein könnte; die nationale Rechtsvorschrift allein am Maßstab der deutschen Grundrechte zu prüfen, reiche dann nicht aus.[208] Im *unionsrechtlich vollständig vereinheitlichten* Bereich sind nach dem Beschluss *Recht auf Vergessen II* nunmehr allein die Unionsgrundrechte

---

[199] *Wendel*, JZ 2020, 157 (157), der i. Erg. einen „grundlegenden Paradigmenwechsel" erkennt. Ähnliche Apostrophierungen z. B. bei *Kühling*, NJW 2020, 275 (275): „Novemberrevolution" und *Kämmerer/Kotzur*, NVwZ 2020, 177 (182), wonach das BVerfG „tektonische Verschiebungen" im Europäischen Grundrechtsverbund angestoßen habe.

[200] *Thym*, JZ 2015, 53 (54 f.); vgl. auch *Masing*, JZ 2015, 477 (480): das Grundmodell liege hier nicht in einer Schichtung, sondern in einer Teilung. Krit. zur Trennungsthese bspw. *Wendel*, EuZW 2012, 213 (216): „Charme der Klarheit, aber [...] Nachteil der Unterkomplexität"; *Kingreen*, JZ 2013, 801 (806): Zug für die Alternativitätsthese sei „vermutlich abgefahren"; *Franzius*, EuGRZ 2015, 139 (149): saubere Trennung der Grundrechtssphären erweise sich als „illusorisch".

[201] Siehe etwa BVerfGE 152, 152 (169 f., Rn. 44: „treten [...] hinzu"; 184, Rn. 74: „ergänzend"); i. Erg. zust. *Kühling*, NJW 2020, 275 (278): die jetzige „Vielfalts- und Überlappungsthese" sei wesentlich überzeugender als die „wirklichkeitsfernere Trennungstheorie der Grundrechtsräume".

[202] *Streinz*, DuD 2020, 353 (358).

[203] BVerfGE 152, 152 (169 f., Rn. 43 f.).

[204] So – teils krit. – *Wendel*, JZ 2020, 157 (160).

[205] *Wendel*, JZ 2020, 157 (161).

[206] BVerfGE 152, 152 (170, Rn. 45); zust. bspw. *Kühling*, NJW 2020, 275 (276); krit. *Wendel*, JZ 2020, 157 (165), der die „konkrete Gefahr einer rechtsalltäglichen Marginalisierung der Unionsgrundrechte im Spielraumbereich" sieht.

[207] BVerfGE 152, 152 (179, Rn. 64).

[208] BVerfGE 152, 152 (180 f., Rn. 67).

maßgeblich.²⁰⁹ Dies beruhe, so der 1. Senat des BVerfG²¹⁰, auf dem Anwendungsvorrang des Unionsrechts; dahinterliegend blieben die Grundrechte des Grundgesetzes jedoch „ruhend in Kraft".²¹¹ Innerstaatliche Regelungen, die zwingende Vorgaben des Unionsrechts „bloß" umsetzen, prüft das BVerfG demnach künftig – und hier liegt die eigentliche Revolution²¹² – ausschließlich und unmittelbar am Maßstab der Grundrechte der Charta.²¹³ Im Datenschutzrecht sind damit allen voran die Grundrechte auf Achtung des Privatlebens (Art. 7) und auf Schutz personenbezogener Daten (Art. 8 GRCh) angesprochen, deren Gewährleistungsgehalt (isoliert oder in Kombination²¹⁴) nicht zwingend dem des deutschen Rechts auf informationelle Selbstbestimmung entsprechen muss.

Damit kommt der *Abgrenzung* zwischen dem vollständig vereinheitlichten²¹⁵ und dem gestaltungsoffenen Unionsrecht maßgebliche Bedeutung zu. Die Regelungsdichte (oder auch: Grad der „Gestaltungsoffenheit"²¹⁶) des unionalen Fachrechts entscheidet mithin darüber, ob die Grundrechte der Charta oder des Grundgesetzes heranzuziehen sind. Der 1. Senat des BVerfG spricht insofern von einer „dynamischen, fachrechtsakzessorischen Anlage der Unionsgrundrechte".²¹⁷ Zu fragen ist demnach: Belässt das Sekundärrecht den Mitgliedstaaten einen hinreichenden „Gestaltungsspielraum"²¹⁸? Dabei ist eine kontextbezogene Auslegung der jeweils einschlägigen Vorschriften geboten; eine „allgemeine Betrachtung des Regelungsbereichs" genügt nicht.²¹⁹ Aus der Rechtsform allein (z. B. Verordnung oder Richtlinie) lassen sich, so der 1. Senat, noch „keine abschließenden Konsequenzen ableiten".²²⁰ Denn ebenso wie Richtlinien mitunter zwingende und abschließende Vorgaben enthalten, können Verordnungen – in Form von sog. Öffnungsklauseln – Gestaltungsspielräume gewähren.²²¹

---

²⁰⁹ BVerfGE 152, 216 (233, Rn. 42 ff.).
²¹⁰ Der 2. Senat hat sich dieser Rechtsprechung angeschlossen, s. BVerfGE 156, 182 (197, Rn. 34 ff.) – Rumänien II („Europäischer Haftbefehl III"); vgl. auch BVerfG NVwZ 2021, 1211 (1212, Rn. 35 ff.).
²¹¹ BVerfGE 152, 216 (235, Rn. 47).
²¹² Siehe etwa *Kühling*, NJW 2020, 275 (277 ff.).
²¹³ BVerfGE 152, 216 (233, Rn. 42 ff.).
²¹⁴ Vgl. dazu *Marsch*, Das europäische Datenschutzgrundrecht, 2018, S. 209 ff.
²¹⁵ Teilw. findet sich auch die Wortwahl „unionsrechtlich vollständig determinierte Materie" (s. etwa BVerfGE 156, 182 [197, Rn. 34]), in der Sache besteht aber kein Unterschied.
²¹⁶ So etwa die Terminologie in BVerfGE 152, 152 (182, Rn. 71).
²¹⁷ BVerfGE 152, 152 (174, Rn. 54).
²¹⁸ BVerfGE 152, 152 (173, Rn. 52 und 184, Rn. 74).
²¹⁹ So aber wohl VG Cottbus, Urt. v. 4.2.2022 – 4 K 1191/19, juris Rn. 31 (hier zum Einbau eines Wasserzählers mit Funkmodul): Die Verarbeitung personenbezogener Daten sei durch die (querschnittsbezogene) DSGVO vollständig vereinheitlicht, sodass sie allein am Maßstab der Unionsgrundrechte zu messen sei.
²²⁰ BVerfGE 152, 216 (247, Rn. 79).
²²¹ BVerfGE 152, 216 (247, Rn. 79).

Das gilt insbesondere für die Datenschutz-Grundverordnung, die den Mitgliedstaaten teils gehaltvolle Regelungsspielräume belässt.[222] Zu kurz griffe es wiederum, im Anwendungsbereich einer Öffnungsklausel stets die Grundrechte des Grundgesetzes als Prüfungsmaßstab heranzuziehen. Räumt eine Klausel bspw. nur „für eng eingegrenzte Sonderkonstellationen" die Möglichkeit ein, von den unionsrechtlichen Vorgaben abzuweichen, genügt das für sich genommen nicht.[223] Vielmehr ist auch hier danach zu fragen, ob die Verordnung einen bestimmten Sachverhalt *abschließend* regelt.[224] Dabei ist nicht auf hergebrachte verwaltungsrechtliche Figuren wie das „Ermessen" oder den „unbestimmten Rechtsbegriff" abzustellen. Entscheidend ist nach der neueren Rechtsprechung des BVerfG stattdessen, ob die jeweilige Norm des Unionsrechts darauf angelegt ist, Vielfalt zu ermöglichen und verschiedene Wertungen geltend machen zu können; ist sie hingegen von dem Ziel gleichförmiger Rechtsanwendung getragen, reicht der „Spielraum" selbst dann nicht aus, wenn die unionsrechtliche Vorschrift dazu dient, besonderen Sachgegebenheiten hinreichend flexibel Rechnung zu tragen.[225] Nach alledem ist die Frage nach der vollständigen unionsrechtlichen Determinierung – wie es der 2. Senat formuliert – „auf der Grundlage einer *methodengerechten Auslegung* des unionalen Sekundär- und Tertiärrechts[226] zu entscheiden".[227]

Die Bereiche danach abzugrenzen, ist mitunter „schwierig"[228] und „kaum trennscharf"[229] möglich. Die Abstufungen sind oftmals lediglich „gradueller" Natur.[230] Es gibt – mit anderen Worten – nicht nur „schwarz" und „weiß", sondern auch einen nicht unerheblichen „Graubereich". Im Beschluss *Recht auf Vergessen I* stand für den 1. Senat jedoch „außer Zweifel", dass primär die Grundrechte des Grundgesetzes Anwendung finden. Das sog. Medienprivileg (Art. 85 Abs. 2 DSGVO) räume den Mitgliedstaaten einen hinreichenden Gestal-

---

[222] Vgl. auch *Marsch*, ZEuS 2020, 597 (608 f.); ebenso bereits *Kühling/Martini*, EuZW 2016, 448 (448), die von „ausladenden Regelungsspielräume[n]" sprechen.
[223] BVerfGE 152, 216 (247, Rn. 79).
[224] BVerfGE 152, 216 (247, Rn. 79).
[225] Zu diesen Maßstäben allg. BVerfGE 152, 216 (247 f., Rn. 80). Das Gericht bezieht sich dabei auf EuGH, Urt. v. 29.7.2019 – C-469/17, ECLI:EU:C:2019:623 – Funke Medien NRW, Rn. 40 m. w. N. (zum Spielraum bei der Umsetzung einer Richtlinie). Es heißt dort indes lediglich, dass der „Umfang des Spielraums [...] im Einzelfall insbesondere nach Maßgabe des Wortlauts der fraglichen Bestimmungen zu beurteilen ist".
[226] Dazu gehören delegierte Rechtsakte (Art. 290 AEUV) und Durchführungsrechtsakte (Art. 291 AEUV); s. *Nettesheim*, in: Grabitz/Hilf/Nettesheim (Hrsg.), EUV/AEUV, 48. EL (August 2012), Art. 288 AEUV Rn. 31.
[227] BVerfG NVwZ 2021, 1211 (1213, Rn. 44).
[228] BVerfGE 152, 216 (248, Rn. 81). Die Fachgerichte seien – so der 1. Senat – „*nicht gehindert*, schwierige Abgrenzungsfragen nach der Reichweite der Vereinheitlichung *dahinstehen zu lassen*" (Hervorhebung d. Verf.).
[229] *Kühling*, NJW 2020, 275 (278).
[230] Zutreffend *Wendel*, JZ 2020, 157 (164).

tungsspielraum ein; der Grundrechtsausgleich zwischen einem Presseverlag und der betroffenen Person finde daher am Maßstab des Grundgesetzes statt.[231] Richtet sich ein sog. Auslistungsanspruch indes gegen einen Suchmaschinenbetreiber (z. B. Google = Konstellation aus *Recht auf Vergessen II*), sind Rechtsfragen in einem vollständig unionsrechtlich determinierten Bereich betroffen (z. B. Art. 17 DSGVO):[232] Prüfungsmaßstab sind dann allein und unmittelbar die Unionsgrundrechte, denen grundsätzlich[233] Anwendungsvorrang zukommt. Das BVerfG stellt die Abgrenzung der jeweils einschlägigen Grundrechtskataloge seitdem regelmäßig der Begründetheitsprüfung voran – so etwa in den Entscheidungen zur „elektronischen Fußfessel"[234] und zum „Data Mining" im Rahmen des Antiterrordateigesetzes[235].

Zu den hier maßgeblichen Öffnungsklauseln des Art. 6 Abs. 2 und 3 DSGVO hat das Gericht in seinem Urteil *Bestandsdatenauskunft II* immerhin beiläufig Stellung genommen: Diese beließen den Mitgliedstaaten „erhebliche Gestaltungsspielräume".[236] Der 1. Senat verweist hierfür u. a. auf die Studie von *Jürgen Kühling et al.*[237] zum innerstaatlichen Regelungsbedarf, die jedenfalls der Öffnungsklausel des Art. 6 Abs. 2 DSGVO einen „weiten Spielraum" zuschreibt. Gleiches gilt auch für Abs. 3 des Art. 6 DSGVO.[238] Der „Spielraumtest"[239] zeigt, dass das unionale Fachrechte hier gerade auf Vielfalt angelegt ist; diesen Regelungen geht es darum, dass die Mitgliedstaaten ihr bereichsspezifisch ausdifferenziertes Datenschutzrecht grundsätzlich erhalten können. Das belegt insbesondere die Entstehungsgeschichte des Abs. 2.[240] Das Datenschutzsekundärrecht ist hier gerade nicht voll vereinheitlicht, sondern gestaltungsoffen formuliert. Das zeigen auch die Vorgaben des Art. 6 Abs. 3 DSGVO, die den unionsrechtlichen „Spielraum" bestimmen. Sie geben nurmehr einen Rahmen vor, belassen dem mitgliedstaatlichen Gesetzgeber aber substanzielle Gestaltungsmöglichkeiten. So ist er bspw. grundsätzlich frei darin, den Zweck der Verarbeitung zu regeln.[241] Nach Art. 6 Abs. 3 S. 4 DSGVO muss er lediglich ein Ziel verfolgen,

---

[231] BVerfGE 152, 152 (172, Rn. 51; 184, Rn. 74).
[232] BVerfGE 152, 216 (230, Rn. 34 ff. zum alten Recht, Rn. 41 zum neuen Recht). Vgl. dazu auch *Marsch*, ZEuS 2020, 597 (615 ff.).
[233] Zu den Reservevorbehalten BVerfGE 152, 216 (235, Rn. 47 ff.).
[234] BVerfGE 156, 63 (114, Rn. 187).
[235] BVerfGE 156, 11 (35, Rn. 63 ff.), dort i. R. d. Zulässigkeit.
[236] BVerfGE 155, 119 (164 f., Rn. 86).
[237] *Kühling et al.*, Die Datenschutz-Grundverordnung und das nationale Recht, 2016, S. 28: Dort heißt es auszugsweise, es handle sich um „allgemeine Öffnungsklauseln", die eine „fakultative Regelungsmöglichkeit" eröffneten; der nationale Gesetzgeber habe „Spielräume"; er könne die Tatbestände des Art. 6 Abs. 1 UAbs. 1 Buchst. c bzw. e DSGVO „konkretisieren, d. h. an[...]passen und aus[...]füllen".
[238] Siehe oben B.III.1. (S. 160) und B.III.2. (S. 162).
[239] So der Begriff bei *Wendel*, JZ 2020, 157 (164 f.).
[240] Siehe die Nachweise in § 5 Fn. 154 und 155. Vgl. auch EG 10 S. 3 DSGVO.
[241] Art. 6 Abs. 3 S. 2 DSGVO; dazu unten D.III.1., S. 180.

das im öffentlichen Interesse[242] liegt; zudem muss die Rechtsgrundlage in einem angemessenen Verhältnis zu dem verfolgten legitimen Zweck stehen.[243] In diesen Vorgaben findet insbesondere der – primär- wie verfassungsrechtlich verankerte – Grundsatz der Verhältnismäßigkeit Ausdruck. Weitergehende *fakultative* („kann") Regelungsspielräume enthält Art. 6 Abs. 3 S. 3 DSGVO.

In der Gesamtschau gewähren die Öffnungsklauseln des Art. 6 Abs. 2 und 3 DSGVO – entweder für sich genommen oder in ihrer Kombination – den Mitgliedstaaten einen *hinreichend gehaltvollen Gestaltungsspielraum*, sodass nach der Rechtsprechung des BVerfG („Recht auf Vergessen I") innerstaatliches Recht *primär an den Grundrechten des Grundgesetzes*, insbesondere am Recht auf informationelle Selbstbestimmung, zu messen ist.

## D. Anforderungen an mitgliedstaatliche Rechtsgrundlagen

Die gesetzlichen Erlaubnistatbestände des Art. 6 Abs. 1 UAbs. 1 Buchst. c und e DSGVO verweisen in das jeweilige Fachrecht. Die „Rechtsgrundlage" (engl.: „basis"; franz.: „fondement") wird, so heißt es in Art. 6 Abs. 3 S. 1 DSGVO, entweder durch das „Unionsrecht" (Buchst. a) oder das „Recht der Mitgliedstaaten, dem der Verantwortliche unterliegt" (Buchst. b), festgelegt.[244] Im Folgenden soll es angesichts des Untersuchungsgegenstands (Bundesstatistik)[245] nur um das *mitgliedstaatliche Recht* gehen. Der Verordnungsgeber hat für die Ausgestaltung dieser Rechtsgrundlagen allgemeine Anforderungen[246] formuliert, die großteils grundrechtlich fundiert sind. Das gilt allen voran für Art. 6 Abs. 3 S. 4 DSGVO, der Aspekte des Verhältnismäßigkeitsgrundsatzes (Art. 52 Abs. 1 S. 2 GRCh) sekundärrechtlich wiederholt. Angesprochen sind aber nicht nur die Grundrechte der Charta, sondern – weil wir uns im „gestaltungsoffenen" Bereich bewegen – auch die des Grundgesetzes.[247] Damit kommt es unweigerlich zu Verflechtungen: Der deutsche (Bundes-)Gesetzgeber muss also zum einen die Anforderungen des Datenschutzsekundärrechts (konkret: Art. 6 Abs. 2[248]

---

[242] Dazu unten D.III.1., S. 180.

[243] Dazu unten D.III.4., S. 185.

[244] Vgl. dazu bspw. *GA Sánchez-Bordona*, Schlussanträge v. 17.10.2018 – C-496/17, ECLI:EU:C:2018:838 – Deutsche Post, Rn. 64.

[245] Siehe oben S. 10f.

[246] Siehe zu den Voraussetzungen bereits *Kühling et al.*, Die Datenschutz-Grundverordnung und das nationale Recht, 2016, S. 29ff.

[247] Dazu bereits oben § 5 C., S. 165ff.

[248] Die materiellen Vorgaben des Art. 6 Abs. 2 DSGVO erschöpfen sich weitgehend darin, dass die spezifischen Bestimmungen „eine rechtmäßig und nach Treu und Glauben erfolgende Verarbeitung" gewährleisten müssen. Das entspricht in der Sache dem Grundsatz des Art. 5 Abs. 1 Buchst. a DSGVO (Rechtmäßigkeit, Verarbeitung nach Treu und Glauben; die Transparenz ist hingegen nicht ausdrücklich genannt).

und 3 DSGVO) beachten, die ihrerseits aus den Grundrechten der Charta herrühren, und zum anderen dem mitgliedstaatlichen Verfassungsrecht Rechnung tragen. Dazu gehört insbesondere das Recht auf informationelle Selbstbestimmung (Art. 2 Abs. 1 i. V. m. Art. 1 Abs. 1 GG), wie es das BVerfG dereinst im Zusammenhang mit dem Volkszählungsgesetz 1983 entwickelt hat. Daneben sind die rechtsetzenden Organe in Deutschland aber auch an die Verfassungsprinzipien gebunden (vgl. nur Art. 20 Abs. 3 GG), die in Gestalt des Rechtsstaats- und Demokratieprinzips u. a. vorsteuern, welche Sachverhalte der parlamentarische Gesetzgeber selbst regeln muss und welche er ggf. an die Exekutive delegieren kann bzw. darf (sog. Wesentlichkeitsdoktrin[249]; dazu I.).[250] Damit hängt die Frage nach der Regelungsdichte zusammen, also „in welcher Bestimmtheit der Gesetzgeber selbst tätig werden muss"[251] (dazu II.). Verpflichtende Vorgaben macht das Unionsrecht für die Zweckfestlegung (dazu III.1.). Darüber hinaus muss die Datenverarbeitung – jedenfalls nach der „klassischen" deutschen Grundrechtsdogmatik[252] – geeignet (dazu III.2.), erforderlich (dazu III.3.) sowie angemessen (dazu III.4.) sein. Hier soll es im Folgenden nicht darum gehen, die grundrechtlich fundierten Maßstäbe – einschließlich ihrer Verflechtungen in der Mehrebenenordnung – umfassend darzustellen. Das kann diese Untersuchung nicht leisten. Vielmehr sind die Rahmenbedingungen, also der „Spielraum" zu skizzieren, indem sich der (Bundes-)Gesetzgeber bewegen darf – und muss.

---

[249] So der Begriff in BVerfGE 150, 1 (98 f., Rn. 196 ff.).
[250] Dazu bspw. *Kotzur*, in: von Münch/Kunig (Hrsg.), GG, 7. Aufl., 2021, Art. 20 Rn. 156. Vgl. zum Verhältnis von Gesetzesvorbehalt und Parlamentsvorbehalt *Ossenbühl*, in: Isensee/Kirchhof (Hrsg.), HStR V, 3. Aufl., 2007, § 101 Rn. 51: Der rechtsstaatliche Gesetzesvorbehalt erfasse „alle Grundrechtseingriffe, ohne Rücksicht auf ihr Gewicht und ihre Tiefe". Die Wesentlichkeitsdoktrin oder -theorie ist jedoch vom Grundrechtseingriff dogmatisch entkoppelt, s. nur BVerfGE 40, 237 (249).
[251] Siehe etwa BVerfGE 150, 1 (98, Rn. 196); *Reimer*, in: Voßkuhle/Eifert/Möllers (Hrsg.), GVerwR, 3. Aufl., 2022, § 11 Rn. 47: „Regelungsdichtegebot".
[252] Vgl. dazu Art. 52 Abs. 1 S. 2 GRCh: „Unter Wahrung des Grundsatzes der Verhältnismäßigkeit dürfen Einschränkungen nur vorgenommen werden, wenn sie *erforderlich* sind und den *von der Union anerkannten dem Gemeinwohl dienenden Zielsetzungen* oder den Erfordernissen des *Schutzes der Rechte und Freiheiten anderer* tatsächlich entsprechen" (Hervorhebung d. Verf.). Zu den Prüfungsschritten (legitimes Ziel, Geeignetheit, Erforderlichkeit, Angemessenheit) im Kontext des Art. 52 Abs. 1 S. 2 GRCh wie hier z. B. auch *Kingreen*, in: Calliess/Ruffert (Hrsg.), EUV/AEUV, 6. Aufl., 2022, Art. 52 GRCh Rn. 66 ff. Vgl. auch *Schwerdtfeger*, in: Meyer/Hölscheidt (Hrsg.), GRCh, 5. Aufl., 2019, Art. 52 Rn. 39, wonach der EuGH „häufig" nicht „trennscharf" zwischen der Erforderlichkeit und der Verhältnismäßigkeit i. e. S. unterscheide. Ausf. dazu *Riedel*, Die Grundrechtsprüfung durch den EuGH, 2020, S. 147 ff.

## I. Gesetzesvorbehalt – insbesondere Form der Rechtsgrundlage

### 1. Rechtsformoffenheit des Datenschutzsekundärrechts

Welche Handlungs- bzw. Rechtsformen[253] dem (mitgliedstaatlichen) Gesetzgeber zur Verfügung stehen, sagt die Datenschutz-Grundverordnung in ihrem verfügenden Teil nicht. EG 41 S. 1 DSGVO stellt immerhin klar, dass es „nicht notwendigerweise eine[s] von einem Parlament angenommenen Gesetzgebungsakt[es]" bedarf. Das Datenschutzsekundärrecht verlangt somit kein formelles (Parlaments-)Gesetz. Dies entspricht der allgemeinen Grundrechtsschranke des Art. 52 Abs. 1 S. 1 GRCh:[254] Demnach muss jede Grundrechtseinschränkung „gesetzlich vorgesehen" sein. Mit diesem Gesetzesvorbehalt ist eine abstrakt-generelle Rechtsnorm mit Außenwirkung gemeint,[255] der neben formellen Gesetzen und Rechtsverordnungen bspw. auch öffentlich-rechtliche Satzungen[256] einschließt.[257] Untergesetzliche Rechtsvorschriften *können* mithin den unionsrechtlichen Anforderungen genügen. Das Sekundärrecht ist damit grundsätzlich offen für die exekutivische Normsetzung[258]. Vor diesem Hintergrund verlangt der EuGH in ständiger Rechtsprechung lediglich, dass „die den

---

[253] Zu den Begriffen *Hoffmann-Riem/Bäcker*, in: Voßkuhle/Eifert/Möllers (Hrsg.), GVerwR, 3. Aufl., 2022, § 32 Rn. 8 ff.

[254] Das Verhältnis zwischen Art. 52 Abs. 1 und Art. 8 Abs. 2 GRCh ist umstritten. Eine Ansicht geht davon aus, dass Art. 8 Abs. 2 GRCh selbst eine „grundrechtsspezifische Schranke" enthalte (so bspw. *Hilf*, in: Merten/Papier (Hrsg.), Handbuch der Grundrechte VI/1, 2010, § 164 Rn. 57) und somit der allgemeinen Schranke vorgehe. Die andere Ansicht argumentiert umgekehrt: Weil sie in Art. 8 Abs. 2 keine echte Schranke sieht, sei Art. 52 Abs. 1 GRCh anzuwenden (insofern überzeugend *Marsch*, Das europäische Datenschutzgrundrecht, 2018, S. 134 ff.). Auch der EuGH (s. etwa Urt. v. 9.11.2010 – C-92/09 u.a., ECLI:EU:C:2010:662, Rn. 65 ff.; Urt. v. 22.6.2021 – C-439/19, ECLI:EU:C:2021:504, Rn. 105) stellt regelmäßig auf Art. 52 Abs. 1 GRCh ab – diese Untersuchung schließt sich dem an.

[255] Siehe z.B. *Schwerdtfeger*, in: Meyer/Hölscheidt (Hrsg.), GRCh, 5. Aufl., 2019, Art. 52 Rn. 32.

[256] Dafür auch *Albers/Veit*, in: Wolff/Brink (Hrsg.), BeckOK DatenschutzR, 39. Ed. (1.11.2021), Art. 6 Rn. 82 („Satzungen juristischer Personen des öffentlichen Rechts"). Vgl. dazu auch die grdl. Studie von *Ellerbrok*, Die öffentlich-rechtliche Satzung, 2020 – passim, der den Begriff wie folgt definiert: „Eine öffentlich-rechtliche Satzung ist eine Maßnahme, die eine verselbständigte Verwaltungseinheit unter Inanspruchnahme ihr gesetzlich verliehener Satzungsautonomie zur Anordnung mindestens einer abstrakt-generellen Regelung trifft" (S. 87).

[257] Als „bloßes" Binnenrecht genügen Verwaltungsvorschriften indes grds. nicht. Vgl. *Marsch*, Das europäische Datenschutzgrundrecht, 2018, S. 154 f. Im Hinblick auf Art. 6 DSGVO auch *Albers/Veit*, in: Wolff/Brink (Hrsg.), BeckOK DatenschutzR, 39. Ed. (1.11.2021), Art. 6 Rn. 82; *Frenzel*, in: Paal/Pauly (Hrsg.), DSGVO/BDSG, 3. Aufl., 2021, Art. 6 Rn. 36; *Schantz/Wolff*, Das neue Datenschutzrecht, 2017, Rn. 598; a. A. etwa *Reimer*, in: Sydow (Hrsg.), DSGVO, 2. Aufl., 2018, Art. 6 Rn. 24 (jedenfalls in Bezug auf Buchst. c).

[258] Dazu aus der Perspektive der „Selbstprogrammierung" *Martini*, in: Voßkuhle/Eifert/Möllers (Hrsg.), GVerwR, 3. Aufl., 2022, § 33 Rn. 1 ff.

Eingriff enthaltende Regelung [...] klare und präzise Regeln für die Tragweite und die Anwendung der betreffenden Maßnahme vorsehen" müsse.[259] Vorgaben zur konkreten Handlungsform sind dem Unionsrecht insoweit grundsätzlich nicht zu entnehmen.

## 2. Vorgaben aus dem deutschen Verfassungsrecht – Parlamentsvorbehalt

Etwas anderes kann sich jedoch aus dem *mitgliedstaatlichen Verfassungsrecht* ergeben. Dies erkennt die Datenschutz-Grundverordnung in ihren Erwägungsgründen ausdrücklich an. Die Verfassungsordnungen der Mitgliedstaaten bleiben „unberührt" (EG 41 S. 1 Hs. 2 DSGVO). Dieser Erwägungsgrund hat eine klarstellende Funktion und drückt aus, dass das Datenschutzsekundärrecht die heterogenen Rechtsetzungsverfahren in den Mitgliedstaaten respektiert und achtet. Zugleich trägt die Verordnung damit dem *Grundsatz der Verfahrensautonomie*[260] Rechnung. Denn das Unionsrecht – und damit auch das Datenschutzsekundärrecht – ist grundsätzlich „blind" für die mitgliedstaatlichen Gesetzgebungsverfahren; das schließt die Handlungs- bzw. Rechtsformen ein. Im deutschen Verfassungsrecht stellen sich mithin insbesondere Fragen zum *Parlamentsvorbehalt* und – hiermit verbunden – zur „Wesentlichkeitsdoktrin"[261] des BVerfG.[262] Das Grundgesetz kenne zwar keinen „Gewaltmonismus in Form eines umfassenden Parlamentsvorbehalts[263]". Indes verpflichten das Demokratie- und Rechtsstaatsprinzip den (parlamentarischen) Gesetzgeber dazu, in allen grundlegenden normativen Bereichen die wesentlichen Entscheidungen selbst zu treffen. Mit anderen Worten: Wesentliche (Rechts-)Fragen sind „delegationsfeindlich"[264] – das Parlament darf sie in der Folge nicht dem Verordnungsgeber überantworten („Verbot der Normdelegation"[265]). Was „wesentlich" ist, ist nicht einfach zu bestimmen; eine Konkretisierung tut not. Nach einer bekannten – aber auch vielfach kritisierten[266] – Formel des BVerfG ist u.a. das wesent-

---

[259] Siehe statt vieler EuGH, Urt. v. 22.6.2021 – C-439/19, ECLI:EU:C:2021:504, Rn. 105.
[260] Etwa EuGH, Urt. v. 21.10.2021 – C-282/20, ECLI:EU:C:2021:874, Rn. 35, eingeschränkt durch den Äquivalenz- und Effektivitätsgrundsatz; s. aus der Literatur bspw. *Ludwigs*, NVwZ 2018, 1417 ff.
[261] Siehe nur BVerfGE 150, 1 (98, Rn. 196).
[262] Vgl. dazu aus der datenschutzrechtlichen (Kommentar-)Literatur z.B. *Herbst*, in: Kühling/Buchner (Hrsg.), DSGVO/BDSG, 3. Aufl., 2020, Art. 5 Rn. 8. Generell krit. zur „Wesentlichkeitstheorie" *Reimer*, in: Voßkuhle/Eifert/Möllers (Hrsg.), GVerwR, 3. Aufl., 2022, § 11 Rn. 57 ff.
[263] Krit. zu diesem Begriff bspw. *Reimer*, in: Voßkuhle/Eifert/Möllers (Hrsg.), GVerwR, 3. Aufl., 2022, § 11 Rn. 26: „Problembegriff".
[264] *Ossenbühl*, in: Isensee/Kirchhof (Hrsg.), HStR V, 3. Aufl., 2007, § 101 Rn. 14 unter Verweis auf *Walter Krebs*.
[265] BVerfGE 150, 1 (97, Rn. 195).
[266] Siehe z.B. *Ossenbühl*, in: Isensee/Kirchhof (Hrsg.), HStR V, 3. Aufl., 2007, § 101 Rn. 57: „tautologisch".

lich, was „wesentlich für die Verwirklichung der Grundrechte" ist (sog. Grundrechtsrelevanz).[267] In dieser Formulierung ist denn auch die Verbindung zu den grundrechtlichen Gesetzesvorbehalten angelegt.[268] So kann in das deutsche Recht auf informationelle Selbstbestimmung nur „auf der Grundlage eines Gesetzes" eingegriffen werden.[269] Damit ist ein *Parlamentsvorbehalt* gemeint.[270] Jede Datenverarbeitung durch öffentliche Stellen bedarf hiernach einer förmlichen, parlamentarischen Ermächtigung.[271] Dies führt mitunter in eine „Verrechtlichungsfalle"[272], da im Umgang mit personenbezogenen Daten regelmäßig verschiedene Grundrechtseingriffe liegen, die aufeinander aufbauen (z. B. Erhebung – Speicherung – Abgleich).[273] Im Ergebnis folgt daraus: Der parlamentarische Gesetzgeber muss die Datenverarbeitung der amtlichen Statistik normenklar und hinreichend bestimmt vorsteuern.

*3. Einfach-rechtlicher Gesetzesvorbehalt im Statistikrecht (§ 5 BStatG)*

Im Bundesstatistikrecht kommt der Vorbehalt des Gesetzes allgemein in § 5 Abs. 1 S. 1 BStatG zum Ausdruck. Danach sind Bundesstatistiken grundsätzlich „durch Gesetz" anzuordnen. Im „Regelfall"[274] ist also ein *formelles (Parlaments-)Gesetz* erforderlich.[275] Der Gesetzgeber habe, so das BVerfG beiläufig im Volkszählungsurteil, in § 6 Abs. 1 BDSG a. F.[276] (heute: § 5 Abs. 1 BStatG) „zu-

---

[267] BVerfGE 47, 46 (79); 150, 1 (97, Rn. 194)
[268] Zum Verhältnis *Ossenbühl*, in: Isensee/Kirchhof (Hrsg.), HStR V, 3. Aufl., 2007, § 101 Rn. 49, wonach die Wesentlichkeitstheorie vom Eingriff dogmatisch „losgelöst" sei (vgl. auch ebenda, Rn. 51); s. bereits § 5 Fn. 250.
[269] BVerfGE 150, 1 (107, Rn. 220) – Zensus 2011. Vgl. bereits BVerfGE 65, 1 (44): „Beschränkungen bedürfen nach Art. 2 Abs. 1 GG [...] einer (verfassungsmäßigen) gesetzlichen Grundlage".
[270] Siehe bspw. *Schlink*, Der Staat 25 (1986), 233 (236); *Hoffmann-Riem*, AöR 123 (1998), 513 (527); vgl. auch *Roßnagel*, NJW 2019, 1 (3 f.). Krit. dazu etwa *Ladeur*, DÖV 2009, 45 (48).
[271] So etwa die Formulierung bei VerfGH Saarland ZD 2021, 35 (37, Rn. 85).
[272] Dazu *Hoffmann-Riem*, AöR 123 (1998), 513 (514 ff.). Vgl. allg. schon *Kloepfer*, JZ 1984, 685 (689): „Eine Ausweitung des Vorbehalts des Gesetzes in einem Gesetzesstaat muß sich rechtspolitisch kritisch fragen lassen, ob nicht durch jedes neue Gesetz die Inflexibilität des politischen Systems gefördert und die allenthalben beklagte Übernormierung, Normeninflation, ja, bisweilen: Verrechtlichungsekstase nicht noch verstärkt wird". Die „Verrechtlichungsekstase" für das „Recht auf Datenschutz" in Bezug nehmend *Duttge*, Der Staat 36 (1997), 281 (281).
[273] Siehe etwa BVerfGE 150, 244 (Rn. 42): „je eigene Grundrechtseingriffe". Vgl. hierzu auch *Ruschemeier*, Der additive Grundrechtseingriff, 2019, S. 123 f., die zwischen Einzeleingriffen, die sich „iterativ" fortsetzen, und dem sog. additiven Grundrechtseingriff differenziert.
[274] So die Gesetzesbegründung zu § 5 BStatG 1987, BT-Drs. 10/5345, S. 15.
[275] Ebenso *Kühling/Schmid*, in: Kühling (Hrsg.), BStatG, 2023, § 5 Rn. 11; BT-Drs. 18/7561, S. 22.
[276] Die Vorschrift (§ 6 Abs. 1 BStatG 1980) lautete: „Die Bundesstatistiken werden, soweit nicht in Absatz 2 oder in anderen Rechtsvorschriften Ausnahmen zugelassen sind, durch

## D. Anforderungen an mitgliedstaatliche Rechtsgrundlagen

treffend anerkannt", dass Beschränkungen des informationellen Selbstbestimmungsrechts einer gesetzlichen Grundlage bedürften.[277] Demgemäß bildet die Anordnung durch eine Rechtsverordnung der Bundesregierung die – auch einfach-gesetzlich bestimmte – Ausnahme.

In § 5 BStatG finden sich *zwei eigenständige*[278] Ermächtigungsgrundlagen für die Bundesregierung (vgl. Art. 80 Abs. 1 S. 1 GG). So erlaubt Abs. 2 die – zeitlich befristete („bis zu drei Jahre") – Anordnung einer Bundesstatistik durch Rechtsverordnung; Voraussetzung ist allerdings, dass die Statistik nur einen „beschränkten Personenkreis"[279] erfasst. Die im Jahr 2016 neu eingefügte Ermächtigung des Abs. 2a dient der einfacheren Umsetzung unionsrechtlich determinierter Vorgaben. Mit der Rechtsverordnung gibt das Gesetz der Bundesregierung ein flexibles Rechtsinstrument an die Hand, um die Lieferpflichten im Rahmen von Unionsstatistiken erfüllen zu können.[280] Beide Ermächtigungsgrundlagen (Abs. 2 und 2a) haben jedoch eine wichtige Einschränkung, die mittelbar auch datenschutzrechtliche Relevanz hat: Nur für *Wirtschafts- und Umweltstatistiken*[281] darf die Bundesregierung eine *Auskunftspflicht* anordnen (§ 5 Abs. 2 S. 2 und Abs. 2a S. 2 BStatG). Für alle anderen Bundesstatistiken – insbesondere Bevölkerungs- und Sozialstatistiken – ist nur eine *freiwillige* Erhebung zulässig („ohne Auskunftspflicht") – die Bundesregierung kann die adressierten Personen folglich nicht zur Auskunft zwingen. Der Gesetzgeber wollte damit zugleich der bundesverfassungsgerichtlichen Wesentlichkeitsdoktrin

---

Gesetz angeordnet". Die Bundesregierung begründete dies damit, dass „größere[…] statistische[…] Erhebungen grundsätzlich durch Gesetz angeordnet werden sollen" (BT-Drs. 8/2517, S. 14). Vgl. zuvor schon nahezu wortgleich § 6 Abs. 1 StatGes 1953. In der zugehörigen Gesetzesbegründung heißt es: „Der Abschnitt III hält an der bestehenden Übung fest, daß die großen umfassenden statistischen Erhebungen durch Gesetz angeordnet werden, schafft aber gleichzeitig die grundgesetzlichen Voraussetzungen für eine Anordnung von Bundesstatistiken durch Rechtsverordnung in bestimmten Fällen, die nach Zweck, Inhalt und Ausmaß abgegrenzt werden" (BT-Drs. I/4168, S. 6).

[277] BVerfGE 65, 1 (44).

[278] Nach § 5 Abs. 4 S. 1 BStatG kann die Bundesregierung eine bereits angeordnete Bundesstatistik *modifizieren*, etwa „die Periodizität […] verlängern, Erhebungstermine […] verschieben sowie den Kreis der zu Befragenden [einschränken]". S. 2 ermächtigt dazu, von einer Befragung mit Auskunftspflicht zu einer Befragung *ohne Auskunftspflicht* überzugehen.

[279] Der Gesetzentwurf sprach noch negativ davon, dass die Bundesstatistik „nicht einen unbeschränkten Personenkreis erfassen" dürfe (BT-Drs. 10/5345, S. 6); der federführende Innenausschuss hat diese Voraussetzung positiv gewendet (darf „nur einen beschränkten Personenkreis" erfassen; diese Änderung sei „redaktioneller Art", BT-Drs. 10/6666, S. 4). Angaben zur Personenzahl oder sonstige Konkretisierungen finden sich jedoch nicht.

[280] Vgl. dazu BT-Drs. 18/7561, S. 22 f. Die Bundesregierung ist gem. § 5 Abs. 3 BStatG verpflichtet, über die Bundesstatistiken aufgrund von Rechtsverordnungen nach § 5 Abs. 2 und 2a BStatG Bericht zu erstatten. In den Jahren 2017 bis 2020 wurden keine Erhebungen i. d. S. angeordnet, s. BT-Drs. 19/13000, S. 1; BT-Drs. 19/30740, S. 1.

[281] Siehe zu diesen Begriffen *Kühling/Schmid*, in: Kühling (Hrsg.), BStatG, 2023, § 5 Rn. 25.

Rechnung tragen: In jenen „grundrechtssensibleren Statistiken" bleibe, so die Regierungsbegründung, die „Festlegung einer Auskunftspflicht [...] als wesentliche Entscheidung dem parlamentarischen Gesetzgeber vorbehalten".[282] Diese Differenzierung nach den Sektoren ist aus datenschutzrechtlicher Sicht (zu) unterkomplex. Denn das Gesetz geht hier stillschweigend davon aus, dass bei Wirtschafts- und Umweltstatistiken „normalerweise" keine personenbezogenen Daten erhoben werden. Der Bundesbeauftragte für den Datenschutz hatte im Gesetzgebungsverfahren indes zu Recht darauf hingewiesen, dass „[i]n Einzelfällen" durchaus „personenbeziehbare" Daten vorliegen könnten.[283] Er schlug daher vor, einen weiteren Satz aufzunehmen, der sicherstellt, dass die „Erhebung von Einzelangaben *natürlicher* Personen" durch eine Rechtsverordnung nur ohne Auskunftspflicht zulässig sein soll.[284] Mit diesem Vorschlag hat er sich jedoch nicht durchsetzen können. An den verfassungsrechtlichen Anforderungen des (grundrechtlichen) Gesetzesvorbehalts und der Wesentlichkeitstheorie ändert das freilich nichts. Sie gehen den einfachen-rechtlichen Aussagen in § 5 Abs. 2 S. 2 und Abs. 2a S. 2 BStatG vor.

## *II. Regelungsdichte: Gebot der Normenklarheit und -bestimmtheit*

Nach ständiger Rechtsprechung des EuGH müssen sich Ausnahmen und Einschränkungen in Bezug auf den Schutz personenbezogener Daten zum einen auf „das absolut Notwendige" beschränken und zum anderen „klare und präzise Regeln für die Tragweite und die Anwendung der betreffenden Maßnahmen vorsehen".[285] Dem entspricht EG 41 S. 2 DSGVO: Die Rechtsgrundlage oder Gesetzgebungsmaßnahme sollte „klar und präzise" sein; ihre „Anwendung" muss für die „Rechtsunterworfenen [...] vorhersehbar sein". Vergleichbares folgt im deutschen Verfassungsrecht aus den Grundsätzen der Normenbestimmtheit und -klarheit: Diese sollen (1.) sicherstellen, dass die gesetzesausführende Verwaltung für ihr Verhalten steuernde und begrenzende Handlungsmaßstäbe vorfindet; (2.) dass den Gerichten eine Rechtskontrolle möglich ist[286]; und dass (3.) sich der betroffene Bürger auf mögliche belastende Maßnahmen einstellen kann (Vorhersehbarkeit).[287]

---

[282] BT-Drs. 18/7561, S. 23.
[283] BT-Drs. 10/6666, S. 5.
[284] BT-Drs. 10/6666, S. 5; Hervorhebung d. Verf.
[285] Siehe z. B. EuGH, Gutachten v. 26.7.2017 – 1/15, ECLI:EU:C:2017:592, Rn. 141; Urt. v. 16.7.2020 – C-311/18, ECLI:EU:C:2020:559 – Facebook Ireland und Schrems („Schrems II"), Rn. 176; vgl. auch EuGH, Urt. v. 6.10.2020 – C-511/18, ECLI:EU:C:2020:791 – La Quadrature du Net u. a., Rn. 132; Urt. v. 2.3.2021 – C-746/18, ECLI:EU:C:2021:152 – Prokuratuur, Rn. 48.
[286] Vgl. dazu auch *Masing*, in: Hoffmann-Riem (Hrsg.), Offene Rechtswissenschaft, 2010, S. 479 in Bezug auf BVerfGE 100, 313 – Telekommunikationsüberwachung I.
[287] BVerfG NVwZ 2007, 688 (690); vgl. auch BVerfGE 155, 119 (176 f., Rn. 123) – Bestandsdatenauskunft II sowie jüngst BVerfG, Urt. v. 26.4.2022 – 1 BvR 1619/17, juris Rn. 272.

Diese „Funktionentrias"[288] hat das BVerfG für das deutsche Recht auf informationelle Selbstbestimmung konkretisiert: Die Rechtsgrundlage muss

„Anlass, Zweck und Umfang des jeweiligen Eingriffs sowie die entsprechenden Eingriffsschwellen [...] bereichsspezifisch, präzise und normenklar [...] regeln".[289]

Welche Regelungsdichte die gesetzliche Grundlage aufweisen muss, ist kontextabhängig. Als Faustformel gilt: Je schwerer der Grundrechtseingriff wiegt, desto enger ist der Umfang der Datenverarbeitung gesetzlich einzuhegen.[290] Datenschutzrechtliche Generalklauseln (wie etwa § 3 BDSG) schließt das nicht von vornherein aus.[291] So weisen bspw. *Nikolaus Marsch* und *Timo Rademacher* zutreffend darauf hin, dass es mit der Funktion der Vorhersehbarkeit nicht weit her ist, wenn die Rechtsgrundlagen bereichsspezifisch immer ausdifferenzierter werden.[292] Denn dann schnappte die „Verrechtlichungsfalle"[293] ggf. abermals zu. In komplexen Regelwerken würde – so die Autoren – die Normenbestimmtheit die Normenklarheit gleichsam „unter sich begraben".[294] Den Generalklauseln kann daher auch im Verwaltungsdatenschutzrecht eine „Reserve-" und „Alltagsfunktion" zukommen.[295] Insbesondere bei Sachverhalten von „geringer Eingriffsintensität"[296] können sie eine Verarbeitung personenbezogener Daten durchaus legitimieren.

Im Statistikrecht ist der Rückgriff auf Generalklauseln jedoch typischerweise versperrt.[297] Dieses Rechtsgebiet zeichnet sich durch eine hohe Regelungsdichte aus. Das ist dem Wesen der Statistik geschuldet. Denn gerade bei dezentralen (Bundes-)Statistiken, an der mehrere Akteure beteiligt sind[298], bedarf es einer höheren Steuerungskraft[299] der gesetzlichen Grundlagen, um Kohärenz und

---

Das BVerfG prüfte im Volkszählungsurteil das Gebot der Normenklarheit vor dem Grundsatz der Verhältnismäßigkeit als eigenständigen Prüfungspunkt, BVerfGE 65, 1 (54 f.).

[288] *Marsch/Rademacher*, Die Verwaltung 54 (2021), 1 (12).
[289] Aus der Rechtsprechung z. B. BVerfGE 156, 63 (124, Rn. 212) – Elektronische Aufenthaltsüberwachung.
[290] Vgl. z. B. BVerfGE 156, 63 (124, Rn. 212) – Elektronische Aufenthaltsüberwachung.
[291] Eingehend *Marsch/Rademacher*, Die Verwaltung 54 (2021), 1 ff.
[292] *Marsch/Rademacher*, Die Verwaltung 54 (2021), 1 (17).
[293] Siehe die Nachweise in § 5 Fn. 272.
[294] *Marsch/Rademacher*, Die Verwaltung 54 (2021), 1 (17); dazu auch BVerfGE 156, 11 (46, Rn. 88).
[295] *Marsch/Rademacher*, Die Verwaltung 54 (2021), 1 (21).
[296] So die Gesetzesbegründung in BT-Drs. 18/11325, S. 81 zu § 3 BDSG.
[297] In Randbereichen mag hier allenfalls eine Reservefunktion zum Tragen kommen. Ablehnend für ein staatliches *Web Scraping* unten S. 215 ff.
[298] Siehe dazu oben § 1 B., S. 29 ff.
[299] Siehe allg. zur Steuerung durch (Parlaments-)Gesetz *Reimer*, in: Voßkuhle/Eifert/Möllers (Hrsg.), GVerwR, 3. Aufl., 2022, § 11 Rn. 1 ff., der auch der These von der sinkenden (oder gesunkenen) Steuerungskraft des Gesetzes widerspricht (ebenda, Rn. 99).

Vergleichbarkeit zu gewährleisten.[300] Die „Mindestanforderungen"[301] finden in § 9 BStatG einfach-rechtlich Ausdruck: Danach muss die Rechtsvorschrift, die eine Bundesstatistik anordnet, die Art der Erhebung (Stichprobe oder Vollerhebung[302], ggf. auch kombiniert), den Berichtszeitraum (oder den Berichtszeitpunkt[303]), die Periodizität[304] und den Kreis der zu Befragenden bestimmen. Daneben sind es insbesondere die gesetzlich zu definierenden Erhebungs- und Hilfsmerkmale, die über den Grad der Regelungsdichte bestimmen. Der Gesetzgeber steuert damit vor, welche Merkmale jeweils zu erheben sind und gibt der Verwaltung dadurch „hinreichend klare Maßstäbe"[305] an die Hand. Es reicht also nicht mehr, wie unter § 7 Abs. 1 BStatG 1980 bloß die „zu erfassenden Sachverhalte" anzugeben. Mit § 9 Abs. 1 BStatG hat der Gesetzgeber den „Gestaltungsrahmen" reduziert.[306] Wie konkret die Merkmale in den Fachstatistikgesetzen normiert sind, illustriert § 13 ZensG 2022 für die Haushaltebefragung auf Stichprobenbasis. Damit trägt das Gesetz auch dem Gebot der Normenklarheit Rechnung: Der Bürger könne dann erkennen, so formulierte es das BVerfG im Volkszählungsurteil, „über welche Grundtatbestände der Sozialstruktur er befragt werden soll".[307] Zudem müsse der Gesetzgeber bspw. dafür Sorge tragen, dass der Inhalt des Fragebogens mit dem Gesetz übereinstimmt.[308] Einzelne Fragen dürfen inhaltlich nicht weiter gehen, als es der Normtext zulässt.[309] Wie er diese verfassungsrechtlich abgeleiteten Anforderungen sicherstellt, ist dem Gesetzgeber überlassen. Im Volkszählungsurteil nennt der 1. Senat beispielhaft die Möglichkeit, den Inhalt des Fragebogens durch eine Rechtsverordnung festzulegen.[310] An diesen Beispielen zeigt sich gerade die *Input-Orientierung des Statis-*

---

[300] Vgl. dazu für Unionsstatistiken: EG 1 VO (EG) Nr. 223/2009; EG 11 VO (EU) 2015/759.
[301] *Dorer/Mainusch/Tubies*, Bundesstatistikgesetz, 1988, § 9 Rn. 1.
[302] Die Gesetzesbegründung zum BStatG spricht synonym von „Totalerhebung", BT-Drs. 10/5345, S. 17.
[303] Siehe dazu (unter Wiedergabe der Entstehungsgeschichte) *Dorer/Mainusch/Tubies*, Bundesstatistikgesetz, 1988, § 9 Rn. 4.
[304] Im Mikrozensus werden z. B. Angaben „innerhalb von fünf aufeinanderfolgenden Kalenderjahren bis zu viermal erhoben", um Verlaufsanalysen zu ermöglichen, s. § 5 Abs. 1 MZG; BT-Drs. 18/9418, S. 30. Im Zensus beträgt die Periodizität gegenwärtig 10 Jahre, wobei hier mit dem Übergang zum Registerzensus auch kürzere Zeitabstände möglich sein dürften.
[305] So VG Kassel, Urt. v. 25.10.2021 – 3 K 2128/20.KS, juris Rn. 25; in Bezug auf das Dienstleistungsstatistikgesetz a. F. VG Schwerin, Beschl. v. 21.12.2007 – 6 B 240/07, juris Rn. 23.
[306] *Dorer/Mainusch/Tubies*, Bundesstatistikgesetz, 1988, § 9 Rn. 2. Anzumerken ist freilich, dass § 9 Abs. 1 BStatG „lediglich" einfaches Bundesrecht ist. Es steht normhierarchisch nicht „über" den Fachstatistikgesetzen des Bundes. Für eine Flexibilisierung *de lege ferenda* plädiert etwa *Kühling*, ZGI 2023, 3 (7 f.).
[307] BVerfGE 65, 1 (54).
[308] BVerfGE 65, 1 (60).
[309] BVerfGE 65, 1 (60).
[310] BVerfGE 65, 1 (60 f.).

*tikrechts*, bei der die einzelnen Merkmale (das Erhebungsprogramm) im Voraus normativ festgelegt sind. Der Gesetzgeber kann sich somit nicht darauf beschränken, lediglich den *Output* in Gestalt einer bestimmten Statistik oder eines statistischen Indizes festzuschreiben.

### III. Grundsatz der Verhältnismäßigkeit

Die Rechtsgrundlage muss ferner dem Grundsatz der Verhältnismäßigkeit entsprechen. Im Primärrecht ist dieser Grundsatz in Art. 52 Abs. 1 S. 2 GRCh verankert: Danach müssen Grundrechtseinschränkungen „erforderlich" sein und „den von der Union anerkannten dem Gemeinwohl dienenden Zielsetzungen oder den Erfordernissen des Schutzes der Rechte und Freiheiten anderer tatsächlich entsprechen". Die Norm formuliert den „zentralen Maßstab", um zu prüfen, ob die jeweilige Grundrechtseinschränkung[311] gerechtfertigt ist.[312] Der EuGH betont in ständiger Rechtsprechung, dass sich Ausnahmen und Einschränkungen in Bezug auf den Schutz personenbezogener Daten „auf das absolut Notwendige" beschränken müssen.[313] In der Rechtssache *Schecke* hat der Gerichtshof diese Formel weiter ausbuchstabiert: Danach verlange der Verhältnismäßigkeitsgrundsatz, dass die „von einem Unionsrechtsakt eingesetzten Mittel zur Erreichung des verfolgten Ziels *geeignet* sind und nicht über das dazu *Erforderliche* hinausgehen".[314] Es sei mithin zu prüfen, ob die Einschränkung der Grundrechte aus Art. 7 und 8 GRCh „in einem *angemessenen Verhältnis* zu dem verfolgten berechtigten Zweck" stehen.[315] Diese Wortwahl nimmt das Sekundärrecht in Art. 6 Abs. 3 S. 4 DSGVO auf.[316] Der Rechtsprechung des Gerichtshofs liegen – wenngleich er nicht stets sauber differenziert – die „klassischen" Prüfungsschritte der Geeignetheit (dazu 2.), Erforderlichkeit (dazu 3.) und Angemessenheit (Verhältnismäßigkeit i. e. S.; dazu 4.) zugrunde[317], wie sie

---

[311] Zu diesem Begriff etwa *Riedel*, Die Grundrechtsprüfung durch den EuGH, 2020, S. 133 ff.
[312] *Riedel*, Die Grundrechtsprüfung durch den EuGH, 2020, S. 141.
[313] Siehe z. B. EuGH, Urt. v. 16.12.2008 – C-73/07, ECLI:EU:C:2008:727 – Satakunnan Markkinapörssi und Satamedia, Rn. 56; Gutachten v. 26.7.2017 – 1/15, ECLI:EU:C:2017:592 – Accord PNR UE-Canada, Rn. 140; vgl. auch EuGH, Urt. v. 2.3.2021 – C-746/17, ECLI:EU:C:2021:152 – Prokuratuur, Rn. 38.
[314] EuGH, Urt. v. 9.11.2010 – C-92/09, ECLI:EU:C:2010:662 – Volker und Markus Schecke und Eifert, Rn. 74 (Hervorhebung d. Verf.); ebenso z. B. EuGH, Urt. v. 17.10.2013 – C-291/12, ECLI:EU:C:2013:670 – Schwarz, Rn. 40.
[315] EuGH, Urt. v. 9.11.2010 – C-92/09, ECLI:EU:C:2010:662 – Volker und Markus Schecke und Eifert, Rn. 72; Hervorhebung d. Verf.
[316] Dazu unten 4., S. 185.
[317] Vgl. dazu die Untersuchung von *Riedel*, Die Grundrechtsprüfung durch den EuGH, 2020, S. 242 ff. mit dem Ergebnis, dass der Gerichtshof bislang „keine kohärente und konsistente Linie" entwickelt habe. Dies betreffe insbes. die Frage, ob die Prüfungsschritte der Erforderlichkeit und der Angemessenheit zu trennen sind. Im Gutachten zum PNR-Abkommen

auch die überkommene deutsche Grundrechtsdogmatik kennt.[318] Referenzpunkt der Grundrechtsprüfung, die den äußeren Rahmen für den (mitgliedstaatlichen) Gesetzgeber aufspannt, ist das legitime Ziel (dazu 1.), das er mit der Verarbeitung personenbezogener Daten abstrakt-generell verfolgt.

*1. Zweckfestlegung: „im öffentlichen Interesse liegendes Ziel"*

Auf der ersten Stufe ist zu fragen, ob die Rechtsgrundlage ein unions- und verfassungsrechtlich legitimes Ziel verfolgt. Im Kontext der Verarbeitung personenbezogener Daten muss der Grundrechtseingriff – so der EuGH in der Rechtssache *Schecke* – „einer von der Union anerkannten dem Gemeinwohl dienenden Zielsetzung" entsprechen.[319] Der Gerichtshof bedient sich dabei der Formulierung in Art. 52 Abs. 1 S. 2 GRCh, die sich in ähnlicher Form auch in der Rechtsprechung des BVerfG wiederfindet. Unter dem Grundgesetz spricht man bspw. von einem „verfassungsrechtlich legitime[n] Zweck"[320] oder „legitimen Gemeinwohlzweck"[321], dem die Rechtsvorschrift dienen muss. Die Datenschutz-Grundverordnung verlangt, dass das Unionsrecht oder das Recht der Mitgliedstaaten ein Ziel verfolgen muss, das „im öffentlichen Interesse" liegt (Art. 6 Abs. 3 S. 4).[322] Dieses Tatbestandsmerkmal ist im Kontext der amtlichen Statistik typischerweise erfüllt. Das BVerfG hat im Volkszählungsurteil davon gesprochen, dass die Statistik „[a]ls Vorbedingung für die Planmäßigkeit staatlichen Handelns" einem „einleuchtenden, zur Erfüllung legitimer Staatsaufgaben angestrebten Zweck" diene.[323] Die Daten, die die amtliche Statistik erhebt, aufbereitet, analysiert und darstellt, erweisen sich als „unentbehrliche Handlungsgrundlage" für eine staatliche Politik, die dem Sozialstaatsprinzip verpflichtet ist.[324] Die Legitimität der mit der amtlichen Statistik verfolgten Zwecke ist so gesehen kaum je zweifelhaft.

Auf der Ebene der Rechtssetzung ist es an dem *Gesetzgeber*, den Zweck der Datenverarbeitung festzulegen. Art. 6 Abs. 3 S. 2 DSGVO stellt dies nochmals

---

hat der EuGH bspw. beide Schritte unter dem Punkt „Erforderlichkeit" zusammengefasst, s. Gutachten v. 26.7.2017 – 1/15, ECLI:EU:C:2017:592 – Accord PNR UE-Canada, Rn. 154 ff.

[318] Aus der Rechtsprechung z. B. BVerfGE 150, 244 (279, Rn. 82) – Kfz-Kennzeichenkontrollen II m. w. N. Vgl. dazu auch *Merten*, in: Merten/Papier (Hrsg.), Handbuch der Grundrechte III, 2009, § 68 Rn. 52, 75 f., der die „Zumutbarkeit" als fünftes Element der Verhältnismäßigkeitsprüfung einordnet.

[319] EuGH, Urt. v. 9.11.2010 – C-92/09, ECLI:EU:C:2010:662 – Volker und Markus Schecke und Eifert, Rn. 67; vgl. auch EuGH, Gutachten v. 26.7.2017 – 1/15, ECLI:EU:C:2017:592 – Accord PNR UE-Canada, Rn. 154

[320] BVerfG NJW 2022, 139 (149, Rn. 169) – Bundesnotbremse I.

[321] BVerfGE 156, 11 (44, Rn. 84).

[322] Dazu bereits *Kühling et al.*, Die Datenschutz-Grundverordnung und das nationale Recht, 2016, S. 35; zum Begriff des öffentlichen Interesses vgl. oben S. 145.

[323] BVerfGE 65, 1 (54 f.).

[324] BVerfGE 65, 1 (47).

klar und verpflichtet ihn sekundärrechtlich hierzu. Darin liegt zugleich der wesentliche Unterschied zur Verwaltung, die als „vollziehende Gewalt" an den gesetzlich definierten Zweck gebunden ist.[325] Die Definitionsmacht, zu welchem Zweck personenbezogene Daten verarbeitet werden sollen bzw. dürfen, liegt insoweit gerade nicht – jedenfalls nicht primär – „in der Hand" des Verantwortlichen.[326] Damit steuert der Gesetzgeber den Grundsatz der Zweckbindung vor, der im Ausgangspunkt und in Übereinstimmung mit Art. 8 Abs. 2 S. 1 GRCh verlangt, dass personenbezogene Daten „für festgelegte [...] Zwecke" zu verarbeiten sind (Art. 5 Abs. 1 Buchst. b DSGVO). Der Verantwortliche (z.B. das Statistische Bundesamt) kann die gesetzliche Zweckbestimmung allenfalls *konkretisieren*, also z.B. im Rahmen eines Verarbeitungsverzeichnisses präzise und eindeutig festlegen.[327] Der Zweckfestlegung kommt hiernach die Funktion zu, die Verarbeitung personenbezogener Daten zu begrenzen, zu strukturieren und transparent(er) zu machen.[328] Das BVerfG hat schon im Volkszählungsurteil hervorgehoben, dass sich die Frage einer zulässigen Beschränkung des informationellen Selbstbestimmungsrechts nur beantworten lasse, wenn Klarheit darüber besteht, zu welchem Zweck Angaben verlangt werden und welche Verknüpfungs- und Verwendungsmöglichkeiten bestehen.[329]

Im Kontext der amtlichen Statistik sind die weiteren Zwecke indes nicht selten schwer zu fassen. Das liegt in ihrer *Multifunktionalität* begründet.[330] Es sei daher auch nicht erforderlich, dass der Gesetzgeber zu jeder einzelnen gesetzlichen Verpflichtung den konkreten Zweck im Gesetz selbst erläutert. Aufgrund ihrer „multifunktionalen Zielsetzung" sei es regelmäßig „unmöglich", die Zwecke im Einzelnen aufzulisten.[331] Das Gericht anerkennt hier eine Ausnahme von dem (verfassungsrechtlichen) Erfordernis, den Zweck konkret zu umschreiben.[332] Es genüge, so das BVerfG weiter, wenn sich die „Hauptzwecke" aus der Art der Erhebung, dem Erhebungsprogramm und den Gesetzesmaterialien hinreichend

---

[325] *Seedorf*, in: Jestaedt/Lepsius (Hrsg.), Verhältnismäßigkeit, 2015, S. 140.
[326] Vgl. auch *Schwartmann/Jacquemain*, in: Schwartmann/Jaspers/Thüsing/Kugelmann (Hrsg.), DSGVO/BDSG, 2. Aufl., 2020, Art. 6 Rn. 98.
[327] Vgl. *Albers*, in: Voßkuhle/Eifert/Möllers (Hrsg.), GVerwR, 3. Aufl., 2022, § 22 Rn. 83; *Spies*, ZD 2022, 75 (80 f.), der ebenfalls auf die funktionalen Unterschiede hinweist und der verantwortlichen Behörde aufgibt, den gesetzlich definierten Zweck konkret(er) festzulegen. Damit komme die Behörde zugleich ihrer Rechenschaftspflicht aus Art. 5 Abs. 2 DSGVO nach.
[328] *Albers*, in: Voßkuhle/Eifert/Möllers (Hrsg.), GVerwR, 3. Aufl., 2022, § 22 Rn. 83. Ausf. zur Zweckfestlegung i.R.d. Zweckbindung unten S. 355 f.
[329] BVerfGE 65, 1 (45); in Bezug auf die DSGVO: *Roßnagel*, in: Simitis/Hornung/Spiecker gen. Döhmann (Hrsg.), DatenschutzR, 2019, Art. 5 Rn. 73.
[330] Das BVerfG nimmt hier ausdrücklich „Rücksicht auf die Besonderheiten der Erhebung von Daten für statistische Zwecke", BVerfGE 65, 1 (54); vgl. auch BVerfGE 150, 1 (108, Rn. 223).
[331] BVerfGE 65, 1 (54).
[332] BVerfGE 150, 1 (108, Rn. 223).

deutlich entnehmen ließen.³³³ Ein solches Beispiel findet sich heute in § 1 Abs. 3 ZensG 2022³³⁴.

## 2. Geeignetheit

Sodann ist zu fragen, ob die in der Rechtsgrundlage vorgesehene Verarbeitung personenbezogener Daten überhaupt *geeignet* ist, das Ziel zu erreichen („Zwecktauglichkeit"³³⁵). An diesem zweiten Prüfungsschritt³³⁶ dürfte die Verhältnismäßigkeit der gesetzlichen Grundlage indes nur selten scheitern.³³⁷ Sowohl der EuGH als auch das BVerfG legen die Geeignetheit tendenziell weit aus. Aus grundgesetzlicher Sicht ist die Regelung schon dann geeignet, wenn nur die Möglichkeit besteht, dass der angestrebte Zweck erreicht werden kann.³³⁸ Dem (mitgliedstaatlichen) Gesetzgeber kommt hier überdies ein Prognose- und Beurteilungsspielraum zu, der nur eingeschränkt (verfassungs-)gerichtlich überprüfbar ist.³³⁹ Das galt auch für die Regelungen des Volkszählungsgesetzes 1983. Denn streng genommen hat das BVerfG sie nicht „wegen Ungeeignetheit für nichtig erklärt".³⁴⁰ Zwar heißt es dort, die Vorschrift über den Melderegisterabgleich sei „zur Erreichung der angestrebten Zwecke ungeeignet". Ungeeignet in diesem Sinne war aber „lediglich" die *Sicherung* durch das sog. Nachteilsverbot. Weil dieses Verbot, die an die Meldebehörden zurückgespielten Daten nicht für Maßnahmen „gegen den einzelnen Auskunftspflichtigen" zu verwenden, seine Aufgabe nicht erfüllen konnte,³⁴¹ hat das BVerfG die Regelung insgesamt für verfassungswidrig erklärt. In dieser Konstellation ging es mithin nicht um die Frage, ob eine *Datenverarbeitung* (hier: der sog. Melderegisterabgleich) geeignet ist, das legitime Ziel (den Gemeinwohlzweck) zu erreichen; das BVerfG hat also allein die grundrechtlich gebotene Sicherungsvorkehrung für untauglich und damit ungeeignet erklärt.

---

³³³ BVerfGE 65, 1 (54).
³³⁴ Vgl. dazu unten S. 230.
³³⁵ So der Begriff bei *Merten*, in: Merten/Papier (Hrsg.), Handbuch der Grundrechte III, 2009, § 68 Rn. 65.
³³⁶ Vgl. dazu bspw. die Prüfungsreihenfolge in EuGH, Gutachten v. 26.7.2017 – 1/15, ECLI:EU:C:2017:592 – Accord PNR UE-Canada, Rn. 148 ff. und 152 f. *Riedel*, Die Grundrechtsprüfung durch den EuGH, 2020, S. 154 ff. sieht das Kriterium der Geeignetheit in der Wendung „tatsächlich entsprechen" des Art. 52 Abs. 1 S. 2 GRCh verankert; ebenso *Kingreen*, in: Calliess/Ruffert (Hrsg.), EUV/AEUV, 6. Aufl., 2022, Art. 52 GRCh Rn. 68.
³³⁷ Vgl. allg. z. B. *Merten*, in: Merten/Papier (Hrsg.), Handbuch der Grundrechte III, 2009, § 68 Rn. 65: wegen der weiten Einschätzungsprärogative sei ein Gesetz nur selten wegen Ungeeignetheit verfassungswidrig.
³³⁸ BVerfGE 156, 63 (116, Rn. 192).
³³⁹ BVerfGE 156, 63 (116, Rn. 192).
³⁴⁰ So aber *Merten*, in: Merten/Papier (Hrsg.), Handbuch der Grundrechte III, 2009, § 68 Rn. 65.
³⁴¹ Siehe zu § 9 Abs. 1 S. 2 VZG 1983 ausf. unten S. 320 f.

## 3. Erforderlichkeit

Die in der Rechtsgrundlage vorgesehene Datenverarbeitung muss – drittens – *erforderlich* sein, um das legitime Ziel zu erreichen. Dies folgt schon aus der Grundrechtsschranke des Art. 52 Abs. 1 S. 2 GRCh. Der EuGH fragt i. R. d. Erforderlichkeit bspw. danach, ob das verfolgte Ziel „in zumutbarer Weise ebenso wirksam mit anderen Mitteln erreicht werden kann, die weniger stark in die Grundrechte der betroffenen Personen, insbesondere die in den Art. 7 und 8 der Charta verbürgten Rechte auf Achtung des Privatlebens und auf Schutz personenbezogener Daten, eingreifen".[342] Ganz ähnlich definiert das BVerfG das Erforderlichkeitskriterium: So sei eine Regelung erforderlich, „wenn der Gesetzgeber nicht ein anderes, gleich wirksames, aber das Grundrecht nicht oder weniger stark einschränkendes Mittel hätte wählen können".[343] Die Kontrollfrage lautet also: Hat der Gesetzgeber das *relativ mildeste Mittel* gewählt? Dabei ist – anders als bei Art. 6 Abs. 1 UAbs. 1 Buchst. c oder e DSGVO[344] – ein abstrakt-genereller Prüfungsmaßstab anzulegen. Der Verhältnismäßigkeitsgrundsatz bezieht sich hier auf die *Gesetzgebung*, nicht auf die konkrete Anwendung (Vollzug) des Gesetzes. Dem Gesetzgeber steht dabei regelmäßig ein „Beurteilungs- und Prognosespielraum" zu.[345] Im Kontext der amtlichen Statistik stellt sich bspw. die Frage, ob ein Testlauf für den Zensus 2022 (sog. Pilotdatenübermittlung) mit Klardaten erforderlich war, um die Übermittlungswege sowie die Qualität der Meldedaten zu prüfen (vgl. § 9a Abs. 1 ZensVorbG 2022).[346] Das BVerfG hat einen Antrag auf Erlass einer einstweiligen Anordnung zwar abgelehnt.[347] Gewisse Zweifel an der Verfassungsmäßigkeit klingen im Beschluss aber gleichwohl an. So sei der Hauptsache vorbehalten, ob die vom Gesetzgeber verfolgten Zwecke nicht auch durch eine in Umfang und/oder Form begrenzte Datenübermittlung und -speicherung hätten erreicht werden können.[348] Nach Ansicht der Bundesregierung kam eine Anonymisierung oder Pseudonymisierung der Daten nicht in Betracht, da nur anhand der Originaleintragungen die Datenqualität

---

[342] EuGH, Urt. v. 22.6.2021 – C-439/19, ECLI:EU:C:2021:504 Latvijas Republikas Saeima, Rn. 110.
[343] Siehe z. B. BVerfGE 156, 63 (116, Rn. 192) – Elektronische Aufenthaltsüberwachung.
[344] Siehe oben S. 138 ff. und S. 142 ff.
[345] *Seedorf*, in: Jestaedt/Lepsius (Hrsg.), Verhältnismäßigkeit, 2015, S. 146. Vgl. auch *Merten*, in: Merten/Papier (Hrsg.), Handbuch der Grundrechte III, 2009, § 68 Rn. 45.
[346] Daneben sollten die „Testdaten" dazu dienen, die statistischen Programme zur Durchführung des Zensus (insbes. Mehrfachfallprüfung und Haushaltegenerierung) zu prüfen und ggf. weiterzuentwickeln, s. § 9a Abs. 1 ZensVorbG 2022, dazu auch BT-Drs. 19/3828, S. 7 und 10.
[347] BVerfG NVwZ 2019, 640 = ZD 2019, 266 m. Anm. *Kienle/Wenzel*.
[348] Siehe den Hinweis in BVerfG NVwZ 2019, 640 (641, Rn. 9). Das BVerfG hat die Verfassungsbeschwerde in der Hauptsache ohne Begründung nicht zur Entscheidung angenommen, s. oben § 3 Fn. 55.

beurteilt werden könne (z. B. ob Vor- und Nachnamen vertauscht worden sind).[349] Im Übrigen sei auch eine Stichprobenziehung nicht „ausreichend", da gerade überprüft werden soll, ob die technische Infrastruktur und das neu eingesetzte Verfahren („XMeld") mit einer derart komplexen und umfangreichen Datenmenge in dem engen Zeitfenster zurechtkommt. Der Test müsse demnach die „umfangreichste Datenlieferung" des Zensus abbilden.[350] Ein anderes Beispiel betrifft die Frage, ob und inwieweit es erforderlich ist, im Rahmen eines (künftigen) registerbasierten Zensus auf die allgemeine Identifikationsnummer gemäß § 1 IDNrG („Steuer-ID") zurückzugreifen. Dabei mag dem Gesetzgeber eine „Einschätzungsprärogative"[351] zukommen, jedoch wurden schon für die Registermodernisierung als solche weniger eingriffsintensive Alternativen vorgeschlagen. In einer Studie für die Friedrich-Naumann-Stiftung haben etwa *Christoph Sorge et al.* aufgezeigt, dass die Verwendung neuartiger *bereichsspezifischer* Personenkennzeichen („NEU-ID"[352]) technisch möglich und wesentlich datenschutzfreundlicher ist.[353] Zu kurz greift jedenfalls das Argument der Bundesregierung, dass ein System bereichsspezifischer Identifikationsnummern – wie es Österreich kennt – „in der vornehmlich dezentral organisierten deutschen Verwaltung von größerer rechtlicher, technischer und organisatorischer Komplexität" sei und daher „Aufwand und Nutzen" in einem „ungünstigeren Verhältnis" zueinander stünden.[354] Die im Schrifttum geäußerte verfassungsrechtliche Kritik[355] an der allgemeinen Identifikationsnummer bekäme noch größeres Gewicht, wenn der Gesetzgeber sich dafür entscheidet, sie auch i. R. d. amtlichen Statistik – allen voran im registerbasierten Zensus – zu verwenden.

---

[349] BT-Drs. 19/3828, S. 10.

[350] BT-Drs. 19/3828, S. 10.

[351] Vgl. dazu *von Lewinski/Gülker*, DVBl 2021, 633 (637 f.).

[352] Dieser Ansatz verzichtet auf eine Stammzahl (siehe sogleich § 5 Fn. 353). Der Intermediär übernimmt dabei die Zuordnung der neu bzw. zufällig generierten bereichsspezifischen Kennzeichen, ausf. *Sorge/Lucke/Spiecker gen. Döhmann*, Registermodernisierung, Dezember 2020, S. 34 ff.

[353] *Sorge/Lucke/Spiecker gen. Döhmann*, Registermodernisierung, Dezember 2020, S. 34 ff., allg. zur Erforderlichkeit der IDNr S. 16 f. Als weitere Alternative diskutieren die Autoren (ebenda, S. 32 ff.) ein sog. Stammzahl-Modell, bei dem aus einer geheimen Stammzahl bereichsspezifische Kennzeichen mittels einer kryptographischen Hashfunktion abgeleitet werden.

[354] BT-Drs. 19/24226, S. 37. Krit. hierzu auch *Sorge/Lucke/Spiecker gen. Döhmann*, Registermodernisierung, Dezember 2020, S. 17.

[355] Erhebliche Zweifel an der Verfassungsmäßigkeit äußern z. B. *Sorge/Leicht*, ZRP 2020, 242 ff.; a. A. jedoch *Peuker*, NVwZ 2021, 1167 (1169 f.); *von Lewinski/Gülker*, DVBl 2021, 633 (635 ff.); *Knauff/Lehmann*, DÖV 2022, 159 (162 f.), die stark auf die Einschätzungsprärogative des Gesetzgebers rekurrieren; *Bull*, DÖV 2022, 261 (269); zu unterkomplex *Ehmann*, ZD 2021, 509 (511 f.), der die prinzipielle Zulässigkeit der IDNr mit dem Argument bejaht, dass ihre Verwendung auf nicht einmal ein Viertel der insgesamt vorhandenen Register beschränkt sei; die Gefahr einer persönlichkeitsfeindlichen Registrierung und Katalogisierung realisiere sich daher nicht.

Erste Anzeichen dafür sind im Registerzensuserprobungsgesetz (§ 4 Abs. 1 S. 1 Nr. 21) und im Identifikationsnummerngesetz (§ 5 Abs. 1 S. 2) bereits erkennbar.

### 4. Angemessenheit – Verhältnismäßigkeit im engeren Sinne

Die Rechtsgrundlage, die die Datenverarbeitung legitimiert, muss nicht nur geeignet und erforderlich, sondern auch *angemessen*, also verhältnismäßig i. e. S., sein. Im Wortlaut des Primärrechts kommt die Angemessenheit nicht unmittelbar zum Ausdruck. In Art. 52 Abs. 1 S. 2 GRCh ist sie aber im allgemeinen Begriff der „Verhältnismäßigkeit" normativ angelegt.[356] Das Datenschutzsekundärrecht nimmt diesen Gedanken auf und verlangt, dass die gesetzliche Grundlage „in einem angemessenen Verhältnis zu dem verfolgten legitimen Zweck" stehen muss (Art. 6 Abs. 3 S. 4 DSGVO[357]). Diese Anforderung ergibt sich freilich bereits aus dem Unionsverfassungsrecht. Die Grundverordnung „verstärkt"[358] bzw. unterstreicht gewissermaßen diese Selbstverständlichkeit, indem sie den Ausgestaltungsgesetzgeber[359] an den Grundsatz der Verhältnismäßigkeit gewissermaßen „erinnert". Der EuGH prüft die Angemessenheit nicht selten mit der Erforderlichkeit zusammen[360] und bringt es auf die vielzitierte Formel, dass sich Eingriffe in das Recht auf Achtung des Privatlebens und in das Recht auf Schutz personenbezogener Daten auf das „absolut Notwendige" beschränken müssen.[361] Dabei fordert der EuGH bspw. in der Rechtssache *Schecke* eine „ausgewogene Gewichtung" der widerstreitenden Interessen und Rechte ein.[362]

---

[356] Vgl. z.B. *Kingreen*, in: Calliess/Ruffert (Hrsg.), EUV/AEUV, 6. Aufl., 2022, Art. 52 GRCh Rn. 70.
[357] Vgl. dazu auch EuGH, Urt. v. 9.11.2010 – C-92/09, ECLI:EU:C:2010:662 – Volker und Markus Schecke und Eifert, Rn. 72: Zu prüfen sei, ob die Einschränkung der in den Art. 7 und 8 der Charta verankerten Rechte „in einem angemessenen Verhältnis zu dem verfolgten berechtigten Zweck steht".
[358] *Roßnagel*, in: Simitis/Hornung/Spiecker gen. Döhmann (Hrsg.), DatenschutzR, 2019, Art. 6 Abs. 3 Rn. 35.
[359] Zur Ausgestaltungsdimension des Art. 8 GRCh grdl. *Marsch*, Das europäische Datenschutzgrundrecht, 2018, S. 128 ff.
[360] Exemplarisch EuGH, Urt. v. 17.10.2013 – C-291/12, ECLI:EU:C:2013:670 – Schwarz, Rn. 40; Gutachten v. 26.7.2017 – 1/15, ECLI:EU:C:2017:592 – Accord PNR UE-Canada, Rn. 154 ff.
[361] Siehe die Nachweise in § 5 Fn. 313.
[362] EuGH, Urt. v. 9.11.2010 – C-92/09, ECLI:EU:C:2010:662 – Volker und Markus Schecke und Eifert, Rn. 77 ff. *Marsch*, Das europäische Datenschutzgrundrecht, 2018, S. 198 ff. weist insoweit zutreffend darauf hin, dass es sich hier – anders als in den Rechtssachen *Österreichischer Rundfunk u. a.* und *Satakunnan Markkinapörssi und Satamedia* – um eine sog. Gültigkeitsvorlage handelte. Der Gerichtshof musste also über die Gültigkeit von Unionsrecht entscheiden und die eigenen Maßstäbe anwenden; eine Zurückverweisung an die mitgliedstaatlichen Gerichte schied hier von vornherein aus. In der Sache nahm der EuGH jedoch keine materielle, sondern eine prozedurale Prüfung vor: So hätten die rechtsetzenden Organe

Das BVerfG prüft – in der Sache weitgehend übereinstimmend – i. R. d. Angemessenheit (Übermaßverbot), ob der mit der Datenverarbeitung verfolgte Zweck und die zu erwartende Zweckerreichung *nicht außer Verhältnis* zu der Schwere des Eingriffs steht.[363] Zu bestimmen ist demnach, wie schwer der Eingriff in das Recht auf informationelle Selbstbestimmung auf abstrakt-genereller Ebene wiegt. Das BVerfG hat hierfür Kriterien entwickelt, die vielfältig sind und hier nur skizziert werden können. So bestimme sich das Eingriffsgewicht maßgeblich nach Art, Umfang und denkbarer Verwendung der Daten sowie der Gefahr ihres Missbrauchs.[364] Bedeutsam sei, welche und wie viele Grundrechtsträger wie intensiven Beeinträchtigungen ausgesetzt sind und unter welchen Voraussetzungen dies geschehe – insbesondere, ob diese Personen hierfür einen Anlass[365] gegeben haben. Damit hängt das Gewicht insbesondere von der Intensität der Beeinträchtigungen ab, die wiederum nach der Aussagekraft und den Verwendungsmöglichkeiten[366] der Daten zu beurteilen ist. Ein anderer Faktor ist die Zahl betroffener Personen (oder auch: die „Streubreite").[367] Es handelt sich um ein Kriterium, das auch die Datenschutz-Grundverordnung verschiedentlich (s. z. B. EG 75 und EG 91 S. 1) heranzieht, etwa um das Risiko für die Rechte und Freiheiten zu bestimmen. Das Sekundärrecht stellt dadurch – wie auch die bundesverfassungsgerichtliche Judikatur – auf eine „überindividuelle Ebene"[368] ab, die im statistischen Kontext typischerweise einschlägig ist. Dies zeigt sich exemplarisch bei Erhebungen, die – wie der Zensus – schon ihrer Natur nach auf die gesamte Bevölkerung abstellen. Im Zusammenhang mit der Vorbereitung des Zensus 2022 erkannte der 1. Senat des BVerfG in der sog. Pilotdatenübermittlung denn auch einen „erhebliche[n] Grundrechtseingriff".[369] Daneben betreffen aber selbst Stichprobenerhebungen mitunter eine große Personenzahl. Im Mikrozensus beträgt der Auswahlsatz immerhin ein Prozent der Bevölkerung (§ 4 Abs. 2 S. 1 MZG), also rund 800.000 Menschen.

---

prüfen müssen, ob nicht auch eine eingeschränkte namentliche Veröffentlichung ausgereicht hätte (EuGH, ebenda, Rn. 83).

[363] Siehe z. B. BVerfGE 155, 119 (178, Rn. 128) – Bestandsdatenauskunft II; ähnlich BVerfGE 150, 244 (280, Rn. 90) – Kfz-Kennzeichenkontrolle II. Vgl. dazu schon BVerfGE 65, 1 (54): der mit der Maßnahme verbundene Eingriff dürfe seiner Intensität nach nicht außer Verhältnis zur Bedeutung der Sache und den vom Bürger hinzunehmenden Einbußen stehen.

[364] BVerfGE 150, 1 (107, Rn. 221); 155, 119 (178, Rn. 128).

[365] Siehe hierzu insbes. BVerfGE 150, 244 (283, Rn. 98).

[366] Siehe dazu schon BVerfGE 65, 1 (44f.).

[367] BVerfGE 155, 119 (178f., Rn. 129). Vgl. allg. auch *Rudolf*, in: Merten/Papier (Hrsg.), Handbuch der Grundrechte IV, 2011, § 90 Rn. 69.

[368] So der Begriff bei *von Lewinski*, in: Wolff/Brink (Hrsg.), BeckOK DatenschutzR, 40. Ed. (1.5.2022), Art. 87 Rn. 23.

[369] BVerfG ZD 2019, 266 (267, Rn. 14).

## D. Anforderungen an mitgliedstaatliche Rechtsgrundlagen

Die bloße Anzahl betroffener Personen macht eine Statistik freilich noch nicht unverhältnismäßig.[370] Maßgeblich ist insoweit auch und gerade, wie tief die amtliche Statistik in die Lebensbereiche der Bürger „hineinblicken" möchte.[371] Dabei kommt es nicht auf einzelne Merkmale an; vielmehr ist das Erhebungsprogramm in seiner Gesamtheit zu sehen,[372] was insbesondere den Kontext der Verarbeitung und die verwendete Technik[373] einschließt. Angesprochen ist damit auch die Frage, wie groß die Gefahr eines Missbrauchs ist und welche Nachteile den betroffenen Personen abstrakt-generell drohen. Dieser Prüfungspunkt ist nicht etwa deshalb entbehrlich, weil das Recht auf informationelle Selbstbestimmung einen sog. Vorfeldschutz gewährt. Das BVerfG hat den Grundrechtsschutz zwar bereits auf der „Stufe der Gefährdung des Persönlichkeitsrechts" beginnen lassen[374] – gleichwohl betont etwa *Gabriele Britz*, dass die bundesverfassungsgerichtlichen Entscheidungen sich regelmäßig darum bemühten, aufzuzeigen, worin die besondere Gefährlichkeit einer staatlichen Informationsmaßnahme bestehe.[375] Im Volkszählungsurteil war das (neben der schon im Mikrozensus-Beschluss[376] angelegten Sorge vor der „persönlichkeitsfeindlichen Registrierung und Katalogisierung des Einzelnen"[377]) insbesondere die – hier zugegeben eher abstrakt formulierte – Gefahr, dass die öffentliche Verwaltung statistische Daten später „gegen" die betroffenen Personen verwenden könnte. Aus diesem Grund hat das Verfassungsgericht eine strenge Sicherung durch das sog. Rückspielverbot[378] angemahnt. Daneben müssen weitere Sicherungsvorkehrungen – etwa das Gebot möglichst frühzeitiger Anonymisierung und das organisationsrechtlich konzipierte Abschottungsgebot – die für eine Statistik charakteristische „Vielfalt der Verwendungs- und Verknüpfungs-

---

[370] Vgl. dazu auch die Beobachtungs- und Nachbesserungspflicht des Gesetzgebers, die das BVerfG schon im Volkszählungsurteil angemerkt hatte: So habe der Gesetzgeber – im Lichte einer ggf. inzwischen fortgeschrittenen Entwicklung der statistischen und sozialwissenschaftlichen Methode – zu prüfen, „ob eine Totalerhebung […] noch verhältnismäßig sei" (BVerfGE 65, 1 [56]); dazu bereits oben S. 79 f.
[371] Siehe dazu ausf. unten S. 478 ff.
[372] Vgl. dazu BVerfGE 65, 1 (58), dort allerdings zur Erforderlichkeit.
[373] Siehe nur *Ruschemeier*, Eingriffsintensivierung durch Technik: Der Beschluss des Bundesverfassungsgerichts zum Antiterrordateigesetz II, VerfBlog v. 16.12.2020 zu BVerfGE 156, 11 – Antiterrordateigesetz II. Vgl. auch BVerfGE 141, 220 (267, Rn. 99); 142, 234 (260) – Sondervotum Huber „gesteigertes Eingriffsgewicht".
[374] Siehe z.B. BVerfGE 150, 244 (264, Rn. 37).
[375] *Britz*, in: Hoffmann-Riem (Hrsg.), Offene Rechtswissenschaft, 2010, S. 578.
[376] BVerfGE 27, 1 (6 f.).
[377] BVerfGE 65, 1 (48). Der 1. Senat betrachtete damals die Einführung eines „einheitlichen, für alle Register und Dateien geltenden Personenkennzeichens" als „entscheidende[n] Schritt, den einzelnen Bürger in seiner ganzen Persönlichkeit zu registrieren und zu katalogisieren." Dazu sogleich S. 190.
[378] Siehe bspw. BVerfGE 150, 1 (110, Rn. 225; 135, Rn. 286); ausf. unten S. 319 ff.

möglichkeiten" ausgleichen.[379] Diese grundrechtssichernden Vorkehrungen (im Sekundärrecht auch „Garantien" genannt[380]) sind in die Angemessenheitsprüfung einzustellen. Sie müssen sich dabei in die übergreifenden Anforderungen einfügen, die der Verhältnismäßigkeitsgrundsatz für die Datenverarbeitung aufstellt: Transparenz, Rechtsschutz und aufsichtliche Kontrolle.[381] Die hier geforderte „angemessene Verfahrensgestaltung"[382] führt im Ergebnis zu einer *Prozeduralisierung des Grundrechtsschutzes*. Die Verhältnismäßigkeit i. e. S. hängt somit entscheidend davon ab, ob der Gesetzgeber die Gefährdungen, die mit der Datenverarbeitung einhergehen, hinreichend sicher begrenzt hat.[383] Das gilt auch und gerade für den Bereich der amtlichen Statistik.[384]

## IV. Ausblick: Methodenwechsel – Vom registergestützten Zensus zum Registerzensus

Das BVerfG hat mit Urteil vom 19.9.2018 einzelne Vorschriften[385] im Zusammenhang mit dem Zensus 2011 für verfassungsgemäß erklärt.[386] Angegriffen wurden jedoch zuvörderst Regelungen zur Methode, insbesondere zum Stichprobenverfahren und -umfang. Aus materiell-rechtlicher Sicht stand – ganz anders als im Volkszählungsurteil – der „Datenschutz" nicht im Vordergrund. Gleichwohl lassen sich dem Urteil auch materielle Aussagen zum Recht auf informationelle Selbstbestimmung entnehmen. So stellte der 2. Senat im Subsumtionsteil fest, dass die Datenerhebung i. R. d. Haushaltsstichprobe den verfassungsrechtlichen Anforderungen genügt. Das betrifft zum einen die nähere Ausgestaltung des Stichprobenverfahrens durch eine Rechtsverordnung sowie die Vorhersehbarkeit, die auf einem zufälligen mathematischen Verfahren beruhte, das überdies gesetzlich vorgegeben war.[387] Hiermit war die weitere Entwicklung des Stichprobenverfahrens in inhaltlicher Hinsicht „hinreichend" durch das Gesetz selbst vorgezeichnet. Zum anderen sei die gewählte Erhe-

---

[379] BVerfGE 65, 1 (48 ff.); vgl. auch BVerfGE 150, 1 (108 f., Rn. 222 und 224).
[380] Art. 89 Abs. 1 S. 1 DSGVO; ausf. zu den Garantien § 8, S. 249 ff.
[381] Siehe nur BVerfGE 155, 119 (211, Rn. 203) m. w. N.
[382] BVerfGE 150, 1 (108, Rn. 222).
[383] Im Rahmen des Registermodernisierungsgesetzes soll insbes. das sog. 4-Corner-Modell das Recht auf informationelle Selbstbestimmung absichern, s. BT-Drs. 19/24226, S. 54, 65 f. und 73 f.
[384] Siehe dazu ausf. unten S. 283 ff.
[385] Namentlich: § 7 Abs. 1–3 (Haushaltebefragung auf Stichprobenbasis, insbes. Stichprobenumfang und Auswahleinheiten); § 8 Abs. 3 (Erhebungen an Anschriften mit Sonderbereichen; Löschung bestimmter Hilfsmerkmale); § 15 Abs. 2 und 3 (Mehrfachfalluntersuchung) sowie § 19 ZensG 2011 (Löschung); § 15 ZensVorbG 2011 (Löschung); § 2 Abs. 2, 3 und § 3 Abs. 2 StichprobenV ZensG 2011 (Stichprobenumfang und -verfahren; BGBl. I 2010, S. 830).
[386] BVerfGE 150, 1 – Zensus 2011.
[387] BVerfGE 150, 1 (156 f., Rn. 337).

bungsmethode der Vollerhebung vorzuziehen, da sie die Zahl der zu befragenden Personen möglichst geringhält.[388]

Damit hängt die an anderer Stelle – nämlich zur statistischen Methodik – geäußerte Auffassung zusammen, das gewählte Erhebungsverfahren sei generell mit „erheblich geringeren Belastungen der Befragten" in ihrem Recht auf informationelle Selbstbestimmung verbunden.[389] Zwar greife auch die registergestützte Erhebung in dieses Grundrecht ein, indem sie Datenübermittlungen aus Verwaltungsregistern erlaubt. Jedoch seien diese von erheblich geringerem Gewicht als unmittelbare Befragungen. Der 2. Senat des BVerfG führt hier eine ganz Reihe von Gründen an: Erstens seien lediglich Daten betroffen, die in Registern vorliegen und insoweit bereits erhoben worden sind; zweitens werden weniger Erhebungsbeauftragte eingesetzt, die von „Umständen aus dem persönlichen Bereich" (etwa im Fall der Befragung in der privaten Wohnung)[390] Kenntnis nehmen könnten; drittens kommen weniger Personen mit den personenbezogenen Daten in Kontakt, da – zumindest teilweise – weder Erhebungsunterlagen generiert noch in die statistikinternen Verarbeitungssysteme übernommen werden müssen, was wiederum die Möglichkeiten zum – auch versehentlichen – unsachgemäßen Umgang mit den betroffenen Daten erheblich reduziert; viertens befänden sich die übermittelten Registerdaten ab der Übermittlung im besonders abgeschirmtem Bereich der amtlichen Statistik; spätere Verarbeitungsschritte innerhalb dieses Bereichs fügten dem – eine Abschirmung durch Statistikgeheimnis und Rückspielverbot vorausgesetzt – keine „zusätzliche Beeinträchtigung" hinzu. Dies alles führe schließlich zu einer höheren Akzeptanz der Bevölkerung, wodurch sich das Risiko fehlerhafter oder unvollständiger Antworten sowie von Antwortverweigerungen verringere und – damit korrespondierend – die Präzision der Erhebung verbessere.

So gesehen stellte der Registerzensus, der das „bloß" registergestützte Verfahren des Zensus 2011 und 2022 ablösen soll, eine noch „grundrechtsschonendere" Erhebungsform dar, da er auf eine ergänzende Stichprobenbefragung verzichtet. So einfach ist die Sache jedoch nicht. Denn zum einen ist keineswegs ausgemacht, dass ein Rückgriff auf bereits vorhandene Daten in den Verwaltungsregistern per se weniger eingriffsintensiv ist. Der bundesverfassungsgerichtlichen Entscheidung zum Zensus 2011 liegt insofern zwar die – unausgesproche-

---

[388] BVerfGE 150, 1 (157, Rn. 338). I. d. S. ist die „Streubreite" ein Faktor der Eingriffsintensität (vgl. dazu bspw. BVerfGE 156, 63 [120, Rn. 202] m.w.N.; im statistischen Kontext BVerfG ZD 2019, 266 [267, Rn. 14]), obgleich dies für das betroffene Individuum keinen Unterschied macht.
[389] BVerfGE 150, 1 (134 f., Rn. 286).
[390] Vgl. dazu auch BVerfGE 65, 1 (57). Die Auskunftsperson war und ist jedoch nicht verpflichtet, die Erhebungsbeauftragten in die Wohnung zu lassen. In der amtlichen Statistik (entsprechendes gilt für die empirische Sozialforschung) unterscheidet man herkömmlicherweise die folgenden Interviewformen: Computer Assisted Personal Interview – CAPI; Computer Assisted Telephone Interview – CATI; Computer Assisted Web Interview – CAWI.

ne – Vorstellung zugrunde, die erneute Befragung der auskunftspflichtigen Personen greife tiefer in deren informationelles Selbstbestimmungsrecht ein als die Weiterverarbeitung von Verwaltungsdaten zu statistischen Zwecken. Das ist zunächst nicht mehr als eine These und als solche begründungsbedürftig. Denn maßgeblich sind die Gefährdungen für die betroffenen Freiheitsrechte, nicht die Belastung, die mit der direkten Befragung einhergeht. Anders als bei klassischen Unternehmensstatistiken steht hier also nicht die wirtschaftliche Belastung (grundrechtlich u. a. abgesichert durch Art. 16 GRCh, Art. 14 Abs. 1 S. 1 GG) im Vordergrund. Im Übrigen wurde der frühere Grundsatz der Direkterhebung (§ 4 Abs. 2 S. 1 BDSG a. F.) gerade damit begründet, dass die betroffene Person wissen können soll, „wer sich für ihre Daten interessiert, Daten erhebt, speichert und sonst verarbeitet".[391] Rein registerbasierten Verfahren haftet im Ausgangspunkt indes der Makel fehlender Transparenz[392] an – die betroffenen Personen haben typischerweise keine Kenntnis davon, dass ihre Daten zu statistischen Zwecken weiterverarbeitet und ggf. zentral auf Bundesebene mit anderen personenbezogenen Daten verknüpft werden. Es bedarf mithin prozeduraler Sicherungsmechanismen, die den datenschutzrechtlichen Grundsatz der Transparenz ausformen. Ein Beispiel ist das sog. Datenschutzcockpit (§ 10 OZG)[393], das mit dem Registermodernisierungsgesetz im Jahr 2021[394] eingeführt worden ist und die Datenströme digitaler Verwaltungsverfahren sichtbar machen soll.

Zum anderen gehen mit dem rein registerbasierten Verfahren neue Gefährdungen für das informationelle Selbstbestimmungsrecht (bzw.: für das unionale Recht auf Schutz personenbezogener Daten) einher. Das gilt insbesondere für den Fall, dass die amtliche Statistik auf die Identifikationsnummer (die wiederum aus der „Steuer-ID" besteht, s. § 1 IDNrG i. V. m. § 139b AO[395]) als Ordnungsmerkmal zurückgreift, um die Datensätze aus verschiedenen Quellen miteinander verknüpfen zu können.[396] Im sog. Registerzensuserprobungsgesetz

---

[391] *Scholz/Sokol*, in: Simitis (Hrsg.), BDSG, 7. Aufl., 2014, § 4 BDSG a.F. Rn. 20. Vgl. auch *Wolff*, in: Wolff/Brink (Hrsg.), BeckOK DatenschutzR, 39. Ed. (1.11.2021), Syst. A. Prinzipien des Datenschutzrechts Rn. 80 f.

[392] Vgl. dazu auch *Marsch/Rademacher*, Die Verwaltung 54 (2021), 1 (14), die zutreffend darauf hinweisen, dass das Maß der Bestimmtheit einer Rechtsgrundlage (dazu oben II., S. 176) nicht zwangsläufig mit dem Grundsatz der Transparenz korreliert. Denn dieser Aspekt betrifft die Vorhersehbarkeit staatlichen Handelns, mithin die Frage, ob eine Datenverarbeitung stattfinden *könnte*.

[393] Siehe auch § 10 Fn. 157.

[394] BGBl. I 2021, S. 591; dazu bspw. *von Lewinski/Gülker*, DVBl 2021, 633 ff.; *Peuker*, NVwZ 2021, 1167 ff. und *Knauff/Lehmann*, DÖV 2022, 159 ff.; s. ferner unten S. 280 und S. 344.

[395] Zur Verfassungsmäßigkeit der Steuer-ID s. BFH DStR 2012, 283 (286 ff.); zur Steuer-ID als personenbezogenes Datum EuGH, Urt. v. 16.1.2019 – C-496/17, ECLI:EU:C:2019:26 – Deutsche Post, Rn. 55 f. Vgl. dazu auch unten S. 280 und S. 344.

[396] Nach BT-Drs. 19/27425, S. 36 dient sie auch der sog. Mehrfachfallprüfung (§ 5 RegZensErpG).

wird die Identifikationsnummer bereits als Hilfsmerkmal von den Meldebehörden an die statistischen Landesämter übermittelt (s. § 4 Abs. 1 Nr. 21 und Abs. 2 S. 1).[397] Zudem ergibt sich aus § 5 Abs. 1 S. 2 IDNrG *e contrario*, dass es zulässig ist, die Identifikationsnummer künftig für „Zwecke eines registerbasierten Zensus" zu verwenden.[398] Die an sich strenge Zweckbindung, auf die die Sachverständigen in der öffentlichen Anhörung im Innenausschuss gedrungen hatten, ist insoweit gelockert.[399] Ferner ist es für die Qualität künftiger Zensusergebnisse erforderlich, Fehler (Über- und Untererfassungen), die v. a. in den Melderegistern liegen, zu beheben. Die Statistik erprobt hier einen sog. Lebenszeichenansatz, bei dem Registerdaten mit „administrativen Lebenszeichen" (Verwaltungskontakte) aus Vergleichsdatenbeständen abgeglichen werden (sollen).[400] Eine Person gibt i. d. S. ein „Lebenszeichen" ab, wenn sie in mindestens einem der Vergleichsdatenbestände (z. B. in der Stammsatzdatei der Rentenversicherung, in Statistikregistern der Bundesagentur für Arbeit oder im Ausländerzentralregister[401]) mit einem Eintrag in den vergangenen 24 Monaten geführt ist.[402] Ist das der Fall, liegt mit einer gewissen Wahrscheinlichkeit keine Übererfassung[403] vor. Mit dem Lebenszeichenansatz gehen also „neue" Grundrechtseingriffe einher, die in die Gesamtbetrachtung einzustellen sind.[404] Und schließlich führt der Methodenwechsel hin zu einem rein registerbasierten Verfahren dazu, dass bestimmte Datenbestände neu aufgebaut werden müssen: Angesprochen ist ein sog. Bildungsmodul, das etwa Daten zum „höchsten allgemeinen Schulbesuch", zum „höchsten beruflichen Bildungsabschluss" oder zum „aktuellen Schulbesuch" enthält (Bildungsstand der Bevölkerung). Auf der rechtspolitischen Ebene wird in diesem Zusammenhang auch diskutiert, ob hier-

---

[397] Die Landesämter überprüfen die übermittelten Daten auf Schlüssigkeit, Vollzähligkeit und Vollständigkeit und übermitteln sie sodann an das Statistische Bundesamt (§ 4 Abs. 4 RegZensErpG).

[398] Dies geht auf die Beschlussempfehlung des Innenausschusses zurück, BT-Drs. 19/26247, S. 10 und 21 f.

[399] Vgl. dazu BT-Drs. 19/26247, S. 21 f.

[400] Siehe dazu bspw. BT-Drs. 19/27425, S. 16, 39; dazu *Körner/Krause/Ramsauer*, WISTA (Sonderheft Zensus 2021) 2019, 74 (81); *Schnell*, Eignung von Personenmerkmalen als Datengrundlage zur Verknüpfung von Registerinformationen im Integrierten Registerzensus, 2019, S. 34 f.

[401] Die Vergleichsdatenbestände sind in § 7 Abs. 2 RegZensErpG aufgelistet.

[402] BT-Drs. 19/27425, S. 39.

[403] Bei der Erprobung des Registerzensus soll auch untersucht werden, inwieweit dieser Ansatz geeignet ist, Untererfassungen (Fehlbestände) zu identifizieren, s. BT-Drs. 19/27425, S. 39.

[404] Diese werden jedoch dadurch abgemildert, dass „nur" der Verwaltungskontakt (gemeint sind Daten über die Person, z. B. Name, Anschrift, Geburtsdatum, Geburtsstaat, Geschlecht, Staatsangehörigkeit, § 7 Abs. 3 S. 1 RegZensErpG).

für ein zentrales statistisches „Bildungsregister"[405] errichtet werden kann.[406] Einstweilen halten die statistischen Ämter der Länder die – im Rahmen des Zensus 2022 und Mikrozensus – erhobenen Bildungsdaten dezentral vor (vgl. § 9 RegZensErpG), um insbesondere unionsrechtliche Lieferpflichten weiterhin erfüllen zu können.

Schon diese Beispiele zeigen, dass das Projekt „Registerzensus" komplex ist und sich schematische Antworten zur Grundrechtssensibilität verbieten. Jedenfalls ist ein registerbasiertes Verfahren nicht per se grundrechtsschonender, nur weil es auf ergänzende primärstatistische Erhebungen (Stichwort: Haushaltsstichprobe) verzichtet. Denn gerade in der Verknüpfung staatlicher Register – und sei es auch zu statistischen Zwecken – liegt die am Beispiel der Volkszählung formulierte Gefahr, den „einzelnen Bürger in seiner ganzen Persönlichkeit zu registrieren und zu katalogisieren".[407]

## E. Gesetzesfolgenabschätzung (Art. 35 Abs. 10 DSGVO) – Beispiel Statistikrecht

Art. 35 DSGVO regelt die sog. Datenschutz-Folgenabschätzung (DSFA). Sie gehört zu den „wenigen echten regulatorischen Innovationen" im (neuen) europäischen Datenschutzrecht.[408] Das Instrument der DSFA ist Ausdruck eines risikobasierten Ansatzes, der in der Datenschutz-Grundverordnung an verschiedenen Stellen aufscheint.[409] Die Folgenabschätzung nach Art. 35 DSGVO erfordert eine Prognose: Für Verarbeitungen, die voraussichtlich ein hohes Risiko[410] für die Rechte und Freiheiten natürlicher Personen haben (werden), muss der Verantwortliche vorab die Folgen dieser risikoreichen Verarbeitungsvorgänge ab-

---

[405] Vgl. dazu *Gawronski*, WISTA 2/2020, 37 ff.; *Giar et al.*, WISTA 3/2023, 51 ff.

[406] Der BR betonte in seiner Stellungnahme zum RegZensErpG die Kompetenz der Länder: „Bildungs- und insbesondere Schuldaten fallen in den Bereich der ausschließlichen Gesetzgebung der Länder. Die Konferenz der Kultusminister der Länder hat sich deshalb mit Beschluss vom 15./16. Oktober 2020 für eine Datenhoheit der Länder (von der Interpretation bis zur Datenhaltung) ausgesprochen. Das *Bildungsregister* und die im RegZensErpG-E vorgesehene Vorstufe sind daher als Register und Auswertungsdatenbanken den statistischen Ämtern der Länder zuzuordnen" (Hervorhebung d. Verf.), BT-Drs. 19/28168, S. 2. Zu den Vorbereitungen für ein Bildungsverlaufsregister im Verbund s. *Giar et al.*, WISTA 3/2023, 51 (53 f.).

[407] BVerfGE 65, 1 (57), vgl. auch S. 48: „Gefahr einer persönlichkeitsfeindlichen Registrierung und Katalogisierung des Einzelnen".

[408] *Martini*, in: Paal/Pauly (Hrsg.), DSGVO/BDSG, 3. Aufl., 2021, Art. 35 Rn. 2; ähnlich *Roßnagel/Geminn/Johannes*, ZD 2019, 435 (435): „eine der zentralen Innovationen" der DSGVO.

[409] Siehe etwa Art. 24 Abs. 1 S. 1, Art. 25 Abs. 1, Art. 32 DSGVO.

[410] Siehe zum Begriff des Risikos etwa *Martini*, in: Paal/Pauly (Hrsg.), DSGVO/BDSG, 3. Aufl., 2021, Art. 35 Rn. 15a ff.

schätzen (Abs. 1). Gemeint sind insbesondere Folgen „für den Schutz personenbezogener Daten", mithin für das europäische Datenschutzgrundrecht aus Art. 8 GRCh (ggf. i. V. m. dem Recht auf Achtung des Privatlebens, Art. 7 GRCh). Der Verantwortliche ist dann u. U. verpflichtet, geeignete technische und organisatorische Gegenmaßnahmen zu ergreifen, um das Risiko im Interesse eines wirksamen Betroffenenschutzes zu minimieren (vgl. auch Art. 36 Abs. 1 DSGVO *e contrario*).[411] Für die hier maßgeblichen Verarbeitungsbefugnisse des Art. 6 Abs. 1 UAbs. 1 Buchst. c und e[412] sieht das Sekundärrecht in Art. 35 Abs. 10 DSGVO eine spezielle Regelung vor: eine besondere Form der Gesetzesfolgenabschätzung.

### I. Adressat der Regelung: Gesetzgeber

Art. 35 Abs. 10 DSGVO befreit den Verantwortlichen unter bestimmten Voraussetzungen (dazu II.) von der Pflicht, eine konkrete, projektbezogene DSFA im Einzelfall durchzuführen. An deren Stelle tritt eine datenschutzspezifische *Gesetzesfolgenabschätzung* (GFA)[413], die als Element „guter Gesetzgebung" inzwischen allgemein anerkannt ist.[414] Regelungsadressat ist damit nicht der Verantwortliche, sondern der jeweils zuständige *Gesetzgeber*. Das sind in Deutschland zuvörderst die Organe Bundestag und Bundesrat. Der Wortlaut des Abs. 10 („im Zusammenhang mit dem Erlass dieser Rechtsgrundlage") ist jedoch so offen gehalten, dass er auch die der Gesetzesinitiative (Art. 76 GG) typischerweise vorausgehende Phase der Ausarbeitung einer Gesetzesvorlage erfasst.[415] Angesprochen ist damit insbesondere das jeweils federführende Bundesministerium.[416] Der für die konkrete Datenverarbeitung Verantwortliche wird lediglich *mittelbar* angesprochen – und zwar insoweit, als er sich auf die Ausnahme des Art. 35 Abs. 10 DSGVO („die Absätze 1 bis 7 [gelten] nur, wenn [...]") berufen kann.[417] Der Unionsgesetzgeber hatte für die „thematisch breiter" angelegte GFA bspw. den Fall vor Augen, dass Behörden oder öffentliche Stellen eine „gemeinsame Anwendung oder Verarbeitungsplattform" nutzen;[418] zu denken

---

[411] *Martini*, in: Paal/Pauly (Hrsg.), DSGVO/BDSG, 3. Aufl., 2021, Art. 35 Rn. 23 ff.
[412] Siehe oben A.I. (S. 138 ff.) und A.II. (S. 142 ff.).
[413] Zu diesem Begriff und seinen Ursprüngen etwa *Seckelmann*, Evaluation und Recht, 2018, S. 176; *Roßnagel/Geminn/Johannes*, ZD 2019, 435 (436) verwenden für Art. 35 Abs. 10 DSGVO den Begriff „Gesetzes-DSFA", um sie von der „Projekt-DSFA" abzugrenzen.
[414] Vgl. allg. zur GFA *Kahl*, in: Kluth/Krings (Hrsg.), Gesetzgebung, 2014, § 13 Rn. 6 ff.
[415] Zu den vier Phasen des Gesetzgebungsverfahrens s. *Kersten*, in: Dürig/Herzog/Scholz (Hrsg.), GG, 83. EL (April 2018), Art. 76 Rn. 15, ferner Rn. 28 ff.
[416] Vgl. *Roßnagel/Geminn/Johannes*, ZD 2019, 435 (438); allg. *Kahl*, in: Kluth/Krings (Hrsg.), Gesetzgebung, 2014, § 13 Rn. 12, 17.
[417] *Roßnagel/Geminn/Johannes*, ZD 2019, 435 (436). Zu den Rechtsfolgen sogleich unter III.
[418] EG 92 DSGVO.

wäre etwa an den Portalverbund i. S. d. § 1 und § 3 OZG[419] oder an eine – noch zu errichtende – europäische Plattform für *Trusted Smart Surveys*[420].

## II. Allgemeine Voraussetzungen

Die Gesetzesfolgenabschätzung nach Art. 35 Abs. 10 DSGVO enthält im Kern[421] drei Voraussetzungen: Erstens muss die Verarbeitung „gemäß Artikel 6 Absatz 1 Buchstabe c oder e auf einer Rechtsgrundlage im Unionsrecht oder im Recht des Mitgliedstaats, dem der Verantwortliche unterliegt, beruh[en]"; zweitens muss die Rechtsvorschrift den Verarbeitungsvorgang (oder: die Verarbeitungsvorgänge) *konkret* regeln; und drittens muss „im Zusammenhang mit dem Erlass dieser Rechtsgrundlage" bereits eine *allgemeine* DSFA erfolgt sein. Obgleich der Wortlaut des Abs. 10 auf einen „konkreten Verarbeitungsvorgang" abstellt, so ist der Maßstab hier doch ein anderer: Im Rahmen eines Gesetzgebungsverfahrens ist naturgemäß nur eine *abstrakt-generelle* DSFA möglich. Die konkret-individuelle Perspektive desjenigen, der das Gesetz im Einzelfall *vollzieht*, kann und muss der Gesetzgeber nicht einnehmen.[422] Dies liefe dem Sinn und Zweck dieser Ausnahmevorschrift zuwider, mehrere spezielle Folgenabschätzungen durch eine allgemeine zu ersetzen. Die Regelung des Art. 35 Abs. 10 DSGVO soll gerade den Verantwortlichen für den Fall entlasten, dass die Datenverarbeitung gesetzlich hinreichend bestimmt ist (Entlastungsfunktion).[423] Denn dann haben die Regelungsadressaten ohnedies kaum einen Handlungsspielraum.[424] „[U]nnötige Doppelungen", die sich in einer bloßen „Förmelei"[425] erschöpften, gilt es zu vermeiden.[426] Dieser Gedanke scheint auch in EG 92 DSGVO auf, demzufolge es generell unter bestimmten Umständen „vernünftig und unter ökonomischen Gesichtspunkten zweckmäßig" sein kann, eine DSFA nicht nur auf ein bestimmtes Projekt zu beziehen, sondern sie thematisch breiter anzulegen. Wegen des hohen Risikos, das die gesetzlich angeordnete Datenverarbeitung für die Rechte

---

[419] *Martini*, in: Kahl/Ludwigs (Hrsg.), HVerwR I, 2021, § 28 Rn. 24 f. sowie Rn. 33 f. zum *Single Digital Gateway* der Union; zum elektronischen Zugang auch *Schulz*, RDi 2021, 377 ff.

[420] Siehe dazu ausf. unten § 10, S. 469 ff.

[421] Nach *Jandt*, in: Kühling/Buchner (Hrsg.), DSGVO/BDSG, 3. Aufl., 2020, Art. 35 Rn. 23 weise die Regelung eine „relativ hohe Komplexität" auf.

[422] I. d. S. auch *Roßnagel/Geminn/Johannes*, ZD 2019, 435 (437).

[423] Siehe z. B. BT-Drs. 19/27652, S. 7 f. zu § 307 Abs. 1 S. 3 SGB V. Zu dieser Funktion *Roßnagel/Geminn/Johannes*, ZD 2019, 435 (438). Vgl. allg. zur Steuerungsfunktion des Gesetzes *Reimer*, in: Voßkuhle/Eifert/Möllers (Hrsg.), GVerwR, 3. Aufl., 2022, § 11 Rn. 1 f.; zur Selbstprogrammierung der Exekutive ausf. *Martini*, in: Voßkuhle/Eifert/Möllers (Hrsg.), GVerwR, 3. Aufl., 2022, § 33 Rn. 1 ff.

[424] Vgl. dazu auch BR-Drs. 155/21 (Beschluss), S. 29 am Beispiel des autonomen Fahrens.

[425] *Martini*, in: Paal/Pauly (Hrsg.), DSGVO/BDSG, 3. Aufl., 2021, Art. 35 Rn. 68.

[426] *Roßnagel/Geminn/Johannes*, ZD 2019, 435 (437).

und Freiheiten der betroffenen Personen mit sich bringt, muss die Folgenabschätzung nach Abs. 10 dem Schutzniveau entsprechen, das Abs. 1 verlangt. Mit anderen Worten: Der Gesetzgeber muss im Ergebnis ein „vergleichbares Maß an Risikobeurteilung" anlegen und ebenso risikoadäquate Schutzmaßnahmen konzipieren bzw. gewährleisten.[427] Ob dies in der Gesetzgebungspraxis erreicht werden kann, hängt maßgeblich von der Komplexität und Regelungsdichte der jeweiligen Rechtsvorschriften ab.[428] Datenschutzrechtliche Generalklauseln[429] sind hierfür jedoch prinzipiell ungeeignet.

### III. Rechtsfolge: Handlungsalternativen des Gesetzgebers

Auf der Rechtsfolgenseite räumt Art. 35 Abs. 10 DSGVO grundsätzlich Ermessen ein. Die Vorschrift gibt dem Gesetzgeber zwei Handlungsalternativen[430] vor, die auf verschiedenen Stufen ansetzen. So kann der (unionale oder mitgliedstaatliche) Gesetzgeber auf der ersten Stufe entscheiden, ob er überhaupt eine Gesetzesfolgenabschätzung i.S.d. Abs. 10 durchführt. Die Verordnung verpflichtet ihn hierzu nicht („falls").[431] Etwas anderes kann sich unter Umständen aus den grundrechtlichen Schutzpflichten ergeben.[432] Führt der Gesetzgeber eine allgemeine Folgenabschätzung gemäß Art. 35 Abs. 10 DSGVO durch, muss er – auf der zweiten Stufe – prüfen und entscheiden, ob daneben eine *zusätzliche* DSFA („Projekt-DSFA"[433]) des für die konkrete Verarbeitung *Verantwortlichen* erforderlich ist. Diese Entscheidung stellt das Unionsrecht in das pflichtgemäße[434] „Ermessen der Mitgliedstaaten". In der Wendung „es sei denn" ist ein Regel-Ausnahme-Verhältnis angelegt: Eine weitere DSFA soll nach dem Wortlaut sowie nach dem Sinn und Zweck der Norm nur ausnahmsweise nötig sein. Die Rechtsfolge des Abs. 10 besteht also grundsätzlich darin, dass sie den Verantwortlichen von der Pflicht des Abs. 1 befreit, eine an sich erforderliche projekt-

---

[427] So zutreffend *Roßnagel/Geminn/Johannes*, ZD 2019, 435 (437). Sie betonen zu Recht, dass es Unterschiede zwischen Art. 35 Abs. 1 und 10 DSGVO geben müsse; andernfalls liefe Abs. 10 weitgehend leer.

[428] Ebenso *Roßnagel/Geminn/Johannes*, ZD 2019, 435 (438).

[429] Zu ihrer Reaktivierung *Marsch/Rademacher*, Die Verwaltung 54 (2021), 1 ff.; oben S. 177.

[430] *Roßnagel/Geminn/Johannes*, ZD 2019, 435 (436) gehen von „drei Handlungsalternativen" aus.

[431] Ebenso *Roßnagel/Geminn/Johannes*, ZD 2019, 435 (436); *Martini*, in: Paal/Pauly (Hrsg.), DSGVO/BDSG, 3. Aufl., 2021, Art. 35 Rn. 64.

[432] Zur Schutzpflichtdimension des Art. 8 GRCh s. etwa *Marsch*, Das europäische Datenschutzgrundrecht, 2018, S. 247 ff.; zum deutschen Recht auf informationelle Selbstbestimmung s. z.B. BVerfGE 142, 234 (265); zum IT-Grundrecht BVerfG, Beschl. v. 8.6.2021 – 1 BvR 2771/18, juris Rn. 26 ff. = BVerfGE 158, 170 – IT-Sicherheitslücken.

[433] So der Begriff bei *Roßnagel/Geminn/Johannes*, ZD 2019, 435.

[434] *Kühling et al.*, Die Datenschutz-Grundverordnung und das nationale Recht, 2016, S. 91: „pflichtgemäße Prüfungs- und Entscheidungsfreiheit".

bezogene DSFA durchzuführen. Schweigt der Gesetzgeber, finden „die Absätze 1 bis 7" keine Anwendung. Es steht ihm aber frei, diese Rechtsfolge – wie etwa in § 307 Abs. 1 S. 4 SGB V – deklaratorisch zu normieren. Sieht der Gesetzgeber auf der Vollzugsebene hingegen eine konkrete DSFA als „erforderlich" an („Rückausnahme"[435]), so *muss* er diese Pflicht gesetzlich verankern.[436] Diese Anordnung träfe dann wiederum den Verantwortlichen, z. B. das Statistische Bundesamt.

### IV. Die Gesetzesfolgenabschätzung im Statistikrecht – Beispiel Zensus 2022

Der Gesetzgeber wendet das Instrument des Art. 35 Abs. 10 DSGVO bislang – so scheint es – eher zurückhaltend an.[437] Das Statistikrecht wäre hierfür jedoch prädestiniert. Denn gerade die Fachstatistikgesetze weisen regelmäßig eine hohe Regelungsdichte auf. So sind etwa die Erhebungs- und Hilfsmerkmale[438] (vgl. § 9 Abs. 1 BStatG) sowie die Verarbeitungsschritte in hohem Maße gesetzlich programmiert und strukturiert. Beispielhaft hierfür steht das Zensusgesetz 2022, das die einzelnen Erhebungen (also die „Datenströme") in §§ 3 ff. ausdifferenziert. Vor diesem Hintergrund hatte der Bundesrat die Bundesregierung gebeten, zu prüfen, „ob eine Datenschutzfolgenschätzung für die Durchführung des Zensus […] erforderlich ist" und ob diese ggf. „im weiteren Gesetzgebungsverfahren aufgenommen werden kann (Artikel 35 Absatz 10 DSGVO)".[439] Die Bundesregierung ist diesem Vorschlag „nach nochmaliger Prüfung" nicht gefolgt.[440] Sie verwies insbesondere darauf, dass das Statistische Bundesamt bereits eine DSFA für das Gesamtprojekt Zensus erstellt hat. Diese beziehe die Datenverarbeitungen nach beiden Gesetzen (Zensusgesetz und Zensusvorbereitungsgesetz) mit ein. Für die bereits laufenden Verarbeitungsschritte i. R. d. Zensusvorbereitung komme eine Folgenabschätzung nach Art. 35 Abs. 10 DSGVO indes „nicht in Betracht", gemeint ist: zu spät. Die Verarbeitungen auf der

---

[435] *Martini*, in: Paal/Pauly (Hrsg.), DSGVO/BDSG, 3. Aufl., 2021, Art. 35 Rn. 64a.

[436] Zutreffend *Roßnagel/Geminn/Johannes*, ZD 2019, 435 (436).

[437] Siehe hierfür exemplarisch das Gesetz zum autonomen Fahren v. 12.7.2021 (BGBl. I 2021, S. 3108), in dessen Rahmen der BR angeregt hat, von der Möglichkeit einer DSFA gem. Art. 35 Abs. 10 DSGVO Gebrauch zu machen, BR-Drs. 155/21 (Beschluss), S. 28 f. Für die Bundesregierung war der Bedarf einer DSFA schlicht „nicht erkennbar", s. BT-Drs. 19/28178, S. 27. – Demgegenüber wurde für das sog. Digitale-Versorgung-und-Pflege-Modernisierungs-Gesetz (DVPMG) eine allgemeine DSFA durchgeführt (vgl. BT-Drs. 19/27652, S. 116) und im BGBl. I 2021, S. 1350 als Anlage veröffentlicht. Vgl. im Übrigen auch *Jandt*, in: Kühling/Buchner (Hrsg.), DSGVO/BDSG, 3. Aufl., 2020, Art. 35 Rn. 22: praktische Relevanz sei bisher gering.

[438] Zu diesen Begriffen ausf. S. 269 ff.

[439] BR-Drs. 100/19 (Beschluss), S. 2; Hervorhebung d. Verf.

[440] Siehe die Gegenäußerung der Bundesregierung in BT-Drs. 19/9766, S. 11.

Grundlage des Zensusgesetzes 2022 einer *isolierten* DSFA zu unterziehen, hieße, zusammenhängende Fragen im Gesamtprojekt „künstlich[...]" aufzuspalten. Überdies bestehe während des bereits laufenden parlamentarischen Verfahrens „kein[...] ausreichende[r] Raum" mehr für eine „umfassende Prüfung und Abstimmung zwischen dem Statistischen Bundesamt und dem Bundesbeauftragten für den Datenschutz und die Informationsfreiheit". Mit anderen Worten: Das Verfahren des Art. 35 Abs. 10 DSGVO jetzt in die Gesetzesbegründung einzubeziehen, führte zu einer Verzögerung, die die Bundesregierung hinzunehmen nicht bereit war. Entsprechendes gilt im Ergebnis auch für den Methodenwechsel hin zu einem *Registerzensus*: Dafür, dass der Gesetzgeber eine solche Folgenabschätzung durchgeführt hat, geben die Materialen zum Registerzensuserprobungsgesetz – soweit ersichtlich – nichts her.[441] Wie eine solche begleitende DSFA gemäß Art. 35 Abs. 10 DSGVO aussehen kann, zeigt ein vergleichender Blick in das österreichische Forschungsorganisationsgesetz (FOG). Dort hat der Gesetzgeber zu einzelnen Bestimmungen (etwa zum *Broad Consent*[442] oder zur Beschränkung der Betroffenenrechte) jeweils eigenständige DSFA durchgeführt und die Ergebnisse als Anhang zur Novelle sogar im österreichischen Bundesgesetzblatt veröffentlicht. Hieran könnte bzw. sollte sich der deutsche Gesetzgeber bei künftigen Verfahren gerade im Bereich des Statistikrechts orientieren.

## F. Ergebnis

Die Datenverarbeitung der amtlichen Statistik ist vielfach gesetzlich programmiert. Das Gros der Bundesstatistikgesetze ordnet dabei eine Auskunftspflicht an. Die statistischen Ämter können sich insoweit auf die Erlaubnistatbestände zur Erfüllung einer rechtlichen Verpflichtung und zur Wahrnehmung einer öffentlichen Aufgabe stützen. Beide Tatbestände sind untrennbar mit den Öffnungsklauseln verbunden, die eine Integration des (unionalen oder mitgliedstaatlichen) Statistikrechts in das Datenschutzsekundärrecht ermöglichen. Das Recht der Bundesstatistik fügt sich demgemäß weitgehend bruchfrei in das unionale Datenschutzrecht ein. Soweit der Bundesgesetzgeber entsprechende Rechtsgrundlagen für die Verarbeitung personenbezogener Daten in den Fachstatistikgesetzen festschreibt, bewegt er sich im gestaltungsoffenen Unionsrecht. In diesem Bereich finden – neben den Grundrechten der Charta – auch die Grundrechte des Grundgesetzes Anwendung. Das deutsche Recht auf informationelle Selbstbestimmung bildet damit weiterhin den zentralen Maßstab für die Grundrechtsprüfung durch das BVerfG.

---

[441] Siehe etwa BT-Drs. 19/27425 (Gesetzentwurf); BT-Drs. 19/29376 (Beschlussempfehlung und Bericht).
[442] Zur Bedeutung dieses Ansatzes im Bereich der Statistik s. oben S. 120.

## § 6. Die Verarbeitung öffentlicher personenbezogener Daten – Beispiel *Web Scraping*

Die amtliche Statistik untersucht gegenwärtig, wie sich „neue digitale Daten"[1] in die Statistikproduktion integrieren lassen. Die betroffenen Datenkategorien sind vielfältig. Dazu gehören auch Daten aus allgemein zugänglichen Quellen, die hier synonym als „öffentliche Daten"[2] bezeichnet werden (dazu B.). Dabei soll zunehmend die Erhebungsmethode des *Web Scraping* zum Einsatz kommen (dazu A.). Es handelt sich freilich nicht um ein ganz neues Phänomen, doch steigen mit der Fortentwicklung der Informationstechnologie die Einsatz- und Analysemöglichkeiten.[3] Die Erhebungsmethode ist ein Unterfall des *Data Scraping*, das *Jeffrey K. Hirschey* als „data collection technique" definiert, „where a computer program extracts and reposts data from a user output".[4] Der Phänotyp des *Web Scraping* bezieht sich, wie der Name bereits andeutet, auf das *World Wide Web* und bezeichnet – grob gesagt – das (teil-)automatisierte Auslesen allgemein zugänglicher Informationen.[5] Die hierfür eingesetzten Programme greifen dabei bspw. auf den „hinter" der angezeigten Seite liegenden Quellcode (z.B. im Format Hypertext Markup Language – HTML) zu.[6] Außer Betracht bleibt im Folgenden der Fall, dass ein Dateninhaber[7] (etwa ein Webseitenbetreiber) einem Dritten über sog. API-Schnittstellen (*Application Programming Interface*) ausdrücklich Zugang *gewährt*.[8] Aus datenschutzrechtlicher Perspek-

---

[1] *Wiengarten/Zwick*, WISTA 5/2017, 19 ff.; s. schon Einleitung, S. 7.

[2] So auch *Hornung/Gilga*, CR 2020, 367 (369 ff.). S. aber auch *Martin/Nissenbaum*, Harv. J.L. & Tech. 31 (2017), 111 (141), die zwischen den Begriffen „public data" und „available data" unterscheiden; „public" sei nicht gleichbedeutend mit „not private".

[3] Vgl. *Sellars*, B.U.J. Sci. & Tech. L. 24 (2018), 372 ff. mit dem bezeichnenden Titel „Twenty Years of Web Scraping and the Computer Fraud and Abuse Act".

[4] *Hirschey*, Berkeley Tech. L.J. 29 (2014), 897 (897).

[5] Ähnlich *Kühnemann*, AStA Wirtsch Sozialstat Arch 15 (2021), 5 (7 ff.), auch zur Abgrenzung von anderen Begriffen wie „Web Mining" und „Web Crawling". Vgl. auch *von Schönfeld*, Screen Scraping und Informationsfreiheit, 2018, S. 24 ff.; *Golla/von Schönfeld*, K&R 2019, 15 (15 f.).

[6] Dazu bspw. *Kühnemann*, AStA Wirtsch Sozialstat Arch 15 (2021), 5 (7). Allg. zu den technischen Ausprägungen des *Web Scraping* etwa *Sellars*, B.U.J. Sci. & Tech. L. 24 (2018), 372 (374 f.): „The technique has countless applications".

[7] Vgl. etwa die Legaldefinition in Art. 2 Nr. 8 DGA.

[8] Siehe auch *Sellars*, B.U.J. Sci. & Tech. L. 24 (2018), 372 (373): „Web Scraping generally

tive[9] ist vor diesem Hintergrund insbesondere zu untersuchen, ob die Verarbeitung allgemein zugänglicher bzw. öffentlicher Daten einer eigenen Rechtsgrundlage bedarf (dazu C.). Denn das Statistikrecht geht davon aus, dass Bundesstatistiken, die ausschließlich Angaben aus allgemein zugänglichen Quellen verwenden, keiner Anordnung durch Gesetz oder Rechtsverordnung bedürfen (§ 5 Abs. 5 S. 1 BStatG).

## A. Anwendungsbeispiele

Die Anwendungsfelder eines staatlichen *Web Scraping* sind vielfältig. Die amtliche Statistik setzt das neue Erhebungsinstrument bereits ein.[10] Es findet in unterschiedlichen Prozessphasen der Statistikproduktion Verwendung: Neben der „klassischen" Datenerhebung[11] trägt das *Web Scraping* zur Qualitätssicherung und Plausibilisierung bei und kann herangezogen werden, um Grundgesamtheiten oder stichprobenrelevante Einheiten zu ermitteln.[12] So „scrapt" das Statistische Bundesamt mittels *Text Mining* bspw. die Seite „insolvenzbekanntmachung.de", um die Qualität der Insolvenzstatistik zu überprüfen und zu sichern. Im Hessischen Statistischen Landesamt werden Daten aus Online-Portalen (z. B. „booking.com") verwendet, um zu prüfen, ob der Berichtskreis der hessischen Beherbergungsstatistik vollständig ist. Relevantes Erhebungsmerkmal ist dabei z. B. die Anzahl der verfügbaren Betten und Zimmer.[13] Im europäischen Forschungsprojekt ESSnet Big Data I (2016–2018) und II (2018–2020) wurde u. a. untersucht, wie aus der Analyse von Online-Stellenanzeigen neue Indikatoren zum Stellenmarkt und zur Arbeitsnachfrage gewonnen werden können.[14] Im Bereich der Unternehmensstatistiken geht es etwa darum, bereits vorhandene Datensätze „anzureichern". Voraussetzung dafür ist zunächst, den

---

refers to the retrieval of content posted on the World Wide Web through the use of a program *other* than a web browser or *an application programming interface (API)*." – Hervorhebung d. Verf.

[9] Daneben stellen sich insbes. Fragen auf dem Gebiet des Vertrags-, Urheber- und Strafrechts *Golla/von Schönfeld*, K&R 2019, 15 (16 ff.). Zu den rechtlichen Herausforderungen für die amtliche Statistik s. auch *Kühnemann*, AStA Wirtsch Sozialstat Arch 15 (2021), 5 (18 ff.).

[10] Ein guter Überblick findet sich bei *Kühnemann*, AStA Wirtsch Sozialstat Arch 15 (2021), 5 (9 ff.). – Zum Web Scraping aus Sicht der empirischen Sozialforschung z. B. *Schnell/Hill/Esser*, Methoden der empirischen Sozialforschung, 11. Aufl., 2018, S. 379.

[11] Phase 4 des GMAS (Daten gewinnen); s. dazu oben S. 62 ff.

[12] So die Zusammenfassung bei *Kühnemann*, AStA Wirtsch Sozialstat Arch 15 (2021), 5 (16 f.).

[13] Siehe etwa den Zwischenbericht von *Peters*, StaWi (Staat und Wirtschaft in Hessen) 4 (2018), 1 ff.

[14] Vgl. *Rengers*, WISTA 5/2018, 11 ff.; ferner *Kühnemann*, AStA Wirtsch Sozialstat Arch 15 (2021), 5 (12 f.); *de Lazzer/Rengers*, WISTA 3/2021, 71 (73 ff.) zu den Auswirkungen der Coronakrise auf den Arbeitsmarkt.

§ 6. Die Verarbeitung öffentlicher personenbezogener Daten

Unternehmen statistisch – etwa im Unternehmensregister (§ 13 BStatG) – eine URL (*Uniform Resource Locator*) zu ihrer jeweiligen Webpräsenz zuzuordnen.[15] Ferner wird im Hessischen Statistischen Landesamt zur Messung der Internetökonomie bspw. untersucht, wie Unternehmen mit Online-Shops automatisiert identifiziert und entsprechend klassifiziert werden können.[16] Denkbar ist schließlich, mittels *Web Scraping* solche Unternehmen zu identifizieren, die Geschäftsbereiche in das Ausland verlagern.[17]

Zwei Anwendungsfelder sollen im Folgenden näher beleuchtet werden: Zum einen die *Preisstatistik*, bei der bereits eine gesetzliche Regelung existiert, und zum anderen der Bereich *Soziale Medien* bzw. *Netzwerke*, der künftig auch durch die amtliche Statistik erschlossen werden könnte.

– *Preisstatistik:* Mit § 7b Abs. 2 des Gesetzes über die Preisstatistik (PreisStatG) liegt – soweit ersichtlich – erstmals eine explizite Regelung für das *Web Scraping* im Recht der Statistik vor. Der Gesetzgeber hat sie im Januar 2020 in das PreisStatG eingefügt[18] – es handelt sich um eine Pilotvorschrift. Nach § 7b Abs. 2 S. 1 PreisStatG *dürfen* die statistischen Ämter des Bundes und der Länder nunmehr allgemein zugängliche Daten zu Preisen, Produktbeschreibungen und zur Marktbedeutung durch den Einsatz automatisierter Abrufverfahren erheben – etwa um dynamische Preissetzungen[19] statistisch zu erfassen. Neben dieser *Befugnisnorm* enthält die neue Regelung auch eine *Duldungspflicht:* Die „Halter"[20] der Daten sind verpflichtet, den Abruf der Daten zu gewähren.[21] Der Gesetzentwurf der Bundesregierung stellt in diesem

---

[15] Vgl. *Kühnemann*, AStA Wirtsch Sozialstat Arch 15 (2021), 5 (14).
[16] Dazu *Kühnemann*, AStA Wirtsch Sozialstat Arch 15 (2021), 5 (15).
[17] *Kühnemann*, AStA Wirtsch Sozialstat Arch 15 (2021), 5 (15). S. dazu auch den Themenbereich „globale Wertschöpfungsketten" in europäischen Unternehmensstatistiken, Art. 6 Abs. 2 Buchst. b VO (EU) 2019/2152.
[18] BGBl. I 2019, S. 2117 (2118), dazu BT-Drs. 19/13444, S. 26. Der Bundesrat hat den Gesetzentwurf „begrüßt" und sah insbes. die Einführung einer rechtlichen Grundlage für die Nutzung neuer Datenquellen als „notwendige Weiterentwicklung der amtlichen Statistik" an, BR-Drs. 402/19 (Beschluss), S. 1. – Mit Wirkung v. 4.3.2021 wurde außerdem § 7c in das PreisStatG eingefügt. Die Vorschrift erlaubt es, automatisiert abgerufene Daten „auch für *andere* als die Zwecke *dieses Gesetzes* statistisch [auszuwerten]" (Hervorhebung d. Verf.). Die mittels *Web Scraping* erhobenen Preisdaten – gleiches gilt für sog. Transaktionsdaten (z. B. Scannerdaten) – dürfen somit auch für andere Statistikbereiche verwendet werden; s. BT-Drs. 19/24840, S. 69 f.
[19] Zu dieser Herausforderung *Blaudow/Burg*, WISTA 2/2018, 11 ff.; *Blaudow/Seeger*, WISTA 4/2019, 19 ff.; *Blaudow/Ostermann*, WISTA 5/2020, 103 ff. zur Entwicklung eines generischen Programms, um Web Scraping in der Verbraucherpreisstatistik zu nutzen. Zu den Auswirkungen der dynamischen Preissetzung im Onlinehandel auf den Verbraucherpreisindex s. *Hansen*, WISTA 5/2020, 91 ff.
[20] Der Begriff wird weder im Gesetz noch in den Gesetzgebungsmaterialien erläutert.
[21] Der Gesetzgeber will sicherstellen, dass Internetseiten für die automatisierte Abfrage von Preisdaten durch die amtliche Statistik nicht gesperrt werden (BT-Drs. 19/13444, S. 26).

Zusammenhang apodiktisch fest, dass bei den infrage kommenden Preisdaten „in keinem Falle" ein Personenbezug vorläge.[22] Das gilt indes nur, wenn sich die extrahierten Informationen *ausschließlich* auf die Sache, also das Produkt, beziehen. Dann handelt es sich um ein reines Sachdatum, das nicht dem Datenschutzrecht unterliegt.[23] Gleichwohl kann es Fälle geben, in denen sich bspw. die Information „Preis" (indirekt) auch auf eine natürliche Person bezieht (sog. Doppelbezug).[24] Ein Beispiel: Die natürliche Person A bietet das Produkt P oder eine Dienstleistung D[25] zum Preis von X an. Dass es der amtlichen Statistik letztlich nicht darauf ankommt, *wer* das Produkt oder die Dienstleistung anbietet, ist unerheblich. Soweit und solange die erhobenen Preise mit personenbezogenen Hilfsmerkmalen (vgl. § 7a PreisStatG) verknüpft sind, ist der Anwendungsbereich des europäischen Datenschutzrechts prinzipiell eröffnet. Ein Personenbezug kann ferner dann entstehen, wenn die Nachfrageperspektive hinzukommt; zu denken ist hier etwa an den Fall individualisierter bzw. personalisierter Preissetzung[26] (*personalised pricing*[27]): A bietet *der natürlichen Person B* das Produkt P zum Preis von Y an. Ein Preis, der für eine bestimmte oder bestimmbare Person (automatisch) generiert worden ist, stellt ein personenbezogenes Datum dar.[28]

– *Soziale Netzwerke:* Eine nahezu unerschöpfliche Informationsquelle sind soziale Netzwerke. Darunter versteht das Netzwerkdurchsetzungsgesetz „Telemediendiensteanbieter, die mit Gewinnerzielungsabsicht Plattformen im Internet betreiben, die dazu bestimmt sind, dass Nutzer beliebige Inhalte mit

---

Allg. zu den technischen Schutzmöglichkeiten vor *Web Scraping* s. *von Schönfeld*, Screen Scraping und Informationsfreiheit, 2018, S. 60 ff.; zum sog. virtuellen Hausrecht bspw. *Golla/von Schönfeld*, K&R 2019, 15 (18 f.).

[22] BT-Drs. 19/13444, S. 26.
[23] Vgl. dazu etwa *Klar/Kühling*, in: Kühling/Buchner (Hrsg.), DSGVO/BDSG, 3. Aufl., 2020, Art. 4 Nr. 1 Rn. 12 ff.; zum alten Recht *Haase*, Datenschutzrechtliche Fragen des Personenbezugs, 2015, S. 144 ff.
[24] Dazu *Krügel*, ZD 2017, 455 (457), die eine Abgrenzung nach dem Kriterium „personenbezogener Verarbeitungszusammenhang" vorschlägt.
[25] Bei den Preisen für Werk- und Dienstleistungen sind neben Unternehmen auch „selbständig tätige[...] Personen" auskunftspflichtig (§ 4 Abs. 2 S. 1 PreisStatG).
[26] Seit dem 28.5.2022 greift die Informationspflicht des Art. 246a § 1 Abs. 1 Nr. 6 EGBGB; dazu auch BT-Drs. 19/27655, S. 33 f.; s. ferner die Antwort der Bundesregierung auf eine Kleine Anfrage BT-Drs. 19/9772, S. 2 ff. Zur Abgrenzung von der dynamischen Preissetzung auch *Blaudow/Burg*, WISTA 2/2018, 11 (12 f.), die davon ausgehen, dass die Analyse von individualisierter Preissetzung mit einem „wesentlich größeren Aufwand" verbunden wäre. Vgl. auch BT-Drs. 19/27655, S. 24: „valide Zahlen" lägen bislang nicht vor.
[27] *Tillmann/Vogt*, VuR 2018, 447 ff.; *Poort/Zuiderveen Borgesius*, in: Kohl/Eisler (Hrsg.), Data-Driven Personalisation in Markets, Politics and Law, 2021, S. 174 ff.
[28] In der datenschutzrechtlichen Literatur liegt der Fokus jedoch zumeist auf den Daten, die gesammelt werden, um den personalisierten Preis zu bilden – nicht auf dem Ergebnis, also dem Preis an sich.

anderen Nutzern teilen oder *der Öffentlichkeit zugänglich machen*"[29] (§ 1 Abs. 1 S. 1 NetzDG).[30] Gerade Letzteres eröffnet der amtlichen Statistik vielfältige Nutzungsmöglichkeiten. In Deutschland haben die statistischen Behörden – soweit ersichtlich – bislang noch keine (personenbezogenen) Daten aus sozialen Netzwerken (z. B. Facebook, Twitter usw.) automatisiert für statistische Zwecke ausgelesen. Indes finden sich im ESS hierfür schon erste Beispiele. So hat etwa die niederländische Behörde (*Centraal Bureau voor de Statistiek – CBS*) das Vertrauen von Verbrauchern („consumer confidence"[31]) mit der Stimmung in sozialen Medien („social media sentiment") verglichen und dabei verschiedene Zusammenhänge festgestellt.[32] Indes hat CBS die Daten nicht selbst erhoben, sondern von einem privaten Unternehmen erworben. Ein weiteres Beispiel betrifft zwar nicht unmittelbar die amtliche Statistik, zeigt aber, was technisch möglich ist und in der Privatwirtschaft bereits stattfindet: Das amerikanische Analytics-Unternehmen *hiQ Labs* hat auf der Plattform *LinkedIn* mithilfe automatisierter Bots öffentliche Profile ausgelesen und personenbezogene Daten (z. B. Name, Berufsbezeichnung, beruflicher Werdegang und Qualifikation) extrahiert.[33] Die Plattform verlangte von dem Unternehmen, das *Web Scraping* zu unterlassen. Im folgenden Gerichtsverfahren erkannte das *United States Court of Appeals for the Ninth Circuit* in dem automatisierten Abrufverfahren keine Rechtsverletzung:[34] Das Berufungsgericht bestätigte die einstweilige Verfügung („preliminary injuncti-

---

[29] Hervorhebung d. Verf.

[30] Das NetzDG soll durch den Digital Services Act (DSA) abgelöst werden. Der DSA löst sich von dem Netzwerkbegriff und stellt stattdessen auf den Begriff der „Online-Plattform" ab, der ebenfalls voraussetzt, dass Informationen „öffentlich verbreitet" werden (Art. 3 lit. i).

[31] Der sog. Consumer Confidence Index (CCI) beruht auf einer Umfrage, der Consumer Confidence Survey.

[32] *Daas/Puts*, Social media sentiment and consumer confidence, ECB Statistics Paper (No. 5), 2014 – passim, die einen sog. Social Media Index (SMI) entwickelt haben. Vgl. dazu auch *van den Brakel et al.*, Survey Methodology 43 (2017), 183 (186 f.); ferner *Wang et al.*, Hum Behav & Emerg Tech. 1 (2019), 261 ff.

[33] Vgl. zum Sachverhalt *hiQ Labs, Inc. v. LinkedIn Corp.*, 938 F.3d 985, 989–993 (9th Cir. 2019). Nach den gerichtlichen Feststellungen setzte *hiQ Labs* einen „proprietary predictive algorithm" ein, um die Nutzer zu analysieren. Dieses Produkt („people analytics") verkauft *hiQ Labs* an Geschäftskunden weiter. Zwei Analysen bietet *hiQ Labs* an: „Keeper" soll die Mitarbeiter identifizieren, die das größte Risiko haben, abgeworben zu werden. Das Produkt ermögliche es dem Arbeitgeber, z. B. berufliche Entwicklungsmöglichkeiten, Bindungsprämien oder andere Vergünstigungen anzubieten, um wertvolle Mitarbeiter („valuable employees") zu halten. Das zweite Produkt heißt „Skill Mapper" und fasse die Qualifikation der Mitarbeiter zusammen. Es soll den Arbeitgebern etwa dabei helfen, Qualifikationslücken („skill gaps") in ihrer Belegschaft zu identifizieren, um etwa mit (internen) Schulungen gegensteuern zu können.

[34] *hiQ Labs, Inc. v. LinkedIn Corp.*, 938 F.3d 985, 994–1005 (9th Cir. 2019). Vgl. dazu auch *Lawrence/Ehle*, CRi 2019, 171 ff.; ferner *Sobel*, Lewis & Clark L. Rev. 25 (2021), 147 (150 f., 153 f.).

on") des Bezirksgerichts: Zwar sei ein gewisses Interesse an Privatsphäre der Nutzer anzuerkennen, auch wenn sie ihre Profile bewusst öffentlich stellen. Die wirtschaftlichen Interessen von *hiQ Labs* überwögen jedoch die Privatheitsinteressen. Die im einstweiligen Rechtsschutz gebotene Abwägungsentscheidung fiel zulasten von *LinkedIn* aus: Die Plattform müsse das *Web Scraping* dulden.[35] Der *U. S. Supreme Court* hat diese Entscheidung im Juni 2021 aufgehoben und an das Berufungsgericht zur weiteren (rechtlichen) Prüfung im Lichte der Entscheidung *Van Buren v. United States*[36] zurückverwiesen.[37] Im April 2022 hat das Berufungsgericht schließlich die einstweilige Verfügung des Bezirksgerichts erneut bestätigt und damit das *Web Scraping* einstweilen für zulässig erklärt.[38]

Die Beispiele zeigen das Informations- und Analysepotenzial allgemein zugänglicher Daten – auch und gerade für die amtliche Statistik. Wie aber sind die damit verbundenen Verarbeitungsvorgänge (datenschutz-)rechtlich zu bewerten?

## B. Grundrechtlicher Rahmen

Auf der unionalen Ebene geben das Recht auf Achtung des Privatlebens (Art. 7) und das Recht auf Schutz personenbezogener Daten (Art. 8 GRCh) den grundrechtlichen Rahmen für die Verarbeitung öffentlicher Daten vor.

---

[35] *hiQ Labs, Inc. v. LinkedIn Corp.*, 938 F.3d 985, 1005 (9th Cir. 2019).

[36] *Van Buren v. United States*, No. 19-783, 593 U.S. ___ (2021). Zum Sachverhalt: *Nathan Van Buren*, ein Polizist aus Georgia, nahm 6.000 Dollar an, um in einer Polizeidatenbank Informationen für sachfremde Zwecke nachzuschlagen (Fall des „exceeds authorized access"). Konkret ging es darum, über eine Abfrage des Nummernschilds herauszufinden, ob es sich bei der Halterin um eine verdeckte Ermittlerin handelte. Der U.S. Supreme Court verneinte (Entscheidungsergebnis: 6 zu 3) in diesem Fall einen Verstoß gegen den CFAA.

[37] *LinkedIn Corp. v. hiQ Labs, Inc.*, No. 19–1116, 593 U.S. ___ (2021).

[38] United States Court of Appeals for the Ninth Circuit, Opinion v. 18.4.2022, No. 17-16783. In dem Verfahren geht es jedoch weniger um die Privatsphäre der Nutzer („expectation of privacy"). Umstritten ist vielmehr, wie eine Bestimmung des *Computer Fraud and Abuse Act* (CFAA; 18 U.S.C § 1030(a)(2): „accesses a computer *without authorization* or *exceeds authorized access*") auszulegen ist. Konkret: Erfasst die Wendung „without authorization" auch den Fall, dass die Daten zwar technisch gesehen allgemein zugänglich sind, *hiQ Labs* sie aber aus *vertragsrechtlichen* Gründen nicht für ihre (kommerziellen) Zwecke verwenden darf.

Der Schutzbereich des *Grundrechts auf "Privatleben"*[39] ist weit gefasst und einer erschöpfenden Definition nicht zugänglich.[40] Zwar konstituiert sich Privatheit, wie *Martin Nettesheim* zutreffend bemerkt, im Ausgangspunkt „immer in Abgrenzung zu dem jeweils anderen".[41] Das Private bildete so gesehen den Gegensatz zur Öffentlichkeit. Mit anderen Worten: „Öffentlich ist dann das, was nicht privat ist; und privat ist, was nicht öffentlich ist".[42] Indes sind beide Sphären – worauf *Christoph Gusy* hinweist – „als verschieden, aber nicht strikt gegensätzlich und vollständig exklusiv" zu fassen.[43] Wer sich in die Öffentlichkeit begibt, geht des grundrechtlichen Schutzes nicht automatisch verlustig. Eine Dichotomie[44] „öffentlich – privat" greift daher zu kurz. Es ist inzwischen weitgehend anerkannt, dass Privatheit auch in einer *sozialen Dimension* gedacht werden muss.[45] Das Private ist folglich auch dann schutzbedürftig, wenn wir mit anderen interagieren und kommunizieren oder uns schlicht im öffentlichen Raum bewegen.[46] Mit anderen Worten: „Privatheitsschutz schließt Andere [...] nicht notwendig aus".[47] Maßgeblich für die Abgrenzung ist dann die Selbstbestimmung bzw. Entscheidungsfreiheit, die in der Realität graduell angelegt sind.[48]

Für das Grundrecht aus Art. 7 GRCh folgt daraus: Privatheit verdient auch im öffentlichen Raum Schutz.[49] Dieser Schutzbedarf endet nicht an der eigenen

---

[39] Art. 7 GRCh enthält wörtlich vier unterschiedliche Teilbereiche bzw. Ausprägungen (Privatleben, Familienleben, Wohnung, Kommunikation). Sie haben einen gemeinsamen Nenner: die Privatsphäre (oder auch: Privatheit); s. *Frenz*, Handbuch Europarecht, Bd. 4, Europäische Grundrechte, 2009, Rn. 1161 ff.; vgl. auch *Augsberg*, in: Groeben/Schwarze/Hatje (Hrsg.), Europäisches Unionsrecht, 7. Aufl., 2015, Art. 7 GRCh Rn. 1; *Jarass*, Charta der Grundrechte der EU, 4. Aufl., 2021, Art. 7 Rn. 2; ferner *Roßnagel*, NJW 2019, 1 (2): „Grundrecht auf Privatheit". Vgl. auch *Gusy*, EuGRZ 2018, 244 (247), der nicht von „Sphären" spricht, da Privatheit nicht räumlich zu denkende Bereiche, sondern Entscheidungen schütze; er zieht den Begriff „Privatheit" dem der „Privatsphäre" vor. Zur Abgrenzung auch *Eichenhofer*, e-Privacy, 2021, S. 48 ff.

[40] So der *EGMR* zu Art. 8 EMRK, s. Urt. v. 30.1.2020 – Nr. 50001/12, Breyer v. Deutschland, Rn. 73.

[41] *Nettesheim*, VVDStRL 70 (2011), 7 (14).

[42] *Gusy*, EuGRZ 2018, 244 (247).

[43] *Gusy*, EuGRZ 2018, 244 (247).

[44] Vgl. dazu („public-private dichotomy") aus der angloamerikanischen Literatur z.B. *Nissenbaum*, Wash. L. Rev. 79 (2004), 119 (124, 136); *Hartzog/Stutzman*, Calif. L. Rev. 101 (2013), 1 (17 ff.); *Martin/Nissenbaum*, Harv. J.L. & Tech. 31 (2017), 111 (117 ff.). Vgl. auch *Solove*, Minnesota Law Review 86 (2002), 1137 (1140): „secrecy paradigm".

[45] Allg. zum „social turn" in der Privatheitstheorie *Eichenhofer*, e-Privacy, 2021, S. 35 ff.

[46] *Gusy*, EuGRZ 2018, 244 (246). I. d. S. auch EGMR NJW 2011, 1333 (1334, Rn. 43) für den Bereich „wechselseitiger Beziehungen einer Person mit anderen".

[47] *Gusy*, EuGRZ 2018, 244 (246).

[48] *Gusy*, EuGRZ 2018, 244 (247).

[49] Vgl. *Bernsdorff*, in: Meyer/Hölscheidt (Hrsg.), GRCh, 5. Aufl., 2019, Art. 7 Rn. 15 m. w. N.; *Jarass*, Charta der Grundrechte der EU, 4. Aufl., 2021, Art. 7 Rn. 13.

Wohnung. Wo aber das Private aufhört und das Öffentliche beginnt,[50] ist nur schwer abstrakt zu bestimmen. Aus der Rechtsprechung des *EGMR* lassen sich immerhin Anhaltspunkte ableiten: Der Gerichtshof berücksichtigt „eine Reihe von Gesichtspunkten"[51], um zu prüfen, ob das „Privatleben" (i. S. d. Art. 8 Abs. 1 EMRK) im konkreten Fall betroffen ist. Die berechtigte oder auch vernünftige Erwartung („reasonable expectation"[52]), dass bestimmte Informationen privat bleiben, also nicht von Dritten zu anderen Zwecken weiterverarbeitet werden, ist ein „wichtiges, aber nicht notwendig entscheidendes Kriterium".[53] Auch wer Daten aus dem öffentlich Bereich „systematisch oder dauerhaft" speichert, greift in der Regel in das Privatleben der betroffenen Personen ein.[54] Ein maßgebliches Kriterium ist dabei die Vorhersehbarkeit der Datenverarbeitung sowie die Frage, ob sich das Verarbeitungsinteresse auf die jeweils Betroffenen hin konkretisiert bzw. auf diese abzielt.[55] Es kommt mithin darauf an, wie das staatliche *Web Scraping* im Einzelnen ausgestaltet ist. Die Verarbeitung zu statistischen Zwecken zielt zwar letztlich nicht auf einzelne betroffene Personen, sondern auf die Grundgesamtheit („Massenerscheinung", vgl. § 1 S. 1 BStatG).[56] Gleichwohl liegt im systematischen „Schürfen" eine Gefährdung für die Privatheitsinteressen der Bürger: Dass der Staat öffentliche Daten aus dem Internet extrahiert, sammelt, mit anderen Daten verknüpft, aufbereitet und ggf. auch analysiert, ist für die betroffenen Personen üblicherweise nicht vorhersehbar. Viel spricht im Ergebnis dafür, dass sich ein staatliches *Web Scraping* an dem Freiheitsrecht aus Art. 7 GRCh messen lassen muss – und zwar auch dann, wenn die betroffenen Personen „ihre" Daten selbst öffentlich gemacht (z. B. in einem sozialen Netzwerk gepostet) haben.

Demgegenüber ist der Schutzbereich des *europäischen Datenschutzgrundrechts* (Art. 8 Abs. 1 GRCh) schon textlich insofern weiter, als er nicht nur Daten mit Bezug zum Privatleben umfasst. Vielmehr hat jede Person das Recht auf

---

[50] Siehe auch die entsprechende Frage bei *Gusy*, EuGRZ 2018, 244 (246).
[51] EGMR NJW 2011, 1333 (1334, Rn. 44) zur GPS-Überwachung.
[52] Dazu z. B. EGMR ZD 2017, 571 (572, Rn. 73); MMR 2017, 431 (432, Rn. 42). Die Rechtsprechung des EGMR zu Art. 8 Abs. 1 EMRK kann gem. Art. 52 Abs. 3 S. 1 GRCh zur Auslegung des Art. 7 GRCh herangezogen werden (s. auch *Frenz*, Handbuch Europarecht, Bd. 4, Europäische Grundrechte, 2009, Rn. 1176: „maßgebliche Auslegungshilfe") – Etwas anders geht der EuGH vor. Für ihn ist jede Verarbeitung personenbezogener Daten am Grundrecht auf Art. 7 und 8 GRCh zu messen. Im Rahmen der Abwägung berücksichtigt der Gerichtshof dann aber die „berechtigten Erwartungen der betroffenen Person", namentlich die Frage, ob sie „unter den konkreten Umständen vernünftigerweise nicht mit einer Weiterverarbeitung der Daten rechnen" konnte, so EuGH, Urt. v. 11.11.2019 – C 708/18, ECLI:EU:C:2019:1064, Rn. 58 zu einem Videoüberwachungssystem in Gemeinschaftsbereichen (z. B. Foyer, Aufzug) eines Gebäudes. Vgl. auch BGH NJW 2018, 3178 (3186, Rn. 87).
[53] EGMR NJW 2011, 1333 (1334, Rn. 44) m. w. N.
[54] Vgl. EGMR NJW 2011, 1333 (1334, Rn. 43 ff.).
[55] EGMR NJW 2011, 1333 (1334, Rn. 60 ff.).
[56] Ausf. dazu S. 225.

Schutz der personenbezogenen Daten, die sie betreffen. Welcher „Sphäre" (öffentlich oder privat) das Datum angehört, ist unerheblich. Dass die Daten allgemein zugänglich sind, lässt den grundrechtlichen Schutz also nicht entfallen.[57] Der bloße Personenbezug genügt.[58] Verarbeitet ein Staat personenbezogene Daten, greift er somit in das Charta-Grundrecht „Datenschutz" ein[59] – jedenfalls dann, wenn man Art. 8 Abs. 1 GRCh als selbstständiges Abwehrrecht anerkennt.[60] Folgt man der mehrdimensionalen Grundrechtskonzeption von *Nikolaus Marsch*,[61] ergibt sich im Ergebnis nichts anderes: Denn entweder liegt schon ein Eingriff in den speziellen Schutzbereich des Art. 7 GRCh (der durch die datenschutzrechtlichen Maßstäbe des Art. 8 GRCh verstärkt wird) vor, oder es gilt die – subsidiäre – Grundrechtskombination aus Art. 7 i. V. m. Art. 8 GRCh.[62] Letztere bietet einen „Vorfeldschutz" und greift ein, bevor Verletzungen des Privatlebens einschließlich der inneren Entfaltungsfreiheit entstehen.[63] Beide Konzeptionen verbürgen einen abwehrrechtlichen Schutz vor staatlichem Informationshandeln. Auf die ein oder andere Weise handelt es sich bei der systematischen und gezielten Verarbeitung allgemein zugänglicher Daten durch den Staat um *rechtfertigungsbedürftige Grundrechtseingriffe*. In diesem Sinne ist auch die Rechtsprechung des EuGH zu verstehen: Für den Gerichtshof ist der Umstand, ob die in Rede stehenden Daten öffentlich zugänglich sind oder nicht,

---

[57] *Jarass*, Charta der Grundrechte der EU, 4. Aufl., 2021, Art. 8 Rn. 6; *Frenz*, Handbuch Europarecht, Bd. 4, Europäische Grundrechte, 2009, Rn. 1375; ferner *Augsberg*, in: Groeben/Schwarze/Hatje (Hrsg.), Europäisches Unionsrecht, 7. Aufl., 2015, Art. 8 GRCh Rn. 6. Vgl. zum Schutzbereich auch *Wollenschläger*, AöR 135 (2010), 363 (382 f.).

[58] *Frenz*, Handbuch Europarecht, Bd. 4, Europäische Grundrechte, 2009, Rn. 1372. Es spielt auch keine Rolle, ob die betreffenden Informationen über das Privatleben sensiblen Charakter haben und ob die Betroffenen durch diesen Eingriff Nachteile erlitten haben, s. EuGH, Urt. v. 6.10.2020 – C-511/18 u. a., ECLI:EU:C:2020:791, Rn. 115 (st. Rspr.); in dieser Entscheidung prüft der Gerichtshof Art. 7 und 8 GRCh (wie so oft) zusammen. Damit ist freilich nicht gesagt, dass sie auch einen gleichwertigen Schutz genießen, s. nur *Gusy*, EuGRZ 2018, 244 (253).

[59] Vgl. statt vieler *Wolff*, in: Pechstein/Nowak/Häde (Hrsg.), Frankfurter Kommentar, 2017, Art. 8 GRCh Rn. 18: „Eingriff ist jede Verarbeitung personenbezogener Daten durch grundrechtsgebundene Stellen"; ebenso *Roßnagel*, NJW 2019, 1 (2), der insoweit aber nicht zwischen Art. 7 und 8 GRCh zu differenzieren scheint.

[60] I. d. S. etwa *Frenz*, Handbuch Europarecht, Bd. 4, Europäische Grundrechte, 2009, Rn. 1382 ff. (Abwehranspruch und Schutzpflicht); *Wolff*, in: Pechstein/Nowak/Häde (Hrsg.), Frankfurter Kommentar, 2017, Art. 8 GRCh Rn. 15: „klassisches Abwehrrecht".

[61] Nach *Marsch*, Das europäische Datenschutzgrundrecht, 2018, S. 203 ff. enthalte Art. 8 GRCh kein eigenständiges Abwehrrecht; seinen selbstständigen Gehalt beziehe die Grundrechtsnorm aus einer Ausgestaltungsdimension („Recht auf eine grundrechtsadäquate Datenschutzgesetzgebung").

[62] Gegen eine isolierte Anwendung von Art. 8 und 52 GRCh ausdrücklich z. B. EuGH, Urt. v. 11.11.2019 – C708/18, ECLI:EU:C:2019:1064, Rn. 32 (Maßstab stattdessen: „Art. 7 und 8" GRCh).

[63] Siehe *Marsch*, Das europäische Datenschutzgrundrecht, 2018, S. 209 ff.

erst *im Rahmen der Abwägung* der beeinträchtigten Grundrechtspositionen zu berücksichtigen.[64] Im Ergebnis gewähren die Unionsgrundrechte damit prinzipiell auch Schutz vor der Verarbeitung öffentlicher Daten.[65]

Grundrechtliche Maßstäbe ergeben sich – im Bereich der Öffnungsklauseln[66] – daneben aus dem deutschen *Recht auf informationelle Selbstbestimmung* (Art. 2 Abs. 1 i. V. m. Art. 1 Abs. 1 GG). Der grundrechtliche Schutz entfällt nicht schon deshalb, weil die Informationen öffentlich zugänglich sind.[67] Das informationelle Selbstbestimmungsrecht schützt grundsätzlich auch denjenigen, der sich (bewusst) in die Öffentlichkeit begibt. Auch diese Person habe, so das BVerfG, ein Interesse, dass die damit verbundenen personenbezogenen Informationen nicht im Zuge automatisierter Informationserhebung erfasst und sodann weiterverarbeitet werden.[68] Ob der Staat in dieses Grundrecht *eingreift*, ist eine Frage des Einzelfalls. Die verschiedenen Verarbeitungsschritte sind dabei stets zu trennen.[69] In seinem Urteil zur *Online-Durchsuchung* erkannte der 1. Senat des BVerfG in der „reine[n] Internetaufklärung in aller Regel" noch keinen Grundrechtseingriff.[70] Darunter fasst der Senat etwa den bloßen Abruf von frei verfügbaren (Kommunikations-)Inhalten auf einer Internetseite im *World Wide Web*. Das Informationshandeln verdichtet sich aber dann zu einem Grundrechtseingriff, wenn eine Behörde die so gesichteten Informationen gezielt zusammenträgt, speichert und – ggf. durch eine Verknüpfung mit weiteren Daten – analysiert.[71] Maßgeblich ist, ob sich aus dem staatlichen Handeln eine „besondere Gefahrenlage für die Persönlichkeit des Betroffenen ergibt".[72] In der Entscheidung *Kennzeichenkontrolle II* stellte das BVerfG entscheidend da-

---

[64] Siehe z. B. EuGH, Urt. v. 4.5.2017 – C-13/16, ECLI:EU:C:2017:336, Rn. 32; Urt. v. 11.11.2019 – C-708/18, ECLI:EU:C:2019:1064, Rn. 54 (relevant für die „Schwere der Beeinträchtigung").

[65] So i. Erg. auch *Hornung/Gilga*, CR 2020, 367 (373, Rn. 35 f.).

[66] Siehe dazu ausf. S. 156 ff.

[67] BVerfGE 150, 244 (264 f., Rn. 39) – Kennzeichenkontrolle II. Andererseits gebe es kein Recht, öffentlich zugängliche Informationen nach freier Entscheidung, allein nach eigenen Vorstellungen zu filtern und auf die Aspekte zu begrenzen, die Betroffene für relevant oder für dem eigenen Persönlichkeitsbild angemessen halten, so BVerfGE 152, 152 (198 f., Rn. 107) zum allg. Persönlichkeitsrecht.

[68] BVerfGE 150, 244 (265, Rn. 39).

[69] Siehe nur BVerfGE 156, 63 (119, Rn. 199) – Elektronische Aufenthaltsüberwachung: Vorschriften, die zum Umgang mit personenbezogenen Daten durch staatliche Behörden ermächtigen, begründeten in der Regel verschiedene, aufeinander aufbauende Eingriffe in das Recht auf informationelle Selbstbestimmung. Insoweit sei insbes. zwischen der Erhebung, Speicherung und Verwendung der Daten zu unterscheiden.

[70] BVerfGE 120, 274 (345), s. auch Leitsatz 6 des Urteils. Vgl. dazu auch *Hoffmann-Riem*, AöR 2009, 513 (529): in der bloßen Kenntnisnahme öffentlich gemachter Informationen liege „grundsätzlich kein Grundrechtseingriff". Denn insoweit bestehe eine berechtigte Vertraulichkeitserwartung der betroffenen Person „selbstverständlich nicht".

[71] BVerfGE 120, 274 (345).

[72] BVerfGE 120, 274 (345).

rauf ab, ob sich bei einer Gesamtbetrachtung das behördliche Interesse an den betroffenen Daten „spezifisch verdichtet" hat.[73] In diesem Fall löst die *Qualität* der staatlichen Datenerhebung einen Grundrechtseingriff aus.[74]

Überträgt man diese Maßstäbe auf ein staatliches *Web Scraping*, dann begründet diese Erhebungsform in der Regel einen Eingriff in das informationelle Selbstbestimmungsrecht der betroffenen Personen[75].[76] Der Verarbeitungsprozess erschöpft sich nicht in der bloßen punktuellen Sichtung allgemein zugänglicher Daten. Vielmehr werden diese gezielt und typischerweise umfassend (je nach Grundgesamtheit) aus Datenbanken ausgelesen, zusammengetragen und sodann mit den statistischen Einheiten verknüpft. Insbesondere werden die Daten gerade nicht „ungezielt und allein technikbedingt" miterfasst und „unmittelbar nach der Erfassung technisch wieder anonym, spurenlos und ohne Erkenntnisinteresse für die Behörden ausgesondert".[77] Das eigentliche Erkenntnisinteresse zielt zwar auf die Grundgesamtheit (Population), nicht auf das Individuum. Auf der Stufe der *Erhebung* (also der Extraktion) konzentriert sich das staatliche Interesse jedoch zunächst auf die statistische Einheit. Die Intensität des Grundrechtseingriffs verstärkt sich, wenn die amtliche Statistik die erhobenen Daten speichert und mit anderen Daten verknüpft. Dies gilt im statistischen Produktionsprozess solange, wie ein Personenbezug noch herstellbar ist. Der Schutz des informationellen Selbstbestimmungsrechts endet erst im Moment hinreichender Anonymisierung. Bis dahin liegt im staatlichen *Web Scraping* (und der anschließenden Weiterverarbeitung) personenbezogener Daten typischerweise ein Eingriff in das Recht auf informationelle Selbstbestimmung, der rechtfertigungsbedürftig ist.

## C. Rechtmäßigkeit der Datenverarbeitung – Anforderungen des Datenschutzsekundärrechts

Unter diesen grundrechtlichen „Vorzeichen" stellt sich die Frage, welche Anforderungen das europäische Datenschutzsekundärrecht, namentlich die Daten-

---

[73] BVerfGE 150, 244 (266f., Rn. 43 und 48).

[74] Das BVerfG erkannte auch im Fall eines „Nichttreffers" einen Grundrechtseingriff, da der Abgleich nicht ungezielt und allein technikbedingt erfolge, sondern vielmehr notwendiger und gewollter Teil der Kontrolle sei, vgl. zum Ganzen BVerfGE 150, 244 (267f., Rn. 50f.).

[75] Siehe zum grundrechtlichen Schutz juristischer Personen nur BVerfGE 118, 168 (203f.).

[76] Vgl. zum staatlichen *Data Mining* BVerfGE 156, 11 (40, Rn. 74) – Antiterrordateigesetz II. Das Gericht bezieht sich auf eine Definition der Bundesregierung: Data Mining sei ein Verfahren, „mit deren Hilfe bereits vorhandene große Datenbestände, zumeist auf statistisch-mathematischen Verfahren basierend, selbständig auf Zusammenhänge analysiert werden, um auf diesem Wege ‚neues Wissen' zu generieren" (BT-Drs. 17/11582, S. 3).

[77] BVerfGE 150, 244 (266, Rn. 43).

schutz-Grundverordnung, für die Verarbeitung öffentlicher personenbezogener Daten aufstellt. Insbesondere: Gilt auch hier das allgemeine Verbot mit Erlaubnisvorbehalt des Art. 6 Abs. 1 DSGVO (dazu II.)? Und welche Rechtsgrundlagen kämen für die amtliche Statistik ggf. in Betracht (dazu III.)? Zunächst aber ist zu klären, was unter allgemein zugänglichen bzw. öffentlichen Daten im vorliegenden Kontext zu verstehen ist (dazu I.).

## I. Öffentliche Daten als (datenschutz-)rechtliche Kategorie

Das Bundesstatistikgesetz sieht für Daten aus „allgemein zugänglichen Quellen" ein Sonderregime vor. So enthält bspw. § 5 Abs. 5 S. 1 BStatG eine Ausnahme vom Vorbehalt des Gesetzes: „Bundesstatistiken, bei denen Angaben ausschließlich *aus allgemein zugänglichen Quellen* verwendet werden, bedürfen keiner Anordnung durch Gesetz oder Rechtsverordnung".[78] Die Regelung geht auf die Reform des Bundesstatistikgesetzes im Jahr 1987 zurück. Dem Gesetzgeber ging es dereinst darum, das „statistische[…] Instrumentarium[…]" fortzuentwickeln, indem er der amtlichen Statistik neue Zugriffsmöglichkeiten auf diese Datenkategorie eröffnet und sie generell für zulässig erklärt.[79] Das Bundesstatistikgesetz knüpft in weiteren Bestimmungen an die Kategorie der allgemein zugänglichen Daten an, ohne sie zu definieren.[80] Den Gesetzesmaterialien sind immerhin Anhaltspunkte für die Auslegung des Begriffs zu entnehmen. In Bezug auf das Statistikgeheimnis findet sich die Aussage der Bundesregierung, dass sie solche Daten als nicht geheimhaltungsbedürftig ansieht, die „von *jedermann* […]"[81] „unmittelbar aus allgemein zugänglichen Quellen" entnommen werden können. Darunter fasste der damalige Gesetzentwurf „insbesondere Einzelangaben, die bereits durch die Presse oder andere Publikationsorgane mitgeteilt" worden sind.[82] Die Daten müssten „der Öffentlichkeit zur Verfügung stehen".[83] Maßgeblich ist demnach, dass prinzipiell *jeder* auf die Informationsquelle ohne Weiteres zugreifen *kann*.[84]

Diese Interpretation deckt sich im Kern mit einer Legaldefinition des alten Bundesdatenschutzgesetzes: Danach waren Daten allgemein zugänglich, wenn

---

[78] Hervorhebung d. Verf.
[79] BT-Drs. 10/5345, S. 3, 13.
[80] Siehe § 6 Abs. 5 S. 1 (Ersetzung direkter Befragungen); § 13 Abs. 2 S. 4 (Pflege und Führung des Anschriftenregisters); § 13a S. 1 Nr. 4 (Zusammenführung von Daten) und § 16 Abs. 1 S. 3 Nr. 2 (Ausnahme vom Statistikgeheimnis) BStatG.
[81] BT-Drs. 10/5345, S. 21; Hervorhebung d. Verf.
[82] BT-Drs. 10/5345, S. 21.
[83] Siehe BT-Drs. 10/5345, S. 21, dort aber in einem anderen Zusammenhang.
[84] Ähnlich *Kühling/Schmid*, in: Kühling (Hrsg.), BStatG, 2023, § 5 Rn. 47: Informationsquellen seien allgemein zugänglich, „wenn sie dazu geeignet und bestimmt sind, einem unbestimmten Personenkreis bestimmte Inhalte zur Kenntnis gelangen zu lassen, ohne hieran besondere Voraussetzungen zu knüpfen".

sie „jedermann, sei es ohne oder nach vorheriger Anmeldung, Zulassung oder Entrichtung eines Entgelts, nutzen" konnte (§ 10 Abs. 5 S. 2 BDSG a. F.). Das „kann" in dieser Begriffsbestimmung deutete auf ein *faktisches* Verständnis hin. Nicht unter die Vorschrift fielen damit Daten, die nur für einen *bestimmten Personenkreis* (etwa „Freunden" oder „Followern" in einem sozialen Netzwerk) gedacht bzw. „geteilt" worden waren. Maßgeblich war vielmehr, dass jedermann die *tatsächliche* Möglichkeit hatte, sich Zugang zu den Daten zu verschaffen.[85] Ein Anmeldeerfordernis, etwa bei sozialen Netzwerken, schloss nach dem Wortlaut der Norm die allgemeine Zugänglichkeit solange nicht aus, wie es jedermann offenstand, sich dort anzumelden.[86] Anders als im Informationsfreiheitsrecht war auch nicht entscheidend, dass die Informationsquelle *geeignet* und dazu *bestimmt* war, einem individuell nicht bestimmbaren Personenkreis Informationen zu verschaffen.[87] Auf ein *rechtliches* Dürfen kam es nicht an.[88] Somit waren unter der damaligen Rechtslage auch rechtswidrig veröffentlichte Daten als „allgemein zugänglich" anzusehen.[89] Denn ob die Veröffentlichung rechtmäßig war, kann der Nutzer bzw. der Verantwortliche typischerweise nicht oder nur schwer erkennen. Die Rechtsordnung gab ihm daher auch nicht auf, zu prüfen, ob die betroffene Person mit der öffentlichen Wahrnehmbarkeit wirklich einverstanden war.

Das geltende Datenschutzrecht knüpft an diesen Aspekt an: Das Verbot, sensible Daten zu verarbeiten, gilt nicht, wenn sie *die betroffene Person* „offensichtlich öffentlich gemacht hat" (engl.: „manifestly made public by the data subject"; Art. 9 Abs. 2 Buchst. e DSGVO). Das Kriterium der Offensichtlichkeit erfordert einen bewussten und eindeutigen Willensakt des Betroffenen.[90] Wann Daten aber i. d. S. „öffentlich" gemacht worden sind, sagt die Verordnung nicht. Das (deutsche) Schrifttum rekurriert auf das Kriterium der *Allgemeinzugänglichkeit*: Maßgeblich ist daher, ob die Daten einem individuell nicht bestimmbaren

---

[85] I. d. S. auch *von Lewinski*, in: Wolff/Brink (Hrsg.), BeckOK DatenschutzR, 28. Ed. (1.5.2018), § 10 BDSG a. F. Rn. 46.

[86] *Martini*, VerwArch 107 (2016), 307 (337 f.).

[87] *Martini*, VerwArch 107 (2016), 307 (337), der auf den Wortlaut der Norm („kann") abstellt.

[88] A. A. wohl *Ehmann*, in: Simitis (Hrsg.), BDSG, 7. Aufl., 2014, § 10 BDSG a. F. Rn. 121: „rechtlich gesehen (nicht unbedingt faktisch)" sowie Rn. 123, wo er zwischen „[f]aktischen Zugangsschranken" und „Zugriffsberechtigung" differenziert.

[89] Ebenso *Martini*, VerwArch 107 (2016), 307 (339): Ein Staat, der solche Daten verarbeitet, ernte dann zwar gleichsam von den „Früchten des verbotenen Baumes". Die Rechtswidrigkeit des Ursprungs war aber – richtigerweise – erst i. R. d. Interessenabwägung (s. § 14 Abs. 2 Nr. 5 BDSG a. F.) zu berücksichtigen.

[90] *Albers/Veit*, in: Wolff/Brink (Hrsg.), BeckOK DatenschutzR, 39. Ed. (1.11.2021), Art. 9 Rn. 77; zum Schutzzweck z. B. *Weichert*, in: Kühling/Buchner (Hrsg.), DSGVO/BDSG, 3. Aufl., 2020, Art. 9 Rn. 79. Ferner *Georgieva/Kuner*, in: Kuner/Bygrave/Docksey (Hrsg.), The EU General Data Protection Regulation (GDPR) – A Commentary, 2020, S. 378: „requires an affirmative act by the data subject, and that he or she realised that this would be the result".

Personenkreis frei zugänglich sind.[91] Der EuGH ist dieser Auslegung in der Rechtssache *Meta Platforms* gefolgt: Die betroffene Person muss – in voller Kenntnis der Sachlage – zum Ausdruck bringen, dass die (eigenen) Daten einer unbegrenzten Zahl von Personen zugänglich gemacht werden sollen.[92] Diese Begriffsverständnis stimmt mit dem des alten Bundesrechts überein: Öffentlich ist demnach ein Synonym zu „allgemein zugänglich". Auch *Edward S. Dove* und *Jiahong Chen* verstehen den Begriff so: „In our view ‚public' must mean available to everyone".[93] Erhebliche Zugangshindernisse schließen die Öffentlichkeit mithin aus.[94] Das Erfordernis, sich etwa bei einem Diensteanbieter anmelden bzw. registrieren zu müssen, genügt jedenfalls dann nicht, wenn dies jedermann möglich ist (Netzwerköffentlichkeit).[95] Die Kontrollfrage lautet also: Kann sich jedermann nach allgemeinem Ermessen wahrscheinlich Zugang verschaffen? Um zu bestimmen, ob eine Information (hypothetisch) allgemein zugänglich ist, sind objektive Kriterien heranzuziehen, wie bspw. die Kosten, der erforderliche Zeitaufwand und die verfügbare Technologie. Kurzum: Die Daten sind zumindest dann nicht (mehr) „öffentlich", wenn für den Zugang ein unverhältnismäßiger Ressourceneinsatz erforderlich ist.[96] Die Art und Weise der Veröffentlichung ist unerheblich.[97] Innerhalb sozialer Netzwerke kommt es maßgeblich darauf an, welche Privatsphäreneinstellung die betroffene Person jeweils vorgenommen hat.[98] Wer bspw. bei *Facebook* Informationen nur mit seinen „Freunden" teilt, macht diese in der Regel nicht öffentlich.[99] Vielmehr gibt die betroffene Person zu erkennen, dass die Information nur für einen *individuell bestimmbaren* Personenkreis gedacht ist.[100] Beim Kurznachrichtendienst *Twit-*

---

[91] Siehe z.B. *Hornung/Gilga*, CR 2020, 367 (369, Rn. 8); *Greve*, in: Eßer/Kramer/von Lewinski (Hrsg.), Auernhammer, 7. Aufl., 2020, Art. 9 Rn. 26; *Petri*, in: Simitis/Hornung/Spiecker gen. Döhmann (Hrsg.), DatenschutzR, 2019, Art. 9 Rn. 58; *Schiff*, in: Ehmann/Selmayr (Hrsg.), DSGVO, 2. Aufl., 2018, Art. 9 Rn. 45; *Weichert*, in: Kühling/Buchner (Hrsg.), DSGVO/BDSG, 3. Aufl., 2020, Art. 9 Rn. 78.
[92] EuGH, Urt. v. 4.7.2023 – C-252/21, ECLI:EU:C:2023:537 – Meta Platforms u. a., Rn. 82.
[93] *Dove/Chen*, IDPL 11 (2021), 107 (122) mit ausf. Begründung.
[94] Ähnlich *Schulz*, in: Gola (Hrsg.), DSGVO, 2. Aufl., 2018, Art. 9 Rn. 26: „ohne wesentliche Zulassungsschranke".
[95] I. d. S. auch *Hornung/Gilga*, CR 2020, 367 (369, Rn. 12).
[96] So *Dove/Chen*, IDPL 11 (2021), 107 (122).
[97] Vgl. nur *Albers/Veit*, in: Wolff/Brink (Hrsg.), BeckOK DatenschutzR, 39. Ed. (1.11.2021), Art. 9 Rn. 76.
[98] EuGH, Urt. v. 4.7.2023 – C-252/21, ECLI:EU:C:2023:537 – Meta Platforms u. a., Rn. 80 ff. *Schiff*, in: Ehmann/Selmayr (Hrsg.), DSGVO, 2. Aufl., 2018, Art. 9 Rn. 45; ebenso *Schulz*, in: Gola (Hrsg.), DSGVO, 2. Aufl., 2018, Art. 9 Rn. 26. Dafür plädieren auch *Hornung/Gilga*, CR 2020, 367 (371, Rn. 21), da sich hierin der Wille der betroffenen Person widerspiegle.
[99] Ebenso *Petri*, in: Simitis/Hornung/Spiecker gen. Döhmann (Hrsg.), DatenschutzR, 2019, Art. 9 Rn. 58. Die Zielgruppenauswahl bei *Facebook* gliedert sich in „Öffentlich", „Freunde", „Nur ich" und „Benutzerdefiniert".
[100] Dies gilt selbst dann, wenn die Freundesliste sehr groß ist. Dass sie für die betroffene Person nicht mehr überschaubar ist, macht die geteilten Informationen (noch) nicht öffentlich;

ter sind die Tweets jedoch standardmäßig öffentlich. Jeder kann sie sehen. Sog. geschützte Tweets sind demgegenüber nur für die eigenen Follower sichtbar und erscheinen auch nicht in den gängigen Suchmaschinen (wie Google oder Bing).

Die Datenkategorie[101] „öffentlich" bzw. „allgemein zugänglich" ist im Ergebnis rein *faktisch* zu verstehen. Ein hypothetischer Datenzugang oder -zugriff[102] genügt. Maßgeblich ist, dass die Informationsquelle jedermann, d.h. einem individuell nicht bestimmbaren Personenkreis, zugänglich ist. *Wer* die Daten veröffentlicht hat, ist zunächst unerheblich.[103] Ebenso wenig kommt es darauf an, ob die Veröffentlichung rechtmäßig war. Diese Fragen werden (erst dann) relevant, wenn es um die *Verarbeitung* im Sinne einer *normativen Befugnis* geht. Das europäische Datenschutzrecht stellt dann namentlich darauf ab, dass es *die betroffene Person* selbst war, die die Daten – in informierter Weise und freiwillig – öffentlich gemacht hat.[104] Die weiteren Voraussetzungen, Rechte und Befugnisse knüpfen somit an die Öffentlichkeit der Daten an. Für dieses Kriterium genügt es, dass die personenbezogenen Daten *tatsächlich* aus allgemein zugänglichen Quellen stammen.[105]

## II. Verbot mit Erlaubnisvorbehalt – Erfordernis einer Rechtsgrundlage?

Die Datenschutz-Grundverordnung regelt die Verarbeitung öffentlicher Daten nur rudimentär. Ein konsistentes Regime ist nicht erkennbar. Insbesondere enthält sie – anders als das alte Bundesdatenschutzgesetz – keine allgemeine Vorschrift, aus der sich die (Un-)Zulässigkeit der Datenverarbeitung ergibt (vgl. § 14 Abs. 2 Nr. 5 und § 28 Abs. 1 S. 1 Nr. 3 BDSG a.F.).[106] Dem Regelungsdefizit ist mit einer systematischen und teleologischen Auslegung anderer Normen zu be-

---

so auch *Hornung/Gilga*, CR 2020, 367 (370, Rn. 15); a.A. *Weichert*, in: Kühling/Buchner (Hrsg.), DSGVO/BDSG, 3. Aufl., 2020, Art. 9 Rn. 78.

[101] Von einer „dogmatischen Kategorie" sprechen auch *Hornung/Gilga*, CR 2020, 367 (369, Rn. 7ff.).

[102] Zu diesem Begriff *Martini et al.*, MMR-Beil. 6/2021, 3 (17): Er umschreibe die Fähigkeit, ein Datum auszulesen, um es anzuzeigen, auszuwerten oder zu kopieren (Operation „Lesen"). Davon sei der Begriff der *Datenhoheit* zu unterscheiden, der ein „faktisches Herrschaftsverhältnis" beschreibe, nämlich die tatsächliche Macht, über die Integrität des Datums bestimmen zu können (Operation „[Über-]Schreiben"; ebenda S. 16f.).

[103] Ebenso *Hornung/Gilga*, CR 2020, 367 (369, Rn. 8).

[104] Siehe Art. 9 Abs. 2 Buchst. e DSGVO. *Hornung/Gilga*, CR 2020, 367 (369, Rn. 10) lassen die Veröffentlichung durch *Dritte* genügen, wenn die betroffene Person sie veranlasst hat und dies für einen außenstehenden Beobachter erkennbar ist. Vgl. auch *Georgieva/Kuner*, in: Kuner/Bygrave/Docksey (Hrsg.), The EU General Data Protection Regulation (GDPR) – A Commentary, 2020, S. 378: „Data processing will not fall within this exception if the data have been made public *illegally*" (Hervorhebung d. Verf.).

[105] Vgl. auch die Informationspflicht gem. Art. 14 Abs. 2 Buchst. f DSGVO.

[106] Siehe etwa *Hornung/Gilga*, CR 2020, 367 (368, Rn. 2); *Dallmann/Busse*, ZD 2019, 394 (395).

gegnen. Gesetzlicher Anknüpfungspunkt ist die Ausnahmebestimmung für die Verarbeitung sensibler Daten, die die betroffene Person „offensichtlich öffentlich gemacht hat" (Art. 9 Abs. 2 Buchst. e DSGVO). Sie könnte zu einem Erst-Recht-Schluss verleiten: Wenn es nach dieser Vorschrift erlaubt wäre, sogar sensible Daten zu verarbeiten, dann müsste dies erst recht für „einfache" personenbezogene Daten gelten. Dahinter steckt ein *argumentum a maiore ad minus*: Wenn eine Norm für den Tatbestand A die Rechtsfolge R anordnet, dann muss ebendiese Rechtsfolge *a fortiori* auch für den ihm ähnlichen Tatbestand B gelten, sofern „die ratio legis der gesetzlichen Regel auf den Tatbestand B sogar in einem noch höheren Maße zutrifft".[107] Eines Rückgriffs auf die allgemeinen Rechtmäßigkeitstatbestände des Art. 6 Abs. 1 DSGVO bedürfte es dann nicht. Jedenfalls die Verarbeitung offensichtlich öffentlich *gemachter*[108] Daten wäre nach dieser Lesart ohne Weiteres zulässig. Erfasst wären dann bspw. personenbezogene Daten, die ein Nutzer in sozialen Netzwerken (z.B. auf Facebook, Twitter, Instagram) bewusst[109] mit der (unbeschränkten) Öffentlichkeit geteilt hat.

Diese Auslegung übergeht indes das systematische Verhältnis zwischen Art. 6 und 9 DSGVO. Letzterer fasst die Verarbeitung „besonderer Kategorien personenbezogener Daten" unter ein Sonderregime. Dem Wortlaut nach statuiert Art. 9 Abs. 1 DSGVO ein *Verbot*, sensible Daten zu verarbeiten („ist untersagt"; „shall be prohibited"). Diese Rechtsfolge wird durch Abs. 2 aufgehoben („Absatz 1 gilt nicht"[110]). Die Norm selbst begründet demnach *keinen Rechtmäßigkeitstatbestand*. EG 51 S. 5 DSGVO bekräftigt diese Auslegung: Die „allgemeinen Grundsätze" sowie insbesondere die „Bedingungen für eine rechtmäßi-

---

[107] *Larenz/Canaris*, Methodenlehre der Rechtswissenschaft, 3. Aufl., 1995, S. 208; ebenso *Möllers*, Juristische Methodenlehre, 2. Aufl., 2019, § 6 Rn. 114.

[108] Die Veröffentlichung muss freiwillig erfolgt sein. Gesetzliche Veröffentlichungspflichten (etwa in Registern) schließen die Erlaubnis aus. Vgl. etwa *Dove/Chen*, IDPL 11 (2021), 107 (121): „there must be clear evidence of a deliberate, affirmative act by the data subject themself to make their data available". Zum alten Recht bereits *Dammann/Simitis*, EG-Datenschutzrichtlinie, 1997, Art. 8 Rn. 16: „in eigener Entscheidung".

[109] *Albers/Veit*, in: Wolff/Brink (Hrsg.), BeckOK DatenschutzR, 39. Ed. (1.11.2021), Art. 9 Rn. 77 verlangen zu Recht einen „Willensakt" der betroffenen Person, der sich nach außen hin manifestiert. *Dove/Chen*, IDPL 11 (2021), 107 (122) schlagen für Art. 9 Abs. 2 Buchst. e DSGVO einen „three-arm legal test" vor: „1. The processing activity is directly connected to those personal data that have been manifestly made public by the data subject; 2. There is evidence of a deliberate, affirmative act by the data subject themself to make their data available, and the data are public such that any hypothetical interested member of the public could access them; and 3. The data have been made manifestly public by the data subject themself (ie directly made public by them), or the data subject has given a clear indication to an intermediary to make their data public (ie indirectly made public by them)".

[110] Krit. zum Wortlaut *Frenzel*, in: Paal/Pauly (Hrsg.), DSGVO/BDSG, 3. Aufl., 2021, Art. 9 Rn. 18, der zu Recht bemerkt, dass lediglich die Rechtsfolge des Abs. 1 (Verbot) aufgehoben wird, nicht jedoch der Tatbestand (Verarbeitung sensibler Daten).

ge Verarbeitung" sollten „*[z]usätzlich* zu den speziellen Anforderungen"[111] des Art. 9 DSGVO gelten. Zudem genössen andernfalls „sensible" Daten, die die betroffene Person öffentlich gemacht hat, einen geringeren Schutz als „einfache" Daten.[112] Denn für nicht-sensible Daten griffe so oder so der allgemeine Erlaubnisvorbehalt des Art. 6 Abs. 1 DSGVO. Dieser Wertungswiderspruch im Schutzniveau wäre mit dem Sinn und Zweck der Verordnung nicht vereinbar. Beide Vorschriften stehen zueinander nicht im Verhältnis der Spezialität. Die Regelung für die besonderen Datenkategorien verdrängt den allgemeinen Rechtmäßigkeitstatbestand nicht. Vielmehr wird Art. 6 durch Art. 9 DSGVO „normativ überlagert" bzw. „verschärft" – nicht aber konsumiert. Daraus folgt: Sind von der konkreten Datenverarbeitung auch sensible Daten betroffen, ist neben Art. 9 stets auch der Tatbestand des Art. 6 DSGVO zu prüfen (Kumulationsthese).[113] Erst *beide* Tatbestände gemeinsam verleihen der Verarbeitung besonderer Datenkategorien Legitimation.

Erheben und verarbeiten die statistischen Ämter personenbezogene Daten, die aus allgemein zugänglichen Quellen stammen, handelt es sich um einen *rechtfertigungsbedürftigen* Verarbeitungsvorgang. Das gilt selbst für solche Daten, die die betroffene Person „offensichtlich öffentlich gemacht hat"[114]. Das Verbot mit Erlaubnisvorbehalt greift mithin auch für öffentliche Daten. Im Ergebnis mag eine Bundesstatistik, die ausschließlich auf Daten aus allgemein zugänglichen Quellen zurückgreift, zwar keiner Anordnung durch Gesetz oder Rechtsverordnung bedürfen (so § 5 Abs. 5 S. 1 BStatG). Aus datenschutzrechtlicher Sicht ist diese Ausnahme vom Vorbehalt des Gesetzes indes nicht anzuerkennen. Erfasst bspw. das staatliche *Web Scraping* (auch) personenbezogene Daten, braucht der Verantwortliche für diese Form der Datenverarbeitung entweder eine Einwilligung oder eine gesetzliche Grundlage (vgl. Art. 8 Abs. 2 S. 1

---

[111] Hervorhebung d. Verf.

[112] *Hornung/Gilga*, CR 2020, 367 (374, Rn. 40).

[113] Ebenso – teils mit Unterschieden in der Begründung, nicht aber im Ergebnis – *Dove/Chen*, IDPL 11 (2021), 107 (108); *Hornung/Gilga*, CR 2020, 367 (374, Rn. 40); *Petri*, in: Simitis/Hornung/Spiecker gen. Döhmann (Hrsg.), DatenschutzR, 2019, Art. 9 Rn. 2; *Weichert*, in: Kühling/Buchner (Hrsg.), DSGVO/BDSG, 3. Aufl., 2020, Art. 9 Rn. 4; implizit *Dallmann/Busse*, ZD 2019, 394 (395 f.), ohne jedoch auf das Verhältnis von Art. 6 und 9 DSGVO einzugehen. Offen *Schulz*, in: Gola (Hrsg.), DSGVO, 2. Aufl., 2018, Art. 9 Rn. 5; *Kühling et al.*, Die Datenschutz-Grundverordnung und das nationale Recht, 2016, S. 54 f.; ohne klare Positionierung auch *Georgieva/Kuner*, in: Kuner/Bygrave/Docksey (Hrsg.), The EU General Data Protection Regulation (GDPR) – A Commentary, 2020, S. 376 f. A. A. *Albrecht/Jotzo*, Das neue Datenschutzrecht der EU, 2016, Teil 3 Rn. 58; *Laue/Kremer*, Das neue Datenschutzrecht in der betrieblichen Praxis, 2. Aufl., 2019, § 2 Rn. 66; *Kampert*, in: Sydow (Hrsg.), DSGVO, 2. Aufl., 2018, Art. 9 Rn. 63; wohl auch *Korge*, in: Gierschmann/Schlender/Stentzel/Veil (Hrsg.), DSGVO, 2018, Art. 9 Rn. 3. – Auch die Rechtsprechung des EuGH dürfte i. S. d. Kumulationsthese zu lesen sein. Vgl. etwa EuGH, Urt. v. 24.9.2019 – C-136/17, ECLI:EU:C:2019:773 – GC u. a., Rn. 64, dort aber explizit nur in Bezug auf Art. 5 DSGVO (Grundsätze).

[114] Art. 9 Abs. 2 Buchst. e DSGVO; vgl. auch Art. 14 Abs. 2 Buchst. f DSGVO.

GRCh; Art. 6 Abs. 1 DSGVO). Das europäische Datenschutzrecht geht im Kollisionsfall dem mitgliedstaatlichen Statistikrecht vor (Anwendungsvorrang[115]).

### III. Rechtsgrundlagen im Einzelnen

Für ein staatliches *Web Scraping*, das personenbezogene Daten erfasst, ist somit nach einer Rechtsgrundlage zu suchen (s. Art. 6 Abs. 1 DSGVO). Die Einwilligung[116] scheidet als Rechtmäßigkeitstatbestand indes regelmäßig aus. Sie käme ohnehin nur dann in Betracht, wenn die Veröffentlichung der Daten auf das Einverständnis *der jeweils betroffenen Person* zurückzuführen ist. Bei einer Veröffentlichung durch *Dritte* dürfte dies typischerweise nicht der Fall sein.[117] Aber auch dann, wenn die betroffene Person ihre Daten selbst online stellt, liegt darin in der Regel keine konkludente Einverständniserklärung. Es fehlt insbesondere an den Voraussetzungen der Bestimmt- und Informiertheit: Die Weiterverarbeitung ist weder objektiv hinreichend bestimmt, noch weiß die betroffene Person, „welche Daten zu welchem Zweck durch wen" künftig verarbeitet werden.[118] Denn es ist ja gerade das Wesen dieser Datenkategorie, dass sie prinzipiell jedermann, also einem unbegrenzten Personenkreis, zur Verfügung steht. Ihre Begrenzungs- und Steuerungsfunktion kann die Einwilligung in diesem Fall nicht erfüllen. Das Rechtsinstitut ist damit für ein *Web Scraping* prinzipiell untauglich.[119] Und auf die Wahrung berechtigter Interessen (Buchst. f) kann sich die amtliche Statistik von vornherein nicht berufen.[120]

---

[115] Siehe nur *Kruis*, Der Anwendungsvorrang des EU-Rechts in Theorie und Praxis, 2013, S. 44 ff.

[116] Ausf. dazu oben § 4, S. 95 ff.

[117] Ebenso *Hornung/Gilga*, CR 2020, 367 (375, Rn. 43). Zum Verhältnis zwischen Einwilligung und Art. 9 Abs. 2 Buchst. e DSGVO ausf. *Dove/Chen*, IDPL 11 (2021), 107 (112 ff.).

[118] *Hornung/Gilga*, CR 2020, 367 (375, Rn. 43), die überdies das Kriterium der „eindeutigen bestätigenden Handlung" (das Einwilligungsbewusstsein) als typischerweise nicht gegeben sehen.

[119] I. d. S. bereits *Martini*, VerwArch 107 (2016), 307 (328 f.) zum *Social-Media-Monitoring*, aber schwerpunktmäßig noch zum alten (Datenschutz-)Recht.

[120] Art. 6 Abs. 1 UAbs. 2 DSGVO; s. oben S. 153 f. Anders ist dies bei Privaten. Hier ist die Interessenabwägungsklausel die zentrale Rechtsgrundlage für das *Web Scraping*, ebenso *Hornung/Gilga*, CR 2020, 367 (375, Rn. 45). In der gebotenen Abwägung treten die widerstreitenden Interessen und Rechte der betroffenen Person regelmäßig zurück. Denn durch die Veröffentlichung hat die betroffene Person gerade zu erkennen gegeben, dass sie die „eigenen" Daten nicht für (besonders) schutzbedürftig hält (Gedanke der „informationellen Selbstgefährdung"; grdl. dazu *Hermstrüwer*, Informationelle Selbstgefährdung, 2016 – passim). Sie muss dann vernünftigerweise auch damit rechnen, dass Dritte die veröffentlichten Daten zu anderen Zwecken weiterverarbeiten, vgl. EG 47 DSGVO. In dem Erwägungsgrund klingt die aus dem amerikanischen Recht bekannte *Reasonable Expectation of Privacy-* i. V. m. der *Third Party*-Doktrin des *U. S. Supreme Courts* an (s. nur *Katz v. United States*, 389 U.S. 347 [1967]; zur *Third Party*-Doktrin: *United States v. Miller*, 425 U.S. 435 [1976]; eingeschränkt in *Carpenter v. United States*, No. 16-402, 585 U.S. ___ [2018]), die bisweilen auch der *EGMR*

Somit kommt als sekundärrechtlicher Erlaubnistatbestand allen voran die Verarbeitung zur Erfüllung einer rechtlichen Verpflichtung (Buchst. c)[121] sowie für die Wahrnehmung einer öffentlichen Aufgabe (Buchst. e)[122] in Betracht.[123] Beide Tatbestände sind, wie gezeigt, rechtlich gesehen unvollständig.[124] Der Gesetzgeber ist somit aufgerufen, eine ausfüllende Rechtsgrundlage (s. Art. 6 Abs. 3 S. 1 DSGVO) für das *Web Scraping* zu schaffen. Die neue Regelung im Preisstatistikgesetz (§ 7b Abs. 2 S. 1) könnte hierbei als Vorbild dienen. Eine datenschutzrechtliche *Generalklausel*[125] (wie etwa § 3 BDSG[126]) dürfte indes nach rechtsstaatlichen Maßstäben nicht genügen. Solche allgemeinen Rechtsgrundlagen greifen – auch nach dem Willen des Gesetzgebers – allenfalls für Verarbeitungsvorgänge „mit geringer Eingriffsintensität".[127] Im Zusammenhang mit einem staatlichen *Web Scraping* ist weder die Alltags- noch die Reservefunktion[128] einer datenschutzrechtlichen Generalklausel berührt. Es mag zutreffen, dass eine offene materiell-rechtliche Regelung ein anerkanntes Mittel ist, „um die notwendige Flexibilität und Innovationsfähigkeit gegenüber neuen technischen und ökonomischen Entwicklungen zu ermöglichen"[129]. Gleichwohl darf das Gebot der Normenklarheit und -bestimmtheit – auch bei differenzierter Betrachtung – nicht der Flexibilität „geopfert" werden. Schon angesichts der Streubreite und Anlasslosigkeit der Maßnahme geht mit dem (teil-)automatisierten Auslesen allgemein zugänglicher Quellen typischerweise ein nicht nur uner-

---

für Art. 8 EMRK der Sache nach heranzieht (z.B. EGMR ZD 2017, 571 [572, Rn. 73]; MMR 2017, 431 [432, Rn. 42]).

[121] Siehe oben S. 138 ff.

[122] Siehe oben S. 142 ff.

[123] Zur Abgrenzung der Tatbestände S. 151. Da die amtliche Statistik regelmäßig nicht verpflichtet ist (und auch nicht gesetzlich verpflichtet werden sollte), die Methode des *Web Scraping* zu nutzen, ist Buchst. e als Erlaubnisnorm vorzugswürdig. Sind sensible Daten i.S.d. Art. 9 Abs. 1 DSGVO betroffen, müssen zusätzlich die Anforderungen des Art. 9 Abs. 2 Buchst. j i.V.m. § 27 BDSG gegeben sein; ebenso z.B. *Golla/von Schönfeld*, K&R 2019, 15 (19).

[124] Ebenso BT-Drs. 18/11325, S. 81; ausf. S. 136 ff.

[125] Ausf. dazu *Marsch/Rademacher*, Die Verwaltung 54 (2021), 1 ff. Dazu auch oben S. 176 ff.

[126] § 3 BDSG knüpft wiederum an eine „Aufgabe" oder an die „Ausübung öffentlicher Gewalt, die dem Verantwortlichen übertragen wurde", an. Die Aufgabe ergibt sich aus dem besonderen Verwaltungsrecht; s. etwa *Petri*, in: Kühling/Buchner (Hrsg.), DSGVO/BDSG, 3. Aufl., 2020, § 3 Rn. 9. Vgl. auch *Marsch/Rademacher*, Die Verwaltung 54 (2021), 1 (15).

[127] So BT-Drs. 18/11325, S. 81 zu § 3 BDSG.

[128] Zu beiden *Marsch/Rademacher*, Die Verwaltung 54 (2021), 1 (21).

[129] *Schmidt-Aßmann*, Das allgemeine Verwaltungsrecht als Ordnungsidee, 2. Aufl., 2004, Kap. 4 Rn. 30; dazu auch *Marsch/Rademacher*, Die Verwaltung 54 (2021), 1 (23 f.), die das „Kollaborative und Prozesshafte" der verwaltungsrechtlichen Rechtsetzung im „Steuerungsverbund" zwischen Legislative und Exekutive betonen.

heblicher Grundrechtseingriff einher.[130] Hinzu kommt, dass zweckorientierte Schranken von vornherein fehlen – denn bei der Datenerhebung zu statistischen Zwecken könne, so das BVerfG, eine „enge und konkrete" Zweckbindung nicht verlangt werden.[131] Weil die Volkszählung (gleiches gilt für den modernen Zensus) „Mehrzweckerhebung und -verarbeitung, also Datensammlung und -speicherung auf Vorrat" sein muss, verlangt das Gericht als Ausgleich „klar definierte Verarbeitungsvoraussetzungen".[132] Dem wird eine (datenschutzrechtliche) Generalklausel grundsätzlich nicht gerecht.[133]

## D. Ergebnis

Nach dem allgemeinen Statistikrecht (§ 5 Abs. 5 S. 1 BStatG) bedürfen Bundesstatistiken, die ausschließlich Angaben aus allgemein zugänglichen Quellen verwenden, keiner Anordnung durch Gesetz oder Rechtsverordnung. Etwas anderes ergibt sich nunmehr aus dem europäischen Datenschutzsekundärrecht: Will die Statistikbehörde allgemein zugängliche bzw. öffentliche Daten erheben und (weiter-)verarbeiten, muss sie sich auf eine Rechtsgrundlage i.S.d. Art. 6 Abs. 1 DSGVO berufen können. Der Grundsatz der Rechtmäßigkeit gilt ausnahmslos, soweit der Vorgang personenbezogene Daten betrifft. Da die Einwilligung regelmäßig als Legitimationsgrund ausscheidet, ist der (mitgliedstaatliche) Gesetzgeber aufgerufen, für ein staatliches *Web Scraping* zu statistischen Zwecken eine bereichsspezifische Rechtsgrundlage in den Fachstatistikgesetzen zu schaffen. Auf die allgemeine Generalklausel des § 3 BDSG kann die Bundesstatistik grundsätzlich nicht zurückgreifen.

---

[130] Vgl. dazu etwa BVerfG ZD 2019, 266 (267, Rn. 14), dort allerdings zu § 9a ZensVorbG 2021 (dazu unten S. 393 f.).
[131] BVerfGE 65, 1 (47); 150, 1 (108, Rn. 223); zum Zweckbindungsgrundsatz ausf. S. 353 ff.
[132] Siehe schon BVerfGE 65, 1 (47 f.).
[133] Anders aber z.B. das VG Hamburg BeckRS 2019, 40195 Rn. 88 zur staatlichen Gesichtserkennung i.R.d. G20-Gipfels in Hamburg (Juli 2017). Zu Recht krit. *Mysegades*, NVwZ 2020, 852 (854): die Generalklausel des § 48 BDSG genüge nicht.

Dritter Teil

# Die Verarbeitung personenbezogener Daten zu statistischen Zwecken – Begriff, Garantien, Privilegien

Die statistischen Zwecke bilden mit den (wissenschaftlichen oder historischen) Forschungs- und den Archivzwecken die sog. Zwecktrias[1]. Die Datenschutz-Grundverordnung spricht sie insbesondere in Art. 89 an. Damit ordnet sie die Zwecktrias in systematischer Hinsicht als „besondere Verarbeitungssituation" (Kapitel IX) ein. Besonders sind diese drei Verarbeitungszwecke, weil elementare Grundsätze des Datenschutzrechts – namentlich die Zweckbindung und die Speicherbegrenzung – auf sie nicht unbesehen angewandt werden können. Die Datenverarbeitung zu Statistik-, Forschungs- und Archivzwecken bricht ihrem Wesen nach mit diesen Grundsätzen. Besondere Verarbeitungssituationen erfordern besondere Regelungen. Zugleich ist dieses Sonderregime auf diese drei Zwecke zu begrenzen. Dem Begriffspaar „statistische Zwecke" (dazu § 7; S. 221 ff.) kommt insoweit eine Abgrenzungsfunktion zu. Denn es bestimmt darüber, ob der jeweilige Verarbeitungsvorgang dem Statistikprivileg (dazu § 9; S. 352 ff.) unterliegt. Voraussetzung der datenschutzrechtlichen Privilegierung ist, dass der Verantwortliche geeignete Garantien für die Rechte und Freiheiten der betroffenen Person (Art. 89 Abs. 1 S. 1 DSGVO) vorsieht (dazu § 8; S. 249 ff.).

---

[1] Begriff findet sich bei *Hense*, in: Sydow (Hrsg.), DSGVO, 2. Aufl., 2018, Art. 89 Rn. 2; *Caspar*, in: Simitis/Hornung/Spiecker gen. Döhmann (Hrsg.), DatenschutzR, 2019, Art. 89 Rn. 1 f. spricht von „Verarbeitungstrias".

# § 7. Die statistischen Zwecke im Datenschutzrecht

Bevor auf das Statistikprivileg (§ 9) und die hierfür erforderlichen Garantien (§ 8) eingegangen wird, gilt es, den Begriff der Statistik zu bestimmen. Anders gewendet: Was versteht das Datenschutzrecht unter der Verarbeitung zu „statistischen Zwecken"?

## A. Statistikbegriff

Die Verarbeitung zu „statistischen Zwecken" eigens hervorzuheben, ist kein Novum der Datenschutz-Grundverordnung. Bereits die Datenschutzrichtlinie kannte eine Privilegierung für die (Weiter-)Verarbeitung für „Zwecke der Statistik" (Art. 11 Abs. 2). Ähnliche Formulierungen enthielten die damaligen Grundsätze der Zweckbindung („zu […] statistischen […] Zwecken"; Art. 6 Abs. 1 Buchst. b) und der Speicherbegrenzung („für […] statistische […] Zwecke"; Art. 6 Abs. 1 Buchst. e). Die Richtlinie definierte jedoch nicht, was sie unter „Statistik" verstand. Im Bundesdatenschutzgesetz a.F. blieb dieser Zweck seinerzeit ungeregelt. Privilegierungen sah der Gesetzgeber lediglich für den Bereich der Forschung[1] vor. Damals wie heute stellt sich die Frage, wie der Statistikbegriff im (europäischen) Datenschutzrecht zu verstehen ist. Dabei ist zwischen der Statistik als bestimmte Form der Datenverarbeitung (das *Verfahren*; dazu I.) und der Statistik als *Ergebnis* dieses Verfahrens zu unterscheiden (dazu II.).[2] Beide Elemente münden in einen eigenen Definitionsvorschlag (dazu III.), der sodann mit dem Statistikbegriff des Grundgesetzes zu vergleichen ist (dazu IV.).

---

[1] Siehe z.B. § 13 Abs. 2 Nr. 8, § 14 Abs. 2 Nr. 9 und Abs. 5 S. 1 Nr. 2, § 28 Abs. 2 Nr. 3 BDSG a.F.

[2] Siehe schon *Klezl-Norberg*, Allgemeine Methodenlehre der Statistik, 2. Aufl., 1946, S. 22: „Das Wort ‚Statistik' wird in einem zweifachen Sinn gebraucht: Einmal im Sinne einer bestimmten Tätigkeit, eines bestimmten *Verfahrens*, das die ‚Beobachtung einer Massenerscheinung' zum Ziele hat und sich hierzu des Mittels des Zählens bedient, das andere Mal im Sinne des *Ergebnisses* dieses Verfahrens, also im Sinne einer ‚zahlenmäßig umschriebenen Massenerscheinung'" (Hervorhebung im Original). Vgl. aus der Perspektive des schweizerischen Rechts auch *Kuratli*, Die öffentliche Statistik im Recht, 2017, S. 7ff.

## I. Statistik als Verarbeitung (Verfahren)

Die Datenschutz-Grundverordnung sagt in ihrem verfügenden Teil nicht, was sie unter dem Begriff „Statistik" versteht. Eine Legaldefinition – wie sie etwa Spanien im Gesetzgebungsverfahren vorgeschlagen hatte[3] – sucht man vergebens. Die Verordnung setzt den Begriff vielmehr voraus. Anhaltspunkte sind immerhin EG 162 S. 3 DSGVO zu entnehmen. Nach dem erklärten Willen des Unionsgesetzgebers meine der Begriff statistische Zwecke

„jede[n] für die Durchführung statistischer Untersuchungen und die Erstellungen statistischer Ergebnisse erforderliche[n] *Vorgang der Erhebung und Verarbeitung* personenbezogener Daten"[4].

Diese Begründungserwägung ist zum einen rechtlich nicht verbindlich; sie hilft aber zum anderen auch als Auslegungshilfe kaum weiter.[5] Die Definition der Verordnung bleibt weitgehend tautologisch, wenn der zu definierende Begriff „statistische[r] Zweck" seinerseits durch die Wörter „statistische[...] Untersuchungen" und „statistische[...] Ergebnisse" beschrieben wird. Auch die (verhandelte) englische Sprachfassung ist für die Auslegung unergiebig. Sie ist mit dem gleichen sprachlichen Makel behaftet:

„Statistical purposes mean any operation of collection and the processing of personal data necessary *for statistical surveys* or for the production of *statistical results*".[6]

Entsprechendes gilt für die französische Fassung:

„Par ‚fins statistiques', on entend toute opération de collecte et de traitement de données à caractère personnel nécessaires pour des *enquêtes statistiques* ou la production de *résultats statistiques*".[7]

Die Definitionsversuche sind damit größtenteils zirkulär – sie kommen einer Begriffsbestimmung *idem per idem* gleich. Aus dem Erwägungsgrund lässt sich allenfalls ableiten, dass die statistischen Zwecken weit[8] zu verstehen sind, indem sie jede Verarbeitung („Vorgang der Erhebung und Verarbeitung"[9]) einschlie-

---

[3] *Council of the European Union*, Doc. 9897/2/12 REV 2 v. 18.7.2012, S. 44 f.: „(20) ‚statistics' means quantitative and qualitative, aggregated and representative information characterising a collective phenomenon in a considered population". Dazu sogleich unter II. (S. 223 ff.).
[4] Hervorhebung d. Verf.
[5] Zur Rechtsnatur von Erwägungsgründen s. unten S. 242.
[6] Hervorhebung d. Verf.
[7] Hervorhebung d. Verf.
[8] Anders als bei den wissenschaftlichen Forschungszwecken (s. EG 159 S. 2 DSGVO) ist dies jedoch nicht ausdrücklich in den Erwägungsgründen niedergelegt.
[9] Der Begriff der Verarbeitung (Art. 4 Nr. 1 DSGVO) differenziert – anders als das BDSG a. F. (§ 3 Abs. 3 und 4) – nicht zwischen der Erhebung und (Weiter-)Verarbeitung.

ßen, solange sie nur darauf zielt, statistische Untersuchungen durchzuführen und statistische Ergebnisse zu erstellen.

In der deutschen (Kommentar-)Literatur finden sich denn auch Versuche, den Begriff konkreter zu fassen. Statistik bezeichne, so liest man, den „methodischen Umgang mit empirischen Daten".[10] Auch *Johannes Caspar* knüpft daran an, stellt jedoch im Ausgangspunkt auf den weitergehenden „allgemeinen Sprachgebrauch" ab: Der Statistikbegriff umfasse wissenschaftlich abgesicherte, auf statistischer Methodik basierende Verfahren auf der Basis von Wahrscheinlichkeiten im Umgang mit Daten.[11] Damit ist das *Verfahren* bzw. die Methodik näher beschrieben, denen die Verarbeitungsvorgänge[12] aus datenschutzrechtlicher Sicht genügen müssen. Gleichwohl fehlt ein wesentliches Begriffselement – nämlich das, was eine „statistische Untersuchung" und ein „statistisches Ergebnis" (vgl. EG 162 S. 3 DSGVO) am Ende ausmacht: die Beobachtung und Beschreibung eines *Massenphänomens*.

## II. Statistik als Ergebnis: Beschreibung eines Massenphänomens

Um den datenschutzrechtlichen Statistikbegriff zu konkretisieren, bietet sich ein Blick in das europäische Statistikrecht, insbesondere in die Rahmenverordnung (EG) Nr. 223/2009, an. Immerhin verweist die Datenschutz-Grundverordnung – wenn auch an versteckter Stelle (EG 163 S. 3) – selbst auf diesen Rechtsakt. Zwar bezieht sich dieser Verweis ausdrücklich nur auf die Vertraulichkeit europäischer Statistiken. Es ist jedoch kein Grund ersichtlich, warum das Datenschutzrecht von einem anderen Begriffsgehalt ausgeht – zumal es selbst jede Konkretisierung vermissen lässt. Nach der Legaldefinition des Art. 3 Nr. 1 VO (EG) Nr. 223/2009 sind Statistiken

„quantitative und qualitative, aggregierte und repräsentative Informationen, die ein Massenphänomen in einer betrachteten Grundgesamtheit beschreiben".[13]

---

[10] So z. B. *Buchner/Tinnefeld*, in: Kühling/Buchner (Hrsg.), DSGVO/BDSG, 3. Aufl., 2020, Art. 89 Rn. 15; *Greve*, in: Eßer/Kramer/von Lewinski (Hrsg.), Auernhammer, 7. Aufl., 2020, Art. 89 Rn. 3; *Pauly*, in: Paal/Pauly (Hrsg.), DSGVO/BDSG, 3. Aufl., 2021, Art. 89 Rn. 8.

[11] *Caspar*, in: Simitis/Hornung/Spiecker gen. Döhmann (Hrsg.), DatenschutzR, 2019, Art. 89 Rn. 20.

[12] Siehe dazu Art. 4 Nr. 1 DSGVO (engl.: „set of operations"). Vgl. dazu bspw. *Roßnagel*, in: Simitis/Hornung/Spiecker gen. Döhmann (Hrsg.), DatenschutzR, 2019, Art. 4 Nr. 2 Rn. 11.

[13] Diese Begriffsbestimmung wird in der Kommentarliteratur auch herangezogen, um den Statistikbegriff in Art. 338 AEUV zu bestimmen, s. etwa *Kingreen*, in: Calliess/Ruffert (Hrsg.), EUV/AEUV, 6. Aufl., 2022, Art. 338 AEUV Rn. 1; *Ladenburger*, in: Groeben/Schwarze/Hatje (Hrsg.), Europäisches Unionsrecht, 7. Aufl., 2015, Art. 338 AEUV Rn. 3. *Thiel*, in: Grabitz/Hilf/Nettesheim (Hrsg.), EUV/AEUV, 78. EL (Jan. 2023), Art. 338 AEUV Rn. 18 ergänzt diese Definition um den Zusatz „[…] und aus der Erhebung und systematischen Verarbeitung der Daten durch die Nationalen Statistischen Ämter oder Eurostat hervorgehen"; ihm folgend *Nowak*, in: Pechstein/Nowak/Häde (Hrsg.), Frankfurter Kommentar,

Diese Begriffsbestimmung ist ihrerseits auslegungsbedürftig. Sie besteht im Wesentlichen aus drei Elementen: den interessierenden Größen (den *Informationen*; 1.), der beobachteten *Population* (der „Grundgesamtheit"; 2.) sowie dem *Ziel* der Statistik, ein Massenphänomen zu beschreiben (3.).

*1. Information(en) oder auch Merkmale*

Gegenstand einer Statistik sind – nach dieser Definition – „Informationen". Schon *Herbert Zech* hat in seiner grundlegenden Untersuchung zutreffend darauf hingewiesen, dass es „*den einen* Informationsbegriff" nicht gibt.[14] Gemeint ist nicht nur eine „strukturelle Information", die den Zustand eines Systems beschreibt.[15] Vielmehr ist auch[16] bei der Statistik[17] die *Perspektive des Beobachters* einzunehmen. In der Semiotik unterscheidet man zwischen der syntaktischen, der semantischen und der pragmatischen Ebene. Die Statistik kann nicht bei der Syntax (d. h. den einzelnen Buchstaben und ihrer Beziehung untereinander) stehen bleiben. Sie bezieht auch die Semantik (Bedeutung) und Pragmatik (Wirkung) der Information ein.[18] Eine „semantische Information" kann richtig oder falsch sein – danach bemisst sich gerade die Qualität einer statistischen Erhebung. Nach *Marion Albers* sind Informationen „Sinnelemente, die in einem bestimmten sozialen Kontext aus Beobachtungen, Mitteilungen oder Daten erzeugt" und sodann „genutzt werden".[19] So gesehen sind sie nicht bloß „Abbild der sozialen Wirklichkeit"; sie kennzeichne vielmehr eine „zweigliedrige Struktur", bei der das Beobachtete auch „sinnhaft verstanden" werden müsse (Interpretationsleistung).[20] In der statistischen Literatur wird statt „Informati-

---

2017, Art. 338 AEUV Rn. 8. Diese Formulierung geht auf die alte VO (EG) Nr. 322/97 zurück. Dem Datenschutzrecht kommt es jedoch nicht darauf an, *wer* die Statistiken erstellt. Somit ist ein Rückgriff auf die Definition im geltenden Art. 3 Nr. 1 VO (EG) Nr. 223/2009 vorzugswürdig.

[14] *Zech*, Information als Schutzgegenstand, 2012, S. 13.

[15] Siehe *Zech*, Information als Schutzgegenstand, 2012, S. 16 ff.

[16] Für das Datenschutzrecht: *Albers*, in: Voßkuhle/Eifert/Möllers (Hrsg.), GVerwR, 3. Aufl., 2022, § 22 Rn. 6 f.

[17] In ihrem Vorschlag v. 10.7.2023 (COM(2023) 402 final, S. 17) schlägt die EU-Kommission vor, den Begriff „Daten" im statistischen Kontext wie folgt zu definieren: „digitale oder nicht digitale Darstellungen von Handlungen, Tatsachen und Informationen".

[18] Siehe zur Datenanalyse etwa *Fahrmeir et al.*, Statistik, 8. Aufl., 2016, S. 10, die drei Grundaufgaben der Statistik angeben: Beschreiben (*Deskription*), Suchen (*Exploration*) und Schließen (*Induktion*).

[19] *Albers*, in: Schmidt-Aßmann/Hoffmann-Riem/Voßkuhle (Hrsg.), Grundlagen des Verwaltungsrechts, 2. Aufl., 2012, § 22 Rn. 12 (Vorauflage). Ähnlich in der 3. Aufl. *Albers*, in: Voßkuhle/Eifert/Möllers (Hrsg.), GVerwR, 3. Aufl., 2022, § 22 Rn. 7.

[20] *Albers*, in: Schmidt-Aßmann/Hoffmann-Riem/Voßkuhle (Hrsg.), Grundlagen des Verwaltungsrechts, 2. Aufl., 2012, § 22 Rn. 12 (Vorauflage).

on" oftmals der Begriff „Merkmal" (oder auch: „Variable"[21]) verwendet.[22] In der Sache ergibt sich kein Unterschied. Ein Merkmal kann dabei verschiedene Werte („[Merkmals-]Ausprägungen") annehmen. So hat das Merkmal „Geschlecht" (s. etwa § 13 Abs. 1 Nr. 2 ZensG 2022) bspw. die Ausprägungen „männlich", „weiblich" oder „divers".[23]

## 2. Grundgesamtheit (Population) als Beobachtungsobjekt

Unter einer *Grundgesamtheit* (auch *Population* genannt) versteht man die Menge aller statistischen Einheiten, über die man Aussagen gewinnen möchte.[24] Statistische Einheit ist die „Grundbeobachtungseinheit", auf die sich die Daten bzw. Informationen beziehen. Ähnlich definiert die neue Rahmenverordnung (EU) 2019/1700 den Begriff der „Beobachtungseinheit" als „erkennbare Einheit, über die Daten erhoben werden können". Das kann nach der allgemeinen Legaldefinition des Art. 3 Nr. 6 VO (EG) Nr. 223/2009 eine natürliche Person, aber auch ein Haushalt, ein Wirtschaftsteilnehmer oder eine sonstige Unternehmung sein. Ein synonymer Begriff, der vielfach verwendet wird, ist der des „Merkmalsträgers".[25] Der Anwendungsbereich des Datenschutzrechts ist jedoch nur dann eröffnet, wenn es sich bei dem Merkmalsträger um eine *natürliche* Person handelt; juristische Personen sind als solche nicht geschützt.[26] Die Summe der statistischen Einheiten bildet dann die Grundgesamtheit[27]. Ein Beispiel: Die VO (EU) 2019/1700 für europäische Statistiken über Personen und Haushalte legt in Art. 5 Abs. 1 fest, dass die statistische Grundgesamtheit alle Personen (Beobachtungseinheiten) umfasst, „die in den einzelnen Mitgliedstaaten ihren üblichen Aufenthalt in privaten Haushalten haben".

---

[21] Eine Definition findet sich in der VO (EU) 2019/2152 über europäische Unternehmensstatistiken, konkret in Art. 3 Abs. 1 Buchst. f: Variable „ist ein Merkmal einer Einheit, das mehr als einen Wert aus einer Reihe von Werten aufweisen kann".

[22] Siehe z.B. *Fahrmeir et al.*, Statistik, 8. Aufl., 2016, S. 11 und 13.

[23] Vgl. dazu *Fahrmeir et al.*, Statistik, 8. Aufl., 2016, S. 13. Zum rechtlichen Kontext: § 22 Abs. 3 und § 45b PStG; dazu BVerfGE 147, 1 (18 ff.). Dabei handelt es sich um sog. *diskrete* Merkmale – sie können endlich oder abzählbar unendlich viele Ausprägungen annehmen (s. *Fahrmeir* et al., ebenda, S. 17 f.). Demgegenüber wird von *stetigen* Merkmalen gesprochen, wenn das Merkmal alle Werte eines Intervalls annehmen kann (z.B. Körpergröße).

[24] Siehe etwa *Fahrmeir et al.*, Statistik, 8. Aufl., 2016, S. 13, ähnlich auf S. 14: „Menge aller für die Fragestellung relevanten statistischen Einheiten".

[25] *Fahrmeir et al.*, Statistik, 8. Aufl., 2016, S. 13.

[26] Siehe Art. 4 Nr. 1 i.V.m. EG 14 S. 2 DSGVO.

[27] Von Teilgesamtheiten bzw. Teilpopulationen spricht man, wenn man die Untersuchung auf eine bestimmte Teilmenge (z.B. nur weibliche Personen) beschränkt. Vgl. dazu *Fahrmeir et al.*, Statistik, 8. Aufl., 2016, S. 13.

### 3. Ziel: Beschreibung eines Massenphänomens

Die Statistik zielt darauf, in der untersuchten Grundgesamtheit ein *Massenphänomen* zu beschreiben.[28] Die unionsrechtliche Definition geht davon aus, dass die (quantitativen und/oder qualitativen[29]) Informationen nicht nur repräsentativ[30], sondern auch aggregiert sind. Dafür werden die (personenbezogenen) Daten von vielen[31] statistischen Einheiten (im datenschutzrechtlichen Kontext: von natürlichen Personen) zusammengefasst (Datenaggregation). Die Informationen über eine einzelne Person gehen *idealiter* in der Masse auf. Bspw. geht es bei der Zeitverwendungserhebung (ZVE) letztlich *nicht* darum, Informationen über das „Zeitempfinden und [die] Zeitwünsche in verschiedenen Lebensbereichen", die „Wahrnehmung von Einsamkeit" oder die „allgemeine Lebenszufriedenheit" (§ 6 Abs. 1 Nr. 22 ZVEG) *einzelner* Auskunftspersonen zu gewinnen. Zweck dieser Erhebung ist es vielmehr, statistische Angaben bereitzustellen, mit der die gesellschaftliche Entwicklung beschrieben und analysiert werden kann (vgl. § 2 ZVEG). Also z.B.: Wie viel Zeit wenden die Bürger für welche Aktivitäten auf? Wie hoch ist die Arbeitsbelastung? Wie gestaltet sich die Arbeitsteilung in der Familie, bei der Kinderbetreuung, in der Pflege? Die ZVE liefert zudem Daten über die „unbezahlte" Arbeit (z.B. Haushaltsführung, Kinderbetreuung) und stellt damit eine „wichtige Ergänzung zu den klassischen Volkswirtschaftlichen Gesamtrechnungen" dar.[32]

Indem die Statistik ein „Massenphänomen" beobachtet und zu beschreiben versucht, unterscheidet sie sich in einem wesentlichen Punkt vom sog. *Profiling*[33]. Nach der Legaldefinition in Art. 4 Nr. 4 DSGVO zielt diese (automatisier-

---

[28] Siehe auch schon *Klezl-Norberg*, Allgemeine Methodenlehre der Statistik, 2. Aufl., 1946, S. 3: „Beobachtungsgegenstand der Statistik sind ausschließlich Massenerscheinungen"; aus jüngerer Zeit *Kuratli*, Die öffentliche Statistik im Recht, 2017, S. 9.

[29] Vgl. dazu bspw. *Fahrmeir et al.*, Statistik, 8. Aufl., 2016, S. 17: Unter „qualitativen" (oder auch: kategorialen) Merkmalen verstehen sie „Größen, die endlich viele Ausprägungen besitzen und höchstens ordinalskaliert sind" (Merksatz: „nicht direkt in Zahlen messbar", z.B. Beruf, Geschlecht usw.). Die Informationen spiegeln nicht das Ausmaß, sondern die Qualität einer Ausprägung wider. Quantitativ sind demgegenüber solche Merkmale, die die „Intensität" beschreiben (Merksatz: „in Zahlen messbar"; z.B. Einwohner, Umsatz). S. bereits *Klezl-Norberg*, Allgemeine Methodenlehre der Statistik, 2. Aufl., 1946, S. 50, der ebenfalls zwischen qualitativen (artmäßigen) und quantitativen (zahlen- oder größenmäßigen) Merkmalen differenziert.

[30] Zur Repräsentativität s. die Nachweise in § 4 Fn. 250 und § 9 Fn. 597.

[31] Wie groß z.B. eine Stichprobe sein muss, hängt von der Forschungsfrage ab. Im Mikrozensus beträgt der Auswahlsatz 1% der Bevölkerung (§ 4 Abs. 2 MZG; Grundstichprobe); bei der ZVE 2022 sind es bis zu 15.000 Haushalte (§ 3 Abs. 3 ZVEG). Zur Bestimmung des erforderlichen Stichprobenumfangs s. z.B. *Häder/Häder*, in: Baur/Blasius (Hrsg.), Handbuch Methoden der empirischen Sozialforschung, 2019, S. 336 ff.

[32] So die Gesetzesbegründung BT-Drs. 19/26935, S. 1.

[33] Die technischen Hintergründe zusammenfassend *Lorentz*, Profiling – Persönlichkeitsschutz durch Datenschutz?, 2020, S. 33 ff., die zwischen einem zwei- und einem dreiphasigen

te) Form der Datenverarbeitung gerade darauf, „bestimmte persönliche Aspekte" *einer* natürlichen Person zu bewerten – etwa, um deren Arbeitsleistung, wirtschaftliche Lage, Gesundheit, persönliche Vorlieben oder ihren Aufenthaltsort zu analysieren oder vorherzusagen.[34] Gleiches gilt für das sog. *Scoring*, das zwar grundsätzlich auf einem „wissenschaftlich anerkannten mathematisch-statistischen Verfahren[…]" beruht; das (Zwischen-)Ziel des Scoring, einen „Wahrscheinlichkeitswert über ein bestimmtes zukünftiges Verhalten einer natürlichen Person" zu berechnen (§ 31 BDSG[35]), bezieht sich stets auf das Individuum, mit dem ein Vertragsverhältnis begründet werden soll – oder eben nicht. Sowohl beim Profiling als auch beim Scoring geht es im Ergebnis also darum, Informationen zu verarbeiten, um (neues) Wissen über *eine einzelne natürliche* Person zu gewinnen, z. B.: Ist eine Person schwanger? Wie kreditwürdig ist sie?[36] Die Statistik hat demgegenüber einen völlig anderen Bezugspunkt: das Massenphänomen. Etwa: Wie viele Kinder sind in Deutschland in einem bestimmten Zeitraum zur Welt gekommen?[37] Wie viele Schwangerschaftsabbrüche gab es?[38] Oder: Wie entwickelt sich das Einkommen privater Haushalte – und wie setzt es sich zusammen? Wie viele Verbraucherinsolvenzverfahren gab es in einem Jahr in Deutschland?

### III. Synthese: eigener Definitionsvorschlag

Das europäische Datenschutzrecht versteht unter dem Begriff statistische Zwecke

„jede[n] für die Durchführung statistischer Untersuchungen und die Erstellung statistischer Ergebnisse erforderliche[n] Vorgang der Erhebung und Verarbeitung personenbezogener Daten",

---

Verfahren unterscheidet. Das *zweiphasige* Verfahren verwendet nur Daten einer Person und gliedert sich in eine Datenerhebungs- und eine Analysephase (ebenda, S. 34). Beim *dreiphasigen* Profiling werden Daten über eine Vielzahl anderer Personen erhoben, um ein mathematisches Modell zu entwerfen (Modellierungsphase), aus dem dann auf das Individuum geschlossen werden kann (Inferenzphase, ausf. ebenda S. 41 ff.).

[34] Eingehend *Lorentz*, Profiling – Persönlichkeitsschutz durch Datenschutz?, 2020, S. 95 ff.

[35] Mangels Regelungskompetenz gehen weite Teile der Literatur von der Unionsrechtswidrigkeit des § 31 BDSG aus, s. nur *Buchner*, in: Kühling/Buchner (Hrsg.), DSGVO/BDSG, 3. Aufl., 2020, § 31 Rn. 4 f.; *Martini*, Blackbox Algorithmus, 2019, S. 174 ff. jeweils m.w.N.

[36] Zahlreiche Beispiele und Anwendungsfelder finden sich bei *Lorentz*, Profiling – Persönlichkeitsschutz durch Datenschutz?, 2020, S. 11 ff.

[37] Im Zeitraum von Januar bis August 2021 haben in Deutschland nach (vorläufigen) Angaben des Statistischen Bundesamtes rund 524.000 Kinder das Licht der Welt erblickt (ein Plus von 1,3% gegenüber dem Vorjahreszeitraum), vgl. Pressemitteilung des Statistischen Bundesamtes v. 16.11.2021.

[38] In Deutschland wurden für das 3. Quartal 2021 rund 22.700 Schwangerschaftsabbrüche gemeldet; das sind 6,4% weniger als im 3. Quartal 2020. Vgl. Pressemitteilung des Statistischen Bundesamtes v. 20.1.2022.

ohne dabei zu sagen, was Statistik ist (dazu oben I.). Die Rahmenverordnung für europäische Statistiken meint mit Statistik „quantitative und qualitative, aggregierte und repräsentative Informationen, die ein Massenphänomen in einer betrachteten Grundgesamtheit beschreiben" (dazu oben II.).[39] Während die erste Definition primär auf das Verfahren abstellt, bezieht sich die zweite Definition auf das Ergebnis der statistischen Datenverarbeitung. Für diese Arbeit sind beide Definitionen zusammenzuführen und mit dem datenschutzrechtlichen Verarbeitungsbegriff[40] zu verbinden. Aus dieser Synthese ergibt sich folgender Definitionsvorschlag, der dieser Untersuchung im Folgenden zugrunde liegt: *Die Verarbeitung zu statistischen Zwecken erfasst jeden Vorgang (oder jede Vorgangsreihe) im Zusammenhang mit personenbezogenen Daten, der darauf gerichtet ist, ein Massenphänomen in einer betrachteten Grundgesamtheit zu beschreiben.*

### IV. Vergleich zum Statistikbegriff des Grundgesetzes

Das Grundgesetz definiert den Statistikbegriff nicht. In der Rechtsprechung des BVerfG findet sich, wie gezeigt[41], folgende Definition: Statistik i.S.d. Art. 73 Abs. 1 Nr. 11 GG sei danach „die Erhebung, Sammlung, Darstellung und Auswertung von Daten und Fakten im Wege des methodischen Vorgehens für staatliche Zwecke".[42] Im Vergleich zum Datenschutzrecht ist diese Definition einerseits zu eng, andererseits zu weit gefasst: Zu eng ist sie insofern, als sie die Statistik auf *staatliche* Zwecke[43] beschränkt. Das europäische Datenschutzsekundärrecht unterscheidet konzeptionell grundsätzlich nicht zwischen öffentlichen und nicht-öffentlichen Stellen. Auch muss der Zweck der statistischen Verarbeitung – nach dem Wortlaut des Art. 89 Abs. 1 S. 1 DSGVO – nicht im öffentlichen Interesse liegen.[44] Zu weit gefasst ist sie deshalb, weil sie die Zielfunktion, also das Ergebnis der Verarbeitung, ausblendet. Ihr fehlt somit ein wichtiges Element, das die Statistik charakterisiert. Diese Unzulänglichkeit erkennt wohl auch das BVerfG. Denn in seiner Entscheidung zum Zensus 2011 verweist der 2. Senat darauf, dass der Begriff „Bundesstatistik" u.a. durch § 1 S. 1 BStatG konkretisiert werde: Nach dieser Vorschrift ist es Aufgabe der Bundesstatistik, „laufend Daten über *Massenerscheinungen* zu erheben, zu sammeln, aufzubereiten, darzustellen und zu analysieren".[45] Nimmt man diese einfach-rechtliche

---

[39] Art. 3 Nr. 1 VO (EG) Nr. 223/2009.
[40] Art. 4 Nr. 2 DSGVO („jede[r] mit oder ohne Hilfe automatisierter Verfahren ausgeführte[...] Vorgang oder jede solche Vorgangsreihe im Zusammenhang mit personenbezogenen Daten [...]").
[41] Siehe oben S. 19 ff.
[42] BVerfGE 150, 1 (79, Rn. 144).
[43] Siehe zu diesem Kriterium bereits oben S. 21.
[44] Dies ist nicht unumstritten. Ausf. dazu sogleich unter C., S. 230 ff.
[45] Hervorhebung d. Verf.

Konkretisierung hinzu, dann stimmen beide Begriffsbestimmungen *insoweit* jedoch überein.

## B. Statistik als Verarbeitungszweck

Der Begriff „Statistik" (dazu A.) steht nicht für sich alleine. Im Datenschutzrecht knüpft er stets an den Zweck der Verarbeitung an („für statistische Zwecke"; „zu statistischen Zwecken")[46]. Dies ist dem Umstand geschuldet, dass die Datenschutz-Grundverordnung eine „zweckfreie" Datenverarbeitung nicht kennt.[47] Denn der Zweck[48] ist der Referenzpunkt, an dem sich zentrale Grundsätze (insbesondere: Zweckbindung, Speicherbegrenzung, Datenminimierung) ausrichten. Er beantwortet die Frage des „Wozu". Hierfür muss der Verantwortliche – im öffentlichen Bereich jedoch zunächst der Gesetzgeber[49] – den (primär- oder sekundär-)statistischen Zweck festlegen.[50]

Der Vorschrift des Art. 89 Abs. 1 DSGVO ist jedoch nicht zu entnehmen, wie bestimmt bzw. präzise dies erfolgen muss. Für die Anwendung des Sonderregimes dürfte es genügen, wenn der Verantwortliche überhaupt statistische Zwecke verfolgt. Gleichwohl entbindet ihn das nicht von den allgemeinen Vorgaben: Nach Art. 5 Abs. 1 Buchst. b Hs. 1 DSGVO muss der Zweck nicht nur „legitim", sondern auch „eindeutig" (engl.: „explicit") sein. Vor diesem Hintergrund reicht es nicht aus, den jeweiligen Verarbeitungszweck nur mit dem allgemeinen Wort „Statistik" zu umschreiben. Diese Art der Zweckfestlegung erschöpfte sich in

---

[46] Siehe z. B. Art. 5 Abs. 1 Buchst. b und e; Art. 9 Abs. 2 Buchst. j; Art. 14 Abs. 5 Buchst. b; Art. 17 Abs. 3 Buchst. d (jeweils „für statistische Zwecke"); Art. 21 Abs. 6; Art. 89 Abs. 1 und 2 DSGVO (jeweils „zu statistischen Zwecken").

[47] Ebenso *Roßnagel*, in: Simitis/Hornung/Spiecker gen. Döhmann (Hrsg.), DatenschutzR, 2019, Art. 5 Rn. 70.

[48] Zur Beziehung von Zweck und Kontext s. *von Grafenstein*, The principle of purpose limitation in data protection laws, 2018, S. 99 ff., der zwischen den beiden Begriffen unterscheidet. In seiner Arbeit versteht er Zweck als „intended reason behind the data controller's treatment of the data referring to a future context" (S. 104). Dem Zweck komme die Funktion zu, die verschiedenen Akte der Datenverarbeitung zu einer sinnvollen Einheit zu bündeln. Demgegenüber beziehe sich der Kontext – unter Rückgriff auf eine Definition *Helen Nissenbaums* (Privacy in Context, 2010) – auf „structured social settings with characteristics that have evolved over time (sometimes long periods of time) and are subject to a host of causes and contingencies of purpose, place, culture, historical accident, and more", mit anderen Worten auf die objektive Verarbeitungsumgebung oder auch: die Umwelt. Zu diesem Kontext gehöre auch der (gegenwärtige) Zweck, der wiederum Anknüpfungspunkt für einen zukünftigen (Verarbeitungs-)Kontext ist.

[49] Siehe bereits oben S. 180.

[50] Die Ausnahme vom Grundsatz der Zweckbindung (dazu unten S. 358 ff.) befreit nicht davon, den Statistikzweck festzulegen. Denn die Privilegierung setzt voraus, dass der Verantwortliche überhaupt Daten zu statistischen weiterverarbeitet.

der bloßen Wiederholung des Normtextes. So ließe sich auch kaum überprüfen, ob der Verantwortliche tatsächlich statistische Zwecke verfolgt. Das Datenschutzrecht gibt ihm (entsprechendes gilt für den Gesetzgeber[51]) daher auf, den Zweck so präzise wie möglich zu fassen.

Ein Beispiel findet sich in § 1 Abs. 3 ZensG 2022. So dient der Zensus (1.) dazu, bestimmte unionsrechtliche Berichtspflichten zu erfüllen, (2.) dazu, die Einwohnerzahlen von Bund, Ländern und Gemeinden festzustellen und sie sodann als Grundlage bereitzustellen, um die Einwohnerzahlen für die Zeit zwischen zwei Volkszählungen fortzuschreiben sowie (3.) dazu, Grunddaten für das Gesamtsystem der amtlichen Statistik und Strukturdaten über die Bevölkerung als Datengrundlage insbesondere für politische Entscheidungen von Bund, Ländern und Gemeinden in bestimmten Politikfeldern zu gewinnen. Zu diesen Zwecken führen die statistischen Ämter des Bundes und der Länder eine „Bevölkerungs-, Gebäude- und Wohnungszählung (Zensus)" als Bundesstatistik durch (§ 1 Abs. 1 ZensG 2022).

## C. Beschränkungen (amtliche Statistik; Verarbeitung im öffentlichen Interesse)?

Zwei weitere Fragen lässt der Normtext des Art. 89 Abs. 1 S. 1 DSGVO offen: Gilt das Sonderregime nur für die amtliche Statistik? Oder muss die Verarbeitung zu statistischen Zwecken zumindest im öffentlichen Interesse[52] liegen? Dass die Verordnung insoweit nicht eindeutig ist, fiel im Gesetzgebungsverfahren auch Frankreich auf. Der Mitgliedstaat fragte, „does it [Art. 89] only apply to official statistics or also to private statistics?" und schlug vor, den Anwendungsbereich der Norm präziser zu fassen.[53] In der datenschutzrechtlichen (Kommentar-)Literatur werden diese zusätzlichen Tatbestandsmerkmale – in der Regel ohne nähere Begründung – verneint.[54] Demgegenüber vertritt *Johannes Caspar* die Ansicht, die besondere Verarbeitungssituation müsse sich auf die amtliche Statistik oder zumindest auf eine statistische Datenverarbei-

---

[51] Zur Normenklarheit und -bestimmtheit s. bereits oben S. 176 ff.

[52] Siehe zum Begriff des öffentlichen Interesses bereits oben S. 145. Vgl. zu den Archivzwecken z.B. *Schwartmann/Mühlenbeck/Wybitul*, in: Schwartmann/Jaspers/Thüsing/Kugelmann (Hrsg.), DSGVO/BDSG, 2. Aufl., 2020, Art. 89 Rn. 15: Ausgeschlossen sei jedenfalls eine Archivierung zu ausschließlich wirtschaftlichen oder privaten Zwecken. Vgl. auch *Nolte*, in: Gierschmann/Schlender/Stentzel/Veil (Hrsg.), DSGVO, 2018, Art. 89 Rn. 17.

[53] *Council of the European Union*, Dok. 14210/13, S. 15 und 20.

[54] Siehe bspw. *Albrecht/Jotzo*, Das neue Datenschutzrecht der EU, 2016, Teil 3 Rn. 71; *Eichler*, in: Wolff/Brink (Hrsg.), BeckOK DatenschutzR, 39. Ed. (1.11.2021), Art. 89 Rn. 6b; *Hense*, in: Sydow (Hrsg.), DSGVO, 2. Aufl., 2018, Art. 89 Rn. 6; eindeutig *Nolte*, in: Gierschmann/Schlender/Stentzel/Veil (Hrsg.), DSGVO, 2018, Art. 89 Rn. 22: öffentliches Interesse an der Statistik sei nicht erforderlich.

tung, die im öffentlichen Interesse liegt, beschränken.[55] Dabei ist zwischen dem *Akteur* und dem *Zweck der Verarbeitung* zu unterscheiden: Denn auch ein Privater kann Daten im öffentlichen Interesse verarbeiten. Das ist hinsichtlich der Rechtmäßigkeitstatbestände allgemein anerkannt.[56] Von dieser Warte aus ist es jedenfalls begründungsbedürftig, den Anwendungsbereich des Art. 89 Abs. 1 DSGVO – einschließlich der damit einhergehenden Privilegierung – auf die *amtliche Statistik* zu beschränken.[57] Davon ist dogmatisch die Frage zu trennen, ob das Tatbestandsmerkmal „Verarbeitung zu statistischen Zwecken" einschränkend auszulegen oder ggf. – im Wege der Rechtsfortbildung – teleologisch auf Statistikzwecke im *öffentlichen Interesse* zu reduzieren ist. Die beiden Fragen lassen sich im Aufbau indes kaum sinnvoll trennen. Im Gesetzgebungsverfahren und im Schrifttum wurden bzw. werden sie daher im Zusammenhang erörtert. So soll es auch hier sein. Von diesem Ergebnis hängt es ab, ob der amtlichen Statistik (hier: der Bundesstatistik) ein „datenschutzrechtlicher Wettbewerbsvorteil" zugutekommt, weil nur sie in den Genuss des Statistikprivilegs käme.[58]

## I. Wortlaut und Systematik

Der Wortlaut, mit dem auch der EuGH klassischerweise seine Auslegung beginnt[59], spricht gegen eine Beschränkung des Anwendungsbereichs. Denn nach dem Satzbau muss allein die Verarbeitung zu Archivzwecken im öffentlichen Interesse liegen. Den wissenschaftlichen oder historischen Forschungszwecken fehlt dieser Zusatz ebenso wie den statistischen Zwecken. Das legt einen Umkehrschluss nahe. Die englische Sprachfassung[60] bringt das noch etwas deutli-

---

[55] *Caspar*, in: Simitis/Hornung/Spiecker gen. Döhmann (Hrsg.), DatenschutzR, 2019, Art. 89 Rn. 20 ff.
[56] Zu Art. 6 Abs. 1 UAbs. 1 Buchst. e DSGVO oben S. 142 ff.; weitere Nachweise in § 5 Fn. 73 und 81.
[57] Dafür wohl *Frenzel*, in: Paal/Pauly (Hrsg.), DSGVO/BDSG, 3. Aufl., 2021, Art. 5 Rn. 32; ebenso *Roßnagel*, in: Simitis/Hornung/Spiecker gen. Döhmann (Hrsg.), DatenschutzR, 2019, Art. 5 Rn. 107, jeweils in Bezug auf den Grundsatz der Zweckbindung und die dortige Ausnahme. Einschränkend auch *Buchner/Tinnefeld*, in: Kühling/Buchner (Hrsg.), DSGVO/BDSG, 3. Aufl., 2020, Art. 89 Rn. 15a. *Weichert*, ZD 2020, 18 (23) differenziert: Art. 89 DS-GVO beschränke sich zwar nicht auf die streng formalisierte hoheitliche Statistik, doch setze die Privilegierung voraus, dass der Verantwortliche ein öffentliches Interesse verfolge.
[58] Zum Staat als Wettbewerber allg. *Richter*, Information als Infrastruktur, 2021, S. 14 f.
[59] Vgl. nur *Riesenhuber*, in: ders. (Hrsg.), Europäische Methodenlehre, 3. Aufl., 2014, § 10 Rn. 13; zur Berücksichtigung des „sprachlichen Kontextes", insbes. des Satzzusammenhangs i. R. d. systematischen Auslegung ebenda, Rn. 21.
[60] Vgl. dazu etwa *Riesenhuber*, in: ders. (Hrsg.), Europäische Methodenlehre, 3. Aufl., 2014, § 10 Rn. 14, der angesichts der Sprachenvielfalt bemerkt, die Wortlautauslegung müsse grundsätzlich alle sprachlichen Fassungen berücksichtigen (Grundsatz der Gleichwertigkeit aller Sprachen, ebenda Rn. 18). Aus der Rechtsprechung bspw.: EuGH, Urt. v. 24.3.2021 – C-950/19, ECLI:EU:C:2021:230, Rn. 37: „Nach ständiger Rechtsprechung des

cher zum Ausdruck: „Processing *for archiving purposes in the public interest*, *scientific or historical research purposes or statistical purposes* […]".[61] Und auch die französische Sprachfassung unterstreicht diese Lesart: „Le traitement *à des fins archivistiques dans l'intérêt public*, à des fins de recherche scientifique ou historique, ou à des fins statistiques est soumis […]".[62] Das Kriterium „im öffentlichen Interesse" (bzw.: „in the public interest"; „dans l'intérêt public") bezieht sich somit lediglich auf die Archivzwecke, nicht auf die Zwecktrias insgesamt. In Art. 89 Abs. 1 S. 1 DSGVO ist eine Differenzierung angelegt, die in den nachfolgenden Öffnungsklauseln des Abs. 2 und 3 in systematisch konsequenter Weise fortgeführt wird.[63] Auch in anderen Vorschriften des verfügenden Teils findet sich ausnahmslos diese Differenzierung.[64] Von einem Redaktionsversehen kann dann keine Rede sein. Diese Auslegung wird schließlich durch ein weiteres systematisches Argument verstärkt: Das spezielle Widerspruchsrecht nach Art. 21 Abs. 6 DSGVO gewährt der betroffenen Person das Recht, „gegen die sie betreffende Verarbeitung" Widerspruch einzulegen, wenn sie „zu statistischen Zwecken gemäß Artikel 89 Absatz 1 erfolgt" (Hs. 1). Der 2. Hs. schließt dieses Gestaltungsrecht aus – und zwar für den Fall, dass die in Rede stehende Datenverarbeitung erforderlich ist, um eine „im öffentlichen Interesse liegende[…] Aufgabe" zu erfüllen. Dieser Ausnahmeregelung[65] bedürfte es nicht, bezöge sich die besondere Verarbeitungssituation von vornherein nur auf statistische Zwecke im öffentlichen Interesse. Der Sinn des Art. 21 Abs. 6 Hs. 2 DSGVO besteht vielmehr darin, die öffentliche Statistik gegenüber der privaten Statistik zu privilegieren.[66] Der Begriff „statistische Zwecke" erfasst nach grammatikalischer und systematischer Auslegung auch solche Statistiken, die im *privaten Interesse* erstellt werden.

---

Gerichtshofs kann die in einer der Sprachfassungen einer Vorschrift des Unionsrechts verwendete Formulierung […] nicht als alleinige Grundlage für die Auslegung dieser Vorschrift herangezogen werden oder Vorrang vor den übrigen Sprachfassungen beanspruchen, da die Vorschriften des Unionsrechts im Licht der Fassungen in allen Sprachen der Union einheitlich ausgelegt und angewandt werden müssen".

[61] Hervorhebung d. Verf.
[62] Hervorhebung d. Verf.
[63] Zur Verbindung von grammatikalischer und systematischer Auslegung s. z. B. *T. Möllers*, Juristische Methodenlehre, 2. Aufl., 2019, § 4 Rn. 41, 92 ff., sowie Rn. 136 ff. zur systematischen Auslegung durch den EuGH.
[64] Siehe Art. 5 Abs. 1 Buchst. b (dazu S. 358 ff.); Art. 5 Abs. 1 Buchst. e (dazu S. 384 ff.); Art. 9 Abs. 2 Buchst. j (dazu S. 405 ff.); Art. 14 Abs. 5 Buchst. b (dazu S. 419 ff.); Art. 17 Abs. 3 Buchst. d (dazu S. 433 ff.) DSGVO.
[65] Siehe dazu ausf. unten S. 427 ff.
[66] Vgl. auch *Martini*, in: Paal/Pauly (Hrsg.), DSGVO/BDSG, 3. Aufl., 2021, Art. 21 Rn. 58.

## II. Entstehungsgeschichte

Die Entstehungsgeschichte[67] des Art. 89 DSGVO ist nicht leicht zu rekonstruieren. Die Vorschrift hat im Laufe des Gesetzgebungsverfahrens signifikante Änderungen erfahren. Der Kommissionsentwurf kannte nur den Dreiklang: Verarbeitung zu *„historischen* oder *statistischen* Zwecken oder zum Zwecke der *wissenschaftlichen Forschung"*.[68] Von Archivzwecken, die im öffentlichen Interesse liegen, war dort noch keine Rede. Erst das Parlament führte eine Regelung für die „Verarbeitung personenbezogener Daten für Archivdienste" ein, widmete ihr jedoch einen eigenen Artikel.[69] In der allgemeinen Ausrichtung des Rates vom 11.6.2015 wurden die Zwecktrias (Archiv, Forschung, Statistik) dann in einer Rechtsnorm zusammengeführt. Die Verarbeitung „for archiving purposes" erhielt jedoch einen eigenen Absatz sowie die Einschränkung, dass sie im öffentlichen Interesse („in the public interest") liegen müsse. Die Gesetzgebungsmaterialien zeigen überdies, dass die Frage, wie weit die Privilegierung der statistischen Zwecke reichen sollte, nicht unerörtert geblieben ist. So wurde im Rat etwa darüber diskutiert, ob Art. 89 DSGVO nur amtliche oder auch private Statistiken meint („does it [Article 83b der Ratsfassung] only apply to official statistics or also to private statistics?"[70]). Die polnische Delegation wollte

---

[67] Auch der EuGH zieht die Entstehungsgeschichte als Auslegungsmethode heran, s. z.B. EuGH, Urt. v. 6.10.2020 – C-511/18 u. a, ECLI:EU:C:2020:791 – La Quadrature du Net, Rn. 105. Allg. zur historischen Auslegung *T. Möllers*, Juristische Methodenlehre, 2. Aufl., 2019, § 4 Rn. 146 ff., der zwischen historischer Auslegung i. e. S. und genetischer Auslegung unterscheidet. Letztere bezieht auch die Vorläufernorm mit ein, um den historischen Willen des Gesetzgebers zu ergründen (ebenda, Rn. 148 f.). – Die alte DS-RL ließ in ihrem verfügenden Teil offen, ob die Verarbeitung zu statistischen Zwecken einem öffentlichen Interesse dienen musste. Sie sprach allgemein von „statistische[n] Zwecken" oder von der „Verarbeitung[…] für Zwecke der Statistik", ohne diese Begriffe weiter einzuschränken. Lediglich in EG 34 stellte die Richtlinie auf die „öffentliche[…] Statistik" ab. Dieser Erwägungsgrund ist aber im Zusammenhang mit der Verarbeitung sensibler Datenkategorien zu lesen („wichtiges öffentliches Interesse") und daher nicht verallgemeinerbar. Schließlich ergab sich auch aus EG 23 DS-RL nicht anderes – die Begründungserwägung nannte die statistischen Ämter nur beispielhaft. Im Ergebnis spricht daher vieles dafür, dass die Statistikzwecke schon unter Geltung der DS-RL nicht auf die amtliche Statistik beschränkt waren; auch musste die Verarbeitung zu diesen – schon damals privilegierten – Zwecken nicht im öffentlichen Interesse liegen.

[68] Art. 83 Abs. 1 DSGVO-E(KOM); s. KOM(2012) 11 endgültig, S. 109. Vgl. auch EG 40 S. 1 DSGVO-E(KOM); s. KOM(2012) 11 endgültig, S. 27.

[69] Art. 83a DSGVO-E(EP); *Europäisches Parlament*, Standpunkt v. 12.3.2014, EP-PE_TC1-COD(2012) 0011, S. 317. Nach Abs. 1 S. 1 dieser Entwurfsfassung war eine Verarbeitung durch „Archivdienste" zulässig, sofern „deren Hauptaufgabe oder rechtliche Pflicht darin besteht, Archivgut *im Interesse der Öffentlichkeit* zu erfassen, zu erhalten, zu ordnen, bekanntzumachen, aufzuwerten und zu verbreiten" (Hervorhebung d. Verf.). Somit sah bereits der Standpunkt des *Europäischen Parlaments* eine gemeinnützige Ausrichtung dieses Zwecks vor.

[70] So die Frage Frankreichs, s. bereits oben S. 230.

den Begriff „statistical purpose" bspw. nur auf amtliche Statistiken im öffentlichen Interesse anwenden („should be understood only as referring to the development, production and dissemintation of official statistics pursued in the public interest by authorities or bodies instrusted with this task by Member State law"). Dies sei notwendig, um Verarbeitungen durch Private auszuschließen, die sich statistischer Methoden und Verfahren zu kommerziellen Zwecken bedienten. Ein zu weiter Anwendungsbereich stelle eine ernsthafte Bedrohung („serious threat") für die Rechte und Freiheiten der betroffenen Personen dar.[71] Der etwas vage Begriff „statistical purposes" sei daher durch den eindeutigen Begriff „official statistics' purposes" zu ersetzen.[72]

Die litauische Ratspräsidentschaft griff diesen Vorschlag auf. In einer Entwurfsfassung vom Dezember 2013 wird das Statistikprivileg *auf Behörden oder öffentliche Stellen beschränkt* („for statistical purposes carried out by public authorities or public bodies [...]"), die *Aufgaben der amtlichen Statistik im öffentlichen Interesse wahrnehmen* („[...] performing tasks of official statistics in the public interest").[73] Der Entwurf begrenzte das Privileg – in Abkehr von dem übergreifenden Verantwortlichenbegriff – nicht nur in persönlicher (Behörde; öffentliche Stelle), sondern auch in sachlicher Hinsicht (im öffentlichen Interesse): Deutschland bat daraufhin um Klarstellung, wie diese Beschränkung zu verstehen sei.[74] Und das Vereinigte Königreich äußerte sich besorgt darüber, dass dieser Entwurf nicht-öffentliche Organisationen ausschlösse, wiewohl auch sie mitunter an der amtlichen Statistikproduktion teilhätten.[75] Schon der Begriff „official statistics" sei problematisch, da er je nach Mitgliedstaat einen unterschiedlichen Bedeutungsgehalt aufweisen könne.[76] Jedenfalls aber sei nicht klar, was die Verordnung darunter verstehe.[77] Die mitgliedstaatlichen Ver-

---

[71] *Council of the European Union*, Doc. 14210/4/13 REV 4 v. 26.11.2013, S. 78.

[72] Siehe § 7 Fn. 71. Polen schlug überdies einen neuen, entsprechenden EG 125b vor: „Processing of personal data *for official statistics'* purposes should not be considered incompatible with the purpose for which the data are initially collected, where the processing, subject to appropriate safeguards, is carried out *by public authorities* or *public bodies* performing *tasks of official statistics* pursuant to Union or Member State law. Such public authorities or public bodies that hold records *of public interest* should be services which, pursuant to Union or Member State law, have as their main mission task a legal obligation to develop, produce and disseminate of official statistics" (ebenda; Hervorhebung d. Verf.).

[73] *Council of the European Union*, Doc. 17831/13 ANNEX v. 16.12.2013, S. 235.

[74] *Council of the European Union*, Doc. 5406/2/14 REV 2 v. 10.2.2014, S. 48: „We [DE] request clarification from the Presidency regarding the limitation to official statistics".

[75] *Council of the European Union*, Doc. 5406/2/14 REV 2 v. 10.2.2014, S. 133.

[76] Im UK habe der Begriff bspw. eine besondere Bedeutung und sei nach dem dort geltenden Recht wie folgt definiert: „as statistics produced by the Board, government departments (which includes executive agencies), the Devolved Administrations in Scotland, Wales and Northern Ireland, or any other person acting on behalf of the Crown", zitiert nach *Council of the European Union*, Doc. 5406/2/14 REV 2 v. 10.2.2014, S. 133.

[77] *Council of the European Union*, Doc. 5406/2/14 REV 2 v. 10.2.2014, S. 133 und 138.

treter regten daher an, den ebenso missverständlichen wie einschränkenden Begriff „official statistics" wieder zu streichen.[78] Dem ist der Rat schließlich gefolgt. In der „Preparation of a general approach" des Rates vom 11.6.2015, die die Grundlage für den Trilog bildete, waren diese Beschränkungen schon nicht mehr enthalten.[79]

Die hier skizzierte Entstehungsgeschichte, insbesondere die Verhandlungen im Rat, sind zwar für mehrere Deutungsweisen offen – so eindeutig sind die Materialien nicht, dass sie nur eine Interpretation zuließen. Gleichwohl ist eine Deutung naheliegender als die andere: Der Rat wollte den Begriff „statistische Zwecke" bewusst weit fassen – für eine Beschränkung auf die amtliche Statistik oder zumindest auf solche statistischen Zwecke, die im öffentlichen Interesse liegen, fand sich – so scheint es – keine Mehrheit. Die Entstehungsgeschichte deutet somit darauf hin, dass die *private Statistik unter die besondere Verarbeitungssituation* (und damit unter die Privilegierung) fallen sollte. Demgegenüber wurden die Archivzwecke von den anderen Zwecken (Forschung, Statistik) getrennt, in einen eigenen Absatz überführt und schließlich auf das öffentliche Interesse („for archiving purposes in the public interest") beschränkt.[80] Dem entsprach auch die Überschrift des Art. 83 in der allgemeinen Ausrichtung des Rates:

„Derogations applying to processing of personal data *for archiving purposes in the public interest* or for scientific, *statistical* and historical *purposes*".[81]

Im Trilog blieb diese differenzierte Wortwahl erhalten; die Zwecktrias wurden schließlich in einem Absatz vereint.[82] Die Formulierung des Art. 89 Abs. 1 S. 1 DSGVO beruht vor diesem Hintergrund nicht auf einer redaktionellen Ungenauigkeit. Sie ist vielmehr Ausdruck einer bewussten Entscheidung des Unionsgesetzgebers, die statistischen[83] Zwecke weiter zu fassen als die Archivzwecke.

### *III. Sinn und Zweck: Schutz personenbezogener Daten*

Wie der Wortlaut des Art. 89 Abs. 1 S. 1 DSGVO zeigt, dient auch diese Regelung dem Schutz der Rechte und Freiheiten der betroffenen Person(en), insbesondere dem Recht auf Schutz personenbezogener Daten (vgl. auch Art. 1 Abs. 1

---

[78] *Council of the European Union*, Doc. 5406/2/14 REV 2 v. 10.2.2014, S. 138.
[79] Dort heißt es in Art. 83 Abs. 1 DSGVO-E(Rat) schlicht: „Where personal data are processed for scientific, statistical or historical purposes […]". Allein Abs. 1a beschränkt die Verarbeitung zu Archivzwecken auf solche, die im öffentlichen Interesse liegen („Where personal data are processed for archiving purposes in the public interest […]"); s. *Council of the European Union*, Doc. 9565/15 v. 11.6.2015, S. 195.
[80] *Council of the European Union*, Doc. 9565/15 v. 11.6.2015, S. 195.
[81] Hervorhebung d. Verf.
[82] *Council of the European Union*, Doc. 5455/16 v. 28.1.2016 (EN), S. 200.
[83] Entsprechendes gilt für wissenschaftliche oder historische Forschungszwecke.

und 2). Mit der Privilegierung der statistischen Zwecke geht zwar prinzipiell eine Gefährdung für die jeweils einschlägigen Freiheitsrechte einher. Gleichwohl gelten die Ausnahmen des Statistikprivilegs (dazu § 9; S. 352 ff.) nicht vorbehaltlos: Das Sonderregime wird nur dann aktiviert, wenn der Verantwortliche „geeignete[...] Garantien" einhält (dazu § 8; S. 249 ff.). Diese Garantien, die im Englischen treffender als „safeguards" bezeichnet werden, sind das notwendige Korrektiv[84] der datenschutzrechtlichen Privilegierung. Anders gewendet: Das Statistikprivileg steht und fällt mit den existierenden Sicherungsmaßnahmen. Diese Konnexität manifestiert sich überdies in Art. 89 Abs. 2 DSGVO: Ausnahmen von den dort genannten Betroffenenrechten sind nur „*vorbehaltlich der Bedingungen und Garantien gemäß [Art. 89] Absatz 1*" zulässig.[85] Die Verordnung erkennt die Garantien demnach konzeptionell als hinreichende Sicherungsvorkehrungen an. Wer die geeigneten Garantien vorsieht, ist unerheblich. Maßgeblich und konstitutiv für das Privileg ist vielmehr, *dass* die Datenverarbeitung diesen Garantien unterliegt. Die Verordnung differenziert folgerichtig auch nicht zwischen öffentlichen und nicht-öffentlichen Stellen. Dieses Schweigen kann man insoweit als beredt ansehen. Denn in anderen Verarbeitungskontexten differenziert die Grundverordnung sehr wohl. Das gilt allen voran für Art. 6 Abs. 1 UAbs. 2 DSGVO, der die Anwendbarkeit der allgemeinen Interessensabwägungsklausel für Behörden ausschließt.[86] Aus der Binnensystematik folgt in teleologischer Hinsicht somit, dass die *Garantien* grundsätzlich *ausreichen*, um die Gefährdungslage im Zusammenhang mit einer statistischen Datenverarbeitung *zu kompensieren*. Einer weitergehenden Beschränkung bedarf es nicht. Dass statistische Behörden der Union und der Mitgliedstaaten ggf. *zusätzliche* Sicherheitsvorkehrungen (wie z.B. statistische Geheimhaltung; Rückspielverbot; Abschottungsgebot; Verbot der Reidentifizierung)[87] einhalten müssen, rechtfertigt sich auch dadurch, dass sie Hoheitsgewalt ausüben und dabei unmittelbar an die Grundrechte gebunden sind.

## IV. (Grund-)Rechte und berechtigte Interessen des privaten Datenverarbeiters

Eine „extensive Auslegung" des Statistikzwecks sei, so *Johannes Caspar*, „aus grundrechtsimmanenten Gründen" nicht geboten.[88] Dabei verweist er zum ei-

---

[84] Siehe auch *Greve*, in: Eßer/Kramer/von Lewinski (Hrsg.), Auernhammer, 7. Aufl., 2020, Art. 89 Rn. 2: „Kompensationsmaßnahmen"; *Buchner/Tinnefeld*, in: Kühling/Buchner (Hrsg.), DSGVO/BDSG, 3. Aufl., 2020, Art. 89 Rn. 3: „spezifisches Ausgleichskonzept".
[85] Hervorhebung d. Verf. Dazu ausf. unten S. 435 ff.
[86] Siehe dazu bereits oben S. 153 f.
[87] Zu den besonderen Sicherungsvorkehrungen in der Bundesstatistik S. 283 ff.
[88] *Caspar*, in: Simitis/Hornung/Spiecker gen. Döhmann (Hrsg.), DatenschutzR, 2019, Art. 89 Rn. 21 und im Folgenden.

nen auf die „Unschärfe" des Statistikbegriffs und zum anderen „auf den Schutz des informationellen Selbstbestimmungsrechts" der betroffenen Personen. Die Privilegierung solle, so *Caspar* weiter, nach der „Systematik" der Datenschutz-Grundverordnung nur für besondere Verarbeitungssituationen greifen. Erforderlich sei daher eine „beschränkende Auslegung". Denn nach „Maßgabe des Schutzzwecks" sei das Sonderregime (konkret: die Ausnahme von den Betroffenenrechten) nur für „bestimmte besonders schützenswerte Tätigkeitsfelder" gerechtfertigt. Es sei daher erforderlich, den Anwendungsbereich des Art. 89 DSGVO „auf die amtliche Statistik oder zumindest [auf] eine im Zusammenhang mit öffentlichen Interessen stehende statistische Datenverarbeitung" zu beschränken.[89] Die Argumentation verläuft dabei von einer – nicht gebotenen – extensiven zu einer – aus seiner Sicht gebotenen – restriktiven Auslegung der statistischen Zwecke. Wer aber das Sonderregime auf die amtliche Statistik reduziert oder – weniger invasiv – auf im öffentlichen Interesse liegende Zwecke beschränkt, neigt dazu, die *(grund-)rechtlichen Interessen der privaten Datenverarbeiter* auszublenden. Dabei ist Art. 8 Abs. 1 GRCh kein wie auch immer geartetes „Supergrundrecht". Der EuGH betont in ständiger Rechtsprechung richtigerweise, dass der Schutz personenbezogener kein „uneingeschränktes Recht" sei; vielmehr ist auch das europäische Datenschutzgrundrecht im Hinblick auf seine gesellschaftliche Funktion zu sehen und unter Wahrung des Verhältnismäßigkeitsprinzips gegen andere Grundrechte abzuwägen (so auch EG 4 S. 2 DSGVO).[90] Wer also das „informationelle Selbstbestimmungsrecht" der betroffenen Personen betont,[91] muss auf der anderen Seite auch die grundrechtlich verbürgten (s. etwa Art. 16 GRCh; EG 4 S. 3 DSGVO: „unternehmerische Freiheit") Interessen der *privaten* Verantwortlichen berücksichtigen.[92] In der Grundverordnung ist ein „multipler Grundrechtsschutz"[93] angelegt, der zu einem Ausgleich im Sinne praktischer Konkordanz herausfordert. Es geht nicht an, die berechtigten Interessen[94] eines privaten Unternehmens

---

[89] *Caspar*, in: Simitis/Hornung/Spiecker gen. Döhmann (Hrsg.), DatenschutzR, 2019, Art. 89 Rn. 23.
[90] Siehe nur EuGH, Urt. v. 22.6.2021 – C-439/19, ECLI:EU:C:2021:504 – Latvijas Republikas Saeima (Points de pénalité), Rn. 105; für Art. 7, 8 und Art. 11 GRCh jüngst EuGH, Urt. v. 5.4.2022 – C-140/20, ECLI:EU:C:2022:258 – Commissioner of An Garda Síochána, Rn. 48.
[91] So der ehem. hamburgische Landesdatenschutzbeauftragte *Caspar*, in: Simitis/Hornung/Spiecker gen. Döhmann (Hrsg.), DatenschutzR, 2019, Art. 89 Rn. 21.
[92] Vgl. etwa die Rechtsprechung des EuGH, Urt. v. 13.5.2014 – C-131/12, ECLI:EU:C:2014:317 – Google Spain, Rn. 81, 97; Urt. v. 24.9.2019 – C-136/17, ECLI:EU:C:2019:773 – GC u. a., Rn. 53, der die wirtschaftlichen Interessen des Unternehmens (hier: der Suchmaschinenbetreiber) in die Abwägung einbezieht; vgl. dazu BVerfGE 152, 216 (256, Rn. 102 ff.) – Recht auf Vergessen II. Zur unternehmerischen Freiheit auch *Heberlein*, DVBl 2020, 1225 (1230 f.).
[93] *Heberlein*, DVBl 2020, 1225 (1226).
[94] Vgl. auch Art. 6 Abs. 1 UAbs. 1 Buchst. f DSGVO; dazu bspw. *Assion/Nolte/Veil*, in: Gierschmann/Schlender/Stentzel/Veil (Hrsg.), DSGVO, 2018, Art. 6 Rn. 133 ff.; *Buchner/Petri*, in: Kühling/Buchner (Hrsg.), DSGVO/BDSG, 3. Aufl., 2020, Art. 6 Rn. 146 ff.

(z. B. Statista), das Daten zu statistischen Zwecken verarbeitet, kategorisch auszuschließen. Eine solche Interpretation beschränkte die datenschutzrechtliche Privilegierung in einseitiger Weise zugunsten der betroffenen Personen, aber zulasten privater Datenverarbeiter. In Privatrechtsverhältnissen zielen die Grundrechte – wie es der BGH ausdrückt – „nicht auf eine möglichst konsequente Minimierung freiheitsbeschränkender Eingriffe"; vielmehr sind sie als „Grundsatzentscheidungen im Ausgleich gleichberechtigter Freiheit" zu entfalten.[95] Die Freiheit des einen ist mit der Freiheit des anderen Grundrechtsträgers in Einklang zu bringen.[96] Aus „grundrechtsimmanenten Gründen"[97] ist daher weder eine extensive noch eine restriktive Auslegung geboten.

## V. Nutzen der Datenverarbeitung: Wissenszuwachs für Staat und/oder Gesellschaft als Bedingung?

Die Verarbeitung zu statistischen Zwecken setzt ferner nicht voraus, dass sie – im Ergebnis – zu einem Wissenszuwachs für Staat und/oder Gesellschaft führt.[98] In diese Richtung weist zwar EG 113 S. 4 DSGVO: Danach sollten bei der Datenverarbeitung zu statistischen Zwecken „die *legitimen gesellschaftlichen Erwartungen* in Bezug auf einen *Wissenszuwachs* berücksichtigt werden".[99] Diese nicht nur für die Statistik[100] ausgesprochene Erwartung ist institutionell unabhängig; es kommt mit anderen Worten nicht darauf an, *wer* dieses Wissen – freilich nach wissenschaftlichen Standards – generiert.[101] Wissen kann der Gesellschaft (und dem Staat[102]) insgesamt jedoch nur dann zuwachsen, wenn die Forschungsergebnisse *veröffentlicht* werden. Das gilt auch für die Statistik (vgl. z. B. § 3 Abs. 1 Nr. 3 BStatG). Die gesellschaftlichen Muster, die die Digitalisierung der Lebenswelt ggf. sichtbar macht, müssen dem öffentlichen Diskurs zugänglich sein. Nur dann partizipiert die Gesellschaft an einem (möglichen) Wissenszuwachs und entdeckt sich – wie *Armin Nassehi* in seiner Theorie der digitalen Gesellschaft schreibt – „neu".[103] Hieran gemessen nähme die

---

[95] BGH ZD 2021, 639 (644, Rn. 59).
[96] BGH ZD 2021, 639 (644, Rn. 59).
[97] Siehe § 7 Fn. 89.
[98] A. A. offenbar *Louven*, in: Taeger/Gabel (Hrsg.), DSGVO/BDSG/TTDSG, 3. Aufl., 2022, Art. 89 Rn. 9. In diese Richtung wohl auch *Assion/Nolte/Veil*, in: Gierschmann/Schlender/Stentzel/Veil (Hrsg.), DSGVO, 2018, Art. 6 Rn. 225.
[99] Hervorhebung d. Verf.; s. bereits EG 88 S. 2 DSGVO-E(KOM); KOM(2012) 11 endgültig, S. 36.
[100] Der Erwägungsgrund erfasst gleichermaßen die Verarbeitung zu historischen Zwecken und zu wissenschaftlichen Forschungszwecken.
[101] Vgl. *Trute*, in: Isensee/Kirchhof (Hrsg.), HStR IV, 3. Aufl., 2006, § 88 Rn. 25.
[102] Zum Verhältnis von Staat und Gesellschaft s. etwa *Rupp*, in: Isensee/Kirchhof (Hrsg.), HStR II, 3. Aufl., 2004, § 31 – passim.
[103] Vgl. *Nassehi*, Muster – Theorie der digitalen Gesellschaft, 2019, S. 45 und 50; s. bereits oben S. 1.

*private* Statistik an dem datenschutzrechtlichen Privileg teil, sofern sie „nur" die *statistischen Ergebnisse im Schlussakt nach außen kommuniziert*. Indes bezieht sich EG 113 S. 4 DSGVO zum einen nur auf den internationalen Datenverkehr: Der Erwägungsgrund ist im Zusammenhang mit der Ausnahmevorschrift des Art. 49 DSGVO zu lesen und daher nicht verallgemeinerbar. Zum anderen geht es ihm darum, den zu erwartenden Wissenszuwachs bei der Frage zu berücksichtigen, ob die Übermittlung personenbezogener Daten auf Grundlage der Ausnahmeregelung[104] zulässig ist. Er formuliert damit gerade kein (zusätzliches) Tatbestandsmerkmal, das für den Statistikbegriff (und die damit zusammenhängende Privilegierung) konstitutiv wäre. Die Datenverarbeitung zu statistischen Zwecken verlangt also gerade *nicht*, dass sie einen Nutzen für die Allgemeinheit hat (und so gesehen im öffentlichen Interesse läge) – auch wenn dies selbstverständlich wünschenswert ist.

## VI. Vergleich zu den wissenschaftlichen Forschungszwecken

Ein Vergleich zu den wissenschaftlichen Forschungszwecken unterstreicht diese Lesart und bestätigt, dass weder die Forschung noch die Statistik einen Gemeinwohlzweck verfolgen *muss*. Mit anderen Worten: Sie müssen nicht im öffentlichen Interesse liegen. Dieser Vergleich liegt schon deshalb nahe, weil beide Verarbeitungszwecke in der Grundverordnung als besondere Verarbeitungssituationen eingestuft und weitgehend parallel geregelt worden sind.[105] Auch inhaltlich liegen sie mitunter nahe beieinander.[106] Das gilt etwa für den Bereich der empirischen Sozialforschung; hier lassen sich die beiden Zwecke ohnedies kaum sinnvoll trennen. Die Datenschutz-Grundverordnung will das Privileg für die Verarbeitung zu Forschungszwecken weit verstanden wissen: Nach ihrem 159. Erwägungsgrund erfasst der Begriff ebenso die „technologische Entwicklung und die Demonstration" wie die „Grundlagenforschung", die „angewandte Forschung" und die „privat finanzierte Forschung". Der Unionsgesetzgeber trägt damit dem primärrechtlich verankerten Ziel Rechnung, einen europäischen Raum der Forschung zu schaffen und zu fördern (Art. 179 Abs. 1 AEUV).[107] In

---

[104] Siehe zu dieser – im Rahmen von *Trusted Smart Statistics* – unten S. 524 ff.
[105] Siehe die Vorschriften in § 7 Fn. 64. Vgl. auch Art. 89 Abs. 2 (Forschung und Statistik), während sich Abs. 3 DSGVO auf die Archivzwecke bezieht.
[106] Vgl. auch *Weichert*, ZD 2020, 18 (22), der hervorhebt, dass die Privilegierung der Statistik „eigenständige Bedeutung" habe. Die Charakterisierung als „Hilfswissenschaft" wird der Statistik jedoch nicht gerecht.
[107] Vgl. *Hornung/Hofmann*, ZD-Beil. 2017, 1 (4). Zum Primärrecht: *Trute/Pilniok*, in: Streinz (Hrsg.), EUV/AEUV, 3. Aufl., 2018, Art. 179 AEUV Rn. 10 ff., die eine „Trias von Zielen" identifizieren: die Stärkung der wissenschaftlichen und technologischen Grundlagen, die Förderung der Entwicklung der Wettbewerbsfähigkeit (einschließlich der ihrer Industrie) sowie die Unterstützung von Forschungsmaßnahmen im Zusammenhang mit anderen Politikfeldern der Union.

diesem „,Binnenmarkt' für Forschung"[108] soll „Freizügigkeit für Forscher" herrschen; wissenschaftliche Erkenntnisse und Technologien sollen darin frei ausgetauscht werden können. Damit ist die „freiheitliche Grundtendenz"[109] dieser Zielbestimmung umschrieben, die nunmehr auch in Art. 13 GRCh ihren grundrechtlichen Ausdruck gefunden hat. Beide Vorschriften erfassen die *private* Forschung, was die sog. Industrieforschung einschließt.[110]

Das europäische Datenschutzrecht macht sich dieses weite Verständnis zu eigen.[111] Indem die Grundverordnung die Verarbeitung zu wissenschaftlichen Forschungszwecken vielfach privilegiert, vollzieht sie die primärrechtlichen Vorgaben auf der sekundärrechtlichen Ebene nach: Das datenschutzrechtliche Forschungsprivileg sucht nach einem Ausgleich zwischen der Wissenschafts- und Forschungsfreiheit einerseits und dem Recht auf Schutz personenbezogener Daten andererseits. Wie sich die Forschung im Einzelnen finanziert, ist unerheblich (vgl. EG 159 S. 2 DSGVO). Ein kommerzielles Interesse „infiziert" den Forschungszweck nicht.[112] Selbst übergeordnete unternehmerische Motive schließen das Verarbeitungsprivileg nicht kategorisch aus. Die (privat organisierte) Markt- und Meinungsforschung wird ebenso von der Privilegierung erfasst.[113] Das Datenschutzsekundärrecht verlangt somit gerade *nicht*, dass die Verarbeitung zu wissenschaftlichen Forschungszwecken auch „im öffentlichen Interesse" liegen *muss*.[114] Diese Lesart bekräftigt EG 159 S. 4 DSGVO: Indem der Verordnungsgeber einzelne „Studien, die im öffentlichen Interesse […]

---

[108] So die Europäische Kommission in ihrem Grünbuch „Der Europäische Forschungsraum: Neue Perspektiven", KOM(2007) 161 endgültig, S. 3.

[109] *Ruffert*, in: Calliess/Ruffert (Hrsg.), EUV/AEUV, 6. Aufl., 2022, Art. 179 AEUV Rn. 9.

[110] Vgl. nur *Bernsdorff*, in: Meyer/Hölscheidt (Hrsg.), GRCh, 5. Aufl., 2019, Art. 13 Rn. 14. S. für Art. 179 AEUV schon den Wortlaut des Abs. 2: „In diesem Sinne unterstützt sie in der gesamten Union die Unternehmen – einschließlich der kleinen und mittleren Unternehmen – […] bei ihren Bemühungen auf dem Gebiet der Forschung und technologischen Entwicklung von hoher Qualität […]".

[111] Siehe aber auch *Caspar*, in: Simitis/Hornung/Spiecker gen. Döhmann (Hrsg.), DatenschutzR, 2019, Art. 89 Rn. 15, der davor warnt, den Forschungsbegriff der Beliebigkeit preiszugeben. Richtig ist, dass er jedenfalls nicht die bloße „Alibiwissenschaft" erfasst, der allenfalls ein Schein von Wissenschaftlichkeit anhaftet, vgl. *Gärditz*, in: Dürig/Herzog/Scholz (Hrsg.), GG, 88. EL (August 2019), Art. 5 Abs. 3 Rn. 73.

[112] Vgl. dazu aus grundgesetzlicher Perspektive *Gärditz*, in: Dürig/Herzog/Scholz (Hrsg.), GG, 88. EL (August 2019), Art. 5 Abs. 3 Rn. 90 ff.

[113] *Hornung/Hofmann*, ZD-Beil. 2017, 1 (4): Das gelte – von Randbereichen abgesehen – sowohl für die Eigen- als auch für die Auftragsforschung (ebenda, S. 5).

[114] A.A. wohl *Caspar*, in: Simitis/Hornung/Spiecker gen. Döhmann (Hrsg.), DatenschutzR, 2019, Art. 89 Rn. 16, der den Anwendungsbereich des Art. 89 DSGVO gegenüber „rein kommerziellen Vorhaben" abgrenzt. Das Ziel der Verarbeitung müsse in der „transparenten Erkenntnisgenerierung für die Allgemeinheit" liegen; gehe es „hauptsächlich" darum, exklusive Markt-, Wettbewerbs- und Absatzpositionen zu verbessern, sei der Begriff der wissenschaftlichen Forschung nicht einschlägig.

durchgeführt werden", besonders hervorhebt („auch"), gibt er zu erkennen, dass es sich insoweit nicht um eine notwendige, sondern bloß um eine hinreichende Bedingung handelt.

Auch eine *Wissenschaftskommunikation* setzt Art. 89 – anders als Art. 85 DSGVO (engl.: „purposes of academic [...] expression") – nicht voraus, ebenso wenig eine Veröffentlichung der Forschungsergebnisse. Dass die Allgemeinheit an der Erkenntnis des Forschers teilhaben kann, ist gewiss wünschenswert, jedoch keine Bedingung für das datenschutzrechtliche Privileg. Diese Interpretation entspricht den grundrechtlichen Wertungen: Weder Art. 13 GRCh noch Art. 5 Abs. 3 GG fordern, dass Forschungsergebnisse zur Veröffentlichung bestimmt sein müssen bzw. am Ende des Erkenntnisprozesses tatsächlich veröffentlicht werden.[115] *Klaus F. Gärditz* weist insofern zu Recht darauf hin, dass die Wissenschaftsfreiheit auch die Freiheit schütze, über das „Ob" und „Wie" der Veröffentlichung zu bestimmen.[116] Für das datenschutzrechtliche Forschungsprivileg gilt nichts anderes: Die Verarbeitungsprozesse, die dazu dienen, „in methodischer, systematischer und nachprüfbarer Weise neue Erkenntnisse zu gewinnen"[117], fallen unter die Privilegierung, und zwar unabhängig davon, ob die so gewonnenen Erkenntnisse – in einem letzten Verarbeitungsschritt – veröffentlicht werden oder nicht. Die gegenteilige Auffassung würde dem Forscher eine Veröffentlichung faktisch aufzwingen, da er andernfalls die datenschutzrechtliche Privilegierung (ggf. rückwirkend) verlöre.

Nach alledem ist festzuhalten: Wer Daten zu (wissenschaftlichen) Forschungszwecken verarbeitet, muss kein öffentliches Interesse verfolgen. Aufgrund der parallelen Regelungstechnik spricht vieles dafür, dass der Unionsgesetzgeber die Verarbeitung zu *statistischen* Zwecken – im Unterschied zu den Archivzwecken – ebenfalls nicht beschränkt sehen wollte.

### VII. Zwischenergebnis

Die Verarbeitung zu statistischen Zwecken beschränkt sich – eingedenk der mit ihr verbundenen Privilegierungen – nicht auf die amtliche Statistik. Der Begriff setzt im Unterschied zu den Archivzwecken auch nicht voraus, dass die Verarbeitung im öffentlichen Interesse liegt. Das folgt aus Wortlaut und Systematik

---

[115] Ein Publikationsgebot ablehnend *Gärditz*, in: Dürig/Herzog/Scholz (Hrsg.), GG, 88. EL (August 2019), Art. 5 Abs. 3 Rn. 103; wohl auch *Ruffert*, in: Calliess/Ruffert (Hrsg.), EUV/AEUV, 6. Aufl., 2022, Art. 13 GRCh Rn. 8.

[116] *Gärditz*, in: Dürig/Herzog/Scholz (Hrsg.), GG, 88. EL (August 2019), Art. 5 Abs. 3 Rn. 103. Wer jedoch nur eine bloße „Arkanwissenschaft" betreibt, unterfällt nicht dem sachlichen Schutzbereich des Art. 5 Abs. 3 GG. Tatbestandsausschließend wirke hier aber nicht der „mangelnde Publikationswille, sondern die methodische Unwissenschaftlichkeit" (ebenda, Rn. 104).

[117] BVerfGE 35, 79 (113) unter Bezugnahme auf BT-Drs. V/4335, S. 4.

des Art. 89 Abs. 1 S. 1 DSGVO. Die Entstehungsgeschichte ist zwar nicht eindeutig, jedoch spricht vieles dafür, dass der Unionsgesetzgeber die Statistikzwecke bewusst nicht in diesem Sinne beschränkt hat. Zum Schutz der Rechte und Freiheiten lässt es die Verordnung genügen, wenn der Verantwortliche als Ausgleich für die datenschutzrechtlichen Privilegierungen geeignete Sicherungsvorkehrungen einhält. Außerdem setzt sie einen Wissenszuwachs für Staat und Gesellschaft nicht zwingend voraus. Wer Daten zu statistischen Zwecken verarbeitet, muss nicht notwendigerweise auch Gemeinwohlzwecke verfolgen. Dies unterstreicht ein Vergleich zu den – weitgehend parallel geregelten – wissenschaftlichen Forschungszwecken: Auch hier muss die Forschung nicht unbedingt im öffentlichen Interesse liegen. Die Zwecke „Forschung" und „Statistik" unterscheiden sich insoweit ganz bewusst von den Archivzwecken.

## D. Weitere Voraussetzungen gemäß EG 162 S. 5 DSGVO?

Die Datenschutz-Grundverordnung enthält in EG 162 S. 5 (scheinbar) weitere Voraussetzungen für eine Verarbeitung, die im Zusammenhang mit statistischen Zwecken stehen. Danach setzt die Verordnung voraus (engl.: „implies"; franz.: „impliquent"), dass

1. „die Ergebnisse der Verarbeitung [...] keine personenbezogenen Daten, sondern aggregierte Daten sind [...]
2. [...] und diese Ergebnisse oder personenbezogenen Daten nicht für Maßnahmen oder Entscheidungen gegenüber einzelnen natürlichen Personen verwendet werden".

Der Erwägungsgrund sieht dem Wortlaut nach zwei weitere Tatbestandsmerkmale für die Verarbeitung zu statistischen Zwecken vor: die Aggregation sowie das datenschutzrechtliche „Rückspielverbot".[118] Zwar sind Erwägungsgründe rechtlich nicht verbindlich.[119] Als bedeutsame Auslegungshilfe sind die jedoch gleichsam „Richtschnur für jede teleologische Interpretation".[120] Sie sind indes stets an den verfügenden Teil der Verordnung rückzubinden, können also normativ nicht für sich alleine stehen. Die Frage ist somit: Stellt der 162. Erwägungsgrund zusätzliche Voraussetzungen für die Verarbeitung zu statistischen Zwecken i. S. d. Art. 89 Abs. 1 DSGVO auf?

---

[118] Dazu ausf. unten S. 319 ff.
[119] EuGH, Urt. v. 19.6.2014 – C-345/13, ECLI:EU:C:2014:2013 – Karen Millen Fashions, Rn. 31; Urt. v. 26.1.2021 – C-422/19, ECLI:EU:C:2021:63 – Hessischer Rundfunk, Rn. 64; st. Rspr. Vgl. dazu auch *Gola*, K&R 2017, 145 (145).
[120] *Köndgen*, in: Riesenhuber (Hrsg.), Europäische Methodenlehre, 3. Aufl., 2014, § 6 Rn. 51.

## I. Ergebnis der Verarbeitung: aggregierte Daten

Der Verordnungsgeber geht davon aus, dass am Ende einer Verarbeitung zu statistischen Zwecken „keine personenbezogenen Daten, sondern aggregierte Daten" vorliegen (EG 162 S. 5 DSGVO). Der Erwägungsgrund formuliert hier einen Gegensatz, der in dieser Absolutheit nicht zutrifft. Denn aggregierte, also zusammengefasste, Daten können sehr wohl einen Personenbezug aufweisen. Dies ist bspw. dann der Fall, wenn sich eine Information auf *alle* Personen einer bekannten Personengruppe bezieht.[121] Personenbezogene Daten liegen ferner dann vor, wenn eine Information bzw. ein Merkmal – trotz Aggregation – auf eine identifizierbare Person „durchschlägt" – etwa, weil die Merkmalsausprägung einmalig ist.[122] Kurzum: Aggregierte Daten sind daher nicht synonym zu nicht-personenbezogenen Daten zu verstehen.[123] Dessen ungeachtet stellt der Teilprozess 5.7 (Aggregate berechnen) im GMAS aus datenschutzrechtlicher Sicht standardmäßig eine *Zäsur* dar.[124] Denn in diesem Verarbeitungsschritt werden aus den Einzelangaben sog. Summendaten für die beobachtete Grundgesamtheit erstellt. Wenn und soweit die generierten Datensätze ein hinreichendes Aggregationsniveau erreichen, endet der Anwendungsbereich des Datenschutzrechts *ipso iure*. Auch wenn der spätere Teilprozess 6.4 des GMAS die Geheimhaltung sicherstellen soll (*Statistical Disclosure Control*[125]), so ist doch nicht auszuschließen, dass im Einzelfall nicht doch ein Personenbezug herstellbar ist. Deshalb genügt es aus datenschutzrechtlicher Sicht, wenn die Statistikbehörde *alle Mittel berücksichtigt, die von ihr oder einem Dritten nach allgemeinem Ermessen wahrscheinlich genutzt werden*, um eine natürliche Person direkt oder indirekt zu identifizieren.[126] EG 162 S. 5 DSGVO formuliert vor diesem Hintergrund eine *Zielvorgabe*, die am Ende (im GMAS in den Teilprozessen 5.7 und 6.4[127]) der statistischen Datenaufbereitung durch ein Wahrscheinlichkeitsurteil festzustellen ist. Jedenfalls aber muss der Vorgang bzw. die Vorgangsreihe *darauf ausgerichtet* sein, dass am Ende des statistischen Produktionsprozesses Aggregate (in der Regel Tabellen) vorliegen, die keinen Personenbezug mehr aufweisen. Diese *Absicht*[128] muss schon im Zeitpunkt der Erhe-

---

[121] *Klar/Kühling*, in: Kühling/Buchner (Hrsg.), DSGVO/BDSG, 3. Aufl., 2020, Art. 4 Nr. 1 Rn. 16.
[122] *Klar/Kühling*, in: Kühling/Buchner (Hrsg.), DSGVO/BDSG, 3. Aufl., 2020, Art. 4 Nr. 1 Rn. 15.
[123] Vgl. zur Anonymisierung, insbes. zum Merkmal der Identifizierbarkeit, unten S. 256.
[124] Siehe dazu bereits oben i. R. d. GMAS, S. 74.
[125] Vgl. dazu bspw. *Hundepool et al.*, Statistical Disclosure Control, 2012; *Elliot/Domingo-Ferrer*, The future of statistical disclosure control, December 2018; *Hoshino*, Japanese Journal of Statistics and Data Science 3 (2020), 721.
[126] EG 26 S. 3 DSGVO; ausf. dazu unten S. 255 ff.
[127] Siehe oben S. 74 f.
[128] Vgl. allg. auch *Britz*, in: Hoffmann-Riem (Hrsg.), Offene Rechtswissenschaft, 2010, S. 575 mit Fn. 52 zur „subjektiven Verwendungsabsicht".

bung vorliegen – nur dann handelt es sich um eine Verarbeitung zu statistischen Zwecken gemäß Art. 89 Abs. 1 DSGVO. Bricht ein Verantwortlicher aber bspw. den Verarbeitungsprozess ab, bevor es zu einer Aggregation der Daten kommt, so wirkt dies nicht auf die bisherigen Verarbeitungsschritte zurück. Eine solche Rückwirkung auf frühere Prozessphasen ist dem europäischen Datenschutzrecht nicht zu entnehmen. Anders gewendet: Die Erhebung personenbezogener Daten zu statistischen Zwecken wandelt sich nicht dadurch in eine nicht-privilegierte Verarbeitung, dass der Verantwortliche die Statistik nicht zu Ende führt und Aggregate berechnet. Die verschiedenen Phasen der Datenverarbeitung bauen zwar (teilweise) aufeinander auf, sind aber grundsätzlich getrennt voneinander zu betrachten.

## II. Keine Maßnahmen oder Entscheidungen gegenüber einzelnen natürlichen Personen

Die statistischen Ergebnisse (einschließlich der personenbezogenen Daten, auf denen die Ergebnisse beruhen) dürfen weder für „Maßnahmen" noch für „Entscheidungen gegenüber einzelnen natürlichen Personen verwendet werden" – so die Erwägung des Verordnungsgebers. Damit formuliert EG 162 S. 5 DSGVO das Verbot, die ursprünglich zu statistischen Zwecken erhobenen und (weiter-) verarbeiteten Daten später gleichsam „zurückzuspielen".[129] Die (verwaltungsgerichtliche) Rechtsprechung hat – wohl in Anlehnung an die statistische Praxis – dafür den Begriff „Rückspielverbot" gefunden.[130] Die Datenverarbeitung zu statistischen Zwecken stellt sich so gesehen als „Einbahnstraße" dar.[131] Dieses Verbot soll nach dem Willen des Verordnungsgebers nicht nur für die Verwaltung, sondern für jeden Verantwortlichen (ggf. auch den Auftragsverarbeiter) gelten. Dabei ist die „Maßnahme" bzw. die „Entscheidung", auf die der Erwägungsgrund abhebt, ein *eigenständiger* Verarbeitungsvorgang. Er ist der Statistik fremd und gehört nicht (mehr) in die Vorgangsreihe wie sie das GMAS (oben § 2; S. 55 ff.) beschreibt. Es handelt sich um eine Verarbeitung zu einem *neuen*, anderen Zweck. Wer (personenbezogene) Daten gegenüber einzelnen natürlichen Personen – und sei es zu deren Vorteil – verwendet, verfolgt, so die Begründungserwägung, niemals statistische Zwecke.[132] Mit einer solchen

---

[129] Nach EG 162 S. 4 DSGVO können die „statistischen Ergebnisse" jedoch für „verschiedene Zwecke" (z.B. für wissenschaftliche Forschungszwecke) weiterverwendet werden.

[130] Siehe z.B. VG Ansbach, Urt. v. 21.6.2012 – AN 4 K 11.02441, juris Rn. 69; vgl. auch BVerfGE 150, 1 (110, Rn. 225) m.w.N., wobei sich das Gericht den Begriff an dieser Stelle wohl nicht zu eigen macht; ebenso OVG Lüneburg, Beschl. v. 3.5.2021 – 11 LA 351/19, juris Rn. 24 sowie Beschl. v. 3.5.2021 – 11 LA 103/20, juris Rn. 43; s. dazu ausf. unten S. 319 ff. m.w.N. in § 8 Fn. 487.

[131] Vgl. dazu schon die Anmerkung von *Kienle*, ZD 2018, 581 (581).

[132] I. d. S. wohl auch *Schwartmann/Mühlenbeck/Wybitul*, in: Schwartmann/Jaspers/Thüsing/Kugelmann (Hrsg.), DSGVO/BDSG, 2. Aufl., 2020, Art. 89 Rn. 38.

*Zweckänderung* verlässt der Verantwortliche die *Sphäre privilegierter Datenverarbeitung*. Der neue Verarbeitungsvorgang richtet sich nach den allgemeinen Regeln – insbesondere finden die Grundsätze der Zweckbindung[133] und Speicherbegrenzung[134] uneingeschränkt Anwendung. Dass die Weiterverarbeitung zu statistikfremden Zwecken nicht privilegiert ist, heißt nicht, dass sie nicht rechtmäßig sein kann. Dies ist eine Frage der Zweckvereinbarkeit[135]. Für die deutsche amtliche Statistik gilt demgegenüber ein *absolutes* Rückspielverbot: Die Statistikbehörde darf personenbezogene Daten nicht in den Verwaltungsvollzug zurückspielen – selbst die Berichtigung von Registern ist von Verfassungs wegen unzulässig.[136] Der Grundsatz der Richtigkeit[137] geht damit auf Kosten eines umfassend verstandenen Grundrechtsschutzes, der bereits weit im Vorfeld der Gefährdung ansetzt.[138]

## E. Kumulierte Verarbeitungszwecke – „Infektionswirkung"

Es kann vorkommen, dass ein Verantwortlicher mit einer Verarbeitung (also einem Vorgang oder einer Vorgangsreihe) mehrere Zwecke verfolgt. Das Datenschutzrecht steht dem nicht prinzipiell entgegen.[139] Die Grundverordnung regelt indes nicht ausdrücklich, wie mit einem solchen „Zweckbündel" oder „Zweckmix" umzugehen ist. So fehlt bspw. Art. 89 Abs. 1 S. 1 DSGVO der Zusatz, dass die Verarbeitung *ausschließlich* statistischen Zwecken dienen muss.[140] Demgegenüber findet sich im Normtext zur Speicherbegrenzung eine solche Beschränkung.[141] Das indiziert einen Gegenschluss: Wenn der Normtext diese Vorausset-

---

[133] Siehe S. 353 ff.
[134] Siehe S. 381 ff.
[135] Zur „relativierte[n] Bindung an den ursprünglich festgelegten Zweck" s. etwa *Albers*, in: Voßkuhle/Eifert/Möllers (Hrsg.), GVerwR, 3. Aufl., 2022, § 22 Rn. 84; zur Prüfung der Zweckvereinbarkeit und die Ausnahme für die Statistik unten S. 358 ff.
[136] Grdl. BVerfGE 65, 1 (64 f.); 150, 1 (109 f., Rn. 225); ausf. dazu unten S. 319 ff.
[137] Art. 5 Abs. 1 Buchst. d DSGVO
[138] Siehe nur *Britz*, in: Hoffmann-Riem (Hrsg.), Offene Rechtswissenschaft, 2010, S. 575 ff. zum deutschen Recht auf informationelle Selbstbestimmung.
[139] Ebenso *Albers*, in: Voßkuhle/Eifert/Möllers (Hrsg.), GVerwR, 3. Aufl., 2022, § 22 Rn. 83 (mit Fn. 310).
[140] Im Gesetzgebungsverfahren brachte z. B. Frankreich einen entsprechenden Regelungsvorschlag ein: „Where personal data are *exclusively* processed for archiving purposes in the public interest, scientific, statistical or historical purposes [...]" (Hervorhebung d. Verf.); s. *Council of the European Union*, Dok. 15544/14 ANNEX, S. 15. Diese Einschränkung ist indes nicht Gesetz geworden. – Vgl. aus dem Statistikrecht z. B. Art. 3 Nr. 8 VO (EG) Nr. 223/2009: Der Ausdruck „Verwendung für statistische Zwecke" bezeichnet „die ausschließliche Verwendung für die Entwicklung und Erstellung statistischer Ergebnisse und Analysen".
[141] Siehe Art. 5 Abs. 1 Buchst. e Hs. 2 DSGVO: „personenbezogene Daten dürfen länger gespeichert werden, soweit die personenbezogenen Daten [...] *ausschließlich* [...] für statisti-

zung nur für den Grundsatz der Speicherbegrenzung festschreibt, gilt sie in anderen Kontexten – etwa für den Grundsatz der Zweckbindung[142] – nicht. Der Verantwortliche könnte dann u. U. privilegierte und nicht-privilegierte Zwecke gleichzeitig verfolgen, ohne die datenschutzrechtlichen Privilegierungen insgesamt einzubüßen.

Diese Lesart widerspricht jedoch der Systematik sowie dem Sinn und Zweck des Art. 89 DSGVO. Die Vorschrift zielt darauf ab, eine „Flucht in die Privilegierung"[143] zu verhindern. Das folgt mittelbar aus Abs. 4, der die Ausnahmen nach Abs. 2 und 3 auf die dort genannten Zwecke (Archiv, Forschung, Statistik) begrenzt. Dient die Verarbeitung „gleichzeitig einem anderen Zweck", gelten die Ausnahmen „nur" für die Zwecktrias. Der Sinn der Vorschrift besteht darin, dass die Betroffenenrechte allein zugunsten der privilegierten Zwecke eingeschränkt werden dürfen. Der Verantwortliche soll sich ihrer nicht entledigen dürfen, indem er nicht-privilegierte und privilegierte Zwecke kombiniert. Denn die erforderlichen Garantien gemäß Abs. 1 stellen die notwendigen Schutzvorkehrungen dar, die eine Ausnahme von den – teils primärrechtlich verbürgten (Art. 8 Abs. 2 S. 2 GRCh) – Rechten der betroffenen Person erst rechtfertigen (können). Auch das Statistikprivileg steht unter diesem Vorbehalt. Das heißt indes nicht, dass der Verantwortliche bei einem Zweckmix lediglich die geeigneten Garantien einzuhalten braucht, um die Privilegierungen in Anspruch nehmen zu können. Stattdessen „infiziert" ein nicht-privilegierter Verarbeitungsvorgang einen für sich genommen privilegierten Verarbeitungsvorgang – jedenfalls dann, wenn sich der Zweckmix nicht auflösen lässt. Sind die verschiedenen Zwecke in einem Verarbeitungsvorgang also untrennbar miteinander verbunden, greift das *Statistikprivileg insgesamt nicht* („Infektionswirkung").[144]

Unschädlich ist es hingegen, wenn die (amtliche) Statistik neben statistischen Zwecken etwa zugleich wissenschaftliche Forschungszwecke verfolgt.[145] Denn

---

sche Zwecke gemäß Artikel 89 Absatz 1 verarbeitet werden" (Hervorhebung d. Verf.); dazu ausf. unten S. 384 ff.

[142] Art. 5 Abs. 1 Buchst. b DSGVO; ausf. dazu unten S. 353 ff.

[143] *Pauly*, in: Paal/Pauly (Hrsg.), DSGVO/BDSG, 3. Aufl., 2021, Art. 89 Rn. 18; zust. *Hense*, in: Sydow (Hrsg.), DSGVO, 2. Aufl., 2018, Art. 89 Rn. 19.

[144] Vgl. auch *Greve*, in: Eßer/Kramer/von Lewinski (Hrsg.), Auernhammer, 7. Aufl., 2020, Art. 89 Rn. 15, der zwischen privilegierten Zwecken und nicht-privilegierten Nebenzwecken unterscheidet. Ähnlich *Caspar*, in: Simitis/Hornung/Spiecker gen. Döhmann (Hrsg.), DatenschutzR, 2019, Art. 89 Rn. 67, der zwischen privilegierten Forschungszwecken und einem „überschießenden" Teil kommerzieller (d. h. nicht-privilegierter) Forschung zu differenzieren scheint. Diese Differenzierung bezieht sich jedoch auf den datenschutzrechtlichen Forschungsbegriff, den *Caspar* enger versteht. Er klammert insbes. rein kommerzielle Forschungsvorhaben (z. B. die Industrieforschung) aus (ebenda, Rn. 16 f.).

[145] EG 162 S. 4 DSGVO befasst sich mit der *Weiterverwendung* der statistischen Ergebnisse u. a. zu wissenschaftlichen Forschungszwecken. Dies ist kein Fall paralleler Zweckverfolgung.

Art. 89 Abs. 1 DSGVO erfasst beide Zwecke gleichermaßen:[146] Sieht der Verantwortliche geeignete Garantien vor, ist die kombinierte Verarbeitung insgesamt privilegiert. Die Zwecktrias sind also miteinander kombinierbar. Die (amtliche) Statistik kann sich insoweit auch auf die Ausnahmen von der Zweckbindung und der Speicherbegrenzung berufen. Beide Grundsätze verlangen lediglich, dass die (Weiter-)Verarbeitung „gemäß Artikel 89 Absatz 1" erfolgt. Der Wortlaut steht einer solchen Interpretation nicht entgegen. Und auch die Ausnahmevorschrift für die Betroffenenrechte (Art. 89 Abs. 2 DSGVO) ist anwendbar: Es genügt, wenn „die Verarbeitung zu den in diesen Absätzen [Anm. d. Verf.: gemeint sind Abs. 2 und 3] genannten Zwecken" stattfindet (Art. 89 Abs. 4 DSGVO). Das schließt mehrere privilegierte Zwecke nicht aus. Damit trägt die Verordnung auch dem Umstand Rechnung, dass die Grenzen zwischen „Statistik" und „Wissenschaft" nicht selten fließend sind. So ist es bspw. Aufgabe des Statistischen Bundesamtes, Daten „unter Verwendung *wissenschaftlicher* Erkenntnisse" sowie „unter Einsatz der jeweils sachgerechten Methoden und Informationstechniken" zu gewinnen (§ 1 S. 3 BStatG). Das Bundesamt muss, will es dem bundesverfassungsgerichtlichen Auftrag[147] gerecht werden, wissenschaftlich-methodische Fragestellungen klären (vgl. auch § 7 Abs. 2 BStatG). Im Statistischen Bundesamt können die Disziplinen „Statistik"[148] und „Wissenschaft" also durchaus zusammenkommen. In diese Richtung geht auch die Charakterisierung von *Jürgen Chlumsky* et al., wonach die amtliche Statistik „Öffentliche Verwaltung *und* Wissenschaft" sei.[149] Damit soll freilich nicht gesagt werden, dass jede amtliche Statistikproduktion unter den (datenschutzrechtlichen) Forschungsbegriff fällt. Dennoch gibt es mit dem Institut für Forschung und Entwicklung in der Bundesstatistik (IFEB) eine Einrichtung innerhalb des Statistischen Bundesamtes, die je nach Verarbeitungskontext durchaus unter den Begriff der Forschung fallen kann.

---

[146] Etwas anderes gilt aber für Art. 85 DSGVO. Diese Vorschrift greift u.a. nur für wissenschaftliche, nicht aber für statistische Zwecke. Zur Abgrenzung zwischen Art. 85 und 89 DSGVO im Hinblick auf Forschungszwecke z.B. *Schwartmann/Mühlenbeck/Wybitul*, in: Schwartmann/Jaspers/Thüsing/Kugelmann (Hrsg.), DSGVO/BDSG, 2. Aufl., 2020, Art. 89 Rn. 11.
[147] BVerfGE 150, 1 – Leitsatz 7.
[148] Unter dem Begriff „Statistik" firmieren nach *Chlumsky/Egeler/Zwick*, in: Bönders (Hrsg.), Kompetenz und Verantwortung in der Bundesverwaltung, 2009, S. 725 zwei Wissenschaften: die *statistische Methodenlehre* einerseits und die *angewandte Statistik* im Bereich der Datenproduktion andererseits.
[149] So *Chlumsky/Egeler/Zwick*, in: Bönders (Hrsg.), Kompetenz und Verantwortung in der Bundesverwaltung, 2009, S. 734 – Hervorhebung d. Verf.; zur Zusammenarbeit der amtlichen Statistik mit der Wissenschaft *Chlumsky/Zwick*, FS Hahlen/Krupp, 2008, S. 62 ff.

## F. Ergebnis

Die Verarbeitung zu statistischen Zwecken erfasst jeden Vorgang (oder jede Vorgangsreihe) im Zusammenhang mit personenbezogenen Daten, der darauf gerichtet ist, ein Massenphänomen in einer betrachteten Grundgesamtheit zu beschreiben. Grundgesamtheit meint die Summe aller statistischen Einheiten, wobei der Anwendungsbereich des (europäischen) Datenschutzrechts nur dann eröffnet ist, wenn es sich dabei um natürliche Personen handelt. Die datenschutzrechtliche Privilegierung beschränkt sich nicht auf die amtliche Statistik; auch private Akteure können Daten zu statistischen Zwecken verarbeiten. Anders als bei den Archivzwecken muss die Verarbeitung nicht im öffentlichen Interesse liegen. Die Verordnung setzt jedoch voraus, dass es sich bei den statistischen Ergebnissen um aggregierte Daten handelt, die keinen Personenbezug mehr aufweisen. Ob dieses Ergebnis tatsächlich erreicht wird, ist unerheblich. Der Verantwortliche muss aber (subjektiv) eine entsprechende Absicht haben, was für jede Verarbeitungsphase gesondert festzustellen ist.

## § 8. Geeignete Garantien (Sicherungsvorkehrungen)

Die Verarbeitung zu statistischen Zwecken[1] unterliegt *geeigneten Garantien* für die Rechte und Freiheiten der betroffenen Personen – so verfügt es Art. 89 Abs. 1 S. 1 DSGVO[2]. Die geeigneten Garantien (engl.: „appropriate safeguards"; franz.: „garanties appropriées") erfüllen eine wichtige Scharnierfunktion, indem sie das Statistikprivileg[3] einerseits bedingen, andererseits aber auch rechtfertigen (dazu B.). Mit anderen Worten: Weil der Verantwortliche (ggf. auch der Auftragsverarbeiter[4]) geeignete Sicherungsvorkehrungen für die Rechte und Freiheiten (dazu A.) der betroffenen Personen vorsieht, gewährt das europäische Datenschutzrecht der Statistik Ausnahmen von bestimmten Grundsätzen, Verarbeitungsverboten und Betroffenenrechten. Mit diesen Garantien stellt der Unionsgesetzgeber sicher, dass technische und organisatorische Maßnahmen bestehen (dazu E.). Sie sollen „insbesondere" gewährleisten, dass die verantwortlichen Akteure den Grundsatz der Datenminimierung[5] achten. Im Sinne eines *abgestuften Ansatzes*[6] formuliert Art. 89 Abs. 1 DSGVO einen „Vorrang der Anonymisierung" (dazu C.). Können die statistischen Zwecken auf diese Weise nicht erfüllt werden, greift – gleichsam auf der zweiten Stufe – die Obliegenheit, personenbezogene Daten – wenn möglich – zu pseudonymisieren (dazu D.). Im Vergleich zur Datenschutzrichtlinie, die nur punktuelle Sonderregelungen für die Statistik enthielt[7], hat der Verordnungsgeber die einzelnen Regelungen nunmehr über die Norm des Art. 89 DSGVO „verklammert"

---

[1] Entsprechendes gilt für Archivzwecke und (wissenschaftliche oder historische) Forschungszwecke.

[2] Siehe entsprechend für die Organe und Einrichtungen der EU: Art. 13 VO (EU) 2018/1725.

[3] Dazu sogleich unter § 9, S. 352 ff.

[4] Siehe zum Begriff der Auftragsverarbeitung unten S. 498.

[5] Art. 5 Abs. 1 Buchst. c DSGVO; dazu bspw. *Finck/Biega*, Technology and Regulation 2021, 44 ff.; zu dem Datenschutzgrundsatz unten S. 484.

[6] *Pauly*, in: Paal/Pauly (Hrsg.), DSGVO/BDSG, 3. Aufl., 2021, Art. 89 Rn. 12; ähnlich *Hense*, in: Sydow (Hrsg.), DSGVO, 2. Aufl., 2018, Art. 89 Rn. 11 („abgestufter Schutzansatz"); *Louven*, in: Taeger/Gabel (Hrsg.), DSGVO/BDSG/TTDSG, 3. Aufl., 2022, Art. 89 Rn. 10 („abgestuftes Regelungskonzept").

[7] Vgl. Art. 6 Abs. 1 Buchst. b (Zweckbindung) und Buchst. e (Speicherbegrenzung), Art. 11 Abs. 2 (Informationspflicht bei Dritterhebung), Art. 12 Abs. 2 (Einschränkungen des Auskunftsrechts); dazu auch *Pauly*, in: Paal/Pauly (Hrsg.), DSGVO/BDSG, 3. Aufl., 2021, Art. 89 Rn. 4.

und systematisiert.[8] Diese unionsrechtlichen Vorgaben sind jeweils mit den „besonderen Anforderungen" zu vergleichen, die das BVerfG für die Datenverarbeitung zu statistischen Zwecken im Volkszählungsurteil entwickelt und in der Entscheidung zum Zensus 2011 bestätigt hat: Um das Recht auf informationelle Selbstbestimmung zu sichern, bedarf es

„besonderer Vorkehrungen für [die] Durchführung und Organisation der Datenerhebung und -verarbeitung".[9]

Die Rechtsprechung des BVerfG ist dabei in das gestaltungsoffene Unionsrecht[10] zu integrieren. Sie bindet den deutschen Gesetzgeber, wenn er die Datenverarbeitung der amtlichen Statistik im Bereich der Öffnungsklauseln ausgestaltet. Soweit von Verfassungs wegen für die Bundesstatistik besondere Sicherungsvorkehrungen geboten sind (dazu F.), lassen sich diese als geeignete Garantien i. S. d. Art. 89 Abs. 1 S. 1 DSGVO begreifen – sie sichern die Rechte und Freiheiten der natürlichen Personen gegenüber dem Staat ab.

## A. „Rechte und Freiheiten" als Schutzgüter

Die geeigneten Garantien dienen dem Schutz der „Rechte und Freiheiten der betroffenen Person gemäß dieser Verordnung". Eine weitergehende Konkretisierung enthält Art. 89 Abs. 1 S. 1 DSGVO nicht. Das Schutzgut ist mit dem Begriffspaar „Rechte und Freiheiten" denkbar weit angelegt. Das europäische Datenschutzrecht präzisiert die vielfach[11] gebrauchte Formel nicht.[12] Letztlich geht es um die – umstrittene und nach wie vor nicht gelöste – Frage nach dem Schutzgut des Datenschutzrechts.[13] Die Datenschutz-Grundverordnung enthält nach Art. 1 Abs. 1 „Vorschriften zum Schutz natürlicher Personen bei der Verarbei-

---

[8] Vgl. auch *Caspar*, in: Simitis/Hornung/Spiecker gen. Döhmann (Hrsg.), DatenschutzR, 2019, Art. 89 Rn. 1.
[9] BVerfGE 65, 1 (49); 150, 1 (108, Rn. 223 ff.) = ZD 2018, 578 m. Anm. *Kienle*.
[10] Vgl. BVerfGE 152, 152 (170, Rn. 45 ff.) – Recht auf Vergessen I; ausf. oben S. 165 ff.
[11] Das Begriffspaar „Rechte und Freiheiten" findet sich 32 Mal im verfügenden Teil; „Grundrechte und Grundfreiheiten" hingegen lediglich 6 Mal.
[12] Anders bei der Datenverarbeitung im Beschäftigungskontext: Nach Art. 88 Abs. 2 DSGVO müssen die mitgliedstaatlichen Vorschriften „geeignete und besondere Maßnahmen zur Wahrung der menschlichen Würde, der berechtigten Interessen und der Grundrechte der betroffenen Person, insbesondere im Hinblick auf die Transparenz der Verarbeitung […]" umfassen.
[13] Vgl. zur sog. Schutzgutdebatte etwa *Stentzel*, PinG 2015, 185 ff.; *Botta*, DVBl 2021, 290 (290 ff.).

tung personenbezogener Daten und zum freien Verkehr solcher Daten[14]";[15] sie schützt allgemein die „Grundrechte und Grundfreiheiten natürlicher Personen". Dazu gehört insbesondere das Recht auf Schutz personenbezogener Daten, das Art. 8 Abs. 1 GRCh und Art. 16 Abs. 1 AEUV[16] primärrechtlich verbürgen. Mit „Rechte und Freiheiten" i. S. d. Art. 89 Abs. 1 S. 1 DSGVO sind daher zuvörderst die europäischen Grundrechte und Grundfreiheiten gemeint, wenngleich das materielle Schutzgut damit nur unwesentlich präziser beschrieben ist. Angesprochen sind damit allen voran das Recht auf Achtung des Privatlebens (Art. 7) sowie das Recht auf Schutz personenbezogener Daten (Art. 8 GRCh). Dass der Datenschutz weder ein Selbstzweck ist, noch „Daten" um ihrer selbst willen schützt, gilt inzwischen als Allgemeinplatz.[17] Allerdings weist *Jörn Reinhardt* zu Recht darauf hin, dass die „deutungsoffene Formulierung des Datenschutzgrundrechts" gemäß Art. 8 Abs. 1 GRCh („Jede Person hat das Recht auf Schutz der sie betreffenden personenbezogenen Daten") noch kein „spezifisch grundrechtliches Datenschutzkonzept" nahelege.[18] Mit *Nikolaus Marsch* ist das europäische Datenschutzgrundrecht in seiner abwehrrechtlichen Dimension mit anderen Freiheitsgrundrechten zu lesen: Art. 8 Abs. 1 GRCh kann sich so gesehen freiheitsakzessorisch zu anderen Freiheitsgrundrechten verhalten, indem es diese jeweils verstärkt; in der Kombination mit Art. 7 GRCh entfaltet das Datenschutzgrundrecht instrumentellen Schutz im Vorfeld von Verletzungen der Privatheit natürlicher Personen.[19] Letztere schützt dabei insbesondere vor

„Gefährdungen der inneren Entfaltungsfreiheit, die mit staatlichen Datenverarbeitungsprozessen einhergehen können".[20]

Ohne dass damit eine Gleichsetzung mit dem Vorfeldschutz des deutschen Rechts auf informationelle Selbstbestimmung verbunden wäre, so sind doch ge-

---

[14] Nach *Hornung/Spiecker gen. Döhmann*, in: Simitis/Hornung/Spiecker gen. Döhmann (Hrsg.), DatenschutzR, 2019, Art. 1 Rn. 5 sei der „freie Datenverkehr" das zweite Schutzgut der DSGVO; a. A. *Botta*, DVBl 2021, 290 (293 ff.): dem unionalen Datenschutzrecht sei ein dualer Regelungsansatz fremd, die DSGVO enthalte keine materiell-rechtlichen Vorschriften zum Schutz des freien Datenverkehrs („nicht weniger Datenschutz zugunsten freier Informationsflüsse, sondern freie Informationsflüsse dank einheitlich hoher Datenschutzstandards").
[15] *Botta*, DVBl 2021, 290 (294) misst der Vorschrift eine „rein formale Funktion" zu, sie wiederhole lediglich die Rechtsetzungskompetenz des Art. 16 Abs. 2 UAbs. 1 S. 1 AEUV.
[16] *Marsch*, Das europäische Datenschutzgrundrecht, 2018, S. 63: „[z]wei Rechtssätze, eine Rechtsnorm".
[17] Siehe nur *von Lewinski*, Die Matrix des Datenschutzes, 2014, S. 4 f.; s. auch *Britz*, in: Hoffmann-Riem (Hrsg.), Offene Rechtswissenschaft, 2010, S. 573: äußerer Schutzgegenstand und materielle Schutzrichtung fielen auseinander; informationelle Selbstbestimmung werde nicht um ihrer selbst willen geschützt.
[18] *Reinhardt*, AöR 142 (2017), 528 (531).
[19] *Marsch*, Das europäische Datenschutzgrundrecht, 2018, S. 203 ff.
[20] *Marsch*, Das europäische Datenschutzgrundrecht, 2018, S. 209.

wisse Parallelen erkennbar. *Johannes Masing* fasst die Rechtsprechung hierzu wie folgt zusammen: Das BVerfG habe

„den Datenschutz nicht als Sondergewährleistung allein eines speziellen Grundrechts, sondern als freiheitssichernden Bestandteil der je verschiedenen Grundrechte"

angesehen.[21] Beide Grundrechte (das europäische Datenschutzgrundrecht und das deutsche Recht auf informationelle Selbstbestimmung) haben demnach eine *freiheitssichernde Funktion.* Geschützt ist bspw. die Privatsphäre (Art. 7 GRCh), aber auch die Entfaltung anderer Freiheitsrechte im öffentlichen Raum – etwa die Gedanken-, Gewissens- und Religionsfreiheit (Art. 10 GRCh) oder die Meinungsfreiheit (Art. 11 GRCh). Auch wer politische Freiheitsrechte wie die Versammlungs- und Vereinigungsfreiheit (Art. 12 GRCh) ausübt oder ausüben will, braucht „Datenschutz".[22] In der abwehrrechtlichen Dimension ist staatliche[23] Informationsmacht zu begrenzen, damit sich individuelle Freiheit entfalten kann.[24] Das gilt insbesondere im Kontext der amtlichen Statistik, bei der der Staat dem Bürger oftmals mit Zwang[25] (Auskunftspflicht) gegenübertritt. Der Staat nimmt Einblick in sensible Lebensbereiche (vgl. etwa §§ 7 und 8 MZG) seiner Bürger. Die hier benannten Grundrechte errichten insofern einen „Vorfeldschutz".[26] Das Sekundärrecht verlangt in Art. 89 Abs. 1 DSGVO „geeignete Garantien", um insbesondere diese Freiheitsrechte wirksam zu schützen.

---

[21] *Masing*, in: Hoffmann-Riem (Hrsg.), Offene Rechtswissenschaft, 2010, S. 482.

[22] Zu dieser Verknüpfung von Datenschutz und Freiheitsrechten z.B. auch *Buchner*, in: Kühling/Buchner (Hrsg.), DSGVO/BDSG, 3. Aufl., 2020, Art. 1 Rn. 13. Vgl. bereits BVerfGE 65, 1 (43).

[23] Zur mittelbaren Drittwirkung des Art. 8 GRCh s. etwa *Streinz/Michl*, EuZW 2011, 384 ff.; *Reinhardt*, AöR 142 (2017), 528 (544 ff.); *Marsch*, Das europäische Datenschutzgrundrecht, 2018, S. 247 ff.; vgl. auch BVerfGE 152, 216 (253 f., Rn. 96 f.); zum verfassungsrechtlichen Schutz des informationellen Selbstbestimmungsrechts unter Privaten s. etwa *Di Fabio*, in: Dürig/Herzog/Scholz (Hrsg.), GG, 39. EL (Juli 2001), Art. 2 Abs. 1 Rn. 189 ff.; BVerfGE 152, 152 (185, Rn. 76 ff.) zur mittelbaren Drittwirkung des Allgemeinen Persönlichkeitsrechts. Vgl. zur Unterscheidung zwischen öffentlichem und privatem Datenschutz *Masing*, NJW 2012, 2305 (2306 ff.).

[24] Vgl. zu Art. 2 Abs. 1 GG auch *Bumke*, in: Hoffmann-Riem (Hrsg.), Offene Rechtswissenschaft, 2010, S. 457: „Die Freiheitlichkeit eines Gemeinwesens zeigt sich [...] gerade auch bei [...] kleinen Dingen [Anm.: *Bumke* verweist zuvor auf das Beispiel Füttern von Tauben], die dem Einzelnen trotzdem wichtig sein können".

[25] Zur Datenerhebung auf freiwilliger Basis (Einwilligung) s. oben § 4, S. 95 ff.

[26] Vgl. dazu z.B. *Britz*, in: Hoffmann-Riem (Hrsg.), Offene Rechtswissenschaft, 2010, S. 574 ff., die zugleich darauf hinweist, dass die Entscheidungen des BVerfG regelmäßig darum bemüht seien, zu zeigen, worin die besondere Gefährdungslage einer Informationsmaßnahme bestehe (578). Krit. zur Weite und Undifferenziertheit des „Vorfeldschutzes" *Veil*, NVwZ 2018, 686 (688 f.), dort aber wohl v.a. in Bezug auf die Datenverarbeitung Privater.

## B. Funktion: geeignete Garantien als Bedingung und Rechtfertigung des Statistikprivilegs

Art. 89 Abs. 1 DSGVO ist, wie gezeigt[27], kein Erlaubnistatbestand. Vielmehr liegt der Norm ein „spezifisches Ausgleichskonzept"[28] zugrunde. Dies kommt im Wortlaut der Vorschrift indes nur unzureichend zum Ausdruck. Nach dessen Satz 1 „unterliegt" die Verarbeitung zu statistischen Zwecken geeigneten Garantien für die Rechte und Freiheiten der betroffenen Personen. Die Verordnung fordert sie nicht nur für die Statistik; auch die Verarbeitung einer nationalen Kennziffer oder anderer Kennzeichen von allgemeiner Bedeutung (Art. 87 DSGVO) setzt sie voraus: Der Mitgliedstaat darf bspw. ein Personenkennzeichen[29] verwenden (S. 1), muss dabei jedoch „geeignete Garantien" wahren (S. 2).

In beiden „besonderen Verarbeitungssituationen" formulieren sie eine *Bedingung* für die datenschutzrechtliche Privilegierung. Dieser Vorbehalt[30] scheint denn auch in anderen Bestimmungen auf: So greift die Ausnahme für die Informationspflicht gemäß Art. 14 DSGVO nur „*vorbehaltlich* der in Artikel 89 Absatz 1 genannten Bedingungen und Garantien" (Abs. 5 Buchst. b).[31] Gleiches gilt für die Öffnungsklausel des Art. 89 Abs. 2 DSGVO: Ausnahmen für die dort genannten Betroffenenrechte dürfen die Gesetzgeber nur dann vorsehen, wenn zugleich die „Bedingungen und Garantien gemäß Absatz 1 des vorliegenden Artikels" gewahrt sind. Anders gewendet: Die Verordnung privilegiert die statistische Datenverarbeitung[32], fordert zum Ausgleich aber angemessene Sicherungsvorkehrungen.[33] Die *Ausgleichsfunktion* der geeigneten Garantien bringt die englische Sprachfassung („shall be subject to appropriate *safeguards*"[34]) deutlicher zum Ausdruck. In diesem Sinne vermögen die unionsrechtlich geforderten Garantien die Privilegierung der statistischen Zwecke zu rechtfertigen. Die Regelung verträgt sich überdies mit dem risikobasierten Ansatz der Grundverordnung: Das gesteigerte Risiko, das insbesondere mit der gelockerten Zweckbindung und der Ausnahme von der Speicherbegrenzung einhergeht, wird durch strengere Sicherungsvorkehrungen kompensiert. Art. 89 Abs. 1

---

[27] Siehe oben mit S. 137 weiteren Nachweisen in § 5 Fn. 3.
[28] So *Buchner/Tinnefeld*, in: Kühling/Buchner (Hrsg.), DSGVO/BDSG, 3. Aufl., 2020, Art. 89 Rn. 3.
[29] Zu den Begriffen s. *von Lewinski*, in: Wolff/Brink (Hrsg.), BeckOK DatenschutzR, 40. Ed. (1.5.2022), Art. 87 Rn. 24 ff.
[30] Siehe nur *Buchner/Tinnefeld*, in: Kühling/Buchner (Hrsg.), DSGVO/BDSG, 3. Aufl., 2020, Art. 89 Rn. 1 („Vorbehalt geeigneter Garantien").
[31] Hervorhebung d. Verf. Ausf. zu dieser Privilegierung unten S. 419 ff.
[32] Entsprechendes gilt für die beiden anderen Zwecke: Forschung und Archive.
[33] Vgl. dazu *Pauly*, in: Paal/Pauly (Hrsg.), DSGVO/BDSG, 3. Aufl., 2021, Art. 89 Rn. 3; s. auch EG 162 S. 2 sowie allg. EG 156 DSGVO. *Caspar*, in: Simitis/Hornung/Spiecker gen. Döhmann (Hrsg.), DatenschutzR, 2019, Art. 89 Rn. 49 spricht insofern von „Kompensation".
[34] Hervorhebung d. Verf.

DSGVO fordert für die Verarbeitung zu statistischen Zwecken daher ein *höheres Schutzniveau* („verschärfte[…] Anforderungen"[35]; „erhöhte[r] Mindeststandard"[36]), das das Risiko für die Rechte und Freiheiten der betroffenen Personen auf ein „normales" Maß zurückführt.[37]

Für diesen sektorspezifischen Ausgleichsmechanismus findet sich in der Rechtsprechung des BVerfG zur statistischen Datenverarbeitung eine Parallele. Im Urteil zum Zensus 2011 hat das Gericht dies wie folgt zusammengefasst: Da es zum – vom Verfassungsgeber vorausgesetzten – Wesen der Statistik gehöre, dass die Daten nach einer statistischen Aufbereitung für die verschiedensten, nicht von vornherein bestimmbaren Aufgaben verwendet werden, gelten für Volkszählungen *Ausnahmen* von den Erfordernissen einer konkreten Zweckumschreibungen, vom Verbot, personenbezogene Daten auf Vorrat zu sammeln, sowie von den Anforderungen für Weitergabe und Verwertung.[38] Diesen Privilegierungen stellt das Gericht jedoch zum Ausgleich entsprechende *Schranken* gegenüber.[39] So dürfe die Datenerhebung und -verarbeitung zu statistischen Zwecken nur Hilfe zur Erfüllung öffentlicher Aufgaben sein (dienende Funktion). Auch dürfe der Staat nicht jede Angabe verlangen. Vielmehr müsse der Gesetzgeber jeweils prüfen, ob das Ziel der Statistik nicht auch durch eine anonymisierte Erhebung zu erreichen sei.[40] Darüber hinaus bedürfe es *besonderer Vorkehrungen* für die Durchführung und Organisation der Datenerhebung und -verarbeitung, da die Daten während der Erhebung und auch noch nach der Speicherung zumindest teilweise individualisierbar blieben.

---

[35] Vgl. z.B. *Pauly*, in: Paal/Pauly (Hrsg.), DSGVO/BDSG, 3. Aufl., 2021, Art. 89 Rn. 10; s. aber auch *Buchner/Tinnefeld*, in: Kühling/Buchner (Hrsg.), DSGVO/BDSG, 3. Aufl., 2020, Art. 89 Rn. 3, die bezweifeln, dass Art. 89 DSGVO über den Regelungsgehalt allg. Vorschriften (z.B. Art. 25 Abs. 1 DSGVO) hinausgehe; ebenso *Golla*, in: Specht/Mantz (Hrsg.), Handbuch Europäisches und deutsches Datenschutzrecht, 2019, § 23 Rn. 49, für den ein tatsächlicher Mehrwert des Art. 89 „zweifelhaft" ist, da die Regelung ggü. den allgemeinen Vorgaben keine „nennenswerten Konkretisierungen" enthalte.

[36] So *Golla*, in: Specht/Mantz (Hrsg.), Handbuch Europäisches und deutsches Datenschutzrecht, 2019, § 23 Rn. 46 in Bezug auf die Forschungszwecke; vgl. auch *Pauly*, in: Paal/Pauly (Hrsg.), DSGVO/BDSG, 3. Aufl., 2021, Art. 89 Rn. 1 und 10.

[37] Sind die Garantien ungeeignet oder unzureichend, entfällt die Privilegierung kraft Gesetzes. Das macht die Datenverarbeitung aber nicht zwangsläufig rechtswidrig. Die Frage der Rechtmäßigkeit ergibt sich demgegenüber aus den allgemeinen Bestimmungen, insbes. aus Art. 6 DSGVO, s. oben Zweiter Teil, S. 93 ff.; zu sensiblen Daten (Art. 9 DSGVO) s. unten S. 404 f.

[38] BVerfGE 150, 1 (108, Rn. 223).

[39] Siehe dazu und im Folgenden BVerfGE 150, 1 (108 f., Rn. 224); grdl. BVerfGE 65, 1 (48 ff.). Vgl. zu verfahrensrechtlichen Anforderungen im Kontext einer Telekommunikationsüberwachung BVerfGE 100, 313 (395 f.); dazu *Masing*, in: Hoffmann-Riem (Hrsg.), Offene Rechtswissenschaft, 2010, S. 479.

[40] Zu Anonymität und Anonymisierung unten C., S. 255 ff.

Damit verfolgt das BVerfG ein dem unionalen Datenschutzrecht vergleichbares Ausgleichskonzept: Es erkennt die faktischen Besonderheiten der (amtlichen) Statistik an, verlangt aber grundrechtssichernde Maßnahmen, um die Privilegierungen verfassungsrechtlich zu rechtfertigen. Im Ergebnis steht das unionale Datenschutzrecht in einer geradezu frappierenden Harmonie mit den verfassungsrechtlichen Vorgaben. Etwaige Grundrechtskonflikte im unionrechtlich nicht vollständig determinierten Bereich[41] werden so vermieden, jedenfalls aber erheblich reduziert.

## C. Anonymität und Anonymisierung

Im Sinne eines abgestuften Ansatzes[42] muss der Verantwortliche zunächst prüfen, ob eine *Anonymisierung* der personenbezogenen Daten möglich ist (vgl. Art. 89 Abs. 1 S. 4 DSGVO). Dafür ist vorab zu skizzieren, was datenschutz- und statistikrechtlich unter diesem Begriff zu verstehen ist (dazu I.). Dabei bezeichnet Anonymisierung – entsprechendes gilt für die Pseudonymisierung[43] – einen *Vorgang*[44], während sich der Begriff der Anonymität auf einen *Zustand*, ein Ergebnis, bezieht. Im Fokus stehen hier weniger die Verfahren zur Anonymisierung[45] denn vielmehr das normative Konzept. In diesem Rahmen sind die unions- (dazu II.) und verfassungsrechtlichen Direktiven (dazu III.) gegenüberzustellen, ehe am Beispiel der Trennung und Löschung der Hilfsmerkmale (§ 12 BStatG; dazu IV.) zu prüfen ist, ob und inwieweit dieses Ziel jeweils erreicht wird.

### I. Zum Begriff der Anonymität

Ab wann sind (personenbezogene) Daten im Rechtssinne anonym bzw. anonymisiert? Diese Frage ist nicht leicht zu beantworten. Sie ist aber schon deshalb von zentraler Bedeutung, weil mit ihr die Anwendbarkeit des gesamten Datenschutzrechts steht und fällt (dazu 1.). Maßgeblich sind insoweit ausschließlich[46]

---

[41] Siehe dazu oben S. 165 ff.
[42] *Pauly*, in: Paal/Pauly (Hrsg.), DSGVO/BDSG, 3. Aufl., 2021, Art. 89 Rn. 12.
[43] Vgl. Art. 4 Nr. 5 DSGVO; dazu ausf. unten S. 275 ff.
[44] Ebenso z. B. *Gierschmann*, ZD 2021, 482 (482). Zur umstrittenen Frage, ob die Anonymisierung als Verarbeitung personenbezogener Daten einer Rechtsgrundlage bedarf s. etwa *Hornung/Wagner*, ZD 2020, 223 ff. (dafür); a. A. etwa *Thüsing/Rombey*, ZD 2021, 548 ff., die den Anonymisierungsvorgang als solchen nicht unter den Verarbeitungsbegriff subsumieren.
[45] Siehe für die Statistik: *Höhne*, Verfahren zur Anonymisierung von Einzeldaten, 2010 – passim; aus datenschutzrechtlicher Sicht *Art. 29-Datenschutzgruppe*, Stellungnahme 5/2014 zu Anonymisierungstechniken – WP216, 2014; ferner *Hansen*, in: Simitis/Hornung/Spiecker gen. Döhmann (Hrsg.), DatenschutzR, 2019, Art. 4 Nr. 5 Rn. 50 ff.; *Winter/Battis/Halvani*, ZD 2019, 489 (490 f.) zur Anonymisierung strukturierter Daten.
[46] Davon ist dogmatisch insbes. die Frage zu unterscheiden, wann der Schutzbereich des deutschen Rechts auf informationelle Selbstbestimmung eröffnet ist.

die Begriffsbestimmungen der Datenschutz-Grundverordnung, insbesondere Art. 4 Nr. 1. Im Statistikrecht haben sich eigenständige Begriffe herausgebildet, die sich in drei Anonymitätsgraden (formale, faktische und absolute Anonymität) ausdrücken (dazu 2.). Diese Grade sind – soweit das Bezugssubjekt eine natürliche Person ist – mit dem europäischen Datenschutzrecht zu vergleichen (dazu 3.).

*1. Anonymität aus Sicht des Datenschutzrechts: Wann sind Daten nicht (mehr) personenbezogen?*

Die Datenschutz-Grundverordnung definiert nicht, was sie unter anonymisierten Daten versteht. Es fehlt – anders als z. B. im alten Bundesdatenschutzgesetz (§ 3 Abs. 6[47]) oder im japanischen Datenschutzgesetz („anonymously processed information")[48] – an einer positiven Begriffsbestimmung. Anhaltspunkte enthält immerhin EG 26 DSGVO: Nach dessen Satz 5 sollten die Grundsätze des Datenschutzes nicht für „anonyme Informationen" (engl.: „anonymous information") gelten. Der Unionsgesetzgeber will darunter zum einen solche Informationen verstanden wissen, „die sich nicht auf eine identifizierte oder identifizierbare natürliche Person beziehen"; zum anderen erfasst der Erwägungsgrund personenbezogene Daten, die in einer Weise anonymisiert wurden, „dass die betroffene Person nicht oder nicht mehr identifiziert werden kann". Anonymität ist hier *negativ* definiert – und zwar als Gegenbegriff zum personenbezogenen Datum (Art. 4 Nr. 1 DSGVO). Dem schließen sich andere europäische Rechtsakte, insbesondere die VO (EU) 2018/1807 zum freien Verkehr nicht-personenbezogener Daten[49] und der Data Governance Act[50], an. Mit dieser Regelungstechnik entsteht – zumindest rechtstheoretisch – ein „kohärentes Regelwerk"[51]. In der Praxis fällt die Abgrenzung indes oftmals alles andere als leicht, etwa bei

---

[47] Nach dieser Legaldefinition meinte „Anonymisieren [...] das Verändern personenbezogener Daten derart, dass die Einzelangaben über persönliche oder sachliche Verhältnisse nicht mehr oder nur mit einem unverhältnismäßig großen Aufwand an Zeit, Kosten und Arbeitskraft einer bestimmten oder bestimmbaren natürlichen Person zugeordnet werden können." Vgl. auch die Legaldefinitionen in einzelnen Landesdatenschutzgesetzen, s. z.B. § 2 Abs. 4 HDSIG; zur Frage, ob dem mitgliedstaatlichen Gesetzgeber insofern eine Regelungskompetenz zusteht s. *Meyer*, ZD 2021, 669 (672 f.).
[48] Dazu *Geminn/Laubach/Fujiwara*, ZD 2018, 413 ff.; ferner *Roßnagel/Geminn*, ZD 2021, 487 (488 f.). Vgl. auch Europäische Kommission, Durchführungsbeschluss (EU) 2019/419 v. 23.1.2019, L 76/1, dort EG 27 („anonym verarbeitete personenbezogene Informationen").
[49] Art. 3 Nr. 1: der Ausdruck „Daten" bezeichne hier „Daten, die keine personenbezogenen Daten im Sinne des Artikels 4 Nummer 1 der Verordnung (EU) 2016/679 sind".
[50] Art. 2 Nr. 4: „nicht personenbezogene Daten" meint hier „keine personenbezogenen Daten". Für den Begriff des personenbezogenen Datums verweist Art. 2 Nr. 3 DGA auf Art. 4 Nr. 1 DSGVO.
[51] So explizit EG 10 VO (EU) 2018/1807.

Geodaten⁵².⁵³ Bislang fehlen insbesondere formalisierte Kriterien, die den materiellen Begriff der Anonymisierung messbar machen.⁵⁴ Der Rechtsprechung des EuGH (allen voran den Rechtssachen *Breyer*⁵⁵ und *Nowak*⁵⁶) lassen sich immerhin erste Auslegungsmaßstäbe dafür entnehmen, ab wann eine natürliche Person im Rechtssinne nicht (mehr) identifiziert oder identifizierbar ist.

In der wegweisenden Rechtssache *Breyer*⁵⁷ geht der EuGH von einem „verschärft[...] relative[n]"⁵⁸ Begriff des personenbezogenen Datums aus. Am Beispiel einer dynamischen IP-Adresse nahm der Gerichtshof zunächst die Perspektive des *Verantwortlichen* ein (Relativität des Personenbezugs). Ein Anbieter von Online-Mediendiensten könne, so die gerichtliche Prämisse, diese nur vorübergehende IP-Adresse dem Nutzer selbst nicht zuordnen. Lediglich der Internetzugangsanbieter (also ein Dritter) verfüge über das erforderliche *Zusatzwissen*, um einen solchen Bezug herzustellen. Entscheidend sei, ob der Verantwortliche oder ein Dritter über Mittel verfügt, die er „vernünftigerweise" einzusetzen pflegt. Diese Auslegung, die noch zur alten Rechtslage ergangen ist, entspricht in der Sache EG 26 S. 3 DSGVO: Danach sind „alle Mittel" zu berücksichtigen, die der Verantwortliche oder eine andere Person „nach allgemeinem Ermessen wahrscheinlich⁵⁹" nutzt, um die natürliche Person direkt oder indirekt zu identifizieren. Das Datenschutzrecht verlangt nicht, dass sich das Wissen bzw. die Informationen, die zur Identifizierung einer natürlichen Person führen, allein in den Händen des Verantwortlichen befinden.

Der Gerichtshof schränkt diesen weiten Ansatz jedoch ein: So verneint er einen Personenbezug, wenn die Identifizierung zwar theoretisch möglich, aber *praktisch nicht durchführbar* ist. Das sei bspw. der Fall, wenn sie einen „unverhältnismäßigen Aufwand an Zeit, Kosten und Arbeitskräften" erforderte.⁶⁰ Das Identifizierungsrisiko sei in diesem Fall „*de facto* vernachlässigbar".⁶¹ Der EuGH erkennt damit ein – eng begrenztes („unverhältnismäßig") – Reidentifizierungsrisiko an. In der Rechtssache *Breyer* ließ er es genügen, dass der Ver-

---

⁵² Dazu bspw. *Forgó/Krügel*, MMR 2010, 17 ff.
⁵³ Für eine gewisse Rechtssicherheit sorgt immerhin Art. 2 Abs. 2 S. 2 VO (EU) 2018/1807: Sind in einem Datensatz personenbezogene und nicht-personenbezogene Daten „untrennbar miteinander verbunden", gilt im Interesse eines wirksamen Persönlichkeitsschutzes ausschließlich die weitaus strenger konzipierte DSGVO.
⁵⁴ Ansätze finden sich etwa bei *Kolain/Grafenauer/Ebers*, Rutgers Computer & Tech. L.J. 48 (2022), 174 ff.; vgl. ferner *Francis et al.*, arXiv:2201.04351v3 [cs.CR] zum Programm „Diffix Elm".
⁵⁵ EuGH, Urt. v. 19.10.2016 – C-582/14, ECLI:EU:C:2016:779.
⁵⁶ EuGH, Urt. v. 20.12.2017 – C-434/16, ECLI:EU:C:2017:994.
⁵⁷ EuGH, Urt. v. 19.10.2016 – C-582/14, ECLI:EU:C:2016:779 – Breyer, Rn. 31 ff.
⁵⁸ So die Anm. von *Kühling/Klar*, ZD 2017, 27 (28).
⁵⁹ Unklar ist freilich, welcher Grad an Wahrscheinlichkeit vorausgesetzt wird.
⁶⁰ EuGH, Urt. v. 19.10.2016 – C-582/14, ECLI:EU:C:2016:779 – Breyer, Rn. 46.
⁶¹ EuGH, Urt. v. 19.10.2016 – C-582/14, ECLI:EU:C:2016:779 – Breyer, Rn. 46; Hervorhebung im Original.

antwortliche über „rechtliche Mittel" verfügt, die es ihm erlauben, die betroffene Person anhand des Zusatzwissens Dritter bestimmen bzw. identifizieren zu lassen. Der Begriff des Personenbezugs ist damit nicht absolut zu verstehen. Der Gerichtshof grenzt insoweit den Kreis der maßgeblichen Akteure („Beobachter") ein, stellt also nicht auf das „gesamte Weltwissen"[62] ab.[63] Diese Aussage hat der EuGH in der Rechtssache *Nowak* abstrakt bestätigt:[64] Bei den schriftlichen Antworten eines Prüflings und den Anmerkungen des Prüfers handelt es sich grundsätzlich um personenbezogene Daten. Nach den zutreffenden Schlussanträgen der Generalanwältin *Juliane Kokott* ist es unerheblich, dass die Prüfungsarbeit nicht den Namen, sondern eine Kennnummer des Prüflings enthält; denn jedenfalls könne die *Organisation*, die die Prüfung durchführt, den Prüfling anhand dieser Nummer identifizieren.[65] Der EuGH schloss sich dieser Auffassung im Ergebnis an: Es sei „in diesem Zusammenhang unerheblich, ob der *Prüfer* den Prüfling im Zeitpunkt der Korrektur und der Bewertung der Prüfungsarbeit identifizieren kann oder nicht".[66] Diese Auslegung führt freilich dann zu besonderen Schwierigkeiten, wenn die Daten – wie in der Statistik üblich[67] – schlussendlich veröffentlicht werden (sollen).[68] Denn dann führt der relative Ansatz, der auf den Verantwortlichen abstellt, regelmäßig ins Leere.

Als Zwischenergebnis bleibt festzuhalten: Anonymisiert sind Daten in einem datenschutzrechtlichen Sinne, wenn sie nicht (mehr) personenbezogen sind. Ob eine natürliche Person in einem statistischen Datensatz (noch) identifizierbar ist, ist jedoch eine Frage des Einzelfalls.[69]

*2. Anonymität aus Sicht des Statistikrechts*

Bereits in seinem Beschluss zum Mikrozensus hat das BVerfG im Jahr 1969 das Verhältnis von Anonymität und amtlicher Statistik angesprochen. Der vielfach

---

[62] Zu diesem Begriff etwa LG Berlin CR 2013, 471 (473).
[63] So für EG 26 DSGVO auch *Klar/Kühling*, in: Kühling/Buchner (Hrsg.), DSGVO/BDSG, 3. Aufl., 2020, Art. 4 Nr. 1 Rn. 26.
[64] EuGH, Urt. v. 20.12.2017 – C-434/16, ECLI:EU:C:2017:994, Rn. 27 ff., insbes. Rn. 31. Vgl. dazu auch EuG, Urt. v. 26.4.2023 – T-557/20, ECLI:EU:T:2023:219, Rn. 60 ff.
[65] *GA Kokott*, Schlussanträge v. 20.7.2017 – C-434/16, ECLI:EU:C:2017:582, Rn. 28. In Bezug auf die „Korrekturanmerkungen" führt die Generalanwältin aus, dass diese für den *Prüfer* zunächst keinen Bezug zu einer Person hätten, wenn sie die Identität der Teilnehmer nicht kennen (Rn. 60). Die Anmerkungen hätten jedoch den Zweck, die Prüfungsleistungen zu bewerten und bezögen sich – so die Generalanwältin – „insofern indirekt auf den Prüfungsteilnehmer" (Rn. 61).
[66] EuGH, Urt. v. 20.12.2017 – C-434/16, ECLI:EU:C:2017:994, Rn. 30; Hervorhebung d. Verf.
[67] Siehe oben GMAS – Phase 7, S. 76.
[68] Vgl. § 27 Abs. 4 BDSG; dazu z.B. *Pauly*, in: Paal/Pauly (Hrsg.), DSGVO/BDSG, 3. Aufl., 2021, § 27 Rn. 20 ff.
[69] Ebenso z.B. *Gierschmann*, ZD 2021, 482 (483).

zitierten Formel, es sei mit der Menschenwürde unvereinbar, den Menschen zwangsweise in seiner ganzen Persönlichkeit zu registrieren und zu katalogisieren, fügte das Gericht einst hinzu: und „sei es auch in der *Anonymität* einer statistischen Erhebung".[70] Diese Wendung darf nicht dahin missverstanden werden, dass die damalige Erhebung, der Mikrozensus, stets anonym verlief. Wäre dem so, wäre auch die Garantie der Menschenwürde nicht berührt gewesen. Die Persönlichkeits- und Lebensdaten mussten schon damals einer natürlichen Person zuzuordnen gewesen sein; andernfalls ist der Schutzbereich des Art. 1 Abs. 1 GG nicht eröffnet. Man kann den 1. Senat im Mikrozensusbeschluss wohl so verstehen, dass er auf das Ziel der Statistik, eine Massenerscheinung darzustellen, abhob. Der einzelne Mensch geht dann gleichsam in dieser Grundgesamtheit (Population) auf. In diesem Sinne heißt es in dem Beschluss denn auch, dass die Angaben „durch die Anonymität ihrer Auswertung den Persönlichkeitsbezug" verlören.[71] Eine so verstandene „Anonymität" war und ist für die amtliche Statistik konstitutiv.[72]

*a) Innen- und Außenanonymisierung*

In der Statistik sind zwei Perspektiven[73] der Anonymisierung zu unterscheiden: Während sich die eine nach „innen" richtet, wendet sich die andere nach „außen". Diese Differenzierung liegt in der Rechtsprechung des BVerfG begründet.[74] Anonymisierung ist demnach anders zu denken, wenn Daten den „speziell abgesicherten Bereich" (vgl. § 16 Abs. 6 S. 1 Nr. 2 BStatG) der amtlichen Statistik verlassen (sollen). Das gilt für Daten, die etwa der Wissenschaft zur Verfügung gestellt werden, mehr aber noch für Daten bzw. statistische Ergebnisse, die generell zur Veröffentlichung[75] bestimmt sind. Eine wirksame Anonymisierung *nach außen* ist hier unerlässlich, um die statistische Geheimhal-

---

[70] BVerfGE 27, 1 (6); Hervorhebung d. Verf.
[71] BVerfGE 27, 1 (7).
[72] Vgl. dazu – im Kontext der Volkszählung 1983 – etwa *Pestalozza*, NJW 1983, 729 (729 f.). Zu weit geht aber dessen Forderung, den Schutz vorzuverlagern („Die Anonymität ist verletzt, wenn sie gefährdet ist. Jede Erhebung, die die Anonymität gefährdet, ist verfassungswidrig."). Im Verfahren zur Verfassungsmäßigkeit des VZG 1983 führte der Senat der Freien und Hansestadt Hamburg aus, dass „die Anonymitätsgarantie für statistische Erhebungen […] nicht nur ein rechtsstaatliches Gebot, sondern zugleich eine unabdingbare Voraussetzung für den Erfolg einer auf die vertrauensvolle Mitwirkung der Bevölkerung angewiesenen Befragung" sei, zitiert nach BVerfGE 65, 1 (34).
[73] *von Arnim*, Volkszählungsurteil und Städtestatistik, 1987, S. 64 spricht von „Kategorien".
[74] Vgl. BVerfGE 65, 1 (48 ff.); s. ferner den Vortrag der Bundesregierung in BVerfGE 65, 1 (24): Die Anonymität, die für die Datenverarbeitung der Statistischen Ämter zu fordern ist, unterscheide sich von dem Anonymitätsbegriff des § 11 Abs. 5 BStatG 1980.
[75] Siehe oben Phase 7 (Ergebnisse verbreiten) des GMAS, S. 76.

tung[76] zu wahren. *Hans Herbert von Arnim* spricht insofern von „außengerichteter Anonymisierung" bzw. – prägnanter – von „Außenanonymisierung".[77] Ein Beispiel ist die sog. Cell-Key-Methode[78], die im Zensus 2022 zum Einsatz kommt: Es handelt sich dabei um ein datenveränderndes Verfahren (stochastische Überlagerung auf Ebene der Tabellenfelder), das die Geheimhaltung im Außenverhältnis sicherstellen soll. Innerhalb der amtlichen Statistik bleiben die Originaldaten unverändert erhalten.

Demgegenüber geht es bei der Innenperspektive um Verarbeitungsvorgänge, bei denen die Daten den Bereich der Statistik nicht verlassen. Die Gefährdungslage für die Rechte und Freiheiten der betroffenen Personen ist hier geringer, da die mit der Statistik betrauten Stellen keine operativ tätigen Behörden sind.[79] Sie verfügen – abgesehen von der Befugnis, die Auskunftspflicht zwangsweise durchzusetzen – grundsätzlich über keine Eingriffsbefugnisse. Sie nehmen keine klassischen Aufgaben des Verwaltungsvollzugs wahr. Die „Innenanonymisierung"[80] verfolgt damit nicht in erster Linie den Zweck, die betroffenen Personen vor freiheitsgefährdenden oder -verkürzenden staatlichen Maßnahmen zu bewahren. Sinn und Zweck der nach innen gerichteten Anonymisierung ist vielmehr eine *Risikominimierung.*[81] Sie wirkt der Gefahr entgegen, dass (personenbezogene) Daten zweckentfremdet werden und – aus welchen Gründen auch immer – den Weg nach „draußen" finden oder auf andere Weise missbraucht werden. Die Anonymisierung hat hier, wie *von Arnim* schreibt, die „Funktion einer zusätzlichen Sicherung gegen Mißbrauch". Und nicht zuletzt geht es bei der Innenanonymisierung auch darum, das Vertrauen der (auskunftspflichtigen) Bürger zu erhalten und zu stärken. Kurzum: Der Bürger muss darauf vertrauen können, dass die statistischen Datenverarbeitungen durch das Prinzip der Geheimhaltung und der möglichst frühzeitigen (Innen-)Anonymisierung angeleitet sind.[82]

*b) Anonymitätsgrade*

Im Statistikrecht unterscheidet man *üblicherweise* drei Begriffe, die sich nach dem *Anonymitätsgrad* wie folgt steigern lassen („drei Stufen"[83]): formale, faktische und absolute Anonymität. Diese Begriffe stehen in einem engen Zusam-

---

[76] Ausf. zu § 16 BStatG unten S. 284 ff.
[77] *von Arnim*, Volkszählungsurteil und Städtestatistik, 1987, S. 64.
[78] Dazu bspw. *Höhne/Höninger*, Statistische Monatshefte Niedersachsen 1 (2019), 18 ff.
[79] Vgl. zu diesem Argument bereits oben S. 110 sowie unten (i. R. d. Zweckänderung) S. 377.
[80] So der Begriff bei *von Arnim*, Volkszählungsurteil und Städtestatistik, 1987, S. 64, 68 ff.
[81] Ähnlich *von Arnim*, Volkszählungsurteil und Städtestatistik, 1987, S. 64 f.
[82] Vgl. BVerfGE 65, 1 (50 f.); zum Vertrauen s. unten S. 287 sowie S. 516 ff.
[83] *Höhne*, Verfahren zur Anonymisierung von Einzeldaten, 2010, S. 10; ebenso *Kühling/Sauerborn*, in: Kühling (Hrsg.), BStatG, 2023, § 16 Rn. 28 ff.

menhang mit der statistischen Geheimhaltung – sie beschreiben und konkretisieren damit zuvörderst[84] die Außenanonymisierung.

*aa) Formale Anonymität*

Den geringsten Grad an „Anonymität" weisen die sog. *formal anonymisierten Einzelangaben*[85] auf. Der Gesetzgeber hat diesen Begriff im Jahr 2016 in das Bundesstatistikgesetz eingeführt.[86] Die Legaldefinition ist denkbar kurz: Nach § 5a Abs. 3 S. 1 BStatG[87] sind darunter „Einzelangaben ohne Name und Anschrift" zu verstehen. Eine bloß formale Anonymisierung soll dadurch entstehen, dass in einem Datensatz sowohl der *Name* als auch die *Anschrift* der statistischen Einheit entfernt wird. Dies lässt der Wortlaut bereits genügen. Indes wird man diese Definition dahin erweitern müssen, dass auch *andere direkte Identifikatoren* (wie etwa eine Identifikationsnummer, z.B. § 1 IDNrG) zu löschen sind. Denn dem Gesetzgeber dürfte es bei der Novellierung um den Fall der direkten Identifizierung gegangen sein. Die Gesetzesmaterialien sind insoweit zwar unergiebig.[88] Diese Auslegung kann sich jedoch auf einen Gegenschluss zu den „faktisch anonymisierten Einzelangaben" stützen (dazu sogleich bb). Dadurch entstünde auch eine gewisse Kohärenz zur entsprechenden Begriffsbestimmung der europäischen Rahmenverordnung: Nach Art. 3 Nr. 9 VO (EG) Nr. 223/2009 bezeichnet der Ausdruck *direkte Identifizierung*

„die Identifizierung einer statistischen Einheit anhand *ihres Namens* oder *ihrer Anschrift* oder anhand einer *öffentlich zugänglichen Identifikationsnummer*".[89]

Formal anonymisierte Einzelangaben zeichnen sich so gesehen durch einen geringen Informationsverlust aus; spiegelbildlich bergen sie jedoch typischerweise ein größeres Risiko für die Rechte und Freiheiten der statistischen Einheiten – im datenschutzrechtlichen Kontext: der natürlichen Personen.[90] Ihre Verwendungszwecke sind daher eng begrenzt: Formal anonymisierte Einzelangaben dürfen

---

[84] Siehe aber auch § 5a Abs. 3 BStatG, der sich auf den statistischen Produktionsprozess (Eignungsprüfung von Verwaltungsdaten) bezieht, dazu sogleich unter aa).
[85] Zu diesem Begriff ausf. unten S. 290.
[86] BGBl. I 2016, S. 1768 (1769).
[87] Vgl. entsprechende Vorschriften aus dem Landesrecht, z.B. § 2 Abs. 1 S. 3 BbgStatG (LT-Drs. 7/407, S. 4 f.); § 16 Abs. 3 S. 2 Nr. 2 HessLStatG; § 2 Abs. 3 LStatG NRW (LT-Drs. 17/5197, S. 20).
[88] Die Gesetzesbegründung erschöpft sich in dem Hinweis, dass es vergleichbare Regelungen bereits auf europäischer Ebene gebe (BT-Drs. 18/7561, S. 29).
[89] Hervorhebung d. Verf.
[90] Zu diesem Zielkonflikt speziell für die Statistik *Rohde/Seifert/Gießing*, WISTA 3/2018, 90 (94). Allg. krit. *Ohm*, UCLA Law Review 57 (2010), 1701 (1704): „This research unearths a tension that shakes a foundational belief about data privacy: Data can be either useful or perfectly anonymous but never both".

§ 8. Geeignete Garantien (Sicherungsvorkehrungen)

erstens verarbeitet werden, um zu prüfen, ob Verwaltungsdaten[91] für eine Bundesstatistik qualitativ geeignet sind (vgl. § 5a Abs. 3 BStatG; „Eignungsuntersuchungen"[92])[93]; zweitens dürfen sie Wissenschaftlern innerhalb einer sicheren Verarbeitungsumgebung (s. § 16 Abs. 6 S. 1 Nr. 2 BStatG: „innerhalb speziell abgesicherter Bereiche"; sog. On-Site-Nutzung[94]) zugänglich gemacht werden.

*bb) Faktische Anonymität*

Den zweiten Anonymitätsgrad beschreibt der Begriff der *faktisch anonymisierten Einzelangaben*. Das Bundesstatistikgesetz versteht darunter „Einzelangaben, die nur mit einem verhältnismäßig großen Aufwand an Zeit, Kosten und Arbeitskraft zugeordnet werden können" (§ 16 Abs. 6 S. 1 Nr. 1). Diesen Begriff fügte der Gesetzgeber erst im Jahr 2016 in das Bundesstatistikgesetz ein. Nach Ansicht der Bundesregierung handle es sich bei dem Klammerzusatz um eine „Klarstellung" – die Praxis verwende den Begriff der faktischen Anonymität bereits.[95]

In der Sache geht die Regelung indes auf das Jahr 1987 zurück.[96] Der Gesetzgeber knüpfte dereinst an eine Definition der *European Science Foundation* an und berief sich überdies auf die Ausführungen des ersten Bundesbeauftragten für den Datenschutz, *Hans Peter Bull*, in seinem 4. Tätigkeitsbericht für das Jahr 1981.[97] Er betrachtete Daten dann als hinreichend anonymisiert, wenn ein Personenbezug für Datenempfänger und Dritte nur mit einem „völlig unangemessenen und nicht mehr zu erwartenden Aufwand" herstellbar wäre.[98] *Bull* verzichtet ausdrücklich auf eine „theoretische Lückenlosigkeit der Anonymisierung", um den Datenschutz nicht durch „überzogene Forderungen in Mißkredit zu bringen".[99] Der Gesetzgeber hat später mit der Datenschutznovelle 1990 den Begriff der Anonymisierung im (alten) Bundesdatenschutzgesetz erstmals legal definiert (§ 3 Abs. 6) und sich dabei der Formulierung im Bundesstatistikgesetz bedient.[100] Das Statistikrecht hat das allgemeine Datenschutzrecht insoweit maßgeblich beeinflusst: Denn „anonymisieren" war als negatives Kriterium in

---

[91] Siehe S. 58 mit § 2 Fn. 23.
[92] BT-Drs. 18/7561, S. 24.
[93] Vgl. dazu die 1. Phase im GMAS, S. 57 ff.
[94] Siehe dazu unten S. 313 ff.
[95] BT-Drs. 18/7561, S. 29.
[96] BGBl. I 1987, S. 462 (467).
[97] BT-Drs. 10/5345, S. 21.
[98] BT-Drs. 9/1243, S. 50.
[99] BT-Drs. 9/1243, S. 50.
[100] Siehe die Begründung des Gesetzentwurfs v. 6.4.1989, BT-Drs. 11/4306, S. 41. § 3 Abs. 7 BDSG 1990 lautete: „Anonymisieren ist das Verändern personenbezogener Daten derart, daß die Einzelangaben über persönliche oder sachliche Verhältnisse nicht mehr [Alt. 1] oder *nur mit einem unverhältnismäßig großen Aufwand an Zeit, Kosten und Arbeitskraft* [Alt. 2] einer bestimmten oder bestimmbaren natürlichen Person zugeordnet werden können" (Hervorhebung d. Verf.), BGBl. I 1990, S. 2954 (2956).

der Definition „personenbezogen" enthalten[101] – und bestimmt damit über den Anwendungsbereich des allgemeinen Datenschutzrechts.

Das normative Konzept der faktischen Anonymität beruht auf einer *Kosten-Nutzen-Relation*. So kommt es nach der gesetzlichen Definition maßgeblich darauf an, dass der Aufwand, eine Information einer statistischen Einheit zuzuordnen, „unverhältnismäßig groß" ist (§ 16 Abs. 6 S. 1 Nr. 1 BStatG). Die Vorschrift gibt dem Rechtsanwender dabei drei Bewertungsfaktoren an die Hand: Zeit, Kosten und Arbeitskraft. Die statistikrechtliche Begriffsbestimmung weist damit eine frappierende Übereinstimmung mit EG 26 S. 4 DSGVO auf, der als „objektive Faktoren" der Identifizierung namentlich die „Kosten […] und de[n] dafür erforderlichen Zeitaufwand" heranzieht. Noch deutlicher ist die wörtliche Übereinstimmung mit dem Urteil des EuGH in der Rechtssache *Breyer*, in welchem der Gerichtshof ein Beispiel für eine praktisch nicht durchführbare Identifizierung nennt: Am Personenbezug fehle es, wenn die Identifizierung einer natürlichen Person einen „unverhältnismäßigen Aufwand an Zeit, Kosten und Arbeitskräften" erforderte.[102] Entscheidend ist aus rechtlicher Sicht somit hier wie dort das Verhältnis von Aufwand und Nutzen. Beide Definitionsansätze gehen zudem von einem *rational handelnden Akteur* aus.[103] Sie unterstellen, dass eine (Re-)Identifizierung unterbleibt, wenn sie sich für den Verantwortlichen im jeweiligen Kontext nicht „lohnt". Dem erwarteten Nutzer steht mit anderen Worten ein zu großer Zeit-, Kosten- oder Personalaufwand gegenüber. Das gleichwohl bestehende Reidentifizierungsrisiko wird normativ hingenommen. Beide Regelwerke nehmen damit in Kauf, dass sich ein Akteur (z.B. ein potenzieller „Angreifer"[104]) ggf. auch „unvernünftig" verhält und faktisch anonymisierte Daten reidentifiziert, *obwohl* der Aufwand unverhältnismäßig groß ist.[105]

---

[101] *Dammann*, in: Simitis (Hrsg.), BDSG, 7. Aufl., 2014, § 3 BDSG a.F. Rn. 196.
[102] EuGH, Urt. v. 19.10.2016 – C-582/14, ECLI:EU:C:2016:779, Rn. 46.
[103] Siehe auch *Ronning et al.*, Handbuch zur Anonymisierung wirtschaftsstatistischer Mikrodaten, Statistik und Wissenschaft, Band 4, 2005, S. 123, wonach eine Datei als faktisch anonym gelte, „wenn der potenzielle Datenangreifer aus *rationalem Kalkül* die Kosten der Deanonymisierung höher einschätzt als den Nutzen, den er aus einem erfolgreichen ‚Angriff' erwartet (Unverhältnismäßigkeitsgebot)"; Hervorhebung d. Verf.
[104] Vgl. dazu auch *Rendtel*, AStA Wirtsch Sozialstat Arch 8 (2014), 183 ff., der sich für einen Paradigmenwechsel beim Zugang der Wissenschaft zu Daten der amtlichen Statistik ausspricht („vom potenziellen Datenangreifer zum zertifizierten Wissenschaftler") und für ein „Vertrauensprinzip" plädiert.
[105] Nach *Ronning et al.*, Handbuch zur Anonymisierung wirtschaftsstatistischer Mikrodaten, Statistik und Wissenschaft, Band 4, 2005, S. 124 handle es sich dabei jedoch um einen Sonderfall, bei dem z.B. ein „Datenschutzidealist" sehr viel höhere Kosten akzeptiere, weil es ihm ja gerade um die Enthüllung der Information gehe.

### cc) Absolute Anonymität

Auf der dritten Stufe ist schließlich die sog. absolute Anonymität zu verorten.[106] Es handelt sich gewissermaßen um die „härteste Form von Anonymität".[107] Damit ist ein Grad an Anonymität gemeint, wie er bereits in § 11 Abs. 5 BStatG 1980 Ausdruck gefunden hat: Danach durften die statistischen Ämter Einzelangaben, die so anonymisiert worden sind, dass sie Auskunftspflichtigen oder Betroffenen „nicht mehr zuzuordnen" waren, der Allgemeinheit zur Verfügung stellen, also veröffentlichen.[108] Derart anonymisierte Daten unterlagen schon damals nicht der Geheimhaltung; heute ist dieser Gedanke (deklaratorisch) in § 16 Abs. 1 S. 3 Nr. 4 BStatG[109] normativ verankert. Allerdings wurde schon im Rahmen des damaligen Gesetzgebungsverfahrens zu Recht darauf hingewiesen, dass die Frage der (absoluten) Anonymität vom Zusatzwissen des maßgeblichen Akteurs abhänge. Nach Ansicht des federführenden Innenausschusses war eine Deanonymisierung schon unter den technischen Bedingungen der 1980er Jahre nicht völlig auszuschließen. Damit § 11 Abs. 5 BStatG 1980 (entsprechendes dürfte für § 16 Abs. 1 S. 3 Nr. 4 BStatG gelten) nicht leer läuft,

> „müsse vor [der] Übermittlung [...] sichergestellt sein, daß nach den in den Statistischen Ämtern vorliegenden *Kenntnissen* die Möglichkeit der Deanonymisierung der übermittelten – *nach Auffassung* der Statistischen Ämter *ausreichend* anonymisierten – Einzelangaben *zweifelsfrei ausgeschlossen* wird".[110]

Danach genügten schon bloße Zweifel an der absoluten Anonymität, um die strengen Regeln der statistischen Geheimhaltung auszulösen. Mit anderen Worten: Absolute Anonymität im statistikrechtlichen Sinn ist dann gewährleistet, „wenn es nicht möglich ist, trotz beliebig viel vorausgesetztem Zusatzwissen eine eindeutige und fehlerfreie Zuordnung vorzunehmen".[111] Maßgeblich ist insoweit die vernünftige Einschätzung des statistischen Amtes. Ob diese Kategorie unter den Bedingungen einer modernen Datenverarbeitung künftig noch einen eigenständigen Anwendungsbereich hat, ist jedoch zweifelhaft.

---

[106] So etwa der Begriff bei *Höhne*, Verfahren zur Anonymisierung von Einzeldaten, 2010, S. 10. Vgl. aus der datenschutzrechtlichen Kommentarliteratur z.B. *Ziebarth*, in: Sydow (Hrsg.), DSGVO, 2. Aufl., 2018, Art. 4 Rn. 29 f.

[107] *Höhne*, Verfahren zur Anonymisierung von Einzeldaten, 2010, S. 10.

[108] Vgl. auch den Vortrag der Bundesregierung in BVerfGE 65, 1 (24).

[109] Zu dieser deklaratorischen Ausnahmevorschrift unten S. 305.

[110] BT-Drs. 8/3413, S. 14 (Hervorhebung d. Verf.). Der Ausschuss ging davon aus, dass die Statistischen Ämter sich über den Anonymisierungsgrad bei jeder Einzelstatistik verständigen und ein einheitliches Vorgehen bei der Beurteilung von Übermittlungsbegehren anonymisierter Einzelangaben vereinbaren (ebenda).

[111] *Höhne*, Verfahren zur Anonymisierung von Einzeldaten, 2010, S. 10 („härteste Form der Anonymität"); in diese Richtung auch *Papastefanou*, CR 2020, 379 (380, Rn. 6); vgl. auch *Kühling/Sauerborn*, in: Kühling (Hrsg.), BStatG, 2023, § 16 Rn. 33, wonach eine absolute Anonymisierung vorliege, wenn eine Reidentifikation so unwahrscheinlich ist, dass vernünftigerweise nicht damit gerechnet werden kann, dass sie durchgeführt wird.

## 3. Zwischenergebnis

Vergleicht man die statistikrechtlichen Begriffe[112] mit dem datenschutzrechtlichen Begriff des Personenbezugs, lassen sich die folgenden drei Grundaussagen formulieren:

– Formal anonymisierte Einzelangaben weisen in der Regel noch einen Personenbezug auf – nämlich dann, wenn die statistische Einheit (hier: eine natürliche Person) indirekt identifizierbar ist. Liegen die Voraussetzungen des Art. 4 Nr. 5 DSGVO vor, handelt es sich zugleich um pseudonymisierte Daten.[113]

– Der Begriff der faktisch anonymisierten Einzelangabe stimmt weitgehend mit dem datenschutzrechtlichen Begriff des nicht-personenbezogenen Datums überein. Die Identifizierung einer natürlichen Person erforderte hier jeweils einen unverhältnismäßigen Aufwand an Zeit, Kosten und Arbeitskraft. Faktisch anonymisierte Einzelangaben zu verarbeiten, fällt daher regelmäßig nicht unter das Datenschutzrecht.

– Der Begriff der absolut anonymisierten Einzelangaben setzt (theoretisch) voraus, dass das Risiko der Reidentifizierung ausgeschlossen ist. Die Daten dürfen einer (natürlichen) Person nicht mehr zuzuordnen sein. Im datenschutzrechtlichen Sinne liegen dann auch keine personenbezogenen Daten (mehr) vor.

### II. Vorrang der Anonymisierung (Art. 89 Abs. 1 S. 4 DSGVO)

Zu den geeigneten Garantien gehört allen voran die Anonymisierung personenbezogener Daten. Dies folgt aus dem „etwas kryptisch"[114] formulierten Satz 4 des Art. 89 Abs. 1 DSGVO:

„In allen Fällen, in denen diese Zwecke durch die Weiterverarbeitung, bei der die Identifizierung von betroffenen Personen nicht oder nicht mehr möglich ist, erfüllt werden können, werden diese Zwecke auf diese Weise erfüllt."[115]

Nach dieser Vorschrift muss der Verantwortliche (z. B. das Statistische Bundesamt) prüfen, ob sich der Statistikzweck auch mit *anonymisierten* Daten erreichen ließe. Der Unionsgesetzgeber hat hier wie auch sonst auf den Begriff der

---

[112] Bezugspunkt ist hier jeweils die natürliche Person. Andere statistische Einheiten (wie z. B. eine juristische Person) bleiben insoweit außer Betracht.
[113] Vgl. *Kühling/Schmid*, in: Kühling (Hrsg.), BStatG, 2023, § 5a Rn. 39, die formal anonymisierte Einzelangaben (wohl stets) wie pseudonymisierte Daten i. S. d. Art. 4 Nr. 5 DSGVO behandeln wollen. Zu den Voraussetzungen der Pseudonymisierung unten S. 275 ff.
[114] So zutreffend *Buchner/Tinnefeld*, in: Kühling/Buchner (Hrsg.), DSGVO/BDSG, 3. Aufl., 2020, Art. 89 Rn. 21.
[115] Vgl. dazu auch den etwas klarer formulierten Wortlaut der engl. Sprachfassung: „Where those purposes can be fulfilled by further processing which does not permit or no longer permits the identification of data subjects, those purposes shall be fulfilled in that manner".

Anonymisierung verzichtet. Stattdessen spricht der Wortlaut davon, dass „die Identifizierung von betroffenen Personen nicht[116] oder nicht mehr möglich ist". Damit formuliert der Gesetzgeber wiederum einen Gegensatz zum personenbezogenen Datum.[117] Die Anonymisierung steht – ebenso wie die Pseudonymisierung[118] – unter dem Vorbehalt des Möglichen („erfüllt werden *können*"). Mit anderen Worten: Kann der Verantwortliche den jeweils verfolgten Zweck mit anonymisierten Daten nicht erreichen, zwingt ihn das Unionsrecht auch nicht dazu. Indes ist der Verantwortliche gehalten, dies für jeden Verarbeitungsschritt erneut zu prüfen.[119] Das kann aus der Wendung „[i]n allen Fällen" abgeleitet werden, entspricht aber auch dem Konzept des Datenschutzrechts, grundsätzlich jeden Verarbeitungsvorgang gesondert zu betrachten. Der Verantwortliche ist unter diesen Voraussetzungen schließlich *verpflichtet*, die Weiterverarbeitung mit anonymisierten Daten durchzuführen. Der Wortlaut lässt insoweit keinen Spielraum („werden diese Zwecke auf diese Weise erfüllt"). Art. 89 Abs. 1 S. 4 DSGVO enthält somit ein Anonymisierungsgebot, was EG 156 S. 3 DSGVO bestätigt („erfolgt erst dann, wenn der Verantwortliche geprüft hat"). Die Vorschrift buchstabiert damit die erste Stufe des „abgestuften Ansatzes"[120] aus („Vorrang der Anonymisierung"[121]).[122]

Als Zwischenergebnis bleibt festzuhalten: Wer personenbezogene Daten zu statistischen Zwecken verarbeitet, muss stets prüfen, ob sich diese Zwecke auch mit der (Weiter-)Verarbeitung anonymisierter Daten erreichen lassen. Sobald und sofern dies möglich ist, ist der Verantwortliche zur Anonymisierung verpflichtet. Damit führt die Vorschrift den Statistiker gleichsam aus dem Anwendungsbereich des Datenschutzrechts hinaus (vgl. EG 26 S. 6 DSGVO). Diese unionsrechtliche Vorgabe ist mithin strenger als § 27 Abs. 3 S. 1 BDSG, der das Anonymisierungsgebot unter einen „doppelten" (forschungs- und statistikbezogenen) Vorbehalt[123] stellt: Danach muss die Anonymisierung nicht nur faktisch möglich sein, sondern auch den berechtigten Interessen der betroffenen Person

---

[116] Das Datenschutzrecht erfasst keine Verarbeitungsvorgänge, die sich von Anfang an auf anonymisierte Daten beziehen, s. EG 26 S. 5 DSGVO. Dies stellt EG 26 S. 6 DSGVO nochmals klar: „Diese Verordnung betrifft somit nicht die Verarbeitung [...] anonymer Daten, auch für statistische oder für Forschungszwecke".
[117] Siehe oben S. 256 ff.
[118] Siehe Art. 89 Abs. 1 S. 3 DSGVO („sofern es möglich ist").
[119] Ebenso *Pötters*, in: Gola (Hrsg.), DSGVO, 2. Aufl., 2018, Art. 89 Rn. 12.
[120] Siehe die Nachweise in § 8 Fn. 6.
[121] So die Überschrift bei *Raum*, in: Ehmann/Selmayr (Hrsg.), DSGVO, 2. Aufl., 2018, Art. 89 Rn. 50.
[122] Zur zweiten Stufe, der Pseudonymisierung, s. sogleich unter D., S. 275 ff.
[123] Vgl. *Pauly*, in: Paal/Pauly (Hrsg.), DSGVO/BDSG, 3. Aufl., 2021, § 27 Rn. 17 („forschungsbezogene[r] Vorbehalt").

entsprechen[124]. Auf solche u. U. gegenläufigen Interessen nimmt das unionale Datenschutzrecht indes keine Rücksicht.

### III. Vergleich zum (verfassungsrechtlichen) Gebot möglichst frühzeitiger (faktischer) Anonymisierung

Das BVerfG hat im Volkszählungsurteil das „Gebot einer möglichst frühzeitigen (faktischen) Anonymisierung" formuliert.[125] Es sichert das Recht auf informationelle Selbstbestimmung ab. Das Gebot hat somit eine „grundrechtssichernde Funktion"[126]. Im Gesamtsystem[127] der Sicherungsinstrumente[128] ist es eng verbunden mit den „Vorkehrungen gegen eine Deanonymisierung", die das Gericht dereinst ebenfalls eingefordert hatte.[129] Letztere setzen schon rein begrifflich anonymisierte Daten voraus, bauen also gedanklich und zeitlich auf dem Anonymisierungsgebot auf. Dabei sei das Gebot der (möglichst frühzeitigen faktischen) Anonymisierung – ebenso wie die statistische Geheimhaltung[130] – nicht nur für den Schutz der individuellen Grundrechte erforderlich, sondern – so der 1. Senat weiter – „für die Statistik selbst *konstitutiv*".[131] Das Gericht begründet dies insbesondere mit der Funktionsfähigkeit der amtlichen Statistik, für die wiederum ein möglichst hoher Grad an Genauigkeit und Wahrheitsgehalt der erhobenen Daten notwendig ist. Genaue und wahrheitsgemäße Angaben seien aber, so die – nicht näher begründete oder belegte – gerichtliche Prämisse, nur dann zu erwarten, wenn die betroffene Person auf die Abschottung der Statistik durch Anonymisierung der Daten und deren Geheimhaltung vertrauen könne. Dieser Begründungsstrang, der auf das Vertrauen der Auskunftspersonen abhebt, verliert bei sekundärstatistischen Erhebungen, die auf bereits vorhandene Verwaltungsdaten setzen (vgl. nur § 5a BStatG), jedoch zunehmend an Bedeutung. Ein rein registerbasierter Zensus soll künftig sogar ganz ohne primärstatistische Befragungen auskommen. Das heißt freilich nicht, dass das Gebot einer möglichst frühzeitigen (faktischen) Anonymisierung, wie

---

[124] Dazu *Krohn*, in: Gola/Heckmann (Hrsg.), DDSG, 13. Aufl., 2019, § 27 Rn. 42, der zwei Bsp. nennt: zum einen, wenn die betroffene Person allg. ein Interesse an einer späteren Neuauswertung der Daten hat; zum anderen, wenn sie – etwa im medizinischen Bereich – von den Forschungsergebnissen einer Studie unmittelbar profitieren kann und will.
[125] BVerfGE 65, 1 (49); wiederholt und bestätigt für die Volkszählung 1987: BVerfG NJW 1987, 2805 (2805 und 2806); für den Zensus 2011: BVerfGE 150, 1 (108f., Rn. 224).
[126] So ausdrücklich BVerfGE 65, 1 (60) zu § 11 Abs. 7 BStatG 1980.
[127] Siehe etwa BVerfG NJW 1988, 961 (962): „Gesamtsystem der Sicherungsvorkehrungen"; ähnlich BVerfG NJW 1988, 959 (960): „Gesamtgefüge der organisatorischen und verfahrensrechtlichen Sicherungsvorkehrungen".
[128] Siehe dazu insbes. die besonderen Sicherungsvorkehrungen unter F., S. 283 ff.
[129] BVerfGE 65, 1 (49); ebenso BVerfGE 150, 1 (109, Rn. 224).
[130] Dazu ausf. unten S. 284 ff.
[131] BVerfGE 65, 1 (50); Hervorhebung d. Verf.

es das BVerfG im Volkszählungsurteil formuliert hat, nicht mehr gilt. Vielmehr folgt das verfassungskräftige Gebot aus dem Recht auf informationelle Selbstbestimmung und begründet so gesehen einen individuellen Vorfeldschutz. Es richtet sich dabei primär nach „innen"[132], mithin an die Datenverarbeitung innerhalb des abgeschotteten statistischen Systems. Insofern unterscheidet sich der Begriff auch von dem der „faktisch anonymisierten Einzelangabe"[133], der den Datenzugang der Wissenschaft (s. § 16 Abs. 6 S. 1 Nr. 1 BStatG) und damit das Außenverhältnis betrifft. Beide Begriffe dürfen nicht gleichgesetzt werden. Das Gebot einer möglichst frühzeitigen (faktischen) Anonymisierung hat der Gesetzgeber insbesondere durch die Regelung zur Trennung und Löschung der Hilfsmerkmale (§ 12 BStatG; „Abtrennung der Identifikatoren"[134]) umgesetzt (dazu sogleich IV.).

## IV. Beispiel aus dem Bundesstatistikrecht: Anonymisierung durch Trennung und Löschung der Hilfsmerkmale?

Es gehört zu den hergebrachten Grundsätzen des Statistikrechts, dass die Hilfsmerkmale von den Erhebungsmerkmalen zu trennen und später zu löschen sind. Diese Trennung und Löschung der Hilfsmerkmale ist allgemein[135] in § 12 BStatG[136] geregelt. Die Vorschrift gestaltet das – aus dem Recht auf informationelle Selbstbestimmung abgeleitete (dazu bereits III.) – Gebot einer möglichst frühzeitigen (faktischen) Anonymisierung einfach-rechtlich aus.[137] Nach der Gesetzesbegründung zum BStatG 1987 ist § 12, der bis heute im Wesentlichen unverändert geblieben ist, eine Reaktion auf das Volkszählungsurteil:[138] Der

---

[132] Zur Innenanonymisierung in Abgrenzung zur Außenanonymisierung s. bereits oben S. 259.

[133] Zu diesem Begriff oben S. 262.

[134] Siehe zur Volkszählung 1987: BVerfG NJW 1988, 959 (960); NJW 1988, 961 (962).

[135] In einzelstatistischen Bundesgesetzen finden sich mitunter konkretisierende Regelungen, die dem allgemeinen § 12 BStatG als *lex specialis* vorgehen (z. B. § 14 Abs. 1 MZG; § 31 ZensG 2022). Auch die Landesstatistikgesetze kennen Vorschriften, für die § 12 BStatG Pate stand, s. z. B. Art. 15 Abs. 2 und 3 BayStatG, § 18 LStatG NRW (vgl. dazu LT-Drs. 17/5197, S. 27: die Regelung gehe über § 17 Abs. 3 DSG NRW hinaus, indem sie auch nicht personenbezogene Daten erfasst).

[136] Die Vorläuferregelung des § 11 Abs. 7 BStatG 1980 lautete: „Die zur Identifizierung der Auskunftspflichtigen sowie sonstiger Betroffener dienenden Daten, insbesondere Namen und Anschriften, sind zu *löschen*, wenn ihre Kenntnis für die Erfüllung der Aufgaben auf dem Gebiet der Statistik für Bundeszwecke *nicht mehr erforderlich* ist. Namen und Anschriften der Auskunftspflichtigen *sollen* von den übrigen Angaben *getrennt* und *unter besonderem Verschluß* gehalten werden." (BGBl. I 1980, S. 289 [292]; Hervorhebung d. Verf.). Vgl. dazu BT-Drs. 8/3414, S. 14.

[137] BVerfG NJW 1987, 2805 (2806) zum entsprechenden § 15 Abs. 1 VZG 1987; s. – zu § 12 BStatG – z. B. VG Sigmaringen, Urt. v. 30.11.2011 – 1 K 2307/10, juris Rn. 51.

[138] BT-Drs. 10/5345, S. 18; ebenso *Dorer/Mainusch/Tubies*, Bundesstatistikgesetz, 1988, § 12 Rn. 1.

Paragraph verlangt, dass die zur Identifizierung dienenden Merkmale (z. B. Name, Anschrift oder Kennziffer) zum frühestmöglichen Zeitpunkt zu trennen (dazu 2.) und – in einem zweiten Schritt – zu löschen sind, sobald die Schlüssigkeits- und Vollständigkeitsprüfung abgeschlossen ist (dazu 3.). § 12 BStatG ist damit *lex specialis* zu § 27 Abs. 3 BDSG (arg. § 1 Abs. 2 S. 1 BDSG[139]), der – jedenfalls für sensible Daten[140] – ebenfalls ein Trennungs- und Anonymisierungsgebot[141] anordnet. Bevor auf die Voraussetzungen und Rechtsfolgen des § 12 Abs. 1[142] BStatG eingegangen wird, gilt es, die zentralen Begriffe „Erhebungsmerkmal" und „Hilfsmerkmal" zu definieren (dazu 1.).

### 1. Merkmalskategorien: Erhebungs- und Hilfsmerkmale

Nach § 10 Abs. 1 S. 1 BStatG werden Bundesstatistiken auf der Grundlage von Erhebungs- und Hilfsmerkmalen erstellt. Diese beiden Kategorien sind abschließend; sie schließen sich grundsätzlich aus.[143]

#### a) Begriff der Erhebungsmerkmale

Der Begriff des Erhebungsmerkmals ist in § 10 Abs. 1 S. 2 BStatG legal definiert. Er beschreibt solche Angaben über persönliche oder sachliche Verhältnisse, die *zur statistischen Verwendung bestimmt* sind. In dieser Definition kommt eine finale Funktionsbedingung zum Ausdruck. Die Erhebungsmerkmale enthalten die Personen- und Sachinformationen, die für die jeweilige Statistik notwendig sind. Sie bilden gleichsam die „Bausteine"[144] der Fachstatistik. Das gesetzliche[145] Erhebungsprogramm bestimmt, welche Angaben erforderlich sind, um den jeweiligen Statistikzweck zu erfüllen. Im Rahmen der Beratungen des

---

[139] Zur Subsidiarität des BDSG oben S. 89.
[140] Der Wortlaut des § 27 Abs. 3 BDSG erfasst (anders als bspw. § 17 Abs. 3 DSG NRW) allein „besondere Kategorien personenbezogener Daten im Sinne des Artikels 9 Absatz 1 der Verordnung (EU) 2016/679". *Geminn*, DuD 2018, 640 (642 f.) sieht in dieser Beschränkung einen Verstoß gegen Art. 89 Abs. 1 S. 4 DSGVO („insoweit unionsrechtswidrig"); für eine Anwendung auf nicht-sensible Daten wohl auch *Buchner/Tinnefeld*, in: Kühling/Buchner (Hrsg.), DSGVO/BDSG, 3. Aufl., 2020, § 27 Rn. 23.
[141] Ähnlich *Pauly*, in: Paal/Pauly (Hrsg.), DSGVO/BDSG, 3. Aufl., 2021, § 27 Rn. 16 ff. („Anonymisierungs- und Separierungsgebot").
[142] Für *periodische* Erhebungen gilt § 12 Abs. 2 BStatG.
[143] Siehe als Beispiel etwa § 6 ZensG 2022 für die Bevölkerungszählung. Ausnahmsweise kann den Merkmalen jedoch eine „Doppelfunktion" zukommen, so *Dorer/Mainusch/Tubies*, Bundesstatistikgesetz, 1988, § 10 Rn. 4. Zur Abgrenzung allg. auch *Isfort*, in: Kühling (Hrsg.), BStatG, 2023, § 10 Rn. 9 ff.
[144] *Dorer/Mainusch/Tubies*, Bundesstatistikgesetz, 1988, § 10 Rn. 2.
[145] Nach BVerfGE 65, 1 (60) muss der Gesetzgeber dafür sorgen, dass der Inhalt des Fragebogens mit dem Gesetz übereinstimmt; insbes. dürfe der Inhalt einzelner Fragen nicht weiter gehen als es der Normtext zulässt; krit. dazu *Schneider*, DÖV 1984, 161 (164).

Zensusgesetzes 2022 war bspw. das Erhebungsmerkmal „rechtliche Zugehörigkeit zu einer öffentlich-rechtlichen Religionsgesellschaft" (§ 5 Abs. 1 Nr. 28) umstritten. Der Bundesbeauftragte für den Datenschutz und die Informationsfreiheit schlug vor, dieses Erhebungsmerkmal zu streichen; hilfsweise sei es als freiwilliges Merkmal bei der Haushaltsstichprobe abzufragen.[146] Die gesetzgebenden Organe folgten dem Vorschlag indes nicht. Gleichwohl zeigt dieses Beispiel, dass das gesetzlich definierte Erhebungsprogramm[147] stets sorgfältiger Prüfung bedarf. Da das Statistikrecht einer fortschreitenden Europäisierung unterliegt,[148] muss der mitgliedstaatliche Gesetzgeber auch insoweit auf Kohärenz achten. Es kann sich anbieten, die europäischen Vorgaben in Bezug auf die Erhebungsmerkmale „eins-zu-eins" umzusetzen, um die Belastung für die auskunftspflichtigen Personen und Unternehmen „möglichst gering zu halten".[149]

*b) Begriff der Hilfsmerkmale*

Unter Hilfsmerkmalen versteht das Bundesstatistikgesetz „Angaben, die der *technischen Durchführung* von Bundesstatistiken *dienen*"[150] (§ 10 Abs. 1 S. 3 BStatG). Ihnen kommt lediglich instrumenteller Charakter zu. Das bringt die Legaldefinition mit den Wörtern „Hilfs-" und „dienen" deutlich zum Ausdruck. Hilfsmerkmale dienen einem ganz bestimmten Zweck, nämlich dazu, Bundesstatistiken *technisch durchführen* zu können. Im Grundsatz erschöpfen sie sich darin. Das Bundesstatistikgesetz lockert diese „statistikrechtliche Zweckbindung" ausnahmsweise: Hilfsmerkmale dürfen für andere Zwecke nur dann verarbeitet werden, wenn und soweit dies gesetzlich zugelassen ist (§ 10 Abs. 1 S. 4). So können z.B. der Name einer Gemeinde, eine Blockseite oder eine geografische Gitterzelle – nach der Gesetzessystematik allesamt Hilfsmerkmale – auch für die regionale Zuordnung von Erhebungsmerkmalen genutzt werden (§ 10 Abs. 2 S. 1 BStatG).[151] Man kann sie in dieser Funktion (Georeferenzierung[152]) auch als „technische Aufbereitungsmerkmale"[153] bezeichnen. In erster Linie erfüllen Hilfsmerkmale aber eine *Identifikationsfunktion.* Das wird am Beispiel des Zensus 2022 besonders deutlich: Typische Hilfsmerkmale der Haushaltsstichprobe sind „Familienname und Vorname", „Anschrift der Woh-

---

[146] Siehe Protokoll der 50. Sitzung des Ausschusses für Inneres und Heimat v. 6.5.2019, Nr. 19/50, S. 8.
[147] Zur Input-Steuerung des Statistikrechts s. oben S. 59f.
[148] Siehe dazu oben S. 26.
[149] So als Grundsatz für den Zensus 2022 formuliert, s. BT-Drs. 19/8693, S. 2.
[150] Hervorhebung d. Verf.
[151] Nach § 10 Abs. 2 S. 2 BStatG dürfen die übrigen Teile der Anschrift (z.B. Straße und Hausnummer) zeitlich begrenzt („bis zu vier Jahre") genutzt werden, um Merkmale einer Blockseite oder geografischen Gitterzelle zuzuordnen.
[152] Dazu etwa *Schnorr-Bäcker*, WISTA 2012, 563 ff.
[153] *Dorer/Mainusch/Tubies*, Bundesstatistikgesetz, 1988, § 10 Rn. 10.

nung und Lage der Wohnung im Gebäude", „Tag der Geburt ohne Monats- und Jahresangabe" sowie die „Kontaktdaten der Auskunftspflichtigen oder einer anderen für Rückfragen zur Verfügung stehenden Person" (§ 13 Abs. 2 ZensG 2022). Gerade im letzten Hilfsmerkmal („Rückfragen") scheint noch eine andere Funktion auf: die der *Überprüfung* (vgl. nur § 12 Abs. 1 S. 1 BStatG; dazu sogleich unter 3.). Und schließlich können Hilfsmerkmale auch verwendet werden, um daraus neue Merkmale zu generieren (*Funktion der Merkmalsgenerierung*). Im Zensus 2022 werden aus den Hilfsmerkmalen bspw. neue Merkmale zu Typ und Größe der Familie und des Haushalts generiert und sodann gespeichert (§ 30 ZensG 2022[154]). Daher darf die Statistik Personen in Wohnhaushalte gruppieren und sie einer konkreten Wohnung zuordnen.

### 2. Frühestmögliche Abtrennung der Hilfsmerkmale (§ 12 Abs. 1 S. 2 BStatG)

Nach § 12 Abs. 1 S. 2 BStatG sind die Hilfs- von den Erhebungsmerkmalen „zum frühestmöglichen Zeitpunkt zu trennen und gesondert aufzubewahren oder gesondert zu speichern". Dementsprechende Regelungen finden sich auch in den Fachstatistikgesetzen, etwa im Mikrozensusgesetz (§ 14 Abs. 1) oder im Zensusgesetz 2022 (§ 31 Abs. 1 S. 1). Diesem „Trennungsgebot"[155] wohnt ein *Zeitmoment* inne; es ist relativ („frühestmöglich") ausgestaltet. Mit dieser elastischen Formulierung griff der Gesetzgeber dereinst eine Kritik des *Bundesbeauftragten für den Datenschutz* auf, trug zugleich aber auch der gegenläufigen Auffassung der Bundesregierung Rechnung:[156] Der Bundesbeauftragte betonte im Gesetzgebungsverfahren zu Recht, dass Konstellationen denkbar seien, bei denen *vor* der Löschung schon eine Trennung möglich sei. Die Bundesregierung verwies im Gesetzentwurf hingegen noch darauf, eine Trennung der Hilfsmerkmale vor Abschluss der Plausibilitätskontrolle riefe einen zeitraubenden Arbeitsaufwand hervor und setzte überdies die Vergabe und Verwendung anderer Identifikatoren voraus, um ggf. Rückfragen zu ermöglichen.[157] Eine frühere Abtrennung der Identifikatoren sei daher aus praktischen Gründen ausgeschlossen: Der Zeitpunkt der Trennung müsse daher mit dem Zeitpunkt der Löschung

---

[154] Die Vorschrift ist zugleich unionsrechtlich determiniert. So sind der Kommission (Eurostat) für das Bezugsjahr 2022 abgeleitete Merkmale wie „Typ und Größe der Kernfamilie", „Typ und Größe des privaten Haushalts" sowie „Stellung im Haushalt" und „in der Familie" zu übermitteln, s. Art. 3 VO (EG) Nr. 763/2008 sowie Anhang unter Ziff. 1.1.2; Art. 1 und 3 VO (EU) 2017/712.

[155] *Dorer/Mainusch/Tubies*, Bundesstatistikgesetz, 1988, § 12 Rn. 1 und 4. Vgl. dazu auch die Bezeichnung in BVerfG NJW 1987, 2805 (2806): „Trennungsgebot" zu § 15 Abs. 1 VZG 1987.

[156] Vgl. dazu den Bericht des Innenausschusses v. 4.12.1986, BT-Drs. 10/6666, S. 12.

[157] BT-Drs. 10/5345, S. 18. Bei Statistiken mit ständigen Rückfragen gelte, so die Bundesregierung, der Grundsatz der „Nicht-Trennung" (BT-Drs. 10/6666, S. 12).

zusammenfallen.[158] Indem der Gesetzgeber die Rechtsfolgenanordnung unter den zeitlichen Vorbehalt des Möglichen stellt, nimmt er einen *verhältnismäßigen Ausgleich* der widerstreitenden Interessen vor. Normativ gefordert ist nur, was im Einzelfall[159] tatsächlich möglich ist. Das BVerfG hat in einem Kammerbeschluss zur Volkszählung 1987 den grundrechtssichernden Charakter des Trennungsgebots betont, dem Gesetzgeber aber grundsätzlich auch die Befugnis eingeräumt,

„im Gesetz selbst *normenklare Ausnahmen*[160] vom (sofortigen) Trennungsgebot zuzulassen und lediglich eine *möglichst frühzeitige Trennung* anzuordnen".[161]

Voraussetzung ist aber, dass solche Ausnahmen „unter Anlegung eines strengen Maßstabes notwendige Folge eines im Übrigen verfassungsmäßigen Erhebungszweckes und einer den notwendigen Grundrechtsschutz beachtenden Aufbereitungsorganisation[162] ist".[163]

*3. Löschung der Hilfsmerkmale (§ 12 Abs. 1 S. 1 BStatG)*

Auf der zweiten Stufe greift der Löschungsgrundsatz,[164] den § 12 Abs. 1 S. 1 BStatG[165] ausbuchstabiert: Danach sind die Hilfsmerkmale

„zu löschen, sobald bei den statistischen Ämtern die Überprüfung der Erhebungs- und Hilfsmerkmale auf ihre Schlüssigkeit und Vollständigkeit abgeschlossen ist".

Die Vorschrift, die wörtlich § 12 Abs. 1 S. 1 BStatG 1987 entspricht, trage der Forderung im Volkszählungsurteil Rechnung, die zur Identifizierung der Befragten dienenden Merkmale zum frühestmöglichen Zeitpunkt zu löschen.[166] Die Gesetzesbegründung der Bundesregierung vom April 1986 irritiert zunächst. Denn anders als S. 2 knüpft S. 1 des § 12 Abs. 1 BStatG gerade nicht an den „frühestmöglichen" Zeitpunkt an (relatives Zeitmoment), sondern an ein bestimmtes Ereignis: Der Abschluss der *Schlüssigkeits- und Vollständigkeits-*

---

[158] BT-Drs. 10/6666, S. 12. Dagegen zutreffend *Dorer/Mainusch/Tubies*, Bundesstatistikgesetz, 1988, § 12 Rn. 5.
[159] *Kühling/Schmid*, in: Kühling (Hrsg.), BStatG, 2023, § 12 Rn. 15.
[160] Vgl. dazu bspw. OVG Koblenz, Urt. v. 16.12.2015 – 10 A 10746/15, juris Rn. 46, allerdings zur Dienstleistungsstatistik.
[161] BVerfG NJW 1987, 2805 (2806); Hervorhebung d. Verf.
[162] Zur Organisation als datenschutzrechtliche Garantie s. unten S. 333 ff.
[163] BVerfG NJW 1987, 2805 (2806).
[164] Ausnahmen bestehen für periodische Erhebungen (§ 12 Abs. 2), für die Georeferenzierung (§ 10 Abs. 2) sowie für das Statistikregister (§ 13 BStatG). Nach dem Vorbehalt („soweit […] nichts anderes bestimmen") des § 12 Abs. 1 S. 1 BStatG sind weitere Ausnahmen aufgrund einer „sonstige[n] Rechtsvorschrift" zulässig. Vgl. für den Mikrozensus die entsprechende Vorschrift des § 14 MZG, dazu etwa VG Schleswig, Beschl. v. 7.2.2018 – 12 A 184/17, juris Rn. 9; ferner OVG Bautzen, Beschl. v. 7.2.2017 – 3 A 724/16, juris Rn. 12.
[165] Siehe auch § 31 Abs. 1 S. 2 ZensG 2022.
[166] So BT-Drs. 10/5345, S. 18; ferner BVerfGE 65, 1 (59) zu § 11 Abs. 7 BStatG 1980.

*prüfung*[167] aktiviert die Löschungspflicht. In der arbeitsteilig organisierten Datenerhebung und -aufbereitung trifft diese verfassungskräftige Pflicht regelmäßig die statistischen Ämter der Länder.[168] Der Gesetzgeber hat diesen Zeitpunkt nicht willkürlich gewählt; er ist durch praktische Funktionserfordernisse bedingt. So legt die Gesetzesbegründung nachvollziehbar dar, es sei bis zum Abschluss der Plausibilitätsprüfung regelmäßig erforderlich, die Verbindung zwischen Hilfs- und Erhebungsmerkmalen zu erhalten. Denn sind die Angaben unvollständig oder nicht plausibel, werden Rückfragen bei der Auskunftsperson notwendig. Hierfür müssen die statistischen Ämter auf die (abgetrennten) Identifikatoren zurückgreifen können.[169] Wie der Gesetzentwurf zum Zensusgesetz 2022 zeigt, ist diese Aussage heute noch gültig.[170] Für den Zensus 2022 knüpft der Gesetzgeber die Löschungspflicht z. B. daran, dass sowohl die Plausibilisierung als auch die Merkmalsgenerierung nach § 30[171] abgeschlossen ist (§ 31 Abs. 1 S. 2 ZensG 2022). Eine Konkretisierung in zeitlicher Hinsicht sei nicht möglich gewesen, da Art und Umfang der Plausibilitätsprüfungen und Rückfragen von „zahlreichen Faktoren" abhingen.[172] Jedenfalls aber sind die Hilfsmerkmale *spätestens* vier Jahre nach dem Zensusstichtag – also mit Ablauf des 15. Mai 2026 – zu löschen (Höchstfrist; § 31 Abs. 1 S. 3 ZensG 2022).

*4. Datenschutzrechtliche Einordnung*

Wie ist das Trennungs- und Löschungsgebot des § 12 Abs. 1 BStatG nun datenschutzrechtlich einzuordnen? Das bloße *Abtrennen* der (direkt) identifizierenden Hilfsmerkmale (§ 12 Abs. 1 S. 2 BStatG) hebt den Personenbezug[173] grundsätzlich noch nicht auf. Dieser Vorgang kann daher allenfalls zu einer Pseudonymisierung[174] führen.[175] Denn die statistischen Ämter können auf sie ja gerade noch zugreifen, um die Erhebungs- und Hilfsmerkmale auf ihre Schlüssigkeit und Vollständigkeit hin zu überprüfen (§ 12 Abs. 1 S. 1 BStatG *e contrario*). Die Hilfsmerkmale (im Zensus 2022 z. B. „Familienname und Vornamen"[176] oder

---

[167] *Dorer/Mainusch/Tubies*, Bundesstatistikgesetz, 1988, § 12 Rn. 2 sprechen von „Eingangs- und Plausibilitätskontrolle". Zu den Begriffen *Kühling/Schmid*, in: Kühling (Hrsg.), BStatG, 2023, § 12 Rn. 9.
[168] Vgl. für den Zensus 2011 etwa *Statistische Ämter des Bundes und der Länder*, Zensus 2011 – Methoden und Verfahren, 2015, S. 21.
[169] BT-Drs. 10/5345, S. 18.
[170] BT-Drs. 19/8693, S. 62.
[171] Siehe dazu oben S. 73 und S. 271.
[172] BT-Drs. 19/8693, S. 63.
[173] Dazu oben S. 256 ff.
[174] Zur Pseudonymisierung sogleich unter D., S. 275 ff.
[175] Ebenso zu § 17 Abs. 3 DSG NRW *Schwartmann/Hermann*, in: Schwartmann/Papst (Hrsg.), LDSG NRW, 2020, § 17 Rn. 18, die den vom Landesgesetzgeber verwendeten Begriff der „Anonymisierung" als „missverständlich" bezeichnen.
[176] Siehe auch OLG Dresden, Urt. v. 14.12.2021 – 4 U 1278/21, juris Leitsatz 1: „Der Name

„Anschrift der Wohnung") befinden sich noch in der Sphäre des Verantwortlichen.[177] Und selbst das (endgültige) *Löschen* der Hilfsmerkmale führt – anders als bspw. der VGH Mannheim meint – nicht automatisch zu einer „vollständige[n] Anonymisierung". Denn die Erhebungsmerkmale *können* für sich genommen sehr wohl noch personenbezogen sein.[178] Soweit es um Daten über natürliche Personen geht, ist diese Rechtsfrage nunmehr nach Maßgabe des Art. 4 Nr. 1 DSGVO zu beantworten: Das Datenschutzrecht findet Anwendung, wenn das statistische Amt als Verantwortlicher (ggf. auch erst durch das Hinzuziehen eines Dritten) eine natürliche Person identifizieren kann („identifizierbar").[179] Das gesetzliche Verbot, eine (natürliche) Person zu identifizieren (§ 21 BStatG)[180], vermag an diesem Ergebnis grundsätzlich nichts zu ändern. Denn: Ist eine Reidentifizierung zwar *rechtlich verboten*, dem Verantwortlichen aber *faktisch möglich* (etwa, weil er selbst über die erforderlichen Mittel verfügt), ist im Interesse eines wirksamen Rechtsgüterschutzes von personenbezogenen Daten auszugehen.[181] In diesem Sinne dürfte auch die – abstrakte und nicht näher begründete – Bemerkung des BVerfG im Urteil zum Zensus 2011 zu verstehen sein, wonach „Daten während der Erhebung und auch noch *nach der Speicherung zumindest teilweise individualisierbar bleiben*".[182]

## *IV. Ergebnis*

Verarbeitet der Verantwortliche personenbezogene Daten zu statistischen Zwecken, muss er für jeden Verarbeitungsschritt prüfen, ob er die Zwecke auch mit anonymisierten Daten erreichen kann. In der Anonymisierung sieht der Unionsgesetzgeber eine geeignete Garantie, die der Pseudonymisierung und weiteren

---

einer Person ist auch bei Namensidentität mit Dritten ein personenbezogenes Datum, wenn die Identität durch Zusatzinformationen gesichert ist".

[177] Zu Sicherungsmaßnahmen s. etwa *Kühling/Schmid*, in: Kühling (Hrsg.), BStatG, 2023, § 12 Rn. 14.

[178] In diesem Sinne ist wohl auch BVerfG NJW 1988, 959 (959 f.) zu verstehen; a. A. wohl *Kühling/Schmid*, in: Kühling (Hrsg.), BStatG, 2023, § 12 Rn. 16, wonach der zuvor aufgelöste Personenbezug durch ein Zusammenführen wiederhergestellt werde.

[179] Siehe oben I., S. 255 ff.

[180] Zu dieser Sicherungsvorkehrung unten S. 345 ff.

[181] In diese Richtung wohl auch *Klar/Kühling*, in: Kühling/Buchner (Hrsg.), DSGVO/BDSG, 3. Aufl., 2020, Art. 4 Nr. 1 Rn. 29. Der EuGH hat in der Rechtssache *Breyer* (Urt. v. 19.10.2016 – C-582/14, ECLI:EU:C:2016:779, Rn. 49) einen Personenbezug u.a. für den Fall bejaht, dass der Verantwortliche „über *rechtliche Mittel* verfügt, die es ihm erlauben, die betreffende Person anhand der Zusatzinformationen, über die der Internetzugangsanbieter dieser Person verfügt, bestimmen zu lassen" (Hervorhebung d. Verf.). In dieser Entscheidung ging es jedoch um ein dreipoliges Verhältnis (Verantwortlicher – Behörde – Internetzugangsanbieter).

[182] BVerfGE 150, 1 (108 f., Rn. 224). Vgl. dazu auch BVerfGE 65, 1 (50): „soweit sie [Anm.: die Daten] zeitlich begrenzt noch einen Personenbezug aufweisen".

technischen und organisatorischen Maßnahmen vorgeht. Denn für anonymisierte Daten gilt das Datenschutzrecht generell nicht. Wann aber personenbezogene Daten hinreichend anonymisiert sind, ist rechtlich nicht definiert. Dies führt zu einer erheblichen Rechtsunsicherheit, die nicht nur das Datenschutz-, sondern auch das Statistikrecht erfasst, soweit sich statistische Daten auf natürliche Personen beziehen. Der statistikrechtliche Begriff der „faktisch anonymisierten Einzelangaben" stimmt dabei weitgehend mit dem datenschutzrechtlichen Begriff des nicht-personenbezogenen Datums überein. Beide stellen u. a. darauf ab, ob eine natürliche Person nur mit einem unverhältnismäßigen Aufwand an Zeit, Kosten und Arbeitskraft identifizierbar ist. Demgegenüber handelt es sich bei lediglich „formal anonymisierten Einzelangaben" in der Regel noch um personenbezogene Daten i. S. d. Art. 4 Nr. 1 DSGVO. § 12 Abs. 1 BStatG ist zwar Ausdruck des verfassungsrechtlichen Gebots möglichst frühzeitiger faktischer Anonymisierung. Allerdings führt das bloße Löschen der Hilfsmerkmale nicht automatisch zu faktisch anonymisierten Einzelangaben i. S. d. § 16 Abs. 6 S. 1 Nr. 1 BStatG. Denn es ist sehr wohl möglich, statistische Einheiten (hier: natürliche Personen) anhand der verbliebenen Erhebungsmerkmale zu identifizieren. Es bedarf daher weiterer Anonymisierungsmethoden, um die Rechte und Freiheiten der betroffenen Personen vor einer Reidentifizierung wirksam zu schützen.

## D. Pseudonymisierung

Ist eine Anonymisierung der personenbezogenen Daten nicht möglich, muss der Verantwortliche (z. B. das Statistische Bundesamt) prüfen, ob hilfsweise eine Pseudonymisierung in Betracht kommt.[183] Es handelt sich um eine technische und organisatorische Maßnahme, die Art. 89 Abs. 1 S. 3 DSGVO[184] besonders hervorhebt („konkretes Beispiel"[185]). Was aber ist unter Pseudonymisierung im datenschutzrechtlichen Sinne zu verstehen?

### I. Begriff der Pseudonymisierung

Den Begriff der Pseudonymisierung definiert Art. 4 Nr. 5 DSGVO legal. Die Verordnung versteht darunter die Verarbeitung personenbezogener Daten in einer Weise, dass diese „*ohne Hinzuziehung zusätzlicher Informationen* nicht mehr einer spezifischen betroffenen Person zugeordnet werden können".[186] Die

---

[183] Vgl. dazu auch *Pauly*, in: Paal/Pauly (Hrsg.), DSGVO/BDSG, 3. Aufl., 2021, Art. 89 Rn. 12.
[184] Vgl. für EU-Einrichtungen wie Eurostat: Art. 13 Abs. 1 S. 3 VO (EU) 2018/1725.
[185] *Buchner/Tinnefeld*, in: Kühling/Buchner (Hrsg.), DSGVO/BDSG, 3. Aufl., 2020, Art. 89 Rn. 18.
[186] Hervorhebung d. Verf.

zusätzlichen Informationen (auch schlicht „Zusatzwissen" genannt) sind dabei *gesondert* aufzubewahren und unterliegen ihrerseits technischen und organisatorischen Maßnahmen, um zu gewährleisten, dass die personenbezogenen Daten nicht doch wieder einer (identifizierten oder identifizierbaren) natürlichen Person zugewiesen werden. Der Legaldefinition lassen sich somit im Wesentlichen *drei kumulative Anforderungen* entnehmen:[187] (1.) die Identifizierung ist nur möglich, wenn der Verantwortliche zusätzliche Informationen hinzuzieht; (2.) diese zusätzlichen Informationen müssen gesondert gespeichert werden (z. B. in einer Referenztabelle[188] – sei es beim Verantwortlichen, sei es bei einem Dritten[189]); und (3.) ist die Absonderung der (direkt) identifizierenden Merkmale durch technische und organisatorische Maßnahmen (z. B. durch ein risikoadäquates Rechte- und Rollenkonzept[190]) zu sichern. Als „technische Schutzmaßname" schützt die Pseudonymisierung die betroffene Person mithin davor, *unmittelbar* identifiziert zu werden.[191] Sie trägt entscheidend zur Risikominimierung bei.[192] Dabei ist auch hier eine *relative* Betrachtungsweise geboten, d. h., die beteiligten Akteure sind zu unterscheiden: Was für denen einen Akteur „lediglich" pseudonymisierte Daten[193] sind, können für den anderen Akteur sehr wohl schon anonymisierte Daten sein. Letzteres ist bspw. der Fall, wenn dieser Akteur die Zuordnungsregel nicht kennt und auch über keine tatsächlichen und rechtlichen Mittel verfügt, sich diese zu beschaffen.[194] Im Grundsatz gilt aber:

---

[187] Statt vieler *Schwartmann/Mühlenbeck*, in: Schwartmann/Jaspers/Thüsing/Kugelmann (Hrsg.), DSGVO/BDSG, 2. Aufl., 2020, Art. 4 Nr. 5 Rn. 89 ff. *Roßnagel*, ZD 2018, 243 (246) liest aus der Begriffsbestimmung zwei Voraussetzungen heraus.

[188] Zu den Verfahren der Pseudonymisierung ausf. *Schwartmann/Weiß*, Whitepaper zur Pseudonymisierung der Fokusgruppe Datenschutz der Plattform Sicherheit, Schutz und Vertrauen für Gesellschaft und Wirtschaft im Rahmen des Digital-Gipfels 2017, 2017, S. 17 ff.; vgl. auch *Schwartmann/Weiß*, Entwurf für einen Code of Conduct zum Einsatz DS-GVO konformer Pseudonymisierung, 2019, S. 13.

[189] Vgl. EG 29 DSGVO; s. *Schwartmann/Mühlenbeck*, in: Schwartmann/Jaspers/Thüsing/Kugelmann (Hrsg.), DSGVO/BDSG, 2. Aufl., 2020, Art. 4 Nr. 5 Rn. 89 („Alles-in-einer-Hand"-Modell"; „Treuhandmodell"; „Mischmodell"); zu den Rollen der möglichen Akteure auch *Roßnagel*, ZD 2018, 243 (243 f.). *Schleipfer*, ZD 2020, 284 (286 f.) verwendet hierfür das Begriffspaar „schwache" (Zusatzinformationen beim Verantwortlichen) und „starke" (Zusatzinformationen beim Dritten) Pseudonymität.

[190] *Schwartmann/Weiß*, RDV 2020, 71 (73).

[191] So *Schwartmann/Mühlenbeck*, in: Schwartmann/Jaspers/Thüsing/Kugelmann (Hrsg.), DSGVO/BDSG, 2. Aufl., 2020, Art. 4 Nr. 5 Rn. 82.

[192] *Schwartmann/Mühlenbeck*, in: Schwartmann/Jaspers/Thüsing/Kugelmann (Hrsg.), DSGVO/BDSG, 2. Aufl., 2020, Art. 4 Nr. 5 Rn. 83.

[193] Siehe auch *Schleipfer*, ZD 2020, 284 (286): „[p]seudonymisierte Daten entstehen aus personenbezogenen Daten durch Pseudonymisierung".

[194] Zutreffend *Roßnagel*, ZD 2018, 243 (245); ebenso *Schleipfer*, ZD 2020, 284 (289) und *Arning/Rothkegel*, in: Taeger/Gabel (Hrsg.), DSGVO/BDSG/TTDSG, 3. Aufl., 2022, Art. 4 Rn. 128. Aus der Rspr. jüngst auch EuG, Urt. v. 26.4.2023 – T-557/20, ECLI:EU:T:2023:219, Rn. 76 ff.

Pseudonymisierte Daten sind (noch) personenbezogene Daten (vgl. EG 26 S. 2 DSGVO). Als solche unterliegen sie uneingeschränkt dem (europäischen) Datenschutzrecht.

### II. Gebot möglichst frühzeitiger Pseudonymisierung (Art. 89 Abs. 1 S. 3 DSGVO)?

Die Pseudonymisierung zählt zu den technischen und organisatorischen Maßnahmen, die die Rechte und Freiheiten der betroffenen Personen garantieren (sollen), Art. 89 Abs. 1 S. 3[195] DSGVO. Angesprochen ist damit die *zweite Stufe* des „abgestuften Ansatzes"[196]. Die Pseudonymisierung steht – ebenso wie die Anonymisierung – jedoch unter dem *Vorbehalt des Möglichen*; das bringt der Wortlaut deutlich zum Ausdruck („sofern es möglich ist, diese Zwecke auf diese Weise zu erfüllen"). Vor dem Hintergrund, dass der statistische Verarbeitungsprozess[197] typischerweise dynamisch angelegt ist, kann dieser Wendung („sofern [...] möglich") auch eine *zeitliche Dimension* entnommen werden: Die Vorschrift ist daher auch i. S. v. „sobald es möglich ist" zu lesen. Eine Pflicht, personenbezogene Daten möglichst frühzeitig zu pseudonymisieren, ist Art. 89 Abs. 1 S. 3 DSGVO jedoch *nicht* eingeschrieben. Die Verordnung bringt schon im Wortlaut zum Ausdruck, dass die Pseudonymisierung zu den technischen und organisatorischen Maßnahmen gehören „kann". Diese Lesart fügt sich in ihre Gesamtsystematik ein, da die Grundverordnung auch sonst keine Pflicht zur Pseudonymisierung kennt.[198] Zudem spricht auch ein historisches Argument gegen ein striktes Pseudonymisierungsgebot: Nach dem Kommissionsentwurf durften personenbezogene Daten nur dann zu statistischen Zwecken verarbeitet werden, wenn u. a. „Daten, die die Zuordnung von Informationen zu einer [...] betroffenen Person ermöglichen, von den übrigen Informationen getrennt aufbewahrt werden, sofern diese Zwecke in dieser Weise erfüllt werden können".[199] Eine solche Rechtspflicht ist jedoch nicht Gesetz geworden. Ein striktes *Gebot möglichst frühzeitiger Pseudonymisierung*[200] enthält die Datenschutz-Grund-

---

[195] Auch andere Vorschriften erkennen die risikominierende Schutzfunktion der Pseudonymisierung an, s. Art. 6 Abs. 4 Buchst. e (Zweckvereinbarkeit); Art. 25 Abs. 1 (Datenschutz durch Technikgestaltung); Art. 32 Abs. 1 Buchst. a (Sicherheit der Verarbeitung).
[196] Siehe oben S. 249 mit Nachweisen in § 8 Fn. 6.
[197] Siehe dazu die Darstellung der Prozesse im GMAS, oben § 2, S. 55 ff.
[198] Siehe etwa *Schwartmann/Mühlenbeck*, in: Schwartmann/Jaspers/Thüsing/Kugelmann (Hrsg.), DSGVO/BDSG, 2. Aufl., 2020, Art. 4 Nr. 5 Rn. 101. Vgl. z. B. Art. 25 Abs. 1 („wie z. B. Pseudonymisierung") und Art. 32 Abs. 1 Buchst. a DSGVO („unter anderem [...] Pseudonymisierung").
[199] KOM(2012) 11 endgültig, S. 109.
[200] Siehe zum verfassungsrechtlichen Gebot möglichst frühzeitiger (faktischer) Anonymisierung oben S. 267.

verordnung nach alledem nicht.²⁰¹ Dem Verantwortlichen, etwa dem Statistischen Bundesamt, kommt somit bei der Auswahl der technischen und organisatorischen Maßnahmen eine gewisse Flexibilität zu. Das soll indes nicht darüber hinwegtäuschen, dass der Verantwortliche in der Regel gut beraten ist, die Daten zu pseudonymisieren, sofern und sobald dies möglich ist.

### III. Beispiel: Studienverlaufsstatistik

Die Vorschrift des Art. 89 Abs. 1 S. 3 DSGVO spricht zwar wörtlich nur von „Pseudonymisierung", meint also ein Verfahren, das der Verantwortliche erst in Gang setzt. Unter den Begriff lässt sich aber auch die Verarbeitung „originär pseudonyme[r] Daten"²⁰² subsumieren. So ist es z.B. auch denkbar, dass die statistischen Ämter von Anfang an nur mit *bereits pseudonymisierten Daten* arbeiten. Ein Beispiel, bei dem dies zumindest teilweise der Fall ist, findet sich in der *Studienverlaufsstatistik*. Dabei handelt es sich um eine Bundesstatistik, die konzeptionell das gesamte Studium im Verlauf abbildet – und zwar vom ersten Hochschulsemester bis zum Studienabschluss, ggf. auch über die Promotionsphase bis zum Promotionsabschluss. Der Bundesgesetzgeber hat sie im Jahr 2016 neu geregelt.²⁰³ Die Studienverlaufsstatistik entsteht – grob gesagt – in vier Schritten:²⁰⁴ Zunächst meldet die Hochschulverwaltung die relevanten Erhebungs- und Hilfsmerkmale an das zuständige statistische Landesamt (1.); nachdem die Landesämter (2.) die Daten auf ihre Plausibilität geprüft haben, wird (3.) – und insoweit entscheidend – für jeden Studierenden und Promovierenden ein „eindeutiges verschlüsseltes und nicht rückverfolgbares Pseudonym" generiert (§ 7 Abs. 2 HStatG).²⁰⁵ Das Pseudonym wird nach Abgaben des Statistischen Bundesamtes aus unveränderlichen Erhebungsmerkmalen (Geburtsmonat/-jahr, Angaben zur ersten Hochschulzugangsberechtigung sowie Angaben zur Ersteinschreibung) sowie aus zwei Hilfsmerkmalen (erste vier Buchstaben des Vornamens, Geburtstag) gebildet; es sei aufgrund der Verschlüsselung

---

[201] A.A. wohl *Golla*, in: Specht/Mantz (Hrsg.), Handbuch Europäisches und deutsches Datenschutzrecht, 2019, § 23 Rn. 48.
[202] *Schleipfer*, ZD 2020, 284 (286).
[203] Ziel war es insbes., Muster in individuellen Studienverläufen sichtbar zu machen, die bislang im Aggregat nicht oder nur unzureichend analysierbar waren, s. *Neumann/Brings*, WISTA 1/2021, 67 (68 f.).
[204] BT-Drs. 18/6560, S. 30 f.
[205] Das Verfahren muss dem jeweiligen Stand der Technik entsprechen (§ 7 Abs. 2 HStatG). Nach der Gesetzesbegründung orientiert sich das Sicherheitskonzept an den Standards, die das Bundesamt für Sicherheit in der Informationstechnik (BSI) und die Bundesnetzagentur (BNetzA) vorgeben (BT-Drs. 18/6560, S. 30). Laut *Neumann/Brings*, WISTA 1/2021, 67 (69) wird hierfür ein Hash-Verfahren (Secure Hash Algorithm 3; „SHA3-256") verwendet.

„nicht reversibel".[206] Ausweislich der Gesetzesbegründung ist ein Rückschluss auf Einzelpersonen und deren Bildungsverläufe innerhalb des Hochschulsystems weder möglich noch von Interesse.[207] Das Pseudonym wird spätestens nach Abschluss der statistischen Aufbereitung erstellt, die anderen Hilfsmerkmale daraufhin gelöscht (§ 7 Abs. 3 S. 1 und 2 HStatG). Im letzten Schritt (4.) werden die statistisch relevanten Merkmale (s. § 7 Abs. 1 HStatG) zusammen mit dem jeweiligen Pseudonym an eine zentrale Datenbank[208] des Statistischen Bundesamtes[209] übermittelt und dort gespeichert (§ 7 Abs. 3 S. 3 HStatG).[210] Den Hochschulen sind die Pseudonyme der Studierenden nicht bekannt – eine Rückübermittlung der Pseudonyme an die Hochschule ist sogar gesetzlich verboten (§ 7 Abs. 3 S. 4 HStatG: „nicht zulässig"). Das Pseudonym und die damit verknüpften Daten sind spätestens 18 Jahre[211] nach dem letzten Hochschulabschluss (bzw. der Exmatrikulation) zu löschen (§ 7 Abs. 5 HStatG). Dieses Beispiel zeigt, dass eine Pseudonymisierung auch in arbeitsteiligen Systemen wie der Bundesstatistik durchführbar ist. Die statistischen Ämter der Länder nehmen die eigentliche Pseudonymisierung vor, während auf der Ebene des Bundes nurmehr bereits pseudonymisierte Daten zusammengeführt werden. Dieses Vorgehen minimiert die Risiken für die Rechte und Freiheiten der betroffenen Personen und trägt überdies dem Grundsatz der Datenminimierung Rechnung.

---

[206] Statistisches Bundesamt, Bildung und Kultur – Studienverlaufsstatistik 2020, 2021, S. 3 (Vorbemerkung).

[207] BT-Drs. 18/6560, S. 30 f.

[208] Diese Datenbank ist nicht mit der sog. Auswertungsdatenbank (§ 8 HStatG) zu verwechseln; in der Auswertungsdatenbank werden „aus Gründen der Datensicherheit" keine Pseudonyme gespeichert (BT-Drs. 18/6560, S. 32).

[209] Das Bundesamt ist datenschutzrechtlich verantwortlich (so BT-Drs. 18/6560, S. 31); die Verantwortlichkeit folgt *indirekt* aus dem Gesetz. Die Bundesregierung trat im Gesetzgebungsverfahren einer Forderung des Bundesrats entgegen, die Datenbank dem Statistischen Verbund (also einem statistikinternen Vergabeverfahren, § 3a BStatG) zu überantworten. Sie war der Meinung, eine zentrale Datenbank auf Bundesebene trage u.a. zu einer klaren datenschutzrechtlichen Verantwortlichkeit bei (vgl. BT-Drs. 18/6560, S. 39).

[210] Die Verarbeitungsbefugnis folgt aus § 7 Abs. 4 HStatG (i.V.m. Art. 6 Abs. 1 UAbs. 1 Buchst. e DSGVO), der eine Zusammenführung und Verknüpfung (gerade auch mit Daten zurückliegender Semester) gestattet, um Analysen über Studienverläufe zu ermöglichen.

[211] Der Gesetzentwurf sah „unter Abwägung datenschutzrechtlicher" Belange noch eine Höchstspeicherfrist von 12 Jahren vor (BT-Drs. 18/6560, S. 12). Mit der Beschlussempfehlung des Ausschusses für Bildung, Forschung und Technikfolgenabschätzung wurde die Speicherung der pseudonymisierten Daten auf 18 Jahre verlängert, um der Thematik „Lebenslanges Lernen" gerecht werden zu können. So könnten auf diese Weise auch Bachelorabsolventen erfasst werden, die im weiteren Verlauf ihrer Biographie an die Universität zurückkehren (so das Beispiel der SPD-Fraktion, BT-Drs. 18/7358, S. 8).

## IV. Ausblick: Die Identifikationsnummer (§ 1 IDNrG) als geeignetes Pseudonym?

Mit dem Registermodernisierungsgesetz[212] aus dem Jahr 2021 wurde eine eindeutige und veränderungsfeste Identifikationsnummer eingeführt. Das registerübergreifende Identitätsmanagement kann (theoretisch) auch für einen künftigen Registerzensus genutzt werden. Entsprechende Begehrlichkeiten scheinen bereits in der Gesetzesbegründung auf. So könne die allgemeine Identifikationsnummer (§ 1 IDNrG) „Grundlage für einen im Aufwand und Kosten verminderten Zensus sein", was Bürokratie abbaue und die Bürger von bislang erforderlichen Befragungen entlaste.[213] Ein einheitliches und bereichsübergreifendes Ordnungsmerkmal sei für die Durchführung eines registerbasierten Zensus von „zentraler Bedeutung".[214] Die ID-Nummer ermögliche es der Statistik, Informationen aus verschiedenen Verwaltungsregistern auf Personenebene zusammenzuführen, um die statistischen Ergebnisse ermitteln und deren Qualität sicherstellen zu können.[215] Die Architektur des Registermodernisierungsgesetzes zielt demnach nicht nur auf die Digitalisierung der Verwaltungsleistungen im Rahmen der OZG-Umsetzung, sondern mittelbar auch auf die Datenproduktion und die Prozessphasen der amtlichen Statistik. In der Beschlussempfehlung des federführenden Innenausschusses wird der *Use Case* „Statistik" noch deutlicher angesprochen:[216] Der registerbasierte Zensus wird ausdrücklich als „Verarbeitungszweck" hervorgehoben und in einem neuen § 5 Abs. 1 S. 2 IDNrG für zulässig erklärt.[217] Die ID-Nummer setzt dabei auf der Steuer-ID auf. Sie ist selbst ein personenbezogenes Datum[218], aber auch ein sog. nicht-sprechendes[219] Personenkennzeichen:[220] Die Steuer-ID besteht aus einer elfstelligen Ziffernfolge, die nicht aus anderen Daten über den Steuerpflichtigen gebildet und abgeleitet werden darf (vgl. § 139a Abs. 1 S. 2 AO). Somit kann der Verwendung einer Identi-

---

[212] BGBl. I 2021, S. 591; s. bereits oben S. 190 mit § 5 Fn. 394.
[213] BT-Drs. 19/24226, S. 2, 36.
[214] BT-Drs. 19/24226, S. 65.
[215] BT-Drs. 19/24226, S. 65.
[216] BT-Drs. 19/26247, S. 20.
[217] Vgl. die Beschlussempfehlung und den Bericht in BT-Drs. 19/26247, S. 10 und 20. Der Innenausschuss reagierte damit auf die in der öffentlichen Anhörung v. 14.12.2020 geäußerte Kritik, die Zweckbindung im Gesetz zu konkretisieren.
[218] EuGH, Urt. v. 16.1.2019 – C-496/17, ECLI:EU:C:2019:26 – Deutsche Post, Rn. 56.
[219] Ein Kennzeichen „spricht" in diesem Sinne, wenn ihm unmittelbar (also direkt) Informationen zu entnehmen sind, die sich auf eine identifizierte oder identifizierbare natürliche Person beziehen. Ein Beispiel ist die Sozialversicherungsnummer, die sich u.a. aus dem Geburtsdatum und dem Anfangsbuchstaben des Geburtsnamens zusammensetzt, s. § 147 Abs. 2 SGB VI.
[220] Vgl. zu den Begriffen nur *von Lewinski*, in: Wolff/Brink (Hrsg.), BeckOK DatenschutzR, 40. Ed. (1.5.2022), Art. 87 Rn. 24 ff., der die Nummer gem. § 1 IDNrG als „Kennzeichen von allgemeiner Bedeutung" einordnet (Rn. 28.1).

fikationsnummer nach § 1 und § 5 IDNrG grundsätzlich pseudonymisierende Wirkung zukommen, sofern die mit ihr übermittelten Informationen nicht ohne Weiteres einer spezifischen Person zugeordnet werden können. Gleichwohl muss ihr Einsatz im sensiblen Bereich der amtlichen Statistik kritisch hinterfragt werden, stellt sie doch die Trennung von Statistik und Verwaltung prinzipiell infrage.[221] Als geeignete Sicherungsvorkehrung i. S. v. Art. 89 Abs. 1 DSGVO taugt sie jedenfalls nicht. Im Gegenteil: Sie als Hilfsmerkmal für künftige statistische Erhebungen (z. B. im Registerzensus) zu verwenden, erhöht das Risiko für die betroffenen Personen, in ihrem Recht auf Schutz personenbezogener Daten und auf informationelle Selbstbestimmung verletzt zu werden. Das gilt unabhängig davon, ob der Gesetzgeber für die Identifikationsnummer selbst geeignete Sicherungsmaßnahmen nach Art. 87 S. 2 DSGVO vorgesehen hat.[222] In der amtlichen Statistik sollte diese Nummer daher nicht zur Verknüpfung von Daten genutzt werden, jedenfalls nicht unmittelbar. So wäre insbesondere zu prüfen, ob mit der Verwendung von *abgeleiteten* Personenkennzeichen, die speziell und ausschließlich für die amtliche Statistik generiert werden, nicht eine datenschutzfreundlichere Alternative (grundrechtlich gesprochen: ein relativ milderes Mittel) vorläge.

## E. Weitere technische und organisatorische Maßnahmen (TOM)

Art. 89 Abs. 1 S. 2 DSGVO[223] verlangt generell *technische und organisatorische Maßnahmen*, die die Rechte und Freiheiten der betroffenen Personen schützen bzw. garantieren. Sie müssen in der Summe – also im Zusammenspiel mit dem abgestuften Ansatz (Anonymisierung – Pseudonymisierung) – das Risiko ausgleichen, das durch die Verarbeitungsprivilegien[224] entsteht.[225] Eine Definition für den „Ober- bzw. Sammelbegriff"[226] technische und organisatorische Maßnahmen sucht man im verfügenden Teil der Datenschutz-Grundverordnung vergebens. Der Begriffsteil „Maßnahmen" ist jedenfalls weit zu verstehen und erfasst „alle Handlungen, die in geeigneter Weise dem Ziel dienen, eine

---

[221] Siehe dazu auch unten S. 344 ff.
[222] In diesem Sinne wohl *von Lewinski*, in: Wolff/Brink (Hrsg.), BeckOK DatenschutzR, 40. Ed. (1.5.2022), Art. 87 Rn. 53a mit Beispielen.
[223] Daneben knüpfen weitere Vorschriften (z.B. Art. 24 Abs. 1 S. 1, Art. 25 Abs. 1 und 2, Art. 28 Abs. 1 sowie Art. 32 Abs. 1 DSGVO) an den Begriff technische und organisatorische Maßnahmen an. In Überschneidungsbereichen geht Art. 89 Abs. 1 DSGVO als *lex specialis* vor.
[224] Dazu § 9, S. 352 ff.
[225] *Pauly*, in: Paal/Pauly (Hrsg.), DSGVO/BDSG, 3. Aufl., 2021, Art. 89 Rn. 10; s. bereits oben S. 253 ff.
[226] *Lang*, in: Taeger/Gabel (Hrsg.), DSGVO/BDSG/TTDSG, 3. Aufl., 2022, Art. 24 Rn. 24.

DS-GVO-Konformität der Verarbeitung zu realisieren".[227] Technische Maßnahmen wirken dabei auf den Verarbeitungsvorgang selbst ein, während mit organisatorischen Maßnahmen primär die „äußeren Rahmenbedingungen" beschrieben werden.[228] Beispiele bzw. Anhaltspunkte für technische und organisatorische Maßnahmen finden sich insbesondere in EG 78 S. 3 DSGVO: Dazu gehören etwa Maßnahmen zur Datenminimierung, zur frühestmöglichen Pseudonymisierung („so schnell wie möglich") sowie Maßnahmen, die „Transparenz in Bezug auf die Funktionen und die Verarbeitung personenbezogener Daten" herstellen, damit einerseits die betroffene Person in die Lage versetzt wird, die Datenverarbeitung zu überwachen und der Verantwortliche andererseits die Möglichkeit hat, „Sicherheitsfunktionen zu schaffen und zu verbessern". Zudem zeigt EG 78 S. 2 DSGVO, dass selbst die Grundsätze des Datenschutzes durch Technikgestaltung (*data protection by design*) und durch datenschutzfreundliche Voreinstellungen (*data protection by default*) als geeignete Garantien i. S. d. Art. 89 Abs. 1 DSGVO verstanden werden können. Auch Maßnahmen zur Datensicherheit, insbesondere die Verschlüsselung[229] (vgl. zur elektronischen Datenübermittlung z. B. § 11a Abs. 3 BStatG[230]), sind darunter zu fassen, sofern sie dem Stand der Technik entsprechen. Letztlich ist es eine Frage des *Einzelfalls*, welche technischen und organisatorischen Maßnahmen zum Schutz der Rechte und Freiheiten der betroffenen Person(en) geboten sind. Bei komplexen und dynamischen Verarbeitungsprozessen wie sie der amtlichen Statistik typischerweise eigen sind,[231] dürfte regelmäßig ein ganzes „Bündel von Maßnahmen" erforderlich sein.[232] Es kann sich anbieten, hierfür ein *Datenschutzmanagementsystem* einzurichten,[233] das es den statistischen Ämtern des Bundes und der Länder ermöglicht, ihre Sicherungsvorkehrungen am jeweiligen Verarbeitungs-

---

[227] So für Art. 24 Abs. 1 S. 1 DSGVO: *Martini*, in: Paal/Pauly (Hrsg.), DSGVO/BDSG, 3. Aufl., 2021, Art. 24 Rn. 20a; für ein weites Verständnis auch *Hartung*, in: Kühling/Buchner (Hrsg.), DSGVO/BDSG, 3. Aufl., 2020, Art. 24 Rn. 17.

[228] *Martini*, in: Paal/Pauly (Hrsg.), DSGVO/BDSG, 3. Aufl., 2021, Art. 24 Rn. 21 f.; s. auch *Hartung*, in: Kühling/Buchner (Hrsg.), DSGVO/BDSG, 3. Aufl., 2020, Art. 24 Rn. 17. Vgl. auch *Buchner/Tinnefeld*, in: Kühling/Buchner (Hrsg.), DSGVO/BDSG, 3. Aufl., 2020, Art. 89 Rn. 18: Katalog sei „breit gefächert".

[229] Vgl. dazu auch *Martini*, in: Paal/Pauly (Hrsg.), DSGVO/BDSG, 3. Aufl., 2021, Art. 24 Rn. 21; ferner *Golla*, in: Specht/Mantz (Hrsg.), Handbuch Europäisches und deutsches Datenschutzrecht, 2019, § 23 Rn. 47. S. dazu schon Art. 22 Abs. 2, insbes. Buchst. g, des Kommissionsentwurfs, KOM(2012) 11 endg., S. 63. Diese als „Anhaltspunkte" heranziehend *Petri*, in: Simitis/Hornung/Spiecker gen. Döhmann (Hrsg.), DatenschutzR, 2019, Art. 24 Rn. 16.

[230] Vgl. dazu auch unten S. 487.

[231] Vgl. dazu – allerdings im Kontext des Auskunftsrechts – *Kühling*, ZD 2021, 74 (74 f.).

[232] *Hartung*, in: Kühling/Buchner (Hrsg.), DSGVO/BDSG, 3. Aufl., 2020, Art. 24 Rn. 18. Anhaltspunkte kann ferner § 22 Abs. 2 S. 2 BDSG (ggf. i. V. m. § 27 Abs. 1 S. 2 BDSG) sowie die Anlage zu § 9 S. 1 BDSG a. F. liefern, s. dazu *Ernestus*, in: Simitis (Hrsg.), BDSG, 7. Aufl., 2014, § 9 BDSG a. F. Rn. 47 ff.

[233] Allg. dazu z. B. *Albers*, in: Voßkuhle/Eifert/Möllers (Hrsg.), GVerwR, 3. Aufl., 2022,

kontext und dem identifizierten Schutzbedarf auszurichten. Diese Maßnahmen treten dann zu den besonderen Garantien hinzu, die von Verfassungs wegen ohnedies geboten sind und die die Datenverarbeitung der amtlichen Statistik spätestens seit dem Volkszählungsurteil prägen (dazu F.).

## F. Besondere Sicherungsvorkehrungen der Bundesstatistik

Für die Datenverarbeitung der amtlichen Statistik gelten besondere Anforderungen. Die strengen Sicherungsvorkehrungen, die das BVerfG im Zusammenhang mit dem Recht auf informationelle Selbstbestimmung eingefordert hat, bilden – wie gezeigt[234] – den „Ausgleich" für die weiter gehenden Verarbeitungsbefugnisse.[235] Das BVerfG spricht in einem Kammerbeschluss zur Volkszählung 1987 vom „Gesamtgefüge der organisatorischen und verfahrensrechtlichen Sicherungsvorkehrungen".[236] Dazu gehört allen voran die statistische Geheimhaltung, die für die Bundesstatistik in § 16 BStatG verankert ist (dazu I.). Hinzu kommen das Rückspielverbot (dazu II.) sowie spezielle organisationsrechtliche Sicherungen, die man unter dem Begriff der „Abschottung" zusammenfassen könnte (dazu III.).[237] Diese Vorkehrungen eint, dass sie den Staat nicht als Informationseinheit sehen. Vielmehr buchstabieren sie aus, was das BVerfG im Volkszählungsurteil schlagwortartig als „informationelle Gewaltenteilung"[238] bezeichnet hat. Die amtliche Statistik ist insbesondere von der sonstigen Verwaltung informationell strikt zu trennen. Sie ist so gesehen zwar Teil einer staatlichen „Kommunikationsinfrastruktur"[239], aber doch nach außen hin abgeschirmt. Die Statistik erweist sich somit eher als *geschlossenes Informati-*

---

§ 22 Rn. 96; *Hartung*, in: Kühling/Buchner (Hrsg.), DSGVO/BDSG, 3. Aufl., 2020, Art. 24 Rn. 18.

[234] Zu diesem Ausgleichskonzept s. oben B., S. 253 ff.

[235] BVerfGE 65, 1 (48); vgl. auch BVerfGE 150, 1 (108 f., Rn. 224).

[236] BVerfG NJW 1988, 959 (960); die prozeduralen Anforderungen zusammenfassend *Kühling*, in: ders. (Hrsg.), BStatG, 2023, Einl. Rn. 38 ff. Vgl. aber auch *Groß*, AöR 113 (1988), 161 (164 f.), der zu Recht darauf hinweist, dass das Volkszählungsurteil (BVerfGE 65, 1) an mehreren Stellen „nur schwer faßbar" sei; ihm zufolge bestehe Einvernehmen in der Literatur, dass das Urteil „in einer Reihe wichtiger Fragen keine eindeutige Orientierungshilfe bietet".

[237] Vgl. dazu bspw. *Kube*, in: Isensee/Kirchhof (Hrsg.), HStR IV, 3. Aufl., 2006 § 91 Rn. 69: der informationellen Vereinheitlichung der vernetzten Verwaltung sei das Gegenprinzip einer angemessenen informationellen Abschottung entgegenzusetzen; vgl. ferner den Wortbeitrag von *Gallwas*, abgedruckt in VVDStRL (46) 1988, 311: „Bis zur Volkszählungsentscheidung standen Informationsverbund einerseits und Abschottung andererseits in einem Regelausnahmeverhältnis. Verbund war die Regel, Abschottung die Ausnahme. Das Volkszählungsurteil hat dieses Regelausnahmeverhältnis in das Gegenteil verkehrt".

[238] Siehe BVerfGE 65, 1 (69), dort allerdings in Bezug auf die Kommunalstatistik. Vgl. dazu allg. bereits *Bull*, DÖV 1979, 689 ff.; aus neuerer Zeit z. B. *Dix*, FS Kutscha, 2013, S. 95 ff.

[239] *Ladeur*, in: Voßkuhle/Eifert/Möllers (Hrsg.), GVerwR, 3. Aufl., 2022, § 21 Rn. 77 ff.

*onssystem*, aus dem (personenbezogene) Einzeldaten grundsätzlich nicht mehr hinausfließen. Diese Sicherungsvorkehrungen werden durch das statistikrechtliche Verbot der Reidentifizierung (dazu IV.) komplettiert. Sie alle können sich als geeignete Garantie i. S. d. Art. 89 Abs. 1 DSGVO erweisen. Inwieweit sie die Rechte und Freiheiten der betroffenen Personen in diesem Sinne „garantieren" können, hängt maßgeblich davon ab, wie streng sie formuliert sind und wie weit ihre jeweiligen Ausnahmen reichen.

### I. Statistische Geheimhaltung (§ 16 BStatG)

Die statistische Geheimhaltung ist eine geeignete Garantie i. S. d. Art. 89 Abs. 1 DSGVO.[240] Die Vorschrift des § 16 BStatG[241] ist mit „Geheimhaltung"[242] überschrieben. Sie verbürgt „seit jeher das Fundament der amtlichen Statistik"[243]. So kannte bereits das „Gesetz über die Statistik für Bundeszwecke (StatGes)" aus dem Jahr 1953 eine entsprechende Regelung,[244] die später in modifizierter Form in das Bundesstatistikgesetz 1980 überführt worden ist.[245] In seiner heutigen Gestalt geht § 16 BStatG maßgeblich auf die Novellierung des Bundesstatistikgesetzes aus dem Jahr 1987 zurück, um die Vorschrift an die Vorgaben aus dem Volkszählungsurteil anzupassen. Nachdem 2005 eine Übermittlungsvorschrift für den Datenaustausch innerhalb des föderalen statistischen Systems hinzugekommen war (Abs. 2 S. 2),[246] wurde die Norm zuletzt mit der Neubekanntma-

---

[240] Dies zeigt auch EG 162 S. 2 DSGVO, wonach der (unionale oder mitgliedstaatliche) Gesetzgeber die „statistische[...] Geheimhaltung" sicherzustellen habe. Dabei handelt es sich nicht um einen echten Regelungsauftrag, denn ein unverbindlicher Erwägungsgrund vermag selbst keine obligatorische Öffnungsklausel (s. dazu oben S. 156 ff.) zu begründen.

[241] Die Landesstatistikgesetze enthalten sehr ähnliche Geheimhaltungspflichten (§ 14 LStatG BW; Art. 17 BayStatG; § 16 LStatG Berlin; § 17 BbgStatG; § 8 LStatG Bremen; § 6 HmbStatG; § 16 HessLStatG; § 17 LStatG MV; § 7 NStatG; § 13 LStatG NRW; § 18 SLStatG; § 18 SächsStatG; § 14 StatG-LSA; § 13 LStatG SH; § 17 ThürStatG; das LStatG RP verweist auf das Bundesrecht, vgl. § 1 Abs. 2 S. 1), deren Unterschiede im Folgenden dort angesprochen werden, wo es angezeigt erscheint. – Auch das unionale Statistikrecht kennt den Grundsatz der statistischen Geheimhaltung, s. Art. 338 Abs. 2 AEUV, Art. 20 ff. VO (EG) Nr. 223/2009, oben S. 52 f.

[242] Nach *von Lewinski*, Die Matrix des Datenschutzes, 2014, S. 43 postuliere die Geheimhaltung ein „Weitergabeverbot"; hier gehe es nicht um den „(Ein-)Bruch in eine fremde Sphäre, sondern das Freilassen von Informationen aus der Sphäre, zu der der Geheimnisherr Zutritt gewährt hat (Informationskondominium)".

[243] *Dorer/Mainusch/Tubies*, Bundesstatistikgesetz, 1988, § 16 Rn. 1; in diesem Sinne auch *Groß*, AöR 113 (1988), 161 (187): „[d]ie die Arbeit der Statistik prägende Verhaltenspflicht [...] ist seit jeher die Wahrung des Statistikgeheimnisses".

[244] BGBl. I 1953, S. 1314 (1315); dazu BT-Drs. I/Nr. 4168 v. 9.3.1953; zur Historie *Ziegler*, Statistikgeheimnis und Datenschutz, 1990, S. 44 ff.

[245] BT-Drs. 8/2517, S. 16–19; BGBl. I 1980, S. 289 (292).

[246] Dazu unten S. 309 f. mit § 8 Fn. 418.

chung des Bundesstatistikgesetzes im Jahr 2016 geändert.[247] Indes hat der Bundesgesetzgeber die Vorschrift bislang nicht (auch nicht redaktionell) an das europäische Datenschutzrecht angepasst.[248] Dies verwundert insoweit, als sich das Statistik- und das Datenschutzrecht teilweise überschneiden. Das zeigt sich gerade an der Vorschrift zur statistischen Geheimhaltung.[249] Als Differenzierungskriterium eignet sich das personenbezogene Datum. Danach sind drei Konstellationen zu unterscheiden:
– die Verarbeitung personenbezogener Daten, die nicht unter statistischer Geheimhaltung stehen;
– das umgekehrte Verhältnis, nämlich die Verarbeitung nicht-personenbezogener Daten, die der Geheimhaltungspflicht unterliegen;
– sowie die (im Folgenden interessierende) Schnittmenge, also die Verarbeitung personenbezogener Daten, die *zugleich* unter das Statistikgeheimnis fallen.

*1. Schutzziele: Wen oder was schützt das Statistikgeheimnis?*

Das bundesrechtliche Statistikgeheimnis verfolgt nach der Gesetzesbegründung drei Schutzziele. Diese finden sich bereits in den Materialien zum Bundesstatistikgesetz 1980.[250] Die Bundesregierung hat sie in ihrem Entwurf für das Bundesstatistikgesetz 1987 wiederholt[251] – die Ziele gelten bis heute fort. Die statistische Geheimhaltung nach § 16 BStatG dient
1. dem „Schutz des Einzelnen vor der Offenlegung seiner persönlichen oder sachlichen Verhältnisse",
2. der „Erhaltung des Vertrauensverhältnisses zwischen den Befragten[252] und den statistischen Ämtern" sowie
3. der „Gewährleistung der Zuverlässigkeit der Angaben und der Berichtswilligkeit der Befragten".[253]

---

[247] BGBl. I 2016, S. 2394 (2400 f.).
[248] Anders bspw. für das Sozialgeheimnis (§ 35 SGB I; BGBl. I 2017, S. 2541 [2555 f.]) und das Steuergeheimnis (§ 30 AO; BGBl. I 2017, S. 2541 [2548 f.] und BGBl. I 2019, S. 1626 [1667 f.]).
[249] Vgl. zum Steuergeheimnis z. B. *Seer*, DStJG 42 (2019), 247 (252): § 30 AO sei zugleich eine „bereichsspezifische Datenschutznorm".
[250] BT-Drs. 8/2517, S. 16.
[251] BT-Drs. 10/5345, S. 20.
[252] Die befragte Person muss nicht stets auch die datenschutzrechtlich betroffene Person sein. Im Zusammenhang mit der Einwilligung gem. § 16 Abs. 1 S. 3 Nr. 1 BStatG stellt das Gesetz seit 2016 nunmehr richtigerweise auf die betroffene Person ab, dazu unten S. 300 ff.
[253] BT-Drs. 10/5345, S. 20; zu dieser dreifachen Schutzrichtung auch *Ziegler*, Statistikgeheimnis und Datenschutz, 1990, S. 55 ff. Vgl. zum Landesrecht bspw. die Gesetzesbegründung zur Reform des BbgStatG im Jahr 2020 in LT-Drs. 7/407, S. 25, die neben den drei genannten Schutzzielen noch ein viertes Ziel anführt: die Sicherstellung der „Trennung der Statistik von dem auf den Einzelfall bezogenen Verwaltungsvollzug".

## a) Individualschutz: Schutz der statistischen Einheiten

Das Statistikgeheimnis zielt erstens darauf, individuelle Rechte und Freiheiten zu schützen. So hat bspw. das BVerfG bereits in seinem Volkszählungsurteil hervorgehoben, dass eine strikte Geheimhaltung der zu statistischen Zwecken erhobenen Einzelangaben für den Schutz des informationellen Selbstbestimmungsrechts „unverzichtbar" sei, „solange ein Personenbezug noch besteht oder herstellbar ist (Statistikgeheimnis)".[254] Die statistische Geheimhaltung schützt dieses Recht, indem sie statistische Daten nach außen hin „abschirmt" – insbesondere haben andere öffentliche Stellen grundsätzlich[255] keinen Zugang zu den Einzelangaben. § 16 BStatG bewirkt somit einen speziellen Vorfeldschutz, der durch eine strikte Abschottung[256] in organisatorischer Hinsicht weiter abgesichert wird. Auf diese Weise flankiert und effektiviert das Statistikgeheimnis den (grundrechtlich verbürgten) Datenschutz – und das nicht nur auf der mitgliedstaatlichen Ebene. Die bundesrechtliche[257] Geheimhaltungsvorschrift schützt mithin nicht nur das deutsche Recht auf informationelle Selbstbestimmung[258], sondern auch die Unionsgrundrechte auf Achtung des Privatlebens und auf Schutz personenbezogener Daten (Art. 7 und 8 GRCh). Dabei geht der Schutzradius der statistischen Geheimhaltung über den des Datenschutzrechts hinaus: Denn auch wirtschaftsstatistische Daten, die sich ausschließlich auf juristische Personen (des Privatrechts[259]) beziehen, sind nach § 16 Abs. 1 S. 1 BStatG geheim zu halten. Das Statistikgeheimnis gewährt – ebenso wie bspw. das Steuergeheimnis[260] – somit nicht nur natürlichen Personen Schutz. Unter die Geheimhaltung fallen außerdem Daten über Verstorbene[261]. Daneben will die statistische Geheimhaltung aber auch andere Freiheitsrechte schützen; das Statistikgeheimnis dient letztlich dem Schutz vielfältiger Grundrechtsgewährleistungen. Man kann insofern die Aussage von *Klaus Stern* zum Steuergeheimnis auf § 16 BStatG übertragen: Auch das Statistikgeheimnis dient „dem Schutz der durch mehrere Grundrechte abgesicherten Rechtssphäre der natürlichen und ju-

---

[254] BVerfGE 65, 1 (49); wiederholt in BVerfGE 150, 1 (109, Rn. 224).

[255] Zur Ausnahme für oberste Bundes- oder Landesbehörden (§ 16 Abs. 4 BStatG), die allerdings nur *Tabellendaten* erhalten, s. unten S. 311.

[256] Siehe dazu sogleich unter III., S. 333 ff.

[257] Entsprechendes gilt im Kontext europäischer Statistiken, vgl. Art. 20 ff. VO (EG) Nr. 223/2009.

[258] Grundsätzlich können sich auch juristische Personen auf das Recht auf informationelle Selbstbestimmung berufen, s. die Nachweise in § 8 Fn. 296.

[259] Die statistische Geheimhaltung (§ 16 BStatG) erfasst alle Einzelangaben, mithin auch solche, die sich auf juristische Personen des öffentlichen Rechts beziehen (vgl. auch § 15 Abs. 1 S. 2 BStatG); s. nur *Dorer/Mainusch/Tubies*, Bundesstatistikgesetz, 1988, § 16 Rn. 6.

[260] Vgl. § 30 Abs. 2 Nr. 2 AO („fremdes Betriebs- oder Geschäftsgeheimnis"). Vgl. auch *Drüen*, in: Tipke/Kruse (Hrsg.), AO/FGO, 158. EL (Okt. 2019), § 30 AO Rn. 9 („Dieses Recht steht natürlichen Personen, juristischen Personen [...] und Personenvereinigungen zu").

[261] Ebenso bereits *Dorer/Mainusch/Tubies*, Bundesstatistikgesetz, 1988, § 16 Rn. 14.

ristischen Personen des Privatrechts".[262] Die statistische Geheimhaltung erweist sich mithin als „Instrument des Grundrechtsschutzes"[263], ohne jedoch selbst Grundrecht zu sein oder Verfassungsrang zu haben.[264]

*b) Schutz des Vertrauensverhältnisses zwischen befragten Personen und statistischen Ämtern*

Das Statistikgeheimnis dient zweitens dazu, das „Vertrauensverhältnis[...] zwischen den Befragten und den statistischen Ämtern" zu erhalten.[265] Vertrauen[266] kann insbesondere dort entstehen, wo das Recht die Geheimhaltung der (noch personenbezogenen) Daten garantiert.[267] Für die Funktionsfähigkeit der amtlichen Statistik ist dieses Vertrauen der Bürger konstitutiv. Das BVerfG hat darauf schon im Volkszählungsurteil hingewiesen: Eine Staatspraxis, die sich nicht um die Bildung eines solchen Vertrauens (dort in Bezug auf die Offenlegung des Verarbeitungsprozesses und strikte Abschottung) bemühte, würde auf längere Sicht zu schwindender Kooperationsbereitschaft führen, weil Misstrauen entstünde.[268] Das Gericht trägt damit dem Umstand Rechnung, dass in primärstatistischen[269] Erhebungen staatlicher Zwang nur begrenzt wirksam werden kann. Es bezieht sich dabei auf die Gesetzesbegründung zum Volkszählungsgesetz 1950. Dort heißt es: „Die Pflicht zur Geheimhaltung von Individualangaben ist das notwendige Korrelat zur Auskunftspflicht der Befragten [...]". Ohne das Gebot der Verschwiegenheit[270] stünden die befragten Personen, so der Regie-

---

[262] *Stern*, AöR 109 (1984), 199 (284).
[263] *Stern*, AöR 109 (1984), 199 (284 f.): § 30 AO sei als „Ausdruck der prinzipiellen Abwägung des Gesetzgebers zwischen Staatsinteresse einerseits und den aus den Grundrechten abzuleitenden Privatinteressen andererseits zu verstehen" (ebenda, S. 285).
[264] Vgl. dazu für Steuergeheimnis *Drüen*, in: Tipke/Kruse (Hrsg.), AO/FGO, 158. EL (Okt. 2019), § 30 AO Rn. 7; prägnant bereits *Stern*, AöR 109 (1984), 199 (284): „Steuergeheimnis hat selbst keinen Grundrechtsrang"; offen gelassen von *Scholz/Pitschas*, Informationelle Selbstbestimmung und staatliche Informationsverantwortung, 1984, S. 97 („bleibt belanglos").
[265] BT-Drs. 10/5345, S. 20.
[266] Zu diesem Begriff ausf. unten S. 516 ff. m. w. N. in § 10 Fn. 327.
[267] Vgl. allg. auch *Dix*, in: Simitis (Hrsg.), BDSG, 7. Aufl., 2014, § 1 BDSG a. F. Rn. 175.
[268] BVerfGE 65, 1 (50). Diese Formulierung geht offenbar auf *Benda*, FS Geiger, 1974, S. 38 zurück, denn dort heißt es mit Blick auf das Steuergeheimnis teilweise übereinstimmend: „Die gegen den Willen oder ohne Kenntnis des Betroffenen erfolgte Weitergabe von Daten aus der Privatsphäre führt auf längere Sicht zu schwindender Kooperationsbereitschaft. Da staatlicher Zwang nur begrenzt wirksam werden kann, wird eine die Interessen des Bürgers überspielende Staatspraxis allenfalls kurzfristig vorteilhaft erscheinen; auf Dauer gesehen, wird sie zu einer Verringerung des Volumens und der Genauigkeit der Informationen führen." Ähnlich BVerfGE 150, 1 (109, Rn. 225), wobei es dort genau genommen um das „notwendige Vertrauen in die Abschottung der für statistische Zwecke erhobenen Daten" geht.
[269] Zum Begriff oben Einl. Fn. 39; ferner unten S. 293.
[270] § 10 Abs. 1 VZG 1950-E war wie folgt formuliert: „Alle mit der Zählung sowie mit der Bearbeitung des Urmaterials befaßten Personen sind zur Verschwiegenheit über alle persön-

rungsentwurf, vor der Alternative, „entweder eine nach heutiger Rechtsauffassung nicht zumutbare Offenbarung ihrer persönlichen und wirtschaftlichen Verhältnisse zu erdulden oder aber die Unwahrheit zu sagen, wobei erfahrungsgemäß die Wahl zu Ungunsten der statistischen Wahrheit ausfällt".[271] Nach dem BVerfG[272] könne und dürfe vom Bürger nur dann erwartet werden, zwangsweise Auskunft zu erteilen, wenn diese von den Ämtern geheim gehalten wird. Ebenso wie das Steuergeheimnis stellt auch das Statistikgeheimnis hiernach das notwendige „Gegenstück"[273] zur gesetzlich angeordneten Auskunftspflicht dar. Das Vertrauensverhältnis zu erhalten, liegt im öffentlichen Interesse. Ihm kommt kein Wert an sich zu. Vielmehr dient es dazu, die Funktionsfähigkeit der Statistik insgesamt zu erhalten, die im dritten Schutzziel sogleich (dazu c) näher beschrieben wird.

### c) Funktionsfähigkeit der amtlichen Statistik

Drittens soll die statistische Geheimhaltung die „Zuverlässigkeit der Angaben" und die „Berichtswilligkeit der Befragten" gewährleisten.[274] Die Berichtswilligkeit umschreibt dabei die Bereitschaft, an einer statistischen Befragung teilzunehmen.[275] Angesprochen sind damit zuvörderst *freiwillige* Erhebungen wie etwa die Zeitverwendungserhebung (§ 4 Abs. 1 ZVEG). Das Statistische Bundesamt muss dafür bis zu 15.000 Haushalte (§ 3 Abs. 3 ZVEG) gewinnen. Die statistische Geheimhaltung ist – neben anderen Sicherungsvorkehrungen (insbesondere Rückspielverbot, Abschottungsgebot und Verbot der Reidentifizierung) – ein wesentlicher Faktor, um Vertrauen zu den statistischen Ämtern aufzubauen. Und dieses Vertrauensverhältnis bildet die Grundlage dafür, dass die Haushaltsmitglieder persönliche Daten (etwa das Bruttoerwerbseinkommen oder ihren Gesundheitszustand, § 6 Abs. 1 Nr. 17 und 24 ZVEG) mit dem Staat teilen. Die Aufwandsentschädigung (§ 4 Abs. 3 ZEVG) alleine wird hierfür nicht genügen. Daneben ist die amtliche Statistik aber auch bei Erhebungen mit *Auskunftspflicht* auf die Kooperationsbereitschaft der auskunftspflichtigen Personen angewiesen.[276] Denn staatliches Handeln, das die Interessen der Bürger

---

lichen und sachlichen Angaben verpflichtet, die bei der Zählung zu ihrer Kenntnis gelangen" (BT-Drs. I/982, S. 4).

[271] BT-Drs. I/982, S. 20. Ähnlich die Gesetzesbegründung zu § 17 BbgStatG: „Die statistische Geheimhaltung steht in untrennbarem Zusammenhang mit der statistischen Auskunftspflicht [...]".

[272] BVerfGE 65, 1 (50).

[273] Vgl. *Drüen*, in: Tipke/Kruse (Hrsg.), AO/FGO, 158. EL (Okt. 2019), § 30 AO Rn. 8 („Gegenstück zu den Offenbarungs- und Mitwirkungspflichten").

[274] BT-Drs. 10/5345, S. 20.

[275] Zur Teilnahmebereitschaft und den Maßnahmen, diese zu steigern, s. *Krüger*, WISTA 4/2019, 56 ff.; zu Anreizmechanismen s. oben S. 112 ff. und unten S. 481 ff.

[276] Aus historischer Sicht sei nur an die Boykottaufrufe in den 1980er Jahren erinnert

überspielt, erscheint – so formuliert es das BVerfG – „allenfalls kurzfristig vorteilhaft".²⁷⁷ Der Bürger muss darauf vertrauen können, dass die Statistikämter die (personenbezogenen) Daten geheim halten. Andernfalls wäre ein elementares Ziel der amtlichen Statistik gefährdet: die *Zuverlässigkeit*²⁷⁸ der Angaben. Nach dem BVerfG ist ein „möglichst hoher Grad an Genauigkeit und Wahrheitsgehalt der erhobenen Daten" für die *Funktionsfähigkeit der amtlichen Statistik* „notwendig".²⁷⁹ Das normativ begründete Vertrauen in die Geheimhaltung (siehe dazu b) soll die Auskunftsperson dazu anhalten, wahrheitsgemäße und vollständige Angaben (vgl. § 15 Abs. 5 S. 1 BStatG) zu machen. Bei der Genauigkeit²⁸⁰ handelt es sich um ein wichtiges Qualitätskriterium. Anders gewendet: Eine unzuverlässige (amtliche) Statistik liefe Gefahr, eine wichtige Grundlage sozialstaatlicher Politik infrage zu stellen.²⁸¹ Das „Prinzip der Geheimhaltung" dient somit nicht nur dem Schutz des informationellen Selbstbestimmungsrechts, sondern ist – so das Volkszählungsurteil – „auch für die Statistik selbst konstitutiv".²⁸²

*d) Zwischenergebnis und Synthese: doppelte Schutzrichtung*

Im Ergebnis lassen sich die drei – bereits in der Gesetzesbegründung zum BStatG 1987 formulierten – Schutzziele zu einer *doppelten Schutzrichtung*²⁸³ zusammenführen. Das Statistikgeheimnis dient zum einen dem *Individualschutz*, indem es die den statistischen Ämtern anvertrauten Daten gegenüber Dritten – auch gegenüber der allgemeinen öffentlichen Verwaltung – abschirmt, solange sie den statistischen Einheiten noch zuordenbar sind. Zum anderen verfolgt das Statistikgeheimnis auch *öffentliche Interessen*: Als Grundbedingung für das Vertrauensverhältnis zwischen Bürger und statistischen Ämtern sichert es die Funktionsfähigkeit der amtlichen Statistik ab. Dabei bilden die individuellen und die öffentlichen Interessen keinen Gegensatz; vielmehr sind sie teilweise sogar voneinander abhängig.²⁸⁴

---

(plakativ etwa der Slogan: „Zählt nicht uns, zählt eure Tage!"), vgl. dazu etwa *Steinmüller*, KJ 1988, 230 ff.; *Kühling*, NJW 2017, 3069 (3069).

²⁷⁷ BVerfGE 65, 1 (50). So bereits *Benda*, FS Geiger, 1974, S. 38.
²⁷⁸ Zur Zuverlässigkeit als Grundsatz der Bundesstatistik s. oben S. 49 f.
²⁷⁹ BVerfGE 65, 1 (50).
²⁸⁰ Vgl. auch Art. 12 Abs. 1 Buchst. b VO (EG) Nr. 223/2009, wonach sich die Genauigkeit „auf den Grad der Übereinstimmung der Schätzungen mit den unbekannten wahren Werten" beziehe.
²⁸¹ BVerfGE 65, 1 (50 f.).
²⁸² BVerfGE 65, 1 (51).
²⁸³ Vgl. dazu auch *Kühling/Sauerborn*, in: Kühling (Hrsg.), BStatG, 2023, § 16 Rn. 2; für das Steuergeheimnis *Drüen*, in: Tipke/Kruse (Hrsg.), AO/FGO, 158. EL (Okt. 2019), § 30 AO Rn. 10; *Seer*, DStJG 42 (2019), 247 (252).
²⁸⁴ Ebenso z. B. *Drüen*, in: Tipke/Kruse (Hrsg.), AO/FGO, 158. EL (Okt. 2019), § 30 AO Rn. 10 zum Steuergeheimnis.

## 2. Tatbestandliche Voraussetzungen

§ 16 BStatG schützt Einzelangaben über persönliche oder sachliche Verhältnisse, die für eine Bundesstatistik gemacht werden bzw. gemacht worden sind (Abs. 1 S. 1 BStatG; dazu a)). Das Statistikgeheimnis bindet nicht die Institution, sondern die konkret handelnde(n) Person(en). Daher ist der verpflichtete Personenkreis zu bestimmen (dazu b)), der die Einzelangaben geheim halten muss (dazu c)). Schließlich ist zu erörtern, wie lange die Geheimhaltungspflicht dauert (dazu d)).

*a) Gegenstand des Statistikgeheimnisses: Was ist geheim zu halten?*

Geheimhaltungsbedürftig sind „Einzelangaben über persönliche und sachliche Verhältnisse" (dazu aa)), die „für eine Bundesstatistik gemacht werden" (dazu bb)). Eine einheitliche Terminologie für diese Daten hat sich noch nicht herausgebildet. Insbesondere fehlt eine Legaldefinition, wie sie etwa das Steuergeheimnis für „geschützte Daten" (§ 30 Abs. 2 AO) kennt. In Anlehnung an die europäischen Vorschriften zur statistischen Geheimhaltung wird im Folgenden (auch) die Kurzformel „vertrauliche Daten" (engl.: „confidential data") verwandt, um den Schutzgegenstand des § 16 BStatG zu umschreiben.[285]

*aa) „Einzelangaben über persönliche oder sachliche Verhältnisse [...]" (Mikrodaten)*

Wann sind Daten in diesem Sinne vertraulich? Dafür ist zunächst zu klären, was das Statistikrecht unter „Einzelangaben über persönliche oder sachliche Verhältnisse" (§ 16 Abs. 1 S. 1 BStatG[286]; Synonym: „Mikrodaten"[287]) versteht. Der Begriff der Einzelangabe ist weit auszulegen.[288] Er ist aus dem alten Bundesda-

---

[285] Siehe die amtlichen Überschriften der Art. 20 ff. VO (EG) Nr. 223/2009.

[286] Gleichlautend z. B. § 16 Abs. 1 S. 1 LStatG Berlin; § 16 Abs. 1 S. 1 HessLStatG; § 7 S. 1 NStatG; § 13 Abs. 1 S. 1 LStatG NRW (dazu LT-Drs. 17/5197, S. 25); § 13 Abs. 1 S. 1 LStatG SH. In den LStatG finden sich aber auch andere Formulierungen, z. B.: „Einzelangaben, [...] die dem Befragten oder Betroffenen zugeordnet werden können" (§ 14 Abs. 1 S. 1 LStatG BW); „Einzelangaben über persönliche und sächliche Verhältnisse bestimmter oder bestimmbarer natürlicher oder juristischer Personen" (§ 17 Abs. 1 S. 1 BbgStatG). In Bayern heißt es in Art. 17 Abs. 1 S. 1 BayStatG schlicht: „Einzelangaben sind [...] geheimzuhalten". Art. 2 Abs. 5 BayStatG enthält jedoch eine Legaldefinition für den Begriff Einzelangaben: Gemeint sind „Daten über persönliche oder sachliche Verhältnisse bestimmter oder bestimmbarer natürlicher oder juristischer Personen und deren Vereinigungen, die bei der Durchführung einer Statistik erhoben oder übermittelt werden".

[287] Siehe aus dem deutschen Statistikrecht etwa § 4 Abs. 1 S. 3 BbgStatG. Im europäischen Statistikrecht scheint sich der international anschlussfähige Begriff „Mikrodaten" vermehrt durchzusetzen, vgl. etwa Art. 2 Nr. 1 VO (EU) 2019/1700.

[288] *Dorer/Mainusch/Tubies*, Bundesstatistikgesetz, 1988, § 16 Rn. 14; BVerwG NVwZ 2018, 179 (180, Rn. 14); ebenso z. B. BayVGH ZD 2019, 523 (526, Rn. 43).

tenschutzgesetz bekannt. Dies verwundert insoweit nicht, als der datenschutzrechtliche Begriff einen statistikrechtlichen Ursprung hat. Der Begriff der Einzelangabe geht auf das Statistikgesetz 1953[289] zurück und wurde später in das erste Bundesdatenschutzgesetz übernommen, um den zentralen Begriff des personenbezogenen Datums zu definieren (§ 2 Abs. 1 BDSG 1977).[290] Er setzt sich aus zwei Wortbestandteilen zusammen: „Angabe" einerseits und „Einzel-" andererseits. Mit Angabe ist *jede Information*[291] gemeint. Der zweite Wortteil („Einzel") wurde aus datenschutzrechtlicher Perspektive für entbehrlich gehalten. Um dem Schutzzweck des alten Bundesdatenschutzgesetzes Genüge zu tun, ließe sich auch formulieren: Personenbezogene Daten sind „*Angaben* über persönliche oder sachliche Verhältnisse *einer* bestimmten [o]der bestimmbaren [natürlichen] Person".[292] Für die statistische Geheimhaltung ist der Wortbestandteil indes nicht verzichtbar.[293] Denn anders als im alten Datenschutzrecht („einer bestimmten oder bestimmbaren natürlichen Person"[294]) fehlt § 16 Abs. 1 S. 1 BStatG ein Relationssubjekt, welches dem Begriff Konturen verleiht. Eine Einschränkung erfährt der Schutzgegenstand („Angabe, die für eine Bundesstatistik gemacht wird") erst durch das Element „Einzel". Geschützt sind danach alle Informationen (über persönliche oder sachliche Verhältnisse[295]), die sich auf eine *statistische Einheit* (Grundbeobachtungseinheit) beziehen. Das kann eine natürliche Person, aber auch ein Haushalt, ein Wirtschaftsteilnehmer oder eine sonstige Unternehmung sein. Die statistische Geheimhaltung erstreckt sich auch auf Daten über *juristische*[296] oder *verstorbene* Personen.[297] Hier liegt denn auch ein maßgeblicher Unterschied zum (europäischen) Datenschutzrecht, das weder

---

[289] Siehe § 12 Abs. 1 S. 1 StatG 1953: „Einzelangaben über persönliche oder sachliche Verhältnisse [...]" (BGBl. I 1953, S. 1314 [1315]; BT-Drs. I/4168, S. 10).
[290] Die Norm lautete: „Im Sinne dieses Gesetzes sind personenbezogene Daten Einzelangaben über persönliche oder sachliche Verhältnisse einer bestimmten oder bestimmbaren natürlichen Person", s. BGBl. I 1977, S. 201 (202). Vgl. dazu BT-Drs. 7/1027, S. 23.
[291] Zum Informationsbegriff vgl. oben S. 224 f.
[292] So *Haase*, Datenschutzrechtliche Fragen des Personenbezugs, 2015, S. 186; Hervorhebung im Original.
[293] A. A. *Kühling/Sauerborn*, in: Kühling (Hrsg.), BStatG, 2023, § 16 Rn. 16.
[294] Heute Art. 4 Nr. 1 DSGVO: „alle Informationen, die sich auf eine identifizierbare oder identifizierte natürliche Person [...] beziehen"; dazu oben S. 256 ff.
[295] Vgl. dazu *Gola/Klug/Korffer*, in: Gola/Schomerus (Hrsg.), BDSG, 12. Aufl., 2015, § 3 BDSG a. F. Rn. 5: eine exakte Trennung der Begriffsinhalte „persönlich und sachlich" sei weder möglich noch erforderlich. Unter dem alten Datenschutzrecht war entscheidend, dass die Information einen Bezug zur natürlichen Person aufwies (ebenda).
[296] Das BVerfG erkennt seit dem Jahr 2007 auch juristische Personen prinzipiell als Grundrechtsträger an (BVerfGE 118, 168 [203]; 128, 1 [43]), soweit das Recht auf Art. 2 Abs. 1 GG gestützt ist; anders noch *Groß*, AöR 113 (1988), 161 (187), demzufolge das Statistikgeheimnis bei jur. Personen nicht aus dem Recht auf informationelle Selbstbestimmung (Art. 2 Abs. 1 i. V. m. Art. 1 Abs. 1 GG) hergeleitet werden könne.
[297] Siehe aus der Literatur etwa *Poppenhäger*, Die Übermittlung und Veröffentlichung statistischer Daten im Lichte des Rechts auf informationelle Selbstbestimmung, 1995, S. 26 f.

Verstorbene[298] noch juristische Personen[299] als solche in seinen Schutzbereich einbezieht. Daraus folgt: Einzelangaben über persönliche oder sachliche Verhältnisse nach § 16 Abs. 1 S. 1 BStatG *können* personenbezogene Daten i. S. d. Art. 4 Nr. 1 DSGVO sein, müssen es aber nicht.[300]

*bb) „[...], die für eine Bundesstatistik gemacht werden"*

Geheimhaltungsbedürftig sind nach dem Wortlaut nur Einzelangaben, die „für eine Bundesstatistik[301] gemacht werden" (§ 16 Abs. 1 S. 1 BStatG[302]). Das Merkmal ist final angeleitet. Mit dem Adverb „für" ist die (gesetzliche) Zweckfestlegung angesprochen. Erfasst ist somit grundsätzlich jede Datenverarbeitung, die *zu bundesstatistischen Zwecken* erfolgt.

Dabei deutet die Wendung „gemacht werden" auf ein aktives Verhalten der betroffenen bzw. befragten Person hin.[303] Ein bloßes Dulden genügte nicht. Von der statistischen Geheimhaltung sind – insoweit unstreitig – zunächst all jene Daten erfasst, die *direkt* bei einer befragten oder betroffenen Person erhoben werden – sei es aufgrund einer Auskunftspflicht, sei es auf freiwilliger Basis.[304] Beantwortet eine Auskunftsperson also bspw. pflichtgemäß Fragen im Rahmen der Haushaltsstichprobe im Zensus 2022, unterliegen die erfassten Erhebungs- (z. B. Angaben über den höchsten allgemeinen Schulabschluss; § 13 Abs. 1 Nr. 16) und Hilfsmerkmale (z. B. Familienname und Vorname; § 13 Abs. 2 Nr. 1 ZensG 2022) der statistischen Geheimhaltung nach § 16 BStatG. Gleiches gilt für freiwillige Auskünfte, etwa im Rahmen der Zeitverwendungserhebung (vgl.

---

[298] Datenschutzrechtlich betroffen ist nur, wer (noch) lebt. Vgl. auch EG 27 S. 1 DSGVO. Aus der Rechtsprechung z. B. BGH NJW 2018, 3178 (3184, Rn. 67); ebenso *Martini/Kienle*, JZ 2019, 235 (237).

[299] Vgl. Art. 4 Nr. 1 i. V. m. EG 14 S. 2 DSGVO; s. nur EuGH, Urt. v. 10.12.2020 – C-620/19, ECLI:EU:C:2020:1011 – J & S Service, Rn. 41. In der Rechtssache *Volker und Markus Schecke und Eifert* (EuGH, Urt. v. 9.11.2010 – C-92/09 und C-93/09, ECLI:EU:C:2010:662, Rn. 53 f.) war der Schutzbereich der Art. 7 und 8 GRCh eröffnet, da die Klägerin, eine Gesellschaft bürgerlichen Rechts, zwei natürlichen Personen als Gesellschafter in ihrem Namen hatte – und zwar „unmittelbar" („Volker und Markus Schecke GbR"). Der Gerichtshof greift auf die hinter der Gesellschaft stehenden natürlichen Personen durch (Durchgriffsthese); vgl. dazu auch *Kingreen/Poscher*, Grundrechte, 36. Aufl., 2020 Rn. 215 zu Art. 19 Abs. 3 GG).

[300] Vgl. aber auch BayVGH ZD 2019, 523 (526, Rn. 43), wonach der „statistikrechtliche Begriff der personenbeziehbaren Einzelangabe [...] grundsätzlich den gleichen Inhalt wie der datenschutzrechtliche Begriff des personenbezogenen Datums" habe. Dies gilt freilich mit der Einschränkung, dass sich die Einzelangabe auf eine noch lebende, natürliche Person bezieht.

[301] Für Unionsstatistiken gelten die Art. 20 ff. VO (EG) Nr. 223/2009 unmittelbar.

[302] Vgl. bspw. § 14 Abs. 1 S. 1 LStatG BW („Einzelangaben, die für eine Landes- oder Kommunalstatistik gemacht werden"); anders: § 6 Abs. 1 HmbStatG („Einzelangaben [...], die für eine Statistik erhoben oder genutzt werden").

[303] Vgl. dazu auch Art. 9 Abs. 2 Buchst. e DSGVO; s. oben S. 210.

[304] Vgl. dazu BVerwG NVwZ 2018, 179 (180, Rn. 14); *Dorer/Mainusch/Tubies*, Bundesstatistikgesetz, 1988, § 16 Rn. 13; ebenso bereits BT-Drs. 10/5345, S. 21 zu § 16 BStatG 1987.

## F. Besondere Sicherungsvorkehrungen der Bundesstatistik

§ 4 Abs. 1 i.V.m. §§ 6f. ZVFG). Damit ist jedenfalls die tradierte Form der *Primärstatistik* erfasst, bei der eine befragte Person Angaben gegenüber den statistischen Behörden macht. Darüber hinaus unterliegt aber auch die (Weiter-) Verarbeitung von Verwaltungsdaten (§ 5a BStatG) der statistischen Geheimhaltung. Die Behörde, bei der die Verwaltungsdaten liegen, wird regelmäßig kraft Gesetzes verpflichtet, die (qualitativ geeigneten) Daten zu statistischen Zwecken zu übermitteln.[305] Auch diese Form der *Sekundärstatistik*, bei der auf bereits vorhandene Daten zurückgegriffen wird, lässt sich unter die Geheimhaltungsvorschrift subsumieren. Denn auch sie bedürfen des besonderen Schutzes – insbesondere dann, wenn die Verwaltungsdaten (etwa aus Registern) mit anderen (etwa primärstatistischen) Daten verknüpft werden (sollen). Der Wortlaut des § 16 Abs. 1 S. 1 BStatG[306] steht dieser Lesart nicht entgegen: Übermittelt eine Verwaltungsbehörde Daten an die statistischen Ämter, macht auch sie Angaben „für eine Bundesstatistik".[307]

Unklar ist ferner, ob auch solche Einzelangaben der Geheimhaltung unterliegen, die die *Statistikbehörden selbst erheben*, bspw. aus allgemein zugänglichen Quellen oder aus öffentlichen Registern (vgl. nur § 5 Abs. 5 BStatG[308]). Diese „Rohdaten" sind ohnedies für jedermann zugänglich. Dann liegt es durchaus nahe, diese Daten vom Schutzbereich des § 16 BStatG auszunehmen.[309] So verfährt bspw. das Recht für europäische Statistiken: Daten aus Quellen, die der Öffentlichkeit rechtmäßig zugänglich sind und die nach nationalem Recht öffentlich zugänglich bleiben, gelten – im Rahmen der Verarbeitung zu statistischen Zwecken – nicht als „vertraulich" (Art. 25 VO [EG] Nr. 223/2009).[310] Im Übrigen werden diese Angaben bei strenger Wortlautauslegung nicht für eine Bundesstatistik „gemacht"; vielmehr „greift" die Statistik schlicht auf öffentliche Daten zu (Beispiel: *Web Scraping*[311]). Dagegen spricht jedoch ein systema-

---

[305] Vgl. § 5a Abs. 4 S. 2 BStatG.

[306] Eindeutig demgegenüber Art. 2 Abs. 5 i.V.m. Art. 17 BayStatG, wonach auch solche Einzelangaben der Geheimhaltung unterliegen, die „bei der Durchführung einer Statistik erhoben *oder übermittelt werden*" (Hervorhebung d. Verf.). Vgl. dazu auch BayVGH ZD 2019, 47 (47, Rn. 22); ZD 2019, 523 (525, Rn. 43).

[307] A.A. *Kühling/Sauerborn*, in: Kühling (Hrsg.), BStatG, 2023, § 16 Rn. 16 („Angaben, die der *Befragte* im Rahmen der statistischen Erhebung angibt" – Hervorhebung d. Verf.).

[308] Siehe dazu oben S. 209 ff.

[309] Dafür *Dorer/Mainusch/Tubies*, Bundesstatistikgesetz, 1988, § 16 Rn. 15; ebenso VGH Hessen, Urt. v. 30.7.2015 – 6 A 1998/13, juris Rn. 38.

[310] Auch einige Landesstatistikgesetze nehmen Einzelangaben, die „aus allgemein zugänglichen Quellen entnommen werden können", vom Anwendungsbereich des Statistikgeheimnisses aus (so z.B. § 14 Abs. 1 S. 2 LStatG BW; gleichlautend § 17 Abs. 3 Nr. 2 BbgStatG; § 16 Abs. 2 Nr. 3 HessLStatG; § 17 Abs. 1 S. 2 Nr. 2 LStatG MV; § 18 Abs. 1 S. 2 Nr. 2 SächsStatG; § 14 Abs. 2 Nr. 2 StatG-LSA, allerdings mit der Einschränkung, dass „nicht das schutzwürdige Interesse der betroffenen Personen an dem Ausschluß der Zweckänderung offensichtlich überwiegt").

[311] Dazu ausf. oben § 6, S. 198 ff.

tisches Argument: Die Regelung des § 16 Abs. 1 S. 2 Nr. 2 BStatG zeigt, dass auch Einzelangaben aus allgemein zugänglichen Quellen an sich dem Statistikgeheimnis unterliegen. Andernfalls käme dieser Ausnahmevorschrift nurmehr deklaratorischer Charakter zu. Zudem hätte es der Beschränkung auf behördenbezogene Daten dann nicht bedurft, wenn sie insgesamt nicht geheimhaltungsbedürftig wären. In diese Richtung weist auch die Entstehungsgeschichte.[312] Schließlich vermag diese Auslegung etwaige Schutzlücken zu schließen, die das Datenschutzrecht belässt.[313] Vor diesem Hintergrund unterliegen denn auch „private" Daten, die bspw. das Statistische Bundesamt „einkauft", prinzipiell der Geheimhaltungspflicht, sobald sie in die geschützte Sphäre der amtlichen Statistik gelangen und demgemäß eine „Umwidmung" (Zweckänderung) erfahren.[314] Diese Lesart stellt überdies Kohärenz mit der statistischen Geheimhaltung bei Unionsstatistiken her.[315] Spätestens aber in dem Moment, in dem die Statistikbehörde die ursprünglich „privaten" Daten aufbereitet, mit anderen (statistischen) Daten verknüpft oder anders weiterverarbeitet, „wachsen" die ehemals öffentlichen Daten gleichsam in die Vertraulichkeit hinein. So hat z.B. der Hessische Verwaltungsgerichtshof entschieden, dass die Schutzwirkung eintrete, wenn und sobald das Statistische Bundesamt zugekaufte Datensätze mit eigenen amtlichen Unterlagen und Daten zusammenführt.[316] Dem ist zuzustimmen.

---

[312] BT-Drs. 10/5345, S. 21: „Daten öffentlicher Stellen, die nicht auch in allgemein zugänglichen Quellen der Öffentlichkeit zur Verfügung stehen, sowie alle Einzelangaben privater Betroffener, die inhaltsgleich auch allgemein zugänglich sind, sind von der Geheimhaltungspflicht *nicht* ausgenommen." (Hervorhebung d. Verf.).

[313] Zu nennen ist hier zuvörderst das Rückspielverbot, das im europäischen Datenschutzrecht nur angedeutet, aber nicht strikt geregelt ist, s. dazu ausf. S. 319 ff.

[314] A. A. tendenziell VG Wiesbaden, Urt. v. 7.3.2013 – 6 K 1423/11.WI, juris Rn. 33 („fraglich"); nachgehend: VGH Hessen, Urt. v. 30.7.2015 – 6 A 1998/13, juris Rn. 38: Statistikgeheimnis greife nicht für angekaufte und kommerzielle Daten; nicht (ausdrücklich) gewürdigt in BVerwG NVwZ 2018, 179. – Vgl. im Übrigen auch die bereits im Wortlaut weiter gehenden Regelungen auf Landesebene, wie z.B. Art. 17 Abs. 1 S. 1 BayStatG („*Einzelangaben* sind von den mit der Durchführung der Statistik betrauten Stellen und Personen geheimzuhalten.") und § 6 Abs. 1 HmbStatG („Einzelangaben […], die für eine Statistik *erhoben* oder *genutzt* werden"); Hervorhebung d. Verf.

[315] Siehe Art. 2 Abs. 1 Buchst. e und Art. 3 Nr. 7 VO (EG) Nr. 223/2009.

[316] VGH Hessen, Urt. v. 30.7.2015 – 6 A 1998/13, juris Rn. 38 f.; zweifelnd die Vorinstanz VG Wiesbaden, Urt. v. 7.3.2013 – 6 K 1423/11.WI, juris Rn. 34.

### cc) Offenkundige Tatsachen?

Aus § 16 Abs. 10 S. 2 BStatG könnte ferner der Schluss gezogen werden, dass „offenkundige Tatsachen"[317] nicht der Geheimhaltung unterliegen.[318] Diese Regelung geht auf die Reform des Bundesstatistikgesetzes im Jahr 1987 zurück. Die Koalitionsfraktionen (CDU/CSU und FDP) und die Fraktion der SPD haben dereinst darauf hingewiesen, dass eine Geheimhaltung in diesen Fällen „überflüssig" sei.[319] Allerdings bezieht sich § 16 Abs. 10 S. 2 BStatG nach dem insoweit eindeutigen Wortlaut nur auf die „Übermittlung nach Absatz 4". Dieser Absatz gestattet es in eng begrenzten Ausnahmefällen, sog. Tabellendaten (auch soweit sie nur einen einzigen Fall ausweisen; sog. statistische Eins[320]) an oberste Bundes- und Landesbehörden zu übermitteln. Die Regelung betrifft aber gerade keine „Einzelangaben". Sie ist daher nicht verallgemeinerungsfähig. Vielmehr indiziert sie einen Gegenschluss: Die mit der Bundesstatistik betrauten Personen dürfen offenkundige Tatsachen nicht weiterleiten, sofern es sich dabei um Einzelangaben handelt, die für eine Bundesstatistik gemacht worden sind. In diesem Sinne hält denn auch *Holger Poppenhäger* zu Recht fest, dass es eine „ratio legis des Bundesstatistikgesetzes, wonach etwa offenkundige Angaben nicht schutzwürdig seien und aus der statistischen Geheimhaltung herausfielen", nicht gebe.[321]

### dd) Nicht: Rechtmäßigkeit der Verarbeitung („Verfügungsberechtigung")

Für den Geheimnisschutz kommt es nicht darauf an, ob eine statistische Behörde rechtmäßigerweise über die (vertraulichen) Daten verfügt oder verfügen darf. Die Rechtmäßigkeit der Verarbeitung ist keine Bedingung für die Geheimhaltungspflicht. Die Schutzgüter liegen unterschiedlich.[322] So sind Einzelangaben auch dann geheimhaltungsbedürftig, wenn sie eine Statistikbehörde – z.B. nach einer gesetzlich angeordneten Speicherbegrenzung[323] – eigentlich schon hätte

---

[317] Das BStatG definiert und konkretisiert den Begriff „offenkundige Tatsachen" nicht. Offenkundig sei nach der Kommentarliteratur eine Tatsache, „wenn die Information einer nicht beschränkten Zahl von Personen bekannt ist oder ohne besondere Anstrengung zugänglich ist", so *Dorer/Mainusch/Tubies*, Bundesstatistikgesetz, 1988, § 16 Rn. 78,

[318] Vgl. die Darstellung bei *Dorer/Mainusch/Tubies*, Bundesstatistikgesetz, 1988, § 16 Rn. 27 und *Poppenhäger*, Die Übermittlung und Veröffentlichung statistischer Daten im Lichte des Rechts auf informationelle Selbstbestimmung, 1995, S. 38 f.

[319] Siehe den Bericht des Innenausschusses v. 4.12.1986, BT-Drs. 10/6666, S. 16.

[320] Siehe zu diesem Begriff und zu § 16 Abs. 4 BStatG unten S. 312.

[321] *Poppenhäger*, Die Übermittlung und Veröffentlichung statistischer Daten im Lichte des Rechts auf informationelle Selbstbestimmung, 1995, S. 39; ebenso *Kühling/Sauerborn*, in: Kühling (Hrsg.), BStatG, 2023, § 16 Rn. 69.

[322] Dazu oben S. 285 ff.

[323] Siehe z.B. § 16 ZensVorbG 2022; § 31 ZensG 2022; § 14 MZG; zum Grundsatz der Speicherbegrenzung und den Ausnahmen s. unten S. 381 ff.

löschen müssen. Der Geheimnisschutz entfällt also nicht deshalb, weil eine rechtmäßige Verarbeitung in eine rechtswidrige umschlägt. Kurzum: Ob die Behörde die Daten verarbeiten *darf* – sei es kraft Einwilligung, sei es kraft einer gesetzlichen Befugnisnorm – ist für die statistische Geheimhaltung unerheblich. Die gegenteilige Rechtsauffassung des VG Wiesbaden[324] war mutmaßlich durch das informationsfreiheitsrechtliche Begehren des Klägers beeinflusst. In diesem Kontext ist die statistische Geheimhaltung ein Grund, den Anspruch auf Informationszugang zu versagen (vgl. § 1 Abs. 1 S. 1 i. V. m. § 3 Nr. 4 IFG[325]). Das Gericht geht wohl davon aus, dass die Behörde die begehrten Informationen herausgeben müsse, weil sie nicht mehr berechtigt war, diese zu speichern. Demnach griffe das Statistikgeheimnis nur für rechtmäßige Datenspeicherungen. Die nachfolgende Instanz, der Hessische Verwaltungsgerichtshof, hat indes zurecht darauf hingewiesen, dass ein etwaiger Datenschutzverstoß (bspw. die Verletzung des Grundsatzes der Speicherbegrenzung) für sich genommen weder einen Zugangsanspruch Dritter begründet noch gesetzliche Ausschlussgründe (wie etwa § 3 Nr. 4 IFG i. V. m. § 16 BStatG) unbeachtlich werden lässt.[326] Nach alledem ist die Rechtmäßigkeit der Verarbeitung (insbesondere der Speicherung)[327] streng von der statistikrechtlichen Geheimhaltungspflicht zu unterscheiden.

*b) Verpflichteter Personenkreis: Wen trifft die Geheimhaltungspflicht?*

Anders als das Datenschutzrecht nimmt das Statistikrecht nicht eine Behörde oder sonstige Organisationseinheit[328], sondern unmittelbar die handelnde (natürliche) *Person* in die Pflicht. Kraft § 16 Abs. 1 S. 1 BStatG[329] unterliegen diejenigen Personen der statistischen Geheimhaltungspflicht, die mit der Durchführung einer Bundesstatistik *betraut* sind.[330] Das können Amtsträger oder für den öffentlichen Dienst besonders Verpflichtete sein. Um den Begriff des Amtsträgers zu bestimmen, kann auf eine strafrechtliche Definition zurückge-

---

[324] VG Wiesbaden, Urt. v. 7.3.2013 – 6 K 1423/11.WI, juris Rn. 40.
[325] Siehe nur BVerwG NVwZ 2018, 179 (179 f., Rn. 11 ff.).
[326] VGH Hessen, Urt. v. 30.7.2015 – 6 A 1998/13, juris Rn. 29.
[327] Siehe zur Rechtmäßigkeit der Datenverarbeitung ausf. oben Zweiter Teil, S. 93 ff.
[328] Das Handeln der Mitarbeiter wird dem Verantwortlichen grds. zugerechnet. Ausnahme: Mitarbeiterexzess, vgl. aus der Sicht des Sanktionsregimes *Martini/Wagner/Wenzel*, VerwArch 109 (2018), 296 (302 ff.); aus der Rspr. etwa BVwG (Österreich), Entsch. v. 21.12.2021 – W258 2238615-1, BeckRS 2021, 50537.
[329] Siehe für den Datenzugang der Wissenschaft die entsprechende Vorschrift des § 16 Abs. 7 BStatG.
[330] Vgl. dazu auch die entsprechende Regelung für Unionsstatistiken: Bei Datenübermittlungen im ESS dürfen vertrauliche Daten „nur Personen, die mit statistischen Angelegenheiten befasst sind, innerhalb ihres spezifischen Arbeitsbereichs zugänglich sein" (Art. 21 Abs. 5 Hs. 2 VO [EG] Nr. 223/2009). Damit korrespondiert eine Regelung für vertrauliche Daten bei Eurostat: Grundsätzlich haben nur Beamte innerhalb ihres spezifischen Arbeitsbereichs Zugang zu den vertraulichen Daten (Art. 22 Abs. 1 VO [EG] Nr. 223/2009).

griffen werden. Denn immerhin knüpft auch die Gesetzesbegründung zum Bundesstatistikgesetz 1987 an ein strafrechtlich relevantes Verhalten an.[331] Straf- und Statistikrecht sind insoweit verschränkt. Nach § 11 Abs. 1 Nr. 2 StGB ist *Amtsträger*, wer nach deutschem Recht a) Beamter oder Richter ist, b) in einem sonstigen öffentlich-rechtlichen Amtsverhältnis steht oder c) sonst dazu bestellt[332] ist, bei einer Behörde oder bei einer sonstigen Stelle oder in deren Auftrag Aufgaben der öffentlichen Verwaltung wahrzunehmen. Davon sind die *für den öffentlichen Dienst besonders Verpflichteten* abzugrenzen (s. § 11 Abs. 1 Nr. 4 StGB[333]: „ohne Amtsträger zu sein"). Maßgeblich und konstitutiv für diesen Personenkreis ist die *förmliche Verpflichtung*. Die Personen müssen bei einer öffentlichen Stelle oder bei einem privaten Unternehmen, das Aufgaben der öffentlichen Verwaltung ausführt, beschäftigt oder für sie tätig sein (§ 11 Abs. 1 Nr. 4 StGB). Zur dritten Kategorie gehören schließlich Personen, die *gemäß § 16 Abs. 7 BStatG* (i. V. m. § 1 Abs. 2, 3 und 4 Nr. 2 Verpflichtungsgesetz) *verpflichtet* worden sind. Diese Regelung gilt insbesondere für Wissenschaftler, die Zugang zu den statistischen Einzelangaben erhalten (sollen).[334] Nach § 16 Abs. 10 S. 1 BStatG erstreckt sich die Geheimhaltungspflicht auch auf sonstige Personen, die statistische Einzelangaben empfangen (sog. verlängerte Geheimhaltung[335]). Damit sind z. B. die Mitarbeiter oberster Bundes- und Landesbehörden[336] oder kommunaler Statistikstellen[337] gemeint. Die personelle Geheimhaltungspflicht flankiert insoweit § 16 Abs. 8 S. 3 BStatG: Danach haben die Stellen, denen Einzelangaben übermittelt werden, durch organisatorische und technische Maßnahmen sicherzustellen, dass nur dieser Personenkreis (also Amtsträger, für den öffentlichen Dienst besonders Verpflichtete und Verpflichtete nach § 16 Abs. 7 S. 1 BStatG) Zugriff auf die Daten hat.

*c) Rechtsfolge („sind [...] geheimzuhalten")*

Auf der Rechtsfolgenseite ordnet § 16 Abs. 1 S. 1 BStatG an: Einzelangaben über persönliche und sachliche Verhältnisse sind *geheim zu halten*. Diese Wendung

---

[331] BT-Drs. 10/5345, S. 21 f., dort allerdings in Bezug auf die Wissenschaftsklausel. Zur strafrechtlichen Absicherung der Geheimhaltungspflicht sogleich unter 5., S. 317. Auch *Dorer/Mainusch/Tubies*, Bundesstatistikgesetz, 1988, § 16 Rn. 64 rekurrieren (allerdings ohne Begründung) auf den strafrechtlichen Begriff.

[332] Zu den Voraussetzungen, insbes. zum Bestellungsakt, s. etwa BGH NStZ 2016, 523 (523 f.).

[333] Vgl. auch die Regelung zum Steuergeheimnis (§ 30 Abs. 3 Nr. 1 AO), die ausdrücklich auf diese strafrechtliche Definition verweist.

[334] Ausf. dazu unten S. 313 ff.

[335] *Dorer/Mainusch/Tubies*, Bundesstatistikgesetz, 1988, § 16 Rn. 78; *Poppenhäger*, Die Übermittlung und Veröffentlichung statistischer Daten im Lichte des Rechts auf informationelle Selbstbestimmung, 1995, S. 118 f.

[336] Siehe § 16 Abs. 4 BStatG; dazu S. 311 ff.

[337] Siehe § 16 Abs. 5 BStatG; dazu S. 310 f.

findet sich auch in allen Landesstatistikgesetzen wieder.[338] Manche landesrechtliche Vorschriften ergänzen dies noch um eine Aussage zur Zweckbindung. So schließt es bspw. § 17 Abs. 1 S. 1 BbgStatG aus, die geheimhaltungsbedürftigen Daten „für andere Zwecke zu verwenden".[339] Ähnlich formuliert es das Saarländische Statistikgesetz: Soweit dieses Gesetz oder ein einzelstatistisches Gesetz nichts anderes bestimmt, dürfen die erhobenen Einzelangaben „ausschließlich zu statistischen Zwecken genutzt werden" (§ 18 SLStatG). Damit entsprechen diese Regelungen in der Sache dem unionsrechtlichen Kapitel zur statistischen Geheimhaltung: Nach der Grundregel des Art. 20 Abs. 1 VO (EG) Nr. 223/2009 ist sicherzustellen, dass vertrauliche Daten ausschließlich für statistische Zwecke verwendet werden und ihre rechtswidrige Offenlegung verhindert wird. Auch wenn die statistische Zweckbindung in § 16 BStatG nicht ausdrücklich im Normtext verankert ist, so ist sie der Vorschrift doch stillschweigend eingeschrieben. Denn die Pflicht zur Geheimhaltung schließt es im Zusammenspiel mit den Ausnahmebestimmungen grundsätzlich[340] aus, die vertraulichen Daten für andere Zwecke weiterzuverarbeiten. Daten geheim zu halten heißt also, sie nicht (unbefugt) offenzulegen. Das entspricht dem Schutzziel des Statistikgeheimnisses, die statistische Einheit vor der Offenlegung ihrer persönlichen oder sachlichen Verhältnisse zu schützen.[341] Unter „Offenlegung" (engl.: „disclosure") versteht das Datenschutzrecht eine Form der Verarbeitung, durch die der Verantwortliche personenbezogene Daten einem Dritten zugänglich macht.[342] Dies kann nach der Legaldefinition des Art. 4 Nr. 2 DSGVO „durch Übermittlung, Verbreitung oder eine andere Form der Bereitstellung" geschehen. Diese Lesart entspricht dem Steuergeheimnis, das ein unbefugtes[343] Offenbaren der geschützten Daten untersagt (vgl. § 30 Abs. 2 AO).[344] Auf diese Weise bewirkt das Statistikgeheimnis – ebenso wie das Steuergeheimnis – einen starken Schutz, indem es im Grundsatz ein „echtes" Verbot statuiert, die Einzelangaben einem nicht befugten Personenkreis zugänglich zu machen. Anders als das (europäi-

---

[338] Siehe z.B. § 14 Abs. 1 S. 1 LStatG BW.
[339] Vgl. dazu auch LT-Drs. 7/407, S. 25, der die Notwendigkeit statistischer Zweckbindung betont. Zu dieser „doppelte[n] Stoßrichtung" auch *Kühling*, ZGI 2023, 3 (4).
[340] Siehe dazu unten S. 300 ff. und S. 309 ff.
[341] Siehe oben S. 285 f.
[342] *Herbst*, in: Kühling/Buchner (Hrsg.), DSGVO/BDSG, 3. Aufl., 2020, Art. 4 Nr. 2 Rn. 29.
[343] Siehe nur *Drüen*, in: Tipke/Kruse (Hrsg.), AO/FGO, 158. EL (Okt. 2019), § 30 AO Rn. 56: unbefugt bedeute so viel wie rechtswidrig, „ohne Rechtfertigungsgrund".
[344] Siehe BT-Drs. 18/12611, S. 80: „Offenbaren" meine einen „Teilschritt" der nicht abschließenden Begriffsbestimmung des Art. 4 Nr. 2 DSGVO (Verarbeitung); er sei mit dem datenschutzrechtlichen Begriff der Offenlegung i.S.d. Art. 4 Nr. 2 DSGVO „vergleichbar" und wurde „im Interesse der Praxis" beibehalten; dazu auch *Drüen*, in: Tipke/Kruse (Hrsg.), AO/FGO, 158. EL (Okt. 2019), § 30 AO Rn. 51. Vgl. auch die allg. Vorschrift des § 30 VwVfG: „Die Beteiligten haben Anspruch darauf, dass ihre Geheimnisse […] *nicht unbefugt offenbart* werden." (Hervorhebung d. Verf.).

sche) Datenschutzrecht nimmt es jedoch nicht den Verantwortlichen in die Pflicht (etwa das Statistische Bundesamt als Behörde), sondern die *natürliche Person*, die mit der Durchführung einer Bundesstatistik betraut worden ist.[345] Wie stark der Geheimnisschutz jeweils ausgestaltet ist, bestimmen die Ausnahme- (§ 16 Abs. 1 S. 3) und Übermittlungstatbestände (§ 16 Abs. 2–6 BStatG).[346]

*d) Dauer der Geheimhaltungspflicht*

Die Geheimhaltungspflicht entfällt nicht mit der Beendigung der statistischen Tätigkeit; sie besteht gemäß § 16 Abs. 1 S. 2 BStatG[347] – entsprechendes gilt für Unions-[348] und Landesstatistiken[349] – auch danach fort. Dieser, mit der Neubekanntmachung des BStatG im Jahr 2016 eingefügte Satz ist dem alten Datengeheimnis (vgl. § 5 S. 3 BDSG a. F.) entlehnt.[350] Gemeint ist nicht bloß das Ende des (konkreten) Verarbeitungsvorgangs. Vielmehr gilt die Geheimhaltungspflicht auch über das Beschäftigungsverhältnis hinaus.[351] Im Bereich der amtlichen Statistik greift die Fortwirkung insbesondere dann, wenn ein Mitarbeiter den – auch personell – abgeschotteten „Raum" statistischer Datenverarbeitung verlässt und bspw. in die allgemeine Verwaltung wechselt.[352] Gerade in dieser Konstellation bedarf es eines wirksamen Schutzinstruments, welches das sog. Rückspielverbot[353] in personeller Hinsicht auch über die Zeit absichert. Dies illustriert die Regelung des § 16 Abs. 5 S. 2 BStatG: Sie erlaubt eine Datenübermittlung an die Gemeinde nur dann, wenn sichergestellt ist, dass die Empfänger der Einzelangaben (d.h. die kommunalen statistischen Stellen) von anderen kommunalen Verwaltungseinheiten getrennt sind. Das Statistikgeheimnis ist dabei durch Organisation und Verfahren abzusichern. Entsprechendes gilt für

---

[345] Vgl. dazu auch *Dix*, in: Simitis (Hrsg.), BDSG, 7. Aufl., 2014, § 1 BDSG a. F. Rn. 177.
[346] Dazu sogleich unter 3., S. 300 ff. und 4., S. 309 ff.
[347] Für die Erhebungsbeauftragten findet sich eine entsprechende Regelung in § 14 Abs. 2 S. 3 BStatG. – Vgl. zum Sozialgeheimnis § 35 Abs. 1 S. 3 SGB I.
[348] Siehe Art. 20 Abs. 5 VO (EG) Nr. 223/2009.
[349] Siehe nur § 17 Abs. 1 S. 2 BbgStatG; § 13 Abs. 1 S. 2 LStatG NRW.
[350] BT-Drs. 18/7561, S. 28. § 5 S. 3 BDSG a. F. lautete: „Das Datengeheimnis besteht auch nach Beendigung ihrer Tätigkeit fort". Dieses Datengeheimnis findet sich nunmehr in § 53 BDSG (in leicht abgewandelter Form) wieder (BT-Drs. 18/11325, S. 112) – es gilt ausweislich seiner systematischen Stellung in Teil 3 nur für Verarbeitungen zu straf- und gefahrenabwehrrechtlichen Zwecken (Art. 1 Abs. 1 RL (EU) 2016/680). Im Anwendungsbereich der DSGVO existiert – mangels Regelungsspielraum – keine entsprechende Vorschrift. Das Datengeheimnis statuiert ein gesetzliches Verbot unbefugter Datenverarbeitung für jede Person, die mit ihr in irgendeiner Weise befasst ist; dadurch erstreckt der Bundesgesetzgeber das Verbot mit Erlaubnisvorbehalt auch auf die dem Verantwortlichen unterstellten *Personen* (s. *Paschke*, in: Gola/Heckmann (Hrsg.), BDSG, 13. Aufl., 2019, § 53 Rn. 6; *Schwichtenberg*, in: Kühling/Buchner (Hrsg.), DSGVO/BDSG, 2. Aufl., 2018, § 53 Rn. 4).
[351] Vgl. dazu auch die Verschwiegenheitspflicht nach § 67 Abs. 1 S. 2 BBG.
[352] Siehe zur Abschottung unten S. 333 ff.
[353] Dazu unten S. 319 ff.

(ehrenamtliche) *Erhebungsbeauftragte*: Die Verpflichtung, das Statistikgeheimnis nach § 16 BStatG zu wahren und Erkenntnisse, die sie bei ihrer Tätigkeit („gelegentlich") gewonnen haben, geheim zu halten, gilt auch nach Beendigung ihrer Tätigkeit (§ 14 Abs. 2 S. 2 BStatG). Dies wird im Rahmen des Zensus 2022 z.B. dahin konkretisiert, dass die Erhebungsbeauftragten alle Unterlagen, die sie in Ausführung ihrer Tätigkeit erhalten haben, im Anschluss den Erhebungsstellen „unverzüglich" aushändigen müssen (§ 20 Abs. 5 ZensG 2022[354]).

### 3. Ausnahmen von der Geheimhaltungspflicht (§ 16 Abs. 1 S. 3 BStatG)

Die Geheimhaltungspflicht wird maßgeblich durch die Reichweite ihrer Ausnahmen bestimmt. Je mehr es gibt und je weiter diese greifen, desto weniger Schutz besteht für die, die es angeht – hier also für die (natürlichen)[355] Personen, auf die sich die Daten beziehen. § 16 Abs. 1 S. 3 BStatG enthält *vier Ausnahmetatbestände* (dazu a) bis d)), die sich in ähnlicher Form auch in den entsprechenden Vorschriften der Landesstatistikgesetze[356] wiederfinden. Daneben formuliert § 16 Abs. 1 S. 1 BStatG einen allgemeinen Vorbehalt: Die Geheimhaltungspflicht besteht nicht, soweit eine *besondere Rechtsvorschrift* etwas anderes bestimmt (dazu e)). Diese – abschließenden[357] – Regelungen schließen die Pflicht, statistische Daten geheim zu halten, schon *tatbestandlich* aus („gilt nicht"; „soweit […] nichts anderes bestimmt"). Sie sind jeweils aus der Perspektive des europäischen Datenschutzrechts zu analysieren, um etwaige Normkonflikte und Anpassungsbedarfe zu identifizieren.

#### a) Einwilligung

Die erste Ausnahme formuliert § 16 Abs. 1 S. 3 Nr. 1 BStatG:[358] Einzelangaben, in deren Übermittlung oder Veröffentlichung die Betroffenen (schriftlich) eingewilligt haben, unterliegen nicht der Geheimhaltungspflicht.

---

[354] Diese Rechtspflicht ist ggf. mit Zwangsmitteln durchsetzbar, vgl. VG Berlin NVwZ-RR 2012, 167 (Durchsuchung einer Wohnung, um die Herausgabepflicht zu vollstrecken).
[355] Siehe dazu die dritte Konstellation unter I., S. 285.
[356] Siehe z.B. § 14 Abs. 1 S. 2 LStatG BW.
[357] Vgl. zur entsprechenden Regelung im LStatG NRW etwa LT-Drs. 17/5197, S. 25.
[358] Siehe bereits § 11 Abs. 1 S. 1 BStatG 1980: „[…] geheimzuhalten, es sei denn, daß der Betroffene im Einzelfall in die Übermittlung oder Veröffentlichung der von ihm gemachten Einzelangaben ausdrücklich eingewilligt hat". Die heutige Regelung geht im Kern auf § 16 Abs. 1 S. 2 Nr. 1 BStatG 1987 zurück. – Mit Ausnahme Schleswig-Holsteins (vgl. § 13 LStatG) sehen alle Landesstatistikgesetze Einwilligungstatbestände vor. Bei europäischen Statistiken greift die statistische Geheimhaltung nicht, wenn die statistische Einheit der Verwendung der (an sich vertraulichen) Daten „unmissverständlich" zugestimmt hat, s. Art. 20 Abs. 2 VO (EG) Nr. 223/2009.

Diese Ausnahme steht in engem Zusammenhang mit der datenschutzrechtlichen Erlaubnisnorm.[359] Das zeigt die Novellierung des Bundesstatistikgesetzes aus dem Jahr 2016. Der Gesetzgeber hat die Wörter „der Befragte" durch die Wörter „die Betroffenen" ersetzt.[360] Damit stellt er nicht nur einen terminologischen Gleichklang mit dem damals geltenden Bundesdatenschutzgesetz („Betroffener"; s. § 4a Abs. 1 S. 1 i. V. m. § 3 Abs. 1 BDSG a. F.) her. Nach eigenem Bekunden wollte er überdies klarstellen, dass es nicht auf die Einwilligung des Befragten, sondern auf die des (ggf. auch datenschutzrechtlich) *Betroffenen* ankomme; denn rechtswirksam einwilligen könne nur diejenige Person, *über die* Informationen offenbart werden sollen.[361] Die Gesetzesbegründung stimmt insofern mit dem alten und neuen Datenschutzrecht überein: Maßgeblich war und ist, dass die Daten die einwilligende Person *selbst* betreffen.[362] Die Vorgaben des (europäischen) Datenschutzrechts finden – wie gezeigt[363] – Anwendung, wenn und soweit die Offenlegung[364] *personenbezogener* Daten in Rede steht. Die Voraussetzungen für die datenschutzrechtliche Einwilligung ergeben sich dann aus dem (insofern weitgehend autonomen) Unionsrecht.[365] Es handelt sich bei § 16 Abs. 1 S. 3 Nr. 1 BStatG insbesondere *nicht* um eine gesetzliche Befugnisnorm. Mit der Regelungstechnik inkorporiert der Gesetzgeber die Einwilligung nicht gleichsam „in" das (nationale) Gesetz.[366] Vielmehr ordnet er an, dass die Daten dann nicht (mehr) geheimhaltungsbedürftig sind, wenn die betroffene Person „in deren Übermittlung oder Veröffentlichung" eingewilligt hat.

---

[359] Damals § 4a BDSG a.F.; heute Art. 6 Abs. 1 UAbs. 1 Buchst. a und Art. 9 Abs. 2 Buchst. a DSGVO; zur Einwilligung ausf. § 4, S. 95 ff. Auch *Dorer/Mainusch/Tubies*, Bundesstatistikgesetz, 1988, § 16 Rn. 22 ff. und *Ziegler*, Statistikgeheimnis und Datenschutz, 1990, S. 62 stellen im Ergebnis auf datenschutzrechtlichen Vorgaben ab, ohne jedoch auf die Beziehung der Rechtsgebiete einzugehen.
[360] BGBl. I 2016, S. 1768 (1771); dazu BT-Drs. 18/7561, S. 28. Vgl. zur (unklaren) früheren Rechtslage etwa *Poppenhäger*, Die Übermittlung und Veröffentlichung statistischer Daten im Lichte des Rechts auf informationelle Selbstbestimmung, 1995, S. 32 ff.
[361] So BT-Drs. 18/7561, S. 28. Als Beispiel führt die Gesetzesbegründung die *Sekundärstatistiken* an: Denn dort seien die Befragten und die Betroffenen nicht identisch.
[362] Siehe § 4a Abs. 1 S. 1 i. V. m. § 3 Abs. 1 BDSG a. F.; deutlicher Art. 6 Abs. 1 UAbs. 1 Buchst. a DSGVO: „Einwilligung zu der Verarbeitung *der sie betreffenden* personenbezogenen Daten" (Hervorhebung d. Verf.).
[363] Siehe zur Regelungssystematik bereits oben S. 81 ff. („Zwei-Schranken-Theorie", S. 88 mit § 3 Fn. 58).
[364] Zur Offenlegung als datenschutzrechtliche Verarbeitungsform s. *Herbst*, in: Kühling/Buchner (Hrsg.), DSGVO/BDSG, 3. Aufl., 2020, Art. 4 Nr. 2 Rn. 25 f.
[365] Ebenso *Kühling/Sauerborn*, in: Kühling (Hrsg.), BStatG, 2023, § 16 Rn. 21 ff. Siehe zu den Voraussetzungen allgemein oben S. 100 ff.
[366] A. A. wohl *Schantz*, in: Simitis/Hornung/Spiecker gen. Döhmann (Hrsg.), DatenschutzR, 2019, Art. 6 Abs. 1 Rn. 14, der die Einwilligung dann als Teil der gesetzlichen Rechtsgrundlage (Art. 6 Abs. 1 UAbs. 1 Buchst. c i. V. m. Abs. 3 S. 1 DSGVO) begreift.

Anders als im Datenschutzrecht („Grundsatz der Formfreiheit"[367]) stellt die statistikrechtliche Ausnahmevorschrift *Formerfordernisse* auf: Grundsätzlich ist die Einwilligung schriftlich zu erklären.[368] In Anlehnung an die Regelung des § 4a Abs. 1 S. 3 BDSG a. F. genügt seit der Gesetzesänderung im Jahr 2016 auch eine andere (z. B. die elektronische) Form, soweit dies „wegen besonderer Umstände […] angemessen ist" (§ 16 Abs. 1 S. 3 Nr. 1 BStatG). Damit trägt der Gesetzgeber modernen Erhebungsformen Rechnung:[369] Denn Auskünfte werden immer seltener schriftlich erteilt – im Zensus 2022 gilt sogar das Leitmotiv „Online first"[370]. In den strengen Formvorgaben des Statistikrechts liegt dann kein Verstoß gegen das europäische Datenschutzsekundärrecht, wenn man den Regelungsanspruch des § 16 Abs. 1 S. 3 Nr. 1 BStatG darauf beschränkt, die statistische Geheimhaltung aufzuheben und die Rechtmäßigkeit der Datenverarbeitung („Veröffentlichung oder Übermittlung") sodann ausschließlich nach den unionsrechtlichen Vorgaben beurteilt. Gleichwohl ist es überlegenswert, das statistikrechtliche Formerfordernis *de lege ferenda* zu streichen.[371]

In materieller Hinsicht bereitet insbesondere die Freiwilligkeit der *datenschutzrechtlichen* Einwilligungserklärung Probleme. Denn wegen der gesteigerten Gefährdungslage ist die betroffene Person hier – gerade im Verhältnis zu einer Behörde – besonders schutzbedürftig. Insofern greift das Regelbeispiel des EG 43 S. 1 DSGVO:[372] Die Vermutung der Unfreiwilligkeit („unwahrscheinlich") muss also im Einzelfall („in Anbetracht aller Umstände in dem speziellen Fall") widerlegt werden. Das schränkt die Legitimationskraft der Einwilligung und damit auch den Ausnahmetatbestand des § 16 Abs. 1 S. 3 Nr. 1 BStatG in der Praxis nachhaltig ein.[373]

---

[367] Dazu bspw. *Klement*, in: Simitis/Hornung/Spiecker gen. Döhmann (Hrsg.), DatenschutzR, 2019, Art. 7 Rn. 39 ff.

[368] Vgl. zur alten Rechtslage *Ziegler*, Statistikgeheimnis und Datenschutz, 1990, S. 62; *Poppenhäger*, Die Übermittlung und Veröffentlichung statistischer Daten im Lichte des Rechts auf informationelle Selbstbestimmung, 1995, S. 36 f.

[369] BT-Drs. 18/7561, S. 28.

[370] Siehe *Freier/Mosel*, WISTA (Sonderheft Zensus 2021) 2019, 46 ff.; s. bereits oben S. 65 mit § 2 Fn. 84. Beim Zensus 2022 besteht weitgehend Auskunftspflicht – Rechtsgrundlage ist dann nicht die Einwilligung, sondern eine gesetzliche Verarbeitungsbefugnis.

[371] *Kühling/Sauerborn*, in: Kühling (Hrsg.), BStatG, 2023, § 16 Rn. 24.

[372] Siehe zur Freiwilligkeit gegenüber Behörden oben S. 101 ff. In diese Richtung auch *Kühling/Sauerborn*, in: Kühling (Hrsg.), BStatG, 2023, § 16 Rn. 22.

[373] Etwas anderes gilt, wenn Bezugssubjekt z. B. eine juristische Person ist. Denn dann greift die DSGVO von vornherein nicht, s. Art. 4 Nr. 1 i. V. m. EG 14 S. 2 DSGVO.

## b) Einzelangaben aus allgemein zugänglichen Quellen mit Bezug zu einer öffentlichen Stelle

Einzelangaben, die aus allgemein zugänglichen Quellen[374] stammen, sind nicht geheimhaltungsbedürftig, wenn sie sich auf juristische Personen des öffentlichen Rechts, Behörden des Bundes und der Länder sowie Gemeinden und Gemeindeverbände (s. § 15 Abs. 1 S. 2 BStatG) beziehen. Das Bezugsobjekt des § 16 Abs. 1 S. 3 Nr. 2 BStatG[375] ist hier eine *öffentliche Stelle*, nicht eine natürliche Person. Der Anwendungsbereich des Datenschutzrechts ist von vornherein nicht eröffnet. Denn es regelt nur die Verarbeitung von Informationen, die sich auf eine identifizierte oder identifizierbare natürliche Person beziehen.[376] Ein Behördenbezug, wie ihn § 16 Abs. 1 S. 3 Nr. 2 BStatG verlangt, genügt hierfür nicht. Die Gesetzesbegründung zum Bundesstatistikgesetz 1987 stellte in diesem Sinne ausdrücklich klar, dass „Einzelangaben *privater* Betroffener" nicht ausgenommen, also weiterhin geheimhaltungsbedürftig sind.[377] Dies gilt selbst dann, wenn sie aus allgemein zugänglichen Quellen stammen.[378] Damit unterscheidet sich die bundesgesetzliche Regelung von einigen Vorschriften der Landesstatistikgesetze, die – wie etwa in Baden-Württemberg (§ 14 Abs. 1 S. 2 Nr. 1 LStatG), Bayern (Art. 17 Abs. 1 S. 2 Nr. 3 BayStatG) oder in Sachsen (§ 18 Abs. 1 S. 2 Nr. 2 SächsStatG)[379] – schlicht darauf abstellen, dass die Einzelangaben aus allgemein zugänglichen Quellen stammen bzw. diesen „entnommen werden können", ohne dabei das Bezugssubjekt einzuschränken. Der enger konzipierte Ausnahmetatbestand des § 16 Abs. 1 S. 3 Nr. 2 BStatG bewirkt somit einen vergleichsweise starken Datenschutz, indem er personenbezogene[380] Daten generell nicht erfasst. Kurzum: Personenbezogene Daten, die aus allgemein zugänglichen Quellen stammen, sind geheimhaltungsbedürftig. Die Regelung entspricht somit auch dem Ansatz der Datenschutz-Grundverordnung, die In-

---

[374] Zu diesem Begriff oben S. 209 ff.
[375] In den LStatG finden sich entsprechende Regelungen, so etwa in NRW (§ 13 Abs. 1 S. 3 Nr. 2 LStatG).
[376] Art. 4 Nr. 1 DSGVO; dazu *Klar/Kühling*, in: Kühling/Buchner (Hrsg.), DSGVO/BDSG, 3. Aufl., 2020, Art. 4 Nr. 1 Rn. 11 ff.
[377] BT-Drs. 10/5345, S. 21 (Hervorhebung d. Verf.) Vgl. auch *Ziegler*, Statistikgeheimnis und Datenschutz, 1990, S. 63.
[378] Ebenso z. B. *Poppenhäger*, Die Übermittlung und Veröffentlichung statistischer Daten im Lichte des Rechts auf informationelle Selbstbestimmung, 1995, S. 38; s. zuvor bereits oben S. 293 f.
[379] Vgl. aber auch § 14 Abs. 1 S. 2 Nr. 2 StatG-LSA, der zusätzlich eine Interessenabwägung verlangt („wenn nicht das schutzwürdige Interesse der betroffenen Personen […] offensichtlich überwiegt").
[380] § 16 Abs. 1 S. 3 Nr. 2 BStatG greift auch nicht für Einzelangaben, die sich auf juristische Personen *des Privatrechts* beziehen. Dies ist jedoch kein Fall des Datenschutzrechts, s. nur EG 14 S. 2 DSGVO.

formationen über natürliche Personen selbst dann schützt, wenn sie die betroffene Person selbst öffentlich gemacht hat.[381]

### c) Zusammenfassung der Einzelangaben in statistischen Ergebnissen (Aggregate)

Nicht geheimhaltungsbedürftig sind ferner Einzelangaben, die – vom Statistischen Bundesamt oder den statistischen Ämtern der Länder – mit Einzelangaben anderer Befragter *zusammengefasst* und *in statistischen Ergebnissen dargestellt* sind (§ 16 Abs. 1 S. 3 Nr. 3 BStatG). Gemeint ist damit der „klassische" Fall der *Aggregation*[382]. Die Ausnahmeregelung ist weitgehend deklaratorischer Natur: Denn aggregierte Daten sind keine Einzelangaben i. S. d. § 16 Abs. 1 S. 1 BStatG (mehr).[383] Nach der Zusammenfassung gehen die „Einzelangaben", die der Geheimhaltung unterliegen, *idealiter* im statistischen Ergebnis („Endprodukt"[384]) auf. Der Bericht des Innenausschusses zum Bundesstatistikgesetz 1987 spricht denn auch von einer „redaktionelle[n] Klarstellung".[385] Es handle sich um eine „Schutzvorschrift" für die statistischen Ämter, und zwar für den Fall, dass aggregierte Daten „im Einzelfall später evtl. doch zugeordnet werden könnten".[386] Denn das Risiko, dass statistische Aggregate ausnahmsweise Rückschlüsse auf Einzelangaben erlauben, sei nicht kategorisch auszuschließen.[387] Dem wollte der Gesetzgeber Rechnung tragen. So gesehen normiert § 16 Abs. 1 S. 3 Nr. 3 BStatG ein – wenn auch minimales – *erlaubtes Reidentifizierungsrisiko* („Freistellungsklausel"[388]). Vorschlägen aus früheren Gesetzgebungsverfahren, wonach die Veröffentlichung statistischer Ergebnisse davon abhängen müsse, dass „bei der Zusammenfassung von Angaben Rückschlüsse auf Einzelangaben nicht mög-

---

[381] Siehe Art. 9 Abs. 2 Buchst. e DSGVO; allg. dazu oben S. 208 ff.

[382] Vgl. zu dem Begriff auch *Poppenhäger*, Die Übermittlung und Veröffentlichung statistischer Daten im Lichte des Rechts auf informationelle Selbstbestimmung, 1995, S. 56; vgl. ferner Teilprozess 5.7 („Aggregate berechnen", S. 74) sowie – im Kontext des EG 162 S. 5 DSGVO – S. 243.

[383] Ebenso *Kühling/Sauerborn*, in: Kühling (Hrsg.), BStatG, 2023, § 16 Rn. 26, die die Regelung insofern als „dogmatisch verfehlt" bezeichnen.

[384] *Poppenhäger*, Die Übermittlung und Veröffentlichung statistischer Daten im Lichte des Rechts auf informationelle Selbstbestimmung, 1995, S. 56.

[385] BT-Drs. 10/6666, S. 15. Im Regierungsentwurf hieß es in § 16 Abs. 8 BStatG-E 1987 noch: „Eine Zusammenfassung von Angaben mehrerer Befragter gilt nicht als Einzelangabe im Sinne dieses Gesetzes." (BT-Drs. 10/5345, S. 10); s. davor bereits § 12 Abs. 3 StatGes 1953 und § 11 Abs. 6 BStatG 1980 („Eine Zusammenfassung von Angaben mehrerer Auskunftspflichtiger ist keine Einzelangabe im Sinne dieses Gesetzes."; BGBl. I 1953, S. 1314 [1315] und BGBl. I 1980, S. 289 [292]).

[386] BT-Drs. 10/6666, S. 15. Vgl. dazu auch *Ziegler*, Statistikgeheimnis und Datenschutz, 1990, S. 63 ff.

[387] Ebenso bereits *Ziegler*, Statistikgeheimnis und Datenschutz, 1990, S. 65 f.; s. auch BT-Drs. 10/5345, S. 22.

[388] *Ziegler*, Statistikgeheimnis und Datenschutz, 1990, S. 66.

lich sind", hat der Gesetzgeber zurückgewiesen.[389] Daraus folgt jedoch nicht, dass sämtliche Aggregate (insbesondere statistische Tabellen) unter die Ausnahmeregelung fallen. So verlangte schon die Gesetzesbegründung zum Bundesstatistikgesetz 1987, dass die Einzelangaben von *mindestens drei Personen* zusammenzufassen sind („Dreier-Aggregation"[390]).[391] Andernfalls (also bei der sog. statistischen Zwei[392]) könnte eine betroffene Person die Information über die andere betroffene Person durch Differenzbildung bzw. durch Gegenschluss mit den „eigenen" Daten ermitteln.[393] Und auch § 16 Abs. 1 S. 3 Nr. 3 BStatG setzt nach dem Wortlaut voraus, dass die Einzelangaben einer Beobachtungseinheit „mit den Einzelangaben *anderer Befragter*" (nicht: mit einem anderen Befragten) zusammenzufassen sind. Die „Dreier-Aggregation" ist somit im Normtext selbst angelegt.[394] Das BVerwG fasst unter den Begriff „statistisches Ergebnis" nur solche zusammengefassten Einzelangaben, „die nicht geeignet sind, einen Rückschluss auf Einzelangaben einzelner Befragter zuzulassen".[395] Die Vorinstanz, der Hessische Verwaltungsgerichtshof, hat dies treffender formuliert: Statistische Ergebnisse i.S.d. § 16 Abs. 1 S. 3 Nr. 3 BStatG lägen erst dann vor, „wenn sich die nachträgliche Ermittlung der Einzelangaben […] *hinreichend sicher ausschließen* lässt".[396]

*d) Keine Zuordenbarkeit zu befragten oder betroffenen Personen („absolute" Anonymität)*

Die Geheimhaltungspflicht gilt viertens nicht für Einzelangaben, die den Befragten oder Betroffenen *nicht (mehr) zuzuordnen* sind (§ 16 Abs. 1 S. 3 Nr. 4 BStatG). Gemeint ist eine „absolute" Anonymität im statistikrechtlichen Sinne.[397] So gesehen hat die Vorschrift materiell-rechtlich keine Bedeutung. Darauf

---

[389] Siehe BT-Drs. 10/5345, S. 22, die insoweit das Kurzprotokoll des BT-Ausschusses für Wirtschaftspolitik zur Sitzung v. 24.6.1953 zitiert.
[390] Dazu *Poppenhäger*, Die Übermittlung und Veröffentlichung statistischer Daten im Lichte des Rechts auf informationelle Selbstbestimmung, 1995, S. 57 m.w.N.; *Kühling/Sauerborn*, in: Kühling (Hrsg.), BStatG, 2023, § 16 Rn. 26, die jedoch darauf hinweisen, dass die Fallzahl bei natürlichen Personen und in sog. Dominanzfällen hoher anzusetzen sei.
[391] Vgl. BT-Drs. 10/5345, S. 22 („grundsätzlich keine Angaben über weniger als drei Auskunftspflichtige oder Betroffene").
[392] Vgl. dazu auch *Ziegler*, Statistikgeheimnis und Datenschutz, 1990, S. 65f.
[393] In der Statistik spricht man insofern auch von der „Fallzahlregel", vgl. dazu am Bsp. der Produktionsstatistik: *Flores/Baumgärtner*, WISTA 5/2019, 27 (30); allg. zur Geheimhaltung *Giessing/Dittrich*, WISTA 8/2006, 805 ff. sowie *Rohde/Seifert/Gießing*, WISTA 3/2018, 90 ff. zum sog. Kriterienkatalog.
[394] So schon *Poppenhäger*, Die Übermittlung und Veröffentlichung statistischer Daten im Lichte des Rechts auf informationelle Selbstbestimmung, 1995, S. 57.
[395] BVerwG NVwZ 2018, 179 (180, Rn. 15).
[396] VGH Kassel DVBl. 2015, 1318 (1320, Rn. 46) unter Verweis auf *Dorer/Mainusch/Tubies*, Bundesstatistikgesetz, 1988, § 16 Rn. 27.
[397] Zu diesem Anonymisierungsgrad s. oben S. 264. Der Innenausschuss spricht in seinem

hat schon der Innenausschuss in seinem Bericht zum Bundesstatistikgesetz 1987 hingewiesen.[398] Denn „absolut" anonymisierte Daten sind schon ihrem Wesen nach nicht geheimhaltungsbedürftig. Sie stellen schlicht keine „Einzelangaben über persönliche oder sachliche Verhältnisse" i. S. d. § 16 Abs. 1 S. 1 BStatG dar. Die Ausnahmevorschrift schützt, wie das Statistikgeheimnis insgesamt, nicht nur die (informationellen) Rechte und Freiheiten natürlicher Personen. Vielmehr greift sie auch für wirtschaftsstatistische Daten, die sich ausschließlich auf Unternehmen beziehen. Soweit die statistische Einheit aber eine natürliche Person ist, erweist sich die restriktive Geheimhaltungsvorschrift zugleich als geeignete datenschutzrechtliche Garantie. Denn veröffentlicht oder übermittelt werden dürfen nur solche Daten, die dem Befragten oder Betroffenen nicht mehr zuordenbar sind. Nach dem hier vertretenen „verschärft relativen" Begriff des Personenbezugs[399] ist eine Identifizierung von betroffenen Personen dann nicht oder nicht mehr möglich (vgl. auch Art. 89 Abs. 1 S. 4 DSGVO).

Die Grenzen sind indes nicht immer leicht zu ziehen. Dies illustriert ein Verfahren vor dem Bayerischen Verwaltungsgerichtshof, bei dem der Kläger (ein Verein zur Interessenvertretung der Haus- und Grundbesitzer) von der Landeshauptstadt München Auskunft und Herausgabe von Einzeldaten im Zusammenhang mit der Erstellung eines Mietspiegels begehrt hatte.[400] Der Verwaltungsgerichtshof änderte die Entscheidung des VG München[401] ab und verpflichtete die beklagte Stadt, den (erweiterten) Datensatz[402] in gekürzter Form zugänglich zu machen. Der Auskunftsanspruch bezog sich „lediglich" auf Einzelangaben zur Nettokaltmiete pro Quadratmeter und Stadtbezirksteil, in dem sich die jeweilige Wohnung befindet.[403] Einzelmieten, die sich auf Straße und Hausnummer beziehen, unterlägen hingegen der statistischen Geheimhaltung (s. Art. 17 Abs. 1 S. 2 Nr. 5 BayStatG[404]). Denn durch diese Adressangaben sei es – mit Zusatzwissen – „in zahlreichen Fällen" möglich, den Wohnungsinhaber zu identifizieren,

---

Bericht zum Gesetzgebungsverfahren (Bundesstatistikgesetz 1987) von „voll anonymisierten Daten" (BT-Drs. 10/6666, S. 15). Ausf. dazu auch *Kühling/Sauerborn*, in: Kühling (Hrsg.), BStatG, 2023, § 16 Rn. 27 ff.

[398] BT-Drs. 10/6666, S. 15; vgl. auch *Kühling/Sauerborn*, in: Kühling (Hrsg.), BStatG, 2023, § 16 Rn. 27 („klarstellende Funktion").

[399] Siehe oben S. 256 ff.

[400] BayVGH ZD 2019, 523 m. Anm. *Engelbrecht*.

[401] Das VG München (ZD 2019, 47) hatte die Klage noch vollumfänglich abgewiesen.

[402] Der erweiterte Datensatz betraf 3.154 Hauptinterviews (1.079 Neuvertragsmieten und 2.075 Bestandsmieten), der mit weiteren Daten angereichert worden ist (s. BayVGH ZD 2019, 523 [525, Rn. 41]).

[403] BayVGH ZD 2019, 523 (525, Rn. 45).

[404] Die Geheimhaltung gilt nicht für „Einzelangaben, die keiner befragten oder betroffenen Person zuzuordnen sind, insbesondere, wenn sie mit den Einzelangaben anderer zusammengefaßt und in statistischen Ergebnissen dargestellt sind".

etwa wenn in einem Objekt nur eine einzige Mietwohnung vorhanden sei.[405] Gleiches gälte, soweit der Kläger hilfsweise Zugang zu den Einzelmieten nur in Kombination mit dem Straßennamen beantragt hat: Denn auch insoweit sei – wenn auch in „deutlich selteneren Fällen" – mit Hilfe weiterer Angaben (sog. zugespielte Informationen, z. B. Baujahr, Ausrichtung der Fenster, Lage der Balkone) eine Verknüpfung mit der befragten Person denkbar. Das Risiko einer Deanonymisierung lasse sich dadurch vermeiden, dass als relevante örtliche Bezugsgröße nicht die Straße, sondern der jeweilige Stadtbezirksteil angegeben wird.[406]

*e) Ausnahme kraft besonderer Rechtsvorschrift*

Einzelangaben sind schließlich dann nicht geheim zu halten, wenn und soweit eine „besondere Rechtsvorschrift" etwas anderes bestimmt (§ 16 Abs. 1 S. 1 BStatG). Die *besondere Rechtsvorschrift*[407] muss sich jedoch speziell auf das Statistikgeheimnis beziehen oder in einem Fachstatistikgesetz (des Bundes[408]) ausdrücklich geregelt sein.[409] Eine allgemeine, datenschutzrechtliche Erlaubnis genügt hierfür nicht. Das folgt aus einer systematischen Auslegung mit § 16 Abs. 1 S. 3 BStatG, der die Ausnahmen bereichsspezifisch regelt. Diese ausdifferenzierte Regelung liefe weitgehend leer, würde man die allgemeinen Befugnisnormen des Datenschutzrechts[410] als besondere Rechtsvorschrift in diesem Sinne anerkennen. Für diese Lesart spricht auch ein historisches Argument: Ausweislich der Gesetzesbegründung soll der Bundesgesetzgeber „konkret und abschließend beim Erlaß der *die Statistik anordnenden Rechtsvorschrift*" entscheiden, ob und inwieweit eine solche Ausnahme geboten ist.[411] Nach dem Wil-

---

[405] BayVGH ZD 2019, 523 (525, Rn. 46); ebenso die Vorinstanz VG München ZD 2019, 47 (47 f., Rn. 22).
[406] So BayVGH ZD 2019, 523 (525, Rn. 47).
[407] *Poppenhäger*, Die Übermittlung und Veröffentlichung statistischer Daten im Lichte des Rechts auf informationelle Selbstbestimmung, 1995, S. 30 f. verlangt hierfür ein formelles (Bundes-)Gesetz.
[408] Das BStatG enthält keine Öffnungsklausel für das Landesrecht. Aus kompetenziellen Gründen (vgl. Art. 73 Abs. 1 Nr. 11 GG) genügt eine landesrechtliche Rechtsvorschrift nicht, um den Vorbehalt des § 16 Abs. 1 S. 1 BStatG auszulösen. Vielmehr muss es sich um eine „bundesrechtliche besondere statistikrechtliche Vorschrift" handeln, so zu Recht *Schnoor*, RDV 2012, 172 (175).
[409] Im Ergebnis ebenso *Schnoor*, RDV 2012, 172 (174); *Ziegler*, Statistikgeheimnis und Datenschutz, 1990, S. 69 f.
[410] Siehe Art. 6 Abs. 1 DSGVO i. V. m. den Rechtsgrundlagen des mitgliedstaatlichen Rechts, dazu S. 136 ff.
[411] BT-Drs. 10/5345, S. 21 (Hervorhebung des Verf.); vgl. auch den Bericht des Innenausschusses, BT-Drs. 10/6666, S. 18 f. *Poppenhäger*, Die Übermittlung und Veröffentlichung statistischer Daten im Lichte des Rechts auf informationelle Selbstbestimmung, 1995, S. 31 f. legt zutreffend dar, dass die besondere Rechtsvorschrift auch in einem nichtstatistischen Gesetz

len des Gesetzgebers fallen allgemeine Regelungen in Verfahrensgesetzen (wie etwa § 161 StPO[412]) nicht unter den Begriff der besonderen Rechtsvorschrift; sie vermögen die Geheimhaltungsverpflichtung nicht zu durchbrechen. Diese einschränkende Auslegung muss auch hinsichtlich des allgemeinen Datenschutzrechts gelten.[413] Besonders ist eine Rechtsvorschrift i.S.d. § 16 Abs. 1 S. 1 BStatG mithin nur dann, wenn sie die (verfassungsrechtlich fundierten) Schutzziele der statistischen Geheimhaltung in den Blick nimmt und mit widerstreitenden Interessen in Ausgleich bringt. Generalklauseln – seien sie verfahrensrechtlicher oder datenschutzrechtlicher Natur – genügen insoweit nicht. Vor diesem Hintergrund haben z.B. das LG Hannover und das LG Mannheim richtigerweise festgestellt, dass die Durchsuchung und Beschlagnahme statistischer Unterlagen in einem strafrechtlichen Ermittlungsverfahren rechtswidrig waren.[414] Insbesondere sei der allgemeine Auskunftsanspruch der Staatsanwaltschaften gegenüber Behörden nach § 161 Abs. 1 S. 1 StPO noch keine besondere Rechtsvorschrift i.S.d. § 16 Abs. 1 S. 1 BStatG. Schon wegen der umfassenden statistikrechtlichen Auskunftspflicht dürfen die statistischen Angaben grundsätzlich nur mit Zustimmung der betroffenen Person im Strafverfahren verwertet werden („Schutz gegen Selbstbezichtigung"[415]).[416] Im Ergebnis geht mit der – gebotenen – engen Auslegung des allgemeinen Vorbehalts in § 16 Abs. 1 S. 1 BStatG (Ausnahme kraft besonderer Rechtsvorschrift) ein effektiver Datenschutz einher, der die statistischen Daten sogar gegenüber den Strafverfolgungsbehörden

---

enthalten sein könne; zust. *Kühling/Sauerborn*, in: Kühling (Hrsg.), BStatG, 2023, § 16 Rn. 18; enger wohl LG Hannover, Beschl. v. 3.8.2006 – 33 Qs 133/04, juris Rn. 20 ff., insbes. Rn. 29.

[412] Zu diesem Beispiel LG Hannover, Beschl. v. 3.8.2006 – 33 Qs 133/04, juris Rn. 18 ff. Das LG Hannover rekurrierte für diese Auffassung überdies auf § 7 NStatG. Diese Vorschrift, die seit ihrem Erlass (Nds. GVBl. 1988, S. 113) unverändert geblieben ist, formuliert den Vorbehalt wie folgt: Die Geheimhaltung gilt nicht, „soweit […] durch ein eine Statistik anordnendes Gesetz etwas anderes bestimmt ist" (§ 7 S. 1 NStatG). Der Rechtsgedanke, der dort formuliert ist, lasse sich mittelbar für die Auslegung des Begriffs der „besonderen Rechtsvorschrift" nutzbar machen. Denn es sei, so das Gericht, in Ansehung der Bedeutung der statistischen Geheimhaltung für den Schutz des informationellen Selbstbestimmungsrechts nicht erkennbar, warum der Geheimhaltungsschutz des § 16 BStatG leichter zu durchbrechen sein sollte, als das in § 7 NStatG normierte Statistikgeheimnis (LG Hannover, Beschl. v. 3.8.2006 – 33 Qs 133/04, juris Rn. 25). Dieser Auslegung ist im Ergebnis zu folgen. Das Gericht nimmt hier in der Sache eine verfassungskonforme Auslegung vor. Der Vergleich zu § 7 NStatG darf nicht dahin missverstanden werden, dass das Landesrecht über die Auslegung des Bundesrechts bestimmte. Im Ergebnis ebenso LG Mannheim, Beschl. v. 18.7.2007 – 22 Qs 7/06, juris Rn. 17.

[413] Siehe auch *Schnoor*, RDV 2012, 172 (175), der für die Sperrwirkung des § 16 Abs. 1 S. 1 BStatG einen Vergleich zu den Landesstatistikgesetzen anstellt.

[414] LG Hannover, Beschl. v. 3.8.2006 – 33 Qs 133/04, juris Rn. 7 ff.; LG Mannheim, Beschl. v. 18.7.2007 – 22 Qs 7/06, juris Rn. 12 ff.

[415] BVerfGE 65, 1 (63); dazu auch *Poppenhäger*, NVwZ 1992, 149 (151). Vgl. zu § 22 BStatG unten S. 350.

[416] Siehe dazu LG Mannheim, Beschl. v. 18.7.2007 – 22 Qs 7/06, juris Rn. 17.

abschirmt. Die Auskunftspersonen können auf die Geheimhaltung ihrer Angaben vertrauen.

*4. Durchbrechungen der Geheimhaltung: Datenübermittlung und Datenzugang*

Neben den unter 3. skizzierten Ausnahmen, die das Statistikgeheimnis schon tatbestandlich ausschließen, enthält § 16 Abs. 2–6 BStatG weitere Durchbrechungen: Auch sie bestimmen darüber, inwieweit sich die statistische Geheimhaltung als geeignete Garantie i.S.d. Art. 89 Abs. 1 DSGVO erweist.

*a) Übermittlung von Einzelangaben innerhalb des statistischen Systems (§ 16 Abs. 2 und 3 BStatG)*

§ 16 Abs. 2 und 3 BStatG regeln die Übermittlung von Einzelangaben *innerhalb* des statistischen Systems. Die beiden Absätze enthalten vier Fälle: Nach dem Grundtatbestand des Abs. 2 S. 1 ist eine Übermittlung statistischer Einzelangaben zwischen den mit der Durchführung einer Bundesstatistik[417] betrauten Personen (z.B. Erhebungsbeauftragte, § 20 ZensG 2022) und Stellen zulässig, soweit dies erforderlich ist, um die jeweilige Statistik zu erstellen; seit dem Jahr 2005[418] wird dieser Tatbestand durch Abs. 2 S. 2 ergänzt, der an die arbeitsteilige Aufgabenerfüllung im Statistischen Verbund anknüpft und eine Datenübermittlung gestattet, wenn und soweit die statistischen Ämter nach § 3a BStatG[419] zusammenarbeiten; nach Abs. 3 S. 1 darf das Statistische Bundesamt an die statistischen Ämter der Länder solche Einzelangaben für Sonderaufbereitungen auf regionaler Ebene übermitteln, die in ihren jeweiligen Aufgaben- und Zuständigkeitsbereich fallen; und S. 2 des Abs. 3 regelt schließlich den Datenaustausch untereinander – und zwar, um Volkswirtschaftliche Gesamtrechnungen (VGR; bekanntestes Beispiel ist das Bruttoinlandsprodukt – BIP) und sonstige Gesamtsysteme[420] (z.B. Umweltökonomische Gesamtrechnungen – UGR[421]) zu erstellen. Die vier Tatbestände haben gemein, dass die Einzelangaben den abgeschotteten Bereich der amtlichen Statistik (plastisch auch „Tresor"[422] genannt)

---

[417] Ebenso *Poppenhäger*, Die Übermittlung und Veröffentlichung statistischer Daten im Lichte des Rechts auf informationelle Selbstbestimmung, 1995, S. 67, der zutreffend darauf hinweist, dass § 16 Abs. 2 BStatG die amtliche Statistik nicht als „Gesamtheit" erfasst, sondern jede einzelne Bundesstatistik für sich behandelt.
[418] BGBl. I 2005, S. 1534 (1535); s. dazu die Begründung in BT-Drs. 15/4696, S. 13.
[419] Dazu ausf. oben S. 33 ff.
[420] Eingefügt durch die Gesetzesnovelle 2016, s. BGBl. I 2016, S. 1768 (1771); BT-Drs. 18/7561, S. 9, 28.
[421] So das Beispiel im Gesetzentwurf, BT-Drs. 18/7561, S. 28; s. bereits oben S. 4 f.
[422] So etwa *Hölder*, in: Statistisches Bundesamt (Hrsg.), Zum Gesetz über die Statistik für Bundeszwecke, Forum Bundesstatistik, Bd. 9, 1988, S. 134 (135); BT-Drs. 10/6666, S. 11.

nicht verlassen;⁴²³ die Übermittlungstatbestände erfassen lediglich den „internen Bereich", während sich die nachfolgenden Abs. 4 bis 6 „‚nach außen', nämlich an oberste Bundes- oder Landesbehörden, an kommunale Stellen und an wissenschaftliche Forschungseinrichtungen" wenden.⁴²⁴

*b) Übermittlung von Einzelangaben an Gemeinden und Gemeindeverbände – kommunale Statistikstellen (§ 16 Abs. 5 BStatG)*

Nach § 16 Abs. 5 S. 1 BStatG darf das Statistische Bundesamt (und die statistischen Ämter der Länder) grundsätzlich Einzelangaben an die statistischen Stellen der Gemeinden und Gemeindeverbände übermitteln. Die Daten unterliegen dabei einer strengen Zweckbindung:⁴²⁵ Die Übermittlung ist *ausschließlich für statistische Zwecke* zulässig. Satz 2 der Vorschrift sieht weitere Sicherungsmaßnahmen vor: So müssen die kommunalen Statistikstellen „durch Landesgesetz von anderen kommunalen Verwaltungsstellen" getrennt sein (Abschottung⁴²⁶). Die Landesstatistikgesetze tragen dieser bundesgesetzlichen Rahmenbedingung allesamt Rechnung (vgl. z. B. § 12 S. 1 LStatG NRW⁴²⁷) und schaffen so die Grundlage für eine Datenübermittlung. Als weitere Voraussetzung verlangt § 16 Abs. 5 S. 2 BStatG, dass das Statistikgeheimnis „durch Organisation und Verfahren" landesgesetzlich gewährleistet ist (vgl. dazu bspw. § 13 LStatG NRW).⁴²⁸ Diese Bedingungen bilden den bundesrechtlichen „Rahmen"⁴²⁹, legitimieren die Datenübermittlung (und damit auch die Verarbeitung personenbezogener Daten) indes noch nicht. Denn § 16 Abs. 5 S. 1 BStatG stellt ausdrücklich klar, dass die Übermittlung in einem Gesetz, das eine Bundesstatistik anordnet, vorgesehen sein muss. Mit anderen Worten: Es bedarf einer *spezialgesetzliche*n Grundlage.⁴³⁰ Eine solche findet sich z. B. in § 32 Abs. 2 ZensG 2022: Die statistischen

---

⁴²³ Vgl. auch *Poppenhäger*, Die Übermittlung und Veröffentlichung statistischer Daten im Lichte des Rechts auf informationelle Selbstbestimmung, 1995, S. 69.

⁴²⁴ *Ziegler*, Statistikgeheimnis und Datenschutz, 1990, S. 140.

⁴²⁵ *Kühling/Sauerborn*, in: Kühling (Hrsg.), BStatG, 2023, § 16 Rn. 51.

⁴²⁶ Siehe zum organisationsrechtlichen Abschottungsgebot unten S. 333 ff.

⁴²⁷ Ausf. zu den (landesrechtlichen) Regelungen zur Abschottung der (Kommunal-)Statistik unten S. 336 ff.

⁴²⁸ Nach *Poppenhäger*, Die Übermittlung und Veröffentlichung statistischer Daten im Lichte des Rechts auf informationelle Selbstbestimmung, 1995, S. 71 genüge es, wenn das Landesgesetz die „wesentlichen Vorgaben" enthalte. Die Einzelheiten könnten in einer Rechtsverordnung, Satzung oder Verwaltungsvorschrift niedergelegt sein. Ebenso bereits *Ziegler*, Statistikgeheimnis und Datenschutz, 1990, S. 166 unter Verweis auf OVG Koblenz NJW 1987, 2533.

⁴²⁹ *Dorer/Mainusch/Tubies*, Bundesstatistikgesetz, 1988, § 16 Rn. 49; ebenso *Poppenhäger*, Die Übermittlung und Veröffentlichung statistischer Daten im Lichte des Rechts auf informationelle Selbstbestimmung, 1995, S. 72 f.

⁴³⁰ Krit. zu dieser Regelungstechnik *Ziekow*, VerwArch 104 (2013), 529 (566 f.), der sich für eine generelle Zugangsregelung im allgemeinen Statistikrecht ausspricht; ein Regelungsvorschlag findet sich ebenda, S. 568.

Ämter des Bundes und der Länder dürfen den kommunalen Statistikstellen „[f]ür ausschließlich kommunalstatistische Zwecke" auf Ersuchen Einzelangaben zu den Erhebungsmerkmalen sowie zu den Hilfsmerkmalen[431] „Straße" und „Hausnummer" oder nach Blockseiten[432] zusammengefasste Einzelangaben übermitteln.[433] In räumlicher Hinsicht beschränkt sich die Regelung auf den Zuständigkeitsbereich der Statistikstellen, also in der Regel auf das Gemeindegebiet. Ein Anspruch besteht indes nicht. Er lässt sich auch nicht aus der Verfassung (etwa über Art. 28 Abs. 2 GG) als Leistungsrecht der Gemeinden gegenüber dem Staat herleiten.[434] § 16 Abs. 5 BStatG räumt den Gemeinden somit lediglich einen Anspruch auf ermessensfehlerfreie Entscheidung ein.[435] Nach dem verfassungskräftigen Grundsatz des gemeindefreundlichen Verhaltens[436] ist den Gemeinden Zugang zu gewähren, soweit nicht im Einzelfall zwingende Gründe entgegenstehen.[437] Im Zusammenspiel mit § 16 Abs. 5 BStatG stellt § 32 Abs. 2 ZensG 2022 grundsätzlich eine taugliche Rechtsgrundlage i. S. d. Art. 6 Abs. 2 und 3 DSGVO dar, die ob ihrer Zweckbindung und sonstiger Sicherungsvorkehrungen (Abschottung; statistische Geheimhaltung; Aufzeichnung gemäß § 16 Abs. 9 BStatG) prinzipiell auch dem Grundsatz der Verhältnismäßigkeit gerecht wird.

### c) Übermittlung von Tabellen an oberste Bundes- oder Landesbehörden (§ 16 Abs. 4 BStatG)

§ 16 Abs. 4 BStatG enthält einen weiteren Übermittlungstatbestand, der die statistische Geheimhaltung durchbricht. Danach dürfen das Statistische Bundesamt und die statistischen Ämter der Länder den obersten Bundes- oder Landesbehörden (also insbesondere Ministerien) Tabellen mit statistischen Ergebnissen übermitteln (S. 1). Die Verarbeitung unterliegt indes einer strengen Zweckbindung: Die Behörden dürfen die Daten lediglich „gegenüber den gesetzgebenden Körperschaften" und „für Zwecke der Planung" verwenden.[438] Wie S. 2 des Absatzes zeigt, bedarf es hierfür einer spezialgesetzlichen Rechtsgrundlage („Übermittlung […] ist nur zulässig"). Abs. 4 stellt hiernach – ebenso

---

[431] Die Hilfsmerkmale (§ 10 Abs. 1 S. 3 BStatG; zum Begriff oben S. 270) sind zum frühestmöglichen Zeitpunkt, spätestens jedoch zwei Jahre nach der Übermittlung, zu löschen (§ 32 Abs. 2 S. 3 ZensG 2022).
[432] Siehe die Legaldefinition in § 10 Abs. 3 S. 1 BStatG.
[433] Zum Bedarf kleinräumiger Daten auf der kommunalen Ebene (Stichwort: Planungshoheit) allg. *Ziekow*, VerwArch 104 (2013), 529 (547 f.).
[434] Überzeugend *Ziekow*, VerwArch 104 (2013), 529 (545 f.).
[435] *Ziekow*, VerwArch 104 (2013), 529 (544 ff.).
[436] Vgl. z. B. *Mehde*, in: Dürig/Herzog/Scholz (Hrsg.), GG, 67. EL (Nov. 2012), Art. 28 Abs. 2 Rn. 176 f.
[437] *Ziekow*, VerwArch 104 (2013), 529 (546). An anderer Stelle spricht *Ziekow* (ebenda, 568) von einem „intendierten Übermittlungsermessen".
[438] Siehe auch § 16 Abs. 8 S. 1 BStatG.

wie Abs. 5 – eine unvollständige Erlaubnisnorm dar. Eine solche Rechtsgrundlage findet sich bspw. in § 32 Abs. 1 ZensG 2022[439]. Beide Normen (§ 16 Abs. 4; § 32 Abs. 1 ZensG 2022) gestatten jedoch nur die Übermittlung von *Tabellen mit statistischen Ergebnissen*. Die in den Tabellen enthaltenen Informationen beziehen sich in der Regel nicht auf eine statistische Einheit (im datenschutzrechtlichen Kontext: auf eine natürliche Person). Bei hinreichender Aggregation (Fallzahlregel: mindestens drei[440]) fehlt es grundsätzlich an einem konstitutiven Merkmal des Datenschutzrechts: dem Personenbezug.[441] Anders ist dies jedoch im Fall der sog. *Tabelleneins*[442] (auch „statistische Eins" genannt[443]). Denn dann ist es – ein entsprechendes Zusatzwissen vorausgesetzt – nicht ausgeschlossen, dass die Information in der Tabelle einer statistischen Einheit zugeordnet werden *kann*. Gleiches gilt auch für die „statistische Zwei"[444], da die Empfänger der Daten (hier: die obersten Bundes- und Landesbehörden) ggf. vom Wissen über eine Person auf die andere Person rückschließen können.[445] Handelt es sich dabei um eine natürliche Person, ist der Anwendungsbereich des Datenschutzrechts prinzipiell eröffnet. Das dürfte jedoch die Ausnahme darstellen. Im Ergebnis ermöglicht es die Rahmenregelung des § 16 Abs. 4 BStatG, statistische Tabellen in unbereinigter (ggf. auch tiefgegliederter) Form an die obersten Bundes- und Landesbehörden zu übermitteln. Die Ausnahmevorschrift beschränkt sich damit – anders als § 16 Abs. 5 BStatG – gerade nicht auf die Weiterverarbeitung zu „ausschließlich statistische[n] Zwecken". Als Ausgleich, der auf einen Kompromiss im damaligen Gesetzgebungsverfahren zurückgeht, hat sie denn auch „lediglich" die Übermittlung von Tabellendaten (nicht: Einzelangaben[446]) zum Gegenstand.[447]

---

[439] Zur Begründung s. BT-Drs. 19/8693, S. 63; ausf. dazu unten S. 328.
[440] Siehe bereits *Dammann*, in: Simitis (Hrsg.), BDSG, 7. Aufl., 2014, § 3 BDSG a. F. Rn. 14.
[441] So auch *Groß*, AöR 113 (1988), 161 (200): Zuordnung „im allgemeinen nicht möglich"; ebenso *Ziegler*, Statistikgeheimnis und Datenschutz, 1990, S. 150.
[442] BT-Drs. 19/8693, S. 63; vgl. auch *Poppenhäger*, Die Übermittlung und Veröffentlichung statistischer Daten im Lichte des Rechts auf informationelle Selbstbestimmung, 1995, S. 106 ff.; *Kühling/Sauerborn*, in: Kühling (Hrsg.), BStatG, 2023, § 16 Rn. 46.
[443] BT-Drs. 10/6666, S. 16; *Groß*, AöR 113 (1988), 161 (200); *Ziegler*, Statistikgeheimnis und Datenschutz, 1990, S. 150.
[444] Vgl. dazu BT-Drs. 10/6666, S. 17 (Äußerung der Bundesregierung).
[445] Vgl. auch *Ziegler*, Statistikgeheimnis und Datenschutz, 1990, S. 150.
[446] Siehe BT-Drs. 10/6666, S. 16: „Damit wird eine durch § 16 Abs. 3 Buchstabe a des Bundesratsvorschlags angestrebte unbeschränkte – wenn sich auch im abgeschotteten statistischen Raum vollziehende – Übermittlung von Einzelangaben (unter anderem mit Hilfsmerkmalen) ausgeschlossen". – Dass § 16 Abs. 4 S. 2 BStatG gleichwohl den Begriff „Einzelangabe" verwendet, hat historische Gründe. Wie der Bericht des Innenausschusses (BT-Drs.

*F. Besondere Sicherungsvorkehrungen der Bundesstatistik* 313

*d) Datenzugang für die Wissenschaft (§ 16 Abs. 6 BStatG)*

Der Zugang der Wissenschaft zu statistischen Einzelangaben (Mikrodaten) ist seit 1987[448] in § 16 Abs. 6 BStatG allgemein geregelt. In der sog. Wissenschaftsklausel[449] manifestiert sich auf einfach-gesetzlicher Ebene der „schonende[...] Ausgleich im Wege der praktischen Konkordanz", um den der Gesetzgeber bemüht war – und zwar zwischen dem Recht auf informationelle Selbstbestimmung (Art. 2 Abs. 1 i. V. m. Art. 1 Abs. 1 GG) auf der einen und der Wissenschaftsfreiheit (Art. 5 Abs. 3 GG)[450] auf der anderen Seite. Beide Grundrechte

---

10/6666, S. 16) zeigt, sollte dieser Satz sicherstellen, dass sich die Übermittlung von Tabellen „im Rahmen des geltenden Rechts halten muß". In den damals existierenden Regelungen sei allerdings nirgendwo von „Tabellen" die Rede gewesen; sie stellten allesamt auf den Begriff „Einzelangabe" ab. Dem hat der Gesetzgeber dereinst Rechnung getragen. Gemeint ist jedoch die *Einzelangabe als Tabelleneins*, also „in ihrer Funktion als Teil der Gesamtinformation eines Tabellenwerkes", so zutreffend *Poppenhäger*, Die Übermittlung und Veröffentlichung statistischer Daten im Lichte des Rechts auf informationelle Selbstbestimmung, 1995, S. 108

[447] Dazu auch *Poppenhäger*, Die Übermittlung und Veröffentlichung statistischer Daten im Lichte des Rechts auf informationelle Selbstbestimmung, 1995, S. 104. Vgl. ferner den Vorschlag des Bundesrates (BT-Drs. 10/5345, S. 26): „Für *ausschließlich statistische Zwecke* dürfen den zur Durchführung statistischer Aufgaben eingerichteten Stellen bei den fachlich zuständigen obersten Landesbehörden oder bei Gemeinden und Gemeindeverbänden *Einzelangaben* für ihren Zuständigkeitsbereich übermittelt werden [...]. Die Übermittlung ist nur zulässig, soweit dies zur rechtmäßigen Erfüllung der diesen Stellen durch Rechtsvorschrift übertragenen Aufgaben erforderlich ist und wenn durch Landesrecht eine Trennung dieser Stellen von sonstigen Verwaltungsstellen sichergestellt und das Statistikgeheimnis durch Organisation und Verfahren gewährleistet ist."; Hervorhebung d. Verf.). Die Bundesregierung ist diesem Vorschlag entschieden entgegengetreten (ebenda, S. 29 f.).

[448] Siehe davor bereits § 11 Abs. 5 BStatG 1980: „Einzelangaben, die so anonymisiert werden, daß die Auskunftspflichtigen oder Betroffenen *nicht mehr zuzuordnen* sind, dürfen vom Statistischen Bundesamt und von den Statistischen Landesämtern übermittelt werden." Das seinerzeit verfolgte Ziel, u. a. der Wissenschaft Daten zur eigenen Aufbereitung unter Wahrung des Datenschutzes zur Verfügung zu stellen, habe sich angesichts der bereits damals fortschreitenden Möglichkeit der Deanonymisierung „nur sehr eingeschränkt verwirklichen lassen" (so BT-Drs. 10/5345, S. 21). Zur Entstehungsgeschichte *Ziegler*, Statistikgeheimnis und Datenschutz, 1990, S. 174 ff.; *Poppenhäger*, Die Übermittlung und Veröffentlichung statistischer Daten im Lichte des Rechts auf informationelle Selbstbestimmung, 1995, S. 75 ff.

[449] So bereits *Badura*, in: Statistisches Bundesamt (Hrsg.), Zum Gesetz über die Statistik für Bundeszwecke, Forum Bundesstatistik, Bd. 9, 1988, S. 107 (113); *Dorer/Mainusch/Tubies*, Bundesstatistikgesetz, 1988, § 16 Rn. 50; ebenso *Poppenhäger*, Die Übermittlung und Veröffentlichung statistischer Daten im Lichte des Rechts auf informationelle Selbstbestimmung, 1995, S. 76. *Greb*, Die Verwaltung 44 (2011), 563 (564) und *Rohde/Seifert/Gießing*, WISTA 3/2018, 90 (99) sprechen vom „Wissenschaftsprivileg".

[450] Auf der europäischen Grundrechtsebene begegnen sich Art. 8 Abs. 1 (ggf. i. V. m. Art. 7 GRCh) und Art. 13 S. 1 GRCh; den Grundrechtskonflikt versucht die VO (EU) Nr. 557/2013 (Zugang zu vertraulichen Daten für wissenschaftliche Zwecke) sekundärrechtlich aufzulösen.

sind so auszugleichen, dass die Grundrechtspositionen für alle Beteiligten möglichst weitgehend wirksam werden. Es handelt sich, wie *Peter Badura* zu Recht schreibt, um einen „verfassungsrechtlich tragbaren Kompromiß zwischen den Belangen der wissenschaftlichen Forschung [...] und den Erfordernissen des rechtsstaatlichen Datenschutzes".[451] Weder dem einen noch dem anderen Grundrecht gebührt per se der Vorrang. Der Gesetzgeber greift mit § 16 Abs. 6 BStatG eine *Ausnahme* von der statistischen Geheimhaltung auf, die das BVerfG schon im Volkszählungsurteil prinzipiell anerkannt hat.[452] Daneben folgt aus dem Wort „dürfen" u. U. aber auch eine datenschutzrechtliche Erlaubnis[453]: Die Wissenschaftsklausel hebt damit nicht nur – in einem negativen Sinne – das Statistikgeheimnis auf, sondern normiert zugleich – in einem positiven Sinne – eine Verarbeitungsbefugnis i. S. d. Art. 6 Abs. 1 UAbs. 1 Buchst. e i. V. m. Abs. 2 und 3 DSGVO[454] (Doppeltatbestand). Soweit es also um die Offenlegung bzw. Übermittlung personenbezogener Daten geht, stellt § 16 Abs. 6 BStatG eine taugliche Rechtsgrundlage dar. Der „Zwei-Schranken-Theorie"[455] ist damit Genüge getan. Zugang gewähren die Forschungsdatenzentren (FDZ)[456] der statistischen Ämter des Bundes und der Länder – und zwar entweder „off site" über sog. Scientific Use Files (SUF)[457] oder – seit einer Gesetzesänderung im Jahr 2016[458] – „on site" innerhalb einer sicheren Verarbeitungsumgebung[459] (z. B. über Gastwissen-

---

[451] *Badura*, in: Statistisches Bundesamt (Hrsg.), Zum Gesetz über die Statistik für Bundeszwecke, Forum Bundesstatistik, Bd. 9, 1988, S. 107 (113).

[452] BVerfGE 65, 1 (69 f.) zu § 9 Abs. 4 VZG 1983.

[453] Einen echten Anspruch begründet § 16 Abs. 6 S. 1 BStatG nicht, a. A. wohl *Greb*, Die Verwaltung 44 (2011), 563 (565 ff.). Insbes. folgt aus der Wissenschaftsfreiheit allein noch keine Ermessensreduktion auf Null. Denn die Vorschrift ist gerade Ausdruck konfligierender Rechtsgüter, sodass Art. 5 Abs. 3 GG nicht herangezogen werden kann, um das Ermessen der statistischen Ämter zulasten des informationellen Selbstbestimmungsrechts (Art. 2 Abs. 1 i. V. m. Art. 1 Abs. 1 GG) in einen Zugangsanspruch zu verwandeln.

[454] Siehe dazu ausf. oben S. 142 ff. und S. 160 ff.

[455] Dazu bereits oben S. 88.

[456] In Deutschland gibt es zwei FDZ, ein FDZ des Statistischen Bundesamtes und ein gemeinsames FDZ der Statistischen Landesämter; s. dazu *Brenzel/Zwick*, WISTA 6/2022, 54 ff. Die rechtliche Grundlage für die Zusammenarbeit findet sich in § 3a Abs. 2 BStatG (s. oben S. 34).

[457] Die VO (EU) Nr. 557/2014 versteht darunter „confidential data for scientific purposes to which methods of statistical disclosure control have been applied to reduce to an appropriate level and in accordance with current best practice the risk of identification of the statistical unit" (Art. 2 Nr. 3).

[458] BGBl. I 2016, S. 1768 (1771). Vgl. dazu auch *Rendtel et al.*, AStA Wirtsch Sozialstat Arch 16 (2022), 97 (117), Verf. dieses Abschnitts sind *Jürgen Chlumsky* und *Markus Zwick*.

[459] Siehe die Legaldefinition in Art. 2 Nr. 20 DGA.

schaftlerarbeitsplätze – GWAP oder über die Kontrollierte Datenfernverarbeitung – KDFV[460]). Im ersten Fall geht es um faktisch anonymisierte Einzelangaben[461], im zweiten Fall um formal anonymisierte Einzelangaben[462]. Da Letztere einen schwachen Anonymisierungsgrad aufweisen, ist hier ein Zugang nur „innerhalb speziell abgesicherter Bereiche" der FDZ zulässig, in dessen Rahmen die Ergebnisse der wissenschaftlichen Analyse auf die Einhaltung der statistischen Geheimhaltung überprüft werden können. Diese statistische Offenlegungskontrolle (engl.: „statistical disclosure control")[463] bewirkt zugleich einen starken Schutz personenbezogener Daten. Es verwundert daher nicht, wenn sich der Unionsgesetzgeber im neuen Data Governance Act an der amtlichen Statistik orientiert (vgl. Art. 5 Abs. 3 S. 2), um die Bedingungen für den Zugang und die Weiterverwendung besonders geschützter Daten (Art. 3 Abs. 1) zu formulieren. Er verweist insofern ausdrücklich auf die „Erfahrungen mit sicheren Verarbeitungsumgebungen", die auf der Grundlage der VO (EU) Nr. 557/2014 „für Forschungsarbeiten zu statistischen Mikrodaten genutzt werden" (EG 7 S. 5 DGA). Das Recht der (europäischen) Statistik hat insoweit die Datenzugangsvorschriften im Data Governance Act maßgeblich beeinflusst.

*e) Gemeinsame organisations- und verfahrensrechtliche Sicherungen*

Für die verschiedenen Tatbestände, die die statistische Geheimhaltung durchbrechen, formuliert § 16 Abs. 7–10 BStatG weitere Sicherungsvorkehrungen.[464] Soweit es sich bei den übermittelten Einzelangaben um personenbezogene Daten handelt, sichern sie zugleich das europäische Grundrecht auf Datenschutz (Art. 8 GRCh, ggf. i. V.m. Art. 7 GRCh) und das deutsche Recht auf informationelle Selbstbestimmung ab (Art. 2 Abs. 1 i. V.m. Art. 1 Abs. 1 GG). So statuiert etwa § 16 Abs. 8 S. 1 BStatG eine strikte Zweckbindung[465]: Die Einzelangaben dürfen nur für die Zwecke verwendet werden, für die sie übermittelt worden sind. Das schließt Zweckänderungen[466] kategorisch aus. Zudem müssen die Empfänger durch organisatorische und technische Maßnahmen sicherstellen, dass nur Amtsträger, für den öffentlichen Dienst besonders Verpflichtete sowie

---

[460] *Kühling/Sauerborn*, in: Kühling (Hrsg.), BStatG, 2023, § 16 Rn. 61 beschränken den „Bereich" zu Recht nicht auf „räumlich-physische Orte", sondern verstehen darunter „allgemein abgrenzbare Sphären".
[461] § 16 Abs. 6 S. 1 Nr. 1 BStatG; zum Begriff oben S. 262.
[462] § 16 Abs. 6 S. 1 Nr. 2 BStatG; zum Begriff oben S. 261.
[463] Vgl. dazu die Begriffsbestimmung in Art. 2 Nr. 4 VO (EU) Nr. 557/2014; zur *Statistical Disclosure Control* z.B. *Hundepool et al.*, Statistical Disclosure Control, 2012; *Elliot/Domingo-Ferrer*, The future of statistical disclosure control, December 2018.
[464] Vgl. dazu auch *Poppenhäger*, Die Übermittlung und Veröffentlichung statistischer Daten im Lichte des Rechts auf informationelle Selbstbestimmung, 1995, S. 118 f.
[465] Ebenso *Kühling/Sauerborn*, in: Kühling (Hrsg.), BStatG, 2023, § 16 Rn. 64.
[466] Eingehend unten S. 353 ff., insbes. S. 357.

Verpflichtete nach § 16 Abs. 7 S. 1 BStatG (insbesondere Wissenschaftler) Zugang zu den übermittelten Einzelangaben haben. Den statistischen Ämtern obliegt insofern eine „Prüfungspflicht".[467] Hinzu kommt eine Pflicht, die Übermittlung zu protokollieren („aufzuzeichnen"). Dies dient nicht nur der „Eigenkontrolle"[468] der Statistikämter. Vielmehr soll die Aufzeichnungspflicht nach dem erklärten Willen des Gesetzgebers auch eine effektive Kontrolle durch die Datenschutzbeauftragten ermöglichen und es den betroffenen Personen überdies erleichtern, ggf. ihre Rechte durchzusetzen.[469] Über die Rechtsfigur der sog. *verlängerten Geheimhaltung*[470] werden die Empfänger ferner an das Statistikgeheimnis gebunden, d.h. sie unterliegen bei der Weitergabe an Dritte (z.B. bei der Veröffentlichung von Forschungsergebnissen oder bei der Weitergabe innerhalb einer obersten Bundes- oder Landesbehörde) weiterhin den allgemeinen Grundsätzen der statistischen Geheimhaltung (§ 16 Abs. 10 S. 1[471] BStatG). Eine besondere Sicherungsvorkehrung enthält schließlich § 16 Abs. 8 S. 2 BStatG in Bezug auf die Wissenschaft: Die zur Verfügung gestellten Einzelangaben sind zu löschen, sobald das wissenschaftliche Vorhaben durchgeführt worden ist. Diese starre Vorgabe bereitet Wissenschaftlern, die nach den einschlägigen Leitlinien großer Forschungsorganisationen (etwa der Deutschen Forschungsgemeinschaft – DFG) grundsätzlich verpflichtet sind, die Ausgangsdaten mindestens zehn Jahre aufzubewahren, mitunter große Schwierigkeiten.[472] Sie wäre im Hinblick auf die Privilegierung der wissenschaftlichen Forschungszwecke (s. für den Grundsatz der Speicherbegrenzung nur Art. 5 Abs. 1 Buchst. e Hs. 2 DSGVO[473]) unionsrechtlich jedenfalls nicht zwingend geboten. Insgesamt sieht § 16 BStatG damit strenge Sicherungsvorkehrungen vor.

*f) Zwischenergebnis*

Soweit die ausdifferenzierten Tatbestände in § 16 Abs. 2–6 BStatG Durchbrechungen der statistischen Geheimhaltung vorsehen, unterliegen sie prinzipiell

---

[467] *Poppenhäger*, Die Übermittlung und Veröffentlichung statistischer Daten im Lichte des Rechts auf informationelle Selbstbestimmung, 1995, S. 118 m.w.N.; ebenso *Kühling/Sauerborn*, in: Kühling (Hrsg.), BStatG, 2023, § 16 Rn. 67.
[468] *Dorer/Mainusch/Tubies*, Bundesstatistikgesetz, 1988, § 16 Rn. 76.
[469] BT-Drs. 10/5345, S. 22; s. auch *Dorer/Mainusch/Tubies*, Bundesstatistikgesetz, 1988, § 16 Rn. 76.
[470] *Dorer/Mainusch/Tubies*, Bundesstatistikgesetz, 1988, § 16 Rn. 78; ebenso *Poppenhäger*, Die Übermittlung und Veröffentlichung statistischer Daten im Lichte des Rechts auf informationelle Selbstbestimmung, 1995, S. 118 f.
[471] Zur Ausnahme für offenkundige Tatsachen in Tabellen s. bereits oben S. 295.
[472] Die Nutzungsverträge der FDZ sehen in der Regel einen Zeitraum von 3 Jahren vor, der auf Antrag nochmals verlängert werden kann. Vgl. zur Löschungspflicht von Forschungsdaten allg. *Wirth*, ZUM 2020, 585 ff.
[473] Ausf. dazu unten S. 384 ff. (in Bezug auf die Statistik).

hohen Voraussetzungen. Sie heben den besonders starken Schutz, den die statistische Geheimhaltung verbürgt, nur punktuell auf. Zugleich bestehen besondere Sicherungsvorkehrungen, die das Risiko, dass vertrauliche Daten (unbefugt) offengelegt werden, auf ein erträgliches Maß reduzieren. Insgesamt sorgt das Statistikgeheimnis für einen wirksamen Schutz personenbezogener Daten.

*5. Folgen einer Geheimnisverletzung – insbesondere strafrechtlicher Schutz*

Wer gegen die Geheimhaltungspflicht des § 16 BStatG (vorsätzlich) verstößt, macht sich ggf. strafbar[474]. Das Statistikgeheimnis stellt ein „fremdes Geheimnis[475]" i.S.d. § 203 Abs. 2 S. 1 StGB dar, da es nicht ausschließlich den Staat selbst betrifft; Geheimnisträger kann auch ein Dritter sein.[476] Im Übrigen stehen dem Geheimnis solche Einzelangaben über persönliche oder sachliche Verhältnisse eines anderen gleich, die für Aufgaben der öffentlichen Verwaltung erfasst worden sind (§ 203 Abs. 2 S. 2 StGB). Diese Voraussetzung ist im Rahmen einer bundesstatistischen Erhebung (vgl. § 16 Abs. 1 S. 1 BStatG: „für eine Bundesstatistik gemacht werden") regelmäßig erfüllt.[477] Die Tat ist (objektiv) vollendet, wenn ein Amtsträger oder ein für den öffentlichen Dienst besonders Verpflichteter[478] das Geheimnis (oder die entsprechend geschützten Einzelangaben) unbefugt offenbart, also in rechtswidriger Weise einem Dritten zugänglich macht. Im subjektiven Tatbestand genügt bedingter Vorsatz.[479] Als Strafrahmen sieht der Grundtatbestand des § 203 Abs. 2 StGB eine Geldstrafe oder eine Freiheitsstrafe bis zu einem Jahr vor; der Strafrahmen erweitert sich bis zu einer Freiheitsstrafe von zwei Jahren, wenn der Täter gegen Entgelt oder in der Absicht handelt, sich oder einen anderen zu bereichern oder einen anderen zu schädigen (§ 203 Abs. 6 StGB).[480] Die Tat wird nur auf Antrag verfolgt (§ 205 StGB). Gefährdet der Täter durch die Verletzung des Statistikgeheimnisses „wichtige öf-

---

[474] Daneben kann eine Geheimnisverletzung auch disziplinarrechtliche Folgen haben, vgl. für das Steuergeheimnis z.B. *Drüen*, in: Tipke/Kruse (Hrsg.), AO/FGO, 158. EL (Okt. 2019), § 30 AO Rn. 148.

[475] Zum Begriff des Geheimnisses s. nur *Kargl*, in: Kindhäuser/Neumann/Paeffgen (Hrsg.), StGB, 5. Aufl., 2017, § 203 Rn. 6: Unter Geheimnis sind Tatsachen zu verstehen, die nur einem Einzelnen oder einem beschränkten Personenkreis bekannt sind und an deren Geheimhaltung die geschützte (natürliche oder juristische) Person ein subjektives Interesse hat. – Anders als für das Steuergeheimnis (§ 355) enthält das StGB keine Strafvorschrift, die speziell auf das Statistikgeheimnis zugeschnitten ist.

[476] *Eisele*, in: Schönke/Schröder (Hrsg.), StGB, 30. Aufl., 2019, § 203 Rn. 73.

[477] Vgl. auch *Kargl*, in: Kindhäuser/Neumann/Paeffgen (Hrsg.), StGB, 5. Aufl., 2017, § 203 Rn. 26.

[478] Siehe § 203 Abs. 2 Nr. 1 (i.V.m. § 11 Abs. 1 Nr. 2) und Nr. 2 (i.V.m. § 11 Abs. 1 Nr. 4) StGB; Sonderdelikt. Vgl. dazu auch *Kargl*, in: Kindhäuser/Neumann/Paeffgen (Hrsg.), StGB, 5. Aufl., 2017, § 203 Rn. 42 ff.

[479] *Eisele*, in: Schönke/Schröder (Hrsg.), StGB, 30. Aufl., 2019, § 203 Rn. 109.

[480] Die Verwertung fremder Geheimnisse stellt § 204 i.V.m. § 205 StGB unter Strafe.

fentliche Interessen", kommt sogar eine Strafbarkeit gemäß § 353b StGB (Verletzung des Dienstgeheimnisses und einer besonderen Geheimhaltungspflicht) in Betracht.[481] Diese Strafvorschriften können – wie auch der allgemeine Straftatbestand des § 42 BDSG – i. S. d. *negativen Generalprävention* abschreckende Wirkung[482] entfalten („Präventionswirkung"[483]).[484] Auf diese Weise wird – zumindest mittelbar – das Recht auf Schutz personenbezogener Daten bzw. das Recht auf informationelle Selbstbestimmung strafrechtlich abgesichert.[485] Dies gilt jedenfalls dann, wenn das unbefugte Offenbaren vertraulicher *personenbezogener* Daten in Rede steht. So gesehen ist die Strafdrohung als weitere geeignete Garantie i. S. d. Art. 89 Abs. 1 DSGVO einzustufen.

## 6. Zwischenergebnis

Das Statistikgeheimnis schützt Informationen, die sich auf eine (identifizierte oder identifizierbare) statistische Einheit beziehen. Soweit es sich dabei um eine natürliche Person handelt, erweist sich die statistische Geheimhaltung (§ 16 BStatG) als geeignete Garantie i. S. d. Art. 89 Abs. 1 DSGVO. Voraussetzung ist, dass die Einzelangaben für eine Bundesstatistik gemacht worden sind. Das sind jedenfalls Angaben, die die Auskunftspersonen – aktiv – zu statistischen Zwecken machen. Über den Wortlaut hinaus sind indes auch solche Einzelangaben erfasst, die aus der Verwaltung in die Statistik fließen (z. B. Verwaltungsdaten) oder die die amtliche Statistik selbst erhoben hat, etwa aus allgemein zugänglichen Quellen. Anders als das allgemeine Datenschutzrecht nimmt die Geheimhaltungsvorschrift unmittelbar die handelnden Personen in die Pflicht: Der Geheimhaltung unterliegen Personen, die mit der Durchführung einer Bundesstatistik betraut worden sind. Die Geheimhaltungspflicht besteht auch nach Beendigung ihrer Tätigkeit fort. Die Ausnahmen, die die Geheimhaltung schon tatbestandlich ausschließen, sind eng gefasst. Der praktisch bedeutsamste Fall

---

[481] Tateinheit mit § 203 StGB ist möglich, s. *Eisele*, in: Schönke/Schröder (Hrsg.), StGB, 30. Aufl., 2019, § 203 Rn. 29. Vgl. auch § 22a BStatG a. F. (aufgehoben mit Wirkung vom 17.7.2020; BGBl. I 2020, S. 1648 [1652]; dazu BT-Drs. 19/17963, S. 65). S. aus der Rechtsprechung zu § 353b StGB bspw. OLG Köln ZD 2012, 332 (Verletzung des Dienstgeheimnisses durch private Einsicht in Polizeisysteme).

[482] Auf die Abschreckung weist schon *Ziegler*, Statistikgeheimnis und Datenschutz, 1990, S. 59 f. hin. Vgl. auch Art. 84 Abs. 1 S. 2 DSGVO, wonach die Sanktionen „wirksam, verhältnismäßig *und abschreckend*" (Hervorhebung d. Verf.) sein müssen. Vgl. zu diesen Kriterien, die der Rspr. des EuGH entlehnt sind, z. B. *Golla*, in: Eßer/Kramer/von Lewinski (Hrsg.), Auernhammer, 7. Aufl., 2020, Art. 84 Rn. 4 ff.

[483] *Golla*, in: Eßer/Kramer/von Lewinski (Hrsg.), Auernhammer, 7. Aufl., 2020, Art. 84 Rn. 5.

[484] Vgl. auch den Verhaltenskodex für europäische Statistiken, Indikator 5.3: „Die vorsätzliche Verletzung des Statistikgeheimnisses wird geahndet".

[485] Vgl. zur Absicherung eines treuhänderischen Geheimnisschutzes *Wischmeyer*, Die Verwaltung 51 (2018), 393 (402 f.).

dürfte die Einwilligung sein; ihre Voraussetzungen ergeben sich bei personenbezogenen Daten nunmehr aus der Datenschutz-Grundverordnung. Soweit § 16 Abs. 1 S. 1 BStatG Ausnahmen kraft besonderer Rechtsvorschrift zulässt, muss sich diese speziell auf das Statistikgeheimnis beziehen oder in einem Fachstatistikgesetz ausdrücklich geregelt sein. Eine allgemeine datenschutzrechtliche Rechtsgrundlage genügt nicht. Insoweit verbürgt § 16 BStatG einen starken Schutz personenbezogener Daten. Dies bestätigt schließlich ein Blick auf die Übermittlungstatbestände der § 16 Abs. 2–6 BStatG: Sie durchbrechen die statistische Geheimhaltung nur für spezielle Fälle; im Übrigen sehen sie als Ausgleich besondere Sicherungsvorkehrungen vor, die das Risiko für die betroffenen Personen auf ein erträgliches Maß reduzieren.

## II. Rückspielverbot

Das sog. Rückspielverbot stellt, so die Ausgangsthese, eine weitere geeignete Garantie für die Rechte und Freiheiten betroffener Personen i. S. d. Art. 89 Abs. 1 S. 1 DSGVO dar. Dabei findet sich der Begriff „Rückspielverbot", soweit ersichtlich, weder im unionalen noch im mitgliedstaatlichen Statistikrecht. Eingehende rechtswissenschaftliche Untersuchungen fehlen[486], obgleich es sich um ein für die amtliche Statistik geradezu konstitutives Prinzip handelt. Das BVerfG hat es im Volkszählungsurteil entwickelt, ohne es beim Namen zu nennen (dazu 2.). Die Ursprünge dieses Verbots gehen indes noch weiter zurück; sie sind im sog. Nachteilsverbot des Bundesstatistikgesetzes 1980 zu suchen (dazu 1.). In seiner Entscheidung zum Zensus 2011 hat das Gericht das Rückspielverbot dann erstmals als solches benannt, obgleich dort bisweilen eine gewisse begriffliche Distanzierung aufscheint.[487] Die Entwicklungsgeschichte zeigt, dass es sich um ein

---

[486] Einzige Ausnahme soweit ersichtlich *Poppenhäger*, NVwZ 1992, 149 ff., der diesen Aspekt unter dem Schlagwort „informationelle Gewaltenteilung" bzw. Grundsatz der „Trennung von Statistik und Vollzug" abhandelt.

[487] Siehe einerseits BVerfGE 150, 1 (110, Rn. 225), wo es sich den Begriff nicht zu eigen machen scheint („[i]n der verwaltungsgerichtlichen Rechtsprechung ist hieraus der – häufig als ‚Rückspielverbot' bezeichnete – Schluss gezogen worden […]"); sowie andererseits BVerfGE 150, 1 (135, Rn. 286), wo das Gericht i. R. d. Erhebungsverfahrens auf die „Abschirmung" von Registerdaten „durch Statistikgeheimnis und Rückspielverbot" abstellt; dem folgend OVG Lüneburg, Beschl. v. 3.5.2021 – 11 LA 351/19 juris Rn. 24 und Beschl. v. 3.5.2021 – 11 LA 103/20, juris Rn. 43; s. ferner OVG Sachsen-Anhalt, Urt. v. 15.6.2023 – 3 L 96/22, juris Rn. 59. Aus der früheren verwaltungsgerichtlichen Rspr. insbes.: VG Ansbach, Urt. v. 21.6.2012 – AN 4 K 11.02441, juris Rn. 69; VG Potsdam, Beschl. v. 21.4.2015 – 12 L 450/15, juris Rn. 15 unter Verweis auf BVerfG, Urt. v. 15.12.1983 – 1 BvR 209/83 u. a., juris Rn. 196 ff. = BVerfGE 65, 1 (61 ff.); in anderen Entscheidungen findet sich der Begriff „Rückspielverbot" lediglich i. R. d. wiedergegebenen Rechtsansicht der Beteiligten, s. VG Regensburg, Beschl. v. 8.12.2011 – RN 5 S 11.1740, juris Rn. 16; VG München, Beschl. v. 14.8.2012 – M 7 S 11.70081, juris Rn. 8; VG Regensburg, Urt. v. 6.8.2015 – RO 5 K 13.2149, juris Rn. 125, 128, 181 und 201; VG Oldenburg BeckRS 2019, 54780 Rn. 6.

absolutes Verarbeitungsverbot handelt, über das der einfache Gesetzgeber nicht verfügen kann (dazu 3.). Auch wenn die Reichweite des Rückspielverbots nicht eindeutig geklärt ist, so lassen sich am Beispiel des Zensus doch verschiedene einfach-rechtliche Ausgestaltungen aufzeigen, die den statistischen Produktionsprozess von Verfassungs wegen einhegen (dazu 4.). Das europäische Datenschutzrecht kennt hingegen kein Rückspielverbot deutscher Provenienz; in den unverbindlichen Erwägungsgründen lässt sich aber immerhin ein Anhaltspunkt finden, der diesen Rechtsgedanken aufgreift (dazu 5.).

*1. Historischer Ursprung: „Nachteilsverbot"*

Das Rückspielverbot, wie wir es heute kennen, hat einen Vorläufer. Es war bereits in § 11 Abs. 3 S. 3 BStatG 1980 angelegt: Erkenntnisse, die aus statistischen Angaben gewonnen wurden, durften nicht für „Maßnahmen gegen den Betroffenen verwendet werden".[488] Dieses gesetzlich normierte Verwendungsverbot war in die Vorschrift zur Geheimhaltung integriert und knüpfte inhaltlich an die Übermittlung statistischer Einzelangaben an. Zum – abschließend aufgezählten – Empfängerkreis gehörten dereinst nicht nur die obersten Bundes- und Landesbehörden, sondern auch sonstige Amtsträger und für den öffentlichen Dienst besonders Verpflichtete. Die Bundesregierung wollte die Regelung des § 11 Abs. 3 S. 3 BStatG 1980 als „ausdrückliche[n] Hinweis" für eine unzulässige Weiterverarbeitung verstanden wissen.[489] Sie blieb im weiteren Gesetzgebungsverfahren unangetastet und erlangte in dieser Form Gesetzeskraft. Der Bundesgesetzgeber übernahm diese Regelung sodann nahezu wortgleich in das Volkszählungsgesetz 1983:[490] Nach § 9 Abs. 1 S. 1 durften die zuständigen Stellen zwar bestimmte Angaben[491] mit den Melderegistern vergleichen und zu deren Berichtigung verwenden (sog. Melderegisterabgleich[492]). Der anschließende Satz 2 schränkte dies jedoch insoweit ein, als „[a]us diesen Angaben gewonnene Erkenntnisse [...] nicht zu Maßnahmen gegen den einzelnen Auskunftspflichtigen verwendet werden" durften. Das BVerfG hat diese Regelung später als *Nachteilsverbot* bezeichnet.[493] Die Wendung „nicht [...] gegen" war demnach i. S. v. „nicht

---

[488] BGBl. I 1980, S. 289 (292).
[489] BT-Drs. 8/2517, S. 19.
[490] BGBl. I 1982, S. 369 (371).
[491] Namentlich: „Vor- und Familiennamen, Anschrift, Telefonanschluß, Geschlecht, Geburtstag, Familienstand, rechtliche Zugehörigkeit oder Nichtzugehörigkeit zu einer Religionsgesellschaft, Staatsangehörigkeit" (§ 2 Nr. 1) sowie „Nutzung der Wohnung als alleinige Wohnung, Haupt- oder Nebenwohnung" (§ 2 Nr. 2 VZG 1983).
[492] Siehe etwa BVerfGE 65, 1 (63).
[493] BVerfGE 65, 1 (62, 65). Es ist zu vermuten, dass das Gericht dabei eine Wortwahl der Beteiligten aufgegriffen hat, denn im (indirekt wiedergegebenen) Vortrag der Beschwerdeführer taucht der Begriff „Nachteilsverbot" ebenfalls auf (s. BVerfGE 65, 1 [19 f.]; zum Vortrag der Bundesregierung ebenda S. 32). – Vgl. zum grundrechtlichen Schutz äußerer Entfaltungsfreiheit gegen informationsbedingt nachteilige Entscheidungen anderer *Britz*, in: Hoff-

zum Nachteil" zu lesen. So schloss die damalige Regelung des § 9 Abs. 1 S. 2 VZG 1983 jedenfalls *belastende* Verwaltungsakte, die auf statistischen Angaben beruhten, gegenüber den auskunftspflichtigen Personen aus. Ein Verwaltungsakt, der ein Recht oder einen rechtlich erheblichen Vorteil begründete oder bestätigte (sog. begünstigender Verwaltungsakt, vgl. § 48 Abs. 1 S. 2 VwVfG) wäre nach dieser Lesart aber durchaus zulässig gewesen.

*2. Volkszählungsurteil: Vom „Nachteilsverbot" zum „Rückspielverbot"*

Das BVerfG hat den Melderegisterabgleich, der für die Volkszählung im Jahr 1983 vorgesehen war, für verfassungswidrig erklärt.[494] Das Gericht zog hierfür im Kern zwei Begründungsansätze heran, die inhaltlich miteinander verbunden sind.

Zum einen verspreche das Verbot, statistische Daten zum Nachteil der Auskunftspflichtigen zu verwenden, mehr, als es leisten könne.[495] Als Schutzinstrument war es „ungeeignet".[496] Denn die Verwaltung konnte – so die nicht weiter begründete Prämisse des Gerichts – dem gesetzlich angeordneten Nachteilsverbot schon aus tatsächlichen Gründen nicht gerecht werden. Die aus der Sphäre der Statistik „zurückgespielten" Daten gingen gleichsam in den Melderegisterdaten auf. Sie nach ihrer Herkunft zu trennen, war allenfalls in der Theorie möglich. Indes schlössen sich, so das BVerfG weiter, die beiden Zwecke (Statistik; Melderegisterabgleich) gegenseitig aus. Während die „Effizienz der Statistik" eine strikte Beachtung der statistischen Geheimhaltung voraussetze, gilt wegen der prinzipiell zweckoffenen Aufgabenzuschreibung im Meldewesen (vgl. heute etwa § 2 BMG) nachgerade das Gegenteil. Wer beide Zwecke *gleichzeitig* zu erreichen versucht, gefährde die Funktionsfähigkeit der amtlichen Statistik und das Recht auf informationelle Selbstbestimmung. Der Gesetzgeber dürfe i. d. S. „tendenziell Unvereinbares" nicht miteinander verbinden.[497] Darin liege ein Verstoß gegen den Grundsatz der Verhältnismäßigkeit.[498]

---

mann-Riem (Hrsg.), Offene Rechtswissenschaft, 2010, S. 570 f. (mit Fn. 36), die dabei zu Recht betont, dass das informationelle Selbstbestimmungsrecht – ähnlich dem Recht auf Selbstdarstellung – keinen Anspruch gewähre, sich vor jeglichem Nachteil, der durch die Informationsverarbeitung Dritter droht, zu schützen. Der Gedanke der „Nachteilsvermeidung" gehe, so *Britz*, regelmäßig in die Verhältnismäßigkeitsprüfung ein und diene dazu, das Gewicht des Eingriffs zu bestimmen.

[494] BVerfGE 65, 1 (63 ff.); vgl. auch *Simitis*, NJW 1984, 398 (404); *Schlink*, Der Staat 25 (1986), 233 (235 f.).
[495] BVerfGE 65, 1 (65).
[496] BVerfGE 65, 1 (64): „zur Erreichung der angestrebten Zwecke ungeeignet"; „ungeeignet" war nicht die Datenerhebung, sondern die (grundrechtlich gebotene) Sicherungsvorkehrung: das Nachteilsverbot in Kombination mit dem Melderegisterabgleich.
[497] BVerfGE 65, 1 (64). Zur Unvereinbarkeit der Zwecke s. auch unten S. 378.
[498] I. d. S. auch *Di Fabio*, in: Dürig/Herzog/Scholz (Hrsg.), GG, 39. EL (Juli 2001), Art. 2 Abs. 1 Rn. 186.

Zum anderen verstieß die kombinierte Regelung zum Melderegisterabgleich gegen das Gebot der Normenklarheit[499]. Für die betroffene Person war nicht erkennbar, dass ihre Angaben nach Maßgabe der damals geltenden melderechtlichen Vorschriften in weitem Umfang an Behörden und sonstige öffentliche Stellen weitergeleitet werden sollten, ohne dass diese – so wiederum die gerichtliche Prämisse – den „statistischen Ursprung" dieser Daten feststellen und dem Nachteilsverbot Rechnung tragen konnten.[500] Die Kombination von Melderegisterabgleich („Rückspiel" an die Meldebehörden) und Nachteilsverbot machte die Regelung *insgesamt* „unverständlich".[501] Ihre rechtlichen Auswirkungen waren für den betroffenen Bürger nicht mehr zu übersehen. Sinn und Zweck der Normenklarheit ist aber gerade, dass sich der Bürger auf mögliche belastende Maßnahmen einstellen kann; Maßstab ist die „inhaltliche Verständlichkeit" der Regelung.[502] Nach heutiger Rechtslage hätte die Auskunftsperson z. B. nicht erkennen können, ob ihr nach der Berichtigung der Melderegister eine Geldbuße wegen eines Verstoßes gegen die Meldepflicht droht (§ 54 i. V.m. § 17 BMG) oder ob eine Gemeinde eine betroffene Person nunmehr zu einer Zweitwohnungssteuer[503] heranziehen darf.

Im Ergebnis vermochte das Nachteilsverbot das „Defizit für die Funktionsfähigkeit der Statistik und für den Schutz der Betroffenen nicht auszugleichen", welches „durch die Verbindung von Statistik und Vollzug entsteht":[504] Weder kann es seine grundrechtssichernde Funktion erfüllen, noch entspricht es dem (verfassungskräftigen) Gebot der Normenklarheit. Der Bundesgesetzgeber hat dieser Rechtsprechung sodann in zwei Gesetzgebungsverfahren entsprochen: Im Volkszählungsgesetz vom 8.11.1985 war ein Melderegisterabgleich nicht mehr enthalten. In § 14 Abs. 3 („Zweckentfremdungsverbot") schloss der Gesetzgeber erklärtermaßen „noch einmal ausdrücklich aus", dass die – zulässigerweise übermittelten – Einzelangaben „außerhalb des statistischen Bereichs zu Zwecken des Verwaltungsvollzuges" und „hierdurch eventuell zum Nachteil des Betroffenen verwendet werden" durften;[505] im Rahmen der Novellierung des

---

[499] BVerfGE 65, 1 (65): „Damit kann das Nachteilsverbot [...] seine Aufgabe nicht erfüllen; zugleich verletzt es das Gebot der Normenklarheit". Zur Normenklarheit aus der jüngeren Rechtsprechung z. B. BVerfGE 156, 11 (44 ff., Rn. 85 und Rn. 87 f.) – Antiterrordateigesetz II; aus der Literatur bspw. *Vogelgesang*, Grundrecht auf informationelle Selbstbestimmung?, 1987, S. 69 ff.
[500] BVerfGE 65, 1 (65).
[501] BVerfGE 65, 1 (64 f.).
[502] So aus der neueren Rechtsprechung z. B. BVerfGE 156, 11 (45, Rn. 87).
[503] Vgl. etwa VG München, Urt. v. 26.1.2017 – M 10 K 16.1328, juris Rn. 61, wonach zur Bestimmung der Hauptwohnung auf melderechtliche Bestimmungen zurückgegriffen werden könne.
[504] BVerfGE 65, 1 (65).
[505] BT-Drs. 10/2814 v. 29.1.1985, S. 25 (dort zum wortgleichen § 14 Abs. 2 VZG 1987 des Gesetzentwurfs).

allgemeinen Bundesstatistikgesetzes 1987 hat er die Ausnahmeregelungen „gegenüber dem bisherigen Recht[506] [...] weitergehenden Restriktionen unterworfen" und auf diese Weise den verfassungsgerichtlichen Anforderungen Rechnung getragen.[507]

### 3. Folgerungen: Das Rückspielverbot als Schranken-Schranke des Rechts auf informationelle Selbstbestimmung

Welche Schlussfolgerungen lassen sich aus der Rechtsprechung, insbesondere aus dem Volkszählungsurteil, ziehen? Das Schrifttum ist sich uneins.[508] Das mag darin begründet liegen, dass das BVerfG in seiner Volkszählungsentscheidung im Maßstabteil einzelne Rechtsfragen ausdrücklich offengelassen hat. Die Frage ist dann, ob und inwieweit sich die Aussagen im Subsumtionsteil zum Melderegisterabgleich verallgemeinern lassen.

*a) Rezeption des Volkszählungsurteils in der Literatur*

So geht etwa der am Verfahren u. a. als Prozessbevollmächtigter beteiligte *Adalbert Podlech* davon aus, dass das Gericht mit diesem Urteil

„jede Verwendung und Übermittlung von zu statistischen Zwecken erhobenen personenbezogenen Informationen zu Verwaltungsvollzugszwecken" (insbesondere der Melderegisterabgleich)"

für verfassungswidrig erklärt hat.[509] Und auch *Spiros Simitis* konstatiert:

„So wichtig deshalb einzelne, personenbezogene Daten aus der Perspektive des Verwaltungsvollzugs auch erscheinen mögen, sie müssen unzugänglich bleiben"; Statistik und Verwaltung strikt funktional zu trennen, sei „der Preis für den im Interesse einer aussagefähigen Statistik notwendigen, weiten Verarbeitungsspielraum".[510]

Dem ist jedoch mit *Holger Poppenhäger* entgegenzuhalten, dass die Aussagen des BVerfG so eindeutig nicht sind. Vielmehr hat der 1. Senat die Frage, ob eine direkte Weiterleitung der zu statistischen Zwecken erhobenen Daten

„*generell* und selbst dann als unvereinbar mit dem Grundsatz der Trennung von Statistik und Vollzug zu beanstanden wäre, *wenn der Gesetzgeber diese Weiterleitung ausdrücklich vorsähe*",

---

[506] Die Gesetzesbegründung verweist auf § 11 Abs. 3 BStatG 1980; dazu oben 1., S. 320.
[507] BT-Drs. 10/5345 v. 17.4.1986, S. 20 f.
[508] Vgl. etwa den Meinungsüberblick bei *Poppenhäger*, NVwZ 1992, 149 (149).
[509] *Podlech*, Leviathan 1984, 85 (89 f.); was der Autor mit „Verwaltungsvollzugszwecken" konkret meint, konkretisiert er indes nicht.
[510] *Simitis*, NJW 1984, 398 (404), der ergänzt, dass statistische Erhebungen nicht als „Informationsvehikel" der Verwaltung benutzt werden dürfen.

dereinst offengelassen.⁵¹¹ Ebenfalls keiner abschließenden Erörterung bedurfte die Zulässigkeit einer sog. kombinierte Erhebungsform, also die

„*gleichzeitige Durchführung* einer an sich statthaften Erhebung personenbezogener Daten für statistische Zwecke mit einer an sich statthaften Erhebung personenbezogener Daten für bestimmte Zwecke des Verwaltungsvollzuges *auf verschiedenen Bögen*".⁵¹²

*b) Stellungnahme: kein generelles und absolutes Rückspielverbot im Volkszählungsurteil*

Beide Enthaltungen lassen Raum für verschiedene Interpretationen. Sie gestatten für sich genommen auch eine Deutung, wonach eine solche Weiterleitung bzw. Übermittlung jedenfalls nicht kategorisch und von vornherein ausgeschlossen ist. Der vom BVerfG postulierte „Grundsatz der Trennung von Statistik und Vollzug"⁵¹³ könnte so gesehen durch eine gesetzliche Regelung für eng begrenzte Zwecke bzw. „in Ausnahmefällen" durchbrochen werden, sofern sie normenklar und verhältnismäßig ist sowie einen „Schutz gegen Selbstbezichtigung" verbürgt.⁵¹⁴ Allerdings hat das BVerfG gegenüber solchen Lösungen schon im Volkszählungsurteil – wegen der Unterschiedlichkeit der Zwecke und der Voraussetzungen für die Datenverarbeitung – einige Bedenken angemeldet („nicht bedenkenfrei").⁵¹⁵ Verfassungswidrig wäre eine Übermittlungsregelung jedenfalls dann, wenn sie „tendenziell Unvereinbares miteinander verbindet".⁵¹⁶ Ein generelles und absolutes Weiterverarbeitungsverbot zu Zwecken des Verwaltungsvollzugs ist dem Volkszählungsurteil im Ergebnis aber wohl nicht zu entnehmen.

*c) Strengere Linie in der Entscheidung des BVerfG zum Zensus 2011?*

In der Entscheidung zum Zensus 2011 scheint das BVerfG indes eine strengere Linie zu vertreten, wenn es – ohne weitere Einschränkungen – ausführt:

---

⁵¹¹ BVerfGE 65, 1 (61); Hervorhebung d. Verf.
⁵¹² BVerfGE 65, 1 (61); strenger wohl *Di Fabio*, in: Dürig/Herzog/Scholz (Hrsg.), GG, 39. EL (Juli 2001), Art. 2 Abs. 1 Rn. 186.
⁵¹³ BVerfGE 65, 1 (61).
⁵¹⁴ Dafür spricht sich *Poppenhäger*, NVwZ 1992, 149 (150 ff.) aus. Zum „Schutz gegen Selbstbezichtigung" insbes. *Vogelgesang*, Grundrecht auf informationelle Selbstbestimmung?, 1987, S. 74 f.
⁵¹⁵ Siehe BVerfGE 65, 1 (61 f.); darauf weist freilich auch *Poppenhäger*, NVwZ 1992, 149 (149) hin.
⁵¹⁶ BVerfGE 65, 1 (62); s. dazu ferner unten S. 378 f.

„Eine Übermittlung weder anonymisierter noch statistisch aufbereiteter, also *noch personenbezogener Daten*[517] zum Zwecke des Verwaltungsvollzugs stellt sich […] als unzulässiger Eingriff in das Recht auf informationelle Selbstbestimmung dar."[518]

Nimmt man das BVerfG beim Wort, folgt daraus: Die Weiterverarbeitung personenbezogener Daten für Zwecke des Verwaltungsvollzugs (also zur Regelung eines Einzelfalls)[519] ist verfassungsrechtlich unzulässig. Eine solche Vorschrift wäre mit dem Recht auf informationelle Selbstbestimmung nicht vereinbar. Insofern liegen mit der „Statistik" und dem „Verwaltungsvollzug" tendenziell unvereinbare Zwecke vor, die das Verbot der Zweckentfremdung[520] aktivieren. Ein so verstandenes Rückspielverbot greift dabei auch in den Konstellationen ein, in denen die Daten in Verwaltungsregister (klassisches Beispiel: Melderegister) zurückfließen und – anschließend, also nurmehr „mittelbar" – für nahezu unbegrenzte Verwaltungsaufgaben Verwendung finden (sollen). Auf diese Weise kommt es zu einer weiteren Vorverlagerung des grundrechtlichen Schutzbereichs, der bereits auf der Stufe der Persönlichkeitsgefährdung[521] ansetzt. Darauf, ob der betroffenen Person überhaupt ein (rechtlicher, wirtschaftlicher oder ideeller) Nachteil droht, kommt es dann nicht an.

*4. Beispiele aus dem einfachen Recht – insbesondere Themenkomplex „Zensus"*

Der (Bundes-)Gesetzgeber hat das verfassungskräftige Rückspielverbot einfach-gesetzlich ausgestaltet und abgesichert. Als absolut wirkendes Verarbeitungsverbot („Schranken-Schranke"; dazu oben 3.) geht es über den Schutzge-

---

[517] Das BVerfG verwendet hier gerade nicht den statistikrechtlichen Begriff der „Einzelangabe", sondern den – auch im Kontext des informationellen Selbstbestimmungsrechts – gebräuchlichen Begriff der „personenbezogenen Daten"; zu Gemeinsamkeiten und Unterschieden vgl. oben S. 290 ff.
[518] BVerfGE 150, 1 (109 f., Rn. 225); Hervorhebung d. Verf.
[519] Der Begriff des Verwaltungsvollzugs ist nicht leicht zu definieren. Vgl. bereits *Rossen*, Vollzug und Verhandlung, 1999, S. 7, der die Problemlage wie folgt beschreibt: „Eine Vielzahl typologisch schwer zu erfassender Verwaltungsaufgaben und ganz neuartige Formen ihrer Definition, Konkretisierung und Bearbeitung – in verselbständigten Verhandlungssystemen ‚zwischen' Verwaltung und Verwaltungsumwelt – müssen in einem Vollzugsbegriff untergebracht werden, dessen Grundstruktur nach wie vor dem positiv-rechtlich ausgestalteten Leitbild der klassisch-hoheitlichen Eingriffsverwaltung nachgebildet ist".
[520] So etwa der Begriff in BVerfGE 65, 1 (46; 61).
[521] Dazu allg. z. B. BVerfGE 150, 244 (263 f., Rn. 37); *Britz*, in: Hoffmann-Riem (Hrsg.), Offene Rechtswissenschaft, 2010, S. 575 ff. („ins Vorfeld verlagerter Gefährdungsschutz"); ferner *von Lewinski*, in: Eßer/Kramer/von Lewinski (Hrsg.), Auernhammer, 7. Aufl., 2020, Einführung Rn. 18: „Vorfeldschutz-Kaskade".

halt des § 16 Abs. 1⁵²² BStatG hinaus:⁵²³ Denn es verwehrt dem Gesetzgeber insbesondere, die statistische Geheimhaltung kraft einer „besonderen Rechtsvorschrift" für Zwecke des Verwaltungsvollzugs zu durchbrechen. Das Rückspielverbot unterscheidet dabei – wie das Statistikgeheimnis generell⁵²⁴ – nicht zwischen personenbezogenen und nicht-personenbezogenen Daten. Es greift daher prinzipiell auch für solche Daten, die sich nur auf juristische Personen beziehen. In diesem Sinne lehnte etwa die Bundesregierung einen Vorschlag des Bundesrates ab, die Stammdaten im neuen Register über Unternehmensbasisdaten (Basisregister; s. § 1 Abs. 1 S. 1 UBRegG⁵²⁵) so zu ändern, dass in Zweifelsfällen maßgeblich sei, welchem Wirtschaftszweig ein Unternehmen im statistischen Unternehmensregister nach § 13 Abs. 1 BStatG zugeordnet ist.⁵²⁶ Dies verstoße, so die Bundesregierung in ihrer Gegenäußerung, gegen die statistische Geheimhaltung und das Rückspielverbot, weil dadurch das statistische Unternehmensregister zu einem „Quellregister" werden müsste. Aus dem Statistikregister dürfen – wie die Bundesregierung zu Recht betont – jedoch keine Einzeldaten an die Verwaltung fließen.⁵²⁷ Neben diesen allgemeinen Regelungen sollen die nachfolgenden Beispiele für den Themenkomplex „Zensus" jeweils aufzeigen, in welchen Konstellationen und Zeitpunkten das Rückspielverbot Bedeutung erlangt:

*a) Zensusvorbereitung: Überprüfung der Daten im Steuerungsregister*

Im Rahmen des Zensus 2022 erstellt das Statistische Bundesamt ein sog. Steuerungsregister. In diesem Register werden bestimmte Daten anschriftenbezogen zusammengeführt und gespeichert. Nach der Gesetzesbegründung ist es notwendig, ein solches Register aufzubauen, um den Zensus vorzubereiten und durchzuführen (vgl. § 3 ZensVorbG 2022). Denn ein flächendeckendes Verzeichnis für die Gebäude- und Wohnungszählung existiert (gegenwärtig) nicht. Die im Steuerungsregister zusammengeführten Daten (insbesondere Daten von

---

⁵²² Entsprechendes gilt für die Übermittlungstatbestände des Abs. 4 (S. 311) und Abs. 5 (S. 310). Vgl. ferner § 1 S. 6 BStatG, der allgemein festschreibt: Die Einzelangaben, die für eine Bundesstatistik erhoben worden sind, dienen ausschließlich solchen Zwecken, die das BStatG oder eine andere statistische Rechtsvorschrift festlegt.

⁵²³ Nicht ganz eindeutig bei *Martini*, Der Zensus 2011 als Problem interkommunaler Gleichbehandlung, 2011, S. 26, der das Rückspielverbot u. a. in § 16 Abs. 1 BStatG verankert sieht (daneben nennt er noch § 8 Abs. 2 S. 3 und § 15 Abs. 2 S. 4 ZensG 2011); ferner ebenda, S. 59, wonach das Rückspielverbot „bereits in § 16 Abs. 1 BStatG ausdrücklich Erwähnung" fände.

⁵²⁴ Siehe dazu oben S. 284 ff.

⁵²⁵ Gesetz zur Errichtung und Führung eines Registers über Unternehmensbasisdaten und zur Einführung einer bundeseinheitlichen Wirtschaftsnummer für Unternehmen (Unternehmensbasisdatenregistergesetz – UBRegG) v. 9.7.2021, BGBl. I S. 2506.

⁵²⁶ BT-Drs. 19/30229, S. 8. Vgl. dazu auch BT-Drs. 19/29763 v. 18.5.2021, S. 7 ff.

⁵²⁷ BT-Drs. 19/30229, S. 8.

*F. Besondere Sicherungsvorkehrungen der Bundesstatistik* 327

den Vermessungs- und Meldebehörden, §§ 8 f. ZensVorbG 2022) müssen jedoch ihrerseits überprüft werden. Die statistischen Ämter der Länder haben – beschränkt auf ihren Zuständigkeitsbereich – Zugriff und prüfen etwa, ob die Anschriften korrekt sind, dort Wohnraum vorhanden ist und ob die zusammengeführten Daten insgesamt schlüssig sind (§ 10 Abs. 2 S. 2 ZensVorbG 2022). Zu diesem Zweck dürfen die Landesämter bspw. den Meldebehörden „Anschriftenbereiche" rückübermitteln, zu denen Anhaltspunkte für unvollständige oder fehlerhafte Daten vorliegen (§ 10 Abs. 2 S. 3 ZensVorbG 2022).

Darin liegt kein Verstoß gegen das verfassungsrechtliche Rückspielverbot. Zum einen werden – anders als der Bundesrat[528] vorgeschlagen hatte – gerade keine „Einzelanschriften" zurückgespielt. Denn die Bundesregierung sah hier einen Konflikt mit dem Gebot der Trennung von Statistik und Verwaltung sowie der Geheimhaltungspflicht.[529] Durch das Rückspielen *konkreter Anschriften* könnten den Verwaltungsstellen „eindeutig zuordenbare, personenbeziehbare Informationen" bekannt werden, die ihnen an sich nicht vorlägen, sondern erst aus der Zusammenführung verschiedener Datenquellen *bei* der Statistik entstanden sind. Zum anderen wäre das Rückspielverbot erst und nur dann verletzt, wenn die Verwaltungsbehörden (etwa die Meldebehörde) die „rückgespielten" statistischen Daten in die abgetrennte Sphäre der Verwaltung überführten, bspw. zur Korrektur des Melderegisters[530] einsetzten. Letzteres untersagt jedoch die strenge Zweckbindung, die in § 10 Abs. 2 S. 3 ZensVorbG 2022 („[z]u diesem Zweck") verankert ist. Die Überprüfung der Daten dient, wie § 10 Abs. 2 S. 8 ZensVorbG 2022 zeigt, allein dazu, das Steuerungsregister zu berichtigen.

*b) Mehrfachfallprüfung (§ 21 Abs. 4 ZensG 2022)*

Einen deutlicheren Ausdruck findet das Rückspielverbot in § 21 Abs. 4 ZensG 2022[531]. Dort heißt es: „Eine Rückmeldung an die Meldebehörden ist unzulässig". Dieser Absatz enthält ein ausdrückliches Verarbeitungsverbot, und zwar im

---

[528] BT-Drs. 18/10458, S. 34 f. Der Bundesrat war der Ansicht, ein Verstoß gegen das „verfassungsrechtliche Rückspielverbot" sowie die statistische Geheimhaltung liege nicht vor, „wenn ausschließlich Anschriftendaten (Straße, Hausnummer […], Postleitzahl, Ort) an kommunale Stellen zur Prüfung übermittelt werden". Denn allein aufgrund dieser Angaben ließen sich keine Rückschlüsse auf persönliche oder sachliche Verhältnisse eines einzelnen Betroffenen ziehen. Er verwies dabei auf § 16 Abs. 1 S. 2 Nr. 4 BStatG.
[529] BT-Drs. 18/10484, S. 3. Übermittelt werden also nur Anschriftenbereiche. Dies stelle einen angemessenen Ausgleich zwischen dem Präzisionsinteresse der Statistik einerseits und dem Schutz der Vertraulichkeit der zu rein statistischen Zwecken erhobenen Daten andererseits her.
[530] Vgl. zu § 9 Abs. 1 VZG 1983 oben 2., S. 321.
[531] Vgl. für den Zensus 2011: § 15 Abs. 2 S. 4 und Abs. 3 S. 2 ZensG 2011 (Mehrfachfalluntersuchung); vgl. dazu auch die Sachverhaltsdarstellung bei VG Regensburg, Urt. v. 6.8.2015 – RO 5 K 13.2149, juris, Rn. 19 ff. Entsprechendes galt im Ergebnis für Überprüfungen bei Sonderbereichen: § 8 Abs. 2 S. 3 ZensG 2011.

Zusammenhang mit der sog. *Mehrfachfallprüfung*. Diese Prüfung soll sicherstellen, dass jede Person nur einmal gezählt und der Gemeinde zugeordnet wird, in der sie zum Stichtag des Zensus ihre alleinige Wohnung bzw. Hauptwohnung hat.[532] Kurzum: Dieses (maschinelle) Prüfverfahren dient dazu, Mehrfachzählungen aufzudecken und zu bereinigen.[533] Entdeckt das Statistische Bundesamt[534] dabei Fehlbestände oder Karteileichen, darf es sie nicht an die Meldebehörden „zurückspielen". Dies ist Ausdruck des – auch von der Gesetzesbegründung so bezeichneten – „verfassungsrechtlichen Rückspielverbots".[535] Daten, die zu statistischen Zwecken verarbeitet worden sind, dürfen nicht für (allgemeine) „Verwaltungszwecke"[536] genutzt werden. Die Verbotsnorm des § 21 Abs. 4 ZensG 2022 stellt dies im Kontext der Mehrfachfallprüfung ausdrücklich klar: Ein Rückspiel der geprüften Daten zur Korrektur der Melderegister ist unzulässig. Auch insoweit geht der durch das Verbot vermittelte Vorfeldschutz dem Grundsatz der Datenrichtigkeit in den Melderegistern[537] vor.

*c) Übermittlung von Tabellen an oberste Bundes- und Landesbehörden: keine „Regelung von Einzelfällen"*

Das Rückspielverbot greift nicht nur während der Vorbereitung bzw. der Durchführung des Zensus im engeren Sinne. Vielmehr ist seine grundrechtsschützende Funktion auch und gerade in die Zukunft gerichtet. In § 16 Abs. 4 BStatG, der für den Zensus in § 32 Abs. 1 ZensG 2022 konkretisiert ist, findet dieses Verbot in modifizierter Form ebenfalls Ausdruck: Danach ist es den statistischen Ämtern gestattet, den obersten Bundes- oder Landesbehörden Tabellen mit statistischen Ergebnissen zu übermitteln – und zwar auch dann, wenn Tabellenfelder nur einen einzigen Fall ausweisen. Der Übermittlungszweck ist eng begrenzt: Die Behörden dürfen die Daten nur „gegenüber den gesetzgebenden Körperschaften" sowie „für Zwecke der Planung verwenden"[538] – *nicht* aber für die *Regelung von Einzelfällen*. In dieser Wendung scheint der Rechtsgedanke des Rückspielverbots auf: So wäre es einer obersten Landesbehörde (etwa dem zuständigen Ministerium) bspw. untersagt, ein konkretes Infrastrukturvorha-

---

[532] BT-Drs. 19/8693, S. 55.
[533] Vgl. zum Verfahren BT-Drs. 19/8693, S. 56.
[534] Nach der Gesetzesbegründung handelt es sich um ein zentrales Prüfverfahren, für welches das Statistische Bundesamt verantwortlich zeichnet, s. BT-Drs. 19/8693, S. 56.
[535] BT-Drs. 19/8693, S. 57; s. auch ebenda S. 56: „Absatz 4 normiert das übergreifende und verfassungsrechtlich verankerte Verbot der Verwendung statistisch erhobener Daten für Verwaltungszwecke (Rückspielverbot)".
[536] So der Begriff in BT-Drs. 19/8693, S. 56 und 57.
[537] Vgl. auch § 6 Abs. 1 S. 1 BMG: Ist das Melderegister unrichtig oder unvollständig, muss es die Meldebehörde gem. Art. 5 Abs. 1 Buchst. d DSGVO berichtigen oder vervollständigen (sog. Fortschreibung). Zum Grundsatz der Richtigkeit und zum Recht auf Berichtigung unten S. 448 ff.
[538] Vgl. dazu bereits oben S. 311 ff.

ben mithilfe der statistischen Daten im Rahmen eines Planfeststellungsverfahrens zu „regeln"[539]; die Tabellendaten dürften aber z. B. sehr wohl im Rahmen eines Landesentwicklungsprogramms Berücksichtigung finden. In den Beratungen zum Bundesstatistikgesetz 1987 haben Bundesregierung und Vertreter statistischer Ämter darauf bestanden, dass diese Statistiken als „Essentialia […] für den politischen Bereich" zur Verfügung stehen müssten und insoweit festgehalten: „Natürlich müsse die Statistik als solche auch für die Regelung eines Einzelfalles insoweit herangezogen werden können, als die statistische Aussage eine Entscheidungsgrundlage bilden könne. Nicht zulässig wäre demgegenüber jedoch die Übermittlung einer statistischen Angabe zur Entscheidung eines *konkreten Verwaltungsfalles*".[540] Diese Grenze ist in der Praxis freilich nicht immer leicht zu ziehen.

*d) Eingeschränkte (gerichtliche) Überprüfung statistischer Ergebnisse (hier: Feststellung der amtlichen Einwohnerzahl)*

Das (Primär-)Ziel des Zensus 2022 besteht darin, die Einwohnerzahlen von Bund, Ländern und Gemeinden möglichst realitätsgerecht zu ermitteln (vgl. § 1 Abs. 3 Nr. 2 ZensG 2022). Die statistischen Landesämter stellen die Einwohnerzahlen des Landes und der Gemeinden zum maßgeblichen Stichtag für ihren jeweiligen Zuständigkeitsbereich sodann durch Bescheid fest (s. z. B. für Rheinland-Pfalz § 2 AGZensG 2022). Dieser Verwaltungsakt[541] ist mit einer Anfechtungsklage angreifbar.[542] Er unterliegt dabei jedoch nur eingeschränkter gerichtlicher Überprüfung. Denn insoweit bestehen verfassungsrechtliche Grenzen, die sich aus dem Recht auf informationelle Selbstbestimmung der betroffenen Personen ergeben.[543] Die Rechtsschutzgarantie einer Gemeinde[544] kann jedenfalls

---

[539] Vgl. allg. zum Planfeststellungsverfahren „als Prototyp räumlicher Fachplanung" *Schlacke*, in: Kahl/Ludwigs (Hrsg.), HVerwR I, 2021, § 20 Rn. 54 ff. (neben Planungsfunktion auch Zulassungsfunktion; Planfeststellungsbeschluss als VA in Gestalt der Allgemeinverfügung, § 35 S. 2 VwVfG).

[540] BT-Drs. 10/6666, S. 18; Hervorhebung d. Verf.

[541] So z. B. VGH Hessen NVwZ 1993, 497 (497 f.).

[542] Im Rahmen eines Streits über spätere Finanzzuweisungen ist die amtliche Einwohnerzahl nicht mehr (inzident) angreifbar, vgl. OVG Lüneburg BeckRS 2021, 10855 Rn. 17 m. w. N. Die Gemeinden müssen somit gegen die Feststellung des Statistischen Landesamts vorgehen.

[543] Vgl. aus der verwaltungsgerichtlichen Rechtsprechung z. B. VGH Hessen NVwZ 1993, 497 (498); BayVGH, Urt. v. 21.12.1994 – 4 B 93.244, juris Rn. 37; prägnant VG Regensburg, Urt. v. 6.8.2015 – RO 5 K 13.2149, juris Rn. 281: Letztlich müsse die Klägerin (eine Gemeinde) akzeptieren, dass der Nachvollziehbarkeit des Ergebnisses verfassungsrechtliche Grenzen gesetzt sind; noch offen gelassen in BVerfG NJW 1988, 959 (960) in Bezug auf die Aufbewahrung von Personenbögen als „Beweismittel für […] mögliche Verwaltungsstreitverfahren um die Feststellung der amtlichen Bevölkerungszahl".

[544] Diese gründet nicht auf Art. 19 Abs. 4 GG, sondern auf Art. 28 Abs. 2 S. 1 GG (vgl. BVerfGE 150, 1 [105 f., Rn. 217]); für das Recht der Länder auf föderative Gleichbehandlung

nicht so weit gehen, dass sie im Rahmen des gerichtlichen Verfahrens Zugang zu sämtlichen (noch vorhandenen) Einzelangaben erhält, die sich auf ihr Gemeindegebiet beziehen.[545] Diese Form des Datenzugangs käme einem Abgleich des Melderegisters gleich, jedenfalls aber in der Wirkung nahe: Die Behörde erhielte über den „gerichtlichen Umweg"[546] Daten, die von Verfassungs wegen im abgeschirmten Bereich der amtlichen Statistik verbleiben müssen.[547] In seinem Urteil zum Zensus 2011 erinnert der 2. Senat daran und bestätigt – im Maßstabsteil – die verwaltungsgerichtliche Rechtsprechung: Das „Rückspielverbot" stehe, so das BVerfG, auch einer Akteneinsicht in nicht anonymisierte Erhebungsunterlagen und deren unmittelbarer gerichtlicher Überprüfung entgegen.[548] Das VG Bremen weist insoweit zu Recht darauf hin, dass bereits mit der Einführung der (personenbezogenen) Daten in das gerichtliche Verfahren die Möglichkeit geschaffen werde, diese auch für den Verwaltungsvollzug zu verwenden.[549] Eine so verstandene „Schranke für die Richtigkeitsgewähr des statistischen Ergebnisses"[550] ist sowohl in einem verwaltungsbehördlichen als auch in einem verwaltungsgerichtlichen Verfahren zu beachten.

*e) Ausblick: Rückspielverbot und Registerzensus*

Das Rückspielverbot hat auch und gerade für einen künftigen Registerzensus Bedeutung. So sieht bspw. das entsprechende Erprobungsgesetz – ebenso wie der Zensus 2022[551] – eine Mehrfachfallprüfung (§ 5 Abs. 1) vor. Allerdings sind die Meldebehörden hier nicht beteiligt. Soweit für die Bereinigung der Meldedaten manuelle Abgleiche erforderlich sind, ist es Aufgabe der Statistischen Landesämter, diese für ihren jeweiligen Zuständigkeitsbereich vorzunehmen. Die Bundesregierung weist in ihrer Gesetzesbegründung darauf hin, dass die Datenbereinigung „aufgrund des Rückspielverbots ausschließlich statistikintern" erfolge.[552] Zu einem „Rückspiel" statistischer Daten an die Verwaltungsbehörden

---

folgt ein verfassungsrechtlicher Anspruch auf Durchsetzung indes aus dem Bundesstaatsprinzip gem. Art. 20 Abs. 1 GG).

[545] So zutreffend VG Regensburg, Urt. v. 6.8.2015 – RO 5 K 13.2149, juris Rn. 277.

[546] Siehe auch VG Regensburg, Urt. v. 6.8.2015 – RO 5 K 13.2149, juris Rn. 276: „Die Klägerin kann nicht ernsthaft für sich in Anspruch nehmen, durch die Hintertür der Begründungspflicht, das verfassungsrechtlich notwendige Statistikgeheimnis aufzuweichen."

[547] Grdl. BVerfGE 65, 1 (64 f.); dazu oben 2., S. 321 ff.

[548] BVerfGE 150, 1 (110, Rn. 225). Im Subsumtionsteil (Rn. 343) kam es auf diese Maßstäbe jedoch nicht an, da die Beschränkungen etwaiger Begründungs- und Akteneinsichtsrechte nicht unmittelbar auf den Vorschriften des ZensG 2011 beruhte. Zu den tatsächlichen Schwierigkeiten, das statistische Ergebnis „Einwohnerzahl" zu überprüfen, s. z. B. OVG Lüneburg BeckRS 2021, 10855 Rn. 27.

[549] VG Bremen, Urt. v. 6.11.2014 – 4 K 841/13, juris Rn. 84.

[550] BayVGH, Urt. v. 21.12.1994 – 4 B 93.244, juris Rn. 37.

[551] Siehe dazu bereits oben unter b), S. 327.

[552] So die Gesetzesbegründung, BT-Drs. 19/27425, S. 37.

kommt es somit nicht. Der Gesetzgeber geht dabei unter Bezugnahme auf das Urteil des BVerfG zum Zensus 2011 davon aus, dass sich die Registerdaten „ab der Übermittlung" in einem Bereich befänden, der durch Statistikgeheimnis und Rückspielverbot „besonders abgeschirmt" ist.[553] Dem ist zuzustimmen. Der Datenfluss gleicht somit auch hier einer „Einbahnstraße"[554]: Die Daten fließen mithin von den (Melde-)Behörden zu den statistischen Ämtern, nicht umgekehrt. Mitarbeiter des Statistischen Bundesamtes haben daher in einem Aufsatz, der Anforderungen und Perspektiven für einen künftigen Registerzensus beschreibt, zu Recht festgehalten: „Zu berücksichtigen ist […], dass Bereinigungen, die durch die Statistik erfolgen, nicht an die Verwaltung zurückfließen dürfen"; daher können sie „keinen Beitrag zu Verbesserungen in den zugrunde liegenden Verwaltungsregistern leisten."[555] Aus diesem Grund sind andere Methoden und Verfahren zu erproben, um den Bestand der „täglich gepflegten"[556] Verwaltungsdaten (insbesondere im Meldebereich) zu ertüchtigen. Soweit der NKR vorschlägt, die (geplante) Evaluation des Registerzensuserprobungsgesetzes im Jahr 2024 zu nutzen, „grundsätzlichere Alternativen im Verhältnis von Verwaltungs- und Statistikdaten auszuloten",[557] so kann dies selbstverständlich nur in dem verfassungsrechtlich vorgegebenen Rahmen (dazu oben 3.) erfolgen.

*5. Rückspielverbot im europäischen Datenschutzrecht?*

Das europäische Datenschutzrecht setzt – wie gezeigt[558] – voraus, dass am Ende der Verarbeitung (d.h. als Ergebnis) aggregierte Daten vorliegen, die regelmäßig – aber nicht notwendigerweise – keinen Personenbezug (mehr) aufweisen. Das statistische *Ergebnis* darf sodann nicht „für Maßnahmen oder Entscheidungen gegenüber einzelnen natürlichen Personen verwendet werden" (EG 162 S. 5 DSGVO). Gleiches gilt nach dem Wortlaut für die (noch) *personenbezogenen Daten*, die in den statistischen Produktionsprozess eingeführt worden sind. Anders als das aus dem Grundrecht auf informationelle Selbstbestimmung abgeleitete Rückspielverbot[559] schützt der Erwägungsgrund – im Einklang mit dem Anwendungsbereich des Datenschutzrechts – nur natürliche Personen. Er knüpft

---

[553] BT-Drs. 19/27425, S. 17 unter Verweis auf BVerfGE 150, 1 (134f, Rn 286); s. auch oben S. 188 ff.
[554] Siehe bereits *Kienle*, ZD 2018, 581 (581): „Prinzip der Einbahnstraße".
[555] *Körner/Krause/Ramsauer*, WISTA (Sonderheft Zensus 2021) 2019, 74 (80).
[556] BT-Drs. 19/27425, S. 51. Wörtlich heißt es in der Stellungnahme des NKR: „So stellt sich die strategisch-architektonische Grundsatzfrage, inwiefern nicht die bereits vorhandenen, täglich gepflegten Verwaltungsdaten, z.B. im Meldebereich, so qualitätsgesichert werden können, dass sie, soweit es geht, den Ansprüchen der Statistik entsprechen".
[557] BT-Drs. 19/27425, S. 51 und 58.
[558] Dazu i.R.d. Statistikbegriffs oben S. 242 ff.
[559] Das Grundrecht findet in modifizierter Form (Art. 2 Abs. 1 GG) auch auf juristische Personen Anwendung, s. dazu die Nachweise in § 8 Fn. 296.

dabei nicht an den Verarbeitungsprozess, sondern an eine „Maßnahme" oder „Entscheidung" an. Wie bei der Vorschrift zu „Automatisierte[n] Entscheidungen im Einzelfall" (Art. 22 DSGVO) handelt es sich gewissermaßen um eine „regelungstechnische Anomalie"[560]. Allerdings stellt der Erwägungsgrund für die Verarbeitung zu statistischen Zwecken nicht auf die Wirkung oder Folge ab: Ob die Maßnahme oder Entscheidung gegenüber der betroffenen Person rechtliche Wirkung entfaltet oder sie in ähnlicher Weise erheblich beeinträchtigt, ist unerheblich. Der Wortlaut enthält insofern keinerlei Einschränkungen. Der Erwägungsgrund umfasst somit prinzipiell auch solche Maßnahmen oder Entscheidungen, die für die betroffene Person lediglich rechtlich oder wirtschaftlich vorteilhaft sind.[561] Dies alles darf jedoch nicht darüber hinwegtäuschen, dass EG 162 S. 5 DSGVO selbst *rechtlich nicht verbindlich* ist. Vielmehr handelt es sich um eine – wenn auch gewichtige – Auslegungshilfe[562], die stets an den verfügenden Teil der Verordnung rückzubinden ist. Wer Daten für Maßnahmen oder Entscheidungen gegenüber natürlichen Personen verwendet, verfolgt jedenfalls keine statistischen Zwecke im datenschutzrechtlichen Sinne. Auf das Statistikprivileg kann er sich insoweit nicht (mehr) berufen.[563] Die Rechtmäßigkeit der Verarbeitung[564] bleibt indes unberührt: EG 162 S. 5 DSGVO ist insbesondere kein (absolutes) Verarbeitungsverbot zu entnehmen (vgl. den Wortlaut: „Im Zusammenhang mit den statistischen Zwecken wird vorausgesetzt [...]"). Die Weiterverarbeitung statistischer Daten zu anderen Zwecken richtet sich *unionsrechtlich* nach den allgemeinen Vorgaben[565]. Das deutsche Verfassungsrecht ist insoweit – wie unter 3. gezeigt – strenger.

*6. Zwischenergebnis*

Das sog. Rückspielverbot stellt eine normative Sicherung des informationellen Selbstbestimmungsrechts dar. Es formt den Grundsatz der Trennung von Statistik und Vollzug aus. Im Kern untersagt es, personenbezogene Daten, die zu statistischen Zwecken verarbeitet worden sind, in den Verwaltungsvollzug „zurückzuspielen". Darin läge eine verfassungswidrige Zweckentfremdung. Der

---

[560] *Martini*, in: Paal/Pauly (Hrsg.), DSGVO/BDSG, 3. Aufl., 2021, Art. 22 Rn. 1 zu Art. 22 DSGVO.

[561] Zur – umstrittenen – Frage, ob Art. 22 DSGVO auch Entscheidungen mit begünstigender Wirkung erfasst s. *Buchner*, in: Kühling/Buchner (Hrsg.), DSGVO/BDSG, 3. Aufl., 2020, Art. 22 Rn. 25; *Martini*, in: Paal/Pauly (Hrsg.), DSGVO/BDSG, 3. Aufl., 2021, Art. 22 Rn. 28. – Anders hingegen noch die Nachteilsverbote in § 11 Abs. 3 S. 3 BStatG 1980 und § 9 Abs. 1 VZG 1983 („nicht zu Maßnahmen gegen den Betroffenen/einzelnen Auskunftspflichtigen"); dazu oben 1., S. 320.

[562] Zur Rechtsnatur von Erwägungsgründen oben S. 242 m. w. N. in § 7 Fn. 119.

[563] Vgl. dazu bereits oben S. 244.

[564] Siehe dazu Zweiter Teil, S. 93 ff.

[565] Insbes. Art. 6 Abs. 1 (S. 93 ff.) und – für sensible Daten – Art. 9 Abs. 2 DSGVO (S. 395 ff.).

Grundgedanke des verfassungsrechtlichen Rückspielverbots besteht darin, dass der statistischen Einheit (im datenschutzrechtlichen Kontext: der natürlichen Person) jedenfalls kein Nachteil aufgrund seiner Auskünfte entstehen darf. Mit anderen Worten: Die betroffene Person soll darauf vertrauen können, dass ihre (Einzel-)Angaben nicht im Verwaltungsvollzug Verwendung finden. Vor diesem Hintergrund kann man im Rückspielverbot auch eine besonders strenge Ausprägung des Zweckbindungsgrundsatzes sehen, die der einfache Gesetzgeber nicht überwinden kann. Das europäische Datenschutzrecht kennt ein solches absolutes Verarbeitungsverbot indes nicht.

### III. Organisationsrechtliche Sicherungen – Abschottungsgebot

Um das Recht auf informationelle Selbstbestimmung im Kontext statistischer Datenverarbeitung zu schützen, bedürfe es „wirksamer Abschottungsregelungen nach außen".[566] Es sei notwendig, so das BVerfG weiter, dass die Auskunftspflichtigen in die „Abschottung der für statistische Zwecke erhobenen Daten" vertrauen können. Nur dann sei ein „möglichst hoher Grad an Genauigkeit und Wahrheit der erhobenen Daten" zu erreichen, der für die Funktionsfähigkeit der amtlichen Statistik erforderlich ist. Mit diesen Worten aus dem Urteil zum Zensus 2011 fasst der 2. Senat mehrere Textpassagen aus dem Volkszählungsurteil zusammen. Der Begriff der Abschottung bezieht sich dort aber jeweils primär auf das Statistikgeheimnis und das Gebot einer möglichst frühzeitigen (faktischen) Anonymisierung – verbunden mit Vorkehrungen gegen eine Deanonymisierung.[567] Diese Schutzvorkehrungen bleiben indes unvollständig. Sie sind durch (verwaltungs-)organisationsrechtliche Vorgaben zu ergänzen. Das Gebot, die amtliche Statistik von anderen Verwaltungsbereichen „abzuschotten" (sog. Abschottungsgebot[568]) führt so gesehen zu einem *Grundrechtsschutz durch Organisation*[569] – und spricht damit einen Aspekt der „prozedural-organisatori-

---

[566] BVerfGE 150, 1 (109, Rn. 224).

[567] Vgl. BVerfGE 150, 1 (109, Rn. 224) einerseits und BVerfGE 65, 1 (49 f.) andererseits (s. dort etwa: „Abschottung der Statistik durch Anonymisierung der Daten und deren Geheimhaltung").

[568] Siehe aus der Rechtsprechung etwa BVerfG NJW 1989, 707 (Kammerbeschluss); VG Ansbach, Urt. v. 21.6.2012 – AN 4 K 11.02441, juris Rn. 67; aus der Literatur z. B. *Poppenhäger*, LKV 1995, 313 (314) zur Gebäude- und Wohnungszählung 1995; *Kühling*, in: ders. (Hrsg.), BStatG, 2023, Einl. Rn. 44.

[569] Zum Grundrechtsschutz durch Organisation (und Verfahren) aus dem Schrifttum etwa *Schmidt-Aßmann*, in: Merten/Papier (Hrsg.), Handbuch der Grundrechte II, 2006, § 45 Rn. 4 ff., zu den rechtsdogmatischen Konsequenzen Rn. 22 ff.; auf das informationelle Selbstbestimmungsrecht bezogen: *Rudolf*, in: Merten/Papier (Hrsg.), Handbuch der Grundrechte IV, 2011, § 90 Rn. 46 ff., insbes. Rn. 61 sowie *Denninger*, in: Isensee/Kirchhof (Hrsg.), HStR IX, 3. Aufl., 2011, § 193 Rn. 59 ff.

schen Grundrechtsdimension"[570] an. Mit anderen Worten: Aus den Grundrechten, insbesondere aus dem Recht auf informationelle Selbstbestimmung, folgt ein Gestaltungsauftrag an den Gesetzgeber, die Organisation[571] der amtlichen Statistik im föderal gegliederten Gesamtsystem so aufzustellen, dass die (noch) personenbezogenen Daten vor einer zweckwidrigen Weiterverarbeitung hinreichend geschützt sind (dazu 1.). Der Gesetzgeber trägt dem „grundrechtliche[n] *Gestaltungsgebot*"[572] typischerweise dadurch Rechnung, dass er den Bereich der amtlichen Statistik von anderen Verwaltungsbereichen abtrennt bzw. „abschottet" (dazu 2.). Die Registermodernisierung und die Vorboten des Registerzensus könnten das – hier organisationsrechtlich verstandene – Abschottungsgebot gefährden und als wirksame Sicherungsvorkehrung infrage stellen (dazu 3.).

### 1. Abschottung der Statistik als grundrechtliche Schutzvorkehrung

Das Abschottungsgebot folgt aus den grundrechtlichen Freiheitsverbürgungen, insbesondere aus dem Recht auf informationelle Selbstbestimmung. Diese Aussage lässt sich – im Unterschied zum „informationellen Trennungsprinzip" im Sicherheitsbereich[573] – der bundesverfassungsgerichtlichen Judikatur zwar nicht ausdrücklich entnehmen. Die maßgeblichen Argumentationslinien sind indes bereits im Volkszählungsurteil angelegt: Der 1. Senat fordert darin zunächst generell „besondere[...] Vorkehrungen für Durchführung und *Organisation* der Datenerhebung und -verarbeitung" ein.[574] Im Kern geht es bei der Abschottung um die organisatorische Sicherung der (datenschutzrechtlichen)

---

[570] *Schmidt-Aßmann*, in: Merten/Papier (Hrsg.), Handbuch der Grundrechte II, 2006, § 45 Rn. 26.

[571] Zum Begriff der Organisation *Groß*, in: Voßkuhle/Eifert/Möllers (Hrsg.), GVerwR, 3. Aufl., 2022, § 15 Rn. 5 f.

[572] *Schmidt-Aßmann*, in: Merten/Papier (Hrsg.), Handbuch der Grundrechte II, 2006, § 45 Rn. 24 (Hervorhebung im Original).

[573] BVerfGE 133, 277 (329, Rn. 123) – Antiterrordatei: „Aus dem Grundrecht auf informationelle Selbstbestimmung folgt [...] ein informationelles Trennungsprinzip" (dort zum Austausch von Daten der Polizeibehörden und Nachrichtendienste); in der Sache bestätigt in BVerfGE 156, 11 (50, Rn. 101) – ATDG II; zum Bayerischen Verfassungsschutzgesetz jüngst BVerfG, Urt. v. 26.4.2022 – 1 BvR 1619/17, juris Rn. 171; krit. zum informationellen Trennungsprinzip *Unterreitmeier*, AöR 144 (2019), 234 ff., der darauf hinweist, dass das BVerfG im 1. Urteil zur Antiterrordatei „statt eines strikten, verfassungsorganisationsrechtlich verankerten ‚Trennungsgebots' ein grundrechtlich begründetes ‚informationelles Trennungsprinzip', das einer Abwägung offenstand", entwickelt habe (265); vgl. zur Entwicklung auch *Unterreitmeier*, DÖV 2021, 659 ff. Zu den Unterschieden ferner *Gusy*, GSZ 2021, 141 (147), demzufolge das alte Trennungsgebot „ausgehend von einem eher verräumlichend-institutionellen Verständnis [...] eher von Organisationen und Behörden als von Daten her gedacht" worden sei; das neue Trennungsprinzip, wie es das BVerfG entwickelt hat, sei demgegenüber „vom Grundsatz der Informationsherrschaft her zu denken" (148).

[574] BVerfGE 65, 1 (49); Hervorhebung d. Verf.

Zweckbindung.[575] Andere Garantien wie das Statistikgeheimnis – verstärkt durch das Rückspielverbot – bedürfen einer zusätzlichen „organisatorischen Sicherungsvorkehrung"[576], und zwar insbesondere dann, wenn *andere Behörden* als die statistischen Ämter in die Datenverarbeitung eingebunden sind. Die grundrechtlich gebotenen Sicherungen müssen dabei „durch Organisation und Verfahren" *ebenso* zuverlässig sichergestellt sein wie bei den Statistischen Ämtern des Bundes und der Länder,[577] deren gesetzlicher Aufgabenbereich auf die „Statistik" beschränkt ist (vgl. nur § 3 BStatG; § 3 LStatG NRW). So heißt es denn auch andernorts im Volkszählungsurteil: Zur Sicherung des informationellen Selbstbestimmungsrechts bedürfe es

„auch *außerhalb* der Statistischen Ämter einer Organisation […], welche die Zweckbindung ebenso sichert wie innerhalb der Statistischen Ämter des Bundes und der Länder".[578]

Der Senat hatte dabei zwar primär die kommunale Ebene im Blick: Regelungen, die eine strikte Zweckbindung, also die Verarbeitung zu ausschließlich statistischen Zwecken, vorschreiben,[579] reichten insoweit nicht aus, um das informationelle Selbstbestimmungsrecht abzusichern. Mit anderen Worten: Der Datenfluss sei durch die normative Verwendungsschranke „statistische Aufbereitungen"[580] nur „unzureichend" gehemmt.[581] Die gesetzlich bestimmte Zweckbindung sei zu ungenau, die Grenzen statistischer Datenverarbeitung gerade im kommunalen Bereich („Stadtentwicklung"; „Stadtentwicklungsforschung") fließend. Zudem bestehe aufgrund der oftmals kleinräumig erhobenen oder rückübermittelten Daten und dem entsprechend vorhandenen Zusatzwissen hier eine gesteigerte Gefahr der Deanonymisierung.[582] Dessen eingedenk ist es an dem Gesetzgeber, zusätzliche organisatorische Sicherungsvorkehrungen zu treffen, nämlich die „Trennung der Kommunalstatistik von anderen Aufgabenbereichen der Gemeinden und ihrer Verbände".[583] Diese Trennung fasste das BVerfG dereinst

---

[575] In diesem Sinne auch *Kühling*, in: ders. (Hrsg.), BStatG, 2023, Einl. Rn. 45 („prozedurale Flankierung des materiell-rechtlichen Zweckbindungsgrundsatzes").
[576] So der Begriff bei BVerfG NJW 1988, 959 (961).
[577] BVerfGE 65, 1 (51).
[578] BVerfGE 65, 1 (68); Hervorhebung d. Verf.
[579] Siehe allg. etwa § 1 S. 6 BStatG. Vgl. auf unionsrechtlicher Ebene Art. 20 Abs. 1 VO (EG) Nr. 223/2009.
[580] § 9 Abs. 3 S. 2 VZG 1983 lautete: „Für eigene statistische Aufbereitungen können den Gemeinden und Gemeindeverbänden Einzelangaben […] von den Statistischen Landesämtern zur Verfügung gestellt werden".
[581] BVerfGE 65, 1 (68). Vgl. dazu allg. *Albers*, in: Voßkuhle/Eifert/Möllers (Hrsg.), GVerwR, 3. Aufl., 2022, § 22 Rn. 70: Datenschutz durch Systemgestaltung habe die Funktion der „sachlichen, organisatorischen und technischen Ausgestaltung der in Bezug genommenen Kommunikationssysteme auf einer der Regulierung der Verarbeitungsphasen (analytisch) vorgelagerten Ebene".
[582] BVerfGE 65, 1 (68 f.).
[583] BVerfGE 65, 1 (69).

unter dem Schlagwort „informationelle Gewaltenteilung" zusammen.[584] Der Begriff ist in diesem Zusammenhang allerdings zu weit. Denn hier geht es allein um die *Verwaltungsorganisation*. Diese Lesart wird durch einen Kammerbeschluss des BVerfG zum Volkszählungsgesetz 1987 bestätigt: Das „Abschottungsgebot" diene, so die 1. Kammer des Ersten Senats, als „*organisatorische* Sicherungsvorkehrung der Wahrung des Statistikgeheimnisses".[585] Vor diesem Hintergrund sind zum Schutz des informationellen Selbstbestimmungsrechts – wie es *Erhard Denninger* formuliert – „sogar innerhalb der Verwaltungsorganisation des Staates organisatorische Konsequenzen *unmittelbar* von Grundrechts wegen normativ gefordert".[586]

*2. Die drei Dimensionen der Abschottung im einfachen Recht*

Der (Bundes-)Gesetzgeber hat die verfassungsrechtlichen Vorgaben im Volkszählungsgesetz 1987 und – wenig später – im Bundesstatistikgesetz 1987 umgesetzt. Nach § 9 Abs. 1 S. 2 VZG 1987[587] waren die Erhebungsstellen „räumlich, organisatorisch und personell von anderen Verwaltungsstellen zu trennen".[588] Eine entsprechende Regelung findet sich heute im Zensusgesetz 2022: Die in Abschnitt 3 geregelte „Organisation" sieht bspw. vor, dass die – ggf. errichteten – Erhebungsstellen „räumlich, organisatorisch und personell von anderen Verwaltungsstellen" zu trennen sind (§ 19 Abs. 2 S. 1). Dieses Abschottungsgebot gilt für die gesamte Dauer des Zensus („Durchführung der Erhebungen"; § 19 Abs. 1 S. 1 ZensG 2022). Im Vordergrund dürfte aber die Phase der Datengewinnung[589] stehen, mithin die Datenübermittlung von den Gemeinden über die statistischen Landesämter an den Bund (*bottom-up*). Die spätere Rückübermittlung (*top-down*) regelt demgegenüber § 32 ZensG 2022: Nach dessen Abs. 1 S. 1 dürfen[590]

---

[584] BVerfGE 65, 1 (69) wörtlich: „[…] Trennung der Kommunalstatistik von anderen Aufgabenbereichen der Gemeinden und ihrer Verbände (‚informationelle Gewaltenteilung')" sei „unerläßlich".

[585] BVerfG NJW 1988, 959 (960 f.); Hervorhebung d. Verf. Im Folgenden findet sich aber auch dort die Passage, dass aus der Einheit der Gemeindeverwaltung keine „informationelle Einheit" folge; der „Grundsatz der informationellen Gewaltenteilung" gälte auch innerhalb der Gemeindeverwaltung (961).

[586] *Denninger*, in: Isensee/Kirchhof (Hrsg.), HStR IX, 3. Aufl., 2011, § 193 Rn. 79, der das Recht auf informationelle Selbstbestimmung insofern als „Sonderfall" bezeichnet.

[587] Etwas anders noch der Gesetzentwurf der Bundesregierung v. 29.1.1985, BT-Drs. 10/2814, S. 6: „Zur Durchführung der Zählungen werden Erhebungsstellen eingerichtet, die von anderen Verwaltungsstellen *personell* und *organisatorisch* zu trennen sind" (Hervorhebung d. Verf.); zur Begründung ebenda, S. 21.

[588] Siehe ferner § 16 Abs. 5 S. 2 BStatG 1987: „Die Übermittlung ist nur zulässig, wenn durch Landesgesetz eine Trennung dieser Stellen von anderen kommunalen Verwaltungsstellen und das Statistikgeheimnis durch Organisation und Verfahren gewährleistet ist" (BGBl. I 1987, S. 462 [467]).

[589] Siehe dazu oben Phase 4 des GMAS, S. 62 ff.

[590] Ein Anspruch der Gemeinden besteht grds. nicht, so zutreffend *Ziekow*, VerwArch 104

den zuständigen Stellen der Gemeinden und Gemeindeverbände (Statistikstellen) für ausschließlich kommunalstatistische Zwecke bestimmte Einzelangaben[591] übermittelt werden; S. 2 schränkt diesen Tatbestand aber dahin ein, dass eine Übermittlung nur dann zulässig ist, „wenn das Statistikgeheimnis durch gesetzlich vorgeschriebene Maßnahmen, insbesondere zur räumlichen, organisatorischen und personellen Trennung der Statistikstellen von den für nichtstatistische Aufgaben zuständigen Stellen [...] gewährleistet ist". Die Vorschrift ist dem § 16 Abs. 5 BStatG nachgebildet. Entsprechende Regelungen finden sich zum Teil auch in den Landesstatistikgesetzen[592] sowie im bereichsspezifischen Statistikrecht: So bestimmt etwa § 282 Abs. 5 S. 3 SGB III, dass das Institut für Arbeitsmarkt- und Berufsforschung (IAB) „räumlich, organisatorisch und personell vom Verwaltungsbereich der Bundesagentur [für Arbeit][593] zu trennen ist [...]".[594]

Diesen Regelungen ist gemein, dass sie die Sicherung des informationellen Selbstbestimmungsrechts in drei Dimensionen entfalten: organisatorisch, räumlich und personell.

*a) Organisatorische Abschottung*

Die amtliche Statistik ist – erstens – in *organisatorischer* Hinsicht von anderen Verwaltungsbereichen zu trennen (vgl. § 16 Abs. 5 S. 2 BStatG; § 19 Abs. 2 S. 1 ZensG 2022). Was damit im Einzelnen gemeint ist, konkretisieren die Bundesgesetze nicht. Auch die Gesetzesmaterialien sind hierfür – soweit ersichtlich – unergiebig.[595] Im Wesentlichen geht es darum, ein in sich geschlossenes Informationssystem zu errichten. Die Statistikgesetze sprechen insofern von einem „Gesamtsystem der amtlichen Statistik", das föderativ gegliedert ist (s. nur § 1 S. 1 BStatG und § 1 S. 1 LStatG BW).[596] Sichtbarster Ausdruck einer organisatorischen Trennung ist die *Errichtung selbstständiger Behörden*: auf der Ebene des Bundes ist es das Statistische Bundesamt, auf der Ebene der Län-

---

(2013), 529 (544 f.) zur entsprechenden Vorschrift des ZensG 2011 (§ 22 Abs. 2); vgl. dazu allg. oben S. 310.

[591] Es sind: „Einzelangaben zu den Erhebungsmerkmalen sowie zu den Hilfsmerkmalen ‚Straße' und ‚Hausnummer' oder nach Blockseiten zusammengefasste Einzelangaben".

[592] Siehe z. B. § 16 Abs. 6 S. 1 HessLStatG.

[593] Die Bundesagentur für Arbeit ist eine rechtsfähige bundesunmittelbare Körperschaft des öffentlichen Rechts mit Selbstverwaltung, § 367 Abs. 1 SGB III.

[594] Vgl. auch die allg. Regelung des § 281 Abs. 3 S. 3 SGB III, wonach das Statistikgeheimnis durch technische und organisatorische Maßnahmen der Trennung zwischen statistischen und nichtstatistischen Aufgaben einzuhalten ist.

[595] Siehe z. B. BT-Drs. 10/2814, S. 21 (VZG 1987); BT-Drs. 19/8693, S. 54 (ZensG 2022).

[596] Siehe auch oben S. 29.

der sind es die Statistischen Landesämter[597].[598] Die Trennung der Organisation komplettiert so gesehen die Trennung der Aufgaben[599], die das BVerfG im Volkszählungsurteil für die gemeindliche Ebene unter den durchaus schillernden Begriff „informationelle Gewaltenteilung" gefasst hat.[600] Dabei fordert das Abschottungsgebot nicht, dass stets eine *rechtlich selbstständige* Organisationseinheit errichtet werden müsste. So begegnet es insbesondere keinen verfassungsrechtlichen Bedenken, wenn kommunale Erhebungsstellen als rechtlich unselbstständige Einheiten innerhalb der allgemeinen Verwaltungsorganisation eingesetzt werden. In diesem Sinne knüpft bspw. § 19 ZensG 2022 an einen *funktionalen* Stellenbegriff an.[601] Die Eingliederung in den allgemeinen Verwaltungsaufbau ist daher im Grundsatz unschädlich, soweit und solange andere technische und organisatorische Maßnahmen sicherstellen, dass die statistischen Daten nicht für andere Aufgaben verwendet werden (können).[602] Es ist dann jedoch an den Ländern, diese nurmehr funktional angelegte Abschottung in organisatorischer Hinsicht weiter abzusichern (Organisationshoheit der Länder). Eine dementsprechende Regelung findet sich z. B. im rheinland-pfälzischen Landesgesetz zur Ausführung des Zensusgesetzes 2022 (AGZensG 2022 RP) v. 3.2.2021:[603] Die Abschottung der Erhebungsstelle, die datenschutzrechtlich ein

---

[597] In Deutschland gibt es 14 statistische Ämter der Länder. Gemeinsame Ämter haben Berlin und Brandenburg („Amt für Statistik Berlin-Brandenburg") sowie Hamburg und Schleswig-Holstein („Statistisches Amt für Hamburg und Schleswig-Holstein").

[598] Vgl. dazu oben S. 29 ff.; speziell zur Zusammenarbeit im Statistischen Verbund S. 33.

[599] Den statistischen Ämtern dürfen daher auch keine nicht-statistischen Aufgaben übertragen werden (vgl. etwa Art. 20 Abs. 1 S. 2 BayStatG für Statistikstellen außerhalb des Landesamts: „Nichtstatistische Aufgaben des Verwaltungsvollzugs dürfen ihnen nicht übertragen werden."). Zu den Aufgaben (§ 3 BStatG) des Statistischen Bundesamtes oben S. 31.

[600] BVerfGE 65, 1 (69): „Trennung der Kommunalstatistik von anderen Aufgabenbereichen der Gemeinden und ihrer Verbände". In dieser Passage wird indes nicht ganz klar, ob damit eine funktionale oder eine organisatorische Dimension gemeint ist.

[601] Vgl. BVerfG NJW 1988, 959 (961) zu § 9 VZG 1987. Diese Rechtsprechung ist zu einer vorübergehend eingerichteten statistischen Erhebungsstelle auf der kommunalen Ebene ergangen. Sie lässt sich auf die Landes- und Bundesverwaltung übertragen.

[602] Entsprechendes gilt für den Fall, dass sich ein Statistisches Amt oder eine Statistikstelle externer IT-Dienstleister (z.B. ITZBund; dazu ausf. unten S. 498 ff.) bedient. Insofern greift aber ein „verlängertes" Abschottungsgebot, dass sich auf den IT-Dienstleister erstreckt: Dieser muss für ebenso wirksame Abschottungsmaßnahmen nach außen sorgen. – In einem anderen Kontext ließ es das BVerfG (Kammerbeschluss) im Jahr 1987 verfassungsrechtlich unbeanstandet, dass eine (kommunale) Statistikstelle die Auskunftspflicht nicht selbst durchsetzt. Dies sei mit dem Recht auf informationelle Selbstbestimmung dann (noch) vereinbar, wenn und soweit gewährleistet ist, dass der anderen Stelle (etwa dem Rechtsamt) die Angaben in den Erhebungsvordrucken nicht zur Kenntnis gelangen, so BVerfG NJW 1988, 959 (961).

[603] GVBl. (Rheinland-Pfalz) 2021, S. 61; s. allg. auch § 5 Abs. 2 LStatG RP.

*F. Besondere Sicherungsvorkehrungen der Bundesstatistik*   339

Auftragsverarbeiter ist,⁶⁰⁴ ist in § 6 des Ausführungsgesetzes geregelt. Danach sind für die jeweiligen Erhebungsstellen eine eigene Postanschrift, eigene E-Mail-Adressen und eigene Telefonnummern einzurichten. Zudem sind alle erkennbar für die Erhebungsstelle bestimmten Posteingänge dieser nicht nur unverzüglich, sondern auch *ungeöffnet* zuzuleiten⁶⁰⁵. Dem Landesgesetzgeber ging es darum, die Gefahr von Fehlleitungen innerhalb der Stadt- oder Kreisverwaltung zu vermindern und organisatorisch zu verhindern, dass andere Verwaltungsstellen als die Erhebungsstelle Kenntnis von statistischen Mikrodaten nehmen können.⁶⁰⁶

*b) Räumliche Abschottung*

Die amtliche Statistik ist nicht nur organisatorisch, sondern auch *räumlich* abzuschotten. Was die Statistikgesetze damit konkret meinen, sagen sie in der Regel nicht. So ergibt sich aus § 19 Abs. 2 S. 1 ZensG 2022 bspw. nur, dass die (kommunalen) Erhebungsstellen „räumlich von anderen Verwaltungsstellen zu trennen sind". Das ist etwa der Fall, wenn die statistische Stelle in einem eigenen Dienstgebäude untergebracht ist.⁶⁰⁷ Aber auch sonstige Räumlichkeiten, die von der übrigen Verwaltung baulich abgetrennt sind, genügen. Maßgeblich ist insofern, dass die abgetrennten Räumlichkeiten gegen unbefugtes Betreten gesichert sind.⁶⁰⁸ In diesem Sinne ist z. B. § 7 Abs. 2 des Hamburgischen Statistikgesetzes formuliert: Räume sind „gegen unbefugten Zutritt zu sichern", wenn darin „Unterlagen mit Daten über persönliche oder sachliche Verhältnisse aufbewahrt oder bearbeitet werden, die natürlichen oder juristischen Personen zugeordnet werden können". Eine vergleichbare Regelung hält das jüngere⁶⁰⁹ Landesstatistikgesetz Nordrhein-Westfalens vor: Nach § 12 S. 2 sind die Räumlichkeiten gegen den Zutritt unbefugter Personen hinreichend zu schützen.⁶¹⁰ Diese Form der „Zutrittskontrolle" korreliert mit einer alten (s. Anlage zu § 9 S. 1

---

⁶⁰⁴ So § 4 Abs. 3 AGZensG 2022 RP (Rechtsstellung der Erhebungsstelle): „Die Erhebungsstelle ist Auftragsverarbeiter im Sinne des Artikels 28 der Verordnung (EU) 2016/679 [ ]" Zur Auftragsverarbeitung s. unten S. 198 ff.
⁶⁰⁵ Vgl. dazu auch den Kammerbeschluss zum VZG 1987 BVerfG NJW 1989, 707: Dem Abschottungsgebot war Genüge getan, da die Erhebungsbögen ungeöffnet weitergeleitet worden sind.
⁶⁰⁶ LT-Drs. 17/13532, S. 18 f.
⁶⁰⁷ So auch *Hartung*, Niedersächsisches Statistikgesetz, 1988, § 9 Erl. 1.1 für das NStatG a. F.
⁶⁰⁸ *Hartung*, Niedersächsisches Statistikgesetz, 1988, § 9 Erl. 1.2.2.
⁶⁰⁹ Zur Begründung: LT-Drs. 17/5197, S. 17.
⁶¹⁰ Wann eine Sicherung in diesem Sinne hinreichend ist, lässt das Gesetz – wie auch die Gesetzesbegründung – offen (vgl. LT-Drs. 17/5197, S. 24); s. ferner § 7 Abs. 1 S. 2 StatG LSA: Die kommunale Statistikstelle muss sowohl „räumlich und organisatorisch von anderen Verwaltungsstellen getrennt" als auch „gegen den Zutritt unbefugter Personen hinreichend geschützt" sein.

BDSG a. F.)⁶¹¹, der Sache nach aber weiter gültigen Ausprägung technischer und organisatorischer Schutzmaßnahmen.⁶¹² Für den Zensus 2022 enthält bspw. das rheinland-pfälzische Ausführungsgesetz (§ 6 Abs. 2 S. 1) weitere Vorgaben zur Zutrittsberechtigung (Wer hat Zutritt?): Danach dürfen die Räumlichkeiten der Erhebungsstellen grundsätzlich nur⁶¹³ Personen betreten, die mit der Wahrnehmung statistischer Aufgaben beauftragt worden sind, ferner Erhebungsbeauftragte, Auskunftspflichtige,⁶¹⁴ die für die Dienst- und Fachaufsicht zuständigen Personen sowie der Landesbeauftragte für den Datenschutz und die Informationsfreiheit in Rheinland-Pfalz.

Das Abschottungsgebot beschränkt sich indes nicht auf den physischen Raum; erfasst ist vielmehr auch der *virtuelle Raum*.⁶¹⁵ Denn primärstatistische Befragungen, die Fragebögen in Papierform verwenden, dürften schon bald der Vergangenheit angehören. Paradigmatisch hierfür steht die „Online first"-Strategie des Zensus 2022⁶¹⁶, die in § 23 Abs. 1 S. 2 ZensG 2022 normativen Ausdruck findet: Die Auskunft ist grundsätzlich elektronisch zu erteilen. Eine virtuell verstandene Abschottung schließt somit auch eine *Zugangs-* sowie eine *Zugriffskontrolle* ein: Der Verantwortliche muss also zum einen verhindern, dass Datenverarbeitungssysteme von *Unbefugten* genutzt werden können; zum anderen muss er gewährleisten, dass die zur Benutzung eines Datenverarbeitungssystems *Berechtigten* ausschließlich auf die ihrer Zugriffsberechtigung unterliegenden Daten zugreifen können, und dass personenbezogene Daten bei der Verarbeitung, Nutzung und Speicherung nicht unbefugt gelesen, kopiert, verändert oder entfernt werden können (so die Legaldefinition Nr. 2 und Nr. 3 in der Anlage zu § 9 S. 1 BDSG a. F.). In diese Lesart fügt sich denn auch EG 162 S. 2 DSGVO ein, der dem Unionsgesetzgeber bzw. dem mitgliedstaatlichen Gesetzgeber – rechtlich nicht verbindlich – aufgibt, die „Zugangskontrolle" (engl.: „control of access") im Rahmen der Datenverarbeitung zu statistischen Zwe-

---

[611] Nr. 1 der Anlage zu § 9 S. 1 BDSG a. F. lautete: „Unbefugten den Zutritt zu Datenverarbeitungsanlagen, mit denen personenbezogene Daten verarbeitet oder genutzt werden, zu verwehren (Zutrittskontrolle)".

[612] Siehe z. B. *Ernestus*, in: Simitis (Hrsg.), BDSG, 7. Aufl., 2014, § 9 BDSG a. F. Rn. 68 ff.; ferner *Hartung*, in: Kühling/Buchner (Hrsg.), DSGVO/BDSG, 3. Aufl., 2020, Art. 24 Rn. 17.

[613] LT-Drs. 17/13532, S. 19 („abschließend"). S. aber auch die Ausnahme in Abs. 2 S. 3: Zur Sicherstellung eines ordnungsgemäßen Betriebsablaufs kann weiteren Personen *ausnahmsweise* Zutritt gewährt werden; in diesem Fall muss aber Personal der Erhebungsstelle anwesend oder auf andere Weise sichergestellt sein, dass diese Personen keinen Einblick in Einzelangaben nehmen können.

[614] Nach § 6 Abs. 2 S. 2 AGZensG 2022 RP ist der Zutritt für *Erhebungsbeauftragte* und *Auskunftspflichtige* auf den Auskunftsbereich, in dem keine Bearbeitung von Erhebungs- und Arbeitsunterlagen mit Einzelangaben vorgenommen wird, beschränkt.

[615] Zur Ausgestaltung im „digitalen Zeitalter" s. auch *Kühling*, in: ders. (Hrsg.), BStatG, 2023, Einl. Rn. 46 ff.

[616] Siehe nur *Freier/Mosel*, WISTA (Sonderheft Zensus 2021) 2019, 46 ff.; oben S. 65 mit § 2 Fn. 84.

cken normativ zu steuern. Angesprochen ist damit auch der allgemeine Grundsatz der *Integrität und Vertraulichkeit*,[617] wobei das vertrauliche Element hier im Vordergrund steht. Die – im Erwägungsgrund ausdrücklich genannte – Zugangskontrolle ist um eine Zugriffskontrolle zu ergänzen: Das Verarbeitungssystem muss demnach positiv gewährleisten, dass ausschließlich berechtigte Personen auf die statistischen Daten zugreifen können – und auch nur *insoweit*, als ihre Berechtigung reicht. So verstanden garantiert eine effektive Zugangs- und Zugriffskontrolle in negativer Hinsicht eine Abschottung der Daten.

*c) Personelle Abschottung*

Das statistische Abschottungsgebot hat – drittens – auch eine *personelle* Dimension[618]. Wie das Statistikgeheimnis knüpft es an die Personen an, die mit der Durchführung einer (Bundes-)Statistik betraut sind. Dieser Personenkreis darf nicht *zugleich* andere Verwaltungsaufgaben wahrnehmen – jedenfalls nicht solche des unmittelbaren Vollzugs.[619] Den statistischen Ämtern des Bundes und der Länder stehen diese statistikfremden Verwaltungsaufgaben ohnedies nicht zu. Bedeutung hat das Gebot personeller Trennung daher insbesondere auf kommunaler Ebene. Es greift zuvörderst für Beschäftigte in (dauerhaft eingerichteten) Statistikstellen sowie in den (ggf. nur temporär eingerichteten) Erhebungsstellen. Ein Beispiel findet sich in § 6 Abs. 6 S. 2 AGZensG 2022 RP: Personen, die in der Erhebungsstelle beschäftigt sind, dürfen während dieser Tätigkeit nicht mit anderen Aufgaben des Verwaltungsvollzugs betraut werden. Die Gesetzesbegründung stellt insofern klar, dass damit eine Gleichzeitigkeit gemeint ist („im Sinne von zeitgleich"[620]). Dies entspricht der verwaltungsgerichtlichen Rechtsprechung zur Volkszählung im Jahr 1987. So hat bspw. der VGH Baden-Württemberg eine tageweise und wiederholte Abordnung zur Erhebungsstelle nicht beanstandet:[621] Werde die gesetzlich normierte Geheimhaltungspflicht und das Verwertungsverbot strikt eingehalten, bestünden gegen die damalige Praxis keine durchgreifenden verfassungsrechtlichen Bedenken. Unzulässig wäre es hingegen, einen Gemeindebediensteten am gleichen Tag so-

---

[617] Art. 5 Abs. 1 Buchst. f DSGVO; dazu etwa unten S. 486 ff.
[618] Vgl. zur personellen Dimension des „informationellen Trennungsprinzips" (Polizei – Nachrichtendienste) *Gusy*, GSZ 2021, 141 (148 f.).
[619] In diesem Sinne z.B. VGH Mannheim NJW 1987, 1717 (1718). Der VGH wertete es nicht als Verstoß gegen das Gebot strikter personeller Trennung, dass eine stellvertretende Leiterin einer kommunalen Erhebungsstelle zugleich Aufgaben des Standesamtes und der Sozialfürsorge wahrgenommen hatte. Die personelle Trennung schließe sie nur von anderen Aufgaben des Verwaltungsvollzugs aus, wobei offenbleibt, was der Gerichtshof unter „Verwaltungsvollzug" versteht.
[620] LT-Drs. 17/13532, S. 20.
[621] VGH Mannheim NJW 1987, 1717 (1719); „Bedenken" gegen diese Entscheidung meldete insofern jedoch der VGH Hessen, Beschl. v. 2.10.1987 – 7 N 1273/87, juris Rn. 54 = DVBl 1987, 1212 an. Vgl. dazu auch den Überblick bei *Meissner*, NVwZ 1989, 1 (6 f.).

wohl für statistische Aufgaben als auch im Verwaltungsvollzug einzusetzen; denn selbst bei einem Bediensteten, der sich seiner datenschutzrechtlichen Pflichten vollauf bewusst wäre, sei eine Verquickung beider Tätigkeiten jedenfalls nicht auszuschließen.[622] Vorzugswürdig ist es freilich, auch in den temporär eingerichteten Erhebungsstellen auf einen tageweisen Wechsel zwischen den Aufgabenbereichen zu verzichten und dem dort eingesetzten Personal während der gesamten Phase der Erhebung[623] – in der Regel bis zur Auflösung der Erhebungsstelle – keine anderen Aufgaben des Verwaltungsvollzugs zu übertragen.

Daneben bleibt – auch nach der bundesverfassungsgerichtlichen Rechtsprechung – ein gewisser Spielraum bei der *Personalauswahl*.[624] Diesen schränkt auch der einfache Gesetzgeber regelmäßig nicht weiter ein.[625] So enthält etwa das rheinland-pfälzische Ausführungsgesetz zum Zensus 2022 keine unmittelbaren Vorgaben dazu, welcher Personenkreis in der Erhebungsstelle eingesetzt werden kann. Die Landesregierung führt in der Gesetzesbegründung zutreffend aus, dass dem Grunde nach alle Mitarbeiter der Verwaltung für eine Tätigkeit in der Erhebungsstelle in Betracht kommen – auch solche aus „sensiblen Bereichen" wie dem Ordnungs-, dem Einwohnermelde-, dem Steuer- oder Sozialamt.[626] Für das Personal in der Erhebungsstelle ist ein gesetzlicher Ausschluss wegen möglicher Interessenkollisionen nicht vorgesehen. Für die dort eingesetzten Personen gelten daher weniger strenge Anforderungen als für die Erhebungsbeauftragten[627]. Gleichwohl *sollen*, so die Landesregierung weiter, keine

---

[622] So VGH Mannheim NJW 1987, 1717 (1719).

[623] Zu Abschottungsregelungen nach Schließung der Erhebungsstelle s. VGH Mannheim NJW 1988, 987.

[624] Nach BVerfG CR 1988, 758 sei es zwar nicht die „bestmögliche Lösung", wenn der Bürgermeister zugleich (also in Personalunion) Leiter der Erhebungsstelle ist. Dies sei aber *verfassungsrechtlich* noch hinnehmbar, wenn hinreichende organisatorische Vorkehrungen getroffen werden, die sicherstellen, dass er keinen Einblick in statistische Mikrodaten nehmen kann; in diesem Sinne auch VGH München CR 1987, 878 (881); tendenziell restriktiver BVerfG NJW 1988, 959 (961); a. A. VGH Mannheim NJW 1987, 1717 (1718) für den Fall, dass sich der Bürgermeister ursprünglich selbst zum Leiter der Erhebungsstelle bestellt hatte. Vgl. ferner VGH Hessen, Beschl. v. 2.10.1987 – 7 N 1273/87, juris Rn. 85 zur damaligen Praxis, auch Personen, die nicht der Gemeindeverwaltung angehörten, auf der Grundlage von Zeitverträgen in der Erhebungsstelle zu beschäftigen.

[625] Vgl. auch VGH Hessen, Beschl. v. 2.10.1987 – 7 N 1273/87, juris Rn. 90, demzufolge es nahegelegen hätte, auch im Hinblick auf die Akzeptanz der Erhebung, den Einsatz des Personals durch landesrechtliche Regelungen an einschränkende Bedingungen zu knüpfen, auch wenn ein derartiges Vorgehen nicht zwingend durch höherrangige Rechte geboten erscheine.

[626] LT-Drs. 17/13532, S. 20.

[627] Nach LT-Drs. 17/13532, S. 20 sei diese Differenzierung sachgerecht. – Gem. § 20 Abs. 1 S. 3 ZensG 2022 dürfen Erhebungsbeauftragte nicht in unmittelbarer Nähe ihrer Wohnung eingesetzt werden. Nach der Gesetzesbegründung soll diese Vorgabe es den Erhebungsbeauftragten „erleichtern, ihre Aufgaben objektiv und ohne die Gefahr von Interessenkonflikten wahrzunehmen, die in der eigenen Nachbarschaft typischerweise vermehrt aufkommen können" (BT-Drs. 19/8693, S. 54). Hinzu treten die allg. Auswahlkriterien des § 14 BStatG: So

Mitarbeiterinnen und Mitarbeiter aus den genannten sensiblen Verwaltungsbereichen eingesetzt werden.[628] Diese gesetzgeberische Vorstellung, der selbst keine Gesetzeskraft zukommt, steht allerdings unter einem Vorbehalt: Sie setzt voraus, dass die personelle Ausstattung der kommunalen Körperschaft dies überhaupt zulässt – was insbesondere in kleineren Gemeinden nicht immer problemlos möglich sein dürfte.[629]

Dem Gebot (strikter[630]) personeller Trennung kommt *grundrechtssichernde Funktion* zu – es handelt sich mithin um eine geeignete Garantie i. S. d. Art. 89 Abs. 1 DSGVO. Die Abschottung führt prinzipiell dazu, dass eine dort beschäftigte Person von vornherein keinen Zugang zu den statistischen Daten erhält. Sie kann diese also schon rein faktisch nicht für statistikfremde Zwecke weiterverarbeiten. Die gebotene personelle „Entflechtung" verhindert also, dass der einzelne Amtswalter überhaupt Kenntnis von den vertraulichen Informationen nimmt. Es geht dabei nicht – jedenfalls nicht primär – darum, Interessenkonflikten vorzubeugen. Die grundrechtlich abgeleitete Vorgabe ist auch nicht als „Misstrauensvotum" gegenüber dem einzelnen Amtswalter zu verstehen.[631] Vielmehr zielt die Regelung darauf ab, die strikte Zweckbindung sowie das – ebenfalls verfassungsrechtlich fundierte – Rückspielverbot abzusichern. Dieses Verbot, ehedem aus dem ungenügenden[632] „Nachteilsverbot" abgeleitet, gewährleistet, dass statistische Einzelangaben keinen Weg zurück in den Verwaltungsvollzug finden. Die personelle Abschottung wirkt somit als zusätzliche Sicherungsvorkehrung insbesondere auf der Ebene der Datenerhebung. Es soll schlicht verhindert werden, dass der Amtswalter Informationen im Verwal-

---

müssen Erhebungsbeauftragte die Gewähr für Zuverlässigkeit und Verschwiegenheit bieten (Abs. 1 S. 1); besteht aufgrund ihrer beruflichen Tätigkeit oder aus anderen Gründen Anlass zur Besorgnis, dass Erkenntnisse aus der Tätigkeit als Erhebungsbeauftragte *zu Lasten* der Befragten oder Betroffenen genutzt werden, dürfen diese Personen nicht eingesetzt werden (Abs. 1 S. 2). Ihr Einsatz ist kraft Gesetzes unzulässig. Dieser Vorfeldschutz wird durch eine nachwirkende Sicherung ergänzt: Erhebungsbeauftragte dürfen Erkenntnisse, die sie aus ihrer Tätigkeit gewonnen haben, nicht in anderen Verfahren oder für andere Zwecke verwenden (Verbot der Zweckentfremdung; § 14 Abs. 2 S. 1 BStatG).

[628] LT-Drs. 17/13532, S. 21.
[629] Siehe LT-Drs. 17/13532, S. 21; zu den Anforderungen bei kleineren Gemeinden auch VGH Hessen, Beschl. v. 2.10.1987 – 7 N 1273/87, juris Rn. 84 ff.; vgl. auch *von Arnim*, Volkszählungsurteil und Stadtestatistik, 1987, S. 58 ff.; *Hartung*, Niedersächsisches Statistikgesetz, 1988, § 9 NStatG a. F. Erl. 1.2.3.
[630] So VGH Mannheim NJW 1987, 1717 (1718): „Gebot der strikten personellen Trennung" zu § 9 Abs. 1 S. 2 VZG 1987 (dazu bereits oben S. 336).
[631] Anders und sehr krit. – in Bezug auf das Volkszählungsurteil – aber *Schneider*, DÖV 1984, 161 (164): „Das Urteil hat die öffentliche Verwaltung aller Stufen voller Mißtrauen besehen; es geht unterschwellig davon aus, daß die öffentlichen Bediensteten (mit Ausnahme der Datenschutzbeauftragten) nur im Sinn hätten, statistische Angaben aus der Volkszählung auf einzelne Personen zu beziehen, also zu entschlüsseln und damit gerade das Gegenteil dessen zu tun, was die gesetzlichen Bestimmungen über die Auswertung verlangen".
[632] Siehe bereits oben S. 321 ff.

tungsvollzug verwendet, die er nicht verwenden darf. Dahinter steckt nur selten ein „böser Wille". Vielmehr sind einmal offenbarte Informationen „in der Welt" – ihr statistischer Ursprung ist dann nicht oder kaum mehr feststellbar.[633] Dem Zweckentfremdungsverbot kann er dann nicht Genüge tun. Davor bewahrt ihn die Rechtsordnung, namentlich das Gebot personeller Trennung.

### 3. Vergleich zur Trennung der Verwaltungsbereiche im Registermodernisierungsgesetz

Das Registermodernisierungsgesetz teilt die „Gesamtheit der Verwaltung"[634] in Bereiche ein. Normative Grundlage hierfür ist § 7 Abs. 2 IDNrG, der die Anforderungen des sog. 4-Corner-Modells[635] für Datenübermittlungen zwischen öffentlichen Stellen beschreibt. Dieses Modell soll nach dem erklärten Willen des Gesetzgebers als zusätzliche Sicherung dienen, wenn Daten mithilfe der Identifikationsnummer von einem Verwaltungsbereich in einen anderen Verwaltungsbereich übermittelt werden sollen.[636] Zum Schutz des informationellen Selbstbestimmungsrechts soll hier keine direkte Kommunikation zwischen den öffentlichen Stellen stattfinden. Vielmehr werden sog. Vermittlungsstellen dazwischengeschaltet. Ihre Aufgabe ist es, für den „sicheren, verlässlichen und nachvollziehbaren Transport elektronischer Nachrichten" Sorge zu tragen; vom Inhalt der Nachrichten nehmen sie keine Kenntnis (§ 7 Abs. 2 S. 4 IDNrG). Sie kontrollieren vielmehr, ob eine Behörde abstrakt berechtigt ist, der Behörde aus dem anderen Verwaltungsbereich zu dem angegebenen Zweck die jeweiligen Daten zu übermitteln („Wächterfunktion"[637]). Die Datenübermittlung wird nach der Gesetzesbegründung „unterbunden", wenn die Berechtigung fehlt; der Vorgang ist überdies zu protokollieren.[638] Dieses Modell setzt somit prinzipiell voraus, dass die *Verwaltungsbereiche getrennt* sind. Nach § 7 Abs. 2 S. 2 IDNrG

---

[633] Vgl. zu diesem Argument i.R.d. Rückspielverbots BVerfGE 65, 1 (65); ausf. oben S. 321 ff. Diese Gefahr relativierend VGH Mannheim NJW 1987, 1717 (1718): Der VGH ließ es genügen, dass rechtliche Sicherungsvorkehrungen (Rückspielverbot, Statistikgeheimnis) bestanden; dass eine Gemeindebedienstete, die zugleich stellvertretende Leiterin der Erhebungsstelle war, Daten erfahren könne, die ihren Aufgabenbereich im Verwaltungsvollzug beträfen, sei „schlechterdings nicht zu vermeiden".
[634] BT-Drs. 19/24226, S. 73.
[635] Dazu bspw. *Peuker*, NVwZ 2021, 1167 (1171 f.); *Knauff/Lehmann*, DÖV 2022, 159 (161).
[636] Vgl. dazu nur BT-Drs. 19/24226, S. 73. Nach § 12 Abs. 4 IDNrG wird das jeweils zuständige Bundesministerium ermächtigt, das Verfahren nach § 7 Abs. 2 IDNrG (4-Corner-Modell) auch *innerhalb eines Verwaltungsbereichs* durch Rechtsverordnung (mit Zustimmung des Bundesrates) zu bestimmen. Eine entsprechende Rechtspflicht besteht aber nicht.
[637] *Peuker*, NVwZ 2021, 1167 (1171).
[638] BT-Drs. 19/24226, S. 73.

sind mindestens sechs Bereiche zu bilden[639] – allerdings nicht unmittelbar durch Gesetz. Vielmehr wird die Bundesregierung ermächtigt, durch Zustimmung des Bundesrates die Anzahl und die Abgrenzung der Bereiche zu bestimmen (§ 12 Abs. 1 S. 1 IDNrG). Das ist bislang – soweit ersichtlich – nicht erfolgt. Gleichwohl ist schon jetzt erkennbar, dass sich dieses Modell von der statistischen Abschottung unterscheidet. Letztere „schottet" die amtliche Statistik in organisatorischer, räumlicher und personeller Hinsicht von der sonstigen Verwaltung ab. Die Statistik ist in diesem Sinne ein besonderer Bereich, der an der staatlichen Kommunikationsinfrastruktur nur eingeschränkt teilhat.[640] Sie könnte allenfalls dann einen eigenständigen „Bereich" i.S.d. § 7 Abs. 2 IDNrG bilden, wenn sichergestellt wäre, dass keine Daten aus der Statistik zurück in die Verwaltung fließen können (Rückspielverbot).[641] Aus Gründen einer effektiven Abschottung wäre es jedoch vorzugswürdig, wenn die amtliche Statistik nicht in dieses bereichsübergreifende Übermittlungsverfahren eingebunden wird. Die Nutzung der Identifikationsnummer als solche birgt schon die (abstrakte) Gefahr, den Grundsatz der informationellen Trennung von Statistik und Verwaltung zu unterlaufen.[642] Das gefährdet prinzipiell auch die organisations- und verfahrensrechtlichen Sicherungsvorkehrungen, die hier unter dem Begriff des Abschottungsgebots zusammengefasst worden sind.

*4. Zwischenergebnis*

Das Abschottungsgebot ist eine organisationsrechtliche Sicherungsvorkehrung. Indem es die amtliche Statistik von anderen Verwaltungsbereichen in organisatorischer, räumlicher und personeller Hinsicht trennt, ist es als Garantie i.S.d. Art. 89 Abs. 1 DSGVO geeignet, die Rechte und Freiheiten der betroffenen Personen zu schützen.

## *IV. Verbot der Reidentifizierung (§ 21 BStatG)*

Eine weitere Garantie für die Rechte und Freiheiten der betroffenen Personen stellt das statistikrechtliche „Verbot der Reidentifizierung" (§ 21 BStatG[643])

---

[639] Der Gesetzentwurf geht im Sinne einer „Ex-ante-Schätzung" davon aus, dass es sich um zehn Verwaltungsbereiche handeln wird, BT-Drs. 19/24226, S. 54.
[640] Siehe bereits oben S. 283 f.
[641] Siehe ausf. S. 319 ff.
[642] Vgl. dazu bereits oben S. 280 f.
[643] Im Landesrecht finden sich entsprechende Regelungen. Sie sind, wie etwa § 19 LStatG NRW, an die bundesrechtliche Vorschrift angelehnt (LT NRW-Drs. 17/5197, S. 27). – Aber nicht nur das Statistikrecht kennt ein solches Verbot. Auch im Sozialdatenschutzrecht finden sich entsprechende Regelungen. Mit dem sog. Digitale-Versorgungs-Gesetz wurde, wenn auch etwas versteckt, im SGB V ein Verbot der *beabsichtigten* Reidentifizierung (§ 303e Abs. 5 S. 4) für die Nutzungsberechtigten verankert (vgl. dazu auch *Kühling/Schildbach*,

dar.⁶⁴⁴ Danach ist es verboten, Einzelangaben aus Bundesstatistiken zusammenzuführen oder mit anderen Angaben zu verknüpfen, um einen Personen- oder Unternehmensbezug wiederherzustellen (dazu 2.). Datenschutzrechtliche Relevanz hat das Reidentifizierungsverbot dann, wenn sich die Einzelangaben auf eine *natürliche* Person beziehen.⁶⁴⁵ Welche Funktion § 21 BStatG zukommt, zeigt seine Entstehungsgeschichte (dazu 1.). Das Verbot greift nicht, wenn das Bundesstatistikgesetz oder eine andere Rechtsvorschrift, die eine Bundesstatistik anordnet (vgl. § 5 BStatG)⁶⁴⁶, diese Form der Datenzusammenführung ausdrücklich erlaubt (dazu 3.). Der Verstoß ist strafbewehrt (dazu 4.). Die Vorschrift des § 21 BStatG könnte sich insofern durchaus als Vorbild für andere Regulierungsfelder erweisen: So sehen etwa *Alexander Roßnagel* und *Christian Geminn* in einem „Verbot der De-Anonymisierung" das „Hauptziel zum rechtlichen Schutz der Anonymität"⁶⁴⁷, um bspw. KI-Systeme auf rechtssichere Art und Weise mit Daten trainieren, testen und evaluieren⁶⁴⁸ zu können. In die gleiche Richtung ging zuvor eine Empfehlung der Datenethikkommission, gesetzliche Vermutungsregeln für anonymisierte Daten durch „angemessene strafbewehrte Verbote der De-Anonymisierung" zu flankieren.⁶⁴⁹ Damit stellt sich die Frage, ob und inwieweit das Verbot der Reidentifizierung zum Schutz der Rechte und Freiheiten der betroffenen Personen etwas beitragen kann.⁶⁵⁰

*1. Entstehungsgeschichte und (datenschutz-)rechtliche Funktion*

Die Regelung des § 21 BStatG geht auf das Jahr 1987 zurück. Im Statistikgesetz 1953 war eine vergleichbare Vorschrift noch nicht enthalten. § 21 BStatG hat seitdem keine Änderung erfahren; auch das umfangreiche Modernisierungsgesetz aus dem Jahr 2016⁶⁵¹ ließ die Vorschrift unberührt. Die damaligen Gesetzgebungsmaterialien enthalten nur wenige inhaltliche Aussagen zum Verbot der Reidentifizierung. Insbesondere der Gesetzentwurf zum Bundesstatistikgesetz

---

NZS 2020, 41 [46]). Wer *unbeabsichtigt* einen Personenbezug herstellt, hat dieses „Versehen" dem Forschungsdatenzentrum immerhin zu melden (§ 303e Abs. 5 S. 3 SGB V). Vgl. auch BT-Drs. 19/13438, S. 74 f.
⁶⁴⁴ Vgl. auch EG 8 S. 2 DGA, wonach die „erneute Identifizierung betroffener Personen anhand anonymisierter Datensätze" untersagt sein sollte.
⁶⁴⁵ Die anderen Varianten (Unternehmens-, Betriebs- oder Arbeitsstättenbezug) bleiben im Folgenden außer Betracht. Sie haben datenschutzrechtlich keine Relevanz.
⁶⁴⁶ Siehe dazu oben S. 174.
⁶⁴⁷ *Roßnagel/Geminn*, ZD 2021, 487 (488).
⁶⁴⁸ Vgl. dazu auch Art. 10 KI-VO-E(KOM), COM(2021) 206 final, S. 55 f.
⁶⁴⁹ *Datenethikkommission*, Gutachten, Oktober 2019, S. 132.
⁶⁵⁰ Vgl. etwa *Gößl*, ZGI 2022, 17 (20), der es im Kontext von Umweltstatistiken ausdrücklich dahinstehen lässt, ob „das mit Freiheitsstrafe von bis zu einem Jahr bewehrte Verbot der Reidentifizierung [...] die statistische Geheimhaltung wirksam schützt".
⁶⁵¹ BGBl. I 2016, S. 2394.

1987 lässt eine tiefergehende Begründung vermissen.[652] Da die damalige Novellierung maßgeblich durch das Volkszählungsurteil veranlasst und geprägt war, ist das Verbot der Reidentifizierung in diesem Kontext zu interpretieren. Zwar sucht man in dieser Entscheidung den Begriff „Reidentifizierung" vergebens.[653] Allerdings formuliert das BVerfG: Um das Recht auf informationelle Selbstbestimmung abzusichern, bedarf es „Vorkehrungen gegen eine Deanonymisierung".[654] Es handelt sich um eine Schutzvorkehrung, die dem Gebot einer möglichst frühzeitigen (faktischen) Anonymisierung zeitlich nachfolgt. Mit anderen Worten: Die Umkehrung faktischer Anonymität soll bei Strafe (§ 22 BStatG)[655] verhindert werden. Zudem sichert das Verbot, die statistischen Einheiten zu reidentifizieren, das Statistikgeheimnis[656] ab. Die Gesetzesbegründung führt insoweit aus, dass Verstöße gegen das Reidentifizierungsverbot „wegen der überragenden Bedeutung des Statistikgeheimnisses" unter Strafe gestellt worden sind.[657] Nach alledem erweist sich das (strafbewehrte) Verbot der Reidentifizierung als geeignete Garantie i. S. d. Art. 89 Abs. 1 DSGVO. §§ 21 f. BStatG kommt so gesehen eine grundrechtssichernde Funktion zu. Diese beschränkt sich nicht auf das deutsche Recht auf informationelle Selbstbestimmung. Vielmehr sichert das Verbot der Reidentifizierung – jedenfalls soweit es sich auf natürliche Person bezieht – auch das unionale Recht auf Achtung des Privatlebens (Art. 7) und das Recht auf Schutz personenbezogener Daten (Art. 8 GRCh) ab.

### 2. Tatbestandliche Voraussetzungen

Nach der amtlichen Überschrift des § 21 BStatG ist eine „Reidentifizierung" verboten. Die Regelung statuiert aus datenschutzrechtlicher Sicht ein *spezielles Verarbeitungsverbot*: Untersagt ist das „Zusammenführen von Einzelangaben aus Bundesstatistiken oder solcher Einzelangaben mit anderen Angaben", um einen „Personen-, Unternehmens-, Betriebs- oder Arbeitsstättenbezug" herzu-

---

[652] Siehe BT-Drs. 10/5345, S. 22.
[653] Soweit sich die Begriffe „Reidentifizierung" und „Reidentifikation" im Urteilstext finden (BVerfGE 65, 1 [17]), beziehen sich die Absätze auf die bloße Wiedergabe der Rechtsmeinung der Beschwerdeführer.
[654] BVerfGE 65, 1 (49); wiederholt in BVerfGE 150, 1 (109, Rn. 224). – Im Rahmen der Volkszählung 1987 war das Verhältnis zwischen dem allgemeinen § 21 BStatG und dem speziellen § 17 VZG 1987 umstritten. Dies lag im weiter gefassten Verbot des § 21 BStatG begründet („[…] mit anderen Angaben" versus § 17 Abs. 2 VZG 1987: „[…] mit anderen *statistischen* Erhebungen"; Hervorhebung d. Verf.); vgl. zur damaligen Rechtsprechung: *Dorer/Mainusch/Tubies*, Bundesstatistikgesetz, 1988, § 21 Rn. 2 mit zahlreichen Nachweisen. Die Zensusgesetze 2011 und 2022 sahen und sehen ein fachstatistisches Verbot der Reidentifizierung nicht mehr vor. Somit finden §§ 21, 22 BStatG Anwendung. Normkonflikte entstehen dann nicht (mehr).
[655] Dazu sogleich unter 3., S. 350.
[656] § 16 BStatG; ausf. dazu oben S. 284 ff.
[657] BT-Drs. 10/5345, S. 22.

stellen (dazu b). Dieses Verbot gilt allerdings nur „außerhalb der Aufgabenstellung" bundesstatistischer Gesetze (dazu c). Zunächst ist jedoch zu klären, an wen sich das Verbot der Reidentifizierung richtet (dazu a).

*a) Adressat der Regelung*

§ 21 BStatG sagt nicht ausdrücklich, wer Adressat des Reidentifizierungsverbots ist. Aus der Unbeschränktheit des Normtextes folgt, dass sich das Verbot grundsätzlich an *jedermann* richtet.[658] Man könnte insoweit auch formulieren: Wer Einzelangaben aus mehreren Bundesstatistiken oder solche Einzelangaben mit anderen Angaben zusammenführt, um einen Bezug zur statistischen Einheit (natürliche Person, Unternehmen, Betrieb- oder Arbeitsstätte) außerhalb einer statistischen Aufgabenstellung herzustellen, verstößt gegen das Verbot der Reidentifizierung. In diesem Sinne ist auch die Gesetzesbegründung zu verstehen: So soll nach dem erklärten Willen des Gesetzgebers auch derjenige erfasst sein, „der nur zufällig Kenntnis von Einzelangaben aus Bundesstatistiken gewinnt".[659] Soweit es um die Reidentifizierung natürlicher Personen geht, deckt sich dieser weite Anwendungsbereich mit den datenschutzrechtlichen Akteuren: Das Verbot der Reidentifizierung richtet sich mithin gleichermaßen an Verantwortliche wie an deren Auftragsverarbeiter.

*b) Zusammenführung von Einzelangaben, um statistische Einheit(en) zu reidentifizieren*

Die verbotene Tathandlung enthält zwei Alternativen: Untersagt ist zum einen das Zusammenführen von Einzelangaben aus einer Bundesstatistik mit Einzelangaben aus einer anderen Bundesstatistik („Bundesstatistiken"); zum anderen verstößt gegen das Verbot, wer Einzelangaben aus Bundesstatistiken mit „anderen Angaben" zusammenführt. Damit ist der Tatbestand sehr weit gefasst. Denn mit dem Begriff „andere Angaben" hat der Gesetzgeber eine Formulierung gewählt, die insbesondere auch die Verknüpfung mit *nicht-statistischen* Daten[660] erfasst.[661] In beiden Alternativen muss die *Zusammenführung* darauf gerichtet sein („zum Zwecke"), eine statistische Einheit[662] (in unserem Kontext: eine natürliche Person) zu *reidentifizieren*.[663] Das setzt schon rein begrifflich voraus,

---

[658] BT-Drs. 10/5345, S. 22; ebenso *Sackmann*, in: Kühling (Hrsg.), BStatG, 2023, § 21 Rn. 2.

[659] BT-Drs. 10/5345, S. 22. Zur Einschränkung für den Straftatbestand sogleich unter 3.

[660] Anders z.B. noch § 17 Abs. 2 VZG 1987 (Verbot der Reidentifizierung), der lediglich die Zusammenführung von Merkmalen, die im Rahmen der Volkszählung erhoben worden sind, „mit Daten aus *anderen statistischen* Erhebungen" untersagt hatte (Hervorhebung d. Verf.). Vgl. auch § 8 Fn. 654.

[661] A.A. *Sackmann*, in: Kühling (Hrsg.), BStatG, 2023, § 21 Rn. 8.

[662] Vgl. dazu die Legaldefinition in Art. 3 Nr. 6 VO (EG) Nr. 223/2009; vgl. oben S. 225.

[663] Vgl. zur gegenläufigen Anonymisierung oben S. 255 ff. Der Erfolg der Reidentifizie-

dass die natürliche Person im maßgeblichen Zeitpunkt in *einem* bundesstatistischen Datensatz *nicht (mehr) identifizierbar* ist. Typischer „Auslöser" dieses Verbots ist die Trennung und spätere Löschung der Hilfsmerkmale (vgl. § 12 Abs. 1 S. 2 BStatG).[664] Denn regelmäßig entsteht erst mit diesem Verarbeitungsvorgang eine „Reidentifizierungsmöglichkeit".[665] Ist die betroffene Person indes noch identifizierbar (etwa bei der Verwendung einer Personenkennziffer, z. B. der Identifikationsnummer, § 1 IDNrG), greift das Verbot des § 21 BStatG tatbestandlich nicht. Der Wortlaut der Norm darf – insbesondere wegen ihres strafrechtlichen Charakters – nicht überdehnt werden.[666] Wann von einer (erfolgreichen) Reidentifizierung im statistikrechtlichen Sinne auszugehen ist, sagt § 21 BStatG allerdings nicht. Auch die Gesetzesmaterialien hüllen sich dazu in Schweigen. In Anlehnung an die Begriffsbestimmungen der europäischen Statistikverordnung (EU) Nr. 223/2009 fallen darunter alle Konstellationen, in denen eine statistische Einheit – sei es direkt, sei es indirekt – wieder identifiziert werden kann.[667] Mit anderen Worten: Die Vorschrift erfasst die Fälle statistikfremder Deanonymisierung.

### c) Außerhalb statistikrechtlich definierter Aufgaben

Das Verbot des § 21 BStatG greift jedoch nicht, wenn die „Aufgabenstellung dieses Gesetzes" (gemeint ist das Bundesstatistikgesetz) oder eine andere Rechtsvorschrift, die eine Bundesstatistik anordnet, eine solche Datenzusammenführung ausdrücklich gestattet oder zumindest stillschweigend voraussetzt. Die Norm formuliert das gewissermaßen umgekehrt („außerhalb") als positives Tatbestandsmerkmal. Nach dem insoweit eindeutigen Wortlaut muss sich die gesetzliche Grundlage für eine Reidentifizierung jedoch aus dem *Recht der Bundesstatistik* ergeben. Statistikfremde Erlaubnisnormen genügen nicht. Das gilt insbesondere auch für datenschutzrechtliche Generalklauseln wie etwa § 3 BDSG.[668] Insoweit gilt das zu § 16 Abs. 1 S. 1 BStatG („besondere Rechtsvor-

---

rung muss nicht eingetreten sein; nach dem Wortlaut genügt die bloße Absicht, mit dem Zusammenführen einen Personenbezug herzustellen. Vgl. dazu auch die entsprechende Vorschrift des Digitale-Versorgung-Gesetzes: „Die Verarbeitung der bereitgestellten Daten zum Zwecke der Herstellung eines Personenbezugs [...] ist untersagt."; dazu etwa *Kühling/Schildbach*, NZS 2020, 41 (46).

[664] Siehe oben S. 271 ff.
[665] So *Dorer/Mainusch/Tubies*, Bundesstatistikgesetz, 1988, § 21 Rn. 1; ebenso *Sackmann*, in: Kühling (Hrsg.), BStatG, 2023, § 21 Rn. 2.
[666] A. A. *Dorer/Mainusch/Tubies*, Bundesstatistikgesetz, 1988, § 21 Rn. 1, die „[i]m Interesse einer umfassenden Datensicherung" für eine weite Auslegung des Verbotstatbestands plädieren.
[667] Vgl. dazu Art. 3 Nr. 7 i. V.m. Nr. 9 und 10 VO (EG) Nr. 223/2009.
[668] Zu dieser – für die Statistik in der Regel zu unbestimmten – Rechtsgrundlage oben S. 216 f.

schrift") Gesagte[669] entsprechend. Und auch eine Einwilligung der betroffenen Person hebt das Verbot des § 21 BStatG nicht auf. Zwar vermag diese Rechtsfigur eine Datenverarbeitung durch statistische Behörden grundsätzlich zu legitimieren.[670] Der Grund liegt in den strengen Sicherungsvorkehrungen, denen die Verarbeitung zu statistischen Zwecken unterworfen ist. Eine kraft Einwilligung erlaubte Reidentifizierung liefe diesen Garantien aber gerade zuwider. Die Vorschrift des § 21 BStatG steht damit nicht zur Disposition der betroffenen Person.

### 3. Strafbewehrung (§ 22 BStatG)

Die Rechtsfolge des § 21 BStatG erschöpft sich nicht in einem bloßen Verarbeitungsverbot. § 22 BStatG knüpft daran an und stellt die rechtswidrige Reidentifizierung unter Strafe:[671] Mit Freiheitsstrafe bis zu einem Jahr oder Geldstrafe wird bestraft, wer entgegen § 21 BStatG Einzelangaben aus Bundesstatistiken oder solche Einzelangaben mit anderen Angaben zusammenführt. Damit ist der objektive Tatbestand des Delikts beschrieben. Im subjektiven Tatbestand setzt § 22 BStatG Vorsatz voraus.[672] Grundsätzlich genügt hierfür ein nur bedingt vorsätzliches Handeln. Im Hinblick auf das Ziel der Reidentifizierung („zum Zwecke der Herstellung eines Personen-, Unternehmens-, Betriebs- oder Arbeitsstättenbezugs") setzt die statistikrechtliche Strafvorschrift indes eine entsprechende Verarbeitungsabsicht, d.h. *dolus directus* ersten Grades, voraus.[673] Diese strafrechtliche Absicherung stellt sich als zusätzliche Garantie gemäß Art. 89 Abs. 1 DSGVO ein, wenn man den Strafzweck i.S.d. *relativen Theorien* in der General- und Spezialprävention erblickt.[674] Verfassungsrechtlich geboten ist die Strafdrohung jedoch nicht: Nach den Kammerbeschlüssen des BVerfG zur Volkszählung 1987 komme ihr „lediglich ergänzende Bedeutung" zu;[675] im „Gesamtsystem der Sicherungsvorkehrungen" spiele sie „keine zentrale Rolle".[676] Als Sanktion, die abschreckend (vgl. dazu Art. 83 Abs. 1 DSGVO) wirkt bzw. wirken kann, verstärkt die Strafdrohung aber immerhin andere, selbststän-

---

[669] Vgl. dazu oben S. 307 ff.
[670] Siehe dazu ausf. oben S. 100 ff.
[671] Die Strafvorschrift des § 22 BStatG stellt eine „statistisch-spezifische Ergänzung der §§ 203 ff. StGB" dar, so *Dorer/Mainusch/Tubies*, Bundesstatistikgesetz, 1988, § 21 Rn. 1.
[672] Ebenso bereits *Dorer/Mainusch/Tubies*, Bundesstatistikgesetz, 1988, § 22 Rn. 1.
[673] *Sackmann*, in: Kühling (Hrsg.), BStatG, 2023, § 22 Rn. 4.
[674] Vgl. zu den Straftheorien etwa den Überblick bei *Joecks/Erb*, in: Joecks/Miebach (Hrsg.), MüKoStGB, 4. Aufl., 2020, Einleitung Rn. 59 ff. Vgl. zu § 42 BDSG auch *Brodowski/Nowak*, in: Wolff/Brink (Hrsg.), BeckOK DatenschutzR, 40. Ed. (1.5.2022), § 42 Rn. 8: „Mehr noch als andere Straftatbestände des Nebenstrafrechts fokussiert sich der Regelungszweck des § 42 auf die präventiven Wirkungen […] des Strafrechts in Bezug auf individuelles Fehlverhalten".
[675] BVerfG NJW 1987, 2805 (2805).
[676] BVerfG NJW 1988, 961 (962) zu § 18 VZG 1987; die Rechtsprechung ist auf den noch heute geltenden § 22 BStatG übertragbar.

dige Garantien wie das Verbot der Reidentifizierung. So verstanden sorgt auch § 22 BStatG für einen wirksamen Datenschutz.

*4. Zwischenergebnis*

Das Verbot der Reidentifizierung (§ 21 BStatG) ist – soweit es sich auf natürliche Personen bezieht – eine geeignete Garantie i. S. d. Art. 89 Abs. 1 DSGVO. Diese normative Sicherung schützt vor einer „Umkehr" der (faktischen) Anonymisierung. Zudem sichert das Verbot die statistische Geheimhaltung ab. Die Strafbewehrung (§ 22 BStatG) ist zwar verfassungsrechtlich nicht geboten, stellt jedoch eine zusätzliche Schutzvorkehrung für personenbezogene Daten dar.

# G. Ergebnis

Die geeigneten Garantien gemäß Art. 89 Abs. 1 DSGVO gleichen die Risiken aus, die durch die Ausnahmevorschriften bei der Verarbeitung zu statistischen Zwecken für die Rechte und Freiheiten der betroffenen Personen entstehen. Sie erfüllen eine Kompensationsfunktion und rechtfertigen so das Statistikprivileg[677]. Zu den geeigneten Garantien gehört zuvörderst das Gebot, die personenbezogenen Daten sobald wie möglich zu anonymisieren. Ist eine Anonymisierung nicht möglich, ohne den Statistikzweck zu gefährden, muss der Verantwortliche prüfen, ob hilfsweise eine Pseudonymisierung in Betracht kommt. Eine Pflicht zur Pseudonymisierung besteht aber nicht. Der Normtext hebt diese Maßnahme lediglich besonders hervor. Insgesamt müssen technische und organisatorische Maßnahmen bestehen, die die Rechte und Freiheiten der betroffenen Personen in angemessener Art und Weise schützen. Im Bereich der amtlichen Statistik existieren besondere Sicherungsvorkehrungen, die größtenteils aus verfassungsrechtlichen Gründen geboten sind. Dazu zählt insbesondere die statistische Geheimhaltung. Sie schützt nicht nur öffentliche, sondern auch individuelle Interessen. Das Statistikgeheimnis verbürgt einen effektiven Grundrechtsschutz – es kann insbesondere nicht durch einen allgemeinen, datenschutzrechtlichen Erlaubnistatbestand unterlaufen werden. Als weitere Garantien sind das Rückspielverbot, die organisationsrechtliche Abschottung der amtlichen Statistik sowie das strafbewehrte Verbot der Reidentifizierung hervorzuheben. Gemeinsam sorgen sie für einen angemessenen Schutz personenbezogener Daten und erweisen sich dadurch als geeignete Garantien i. S. d. Art. 89 Abs. 1 DSGVO.

---

[677] Dazu sogleich § 9, S. 352 ff.

## § 9. Statistikprivileg – Ausnahmen für die Verarbeitung zu statistischen Zwecken

Das europäische Datenschutzrecht sieht eine Reihe von Privilegierungen vor. Diese lassen sich systematisieren. Es gibt solche, die an den *Akteur* anknüpfen. In diese Kategorie fällt z.B. die Datenübermittlung zwischen dem Verantwortlichen und dem Auftragsverarbeiter, die – nach umstrittener, aber zutreffender Ansicht – privilegiert ist.[1] Das nicht weniger umstrittene „(kleine) Konzernprivileg"[2] gehört ebenfalls in diese Kategorie. Daneben kennt das Datenschutzrecht Privilegierungen, die an den *Zweck* der Verarbeitung geknüpft sind. Das wohl bekannteste Beispiel ist das sog. Medienprivileg[3]: Die Mitgliedstaaten sind aufgerufen, für die Verarbeitung zu journalistischen, wissenschaftlichen, künstlerischen oder literarischen Zwecken „Abweichungen oder Ausnahmen" vorzusehen, wenn dies erforderlich ist, um das Recht auf Schutz personenbezogener Daten mit der Freiheit der Meinungsäußerung und der Informationsfreiheit in Einklang zu bringen (Art. 85 Abs. 2 DSGVO). Die kollidierenden Grundrechtspositionen sind hier in ihrer Wechselwirkung zu erfassen und nach dem Grundsatz praktischer Konkordanz so in Ausgleich zu bringen, dass sie für alle Beteiligten möglichst weitgehend wirksam werden.[4] Ebenso wie das Medienprivileg stellt auch das *Statistikprivileg* auf den Verarbeitungszweck ab: Die in Art. 89 DSGVO angesprochenen Zwecktrias (Archive, Forschung[5], Statistik) tragen der Erkenntnis Rechnung, dass „besondere Verarbeitungssituationen" (so die Überschrift des IX. Kapitels) auch besonderer Regelungen bedürfen.[6] Das gilt auch und gerade für die Verarbeitung zu archivarischen, wissenschaftlichen oder

---

[1] Siehe statt vieler *Martini*, in: Paal/Pauly (Hrsg.), DSGVO/BDSG, 3. Aufl., 2021, Art. 28 Rn. 8 ff.

[2] Vgl. dazu bspw. *Spoerr*, in: Wolff/Brink (Hrsg.), BeckOK DatenschutzR, 39. Ed. (1.11.2021), Art. 26 Rn. 3a m.w.N.

[3] Siehe etwa BVerfGE 152, 152 (168 ff., Rn. 39, 51 und 74) – Recht auf Vergessen I.

[4] So BVerfGE 152, 152 (185, Rn. 76) m.w.N. Vgl. auch EuGH, Urt. v. 14.2.2019 – C-345/17, ECLI:EU:C:2019:122 – Buivids, Rn. 50 ff. und Rn. 63 ff., mit Abwägungskriterien in Rn. 66.

[5] Siehe dazu aus der reichhaltigen Literatur z.B. *Golla*, in: Specht/Mantz (Hrsg.), Handbuch Europäisches und deutsches Datenschutzrecht, 2019, § 23 Rn. 55 ff.; *Roßnagel*, ZD 2019, 157 (159): „,Privilegien' im Sinne von Ausnahmen von Prinzipien des Datenschutzrechts"; eingehend *Weichert*, ZD 2020, 18 ff.

[6] Im Kommissionsentwurf zur KI-VO fehlen entsprechende Ausnahmen, krit. *Ebers et al.*, RDi 2021, 528 (530, Rn. 8).

eben zu statistischen Zwecken. Das folgende Kapitel widmet sich den datenschutzrechtlichen Privilegierungen, die die Grundverordnung – und nachgelagert das Bundesdatenschutzgesetz (z. B. § 27 Abs. 2 S. 1[7]) – der Verarbeitung zu statistischen Zwecken angedeihen lässt. Sonderregelungen existieren für die Grundsätze der Zweckbindung (dazu A.) und der Speicherbegrenzung (dazu B.). Im komplexen Regelungsgefüge des europäischen und mitgliedstaatlichen Datenschutzrechts finden sich zudem bereichsspezifische Ausnahmen von dem Verbot, sensible Daten zu verarbeiten (dazu C.). Und schließlich sieht die Datenschutz-Grundverordnung unmittelbar geltende Ausnahmen von bestimmten Betroffenenrechten vor oder ermächtigt die Mitgliedstaaten, solche spezifischen Regelungen in ihrem nationalen Recht zu verankern (dazu D.).

## A. Grundsatz der Zweckbindung

Der Grundsatz[8] der Zweckbindung (im Englischen etwas ungenau als „purpose limitation" bezeichnet[9]) ist ein „Grundstein des Datenschutzrechts"[10].[11] In seiner primärrechtlichen Verbürgung manifestiert sich seine Funktion[12] für das Grundrecht auf Schutz personenbezogener Daten: Diese dürfen „nur [...] für festgelegte Zwecke" verarbeitet werden (Art. 8 Abs. 2 S. 1 GRCh).[13] Der Grundrechtekonvent hat sich mit der Formulierung, so scheint es, bei der alten Datenschutzrichtlinie bedient. Sie sah ebenfalls vor, dass personenbezogene Daten „für festgelegte eindeutige und rechtmäßige Zwecke" zu erheben waren. Das in Art. 8 Abs. 2 S. 1 GRCh niedergelegte Strukturprinzip, den Zweck im Voraus festlegen zu müssen, ist keine Grundrechtsschranke.[14] Stattdessen spricht die

---

[7] Dazu unten S. 438 ff.
[8] Zur Rechtsnatur der Datenschutzgrundsätze *Roßnagel*, ZD 2018, 339 (342 ff.).
[9] A. A. *Albers/Veit*, in: Wolff/Brink (Hrsg.), BeckOK DatenschutzR, 39. Ed. (1.11.2021), Art. 6 Rn. 98, die meinen, die Konzeption der „Zweckvereinbarkeit" komme in der engl. Fassung „deutlich besser zum Ausdruck".
[10] *Schantz*, in: Wolff/Brink (Hrsg.), BeckOK DatenschutzR, 39. Ed. (1.11.2021), Art. 5 Rn. 12.
[11] Das Schrifttum hebt seine Bedeutung durch verschiedene Zuschreibungen hervor; s. z. B. *Albers*, in: Voßkuhle/Eifert/Möllers (Hrsg.), GVerwR, 3. Aufl., 2022, § 22 Rn. 83: „zentrales datenschutzrechtliches Regelungselement"; *Herbst*, in: Kühling/Buchner (Hrsg.), DSGVO/BDSG, 3. Aufl., 2020, Art. 5 Rn. 21 („Kernbestandteil des Datenschutzrechts"); *Martini*, DÖV 2017, 443 (451): Zweckbindung als „eines der wichtigsten datenschutzrechtlichen Grundprinzipien". Vgl. auch BVerfGE 141, 220 (329, Rn. 292): „Kernelement des verfassungsrechtlichen Datenschutzes".
[12] Vgl. etwa *Albers*, in: Voßkuhle/Eifert/Möllers (Hrsg.), GVerwR, 3. Aufl., 2022, § 22 Rn. 83. Vgl. ferner oben S. 181 und S. 229.
[13] Vgl. dazu auch *von Grafenstein*, The principle of purpose limitation in data protection laws, 2018, S. 231 ff.
[14] Zu dieser dogmatischen Einordnung *Marsch*, Das europäische Datenschutzgrundrecht,

Charta hier die Ausgestaltungsdimension an; sie formuliert eine objektiv-institutionelle Vorgabe, die der Unionsgesetzgeber zu beachten hat, wenn er das europäische Datenschutzgrundrecht ausformt.[15] Er hat den Grundsatz der Zweckbindung in Art. 5 Abs. 1 Buchst. b DSGVO sekundärrechtlich verankert (dazu I.). Für die Verarbeitung zu statistischen Zwecken sieht dessen Hs. 2 jedoch eine gewichtige Ausnahme vor (dazu II.). Mit dieser Privilegierung gehen weitere Rechtsfolgen einher (dazu III.), deren Grund und Grenze indes umstritten sind. Die unionsrechtlichen Vorgaben sind sodann mit der Rechtsprechung des BVerfG zum informationellen Selbstbestimmungsrecht zu vergleichen (dazu IV.), ehe der Abschnitt mit einem Blick auf die Folgen der gelockerten Zweckbindung, insbesondere für das sog. Once-only-Prinzip, schließt (dazu V.).

## I. Grundlagen: Normative Konstruktion der Zweckbindung

Der Grundsatz der Zweckbindung besteht aus zwei Elementen: der *Zweckfestlegung* bei der Datenerhebung (erste Stufe) und der *Rückbindung der Weiterverarbeitung* an diese Festlegung, die Zweckbindung i. e. S. (zweite Stufe).[16] Beide Elemente haben in Art. 5 Abs. 1 Buchst. b Hs. 1 DSGVO ihren normativen Ausdruck gefunden: Danach müssen personenbezogene Daten erstens „für festgelegte, eindeutige und legitime Zwecke *erhoben*" werden; diese Daten dürfen zweitens „nicht in einer […] Weise *weiterverarbeitet* werden",[17] die mit den ursprünglich festgelegten Zwecken „nicht vereinbar" ist. Beide Elemente sind zusammen zu lesen („und"). Erst dadurch entfalten sie die ihnen zugedachte Wirkung: die Zweckbindung als Strukturprinzip eines prozeduralen Datenschutzes.[18] Nach den Schlussanträgen des GA *Priit Pikamäe* in der Rechtssache *Digi* bedarf es hierfür einer

„konkreten, kohärenten und ausreichend engen Verbindung zwischen dem Zweck der Datenerhebung und deren Weiterverarbeitung".[19]

Bildlich gesprochen wird der Grundsatz somit durch zwei „building blocks" konstituiert: In den Worten der Art. 29-Datenschutzgruppe[20] folgt auf die „pur-

---

2018, S. 134 ff.; a. A. etwa *Augsberg*, in: Groeben/Schwarze/Hatje (Hrsg.), Europäisches Unionsrecht, 7. Aufl., 2015, Art. 8 GRCh Rn. 2 („selbstständige Schrankenregelung").

[15] *Marsch*, Das europäische Datenschutzgrundrecht, 2018, S. 160.
[16] Ebenso EuGH, Urt. v. 20.10.2022 – C-77/21, ECLI:EU:C:2022:805 – Digi, Rn. 26.
[17] Hervorhebung d. Verf.
[18] Siehe *Hoffmann*, Zweckbindung als Kernpunkt eines prozeduralen Datenschutzansatzes, 1991 – passim.
[19] *GA Pikamäe*, Schlussanträge v. 31.3.2022 – C-77/21, ECLI:EU:C:2022:248 – Digi, Rn. 28; zust. EuGH, Urt. v. 20.10.2022 – C-77/21, ECLI:EU:C:2022:805 – Digi, Rn. 36.
[20] *Article 29 Data Protection Working Party*, Opinion 03/2013 on purpose limitation, WP 203 (EN), 2.4.2013, S. 11 f. Vgl. dazu auch *Albers/Veit*, in: Wolff/Brink (Hrsg.), BeckOK DatenschutzR, 39. Ed. (1.11.2021), Art. 6 Rn. 96 ff. sowie *Wolff*, in: Wolff/Brink (Hrsg.),

pose specification" (*first building block*; dazu 1.) das rückbindende Erfordernis des „compatible use" (*second building block*; dazu 2.).

## 1. Erstes Element: Festlegung eindeutiger und legitimer Zwecke

Der Pflicht, den legitimen[21] Verarbeitungszweck eindeutig[22] festzulegen, kommt eine maßstabsbildende Funktion zu. Denn vom festgelegten Zweck hängt vieles ab: die Rechtmäßigkeit der Verarbeitung, die Reichweite anderer Grundsätze (wie etwa die Datenminimierung), aber auch die Möglichkeit, die Datenverarbeitung zu kontrollieren – sei es durch die Aufsichtsbehörden oder – ggf. nachgelagert – durch die Gerichte.[23] GA *Priit Pikamäe* betont zudem in seinen Schlussanträgen in der Rechtssache *Digi*, dass eine „ausreichend genaue Zweckbestimmung" eine „grundlegende Garantie für Vorhersehbarkeit und Rechtssicherheit" sei; sie trage dazu bei, dass die betroffene Person die mögliche Verwendung ihrer Daten versteht und so in voller Kenntnis der Sachlage entscheiden könne.[24] Dem hat sich der EuGH in seinem Urteil vom 20.10.2022 im Wesentlichen angeschlossen.[25] Daneben stellt sich die Zweckfestlegung auch als ein *Instrument der Selbstkontrolle* ein: Es verlangt dem Verantwortlichen ab, vorab[26] zu bestimmen (und entsprechend zu dokumentieren, s. Art. 5 Abs. 2 DSGVO[27]), welche Ziele er mit der Datenverarbeitung verfolgt. Kurzum: Wozu sollen die personenbezogenen Daten verarbeitet werden? Diese Funktion zeigt sich gerade im Kontext der Einwilligung. Das dem Erklärungsakt regelmäßig vorausgehende Einwilligungsersuchen muss auf „einen oder mehrere bestimm-

---

BeckOK DatenschutzR, 39. Ed. (1.11.2021), Syst. A. Prinzipien des Datenschutzrechts Rn. 22; ferner *GA Pikamäe*, Schlussanträge v. 31.3.2022 – C-77/21, ECLI:EU:C:2022:248 – Digi, Rn. 27 („doppelte Komponente").

[21] Nach EuGH, Urt. v. 24.2.2022 – C-175/20, ECLI:EU:C:2022:124, Rn. 66 beziehe sich das Kriterium „legitim" auf die Rechtmäßigkeit der Verarbeitung i. S. d. Art. 6 Abs. 1 DSGVO.

[22] EuGH, Urt. v. 24.2.2022 – C-175/20, ECLI:EU:C:2022:124, Rn. 65: eindeutig meine, dass die Zwecke „klar angegeben sein müssen".

[23] Siehe etwa *GA Pikamäe*, Schlussanträge v. 31.3.2022 C-77/21, ECLI.EU.C: 2022:248 – Digi, Rn. 47. Vgl. auch BVerfGE 156, 11 (45, Rn. 86): Bei der Bestimmtheit gehe es vornehmlich darum, dass Regierung und Verwaltung im Gesetz steuernde und begrenzende Handlungsmaßstäbe vorfinden und dass die Gerichte eine wirksame Rechtskontrolle vornehmen können.

[24] *GA Pikamäe*, Schlussanträge v. 31.3.2022 – C-77/21, ECLI:EU:C:2022:248 – Digi, Rn. 41.

[25] EuGH, Urt. v. 20.10.2022 – C-77/21, ECLI:EU:C:2022:805 – Digi, Rn. 37, der aber auch eine „gewisse Flexibilisierung zugunsten des Verantwortlichen bei der Verwaltung [der] Daten" anerkennt.

[26] Siehe EG 39 S. 6 DSGVO; dazu EuGH, Urt. v. 24.2.2022 – C-175/20, ECLI:EU:C:2022:124, Rn. 64 („spätestens um Zeitpunkt der Erhebung"). Vgl. auch *Herbst*, in: Kühling/Buchner (Hrsg.), DSGVO/BDSG, 3. Aufl., 2020, Art. 5 Rn. 31.

[27] Dazu, insbes. vor dem Hintergrund gesetzlich festgelegter Zwecke, *Spies*, ZD 2022, 75 (80 f.).

te Zwecke" gerichtet sein.[28] Angesprochen ist damit das Gebot hinreichender Bestimmtheit, das im Wortlaut des Datenschutzgrundsatzes („eindeutig") angelegt ist.[29]

Was für den Verantwortlichen gilt, gilt in modifizierter Form auch für den *Gesetzgeber*. Denn er ist es, der – im Kontext der amtlichen Statistik – den Zweck gesetzlich programmiert. So muss nach Art. 6 Abs. 3 S. 2 Alt. 1 DSGVO (Erfüllung einer rechtlichen Verpflichtung) der Zweck der Verarbeitung in der Rechtsgrundlage selbst festgelegt sein; in der 2. Alt. (Wahrnehmung einer öffentlichen Aufgabe) genügt es, wenn sich der Zweck aus der Rechtsgrundlage in hinreichend bestimmter Weise – ggf. im Wege der Auslegung – ermitteln lässt.[30]

Ein Beispiel für eine gesetzliche Zweckfestlegung findet sich in § 9a Abs. 1 S. 1 ZensVorbG 2022. Danach übermitteln die Meldebehörden an die statistischen Ämter der Länder bestimmte (personenbezogene) Daten, um die „Übermittlungswege und [die] Qualität der zum Zensus 2022 zu übermittelnden Daten aus den Melderegistern" zu prüfen und um die „Programme für die Durchführung [dieses] Zensus" zu testen und ggf. weiterzuentwickeln. Damit ist der Zweck im Gesetz in eindeutiger und legitimer Weise umschrieben. Ein weiteres Beispiel findet sich im neuen Zeitverwendungserhebungsgesetz (ZVEG) vom 2.6.2021[31]: Zweck dieser Erhebung ist es, statistische Angaben zur Beschreibung und Analyse gesellschaftlicher Entwicklungen bereitzustellen, insbesondere zur Vorbereitung und zur regelmäßigen Evaluierung gesellschaftspolitischer Maßnahmen und für Vergleiche mit den Mitgliedstaaten der EU (§ 2). Am bekanntesten dürfte schließlich der gesetzlich festgelegte Zweck des Zensus 2022 sein, die Einwohnerzahlen von Bund, Ländern und Gemeinden festzustellen.[32]

*2. Zweites Element: Zweckbindung i. e. S.*

Die Zweckbindung i. e. S. wird – gleichsam auf der zweiten Stufe – durch eine „Rückkopplung an den Erhebungskontext"[33] hergestellt. Nach dem Wortlaut dürfen personenbezogene Daten „nicht in einer mit diesen [gemeint sind die ursprünglich festgelegten Zwecke, die sog. Primärzwecke] nicht zu vereinba-

---

[28] So Art. 6 Abs. 1 UAbs. 1 Buchst. a DSGVO; dazu oben S. 100 ff., auch zu den Erleichterungen (*Broad Consent*) für die Statistik, oben S. 120.

[29] Zu den damit verbundenen Problemen fehlender (sekundärrechtlicher) Konkretisierung s. *von Grafenstein*, The principle of purpose limitation in data protection laws, 2018, S. 231 ff.

[30] *Herbst*, in: Kühling/Buchner (Hrsg.), DSGVO/BDSG, 3. Aufl., 2020, Art. 5 Rn. 35. Zu weit geht jedoch die Ansicht, in diesem Fall sei die Zweckfestlegung entbehrlich; so aber wohl *Schantz/Wolff*, Das neue Datenschutzrecht, 2017, Rn. 404. Vgl. dazu allg. oben S. 180 ff.

[31] BGBl. I 2021, S. 1293; s. dazu auch S. 95 und S. 476.

[32] Siehe § 1 Abs. 3 Nr. 2 ZensG 2022. Das ist nicht der einzige Zweck des Zensus: Er dient auch dazu, unionsrechtliche Berichtspflichten zu erfüllen (Nr. 1) sowie Grunddaten für das Gesamtsystem der amtlichen Statistik sowie weitere Strukturdaten zu gewinnen (Nr. 3).

[33] *Roßnagel*, in: Simitis/Hornung/Spiecker gen. Döhmann (Hrsg.), DatenschutzR, 2019, Art. 5 Rn. 94.

renden Weise weiterverarbeitet werden" (Art. 5 Abs. 1 Buchst. b Hs. 1 DSGVO). Diese doppelte Verneinung findet sich auch in der englischen Sprachfassung („[...] not further processed in a manner that is incompatible with those purposes"). Positiv gewendet dürfen personenbezogene Daten also nur in einer Weise verarbeitet werden, die mit dem Primärzweck *vereinbar* ist. Mit dem Begriff der „Weiterverarbeitung" ist hier nicht jeder Verarbeitungsvorgang gemeint, der der Datenerhebung zeitlich nachfolgt.[34] Das Kriterium der „Zweckvereinbarkeit" macht nur dann Sinn, wenn eine Verarbeitung zu *anderen* Zwecken in Rede steht (vgl. auch Art. 6 Abs. 4 DSGVO). Der EuGH spricht insofern davon, dass die Zwecke nicht „übereinstimmen".[35] Erfasst sind somit die Fälle der *Zweckänderung*.[36] Der Verantwortliche muss sich also fragen: Hat sich der Zweck meiner Datenverarbeitung gegenüber dem ursprünglich festgelegten Zweck (Primärzweck) geändert? Wenn dem so ist, muss er in einem weiteren Schritt prüfen, ob der neue Zweck (Sekundärzweck) mit dem Primärzweck vereinbar ist. Das folgt schon aus dem Wortlaut des Datenschutzgrundsatzes. So gesehen liegt im Kriterium der Vereinbarkeit, wie *Alexander Roßnagel* treffend formuliert, eine Lockerung der Zweckbindung.[37] Der Verantwortliche darf die personenbezogenen Daten, so *Roßnagel* weiter, also „nicht nur für den gleichen Zweck weiterverarbeiten, sondern auch für andere Zwecke – wenn diese nur mit dem Primärzweck vereinbar sind".[38] Der Primärzweck wird so zum *Maßstab für die Zulässigkeit der Weiterverarbeitung*.[39] Dem mitgliedstaatlichen Gesetzgeber bleibt es dabei unbenommen, die Zweck*bindung* gesetzlich festzuschreiben und so Zweckänderungen auszuschließen. Im deutschen Statistikrecht finden sich hierfür durchaus Beispiele. So schließt etwa § 9a Abs. 5 S. 3 ZensVorbG 2022 eine Verarbeitung der übermittelten Testdaten zu anderen als den in Abs. 1 genannten Zwecken (Qualitätsprüfung, Programmentwicklung) explizit aus. Diese Norm untersagt die Zweckänderung; auf die Vereinbarkeit bzw. Kompa-

---

[34] Vgl. aber auch *GA Pikamäe*, Schlussanträge v. 31.3.2022 – C-77/21, ECLI:EU:C:2022:248 – Digi, der insoweit zu differenzieren scheint: Einerseits sei *jede* Verarbeitung nach der Erhebung als „Weiterverarbeitung" zu betrachten (Rn. 28); andererseits stelle sich die Frage nach der „Vereinbarkeit" logischerweise nur dann, wenn diese Verarbeitung zu *anderen* als den ursprünglich angegebenen Zwecken erfolgt (Rn. 35); Hervorhebung d. Verf.
[35] EuGH, Urt. v. 20.10.2022 – C-77/21, ECLI:EU:C:2022:805 – Digi, Rn. 34.
[36] Ebenso *Herbst*, in: Kühling/Buchner (Hrsg.), DSGVO/BDSG, 3. Aufl., 2020, Art. 5 Rn. 39 f.
[37] *Roßnagel*, in: Simitis/Hornung/Spiecker gen. Döhmann (Hrsg.), DatenschutzR, 2019, Art. 5 Rn. 98. Von einer „Lockerung" spricht auch *Frenzel*, in: Paal/Pauly (Hrsg.), DSGVO/BDSG, 3. Aufl., 2021, Art. 5 Rn. 31. Vgl. nunmehr auch EuGH, Urt. v. 20.10.2022 – C-77/21, ECLI:EU:C:2022:805 – Digi, Rn. 34 („gewisse Flexibilisierung zugunsten des Verantwortlichen").
[38] *Roßnagel*, in: Simitis/Hornung/Spiecker gen. Döhmann (Hrsg.), DatenschutzR, 2019, Art. 5 Rn. 98.
[39] Vgl. *Frenzel*, in: Paal/Pauly (Hrsg.), DSGVO/BDSG, 3. Aufl., 2021, Art. 5 Rn. 30.

tibilität⁴⁰ kommt es insoweit nicht an. Andere Formulierungen gehen dahin, dass bestimmte (personenbezogene) Daten nur für die Zwecke verwendet werden dürfen, für die sie übermittelt worden sind (so etwa die Zweckbindung der Wissenschaftsklausel⁴¹ gemäß § 16 Abs. 8 S. 1 BStatG).

## II. Ausnahme für die Weiterverarbeitung zu statistischen Zwecken

Für die Weiterverarbeitung personenbezogener Daten zu statistischen Zwecken sieht der 2. *Halbsatz* des Art. 5 Abs. 1 Buchst. b DSGVO eine Ausnahme vom Grundsatz der Zweckbindung vor: Sie gilt nicht als unvereinbar mit den ursprünglichen Zwecken. Diese Ausnahme war im Kommissionsentwurf – im Unterschied zum Grundsatz der Speicherbegrenzung⁴² – noch nicht enthalten.⁴³ Im Standpunkt des Europäischen Parlaments⁴⁴ fehlte sie ebenfalls. Dies verwundert. Denn die alte Datenschutz-Richtlinie sah bereits eine entsprechende Privilegierung für die Statistik vor: Danach war die „Weiterverarbeitung von Daten zu historischen, statistischen oder wissenschaftlichen Zwecken […] im allgemeinen nicht als unvereinbar mit den Zwecken der vorausgegangenen Datenerhebung anzusehen, sofern die Mitgliedstaaten geeignete Garantien vorsehen" (Art. 6 Abs. 1 Buchst. b S. 2). Die Vorschläge der Kommission und des Parlaments wären so gesehen hinter der Richtlinie zurückgeblieben. Es ist das Verdienst des Rates, die Ausnahmevorschrift in das neue Datenschutzrecht überführt zu haben. Sie geht auf die gemeinsame Position des Rates v. 11.6.2015⁴⁵ zurück. Im Trilog hat sie nur noch geringfügige textliche Veränderungen erfahren.⁴⁶

### 1. Voraussetzungen der Privilegierung

Die Privilegierung setzt voraus, dass der Verantwortliche personenbezogene Daten zu statistischen Zwecken „gemäß Artikel 89 Abs. 1" verarbeitet.⁴⁷ Der Verantwortliche muss die dort genannten „geeigneten Garantien" (dazu § 8, S. 249 ff.) einhalten. Es handelt sich um eine *Rechtsgrundverweisung* auf Art. 89 Abs. 1 DSGVO. Denn es sind diese Garantien (engl.: „safeguards"), die die

---

⁴⁰ Zum sog. Kompatibilitätstest gem. Art. 6 Abs. 4 DSGVO s. unten S. 361.
⁴¹ Siehe zum Datenzugang für die Wissenschaft (§ 16 Abs. 6 BStatG) oben S. 313 ff.
⁴² Dazu unten S. 381 ff.
⁴³ Siehe KOM(2012) 11 endgültig, S. 49.
⁴⁴ *Europäisches Parlament*, Standpunkt v. 12.3.2014, EP-PE_TC1-COD(2012)0011, S. 106.
⁴⁵ Siehe *Council of the EU*, 9565/15 ANNEX, S. 82: „further processing of personal data for archiving purposes in the public interest or *scientific*, statistical or historical purposes shall in accordance with Article 83 not be considered incompatible with the initial purposes" (Hervorhebung im Original).
⁴⁶ Vgl. *Council of the EU*, 5455/16 ANNEX, S. 85.
⁴⁷ Siehe Art. 5 Abs. 1 Buchst. b Hs. 2 DSGVO. Zum Begriff der statistischen Zwecke ausf. S. 221 ff.

Rechte und Freiheiten der betroffenen Personen absichern und auf diese Weise die Ausnahmevorschriften für statistische Zwecke erst rechtfertigen. Anders als für den Grundsatz der Speicherbegrenzung[48] ist dieser Vorbehalt im Normtext nicht ausdrücklich verankert. Er folgt aber aus der Ratio der Norm.[49] Die Verordnung verlangt *geeignete technische und organisatorische Maßnahmen* als Sicherheitsvorkehrung.[50] Die Privilegierung setzt überdies voraus, dass der Verantwortliche *ausschließlich* privilegierte Zwecke verfolgt. Diese Einschränkung ist zum Schutz der Rechte und Freiheiten der betroffenen Personen geboten. Auch wenn diese Voraussetzung nicht explizit normiert ist, so handelt es sich gleichwohl nicht um ein beredtes Schweigen des Gesetzgebers. Insbesondere trägt der Gegenschluss zum Grundsatz der Speicherbegrenzung („ausschließlich [...] für statistische Zwecke")[51] nicht. Wie bei Art. 89 Abs. 4 DSGVO ist das Privileg nur dann gerechtfertigt, wenn der Verantwortliche nicht auch andere Zwecke mit der Verarbeitung verfolgt. Im Bereich der amtlichen Statistik ergibt sich diese Einschränkung ohnedies aus der gesetzlichen Aufgabenbeschreibung (vgl. § 1 i. V. m. § 3 BStatG):[52] Das Statistische Bundesamt darf insbesondere nicht mit „klassischen" Verwaltungsaufgaben betraut werden.

### 2. Fiktion der Zweckvereinbarkeit

Die Weiterverarbeitung für statistische Zwecke gilt nicht als unvereinbar mit den ursprünglichen Zwecken (Art. 5 Abs. 1 Buchst. b Hs. 2 DSGVO). Die Verordnung arbeitet hier mit einer *gesetzlichen Fiktion* („gilt").[53] Das heißt, sie ordnet an, dass der Sekundärzweck Statistik stets mit dem Primärzweck (in den Worten der Vorschrift: dem „ursprünglichen Zweck") vereinbar ist. Damit setzt sie Ungleiches gleich.[54] Die juristische Fiktion besteht „in der gewollten Gleichsetzung eines als ungleich Gewußten"[55]. Der Unionsgesetzgeber sorgt gewissermaßen

---

[48] Siehe Art. 5 Abs. 1 Buchst. e Hs. 2 DSGVO: „[...] vorbehaltlich der Durchführung geeigneter technischer und organisatorischer Maßnahmen, die von dieser Verordnung zum Schutz der Rechte und Freiheiten der betroffenen Person gefordert werden [...]". Da sich diese Voraussetzung bereits aus Art. 89 Abs. 1 DSGVO ergibt, ist dieser Vorbehalt redundant (s. die Nachweise in § 8 Fn. 223).
[49] Im Ergebnis wie hier z. B. *Herbst*, in: Kühling/Buchner (Hrsg.), DSGVO/BDSG, 3. Aufl., 2020, Art. 5 Rn. 51.
[50] Vgl. Art. 89 Abs. 1 S. 1 und 2 DSGVO.
[51] Dazu unten S. 384; vgl. zu kumulierten Verarbeitungszwecken oben S. 245.
[52] Siehe dazu i. R. d. Art. 6 Abs. 1 UAbs. 1 Buchst. e DSGVO, oben S. 142 ff.
[53] Ebenso z. B. *Assion/Nolte/Veil*, in: Gierschmann/Schlender/Stentzel/Veil (Hrsg.), DSGVO, 2018, Art. 6 Rn. 223. *Monreal*, ZD 2016, 507 (509) spricht demggü. von einer „gesetzlichen Vermutung".
[54] Siehe dazu bereits *Fischer*, AcP 117 (1919), 143 (144): „Fingieren heißt Ungleiches gleich setzen".
[55] *Larenz/Canaris*, Methodenlehre der Rechtswissenschaft, 3. Aufl., 1995, S. 83.

für den Fall vor, dass der statistische Sekundärzweck nicht mit dem Primärzweck vereinbar wäre. Das Datenschutzrecht fingiert deswegen die Zweckvereinbarkeit: Der neue Zweck $Z^2$ sei „nicht unvereinbar" („not be considered to be incompatible") mit dem Zweck $Z^1$.

Die doppelte Verneinung ist sperrig. Die Vorschrift knüpft damit ersichtlich an das Verbot des 1. Halbsatzes an, die Daten in einer mit den ursprünglichen Zwecken unvereinbaren Weise weiterzuverarbeiten. Gleichwohl hätte sich der Unionsgesetzgeber auch einer einfacheren, nämlich positiven Formulierung bedienen können: Der alternative Normtext, wonach die Weiterverarbeitung für statistische Zwecke *als mit den ursprünglichen Zwecken vereinbar gilt*, führte zu derselben, zwingenden[56] Rechtsfolge: der Vereinbarkeit unterschiedlicher Zwecke.[57]

So oder so: Die Privilegierung besteht (zunächst[58]) darin, dass eine Weiterverarbeitung zu statistischen Zwecken (Sekundärstatistik) gemäß Art. 89 Abs. 1 DSGVO keinesfalls gegen den unionsrechtlichen Grundsatz der Zweckbindung verstößt. Man kann insoweit durchaus von einer „Flexibilisierung" der Zweckbindung sprechen.[59] Diese wird insbesondere dann relevant, wenn qualitativ geeignete Verwaltungsdaten (§ 5a BStatG)[60] verwendet werden (sollen), um Bundesstatistiken zu erstellen oder deren Qualität zu sichern. Denn dabei kommt es notwendigerweise zu einer Zweckänderung, die sich eigentlich am Grundsatz der Zweckbindung und den Vorgaben des Art. 6 Abs. 4 DSGVO (dazu sogleich unter III.1.) messen lassen müsste.[61]

*3. Zwischenergebnis*

Verarbeitet der Verantwortliche personenbezogene Daten zu statistischen Zwecken weiter, und hält er dabei jeweils geeignete Garantien[62] ein, so verstößt dies nicht gegen den Grundsatz der Zweckbindung. Das Datenschutzrecht fingiert, dass der (sekundäre) Statistikzweck mit dem (primären) Erhebungszweck stets vereinbar ist.

---

[56] Die zwingende Rechtsfolgenanordnung hat die Fiktion mit der unwiderlegbaren Vermutung gemein, dazu *Möllers*, Juristische Methodenlehre, 2. Aufl., 2019, § 4 Rn. 54. Vgl. aber auch *Golla*, in: Specht/Mantz (Hrsg.), Handbuch Europäisches und deutsches Datenschutzrecht, 2019, § 23 Rn. 57, der – am Beispiel der Forschung – annimmt, dass die Weiterverarbeitung lediglich „im Regelfall" mit dem ursprünglichen Zweck vereinbar ist.
[57] Siehe nur die positive Formulierung in EG 50 S. 1 DSGVO.
[58] Zu den weiteren Rechtsfolgen unten III., S. 361 ff.
[59] *Johannes/Richter*, DuD 2017, 300 (301); ihnen folgend *Roßnagel*, ZD 2019, 157 (162).
[60] Siehe dazu oben S. 58.
[61] Siehe zum Once-only-Prinzip in der (Bundes-)Statistik unten S. 379.
[62] Ausf. dazu § 8, S. 249 ff.

## III. Rechtsfolgen der fingierten Zweckvereinbarkeit

Welche Rechtsfolgen sich aus der Fiktion der Zweckvereinbarkeit ergeben, ist dem Grundsatz der Zweckbindung als solchem nicht zu entnehmen. Das ergibt sich erst aus dem Zusammenhang mit Art. 6 Abs. 4 DSGVO (dazu 1.). Davon ist wiederum die Frage zu unterscheiden, ob die Weiterverarbeitung zu statistischen Zwecken einer neuen Rechtsgrundlage bedarf oder ob sich der Verantwortliche auf die Rechtsgrundlage der Erhebung stützen kann (dazu 2.). Beide Aspekte geben darüber Auskunft, welche Privilegierungswirkung der Ausnahmevorschrift im System des europäischen Datenschutzrechts zukommt.

### 1. Kein Kompatibilitätstest gemäß Art. 6 Abs. 4 DSGVO

Art. 6 Abs. 4 DSGVO regelt den Fall der Zweckänderung,[63] mithin die Frage, unter welchen Voraussetzungen der Grundsatz der Zweckbindung „durchbrochen" werden kann.[64] Anders gewendet: In welchen Fällen ist die Weiterverarbeitung zu anderen Zwecken mit dem ursprünglichen Zweck vereinbar? Die Regelung ist nicht leicht zu verstehen und gilt im Hinblick auf Normtext und Systematik als „missglückt".[65] Der Kerngehalt der Vorschrift besteht darin, dass er dem Verantwortlichen fünf – durchaus „vage"[66], nicht abschließende[67] – Kriterien an die Hand gibt, um die Vereinbarkeit von Sekundär- und Primärzweck zu prüfen. Die Privilegierung der Statistik besteht darin, dass der Verantwortliche von diesem sog. *Kompatibilitätstest*[68] generell befreit ist.[69] Die gesetzliche Fiktion der Vereinbarkeit entbindet ihn von dieser Pflicht. Mit dieser Regelungstechnik hat der Unionsgesetzgeber unwiderlegbar festgeschrieben, dass die Weiterverarbeitung personenbezogener Daten zu statistischen Zwecken stets mit dem ursprünglichen Zweck der Erhebung vereinbar ist. Diese Privilegierung

---

[63] Eine gute systematische Einordnung findet sich bei *Assion/Nolte/Veil*, in: Gierschmann/Schlender/Stentzel/Veil (Hrsg.), DSGVO, 2018, Art. 6 Rn. 198 ff.
[64] Nach *Frenzel*, in: Paal/Pauly (Hrsg.), DSGVO/BDSG, 3. Aufl., 2021, Art. 6 Rn. 46 öffne sich hier ein weiteres „Einfallstor" für die Aufweichung der Zweckbindung. Vgl. allg. *Albers*, in: Voßkuhle/Eifert/Möllers (Hrsg.), GVerwR, 3. Aufl., 2022, § 22 Rn. 84, die von einer „relativierte[n] Bindung an den ursprünglich festgelegten Zweck" spricht.
[65] *Albers/Veit*, in: Wolff/Brink (Hrsg.), BeckOK DatenschutzR, 39. Ed. (1.11.2021), Art. 6 Rn. 109 sowie Rn. 111 („rechtstechnisch missglückt"); s. *Assion/Nolte/Veil*, in: Gierschmann/Schlender/Stentzel/Veil (Hrsg.), DSGVO, 2018, Art. 6 Rn. 200, wonach Abs. 4 das systematische Konzept fehle; Sinn und Zweck der Vorschrift seien mehrdeutig.
[66] *Albers/Veit*, in: Wolff/Brink (Hrsg.), BeckOK DatenschutzR, 39. Ed. (1.11.2021), Art. 6 Rn. 105.
[67] *GA Pikamäe*, Schlussanträge v. 31.3.2022 – C-77/21, ECLI:EU:C:2022:248 – Digi, Rn. 36.
[68] Siehe statt vieler *Taeger*, in: Taeger/Gabel (Hrsg.), DSGVO/BDSG/TTDSG, 3. Aufl., 2022, Art. 6 Rn. 169.
[69] Ebenso *Assion/Nolte/Veil*, in: Gierschmann/Schlender/Stentzel/Veil (Hrsg.), DSGVO, 2018, Art. 6 Rn. 223 ff.

relativiert sich jedoch dadurch, dass der Anwendungsbereich des Kompatibilitätstests insgesamt „schmal" ist.[70] Denn auf den Kriterienkatalog kommt es bereits dann nicht an, wenn die Zweckänderung auf einer Einwilligung oder einer Rechtsvorschrift beruht.[71] Dies ist aber im Bereich der *amtlichen* Statistik typischerweise der Fall (vgl. auch § 5 BStatG).[72] Ihre Wirkung entfaltet die Fiktion der Zweckvereinbarkeit nach Art. 5 Abs. 1 Buchst. b Hs. 2 DSGVO damit zuvörderst im Bereich der *privaten* Statistik (insbesondere, soweit sie sich auf den Tatbestand der berechtigten Interessen[73] beruft).

*2. Erfordernis einer „neuen" Rechtsgrundlage für die Weiterverarbeitung?*

Besonders umstritten ist, ob die Weiterverarbeitung zu anderen Zwecken – neben dem Kriterium der Vereinbarkeit – einer „neuen" Rechtsgrundlage bedarf. Der Rechtsgrund der Zweckvereinbarkeit ist dabei unerheblich. Die Rechtsfolgenfrage stellt sich also gleichermaßen für die gesetzliche Fiktion[74] wie für die eigenständige Prüfung der Vereinbarkeit (Kompatibilitätstest).[75] Der BGH hat

---

[70] *Frenzel*, in: Paal/Pauly (Hrsg.), DSGVO/BDSG, 3. Aufl., 2021, Art. 6 Rn. 46; ebenso *Taeger*, in: Taeger/Gabel (Hrsg.), DSGVO/BDSG/TTDSG, 3. Aufl., 2022, Art. 6 Rn. 169.

[71] Siehe Art. 6 Abs. 4 DSGVO: „Beruht die Verarbeitung […] nicht auf der Einwilligung der betroffenen Person oder auf einer Rechtsvorschrift der Union oder der Mitgliedstaaten […]"; ebenso *GA Pikamäe*, Schlussanträge v. 31.3.2022 – C-77/21, ECLI:EU:C:2022:248 – Digi, Rn. 56. – Eine andere Frage ist, ob Art. 6 Abs. 4 DSGVO eine „echte" Öffnungsklausel enthält und wie weit diese ggf. reicht. Der BGH (NJW 2020, 536 [540, Rn. 35 ff.] mit zahlreichen Nachweisen zum Meinungsstand in der Literatur) gesteht den Mitgliedstaaten eine weite Regelungskompetenz zu. Diese auf Konstellationen der Art. 6 Abs. 2 und 3 DSGVO zu beschränken, sei mit dem Wortlaut der Norm unvereinbar (BGH, ebenda, Rn. 36; a.A. etwa *Heberlein*, in: Ehmann/Selmayr (Hrsg.), DSGVO, 2. Aufl., 2018, Art. 6 Rn. 51; *Buchner/Petri*, in: Kühling/Buchner (Hrsg.), DSGVO/BDSG, 3. Aufl., 2020, Art. 6 Rn. 180, 199). Danach ginge die Rechtsetzungsbefugnis für die (inkompatible) Weiterverarbeitung über diejenige für die (Erst-)Verarbeitung (Art. 6 Abs. 1 UAbs. 1 Buchst. c und e DSGVO) noch hinaus; zu dieser asynchronen Regelungstechnik bereits *Kühling et al.*, Die Datenschutz-Grundverordnung und das nationale Recht, 2016, S. 43 f. Der mitgliedstaatliche Gesetzgeber dürfte nach dieser Ansicht für die *Weiterverarbeitung* zu statistischen Zwecken umfassende Regelungen treffen. Ob die Grundverordnung einer derart weit verstandenen Öffnungsklausel das Wort redet, ist jedoch zweifelhaft. Der BGH hat die Rechtsfrage gleichwohl nicht dem EuGH vorgelegt: Die Rechtslage sei „angesichts des klaren Wortlauts, der klaren Systematik der Vorschrift und ihres eindeutigen Sinns und Zwecks (von vornherein) eindeutig (‚acte clair' […])", so BGH NJW 2020, 536 (541, Rn. 43). Von einer Eindeutigkeit i. S. d. acte-clair-Doktrin kann hier indes keine Rede sein.

[72] Siehe zur Einwilligung oben S. 95 ff., zu den gesetzlichen Verarbeitungsbefugnissen oben S. 136 ff.

[73] Art. 6 Abs. 1 UAbs. 1 Buchst. f DSGVO; dazu oben S. 153 f.

[74] Siehe oben II.2., S. 359.

[75] A.A. *Wolff*, in: Wolff/Brink (Hrsg.), BeckOK DatenschutzR, 39. Ed. (1.11.2021), Syst. A. Prinzipien des Datenschutzrechts Rn. 39.1. Indes ist die Rechtsfolge („Zweckvereinbarkeit") identisch; es kommt nach hier vertretener Ansicht also nicht darauf an, ob der Gesetz-

die Frage in einer Entscheidung vom September 2019 ausdrücklich offengelassen.[76] Weitgehend Einigkeit besteht noch insoweit, als jeder Verarbeitungsvorgang dem Grundsatz der Zweckbindung *und* der Rechtmäßigkeit entsprechen muss. Die Datenschutzgrundsätze (einschließlich ihrer Konkretisierungen) finden kumulativ, nicht alternativ Anwendung.[77] Eine Weiterverarbeitung zu anderen Zwecken ist demnach zulässig, wenn erstens die Zwecke miteinander kompatibel („vereinbar") sind und zweitens eine Einwilligung oder gesetzliche Grundlage (vgl. Art. 8 Abs. 2 S. 1 GRCh) einschlägig ist. Im Schrifttum ist jedoch strittig, ob sich der Verantwortliche auf die „alte" Rechtsgrundlage ($R^1$) der ursprünglichen Verarbeitung berufen kann oder ob er insoweit nach einer „neuen" Rechtsgrundlage ($R^2$) suchen muss. Im ersten Fall wirkt der Legitimationsgrund der Primärverarbeitung ($V^1$) fort und erstreckt sich wegen der Zweckvereinbarkeit (von $Z^1$ und $Z^2$) *ipso iure* auf die Sekundärverarbeitung ($V^2$ = Weiterverarbeitung); im zweiten Fall muss der Verantwortliche eine „gesonderte" Rechtsgrundlage ($R^2$) vorweisen können.[78] Die erste Ansicht wird auch als „Ausweitungstheorie" bezeichnet, die zweite Ansicht als „Einschränkungstheorie".[79]

### a) Begründungserwägung des Gesetzgebers (EG 50 DSGVO)

Im verfügenden Teil der Datenschutz-Grundverordnung ist die Rechtsfolge der Zweckvereinbarkeit und ihr Verhältnis zum Grundsatz der Rechtmäßigkeit nicht ausdrücklich geregelt. Das ist unter dem Gesichtspunkt der Rechtssicherheit bedauerlich. Immerhin hat der Unionsgesetzgeber seinen Willen in einem nicht-verbindlichen Erwägungsgrund zum Ausdruck gebracht: Nach EG 50 S. 2 DSGVO ist für den Fall der Zweckvereinbarkeit „keine andere gesonderte Rechtsgrundlage erforderlich als diejenige für die Erhebung der personenbezogenen Daten".[80] Der Wortlaut dieses Erwägungsgrunds scheint zunächst ein-

---

geber dieses Ergebnis fingiert oder ob der Verantwortliche einen Kompatibilitätstest durchgeführt hat.

[76] BGH NJW 2020, 536 (541, Rn. 44 f.).
[77] Zutreffend *Heberlein*, in: Ehmann/Selmayr (Hrsg.), DSGVO, 2. Aufl., 2018, Art. 5 Rn. 19 m.w.N., auch zur Gegenansicht. Vgl. auch *Buchner/Petri*, in: Kühling/Buchner (Hrsg.), DSGVO/BDSG, 3. Aufl., 2020, Art. 6 Rn. 184, wonach es „unstreitig" sei, dass Art. 5 und Art. 6 unabhängig voneinander zu erfüllen sind. *Buchner* und *Petri* verweisen ebenda auf die „unmissverständliche" Rechtsprechung des EuGH (ZD 2015, 577 [578, Rn. 30]).
[78] Dabei ist es im Einzelfall (theoretisch) durchaus denkbar, dass die „erste" Rechtsgrundlage auch die Weiterverarbeitung legitimiert. Gesondert meint hier also nicht notwendigerweise einen anderen Tatbestand.
[79] Siehe dazu *Assion/Nolte/Veil*, in: Gierschmann/Schlender/Stentzel/Veil (Hrsg.), DSGVO, 2018, Art. 6 Rn. 207 ff. Letztere nennt *Taeger*, in: Taeger/Gabel (Hrsg.), DSGVO/BDSG/TTDSG, 3. Aufl., 2022, Art. 6 Rn. 169 auch „Zwei-Stufen-Theorie".
[80] Im Englischen: „In such a case, no legal basis separate from that which allowed the collection of the personal data is required."; im Französischen: „Dans ce cas, aucune base

deutig für die sog. Ausweitungstheorie zu sprechen.[81] Dieser Auffassung folgt auch der Bundesgesetzgeber. Im Rahmen des ersten Datenschutzanpassungs- und Umsetzungsgesetzes bekräftigte er die Aussage des Erwägungsgrunds für die privilegierten Zwecke: Da die (wissenschaftlichen oder historischen) Forschungszwecke und die statistischen Zwecke mit dem Zweck der Erstverarbeitung kompatibel seien, könne sich der Verantwortliche erneut auf die Rechtsgrundlage stützen, die schon die Erstverarbeitung legitimiert habe.[82] Auch EG 50 S. 5 DSGVO bestätigt dies: Danach sollte die Weiterverarbeitung für die Zwecktrias (darunter auch der Statistikzweck) „als vereinbarer *und rechtmäßiger* Verarbeitungsvorgang gelten".[83] Dessen eingedenk strahlt zumindest die Fiktion der Zweckvereinbarkeit auch auf die Rechtmäßigkeit der Datenverarbeitung aus. Einer gesonderten Rechtsgrundlage für die Sekundärverarbeitung bedürfte es hiernach nicht.

*b) Entstehungsgeschichte: Kein Redaktionsversehen*

Die Entstehungsgeschichte des Art. 6 Abs. 4 wie auch des EG 50 DSGVO ist mehrdeutig.

Gleichwohl meint eine Ansicht im Schrifttum, EG 50 S. 2 DSGVO sei ein „redaktioneller Fehler"[84] bzw. ein „Redaktionsversehen"[85]. Ein solches Versehen dem Unionsgesetzgeber zu unterstellen, ist jedoch rechtfertigungsbedürftig. Man beruft sich insoweit auf die Gesetzeshistorie. Dabei war gerade das Konzept der Zweckvereinbarkeit im Gesetzgebungsverfahren besonders umstritten.[86] So sah der Vorschlag der *Europäischen Kommission* vor, dass es einer gesonderten Rechtsgrundlage bedarf, wenn „der Zweck der Weiterverarbeitung mit dem Zweck, für den die personenbezogenen Daten erhoben wurden, *nicht*

---

juridique distincte de celle qui a permis la collecte des données à caractère personnel n'est requise".
[81] So auch *Assion/Nolte/Veil*, in: Gierschmann/Schlender/Stentzel/Veil (Hrsg.), DSGVO, 2018, Art. 6 Rn. 209, 214; i. Erg. ebenso *Kotschy*, in: Kuner/Bygrave/Docksey (Hrsg.), The EU General Data Protection Regulation (GDPR) – A Commentary, 2020, S. 341; s. bereits *Kühling et al.*, Die Datenschutz-Grundverordnung und das nationale Recht, 2016, S. 38.
[82] BT-Drs. 18/11325, S. 99.
[83] Hervorhebung d. Verf. Vgl. auch die engl. Sprachfassung: „Further processing for [...] statistical purposes should be considered to be compatible lawful processing operations".
[84] *Schantz*, NJW 2016, 1841 (1844).
[85] *Herbst*, in: Kühling/Buchner (Hrsg.), DSGVO/BDSG, 3. Aufl., 2020, Art. 5 Rn. 49.
[86] Vgl. *Albers/Veit*, in: Wolff/Brink (Hrsg.), BeckOK DatenschutzR, 39. Ed. (1.11.2021), Art. 6 Rn. 9 („konkrete Ausgestaltung [...] war sehr umstritten"); s. auch *Assion/Nolte/Veil*, in: Gierschmann/Schlender/Stentzel/Veil (Hrsg.), DSGVO, 2018, Art. 6 Rn. 200; anders wohl *Roßnagel*, in: Simitis/Hornung/Spiecker gen. Döhmann (Hrsg.), DatenschutzR, 2019, Art. 6 Abs. 4 Rn. 3, der dies damit begründet, dass erst der Rat einen entsprechenden Entwurf vorlegte.

## A. Grundsatz der Zweckbindung

vereinbar [ist]".[87] Im korrespondierenden EG 40 S. 2 des Entwurfs hieß es – gleichsam umgekehrt zum heutigen EG 50 S. 2 – noch:

„Ist der andere Zweck *nicht* mit dem ursprünglichen Zweck, für den die Daten erhoben wurden, *vereinbar*, muss der für die Verarbeitung Verantwortliche hierfür die Einwilligung der betroffenen Person einholen oder die Verarbeitung auf einen anderen Rechtmäßigkeitsgrund stützen […]".[88]

Der *Rat* folgte diesem Regulierungsansatz im Wesentlichen, wendete die Formulierungen aber ins Positive.[89] Demgegenüber vertrat das *Europäische Parlament* – ausweislich des Berichterstatters – stets eine strengere Position: Ein „Zurück" hinter den Schutzstandard und die Grundsätze der Datenschutzrichtlinie dürfe es nicht geben.[90] Aus diesem Grund hatte das Parlament vorgeschlagen, die Regelung aus dem Kommissionsentwurf (Art. 6 Abs. 4 nebst EG 40) ersatzlos zu streichen.

Wer sich nun wie im Gesetzgebungsverfahren durchgesetzt hat, ist schwer zu rekonstruieren.[91] Belastbare Aussagen zu einem möglichen Redaktionsversehen lassen sich daraus kaum ableiten. Jedoch handelt es sich nicht bloß um ein „Überbleibsel" der allgemeinen Ausrichtung des *Rates*, welches die am Gesetzgebungsverfahren beteiligten Organe im Trilog zu streichen vergessen hatten.[92] Denn auch EG 50 S. 5 DSGVO knüpft daran an: Die etwa im Recht der Mitgliedstaaten vorgesehene Rechtsgrundlage für die Verarbeitung personenbezogener Daten könne – so die Begründungserwägung – auch als Rechtsgrundlage

---

[87] Siehe Art. 6 Abs. 4 DSGVO-E(KOM); KOM(2012) 11 endgültig, S. 51; Hervorhebung d. Verf. Krit. dazu bspw. *EDPS*, Opinion of the European Data Protection Supervisor on the data protection reform package, 7.3.2012, S. 20 f.

[88] Hervorhebung d. Verf.

[89] Siehe Art. 6 Abs. 4 DSGVO-E(Rat); *Council of the European Union*, Preparation of a general approach v. 11.6.2015, Doc. 9565/15, S. 85: „Where the purpose of further processing is *incompatible* with the one for which the personal data have been collected *by the same controller*, the *further processing must have a legal basis* at least in one of the grounds referred to in points (a) to (e) of paragraph 1. Further processing by the same controller for incompatible purposes on grounds of *legitimate interests* of that controller or a third party shall be lawful if these interests override the interests of the data subject "; sowie EG 40 S. 1 und 2 DSGVO-E(Rat): „The processing of personal data for other purposes than the purposes for which the data have been initially collected should be only allowed where the processing is *compatible* with those purposes for which the data have been initially collected. In such case *no separate legal basis* is required other than the one which allowed the collection of the data." (Hervorhebung d. Verf.).

[90] *Albrecht*, CR 2016, 88 (92).

[91] Nach *Albrecht*, CR 2016, 88 (92) habe das Europäische Parlament die Vorschläge der Kommission und des Rates zur Zweckänderung zurückgewiesen und „im Gegenzug" die konkrete Ausformulierung des Kompatibilitätstests akzeptiert.

[92] So aber *Herbst*, in: Kühling/Buchner (Hrsg.), DSGVO/BDSG, 3. Aufl., 2020, Art. 5 Rn. 49.

für eine Weiterverarbeitung dienen.[93] Ferner hat der Unionsgesetzgeber die Datenschutz-Grundverordnung bereits zweimal berichtigt, ohne das „Redaktionsversehen", das ihm unterstellt wird, zu bereinigen.[94] In der Berichtigung vom 23.5.2018 hat er lediglich Satz 6 des 50. Erwägungsgrunds, nicht aber dessen S. 2 korrigiert.[95] Von einem „offensichtlichen Versehen"[96] kann dann kaum mehr die Rede sein. Ein solches darf dem Unionsgesetzgeber vor diesem Hintergrund nicht nonchalant unterstellt werden.[97] Schließlich widerlegt bereits der Umstand, dass für die normative Aussage, die der Erwägungsgrund unterstreicht, auch systematische Argumente sprechen,[98] dessen offenbare Unrichtigkeit. Der Erwägungsgrund lässt sich durchaus mit dem verfügenden Teil der Verordnung in Einklang bringen. Nach alledem ist EG 50 S. 2 DSGVO als Auslegungshilfe heranzuziehen: Eine gesonderte Rechtsgrundlage ($R^2$) für die zweckkompatible Weiterverarbeitung ($V^2$) wäre hiernach nicht erforderlich.

*c) Systematik; Wertungswiderspruch*

Gegen die sog. Einschränkungstheorie sprechen zudem systematische Gründe. Wer die Weiterverarbeitungsbefugnis an die Voraussetzungen einer neuen, gesonderten Rechtsgrundlage bindet, benachteiligt die zweckkompatible Sekundärverarbeitung gegenüber der (hypothetischen) Datenneuerhebung. Denn es wäre für den Verantwortlichen leichter, die personenbezogenen Daten „neu" zu erheben (neue Rechtsgrundlage), als die bereits vorhandenen Daten lediglich „umzuwidmen" (Zweckvereinbarkeit und neue Rechtsgrundlage).[99] Darin liegt ein Wertungswiderspruch. Diese Ansicht würde den Verantwortlichen dazu drängen, dieselben Daten zu dem geänderten Zweck *neu zu erheben*, wiewohl diese bei ihm bereits vorliegen. Diese Rechtsfolge, also einen gänzlich neuen Verarbeitungsvorgang starten zu müssen, ist aber gerade für eine *zweckinkompatible* Weiterverarbeitung vorgesehen.[100] Das Konzept der Zweckvereinbarkeit

---

[93] Dazu auch *Assion/Nolte/Veil*, in: Gierschmann/Schlender/Stentzel/Veil (Hrsg.), DSGVO, 2018, Art. 6 Rn. 203 ff., die daraus zu Recht den Schluss ziehen, dass das Unionsrecht einer hypothetischen Datenneuerhebung nicht im Weg stehe.

[94] Siehe die Berichtigung v. 22.11.2016 (ABl. 2016 L 314/72) und v. 23.5.2018 (ABl. 2018 L 127/2).

[95] Siehe *Council of the European Union*, Doc. 8088/18 v. 19.4.2018, S. 47.

[96] *Herbst*, in: Kühling/Buchner (Hrsg.), DSGVO/BDSG, 3. Aufl., 2020, Art. 5 Rn. 49.

[97] I. Erg. ebenso *Assion/Nolte/Veil*, in: Gierschmann/Schlender/Stentzel/Veil (Hrsg.), DSGVO, 2018, Art. 6 Rn. 215; gegen ein Redaktionsversehen auch *Monreal*, ZD 2016, 507 (510); *Schulz*, in: Gola (Hrsg.), DSGVO, 2. Aufl., 2018, Art. 6 Rn. 210; *Schwartmann/Pieper/Mühlenbeck*, in: Schwartmann/Jaspers/Thüsing/Kugelmann (Hrsg.), DSGVO/BDSG, 2. Aufl., 2020, Art. 6 Rn. 234.

[98] Dazu sogleich unter c), S. 366.

[99] So *Assion/Nolte/Veil*, in: Gierschmann/Schlender/Stentzel/Veil (Hrsg.), DSGVO, 2018, Art. 6 Rn. 210, 214 und 216.

[100] Vgl. dazu etwa *Buchner/Petri*, in: Kühling/Buchner (Hrsg.), DSGVO/BDSG, 3. Aufl.,

verlöre die ihm zugedachte Bedeutung. Daher weist auch *Alexander Roßnagel* zu Recht darauf hin, dass die Forderung nach einer gesonderten Rechtsgrundlage für vereinbare Zweckänderungen die gesetzgeberische Wertung geradezu umkehre, indem sie „moderate" Zweckänderungen strenger reglementiere als „starke".[101] Dieses widersprüchliche Ergebnis entsteht nicht, wenn man mit der sog. Ausweitungstheorie eine *Fortwirkung der ursprünglichen Erlaubnisnorm* anerkennt. Als normatives Korrektiv dienen dann die – eng auszulegenden – Kompatibilitätskriterien des Art. 6 Abs. 4 DSGVO bzw. der Vorbehalt geeigneter Garantien für die Verarbeitung zu statistischen Zwecken[102].

*d) Grundsatz der Rechtmäßigkeit; Schutz der betroffenen Person(en)*

Auch der Grundsatz der Rechtmäßigkeit[103] steht der sog. Ausweitungstheorie nicht entgegen. Denn sie verlangt sehr wohl eine rechtliche Grundlage für die Weiterverarbeitung. Hierfür bedient sich diese Lösung jedoch einer dogmatischen Konstruktion: Wo der Zweck der Erhebung mit dem Zweck der Weiterverarbeitung vereinbar ist, wirkt die legitimierende Kraft der ursprünglichen (sowie rechtmäßigen[104]) Rechtsgrundlage fort.[105] Mit anderen Worten erstreckt das Konzept der Zweckvereinbarkeit den alten Rechtsgrund auch auf den neuen, geänderten Zweck. Dem Grundsatz der Rechtmäßigkeit ist damit Genüge getan. Die Ansicht der deutschen Aufsichtsbehörden, die betroffene Person hätte ein

---

2020, Art. 6 Rn. 185: Sind die Zwecke unvereinbar, müsse der Verantwortliche gleichsam wieder bei „Null" beginnen; er dürfte nicht aus dem existierenden Datenvorrat schöpfen. Dagegen *Schulz*, in: Gola (Hrsg.), DSGVO, 2. Aufl., 2018, Art. 6 Rn. 217: Verpflichtung, die bereits vorliegenden Daten neu erheben zu müssen, wäre eine „bloße juristische Förmelei".

[101] *Roßnagel*, in: Simitis/Hornung/Spiecker gen. Döhmann (Hrsg.), DatenschutzR, 2019, Art. 6 Abs. 4 Rn. 12; ebenso *Schulz*, in: Gola (Hrsg.), DSGVO, 2. Aufl., 2018, Art. 6 Rn. 210. A. A. *Albers/Veit*, in: Wolff/Brink (Hrsg.), BeckOK DatenschutzR, 39. Ed. (1.11.2021), Art. 6 Rn. 108.

[102] Siehe Art. 5 Abs. 1 Buchst. b Hs. 2 i. V. m. Art. 89 Abs. 1 DSGVO; dazu bereits oben S. 358.

[103] Siehe Art. 5 Abs. 1 Buchst. a Var. 1 DSGVO; dazu *Herbst*, in: Kühling/Buchner (Hrsg.), DSGVO/BDSG, 3. Aufl., 2020, Art. 5 Rn. 8 ff.

[104] Voraussetzung ist freilich, dass schon der Vorgang der Datenerhebung rechtmäßig war.

[105] So i. Erg. z. B. auch *Kramer*, in: Eßer/Kramer/von Lewinski (Hrsg.), Auernhammer, 7. Aufl., 2020, Art. 6 Rn. 99; *Schwartmann/Pieper/Mühlenbeck*, in: Schwartmann/Jaspers/Thüsing/Kugelmann (Hrsg.), DSGVO/BDSG, 2. Aufl., 2020, Art. 6 Rn. 235. Die „Ausdehnung" einer Legitimationsgrundlage ist nicht nur in der Fiktion der Zweckvereinbarkeit angelegt. Sie kommt auch bei der Auftragsverarbeitung vor: Nach der überwiegenden Auffassung im Schrifttum bedarf der Datenverkehr zwischen dem Verantwortlichen und dem Auftragsverarbeiter keiner eigenständigen Rechtsgrundlage; zu dieser sog. Privilegierungstheorie z. B. *Schmidt/Freund*, ZD 2017, 14 (15); *Martini*, in: Paal/Pauly (Hrsg.), DSGVO/BDSG, 3. Aufl., 2021, Art. 28 Rn. 8a m. w. N. auch zur a. A. Zur (sehr str.) Datenübermittlung innerhalb einer *gemeinsamen Verantwortlichkeit* s. den Streitstand bei *Martini*, in: Paal/Pauly (Hrsg.), DSGVO/BDSG, 3. Aufl., 2021, Art. 26 Rn. 3a.

Interesse daran, vor einer Weiterverarbeitung zu einem anderen, neuen Zweck erneut über die Preisgabe der Daten *entscheiden* zu können,[106] gilt ohnehin nur für die Einwilligungskonstellation und lässt die gleichwertigen gesetzlichen Erlaubnisnormen außer Betracht.[107] Eine „rechtsgrundlose" Verarbeitung gibt es also auch nach der Ausweitungstheorie nicht. Im Übrigen ist die betroffene Person nicht rechtsschutzlos gestellt. Der Verantwortliche ist kraft unmittelbaren Unionsrechts verpflichtet, die betroffene Person über die Zweckänderung zu *informieren*. Dies gilt gleichermaßen für die direkte (Art. 13 Abs. 3) wie für die indirekte (Art. 14 Abs. 4 DSGVO) Erhebungsform.[108] Beide Vorschriften vermitteln die erforderliche Transparenz.[109] Die betroffene Person ist „vor" der Weiterverarbeitung über den anderen Zweck sowie alle anderen maßgeblichen Informationen in Kenntnis zu setzen. Sie kann auf die beabsichtigte Zweckänderung somit vorab reagieren. Insbesondere bleibt es der betroffenen Person bspw. unbenommen, ihre ursprüngliche Einwilligung, die auf den Primärzweck gerichtet war, zu widerrufen (Art. 7 Abs. 3 DSGVO). Daneben hat sie auch das Recht, der Sekundärverarbeitung zu statistischen Zwecken zu widersprechen (Art. 21 Abs. 6 DSGVO).[110] Mit diesen Gestaltungs- bzw. Steuerungsrechten kann die betroffene Person auf die Zweckänderung Einfluss nehmen und sie ggf. sogar verhindern. Insoweit entfalten sie eine grundrechtssichernde Funktion, die dem Konzept des Selbstdatenschutzes durchaus Raum gibt. Sie wirken auf der Rechtfertigungsebene einer durch die Zweckänderung gesteigerten Eingriffsintensität entgegen. Das reduziert dann zugleich das Schutzbedürfnis der betroffenen Person(en). Somit bedarf es aus teleologischen Gründen nicht zwingend einer gesonderten Rechtsgrundlage für die Weiterverarbeitung.

---

[106] So der Problemaufriss bei *Datenschutzkonferenz*, Erfahrungsbericht der unabhängigen Datenschutzaufsichtsbehörden des Bundes und der Länder zur Anwendung der DS-GVO, November 2019, S. 13.

[107] Die Idee der informationellen Selbstbestimmung, grundsätzlich selbst über die Preisgabe und Verwendung der persönlichen Daten bestimmen zu können, ist – jedenfalls i. e. S. – lediglich im Tatbestand der Einwilligung unmittelbar verankert (zur vertragsakzessorischen Verarbeitungserlaubnis als Resultat der Privatautonomie s. *Albers/Veit*, in: Wolff/Brink (Hrsg.), BeckOK DatenschutzR, 39. Ed. (1.11.2021), Art. 6 Rn. 29). Die gesetzlichen Erlaubnistatbestände sind rechtsdogmatisch eher Ausdruck „informationeller Fremdbeschränkung" (*von Lewinski*, in: Eßer/Kramer/von Lewinski (Hrsg.), Auernhammer, 7. Aufl., 2020, Einführung, Rn. 26 ff.), indem sie die Verarbeitungsbefugnis des Verantwortlichen begrenzen.

[108] Zu den Ausnahmen für statistische Zwecke siehe unten S. 419 ff. und S. 462. Sie kommen hinsichtlich der Informationspflichten nur ausnahmsweise in Betracht.

[109] Siehe auch EG 50 S. 8 DSGVO: „In jedem Fall sollte gewährleistet sein, dass […] die betroffene Person über diese anderen Zwecke und über ihre Rechte einschließlich des Widerspruchsrechts unterrichtet wird."

[110] In diesem Sinne ist wohl auch *GA Pikamäe*, Schlussanträge v. 31.3.2022 – C-77/21, ECLI:EU:C:2022:248 – Digi, Rn. 56 zu lesen. Ausf. zum Widerspruchsrecht unten S. 425 ff.

### e) Aber: Personenidentität des Verantwortlichen als Schranke

Das unionale Datenschutzrecht sagt nicht ausdrücklich, ob diese Lösung an die Person des Verantwortlichen gebunden ist. Der Wortlaut des Art. 6 Abs. 4 DSGVO enthält eine solche Einschränkung nicht. In der gemeinsamen Ausrichtung des Rates wurde dieser Aspekt zwar ausdrücklich angesprochen („by the same controller"[111]). Dieser Vergleich offenbart aber noch kein beredtes Schweigen. Denn der Entwurf des Rates bezog sich auf die *Inkompatibilität* der Zwecke. Das Fehlen dieser Wendung („by the same controller") im endgültigen Verordnungstext indiziert also keinen Gegenschluss für den Fall der *Kompatibilität*. Daraus lässt sich insbesondere nicht ableiten, dass es einer Personenidentität bei der privilegierten (und damit kompatiblen) Weiterverarbeitung nicht bedarf. Vielmehr ist der (ursprüngliche) Verarbeitungsvorgang gerade durch die Beziehung zwischen dem Verantwortlichen und der betroffenen Person geprägt und determiniert. So stellen bspw. „die vernünftigen Erwartungen der betroffenen Person, die auf ihrer Beziehung zu dem Verantwortlichen beruhen"[112] ein Kriterium des Kompatibilitätstests dar. Auch wenn aus dieser – beispielhaft genannten – Vertrauensbeziehung eine „kategorische Rechtsfolge" nicht abzuleiten sein sollte,[113] so kann man daraus gleichwohl ein Argument für die Personenidentität aufseiten des Verantwortlichen gewinnen.[114] Die „Folgen"[115] einer *zweckändernden Übermittlung* (etwa an eine andere Behörde) einzubeziehen, bekräftigt diese Lesart. Diesem Verarbeitungsvorgang wohnt ein gesteigertes Risiko für die Rechte und Freiheiten der betroffenen Personen inne.[116] Diese Wertung lässt sich auf die Rechtsfolgenseite übertragen. Der Verantwortliche A, der die Daten zu einem Zweck $Z^1$ erhoben hat, kann demnach „seine" Rechtsgrundlage ($R^1$) nicht einfach an den Verantwortlichen B für den Zweck $Z^2$ „weiterreichen". Letzterem bleibt es freilich unbenommen, sich auf die gleiche (nicht: dieselbe) Rechtsgrundlage zu berufen. Die sog. Ausweitungstheorie findet somit in der Person des Verantwortlichen ihre normative Grenze.[117] Für die Übermittlung an einen Dritten gilt sie nicht.

---

[111] *Council of the European Union*, Preparation of a general approach v. 11.6.2015, Dok. 9565/15, S. 85; s. § 9 Fn. 89.
[112] EG 50 S. 6, Art. 6 Abs. 4 Buchst. b DSGVO. Vgl. auch *Roßnagel*, in: Simitis/Hornung/Spiecker gen. Döhmann (Hrsg.), DatenschutzR, 2019, Art. 6 Abs. 4 Rn. 44.
[113] *Roßnagel*, in: Simitis/Hornung/Spiecker gen. Döhmann (Hrsg.), DatenschutzR, 2019, Art. 6 Abs. 4 Rn. 44.
[114] Das Argument greift demnach v.a. im Fall der Einwilligung und des Vertrags. Diese Rechtsverhältnisse sind gemeinhin durch ein Vertrauensverhältnis geprägt. Die anderen Erlaubnistatbestände setzen einen Mitwirkungsakt der betroffenen Person jedoch nicht voraus.
[115] Siehe Art. 6 Abs. 4 Buchst. d DSGVO.
[116] Vgl. dazu in Bezug auf den Kompatibilitätstest bspw. *Roßnagel*, in: Simitis/Hornung/Spiecker gen. Döhmann (Hrsg.), DatenschutzR, 2019, Art. 6 Abs. 4 Rn. 57.
[117] Etwas anderes mag allenfalls für die Rechtsfigur der gemeinsamen Verantwortlichkeit (Art. 26 DSGVO) gelten. Denn hier ist strittig, ob der Datenaustausch *innerhalb* der gemein-

*f) Hilfsweise: Auffangfunktion des § 23 BDSG*
*(Verarbeitung zu anderen Zwecken durch öffentliche Stellen)*

Verarbeitet eine öffentliche Stelle (z. B. das Statistische Bundesamt) personenbezogene Daten zu anderen Zwecken als zu denjenigen, zu dem die Daten einst erhoben worden sind, hält das Bundesdatenschutzgesetz hierfür eine eigene Rechtsgrundlage bereit:[118] In § 23 BDSG[119] benennt der Gesetzgeber (abschließend) verschiedene Zulässigkeitstatbestände, die zueinander im Verhältnis der Alternativität stehen. Darauf, ob der Sekundärzweck ($Z^2$) mit dem Primärzweck ($Z^1$) i. S. d. Art. 6 Abs. 4 DSGVO vereinbar ist, kommt es nicht an.[120] Im Kontext der amtlichen Statistik hat die Vorschrift indes nur geringe rechtspraktische Bedeutung. Denn erstens gilt der Grundsatz der Subsidiarität (vgl. § 1 Abs. 2 BDSG) auch für die Verarbeitung zu anderen Zwecken. § 23 BDSG fände somit nur dann Anwendung, wenn keine bereichsspezifische Rechtsgrundlage die zweckändernde Verarbeitung legitimiert. Dies ist im Statistikrecht indes typischerweise der Fall. Die jeweiligen Fachstatistikgesetze können insbesondere eine Übermittlungspflicht von qualitativ geeigneten Verwaltungsdaten vorsehen (vgl. § 5a Abs. 4 S. 2 BStatG).[121] Damit geht notwendigerweise eine Zweckänderung einher, die in der Übermittlungsvorschrift mitgedacht und dadurch gesetzlich legitimiert ist. Ein Rückgriff auf die allgemeine Rechtsgrundlage des § 23 BDSG ist dann unzulässig. Zweitens greift die Vorschrift nur „im Rahmen ihrer Aufgabenerfüllung". Damit trägt sie dem verfassungsrechtlichen Prinzip der informationellen Gewaltenteilung[122] Rechnung. Der Bundesgesetzgeber will die

---

samen Verantwortlichkeit einer gesonderten Rechtsgrundlage bedarf, vgl. dazu nur *Martini*, in: Paal/Pauly (Hrsg.), DSGVO/BDSG, 3. Aufl., 2021, Art. 26 Rn. 3a m. w. N. Wer das verneint, kann argumentieren, dass die ursprüngliche Rechtsgrundlage des Verantwortlichen A auch zugunsten des (gemeinsam) Verantwortlichen B wirkt.

[118] Die Gesetzesbegründung beruft sich anscheinend auf die Öffnungsklausel des Art. 6 Abs. 4 DSGVO (vgl. BT-Drs. 18/11325, S. 95 f.). Diese Vorschrift birgt jedoch keine eigenständige Regelungsermächtigung; sie wird aus systematischen und teleologischen Gründen durch Art. 6 Abs. 1–3 DSGVO begrenzt. § 23 BDSG ist damit in unionsrechtskonformer Weise teleologisch auf die Fälle zu reduzieren, die der mitgliedstaatliche Gesetzgeber nach Art. 6 Abs. 2 und 3 DSGVO ausgestalten darf. Gemeint sind die Erlaubnistatbestände des Art. 6 Abs. 1 UAbs. 1 Buchst. c und e DSGVO (dazu ausf. oben S. 138 ff. und S. 142 ff.). – Ungeachtet der Rechtsetzungskompetenz begegnet § 23 BDSG weiteren (unions-)rechtlichen Bedenken: So ist zweifelhaft, ob die einzelnen Katalogtatbestände den Anforderungen des Art. 23 DSGVO genügen und überdies hinreichend bestimmt sind, zu dieser Kritik etwa *Frenzel*, in: Paal/Pauly (Hrsg.), DSGVO/BDSG, 3. Aufl., 2021, § 23 Rn. 2, der insofern auch die „Einsilbigkeit" der Gesetzesbegründung rügt.

[119] Geht es um eine Übermittlung personenbezogener Daten soll § 25 BDSG vorgehen, s. dazu *Marsch*, in: Sydow (Hrsg.), BDSG, 2020, § 23 Rn. 3. Vgl. auch § 25 Abs. 1 S. 1 und 3 i. V. m. § 23 BDSG.

[120] Zutreffend BT-Drs. 18/11325, S. 95; s. zur Vereinbarkeitsprüfung oben S. 359.

[121] § 5a BStatG enthält selbst keine Rechtsgrundlage, sondern setzt sie voraus.

[122] Siehe dazu oben S. 283 ff.

Rechtsgrundlage sogar noch enger verstanden wissen: Sie gelte nur, wenn der Akteur der Datenerhebung mit dem Akteur der Weiterverarbeitung identisch ist („durch denselben Verarbeiter").[123] Die Erlaubnisnorm verlangt also eine *Personenidentität* des Verantwortlichen. Damit erfasst sie die Datenübermittlung von einer Verwaltungs- zu einer Statistikbehörde gerade nicht. Sie greift – jedenfalls nach dem gesetzgeberischen Willen – nur *innerhalb* einer Behörde. Und drittens passen die sechs[124] Tatbestände im Katalog des § 23 Abs. 1 BDSG wohl nur selten auf die amtliche Statistik. Im Grunde kommt allein Nr. 1 in Betracht: Danach muss es „offensichtlich" sein, dass die zweckändernde Weiterverarbeitung (1.) „im Interesse der betroffenen Person liegt" und (2.) „kein Grund zu der Annahme besteht, dass sie in Kenntnis des anderen Zwecks ihre Einwilligung verweigern würde". Offensichtlich ist das Interesse[125], wenn es „ohne Weiteres und ohne besondere Schwierigkeiten" für den Verantwortlichen erkennbar ist.[126] Der Maßstab hierfür ist streng, er muss es im Verhältnis Staat – Bürger auch sein.[127] Das zweite Kriterium, die hypothetische Einwilligung[128], schränkt die Reichweite des Tatbestands noch weiter ein: Auch wenn eine Einwilligung gegenüber einer Statistikbehörde grundsätzlich unionsrechtlich zulässig ist,[129] bedarf es wegen des gesteigerten Gefährdungsgrads, der mit der Zweckänderung einhergeht, insoweit einer restriktiveren Handhabung[130]. Dies gilt umso mehr, als die verantwortliche Behörde nicht selten einem *Bias* ausgesetzt sein dürf-

---

[123] BT-Drs. 18/11325, S. 95.
[124] Der Regierungsentwurf (BT-Drs. 18/11325, S. 28) enthielt noch einen Tatbestand für die Weiterverarbeitung „allgemein zugänglicher Daten". Dieser wurde im weiteren Gesetzgebungsverfahren gestrichen. Denn diese Daten könnten in der Regel auch neu erhoben werden, sodass es einer Weiterverarbeitungsbefugnis insofern nicht bedürfe, s. Bericht des federführenden Innenausschusses, BT-Drs. 18/12144, S. 4. Zur Verarbeitung öffentlicher Daten s. oben § 6, S. 198 ff.
[125] Ein Interesse kann bspw. sein, der betroffenen Person Aufwand und Belastungen (etwa durch eine erneute Befragung) zu ersparen; dazu auch *Albers/Veit*, in: Wolff/Brink (Hrsg.), BeckOK DatenschutzR, 39. Ed. (1.11.2021), § 23 BDSG Rn. 19 („Aufwands- und Zeitersparnisse"); *Eßer*, in: Eßer/Kramer/von Lewinski (Hrsg.), Auernhammer, 7. Aufl., 2020, § 23 BDSG Rn. 12. Vgl. dazu auch *Marsch*, in: Sydow (Hrsg.), BDSG, 2020, § 23 Rn. 15.
[126] *Eßer*, in: Eßer/Kramer/von Lewinski (Hrsg.), Auernhammer, 7. Aufl., 2020, § 23 BDSG Rn. 13 m. w. N.
[127] Plakativ *Frenzel*, in: Paal/Pauly (Hrsg.), DSGVO/BDSG, 3. Aufl., 2021, § 23 Rn. 6: Im Staat-Bürger-Verhältnis sei „wenig offensichtlich".
[128] Dazu z. B. *Eßer*, in: Eßer/Kramer/von Lewinski (Hrsg.), Auernhammer, 7. Aufl., 2020, § 23 BDSG Rn. 14.
[129] Siehe dazu ausf. oben S. 102 ff. Anders mag dies insbes. im Bereich der Eingriffsverwaltung sein. In diesem Bereich ist die Rechtsfigur der hypothetischen Einwilligung besonders krit. zu sehen, vgl. dazu etwa *Frenzel*, in: Paal/Pauly (Hrsg.), DSGVO/BDSG, 3. Aufl., 2021, § 23 Rn. 7, der insoweit sogar von einer Unionsrechtswidrigkeit des § 23 Abs. 1 Nr. 1 BDSG ausgeht.
[130] So allg. *Albers/Veit*, in: Wolff/Brink (Hrsg.), BeckOK DatenschutzR, 39. Ed. (1.11.2021), § 23 BDSG Rn. 20.

te.[131] Denn sie hat selbst ein Interesse an der Verarbeitung. Die der Behörde anvertraute „dreifache Deutungshoheit"[132] (Interesse, Offensichtlichkeit, hypothetische Einwilligung) ist durch eine enge Auslegung der – gerichtlich voll überprüfbaren – unbestimmten Rechtsbegriffe zu begrenzen. Angesichts dieser Restriktionen dürfte die Rechtsgrundlage des § 23 BDSG (ggf. i. V. m. § 25 BDSG) für die amtliche Statistik im Ergebnis nur selten einschlägig sein.

*g) Zwischenergebnis*

Die Weiterverarbeitung zu statistischen Zwecken bedarf nach dem unionalen Datenschutzrecht keiner gesonderten Rechtsgrundlage.[133] Der Verantwortliche kann sich grundsätzlich auf die ursprüngliche Rechtsgrundlage der Datenerhebung stützen. Voraussetzung ist allerdings, dass sich die Person des Verantwortlichen nicht ändert. Übermittelt der Verantwortliche personenbezogene Daten zu statistischen Zwecken an einen Dritten greift die Ausweitungstheorie nicht. Im Übrigen wird im Recht der Bundesstatistik aber ohnedies regelmäßig eine entsprechende Rechtsgrundlage vorhanden sein. Andernfalls wäre zu prüfen, ob die allgemeinen Tatbestände des § 23 i. V. m. § 25 BDSG eine solche Weiterverarbeitung legitimieren.

## *IV. Vergleich zur Rechtsprechung des BVerfG zum Recht auf informationelle Selbstbestimmung*

Der Zweckbindungsgrundsatz ist dem deutschen Verfassungsrecht nicht fremd. Das BVerfG hat das „Gebot der Zweckbindung" im Kontext des informationellen Selbstbestimmungsrechts entwickelt.[134] Es handelt sich um eine wesentliche Verwendungsschranke. Nach der bundesverfassungsgerichtlichen Judikatur kommt der Normenklarheit und -bestimmtheit die spezifische Funktion zu, den Verwendungszweck des gesetzlich legitimierten Eingriffs hinreichend präzise zu umgrenzen.[135] Auf diese Weise werde das verfassungsrechtliche Gebot der

---

[131] Vgl. *Frenzel*, in: Paal/Pauly (Hrsg.), DSGVO/BDSG, 3. Aufl., 2021, § 23 Rn. 6.

[132] In Anlehnung an *Frenzel*, in: Paal/Pauly (Hrsg.), DSGVO/BDSG, 3. Aufl., 2021, § 23 Rn. 6 („doppelte Deutungshoheit").

[133] Zu dieser Ansicht scheint auch *GA Pikamäe*, Schlussanträge v. 31.3.2022 – C-77/21, ECLI:EU:C:2022:248 – Digi, Rn. 36, 53 a. E. zu tendieren. Der EuGH (Urt. v. 20.10.2022 – C-77/21, ECLI:EU:C:2022:805 – Digi) ist darauf nicht *expressis verbis* eingegangen.

[134] Grdl. BVerfGE 65, 1 (46); 155, 119 (179, Rn. 130) – Bestandsdatenauskunft II. Vgl. auch *Albers*, Informationelle Selbstbestimmung, 2005, S. 507 ff. Der unionale Grundsatz der Zweckbindung ist jedoch nicht mit dem des deutschen Verfassungsrechts gleichzusetzen, so zu Recht *Albers/Veit*, in: Wolff/Brink (Hrsg.), BeckOK DatenschutzR, 39. Ed. (1.11.2021), Art. 6 Rn. 99.

[135] Siehe etwa BVerfGE 155, 119 (181, Rn. 133) in Bezug auf das Recht auf informationelle Selbstbestimmung und das Telekommunikationsgeheimnis.

Zweckbindung noch verstärkt.[136] Der gesetzlich festgelegte Zweck begrenzt mithin die zulässigen Verwendungsmöglichkeiten.[137] Nun gehöre es, so das BVerfG in seinem Volkszählungsurteil, aber zum Wesen der Statistik, dass die Daten für die verschiedensten, im Vorhinein nicht immer bestimmbaren Aufgaben Verwendung finden sollen; dies ist nicht zuletzt dem dienenden Charakter der (Staats-)Aufgabe „Statistik" geschuldet.[138] Daher könne, so das Gericht weiter, „eine enge und konkrete Zweckbindung der Daten nicht verlangt werden".[139] Damit ist jedoch ein entscheidender Unterschied zur sekundärrechtlichen Privilegierung angesprochen: Die Ausführungen des BVerfG setzen bereits auf der Stufe der *Datenerhebung* (also bei der Zweckfestlegung[140]) an. Es geht mithin darum, dass personenbezogene Daten ursprünglich zu statistischen Zwecken erhoben worden sind und sodann auch für andere Zwecke weiterverarbeitet werden sollten. Die Volkzählung in den 1980er Jahren war eine primärstatistische[141] Erhebung, für die das „Gebot einer konkreten Zweckumschreibung" nicht galt; nach der Vorstellung des BVerfG müsse sie „Mehrzweckerhebung und -verarbeitung, also Datensammlung und -speicherung auf Vorrat" sein.[142] Demgegenüber stellt die Privilegierung des Art. 5 Abs. 1 Buchst. b Hs. 2 DSGVO nicht auf die Erhebung, sondern auf die (zweckändernde) *Weiterverarbeitung* ab. Die Statistik ist hier nicht der Primär-, sondern der Sekundärzweck. Diese Änderung des Verarbeitungszwecks ist aus unionsrechtlicher Sicht generell zulässig. Damit stellt sich aber die Frage, wie das deutsche Verfassungsrecht mit *Zweckänderungen* dieser Art umgeht. Dafür ist zunächst zu klären, was unter dem Begriff „Zweckänderung" zu verstehen ist (dazu 1.), ehe der Prüfungsmaßstab des BVerfG grob skizziert wird (dazu 2.). Dieser Maßstab ist sodann auf die Datenverarbeitung der amtlichen Statistik anzuwenden (dazu 3.).

*1. Differenzierung zwischen Zweckbindung und Zweckänderung*

Zunächst ist fraglich, in welchen Fällen überhaupt eine „Zweckänderung" im verfassungsrechtlichen Sinne vorliegt. Die Rechtsprechung unterscheidet sie begrifflich und inhaltlich von der „Zweckbindung".[143] In diesem Fall liegt die Weiterverarbeitung *im Rahmen* des ursprünglichen Zwecks. Der Sekundärzweck ($Z^{1b}$) ist somit vom Primärzweck ($Z^{1a}$) noch mitumfasst. Davon ist der Fall zu unterscheiden, dass der Gesetzgeber eine „weitere Nutzung der Daten

---

[136] BVerfGE 155, 119 (181, Rn. 133).
[137] Vgl. z. B. BVerfGE 155, 119 (180, Rn. 131). S. auch BVerfGE 141, 220 (329, Rn. 292): „Zweckbindung als Kernelement des verfassungsrechtlichen Datenschutzes".
[138] Vgl. nur BVerfGE 150, 1 (108, Rn. 224); vgl. bereits oben S. 21 ff.
[139] BVerfGE 65, 1 (47); s. auch BVerfGE 150, 1 (108, Rn. 223).
[140] Zu diesem „first building block" des Zweckbindungsgrundsatzes oben S. 355.
[141] Siehe zu den Begriffen bereits oben S. 5 mit Einl. Fn. 39 sowie S. 293.
[142] BVerfGE 65, 1 (47).
[143] Zu dieser Dichotomie s. nur BVerfGE 156, 63 (124, Rn. 215 ff.).

zu *anderen* Zwecken als denen der ursprünglichen Datenerhebung" erlaubt (Zweckänderung).[144] Hier ist der neue Zweck ($Z^2$) nicht mehr vom ursprünglichen Zweck ($Z^1$) gedeckt. In der Rechtsprechung finden sich zahlreiche Beispiele: So liegt etwa in der Möglichkeit, Daten, die zur Abwehr von Gefahren des internationalen Terrorismus erhoben worden sind, an andere Behörden zur Verhütung und Verfolgung von Straftaten oder zur Abwehr einer erheblichen Gefahr für die öffentliche Sicherheit zu übermitteln, eine Zweckänderung;[145] entsprechendes gilt bspw. für den Fall, dass Daten, die im Rahmen einer (spezialpräventiven) Aufenthaltsüberwachung („Fußfessel") erhoben worden sind, auch zur Verfolgung schwerer Straftaten weiterverwendet werden.[146]

## 2. *Maßstab: Vom Kriterium der Zweckvereinbarkeit zur hypothetischen Datenneuerhebung*

Die Zweckänderung unterliegt – anders als die „zweckkonforme"[147] Weiterverarbeitung (Zweckbindung)[148] – „spezifischen verfassungsrechtlichen Anforderungen".[149] Die frühere Rechtsprechung stellte im Rahmen der Verhältnismäßigkeitsprüfung indes noch darauf ab, „ob die geänderte Nutzung mit der ursprünglichen Zwecksetzung ‚unvereinbar'" war.[150] Das entsprach in der Sache dem Kriterium der „Vereinbarkeit", wie es auch das Datenschutzsekundärrecht (vgl. Art. 5 Abs. 1 Buchst. b, Art. 6 Abs. 4 DSGVO) heranzieht. In neueren Entscheidungen („BKA-Gesetz"[151]; „BND – Ausland-Ausland-Fernmeldeaufklärung"[152]; „Antiterrordateigesetz II"[153]; „Elektronische Aufenthaltsüberwachung"[154]) rekurriert das BVerfG indes auf die Rechtsfigur der *hypothetischen Datenneuerhebung*. Entscheidend ist danach, ob die (personenbezogenen) Daten – nach verfassungsrechtlichen Maßstäben – „auch für den geänderten Zweck neu erhoben

---

[144] Siehe z.B. BVerfGE 156, 63 (125f., Rn. 217).

[145] Siehe dazu BVerfGE 141, 220 (334, Rn. 306ff.) zu § 20v Abs. 5 BKAG a.F.

[146] BVerfGE 156, 63 (154f., Rn. 308) zu § 463a Abs. 4 S. 2 Nr. 5 StPO.

[147] Zu diesem Begriff *Müllmann*, NVwZ 2016, 1692 (1693f.), der „zweckkonforme" und „zweckändernde" Weiternutzungen unterscheidet.

[148] Hier kann sich der Verantwortliche auf die Rechtfertigungsgründe der Datenerhebung stützen. Diese Ermächtigungsgrundlage bestimmt dann auch darüber, welche Weiterverarbeitung zulässig ist. Nach der Rechtsprechung des BVerfG kommt eine „weitere Nutzung der Daten innerhalb der ursprünglichen Zwecksetzung nur im Rahmen derselben Aufgabe und für den Schutz derselben Rechtsgüter und ohne Übermittlungsregelung auch nur seitens derselben Behörde in Betracht", so BVerfGE 156, 63 (125, Rn. 216).

[149] Siehe etwa BVerfGE 156, 63 (125, Rn. 216).

[150] So BVerfGE 141, 220 (327, Rn. 287), wobei das Gericht u.a. auf BVerfGE 65, 1 (62); 100, 313 (360, 389); 130, 1 (33) Bezug nimmt.

[151] BVerfGE 141, 220 (327f., Rn. 287).

[152] BVerfGE 154, 152 (266f., Rn. 216).

[153] BVerfGE 156, 11 (49, Rn. 97ff.).

[154] BVerfGE 156, 63 (125f., Rn. 217).

werden *dürften*".¹⁵⁵ Dem liegt die Wertung zugrunde, dass die verfassungsrechtlichen Eingriffsvoraussetzungen nicht dadurch unterlaufen werden dürfen, dass Behörden, für die aufgrund ihrer Aufgabenstellung *weniger strenge* Anforderungen gelten (z. B. für Nachrichtendienste), personenbezogene Daten an Behörden übermitteln, die ihrerseits *strengeren* Anforderungen unterliegen (z. B. Polizei- und Sicherheitsbehörden).¹⁵⁶ Das BVerfG selbst sieht darin eine „konkretisierende Konsolidierung einer langen Rechtsprechung beider Senate", mit der inhaltlich „keine Verschärfung der Maßstäbe, sondern eine behutsame Einschränkung" einhergehe.¹⁵⁷

*3. Anwendung auf die Datenverarbeitung der amtlichen Statistik (Sekundärstatistik)*

Im Kontext der amtlichen Statistik sind zwei Sachverhalte strikt zu unterscheiden – und zwar die Übermittlungswege „Verwaltung – Statistik" und *vice versa* „Statistik – Verwaltung".

*a) Zulässige Zweckänderung: Von der Verwaltung in die Statistik*

Das BVerfG hat die unter 2. skizzierten Maßstäbe zur Zulässigkeit einer Zweckänderung im Bereich des Sicherheitsrechts entwickelt. Sie sind daher nicht unbesehen auf die Datenverarbeitung zu statistischen Zwecken übertragbar. Gleichwohl lässt sich der Rechtsgedanke hinter der „hypothetischen Datenneuerhebung" prinzipiell auch für den Bereich der Statistik fruchtbar machen. Anderslautende Entscheidungen sind nicht ersichtlich. Im Volkszählungsurteil war eine solche Zweckänderung gar nicht erst zu prüfen. Denn die personenbezogenen Daten wurden dereinst ausschließlich *für statistische Zwecke erhoben* (sog. primärstatistische Erhebung¹⁵⁸). Dies hat sich mit dem Methodenwechsel auf das registergestützte Verfahren im Jahr 2011 (gleiches gilt für den Zensus 2022) geändert. Mit dieser Methode gehen notwendigerweise Zweckänderungen einher, da Verwaltungs- bzw. Registerdaten nunmehr zu *statistischen Zwecken weiterverarbeitet* werden dürfen (vgl. z. B. §§ 3 ff. ZensG 2011; §§ 5 ff. ZensG 2022).

---

¹⁵⁵ BVerfGE 156, 11 (49 f., Rn. 99) m. w. N. aus der Rechtsprechung (Hervorhebung d. Verf.). Das Gericht weist jedoch stets darauf hin, dass das Kriterium der hypothetischen Datenneuerhebung nicht schematisch anzuwenden sei, die Berücksichtigung weiterer Gesichtspunkte also nicht ausschließe, s. z. B. BVerfGE 156, 63 (126, Rn. 217).
¹⁵⁶ BVerfGE 133, 277 (324, Rn. 114); 156, 11 (49 f., Rn. 99). Vgl. *Unterreitmeier*, AöR 144 (2019), 234 (285).
¹⁵⁷ BVerfGE 141, 220 (329, Rn. 292).
¹⁵⁸ Vgl. zu den Begriffen Primär-, Sekundär- und Tertiärstatistik nur *Fahrmeir et al.*, Statistik, 8. Aufl., 2016, S. 21. Vgl. auch Art. 9 Abs. 1 VO (EU) 2019/1700, der zwei Datenquellen gegenüberstellt: einerseits Angaben, die die Auskunftspersonen unmittelbar bereitstellen, andererseits Verwaltungsdatensätze und andere Quellen [...]".

Das BVerfG verhielt sich in seinem Urteil zum Zensus 2011 jedoch nicht zur Verfassungsmäßigkeit einer solchen Zweckänderung. Es bekräftigte (im Rahmen des Maßstabteils) lediglich die Aussage aus dem Volkszählungsurteil, dass der Gesetzgeber den Zweck hier nicht konkret umschreiben müsse.[159] Im Rahmen der Subsumtion stellte der 2. Senat lediglich fest, dass das Zensusgesetz 2011 zu Eingriffen in das informationelle Selbstbestimmungsrecht ermächtige und „Grundlage" für die Verarbeitung personenbezogener Registerdaten sei.[160] Eine tiefergehende verfassungsrechtliche Würdigung war damit nicht verbunden. Dies ist dem – durch den Antrag – begrenzten Prüfungsumfang im Verfassungsgerichtsprozess geschuldet. Die Vorschriften zur zweckändernden Übermittlung von Verwaltungsdaten (etwa von den Meldebehörden oder der Bundesagentur für Arbeit, s. § 3 und § 4 ZensG 2011) waren nicht Prüfungsgegenstand des Normenkontrollverfahrens. Nur die angegriffenen Vorschriften (im Wesentlichen das Stichprobeverfahren und die damit einhergehende Datenverarbeitung)[161] erklärte das Gericht für verfassungsgemäß.[162]

Nach der Rechtsfigur der hypothetischen Datenneuerhebung wäre zu fragen: *Dürfte die amtliche Statistik die Verwaltungsdaten für den jeweiligen Statistikzweck neu erheben?* Dass im Statistikbereich generell höhere Eingriffsschwellen als im Bereich der allgemeinen öffentlichen Verwaltung greifen, ist nicht anzunehmen. Der Rechtsprechung des BVerfG zum Zensus 2011 dürfte eher das Gegenteil zu entnehmen sein: Demnach sei das gewählte Verfahren mit „erheblich geringeren Belastungen der Befragten" in ihren durch das informationelle Selbstbestimmungsrecht geschützten Interessen verbunden.[163] Zwar greifen auch die Regelungen zur registergestützten Datenerhebung in dieses Grundrecht ein, indem sie Datenübermittlungen aus Verwaltungsregistern vorsehen. Weil diese Erhebungsmethode aber „lediglich" Daten betreffe, die in Registern vorliegen und insoweit bereits erhoben worden sind, sei der Eingriff von „erheblich geringerem Gewicht als die unmittelbare Befragung".[164] Damit redet das

---

[159] BVerfGE 150, 1 (108, Rn. 223).

[160] BVerfGE 150, 1 (156, Rn. 336).

[161] Die abstrakten Normenkontrollanträge richteten sich – nach sachgerechter Auslegung durch das BVerfG – gegen § 15 ZensVorbG 2011, § 7 Abs. 1 bis 3, § 8 Abs. 3, § 15 Abs. 2 und 3, § 19 ZensG 2011 sowie § 2 Abs. 2 und 3, § 3 Abs. 2 StichprobenV, soweit sie das Verfahren zur Ermittlung amtlicher Einwohnerzahlen der Länder und Gemeinden und zur Bereitstellung der Grundlage für die Fortschreibung der amtlichen Einwohnerzahlen für die Zeit zwischen zwei Volkszählungen (§ 1 Abs. 3 Nr. 1 ZensG 2011) zum Gegenstand hatten, s. BVerfGE 150, 1 (76 f., Rn. 135 f.). Zu dem – durch den Antrag begrenzten – Prüfungsmaßstab *Voßkuhle*, in: von Mangoldt/Klein/Starck (Hrsg.), GG, 7. Aufl., 2018, Art. 93 Rn. 125.

[162] BVerfGE 150, 1 (156 f., Rn. 335 ff.); s. zum künftigen Registerzensus oben S. 188 ff.

[163] BVerfGE 150, 1 (134, Rn. 286). Die Ausführungen finden sich im Abschnitt „III. Materielle Verfassungsmäßigkeit – Subsumtion (…); 2. Anforderungen an die Verfahrensgestaltung für Zensusverfahren". S. hierzu aber auch die krit. Anmerkungen auf S. 188 ff.

[164] BVerfGE 150, 1 (134, Rn. 286).

Gericht einer – verfassungsrechtlich zulässigen Zweckänderung und dem Once-only-Prinzip[165] das Wort.

Für diese Lesart spricht auch ein Quervergleich zur Rechtsprechung des BVerfG zur Antiterrordatei. Dort erkennt das Gericht eine Ausnahme vom sog. informationellen Trennungsprinzip[166] (hier für den Datenaustausch zwischen Polizeibehörden und Nachrichtendiensten) an, sofern hinreichend konkrete und qualifizierte Übermittlungsschwellen bestehen.[167] Das Gericht differenziert insoweit zwischen einer operativen und einer nicht-operativen Behörde. Die statistischen Ämter und die Nachrichtendienste haben – allen Unterschieden zum Trotz – gemein, dass sie *nicht-operativ* tätig sind. Ihr gesetzliches Aufgabenfeld ist insoweit beschränkt (vgl. nur § 3 BStatG[168]). So ist das Statistische Bundesamt primär ein „bloßer" Datenproduzent, ein „Informationsdienstleister"[169]. Dem Amt ist in erster Linie eine dienende Funktion zugewiesen, indem es den politischen Entscheidungsträgern die – für eine evidenzbasierte Politik – erforderlichen Informationen zur Verfügung stellt. Ihm kommt in diesem Sinne keine „operative Verantwortung" zu.[170] Es tritt dem Bürger bei der Sekundärstatistik weder zu Beginn noch am Ende der Datenverarbeitung gegenüber.[171] Das Statistische Bundesamt ist so gesehen keine „Vollzugsbehörde" in diesem Sinne.[172] Insoweit unterscheidet sich die Aufgabenstellung des Bundesamtes kategorisch von der „klassischen" Verwaltungsbehörde. Dies rechtfertigt es, die Datenübermittlung von einer operativ hin zu einer nicht-operativ tätigen Behörde grundsätzlich zu privilegieren.

Das BVerfG begründet dies unter anderem mit den *strengeren Anforderungen*, die schon für die *Datenerhebung* der operativ tätigen Behörde gelten.[173] Diese gesteigerten, verfassungsrechtlichen Anforderungen dürfen nicht unter-

---

[165] Dazu unten V., S. 379 f.
[166] Abgeleitet aus dem Recht auf informationelle Selbstbestimmung s. BVerfGE 133, 277 (329, Rn. 123); zum informationellen Trennungsprinzip s. etwa *Gusy*, GSZ 2021, 141 ff.; krit. *Unterreitmeier*, AöR 144 (2019), 234 ff.; ferner *Ruschemeier*, Die Entwicklung des informationellen Trennungsprinzips, VerfBlog, 2022/5/13, https://verfassungsblog.de/os7-info-trennung/, DOI: 10.17176/20220513-182322-0.
[167] BVerfGE 154, 152 (268, Rn. 219). Vgl. jüngst auch BVerfG, Urt. v. 26.4.2022 – 1 BvR 1619/17, juris Rn. 171 – Bayerisches Verfassungsschutzgesetz.
[168] Dazu bereits oben S. 31 ff.
[169] Vgl. oben S. 2.
[170] Vgl. BVerfGE 156, 11 (51, Rn. 104). S. dazu bereits BVerfGE 133, 277 (326, Rn. 118): Ziel der Nachrichtendienste sei nicht die operative Gefahrenabwehr, sondern die politische Information.
[171] Zur Informationspflicht bei indirekter Datenerhebung (Art. 14 Abs. 1, 2 und 4 DSGVO) und deren Ausnahme (Art. 14 Abs. 5 Buchst. b DSGVO) s. unten S. 417 ff.
[172] Eine Ausnahme bilden die Heranziehungsbescheide, mit denen die Behörde die gesetzliche Auskunftspflicht (erforderlichenfalls auch zwangsweise) durchsetzt. Diese betreffen aber „nur" die Datenerhebung selbst.
[173] Schon im Urteil *Antiterrordatei I* betrachtete das Gericht die maßgeblichen Grund-

laufen werden.[174] Dahinter verbirgt sich ein Rechtsgedanke, der auch im Grundsatz der hypothetischen Datenneuerhebung zum Ausdruck kommt: Der Gefährdungsgrad für die Rechte und Freiheiten der betroffenen Person ist bei Behörden, die mit umfangreichen Befugnissen gegenüber dem einzelnen Bürger ausgestattet sind, naturgemäß höher als bei Behörden, die lediglich Daten verarbeiten, ohne auf deren Grundlage etwas zu „entscheiden" (etwa eine konkrete Maßnahme gegenüber dem Bürger erlassen). Das Gericht vergleicht dabei die verschiedenen Informationszusammenhänge und bringt es auf die eingängige Formel: „Je verschiedenartiger Aufgaben, Befugnisse und Art der Aufgabenwahrnehmung sind, desto größeres Gewicht hat der Austausch entsprechender Daten".[175] Nach alledem kommt dem Datenaustausch in dieser Richtung ein geringeres Eingriffsgewicht zu.

Übertragen auf die statistische *Sekundärverarbeitung* folgt daraus: Die Datenübermittlung von der Verwaltung zur amtlichen Statistik ist von Verfassungs wegen grundsätzlich zulässig. Die Rechtsfigur der hypothetischen Datenneuerhebung steht dem nicht entgegen. Die amtliche Statistik kann sich im Rahmen der Sekundärstatistik auf die vorgenannten Grundsätze sinngemäß berufen. Das deutsche Verfassungsrecht steht einer Zweckänderung (Verwaltung – Statistik) nicht entgegen, sondern erleichtert diese Form der Datenübermittlung sogar.

*b) Unzulässige Zweckänderung: Von der Statistik in die Verwaltung („Zweckentfremdung")*

Ganz anders stellt sich die Rechtslage in der umgekehrten Situation dar: Weder darf die amtliche Statistik (also insbesondere die statistischen Ämter des Bundes und der Länder) die (personenbezogenen) Daten selbst zu Verwaltungszwecken weiterverarbeiten, noch ist es ihr von Verfassungs wegen gestattet, die statistischen Daten („Einzelangaben") an eine Verwaltungsbehörde zu übermitteln. Das Grundgesetz, namentlich das Recht auf informationelle Selbstbestimmung, gebietet einer solchen „Zweckentfremdung" kategorisch Einhalt.[176] Aus diesem Grund war bereits der im Volkszählungsgesetz 1983 vorgesehene Melderegisterabgleich unzulässig.[177] Die statistischen Einzeldaten dürfen auch weiterhin nicht verwendet werden, um Verwaltungsregister (z. B. das Melderegister) zu berichtigen.[178] Ein so verstandenes „Rückspielverbot"[179] räumt der Zweckbin-

---

rechtseingriffe, die der Informationsaustausch birgt, nicht isoliert, sondern bestimmt das Eingriffsgewicht nach ihrem Zusammenwirken, s. BVerfGE 133, 277 (322, Rn. 111).
[174] BVerfGE 133, 277 (324, Rn. 114); 156, 11 (52, Rn. 106).
[175] BVerfGE 133, 277 (324, Rn. 114).
[176] BVerfGE 65, 1 (61).
[177] BVerfGE 65, 1 (63 f.); zum Sachverhalt oben S. 321 ff.
[178] Vgl. BVerfGE 150, 1 (109 f., Rn. 225).
[179] Dazu ausf. oben S. 319 ff.

dung den absoluten Vorrang gegenüber dem Grundsatz der Datenrichtigkeit ein. Das deutsche Verfassungsrecht kennt damit Zwecke, die schlechthin unvereinbar sind. Diese Unvereinbarkeit kann im Kontext der amtlichen Statistik auch nicht durch das – für das Sicherheitsrecht entwickelte – Kriterium der hypothetischen Datenneuerhebung ersetzt bzw. „überspielt" werden. Die verfassungsrechtlichen Anforderungen sind insoweit sehr viel *strenger* als das europäische Datenschutzrecht.[180]

## V. Folgerungen: Zweckbindung und Once-only-Prinzip in der (Bundes-)Statistik

Die Datenverarbeitung der amtlichen Statistik folgt einem Prinzip, das zunehmend auch die Arbeit der öffentlichen Verwaltung prägt: das sog. Once-only-Prinzip[181]. Dahinter steckt ganz allgemein der einleuchtende Gedanke, dass ein Antragsteller z.B. persönliche Daten der Verwaltung möglichst „nur einmal" (elektronisch) zur Verfügung stellen muss („Prinzip einmaliger Erfassung"[182]). Daran knüpft gewissermaßen auch § 5a BStatG an.[183] Die Vorschrift steht paradigmatisch für das Once-only-Prinzip in der amtlichen Statistik: Sind die in der Verwaltung bereits vorhandenen Daten (Verwaltungsdaten)[184] qualitativ für die jeweiligen Statistikzwecke geeignet, *soll*[185] die Bundesstatistik auf sie zurückgreifen. Auf eine primärstatistische Erhebung ist in diesem Fall also grundsätzlich zu verzichten („Regelfall")[186]. Der Gesetzgeber vollzog damit im allgemei-

---

[180] Vgl. dazu bereits oben S. 331 f.
[181] Gesetzliche Anknüpfungspunkte finden sich z.B. in § 5 Abs. 2 EGovG; Art. 14 VO (EU) 2018/1724 („Once Only Principle" im „Single Digital Gateway"). Vgl. auch *Mehde*, in: Seckelmann (Hrsg.), Digitalisierte Verwaltung, Vernetztes E-Government, 2. Aufl., 2019, Kap. 7 Rn. 38: Schlagwortartig könnte man sagen, es gehe darum, „statt der Menschen die Daten laufen zu lassen"; ferner *Guckelberger*, Öffentliche Verwaltung im Zeitalter der Digitalisierung, 2019, S. 153; allg. auch *Wimmer*, in: Seckelmann/Brunzel (Hrsg.), Handbuch Onlinezugangsgesetz, 2021, S. 149 ff.; in Bezug auf den (deutschen) Portalverbund bereits: *Martini/Wiesner*, in: Veit/Reichard/Wewer (Hrsg.), Handbuch zur Verwaltungsreform, 5. Aufl., 2019, S. 643, 649. Nach *Schuppan*, in: Veit/Reichard/Wewer (Hrsg.), Handbuch zur Verwaltungsreform, 5. Aufl., 2019, S. 530 sei es z.B. in Belgien gesetzlich verboten, bei den Bürgern Daten zu erheben, die bereits von einer Stelle im System erhoben worden sind.
[182] Siehe z.B. *Martini/Wenzel*, DVBl 2017, 749 (750); vgl. auch BT-Drs. 19/24226, S. 36: „Grundsatz der nur einmaligen Abgabe von Basisdaten (‚once only')".
[183] Ebenso *Kühling/Schmid*, in: Kühling (Hrsg.), BStatG, 2023, § 5a Rn. 2; vgl. dazu bereits oben S. 58.
[184] Siehe dazu die Nachweise in § 2 Fn. 23.
[185] „Soll"-Vorschriften sind für die Behörden im Regelfall rechtlich zwingend – sie sind mithin verpflichtet, so zu verfahren, wie es das Gesetz bestimmt. Etwas anderes gilt nur für atypische Fallkonstellationen; hier kann die Behörde nach pflichtgemäßem Ermessen entscheiden, aus der Rspr. z.B. BVerwGE 90, 275.
[186] *Kühling/Schmid*, in: Kühling (Hrsg.), BStatG, 2023, § 5a Rn. 54.

nen Bundesstatistikgesetz eine Entwicklung nach, die bereits im registergestützten Verfahren des Zensus 2011 angelegt war. Der damit typischerweise einhergehenden Zweckänderung (Verwaltung – Statistik) steht das europäische Datenschutzrecht im Ergebnis nicht entgegen. Denn das europäische Datenschutzrecht fingiert, wie gezeigt,[187] dass der Primärzweck (Verwaltung) mit dem Sekundärzweck (Statistik) vereinbar ist. Ein Konflikt mit dem Grundsatz der Zweckbindung, der dem Once-only-Prinzip generell anhaftet[188], besteht hier nicht. Die Privilegierung bereitet dem Prinzip im Bereich der amtlichen Statistik den Boden. Das ist vor dem Hintergrund eines geplanten rein registerbasierten Verfahrens (Registerzensus)[189] von entscheidender Bedeutung für die Weiterentwicklung der statistischen Methodik.

## VI. Ergebnis

Die Datenschutz-Grundverordnung fingiert, dass die Weiterverarbeitung zu statistischen Zwecken (Sekundärzweck) mit dem ursprünglichen Zweck (Primärzweck) vereinbar ist. Wer personenbezogene Daten i. d. S. verarbeitet, ist von der Prüfung der Zweckvereinbarkeit (Kompatibilitätstest nach Art. 6 Abs. 4 DSGVO) befreit. Zudem bedarf die Weiterverarbeitung zu statistischen Zwecken keiner gesonderten Rechtsgrundlage – insoweit wirkt die Legitimationskraft der ursprünglichen Rechtsgrundlage fort. Im Interesse eines wirksamen Schutzes personenbezogener Daten gilt dies jedoch nur für den Fall, dass sich die Verantwortlichenstellung nicht ändert. Übermittelt der Verantwortliche Daten an einen Dritten (und sei es auch zu statistischen Zwecken) ist hierfür eine neue Rechtsgrundlage zu suchen. Im ausdifferenzierten Statistikrecht ist dieser Fall typischerweise ohnedies gesetzlich geregelt. Die Privilegierungswirkung der gesetzlichen Fiktion zeichnet sich dann insbesondere dadurch aus, dass die Nutzung von Verwaltungsdaten zu statistischen Zwecken im Lichte des unionsrechtlichen Zweckbindungsgrundsatzes stets zulässig ist. Das Datenschutzsekundärrecht steht damit dem Once-only-Prinzip im Bereich der (amtlichen) Statistik gerade nicht entgegen. Zweckänderungen, die damit einhergehen, sind zulässig.

---

[187] Siehe oben II.2., S. 359.
[188] Ausf. *Martini/Wenzel*, DVBl 2017, 749 ff.; s. allg. auch *Schliesky/Hoffmann*, DÖV 2018, 193 (196 f.).
[189] Vgl. bereits oben S. 5 f. und S. 188 ff.

## B. Grundsatz der Speicherbegrenzung

Ebenso wie der Grundsatz der Zweckbindung (dazu A.) enthält auch der Grundsatz der Speicherbegrenzung (engl.: „storage limitation") eine Privilegierung für die Verarbeitung personenbezogener Daten zu statistischen Zwecken. Diese Regelung war – anders als hinsichtlich der Zweckbindung[190] – bereits im Kommissionsentwurf vorgesehen.[191] Der Entwurf griff dabei auf eine Vorschrift der alten Datenschutzrichtlinie zurück. Auch sie kannte eine Sonderregelung für „historische, *statistische* oder wissenschaftliche Zwecke" und erlaubte im Fall geeigneter Garantien eine längere Aufbewahrung der Daten.[192] Im weiteren Gesetzgebungsverfahren hat Art. 5 Abs. 1 Buchst. e DSGVO keine nachhaltigen Änderungen erfahren. Weggefallen ist lediglich der Vorschlag der Kommission, die Notwendigkeit der längeren Datenspeicherung „in regelmäßigen Abständen" zu überprüfen.[193] Innerhalb der Datenschutzgrundsätze kommt es somit zu einer *doppelten Privilegierung* für die (amtliche) Statistik. Dies ist auch sachgerecht, da sich beide Grundsätze wechselseitig ergänzen und verstärken. Anders als die Zweckbindung ist die Speicherbegrenzung nicht ausdrücklich primärrechtlich verankert (vgl. Art. 8 Abs. 2 S. 1 GRCh). Gleichwohl lässt sie sich aus dem übergreifenden Prinzip der Erforderlichkeit ableiten,[194] welches letztlich im Verhältnismäßigkeitsgrundsatz (Art. 52 Abs. 1 S. 2 GRCh) wurzelt.[195] So gesehen ist der Grundsatz der Speicherbegrenzung in seiner *zeitlichen Dimension*[196] ebenfalls grundrechtlich fundiert.

---

[190] Siehe oben S. 358.
[191] KOM(2012) 11 endgültig, S. 49 f.
[192] Hervorhebung d. Verf. Art. 6 Abs. 1 Buchst. e S. 2 DS-RL lautete: „Die Mitgliedstaaten sehen geeignete Garantien für personenbezogene Daten vor, die über die vorgenannte Dauer hinaus für historische, statistische oder wissenschaftliche Zwecke aufbewahrt werden". Anders als unter der RL richtet sich die Ausnahme aber nicht mehr an die Mitgliedstaaten, sondern unmittelbar an den Verantwortlichen.
[193] KOM(2012) 11 endgültig, S. 50.
[194] Ebenso *Roßnagel*, in: Simitis/Hornung/Spiecker gen. Döhmann (Hrsg.), DatenschutzR, 2019, Art. 5 Rn. 150. Eigenständige Bedeutung kommt der Speicherbegrenzung demnach insbes. im Kontext der Einwilligung zu; denn diese ist – im Unterschied zu den gesetzlichen Befugnisnormen – nicht (unmittelbar) dem Erforderlichkeitsprinzip unterstellt; vgl. nur EuGH, Urt. v. 20.10.2022 – C-77/21, ECLI:EU:C:2022:805 – Digi, Rn. 57.
[195] Ebenso *GA Pikamäe*, Schlussanträge v. 31.3.2022 – C-77/21, ECLI:EU:C:2022:248 – Digi, Rn. 62.
[196] Vgl. dazu auch EuGH, Urt. v. 13.5.2014 – C-131/12, ECLI:EU:C:2014:317 – Google Spain, Rn. 93, 97 f.; BVerfGE 152, 152 (194, Rn. 97 ff.) – Recht auf Vergessen I; ausf. zu Art. 17 DSGVO unten S. 431 ff.

## I. Grundsatz: Begrenzung der Verarbeitungsdauer

Nach dem Grundsatz der Speicherbegrenzung dürfen personenbezogene Daten nur so lange in identifizierbarer Form gespeichert bzw. verarbeitet[197] werden, „wie es für die Zwecke, für die sie verarbeitet werden, erforderlich ist" (Art. 5 Abs. 1 Buchst. e Hs. 1 DSGVO). Maßgeblich ist hier also der Faktor Zeit: Während der Grundsatz der Datenminimierung die Datenverarbeitung auf das „notwendige Maß" (Umfang) beschränkt, geht es bei dem – missverständlich bezeichneten – Grundsatz der Speicherbegrenzung um die *Dauer der Verarbeitung*. Die Speicherbegrenzung ist so gesehen das „zeitliche[...] Seitenstück"[198] der Datenminimierung.[199] Aus grundrechtlicher Perspektive wirkt dieser Grundsatz einer Perpetuierung des Grundrechtseingriffs entgegen.[200] Denn die Speicherung personenbezogener Daten durch staatliche Behörden stellt einen fortwährenden Eingriff in das Recht auf Schutz personenbezogener Daten (Art. 8 Abs. 1 GRCh) bzw. in das Recht auf informationelle Selbstbestimmung (Art. 2 Abs. 1 i. V. m. Art. 1 Abs. 1 GG) dar. Der Grundsatz der Speicherbegrenzung konkretisiert das Erforderlichkeitskriterium und begrenzt den Eingriff in seiner zeitlichen Dimension. EG 39 S. 8 DSGVO bringt es auf die eingängige, aber strenge Formel: Die „Speicherfrist" für personenbezogene Daten ist auf das „unbedingt erforderliche Mindestmaß" zu beschränken.

Bezugspunkt der Speicherbegrenzung ist der *Zweck* der Verarbeitung.[201] Die Datenverarbeitung ist in zeitlicher Hinsicht solange zulässig, wie es der jeweils festgelegte und verfolgte Zweck erfordert. Ist der Zweck erreicht oder hat er sich erledigt, entfällt auch die legitime Grundlage für die Verarbeitung personenbezogener Daten. Der Verantwortliche muss darauf reagieren; der Grundsatz aktiviert eine Handlungspflicht. Dem Verantwortlichen stehen dabei zwei Alternativen zur Verfügung: Zum einen kann er die personenbezogenen Daten *löschen*. Diese Rechtsfolge ist zwar nicht ausdrücklich im Wortlaut der Verordnung verankert, sie lässt sich aber gleichwohl dort festmachen: Denn wer Daten – unwie-

---

[197] Über den Wortlaut hinaus ist der Grundsatz auf sämtliche Formen der Verarbeitung anzuwenden, so zutreffend *Roßnagel*, in: Simitis/Hornung/Spiecker gen. Döhmann (Hrsg.), DatenschutzR, 2019, Art. 5 Rn. 152.
[198] So die Beschreibung bei *Reimer*, in: Sydow (Hrsg.), DSGVO, 2. Aufl., 2018, Art. 5 Rn. 39. Vgl. auch *Albers*, in: Voßkuhle/Eifert/Möllers (Hrsg.), GVerwR, 3. Aufl., 2022, § 22 Rn. 52, wonach der Grundsatz der Datenminimierung in zeitlicher Hinsicht durch den Grundsatz der Speicherbegrenzung ergänzt werde.
[199] Siehe auch *GA Pikamäe*, Schlussanträge v. 31.3.2022 – C-77/21, ECLI:EU:C:2022:248 – Digi, Rn. 30.
[200] Vgl. etwa BVerfGE 140, 99 (111, Rn. 21), einstweilige Anordnung zu § 19 ZensG 2011.
[201] Statt vieler *Herbst*, in: Kühling/Buchner (Hrsg.), DSGVO/BDSG, 3. Aufl., 2020, Art. 5 Rn. 65. Vgl. auch EuGH, Gutachten v. 26.7.2017 – 1/15, ECLI:EU:C:2017:592 – PNR Abkommen, Rn. 191: Eine Regelung zur Speicherung personenbezogener Daten müsse u. a. stets objektiven Kriterien genügen, die einen Zusammenhang zwischen den zu speichernden personenbezogenen Daten und dem *verfolgten Ziel* herstellen (Hervorhebung d. Verf.).

derbringlich – löscht, verarbeitet sie nicht mehr. Der Unionsgesetzgeber empfiehlt hierfür regelmäßige Überprüfungen oder sogar Löschfristen (engl.: „time limits [...] for erasure or for a periodic review"); sie sollen sicherstellen, dass personenbezogene Daten nicht länger als nötig aufbewahrt werden (EG 39 S. 10 DSGVO).[202] Zum anderen genügt es, den *Personenbezug aufzulösen*.[203] Denn der Grundsatz greift nach seinem Wortlaut nur, wenn der Verantwortliche Daten in einer Form verarbeitet, „die die Identifizierung der betroffenen Person [...] ermöglicht". Sobald sich Informationen nicht mehr auf eine identifizierte oder identifizierbare natürliche Person beziehen, ist der Anwendungsbereich des europäischen Datenschutzrechts ohnedies verlassen.[204] Das schließt notwendigerweise auch den Grundsatz der Speicherbegrenzung ein.

Das allgemeine europäische Datenschutzrecht kennt keine starren, absoluten Speicherfristen. In der Rechtssache *Manni* hat der EuGH bspw. entschieden, dass sich dem Grundsatz der Speicherbegrenzung aufgrund der Vielgestaltigkeit der Sachverhalte eine „einheitliche Frist" nicht entnehmen lasse.[205] Das Sekundärrecht enthalte daher kein Recht auf Vergessenwerden in dem Sinne, dass personenbezogene Daten in einem Register nach einer exakt bestimmten Frist (in diesem Fall z. B. nach der Auflösung einer insolventen Gesellschaft, deren Geschäftsführer datenschutzrechtlich betroffen war/ist[206]) zu sperren bzw. zu löschen sind.[207] Maßgeblich sind vielmehr die *Umstände des Einzelfalls*. Dies ist Ausdruck des Verhältnismäßigkeitsgrundsatzes. Regelt – wie im öffentlichen Sektor üblich – der Gesetzgeber die Datenverarbeitung, hat er die zeitliche Dimension in abstrakt-genereller Weise in seine Abwägungsentscheidung einzustellen. Der Grundsatz der Speicherbegrenzung soll ihn generell daran erin-

---

[202] Der EG greift damit einen Vorschlag der KOM(2012) 11 endgültig, S. 50 auf, der keinen Eingang in den verfügenden Teil der Verordnung gefunden hat.

[203] Bei pseudonymisierten Datensätzen kann dies bspw. durch das Löschen der sog. Referenzliste erfolgen, s. *Jaspers/Schwartmann/Hermann*, in: Schwartmann/Jaspers/Thüsing/Kugelmann (Hrsg.), DSGVO/BDSG, 2. Aufl., 2020, Art. 5 Rn. 69; *Herbst*, in: Kühling/Buchner (Hrsg.), DSGVO/BDSG, 3. Aufl., 2020, Art. 5 Rn. 66. A. A. wohl *Reimer*, in: Sydow (Hrsg.), DSGVO, 2. Aufl., 2018, Art. 5 Rn. 40, der auch eine „wirksame Pseudonymisierung" genügen lässt. Vgl. aber dagegen schon *Dammann/Simitis*, EG-Datenschutzrichtlinie, 1997, Art. 6 Rn. 17: „Die bloße Abtrennung der Identifizierungsmerkmale von den übrigen Daten und deren separate Speicherung genügt nicht, wenn damit die Identifizierung nur erschwert, aber nicht unmöglich gemacht wird".

[204] Siehe Art. 4 Nr. 1 i. V.m. Art. 2 Abs. 1 DSGVO; zum Personenbezug oben S. 256 ff. Vgl. dazu auch *Frenzel*, in: Paal/Pauly (Hrsg.), DSGVO/BDSG, 3. Aufl., 2021, Art. 5 Rn. 44.

[205] EuGH, Urt. v. 9.3.2017 – C-398/15, ECLI:EU:C:2017:197 – Manni, Rn. 55. Vgl. dazu die Anm. von *Frenz*, DVBl 2017, 566 (566 f.), der auf die Unterschiede zu den Rechtssachen *Tele 2 Sverige* und *Google Spain* hinweist.

[206] In dieser Rechtssache begehrte Herr Manni von einer italienischen Handelskammer im Jahr 2007, die Daten im Unternehmensregister zu löschen, zu anonymisieren oder zu sperren, die ihn mit der Insolvenz seiner früheren Firma (1992) noch immer in Verbindung brachten.

[207] EuGH, Urt. v. 9.3.2017 – C-398/15, ECLI:EU:C:2017:197 – Manni, Rn. 56.

nern, dass „[d]ie Möglichkeit des Vergessens [...] zur Zeitlichkeit der Freiheit [gehört]"[208].

Im Recht der Bundesstatistik finden sich zahlreiche Beispiele für gesetzlich angeordnete Löschfristen, die den Grundsatz der Speicherbegrenzung bereichsspezifisch ausformen: Zu nennen sind hier bspw. Regelungen zur Vernichtung von Erhebungsunterlagen (§ 14 Abs. 3 MZG; § 31 Abs. 3 ZensG 2022) oder zur Löschung von Zensusdaten, die für die Methodenentwicklung des Registerzensus genutzt werden sollen (§ 6 S. 2 RegZensErpG).

## II. Ausnahme für die Verarbeitung zu statistischen Zwecken – Datenspeicherung „auf Vorrat"

Für die Verarbeitung zu statistischen Zwecken macht die Datenschutz-Grundverordnung eine Ausnahme von dem Grundsatz der Speicherbegrenzung. Während die tatbestandlichen Voraussetzungen der Privilegierung[209] vergleichsweise unproblematisch sind (dazu 1.), bereitet die Rechtsfolgenanordnung durchaus Schwierigkeiten (dazu 2.).

### 1. Voraussetzungen der Ausnahmevorschrift

Der Tatbestand des Art. 5 Abs. 1 Buchst. e Hs. 2 DSGVO[210] enthält drei Voraussetzungen:

*a) Verarbeitung personenbezogener Daten zu statistischen Zwecken*

Die Ausnahmevorschrift des 2. Halbsatzes im Grundsatz der Speicherbegrenzung greift, wenn der Verantwortliche (ggf. auch der Auftragsverarbeiter) personenbezogene Daten „für statistische Zwecke *gemäß* Artikel 89 Absatz 1"[211] verarbeitet. Die Norm verweist auf den datenschutzrechtlichen Statistikbegriff (Rechtsgrundverweisung) und entspricht damit den Anforderungen, die auch für den Zweckbindungsgrundsatz gelten.[212] Mit dieser Verweisungstechnik[213] zeigt der Unionsgesetzgeber, dass der Begriff „statistische Zwecke" innerhalb der Datenschutz-Grundverordnung einheitlich auszulegen ist.

---

[208] So der plakative Satz in BVerfGE 152, 152 (197, Rn. 105) – Recht auf Vergessen I.
[209] Von einer Privilegierung sprechen z.B. auch *Herbst*, in: Kühling/Buchner (Hrsg.), DSGVO/BDSG, 3. Aufl., 2020, Art. 5 Rn. 69; *Schantz*, in: Wolff/Brink (Hrsg.), BeckOK DatenschutzR, 39. Ed. (1.11.2021), Art. 5 Rn. 34.
[210] Siehe die Parallelvorschrift in Art. 4 Abs. 1 Buchst. e Hs. 2 VO (EU) 2018/1725.
[211] Hervorhebung d. Verf.
[212] Siehe oben S. 358 ff.
[213] Siehe neben Art. 5 Abs. 1 Buchst. b Hs. 2 und Buchst. e Hs. 2 auch Art. 9 Abs. 2 Buchst. j, Art. 17 Abs. 3 Buchst. d, Art. 21 Abs. 6 („gemäß Artikel 89 Absatz 1").

## b) Ausschließlichkeit

Die Verarbeitung muss zweitens „ausschließlich"[214] (engl.: „solely"; franz.: „exclusivement") statistischen Zwecken dienen. Eine Kombination von privilegierten und nicht-privilegierten Zwecken ist damit ausgeschlossen. Für die Arbeit des Statistischen Bundesamtes folgt dies ohnehin aus der gesetzlichen Aufgabenbeschreibung (vgl. § 3 BStatG). Der Aufgabenkatalog bestimmt über den zulässigen Wirkungsradius der Behörde. Zugleich wird damit das Prinzip der informationellen Gewaltenteilung[215] abgesichert. Die amtliche Statistik ist strikt vom „klassischen" Verwaltungsvollzug zu trennen. Ihr ist es – auch von Verfassungs wegen – versagt, andere Verwaltungsaufgaben wahrzunehmen. Unschädlich wäre es hingegen, wenn das Statistische Bundesamt auch wissenschaftliche Forschungszwecke verfolgte. Denn zum einen lassen sich wissenschaftliche Forschung und Statistik nicht immer kategorisch trennen.[216] Aus datenschutzrechtlicher Sicht sind die Forschungszwecke ohnedies gleichermaßen privilegiert, sodass – das Bestehen geeigneter Garantien vorausgesetzt (dazu c)) – eine Ausnahme auch insoweit gerechtfertigt erscheint. Zum anderen ist es – aus statistikrechtlicher Sicht – Aufgabe der Bundesstatistik, Daten unter Verwendung wissenschaftlicher Erkenntnisse und unter Einsatz der jeweils sachgerechten Methoden und Informationstechniken zu gewinnen (§ 1 S. 3 BStatG). Es gilt – gerade auch mit Blick auf den Verfassungsauftrag, ein möglichst grundrechtsschonendes Verfahren zu wählen[217] – die Statistik methodisch weiterzuentwickeln (vgl. z. B. § 3 Abs. 1 Nr. 1 BStatG). Insoweit darf z. B. das Statistische Bundesamt im Rahmen ihres Aufgabenbereichs eigene wissenschaftliche Forschungsvorhaben durchführen.[218]

## c) Vorbehalt geeigneter Garantien

Die Ausnahmeregelung steht drittens unter dem *Vorbehalt*, dass der Verantwortliche geeignete technische und organisatorische Maßnahmen vorsieht bzw. „durchführt"[219], um die Rechte und Freiheiten der betroffenen Personen zu schützen. Der Grundsatz der Speicherbegrenzung nimmt – anders als der

---

[214] Diese Einschränkung findet sich bereits im Entwurf der EU-Kommission, s. KOM(2012), 11 endgültig, S. 50. Der Rat hatte das Wort „solely" zwischenzeitlich gestrichen, s. *Council of the European Union*, Doc. 9565/15 ANNEX, S. 82. In der Trilogfassung war das Kriterium „ausschließlich" (engl.: „solely") dann wieder Bestandteil des Normtextes, s. *Council of the European Union*, Doc. 5455/16 ANNEX (EN), S. 85.
[215] Siehe oben S. 283 ff.
[216] Siehe – insbes. mit Blick auf Art. 89 Abs. 4 DSGVO – oben S. 245 ff.
[217] BVerfGE 150, 1 – Leitsatz 7; s. dazu bereits die Einleitung, S. 5 ff.
[218] Vgl. dazu auch S. 31 ff. sowie S. 239 ff.
[219] Siehe den Wortlaut des Art. 5 Abs. 1 Buchst. e Hs. 2 DSGVO: „vorbehaltlich der Durchführung […]".

Grundsatz der Zweckbindung – die geeigneten Garantien[220] *expressis verbis* in Bezug. Rechtliche Unterschiede sind damit jedoch nicht verbunden. Denn auch Art. 5 Abs. 1 Buchst. e Hs. 2 DSGVO verweist insgesamt auf „Artikel 89 Absatz 1". Diese Rechtsgrundverweisung schließt die dort geforderten geeigneten Schutzvorkehrungen (engl.: „appropriate safeguards") ein. Mit anderen Worten: Die Privilegierung ist nur dann gerechtfertigt, wenn die Verarbeitung zu statistischen Zwecken zum Ausgleich[221] geeigneten Garantien unterliegt. Zu diesen Garantien gehören wiederum die technischen und organisatorischen Maßnahmen (vgl. Art. 89 Abs. 1 S. 2 DSGVO[222]). So gesehen ist der Satzteil („vorbehaltlich der Durchführung geeigneter technischer und organisatorischer Maßnahmen, die von dieser Verordnung zum Schutz der Rechte und Freiheiten der betroffenen Person gefordert werden") entbehrlich.[223]

### 2. Rechtsfolge: Was heißt „längere" Speicherung?

Die Auswirkungen der Privilegierung zeigen sich in der Rechtsfolge. Diese ist nur scheinbar leicht zu beschreiben: Nach Art. 5 Abs. 1 Buchst. e Hs. 2 DSGVO dürfen personenbezogene Daten „länger gespeichert werden" (engl.: „personal data may be stored for longer periods"; franz.: „les données à caractère personnel peuvent être conservées pour des durées plus longues"). Der Verordnungsgeber formuliert also gerade nicht, dass der Grundsatz der Speicherbegrenzung – in einem negativen Sinne – für die Weiterverarbeitung zu statistischen Zwecken nicht gilt. Stattdessen schreibt der 2. Halbsatz die Rechtsfolge positiv fest, indem er die Rechtsfolgenanordnung mit dem 1. Halbsatz verknüpft. Diese Verknüpfung findet im verwendeten Komparativ („länger"; „longer"; „plus longues") Ausdruck. Liest man beide Halbsätze zusammen, ergibt sich folgender Rechtssatz:

Verarbeitet der Verantwortliche personenbezogene Daten ausschließlich zu statistischen Zwecken, dürfen sie länger gespeichert werden, als es für den Zweck erforderlich wäre.

Damit ist freilich noch nicht gesagt, dass diese Regelungstechnik stets zu einer zeitlich unbegrenzten – also gleichsam unendlichen – Speicherung personenbe-

---

[220] Siehe dazu § 8, S. 249 ff.
[221] Vgl. auch *Schantz*, in: Wolff/Brink (Hrsg.), BeckOK DatenschutzR, 39. Ed. (1.11.2021), Art. 5 Rn. 34 („Kompensation").
[222] Dazu ausf. oben S. 253 ff.
[223] *Herbst*, in: Kühling/Buchner (Hrsg.), DSGVO/BDSG, 3. Aufl., 2020, Art. 5 Rn. 70; zust. *Jaspers/Schwartmann/Hermann*, in: Schwartmann/Jaspers/Thüsing/Kugelmann (Hrsg.), DSGVO/BDSG, 2. Aufl., 2020, Art. 5 Rn. 72. Vgl. ferner *Roßnagel*, in: Simitis/Hornung/Spiecker gen. Döhmann (Hrsg.), DatenschutzR, 2019, Art. 5 Rn. 163, der zusätzlich verlangt, dass die Garantien die Verwendung für Maßnahmen oder Entscheidungen gegenüber Einzelnen ausschließen. Zu diesem Kriterium s. bereits oben S. 244 f.

zogener Daten führt.²²⁴ In der Kommentarliteratur finden sich insbesondere zwei Begründungsansätze, um die unklare Rechtsfolgenanordnung aufzulösen. Sie sind im Folgenden abstrakt darzustellen (dazu a) und b)), ehe ihre Anwendung auf die amtliche Statistik zu prüfen ist (dazu c)).

*a) Differenzierung zwischen Primär- und Sekundärzweck*

Nach einer Ansicht, die insbesondere *Alexander Roßnagel* vertritt, sei zwischen dem Primär- und dem (privilegierten) Sekundärzweck zu differenzieren.²²⁵ Personenbezogene Daten dürften demnach länger gespeichert werden, als dies für das Erreichen des ursprünglichen Zwecks ($Z^1$) erforderlich wäre. Mit anderen Worten: Der Verantwortliche dürfte die Daten solange in personenbezogener Form speichern, wie es der Sekundärzweck $Z^2$ erfordert. Als Beispiel führt *Roßnagel* an, dass insbesondere für wissenschaftliche oder statistische Zwecke die Datenspeicherung in dieser Form oftmals nur so lange erforderlich sei, bis das Ergebnis der Forschung oder der Statistik feststehe. Sei der Sekundärzweck erfüllt, sind die Daten zu löschen, ggf. auch zu anonymisieren. Damit knüpft er in der Sache an den Grundsatz der Zweckbindung an, der im Normtext zwischen der Erhebung und der Weiterverarbeitung unterscheidet („für festgelegte, eindeutige und legitime Zwecke erhoben und nicht in einer mit diesen Zwecken nicht zu vereinbarenden Weise weiterverarbeitet werden").²²⁶ So gesehen vervollständigte der Grundsatz der Speicherbegrenzung die gesetzliche Fiktion der Zweckvereinbarkeit in zeitlicher Hinsicht. Das heißt: Wenn das Datenschutzrecht fingiert, dass $Z^2$ (z.B. Statistik) mit $Z^1$ (z.B. Verwaltung) vereinbar ist (= Rechtsfolge des Buchst. b Hs. 2), dann dürfen die (noch) personenbezogenen Daten zum Zweck $Z^2$ *länger gespeichert* werden, als dies für den ursprünglichen Zweck $Z^1$ erforderlich wäre (= Rechtsfolge des Buchst. e Hs. 2).

*b) Differenzierung zwischen allgemeinen und konkreten Zwecken*

Nach der Ansicht von *Tobias Herbst* sei hingegen zwischen allgemeinen und konkreten Zwecken zu unterscheiden.²²⁷ Die Rechtsfolge besteht hiernach darin, dass die Prüfung, ob die weitere Speicherung bzw. Verarbeitung „für *bestimmte konkrete* Zwecke erforderlich ist", entfallen könne.²²⁸ Er differenziert damit

---

²²⁴ Mahnend insoweit die Worte von *Roßnagel*, ZD 2019, 157 (162) zum Forschungsprivileg: Die Speicherung dürfe nicht zu einer unbegrenzten Vorratsdatenhaltung führen.
²²⁵ *Roßnagel*, in: Simitis/Hornung/Spiecker gen. Döhmann (Hrsg.), DatenschutzR, 2019, Art. 5 Rn. 162.
²²⁶ Dazu oben A., S. 353 ff.
²²⁷ *Herbst*, in: Kühling/Buchner (Hrsg.), DSGVO/BDSG, 3. Aufl., 2020, Art. 5 Rn. 69 (mit Fn. 89).
²²⁸ *Herbst*, in: Kühling/Buchner (Hrsg.), DSGVO/BDSG, 3. Aufl., 2020, Art. 5 Rn. 69; Hervorhebung d. Verf. *Herbst* hat seine Kommentierung auf die Kritik von *Roßnagel* hin präzisiert. In der 2. Aufl. hieß es bei *Herbst* noch: „Diese Regelung hat zur Folge, dass bei der

zwischen allgemein formulierten Zwecken (z. B. Statistik) einerseits und dem konkret festgelegten Zweck (z. B. ein konkreter Statistikzweck wie in § 1 Abs. 3 ZensG 2022 oder § 2 ZVEG[229]) andererseits. Um in den Genuss der verlängerten Speicherdauer zu gelangen, muss der Verantwortliche nach dieser Ansicht nur *allgemein* einen privilegierten Zweck verfolgen und die Datenverarbeitung *insoweit* erforderlich sein.[230] In diesem Sinne ist wohl auch die Kommentierung von *Andreas Jaspers* et al. zu verstehen: Am Beispiel des Archivwesens (konkret: § 6 Abs. 2 BArchG) zeigen sie auf, dass Unterlagen, die personenbezogene Daten enthalten, „keiner gesetzlichen Vernichtungs- oder Löschpflicht [unterliegen], soweit sie zu öffentlichen Archivzwecken verarbeitet werden".[231] Diese Auslegung trägt dem Umstand Rechnung, dass der Zweck „Archiv" schon seinem Wesen nach *auf unbegrenzte Zeit* angelegt ist. So ist es gerade die gesetzlich definierte Aufgabe des Bundesarchivs, das Archivgut des Bundes „auf Dauer zu sichern, nutzbar zu machen und wissenschaftlich zu verwerten" (§ 3 Abs. 1 S. 1 BArchG). Für das Archivwesen macht der datenschutzrechtliche[232] Grundsatz der Speicherbegrenzung schlicht keinen Sinn.

### c) Anwendung auf die Datenverarbeitung der amtlichen Statistik

Beide Lösungsansätze sind sodann auf die amtliche Statistik anzuwenden und mit ihren Bedürfnissen abzugleichen: Nach der ersten Ansicht ist eine Datenspeicherung für den Sekundärzweck (z. B. „Statistik") länger zulässig, als es für den Primärzweck (z. B. „Verwaltung") erforderlich wäre; nach der zweiten Ansicht genügt es, wenn der Verantwortliche (z. B. das Statistische Bundesamt) allgemein statistische Zwecke verfolgt. Mit dieser Privilegierung trägt das unionale Datenschutzrecht der besonderen Verarbeitungssituation Rechnung, in der sich die amtliche Statistik befindet. So hat das BVerfG in seiner Entscheidung zum Zensus 2011 die bereits im Volkszählungsurteil anerkannte Ausnahme vom „Verbot, personenbezogene Daten *auf Vorrat* zu sammeln [...]" wiederholt und

---

Speicherung von personenbezogenen Daten, die für die angegebenen Zwecke verarbeitet werden, eine Prüfung, ob die weitere Speicherung für diese Zwecke erforderlich ist, entfallen kann; [...]".

[229] *Herbst*, in: Kühling/Buchner (Hrsg.), DSGVO/BDSG, 3. Aufl., 2020, Art. 5 Rn. 69 (mit Fn. 89) nennt hier u. a. eine „bestimmte Statistikaufgabe".

[230] Vgl. aber auch *Schantz*, in: Wolff/Brink (Hrsg.), BeckOK DatenschutzR, 39. Ed. (1.11.2021), Art. 5 Rn. 34.1, der einen „gewisse[n] Wertungswiderspruch" zwischen Art. 89 Abs. 1 einerseits und Art. 5 Abs. 1 Buchst. e Hs. 2 DSGVO andererseits erkennt. Da die Ausnahme von der Speicherbegrenzung eine Aufbewahrung erlaube, ohne dass dafür konkrete Verarbeitungsvorgänge erforderlich sind, lasse sich „kaum beurteilen, ob sie für eine potentielle, noch nicht feststehende Weiterverarbeitung in personenbezogener Form [s. Art. 89 Abs. 1 S. 4 DSGVO] erforderlich sind".

[231] *Jaspers/Schwartmann/Hermann*, in: Schwartmann/Jaspers/Thüsing/Kugelmann (Hrsg.), DSGVO/BDSG, 2. Aufl., 2020, Art. 5 Rn. 73; Hervorhebung d. Verf.

[232] Das gilt trotz des Umstands, dass das Datenschutzrecht nur lebende Personen schützt.

bekräftigt.[233] Dies entspräche dem „Wesen der Statistik"[234]. In diesem Sinne besteht z. B. ein Bedürfnis der Statistik, bestimmte Grund- und Strukturdaten auf Dauer zu speichern. Insofern sei beispielhaft auf § 1 Abs. 3 Nr. 3 ZensG 2022 verwiesen: Danach verfolgt der Zensus auch das Ziel, Grunddaten für das Gesamtsystem der amtlichen Statistik sowie Strukturdaten über die Bevölkerung als Datengrundlage (insbesondere für politische Entscheidungen von Bund, Ländern und Gemeinden auf den Gebieten Bevölkerung, Wirtschaft, Soziales, Wohnungswesen, Raumordnung, Verkehr, Umwelt und Arbeitsmarkt) zu gewinnen. In der Gesetzesbegründung heißt es dazu, dass die Zensusergebnisse für eine „Reihe von Statistiken, wie z. B. den Mikrozensus […], die Auswahlgrundlage für die Stichprobenziehung sowie den fortschreibbaren Hochrechnungsrahmen" bildeten.[235] Andernfalls müssten die statistischen Ämter diese Daten jeweils neu erheben. Nach alledem besteht ein statistisches Bedürfnis dafür, bestimmte Einzelangaben (gemeint sind Erhebungs-, nicht Hilfsmerkmale[236]) zu bevorraten. Der unionsrechtliche Grundsatz der Speicherbegrenzung steht dem nicht entgegen. Soll dem Privilegierungstatbestand in Art. 5 Abs. 1 Buchst. e Hs. 2 DSGVO eine eigenständige normative Bedeutung zukommen, dann erlaubt er gewissermaßen eine Speicherung „auf Vorrat", solange der Verantwortliche (allgemein und ausschließlich) statistische Zwecke verfolgt und die hierfür erforderlichen geeigneten Garantien einhält.

*3. Zwischenergebnis*

Die Ausnahme vom Grundsatz der Speicherbegrenzung ermöglicht es der amtlichen Statistik, personenbezogene Daten gewissermaßen „auf Vorrat" zu speichern. Dies setzt allerdings voraus, dass die verantwortlichen Statistikbehörden geeignete Garantien zum Schutz der Rechte und Freiheiten der betroffenen Personen vorsehen.

*III. Vergleich und Abgrenzung zur „klassischen" Vorratsdatenspeicherung (Telekommunikationsdaten)*

Es gehöre, so das BVerfG im Volkszählungsurteil, zum „Wesen der Statistik", dass die (ggf. noch personenbezogenen) Daten nach ihrer Aufbereitung „für die verschiedensten, nicht von vornherein bestimmbaren Aufgaben verwendet werden sollen"; demgemäß bestehe auch ein „Bedürfnis nach *Vorratsspeiche-*

---

[233] BVerfGE 150, 1 (108, Rn. 223); s. bereits BVerfGE 65, 1 (47). Dazu sogleich unter III., S. 389 ff.
[234] BVerfGE 150, 1 (108, Rn. 223).
[235] BT-Drs. 19/8693, S. 34.
[236] Siehe zu dieser Unterscheidung S. 269 ff.

*rung*".[237] Das Gebot, den Zweck konkret zu umschreiben, und das strikte Verbot, personenbezogene Daten auf Vorrat zu sammeln, könne nur für Datenerhebungen zu nichtstatistischen Zwecken gelten. Wenn der Staat den Entwicklungen der industriellen Gesellschaft nicht unvorbereitet begegnen soll, müsse die Volkszählung „Mehrzweckerhebung und -verarbeitung, also Datensammlung und -speicherung auf Vorrat sein".[238] Mit der Ausnahme vom Grundsatz der Speicherbegrenzung erkennt das Unionsrecht diesen Bedarf ebenfalls an. Wenn also innerhalb der (amtlichen) Statistik eine „Bevorratung" von (personenbezogenen) Daten unter bestimmten Bedingungen erlaubt ist, dann macht dies eine Abgrenzung zur „klassischen" Form der Vorratsdatenspeicherung von Telekommunikationsdaten[239] erforderlich.[240] Dabei haben beide Formen lediglich den Begriff „Vorratsdatenspeicherung" gemein. In der Sache sind die Unterschiede fundamental. Die Aussage des BVerfG, eine Volkszählung müsse „Datensammlung und -speicherung auf Vorrat" sein, ist daher *im statistikrechtlichen Kontext* zu lesen und von der Speicherung von Telekommunikations(verkehrs)daten kategorisch zu unterscheiden (dazu 1. und 2.). Gleichwohl sah sich der 1. Senat des BVerfG in einem Verfahren des einstweiligen Rechtsschutzes nicht gehindert, eine entsprechende Verbindung herzustellen und die Schutzbereiche des Telekommunikationsgeheimnisses (Art. 10 Abs. 1 GG) einerseits und des informationellen Selbstbestimmungsrechts (Art. 2 Abs. 1 i. V. m. Art. 1 Abs. 1 GG[241]) andererseits weitgehend gleichzusetzen (dazu 3.).

*1. Erster Unterschied: Ort der Datenspeicherung*

Bei der Speicherung von Telekommunikationsdaten (Verkehrsdaten[242]) sind die (zunächst) maßgeblichen Akteure die *privaten Diensteanbieter*, nicht der Staat.

---

[237] BVerfGE 65, 1 (47); Hervorhebung d. Verf.
[238] BVerfGE 65, 1 (47); s. auch BVerfGE 150, 1 (108, Rn. 223).
[239] Vgl. dazu aus unionsrechtlicher Sicht insbes.: EuGH, Urt. v. 8.4.2014 – C-293/12 u. a., ECLI:EU:C:2014:238 – Digital Rights Ireland; Urt. v. 21.12.2016 – C-203/15, ECLI:EU:C: 2016:970 – Tele2 Sverige; Urt. v. 6.10.2020 – C-623/17, ECLI:EU:C:2020:790 – Privacy International sowie das Urt. v. 6.10.2020, ECLI:EU:C:2020:791 – in den verbundenen Rechtssachen C-511/18 – La Quadrature du Net u. a., C-512/18 – French Data Network u. a. und C-520/18 – Ordre des barreaux francophones und germanophone u. a.; Urt. v. 20.9.2022 – C-793/19 und C-794/19, ECLI:EU:C:2022:702 – SpaceNet; aus deutscher Sicht allen voran BVerfGE 125, 260; das BVerfG hat mit Beschlüssen v. 15.2.2023 (1 BvR 141/16, 1 BvR 2683/16, 1 BvR 2845/16) die Verfassungsbeschwerden nicht zur Entscheidung angenommen; s. aus der Literatur etwa *Martini*, in: von Münch/Kunig (Hrsg.), GG, 7. Aufl., 2021, Art. 10 Rn. 18 und 201 ff.
[240] Zur Abgrenzung der Rechtssache *Manni* zu den Rechtssachen *Google Spain* und *Tele 2 Sverige* s. auch die Anmerkung von *Frenz*, DVBl 2017, 566 (566 f.).
[241] Siehe zur Anwendbarkeit der deutschen Grundrechte oben S. 165 ff.
[242] Siehe § 176 TKG. Der *Inhalt* der Kommunikation wird nicht gespeichert (§ 176 Abs. 5 TKG), vgl. bereits BVerfGE 125, 260 (319). Nach dem EuGH würde die Überwachung des Kommunikationsinhalts den Wesensgehalt der Grundrechte aus Art. 7 und 8 GRCh berühren

Das Telekommunikationsgesetz nimmt diejenigen in die Pflicht, die „öffentlich zugängliche[...] Telekommunikationsdienste[243] für Endnutzer" anbieten (s. insbesondere § 175 Abs. 1 und § 176 TKG[244]). Dieser Aspekt war für das BVerfG entscheidend dafür, dass eine vorsorgliche, anlasslose Speicherung der Verkehrsdaten „nicht schlechthin" gegen das Grundrecht des Telekommunikationsgeheimnisses (Art. 10 Abs. 1 GG) verstieß.[245] Denn diese Daten stünden dem Staat gerade nicht unmittelbar in ihrer Gesamtheit zur Verfügung. Sie werden auf der Ebene der Speicherung noch *nicht zentral zusammengeführt*, sondern bleiben verteilt auf viele Einzelunternehmen. Der Staat hat somit keinen direkten Zugriff auf die Daten. Diese Konzeption unterscheidet sich grundlegend von der Datenverarbeitung im Rahmen einer Bundesstatistik: Denn dort werden die (personenbezogenen) Daten gerade von *öffentlichen Stellen* erhoben und – selbst bei dezentralen Statistiken wie dem Zensus – letztlich *auf Bundesebene zusammengeführt*. Die grundrechtstypische Gefährdungslage ist hiernach eine andere. Durch einen Direktzugriff auf den gesamten Datenbestand – insbesondere bei zentralen Bundesstatistiken – steigt theoretisch sogar die Gefahr einer persönlichkeitsfeindlichen Registrierung und Katalogisierung des Einzelnen gegenüber der „klassischen" Vorratsdatenspeicherung.[246]

*2. Zweiter Unterschied: Zweck der Bevorratung*

Der zweite Unterschied betrifft den Zweck der Bevorratung. Die Speicherung von Telekommunikationsverkehrsdaten ist strikt zweckgebunden. Anlasslos bedeutet also nicht „zweckfrei". Der eng begrenzte Zweck ist gerade das Korrektiv der Anlasslosigkeit. § 177 Abs. 1 TKG listet die Zwecke abschließend auf – für andere Zwecke dürfen die Daten nicht verwendet werden (Abs. 2). Hiernach liegt der Zweck dieser Vorratsdatenspeicherung v. a. im Bereich der *Strafverfolgung* und der *Gefahrenabwehr*.[247] So ist es nach geltender – im Vollzug jedoch

---

(Urt. v. 8.4.2014 – C-293/12 u. a., ECLI:EU:C:2014:238 – Digital Rights Ireland, Rn. 39) und wäre hiernach unzulässig.

[243] Siehe zu diesem Begriff die Legaldefinition in § 3 Nr. 61 TKG.
[244] Vormals § 113a und § 113b TKG i. d. F. bis zum 30.11.2021. Vgl. dazu BT-Drs. 19/26108, S. 369.
[245] BVerfGE 125, 260 (309, 321) rechnet den „Eingriff" dem Staat zu. Das informationelle Selbstbestimmungsrecht wird insoweit von der speziellen Garantie des Art. 10 GG verdrängt (so BVerfGE 125, 260 [310]).
[246] Siehe bereits BVerfGE 65, 1 (48) zu dieser tendenziellen Gefahr im Rahmen einer Volkszählung; zur Gefährdung des Telekommunikationsgeheimnisses, wonach eine Auswertung der Verkehrsdaten nicht nur tief in das Privatleben eindringende Rückschlüsse, sondern unter Umständen auch detaillierte Persönlichkeits- und Bewegungsprofile ermögliche, s. BVerfGE 125, 260 (328); aus unionsrechtlicher Perspektive vgl. etwa EuGH, Urt. v. 21.12.2016 – C-203/15, ECLI:EU:C:2016:970 – Tele2 Sverige, Rn. 99 (Prüfungsmaßstab: Art. 7, 8 und 11 GRCh).
[247] Siehe etwa § 177 Abs. 1 Nr. 1 (zur Verfolgung besonders schwerer Straftaten) und Nr. 2 (Abwehr einer konkreten Gefahr für Leib, Leben oder Freiheit einer Person oder für den

ausgesetzter – Rechtslage möglich, nach richterlicher Anordnung gespeicherte Telekommunikationsdaten *abzurufen*, um „besonders schwere Straftaten" zu verfolgen (vgl. § 100g Abs. 2 StPO). Die Verkehrs- und Standortdaten können hier also gerade „gegen" die betroffene Person verwendet werden. Diese Funktion ist der amtlichen Statistik fremd. Denn sie interessiert sich, wie gezeigt[248], nicht für die einzelne Person (die statistische Einheit), sondern für die Grundgesamtheit. Dies entspricht ihrer Aufgabe, Daten über Massenerscheinungen zu verarbeiten, um dabei gesellschaftliche, wirtschaftliche und ökologische Zusammenhänge aufzuzeigen (vgl. § 1 S. 1 und 4 BStatG). Zudem gilt – und das ist hier von besonderer Bedeutung – im deutschen Verfassungsrecht der „Grundsatz der Trennung von Statistik und Vollzug"[249]. Statistische Zwecke mit solchen des Verwaltungsvollzugs zu kombinieren, hieße tendenziell Unvereinbares miteinander zu verbinden. Die statistischen Ergebnisse sowie die ihnen zugrunde liegenden (personenbezogenen) Daten (sog. Mikrodaten) dürfen mithin nicht in den Verwaltungsvollzug „zurückgespielt" werden. Im Kontext der amtlichen Statistik gilt ein striktes Rückspielverbot[250], das die Rechte und Freiheiten der betroffenen Personen schützen soll. Die zu statistischen Zwecken erhobenen und verarbeiteten Daten verbleiben somit grundsätzlich im besonders geschützten Bereich der amtlichen Statistik und werden durch das Statistikgeheimnis[251] normativ abgesichert. Das strafbewehrte Verbot der Reidentifizierung[252] gewährt zusätzlichen Schutz. Die in der Statistik „bevorrateten" Daten dürfen – auch nach dem unionalen Datenschutzrecht – jedenfalls *nicht* für Maßnahmen oder Entscheidungen *gegenüber einzelnen natürlichen Personen* verwendet werden (vgl. EG 162 S. 5 DSGVO).[253]

---

Bestand des Bundes oder eines Landes) TKG; der dritte Zweck betrifft das manuelle Auskunftsverfahren, s. § 177 Abs. 1 Nr. 3 i. V. m. § 174 Abs. 1 S. 3 TKG. Über die genauen Anforderungen besteht freilich keine Einigkeit. Der EuGH hat eine Vorratsdatenspeicherung nur dann als mit dem Unionsrecht vereinbar erklärt, wenn sie der Bekämpfung *schwerer Kriminalität* dient (s. z. B. EuGH, Urt. v. 21.12.2016 – C-203/15, ECLI:EU:C:2016:970 – Tele2 Sverige, Rn. 102 f.: „insbesondere der organisierten Kriminalität und des Terrorismus"; zu weiteren Einschränkungen s. ebenda Rn. 104–106). Nach dem BVerfG komme eine Vorratsdatenspeicherung nur für „überragend wichtige Aufgaben des Rechtsgüterschutzes" in Betracht (E 125, 260 [238]); darunter versteht das Gericht die „Ahndung von Straftaten, die überragend wichtige Rechtsgüter bedrohen" oder die „Abwehr von Gefahren für solche Rechtsgüter" (s. im Einzelnen diff. zwischen Strafverfolgung und Gefahrenabwehr BVerfGE 125, 260 [328 ff.]). Vgl. dazu – insbes. zur Unionsrechtskonformität – bspw. *Martini*, in: von Münch/Kunig (Hrsg.), GG, 7. Aufl., 2021, Art. 10 Rn. 205 f.

[248] Siehe S. 225 ff.
[249] Siehe dazu oben S. 283 ff.
[250] Siehe oben S. 319 ff.
[251] § 16 BStatG; s. oben S. 284 ff.
[252] §§ 21, 22 BStatG; s. oben S. 345 ff.
[253] Dazu bereits oben S. 244 f.

### 3. Beispiel: Pilotdatenlieferung im Rahmen der Vorbereitung des Zensus 2022 – Kritik an der Entscheidung des BVerfG (1 BvQ 4/19)

Im Rahmen einer Eilentscheidung hat das BVerfG die unter 1. und 2. skizzierten Unterschiede indes nivelliert. Gegenstand des Verfahrens war die sog. Pilotdatenlieferung zur Vorbereitung des Zensus 2022. Sie verfolgte den Zweck, Übermittlungswege und Qualität der – an sich im Rahmen der eigentlichen Durchführung des Zensus – zu übermittelnden Daten aus den Melderegistern zu prüfen sowie die statistischen Programme zu testen und ggf. weiterzuentwickeln. Der Gesetzgeber erließ für diesen „Testlauf" eine Rechtsgrundlage, die er – weithin unbemerkt – nachträglich (mit Wirkung vom 1.1.2019) in das bereits im Jahr 2017 erlassene Zensusvorbereitungsgesetz 2022 eingefügt hat.[254] Einen hiergegen gerichteten Antrag, den Vollzug dieser Vorschrift vorläufig außer Kraft zu setzen, lehnte die 2. Kammer des 1. Senats mit Beschluss vom 6.2.2019 ab.[255] Im Rahmen der Folgenabwägung rekurriert sie ausdrücklich auf die Rechtsprechung zur Vorratsdatenspeicherung von Telekommunikationsdaten.[256] Eines der tragenden Argumente beruhte auf der Unterscheidung zwischen der „bloßen" *Speicherung* der personenbezogenen Daten einerseits und deren *Abruf* andererseits: Der in der Zusammenführung und Speicherung für den Einzelnen liegende Nachteil für die Freiheit und Privatheit verdichte und konkretisiere sich erst durch den (späteren) Abruf der Daten zu einer „möglicherweise irreparablen Beeinträchtigung".[257] Das gelte „auch bei der Sammlung von Daten zu statistischen Zwecken". Die Datenbevorratung ermögliche zwar den Abruf, doch führe erst dieser zu „konkreten Belastungen". Mit der Speicherung allein sei in der Regel noch kein derart schwerwiegender Nachteil verbunden, der die Außerkraftsetzung eines Gesetzes erfordert.[258]

Diese Differenzierung im Abwägungsmaßstab gibt Anlass zur Kritik. Denn die Sachverhalte sind nur sehr eingeschränkt miteinander vergleichbar:

Zum einen zeichnet sich die „klassische" Vorratsdatenspeicherung dadurch aus, dass – wie gezeigt (dazu oben 1.) – der Staat die Verkehrsdaten im Ausgangspunkt nicht selbst speichert; vielmehr nimmt er hierfür die privaten Diensteanbieter in die Pflicht. Bei dieser Art von „Bevorratung" werden die Daten nicht zentral zusammengeführt; sie stehen dem Staat mithin *nicht als*

---

[254] BGBl. I 2018, S. 2010.
[255] BVerfG ZD 2019, 266 m. krit. Anm. *Kienle/Wenzel*.
[256] Siehe BVerfG ZD 2019, 266 (267 f., Rn. 15) unter Bezug auf („vgl. [...] jeweils zur Vorratsdatenspeicherung") BVerfGE 121, 1 (20); BVerfG NVwZ 2016, 1240 (1241, Rn. 18).
[257] BVerfG ZD 2019, 266 (267, Rn. 15).
[258] BVerfG ZD 2019, 266 (267, Rn. 15). Generell gilt für § 32 BVerfGG: Bei der Außervollzugsetzung eines Gesetzes übt sich Karlsruhe in „größter Zurückhaltung" (s. nur BVerfGE 140, 99 [106 f., Rn. 12]).

*Gesamtheit* zur Verfügung.[259] Im Rahmen der Pilotdatenlieferung nach § 9a ZensVorbG 2022 war es nun aber gerade das Ziel, die Daten (zu Testzwecken) auf der Bundesebene zusammenzuführen. Nach der Gesetzesbegründung sollten die Systeme ja im Hinblick auf die „umfangreichste" Datenübermittlung getestet werden.[260] Der Sachverhalt könnte also gegensätzlicher kaum sein.

Zum anderen kann es im Rahmen der Pilotdatenlieferung zu statistischen Zwecken nicht auf den „Abruf" der Daten ankommen. Denn erstens ist ein späterer Abruf durch andere Verwaltungsbehörden (entsprechendes gilt für eine etwaige Weitergabe durch das Statistische Bundesamt) schon aufgrund der strengen Zweckbindung (s. § 9a Abs. 5 S. 2 und 3 ZensVorbG 2022) unzulässig.[261] Diese einfach-rechtliche Schranke wird durch das verfassungskräftige Rückspielverbot noch verstärkt. So verstanden ist ein Abruf der noch personenbezogenen Daten, den die Kammer im Übrigen auch nicht weiter präzisiert, von Verfassungs wegen ausgeschlossen. Als Referenz für eine Verdichtung und Konkretisierung des Grundrechtseingriffs ist die Rechtsprechung zur Vorratsdatenspeicherung, auf die der Kammerbeschluss ausdrücklich Bezug nimmt, insoweit untauglich.

Im Rahmen der Folgenabwägung wäre stattdessen auf die Gefährdungen für das informationelle Selbstbestimmungsrecht der betroffenen Personen abzustellen gewesen, die durch die massenhafte Zusammenführung personenbezogener Daten unmittelbar auf Bundesebene entstehen (können). Die grundrechtsspezifische Gefährdungslage ist so gesehen eine andere. Dass die 2. Kammer des 1. Senats die Gewährleistungsgehalte des Rechts auf informationelle Selbstbestimmung und des Telekommunikationsgeheimnisses – und sei es „lediglich" in der Folgenabwägung im einstweiligen Rechtsschutz – gleichsetzt, überzeugt nach alledem nicht.[262]

## *IV. Ergebnis*

Die Privilegierung der Datenverarbeitung zu statistischen Zwecken besteht darin, dass personenbezogene Daten länger gespeichert werden dürfen, als es erforderlich wäre. Sie ergänzt die Ausnahme für den Grundsatz der Zweckbindung und führt so zu einer doppelten Privilegierung. Das Unionsrecht trägt damit dem Umstand Rechnung, dass die (amtliche) Statistik in den Worten des

---

[259] Vgl. dazu BVerfGE 125, 260 (321) zur Speicherung von Telekommunikationsverkehrsdaten.
[260] BT-Drs. 19/3828, S. 7 und 10.
[261] Dies hat die 2. Kammer durchaus erkannt, vgl. BVerfG ZD 2019, 266 (268, Rn. 16).
[262] Vgl. aber auch *Durner*, in: Dürig/Herzog/Scholz (Hrsg.), GG, 91. EL (April 2020), Art. 10 Rn. 79 f., der eine „Annäherung" der grundrechtlichen Gewährleistungsgehalte (Recht auf informationelle Selbstbestimmung; Telekommunikationsgeheimnis) anzuerkennen scheint; das Schutzniveau der beiden Grundrechte sei „im Wesentlichen identisch".

BVerfG „Mehrzweckerhebung und -verarbeitung, also Datensammlung und -speicherung auf Vorrat"[263] sein müsse. Es besteht ein statistisches Bedürfnis dafür, Daten, die teilweise noch personenbezogen sind, zu bevorraten – etwa, wenn es darum geht, Grund- und Strukturdaten für das Gesamtsystem der amtlichen Statistik zu erheben und zu speichern. Der unionsrechtliche Grundsatz der Speicherbegrenzung steht dem nicht entgegen. Voraussetzung ist jedoch, dass der Verantwortliche (zumindest allgemein) statistische Zwecke verfolgt und die Garantien einhält, die zum Schutz der Rechte und Freiheiten betroffener Personen erforderlich sind.

## C. Verarbeitung sensibler Daten

Das europäische Datenschutzrecht kennt zwei Datenkategorien: sog. sensible (engl.: „sensitive data")[264] und – im Sinne einer negativen Begriffsbestimmung – nicht-sensible[265] Daten.[266] Die Verarbeitung sensibler Daten, die im verfügenden Teil der Verordnung als „besondere Kategorie" bezeichnet werden, unterliegt einem Sonderregime[267]. Die Datenschutz-Grundverordnung übernimmt damit eine Kategorisierung der Datenschutzrichtlinie – eine Reminiszenz, die nicht ohne Kritik[268] geblieben, aber gleichwohl Gesetz geworden ist. Der Rechtsprechung des BVerfG zum informationellen Selbstbestimmungsrecht ist eine solche Zweiteilung indes fremd. Jedenfalls im Schutzbereich ist nicht zwischen bestimmten Kategorien oder Sphären personenbezogener Daten zu unterschei-

---

[263] BVerfGE 65, 1 (47); vgl. auch BVerfGE 150, 1 (108, Rn. 223): Für Volkszählungen gelten „Ausnahmen […] vom Verbot, personenbezogene Daten auf Vorrat zu sammeln".

[264] Die Terminologie variiert. Teils zieht die Kommentarliteratur den Begriff „sensitive Daten" vor, so z.B. *Schulz*, in: Gola (Hrsg.), DSGVO, 2. Aufl., 2018, Art. 9 Rn. 1; vgl. auch *Weichert*, DuD 2017, 538 ff. mit dem Titel „‚Sensitive Daten' revisited". Diese Arbeit folgt der deutschen Fassung, die in EG 10 S. 5 DSGVO von „sensible[n] Daten" spricht (s. auch EG 51 S. 5 DSGVO: „besonders sensibel"); ebenso jüngst EuGH, Urt. v. 1.8.2022 – C-184/20, ECLI:EU:C:2022:601, Rn. 118 f.; dazu z.B. *Kienle*, LTZ 2023, 50 ff.

[265] Vgl. bereits *Simitis*, FS Pedrazzini, 1999, S. 483, der von „‚nicht-sensitiven', ja ‚trivialen' Daten" spricht.

[266] Für Daten über strafrechtliche Verurteilungen und Straftaten hält Art. 10 DSGVO eine weitere Sonderregelung bereit, die „aufgrund der besonderen Sensibilität der betreffenden Daten" ebenfalls einen „verstärkten Schutz […] gewährleisten soll" (EuGH, Urt. v. 22.6.2021 – C-439/19, ECLI:EU:C:2021:504 – Latvijas Republikas Saeima (Points de pénalité), Rn. 74). Diese Regelung bleibt im Folgenden außer Betracht.

[267] Die zentrale Vorschrift ist Art. 9 DSGVO. Verschiedene Vorschriften knüpfen an diese an, s. etwa Art. 6 Abs. 4 Buchst. c, Art. 22 Abs. 4, Art. 30 Abs. 5, Art. 35 Abs. 3 Buchst. b, Art. 37 Abs. 1 Buchst. c DSGVO.

[268] Siehe bereits *Simitis*, FS Pedrazzini, 1999, S. 484 ff.; a. A. z.B. *Rüpke/von Lewinski/Eckhardt*, Datenschutzrecht, 2018, § 14 Rn. 10; diff. *Schiff*, in: Ehmann/Selmayr (Hrsg.), DSGVO, 2. Aufl., 2018, Art. 9 Rn. 2 f.

den. Bekannt ist die viel zitierte Formel aus dem Volkszählungsurteil, dass es unter den Bedingungen einer automatisierten Datenverarbeitung ein schlechthin belangloses Datum nicht (mehr) gebe.[269] Damit verabschiedet sich das Gericht von der – im Zusammenhang mit dem allgemeinen Persönlichkeitsrecht zuvor entwickelten[270] – Sphärentheorie.[271] Im Ausgangspunkt genießen also sämtliche personenbezogene Daten den gleichen Schutz. Aus grundrechtlicher Perspektive bemisst sich die Sensibilität eines Datums nach dem *Verwendungskontext*, nicht nach dem schillernden „Wesen" (EG 51 S. 1 DSGVO) eines Datums. Das BVerfG geht zutreffend davon aus, dass ein für sich genommen belangloses Datum durch entsprechende Verarbeitungsschritte – insbesondere durch die Verknüpfung mit anderen Daten – in einem bestimmten Kontext einen „neuen Stellenwert" bekommen kann.[272] Entscheidend ist damit vordergründig nicht, welche Information der Beobachter dem Datum entnimmt, sondern in welchem Verwendungszusammenhang er diese Information verarbeitet. Demgegenüber nimmt das europäische Datenschutzsekundärrecht eine holzschnittartige Kategorisierung nach dem (angeblichen oder scheinbaren) Informationsgehalt vor, ohne dabei den Zweck und den Kontext der Verarbeitung[273] zu berücksichtigen (s. Art. 9 Abs. 1 DSGVO; dazu I.). Dies provoziert die Frage, warum gerade diese Daten besonderen Schutz verdienen (dazu II.). Ehe die Ausnahme (Privilegierung) für die Statistikzwecke analysiert wird (dazu IV.), ist die Regelungssystematik – insbesondere das umstrittene Verhältnis von Art. 9 zu Art. 6 DSGVO – darzustellen (dazu III.). Abschließend richtet sich der Blick auf das mitgliedstaatliche Recht (dazu V.).

## I. Die Kategorie der sog. sensiblen Daten

Die Datenschutz-Grundverordnung listet in Art. 9 Abs. 1 verschiedene Merkmale auf, deren Informationsgehalt sie als „sensibel" einstuft. Der Katalog

---

[269] BVerfGE 65, 1 (45).
[270] Siehe BVerfGE 54, 148 (153 f.) – Eppler. Vgl. dazu auch *Di Fabio*, in: Dürig/Herzog/Scholz (Hrsg.), GG, 39. EL (Juli 2001), Art. 2 Abs. 1 Rn. 158 ff. m.w.N. Krit. z.B. *Dreier*, in: ders. (Hrsg.), GG, Bd. I, 3. Aufl., 2013, Art. 2 Abs. 1 Rn. 93.
[271] So ausdrücklich der damalige Senatsvorsitzende *Benda*, DuD 1984, 86 (88): „Für das Verständnis des Volkszählungsurteils ist wichtig, daß an dieser Unterscheidung [Anm. d. Verf.: der Sphärentheorie] nicht mehr festgehalten wird. [...] Auch das Volkszählungsurteil geht davon aus, daß sich die sensible Natur eines Datums nicht nach der engeren oder weiteren Sphäre der Persönlichkeit beurteilen läßt, der sie zuzurechnen ist". Vgl. ferner EGMR, Urt. v. 30.1.2020 – No. 500001/12 – Breyer v. Germany, Rn. 81.
[272] BVerfGE 65, 1 (45).
[273] Vgl. zu diesem Aspekt nur *Simitis*, FS Pedrazzini, 1999, S. 485; diff. zum Verhältnis zwischen Sphärenmodell und Datenschutz *von Lewinski*, Die Matrix des Datenschutzes, 2014, S. 40.

## C. Verarbeitung sensibler Daten

("Sensitivitätsliste"[274]) ist abschließend.[275] Diese Regelungstechnik bildet die soziale Realität indes nur eindimensional ab. So wurde bereits unter dem alten Recht richtigerweise betont, dass eine Regelung, die nur den Informationsgehalt als Kriterium für einen besonderen Schutz heranziehe, Gefahr laufe, „zugleich übermäßig und defizitär zu wirken":[276] Übermäßig, weil sie (zunächst) „blind" ist für den Verarbeitungskontext und jede Verarbeitung dieser Kategorien – ungeachtet ihres Risikograds – gleich streng reguliert; und defizitär, weil die Aufzählung notwendigerweise unvollständig bleiben muss. So sind bspw. Daten über die wirtschaftlichen Verhältnisse einer natürlichen Person (Vermögen, Einkommen[277], Kreditwürdigkeit) nicht erfasst, obgleich sie typischerweise besonders risikobehaftet sind.[278] Gleiches gilt etwa für Standortdaten.[279] Dessen ungeachtet hat der Unionsgesetzgeber an der Unterscheidung festgehalten und „besondere Kategorien personenbezogener Daten" einem Sonderregime zugeführt. Die zentrale Vorschrift ist Art. 9 DSGVO, der im Normtext des Abs. 1 zwischen unmittelbar (dazu 1.) und mittelbar sensiblen Daten unterscheidet (dazu 2.). Abgrenzungsschwierigkeiten entstehen bei sog. Mischdatensätzen, wenn also sensible und nicht-sensible Daten untrennbar miteinander verbunden sind (dazu 3.). Ein Vergleich zu den Datenkategorien im Statistikrecht schließt diesen Abschnitt ab (dazu 4.).

### 1. Unmittelbar sensible Daten

Die besonderen Kategorien personenbezogener Daten lassen sich nach dem Wortlaut des Art. 9 Abs. 1 DSGVO in zwei Gruppen einteilen.[280] Zur ersten Gruppe gehören genetische Daten, biometrische Daten zur eindeutigen Identifizierung einer natürlichen Person, Gesundheitsdaten sowie Daten zum Sexualleben oder zur sexuellen Orientierung. Dabei sind u. a. *Gesundheitsdaten* auch im Kontext der amtlichen Statistik von besonderer Bedeutung. Das europäische

---

[274] So *Simitis*, FS Pedrazzini, 1999, S. 474 und 482 zur alten Rechtslage.
[275] *Weichert*, in: Kühling/Buchner (Hrsg.), DSGVO/BDSG, 3. Aufl., 2020, Art. 9 Rn. 15, 19.
[276] *Dammann/Simitis*, EG Datenschutzrichtlinie, 1997, Art. 8 Rn. 5; übernommen von *Frenzel*, in: Paal/Pauly (Hrsg.), DSGVO/BDSG, 3. Aufl., 2021, Art. 9 Rn. 1.
[277] Abgefragt etwa im Kernprogramm des Mikrozensus (§ 6 Abs. 1 S. 1 Nr. 5 MZG).
[278] Dazu auch *Frenzel*, in: Paal/Pauly (Hrsg.), DSGVO/BDSG, 3. Aufl., 2021, Art. 9 Rn. 7; *Weichert*, in: Kühling/Buchner (Hrsg.), DSGVO/BDSG, 3. Aufl., 2020, Art. 9 Rn. 19a: Finanztransaktionsdaten. *Petri*, in: Simitis/Hornung/Spiecker gen. Döhmann (Hrsg.), DatenschutzR, 2019, Art. 9 Rn. 10 verweist in diesem Zusammenhang auch auf den Katalog des § 1 AGG mit der zutreffenden Bemerkung, dass Alter oder Geschlecht gleichermaßen diskriminierungsanfällig sein können.
[279] *Weichert*, in: Kühling/Buchner (Hrsg.), DSGVO/BDSG, 3. Aufl., 2020, Art. 9 Rn. 19a.
[280] Zu dieser Unterscheidung bspw. *Petri*, in: Simitis/Hornung/Spiecker gen. Döhmann (Hrsg.), DatenschutzR, 2019, Art. 9 Rn. 11 f.; vgl. auch *Albers/Veit*, in: Wolff/Brink (Hrsg.), BeckOK DatenschutzR, 39. Ed. (1.11.2021), Art. 9 Rn. 27: „zweigliedrige Struktur des Tatbestands"; sie unterscheiden zwischen „Quelldaten" und „(Inhalts-)Daten".

Datenschutzrecht versteht darunter personenbezogene Daten, „die sich auf die körperliche oder geistige Gesundheit einer natürlichen Person [...] beziehen und aus denen Informationen über deren Gesundheitszustand hervorgehen". Die Legaldefinition setzt sich damit aus zwei kumulativen Kriterien zusammen („und"). Der Normtext schränkt die begriffliche Weite gesundheitsbezogener Informationen dadurch ein Stück weit ein. So schließt etwa das Erfordernis der *Gesundheitsbezogenheit* solche Daten aus, die sich lediglich potenziell bzw. mittelbar auf die Gesundheit der betroffenen Person beziehen – etwa, dass die Person Raucher[281] ist oder wenig Sport treibt.[282] So fragt der Mikrozensus unter dem (freiwilligen[283]) Erhebungsmerkmal „Gesundheitszustand" u. a. die „Dauer einer Krankheit in den vier Wochen vor der Berichtswoche"[284], die „Art der Behandlung", „Krankheitsrisiken" sowie – damit zusammenhängend – „Körpergröße und Gewicht" ab (§ 7 Abs. 2 Nr. 2 MZG). Dabei handelt es sich um Gesundheitsdaten im datenschutzrechtlichen Sinne. Gleiches gilt prinzipiell für Fragen zum „Krankenversicherungsschutz" (§ 7 Abs. 3 Nr. 1 MZG) und zur „Behinderung" (§ 7 Abs. 1 Nr. 5 MZG). Auch eine – verfassungsrechtlich gebotene[285] – Statistik über Schwangerschaftsabbrüche kann sensible Daten enthalten, soweit diese einen Personenbezug aufweisen.[286] Daten, die im Rahmen der sog. Todesursachenstatistik[287] erhoben werden, gehören indes nicht dazu. Denn

---

[281] Die Rauchgewohnheiten werden i. R. d. Mikrozensus z. B. unter dem Kriterium „Krankheitsrisiken" (§ 7 Abs. 2 Nr. 2 Buchst. d MZG) abgefragt, s. auch BT-Drs. 18/9418, S. 38: „Grunddaten zu den Krankheitsrisiken (wie z. B. Rauchverhalten)". So lautet eine Frage etwa: „Rauchen Sie gegenwärtig?" mit den Antwortmöglichkeiten „Ja, regelmäßig", „Ja, gelegentlich", „Nein" sowie „Keine Angabe". Eine weitere Frage ist bspw.: „Wie viele Zigaretten rauchen bzw. rauchten Sie täglich?".

[282] *Albers/Veit*, in: Wolff/Brink (Hrsg.), BeckOK DatenschutzR, 39. Ed. (1.11.2021), Art. 9 Rn. 45; a. A. wohl EuGH, Urt. v. 1.8.2022 – C-184/20, ECLI:EU:C:2022:601, Rn. 124.

[283] Siehe § 13 Abs. 7 S. 1 MZG. Zur Einwilligung bereits oben § 4, S. 95 ff.

[284] So können die Fragen etwa lauten: „Waren Sie in den letzten 4 Wochen krank?", „Wie lange dauert/-e Ihre Krankheit an?", „Waren Sie in den letzten 4 Wochen in ärztlicher Behandlung oder in einem Krankenhaus"?, „Wie groß sind Sie?" und „Wie viel wiegen Sie"? (Auszüge aus einem Muster des Mikrozensus 2021 – Kernprogramm und Erhebungsteil zur Arbeitsmarktbeteiligung).

[285] Die Statistik beruht auf einer der Schutzpflicht (für das ungeborene menschliche Leben) vorgelagerten Beobachtungspflicht des Gesetzgebers (vgl. BVerfGE 88, 203 [309 ff.]). Hierfür bedarf es verlässlicher Statistiken mit hinreichender Aussagekraft (vgl. BVerfGE 88, 203 [310 f.]).

[286] Die Rechtsgrundlage findet sich in §§ 15–18 Schwangerschaftskonfliktgesetz (SchKG). Der Personenbezug wäre hier im Einzelfall zu prüfen. Denn nach § 16 Abs. 1 S. 2 SchKG darf der Name der Schwangeren nicht angegeben werden. Als Erhebungsmerkmale werden aber u. a. verarbeitet: „Familienstand und Alter der Schwangeren sowie die Zahl ihrer Kinder"; „Bundesland, in dem der Schwangerschaftsabbruch vorgenommen wird". Vgl. dazu auch BT-Drs. 13/1850, S. 22.

[287] Siehe § 1 Nr. 1 Buchst. c des Bevölkerungsstatistikgesetzes – BevStatG (BGBl. I 2013, S. 826).

die statistischen Einheiten sind Verstorbene und damit vom Schutzbereich des europäischen Datenschutzrechts von vornherein nicht erfasst.[288]

## 2. Mittelbar sensible Daten („hervorgehen")

Zur zweiten Gruppe gehören die mittelbar sensiblen Daten. Gemeint ist die Verarbeitung personenbezogener Daten, „aus denen die rassische[289] und ethnische Herkunft, politische Meinungen, religiöse oder weltanschauliche Überzeugungen oder die Gewerkschaftszugehörigkeit hervorgehen". Mittelbar sensibel sind diese Daten, weil es nach dem Wortlaut genügt, dass die sensiblen Informationen aus ihnen lediglich „hervorgehen" (engl.: „revealing"). Die Verordnung lässt hier schon „abstrakte Bezugspunkte" genügen.[290] Damit der Anwendungsbereich des Sonderregimes begrenzbar bleibt, ist dieses Merkmal teleologisch zu reduzieren: Ob die Datenkategorie besonders schützenswert ist, bemisst sich nach dem *objektiven Verarbeitungskontext*.[291] Erst die Kontextualisierung – aus der Sicht eines objektiven Dritten – macht aus „einfachen" sog. sensible Daten. Andernfalls wären doppelfunktionale Daten[292] nicht zuordenbar: So kann etwa aus dem Geburtsort mitunter eine Information über die „rassische oder ethnische Herkunft" hervorgehen; sensibel werden diese Informationen aber erst dadurch, dass der Verantwortliche einen solchen Bezug herstellt, sie also in diesen Kontext „rückt". Die bloße Angabe der „Staatsangehörigkeit" (s. § 5 Abs. 1 Nr. 9, § 13 Abs. 1 Nr. 3 ZensG 2022) genügt daher für sich genommen noch nicht.[293] Gleiches dürfte für das – etwa im Rahmen des Mikrozensus abgefragte (§ 6 Abs. 1 S. 1 Nr. 4 MZG) – Merkmal „Migrationshintergrund"[294] oder die im

---

[288] EG 27 S. 1 DSGVO; vgl. oben S. 291.

[289] Die verordnungsgebenden Organe erklärten in den Erwägungsgründen, dass die Verwendung des Begriffs „rassische Herkunft" nicht bedeute, dass die Union Theorien, mit denen versucht wird, die Existenz verschiedener menschlicher Rassen zu belegen, gutheißt (EG 51 S. 2 DSGVO). Zum Risiko, dass der Rechtsbegriff affirmativ verstanden wird, s. *Baer/Markard*, in: von Mangoldt/Klein/Starck (Hrsg.), GG, 7. Aufl., 2018, Art. 3 Rn. 471.

[290] So *Albers/Veit*, in: Wolff/Brink (Hrsg.), BeckOK DatenschutzR, 39. Ed. (1.11.2021), Art. 9 Rn. 27.

[291] *Frenzel*, in: Paal/Pauly (Hrsg.), DSGVO/BDSG, 3. Aufl., 2021, Art. 9 Rn. 9; *Martini/Kienle*, JZ 2019, 235 (239); die a. A. stellt auf die (subjektive) Auswertungsabsicht ab, so etwa VG Mainz CR 2020, 789 (790, Rn. 29) für eine Videoüberwachung; vgl. auch *Schulz*, in: Gola (Hrsg.), DSGVO, 2. Aufl., 2018, Art. 9 Rn. 13. Gegen eine teleologische Reduktion aber wohl EuGH, Urt. v. 1.8.2022 – C-184/20, ECLI:EU:C:2022:601, Rn. 117 ff.

[292] Instruktiv zu diesem Begriff *Frenzel*, in: Paal/Pauly (Hrsg.), DSGVO/BDSG, 3. Aufl., 2021, Art. 9 Rn. 9.

[293] *Kampert*, in: Sydow (Hrsg.), DSGVO, 2. Aufl., 2018, Art. 9 Rn. 7; *Jaspers/Schwartmann/Mühlenbeck*, in: Schwartmann/Jaspers/Thüsing/Kugelmann (Hrsg.), DSGVO/BDSG, 2. Aufl., 2020, Art. 9 Rn. 39; *Schulz*, in: Gola (Hrsg.), DSGVO, 2. Aufl., 2018, Art. 9 Rn. 14; vgl. aus verfassungsrechtlicher Perspektive *Baer/Markard*, in: von Mangoldt/Klein/Starck (Hrsg.), GG, 7. Aufl., 2018, Art. 3 Rn. 482.

[294] Zu diesem Begriff aus statistischer Sicht: *Petschel/Will*, WISTA 5/2020, 78 ff.

Rahmen des Zensus 2022 erhobenen Merkmale über den Zuzug nach Deutschland („Jahr der Ankunft"; „Geburtsstaat") gelten. Auch durch ihre Verknüpfung handelt es sich bei diesen Angaben nicht ohne Weiteres um sensible Daten i. S. d. Art. 9 Abs. 1 DSGVO. Denn die statistischen Ämter stellen insoweit gerade keinen Bezug zur „rassischen oder ethnischen Herkunft" der betroffenen Personen her. Soweit aber die Meldebehörden verpflichtet sind, Daten über die „rechtliche Zugehörigkeit zu einer öffentlich-rechtlichen Religionsgesellschaft" zu übermitteln (§ 5 Abs. 1 Nr. 28 ZensG 2022[295]), geht aus diesem Erhebungsmerkmal in der Regel auch eine Information über die „religiöse Überzeugung" der jeweils betroffenen Personen hervor. Der Religionszugehörigkeit (etwa zur Römisch-katholischen oder zur Evangelischen Kirche) ist dieser Informationsgehalt – auf der semantischen Ebene[296] – typischerweise inhärent. Anders als im Zensus 2011 wird im Zensus 2022 jedoch nicht mehr das „Bekenntnis zu einer Religion, Glaubensrichtung oder Weltanschauung (sunnitischer Islam, schiitischer Islam, alevitischer Islam, Buddhismus, Hinduismus und sonstige Religionen, Glaubensrichtungen oder Weltanschauungen)" abgefragt.[297] Auch dabei hätte es sich um ein sensibles Datum gehandelt.

### 3. Mischdatensätze

Statistische Datensätze sind nicht selten heterogen. Sie können sowohl sensible als auch nicht-sensible Daten enthalten. Sind die Datenkategorien *untrennbar miteinander verbunden* (etwa, weil sie sich technisch nicht aufspalten lassen), bedarf es einer normativen Zuordnung. Die Datenschutz-Grundverordnung sagt nicht, wie mit solchen *Mischdatensätzen* umzugehen ist. In einem anderen Kontext hält die Unionsrechtsordnung hierfür indes eine Regelung bereit: Sind personenbezogene und nicht-personenbezogene Daten untrennbar miteinander verbunden, gilt im Interesse eines effektiven Rechtsgüter- und Freiheitsschutzes das strengere Regelwerk der Datenschutz-Grundverordnung, nicht die Verordnung über den freien Verkehr nicht-personenbezogener Daten (VO (EU) 2018/1807). Diese Kollisionsregel lässt sich auf die hier maßgebliche Abgrenzungs- bzw. Zuordnungsfrage übertragen:[298] Art. 9 DSGVO erfasst mithin den gesamten Datensatz, wenn darin „einfache" und „sensible" Daten derart miteinander verbunden sind, dass sie sich nicht (sinnvoll) trennen lassen. Andernfalls wäre ein Unterlaufen des erhöhten Schutzbedarfs zu besorgen. Die sensiblen

---

[295] Vgl. dazu die „Vorläuferbestimmungen" § 3 Abs. 1 Nr. 27 und § 7 Abs. 4 Nr. 18 ZensG 2011.

[296] Zu den verschiedenen Ebenen des Informationsbegriffs s. nur *Zech*, Information als Schutzgegenstand, 2012, S. 13 ff.

[297] § 7 Abs. 4 Nr. 19 i. V. m. § 18 Abs. 1 S. 2 ZensG 2011. Dazu BT-Drs. 16/12711, S. 10: Das Merkmal sei „wichtig für das Verständnis von Prozessen der Integration von Zuwanderern und ihrer Kinder".

[298] *Martini/Kienle*, JZ 2019, 235 (239).

Daten „infizieren" in diesen Fällen mithin insgesamt den Gegenstand der Verarbeitung („Infektionswirkung"[299]). Der EuGH hat diese Auslegung jüngst in der Rechtssache *Meta Platforms* bestätigt.[300]

### 4. Vergleich zu den Datenkategorien des Statistikrechts

Dem Statistikrecht ist eine entsprechende Kategorisierung nach dem Risikograd der Information (sensibel – nicht-sensibel) fremd. Das Bundesstatistikgesetz differenziert nicht nach der Schutzbedürftigkeit einzelner Datenkategorien. Vielmehr unterwirft es sämtliche Einzelangaben dem rigiden Schutz der statistischen Geheimhaltung (s. § 16 Abs. 1 S. 1 BStatG). Der Geheimnisschutz[301] des Statistikrechts kennt – wie auch das Sozialgeheimnis oder das Steuergeheimnis – keine Abstufung nach der „Sensibilität" der Daten. Im Sinne eines „alles oder nichts" sind die betreffenden Einzelangaben (moderner ausgedrückt: die Mikrodaten[302]) insgesamt geheim zu halten – oder sie sind es nicht. Einen mehr oder weniger ausgeprägten Geheimnisschutz gibt es nicht. Das entspricht im Übrigen den Vorschriften zur statistischen Geheimhaltung auf europäischer Ebene: Die Daten sind entweder vertraulich oder eben nicht (vgl. Art. 20 VO (EG) Nr. 223/2009). Nach beiden Rechtsordnungen kommt es auch nicht darauf an, ob es sich um Erhebungs- oder Hilfsmerkmale[303] handelt.[304] Denn sie unterscheiden sich nur in ihrer *Funktion*: Während Hilfsmerkmale der technischen Durchführung dienen, sind Erhebungsmerkmale zur statistischen Verwendung bestimmt (§ 10 Abs. 1 S. 2 und 3 BStatG; s. aus den Fachgesetzen z. B. § 13 Abs. 1 und 2 ZensG 2022). Hilfsmerkmale sind aber nicht per se weniger schützenswert als Erhebungsmerkmale. Das gilt insbesondere bis zu dem Zeitpunkt, in dem die Hilfsmerkmale (z.B. Name) von den Erhebungsmerkmalen (z.B. Einkommen, Gesundheitszustand) getrennt werden. Der statistische Geheim-

---

[299] So im Kontext von Big Data bereits *Schneider*, ZD 2017, 303 (306).
[300] EuGH, Urt. v. 4.7.2023 – C-252/21, ECLI:EU:C:2023:537 – Meta Platforms u. a., Rn. 89.
[301] Vgl. dazu auch *von Lewinski*, Die Matrix des Datenschutzes, 2014, S. 31: Ein Geheimnis sei ein tatsächlicher informationeller Zustand. Geheimnisschutz sei – so gesehen – der Schutz des faktischen Zustands des Nicht-Offenbar-Seins. Geschützt werde demnach nicht die geheime Information, sondern – gleichsam in deren Vorfeld – das „Geheim-Sein".
[302] Siehe oben S. 290 mit § 8 Fn. 287.
[303] Das europäische Statistikrecht unterscheidet – soweit ersichtlich – nicht ausdrücklich zwischen diesen Begriffen. Die Unionsrechtsakte sprechen zum Teil allg. von „Variablen". Manche Variablen dienen aber lediglich der technischen Durchführung. Den deutschen „Hilfsmerkmalen" entsprechen gewissermaßen die „technischen Angaben", die die konkretisierenden Rechtsakte (s. etwa die Delegierte VO (EU) 2021/1898 zur Nutzung der Informations- und Kommunikationstechnologie) vorgeben (z.B.: „HH_ID – Haushaltskennung"; „IND_ID – Einzelpersonenkennung"; „HH_REF_ID – Kennung des Haushalts, zu dem die Einzelperson gehört").
[304] I. d. S. (wohl) auch *Poppenhäger*, Die Übermittlung und Veröffentlichung statistischer Daten im Lichte des Rechts auf informationelle Selbstbestimmung, 1995, S. 27 f.

nisschutz besteht sogar danach fort – und zwar bis zur Löschung gemäß § 12 Abs. 1 S. 1 BStatG. Demgegenüber unterscheidet das Datenschutzrecht nicht nach der Funktion der Daten; entscheidend ist – auf der ersten Stufe – allein, ob es sich um personenbezogene Daten handelt.[305] Werden sie (ganz oder teilweise) automatisiert verarbeitet, greift das datenschutzrechtliche Verbot mit Erlaubnisvorbehalt (Art. 6 Abs. 1 DSGVO).[306] Lassen sich die statistischen Merkmale überdies einer der besonderen Datenkategorien i. S. d. Art. 9 Abs. 1 DSGVO zuordnen, gelten *zusätzlich* (also gleichsam auf der zweiten Stufe)[307] die strengeren Anforderungen für die Verarbeitung sensibler Daten gemäß Abs. 2 bis 4.

## *II. Grund für die gesteigerte Schutzbedürftigkeit*

Die Kategorisierung in „Datenklassen"[308] ist begründungs- und rechtfertigungsbedürftig. Es ist also nach dem Grund zu suchen, warum die Verarbeitung dieser Datenkategorien strenger reguliert ist. Der Unionsgesetzgeber hängt insoweit der – durchaus kritikwürdigen[309] – Vorstellung an, dass personenbezogene Daten, die „ihrem Wesen nach hinsichtlich der Grundrechte und Grundfreiheiten besonders sensibel sind", auch „besonderen Schutz" verdienten (EG 51 S. 1 DSGVO). Den Grund erblickt er in den „erhebliche[n] Risiken", die mit ihrer Verarbeitung einhergehen (können). Aus grundrechtsdogmatischer Sicht könne, so der EuGH in der Rechtssache *GC u. a. (Auslistung sensibler Daten)*, die Verarbeitung dieser Daten aufgrund ihrer Sensibilität einen „besonders schweren Eingriff" in die Grundrechte auf Achtung des Privatlebens und auf Schutz personenbezogener Daten (Art. 7 und 8 GRCh) bewirken.[310] Angesprochen ist damit die Frage nach der Intensität des Grundrechtseingriffs auf der Rechtfertigungsebene. Dies entspricht in den Grundzügen auch der Rechtsprechung des BVerfG zum Recht auf informationelle Selbstbestimmung: So stellt bspw. der 1. Senat in seinem Beschluss „Kfz-Kennzeichenkontrollen 2" für die materielle Gewichtung des Grundrechtseingriffs darauf ab, ob sich die Datenverarbeitung auf ein „höchstpersönliches Merkmal" (wie z. B. das Abbild eines Gesichts) be-

---

[305] Zu dieser binären Natur des Personenbezugs *Karg*, in: Simitis/Hornung/Spiecker gen. Döhmann (Hrsg.), DatenschutzR, 2019, Art. 4 Nr. 1 Rn. 14; sowie oben S. 256.
[306] Krit. zu diesem Begriff jedoch *Roßnagel*, NJW 2019, 1 ff.; zur Rechtmäßigkeit der Datenverarbeitung ausf. oben Zweiter Teil, S. 93 ff.
[307] Dazu sogleich unter III., S. 404 f.
[308] Vgl. dazu etwa die Einordnung bei *Rüpke/von Lewinski/Eckhardt*, Datenschutzrecht, 2018, § 14 Rn. 8 ff.
[309] Siehe bereits oben C.I., S. 396 f.
[310] EuGH, Urt. v. 24.9.2019 – C-136/17, ECLI:EU:C:2019:773 – GC u. a. (Auslistung sensibler Daten), Rn. 44, 67; Urt. v. 1.8.2022 – C-184/20, ECLI:EU:C:2022:601, Rn. 126; s. in Bezug auf die Daten über strafrechtliche Verurteilungen und Straftaten (§ 9 Fn. 266) EuGH, Urt. v. 22.6.2021 – C-439/19, ECLI:EU:C:2019:773 – Latvijas Republikas Saeima (Points de pénalité), Rn. 74.

zieht.[311] Daneben soll Art. 9 DSGVO aber gerade besonderen *Diskriminierungsrisiken* entgegenwirken. So gesehen kann man diese Vorschrift auch als spezielle Ausprägung des risikobasierten Ansatzes[312] verstehen. Sie sichert das primär- und verfassungsrechtliche Diskriminierungsverbot (Art. 21 GRCh; Art. 3 Abs. 3 GG) bereits auf der Ebene der Datenverarbeitung. Dabei ist das Datenschutzrecht kein originäres Antidiskriminierungsrecht. Denn es stellt – von einer Ausnahme (s. Art. 22 Abs. 1 DSGVO: „Entscheidung") abgesehen – gerade *nicht* auf das *Ergebnis* der Verarbeitung ab. Gegenstand der datenschutzrechtlichen Regulierung ist vielmehr der Vorgang oder die Vorgangsreihe, mithin: der Prozess der Datenverarbeitung. Das (europäische) Datenschutzrecht verleiht dem Antidiskriminierungsrecht so gesehen lediglich „ergänzenden Flankenschutz"[313]. Die Datenschutz-Grundverordnung errichtet hiermit – ähnlich wie das deutsche Recht auf informationelle Selbstbestimmung – einen „Vorfeldschutz", der schon auf der Stufe der Grundrechtsgefährdung beginnt.[314] Aus diesem Grund vermag das Datenschutzrecht bspw. auch *nicht* einer „statistischen Diskriminierung"[315] zu begegnen. Denn es knüpft nicht an die statistische Ableitung, sondern an den vorgelagerten Verarbeitungsprozess an. Nach alledem ergänzt das Datenschutzrecht das Diskriminierungsrecht insoweit, als es besonders diskriminierungsanfällige Daten (z.B. zur Religion oder zur sexuellen Orientierung) strengeren Bedingungen unterwirft.

---

[311] BVerfGE 155, 244 (269, Rn. 53).
[312] Siehe etwa *Veil*, ZD 2015, 347 (349); *Schulz*, in: Gola (Hrsg.), DSGVO, 2. Aufl., 2018, Art. 9 Rn. 2.
[313] *Martini*, Blackbox Algorithmus, 2019, S. 77.
[314] Vgl. BVerfGE 118, 168 (184); ferner BVerfGE 155, 119 (166, Rn. 92): „Gefährdungen und Verletzungen"; *Grimm*, JZ 2013, 585 (586): „Datenschutz ist […] Schutz im Vorfeld der eigentlichen Gefahr"; *von Lewinski*, in: Eßer/Kramer/von Lewinski (Hrsg.), Auernhammer, 7. Aufl., 2020, Einführung Rn. 18; vgl. auch *Veil*, NVwZ 2018, 686 (688), der unter Berufung auf *von Lewinski* (ebenda) von einer ganzen „Vorfeldschutz-Kaskade" spricht, die Ausdruck einer „verarbeitungsfeindlich[en]" Regelungstechnik sei. Den präventiven Charakter des Datenschutzrechts betonend *Simitis*, in: ders. (Hrsg.), BDSG, 7. Aufl., 2014, § 1 BDSG a.F. Rn. 79; *Hornung/Spiecker gen. Döhmann*, in: Simitis/Hornung/Spiecker gen. Döhmann (Hrsg.), DatenschutzR, 2019, Art. 1 Rn. 4. Vgl. zur Rechtsprechung des BVerfG zum informationellen Selbstbestimmungsrecht *Britz*, in: Hoffmann-Riem (Hrsg.), Offene Rechtswissenschaft, 2010, S. 575 ff.
[315] Nach *Britz*, Einzelfallgerechtigkeit versus Generalisierung, 2008, S. 9 f. kennzeichnen vier Elemente eine statistische Diskriminierung: (1.) wird eine Person oder Personengruppe im Vergleich zu einer anderen Person oder Personengruppe benachteiligt oder bevorzugt, wobei diese *differenzierende Behandlung* (2.) auf einem *personenbezogenen Merkmal* beruht; dieses Merkmal steht (3.) in einem (vermeintlichen) *statistischem Zusammenhang* zu einer anderen Eigenschaft der Person und wird gerade deshalb herangezogen; und (4.) zielt die Differenzierung gerade auf die statistische Interferenz, nicht auf das personenbezogene Merkmal (*Stellvertretermerkmal*), aus dem auf die Eigenschaft (*Hauptmerkmal*) geschlossen wird.

### III. Regelungssystematik

Im Grundsatz ist die Verarbeitung sensibler Daten „untersagt" (engl.: „shall be prohibited"; franz.: „sont interdits"). Die Verordnung spricht in Art. 9 Abs. 1 ein „grundsätzliches Verarbeitungsverbot"[316] aus. Im Unterschied zur allgemeinen Rechtmäßigkeitsnorm (Art. 6 Abs. 1 DSGVO) ist das Verbotsprinzip bzw. das Verbot mit (gesetzlichem) Erlaubnisvorbehalt[317] dort sogar ausdrücklich im Normtext verankert. Art. 9 Abs. 2 DSGVO hebt das in Abs. 1 ausgesprochene Verbot sodann wieder auf („gilt nicht"; engl.: „shall not apply"; franz.: „ne s'applique pas"). Damit ist aber noch nicht gesagt, dass die Datenverarbeitung auch *rechtmäßig* ist. Dies leitet über zu der im rechtswissenschaftlichen Schrifttum geführten Diskussion, in welchem Verhältnis Art. 9 (Verarbeitung besonderer Kategorien personenbezogener Daten) zu Art. 6 DSGVO (Rechtmäßigkeit der Verarbeitung) steht.[318] Nach vorzugswürdiger Ansicht wird Art. 6 von Art. 9 DSGVO normativ überlagert, aber nicht verdrängt. Die Vorschriften finden somit *nebeneinander* Anwendung (Kumulationsthese).[319] Für diese Lesart spricht auch EG 51 S. 5 DSGVO: Danach sollten die „allgemeinen Grundsätze und andere Bestimmungen dieser Verordnung, insbesondere hinsichtlich der Bedingungen für eine rechtmäßige Verarbeitung", „*zusätzlich* zu den speziellen Anforderungen" des Art. 9 DSGVO gelten.[320] In diesem Sinne ist (wohl) auch das Urteil des EuGH vom 1.8.2022 zu verstehen, in dem er im Zusammenhang mit der Veröffentlichung personenbezogener Daten zur Verhütung von Interessenkonflikten und Korruption in Litauen zunächst auf Art. 6 DSGVO abstellt.[321] Damit eine Verarbeitung sensibler Daten rechtmäßig ist, muss der Verantwortliche mithin beiden Vorschriften Rechnung tragen. Aus Art. 9 Abs. 2 DSGVO ist nach alledem auch kein *a maiore ad minus*-Argument abzuleiten: Eine Verarbeitung sensibler Daten ist folglich nicht schon dann zulässig, wenn die be-

---

[316] So *Petri*, in: Simitis/Hornung/Spiecker gen. Döhmann (Hrsg.), DatenschutzR, 2019, Art. 9 Rn. 2.
[317] Vgl. zu Art. 6 DSGVO allg. oben S. 93.
[318] Siehe dazu schon *Kühling et al.*, Die Datenschutz-Grundverordnung und das nationale Recht, 2016, S. 54 f. Vgl. etwa *Petri*, in: Simitis/Hornung/Spiecker gen. Döhmann (Hrsg.), DatenschutzR, 2019, Art. 9 Rn. 2 m.w.N. in Fn. 7 f. Das BAG (ZD 2022, 56 m. Anm. *Leibold*) hat diese Frage dem EuGH vorgelegt: „Hängt [...] die Zulässigkeit bzw. Rechtmäßigkeit der Verarbeitung von Gesundheitsdaten zudem davon ab, dass mindestens eine der in Art. 6 Abs. 1 DSGVO genannten Voraussetzungen erfüllt ist?".
[319] I. d. S. auch der Gesetzgeber in seiner Begründung zu § 27 Abs. 1 BDSG, s. BT-Drs. 18/11325, S. 99; wohl auch *Frenzel*, in: Paal/Pauly (Hrsg.), DSGVO/BDSG, 3. Aufl., 2021, § 27 Rn. 2.
[320] Hervorhebung d. Verf.
[321] EuGH, Urt. v. 1.8.2022 – C-184/20, ECLI:EU:C:2022:601, Rn. 60 ff. einerseits, Rn. 117 ff. andererseits. Vgl. zu Art. 10 DSGVO auch EuGH, Urt. v. 22.6.2021 – C-439/19, ECLI:EU:C: 2019:773, Rn. 99 f.

troffene Person die Daten offensichtlich öffentlich gemacht hat.[322] Vielmehr muss sich dieser Vorgang auch auf einen Rechtmäßigkeitstatbestand des Art. 6 DSGVO stützen lassen. Denn die Ausnahmeregelung des Art. 9 Abs. 2 DSGVO hebt – rechtstechnisch betrachtet – allein das Verbot des Abs. 1 auf, begründet aber für sich genommen noch nicht die Rechtmäßigkeit der Verarbeitung.[323] Andernfalls wären – worauf *Gerrit Hornung* und *Carolin Gilga* zu Recht hinweisen – „einmal öffentlich gemachte[…] Daten […] tatsächlich für immer schutzlos" gestellt.[324]

### IV. Ausnahme(n) von dem Verarbeitungsverbot – Privilegierung für die Verarbeitung zu statistischen Zwecken

Die Ausnahmen von dem Verbot, sensible Daten zu verarbeiten, sind in Art. 9 Abs. 2 DSGVO geregelt. Ihnen kommt in der Praxis erhebliche Bedeutung zu. Die dort aufgelisteten Tatbestände sind abschließend.[325] Jeder für sich genommen hebt das – prinzipiell weit ausgreifende – Verarbeitungsverbot des Art. 9 Abs. 1 DSGVO auf. Das folgt schon aus dem Wortlaut der Norm („Absatz 1 gilt nicht in folgenden Fällen"). Als Ausnahmevorschriften und mit Blick auf den Schutzzweck der Norm sind sie – nach ständiger Rechtsprechung des EuGH – eng auszulegen.[326] Gleichwohl relativieren sie das statische Verarbeitungsverbot, indem sie eine kontextbezogene Betrachtung zulassen und dadurch für eine gewisse Flexibilisierung sorgen.[327]

Im Kontext der Datenverarbeitung zu statistischen Zwecken sind *drei Tatbestände* hervorzuheben: die Einwilligung, die Verarbeitung offensichtlich öffentlich gemachter Daten sowie die Verarbeitung zu der privilegierten Zwecktrias (Archiv, Forschung, Statistik).

---

[322] Art. 9 Abs. 2 Buchst. e DSGVO. Vgl. dazu am Bsp. des *Web Scraping* bereits oben S. 212 ff.

[323] Wie hier z. B. auch *Petri*, in: Simitis/Hornung/Spiecker gen. Döhmann (Hrsg.), DatenschutzR, 2019, Art. 9 Rn. 26: die Ausnahme von einem Verbot sei nicht mit einer Verarbeitungserlaubnis gleichzusetzen; a. A. *Schulz*, in: Gola (Hrsg.), DSGVO, 2. Aufl., 2018, Art. 9 Rn. 1.

[324] *Hornung/Gilga*, CR 2020, 367 (374).

[325] Vgl. *Albers/Veit*, in: Wolff/Brink (Hrsg.), BeckOK DatenschutzR, 39. Ed. (1.11.2021), Art. 9 Rn. 46; *Petri*, in: Simitis/Hornung/Spiecker gen. Döhmann (Hrsg.), DatenschutzR, 2019, Art. 9 Rn. 24.

[326] EuGH, Urt. v. 4.7.2023 – C-252/21, ECLI:EU:C:2023:537 – Meta Platforms u. a., Rn. 76. In EuGH, Urt. v. 1.8.2022 – C-184/20, ECLI:EU:C:2022:601, Rn. 117 ff. hat der Gerichtshof die Ausnahmen des Abs. 2 nicht geprüft. Wie hier z. B. auch *Albers/Veit*, in: Wolff/Brink (Hrsg.), BeckOK DatenschutzR, 39. Ed. (1.11.2021), Art. 9 Rn. 48; *Petri*, in: Simitis/Hornung/Spiecker gen. Döhmann (Hrsg.), DatenschutzR, 2019, Art. 9 Rn. 24; *Weichert*, in: Kühling/Buchner (Hrsg.), DSGVO/BDSG, 3. Aufl., 2020, Art. 9 Rn. 46.

[327] Vgl. dazu *Albers/Veit*, in: Wolff/Brink (Hrsg.), BeckOK DatenschutzR, 39. Ed. (1.11.2021), Art. 9 Rn. 45.

Während die beiden ersten Tatbestände das Verarbeitungsverbot des Abs. 1 unmittelbar[328] suspendieren, bedarf es für den dritten Tatbestand einer gesonderten Rechtsgrundlage im Unionsrecht oder im Recht des Mitgliedstaats (Öffnungsklausel)[329]. Die Einwilligung, die „ausdrücklich" erklärt werden muss, wurde bereits im Zusammenhang mit der Rechtmäßigkeit der Verarbeitung angesprochen.[330] Die Verarbeitung sensibler Daten, die die betroffene Person offensichtlich öffentlich gemacht hat, ist im Kontext des *Web Scraping* relevant und wurde bereits dort behandelt.[331] Deshalb soll es – dem Charakter dieses Kapitels entsprechend – im Folgenden ausschließlich um den speziellen Tatbestand des Art. 9 Abs. 2 *Buchst. j* DSGVO und die Frage gehen, inwieweit es sich dabei um eine Privilegierung[332] für die (amtliche) Statistik handelt.

Im Ausgangspunkt ist festzustellen, dass die alte Datenschutzrichtlinie eine solche Ausnahmevorschrift nicht kannte. Die Einschätzung *Thilo Weicherts*, die Verordnung sei hinsichtlich der privilegierten Zwecktrias „offener" als die Richtlinie,[333] trifft von dieser Warte aus also durchaus zu. Gleichwohl zeigt sich eine Privilegierung nicht allein durch das Verhältnis zum Grundtatbestand (Abs. 1), sondern auch und gerade im Vergleich zu anderen Ausnahmetatbeständen (insbesondere zur Generalklausel[334] des Abs. 2 Buchst. g für den öffentlichen Sektor).

*1. Rechtsnatur und Systematik der Öffnungsklausel*

Der Tatbestand des Art. 9 Abs. 2 Buchst. j DSGVO verweist in das Unionsrecht oder das Recht eines Mitgliedstaats – auf dessen „Grundlage" muss die Verarbeitung sensibler Daten beruhen. Es handelt sich somit um eine *Öffnungsklausel*[335]. Die Regelungstechnik entspricht dabei im Wesentlichen der des Art. 6

---

[328] Vgl. auch *Albers/Veit*, in: Wolff/Brink (Hrsg.), BeckOK DatenschutzR, 39. Ed. (1.11.2021), Art. 9 Rn. 53; ferner *Weichert*, DuD 2017, 538 (541): Art. 9 Abs. 2 sei eine „hybride Regelung".

[329] Siehe zu dieser Regelungstechnik im Zusammenhang mit Art. 6 DSGVO bereits oben S. 136 ff.

[330] Siehe oben S. 122 f.

[331] Siehe oben S. 212 ff.

[332] Von einer Privilegierung in Bezug auf Buchst. j sprechen z.B. *Albers/Veit*, in: Wolff/Brink (Hrsg.), BeckOK DatenschutzR, 39. Ed. (1.11.2021), Art. 9 Rn. 99, 102; *Weichert*, in: Kühling/Buchner (Hrsg.), DSGVO/BDSG, 3. Aufl., 2020, Art. 9 Rn. 126, allerdings in Bezug auf die Forschung.

[333] *Weichert*, in: Kühling/Buchner (Hrsg.), DSGVO/BDSG, 3. Aufl., 2020, Art. 9 Rn. 121.

[334] Vgl. auch *Albers/Veit*, in: Wolff/Brink (Hrsg.), BeckOK DatenschutzR, 39. Ed. (1.11.2021), Art. 9 Rn. 99, die (zutreffend) davon ausgehen, Buchst. j sei *lex specialis* zu Buchst. g.

[335] Siehe bereits *Kühling et al.*, Die Datenschutz-Grundverordnung und das nationale Recht, 2016, S. 53; *Müller*, Die Öffnungsklauseln der Datenschutzgrundverordnung, 2018, S. 191 ordnet Buchst. j als *unselbstständige Ausnahmeklausel* ein. Weitere Öffnungsklauseln finden sich in Art. 9 Abs. 2 Buchst. b, g, h und i DSGVO.

Abs. 1 UAbs. 1 Buchst. c und e DSGVO. Um das Verbot, sensible Daten zu verarbeiten, aufzuheben, müssen die Rechtsgrundlage und der Ausnahmetatbestand des Art. 9 Abs. 2 Buchst. j DSGVO zusammenwirken. Auf diese Weise entsteht ein „Geflecht unionaler und nationaler Vorgaben"[336], in dem sich der Rechtsanwender zurechtfinden muss, wenn er sensible Daten verarbeitet. Die Rechtsetzungsmöglichkeiten[337], die die Grundverordnung hier einräumt, wirken wiederum auf den Grundrechtsmaßstab zurück.[338] Zu fragen ist hier, ob das innerstaatliche Recht der Bundesstatistik am Maßstab der Grundrechte des Grundgesetzes oder der Charta zu messen ist. Mit der neueren Rechtsprechung des BVerfG ist dabei zwischen unionsrechtlich vollständig determinierten und gestaltungsoffenen Bereichen zu unterscheiden.[339] Die Öffnungsklausel des Buchst. j enthält zwar materielle Anforderungen für den (mitgliedstaatlichen) Gesetzgeber (dazu sogleich unter 2.–4.),[340] belässt ihm in dem so gezogenen Rahmen aber auch einen *hinreichend gehaltvollen Gestaltungsspielraum* (s. etwa „angemessene und spezifische Maßnahmen zur Wahrung der Grundrechte und Interessen der betroffenen Person"[341]). Das innerstaatliche Recht wird hier also *nicht vollständig* durch das Unionsrecht determiniert. Daraus folgt: Macht der mitgliedstaatliche Gesetzgeber von der Öffnungsklausel des Buchst. j Gebrauch, ist das nationale Recht „primär" am Maßstab des informationellen Selbstbestimmungsrechts zu messen (Art. 2 Abs. 1 i. V. m. Art. 1 Abs. 1 GG);[342] die Öffnungsklausel selbst ist jedoch im Lichte des Art. 8 GRCh (ggf. i. V. m. Art. 7 GRCh) auszulegen.

### 2. Angemessene und spezifische Maßnahmen

Die Rechtsgrundlage muss „angemessene und spezifische Maßnahmen" vorsehen, um die „Grundrechte und Interessen der betroffenen Person" zu wahren. Welche Maßnahmen gemeint sind, sagt die Verordnung nicht. Die geforderten Sicherungsvorkehrungen stehen jedoch in einem engen Zusammenhang mit den

---

[336] *Albers/Veit*, in: Wolff/Brink (Hrsg.), BeckOK DatenschutzR, 39. Ed. (1.11.2021), Art. 9 Rn. 53.
[337] Vgl. auch *Hense*, in: Sydow (Hrsg.), BDSG, 2020, § 27 Rn. 2: kein „zwingender Regelungsauftrag".
[338] So zutreffend *Albers/Veit*, in: Wolff/Brink (Hrsg.), BeckOK DatenschutzR, 39. Ed. (1.11.2021), Art. 9 Rn. 54.
[339] BVerfGE 152, 152; 152, 216; dazu ausf. oben S. 165 ff.
[340] Dazu auch *Albers/Veit*, in: Wolff/Brink (Hrsg.), BeckOK DatenschutzR, 39. Ed. (1.11.2021), Art. 9 Rn. 103.
[341] Hierzu *Kühling et al.*, Die Datenschutz-Grundverordnung und das nationale Recht, 2016, S. 53: Mitgliedstaaten hätten „weiten Spielraum"; i. d. S. auch *Schildbach*, ZD 2022, 148 (150): „weite[...] Öffnungsklausel". Etwas zurückhaltender: *Albers/Veit*, in: Wolff/Brink (Hrsg.), BeckOK DatenschutzR, 39. Ed. (1.11.2021), Art. 9 Rn. 105: „gewisse[r] Gestaltungsspielraum".
[342] BVerfGE 152, 152 (170, Rn. 45); ausf. oben S. 165 ff.

geeigneten Garantien (engl.: „appropriate safeguards") i. S. d. Art. 89 Abs. 1 DSGVO. Und diese sind wiederum Bedingung dafür, dass der Gesetzgeber überhaupt von der Öffnungsklausel des Art. 9 Abs. 2 Buchst. j DSGVO Gebrauch machen darf („statistische Zwecke gemäß Artikel 89 Absatz 1"). Zwischen diesen beiden Vorschriften kommt es deshalb zu Überschneidungen. Gleichwohl gehen die Sicherheitsvorkehrungen nicht ineinander auf. Kurzum: Sie sind nicht identisch. Denn andernfalls verbliebe für die Maßnahmen gemäß Art. 9 Abs. 2 Buchst. j DSGVO kein eigenständiger Anwendungsbereich. Der Regelung käme insoweit nur deklaratorische Bedeutung zu. Das dürfte nicht dem Sinn und Zweck der Norm entsprechen. Gerade der Vergleich zu dem (allgemeinen) Begriff „technische und organisatorische Maßnahmen"[343] zeigt, dass die eingeforderten, grundrechtssichernden Maßnahmen dem *gesteigerten Risiko* bei der Verarbeitung sensibler Daten entgegenwirken sollen. Ihnen kommt eine risikominimierende Funktion zu. Wegen der Sensibilität der besonderen Datenkategorien bedarf es daher typischerweise *stärkerer Sicherungsmechanismen* (etwa aus dem Bereich des Systemdatenschutzes).[344] Das folgt letztlich auch aus dem Wortlaut der Öffnungsklausel: Die Maßnahmen müssen [dem Risiko] „angemessen" (engl.: „suitable") sowie „spezifisch" (engl.: „specific") sein. Dabei ist jedoch erneut zwischen den Ebenen zu unterscheiden:[345] So kann der Gesetzgeber auf der Ebene der Rechts*setzung* z.B. vorgeben, welche Maßnahmen er *abstrakt-generell* für typischerweise geeignet hält, das Risiko bei der Verarbeitung sensibler Daten zu begrenzen; diese Maßnahmen kann er durch Regelbeispiele konkretisieren. Auf der Ebene der Rechts*anwendung* gilt sodann ein konkret-individueller Maßstab: Je geringer die Regelungsdichte ist, desto mehr Flexibilität hat der Verantwortliche.[346] Im allgemeinen Bundesdatenschutzgesetz hat sich der Gesetzgeber bspw. dafür entschieden, dem Verantwortlichen sehr abstrakt und in wörtlicher Übereinstimmung mit der Öffnungsklausel[347] „angemessene und spezifische Maßnahmen" abzuverlangen (§ 22 Abs. 2 S. 1 BDSG). Eine gewisse Konkretisierungsleistung kommt immerhin § 22 Abs. 2 S. 2 BDSG zu, der einen beispielhaften und nicht abschließenden („insbesondere") Katalog geeigneter Schutzmaßnahmen enthält:[348] Dazu gehört etwa die Sensibilisierung

---

[343] Siehe dazu allg. oben S. 249 ff. sowie S. 281 ff.

[344] Ebenso z.B. *Frenzel*, in: Paal/Pauly (Hrsg.), DSGVO/BDSG, 3. Aufl., 2021, Art. 9 Rn. 46: „erhöhte Absicherung". Vgl. auch *Albers/Veit*, in: Wolff/Brink (Hrsg.), BeckOK DatenschutzR, 39. Ed. (1.11.2021), Art. 9 Rn. 106: „Relationsbegriffe".

[345] Zutreffend *Albers/Veit*, in: Wolff/Brink (Hrsg.), BeckOK DatenschutzR, 39. Ed. (1.11.2021), Art. 9 Rn. 106.

[346] I. d. S. auch *Albers/Veit*, in: Wolff/Brink (Hrsg.), BeckOK DatenschutzR, 39. Ed. (1.11.2021), Art. 9 Rn. 106.

[347] Die Regelung beruht auf Art. 9 Abs. 2 Buchst. b, g und i DSGVO; für Buchst. j gibt es mit § 27 Abs. 1 S. 2 BDSG eine Sonderregelung, die jedoch wiederum auf § 22 Abs. 2 S. 2 BDSG verweist; s. auch unten S. 412 f.

[348] Zu diesen Regelbeispielen s. etwa *Heckmann/Scheurer*, in: Gola/Heckmann (Hrsg.),

der Personen, die an den Verarbeitungsvorgängen beteiligt sind; die Beschränkung des Zugangs zu den personenbezogenen Daten innerhalb der verantwortlichen Stelle und von Auftragsverarbeitern; die Pseudonymisierung und/oder Verschlüsselung personenbezogener Daten; die Sicherstellung der Vertraulichkeit, Verfügbarkeit und Belastbarkeit der eingesetzten Systeme; regelmäßige Überprüfungsverfahren sowie sonstige spezifische Verfahrensregelungen.

### 3. Verhältnismäßigkeit

Ferner muss die Rechtsgrundlage in einem „angemessene[n] Verhältnis zu dem verfolgten Ziel" stehen. Angesprochen ist damit der Grundsatz der Verhältnismäßigkeit, den Art. 52 Abs. 1 S. 2 GRCh primärrechtlich verbürgt. Insofern kann zunächst auf die allgemeinen Ausführungen zur Verhältnismäßigkeit i.S.d. Art. 6 Abs. 3 S. 4 DSGVO verwiesen werden.[349] Allerdings geht die Rechtsprechung des EuGH davon aus, dass der Grundrechtseingriff bei der Verarbeitung von Daten nach Art. 9 Abs. 1 DSGVO aufgrund ihrer „Sensibilität [...] besonders schwer sein *kann*".[350] Diese gesteigerte Eingriffsintensität ist in die Angemessenheitsprüfung einzustellen. Dadurch erhöht sich prinzipiell auch die Rechtfertigungslast. Welche Anforderungen der Grundsatz der Verhältnismäßigkeit jeweils aufstellt, ist kontextspezifisch zu beantworten.

### 4. Wesensgehalt des „Rechts auf Datenschutz"

Schließlich muss die Rechtsgrundlage den „Wesensgehalt des Rechts auf Datenschutz" wahren (Art. 9 Abs. 2 Buchst. j DSGVO). Mit „Recht auf Datenschutz" ist allen voran das Grundrecht auf Schutz personenbezogener Daten (Art. 8) gemeint, das in seiner abwehrrechtlichen Dimension ggf. durch das Recht auf Privatleben (Art. 7 GRCh) verstärkt wird.[351] Die Wesensgehaltsgarantie markiert dabei die äußerste Grenze für den Gesetzgeber. Nach Art. 52 Abs. 1 S. 1 GRCh muss jede Grundrechtseinschränkung nicht nur gesetzlich vorgesehen sein, sondern – neben der Verhältnismäßigkeit[352] – auch den Wesensgehalt der

---

BDSG, 13. Aufl., 2019, § 22 Rn. 58 ff. Krit. dazu *Frenzel*, in: Paal/Pauly (Hrsg.), DSGVO/BDSG, 3. Aufl., 2021, § 22 Rn. 13 („beschränkte Aussagekraft").

[349] Siehe oben S. 179 ff.

[350] EuGH, Urt. v. 24.9.2019 – C-136/17, ECLI:EU:C:2019:773 – GC u.a. (Auslistung sensibler Daten), Rn. 67 (Hervorhebung d. Verf.); Urt. v. 1.8.2022 – C-184/20, ECLI:EU:C:2022:601, Rn. 126; zu Art. 10 DSGVO: EuGH, Urt. v. 22.6.2021 – C-439/19, ECLI:EU:C:2019:773 – Latvijas Republikas Saeima (Points de pénalité), Rn. 74.

[351] Zu dieser Grundrechtskombination insbes. *Marsh*, Das europäische Datenschutzgrundrecht, 2018, S. 203 ff.; zum Grundrechtsmaßstab allg. oben S. 165 ff.

[352] Siehe dazu Art. 52 Abs. 1 S. 2 GRCh. Vgl. zur Abgrenzung etwa *Brkan*, German Law Journal 20 (2019), 864 (871 f.): Sie unterscheidet im Ergebnis zwischen (ggf. besonders schwerwiegenden) Eingriffen, die einer Abwägung grds. zugänglich sind (dann Verhältnismäßigkeit) und (Gesetzgebungs-)Maßnahmen, die ein Grundrecht als solches in Frage stel-

in der Charta anerkannten Rechte und Freiheiten achten. Das Grundgesetz formuliert noch eindringlicher: Danach darf ein Grundrecht „in keinem Falle" in seinem Wesensgehalt angetastet werden (Art. 19 Abs. 2 GG).

Maßgeblich ist hier wie dort das einzelne betroffene Grundrecht. Nach der Rechtsprechung des EuGH darf das Grundrecht jedenfalls nicht als solches infrage gestellt werden. Der Präsident des Gerichtshofs, *Koen Lenaerts*, formuliert es so: Der Gesetzgeber darf es nicht seiner „Substanz" berauben.[353] Gleiches gilt der Sache nach für die entsprechende Garantie des Grundgesetzes: Auch ihr geht es darum, „einen Kernbereich an grundrechtlich geschützten Interessen einer Abwägung mit öffentlichen Belangen zu entziehen und ihn gegen Übergriffe der öffentlichen Hand [...] definitiv abzuschirmen".[354]

Wo diese absoluten Grenzen verlaufen, lässt sich abstrakt-generell kaum sagen. Im Unterschied zum BVerfG bezieht der EuGH in jüngerer Zeit die Wesensgehaltsgarantie ausdrücklich in seine Grundrechtsprüfung ein – und zwar gerade bei datenschutzrechtlichen Sachverhalten. So hat der Gerichtshof in der Rechtssache *Digital Rights Ireland* ausgeführt, dass die sekundärrechtlich vorgesehene Vorratsdatenspeicherung nicht geeignet sei, den Wesensgehalt des Art. 7 GRCh anzutasten, da sie „die Kenntnisnahme des *Inhalts* elektronischer Kommunikation als solchen nicht gestattet".[355] Diese Differenzierung[356] zwischen Inhalts- und Verkehrsdaten griff der EuGH im *Schrems I*-Urteil wieder auf: Eine Regelung, die es den Behörden erlaubt, generell auf den Inhalt elektronischer Kommunikation zuzugreifen, verletze den Wesensgehalt des Grundrechts auf Achtung des Privatlebens.[357] Gleiches gilt für eine Regelung, die dem Bürger die Möglichkeit vorenthält, „mittels eines Rechtsbehelfs Zugang zu den ihn betreffenden personenbezogenen Daten zu erlangen oder ihre Berichtigung oder Löschung zu erwirken" (Art. 47 GRCh).[358] Dies hat der Gerichtshof in der

---

len, oder wenn es unmöglich ist, dieses Recht auszuüben (dann Wesensgehalt); ebenda S. 882 f. Vgl. zu Letzterem auch *Lenaerts*, German Law Journal 20 (2019), 779 (782): „not be justified on any ground, not even where the national security of a third country is at stake".

[353] *Lenaerts*, EuR 2012, 3 (9). Vgl. zu Art. 9 DSGVO *Brkan*, German Law Journal 20 (2019), 864 (881).

[354] *Huber*, in: von Mangoldt/Klein/Starck (Hrsg.), GG, 7. Aufl., 2018, Art. 19 Rn. 121.

[355] EuGH, Urt. v. 8.4.2014 – C-293/12 u. a., ECLI:EU:C:2014:238 – Digital Rights Ireland, Rn. 39 (Hervorhebung d. Verf.). Vgl. zur Rechtsprechungsentwicklung auch *Brkan*, German Law Journal 20 (2019), 864 (871 ff.).

[356] Krit. dazu bspw. *Brkan*, German Law Journal 20 (2019), 864 (872 ff.), die auf den Informationsgehalt der Verkehrs- bzw. Metadaten und die damit zusammenhängenden Gefahren hinweist. Dazu auch *GA Saugmandsgaard Øe*, Schlussanträge v. 19.7.2016 – C-203/15 u. a., ECLI:EU:C:2016:572 – Tele2 Sverige, Rn. 259: Gefahren könnten „gleich groß oder auch größer sein".

[357] EuGH, Urt. v. 6.10.2015 – C-362/14, ECLI:EU:C:2015:650 – Schrems I, Rn. 94. Vgl. dazu auch *Lenaerts*, German Law Journal 20 (2019), 779 (782 ff.).

[358] EuGH, Urt. v. 6.10.2015 – C-362/14, ECLI:EU:C:2015:650 – Schrems I, Rn. 95.

Rechtssache *Schrems II* nochmals bekräftigt:[359] Das Rechtsschutzdefizit für Unionsbürger, das durch den Ombudsmechanismus nicht ausgeglichen werden konnte, war denn auch ein maßgeblicher Faktor für die Ungültigkeit des sog. *Privacy Shield*.[360]

Antworten auf die Frage, was das Wesen des „Rechts auf Datenschutz" – einschließlich des Rechts auf einen wirksamen Rechtsbehelf und auf ein unparteiisches Gericht gemäß Art. 47 GRCh – ausmacht, zeichnen sich in der Kasuistik erst allmählich ab.[361] Induktive Schlussfolgerungen sind daher kaum möglich. In negativer Hinsicht kann man aus dem Gutachten des EuGH zum „PNR-Abkommen" einstweilen lediglich festhalten: Der Wesensgehalt des in Art. 7 GRCh niedergelegten Grundrechts auf Achtung des Privatlebens ist nicht beeinträchtigt, wenn sich die betreffenden Informationen auf „bestimmte Aspekte" des Privatlebens beschränken; gleiches gilt für das Recht auf Schutz personenbezogener Daten gemäß Art. 8 GRCh, sofern die Zwecke der Verarbeitung begrenzt sind[362] und weitere Schutzmaßnahmen bestehen, die bspw. die Sicherheit, Vertraulichkeit und Integrität der personenbezogenen Daten gewährleisten.[363]

### 5. Vergleich zur Generalklausel („erhebliches öffentliches Interesse"; Buchst. g)

Die Öffnungsklausel des Art. 9 Abs. 2 Buchst. j DSGVO enthält eine Privilegierung für die Datenverarbeitung zu statistischen Zwecken. Diese folgt indes nicht allein aus ihrer Existenz. Vielmehr ergibt sie sich durch einen Vergleich mit der Generalklausel des Art. 9 Abs. 2 *Buchst. g* DSGVO: Dieser Ausnahmetatbestand greift für die Verarbeitung „aus Gründen eines erheblichen öffentlichen Interesses". Die Voraussetzungen dieser Regelung entsprechen zwar denen des Buchst. j: Beide Öffnungsklauseln verlangen, dass die Rechtsgrundlage angemessene und spezifische Maßnahmen zur Wahrung der Grundrechte und Interessen der betroffenen Person vorsieht, verhältnismäßig ist sowie den Wesensgehalt des Rechts auf Datenschutz wahrt. Die Privilegierung stellt sich hier jedoch dadurch ein, dass der jeweilige Gesetzgeber die Statistikzwecke nicht im Einzelnen unter die – durchaus strengen[364] – Voraussetzungen des *„erheblichen*

---

[359] EuGH, Urt. v. 16.7.2020 – C-311/18, ECLI:EU:C:2020:559 – Facebook Ireland und Schrems („Schrems II"), Rn. 187.

[360] EuGH, Urt. v. 16.7.2020 – C-311/18, ECLI:EU:C:2020:559 – Facebook Ireland und Schrems („Schrems II"), Rn. 186 ff., insbes. Rn. 201.

[361] Siehe dazu auch das Fazit von *Brkan*, German Law Journal 20 (2019), 864 (882): „A challenging task for the Court in the future is thus not only to develop a clearer normative framework on the essence, but also to reach a higher degree of coherence in its jurisprudence […]".

[362] Vgl. dazu auch *Brkan*, German Law Journal 20 (2019), 864 (880 f.).

[363] EuGH, Gutachten v. 26.7.2017 – 1/15, ECLI:EU:C:2017:592 – Accord PNR UE-Canada, Rn. 150.

[364] Siehe insbes. zum Kriterium der Erheblichkeit *Weichert*, in: Kühling/Buchner (Hrsg.), DSGVO/BDSG, 3. Aufl., 2020, Art. 9 Rn. 91.

öffentlichen Interesses" subsumieren muss.³⁶⁵ Anders gewendet: Die Grundverordnung stellt die Zwecktrias (Archiv, Forschung, Statistik) auf eine Stufe mit dem erheblichen öffentlichen Interesse und betrachtet sie als gleichermaßen förderungswürdig.

## V. Rechtsgrundlagen im mitgliedstaatlichen Recht

Die Öffnungsklausel des Art. 9 Abs. 2 Buchst. j DSGVO verweist in das Unionsrecht bzw. – für den Untersuchungsgegenstand („Bundesstatistik") maßgeblich – in das *Recht der Mitgliedstaaten*. Die Verordnung stellt es dem (mitgliedstaatlichen) Gesetzgeber anheim, die Verarbeitung sensibler Daten zu statistischen Zwecken gesetzlich zu regeln. Diese Rechtsvorschrift hebt das Verbot des Abs. 1, sensible Daten zu verarbeiten, im Zusammenspiel mit Art. 9 Abs. 2 Buchst. j DSGVO auf. Im Recht der Bundesstatistik, das dem Bundesdatenschutzgesetz nach § 1 Abs. 2 vorgeht³⁶⁶, finden sich zahlreiche Vorschriften, die eine solche Verarbeitung dem Grunde nach gestatten. Das gilt zum einen für Statistiken, die insgesamt sensible Bereiche (z. B. Thema „Gesundheit"³⁶⁷) abdecken; umfasst sind zum anderen aber auch einzelne Erhebungsmerkmale, die einen sensiblen Informationsgehalt aufweisen. Es kommt somit regelmäßig vor, dass das statistische Erhebungsprogramm (vgl. § 9 Abs. 1 BStatG) personenbezogene Daten i. S. d. Art. 9 Abs. 1 DSGVO enthält. Als Beispiel sei hier der Zensus 2022 genannt, der das Merkmal „rechtliche Zugehörigkeit zu einer öffentlich-rechtlichen Religionsgemeinschaft"³⁶⁸ abfragt. Vor diesem Hintergrund kommt der allgemeinen Regelung des § 27 Abs. 1 BDSG³⁶⁹ nur eine untergeordnete *Auffangfunktion* für die Bundesstatistik zu.³⁷⁰ Gleichwohl können die sta-

---

³⁶⁵ Dies gilt insbes. für die amtliche Statistik. Gleichwohl setzt die Verordnung nicht voraus, dass die statistischen Zwecke im öffentlichen Interesse liegen müssen, dazu ausf. oben S. 230 ff.

³⁶⁶ Zu dieser Subsidiarität oben S. 88.

³⁶⁷ Vgl. dazu auf europäischer Ebene auch die neue Rahmen-VO (EU) 2019/1700, insbes. Art. 3 Abs. 1 Buchst. c. Anhang I dieser VO listet Themen (Gesundheitszustand und Behinderung; Zugang zu sowie Verfügbarkeit und Inanspruchnahme von Gesundheitsversorgung und Gesundheitsfaktoren) und Einzelthemen (Krankheiten und chronische Erkrankungen; Unfälle und Verletzungen; Schmerzen; Psychische Gesundheit einschließlich Suchterkrankungen etc.) konkretisierend auf.

³⁶⁸ Siehe § 5 Abs. 1 Nr. 28 ZensG 2022 (Übermittlung durch die Meldebehörden).

³⁶⁹ Vgl. dazu aus dem Landesstatistikrecht z. B. § 8 Abs. 2 S. 2 BbgStatG. Zu weiteren Regelungen im Bundes- und Landesrecht s. allg. *Hense*, in: Sydow (Hrsg.), BDSG, 2020, § 27 Rn. 5.

³⁷⁰ Zu restriktiv daher *Johannes/Richter*, DuD 2017, 300 (303): Sie sind der Ansicht, mit „statistischen Zwecken" in § 27 Abs. 1 BDSG seien „im Ergebnis nur privatwirtschaftliche statistische Zwecke" gemeint; die Privilegierung gelte nicht für die gemeinwohldienlichen amtlichen Statistiken; ihnen folgend *Buchner/Tinnefeld*, in: Kühling/Buchner (Hrsg.), DSGVO/BDSG, 3. Aufl., 2020, § 27 Rn. 7.

tistischen Ämter zumindest in Randbereichen auf diese Rechtsgrundlage zurückgreifen: Die Verarbeitung sensibler Daten ist danach – auch ohne Einwilligung – zulässig, wenn und soweit sie für statistische Zwecke[371] erforderlich ist und die Interessen des Verantwortlichen an der Verarbeitung die Interessen der betroffenen Person an einem Ausschluss der Verarbeitung erheblich überwiegen[372]. Stets muss der Verantwortliche dabei angemessene und spezifische Maßnahmen vorsehen, um die Grundrechte und Interessen der betroffenen Personen zu wahren. § 27 Abs. 1 S. 2 BDSG verweist insofern auf die Regelbeispiele, die der Gesetzgeber allgemein für die Verarbeitung sensibler Daten aufgestellt hat (§ 22 Abs. 2 S. 2 BDSG). Es obliegt dem Verantwortlichen, diejenigen Maßnahmen zu treffen, die im jeweiligen Verarbeitungskontext erforderlich sind.[373]

## VI. Ergebnis

Die Vorschrift für die Verarbeitung sensibler Daten (Art. 9 DSGVO) enthält in Abs. 2 Buchst. j einen Ausnahmetatbestand für die (amtliche) Statistik. Die Privilegierung der statistischen Zwecke gegenüber anderen Zwecken besteht darin, dass sie den (unionalen oder mitgliedstaatlichen) Gesetzgeber davon befreit, für die jeweilige Statistik ein erhebliches öffentliches Interesse darlegen zu müssen. Gleichwohl sind die Voraussetzungen der Öffnungsklausel hoch: Die (unionale oder mitgliedstaatliche) Rechtsgrundlage muss den Wesensgehalt des Grundrechts auf Datenschutz wahren, verhältnismäßig sein sowie angemessene und spezifische Maßnahmen vorsehen, die die Grundrechte und Interessen der betroffenen Personen absichern. In der Praxis wird dabei insbesondere den spezifischen Sicherungsvorkehrungen besonderes Gewicht zukommen – das Schutzniveau liegt hier prinzipiell höher als bei der Verarbeitung nicht-sensibler Daten. Auf die allgemeine Rechtsgrundlage des § 27 Abs. 1 BDSG wird das Statistische Bundesamt indes nur selten zurückgreifen müssen – denn die Verarbeitung sensibler Daten ist regelmäßig in den Fachstatistikgesetzen geregelt. Diese gehen dem Bundesdatenschutzgesetz vor.

---

[371] *Pauly*, in: Paal/Pauly (Hrsg.), DSGVO/BDSG, 3. Aufl., 2021, § 27 Rn. 5 stellt für den Statistikbegriff zu Recht auf den entsprechenden Begriff der DSGVO ab (dazu ausf. oben S. 221 ff.). Auf diese Weise entsteht Kohärenz zwischen den Rechtsordnungen. Zudem gibt das Unionsrecht durch die Öffnungsklausel ohnedies den Rahmen für den mitgliedstaatlichen Gesetzgeber vor.
[372] Dazu *Buchner/Tinnefeld*, in: Kühling/Buchner (Hrsg.), DSGVO/BDSG, 3. Aufl., 2020, § 27 Rn. 11 f.; *Pauly*, in: Paal/Pauly (Hrsg.), DSGVO/BDSG, 3. Aufl., 2021, § 27 Rn. 8.
[373] Siehe dazu bereits oben IV.2., S. 407 ff.

## D. Betroffenenrechte

Ein effektiver Schutz personenbezogener Daten setzt subjektive Rechte der betroffenen Personen voraus. Sie gehören seit jeher zum Kernbestand des Datenschutzrechts. In den Erwägungsgründen der Datenschutz-Grundverordnung findet sich die Vorbemerkung, dass die Betroffenenrechte mit dem neuen Rechtsakt sogar noch gestärkt werden sollten (EG 11 S. 1).[374] Der Unionsgesetzgeber unterstreicht damit die Bedeutung, die diesen Rechten als Element des *Selbstdatenschutzes*[375] zuteilwird. Die in Kapitel III (Art. 12 ff. DSGVO) verbürgten Betroffenenrechte lassen sich kategorisieren: Neben Informations- und Auskunftsrechten sieht das europäische Datenschutzsekundärrecht Eingriffs- bzw. Steuerungsrechte (z. B. das Widerspruchsrecht oder das Recht auf Löschung) vor.[376] Allen Rechten ist im Grundsatz gemein, dass sie der betroffenen Person auf die ein oder andere Weise ein gewisses Maß an *Kontrolle* über „ihre" personenbezogenen Daten einräumen sollen.[377] So verstanden sind diese Rechte Ausdruck informationeller Selbstbestimmung, deren Autonomiegedanke[378] teilweise auch im europäischen Datenschutzgrundrecht (vgl. Art. 8 Abs. 2 S. 2 GRCh) aufscheint. Die Betroffenenrechte sind zudem – in unterschiedlicher Intensität – grundrechtlich fundiert und steuern so den Handlungsradius des (europäischen) Gesetzgebers vor (dazu I.). In diesem Kapitel stehen die Privilegierungen im Vordergrund, die das unionale (dazu III.) sowie das mitgliedstaatliche (dazu IV. und V.) Datenschutzrecht denjenigen andient, die personenbezogene Daten zu statistischen Zwecken verarbeiten. Die Ausnahmen sind unterschiedlich ausgeprägt, lassen sich aber hinsichtlich der Regelungstechnik systematisieren (dazu II.). Die einzelnen Betroffenenrechte werden in diesem Kapitel von ihren Ausnahmen her dargestellt und interpretiert, wobei auf den Regeltatbe-

---

[374] Vgl. auch die Mitteilung der *Europäischen Kommission*, „Datenschutzvorschriften als Voraussetzung für Vertrauen in die EU und darüber hinaus – eine Bilanz" v. 24.7.2019, COM(2019) 374 final, S. 7.

[375] Zu diesem Konzept *Roßnagel*, in: ders. (Hrsg.), Handbuch Datenschutzrecht, 2003, S. 327 ff. Die Grundidee des Selbstdatenschutzes bestehe darin, der betroffenen Person Mittel an die Hand zu geben, um „ihre" personenbezogenen Daten [genauer: ihre Rechte und Freiheiten] selbst zu schützen (ebenda, S. 337).

[376] Vgl. zur alten Rechtslage die Kategorisierung bei *Wedde*, in: Roßnagel (Hrsg.), Handbuch Datenschutzrecht, 2003, S. 549 ff.

[377] Aus der englischsprachigen Literatur krit. z. B. *Solove*, Notre Dame L. Rev. 98 (2023), 975 (984): „this control is often illusory". Vgl. zu Sinn und Zweck des Auskunftsrechts aber bspw. BVerwG ZD 2021, 55 (56, Rn. 19).

[378] Dieses Recht beruht zwar begrifflich auf dem Gedanken der Autonomie („Selbstbestimmung"), doch erschöpft es sich nicht darin. So weist etwa *von Lewinski*, in: Eßer/Kramer/von Lewinski (Hrsg.), Auernhammer, 7. Aufl., 2020, Einführung Rn. 29 zu Recht darauf hin, dass dieses Recht dem Einzelnen vielfach „nur" die Möglichkeit verschaffe, fremde Verarbeitungsinteressen zu beschränken; insofern sei „informationelle Fremdbeschränkung" der präzisere Begriff.

stand nicht gänzlich verzichtet werden kann. Mit anderen Worten: Wer die Ausnahme verstehen will, muss die Regel kennen.

## I. Grundrechtlicher Rahmen – Funktionen der Betroffenenrechte

Die sekundärrechtlich ausgestalteten Rechte der betroffenen Personen sind grundrechtlich fundiert. Auf der europäischen Ebene manifestiert sich in den Auskunfts- und Einwirkungsrechten die *Leistungsdimension* des Datenschutzgrundrechts aus Art. 8 GRCh.[379] Während sich einzelne Betroffenenrechte aus den Grundrechten im Wege der Auslegung ableiten lassen, sind andere Rechte ausdrücklich im Primärrecht verankert. So hat etwa nach Art. 8 Abs. 2 S. 2 GRCh jede Person das Recht, *Auskunft* über die sie betreffenden erhobenen Daten zu erhalten und die *Berichtigung* dieser Daten zu verlangen. Beide Rechte stehen in einer logischen zeitlichen Abfolge: Das Auskunftsrecht generiert das Wissen, um ggf. das Recht auf Berichtigung überhaupt erst geltend machen zu können. Wer nicht weiß oder nicht sicher wissen kann, wer persönliche Daten in welchem Kontext erhebt und verarbeitet, kann von vornherein nicht sagen, ob diese Daten (objektiv) richtig sind. In diesem Sinne betonte der EuGH in der Rechtssache *Rijkeboer*[380], die betroffene Person müsse sich vergewissern können, dass ihre personenbezogenen Daten „fehlerfrei" verarbeitet werden – insbesondere, dass die Basisdaten, die sie betreffen, richtig sind. Dem Auskunftsrecht kommt hiernach eine *Ermöglichungsfunktion* zu: Es ist erforderlich, damit die betroffene Person nachgelagerte Rechte – etwa Berichtigung, Löschung oder Widerspruch – wahrnehmen und durchsetzen kann.[381] Der Gerichtshof spricht dem Recht auf Auskunft damit zuvörderst *instrumentellen Charakter* zu,[382] der wiederum eng mit der Rechtsschutzgarantie des Art. 47 GRCh verbunden ist.[383] Darüber hinaus kommt diesem Recht aber auch ein „Selbststand" zu, und zwar als Mittel, um *Transparenz* herzustellen.[384] Insofern besitze es,

---

[379] Grdl. *Marsch*, Das europäische Datenschutzgrundrecht, 2018, S. 227 ff. Er versteht das europäische Datenschutzgrundrecht „mehrdimensional" (Überblick ebenda, S. 127 f.). Neben der Ausgestaltungs- (S. 128 ff.) und der Abwehrdimension (ggf. in Kombination mit Art. 7 GRCh; S. 203 ff.) umfasse Art. 8 GRCh auch eine Leistungsdimension sowie – schließlich – eine organisatorische Dimension (in Gestalt der unabhängigen Kontrollbehörden; S. 237 ff.).
[380] EuGH, Urt. v. 7.5.2009 – C-553/07, ECLI:EU:C:2009:293, Rn. 49, 51 f.; ebenso EuGH, Urt. v. 20.12.2017 – C-434/16, ECLI:EU:C:2017:994, Rn. 57.
[381] Siehe etwa EuGH, Urt. v. 4.5.2023 – C-487/21, ECLI:EU:C:2023:369, Rn. 35.
[382] *Marsch*, Das europäische Datenschutzgrundrecht, 2018, S. 228.
[383] *Bäcker*, in: Kühling/Buchner (Hrsg.), DSGVO/BDSG, 3. Aufl., 2020, Art. 13 Rn. 8. Vgl. im Kontext der Statistik auch *Kühling*, ZD 2021, 74 (77 f.).
[384] Zu dieser doppelten theoretischen Fundierung *Marsch*, Das europäische Datenschutzgrundrecht, 2018, S. 227 ff., insbes. S. 229. – Aus grundgesetzlicher Perspektive verhält es sich ähnlich: In einem steuerverfahrensrechtlichen Kontext hat das BVerfG entschieden,

wie *Nikolaus Marsch* schreibt, als „eigenständige leistungsrechtliche Verbürgung einen genuinen Gehalt".[385] Demgegenüber liegt das *Recht auf Berichtigung* in einer abwehrrechtlichen Dimension begründet: Aus den Freiheitsrechten lässt sich ein Anspruch auf Folgenbeseitigung ableiten, der einer Perpetuierung des Eingriffs entgegenwirkt. Der betroffen Person erwächst daraus ein Recht, die Berichtigung der Daten zu verlangen, die sie betreffen.[386] Gleiches gilt – wenn auch nicht ausdrücklich in Art. 8 Abs. 2 S. 2 GRCh benannt – im Ergebnis für das *Recht auf Löschung*: Der EuGH hat in seiner *Google Spain*-Entscheidung das sog. Recht auf Vergessenwerden grundrechtlich „aufgeladen".[387] Das Recht auf Einschränkung der Verarbeitung hat als Minusmaßnahme grundsätzlich[388] daran Anteil. Diese – hier nur beispielhaft skizzierten – grundrechtlichen Rahmenbedingungen sind jeweils in Erinnerung zu rufen, wenn der Gesetzgeber ein Betroffenenrecht beschränkt (vgl. auch Art. 23 Abs. 1 DSGVO) oder wenn sich ein Verantwortlicher – etwa das Statistische Bundesamt – auf einen Ausnahmetatbestand beruft. *Matthias Bäcker* weist vor diesem Hintergrund zu Recht darauf hin, dass ein „Mindestbestand" von Betroffenenrechten zum Wesensgehalt des (europäischen) Datenschutzgrundrechts gehört.[389] Beschränkungen im mitgliedstaatlichen Recht (s. für die Statistik insbesondere § 27 Abs. 2 S. 1 BDSG) sind daneben auch an den Grundrechten des Grundgesetzes zu messen.[390]

## *II. Systematik: Privilegierungen und Beschränkungen*

Die im III. Kapitel der Datenschutz-Grundverordnung normierten „Rechte der betroffenen Person" lassen sich einerseits hinsichtlich ihrer Funktion kategorisieren: Neben den Informationspflichten (Art. 13 und 14), die den Verantwortlichen treffen, kennt die Verordnung ein Auskunftsrecht (Art. 15) sowie Ein-

---

dass sich der Gewährleistungsgehalt des informationellen Selbstbestimmungsrechts (Art. 2 Abs. 1 i. V. m. Art. 1 Abs. 1 GG) nicht in einem Abwehrrecht gegen staatliche Datenerhebung und -verarbeitung erschöpfe. Vielmehr schütze dieses Grundrecht auch das Interesse des Einzelnen, von staatlichen informationsbezogenen Maßnahmen *zu erfahren*, die ihn in seinen Grundrechten betreffen, BVerfGE 120, 351 (360). Nur dann könne er die Orientierung und Erwartungssicherheit erlangen, die für die freie Entfaltung der Persönlichkeit wichtig ist, BVerfGE 120, 351 (360 f.).

[385] *Marsch*, Das europäische Datenschutzgrundrecht, 2018, S. 230.
[386] Nach *Marsch*, Das europäische Datenschutzgrundrecht, 2018, S. 230 f. komme dem Recht auf Berichtigung in Art. 8 Abs. 2 S. 2 GRCh nur deklaratorische Bedeutung zu.
[387] EuGH, Urt. v. 13.5.2014 – C-131/12, ECLI:EU:C:2014:317, Rn. 80 ff.
[388] Diff. *Marsch*, Das europäische Datenschutzgrundrecht, 2018, S. 233 f., der einzelne Anwendungsfälle des Art. 18 DSGVO nicht direkt aus dem Datenschutzgrundrecht ableitet.
[389] *Bäcker*, in: Kühling/Buchner (Hrsg.), DSGVO/BDSG, 3. Aufl., 2020, Art. 23 Rn. 6.
[390] Vgl. BVerfGE 152, 152 (170, Rn. 45 ff.) – Recht auf Vergessen I; s. auch unten IV., S. 435 ff.

griffs- und Steuerungsrechte (Art. 16–22). Andererseits lassen sich die Betroffenenrechte mit Blick auf die Privilegierungswirkung nach der *Normebene* systematisieren. Dabei sind drei Ebenen bzw. Kategorien zu unterscheiden: Zur ersten Kategorie gehören solche Rechte, die der Unionsgesetzgeber *unmittelbar* in der Verordnung zugunsten der Statistik eingeschränkt hat (verordnungsunmittelbare Ausnahmen; dazu III.). In der zweiten und dritten Kategorie bedarf es eines weiteren Rechtsakts. Die Privilegierung wird erst durch das Gebrauchmachen von einer Öffnungsklausel im Rechtssinne aktiviert. Für bestimmte Betroffenenrechte können *speziell* für Statistikzwecke Ausnahmen im Unionsrecht oder – für die Bundesstatistik entscheidend – im Recht der Mitgliedstaaten (also im Bundesrecht) geregelt werden (Art. 89 Abs. 2 DSGVO; dazu IV.). Und schließlich bleibt es dem Gesetzgeber unbenommen, von der *allgemeinen* Beschränkungsklausel des Art. 23 DSGVO Gebrauch zu machen (dazu V.).

### III. Unmittelbare Privilegierungstatbestände im Unionsrecht

Die Datenschutz-Grundverordnung kennt drei Privilegierungstatbestände, die der (amtlichen) Statistik unmittelbar kraft Unionsrecht zukommen. Sie sieht Ausnahmen (1.) für die Informationspflicht gemäß Art. 14, (2.) für das Widerspruchsrecht gemäß Art. 21 sowie (3.) für das Recht auf Löschung („Recht auf Vergessenwerden") gemäß Art. 17 vor. Die drei Betroffenenrechte bauen in zeitlicher Hinsicht grundsätzlich aufeinander auf, greifen teilweise aber auch ineinander: So kommt der Informationspflicht primär eine dienende Funktion zu, die die betroffene Person in die Lage versetzt, die weiteren Betroffenenrechte auszuüben; und ein begründeter Widerspruch kann wiederum ein Recht auf Löschung auslösen.[391]

#### 1. Informationspflicht bei indirekter Erhebung (Dritterhebung)

Art. 14 DSGVO regelt die Informationspflicht des Verantwortlichen bei *indirekter* Erhebung (sog. Dritterhebung[392]). Gemeint ist der Fall, dass personenbezogene Daten nicht *bei* der betroffenen Person erhoben werden. Die Vorschrift stellt das Gegenstück zu Art. 13 DSGVO (Direkterhebung)[393] dar. Aus statisti-

---

[391] Siehe Art. 17 Abs. 1 Buchst. c, der jedoch nur auf Art. 21 Abs. 1 und 2 DSGVO Bezug nimmt (zum Verhältnis von Art. 21 Abs. 1 und 6 DSGVO, s. unten S. 429). Ein Recht auf Löschung folgt jedoch aus Art. 17 Abs. 1 Buchst. d DSGVO: Ist der Widerspruch begründet, ist die Fortsetzung der Verarbeitung „unrechtmäßig". Zur Rechtsfolge unten S. 425.

[392] Vgl. z.B. *Eßer*, in: Eßer/Kramer/von Lewinski (Hrsg.), Auernhammer, 7. Aufl., 2020, Art. 14 Rn. 1; *Schwartmann/Schneider*, in: Schwartmann/Jaspers/Thüsing/Kugelmann (Hrsg.), DSGVO/BDSG, 2. Aufl., 2020, Art. 13 Rn. 12.

[393] Dazu unten S. 462 ff.

scher Sicht handelt es sich regelmäßig um eine *Sekundärstatistik*[394]. Dieser Ausprägung kommt schon wegen § 5a BStatG wachsende Bedeutung zu: Die Vorschrift hält die Bundesstatistik allgemein dazu an, bereits vorhandene Verwaltungsdaten zu verwenden, wenn sie sich für die jeweilige Statistik qualitativ eignen. Ein prominentes Beispiel ist der registergestützte Zensus, der zu einem Gros auf solche Daten (etwa aus den Melderegistern) zurückgreift. Diese liegen in den Verwaltungsbehörden bereits vor, werden also gerade nicht (direkt) bei der betroffenen Person erhoben. Mit anderen Worten: Die „Datenquelle" ist *nicht der Betroffene*, sondern ein Dritter. Ein weiterer Anwendungsfall ist die Datenerhebung aus allgemein zugänglichen Quellen (etwa im Fall des *Web Scraping*[395]; s. Art. 14 Abs. 2 Buchst. f DSGVO *e contrario*). Da die Kataloge des Art. 14 Abs. 1 („Grundkanon"[396]) und Abs. 2 DSGVO („Metainformationen"[397]) weit ausgreifen, kommt den Ausnahmetatbeständen[398] für die Statistik eine erhebliche rechtspraktische Bedeutung zu (dazu b) und c)). Zuvor gilt es aber, die allgemeinen Voraussetzungen sowie die Systematik dieser Informationspflicht zu skizzieren (dazu a)).

*a) Voraussetzungen und Systematik*

Die Informationspflicht gemäß Art. 14 DSGVO weist eine zweigliedrige Struktur auf: Während Abs. 1 und 2 an den Zeitpunkt der Daten*erhebung* anknüpfen, stellt Abs. 4 – nachgelagert – auf die *Weiterverarbeitung* zu *anderen* Zwecken ab. Diese sekundäre Informationspflicht trifft den Verantwortlichen auch dann, wenn die Verordnung die Zweckvereinbarkeit – wie im Fall der Verarbeitung zu statistischen Zwecken – fingiert.[399] Denn die gesetzliche Fiktion besagt nur, dass der Primär- mit dem Sekundärzweck vereinbar ist. Es handelt sich aber nach wie vor um unterschiedliche Zwecke. Für die Informationspflicht gemäß Art. 14 Abs. 4 DSGVO genügt es, wenn der Verantwortliche „beabsichtigt", personenbezogene Daten „für einen anderen Zweck weiterzuverarbeiten". Dass dieser andere Zweck (z.B. Statistik) mit dem ursprünglichen Zweck (z.B. Verwaltung) vereinbar ist, lässt die Informationspflicht nicht ohne Weiteres entfallen. Nach dem Wortlaut der Vorschrift ist die Pflicht des Verantwortlichen gera-

---

[394] Zu diesem Begriff, insbes. in Abgrenzung zur Primärstatistik, s. oben S. 293.
[395] Dazu oben § 6, S. 198 ff.
[396] *Paal/Hennemann*, in: Paal/Pauly (Hrsg.), DSGVO/BDSG, 3. Aufl., 2021, Art. 14 Rn. 1.
[397] Siehe z.B. *Bäcker*, in: Kühling/Buchner (Hrsg.), DSGVO/BDSG, 3. Aufl., 2020, Art. 14 Rn. 13.
[398] Hinzu kommt, dass die betroffene Person nach zutreffender, aber umstrittener Ansicht nicht rechtswirksam auf ihre Betroffenenrechte verzichten kann – sie sind also *nicht abdingbar*, s. z.B. *Paal/Hennemann*, in: Paal/Pauly (Hrsg.), DSGVO/BDSG, 3. Aufl., 2021, Art. 12 Rn. 15 ff. m.w.N. Davon scheint auch der Unionsgesetzgeber auszugehen, vgl. EG 31 S. 2 DGA.
[399] Art. 5 Abs. 1 Buchst. b Hs. 2 DSGVO; s. oben S. 359 f.

de *nicht* an die *Vereinbarkeit* der Zwecke geknüpft. Dies ist auch sachgerecht, da die Rechtmäßigkeit anderen Rationalitäten folgt als die Transparenz. Kurzum: Ändert sich der Verarbeitungszweck, muss die betroffene Person darüber grundsätzlich informiert werden. Diese Auslegung entspricht auch dem Sinn und Zweck der Norm, der „betroffenen Person gegenüber eine *faire* und *transparente* Verarbeitung zu gewährleisten".[400]

*b) Ausnahme für die Verarbeitung zu statistischen Zwecken*

Erhebt ein Verantwortlicher personenbezogene Daten zu statistischen Zwecken, kann er sich u. U. auf die Ausnahme des Art. 14 Abs. 5 *Buchst. b* DSGVO berufen. Diese Regelung ist jedoch mystisch verklausuliert. Das liegt insbesondere an der schwerfälligen Syntax, die die Bezugspunkte der einzelnen Merkmale gleichsam verschleiert. So ist denn auch in der Kommentarliteratur bereits umstritten, wie viele Ausnahmetatbestände die Regelung überhaupt enthält. Bevor die Tatbestandsmerkmale analysiert werden (dazu bb) und cc)), ist daher die Rechtsnorm zu „dekonstruieren" (dazu aa)).

*aa) Systematische Vorfragen*

Der Normtext des Art. 14 Abs. 5 Buchst. b DSGVO ist mehrdeutig. Betrachtet man beide Halbsätze, die ihrerseits jeweils zwei Alternativen enthalten („oder"), isoliert voneinander, ergäben sich vier unabhängige Ausnahmetatbestände: Unmöglichkeit; unverhältnismäßiger Aufwand; privilegierte Verarbeitungen (Archive, Forschung, Statistik) sowie Vereitelung sonstiger Verarbeitungsziele.[401] Für diese Ansicht spricht insbesondere, dass der vierte Ausschlussgrund (Hs. 2 Alt. 2) einen anderen Bezugspunkt hat: Dieser stellt im Wortlaut nicht auf die *Informationserteilung* ab, sondern darauf, dass die Informationspflicht „voraussichtlich die *Verwirklichung der Ziele dieser Verarbeitung* unmöglich macht oder ernsthaft beeinträchtigt".[402] Dann liegt der Schluss nicht ganz fern, auch die Ausnahme für die privilegierten Zwecktrias (Hs. 2 Alt. 1) als eigenständigen Tatbestand zu begreifen.[403] Indes ist diese Ansicht keineswegs zwingend. Denn zum einen bezieht sich der 2. Halbsatz ausdrücklich auf den 1. Halbsatz („dies gilt insbesondere"; „in particular"); zum anderen übergeht diese Ansicht den

---

[400] Siehe Art. 14 Abs. 2 DSGVO; Hervorhebung d. Verf. Vgl. dazu auch den Grundsatz der Verarbeitung nach „Treu und Glauben" (Fairness), der in Art. 5 Abs. 1 Buchst. a DSGVO verankert ist.
[401] So insbes. *Bäcker*, in: Kühling/Buchner (Hrsg.), DSGVO/BDSG, 3. Aufl., 2020, Art. 14 Rn. 53 ff.; ebenso wohl *Dix*, in: Simitis/Hornung/Spiecker gen. Döhmann (Hrsg.), DatenschutzR, 2019, Art. 14 Rn. 21 ff.
[402] Hervorhebung d. Verf.
[403] In diesem Sinne wohl *Bäcker*, in: Kühling/Buchner (Hrsg.), DSGVO/BDSG, 3. Aufl., 2020, Art. 14 Rn. 53 sowie Rn. 57 (mit Fn. 57).

Umstand, dass der Unionsgesetzgeber beide Halbsätze gerade unter einem Buchstaben systematisch zusammengefasst und damit wohl auch inhaltlich „verklammert" hat. Übergreifendes Thema ist so gesehen die Unmöglichkeit oder die Unverhältnismäßigkeit, die Informationen im Fall einer Dritterhebung zu erteilen. In diese Richtung deutet schließlich auch die Entstehungsgeschichte der Norm: Im Entwurf der Kommission v. 25.1.2012 und in der gemeinsamen Position des Rates v. 11.6.2015 war der heutige 2. Halbsatz noch nicht enthalten.[404] Erst der Trilog fügte – wohl in Anlehnung an den Standpunkt des Parlaments v. 12.3.2014[405] – diesen Halbsatz für die privilegierten Verarbeitungszwecke hinzu,[406] ohne dafür jedoch einen eigenen Buchstaben innerhalb des Abs. 5 vorzusehen. Vor diesem Hintergrund folgt diese Arbeit der Ansicht, die zumindest in der 1. Alt. des 2. Halbsatzes nur mehr *Regelbeispiele* bzw. „Fallgruppen"[407] des 1. Halbsatzes (mithin der Ausnahmegründe „Unmöglichkeit" und „unverhältnismäßiger Aufwand"; dazu sogleich bb)) erkennt.[408]

*bb) Grundtatbestand: Unmöglichkeit; unverhältnismäßiger Aufwand*

Die Informationspflicht des Verantwortlichen entfällt, „wenn und soweit die Erteilung [...] sich als *unmöglich* erweist oder einen *unverhältnismäßigen Aufwand* erfordern würde"[409] (Art. 14 Abs. 5 Buchst. b Hs. 1 DSGVO). Beide Merkmale sind subjektiv auszulegen: Es kommt mithin darauf an, ob es *für den Verantwortlichen* unmöglich oder unverhältnismäßig ist, die geforderten Informationen zu

---

[404] COM(2012) final (EN), S. 49: „Paragraphs 1 to 4 shall not apply, where: [...] (b) the data are not collected from the data subject and the provision of such information proves impossible or would involve a disproportionate effort". Ähnlich *Council of the EU*, Doc. 9565/15 v. 11.6.2015 (EN), S. 97: „Paragraphs 1 to 3a shall not apply where and insofar as: [...] (b) the provision of such information (...) proves impossible or would involve a disproportionate effort"; der Rat sah jedoch in Art. 83 Abs. 1 DSGVO-E(Rat) eine entsprechende Öffnungsklausel für die Union oder die Mitgliedstaaten vor, eine Ausnahme von dieser Informationspflicht (Art. 14a Abs. 1 und 2) zu regeln, s. ebenda, S. 195.

[405] EP-PE_TC1-COD(2012)0011, Position of the European Parliament v. 12.3.2014, S. 131 f.

[406] *Council of the EU*, Political agreement v. 28.1.2016, Doc. 5455/16, S. 101.

[407] *Eßer*, in: Eßer/Kramer/von Lewinski (Hrsg.), Auernhammer, 7. Aufl., 2020, Art. 14 Rn. 45.

[408] So auch *Art. 29-Datenschutzgruppe*, Leitlinien für Transparenz gemäß der Verordnung 2016/679 v. 11.4.2018, WP 260 rev.01, Rn. 58 ff., die drei (voneinander unabhängige) Situationen unterscheidet: (1.) Unmöglichkeit; (2.) unverhältnismäßiger Aufwand; (3.) Verwirklichung der Ziele ist unmöglich oder ernsthaft beeinträchtigt; *Franck*, in: Gola (Hrsg.), DSGVO, 2. Aufl., 2018, Art. 14 Rn. 25. Vgl. ferner *Ingold*, in: Sydow (Hrsg.), DSGVO, 2. Aufl., 2018, Art. 14 Rn. 12 ff. und *Veil*, in: Gierschmann/Schlender/Stentzel/Veil (Hrsg.), DSGVO, 2018, Art. 13 und 14 Rn. 142 ff., die jeweils von zwei Ausnahmetatbeständen (Unmöglichkeit und unverhältnismäßiger Aufwand) auszugehen scheinen.

[409] Hervorhebung d. Verf.

erteilen (subjektive Unmöglichkeit und Unverhältnismäßigkeit).[410] Denn es ist der Verantwortliche, den das Gesetz in die Pflicht nimmt: Was für ein kleines und mittleres Unternehmen (entsprechendes dürfte für eine Behörde gelten) bspw. unverhältnismäßig ist, kann für ein großes Unternehmen gleichwohl vom Aufwand her noch angemessen sein. Die (Un-)Verhältnismäßigkeit ist daher *relativ* zu bestimmen. Anhaltspunkte, um den unbestimmten Rechtsbegriff zu konkretisieren, finden sich in den Erwägungsgründen: Nach EG 62 S. 3 DSGVO[411] sind neben dem „Alter der Daten" insbesondere die „Zahl der betroffenen Personen" zu berücksichtigen. Aber selbst bei öffentlich zugänglichen Daten, die mitunter eine Vielzahl an Personen betreffen (z.B. im Fall des *Web Scraping*[412]), entfällt die Informationspflicht nicht zwangsläufig.[413] Vielmehr sind auch hier die Umstände des *Einzelfalls* maßgeblich. Im Sinne einer „Je-desto-Formel" gilt jedoch allgemein: Je mehr Personen betroffen sind, desto eher kann sich der Verantwortliche auf den Ausnahmetatbestand berufen.[414]

*cc) Statistik als Regelbeispiel*

Dieser Ausnahmetatbestand gilt nach Art. 14 Abs. 5 Buchst. b *Hs. 2* DSGVO „insbesondere" für die Zwecktrias, also u.a. für die Verarbeitung zu *statistischen Zwecken*. Dabei handelt es sich um eine Art „Regelbeispiel".[415] Der Verordnungsgeber ging anscheinend davon aus, dass eine Informationserteilung in diesem Kontext *typischerweise* unmöglich ist, zumindest aber einen unverhältnismäßigen Aufwand hervorruft.[416] Eine absolute Bereichsausnahme für die Statis-

---

[410] Ebenso *Dallmann/Busse*, ZD 2019, 394 (398); *Schmidt-Wudy*, in: Wolff/Brink (Hrsg.), BeckOK DatenschutzR, 40. Ed. (1.5.2022), Art. 14 Rn. 98; a.A. *Dix*, in: Simitis/Hornung/Spiecker gen. Döhmann (Hrsg.), DatenschutzR, 2019, Art. 14 Rn. 22 („objektive Unmöglichkeit"; aber „gewisser Spielraum" hinsichtlich des unverhältnismäßigen Aufwands); wiederum anders *Paal/Hennemann*, in: Paal/Pauly (Hrsg.), DSGVO/BDSG, 3. Aufl., 2021, Art. 14 Rn. 40d, die sowohl objektive als auch subjektive Gesichtspunkte heranziehen.
[411] Dieser Satz bezieht sich nur auf das Merkmal „unverhältnismäßiger Aufwand" (s. EG 62 S. 3 DSGVO: „Letzteres [...]"), nicht auch auf die Unmöglichkeit.
[412] Ausf. oben § 6, S. 198 ff.
[413] So etwa *Dallmann/Busse*, ZD 2019, 394 (398).
[414] *Dallmann/Busse*, ZD 2019, 394 (398).
[415] *Eßer*, in: Eßer/Kramer/von Lewinski (Hrsg.), Auernhammer, 7. Aufl., 2020, Art. 14 Rn. 45 spricht von „Fallgruppen"; a.A. *Golla*, in: Specht/Mantz (Hrsg.), Handbuch Europäisches und deutsches Datenschutzrecht, 2019, § 23 Rn. 69. S. zur Regelungssystematik bereits aa), S. 419 f.
[416] Andernfalls müsste ein Verantwortlicher, der personenbezogene Daten zu statistischen Zwecken verarbeitet, eine betroffene Person niemals über die Dritterhebung informieren, obgleich dies ohne größeren Aufwand möglich wäre. – Zu weit dann wiederum die Ansicht der *Art. 29-Datenschutzgruppe*, Leitlinien für Transparenz gemäß der Verordnung 2016/679 v. 11.4.2018, WP 260 rev.01, Rn. 61, wonach sich der Verantwortliche bei der Datenverarbeitung zu *nicht-privilegierten* Zwecken „im Normalfall nicht auf diese Ausnahme berufen sollte". Einen solchen Gegenschluss trägt der 2. Hs. nicht.

tik ist der Vorschrift nicht zu entnehmen.[417] Denn der Wortlaut („insbesondere") stellt – auch in anderen Sprachfassungen („in particular"; „en particulier") – in hinreichender Deutlichkeit klar, dass es sich *nicht* um einen eigenständigen Ausnahmetatbestand handelt. Die Regelvermutung steht dabei unter dem bekannten Vorbehalt, dass der Verantwortliche (etwa das Statistische Bundesamt) die Bedingungen und Garantien i. S. d. Art. 89 Abs. 1 DSGVO einhält. Wenn und soweit die Verarbeitung zu statistischen Zwecken geeigneten Garantien unterliegt, ist der Verantwortliche mithin für gewöhnlich von der Pflicht entbunden, die betroffenen Personen im Fall der Dritterhebung gemäß Art. 14 DSGVO zu informieren. Als *Kompensation* für diese Privilegierung muss er dann jedoch geeignete Schutzvorkehrungen für die Rechte und Freiheiten sowie die berechtigten Interessen der Betroffenen installieren.[418] Das schließt bspw. ein, die maßgeblichen Informationen *für die Öffentlichkeit* bereitzustellen. Die Verordnung entlässt den Verantwortlichen demnach nicht vollständig aus dem Pflichtenregime, sondern verlangt ihm – dem Grundsatz der Transparenz entsprechend – solche Informationsmaßnahmen ab, die sinnvoll und zumutbar sind.[419]

*dd) Beispiel: Zensus 2022 (Übermittlung von Daten durch die Meldebehörden)*

Im Zensus 2022 übermitteln die Meldebehörden zur Aktualisierung des Steuerungsregisters sowie zur Vorbereitung und Durchführung des Zensus zahlreiche Daten aus den Melderegistern an die statistischen Ämter der Länder (§ 5 Abs. 1 ZensG 2022). Sie bilden die „Basis des registergestützten Zensus".[420] Dieser Übermittlungsvorgang erfasst – vereinfach gesagt – jede Person, die zum Stichtag bei den jeweils zuständigen Behörden gemeldet ist (vgl. § 5 Abs. 2 ZensG 2022). Da die personenbezogenen Daten nicht bei der betroffenen Person erhoben werden, griffe prinzipiell die Informationspflicht des Art. 14 DSGVO. Die Meldebehörden bzw. die statistischen Ämter der Länder[421] müssten daher jede in Deutschland gemeldete Person über diese Verarbeitungsvorgänge informieren. Dies riefe jedoch angesichts der großen Zahl betroffener Personen einen unverhältnismäßigen Aufwand hervor.[422] Die Abwägung fällt hier – wie auch das Regelbeispiel nahelegt – zugunsten der amtlichen Statistik aus. Die verant-

---

[417] A. A. wohl *Schwartmann/Schneider*, in: Schwartmann/Jaspers/Thüsing/Kugelmann (Hrsg.), DSGVO/BDSG, 2. Aufl., 2020, Art. 14 Rn. 73.
[418] Siehe Art. 14 Abs. 5 Buchst. b S. 2 DSGVO.
[419] Vgl. dazu *Bäcker*, in: Kühling/Buchner (Hrsg.), DSGVO/BDSG, 3. Aufl., 2020, Art. 14 Rn. 62.
[420] BT-Drs. 19/8693, S. 37.
[421] Die Übermittlung ist ein zweiseitiger Vorgang. Die Meldebehörden übermitteln die Daten, die die statistischen Ämter abrufen, speichern und sodann gem. § 5 Abs. 3 ZensG 2022 prüfen.
[422] Unmöglich wäre die Information nicht. Vgl. dazu auch die Fallbeispiele in *Art. 29-Da-*

wortlichen Stellen sind somit nicht verpflichtet, die betroffenen Personen gemäß Art. 14 Abs. 1–4 DSGVO zu informieren.

*c) Weitere Ausnahme für die amtliche Statistik: statistische Geheimhaltung?*

Im Kontext der amtlichen Statistik ist außerdem fraglich, ob und inwieweit die Vorschriften der *statistischen Geheimhaltung* einer Informationspflicht gemäß Art. 14 DSGVO entgegenstehen. So entfällt die Pflicht, die betroffenen Personen zu informieren, auch dann, wenn die personenbezogenen Daten einem „Berufsgeheimnis, einschließlich einer satzungsmäßigen Geheimhaltungspflicht, unterliegen und daher vertraulich behandelt werden müssen" (Abs. 5 Buchst. d DSGVO[423]). Der unionsrechtliche Begriff des Berufsgeheimnisses ist hier weit zu verstehen. Er umfasst auch das *Amtsgeheimnis*[424], zu dem u. a. die statistische Geheimhaltung (§ 16 BStatG)[425] gehört. Dafür spricht eine primärrechtskonforme Auslegung, die sich an Art. 339 AEUV orientiert. Der dort ebenfalls verwendete Begriff des Berufsgeheimnisses ist nach allgemeiner Ansicht zu eng; denn maßgeblich ist, dass die Informationen den Verpflichteten im Rahmen ihrer Amts- bzw. Ausschusstätigkeit bekannt geworden sind (vgl. „ihrem Wesen nach").[426] Dieser Rechtsgedanke lässt sich auf Art. 14 DSGVO übertragen. Amtsgeheimnisse einzubeziehen, stellt zudem Kohärenz zu den Geheimhaltungspflichten i. S. d. Art. 90 DSGVO her („Berufsgeheimnis oder eine[...] gleichwertige Geheimhaltungspflicht").[427] Der Geheimnisschutz muss sich jedoch *aus dem Gesetz* („gemäß dem Unionsrecht oder dem Recht der Mitgliedstaaten") ergeben. Die Vorschrift des Art. 14 Abs. 5 Buchst. d DSGVO verweist u. a. in das nationale Recht. Es handelt sich um eine *Rechtsgrundverweisung*. Das heißt, die tatbestandlichen Voraussetzungen der Geheimhaltungsverpflichtung müssen nach dem jeweiligen Recht des Mitgliedstaats gegeben sein. Das gilt auch für die statistische Geheimhaltung gemäß § 16 BStatG. Fehlt es an ei-

---

*tenschutzgruppe*, Leitlinien für Transparenz gemäß der Verordnung 2016/679 v. 11.4.2018, WP 260 rev.01, Rn. 59 zur Unmöglichkeit sowie Rn. 62 f. zum unverhältnismäßigen Aufwand.

[423] Die Ausnahmevorschrift des § 29 Abs. 1 S. 1 BDSG ist neben § 16 BStatG i. V. m. Art. 14 Abs. 5 Buchst. d DSGVO nicht anwendbar. Sie gilt nach dem Wortlaut nur „ergänzend zu den in Artikel 14 Absatz 5 der Verordnung (EU) 2016/679 genannten Ausnahmen". Die Gesetzesbegründung erklärt insoweit, dass sich § 29 Abs. 1 S. 1 BDSG nicht auf diejenigen Geheimhaltungspflichten bezieht, die kraft einer „Rechtsvorschrift" gelten. Denn in diesen Fällen werde die Informationspflicht bereits unmittelbar durch Art. 14 Abs. 5 Buchst. d DSGVO beschränkt, BT-Drs. 18/11325, S. 100.

[424] Ebenso *Bäcker*, in: Kühling/Buchner (Hrsg.), DSGVO/BDSG, 3. Aufl., 2020, Art. 14 Rn. 68.

[425] Ausf. dazu oben S. 284 ff.

[426] *Jaeckel*, in: Grabitz/Hilf/Nettesheim (Hrsg.), EUV/AEUV, 45. EL (2011), Art. 339 AEUV Rn. 19; *Steinle*, in: Streinz (Hrsg.), EUV/AEUV, 3. Aufl., 2018, Art. 339 AEUV Rn. 3.

[427] Zum Geheimnisschutz i. S. d. Art. 90 DSGVO s. etwa *Pauly*, in: Paal/Pauly (Hrsg.), DSGVO/BDSG, 3. Aufl., 2021, Art. 90 Rn. 6.

ner der dort genannten Bedingungen (§ 16 Abs. 1 S. 1 BStatG) oder greift eine tatbestandsimmanente Ausnahme (s. etwa § 16 Abs. 1 S. 3 BStatG: „Die Geheimhaltungspflicht gilt nicht für [...]"), muss der Verantwortliche die Informationen nach Art. 14 Abs. 1–4 DSGVO der betroffenen Person mitteilen bzw. zur Verfügung stellen. Zu beachten ist jedoch, dass der Verantwortliche diesen Ausschlussgrund nicht *gegen* das Schutzsubjekt richten kann. Positiv gewendet heißt das: Informationen *gegenüber den Begünstigten* des Statistikgeheimnisses (die hier zugleich betroffene Personen sein müssen) sind – vorbehaltlich anderer Ausnahmen – stets zu erteilen (*zweipoliges* Verhältnis[428]). Etwas anderes gilt in *mehrpoligen* Verhältnissen:[429] So befreit Buchst. d die Statistikbehörde davon, *Dritte* zu informieren, wenn bspw. ein Familienmitglied gegenüber den statistischen Ämtern Angaben macht, die andere Familienmitglieder (mit-)betreffen (s. auch Proxy-Interviews; dazu S. 128).[430]

*d) Zwischenergebnis*

Die Informationspflicht nach Art. 14 DSGVO (Dritterhebung) erfasst insbesondere die sog. Sekundärstatistik. Da die Bundesstatistik – wie die Regelung des § 5a BStatG zeigt – zunehmend auf Verwaltungsdaten zurückgreift, kommt diesem Betroffenenrecht besondere Bedeutung zu. Um die Funktionsfähigkeit der Statistik zu gewährleisten, sieht Art. 14 Abs. 5 Buchst. b DSGVO jedoch Ausnahmen für die Verarbeitung zu statistischen Zwecken vor. Der Unionsgesetzgeber bedient sich hier einer Art Regelbeispielstechnik: Er geht mithin davon aus, dass die Pflicht, Dritte über die Datenverarbeitung zu informieren, in der Regel unmöglich ist oder einen unverhältnismäßigen Aufwand erfordert. Eine absolute Bereichsausnahme für die (amtliche) Statistik enthält die Vorschrift indes nicht. Zudem unterliegen die (personenbezogenen) Daten der statistischen Geheimhaltung – hierfür sieht die Datenschutz-Grundverordnung in Art. 14 Abs. 5 Buchst. d eine weitere Ausnahme vor, die jedoch nicht gegenüber der betroffenen Person wirkt.

---

[428] Siehe *Dix*, in: Simitis/Hornung/Spiecker gen. Döhmann (Hrsg.), DatenschutzR, 2019, Art. 14 Rn. 30.

[429] Vgl. *Dix*, in: Simitis/Hornung/Spiecker gen. Döhmann (Hrsg.), DatenschutzR, 2019, Art. 14 Rn. 30; s. auch *Bäcker*, in: Kühling/Buchner (Hrsg.), DSGVO/BDSG, 3. Aufl., 2020, Art. 14 Rn. 69: Der Ausschlusstatbestand habe „informationelle Dreiecksverhältnisse" zum Gegenstand.

[430] Vgl. dazu auch das Beispiel von *Bäcker*, in: Kühling/Buchner (Hrsg.), DSGVO/BDSG, 3. Aufl., 2020, Art. 14 Rn. 69: Der Tatbestand sei einschlägig, „wenn ein Arzt von seinem Patienten therapeutisch bedeutsame Gesundheitsdaten über dessen Familienangehörige erhält". Die Norm befreie den Arzt von der Pflicht, die Angehörigen gem. Art. 14 DSGVO zu informieren.

## 2. Widerspruchsrecht

Das Widerspruchsrecht ist ein einseitiges Gestaltungsrecht[431]. Mit diesem subjektiven Recht kann sich die betroffene Person gegen eine an sich rechtmäßige[432] Verarbeitung zur Wehr setzen. Anders als bspw. das Recht auf Löschung greift es nicht antragsunabhängig; die betroffene Person muss es vielmehr geltend machen, also ausüben. Denn es handelt sich um eine Art „Härtefallregelung"[433], die atypischen Sachverhalten Rechnung tragen soll. Dieser Grundgedanke scheint auch im Wortlaut der Norm auf, indem das Widerspruchsrecht – mit Ausnahme des Widerspruchs im Fall der Direktwerbung[434] – „Gründe" voraussetzt, „die sich aus der besonderen Situation" der jeweils betroffenen Person[435] ergeben (Art. 21 Abs. 1 und 6 DSGVO). Die Regelung ermöglicht eine normative Korrektur einer abstrakt-generellen bzw. typisierten Abwägungsentscheidung – sei es durch den Gesetzgeber, sei es durch den Verantwortlichen – *im Einzelfall*.[436] Dazu muss die betroffene Person darlegen und beweisen, dass konkrete Umstände eine besondere Schutzwürdigkeit begründen.[437] Gerade an diesem Tatbestandsmerkmal zeigt sich („eigentliche Hürde"[438]), dass der Widerspruch höheren Voraussetzungen unterliegt als der Widerruf einer Einwilligung.[439] Auf der Rechtsfolgenseite löst ein begründeter Widerspruch ein Weiterverarbeitungsverbot *ex nunc* aus.[440] Materiell-rechtlich handelt es sich um einen Unterlassungsanspruch.[441] In systematischer Hinsicht enthält Art. 21 DSGVO drei eigen-

---

[431] Siehe etwa *Martini/Kienle*, JZ 2019, 235 (240); vgl. auch *Veil*, in: Gierschmann/Schlender/Stentzel/Veil (Hrsg.), DSGVO, 2018, Art. 21 Rn. 13: „Initiativrecht".

[432] Umstritten ist, ob das Widerspruchsrecht auch im Fall einer (zunächst) *rechtswidrigen* Datenverarbeitung greift. Nach einer am Schutzzweck orientierten Auslegung muss es der betroffenen Person jedoch erst recht möglich sein, gegen eine rechtswidrige Verarbeitung vorzugehen. Das Widerspruchsrecht ist damit von der objektiven Rechtslage grds. unabhängig, vgl. *Herbst*, in: Kühling/Buchner (Hrsg.), DSGVO/BDSG, 3. Aufl., 2020, Art. 21 Rn. 4; *Martini*, in: Paal/Pauly (Hrsg.), DSGVO/BDSG, 3. Aufl., 2021, Art. 21 Rn. 24 ff. m. w. N.; a. A. *Veil*, in: Gierschmann/Schlender/Stentzel/Veil (Hrsg.), DSGVO, 2018, Art. 21 Rn. 26.

[433] *Veil*, NJW 2018, 3337 (3341).

[434] Siehe Art. 21 Abs. 2 und 3 DSGVO.

[435] Aus der Rspr. bspw. VG Cottbus, Urt. v. 4.2.2022 – 1 K 1191/19, juris Rn. 129 („Smart Meter").

[436] *Kamann/Braun*, in: Ehmann/Selmayr (Hrsg.), DSGVO, 2. Aufl., 2018, Art. 21 Rn. 10 zu Art. 21 Abs. 1 DSGVO: „Korrektur besonderer Einzelfälle".

[437] *Martini*, in: Paal/Pauly (Hrsg.), DSGVO/BDSG, 3. Aufl., 2021, Art. 21 Rn. 30. Zu weitgehend z. B. AG Hamburg-St. Georg, Urt. v. 25.8.2020 – 912 C 145/20, juris Rn. 41, wonach kein strenger Maßstab anzulegen sei. Es reiche aus, wenn der Betroffene aus sachlichen Gründen die Verarbeitung schlicht nicht wünsche.

[438] *Veil*, NJW 2018, 3337 (3341).

[439] Art. 7 Abs. 3 DSGVO; dazu ausf. oben S. 132 ff.

[440] Siehe Art. 21 Abs. 1 S. 2 DSGVO („Der Verantwortliche verarbeitet die personenbezogenen Daten nicht mehr [...]"). Die Rechtsfolge gilt – mit einer Einschränkung (dazu S. 428 mit § 9 Fn. 457) – auch für das Widerspruchsrecht gem. Abs. 6.

[441] *Kamann/Braun*, in: Ehmann/Selmayr (Hrsg.), DSGVO, 2. Aufl., 2018, Art. 21 Rn. 5.

ständige Widerspruchsrechte[442], von denen hier jedoch nur das allgemeine Widerspruchsrecht gemäß Abs. 1 sowie das besondere Widerspruchsrecht gemäß Abs. 6 (Forschung und Statistik) relevant sind. Das Recht, einer Verarbeitung für Zwecke der Direktwerbung zu widersprechen (Abs. 2 und 3), bleibt daher im Folgenden außer Betracht.

*a) Recht auf Widerspruch gemäß Art. 21 Abs. 1 DSGVO („Grundfall")*

Das „allgemeine Widerspruchsrecht"[443] gemäß Art. 21 Abs. 1 DSGVO knüpft an die *Rechtsgrundlage* an. Im Kontext der amtlichen Statistik geht es allein um die Verarbeitung aufgrund von Art. 6 Abs. 1 UAbs. 1 Buchst. e DSGVO. Denn auf den Tatbestand der berechtigten Interessen (Buchst. f) kann sich eine Statistikbehörde im Rahmen ihrer Aufgabenerfüllung nicht berufen.[444] Die Erlaubnisnorm des Buchst. e (Wahrnehmung einer öffentlichen Aufgabe) wird durch eine Rechtsgrundlage im Unionsrecht oder im Recht der Mitgliedstaaten ausgefüllt.[445] Der Gesetzgeber hat auf der Ebene der *Normsetzung* eine Verhältnismäßigkeitsprüfung vorgenommen und die Datenverarbeitung angeordnet. Dieser abstrakt-generelle Maßstab kann naturgemäß nicht jedem Einzelfall gerecht werden. Auf der Ebene der *Normanwendung* nimmt der Verantwortliche sodann eine Art „Typisierung" vor: Aus der ex-ante-Perspektive erscheint dem Verantwortlichen die Verarbeitung „auf der Grundlage einer Pauschalbetrachtung"[446] erforderlich, um eine öffentliche Aufgabe wahrzunehmen. Die Behörde stellt dabei auf die „,üblichen' und ,gewöhnliche' Umstände ab, wie sie nach der Lebenserfahrung gegeben sind, und nimmt an, ,daß die Verhältnisse in dem zu entscheidenden Fall so liegen, wie sie im Leben gewöhnlich liegen'"[447]. Diese Perspektive lässt eine *atypische* Situation, die in der Person eines Betroffenen begründet liegt, unberücksichtigt. Im Einzelfall können aber gerade die Interes-

---

[442] Vgl. *Martini*, in: Paal/Pauly (Hrsg.), DSGVO/BDSG, 3. Aufl., 2021, Art. 21 Rn. 1; *Herbst*, in: Kühling/Buchner (Hrsg.), DSGVO/BDSG, 3. Aufl., 2020, Art. 21 Rn. 5.

[443] So etwa die Bezeichnung bei *Kamann/Braun*, in: Ehmann/Selmayr (Hrsg.), DSGVO, 2. Aufl., 2018, Art. 21 Rn. 10.

[444] Siehe Art. 6 Abs. 1 UAbs. 2 DSGVO; dazu oben S. 153 f. Vgl. dazu auch *Kamann/Braun*, in: Ehmann/Selmayr (Hrsg.), DSGVO, 2. Aufl., 2018, Art. 21 Rn. 13, die zu Recht darauf hinweisen, dass der Widerspruch bei den anderen Rechtsgrundlagen von vornherein nicht passe: Bei der Einwilligung steht der betroffenen Person das stärkere Widerrufsrecht zu; im Fall der vertraglichen Verarbeitungsgrundlage käme der Widerspruch einem *venire contra factum proprium* gleich; im Fall der rechtlichen Pflicht muss die Verarbeitung so oder so stattfinden und schließlich gehen „lebenswichtige Interessen" dem Privatheitsinteresse Einzelner stets vor.

[445] Vgl. Art. 6 Abs. 3 S. 1 DSGVO; ausf. zur Systematik oben S. 136 ff., insbes. S. 160 ff.

[446] So *Kamann/Braun*, in: Ehmann/Selmayr (Hrsg.), DSGVO, 2. Aufl., 2018, Art. 21 Rn. 12, vgl. auch Rn. 19.

[447] *Isensee*, Die typisierende Verwaltung, 1976, S. 34 am Beispiel der Typisierung im Steuerrecht.

sen, Rechte und Freiheiten der betroffenen Person überwiegen. Der Verantwortliche dürfte die Daten *des Widerspruchsführers* nur dann weiterverarbeiten, wenn er *zwingende schutzwürdige Gründe* nachweisen kann oder die Verarbeitung der *Geltendmachung, Ausübung oder Verteidigung von Rechtsansprüchen* dient (Abs. 1 S. 2). Die Darlegungs- und Beweislast trifft den Verantwortlichen.[448] Aus der Normsystematik („es sei denn") folgt außerdem, dass sich im Fall eines *non liquet* das Privatheitsinteresse der betroffenen Person durchsetzt.[449] Das allgemeine Widerspruchsrecht führt also im Ergebnis zu einer „Verhältnismäßigkeitsprüfung mit umgekehrter Lastenverteilung",[450] mit anderen Worten: zu einer einzelfallbezogenen Interessenabwägung aus *ex post*-Sicht.

*b) Widerspruch gegen die Verarbeitung zu statistischen Zwecken*
*(Art. 21 Abs. 6 DSGVO): Privilegierung für Aufgaben im öffentlichen Interesse*

*aa) Voraussetzungen des besonderen Widerspruchsrechts*

Nach Art. 21 Abs. 6 DSGVO hat die betroffene Person jederzeit[451] das „Recht, aus Gründen, die sich aus ihrer besonderen Situation ergeben", gegen eine Datenverarbeitung, die zu *statistischen Zwecken* erfolgt, Widerspruch einzulegen. Ebenso wie der Grundfall des Abs. 1 knüpft auch dieses Widerspruchsrecht an die *besondere Situation* einer betroffenen Person an. Es ist gleichermaßen für atypische Sachverhalte („persönliche Sondersituation"[452]) konzipiert und soll besonders schutzwürdigen Interessen Rechnung tragen, die bislang keine Berücksichtigung gefunden haben. Solche Gründe können sich bspw. aus einer außergewöhnlichen familiären Situation, einer herausgehobenen Stellung in der Öffentlichkeit, der Geheimhaltungsbedürftigkeit bestimmter personenbezogener Daten (etwa von Berufsgeheimnisträgern) oder bei einer Gefahr für Leib oder Leben ergeben.[453] Gegenstand des Widerspruchs sind – wie bei Abs. 1 – nur solche personenbezogenen Daten, die sich auf den Widerspruchsführer beziehen.[454] Das Recht besteht jedoch auch dann, wenn gleichzeitig Dritte betroffen

---

[448] Siehe EG 69 S. 2 DSGVO: „Der [ ] Verantwortliche sollte darlegen müssen […]". Dazu auch *Martini*, in: Paal/Pauly (Hrsg.), DSGVO/BDSG, 3. Aufl., 2021, Art. 21 Rn. 34 m.w.N. Vgl. ferner OLG Karlsruhe BeckRS 2021, 2940 Rn. 29.
[449] *Herbst*, in: Kühling/Buchner (Hrsg.), DSGVO/BDSG, 3. Aufl., 2020, Art. 21 Rn. 22; *Kamann/Braun*, in: Ehmann/Selmayr (Hrsg.), DSGVO, 2. Aufl., 2018, Art. 21 Rn. 26.
[450] *Martini*, in: Paal/Pauly (Hrsg.), DSGVO/BDSG, 3. Aufl., 2021, Art. 21 Rn. 33.
[451] In Art. 21 Abs. 6 DSGVO hat der Gesetzgeber das Adverb „jederzeit" offenbar vergessen. Es ist jedoch kein Grund ersichtlich, von den Zeitpunkten des Abs. 1 und 2 abzuweichen. Wie hier etwa *Herbst*, in: Kühling/Buchner (Hrsg.), DSGVO/BDSG, 3. Aufl., 2020, Art. 21 Rn. 50.
[452] *Kamann/Braun*, in: Ehmann/Selmayr (Hrsg.), DSGVO, 2. Aufl., 2018, Art. 21 Rn. 64.
[453] Vgl. dazu die Beispiele bei *Kamann/Braun*, in: Ehmann/Selmayr (Hrsg.), DSGVO, 2. Aufl., 2018, Art. 21 Rn. 20.
[454] Vgl. auch *Herbst*, in: Kühling/Buchner (Hrsg.), DSGVO/BDSG, 3. Aufl., 2020, Art. 21

sind (etwa, weil sich eine Information auf zwei Personen bezieht, z. B. bei Erhebungsmerkmalen über einen gemeinsamen Haushalt[455]).[456] Auf der Rechtsfolgenseite löst der zulässige und begründete Widerspruch ein Verbot aus, die betroffenen Daten fortan *für statistische Zwecke*[457] weiterzuverarbeiten (auf die Statistikzwecke beschränktes Verarbeitungsverbot mit *ex nunc*-Wirkung). Angesichts dieser strikten Rechtsfolge stellt sich die Frage, welche Ausnahmen bestehen.

*bb) Ausnahme für die Statistik: Verarbeitung ist für die Wahrnehmung einer öffentlichen Aufgabe erforderlich*

Das Widerspruchsrecht ist tatbestandlich ausgeschlossen („es sei denn"), wenn und soweit die konkrete Verarbeitung *erforderlich ist, um eine im öffentlichen Interesse liegende Aufgabe*[458] *zu erfüllen* (Abs. 6 Hs. 2).[459] Anders als im Rahmen des allgemeinen Widerspruchsrechts, muss der Verantwortliche gerade keine zwingenden schutzwürdigen Gründe für die (Weiter-)Verarbeitung nachweisen (können). Vielmehr ist im Fall eines zulässigen Widerspruchs lediglich die Erforderlichkeit zu prüfen, wobei ein individuell-konkreter Maßstab anzulegen ist: Danach muss etwa eine Behörde glaubhaft[460] machen, warum es erforderlich ist, (auch) die Daten des Widerspruchsführers zu verarbeiten. Wann ein Forschungsvorhaben oder eine statistische Erhebung in diesem Sinne „erforderlich" ist, lässt sich kaum abstrakt beantworten. Forschung, so schreibt *Nikolaus Forgó*, sei „häufig sinnvoll oder nützlich", erforderlich sei sie, gerade im Bereich zweckfreier Grundlagenforschung, aber „wohl (sehr) selten".[461] Die statistischen Ämter können sich hingegen zumeist auf ihren gesetzlichen Auftrag berufen (vgl. für die Bundesstatistik etwa § 1 Abs. 1 S. 1 und § 3 BStatG). Sie bewegen sich damit regelmäßig im Rahmen dessen, was für ihre Aufgabenerfüllung er-

---

Rn. 48, der zu Recht auf die ungenaue deutsche Sprachfassung hinweist (Widerspruch „gegen die *sie betreffende* Verarbeitung sie betreffender personenbezogener Daten"): „redaktionelles Versehen".

[455] Siehe z. B. § 8 Abs. 1 Nr. 6 MZG („Wohnsituation").

[456] Zutreffend etwa *Kamann/Braun*, in: Ehmann/Selmayr (Hrsg.), DSGVO, 2. Aufl., 2018, Art. 21 Rn. 18.

[457] Im Unterschied zu Art. 21 Abs. 3 DSGVO (Direktwerbung: „nicht mehr für *diese* Zwecke") begrenzt Abs. 6 die Rechtsfolge nicht auf die dort genannten Zwecke. Jedoch knüpft Abs. 6 an den Verarbeitungszweck an, sodass das Weiterverarbeitungsverbot – analog zu Abs. 3 – „lediglich" für die Forschungs- und Statistikzwecke greift.

[458] Zu diesem Begriff oben S. 143 ff. Der 2. Halbsatz greift gewissermaßen eine Formulierung des Art. 6 Abs. 1 UAbs. 1 Buchst. e DSGVO auf, dazu auch *Herbst*, in: Kühling/Buchner (Hrsg.), DSGVO/BDSG, 3. Aufl., 2020, Art. 21 Rn. 53.

[459] Zu § 27 Abs. 2 S. 1 BDSG s. unten S. 438 ff.

[460] So *Kamann/Braun*, in: Ehmann/Selmayr (Hrsg.), DSGVO, 2. Aufl., 2018, Art. 21 Rn. 66; *Martini*, in: Paal/Pauly (Hrsg.), DSGVO/BDSG, 3. Aufl., 2021, Art. 21 Rn. 60.

[461] *Forgó*, in: Wolff/Brink (Hrsg.), BeckOK DatenschutzR, 40. Ed. (1.11.2021), Art. 21 Rn. 31 a. E.

forderlich ist. Auch verfolgt die amtliche Statistik stets öffentliche, nicht private Interessen.⁴⁶² Vor diesem Hintergrund ist in Art. 21 Abs. 6 DSGVO eine *Privilegierung* für die *amtliche* Statistik zu sehen, indem die Regelung im gesellschaftlichen Interesse niedrigere Anforderungen an das Verarbeitungsinteresse stellt und dadurch – spiegelbildlich – das subjektive Recht der betroffenen Person erheblich beschränkt.⁴⁶³ Hinzu kommt, dass der Tatbestand jedenfalls dem Wortlaut nach *keine Interessenabwägung* vorsieht. Es ist so gesehen *nicht* erforderlich, dass die öffentlichen Interessen die schutzwürdigen Interessen, Rechte und Freiheiten der betroffenen Person *im Einzelfall überwiegen*. Angesichts des insoweit klaren Wortlauts kann man die Interessenabwägung auch nicht einfach in Abs. 6 hineinlesen.⁴⁶⁴ Mit anderen Worten: Das Kriterium der „Erforderlichkeit" darf nicht durch eine zusätzliche Abwägung widerstreitender Interessen überspielt werden.⁴⁶⁵

*c) Verhältnis der beiden Widerspruchsrechte – Kollisionsregel*

Um die Privilegierungswirkung für die (amtliche) Statistik zu bestimmen, ist ausschlaggebend, in welchem Verhältnis die beiden Widerspruchsrechte (dazu a) und b)) zueinanderstehen. Nach dem Wortlaut des Art. 21 Abs. 1 und 6 DSGVO („Die betroffene Person hat das Recht […]") handelt es sich im Ausgangspunkt um *selbstständige Betroffenenrechte*. Die Rechte als „allgemein" oder „speziell" zu bezeichnen, hilft bei der Auslegung kaum weiter. Denn die

---

⁴⁶² Vgl. zur Unterscheidung von öffentlichen und privaten Interessen auch *Kamann/Braun*, in: Ehmann/Selmayr (Hrsg.), DSGVO, 2. Aufl., 2018, Art. 21 Rn. 65. Krit. dazu *Veil*, in: Gierschmann/Schlender/Stentzel/Veil (Hrsg.), DSGVO, 2018, Art. 21 Rn. 82, der darin einen „erheblichen Wertungswiderspruch" zulasten privater Forschung/Statistik erkennt.

⁴⁶³ I. d. S. auch *Golla/Hofmann/Bäcker*, DuD 2018, 89 (96); *Kramer*, in: Eßer/Kramer/von Lewinski (Hrsg.), Auernhammer, 7. Aufl., 2020, Art. 21 Rn. 11: „erheblich erschwert"; diff. *Forgó*, in: Wolff/Brink (Hrsg.), BeckOK DatenschutzR, 40. Ed. (1.11.2021), Art. 21 Rn. 31. A.A. wohl *Herbst*, in: Kühling/Buchner (Hrsg.), DSGVO/BDSG, 3. Aufl., 2020, Art. 21 Rn. 46, der das Widerspruchsrecht als „Ausgleich […] zu den verschiedenen Duldungspflichten" versteht und in eine Reihe mit den Garantien des Art. 89 Abs. 1 DSGVO stellt. Vgl. auch *Veil*, in: Gierschmann/Schlender/Stentzel/Veil (Hrsg.), DSGVO, 2018, Art. 21 Rn. 83, der meint, Abs. 6 räume der betroffenen Person „ein fast voraussetzungsloses Widerspruchsrecht" ein. Diese Kritik bezieht er aber (zu Recht) auf Forschungs- und Statistikzwecke, die im *privaten* Interesse liegen.

⁴⁶⁴ Zutreffend *Forgó*, in: Wolff/Brink (Hrsg.), BeckOK DatenschutzR, 40. Ed. (1.11.2021), Art. 21 Rn. 31.

⁴⁶⁵ Vgl. auch BVerwG NVwZ 2019, 1126 (1131, Rn. 45) zu Art. 6 Abs. 1 UAbs. 1 Buchst. e DSGVO, mit krit. Anm. *Veil*. – Davon ist die Frage zu unterscheiden, dass die Datenverarbeitung als Realakt – wie jede andere staatliche Maßnahme auch – dem Grundsatz der Verhältnismäßigkeit (vgl. Art. 52 Abs. 1 S. 2 GRCh) entsprechen muss, s. etwa *Kamann/Braun*, in: Ehmann/Selmayr (Hrsg.), DSGVO, 2. Aufl., 2018, Art. 21 Rn. 65; ferner *Herbst*, in: Kühling/Buchner (Hrsg.), DSGVO/BDSG, 3. Aufl., 2020, Art. 21 Rn. 54. Die Verhältnismäßigkeitsprüfung (insbes. die Angemessenheit) ist aber (rechtsdogmatisch) etwas anderes als die „bloße" Interessenabwägung, wie sie das Sekundärrecht bspw. in Art. 21 Abs. 1 DSGVO vorsieht.

Widerspruchsrechte knüpfen an unterschiedliche Voraussetzungen an: Während das Recht aus Abs. 1 auf die *Rechtmäßigkeit* (genauer: auf die Art der Rechtsgrundlage) abstellt, geht es bei Abs. 6 um den *Verarbeitungszweck*. So gesehen begründet die Binnensystematik der Norm nicht ohne Weiteres ein Spezialitätsverhältnis *(lex specialis derogat legi generali)*. Denn ein solches setzte voraus, dass der Zweck per se spezieller wäre als die Rechtsgrundlage. Das hieße aber – bildlich gesprochen –, „Äpfel" mit „Birnen" zu vergleichen. Aber wann bedarf es überhaupt einer entsprechenden Kollisionsregel? Zu einer (möglichen) Kollision kommt es dann, wenn der Verantwortliche personenbezogene Daten auf der Grundlage des Art. 6 Abs. 1 UAbs. 1 *Buchst. e* zu *statistischen Zwecken* verarbeitet. Denn dann stünden der betroffenen Person an sich beide Widerspruchsrechte zur Verfügung. Diese Lesart im Sinne einer „Meistbegünstigung" entspräche durchaus dem Ziel des (europäischen) Datenschutzrechts, das Recht auf Schutz personenbezogener Daten durch effektive Betroffenenrechte zu stärken.[466] Gleichwohl darf nicht übersehen werden, dass das Widerspruchsrecht nach Art. 21 Abs. 6 DSGVO an die besonderen Umstände anknüpft, die mit der Verarbeitung zu Forschungs- und Statistikzwecken üblicherweise einhergehen. Dieses spezielle Recht intendiert eine *Privilegierung*[467] für eine Verarbeitung im öffentlichen Interesse, die sich dadurch rechtfertigt, dass der Verantwortliche zum Ausgleich geeignete Garantien[468] vorsehen muss. Diese Systematik, die die gesamte Verordnung durchzieht, darf nicht durch einen Rückgriff auf den Grundfall des Art. 21 Abs. 1 DSGVO unterlaufen werden. Die Verordnung räumt den Interessen der (amtlichen) Statistik somit den Vorrang ein. Aus systematischen und teleologischen Gründen ist mithin von einer *Spezialität* des Art. 21 Abs. 6 DSGVO auszugehen. Mit anderen Worten: Die betroffene Person kann sich gegen eine Datenverarbeitung zu statistischen Zwecken nicht (ergänzend) auf das „allgemeine" Widerspruchsrecht aus Abs. 1 berufen. Sie muss eine Verarbeitung zu statistischen Zwecken grundsätzlich hinnehmen, wenn dies erforderlich ist, um eine Aufgabe zu erfüllen, die im öffentlichen Interesse liegt. Weil dies im Kontext der gesetzlich programmierten amtlichen Statistik regelmäßig der Fall ist, greift das Gestaltungsrecht des Widerspruchs hier nur selten durch. In dieser Beschränkung des Betroffenenrechts liegt zugleich die Privilegierung für den Verantwortlichen, bspw. für das jeweils zuständige statistische Amt.

---

[466] Siehe Art. 1 Abs. 2 i. V. m. EG 11 DSGVO; zur grundrechtlichen Bedeutung der Betroffenenrechte oben S. 415 f.

[467] Siehe auch Art. 17 Abs. 1 Buchst. c (ggf. i. V. m. Art. 18 Abs. 1 Buchst. d), der ein Recht auf Löschung nur für die Widerspruchstatbestände des Art. 21 Abs. 1 und 2 DSGVO begründet. – Für einen „Vorrang der Forschungsinteressen" am Bsp. datengetriebener Gesundheitsforschung *Martini/Hohmann*, NJW 2020, 3573 (3577).

[468] Siehe dazu § 8, S. 249 ff.

*d) Zwischenergebnis*

Das Widerspruchsrecht nach Art. 21 Abs. 6 DSGVO enthält eine Privilegierung für den Verantwortlichen, der personenbezogene Daten zu statistischen Zwecken verarbeitet. Dies zeigt sich daran, dass dieses Recht bereits dann ausgeschlossen ist, wenn die Verarbeitung erforderlich ist, um eine Aufgabe zu erfüllen, die im öffentlichen Interesse liegt. Im Kontext der amtlichen Statistik ist dies regelmäßig der Fall. Im Anwendungsbereich dieses Betroffenenrechts ist ein Rückgriff auf das „allgemeine" Widerspruchsrecht des Art. 21 Abs. 1 DSGVO ausgeschlossen.

*3. Recht auf Löschung („Recht auf Vergessenwerden")*

Zur „Zeitlichkeit der Freiheit" gehöre, so das BVerfG, die „Möglichkeit des Vergessens".[469] Angesprochen ist damit die zeitliche Dimension der Freiheitsrechte. Das Verfassungsrecht verbürge dem Einzelnen eine „Chance zum Neubeginn in Freiheit", indem „Vergangenes gesellschaftlich in Vergessenheit gerät".[470] Zugleich stellt das Gericht aber auch klar, dass aus den Grundrechten (hier: dem Allgemeinen Persönlichkeitsrecht) kein „Recht auf Vergessenwerden" in einem „grundsätzlich allein von den Betroffenen beherrschbaren Sinn" folge.[471] In diesem Zusammenhang rezipiert es auch die Rechtsprechung des EuGH zu den maßgeblichen Unionsgrundrechten (Art. 7 und 8 GRCh).[472] Von besonderer Bedeutung ist dabei das Urteil in der Rechtssache *Google Spain*, das dem sog. Recht auf Vergessenwerden den Weg bereitet hat. Dieses Urteil hat denn auch das Gesetzgebungsverfahren der Datenschutz-Grundverordnung beeinflusst. Es hat Eingang in das europäische Sekundärrecht gefunden, was sich schon dadurch zeigt, dass der Verordnungsgeber der amtlichen Überschrift des Art. 17 den plakativen Zusatz „Recht auf Vergessenwerden" (engl.: „right to be forgotten"; franz.: „droit à l'oubli") gegeben hat. Jedoch darf diese Überschrift nicht darüber hinwegtäuschen[473], dass die sekundärrechtliche Ausgestaltung über diese Rechtsprechung teilweise sogar hinausgeht.[474] Dabei ist das in Art. 17 DSGVO kodifizierte Recht kein Novum – denn im Kern birgt die Vorschrift eine geradezu

---

[469] BVerfGE 152, 152 (197, Rn. 105) – Recht auf Vergessen I, dort am Maßstab des allgemeinen Persönlichkeitsrechts. Diese zeitliche Dimension lässt sich jedoch auch auf das Recht auf informationelle Selbstbestimmung übertragen.
[470] BVerfGE 152, 152 (197, Rn. 105).
[471] BVerfGE 152, 152 (197, Rn. 107).
[472] BVerfGE 152, 152 (197 f., Rn. 106).
[473] *Peuker*, in: Sydow (Hrsg.), DSGVO, 2. Aufl., 2018, Art. 17 Rn. 2 bezeichnet die Überschrift als „irreführend".
[474] Siehe Art. 17 Abs. 2 DSGVO; dazu etwa *Paal*, in: Paal/Pauly (Hrsg.), DSGVO/BDSG, 3. Aufl., 2021, Art. 17 Rn. 2 m. w. N.

„klassische" Löschverpflichtung, wie sie bereits die alte Datenschutz-Richtlinie und das Bundesdatenschutzgesetz a. F. kannten.[475]

*a) Grundkonzeption: Recht auf und Pflicht zur Löschung*

Das „Recht auf Löschung" (so die Überschrift des Art. 17 DSGVO) findet sich in Abs. 1. Die nachgelagerte Informationspflicht gemäß Abs. 2 für den Fall der Veröffentlichung wird im statistischen Kontext nur selten relevant. Denn die strengen Vorgaben des Statistikgeheimnisses schließen es grundsätzlich aus, personenbezogene[476] Daten zu veröffentlichen. Bedeutung erlangt daher primär Art. 17 Abs. 1 DSGVO, der das *Recht* der betroffenen Person verbürgt, von dem Verantwortlichen unter bestimmten Voraussetzungen zu verlangen, die sie betreffenden Daten unverzüglich zu löschen. Mit diesem „Recht" korrespondiert eine antragsunabhängige *Pflicht* des Verantwortlichen, die ebenfalls im Wortlaut der Norm zum Ausdruck kommt („und der Verantwortliche ist verpflichtet […]").[477] Sowohl der Löschanspruch der betroffenen Person als auch die entsprechende Löschverpflichtung des Verantwortlichen knüpfen an einen *Löschgrund* an (Abs. 1): Es genügt, „wenn einer [dieser] Gründe zutrifft". So sind personenbezogene Daten bspw. zu löschen, wenn die Daten für die Zwecke, für die sie erhoben oder auf sonstige Weise verarbeitet wurden, nicht mehr notwendig sind (Buchst. a: „Zweckfortfall" bzw. „Zweckerreichung"). Das gilt im Bereich der amtlichen Statistik bspw. für Hilfsmerkmale, sobald die statistischen Ämter die Daten auf ihre Schlüssigkeit und Vollständigkeit überprüft haben. Der Zweck der Hilfsmerkmale (d.h. ihre dienende Funktion, § 10 Abs. 1 S. 3 BStatG)[478] wird in diesem Moment erreicht. Ihre Verarbeitung ist dann nicht mehr „notwendig". Die Regelung des § 12 Abs. 1 S. 1 BStatG korrespondiert insoweit mit dem unionsrechtlichen Tatbestand. Ein Recht auf Löschung besteht ferner etwa für den Fall, dass die betroffene Person ihre Einwilligung widerruft[479] – jedenfalls, sofern es an einer anderweitigen Rechtsgrundlage fehlt (Buchst. b). Weitere Löschungsrechte bzw. -pflichten entstehen z.B. bei unrechtmäßiger Datenverarbeitung (Buchst. d) sowie kraft Gesetzes (Buchst. e; „rechtliche Verpflichtung"), etwa gem. § 31 Abs. 3 ZensG 2022. Danach sind die Erhebungsunterlagen[480] nach Abschluss des Zensus, spätestens aber vier Jahre nach dem Zensusstichtag,

---

[475] *Kühling/Martini*, EuZW 2016, 448 (450).

[476] Wie gezeigt, beschränkt sich der Geheimnisschutz nicht auf personenbezogene Daten (vgl. § 16 Abs. 1 S. 1 BStatG; dazu oben S. 290 ff.).

[477] Vgl. *Paal*, in: Paal/Pauly (Hrsg.), DSGVO/BDSG, 3. Aufl., 2021, Art. 17 Rn. 20 m. w. N., auch zur a. A.

[478] Siehe zu den Hilfsmerkmalen oben S. 270.

[479] Zur freien Widerruflichkeit der Einwilligung oben S. 132 ff.

[480] Darunter fallen z. B. Fragebögen, Handbücher für Interviewer, Informationstexte für Befragte sowie Unterlagen zur Organisation und Verwaltung der Befragung, s. BT-Drs. 19/8693, S. 63.

zu vernichten. Die „Vernichtung" stellt – datenschutzrechtlich gesehen – einen Unterfall des Löschens dar und meint die „physische Zerstörung des Datenträgers".[481] Maßgeblich ist stets das Ergebnis des Vorgangs: „die (faktische) Unmöglichkeit, die [...] in den zu löschenden Daten verkörperten Informationen wahrzunehmen".[482] Von daher kann das Löschen auch in Form einer (irreversiblen[483] bzw. „ordnungsgemäß durchgeführten"[484]) Anonymisierung erfolgen,[485] was angesichts der Vorgabe in Art. 89 Abs. 1 S. 4 DSGVO[486] in statistischen Verarbeitungskontexten von besonderer Bedeutung ist.

*b) Ausnahme für die Verarbeitung zu statistischen Zwecken*

Die Privilegierung der Statistik findet in Art. 17 Abs. 3 Buchst. d DSGVO ihren normativen Ausdruck. Danach ist das Recht auf Löschung gemäß Abs. 1 (und spiegelbildlich die Verpflichtung des Verantwortlichen) ausgeschlossen, soweit dieses Recht die Verwirklichung des Statistikziels entweder *unmöglich* macht oder *ernsthaft beeinträchtigt*. Diese Regelung setzt – wie sämtliche Privilegierungstatbestände – voraus, dass der Verantwortliche statistische Zwecke i. S. d. Art. 89 Abs. 1 DSGVO verfolgt („gemäß"). Auch dieser Ausnahmetatbestand steht unter dem Vorbehalt geeigneter Garantien[487].[488] In systematischer Hinsicht ergänzt und konkretisiert er die Ausnahme vom Grundsatz der Speicherbegrenzung[489]: Die objektiv-rechtliche Privilegierung[490] setzt sich im subjektiven Recht der betroffenen Person fort. Der Ausnahmegrund greift indes nur insoweit, als die Löschung der personenbezogenen Daten die Verwirklichung der Ziele (also den Verarbeitungszweck) voraussichtlich unmöglich macht oder ernsthaft beeinträchtigt. Diese Formulierung findet sich nahezu wörtlich auch

---

[481] *Herbst*, in: Kühling/Buchner (Hrsg.), DSGVO/BDSG, 3. Aufl., 2020, Art. 4 Nr. 2 Rn. 37 m. w. N.; weiteres Verständnis bei *Stürmer*, ZD 2020, 626 (628): „jegliche vollständige Vernichtung der in den personenbezogenen Daten enthaltenen Informationen".

[482] So die Definition bei *Herbst*, in: Kühling/Buchner (Hrsg.), DSGVO/BDSG, 3. Aufl., 2020, Art. 4 Nr. 2 Rn. 36. Zur technischen Umsetzung bspw. *Hunzinger*, Das Löschen im Datenschutzrecht, 2018, S. 118 ff.

[483] Zur „Irreversibilitäts-Theorie" in Abgrenzung zur „Verhältnismäßigkeits-Theorie", *Hunzinger*, Das Löschen im Datenschutzrecht, 2018, S. 57 ff.

[484] *Stürmer*, ZD 2020, 626 (628 f.).

[485] Vgl. dazu etwa *Hunzinger*, Das Löschen im Datenschutzrecht, 2018, S. 101 f.; i. d. S. auch die österreichische Datenschutzbehörde, Bescheid v. 5.12.2018, GZ: DSB-D123.270/0009-DSB/2018 (unter D.2); a. A. wohl *Roßnagel*, in: Simitis/Hornung/Spiecker gen. Döhmann (Hrsg.), DatenschutzR, 2019, Art. 4 Nr. 2 Rn. 32.

[486] Zum Vorrang der Anonymisierung oben S. 265.

[487] Siehe dazu § 8, S. 249 ff.

[488] Ebenso *Dix*, in: Simitis/Hornung/Spiecker gen. Döhmann (Hrsg.), DatenschutzR, 2019, Art. 17 Rn. 35.

[489] Siehe oben B., S. 381 ff.

[490] Art. 5 Abs. 1 Buchst. e Hs. 2 DSGVO; dazu oben S. 384 ff.

in der Ausnahmeregelung für die Informationspflicht nach Art. 14[491] sowie in der Öffnungsklausel des Art. 89 Abs. 2 DSGVO[492] wieder. In allen drei Fällen verlangt die Verordnung eine Prognoseentscheidung („voraussichtlich"). Und auch die materiell-rechtlichen Ausnahmegründe (Unmöglichkeit; ernsthafte Beeinträchtigung) entsprechen einander. Gleichwohl bestehen *Unterschiede*: Denn zum einen richten sich die Privilegierungstatbestände bei der Informationspflicht und beim Recht auf Löschung unmittelbar an den *Verantwortlichen*, während sich die Öffnungsklausel des Art. 89 Abs. 2 DSGVO auf den *Gesetzgeber* bezieht (unterschiedlicher Regelungsadressat). Zum anderen ist der Ausgangspunkt jeweils ein anderer: Im Rahmen des Art. 17 DSGVO ist die Prognose danach auszurichten, ob gerade der *konkrete Löschanspruch* das Ziel bzw. den Zweck der jeweiligen Statistik unmöglich macht oder zumindest ernsthaft beeinträchtigt. Das kann etwa der Fall sein, wenn das Löschen einzelner Datensätze zu *Verzerrungen* in den statistischen Ergebnissen führt, die nicht ohne Weiteres „herausgerechnet" werden können.[493]

*c) Zwischenergebnis*

Das Recht auf Löschung („Recht auf Vergessenwerden") besteht nicht, wenn es die Verwirklichung der mit der Statistik verfolgten Ziele entweder unmöglich macht oder ernsthaft beeinträchtigt. Aus der gebotenen *rechtsfolgenorientierten Perspektive* ist das bei diesem Betroffenenrecht – anders als etwa beim Auskunftsrecht – typischerweise der Fall. Eine ernsthafte Beeinträchtigung der (amtlichen) Statistik liegt etwa dann vor, wenn das Löschen auf die Qualität der Statistik „durchschlägt", also bspw. das statistische Ergebnis in einer Stichprobenerhebung verzerrt.

*4. Ergebnis*

Die unionsrechtlichen Ausnahmebestimmungen, auf die sich die verantwortliche Statistikstelle unmittelbar berufen kann, entfalten grundsätzlich privilegierende Wirkung. Die *Informationspflicht* des Art. 14 DSGVO enthält zwar keine absolute Bereichsausnahme für die amtliche Statistik. Nach dessen Abs. 5 Buchst. b besteht aber eine Vermutung dafür, dass es im Kontext der Verarbeitung personenbezogener zu statistischen Zwecken unmöglich ist oder einen unverhältnismäßigen Aufwand hervorriefe, die betroffenen Personen über die Dritterhebung zu informieren. Ausgeschlossen ist in der Regel auch das *Widerspruchsrecht* nach Art. 21 Abs. 6 DSGVO, da die Datenverarbeitung der amtlichen Statistik typischerweise erforderlich ist, um eine Aufgabe zu erfüllen, die

---

[491] Siehe oben S. 419 ff.
[492] Siehe unten S. 435 ff.
[493] Dazu ausf. unten S. 451 f. Vgl. zu den Folgen des Widerrufs einer Einwilligung oben S. 133.

im öffentlichen Interesse liegt (vgl. § 3 BStatG). Weitgehende Ausnahmen bestehen schließlich für das *Recht auf Löschung*: Wegen seiner Rechtsfolge greift dieses Betroffenenrecht zugunsten der Statistik nicht, da sich das Löschen einzelner Datensätze auf die Qualität der statistischen Ergebnisse grundsätzlich nachteilig auswirkt. Den Zweck der jeweiligen Statistik zu verwirklichen, ist dann zumindest ernsthaft beeinträchtigt (Art. 17 Abs. 5 Buchst. d DSGVO).

## IV. Ausnahmen kraft der Öffnungsklausel des Art. 89 Abs. 2 DSGVO – Beschränkungsmöglichkeiten des (mitgliedstaatlichen) Gesetzgebers

Die Öffnungsklausel des Art. 89 Abs. 2 DSGVO stellt es dem (unionalen oder mitgliedstaatlichen) *Gesetzgeber* anheim, „Ausnahmen" für bestimmte Betroffenenrechte vorzusehen. Erfasst sind das Auskunftsrecht (Art. 15), das Recht auf Berichtigung (Art. 16), das Recht auf Einschränkung (Art. 18) sowie das Widerspruchsrecht (Art. 21 DSGVO). Diese Aufzählung ist abschließend. Als unionsrechtliche Öffnungsklausel ist die Vorschrift keiner Analogie zugänglich (Verbot kompetenzbegründender Analogie). Von dieser fakultativen[494] („können") Rechtsetzungsbefugnis *kann* der Gesetzgeber Gebrauch machen, um zu gewährleisten, dass die privilegierten Zwecke verwirklicht, also erreicht werden können. Angesprochen sind neben den (wissenschaftlichen oder historischen) Forschungszwecken auch die hier maßgeblichen statistischen Zwecke.[495] Die Ausnahmen treten jedoch nicht unmittelbar kraft Unionsrecht ein. Vielmehr muss sie der Gesetzgeber – im Bereich der Bundesstatistik ist das der Bundesgesetzgeber – erst „aktivieren", indem er die Betroffenenrechte *bereichsspezifisch beschränkt* (mittelbare Privilegierung). Der (mitgliedstaatliche) Gesetzgeber bewegt sich dabei im gestaltungsoffenen Bereich. Das unionale Fachrecht ist in Art. 89 Abs. 2 DSGVO gerade nicht „vollständig vereinheitlicht", sondern belässt hinreichende Spielräume.[496] Innerstaatliches Recht, das aufgrund dieser Öffnungsklausel ergeht, ist somit auch – nach der Rechtsprechung des BVerfG sogar „primär"[497] – am Maßstab der deutschen Grundrechte zu messen.[498] Angesprochen ist damit allen voran das Recht auf informationelle Selbstbestimmung.

---

[494] Siehe dazu bereits *Kühling et al.*, Die Datenschutz-Grundverordnung und das nationale Recht, 2016, S. 298; zur Typologie oben S. 158 ff.
[495] Für die Archivzwecke gilt allein Art. 89 Abs. 3 DSGVO.
[496] Vgl. zur Abgrenzung BVerfGE 152, 216 (246, Rn. 77 ff.) – Recht auf Vergessen II; ausf. oben S. 165 ff.
[497] BVerfGE 152, 152 (170, Rn. 45 ff.) – Recht auf Vergessen I; ausf. dazu oben S. 166.
[498] Siehe bereits die Anm. zu BVerfGE 150, 1 von *Kienle*, ZD 2018, 581 (581 f.). Vgl. ferner *Bäcker*, in: Kühling/Buchner (Hrsg.), DSGVO/BDSG, 3. Aufl., 2020, Art. 23 Rn. 7, allerdings zu Art. 23 DSGVO.

### 1. Voraussetzungen der Öffnungsklausel

Die Anforderungen, die die Öffnungsklausel für Ausnahmen von den genannten Betroffenenrechte aufstellt, sind *prima facie* „sehr hoch".[499] Dies mag zunächst daran liegen, dass es sich bei Art. 89 Abs. 2 DSGVO um eine „negative Öffnungsklausel mit ausschließlich datenschutzreduktivem Charakter"[500] handelt. Die Vorschrift enthält eine „Ausnahmeklausel".[501] Danach darf der Gesetzgeber von der Ermächtigung *erstens* nur dann Gebrauch machen, wenn er die Bedingungen und Garantien i.S.d. Art. 89 Abs. 1 DSGVO einhält. Die Verordnung gestattet eine Abweichungsgesetzgebung nur unter Vorbehalt („vorbehaltlich"). Die dort geforderten Sicherungsmaßnahmen (engl.: „conditions and safeguards"; dazu § 8) bilden das notwendige Korrektiv für die Beschränkung der Betroffenenrechte. Sie ist nur dann gerechtfertigt, wenn der Gesetzgeber[502] – und nachgelagert der Verantwortliche (vgl. § 27 Abs. 2 S. 1 BDSG)[503] – die Rechte und Freiheiten der betroffenen Personen (insbesondere ihr Recht auf Schutz personenbezogener Daten und das deutsche Recht auf informationelle Selbstbestimmung) mittels geeigneter Garantien in hinreichendem Maße absichert. Der Gesetzgeber kann *zweitens* Ausnahmen insoweit vorsehen, als die genannten Betroffenenrechte (Auskunft, Berichtigung, Einschränkung, Widerspruch) „voraussichtlich die Verwirklichung der spezifischen Zwecke unmöglich machen oder ernsthaft beeinträchtigen". Die Öffnungsklausel gibt dem Gesetzgeber demnach eine *abstrakt-generelle*[504] Prognoseentscheidung auf („voraussichtlich"; engl.: „likely").[505] Dieser muss somit in *wertender Prognose* entscheiden, ob und inwieweit ein bestimmtes Betroffenenrecht im Regelfall (das heißt: typischerweise)[506] den jeweiligen Forschungs- und Statistikzweck substanziell

---

[499] So *Kühling et al.*, Die Datenschutz-Grundverordnung und das nationale Recht, 2016, S. 298. Vgl. auch *Pauly*, in: Paal/Pauly (Hrsg.), DSGVO/BDSG, 3. Aufl., 2021, Art. 89 Rn. 13, der insoweit einen Vergleich zu Art. 85 und Art. 88 DSGVO zieht.

[500] *Caspar*, in: Simitis/Hornung/Spiecker gen. Döhmann (Hrsg.), DatenschutzR, 2019, Art. 89 Rn. 57.

[501] *Müller*, Die Öffnungsklauseln der Datenschutzgrundverordnung, 2018, S. 190 („selbstständige Ausnahmeklauseln"); vgl. allg. oben S. 156 ff.

[502] Regelungsadressat ist der *Gesetzgeber*, vgl. Art. 89 Abs. 2 DSGVO: „[…] können vorbehaltlich der Bedingungen und Garantien […] im Unionsrecht oder im Recht der Mitgliedstaaten insoweit Ausnahmen […] vorgesehen werden".

[503] Dazu unten S. 438 ff.

[504] A.A. wohl *Caspar*, in: Simitis/Hornung/Spiecker gen. Döhmann (Hrsg.), DatenschutzR, 2019, Art. 89 Rn. 64, demzufolge die Auslegung der Begriffe „voraussichtlich" und „ernsthaft beeinträchtigen" von dem „individuellen Vorverständnis des konkreten Rechtsanwenders geleitet sein dürfte".

[505] Vgl. etwa *Raum*, in: Ehmann/Selmayr (Hrsg.), DSGVO, 2. Aufl., 2018, Art. 89 Rn. 51; *Schwartmann/Mühlenbeck/Wybitul*, in: Schwartmann/Jaspers/Thüsing/Kugelmann (Hrsg.), DSGVO/BDSG, 2. Aufl., 2020, Art. 89 Rn. 44.

[506] So *Buchner/Tinnefeld*, in: Kühling/Buchner (Hrsg.), DSGVO/BDSG, 3. Aufl., 2020, Art. 89 Rn. 23; *Pauly*, in: Paal/Pauly (Hrsg.), DSGVO/BDSG, 3. Aufl., 2021, Art. 89 Rn. 14.

gefährdet. Dabei ist zu differenzieren: Denn ein Auskunftsrecht wirkt als „bloßes" Transparenzrecht typischerweise anders auf eine Statistikproduktion ein, als bspw. das Recht auf Einschränkung der Verarbeitung oder das Widerspruchsrecht.[507] Und *drittens* müssen die Ausnahmen „notwendig" (engl.: „necessary") sein, um den Forschungs- oder Statistikzweck zu erfüllen. Die Notwendigkeit der Beschränkung ist Ausdruck einer Verhältnismäßigkeitsprüfung, die der Gesetzgeber anzustellen hat: Denn nach ständiger Rechtsprechung des EuGH sind Eingriffe in das Recht auf Schutz personenbezogener Daten (ggf. in Verbindung mit dem Recht auf Achtung des Privatlebens) auf das „absolut Notwendige" zu beschränken.[508] Die Verordnung definiert in Art. 89 Abs. 2 DSGVO den Handlungsspielraum des Gesetzgebers. Mit anderen Worten: Die Öffnungsklausel wendet sich nicht unmittelbar an den konkreten Rechtsanwender, sondern adressiert und bindet denjenigen Akteur, der Recht setzt. Nach alledem ist die Privilegierungswirkung des Art. 89 Abs. 2 DSGVO ambivalent.[509] So stellt die Verordnung einerseits hohe Anforderungen an das gesetzgeberische Tätigwerden: Die Kriterien „Unmöglichkeit" sowie „ernsthafte Beeinträchtigung" unterstreichen den Ausnahmecharakter der Vorschrift, die – nach der durchaus kritikwürdigen Formel des EuGH[510] – gemeinhin eng auszulegen sind. Und je enger die ihrseits strengen Tatbestandsmerkmale ausgelegt werden, desto mehr wird die Privilegierung zurückgedrängt. Die Norm erfasste dann nurmehr atypische Konstellationen. Andererseits ist eine Privilegierung darin zu sehen, dass der Gesetzgeber bei den Ausnahmeregelungen nicht den strikteren Vorgaben der allgemeinen Beschränkungsnorm (Art. 23 DSGVO)[511] unterliegt.[512] Dessen ungeachtet ist er bei der Einschränkung von Betroffenenrechten selbstverständlich

---

[507] Vgl. dazu auch *Caspar*, in: Simitis/Hornung/Spiecker gen. Döhmann (Hrsg.), DatenschutzR, 2019, Art. 89 Rn. 64: ernsthafte Beeinträchtigung sei beim Auskunftsrecht „nur schwer vorstellbar"; ferner *Eichler*, in: Wolff/Brink (Hrsg.), BeckOK DatenschutzR, 39. Ed. (1.11.2021), Art. 89 Rn. 21, die sogar kategorisch formuliert, dass die Erfüllung des Auskunftsanspruchs die Verwirklichung eines Forschungszwecks weder zwangsläufig unmöglich mache, noch ernsthaft beeinträchtige. Vgl. auch *Kühling*, ZD 2021, 74 (76) zu § 27 Abs. 2 S. 1 BDSG. Ausf. dazu sogleich unter 2., S. 438 ff. am Maßstab der bundesgesetzlichen Regelung.

[508] Siehe die Nachweise in § 5 Fn. 313. – Dabei ist ein abstrakt-genereller, nicht ein konkret-individueller Maßstab anzulegen. Denn der Gesetzgeber muss den Normkonflikt auf der Ebene der Rechtsetzung lösen, was sich dann auch in der verfassungsgerichtlichen Kontrolldichte niederschlägt, vgl. zum Grundsatz der Verhältnismäßigkeit bei der Gesetzgebung *Seedorf*, in: Jestaedt/Lepsius (Hrsg.), Verhältnismäßigkeit, 2015, S. 139 ff.

[509] Vgl. dazu bspw. auch *Raum*, in: Ehmann/Selmayr (Hrsg.), DSGVO, 2. Aufl., 2018, Art. 89 Rn. 51.

[510] Siehe statt vieler EuGH, Urt. v. 22.6.2021 – C-439/19, ECLI:EU:C:2021:504, Rn. 62 zu Art. 2 Abs. 2 DSGVO; dazu *Herberger*, „Ausnahmen sind eng auszulegen", 2016 – passim.

[511] Siehe dazu unten S. 458 ff.

[512] I. d. S. auch *Caspar*, in: Simitis/Hornung/Spiecker gen. Döhmann (Hrsg.), DatenschutzR, 2019, Art. 89 Rn. 65, der daran aber gerade Kritik übt.

auch an die Grundrechte gebunden – sie markieren eine unverrückbare Grenze und formulieren Mindestgarantien, die der Gesetzgeber bei der Ausgestaltung stets zu beachten hat.[513]

### 2. Allgemeine Ausnahmen für Statistikzwecke (§ 27 Abs. 2 S. 1 BDSG)

Der Gesetzgeber hat die Rechte der betroffenen Person zugunsten der Statistik durch § 27 Abs. 2 S. 1 BDSG allgemein beschränkt. Er beruft sich dabei – dem Grunde nach zu Recht – auf die Öffnungsklausel des Art. 89 Abs. 2 DSGVO.[514] Auf diese Vorschrift kann der Verantwortliche immer dann zurückgreifen, wenn keine bereichsspezifische Regelung einschlägig ist (vgl. § 1 Abs. 2 BDSG[515]). Im Bundesstatistikgesetz finden sich – anders als in manchen Landesstatistikgesetzen (z.B. § 5 Abs. 3 LStatG Berlin; § 1 Abs. 3 LStatG RP[516]) – solche Beschränkungen indes nicht. Das Statistische Bundesamt kann sich somit grundsätzlich auf die in § 27 Abs. 2 S. 1 BDSG vorgesehenen Ausnahmen berufen – und zwar im Hinblick auf sämtliche Kategorien personenbezogener Daten. Abs. 2 gilt – anders als Abs. 1 – nach dem Wortlaut nicht nur für die Verarbeitung sensibler Daten.[517] Das Auskunftsrecht, das Recht auf Berichtigung, das Recht auf Einschränkung der Verarbeitung sowie das Widerspruchsrecht sind danach „insoweit beschränkt, als diese Rechte voraussichtlich die Verwirklichung der […] *Statistikzwecke*[518] unmöglich machen oder ernsthaft be[e]inträchtigen" (dazu b)). Die Verordnung gibt dem Verantwortlichen eine Prognoseentscheidung auf („voraussichtlich"; dazu c)). Die Beschränkung muss zudem „notwendig" sein, um die Statistikzwecke zu erfüllen (dazu d)). Fraglich ist, ob sich die amtliche Statistik überdies auf den Ausnahmetatbestand des § 27 Abs. 2 S. 2 BDSG analog (unverhältnismäßiger Aufwand) berufen kann (dazu e)). Zunächst ist jedoch

---

[513] Zur grundrechtlichen Fundierung der Betroffenenrechte s. bereits oben S. 415 f.

[514] BT-Drs. 18/11325, S. 99; zust. *Pauly*, in: Paal/Pauly (Hrsg.), DSGVO/BDSG, 3. Aufl., 2021, § 27 Rn. 10.

[515] Zur Subsidiarität des BDSG oben S. 89. Beispiele für spezialgesetzliche Regelungen finden sich etwa bei *Schwartmann/Mühlenbeck/Wybitul*, in: Schwartmann/Jaspers/Thüsing/Kugelmann (Hrsg.), DSGVO/BDSG, 2. Aufl., 2020, Art. 89 Rn. 54.

[516] Vgl. auch § 10 Abs. 2 AGZensG 2022 RP. „Zur Gewährleistung einer ordnungsgemäßen Durchführung des Zensus 2022 bestehen die Rechte nach den Artikeln 16, 18 und 21 der Datenschutz-Grundverordnung nicht" (Satz 1). „Hinsichtlich des Auskunftsrechts nach Artikel 15 der Datenschutz-Grundverordnung gilt § 1 Abs. 3 LStatG" (Satz 2). S. dazu LT-Drs. 17/13532, S. 28 f.: Der Landesgesetzgeber beruft sich auf Art. 89 Abs. 2 DSGVO. – Entsprechende Ausnahmen finden sich auch in anderen Ausführungsgesetzen, so etwa in § 14 S. 1 des Zensusausführungsgesetzes 2022 (Saarland): „Zum Schutz der fristgemäßen und vollständigen Durchführung des Zensus 2022 bestehen die Rechte nach den Artikeln 15, 16, 18 und 21 der Verordnung (EU) 2016/679 […] nicht."

[517] BT-Drs. 18/11325, S. 100; ebenso z.B. *Buchner/Tinnefeld*, in: Kühling/Buchner (Hrsg.), DSGVO/BDSG, 3. Aufl., 2020, § 27 Rn. 19.

[518] Hervorhebung d. Verf. Zum unionsrechtlichen Begriff der statistischen Zwecke oben § 7, S. 221 ff.

die – im Schrifttum kritisierte – Regelungstechnik des Bundesgesetzgebers zu analysieren (dazu a)).

*a) Regelungstechnik: Zur Kritik an der mitgliedstaatlichen Beschränkungsnorm*

Der Bundesgesetzgeber hat in § 27 Abs. 2 S. 1 BDSG den Normtext der unionsrechtliche Öffnungsklausel nahezu wörtlich in das Bundesrecht überführt. Die Regelung sieht sich einiger Kritik ausgesetzt. Es sei „äußert bedenklich", dass sie undifferenziert den gesamten Spielraum ausnutze als wäre sie ein „Regelungsauftrag".[519] Richtig an dieser Kritik ist zunächst, dass es sich bei Art. 89 Abs. 2 DSGVO um eine fakultative Ermächtigung handelt („können"): Der Gesetzgeber kann die Betroffenenrechte einschränken, muss es aber nicht. Ihm steht es innerhalb der sekundärrechtlichen Ermächtigungsgrundlage daher grundsätzlich frei, die einzelnen Rechte der betroffenen Person nach ihrer Eigenart (etwa Auskunft einerseits, Widerspruch andererseits) verschieden zu beschränken. Die Übernahme des unionsrechtlichen Wortlauts ist für sich genommen jedoch nicht kritikwürdig. Diese Regelungstechnik ist bei der Umsetzung einer Richtlinie als sog. *Copy out*-Methode bekannt und in diesem Zusammenhang grundsätzlich anerkannt.[520] Die Kritik reduziert sich damit auf die *undifferenzierte* Ausgestaltung im mitgliedstaatlichen (Fach-)Recht. Mangels Spezifizierung und wegen der tatbestandlichen Weite der Vorschrift (§ 27 Abs. 2 S. 1 BDSG) sei der Verantwortliche dazu eingeladen, die Betroffenenrechte unter „Hinweis auf den Forschungs- oder Statistikzweck möglichst weitgehend einzuschränken".[521] Zwar besteht diese Gefahr. Sie besteht aber gleichermaßen bei den ähnlich formulierten verordnungsunmittelbaren Ausnahmen: So stellen die unionsrechtlichen Ausnahmen für die Informationspflicht und das Recht auf Löschung ebenfalls auf die unbestimmten Rechtsbegriffe der „Unmöglichkeit" und der „ernsthaften Beeinträchtigung" ab.[522] Und schließlich heißt eine undifferenziert formulierte Vorschrift (wie etwa § 27 Abs. 2 S. 1 BDSG) nicht, dass der *Verantwortliche* nicht zu differenzieren habe. Im Gegenteil: Bereits der Wortlaut der Norm verlangt, im Rahmen der gebotenen Prognose bspw. zwi-

---

[519] *Johannes/Richter*, DuD 2017, 300 (303) noch zum BDSG-E. Die von den Autoren besprochene Entwurfsfassung wurde jedoch insoweit (§ 27 Abs. 2 BDSG) im Gesetzgebungsverfahren nicht mehr geändert. Vgl. BT-Drs. 18/11325, S. 31 und BT-Drs. 18/12084, S. 7.

[520] Siehe nur *Payrhuber/Stelkens*, EuR 2019, 190 (195, 213 f.), die jedoch auch darauf hinweisen, dass dies vom „Konkretisierungsgrad und -bedürftigkeit des Normprogramms" abhängig sei.

[521] *Johannes/Richter*, DuD 2017, 300 (303); i. d. S. auch *Buchner/Tinnefeld*, in: Kühling/Buchner (Hrsg.), DSGVO/BDSG, 3. Aufl., 2020, § 27 Rn. 19. Vgl. demgegenüber *Greve*, in: Eßer/Kramer/von Lewinski (Hrsg.), Auernhammer, 7. Aufl., 2020, § 27 BDSG Rn. 21, der „relativ weite[…] Einschränkungsmöglichkeiten" erkennt, doch bewegten sich diese im Rahmen der Grundverordnung und der „auszutarierenden grundrechtlichen Interessen von Betroffenen und Verantwortlichem".

[522] Siehe dazu oben S. 420 ff. und S. 433 f.

schen dem Auskunftsrecht und dem Widerspruchsrecht zu unterscheiden („insoweit"). Somit kommt es auf der Ebene der *Rechtsanwendung* zu einer Ausdifferenzierung zwischen den einzelnen Betroffenenrechten. Auf diese Weise kann der Verantwortliche (z. B. das Statistische Bundesamt) dann auch dem Grundsatz der Verhältnismäßigkeit Rechnung tragen. Die undifferenzierte Übernahme des unionsrechtlichen Normtextes ist mithin – gerade auch mit Blick auf die Auffangfunktion des Bundesdatenschutzgesetzes – als solches nicht zu kritisieren. Dem Gesetzgeber bleibt es freilich unbenommen, die Beschränkungen *sektorspezifisch* (etwa für den Bereich der Statistik) zu konkretisieren.

*b) Unmöglichkeit oder ernsthafte Beeinträchtigung, den Statistikzweck zu verwirklichen*

*aa) Subjektive Unmöglichkeit*

Die Ausnahme des § 27 Abs. 2 S. 1 BDSG setzt voraus, dass ein dort benanntes Betroffenenrecht jeweils die Verwirklichung des Forschungs- oder Statistikzwecks „unmöglich mach[t] oder ernsthaft beeinträchtig[t]". Beide Tatbestandsmerkmale stehen zueinander im Verhältnis der Alternativität („oder"). Sie beruhen auf einer unionsrechtlichen Öffnungsklausel und sind daher verordnungskonform auszulegen. Maßgeblich sind die Umstände des Einzelfalls.[523] Da der Referenzpunkt der Prognose[524] der konkrete Forschungs- oder Statistikzweck ist, sind pauschale Antworten kaum möglich. Zudem ist zwischen den einzelnen Betroffenenrechten zu unterscheiden.[525] In Übereinstimmung mit der Öffnungsklausel sind die Tatbestandsmerkmale subjektiv zu interpretieren.[526] Mit „Unmöglichkeit" i. S. d. § 27 Abs. 2 S. 1 BDSG ist demnach eine *subjektive Unmöglichkeit* gemeint.[527] Die Norm stellt ersichtlich auf den einzelnen Verantwortlichen ab. Nur diesem, nicht jedermann, muss es unmöglich sein, den Statistikzweck (s. etwa § 1 Abs. 3 ZensG 2022) zu erfüllen. Für den Forschungszweck liefert die Bundesregierung in der Gesetzesbegründung sogar ein Beispiel mit: So könne die Verwirklichung des Zwecks in „bestimmten Einzelfällen" etwa „dann unmöglich sein, wenn die zuständige Ethikkommission zum Schutz der betroffenen Person eine Durchführung des Projekts andernfalls untersagen würde".[528] Dieses Beispiel ist jedoch auf die medizinische Forschung

---

[523] *Buchner/Tinnefeld*, in: Kühling/Buchner (Hrsg.), DSGVO/BDSG, 3. Aufl., 2020, § 27 Rn. 19; *Greve*, in: Eßer/Kramer/von Lewinski (Hrsg.), Auernhammer, 7. Aufl., 2020, § 27 BDSG Rn. 20.
[524] Dazu sogleich c), S. 442.
[525] Ebenso *Louven*, in: Taeger/Gabel (Hrsg.), DSGVO/BDSG/TTDSG, 3. Aufl., 2022, § 27 BDSG Rn. 14.
[526] Vgl. dazu auch die entsprechende Ausnahme zur Informationspflicht gem. Art. 14 DSGVO, S. 420.
[527] Vgl. dazu die Unterscheidung im deutschen Bürgerlichen Recht (§ 275 Abs. 1 BGB).
[528] BT-Drs. 18/11325, S. 99.

zugeschnitten und deshalb nicht verallgemeinerungsfähig.[529] Auf die amtliche Statistik lässt es sich ohnedies nicht übertragen: Bundesstatistiken durchzuführen, ist nicht vom Votum einer Ethikkommission abhängig. Allgemein wird man sagen können, dass die Verwirklichung des Statistikzwecks dann unmöglich ist, wenn „keine praktisch umsetzbare Möglichkeit" existiert, den Zweck zu erreichen, ohne das Recht der betroffenen Person zu beschränken.[530] Dies wird beim Auskunftsrecht indes nur selten der Fall sein.[531] Aber auch bei anderen Betroffenenrechten wird diesem Tatbestand kaum rechtspraktische Relevanz zukommen. Denn es genügt bereits, dass das jeweilige Betroffenenrecht den Zweck „ernsthaft beeinträchtigt".

*bb) Ernsthafte Beeinträchtigung*

Das Tatbestandsmerkmal der ernsthaften Beeinträchtigung ist ein Minus zur Unmöglichkeit. Der Verantwortliche kann sich also darauf „zurückziehen", dass das jeweils geltend gemachte Betroffenenrecht den Statistikzweck zumindest ernsthaft beeinträchtigt. Dem Verb „beeinträchtigen" ist ein hinderlicher Charakter eigen; es genügt, dass es sich negativ auf den Zweck auswirkt, wenn der Verantwortliche dem Recht der betroffenen Person entspräche. Durch die *Ernsthaftigkeitsschwelle* muss die Beeinträchtigung aber von einigem Gewicht sein.[532] Ein gewisser administrativer, organisatorischer oder finanzieller Aufwand ist jeder normativen Verpflichtung eigen; er ist auch bei Betroffenenrechten grundsätzlich hinzunehmen und rechtfertigt für sich genommen noch keine Beschränkung grundrechtlich fundierter Betroffenenrechte.[533] Der Aufwand muss vielmehr in signifikanter Weise auf den verfolgten Zweck „durchschlagen". Dabei ist wiederum zwischen den einzelnen Betroffenenrechten zu *differenzieren*:[534] Denn die Rechte sind ihrer Natur nach sehr verschieden und strahlen demgemäß auch in unterschiedlichen Graden auf die Zweckverwirklichung aus. Schemati-

---

[529] *Greve*, in: Eßer/Kramer/von Lewinski (Hrsg.), Auernhammer, 7. Aufl., 2020, § 27 BDSG Rn. 20. Krit. bereits *Johannes/Richter*, DuD 2017, 300 (303): „weder verständlich noch überzeugend". – So sind bspw. klinische Prüfungen nach dem Arzneimittelgesetz von einer „zustimmenden Bewertung" der Ethik-Kommission abhängig, vgl. §§ 40 und 42 AMG, Entsprechendes gilt für die klinische Prüfung eines Medizinprodukts (vgl. § 20 MPG).
[530] *Pauly*, in: Paal/Pauly (Hrsg.), DSGVO/BDSG, 3. Aufl., 2021, § 27 Rn. 11; *Kühling*, ZD 2021, 74 (76).
[531] Siehe dazu unten S. 446 ff.
[532] Die englische Sprachfassung der Öffnungsklausel spricht insofern von „seriously impair".
[533] Vgl. *Raum*, in: Ehmann/Selmayr (Hrsg.), DSGVO, 2. Aufl., 2018, Art. 89 Rn. 51; ihm folgend *Kühling*, ZD 2021, 74 (76). Vgl. auch *Caspar*, in: Simitis/Hornung/Spiecker gen. Döhmann (Hrsg.), DatenschutzR, 2019, Art. 89 Rn. 64, der sogar „übermäßige, überobligatorische Anstrengungen des Verantwortlichen" (z. B.: „exorbitante[r] Personalaufwand") verlangt.
[534] Dazu sogleich unten S. 445 ff.

sche Antworten sind daher kaum möglich.[535] Zu weit geht es jedoch, eine „nahezu prohibitive Wirkung" zu fordern.[536] So weist etwa *Jürgen Kühling* zu Recht daraufhin, dass dieses Anforderungsprofil „tendenziell überzogen"[537] ist. Es überdehnte den Wortlaut der Norm („ernsthaft beeinträchtigen") und verkürzte die privilegierten (öffentlichen) Interessen, die mit dem jeweiligen Forschungs- oder Statistikzweck verfolgt werden.[538]

*c) Prognoseentscheidung („voraussichtlich")*

§ 27 Abs. 2 S. 1 BDSG verlangt dem Verantwortlichen eine *Prognoseentscheidung* ab.[539] Die Betroffenenrechte sind insoweit beschränkt, als diese „voraussichtlich" die Verwirklichung der Forschungs- oder Statistikzwecke unmöglich machen oder ernsthaft beeinträchtigen. Der Bundesgesetzgeber hat hierbei die Öffnungsklausel („voraussichtlich"; engl.: „likely"; franz.: „risqueraient")[540] nahezu wortgleich in das mitgliedstaatliche Recht überführt. Während sich die Datenschutz-Grundverordnung an den Gesetzgeber wendet („können [...] im Unionsrecht oder im Recht der Mitgliedstaaten"), verlagert § 27 Abs. 2 S. 1 BDSG die Prognose auf den *Verantwortlichen*. Es ist also der Verantwortliche (etwa das Statistische Bundesamt), der in Form einer wertenden Prognose entscheiden muss, ob die tatbestandlichen Voraussetzungen (Unmöglichkeit oder ernsthafte Beeinträchtigung, den Zweck zu verwirklichen) wahrscheinlich einträten, wenn er dem Betroffenenrecht entspräche („Was wäre, wenn ...?"). Die Vereitelung des Zwecks muss jedenfalls wahrscheinlicher sein als ihr Gegenteil. Tatsachen müssen diese Annahme rechtfertigen. Eine „abschließende Sicher-

---

[535] In diesem Sinne auch *Hense*, in: Sydow (Hrsg.), BDSG, 2020, § 27 Rn. 17; ferner *Greve*, in: Eßer/Kramer/von Lewinski (Hrsg.), Auernhammer, 7. Aufl., 2020, § 27 BDSG Rn. 20, demzufolge eine schematische Bewertung grds. nur in gleich gelagerten Fällen möglich sein dürfte.

[536] So aber *Caspar*, in: Simitis/Hornung/Spiecker gen. Döhmann (Hrsg.), DatenschutzR, 2019, Art. 89 Rn. 64 a. E.

[537] *Kühling*, ZD 2021, 74 (76).

[538] Private Forschungsvorhaben können sich zudem auf das Grundrecht der Wissenschafts- und Forschungsfreiheit (Art. 13 GRCh und Art. 5 Abs. 3 S. 1 GG) berufen.

[539] Siehe *Buchner/Tinnefeld*, in: Kühling/Buchner (Hrsg.), DSGVO/BDSG, 3. Aufl., 2020, § 27 Rn. 19; *Krohm*, in: Gola/Heckmann (Hrsg.), BDSG, 13. Aufl., 2019, § 27 Rn. 37; *Pauly*, in: Paal/Pauly (Hrsg.), DSGVO/BDSG, 3. Aufl., 2021, § 27 Rn. 11; s. auch *Louven*, in: Taeger/Gabel (Hrsg.), DSGVO/BDSG/TTDSG, 3. Aufl., 2022, § 27 BDSG Rn. 13 („prognostische Wertung").

[540] Ein Vergleich der Sprachfassungen zeigt, dass die verhandelte englische Fassung durchgängig das Wort „likely" in der Verordnung verwendet, das in der deutschen Fassung mit „voraussichtlich" übersetzt worden ist. Im Französischen heißt es in Art. 89 Abs. 2 „risqueraient" (risquer qc.), in anderen Vorschriften hingegen „susceptible" („être susceptible de faire qc."; s. etwa Art. 14 Abs. 5 Buchst. b, Art. 17 Abs. 3 Buchst. d, Art. 33 Abs. 1 oder Art. 35 DSGVO). Es ist nicht anzunehmen, dass damit inhaltliche Unterschiede verbunden sind.

heit" ist nicht zu verlangen;[541] sie ist bei einer in die Zukunft gerichteten Prognose (*ex ante*-Perspektive) kaum bis nie zu erreichen und mit dem Wortlaut der Norm („voraussichtlich") nicht vereinbar.

Bei dieser Prognose kommt einer Behörde wie dem Statistischen Bundesamt *kein Beurteilungsspielraum* zu.[542] Eine solche administrative (Letzt-)Entscheidungsbefugnis, die ggf. eine nur eingeschränkte gerichtliche Kontrolle nach sich zöge[543], ist jedenfalls rechtfertigungsbedürftig. Ob der Verwaltung ein Beurteilungsspielraum zusteht, ist durch Auslegung der gesetzlichen Vorschrift zu ermitteln. Denn es ist der Gesetzgeber, der der Verwaltung bewusst einen Spielraum eingeräumt haben muss (sog. normative Ermächtigungslehre).[544] Ein ausnahmsweise bestehender Beurteilungsspielraum muss also im Gesetz selbst angelegt sein.[545] Die Anforderungen sind von Verfassungs wegen (vgl. Art. 19 Abs. 4 GG) streng. Einen unbestimmten Rechtsbegriff zu verwenden, ist eine notwendige, jedoch keine hinreichende Bedingung.[546] Auch dass § 27 Abs. 2 S. 1 BDSG eine in die Zukunft gerichtete Prognose verlangt („voraussichtlich"), genügt für sich genommen nicht. Zwar stellen Prognosen und Risikobewertungen eine anerkannte Fallgruppe dar.[547] Die prognostischen Elemente der Vorschrift

---

[541] So aber bspw. *Spindler/Horváth*, in: Spindler/Schuster (Hrsg.), Recht der elektronischen Medien, 4. Aufl., 2019, Art. 89 DSGVO Rn. 11, allerdings zur unionsrechtlichen Öffnungsklausel, nicht zu § 27 Abs. 2 BDSG.

[542] A. A. – jedoch ohne zwischen privaten und öffentlichen Stellen zu differenzieren – *Buchner/Tinnefeld*, in: Kühling/Buchner (Hrsg.), DSGVO/BDSG, 3. Aufl., 2020, § 27 Rn. 19 („Prognoseentscheidung des Verantwortlichen mit einem entsprechenden Beurteilungsspielraum"); ebenso *Krohm*, in: Gola/Heckmann (Hrsg.), BDSG, 13. Aufl., 2019, § 27 Rn. 37; wohl auch *Kühling*, ZD 2021, 74 (76 f.). Vgl. ferner die Kritik bei *Golla*, in: Specht/Mantz (Hrsg.), Handbuch Europäisches und deutsches Datenschutzrecht, 2019, § 23 Rn. 63, der – unter Rekurs auf *Johannes/Richter*, DuD 2017, 300 (303) – von einem „sehr weiten Entscheidungsspielraum" ausgeht. Davon ist die Frage zu unterscheiden, ob das *sekundäre Unionsrecht*, also die Datenschutz-Grundverordnung, dem (mitgliedstaatlichen) *Gesetzgeber* einen „Beurteilungsspielraum" einräumt; vgl. dazu *Hense*, in: Sydow (Hrsg.), DSGVO, 2. Aufl., 2018, Art. 89 Rn. 13, der von einem „nicht grenzenlos[en]" Beurteilungsspielraum spricht, wobei nicht klar wird, ob er den des Gesetzgebers („Rechtsgrundlage für mitgliedstaatliche Prognosebeurteilungen") meint oder – indem er auf die Bußgelddrohung Bezug nimmt – den des Verantwortlichen. – In der deutschen verwaltungsrechtlichen Dogmatik unterscheidet man gemeinhin zwischen dem „Ermessen" einer Behörde auf der Rechtsfolgenebene und den „unbestimmten Rechtsgriffen" bzw. dem „Beurteilungsspielraum" auf der Tatbestandsebene. Vgl. z. B. BVerwG NVwZ 2020, 233 (234, Rn. 13).

[543] Vgl. allg. *Buchheim/Möllers*, in: Voßkuhle/Eifert/Möllers (Hrsg.), GVerwR, 3. Aufl., 2022, § 46 Rn. 115 ff. Aus der Rspr. z. B. BVerwG NVwZ 2020, 233 (234, Rn. 13 ff.).

[544] Vgl. dazu bspw. *Voßkuhle*, JuS 2008, 117 (118); *Schmidt-Aßmann*, in: Dürig/Herzog/Scholz (Hrsg.), GG, 92. EL (Aug. 2020), Art. 19 Abs. 4 Rn. 191.

[545] Siehe z. B. BVerwG NVwZ 2020, 233 (234, Rn. 14) m. w. N.

[546] *Kment/Vorwalter*, JuS 2015, 193 (196).

[547] *Kment/Vorwalter*, JuS 2015, 193 (198); *Riese*, in: Schoch/Schneider (Hrsg.), VerwR, 36. EL (Feb. 2019), § 114 VwGO Rn. 151 ff.

allein rechtfertigen indes noch keine Kontrollbeschränkung der Gerichte.[548] Für ein behördliches Letztentscheidungsrecht *fehlt* es hier an einem *tragfähigen Sachgrund*.[549] Dass die Rechtsprechung bei der Überprüfung des behördlichen Wahrscheinlichkeitsurteils an die „Grenzen ihrer Funktionsfähigkeit"[550] gelangte, ist nicht ersichtlich. Bei der anzustellenden Prognose handelt es sich auch nicht um eine Entscheidung, die zwangsläufig von individuellen Einschätzungen und Erfahrungen geprägt und dementsprechend einer Steuerung durch ein abstrakt-generelles Regelwerk weitgehend entzogen wäre.[551] Dem europäischen Datenschutzrecht ist auch andernorts eine Risikoprognose eingeschrieben (Stichwort: risikobasierter Ansatz),[552] die der vollen gerichtlichen Kontrolle unterliegt.[553] Nach alledem gibt § 27 Abs. 2 S. 1 BDSG für die Annahme eines Beurteilungsspielraums nicht genügend her. Die prognostischen Elemente sind vielmehr „Teil der Unbestimmtheit" des Gesetzesbegriffs.[554] Die Rechtsfrage, ob das jeweilige Betroffenenrecht „voraussichtlich" die Verwirklichung des Statistikzwecks unmöglich macht oder ernsthaft beeinträchtigt, ist somit gerichtlich *uneingeschränkt* überprüfbar.

*d) Beschränkung ist im Einzelfall notwendig (Verhältnismäßigkeit)*

Neben der Prognose, dass das Betroffenenrecht die Verwirklichung des Forschungs- oder Statistikzwecks voraussichtlich unmöglich macht oder ernsthaft beeinträchtigt, muss die Beschränkung „notwendig" sein, um den jeweiligen Zweck zu erfüllen (§ 27 Abs. 2 S. 1 BDSG). Die Vorschrift übernimmt auch insoweit eine Formulierung der unionsrechtlichen Öffnungsklausel (Art. 89 Abs. 2 DSGVO: „notwendig"; engl.: „necessary"; franz.: „nécessaires"). Notwendig meint hier so viel wie erforderlich. Die Erforderlichkeit bezieht sich wiederum auf den Verarbeitungszweck: Die Beschränkung des Betroffenenrechts muss somit *im Einzelfall erforderlich* sein, um den Statistikzweck verwirklichen zu kön-

---

[548] Am Beispiel einer polizeilichen Gefahrenprognose BVerfGE 103, 142 (157) zum Begriff „Gefahr im Verzug"; weitere Beispiele aus der Rechtsprechung bei *Riese*, in: Schoch/Schneider (Hrsg.), VerwR, 36. EL (Feb. 2019), § 114 VwGO Rn. 155. Vgl. dazu *Sachs*, in: Stelkens/Bonk/Sachs (Hrsg.), VwVfG, 9. Aufl., 2018, § 40 Rn. 160, für das Recht der EU: Rn. 163 f.; zu Prognosen allg. auch *Schmidt-Aßmann*, in: Dürig/Herzog/Scholz (Hrsg.), GG, 92. EL (Aug. 2020), Art. 19 Abs. 4 Rn. 198.
[549] Vgl. BVerfGE 129, 1 (31).
[550] BVerfGE 129, 1 (31).
[551] Vgl. etwa BVerwG NVwZ-RR 2016, 142 (145, Rn. 53).
[552] Siehe z. B. Art. 33 Abs. 1 S. 1 (Ausnahme von der Meldepflicht einer Datenschutzverletzung), Art. 34 (Benachrichtigungspflicht der betroffenen Person), Art. 35 Abs. 1 S. 1 (Datenschutz-Folgenabschätzung) DSGVO.
[553] So etwa *Martini*, in: Paal/Pauly (Hrsg.), DSGVO/BDSG, 3. Aufl., 2021, Art. 33 Rn. 26; *Baumgartner*, in: Ehmann/Selmayr (Hrsg.), DSGVO, 2. Aufl., 2018, Art. 35 Rn. 19.
[554] *Schmidt-Aßmann*, in: Dürig/Herzog/Scholz (Hrsg.), GG, 92. EL (Aug. 2020), Art. 19 Abs. 4 Rn. 198.

nen. Während die Öffnungsklausel den Gesetzgeber ermächtigt,[555] nimmt § 27 Abs. 2 S. 1 BDSG unmittelbar den *Verantwortlichen* in die Pflicht.[556] Auf der Ebene der Normanwendung muss dieser eine *konkret-individuelle Erforderlichkeitsprüfung*[557] durchführen, wenn er ein Recht der betroffenen Person zurückweisen möchte. Kann der Verantwortliche den jeweiligen Zweck erfüllen, ohne das Betroffenenrecht zu beschneiden, ist die Beschränkung nicht „notwendig".[558] Dabei hat etwa das Statistische Bundesamt auch zu prüfen, ob es dem Begehren zumindest *teilweise* (s. § 27 Abs. 2 S. 1 BDSG: „insoweit") abhelfen kann.

*3. Anwendung auf die Datenverarbeitung zu statistischen Zwecken*

Diese Anforderungen (dazu oben 2.) sind im Folgenden auf die Verarbeitung personenbezogener Daten zu statistischen Zwecken anzuwenden. Dabei ist zwischen den verschiedenen Betroffenenrechten zu differenzieren. Denn die Rechte wirken typischerweise in unterschiedlicher Intensität auf die Verwirklichung der verfolgten Ziele bzw. Zwecke ein. Im Kontext der (amtlichen) Statistik kommt erschwerend hinzu, dass die Verarbeitungsprozesse „äußerst komplex" sind und – wie *Jürgen Kühling* treffend beschreibt – „oftmals dynamisch verlaufen".[559] Das illustriert das in Kapitel § 2[560] skizzierte Geschäftsprozessmodell Amtliche Statistik (GMAS), insbesondere dessen Phasen 4 („Daten gewinnen"), 5 („Daten aufbereiten") und 6 („Ergebnisse analysieren"). Probleme ergeben sich insbesondere für das Auskunftsrecht (dazu sogleich unter a)), um den maßgeblichen Zeitpunkt für die Auskunft zu bestimmen.[561] Die Komplexität und Dynamik der statistischen Verarbeitungsprozesse lässt aber auch die anderen Betroffenenrechte (dazu b) bis d)) nicht unberührt. Die Auswirkungen sind daher im Folgenden jeweils getrennt aufzufächern.

---

[555] Das Schrifttum versteht dieses Kriterium in Art. 89 Abs. 2 DSGVO als Ausdruck einer Verhältnismäßigkeitsprüfung, vgl. statt vieler *Schwartmann/Mühlenbeck/Wybitul*, in: Schwartmann/Jaspers/Thüsing/Kugelmann (Hrsg.), DSGVO/BDSG, 2. Aufl., 2020, Art. 89 Rn. 44 m.w.N.
[556] Diese Ebenen scheint *Kühling*, ZD 2021, 74 (77) zu vermengen.
[557] *Krohm*, in: Gola/Heckmann (Hrsg.), BDSG, 13. Aufl., 2019, § 27 Rn. 36 spricht von einer „Erforderlichkeitsabwägung", wobei offenbleibt, welche Rechte/Interessen er hier abwägen möchte.
[558] Vgl. *Pauly*, in: Paal/Pauly (Hrsg.), DSGVO/BDSG, 3. Aufl., 2021, § 27 Rn. 12.
[559] *Kühling*, ZD 2021, 74 (74).
[560] Oben S. 55 ff.
[561] Siehe dazu *Kühling*, ZD 2021, 74 (78 f.).

*a) Auskunftsrecht*

Art. 15 DSGVO verbürgt der betroffenen Person ein – grundrechtlich fundiertes (Art. 8 Abs. 2 S. 2 GRCh)[562] – Auskunftsrecht. Das Recht entsteht, wenn der Betroffene einen entsprechenden Antrag stellt, also Auskunft begehrt. Der Gegenstand dieses Betroffenenrechts ist durchaus komplex und weitreichend[563]: Die Vorschrift birgt verschiedene selbstständige Rechte, die teilweise aufeinander aufbauen („Bestätigung"; „Auskunft" im engeren Sinne[564])[565] und sachlich ggf. auch Meta- bzw. Kontextinformationen („Recht auf Kontext"[566]) einschließen. Aufgrund seiner grundrechtssichernden Funktion sind Ausnahmen (und damit auch § 27 Abs. 2 S. 1 BDSG) nach der Rechtsprechung des EuGH eng auszulegen.[567] Selbst wenn man die Ausnahmeregelung wegen ihrer auf Interessenausgleich gerichteten Funktion großzügiger interpretiert, so sind kaum Konstellationen denkbar, in denen das einzelne Auskunftsrecht die Verwirklichung des konkreten Statistikzwecks unmöglich macht oder ernsthaft beeinträchtigt.[568] Insoweit geht § 27 Abs. 2 S. 1 BDSG regelmäßig ins Leere. Ein lediglich administrativer, organisatorischer oder finanzieller Aufwand genügt jedenfalls nicht.[569] Der Verantwortliche darf auch nicht mehrere Auskunftsbegehren zu einem Ablehnungsgrund kumulieren.[570] Denn einem Individualrecht lassen sich keine Umstände entgegenhalten, die erst durch eine kollektive Betrachtung begründet werden. Vor einer (rechts-)missbräuchlichen Ausübung des Betroffenenrechts wird der Verantwortliche bereits durch Art. 12 Abs. 5 DSGVO geschützt: Offenkundig unbegründete und exzessive Anträge (etwa bei „häufiger Wiederholung") kann er unter den dort normierten Voraussetzungen zurückweisen („Weigerungsrecht" bzw. *dolo agit*-Einrede)[571]. Nach alledem muss das Bundesamt den Antragsteller regelmäßig beauskunften, soweit und solange die

---

[562] Siehe *Marsch*, Das europäische Datenschutzgrundrecht, 2018, S. 227 ff.; oben S. 415 f.

[563] Aus der deutschen Rechtsprechung etwa BGH NJW 2021, 2726 (2727, Rn. 18 ff.); dazu bspw. *Pauly/Mende*, CCZ 2022, 28 ff.; zu Art. 15 Abs. 3 DSGVO („Kopie") s. EuGH, Urt. v. 4.5.2023 – C-487/21, ECLI:EU:C:2023:369, Rn. 18 ff.

[564] Siehe Art. 15 DSGVO: Abs. 1 Hs. 1 einerseits und Hs. 2 andererseits. Zur Struktur des Art. 15 DSGVO s. *EDPB*, Guidelines 01/2022, Version 2.0 v. 28.3.2023, Rn. 16.

[565] Das „Recht auf Kopie" ist jedoch kein eigenständiges Auskunftsrecht. Nach dem EuGH (Urt. v. 4.5.2023 – C487/21, ECLI:EU:C:2023:369, Rn. 31) legt Art. 15 Abs. 3 die „praktischen Modalitäten", insbes. die Form der Auskunft gem. Abs. 1 fest.

[566] Vgl. *Engeler/Quiel*, NJW 2019, 2201 (2201 f.): „Anspruch auf Kontext".

[567] Siehe etwa die Nachweise in § 9 Fn. 510 und § 10 Fn. 389.

[568] Vgl. etwa *Kühling*, ZD 2021, 74 (76 f.); allg. auch *Louven*, in: Taeger/Gabel (Hrsg.), DSGVO/BDSG/TTDSG, 3. Aufl., 2022, § 27 BDSG Rn. 14. *Greve*, in: Eßer/Kramer/von Lewinski (Hrsg.), Auernhammer, 7. Aufl., 2020, § 27 BDSG Rn. 20 mit dem Bsp., dass ein Auskunftsrecht während eines Vorhabens zur Verhaltensforschung aus methodischen Gründen nicht bestehen könnte.

[569] Vgl. *Raum*, in: Ehmann/Selmayr (Hrsg.), DSGVO, 2. Aufl., 2018, Art. 89 Rn. 51.

[570] In diese Richtung wohl auch OVG NRW, Urt. v. 8.6.2021 – 16 A 1582/20, juris Rn. 153.

[571] Vgl. dazu bspw. OVG NRW, Urt. v. 8.6.2021 – 16 A 1582/20, juris Rn. 144 ff.: Ein An-

Daten noch in personenbezogener Form vorliegen. Das ist typischerweise bis zur Löschung der Hilfsmerkmale (§ 12 Abs. 1 BStatG) der Fall.[572]

Maßgeblicher *Zeitpunkt* ist dabei grundsätzlich der des *Auskunftsersuchens*.[573] Im Kontext einer statistischen Datenverarbeitung führt dies jedoch nicht selten zu erheblichen rechtspraktischen Problemen. Denn die Verarbeitungsvorgänge sind hier – wie bspw. im Zensus – nicht nur besonders umfangreich und komplex, sondern auch dynamisch angelegt. Ein „sekundengenaues" Abbild zu beauskunften, ist den verantwortlichen Statistikämtern insbesondere in der Prozessphase der Datenaufbereitung[574] oftmals nur schwer möglich.[575] Vor diesem Hintergrund vertritt *Jürgen Kühling* die Ansicht, die statistischen Ämter dürften ggf. erforderliche Validierungsschritte[576] jedenfalls innerhalb der Monatsfrist des Art. 12 Abs. 3 S. 2 DSGVO[577] abwarten, bevor sie eine Auskunft erteilen.[578] Problematisch an dieser Ansicht ist jedoch, dass sie zwei Zeitpunkte miteinander zu vermengen scheint: und zwar den Zeitpunkt, auf den sich der Anspruch inhaltlich bezieht (Auskunft über die personenbezogenen Daten, die der Verantwortliche zum Tag X verarbeitet [hat][579]) sowie den Zeitpunkt, bis zu dem der Verantwortliche den Anspruch ggf. zu erfüllen hat (Tag Y).[580] Es

---

trag stelle sich nicht allein aufgrund eines hohen Bearbeitungsaufwands als exzessiv dar; erforderlich sei vielmehr, dass ein rechtsmissbräuchliches Verhalten hinzutritt.

[572] Vgl. dazu auch die Regelung des Art. 11 DSGVO zur „faktischen Pseudonymisierung", so *Wolff*, in: Wolff/Brink (Hrsg.), BeckOK DatenschutzR, 40. Ed. (1.11.2021), Art. 11 Rn. 6. Ist eine Identifizierung durch den Verantwortlichen nicht oder nicht mehr erforderlich, ist er nicht verpflichtet, zusätzliche Informationen nur deshalb aufzubewahren, einzuholen oder zu verarbeiten, um eine datenschutzrechtliche Auskunft erteilen zu können, dazu *Wolff*, ebenda, Rn. 21 ff.

[573] *Bäcker*, in: Kühling/Buchner (Hrsg.), DSGVO/BDSG, 3. Aufl., 2020, Art. 15 Rn. 8a; s. auch *EDPB*, Guidelines 01/2022, Version 2.0 v. 28.3.2023, Rn. 37: „The assessment of the data being processed shall reflect *as close as possible* the situation when the controller *receives the request* and the response should cover all data available *at that point in time*" (Hervorhebung d. Verf.).

[574] Siehe dazu Phase 5 des GMAS, oben S. 66 ff.

[575] In diesem Sinne auch *Kühling*, ZD 2021, 74 (78).

[576] Teilprozess 5.3 des GMAS, oben S. 69.

[577] Danach muss der Verantwortliche die Informationen „unverzüglich, in jedem Fall aber innerhalb eines Monats nach Eingang des Antrags zur Verfügung" stellen.

[578] *Kühling*, ZD 2021, 74 (78), der auch die Möglichkeiten der Fristverlängerung gem. Art. 12 Abs. 3 S. 2 DSGVO (Qualität und Quantität der Anträge) diskutiert.

[579] Über Daten, die er in der Vergangenheit verarbeitet hat, muss der Verantwortliche keine Auskunft erteilen; statt vieler *Bäcker*, in: Kühling/Buchner (Hrsg.), DSGVO/BDSG, 3. Aufl., 2020, Art. 15 Rn. 8a. Das Perfekt („verarbeitet hat") soll hier jedoch den Zeitraum ausdrücken, der zwischen dem Auskunftsersuchen und der Auskunftserteilung vergangen ist.

[580] In der (Kommentar-)Literatur ist umstritten, ob es sich bei Art. 12 Abs. 3 um eine sog. Erledigungsfrist handelt (so bspw. *Bäcker*, in: Kühling/Buchner (Hrsg.), DSGVO/BDSG, 3. Aufl., 2020, Art. 12 Rn. 33) oder ob der Verantwortliche innerhalb dieser Frist lediglich eine sog. Statusmeldung (über die Maßnahmen, die der Verantwortliche auf den Antrag hin ergriffen hat, s. den Wortlaut des Art. 12 Abs. 3 S. 1 DSGVO) abgeben muss (so bspw. *Franck*, in:

kommt in diesem Zusammenhang auch nicht darauf an, ob der Verantwortliche nach diesem Zeitraum ggf. ein „‚zutreffenderes' Bild der gespeicherten Daten" geben kann. Der Auskunftsanspruch denkt nicht in den Kategorien der Datenrichtigkeit. Vielmehr geht es darum, die betroffene Person darüber zu informieren, welche personenbezogenen Daten der Verantwortliche über sie zu einem ganz bestimmten Zeitpunkt tatsächlich verarbeitet (hat).[581] Dieses Recht versetzt den Betroffenen dann ggf. in die Lage, sein Recht auf Berichtigung geltend zu machen. Dass ein statistisches Amt die Daten ohnedies von sich aus „validiert" bzw. berichtigt, ist insofern ohne Belang. Nach alledem darf ein statistisches Amt etwaige Validierungen nicht abwarten, bevor es Auskunft erteilt. Der Zeitpunkt, der über den Inhalt des Auskunftsrechts bestimmt, ist der des Auskunftsersuchens (Eingang beim Verantwortlichen).

*b) Recht auf Berichtigung*

Nach Art. 16 S. 1[582] DSGVO kann eine Person von dem Verantwortlichen unverzüglich die Berichtigung unrichtiger personenbezogener Daten verlangen. Die Vorschrift konkretisiert den objektiven Grundsatz der Richtigkeit[583] und verleiht der betroffenen Person einen *subjektiven Anspruch*.[584] Der Begriff „(Un-)Richtigkeit" ist autonom unionsrechtlich auszulegen.[585] Unrichtig sind Daten, wenn sie nicht mit der Realität („objektive Wirklichkeit"[586]) übereinstimmen.[587] Das

---

Gola (Hrsg.), DSGVO, 2. Aufl., 2018, Art. 12 Rn. 28). Die höchstrichterliche Rspr. hat diese Frage, soweit ersichtlich, noch nicht entschieden. Das *EDPB*, Guidelines 01/2022, Version 2.0 v. 28.3.2023, Rn. 158 scheint davon auszugehen, dass der Verantwortliche die Daten unverzüglich („as a general rule, provide the information under Art. 15 without undue delay […]"), d. h. so schnell wie möglich („as soon as possible") zur Verfügung stellen muss.

[581] Aus diesem Grund kann sich der Verantwortliche bspw. auch nicht des Anspruchs entledigen, indem er die Daten auf das Auskunftsersuchen hin löscht, so *EDPB*, Guidelines 01/2022, Version 2.0 v. 28.3.2023, Rn. 39; aus der Literatur z.B. *Paal*, in: Paal/Pauly (Hrsg.), DSGVO/BDSG, 3. Aufl., 2021, Art. 15 Rn. 23 m.w.N.

[582] Nach S. 2 des Art. 16 DSGVO kann die betroffene Person die „Vervollständigung unvollständiger personenbezogener Daten" verlangen. Dabei handelt es sich um einen „Spezialfall" des Berichtigungsrechts aus S. 1, so zutreffend *Herbst*, in: Kühling/Buchner (Hrsg.), DSGVO/BDSG, 3. Aufl., 2020, Art. 16 Rn. 4.

[583] Siehe Art. 5 Abs. 1 Buchst. d DSGVO. Zur Gewährleistung von Richtigkeit und Vollständigkeit der Information als Zielfunktion des Datenschutzes bereits *Mallmann*, Zielfunktionen des Datenschutzes, 1977, S. 70 ff.

[584] Zu Art. 16 S. 1 DSGVO als „Anspruchsgrundlage" BVerwG, Urt. v. 2.3.2022 – 6 C 7/20, juris Rn. 23.

[585] *Kamann/Braun*, in: Ehmann/Selmayr (Hrsg.), DSGVO, 2. Aufl., 2018, Art. 16 Rn. 13; VGH Baden-Württemberg, Urt. v. 10.3.2020 – 1 S 397/19, juris Rn. 40.

[586] BVerwG, Urt. v. 2.3.2022 – 6 C 7/20, juris Rn. 32.

[587] *Herbst*, in: Kühling/Buchner (Hrsg.), DSGVO/BDSG, 3. Aufl., 2020, Art. 16 Rn. 8; *Peuker*, in: Sydow (Hrsg.), DSGVO, 2. Aufl., 2018, Art. 16 Rn. 7; VG Bremen, Beschl. v. 21.4.2020 – 2 V 164/20, juris Rn. 17. Vgl. auch OLG Celle, Urt. v. 20.1.2022 – 13 U 84/19, juris Rn. 100, wonach Werturteile dann ausgenommen sind, wenn sie keine dem Wahrheits-

betrifft zunächst unproblematische Fälle wie ein unrichtiges Geburtsdatum (z. B. in einem Melderegister[588]), einen falschen Namen oder eine falsche Anschrift.[589] Schwieriger sind Fälle, die maßgeblich durch ihren Verwendungszusammenhang geprägt und determiniert sind.[590] Entscheidend ist dann die semantische Ebene eines Datums, die kontextabhängig ist: So kann eine Information als Sinnelement je nach Verarbeitungskontext richtig *und* falsch sein. Nach einem tendenziell weiten, funktionalen Ansatz fallen sogar irreführende, unklare oder missverständliche Daten in den Anwendungsbereich der Norm, sofern sie im jeweiligen Kontext ein Risiko für die Rechte und Freiheiten der betroffenen Person in sich tragen.[591] Sinn und Zweck des Art. 16 DSGVO ist es, drohende *Nachteile* abzuwenden, die aus der Verarbeitung unrichtiger oder unvollständiger Daten entstehen (können).[592]

In der amtlichen Statistik besteht diese Gefahr in der Regel nicht – jedenfalls nicht unmittelbar. Denn die statistischen Ämter sind keine operativen Behörden: Sie treffen schlicht keine Entscheidung gegenüber einer betroffenen Person, die auf unrichtigen statistischen Daten beruhen könnte. Nachteile sind an sich also nicht zu besorgen. In diesem Sinne hat die betroffene Person zwar ein subjektives Recht auf Berichtigung, aber daran typischerweise kein eigenes Interesse. Die Interessenlage ist ggf. sogar umgekehrt: So ist es die amtliche Statistik, die stets versucht (und von Gesetzes wegen auch gehalten ist), die soziale Wirklichkeit möglichst realitätsgerecht zu erfassen. Das zeigt sich beispielhaft an der Feststellung der amtlichen Einwohnerzahl. Zwar gebe es, so das BVerfG, keine Gewähr dafür, die absolut „wahre" oder „richtige" Einwohnerzahl zu ermitteln.[593] Sämtliche Verfahren seien nach einhelliger Auffassung der statistischen Wissenschaft mit Unsicherheiten und Ungenauigkeiten behaftet und fehleranfällig. Das Grundgesetz fordert nicht das Unmögliche, sondern nur ein Maß an Genauigkeit, das notwendig ist, um die verfassungsrechtlichen Zwecke zu erfüllen. Der Gesetzgeber ist hiernach verpflichtet, Regelungen für ein geeignetes Verfahren zu erlassen, mit dem die Zahlen *realitätsgerecht* ermittelt

---

beweis zugängliche Tatsache enthalten. Dazu ferner *Paal*, in: Paal/Pauly (Hrsg.), DSGVO/BDSG, 3. Aufl., 2021, Art. 16 Rn. 15.

[588] Siehe etwa BVerwG, Urt. v. 2.3.2022 – 6 C 7/20, juris Rn. 28 ff.; Vorinstanz: VGH Baden-Württemberg, Urt. v. 10.3.2020 – 1 S 397/19, juris Rn. 32 ff., 93. Vgl. auch § 12 BMG, der m. W. v. 26.11.2019 an die DSGVO angepasst worden ist (BGBl. I 2019, S. 1626; BT-Drs. 19/4674, S. 224). Der Berichtigungsanspruch folgt nunmehr unmittelbar aus Art. 16 DSGVO.

[589] Statt vieler *Kamann/Braun*, in: Ehmann/Selmayr (Hrsg.), DSGVO, 2. Aufl., 2018, Art. 16 Rn. 13.

[590] Vgl. auch VG München, Urt. v. 17.8.2021 – M 13 K 19.4717, juris Rn. 34.

[591] Dazu bspw. *Kamann/Braun*, in: Ehmann/Selmayr (Hrsg.), DSGVO, 2. Aufl., 2018, Art. 16 Rn. 14.

[592] *Kamann/Braun*, in: Ehmann/Selmayr (Hrsg.), DSGVO, 2. Aufl., 2018, Art. 16 Rn. 1; vgl. auch *Paal*, in: Paal/Pauly (Hrsg.), DSGVO/BDSG, 3. Aufl., 2021, Art. 16 Rn. 4.

[593] Siehe hierzu BVerfGE 150, 1 (85, Rn. 164 ff.); ferner bereits oben S. 2 f.

werden können. Die amtliche Statistik trägt dafür Sorge, dass fehlerhafte Daten berichtigt werden. So sieht denn auch das Zensusgesetz 2022 Maßnahmen vor, um die Qualität der Zensusergebnisse zu sichern (vgl. §§ 21 f.: Mehrfachfallprüfung und Wiederholungsbefragungen zur Qualitätsbewertung). Für einen künftigen Registerzensus wird ein sog. Lebenszeichenansatz erprobt, um Über- und ggf. auch Untererfassungen zu korrigieren.[594] Die Qualität statistischer Daten ist demnach ein hohes Gut, das den statistischen Produktionsprozess insgesamt anleitet und prägt. Auf europäischer Ebene sichern der Verhaltenskodex (*Code of Practice*) sowie ein *Quality Assurance Framework* die „Richtigkeit" bzw. Zuverlässigkeit der statistischen Ergebnisse ab.

Nach alledem ist es kaum vorstellbar, dass eine Berichtigung unrichtiger Daten die Verwirklichung statistischer Zwecke auch nur beeinträchtigt. Im Gegenteil: Das Recht auf Berichtigung gemäß Art. 16 DSGVO wirkt sich prinzipiell *positiv* auf den Statistikzweck aus, indem es die Qualität der Daten und damit auch das Ziel einer statistischen Erhebung eher fördert denn beeinträchtigt. Insoweit kommt die Ausnahmevorschrift des § 27 Abs. 2 S. 1 BDSG im Kontext der amtlichen Statistik regelmäßig nicht zum Tragen.

*c) Widerspruchsrecht*

Anders als das Recht auf Berichtigung hat das *Widerspruchsrecht* – entsprechendes gilt für das Recht auf Einschränkung der Verarbeitung (dazu sogleich unter d) – prinzipiell *negative* Auswirkungen auf die Zweckverwirklichung.[595] Denn hier geht es nicht um die „bloße" Korrektur unrichtiger Daten. Vielmehr handelt es sich um ein Eingriffs- und Steuerungsrecht, das sich nachhaltig auf den Verarbeitungsprozess und damit letztlich auch auf das statistische Ergebnis auswirken *kann*. Dies liegt in der Rechtsfolge des Widerspruchsrechts begründet: dem *Weiterverarbeitungsverbot* mit *ex nunc*-Wirkung. Das statistische Amt (z. B. das Statistische Bundesamt) darf die Daten des Widerspruchsführers im Falle eines begründeten Widerspruchs fortan nicht mehr (zu statistischen Zwecken) verarbeiten. Dessen eingedenk erscheint es nicht unwahrscheinlich, dass dieses Gestaltungsrecht im Einzelfall die Verwirklichung des jeweiligen Statistikzwecks zumindest ernsthaft i. S. d. § 27 Abs. 2 S. 1 BDSG beeinträchtigt. Bei *Vollerhebungen*, die darauf zielen, *alle statistischen Einheiten* einer Grundgesamtheit zu erfassen, leuchtet das ohne Weiteres ein. Das Herausnehmen einzelner Datensätze schlüge unmittelbar auf das statistische Ergebnis durch. Die Vollerhebung wäre dann – abhängig von der Zahl der begründeten Widersprüche – lückenhaft. Im Fall einer *Stichprobenerhebung* stellen sich die Auswirkungen anders dar. Denn diese beschränkt sich von vornherein auf eine ausge-

---

[594] Siehe nur BT-Drs. 19/27425, S. 39; s. auch S. 191.
[595] Siehe zur verordnungsunmittelbaren Privilegierung (Art. 21 Abs. 6 DSGVO) bereits oben S. 427 ff.

D. Betroffenenrechte

wählte Teilmenge der Grundgesamtheit[596] (im Mikrozensus beträgt der Auswahlsatz bspw. ein Prozent der Bevölkerung, § 4 Abs. 2 S. 1 MZG), die anschließend nach mathematisch-statistischen Verfahren hochgerechnet wird. Ziel einer Stichprobe ist es, ein möglichst repräsentatives Abbild der Grundgesamtheit zu erhalten (vgl. auch § 1 Abs. 1 MZG: „auf repräsentativer Grundlage"[597]). Ein Weiterverarbeitungsverbot für personenbezogene Daten wirkt im Ergebnis – je nach Reichweite des Widerspruchs[598] – wie ein *teilweiser* (Item-Nonresponse) oder *vollständiger* Antwortausfall (Unit-Nonresponse).[599] Ein solcher Item- oder Unit-Nonresponse kann die Qualität der Stichprobe beeinflussen.[600] Da der Antwortausfall nicht ebenso zufällig ist[601] wie die gezogene Stichprobe, kommt es prinzipiell zu einer Verzerrung der Nettostichprobe[602] (sog. Nonresponse-Bias ).[603] Die systematischen Verzerrungen können durch Gewichtungs- und Korrekturverfahren zwar potenziell reduziert, aber in der Regel nicht vollständig ausgeglichen werden.[604] Zudem ist nicht immer auszu-

---

[596] N = Anzahl der Elemente der Grundgesamtheit; n = Anzahl der Elemente der Stichprobe. Der Auswahlsatz ist der Quotient von n durch N; der Hochrechnungsfaktor ist N durch n.

[597] Zum (nicht unproblematischen) Begriff der Repräsentativität s. *Schnell/Hill/Esser*, Methoden der empirischen Sozialforschung, 11. Aufl., 2018, S. 277 ff.: „Die Verwendung des Begriffs ‚Repräsentativität' ist, legt man wissenschaftliche Kriterien zugrunde, ungenau und unnötig: Entweder stellt eine Auswahl eine Zufallsstichprobe dar oder nicht".

[598] Der Widerspruchsführer kann seinen Widerspruch auf bestimmte Daten begrenzen, vgl. dazu *Herbst*, in: Kühling/Buchner (Hrsg.), DSGVO/BDSG, 3. Aufl., 2020, Art. 21 Rn. 17 zu Art. 21 Abs. 1 DSGVO (entsprechendes gilt für Abs. 6).

[599] Von *Unit-Nonresponse* spricht man, wenn für eine Einheit (etwa eine Person) gar keine Daten vorliegen. Unter *Item-Nonresponse* versteht man den Fall, dass eine Erhebungseinheit zwar einige, aber nicht alle Fragen beantwortet hat oder die Information nicht verwendbar ist; damit sind einzelne Merkmale für die Stichprobe nicht verfügbar. Zu den Begriffen *Statistische Ämter des Bundes und der Länder*, Qualitätshandbuch 2021 (Version 1.21), 2021, S. 140 und 152. Vgl. aus der sozialwissenschaftlichen Literatur z. B. *Engel/Schmidt*, in: Baur/Blasius (Hrsg.), Handbuch Methoden der empirischen Sozialforschung, 2019, S. 385 ff.; *Schnell/Hill/Esser*, Methoden der empirischen Sozialforschung, 11. Aufl., 2018, S. 279 ff.

[600] Vgl. allg. zu den möglichen Fehlerquellen einer Stichprobenerhebung *Faulbaum*, in: Baur/Blasius (Hrsg.), Handbuch Methoden der empirischen Sozialforschung, 2019, S. 505 ff., insbes. S. 513 ff.

[601] Der „Antwortausfall" beruht auf einer individuellen Entscheidung der betroffenen Person und ist nur bis zu einem gewissen Grad vorhersehbar, vgl. zu Erklärungsversuchen und -modellen, die bspw. auf Korrelationen zu soziodemografischen Merkmalen beruhen, vgl. *Volk/Hochgürtel*, WISTA 4/2016, 66 (68 f.) m.w.N.

[602] Der Netto-Stichprobenumfang beschreibt die Anzahl der ursprünglich ausgewählten Stichprobeneinheiten (Brutto-Stichprobenumfang) vermindert um die echten Antwortausfälle (z.B. aufgrund von Verweigerung, Urlaub oder Krankheit), s. *Statistische Ämter des Bundes und der Länder*, Qualitätshandbuch 2021 (Version 1.21), 2021, S. 144.

[603] Siehe *Volk/Hochgürtel*, WISTA 4/2016, 66 (67).

[604] Vgl. *Volk/Hochgürtel*, WISTA 4/2016, 66 (69 ff.) mit Nachweisen aus der statistischen Forschung. Zu möglichen Korrekturverfahren für Unit-Nonresponse auch *Schnell/Hill/Esser*, Methoden der empirischen Sozialforschung, 11. Aufl., 2018, S. 286 ff.

schließen, dass diese Verfahren nicht ihrerseits Verzerrungen hervorrufen. In der statischen Methodenlehre wird daher empfohlen, den Unit-Nonresponse möglichst niedrig zu halten.[605] Vor diesem Hintergrund ist das datenschutzrechtliche Widerspruchsrecht[606] prinzipiell geeignet, den Statistikzweck zu beeinträchtigen. Ob diese Beeinträchtigung „ernsthaft" i.S.d. § 27 Abs. 2 S. 1 BDSG ist, hängt vom Einzelfall und vom jeweiligen Stichprobendesign ab. Dabei ist auch zu berücksichtigen, dass eine Stichprobenerhebung schon methodologisch einen sog. *Standardfehler*[607] aufweist – eine Stichprobe ist stets eine Intervallschätzung.[608] So strebt bspw. der Zensus 2022 bei der Auswahl von Stichprobeneinheiten in Gemeinden mit mindestens 10.000 Einwohnern einen einfachen relativen Standardfehler von höchsten 0,5 % an (§ 11 Abs. 2 S. 1 Nr. 1 ZensG 2022). Das bedeutet: Mit einer Wahrscheinlichkeit von 95 % darf die festgestellte von der wirklichen (aber unbekannten) Einwohnerzahl um höchstens 1 % abweichen.[609] Damit soll freilich nicht gesagt werden, dass eine Beeinträchtigung unterhalb dieser Schwelle nicht ernsthaft sein kann. Schon aus verfassungsrechtlichen Gründen[610] bedarf es einer möglichst realitätsgerechten Ermittlung; das Zensusgesetz gibt daher den noch tolerierbaren (relativen) Standardfehler in diesem Fall zu Recht mit „höchstens" 0,5 % an. Vor diesem Hintergrund muss die verantwortliche Statistikstelle prüfen, ob der Einfluss auf die angestrebten Präzisionsziele[611] zu einer ernsthaften Beeinträchtigung i.S.d. § 27 Abs. 2 S. 1 BDSG führt. Beabsichtigt der Verantwortliche, den Widerspruch zurückzuweisen, muss er das entsprechend begründen.[612]

---

[605] So z.B. *Volk/Hochgürtel*, WISTA 4/2016, 66 (71).

[606] Entsprechendes gilt im Ergebnis für den *Widerruf der Einwilligung*, dazu oben S. 132ff. Das Widerrufsrecht ist jedoch nicht einschränkbar.

[607] Dazu etwa *Martini*, Der Zensus 2011 als Problem interkommunaler Gleichbehandlung, 2011, S. 42: In der Statistik bezeichne der Begriff „Standardfehler" die durchschnittliche Abweichung des geschätzten Parameterwertes (hier: der festgestellten amtlichen Einwohnerzahl) vom wahren Parameterwert (hier: der tatsächlichen Einwohnerzahl).

[608] Vgl. etwa *Häder/Häder*, in: Baur/Blasius (Hrsg.), Handbuch Methoden der empirischen Sozialforschung, 2019, S. 334ff. (Stichprobenziehung in der quantitativen Sozialforschung); zum Standardfehler auch *Schnell/Hill/Esser*, Methoden der empirischen Sozialforschung, 11. Aufl., 2018, S. 249.

[609] So BT-Drs. 19/8693, S. 48. Die Gesetzesbegründung liefert hierzu folgendes Beispiel: Wird für eine Gemeinde die Einwohnerzahl 20.000 ermittelt, darf das Ergebnis mit einer Wahrscheinlichkeit von 95 % um nicht mehr als 200 Personen von der tatsächlichen Einwohnerzahl abweichen. Vgl. zum Zensus 2011 (§ 7 Abs. 1 S. 2 ZensG 2011) z.B. *Martini*, Der Zensus 2011 als Problem interkommunaler Gleichbehandlung, 2011, S. 41 ff. und S. 55 ff.

[610] Siehe BVerfGE 150, 1 (85, Rn. 164ff.); dazu oben S. 2f.

[611] Siehe auch § 11 Abs. 2 S. 2 ZensG 2022; zur Entwicklung des Stichprobenkonzepts für den Zensus 2021 s. *Burgard/Münnich/Rupp*, WISTA (Sonderheft Zensus 2021) 2019, 23 ff.

[612] Vgl. Art. 12 Abs. 4 DSGVO, ggf. i.V.m. § 39 VwVfG; dazu *Bäcker*, in: Kühling/Buchner (Hrsg.), DSGVO/BDSG, 3. Aufl., 2020, Art. 12 Rn. 32.

### d) Recht auf Einschränkung der Verarbeitung

#### aa) Tatbestandliche Voraussetzungen im Kontext der amtlichen Statistik

Das *Recht auf Einschränkung der Verarbeitung* gemäß Art. 18 DSGVO ist ein Minus[613] zum Recht auf Löschung, man könnte auch sagen: ein „milderes Mittel"[614]. Abs. 1 sieht vier alternative[615] Tatbestände vor, die im Kontext der statistischen Datenverarbeitung entweder nicht einschlägig (so fehlt etwa der Verweis auf das Widerspruchsrecht gemäß Art. 21 Abs. 6 DSGVO; Buchst. d[616]) oder aber von geringer Relevanz sein dürften. Dass die Verarbeitung unrechtmäßig ist, die betroffene Person statt der Löschung ausdrücklich die Einschränkung der Verarbeitung verlangt (Buchst. b), ist möglich, aber unwahrscheinlich. Auch dass der Verantwortliche die Daten für den Statistikzweck nicht länger benötigt, die betroffene Person ihrer jedoch Bedarf, um Rechtsansprüche geltend zu machen, auszuüben oder sich davor zu verteidigen (Buchst. c), ist eher unwahrscheinlich. Damit bleibt im Wesentlichen nur der Fall, dass die betroffene Person die *Richtigkeit* der personenbezogenen Daten *bestreitet* (Buchst. a). Dabei handelt es sich jedoch um ein „Interregnum"[617] – das Recht wirkt zeitlich befristet. Denn es greift schon dem Wortlaut nach nur für die Dauer der Richtigkeitsprüfung[618]. Weil die Richtigkeit der Daten ein wichtiges Qualitätsmerkmal der Statistik ist, haben die statistischen Ämter aber ohnedies ein eigenes Interesse daran, fehlerhafte Daten zu korrigieren.[619] Nach alledem dürften schon die tatbestandlichen Voraussetzungen des Rechts auf Einschränkung nach Art. 18 Abs. 1 DSGVO nur selten gegeben sein. Die Frage, ob dieses Betroffenenrecht die verfolgten Statistikzwecke letztlich unmöglich macht oder ernsthaft beeinträchtigt,

---

[613] Das ergibt sich bereits aus dem Wortlaut der Norm („Einschränkung"; „Löschung […] ablehnt und stattdessen die Einschränkung der Nutzung […] verlangt"). Im Kommissionsentwurf war dieses Recht noch in Art. 17 DSGVO-E(KOM) enthalten, s. KOM(2012) 11 endgültig, S. 59 f. Zur Systematik instruktiv *Veil*, in: Gierschmann/Schlender/Stentzel/Veil (Hrsg.), DSGVO, 2018, Art. 18 Rn. 12 ff., insbes. Rn. 15.

[614] *Paal*, in: Paal/Pauly (Hrsg.), DSGVO/BDSG, 3. Aufl., 2021, Art. 18 Rn. 3.

[615] *Keber/Keppeler*, in: Schwartmann/Jaspers/Thüsing/Kugelmann (Hrsg.), DSGVO/BDSG, 2. Aufl., 2020, Art. 18 Rn. 6: „abschließend und alternativ".

[616] Nach der hier vertretenen Ansicht sperrt das Widerspruchsrecht aus Art. 21 Abs. 6 einen Rückgriff auf das Recht aus Art. 21 Abs. 1 DSGVO, s. oben S. 429 f. Vgl. aus der Rspr. zu Art. 18 Abs. 1 Buchst. d i. V. m. Art. 21 Abs. 1 DSGVO z. B. VG Cottbus, Urt. v. 4.2.2022 – 4 K 1191/19, juris Rn. 127 ff.

[617] Vgl. *Paal*, in: Paal/Pauly (Hrsg.), DSGVO/BDSG, 3. Aufl., 2021, Art. 18 Rn. 3: Die betroffene Person erhalte einen „effektiven (und quasi-einstweiligen) Rechtsschutz (bis zur Klärung der Rechtslage)"; s. ferner *Veil*, in: Gierschmann/Schlender/Stentzel/Veil (Hrsg.), DSGVO, 2018, Art. 18 Rn. 1 („vorläufige Regelungen") sowie Rn. 2 („eine Art ‚vorläufige[r] Rechtsschutz'").

[618] Zu den Erfordernissen, insbes. zum Bestreiten der Richtigkeit, ausf. *Veil*, in: Gierschmann/Schlender/Stentzel/Veil (Hrsg.), DSGVO, 2018, Art. 18 Rn. 61 ff.

[619] Dazu oben S. 448 ff.

kann insofern regelmäßig dahinstehen. Dessen ungeachtet soll im Folgenden (dazu bb)) anhand seiner Rechtsfolge untersucht werden, ob und inwieweit dieses Recht prinzipiell unter den Ausnahmetatbestand des § 27 Abs. 2 S. 1 BDSG fallen kann.

*bb) Rechtsfolgen: Einschränkung der Verarbeitung; Verarbeitung trotz Einschränkung*

Auf der Rechtsfolgenseite führt das Recht aus Art. 18 Abs. 1 DSGVO zunächst dazu, dass die Verarbeitung nurmehr *eingeschränkt* zulässig ist.[620] Nach der Legaldefinition ist damit die „Markierung gespeicherter personenbezogener Daten" gemeint – und zwar „mit dem Ziel, ihre künftige Verarbeitung einzuschränken[621]" (Art. 4 Nr. 3 DSGVO). Dies entspricht der aus dem alten Recht bekannten „Sperrung".[622] Die Einschränkung geht jedoch regelmäßig über die bloße Markierung oder Kennzeichnung hinaus. Im 67. Erwägungsgrund zählt der Unionsgesetzgeber beispielhaft Methoden auf: So kann der Verantwortliche etwa ausgewählte personenbezogene Daten vorübergehend auf ein anderes Verarbeitungssystem übertragen (Separierung) oder in anderer Weise für die Nutzer sperren. In automatisierten Dateisystemen sollten technische Mittel eingesetzt werden, die sicherstellen, dass die betreffenden Daten „in keiner Weise weiterverarbeitet werden und nicht verändert werden können". Die Daten bzw. Merkmale sind also gleichsam „eingefroren"; sie stehen dem statistischen Produktionsprozess erst einmal nicht zur Verfügung. Sie könnten insbesondere nicht aufbereitet oder analysiert werden. Am Statistikergebnis hätten sie nicht teil. Erlaubt wäre nur das „bloße" Speichern.[623] Bliebe es dabei, könnte das Recht auf Einschränkung nach Art. 18 Abs. 1 DSGVO auch zu einer ernsthaften Beeinträchtigung i. S. d. § 27 Abs. 2 S. 1 BDSG führen. Denn diese Rechtsfolge käme der des Widerspruchs[624] in funktioneller Hinsicht nahe oder sogar gleich.[625] Erforderlich ist aber auch hier eine konkrete Prognoseentscheidung im Einzelfall.

---

[620] Siehe zur zeitlichen Dimension *Herbst*, in: Kühling/Buchner (Hrsg.), DSGVO/BDSG, 3. Aufl., 2020, Art. 18 Rn. 32, der sich dafür ausspricht, dass die Einschränkung „unverzüglich" vorzunehmen sei.

[621] Zu Recht krit. zu dieser Definition *Herbst*, in: Kühling/Buchner (Hrsg.), DSGVO/BDSG, 3. Aufl., 2020, Art. 4 Nr. 3 Rn. 6 („semantisch misslungen").

[622] So *Herbst*, in: Kühling/Buchner (Hrsg.), DSGVO/BDSG, 3. Aufl., 2020, Art. 18 Rn. 28; s. § 3 Abs. 4 Nr. 4 BDSG a. F. (Sperren bedeutete „das Kennzeichnen gespeicherter personenbezogener Daten, um ihre weitere Verarbeitung oder Nutzung einzuschränken").

[623] Siehe Art. 18 Abs. 2 DSGVO („von ihrer Speicherung abgesehen"); dazu bspw. auch *Herbst*, in: Kühling/Buchner (Hrsg.), DSGVO/BDSG, 3. Aufl., 2020, Art. 18 Rn. 34: Speicherung sei immer zulässig.

[624] Siehe dazu unter c), S. 450 sowie allg. oben S. 425 ff.

[625] Vgl. dazu auch die Charakterisierung bei *Veil*, in: Gierschmann/Schlender/Stentzel/Veil (Hrsg.), DSGVO, 2018, Art. 18 Rn. 13: Der „Anspruch auf Verarbeitungseinschrän-

Etwas anderes gilt jedoch dann, wenn einer der Tatbestände des Art. 18 *Abs. 2* DSGVO die Weiterverarbeitung über die Speicherung hinaus legitimiert.[626] Neben der Einwilligung, die nur selten vorliegen dürfte, ist im statistischen Kontext insbesondere das Merkmal des „wichtigen öffentlichen Interesses" relevant. Die Weiterverarbeitung wäre dann ohne Weiteres[627] zulässig, wenn die Union oder ein Mitgliedstaat entsprechende Gründe für sich reklamieren könnte. Aus dem Zusatz „wichtig" ergibt sich, dass nicht jedes öffentliche Interesse genügt.[628] Ob der jeweilige Statistikzweck einem wichtigen öffentlichen Interesse entspringt, lässt sich kaum abstrakt beantworten. Statistische Zwecke i.S.d. Art. 89 Abs. 1 DSGVO begründen jedenfalls nicht automatisch ein solches Interesse.[629] Im Schrifttum wird überdies eine umfassende *Interessenabwägung* verlangt, die letztlich Ausdruck einer Verhältnismäßigkeitsprüfung ist.[630] Setzt sich hierbei das *Verarbeitungsinteresse* durch, schlägt das Recht auf Einschränkung im Ergebnis auch nicht auf die Verwirklichung des Statistikzwecks durch. Denn der Verantwortliche (etwa das Statistische Bundesamt) darf die betreffenden Daten des Anspruchstellers dann „aus Gründen eines wichtigen öffentlichen Interesses" (weiter-)verarbeiten. Eine ernsthafte Beeinträchtigung oder gar eine Unmöglichkeit i.S.d. § 27 Abs. 2 S. 1 BDSG wäre dann nicht zu besorgen.

*4. Nicht: unverhältnismäßiger Aufwand gemäß § 27 Abs. 2 S. 2 BDSG (analog)*

Die amtliche Statistik kann sich *nicht* auf das Kriterium des „unverhältnismäßigen Aufwands" berufen. Die Ausnahmevorschrift des § 27 Abs. 2 S. 2 BDSG gilt nur für Forschungszwecke. Der Wortlaut ist insoweit eindeutig. Danach besteht das Auskunftsrecht – nur dieses Recht ist angesprochen – über die allgemeine Beschränkung des § 27 Abs. 2 S. 1 BDSG hinaus nicht, wenn die Daten für Zwecke der wissenschaftlichen Forschung erforderlich sind und die Aus-

---

kung" gehöre zu den „Steuerungs- und Gestaltungsrechten, mit denen der Betroffene unmittelbar Einfluss auf das Ob und/oder das Wie der Datenverarbeitung nehmen kann".

[626] Ausf. zu den Ausnahmen *Veil*, in: Gierschmann/Schlender/Stentzel/Veil (Hrsg.), DSGVO, 2018, Art. 18 Rn. 86 ff

[627] Diese Ausnahme gilt unmittelbar, d.h. sie setzt keine weitere Rechtsgrundlage im Unionsrecht oder im Recht der Mitgliedstaaten voraus, ebenso *Dix*, in: Simitis/Hornung/Spiecker gen. Döhmann (Hrsg.), DatenschutzR, 2019, Art. 18 Rn. 13. Vgl. auch *Veil*, in: Gierschmann/Schlender/Stentzel/Veil (Hrsg.), DSGVO, 2018, Art. 18 Rn. 87 („verordnungsunmittelbare Ausnahme").

[628] *Herbst*, in: Kühling/Buchner (Hrsg.), DSGVO/BDSG, 3. Aufl., 2020, Art. 18 Rn. 42; *Peuker*, in: Sydow (Hrsg.), DSGVO, 2. Aufl., 2018, Art. 18 Rn. 26.

[629] Ebenso *Herbst*, in: Kühling/Buchner (Hrsg.), DSGVO/BDSG, 3. Aufl., 2020, Art. 18 Rn. 42 (dort Fn. 39); tendenziell weiter *Kamann/Braun*, in: Ehmann/Selmayr (Hrsg.), DSGVO, 2. Aufl., 2018, Art. 18 Rn. 35.

[630] *Kamann/Braun*, in: Ehmann/Selmayr (Hrsg.), DSGVO, 2. Aufl., 2018, Art. 18 Rn. 35; *Peuker*, in: Sydow (Hrsg.), DSGVO, 2. Aufl., 2018, Art. 18 Rn. 28 („strenge Verhältnismäßigkeitsprüfung geboten").

kunfterteilung einen *unverhältnismäßigen Aufwand* erforderte. Aus den Gesetzgebungsmaterialien geht hervor, dass der Gesetzgeber diese Ausnahme bewusst auf die Forschungszwecke beschränkt hat.[631] § 27 Abs. 2 S. 2 BDSG ist somit *nicht analogiefähig*. Denn die Lücke ist, so sie denn vorliegt, nicht erkennbar planwidrig. Eine entsprechende Öffnungsklausel vorausgesetzt,[632] bleibt es dem Bundesgesetzgeber unbenommen, die Ausnahme des unverhältnismäßigen Aufwands auf die (amtliche) Statistik zu erstrecken. Denn für Statistikzwecke kann sich die vom Gesetzgeber identifizierte Problemlage in gleicher Weise ergeben:[633] So entspricht es gerade dem Wesen der Statistik, mit „großen Datenmengen"[634] zu arbeiten. Denn Aufgabe der amtlichen Statistik ist es, Daten über „Massenerscheinungen" (vgl. § 1 S. 1 BStatG) zu erheben und weiterzuverarbeiten. Vor diesem Hintergrund ist es zumindest überlegenswert, § 27 Abs. 2 S. 2 BDSG auf die Statistikzwecke durch eine gesetzliche Änderung zu erstrecken oder eine entsprechende Regelung in das Statistikrecht zu überführen. Sie könnte wie folgt lauten:

---

[631] Siehe BT-Drs. 18/11325, S. 99 f.

[632] Die Regelungskompetenz für die Ausnahme des § 27 Abs. 2 S. 2 BDSG ist nicht über jeden Zweifel erhaben. Der Bundesgesetzgeber beruft sich insoweit nicht auf Art. 89 Abs. 2, sondern auf die allgemeine Öffnungsklausel des Art. 23 Abs. 1 Buchst. i DSGVO (BT-Drs. 18/11325, S. 99). Danach müsste die Beschränkung erforderlich sein, um entweder die *betroffene Person* oder die Rechte und Freiheiten *anderer Personen* zu schützen. Da § 27 Abs. 2 S. 2 BDSG nicht auf den paternalistischen Schutz der betroffenen Person selbst abzielt, sondern dem Verantwortlichen einen unverhältnismäßigen Aufwand ersparen will, kommt nur die 2. Alt. der Öffnungsklausel in Betracht. Denn „andere Person" i. d. S. kann prinzipiell *auch der Verantwortliche* sein, dessen Rechte und Freiheiten ebenfalls schützenswert sind, so z. B. auch *Bäcker*, in: Kühling/Buchner (Hrsg.), DSGVO/BDSG, 3. Aufl., 2020, Art. 23 Rn. 32. Die Öffnungsklausel verfolgt allg. den Zweck, die möglicherweise kollidierenden Interessen zwischen der betroffenen Person und dem Verantwortlichen in einen angemessenen Ausgleich zu bringen (vgl. etwa *Paal*, in: Paal/Pauly (Hrsg.), DSGVO/BDSG, 3. Aufl., 2021, Art. 23 Rn. 40). Damit sind Ansichten unvereinbar, die die Rechtsposition des Verantwortlichen negieren und den Beschränkungstatbestand einseitig zugunsten der betroffenen Person auslegen (i. d. S. aber *Johannes/Richter*, DuD 2017, 300 (303), wonach der Verantwortliche nicht gemeint sein könne). Damit ist jedoch nicht gesagt, dass auf Seiten des Verantwortlichen jedes Interesse genügt, um die Betroffenenrechte zu beschränken (vgl. auch *Bäcker*, in: Kühling/Buchner (Hrsg.), DSGVO/BDSG, 3. Aufl., 2020, Art. 23 Rn. 12); etwas anderes mag aber wohl für den Fall gelten, dass der Aufwand unverhältnismäßig(!) hoch ist. – Daneben kann sich der Gesetzgeber ggf. auf den „Auffangtatbestand" des Art. 23 Abs. 1 Buchst. e DSGVO berufen, um sonstige wichtige Ziele des allgemeinen öffentlichen Interesses zu schützen. In der Kommentarliteratur wird für § 27 Abs. 2 S. 2 BDSG zudem die Öffnungsklausel des Art. 89 Abs. 2 DSGVO herangezogen, so z. B. *Buchner/Tinnefeld*, in: Kühling/Buchner (Hrsg.), DSGVO/BDSG, 3. Aufl., 2020, Art. 89 Rn. 22. Ein Rekurs auf diese spezielle Öffnungsklausel dürfte indes nur dann möglich sein, wenn der Erfüllungsaufwand unverhältnismäßig hoch ist *und* er zugleich die Verwirklichung des Statistikzwecks unmöglich macht oder zumindest ernsthaft beeinträchtigt.

[633] Vgl. dazu auch Art. 14 Abs. 5 Buchst. b Hs. 1 Alt. 2 DSGVO, oben S. 420 ff.

[634] So das Beispiel im Gesetzentwurf (BT-Drs. 18/11325, S. 99 f.) für Forschungsvorhaben.

*Das Recht auf Auskunft gemäß Artikel 15 der Verordnung (EU) 2016/679 besteht nicht, wenn und soweit die Daten für eine Verarbeitung zu statistischen Zwecken erforderlich sind und die Auskunftserteilung einen unverhältnismäßigen Aufwand erfordern würde.*

## 5. Ergebnis

Die Öffnungsklausel des Art. 89 Abs. 2 DSGVO stellt grundsätzlich hohe Anforderungen an den mitgliedstaatlichen Gesetzgeber. Sieht er geeignete Schutzvorkehrungen vor, kann er das Auskunftsrecht, das Recht auf Berichtigung, das Recht auf Einschränkung der Verarbeitung sowie das Widerspruchsrecht insoweit ausschließen, als diese Rechte voraussichtlich die Verwirklichung der spezifischen Zwecke unmöglich machen oder ernsthaft beeinträchtigen und solche Ausnahmen für die Erfüllung dieser Zwecken notwendig sind. Das Bundesstatistikgesetz sieht keine bereichsspezifische Ausnahmeregelung vor. Somit ist ein Rückgriff auf § 27 Abs. 2 S. 1 BDSG grundsätzlich möglich. Dass diese Vorschrift den Normtext der unionsrechtlichen Öffnungsklausel nahezu wörtlich wiederholt und nicht zwischen den Betroffenenrechten differenziert, ist v. a. der Auffangfunktion des allgemeinen Bundesdatenschutzgesetzes geschuldet. Auf der Ebene der *Rechtsanwendung* muss der Verantwortliche, etwa das Statistische Bundesamt, aber sehr wohl differenzieren. Denn im Rahmen einer *Prognose*, bei der der verantwortlichen Statistikstelle kein Beurteilungsspielraum zukommt, muss sie entscheiden, ob das jeweilige Betroffenenrecht den konkreten Zweck der Statistik unmöglich macht oder zumindest ernsthaft beeinträchtigt. Beim Auskunftsrecht ist das typischerweise nicht der Fall. Anders als das Recht auf Einschränkung der Verarbeitung oder das Widerspruchsrecht wirkt dieses Recht nicht in negativer Hinsicht auf das Ergebnis einer Statistik ein. Das Recht auf Berichtigung hat demgegenüber prinzipiell einen positiven Effekt auf eine statistische Erhebung: Führt die Ausübung des Betroffenenrechts dazu, dass unrichtige Daten berichtigt oder unvollständige Daten vervollständigt werden, dürfte das regelmäßig auch im Interesse der Stellen sein, die die (Bundes-)Statistik durchführen. Dieses Recht der betroffenen Person ist mithin geeignet, die Qualität der (amtlichen) Statistik zu fördern. Etwaige Ausnahmevorschriften liefen dem zuwider. Nach alledem ist eine *rechtsfolgenorientierte Betrachtung* der genannten Betroffenenrechte *im Einzelfall* geboten. Gleichwohl ist es eine Überlegung wert, die Rechte der betroffenen Personen (angesprochen ist insbesondere das Recht auf Einschränkung der Verarbeitung und das Widerspruchsrecht) nach ihrer Eigenart verschieden in den Fachstatistikgesetzen *bereichsspezifisch* zu regeln und (nur) dort zu beschränken oder gar auszuschließen, wo es notwendig ist.

### V. Weitere Beschränkungen der Betroffenenrechte (Art. 23 DSGVO)

Neben Art. 89 Abs. 2 ermächtigt Art. 23 Abs. 1 DSGVO die Mitgliedstaaten[635] *allgemein* dazu, die Betroffenenrechte zu beschränken. Da hier Überschneidungen entstehen (können), ist das Verhältnis der beiden Öffnungsklauseln zu klären (dazu 1.), ehe der Blick zu den einzelnen Beschränkungstatbeständen wandert. Im Kontext der amtlichen Statistik kommt dabei dem „Schutz sonstiger wichtiger Ziele des allgemeinen öffentlichen Interesses" herausragende Bedeutung zu (dazu 2.). Auf dieser Grundlage könnte der mitgliedstaatliche Gesetzgeber insbesondere die *Informationspflicht gemäß Art. 13 DSGVO* beschränken, für die ansonsten keine Ausnahmen im Zusammenhang mit der Verarbeitung zu statistischen Zwecken vorgesehen sind (dazu 3.).

#### 1. Reichweite und Funktion der Öffnungsklausel

Art. 23 Abs. 1 DSGVO enthält eine allgemeine, fakultative Öffnungsklausel[636], die man – nach anderer Typologie – auch als „Ausnahmeklausel"[637] bezeichnen kann. Im Wege von „Gesetzgebungsmaßnahmen"[638] kann die Union oder ein Mitgliedstaat die „Pflichten und Rechte gemäß den Artikel 12 bis 22 und Artikel 34 sowie Artikel 5, insofern dessen Bestimmungen den in Artikel 12 bis 22 vorgesehenen Rechte und Pflichten entsprechen", beschränken. Die Rechtsetzungskompetenz zielt nach Wortlaut und Systematik (III. Kapitel) auf die *Betroffenenrechte*. Die Datenschutzgrundsätze nach Art. 5 DSGVO sind nur insoweit beschränkbar, als sie mit den dort ausdrücklich genannten Rechten der betroffenen Person zusammenhängen („insofern").[639] Relevant ist dies v. a. für den Grundsatz der Transparenz[640].

---

[635] Die Öffnungsklausel richtet sich auch an die Union (s. Art. 23 Abs. 1 DSGVO: „Durch Rechtsvorschriften der Union oder der Mitgliedstaaten").

[636] Siehe bereits *Kühling et al.*, Die Datenschutz-Grundverordnung und das nationale Recht, 2016, S. 69; ebenso z. B. *Paal*, in: Paal/Pauly (Hrsg.), DSGVO/BDSG, 3. Aufl., 2021, Art. 23 Rn. 2; ferner *Peuker*, in: Sydow (Hrsg.), DSGVO, 2. Aufl., 2018, Art. 23 Rn. 1: „fakultative Öffnungsklausel"; *Gömann*, Das öffentlich-rechtliche Binnenkollisionsrecht der DS-GVO, 2021, S. 86 f.: „den „allgemeine(re)n Öffnungsklauseln zuzurechnen".

[637] *Müller*, Die Öffnungsklauseln der Datenschutzgrundverordnung, 2018, S. 189 f.

[638] Nach EG 41 DSGVO ist nicht notwendigerweise ein Parlamentsgesetz erforderlich, s. dazu auch EuGH, Urt. v. 24.2.2022 – C-175/20, ECLI:EU:C:2022:124, Rn. 52 ff. Allg. dazu – im Lichte des Art. 52 Abs. 1 S. 1 GRCh – oben S. 172 f.

[639] Siehe nur *Bäcker*, in: Kühling/Buchner (Hrsg.), DSGVO/BDSG, 3. Aufl., 2020, Art. 23 Rn. 9; *Dix*, in: Simitis/Hornung/Spiecker gen. Döhmann (Hrsg.), DatenschutzR, 2019, Art. 23 Rn. 10, der im Übrigen zutreffend darauf hinweist, dass die allg. Rechenschaftspflicht gem. Art. 5 Abs. 2 DSGVO nicht beschränkbar ist. Nicht eindeutig EuGH, Urt. v. 24.2.2022 – C-175/20, ECLI:EU:C:2022:124, Rn. 48, 51, 57 f.

[640] Siehe dazu unten S. 489 ff.

Im Bereich der amtlichen Statistik kommt der Ausnahmeklausel primär eine *Auffangfunktion* zu: Sie räumt dem Gesetzgeber die Möglichkeit ein, diejenigen Regelungen auf die besondere Verarbeitungssituation der Statistik „zuzuschneiden", die die Verordnung selbst nicht unmittelbar privilegiert und die auch nicht von der bereichsspezifischen Öffnungsklausel des Art. 89 Abs. 2 DSGVO erfasst werden. Das gilt allen voran für die Rahmenvorschrift zur Transparenz (Art. 12[641]) sowie für die Informationspflicht im Fall der Direkterhebung (Art. 13 DSGVO). Die Regelungen zur Datenportabilität (Art. 20) und zur „Automatisierte[n] Entscheidung im Einzelfall einschließlich Profiling" (Art. 22 DSGVO) sind für die Statistik in der Regel schon nicht einschlägig.[642]

Daneben erfasst Art. 23 aber auch diejenigen Betroffenenrechte, die speziell in Art. 89 Abs. 2 DSGVO aufgeführt sind, mithin: das Auskunftsrecht (Art. 15), das Recht auf Berichtigung (Art. 16), das Recht auf Einschränkung der Verarbeitung (Art. 18) sowie das Widerspruchsrecht (Art. 21 DSGVO). Insofern ist ein Rückgriff auf die allgemeinere Öffnungsklausel möglich. Die bereichsspezifische Klausel des Art. 89 Abs. 2 DSGVO entfaltet *keine Sperrwirkung* im Überschneidungsbereich. Denn beide Öffnungsklauseln verfolgen unterschiedliche Zielrichtungen und sind konzeptionell anders gefasst. Für eine Subsidiarität der allgemeinen Beschränkungsnorm gibt der Wortlaut der Grundverordnung nichts her. Dem (mitgliedstaatlichen) Gesetzgeber stehen damit *zwei voneinander unabhängige Beschränkungstatbestände* zur Verfügung. Er kann etwaige Beschränkungen im Zusammenhang mit der Verarbeitung zu statistischen Zwecken somit auch auf die – prinzipiell strengere – Vorschrift des Art. 23 DSGVO stützen.

In diesem Sinne weist auch die Gesetzesbegründung für das 1. Datenschutz-Anpassungs- und Umsetzungsgesetz EU zu Recht darauf hin, dass die privilegierten Zwecke (Archiv, Forschung und Statistik) „andernfalls gegenüber sonstigen Verarbeitungen" sogar „schlechter gestellt wäre[n]".[643] Diese Ausle-

---

[641] Etwa Beschränkungen der *Unentgeltlichkeit* gem. Art. 12 Abs. 5 S. 1 DSGVO, dazu OGH Österreich ZD 2021, 366 (367, Rn. 44 ff.); ferner VG Gelsenkirchen ZD 2020, 544 (546, Rn. 101 ff.): keine Beschränkung der Unentgeltlichkeit für das Recht auf Kopie (Examensklausuren).

[642] Die statistischen Ämter des Bundes und der Länder treffen typischerweise *keine Entscheidungen* gem. Art. 22 Abs. 1 DSGVO; s. auch unten i. R. d. Transparenz S. 496. Für das Recht auf Datenübertragbarkeit (Art. 20 DSGVO) ist zu differenzieren: Beruht die Verarbeitung auf einer gesetzlichen Befugnis (§ 5; oben S. 136 ff.), greift dieses Recht von vornherein nicht (Abs. 1 Buchst. a). Stützt sich die Verarbeitung, die mithilfe automatisierter Verfahren erfolgt, hingegen auf eine Einwilligung (§ 4; S. 95 ff.), wäre das Recht auf Datenübertragbarkeit grds. einschlägig. Jedoch spricht vieles dafür, dass sich die amtliche Statistik auf die Ausnahme des Abs. 3 S. 2 berufen kann („gilt nicht für eine Verarbeitung, die für die Wahrnehmung einer Aufgabe erforderlich ist, die im öffentlichen Interesse liegt oder in Ausübung öffentlicher Gewalt erfolgt, die dem Verantwortlichen übertragen wurde"), i. d. S. auch *Dix*, in: Simitis/Hornung/Spiecker gen. Döhmann (Hrsg.), DatenschutzR, 2019, Art. 20 Rn. 17.

[643] BT-Drs. 18/11325, S. 102. Vgl. auch ebenda, S. 99 zu § 27 Abs. 2 S. 1 einerseits und S. 2

gung ermöglicht eine flexible Rechtsetzung, die das Recht auf Datenschutz[644] (konkret: die Betroffenenrechte) situationsgerecht in einen angemessenen Ausgleich mit widerstreitenden (öffentlichen) Interessen bringt. Im Ergebnis ist von einem *Nebeneinander* der beiden Öffnungsklauseln auszugehen.

*2. Beschränkungstatbestände – amtliche Statistik als wichtiges Ziel des allgemeinen öffentlichen Interesses*

Die Öffnungsklausel enthält in Art. 23 Abs. 1 DSGVO einen abschließenden[645] Katalog zulässiger Beschränkungszwecke[646]. Der Katalog ist weit gefasst, die ihm zugedachte Begrenzungswirkung daher gering. Sofern sich überhaupt ein rechtliches Interesse an einer Beschränkung finden lasse, könne es – so *Matthias Bäcker* – „in der Regel unter einen der Katalogtatbestände subsumiert werden".[647]

Das liegt insbesondere am Tatbestand des *Buchst. e*, dem zu Recht ein *generalklauselartiger Charakter* zugeschrieben wird.[648] Danach kann der Gesetzgeber die Betroffenenrechte beschränken, um „sonstige[...] wichtige[...] Ziele des allgemeinen öffentlichen Interesses der Union oder eines Mitgliedstaats" zu schützen. Aus dem beigestellten Adjektiv „wichtig" folgt immerhin, dass nicht jedes öffentliche Interesse genügt. Das zeigen auch die Regelbeispiele[649], die dieses Tatbestandsmerkmal konkretisieren. So fasst die Verordnung darunter beispielhaft („insbesondere") ein wichtiges wirtschaftliches oder finanzielles Interesse, etwa im Währungs, Haushalts- und Steuerbereich sowie im Bereich der öffentlichen Gesundheit und der sozialen Sicherheit.

---

BDSG andererseits. S. ferner § 34 Abs. 1 BDSG: „Das Recht auf Auskunft der betroffenen Person gemäß Artikel 15 der Verordnung (EU) 2016/679 besteht *ergänzend* zu den in § 27 Absatz 2 [...] genannten Ausnahmen nicht, wenn [...]".

[644] Vgl. dazu auch EuGH, Urt. v. 6.10.2020 – C-511/18 u.a., ECLI:EU:C:2020:791 – La Quadrature du Net u.a., Rn. 202: Art. 23 Abs. 1 DSGVO sei im Licht der Art. 7, 8 und 11 sowie von Art. 52 Abs. 1 GRCh auszulegen.

[645] *Bäcker*, in: Kühling/Buchner (Hrsg.), DSGVO/BDSG, 3. Aufl., 2020, Art. 23 Rn. 11; *Paal*, in: Paal/Pauly (Hrsg.), DSGVO/BDSG, 3. Aufl., 2021, Art. 23 Rn. 16.

[646] So der Begriff bei *Paal*, in: Paal/Pauly (Hrsg.), DSGVO/BDSG, 3. Aufl., 2021, Art. 23 Rn. 11 ff. (Überschrift); *Paal*, in: Paal/Pauly (Hrsg.), DSGVO/BDSG, 3. Aufl., 2021, Art. 23 Rn. 16 spricht von „vorrangige[n] Rechtsgüter[n]". Unter Bezugnahme auf die englische („to safeguard") und französische („pour garantir") Sprachfassung auch *Dix*, in: Simitis/Hornung/Spiecker gen. Döhmann (Hrsg.), DatenschutzR, 2019, Art. 23 Rn. 19.

[647] *Bäcker*, in: Kühling/Buchner (Hrsg.), DSGVO/BDSG, 3. Aufl., 2020, Art. 23 Rn. 11; zust. *Paal*, in: Paal/Pauly (Hrsg.), DSGVO/BDSG, 3. Aufl., 2021, Art. 23 Rn. 16.

[648] VG Gelsenkirchen NVwZ-RR 2020, 1070 (1076, Rn. 107): „sehr weit". Vgl. auch *Bäcker*, in: Kühling/Buchner (Hrsg.), DSGVO/BDSG, 3. Aufl., 2020, Art. 23 Rn. 22 und *Paal*, in: Paal/Pauly (Hrsg.), DSGVO/BDSG, 3. Aufl., 2021, Art. 23 Rn. 31a. Dies zeigt sich auch im Wortlaut des Buchst. e („sonstige[...] wichtige Ziele"). Krit. *Dix*, in: Simitis/Hornung/Spiecker gen. Döhmann (Hrsg.), DatenschutzR, 2019, Art. 23 Rn. 27: „nahezu Blankettcharakter".

[649] *Bäcker*, in: Kühling/Buchner (Hrsg.), DSGVO/BDSG, 3. Aufl., 2020, Art. 23 Rn. 22.

Der Bereich der *amtlichen Statistik* ist zwar nicht ausdrücklich genannt, kann aber gleichwohl unter den Auffangtatbestand[650] des Buchst. e subsumiert werden. Denn die amtliche Statistik liefert eine Handlungsgrundlage, die für eine am Sozialstaatsprinzip orientierte Politik „unentbehrlich" ist.[651] Sie ist Garant einer staatlichen Informationsvorsorge[652]. Aufgrund ihrer verfassungsrechtlichen Bedeutung[653] gilt es, die *Funktionsfähigkeit der amtlichen Statistik* zu erhalten und zu schützen. Sie stellt daher grundsätzlich ein sonstiges wichtiges Ziel des allgemeinen öffentlichen Interesses i. S. d. Art. 23 Abs. 1 Buchst. e DSGVO dar.[654]

Die Offenheit dieses Tatbestands wird indes durch die – grundrechtlich fundierten[655] – inhaltlichen Anforderungen an die Beschränkungsnorm (Art. 23 Abs. 2 DSGVO) ein Stück weit kompensiert. So muss der Gesetzgeber einerseits den Gegenstand und die Reichweite der Beschränkung hinreichend präzise beschreiben und andererseits ausgleichende Schutzvorkehrungen installieren (z. B. Garantien gegen Missbrauch oder unrechtmäßigen Zugang; Evaluation der Risiken[656]).[657] Im Übrigen muss die gesetzliche Beschränkung unionaler Betroffenenrechte „den Wesensgehalt der Grundrechte und Grundfreiheiten achte[n] und in einer demokratischen Gesellschaft[658] eine notwendige und verhältnismäßige Maßnahme darstell[en]". Angesprochen sind damit die primärrechtlichen Steuerungsvorgaben des Art. 52 Abs. 1 GRCh[659] sowie – im gestaltungsoffenen Bereich – die entsprechenden Schranken des deutschen Verfassungsrechts (insbesondere der Verhältnismäßigkeitsgrundsatz).

---

[650] *Bäcker*, in: Kühling/Buchner (Hrsg.), DSGVO/BDSG, 3. Aufl., 2020, Art. 23 Rn. 22.
[651] BVerfGE 65, 1 (47); vgl. auch BVerfGE 150, 1 (79 f., Rn. 147).
[652] Siehe oben S. 2 mit Einl. Fn. 11.
[653] Siehe in Bezug auf die Einwohnerzahl BVerfGE 150, 1 (80 f., Rn. 150 ff.); vgl. dazu auch die Einleitung, S. 2 ff.
[654] Ebenso der saarländische Gesetzgeber in Bezug auf § 14 S. 2 Zensusausführungsgesetz 2022, s. LT-Drs. 16/1609, S. 23.
[655] Vgl. bereits EuGH, Urt. v. 6.10.2020 – C-511/18, ECLI:EU:C:2020:791 – La Quadrature du Net u. a., Rn. 202; s. ferner EuGH, Urt. v. 24.2.2022 – C-175/20, ECLI:EU:C:2022:124, Rn. 51, 53 ff. Einschränkend *Sandhu*, Grundrechtsunitarisierung durch Sekundärrecht, 2021, S. 67, wonach die in Abs. 1 aufgelisteten „Rechtfertigungsgründe" bzw. „sekundärrechtlichen Anwendungsbereichsausnahmen *Kompetenzreservate* der Mitgliedstaaten" beträfen (Hervorhebung d. Verf.), sodass die Voraussetzungen des Art. 51 Abs. 1 GRCh nicht erfüllt seien. Vgl. in diesem Kontext auch *Bäcker*, in: Kühling/Buchner (Hrsg.), DSGVO/BDSG, 3. Aufl., 2020, Art. 23 Rn. 13.
[656] *Bäcker*, in: Kühling/Buchner (Hrsg.), DSGVO/BDSG, 3. Aufl., 2020, Art. 23 Rn. 49: „Reflexionsauftrag".
[657] Art. 23 Abs. 2 DSGVO. Vgl. dazu nur *Bäcker*, in: Kühling/Buchner (Hrsg.), DSGVO/BDSG, 3. Aufl., 2020, Art. 23 Rn. 40 ff.; *Paal*, in: Paal/Pauly (Hrsg.), DSGVO/BDSG, 3. Aufl., 2021, Art. 23 Rn. 44 ff. („Mindestinhalt").
[658] Dazu *Paal*, in: Paal/Pauly (Hrsg.), DSGVO/BDSG, 3. Aufl., 2021, Art. 23 Rn. 11 f.
[659] Vgl. *Bäcker*, in: Kühling/Buchner (Hrsg.), DSGVO/BDSG, 3. Aufl., 2020, Art. 23 Rn. 56 ff., der auf die „klarstellende Funktion" dieser Passage hinweist.

Danach muss nicht nur die beschränkende Gesetzgebungsmaßnahme als solche, sondern auch deren *Anwendung im Einzelfall* notwendig und verhältnismäßig sein.[660] *Paul C. Johannes* und *Philipp Richter* weisen zutreffend darauf hin, dass die Beschränkung der Betroffenenrechte „situationsorientiert gerechtfertigt" sein muss.[661] Eine pauschale – und sei es auch sektorale – Ausnahmeregelung (etwa für den gesamten Aufgabenbereich des Statistischen Bundesamtes, vgl. § 3 BStatG) verbietet sich.[662] Vor diesem Hintergrund sieht sich der Gesetzgeber (und nachgelagert der Rechtsanwender) mit „hohe[n] Rechtfertigungsanforderungen"[663] konfrontiert.

*3. Beschränkbare Betroffenenrechte: insbesondere Informationspflicht gem. Art. 13 DSGVO*

Auf der Grundlage des Art. 23 Abs. 1 DSGVO kann der (unionale oder mitgliedstaatliche) Gesetzgeber die Pflichten und Rechte der Art. 12–22 sowie Art. 34 (Benachrichtigung der betroffenen Personen nach einer Datenschutzverletzung)[664] beschränken.[665] Von herausragender Bedeutung ist dies hinsichtlich der *Informationspflicht gemäß Art. 13 DSGVO*. Denn anders als für die „Schwestervorschrift" (Art. 14 Abs. 5 Buchst. b) sieht die Grundverordnung hier keine Ausnahme für die Verarbeitung zu statistischen Zwecken vor. Art. 13 DSGVO erfasst den Fall, dass der Verantwortliche personenbezogene Daten *bei*[666] der betroffenen Person erhebt.

---

[660] *Paal*, in: Paal/Pauly (Hrsg.), DSGVO/BDSG, 3. Aufl., 2021, Art. 23 Rn. 9 m.w.N.

[661] *Johannes/Richter*, DuD 2017, 300 (305); ebenso *Paal*, in: Paal/Pauly (Hrsg.), DSGVO/BDSG, 3. Aufl., 2021, Art. 23 Rn. 9.

[662] Wie hier z.B. *Bertermann*, in: Ehmann/Selmayr (Hrsg.), DSGVO, 2. Aufl., 2018, Art. 23 Rn. 4; ebenso *Paal*, in: Paal/Pauly (Hrsg.), DSGVO/BDSG, 3. Aufl., 2021, Art. 23 Rn. 9. Aus der Rechtsprechung z.B. VG Frankfurt am Main ZD 2021, 390 (390, Rn. 13).

[663] *Benecke/Wagner*, DVBl 2016, 600 (604).

[664] Auch wenn sich Art. 34 DSGVO systematisch im Abschnitt zur „Sicherheit personenbezogener Daten" befindet, so handelt es sich doch um ein Betroffenenrecht i.w.S. (vgl. auch *Kühling et al.*, Die Datenschutz-Grundverordnung und das nationale Recht, 2016, S. 68: „besondere[s] Betroffenenrecht"). Die Vorschrift diene „(alleine) dem Schutz der Rechte und Freiheiten des Betroffenen", so *Martini*, in: Paal/Pauly (Hrsg.), DSGVO/BDSG, 3. Aufl., 2021, Art. 34 Rn. 16.

[665] Ein Beispiel findet sich in § 14 S. 2 des saarländischen Zensusausführungsgesetzes 2022: Danach bestehen „die Rechte nach den Artikeln 17 und 34 der Verordnung (EU) 2016/679 nicht, soweit diese Rechte voraussichtlich die fristgemäße und vollständige Durchführung des Zensus 2022 unmöglich machen oder ernsthaft beeinträchtigen und eine solche Beschränkung dieser Rechte für die Erfüllung dieser Zwecke erforderlich ist"; der Landesgesetzgeber beruft sich hierbei auf Art. 23 Abs. 1 Buchst. e DSGVO, s. LT-Drs. 16/1609, S. 23.

[666] Die Abgrenzungsfrage lautet: Wer oder was ist die Quelle? Vgl. EG 61 S. 1 DSGVO; zu diesem Abgrenzungskriterium s. *Bäcker*, in: Kühling/Buchner (Hrsg.), DSGVO/BDSG, 3. Aufl., 2020, Art. 13 Rn. 13 ff.; s. ferner oben S. 417 f.

Angesprochen ist damit die – bereits aus dem alten Recht bekannte (§ 4 Abs. 2 S. 1 BDSG a. F.[667]) – Verarbeitungsform der *Direkterhebung*[668], wenngleich das europäische Datenschutzrecht einen entsprechenden Vorrang („Grundsatz der Direkterhebung") nicht (mehr) kennt. Dabei wird es sich für gewöhnlich um eine sog. *Primärstatistik* handeln: Die (personenbezogenen) Daten werden hier originär *für statistische Zwecke* erhoben – z. B. durch eine Befragung der statistischen Einheiten, die jedoch nicht notwendigerweise zugleich die betroffenen Personen sein müssen.[669] Denn das Statistikrecht unterscheidet – wie § 16 Abs. 1 S. 3 Nr. 4 BStatG zeigt – sehr wohl zwischen *befragten* und *betroffenen* Personen.[670] Die Informationspflicht des Art. 13 DSGVO greift nur dann, wenn die befragte und die betroffene Person *identisch* sind. Andernfalls (etwa im Rahmen eines sog. Proxy-Interviews[671]; Dritterhebung[672]) muss der Verantwortliche die Betroffenen gemäß Art. 14 DSGVO informieren.

Diese datenschutzrechtlichen Informationspflichten werden schließlich von der *statistikrechtlichen Unterrichtungspflicht* (vgl. etwa § 17 BStatG[673]) flankiert – jedoch nicht verdrängt. Als Regelung des europäischen Sekundärrechts geht Art. 13 (ggf. auch Art. 14) DSGVO in Überschneidungsbereichen[674] dem § 17 BStatG vor (Anwendungsvorrang des Unionsrechts).[675] In diesem Sinne sehen einzelne Landesstatistikgesetze richtigerweise vor, dass die „zu Befragenden [...] über die Informationspflichten gemäß Artikel 13 und Artikel 14 der Verordnung (EU) 2016/679 [...] hinaus"[676] (§ 15 LStatG MV) bzw. „[e]rgänzend" (Art. 19 S. 1 BayStatG) nach den statistikrechtlichen Informations- bzw. Hinweispflichten zu unterrichten sind. In diesen Regelungen scheint die *Ergän-*

---

[667] Die Vorschrift lautete: „Personenbezogene Daten sind beim Betroffenen zu erheben".
[668] Siehe aus der Kommentarliteratur z. B. *Schwartmann/Schneider*, in: Schwartmann/Jaspers/Thüsing/Kugelmann (Hrsg.), DSGVO/BDSG, 2. Aufl., 2020, Art. 13 Rn. 12.
[669] Davon ist die sog. *Sekundärstatistik* zu unterscheiden, bei der Daten zu einem anderen Zweck erhoben (z.B. Verwaltungsdaten) und sodann zu statistischen Zwecken weiterverarbeitet werden. Vgl. zu den Begriffen auch *Fahrmeir et al.*, Statistik, 8. Aufl., 2016, S. 21.
[670] Vgl. BT-Drs. 18/7561, S. 28 zu § 16 Abs. 1 S. 3 Nr. 1 BStatG.
[671] Siehe dazu oben S. 128 ff.
[672] *Schwartmann/Schneider*, in: Schwartmann/Jaspers/Thüsing/Kugelmann (Hrsg.), DSGVO/BDSG, 2. Aufl., 2020, Art. 13 Rn. 12.
[673] Die Regelung erfasst jedoch nur die Primär-, nicht auch die Sekundärstatistik, vgl. *Kühling*, ZD 2021, 74 (76), demzufolge es sich bei § 17 BStatG um eine „Spezifizierung der Informationspflicht nach Art. 13 DS-GVO bei Erhebung der Daten beim Betroffenen" handle. Vgl. aus dem Landesrecht z. B. § 16 LStatG NRW.
[674] Dies ist bspw. bei der Verarbeitung personenbezogener Daten der Fall. Die Unterrichtungspflicht geht jedoch über Art. 13 f. DSGVO hinaus, indem sie z. B. auch juristische Personen erfasst.
[675] Ebenso *Drechsler/Sackmann*, in: Kühling (Hrsg.), BStatG, 2023, § 17 Rn. 4. Sie gehen jedoch davon aus, dass § 17 BStatG insoweit unionsrechtswidrig ist, als er im Anwendungsbereich des Datenschutzrechts unionale Informationspflichten wiederholt (ebenda, Rn. 7).
[676] Hervorhebung d. Verf.

*zungsfunktion* einer bereichsspezifischen Unterrichtungspflicht wie § 17 BStatG auf, der es nicht nur darum geht, Transparenz zu schaffen. Vielmehr soll sie insgesamt das Vertrauen der zu Befragenden in den Schutz ihrer Daten stärken und deren Bereitschaft fördern, an statistischen Erhebungen mitzuwirken.[677]

Vor diesem Hintergrund sollte der Gesetzgeber stets kritisch prüfen, ob eine Beschränkung des Art. 13 DSGVO geboten ist, um die Funktionsfähigkeit der jeweiligen Statistik zu schützen. Für die Bundesstatistik gilt daneben ohnedies die Pflicht, die „zu Befragenden" gemäß § 17 BStatG (schriftlich oder elektronisch) zu unterrichten – etwa über „Zweck, Art und Umfang der Erhebung", die „Geheimhaltung", die „Auskunftspflicht oder die Freiwilligkeit der Auskunftserteilung", die „Rechtsgrundlagen der jeweiligen Bundesstatistik [...]", aber auch über die „Bedeutung und den Inhalt von laufenden Nummern und Ordnungsnummern".

## VI. Ergebnis

Verarbeitet der Verantwortliche personenbezogene Daten zu statistischen Zwecken, kann er sich auf zahlreiche Ausnahmetatbestände berufen. Der Unionsgesetzgeber privilegiert die Statistikzwecke, indem er die Rechte der betroffenen Personen einschränkt. Mit Ausnahme des Widerspruchsrechts erfordert dies eine rechtsfolgenorientierte Betrachtung der einzelnen Betroffenenrechte. Die übergreifende Frage lautet insoweit, ob die Ausübung des jeweiligen Rechts die Verwirklichung der Statistikzwecke unmöglich macht oder zumindest ernsthaft beeinträchtigt. Dies erfordert typischerweise eine wertende Prognose, wobei die Normebenen zu unterscheiden sind: Während sich die Öffnungsklausel des Art. 89 Abs. 2 DSGVO an den Gesetzgeber richtet, adressieren die verordnungsunmittelbaren Ausnahmen sowie § 27 Abs. 2 S. 1 BDSG den Verantwortlichen. Der abstrakt-generelle Maßstab wandelt sich auf der Ebene der Normanwendung zu einem konkret-individuellen Maßstab. Mit Blick auf die einzelnen Betroffenenrechte lässt sich aber allgemein festhalten: Die Ausnahmen von den Transparenzrechten (v. a. Informationspflicht bei der Dritterhebung und Auskunftsrecht) greifen nur äußerst selten durch – denn diese Rechte wirken sich prinzipiell nicht auf die konkrete Statistik selbst aus. Für die Einwirkungs- und Steuerungsrechte (z. B. Recht auf Einschränkung, Recht auf Berichtigung, Recht auf Löschung) sind die Auswirkungen im Einzelfall differenziert zu beantworten. Das Widerspruchsrecht des Art. 21 Abs. 6 DSGVO enthält demgegenüber eine weitreichende Privilegierung der Verarbeitung zu statistischen

---

[677] BT-Drs. 10/5345, S. 22. Vgl. die Begründung des Anpassungsgesetzes zu § 15 LStatG MV: Die statistikspezifische Unterrichtung diene u. a. dazu, die Auskunftspflichtigen zu einer umfassenden und korrekten Mitwirkung an der Erhebung zu motivieren, LT-Drs. 7/1568(neu), S. 63.

Zwecken: Dieses Recht ist bereits dann ausgeschlossen, wenn die Verarbeitung erforderlich ist, um eine Aufgabe zu erfüllen, die im öffentlichen Interesse liegt. Im Zusammenhang mit der amtlichen Statistik ist das regelmäßig der Fall. Damit diese Privilegierung nicht unterlaufen wird, ist insoweit ein Rückgriff auf das „allgemeine" Widerspruchsrecht[678] gesperrt.

---

[678] Art. 21 Abs. 1 DSGVO.

Vierter Teil

# Entwicklungen der amtlichen Statistik

# § 10. *Trusted Smart Statistics* – Datenschutzrechtliche Herausforderungen

Die amtliche Statistik befindet sich am Beginn eines Transformationsprozesses. Das abschließende Kapitel (§ 10) greift aktuelle Entwicklungen und (europäische) Forschungsprojekte auf, die unter dem Stichwort „Trusted Smart Statistics" bzw. „Trusted Smart Surveys"[1] firmieren. Sie erfassen das gesamte Europäische Statistische System (ESS), mithin auch die Bundesstatistik[2]. Das Statistische Bundesamt war sogar federführend am Forschungsprojekt „ESSnet Smart Surveys" beteiligt. Bevor im Folgenden die (datenschutz)rechtlichen Herausforderungen dieser Entwicklungen untersucht werden (dazu B. und C.), ist zu skizzieren, was unter dem Begriff *Trusted Smart Statistics* zu verstehen ist (dazu A.).

## A. Trusted Smart Statistics: ein entwicklungsoffenes Konzept

Im sog. *Bucharest Memorandum* formulierte das European Statistical System Committee (ESS Committee)[3] im Oktober 2018 Thesen, wie die europäische Statistik auf die Veränderungen in einer „datafizierten" Gesellschaft und Wirtschaft[4] reagieren könnte, ja aus ihrer Sicht sogar reagieren sollte. Das Memorandum wählt hierfür den eingängigen Begriff *Trusted Smart Statistics*, ohne ihn jedoch zu definieren. Daher ist zunächst ist dieser Begriff zu klären (dazu I.). Obgleich es sich um ein entwicklungsoffenes Konzept handelt, so sind doch bereits einige Gestaltungsprinzipien („[d]esign principles"[5]) erkennbar, die hier zusammengefasst werden sollen (dazu II.). Kurz vorzustellen ist in diesem Zu-

---

[1] Dazu *Stehrenberg/Volk*, WISTA 1/2023, 59 ff. Der Begriff *Trusted Smart Surveys* wird in dieser Arbeit als Unterfall des Begriffs *Trusted Smart Statistics* verwendet.
[2] Die nachfolgende Darstellung konzentriert sich – wie diese Arbeit insgesamt (S. 10 f.) – auf die „Bundesstatistik", stellt aber auch Bezüge zur Unionsstatistik her.
[3] In der deutschen Sprachfassung: „Ausschuss für das Europäische Statistische System (ESS-Ausschuss)", s. Art. 7 VO (EG) Nr. 223/2009.
[4] *European Statistical System Committee*, Bucharest Memorandum on Official Statistics in a Datafied Society (Trusted Smart Statistics) v. 12.10.2018, S. 1: „The Directors-General of national statistical institutes and of Eurostat [w]elcome and embrace the opportunity for official statistics in a datafied society and economy".
[5] Siehe bereits *Ricciato et al.*, SJI 35 (2019), 589 (592 ff.).

sammenhang das europäische Forschungsprojekt „ESSnet Smart Surveys", das grundlegende methodologische, aber auch ethische und rechtliche Fragen in diesem Transformationsprozess untersucht hat (dazu III.). Die unter IV. formulierten Anwendungsfälle („Use Cases") knüpfen an die Pilotprojekte im ESSnet Smart Surveys an und sollen – hier vereinfachend – illustrieren, welche neuen digitalen Daten auf welche Art und Weise in amtliche Statistiken künftig integriert werden könnten und welche (datenschutz-)rechtlichen Herausforderungen damit ggf. verbunden sind[6].

## I. Begriffliche Annäherung: Was sind Trusted Smart Statistics?

Für den Begriff *Trusted Smart Statistics* hat sich eine einheitliche Definition noch nicht herausgebildet. Es handelt sich um ein entwicklungsoffenes Konzept.[7] Mit ihm wird – auf dem Scheveningen Memorandum „Big Data and Official Statistics" (2013) aufbauend – das Ergebnis eines Transformationsprozesses beschrieben, indem sich die amtliche Statistik derzeit befindet: „From Big Data for Official Statistics to Trusted Smart Statistics".[8] Im Kern geht es um die Frage, wie neue digitale Daten[9] in den „klassischen" statistischen Produktionsprozess integriert werden können. Dazu gehören insbesondere Daten, die ohne Mitwirkung der befragten und/oder betroffenen Personen, also „passiv" (z. B. durch Sensoren in Smartphones oder anderen vernetzten Geräten), erhoben werden. *Ricciato* et al. schlagen hierfür den Begriff „Nanodaten" vor, der sich – im Unterschied zu den Makro- (über-individuelle Ebene) und Mikrodaten (individuelle Ebene) – auf die sog. *unter-individuelle Ebene* beziehe.[10] Diese Datenkategorie, der z. B. Standortdaten oder auch Gesundheitsdaten wie der Herzschlag zugerechnet werden,[11] ist für das Datenschutzrecht binär[12] zu übersetzen: Die statistische Kategorisierung („sub-individual level") darf also nicht

---

[6] Dazu dann unter B., S. 478 ff. und C., S. 528 ff.
[7] Vgl. *Ricciato et al.*, SJI 35 (2019), 589 (592): „The operational definition of the TSS concept is a strand of ongoing work, initiated and led by Eurostat […]".
[8] *Ricciato et al.*, SJI 35 (2019), 589 (591): „major revolution, rather than revolution".
[9] Zum Begriff der „neuen digitalen Daten" s. bereits *Wiengarten/Zwick*, WISTA 5/2017, 19 ff. Vgl. dazu auch den Begriff „Daten" in Art. 2 Nr. 1 DGA: „jede digitale Darstellung von Handlungen, Tatsachen oder Informationen sowie jede Zusammenstellung solcher Handlungen, Tatsachen oder Informationen auch in Form von Ton-, Bild- oder audiovisuellem Material". Im Entwurf für eine neue EU-Rahmenverordnung zur Unionsstatistik sollen Daten künftig wie folgt definiert werden: „digitale oder nicht digitale Darstellungen von Handlungen, Tatsachen und Informationen", COM(2023) 402 final, S. 17. Zum Begriff des personenbezogenen Datums oben S. 256.
[10] *Ricciato/Wirthmann/Hahn*, Data & Policy 2020, e7 (3): „sub-individual level".
[11] Siehe *Ricciato/Wirthmann/Hahn*, Data & Policy 2020, e7 (3).
[12] Zur Binarität des Personenbezugs s. nur *Karg*, in: Simitis/Hornung/Spiecker gen. Döhmann (Hrsg.), DatenschutzR, 2019, Art. 4 Nr. 1 Rn. 14 ff.

darüber hinwegtäuschen, dass sich diese Daten regelmäßig auf eine identifizierte oder identifizierbare natürliche Person beziehen. Es handelt sich dann um personenbezogene Daten i. S. d. Art. 4 Nr. 1 DSGVO.

Diese „neuen" Daten in die „klassischen" statistischen Produktionsprozesse zu integrieren, fordert die amtliche Statistik methodologisch heraus – und zwar aus mehreren Gründen: *Erstens* sind diese Daten nicht bloß umfangreicher, vielmehr unterscheiden sie sich auch in qualitativer Hinsicht von „traditionellen" Daten; *zweitens* entstehen sie in einem völlig neuen Datenökosystem, gerade auch im Hinblick auf die beteiligten Akteure; *drittens* kommen dabei neue Technologien (z. B. algorithmische Systeme) zum Einsatz; und *viertens* verändere sich – so *Ricciato* et al. – auch das Bewusstsein, die Erwartungen sowie das Verhalten der befragten Personen, die sich nunmehr in einer Art „Doppelrolle" befänden: sie sind nicht nur Auskunftspersonen (Input-Dimension), sondern auch Nutzer der (statistischen) Ergebnisse (Output-Dimension).[13] Bildlich gesprochen soll die amtliche Statistik künftig ein „hybrides Auto" sein.[14] Der alte Motor lief und läuft nur mit alten Daten. Um den Informationsgehalt aus den neuen Daten zu heben, bedarf es eines neuen Motors. Dieser soll den alten Motor jedoch nicht ersetzen, sondern ergänzen. Stellt man sich das Verarbeitungssystem der amtlichen Statistik als Auto vor, dann könnte es künftig als Hybrid mit zwei Motoren betrieben werden.[15] Der neue Motor steht dann sinnbildlich für den Begriff *Trusted Smart Statistics*. Das neue Auto muss jedoch – um im Bild zu bleiben – weiterhin „verkehrssicher" sein. Angesprochen sind damit insbesondere zentrale Aspekte des Datenschutzes und der Datensicherheit.[16] Nur dann folgen die befragten und/oder betroffenen Personen den statistischen Ämtern auf dem „europäischen Weg": Die Entwicklung, Durchführung und Verbreitung amtlicher Statistiken muss nicht nur „smart", sondern auch *vertrauenswürdig*[17] sein.

---

[13] *Ricciato* et al., SJI 35 (2019), 589 (592).
[14] Diese Metapher geht auf *Ricciato* et al., SJI 35 (2019), 589 (592) zurück.
[15] Siehe auch *Ricciato* et al., SJI 35 (2019), 589 (592): „new and legacy data sources have complementary roles and SO [Statistical Offices] should aim to combine them in order to draw a greater and better picture, not to replace one with the other" (Hervorhebung im Original).
[16] In einer von *Keusch* et al., Public Opinion Quarterly 83 (2019), 210 (223, 225) durchgeführten Studie gaben 44 % der befragten Personen an, nicht in die Verarbeitung *passiver* Daten einwilligen zu wollen, weil sie Bedenken hinsichtlich des Datenschutzes und der Datensicherheit hätten. Das war mit Abstand der größte Faktor. Auf Platz 2 lag der Grund, dass es keine oder zu geringe Anreize (Incentives) gäbe (17 %). Immerhin noch 12 % begründeten ihre Entscheidung damit, dass sie nicht (hinreichend) kontrollieren könnten, welche Daten gesammelt und mit wem sie geteilt würden.
[17] Die EU-Kommission erhebt die Vertrauenswürdigkeit zu einem Topos der Regulierung neuer Technologien, s. etwa den Entwurf für ein „Gesetz über Künstliche Intelligenz", COM(2021) 206 final, S. 1: „Rechtsrahmen für eine vertrauenswürdige KI".

## II. Gestaltungsprinzipien („design principles")

Für das entwicklungsoffene Konzept *Trusted Smart Statistics* haben *Ricciato* et al. verschiedene Gestaltungsprinzipien („[d]esign principles") formuliert.[18] Sie sollen hier kurz skizziert werden, da sie sich – mal mehr, mal weniger intensiv – auf die Verarbeitung personenbezogener Daten auswirken. Die nachfolgende Darstellung greift dabei solche Prinzipien heraus, die im datenschutzrechtlichen Kontext besonders relevant erscheinen.

Zu diesen gehört *erstens*, dass künftig nicht „nur" Daten, sondern auch Verarbeitungsprozesse geteilt und damit dezentralisiert werden sollen („[f]rom sharing data to sharing computation"[19] bzw. "[p]ushing computation out instead of pulling data in"[20]). Die Idee ist, auch die Rechnerleistung der Dateninhaber zu nutzen – das kann z. B. das Smartphone einer Auskunftsperson sein. So gesehen „fließen" die Daten nicht mehr zum Programmcode (in die statistischen Ämter), sondern der Code „wandert" zur (primären) Datenquelle: der Auskunftsperson.[21] Dass mit diesem dezentralen Ansatz ein Mehr an Datenschutzrecht einhergeht, ist nicht ausgemacht[22] – und daher im Folgenden (dazu unter B. und C.) näher zu untersuchen.

*Zweitens* geht mit dem neuen Konzept ein Wechsel von einer dezentralen Kontrolle (*delegating control*; von den Dateninhabern zur statistischen Stelle) hin zu einer *geteilten Kontrolle* (*sharing control*; zwischen den statistischen Stellen und den Dateninhabern) einher.[23] Der Begriff „Dateninhaber" (engl.: „data holder"), den *Ricciato* et al. verwenden, entspricht dabei nicht unbedingt der Legaldefinition im Data Governance Act[24]. Dieser Rechtsakt versteht darunter eine juristische oder natürliche (nicht: betroffene[25]) Person, die

---

[18] Ausf. *Ricciato et al.*, SJI 35 (2019), 589 (592 ff.); vgl. – daran anknüpfend – auch *Ricciato/Wirthmann/Hahn*, Data & Policy 2020, e7 (5 ff.): „main design principles and system components that collectively represent our current view of the TSS concept".

[19] *Ricciato/Wirthmann/Hahn*, Data & Policy 2020, e7 (5 ff.).

[20] *Ricciato et al.*, SJI 35 (2019), 589 (594).

[21] *Ricciato et al.*, SJI 35 (2019), 589 (594): „bring the code to the data instead of bringing the data to the code"; ferner *Ricciato/Wirthmann/Hahn*, Data & Policy 2020, e7 (9): „From methodologies to code". Die Kontrolle über den Programmcode verbleibt indes bei der statistischen Stelle, s. *Ricciato* et al., ebenda: „where the code runs remains independent from what the code does, and sharing control over the execution [...] does not imply any loss of control by the SO [...] over the development of the statistical methodology".

[22] Vgl. dazu *Ricciato/Wirthmann/Hahn*, Data & Policy 2020, e7 (6), insbes. zur statistischen Geheimhaltung.

[23] *Ricciato/Wirthmann/Hahn*, Data & Policy 2020, e7 (7): „each entity remains in direct but nonexclusive control of the process".

[24] Siehe oben S. 90 f.

[25] Siehe Art. 2 Nr. 7 DGA i. V. m. Art. 4 Nr. 1 DSGVO.

"nach geltendem Unionsrecht oder geltendem nationalen Recht *berechtigt* ist, Zugang zu bestimmten personenbezogenen oder nicht personenbezogenen Daten zu gewähren oder diese Daten weiterzugeben".[26]

Anders als im Kommissionsentwurf vorgesehen,[27] schließen sich die Begriffe „Dateninhaber" und „betroffene Person" nach der verabschiedeten Begriffsbestimmung aus. Im Kontext von *Trusted Smart Statistics* können beide Personen oder Stellen aber durchaus identisch sein. Die Kontrolle im Sinne von *Ricciato* et al. bezieht sich auf den Verarbeitungsprozess und ist hier weniger rechtlich denn vielmehr *technisch* zu verstehen.[28] Die Autoren unterscheiden dabei weiter zwischen einer *aktiven* und einer *passiven* Form der Kontrolle („[a]ctive control can block ex-ante, while passive control can only detect ex-post").[29] Aus datenschutzrechtlicher Sicht ist mit der *ex ante*-Perspektive insbesondere die einseitige Legitimationsgrundlage der Einwilligung angesprochen[30]; eine *ex post*-Kontrolle der Verarbeitung drückt sich etwa in den Vorschriften zu den Betroffenenrechten (Art. 12 ff.)[31] sowie zur Datenschutzaufsicht (Art. 51 ff. DSGVO) aus.

Mit der Verlagerung der Kontrolle über die Verarbeitungsprozesse ist schließlich ein *drittes* Prinzip eng verbunden: die Integration von vertrauensbildenden Elementen („trust engineering"[32]). Dazu gehören bspw. kryptographische Verfahren, „Secure Multi-Party Computation (SMP)"-Techniken, sichere Verarbeitungsumgebungen[33], *Distributed Ledger*-Technologien[34] sowie – allgemein – *Privacy Enhancing Technologies*.[35] Sie sollen die Risiken minimieren, die mit der Verarbeitung besonders informationsreicher Daten (z. B. der durch Sensoren generierten Nanodaten) typischerweise einhergehen. Erforderlich sind

---

[26] Siehe Art. 2 Nr. 8 DGA. Vgl. dazu auch die abweichende Definition im Entwurf für die Änderung der EU-Statistik-VO, COM(2023) 402 final, S. 17.

[27] COM(2020) 767 final, S. 27.

[28] *Ricciato/Wirthmann/Hahn*, Data & Policy 2020, e7 (7). – Das europäische Datenschutzrecht spricht die „Kontrolle" vereinzelt an, etwa in EG 68 S. 1 („bessere Kontrolle über die eigenen Daten" im Fall der automatisierten Datenverarbeitung) sowie in EG 85 S. 1 DSGVO („Verlust der Kontrolle" als Schaden). Die „Kontrolle" ist aber kein eigenständiges Rechtsgut an sich.

[29] Siehe *Ricciato/Wirthmann/Hahn*, Data & Policy 2020, e7 (7).

[30] Zur Einwilligung s. unten S. 481 ff.

[31] Vgl. dazu unten S. 489 ff. (Grundsatz der Transparenz); allg. zu den Betroffenenrechten und den Ausnahmen für die Statistik oben S. 414 ff.

[32] *Ricciato/Wirthmann/Hahn*, Data & Policy 2020, e7 (8). Ein so verstandenes „trust engineering" setze sich aus den Komponenten „security" und „privacy engineering" zusammen.

[33] Vgl. dazu etwa die Legaldefinition in Art. 2 Nr. 20 DGA sowie oben S. 313 (im Zusammenhang mit dem Datenzugang für die Wissenschaft).

[34] Vgl. dazu aus datenschutzrechtlicher Sicht etwa *Zerche*, Distributed Ledger als Instrument einer dezentralen Energiewende, 2022, S. 215 ff.; zur Blockchain im Kontext einer digitalen Verwaltung allg. *Martini*, in: Kahl/Ludwigs (Hrsg.), HVerwR I, 2021, § 28 Rn. 76 ff.

[35] *Ricciato/Wirthmann/Hahn*, Data & Policy 2020, e7 (8); dazu auch *Ricciato et al.*, SJI 35 (2019), 589 (596 ff.).

hier ggf. weiterreichende Garantien („safeguards"; vgl. Art. 89 Abs. 1 DS-GVO)[36]. So ist etwa Datenschutzverletzungen und Gefahren der Reidentifikation bereits auf der Gestaltungsebene („data protection by design") zu begegnen. Zugleich müssen diese Sicherungsvorkehrungen auch den betroffenen Personen mitgeteilt werden: Nur dann kann sich das notwendige *Vertrauen* der Auskunftspersonen dafür einstellen, an den neuartigen Befragungen teilzunehmen und sich bspw. mit dem Zugriff auf passive Sensordaten einverstanden zu erklären. Man kann sich das als *Kreislaufmodell* vorstellen, das *Ricciato* et al. „the smart and trusted cycle"[37] nennen: Je mehr Vertrauen besteht, desto eher sind die Auskunftspersonen bereit, sensible Daten (z. B. Gesundheitsdaten) mit den statistischen Behörden zu teilen; weil damit höhere Risiken verbunden sind, bedarf es strengerer Sicherheitsvorkehrungen; und diese Vorkehrungen begründen dann wiederum das Vertrauen der Auskunftspersonen.[38] Das Konzept von *Trusted Smart Statistics* begreift die betroffenen Personen also nicht mehr nur als „Beobachtungssubjekte", sondern gewissermaßen als „Ko-Produzenten".[39] Das erfordert mitunter einen fortlaufenden Dialog zwischen ihnen bzw. den Dateninhabern und den statistischen Stellen.[40] Diese Kooperationsformen fügen sich schließlich in ein Konzept ein, das unter dem Begriff „Citizen Statistics" firmiert.[41]

### III. Das Forschungsprojekt „ESSnet Smart Surveys"

Im europäischen Forschungsprojekt „ESSnet[42] Smart Surveys"[43] untersuchten 12 nationale statistische Ämter, ob und wie der oben skizzierte[44] Transformationsprozess gelingen kann.

---

[36] Vgl. dazu – im Kontext sensibler Daten – oben S. 407; allg. S. 249 ff.
[37] *Ricciato et al.*, SJI 35 (2019), 589 (600).
[38] Dem Konzept „Datenaltruismus" (Art. 16 ff. DGA) liegt anscheinend eine ähnliche Vorstellung zugrunde. So enthält bspw. Art. 21 DGA besondere Anforderungen zum Schutz der Rechte und Interessen betroffener Personen und Dateninhaber im Hinblick auf ihre Daten. Nach EG 46 DGA sollen die „anerkannten datenaltruistischen Organisationen" für Vertrauen sorgen, dass die Daten, die für altruistische Zwecke bereitgestellt worden sind, dem allgemeinen Interesse dienen. Vgl. dazu etwa *Schildbach*, ZD 2022, 148 ff.
[39] Vgl. etwa *Ruppert et al.*, Ecostat (Economie et Statistique) 2019, 171 (173, 175).
[40] Vgl. *Ricciato et al.*, SJI 35 (2019), 589 (592, 599); *Ricciato/Wirthmann/Hahn*, Data & Policy 2020, e7 (5): „continuous, long-term two-way dialogue with the respondent"; „bi-directional dialogue".
[41] Siehe dazu *Ricciato et al.*, SJI 35 (2019), 589 (599); *Ricciato/Wirthmann/Hahn*, Data & Policy 2020, e7 (15). Vgl. zu „Citizen Science" am Beispiel einer Studie zur Wasserqualität in Luxemburg *König et al.*, SJI 37 (2021), 189 ff.
[42] Die Abk. „ESSnet" steht für „Collaborative ESS Networks" (vormals: Centres and Networks of Excellence – Cenex).
[43] Dazu *Stehrenberg/Volk*, WISTA 1/2023, 59 (61 ff.).
[44] Siehe I. (S. 470) und II. (S. 472).

Das Projekt stand unter der Überschrift „*Towards a European Platform for Trusted Smart Surveys*".⁴⁵ Es war in drei Work Packages (WP) unterteilt. WP 1 oblag das Projekt- und Finanzmanagement sowie die Verwaltung des gesamten ESSnet. Das schloss die Kommunikation zwischen den Partnern sowie die Verbreitung der Ergebnisse ein. Die Federführung hatte das Statistische Bundesamt inne. Im WP 2 ging es – unter der Leitung von CBS (Statistics Netherlands) – darum, Pilotprojekte zu entwickeln und durchzuführen. Die Rechtsgrundlage dafür findet sich in Art. 14 („Durchführbarkeits- und Pilotstudien") der Verordnung zur Schaffung eines gemeinsamen Rahmens für europäische Statistiken über Personen und Haushalte auf der Grundlage von Einzeldaten aus Stichprobenerhebungen (VO (EU) 2019/1700).⁴⁶ Dieses Work Package war wiederum in *vier Bereiche* unterteilt: Konsum⁴⁷ (WP 2.1 Consumption), Zeitverwendung⁴⁸ (WP 2.2 Time use), Gesundheit⁴⁹ (WP 2.3 Health) und Lebensbedingungen⁵⁰ (WP 2.4 Living Conditions), wobei der Schwerpunkt auf den Piloten WP 2.1 und WP 2.2 lag. Diese Themenbereiche finden sich auch in der VO (EU) 2019/1700 wieder (Art. 3 Abs. 1), die darauf abzielt, die Rahmenbedingungen für die Entwicklung, Durchführung und Verbreitung europäischer *Sozialstatistiken* zu harmonisieren. Und schließlich versuchten die beteiligten Statistikämter, in WP 3 einen konzeptionellen Rahmen, also eine Art Referenzarchitektur, für eine gemeinsame europäische Statistikplattform zu entwickeln.⁵¹

Die dabei aufgetretenen (datenschutz-)rechtlichen Fragen sind mannigfaltig. Daher sind die Mitglieder des Forschungsprojekts übereingekommen, eine – ursprünglich nicht vorgesehene – *Working Group* „Legal-Ethical"⁵² einzurichten. Die Arbeit wurde auf vier Untergruppen verteilt, die jeweils verschiedene Phasen der Datenverarbeitung betrachten sollten: Subgroup 1 (*in-device data storage*), Subgroup 2 (*in-device processing*), Subgroup 3 (*third party processing*) und Subgroup 4 (*in-house processing*). Die Rechtsfragen waren für alle Subgroups gleich, sie lauteten: *What is new in your part of the statistical process?*

---

⁴⁵ Dieses ESSnet knüpft an die vorausgehenden Projekte „ESSnet Big Data I" und „ESSnet Big Data II" an.

⁴⁶ Siehe auch EG 18 VO (EU) 2019/1700. Diese Verordnung wird durch zahlreiche Durchführungsverordnungen (siehe etwa Art. 7: Technische Spezifikationen der Datensätze) und delegierte Rechtsakte konkretisiert, s. etwa Art. 3 Abs. 7 (Änderung der Einzelthemen), Art. 4 (Rotierende Mehrjahresplanung), Art. 6 (Spezifikationen der Datensätze) i. V. m. Art. 17 VO (EU) 2019/1700.

⁴⁷ HBS = Household Budget Surveys.

⁴⁸ HETUS = Harmonised European Time Use Surveys. Zur Kohärenz mit dem ZVEG: BT-Drs. 19/26935, S. 10, 21 f.

⁴⁹ EHIS = European Health Interview Survey.

⁵⁰ EU-SILC = European Union Statistics on Income and Living Conditions.

⁵¹ Vgl. dazu etwa *Bruno et al.*, ESSnet Smart Surveys – Deliverable 3.4 Final Report, 29.6.2022.

⁵² Transparenzhinweis: Der Verf. war für das Statistische Bundesamt beratendes Mitglied in dieser Working Group.

*What are points of attention with GDPR in mind? Does the type of information make a difference in your part of the process? What risks do you see? What information from technical experts is needed to evaluate the risks?* Diese Untersuchung nimmt diese Fragen zum Anlass, die datenschutzrechtlichen Herausforderungen für *Trusted Smart Surveys* aufzuzeigen, verwendet hierfür jedoch die nachfolgenden Anwendungsfälle.

### IV. Anwendungsfälle („Use Cases")

Im Folgenden werden vier Anwendungsfälle gebildet. Diese sind fiktiv, lehnen sich jedoch teilweise an den Themenbereich „Zeitverwendung" der VO (EU) 2019/1700[53] (s. Art. 3 Abs. 1 Buchst. f), an das Pilotprojekt WP 2.2 im „ESSnet Smart Surveys" („Time use") sowie an die deutsche Zeitverwendungserhebung 2022 (vgl. § 1 ZVEG) an. Die Fälle sollen auf einfache Art und Weise veranschaulichen, welche Verarbeitungsvorgänge gewissermaßen „neu" sind – und dem Verantwortlichen ggf. eine umfassende datenschutzrechtliche Analyse und Bewertung abverlangen. Fall 1 stellt den „Grundfall" dar, den die Fälle 2–4 schrittweise erweitern:

– *Fall 1*: Das Statistische Amt (A)[54] will eine sog. Zeitverwendungserhebung (ZVE) durchführen. Es handelt sich um eine freiwillige Befragung auf Stichprobenbasis. Als Erhebungsinstrument dient u.a. eine App, die über den Google Play Store (für Android) oder den App Store (für Apple) heruntergeladen werden kann. Personen, die kein Smartphone besitzen, können über eine browserbasierte Web-App an der Befragung teilnehmen. Um genügend Haushalte bzw. Personen für die Statistik zu gewinnen und sie in der Befragung über die Zeit zu „halten", setzt A verschiedene Anreizsysteme („Incentive schemes"[55]) ein. Dazu gehören neben einer monetären Aufwandsentschädigung auch „spielerische" Elemente („Gamification"[56]), die eigens für die ZVE programmiert worden sind. A überlegt außerdem, auf der Benutzer-

---

[53] Nicht amtlich auch als IESS-Verordnung bezeichnet. Das Akronym steht für „Integrated European Social Statistics".

[54] Der Einfachheit halber wird hier (zunächst) nur von einer verantwortlichen Stelle (A) ausgegangen. Die Praxis kann durchaus komplexer sein, wie etwa § 8 ZVEG zeigt: Danach obliegt es dem Statistischen Bundesamt, die Daten aufzubereiten (Klassifizierung bzw. Codierung; Plausibilisierung; Hochrechnung der Stichprobendaten, s. BT-Drs. 19/26935, S. 22). Die Phase der Datenerhebung (Vorprüfung; Erfassung der „Rohdaten" aus den Papiererhebungsunterlagen; ggf. Rückfragen) fällt demgegenüber in den Zuständigkeitsbereich der statistischen Ämter der Länder.

[55] Siehe dazu ausf. den Report der WG 3: *De Cubellis et al.*, Deliverable 3.1 Report on the Preliminary Framework, 28.2.2021, S. 127 ff.

[56] Zu diesem Begriff sogleich S. 495.

oberfläche sog. Designmuster einzusetzen, die die befragten Personen dazu anhalten sollen, möglichst viele Daten für statistische Zwecke zu „spenden".

- *Fall 2*: Im Rahmen der ZVE sollen die Auskunftspersonen nicht nur „aktiv" Angaben machen, etwa Daten in ein digitales Tagebuch eintragen. Die App soll darüber hinaus auch „passive" Daten erfassen, die gleichsam im Hintergrund entstehen. Dazu gehören insbesondere Sensordaten (z. B. über den Standort einer Person). Bei der Verarbeitung dieser Daten kommen zudem KI-Systeme zum Einsatz.

- *Fall 3a*: Die erforderliche IT-Infrastruktur wird vom ITZBund[57] betrieben. Dabei handelt es sich um eine Bundesoberbehörde in Form einer bundesunmittelbaren nichtrechtsfähigen Anstalt des öffentlichen Rechts[58].

- *Fall 3b*: A plant, zusätzlich einen privaten IT-Dienstleister einzusetzen, der bestimmte Verarbeitungsschritte übernehmen soll.

- *Fall 4*: Wie Fall 3, jedoch stehen die Server des (privaten) IT-Dienstleisters nicht in der EU, sondern in einem Drittland.[59] So könnte A bspw. ein sog. Notification Framework eines Anbieters aus einem Drittland einbinden (z. B. den Service „Firebase Cloud Messaging" von Google), um den befragten Personen Push-Nachrichten auf ihr Smartphone senden zu können.[60]

---

[57] Bei der ZVE 2022 in Deutschland wird die IT-Infrastruktur vom Landesbetrieb Information und Technik Nordrhein-Westfalen (IT.NRW) bereitgestellt.
[58] Siehe § 1 Abs. 1 ITZBundG.
[59] Vgl. etwa zu den Cloud-Anbietern, die einzelne Bundesbehörden und Ressortforschungseinrichtungen nutzen, die Antwort der Bundesregierung auf eine Kleine Anfrage, BT-Drs. 19/19444, S. 2.
[60] Ein anderes Beispiel betraf den Zensus 2022: Dabei kam im Mai 2022 die Frage auf, ob und inwieweit bei der Nutzung des Online-Fragebogens ein US-amerikanischer IT-Dienstleister (hier: ein sog. Content Delivery Network des Dienstleisters Cloudflare) eingebunden war. Der BfDI hat eine Prüfung eingeleitet (s. Pressemitteilung v. 18.5.2022 „Information zum Online-Fragebogen des Statistischen Bundesamtes zum Zensus 2022"). Dabei war zwischen dem Betrieb der öffentlichen Informationsseite (www.zensus2022.de) und der Seite für den Online-Fragebogen zu unterscheiden (frageboden.zensus2022.de): Für den Online-Fragebogen wird Cloudflare nach Angaben der statistischen Ämter seit dem 13.5.2022 nicht mehr genutzt; im öffentlichen Bereich sei der Dienst aber weiterhin eingebunden, um die Seite gegen Angriffe abzusichern. Vgl. dazu auch VG Schleswig ZD 2022, 704; sowie VG Neustadt a. d. Weinstraße ZD 2023, 366 (368, Rn. 55), wobei das VG letztlich davon ausgeht, dass die Befragungsdaten nicht auf US-amerikanischen Servern verarbeitet worden sind. Zu den rechtlichen Anforderungen allg. unten S. 524 ff.

## B. Datenschutzrechtliche Herausforderungen – ausgewählte Probleme

Das ESS Committee weist bereits in seinem *Bucharest Memorandum*[61] auf die Bedeutung des Datenschutzes hin. Es hebt das Konzept *Privacy by Design* ausdrücklich hervor und regt an, die Möglichkeiten datenschutzfreundlicher Technikgestaltung (z.B. „secure multiparty computation") bei der Entwicklung von *Trusted Smart Statistics* zu berücksichtigen. In diesem Sinne sprechen sich auch *Ricciato* et al. dafür aus, den rechtlichen Garantien „harte" technologische Sicherungsvorkehrungen an die Seite zu stellen – ein „Missbrauch" von (personenbezogenen) Daten soll nicht nur rechtlich verboten, sondern technisch unmöglich sein.[62] Etwas allgemeiner formuliert: Ein effektiver Datenschutz gehört zu den konstitutiven Merkmalen „smarter" und vertrauenswürdiger Statistiken. Angesprochen sind damit zuvörderst die allgemeinen Rahmenbedingungen und Grundsätze, die die Datenschutz-Grundverordnung[63] aufstellt. Dabei wird im Folgenden unterstellt, dass die untersuchten Verarbeitungsvorgänge *personenbezogene* Daten betreffen. Da insbesondere die sog. Nanodaten typischerweise einen tiefen Einblick in die Persönlichkeit der Auskunftspersonen ermöglichen (s. etwa die Sensordaten in Fall 2), stellt sich die Frage, inwieweit der Staat die einzelnen Personen statistisch vermessen darf. Kurzum: Wo liegen die absoluten Grenzen einer behördlichen Datenverarbeitung (dazu I.). Innerhalb dieser Grenzen muss die Verarbeitung dem (unionsrechtlichen) Grundsatz der Rechtmäßigkeit genügen; im Kontext von *Trusted Smart Statistics* werden dabei (s. Fall 1) insbesondere die datenschutzrechtlichen Vorgaben für eine wirksame Einwilligung relevant (dazu II.). Die Grundsätze der Datenminimierung (dazu III.) und der Integrität und Vertraulichkeit (dazu IV.) fordern die verantwortlichen Statistikstellen ebenfalls heraus. Um nicht nur „smart", sondern auch „vertrauenswürdig" zu sein, ist Transparenz (insbesondere bei einer „passiven" Datenerhebung wie in Fall 2) unabdingbar (dazu V.). Aufgrund des dezentralen Ansatzes rücken schließlich die Akteure[64], die an dem Verarbeitungsvorgang beteiligt sind (z.B. IT-Dienstleister), in den Vordergrund (s. Fälle 3–4). Dies betrifft hauptsächlich die Auftragsverarbeitung, die von anderen Rechtsfiguren – v.a. von der gemeinsamen Verantwortlichkeit – abzugrenzen ist (dazu VI.). Besondere Schwierigkeiten bereitet schließlich die Datenübermittlung in Drittländer (dazu VII.).

---

[61] Siehe oben S. 469; Nachweise in § 10 Fn. 4.
[62] So die eingängige Formulierung bei *Ricciato et al.*, SJI 35 (2019), 589 (598).
[63] Die VO (EU) 2018/1725, die für Eurostat gilt, bleibt hier außer Betracht.
[64] Die betroffene Person kann – in Bezug auf die *sie betreffenden* Daten – selbst niemals Verantwortlicher oder Auftragsverarbeiter sein. Vgl. zur Abgrenzung allg. *Hartung*, in: Kühling/Buchner (Hrsg.), DSGVO/BDSG, 3. Aufl., 2020, Art. 4 Nr. 7 Rn. 7, 15.

## B. Datenschutzrechtliche Herausforderungen

### I. Absolute Verarbeitungsgrenzen – Schutz vor digitaler (Selbst-)Vermessung

Die Grundrechte der Charta und des Grundgesetzes enthalten absolute Schranken für die staatliche Datenverarbeitung. Diese folgen insbesondere aus der Menschenwürdegarantie, die beide Grundrechtsordnungen als „unantastbar" verbürgen (Art. 1 S. 1 GRCh[65]; Art. 1 Abs. 1 GG). Die Menschenwürde markiert damit eine unverrückbare Grenze, die der Gesetzgeber keinesfalls überschreiten darf. Diese absoluten Grundrechtsschranken gebieten einer „Totalvermessung" des Menschen – und sei es zu ausschließlich statistischen Zwecken – Einhalt. Sie sind auch für die betroffene Person selbst unverfügbar[66] – der Grundrechtsträger kann sich mithin nicht seiner eigenen Würde berauben. Eine gleichwohl erteilte Einwilligung, die gegen die Menschenwürde verstieße, wäre unwirksam. Damit ist eine Datenverarbeitung stets unzulässig, die im Ergebnis einer ganzheitlichen „digitalen Selbstvermessung"[67] gleichkommt („(Würde-)Schutz gegen sich selbst"[68]). Das BVerfG hat schon im Mikrozensusbeschluss 1969 festgehalten, dass es mit der Menschenwürde nicht zu vereinbaren sei, wenn der Staat das Recht für sich in Anspruch nähme, den Menschen (zwangsweise) in seiner ganzen Persönlichkeit zu registrieren und zu katalogisieren – und sei es auch in der „Anonymität" einer statistischen Erhebung. Die damalige statistische Erhebung verstieß indes nicht gegen die Menschenwürdegarantie, da sie die betroffenen Personen weder dazu zwang, ihre Intimsphäre offenzulegen, „noch gewährte sie dem Staat Einsicht in einzelne Beziehungen, die der Außenwelt nicht zugänglich sind und deshalb von Natur aus ‚Geheimnischarakter' haben".[69] Das Volkszählungsurteil knüpfte daran an: Im Erhebungsprogramm erkannte das BVerfG keine mit Art. 1 Abs. 1 GG unvereinbare „gänzliche[...] oder teilweise[...] Registrierung und Katalogisierung der Per-

---

[65] Die Rechtsprechung des EuGH rekurriert im Kontext der Verarbeitung personenbezogener Daten – soweit ersichtlich – bislang nicht auf die Menschenwürdegarantie. Stattdessen fragt er danach, ob (staatliche) Verarbeitungsvorgänge den Wesensgehalt der Grundrechte aus Art. 7 und 8 GRCh achten (s. Art. 52 Abs. 1 S. 1 GRCh); dazu bereits oben (i. R. d. Art. 9 DSGVO) S. 409 ff. m. w. N.
[66] Krit. *Dreier*, in: ders. (Hrsg.), GG, Bd. I, 3. Aufl., 2013, Art. 1 Rn. 149 ff.; wohl auch *Herdegen*, in: Dürig/Herzog/Scholz (Hrsg.), GG, 55. EL (Mai 2009), Art. 1 Abs. 1 Rn. 79.
[67] Dazu aus Sicht der empirischen Sozialforschung: *Koch*, in: Baur/Blasius (Hrsg.), Handbuch Methoden der empirischen Sozialforschung, 2019, S. 1079.
[68] Krit. dazu *Dreier*, in: ders. (Hrsg.), GG, Bd. I, 3. Aufl., 2013, Art. 1 Rn. 149.
[69] BVerfGE 27, 1 (8). Vgl. dazu auch *Hong*, Der Menschenwürdegehalt der Grundrechte, 2019, S. 446 ff. Den Ansatz, staatliche Informationsbeziehungen nach „Sphären" zu ordnen, hat das BVerfG mit seinem Volkszählungsurteil (E 65, 1) prinzipiell hinter sich gelassen, s. *Benda*, DuD 1984, 86 (88); dazu oben S. 396 mit § 9 Fn. 271. In neueren Entscheidungen – etwa zur „elektronischen Fußfessel" – spricht das BVerfG von einem „absolut geschützten Kernbereich privater Lebensgestaltung, der staatlicher Beobachtung schlechthin entzogen ist" (BVerfGE 156, 63 [115, Rn. 190]).

sönlichkeit".[70] Staatliche Behörden dürfen demnach einzelne Lebensbereiche erfassen, solange und soweit sie diese nicht zu persönlichkeitsfeindlichen „Totalabbildern" des Menschen verknüpfen.[71] Vor diesem Hintergrund wohnt der – und sei es auch freiwilligen – Datenerhebung durch die statistischen Ämter im Rahmen von *Trusted Smart Surveys* ein gesteigerter Gefährdungsgrad inne. Bei deren Konzeption ist stets darauf zu achten, dass das Erhebungsprogramm nicht zu einer totalen (statistischen) Vermessung des Menschen führt. Das gilt insbesondere für den Fall, dass Daten aus einem Lebensbereich (z. B. Einkommen und Lebensbedingungen) mit anderen – ggf. datenschutzrechtlich als sensibel eingestuften – Lebensbereichen (z. B. Gesundheit) verknüpft werden sollen. Die hier skizzierten Verarbeitungsschranken sind freilich „Extremfällen" vorbehalten, gelten dann aber absolut. Im Ergebnis macht es dabei keinen Unterschied, ob man auf die Menschenwürde oder – wie der EuGH – auf den Wesensgehalt[72] der betroffenen Grundrechte abstellt. Die amtliche Statistik muss sich, um eine Formulierung des Gerichtshofs aufzugreifen, „auf *bestimmte Aspekte* des Privatlebens" beschränken.[73] Umfassende Persönlichkeitsprofile[74] zu erstellen (und sei es nur als unbeabsichtigter, aber notwendiger Zwischenschritt), ist daher mit den grundrechtlichen Maßgaben der Charta und des Grundgesetzes unvereinbar.

---

[70] BVerfGE 65, 1 (52).
[71] BVerfGE 65, 1 (53). Vgl. auch § 12 Abs. 1 S. 2 IDNrG: Bestimmt die Bundesregierung durch Rechtsverordnung die Anzahl und die Abgrenzung der Verwaltungsbereiche, muss sie dabei das Risiko wirksam begrenzen, dass „bezogen auf die einzelne Person ein *vollständiges Persönlichkeitsprofil* durch Datenübermittlungen innerhalb eines Bereichs" entsteht (Hervorhebung d. Verf.). Dazu jüngst auch *Bull*, DÖV 2022, 261 (271 f.): Der Begriff diene zwar in der öffentlichen und wissenschaftlichen Debatte als Beispiel für eine die Menschenwürde verletzende Behandlung von Individuen. In der Praxis (sic!) gebe es jedoch immer vertretbare Gründe dafür, aus verschiedenen Verhaltens- und Einstellungsmerkmalen ein ungefähres Charakterbild einer Person zusammenzustellen.
[72] Siehe etwa EuGH, Urt. 8.4.2014 – C-293/12 u. a., ECLI:EU:C:2014:238 – Digital Rights Ireland, Rn. 38 ff. (zur Vorratsdatenspeicherung); vgl. dazu oben S. 409.
[73] Vgl. EuGH, Gutachten v. 26.7.2017 – 1/15, ECLI:EU:C:2017:592 – Accord PNR UE-Canada, Rn. 150 zum Wesensgehalt des Art. 7 GRCh. Vgl. auch oben S. 409 ff.
[74] Der Ausdruck findet sich in BVerfGE 65, 1 (53). *von Lewinski/Gülker*, DVBl 2021, 633 (634) sehen im Erstellen von Persönlichkeitsprofilen das „Gottseibeiuns des Datenschutzrechts". – Vgl. auch BVerfGE 120, 274 (305), allerdings in Bezug auf das IT-Grundrecht: Könnten Dritte auf informationstechnische Systeme des Endnutzers zugreifen, etwa indem sie (personenbezogene Daten erheben und auswerten), so ermöglichte dies ggf. „weitreichende Rückschlüsse auf die Persönlichkeit des Nutzers bis hin zu einer Profilbildung". Diese Persönlichkeitsgefährdungen würden, so das BVerfG weiter, bei einem vernetzten, insbes. an das Internet angeschlossenen System in „verschiedener Hinsicht [noch] vertieft".

## II. Rechtmäßigkeit der Datenverarbeitung – Die Einwilligung im Kontext von „Smart Surveys"

### 1. Funktion und Legitimationskraft der Einwilligung

Innerhalb der unter I. gezogenen, absoluten Grenzen ist nach der *Rechtmäßigkeit* der Datenverarbeitung zu fragen. Neben[75] den gesetzlich angeordneten Befugnissen kommt das Rechtsinstitut der Einwilligung als Zulässigkeitstatbestand grundsätzlich in Betracht – und zwar in zwei Fällen: *Erstens* könnte die Einwilligung solche Datenverarbeitungen legitimieren, die über das gesetzliche Erhebungsprogramm hinausgehen. Angesprochen sind damit solche personenbezogenen Daten, die für den gesetzlichen Auftrag an sich *nicht erforderlich* sind. Der Einwilligung käme dann eine Art „Auffangfunktion" zu.[76] Allerdings ist es einer grundrechtsgebundenen Statistikbehörde schon wegen des Prinzips der Gesetzmäßigkeit der Verwaltung prinzipiell versagt, ihre gesetzlich festgelegten Verarbeitungsbefugnisse über das Institut der Einwilligung „auszudehnen". Mit anderen Worten: Die Behörde hat „lediglich" das Programm des Gesetzgebers zu vollziehen – das schließt nur solche (personenbezogenen) Daten ein, die für die Wahrnehmung der öffentlichen Aufgabe *erforderlich* sind. Das Kriterium der Erforderlichkeit bestimmt mithin darüber, wie weit die legitimierende Kraft der statistikrechtlichen Programmierung reicht. Wenn und soweit bestimmte Nanodaten (z.B. Sensordaten) über das erforderliche Maß hinaus gehen, kann sich die Statistikbehörde auch nicht auf die Auffangfunktion der Einwilligung berufen. Dieser Erlaubnistatbestand darf im Verhältnis Bürger – Staat nicht herangezogen werden, um wünschenswerte, aber gesetzlich nicht abgedeckte Datenverarbeitungen zu legitimieren.[77] Vor diesem Hintergrund ist das Rechtsinstitut der Einwilligung insbesondere bei solchen (amtlichen) Statistiken heranzuziehen, die auf *freiwilliger Basis* entstehen.[78]

### 2. Informierte und freiwillige Willensbekundung – Zur Verhaltenssteuerung durch „Gamification"

Bloße monetäre Aufwandsentschädigungen wie sie etwa das deutsche Zeitverwendungserhebungsgesetz (§ 4 Abs. 3) vorsieht, führen – wie gezeigt[79] – nicht *per se* zur Unwirksamkeit einer Einwilligung. Setzt eine statistisches Stelle An-

---

[75] Zu dieser Dichotomie der Rechtsgrundlagen s. ausf. oben S. 93 ff.
[76] Vgl. dazu *Marsch*, Das europäische Datenschutzgrundrecht, 2018, S. 151.
[77] Wie hier auch *Marsch*, Das europäische Datenschutzgrundrecht, 2018, S. 151. Davon ist die Frage zu unterscheiden, unter welchen Voraussetzungen eine Statistikbehörde auf Informationen in Endgeräten zugreifen darf (vgl. § 25 TTDSG); dazu unten S. 528 ff.
[78] Siehe dazu ausf. § 4 (S. 95 ff.).
[79] Siehe oben S. 112 ff.

reizsysteme („Incentive Schemes"[80]) ein, um die Teilnahmebereitschaft zu erhöhen und über die Dauer zu erhalten, bedarf es einer Gesamtbetrachtung, die nach dem *Grad der Verhaltenssteuerung* fragt.[81] In diesem Zusammenhang kommt auch dem Umstand maßgebliche Bedeutung zu, ob und inwieweit der Verantwortliche spielerische Elemente in die (amtliche) Statistik integriert (s. Fall 2). So hat sich ein Teilprojekt im „ESSnet Smart Surveys" mit dem Phänomen „Gamification"[82] befasst. Ziel ist, die Umfrage durch spielerische Elemente „emotional ansprechend" und „unterhaltsam" zu machen.[83] Dagegen ist aus rechtlicher Sicht erst einmal nichts einzuwenden. Jedoch hat das Gestaltungsinstrument *Gamification* regelmäßig auch Einfluss auf das Verhalten der Auskunftspersonen[84]. So können spielerische Mittel z.B. eingesetzt werden, um die befragten Personen in (freiwilligen) Statistiken gleichsam zu „halten". Dieses Risiko[85] bekommt datenschutzrechtliche Relevanz, wenn es in einem Zusammenhang mit der Verarbeitung personenbezogener Daten steht und *kann* – ggf. in Kombination mit anderen verhaltenssteuernden Elementen – die Freiwilligkeit einer Einwilligungserklärung infrage stellen. Und ganz allgemein haben gamifizierte Elemente das Potenzial, das Vertrauensverhältnis zwischen der befragten Person und der amtlichen Statistik zu beschädigen, insbesondere dann, wenn sie – gleichviel, ob bewusst oder unbewusst – in manipulativer Art und Weise

---

[80] Siehe dazu aus dem ESSnet Smart Surveys nur *De Cubellis et al.*, Deliverable 3.1 Report on the Preliminary Framework, 28.2.2021, S. 127 ff. Zum „juristischen Anreizbegriff" s. *Wolff*, Anreize im Recht, 2021, S. 7 ff. sowie oben S. 114 mit Nachweisen in § 4 Fn. 127.

[81] Siehe oben S. 114 f.

[82] Die Statistiker gehen dabei von folgendem Begriffsverständnis aus: „[t]he use of game design metaphors to create more game-like and engaging experiences", so *De Cubellis et al.*, Deliverable 3.1 Report on the Preliminary Framework, 28.2.2021, S. 131 unter Rückgriff auf eine Definition von *Andrzej Marczewski*. – *Scheurer*, PinG 2020, 13 (13) hingegen spricht von einer „gamifizierten Anwendung", wenn „sich diese durch die Integration spielerischer Elemente auszeichnet, ein spieltypisches Design verfolgt, innerhalb eines spielfremden Kontexts platziert ist (objektive Komponenten) sowie zu einer konkreten Problemlösung des Spielers beitragen kann (subjektive Komponente)".

[83] Siehe *De Cubellis et al.*, Deliverable 3.1 Report on the Preliminary Framework, 28.2.2021, S. 133: „First of all, gamification should make responding to surveys an emotionally appealing and fun activity".

[84] Zu den verschiedenen Nutzertypen („User Types") s. *De Cubellis et al.*, Deliverable 3.1 Report on the Preliminary Framework, 28.2.2021, S. 134.

[85] Siehe auch *De Cubellis et al.*, Deliverable 3.1 Report on the Preliminary Framework, 28.2.2021, S. 137: „Game mechanics are used to make respondents stay engaged in a survey". Vgl. dazu auch die Studie von *Harms et al.*, in: Abascal/Barbosa et al. (Hrsg.), Human-Computer Interaction – INTERACT 2015, 2015, S. 219 ff. (N = 60): Die Antwortrate war in der gamifizierten Umfrage niedriger (70%, 21 von 30 Personen) als in der traditionellen Umfrage (86%, 26 von 30 Personen); die befragten Personen empfanden die gamifizierte Umfrage jedoch unterhaltsamer („more fun") und verbrachten deutlich mehr Zeit damit. – Zu möglichen Konflikten zwischen *Gamification* und *Privacy* s. etwa auch *Mavroeidi et al.*, Future Internet 11 (2019), 67 ff.

eingesetzt werden.⁸⁶ Die hier skizzierten Risiken sollen indes nicht darüber hinwegtäuschen, dass *Gamification* – richtig eingesetzt – dem Datenschutz durchaus dienlich sein kann – etwa als Instrument, um Transparenz herzustellen.⁸⁷

*3. Einwilligungsdesign – Grenzen der Gestaltung
(insbesondere „Dark Patterns")*

Das europäische Datenschutzrecht stellt zudem Anforderungen an das *Einwilligungsdesign*. Nach Art. 4 Nr. 11 DSGVO muss die betroffene Person die Willensbekundung „unmissverständlich" abgeben – und zwar „in Form einer Erklärung oder einer sonstigen eindeutigen bestätigenden Handlung, mit der die betroffene Person zu verstehen gibt, dass sie mit der Verarbeitung […] einverstanden ist". Dabei gilt der *Grundsatz der Formfreiheit*:⁸⁸ Die Auskunftsperson kann der Willensbekundung schriftlich und mündlich, aber auch *elektronisch* Ausdruck verleihen (EG 32 S. 1 DSGVO). Jedenfalls bedarf es einer „aktiven Einwilligung".⁸⁹ Ein bereits voreingestelltes Kästchen (Opt-out) genügt nicht. Diese Entscheidungsarchitektur verstößt nicht nur gegen das Konzept *Data Protection by Default*,⁹⁰ sondern macht die Einwilligung insgesamt unwirksam (vgl. EG 32 S. 3 DSGVO). Beim Design einer Smart Survey-Entscheidungsarchitektur ist außerdem darauf zu achten, keine sog. *Dark Patterns* zu verwenden. Unter diesem Phänomen sind Designmuster zu verstehen,

„die eine kritische Zahl an Nutzern zu einem bestimmten Verhalten verleiten und dabei die Gestaltungsmacht über Benutzeroberflächen einseitig im Interesse ihrer Verwender ausnutzen".⁹¹

---

⁸⁶ *De Cubellis et al.*, Deliverable 3.1 Report on the Preliminary Framework, 28.2.2021, S. 135. Aus methodologischer Sicht stellen sich außerdem Fragen zur Qualität der statistischen Ergebnisse, da mit der Integration von *Gamification* auch neue Formen von Verzerrungen („Biases") einhergehen können, die dann ggf. statistisch korrigiert werden müssen, ebenda, S. 137.
⁸⁷ Siehe dazu bspw. *Scheurer*, PinG 2020, 13 ff.; weiterführend unten S. 495.
⁸⁸ Vgl. dazu bereits oben S. 100 f. mit § 4 Fn. 43.
⁸⁹ Siehe z. B. EuGH, Urt. v. 1.10.2019 – C-673/17, ECLI:EU:C:2019:801 Planet 49, Rn. 62. Der EuGH stellt hier maßgeblich auf äußere Kriterien ab (Liegt überhaupt eine Willensbekundung vor?). Davon ist der Schutz der *inneren* Entscheidungsfreiheit zu trennen (Wurde die Willensbekundung informiert und freiwillig abgegeben?), zutreffend *Weinzierl*, ZD-Aktuell 2020, 4419 („Schutz der Freiwilligkeit vor Verhaltenslenkungen").
⁹⁰ Art. 25 Abs. 2 DSGVO. Dazu – und dessen Verhältnis zur Rechtmäßigkeit der Datenverarbeitung – am Beispiel einer Mandated-Choice-Architektur *Martini/Weinzierl*, RW 10 (2019), 287 (306 ff.).
⁹¹ So die Definition bei *Martini et al.*, ZfDR 1 (2021), 47 (53). Eine Kategorisierung von *Dark Patterns* findet sich ebenda, S. 52: *Martini et al.* unterscheiden zwischen Designmuster, die (1.) Druck ausüben, (2.) dem Nutzer keine Entscheidungsmöglichkeit belassen (operativer Zwang), (3.) Hindernisse (z. B. unnötigen Aufwand) hervorrufen, (4.) Einwilligungen durch heimliche Änderungen erschleichen oder (5.) den Nutzer bewusst in die Irre führen (etwa durch Gestaltung der Benutzeroberfläche, die üblichen Erwartungen nicht entspricht). Vgl.

Es handelt sich dabei gewissermaßen um eine „dunkle" Form des *Nudging*[92].[93] So können bspw. sog. *Trick Question-* oder *Misdirection-*Patterns Anlass geben, an einer eindeutigen bestätigenden Handlung (engl.: „clear affirmative action") zu zweifeln.[94] In einer Studie untersuchten *Jamie Luguri* und *Lior J. Strahilevitz* die Effektivität von „aggressiven" und „milden" *Dark Patterns*:[95] Die unterschiedlichen Zustimmungsraten von 25,8 % bei „milden" und 41,9 % bei „aggressiven" *Dark Patterns* gegenüber einer Kontrollgruppe (keine *Dark Patterns*:[96] 11,3 %) bewerteten die Autoren als statistisch signifikant.[97] Je nach Gestaltung kann es auch an der Freiwilligkeit bzw. Informiertheit der Einwilligungserklärung fehlen. Im Interesse eines möglichst rechtssicheren und datenschutzfreundlichen (Art. 25 Abs. 1 DSGVO) Designs sind jedenfalls mehrdeutige Einwilligungsersuchen zu vermeiden.[98] *Smart Surveys* sind nur dann auch „trusted", wenn die Auskunftspersonen eine echte und freie Wahl haben; es sollte nicht der Eindruck entstehen, dass ihnen durch verhaltenssteuernde Elemente die Einwilligung gleichsam „abgerungen" wird. Vertrauen erfordert daher insgesamt eine *datenschutzfreundliche Entscheidungsarchitektur.*

### *III. Grundsatz der Datenminimierung*

Die Verarbeitung personenbezogener Daten muss dem Zweck angemessen, erheblich und auf das für die Zwecke notwendige Maß beschränkt sein. Diese drei Anforderungen buchstabieren den Grundsatz der Datenminimierung (Art. 5

---

auch *Luguri/Strahilevitz*, Journal of Legal Analysis 13 (2021), 43 (44): „Dark Patterns are user interfaces whose designers knowingly confuse users, make it difficult for users to express their actual preferences, or manipulate users into taking certain actions". Vgl. auch EG 67 DSA: Dark Patterns sind „Praktiken, mit der darauf abgezielt oder tatsächlich erreicht wird, dass die Fähigkeit der Nutzer, eine autonome und informierte Auswahl oder Entscheidung zu treffen, maßgeblich verzerrt oder beeinträchtigt wird. Solche Praktiken können eingesetzt werden, um die Nutzer zu unerwünschten Verhaltensweisen oder ungewollten Entscheidungen zu bewegen, die negative Folgen für sie haben".

[92] Dazu – aus rechtswissenschaftlicher Perspektive – etwa *Wolff*, RW 6 (2015), 194 ff.; zur Verhaltenssteuerung durch *Nudging*: *Kunzendorf*, Gelenkter Wille, 2021, S. 39 ff. Vgl. ferner oben S. 112 ff.

[93] *Weinzierl*, NVwZ-Extra 15/2020, 1 (3).

[94] *Martini et al.*, ZfDR 1 (2021), 47 (54 f.).

[95] Vgl. zu dieser ersten Studie *Luguri/Strahilevitz*, Journal of Legal Analysis 13 (2021), 43 (59 ff.).

[96] Hier konnten die Testpersonen lediglich zwischen „Accept" und „Decline" wählen – und zwar auf der ersten Bildschirmebene.

[97] *Luguri/Strahilevitz*, Journal of Legal Analysis 13 (2021), 43 (64).

[98] So auch *EDSA*, Leitlinien 5/2020, Version 1.1 v. 4.5.2020, Rn. 84. Gleiches dürfte spiegelbildlich für den Widerruf der Einwilligung gelten (vgl. Art. 7 Abs. 3 S. 4 DSGVO), z. B. in Bezug auf den Abbruch einer Umfrage.

Abs. 1 Buchst. c DSGVO) aus. Er bezieht sich, wie gezeigt[99], auf den *Umfang* der Verarbeitung. Das stellt die (amtliche) Statistik, die typischerweise mit großen Datenmengen arbeitet, generell vor Herausforderungen. Im Kontext von *Trusted Smart Surveys* verstärkt sich diese noch. Denn hier geht es ja gerade darum, neue digitale Datenquellen für statistische Zwecke zu erschließen. Diese sind für gewöhnlich umfangreicher als „traditionelle" Daten, die eigens für die Statistik erhoben worden sind.[100] Der Grundsatz der Datenminimierung konfligiert hier schon rein begrifflich mit dem Phänomen „Big Data".[101] Das gilt insbesondere dann, wenn die statistischen Stellen wie in Fall 2 auf Informationen in Smartphones oder anderen vernetzten Geräten („Internet of Things") zugreifen möchten. Die darin integrierten – und ggf. ständig „im Hintergrund" aktiven – Sensoren generieren mitunter sehr große Datensätze.[102] Welche Gefährdungslagen damit verbunden sein können, hat das BVerfG bspw. in seinem Urteil zur Online-Durchsuchung bereits im Jahr 2008 beschrieben:[103] In den Speichermedien befänden sich eine Vielzahl an Daten mit Bezug zu den persönlichen Verhältnissen, sozialen Kontakten und zu den ausgeübten Tätigkeiten des Nutzers. Dies ermögliche, so das Gericht, ggf. weitreichende Rückschlüsse auf die Persönlichkeit der betroffenen Person bis hin zur Profilbildung. Das gelte insbesondere für vernetzte informationstechnische Systeme, bei denen der Nutzer nicht nur Daten bewusst („aktiv") anlegt bzw. speichert, sondern bei denen das System weitere („passive") Daten im Hintergrund erzeugt.[104] Der Grundsatz der Datenminimierung erfüllt hier eine begrenzende Steuerungsfunktion – und zwar im Sinne einer Zweck-Mittel-Relation[105]: Danach darf die verantwortliche

---

[99] Siehe oben S. 382. Für die Verarbeitung zu statistischen Zwecken sieht die DSGVO – im Unterschied zum Grundsatz der Zweckbindung (S. 353 ff.) und Speicherbegrenzung (S. 381 ff.) – gerade keine Ausnahme vor. Im Gegenteil: Art. 89 Abs. 1 S. 2 DSGVO richtet die technischen und organisatorischen Maßnahmen gerade auf den Grundsatz der Datenminimierung aus.

[100] Siehe *Ricciato et al.*, SJI 35 (2019), 589 (591 f): „new data sources are *not just quantitatively more or bigger* than legacy data […] but (also) *qualitatively different* in almost any aspect".

[101] Vgl. zur alten Rechtslage *Martini*, DVBl 2014, 1481 (1483 ff.); zur neuen Rechtslage etwa *Roßnagel*, in: Simitis/Hornung/Spiecker gen. Döhmann (Hrsg.), DatenschutzR, 2019, Art. 5 Rn. 133 ff.

[102] So auch *Roßnagel*, in: Simitis/Hornung/Spiecker gen. Döhmann (Hrsg.), DatenschutzR, 2019, Art. 5 Rn. 133.

[103] BVerfGE 120, 274 (305 f.), dort allerdings im Kontext eines neu entwickelten IT-Grundrechts.

[104] BVerfGE 120, 274 (305).

[105] *Roßnagel*, ZD 2018, 339 (341); s. bereits *Podlech*, FG Grüner, 1982, S. 455 zum Kriterium der Erforderlichkeit: „Relation zwischen einem Informationsverarbeitungsvorgang und einer Aufgabenerfüllung". Ferner *Kramer*, in: Eßer/Kramer/von Lewinski (Hrsg.), Auernhammer, 7. Aufl., 2020, Art. 5 Rn. 34: „kein absolutes Gebot"; ähnlich *Herbst*, in: Kühling/Buchner (Hrsg.), DSGVO/BDSG, 3. Aufl., 2020, Art. 5 Rn. 56 mit der Schlussfolgerung, dass auch Big Data-Analysen nicht von vornherein gegen diesen Grundsatz verstoßen.

Statistikstelle nur diejenigen (personenbezogenen) Daten verarbeiten, die sie für den jeweiligen Zweck (z. B. die konkrete Statistik) benötigt. Das ist nicht immer leicht umzusetzen. So muss das statistische Amt etwa entscheiden bzw. auswählen, welche Daten relevant[106] sind – das gilt insbesondere bei *unstrukturierten* Datensätzen, die für *Trusted Smart Surveys* geradezu typisch sind. Dabei handelt es sich – worauf *Marion Albers* zu Recht hinweist – nicht selten um eine „hochgradig ungewisse Prognose"[107]. Welche Daten relevant sind, ist gerade in komplexen und dynamischen Verarbeitungsprozessen nicht immer abzusehen. In diesen Fällen bietet sich dann ein *prozedurales Vorgehen* an: Die verantwortliche Statistikstelle muss zwischen den einzelnen Phasen der statistischen Datenverarbeitung unterscheiden und den Grundsatz der Datenminimierung im Verlauf spezifizieren. In einer „Verarbeitungskette" wird – bildlich gesprochen – der anfänglich große Block über die Zeit immer kleiner.[108] Daneben ist ebenso die *qualitative* Dimension der Datenminimierung[109] zu beachten: So muss die Statistikbehörde auch bei *Trusted Smart Surveys* stets prüfen, ob sich der Zweck der Statistik nicht auch mit anonymisierten oder zumindest pseudonymisierten Daten erreichen ließe.[110]

### *IV. Grundsatz der Integrität und Vertraulichkeit; Datensicherheit*

Neben dem Grundsatz der Datenminimierung müssen *Trusted Smart Statistics* auch dem *Grundsatz der Integrität und Vertraulichkeit* (engl.: „integrity and confidentiality"; Art. 5 Abs. 1 Buchst. f DSGVO) entsprechen. So kam eine Studie zu dem Ergebnis, dass Bedenken hinsichtlich Datenschutz und Datensicherheit (dort zusammengefasst unter den Schlagworten „privacy and data security issues") mit 44% der Hauptgrund dafür war, nicht mit der Erhebung passiv generierter Daten in Smartphones einverstanden zu sein.[111] Mit den datenschutz-

---

[106] Siehe nur *Ricciato/Wirthmann/Hahn*, Data & Policy 2020, e7 (6): „The rate and volume of new digital data is often huge, but only a tiny part of the information embedded in the data is relevant for official statistics".
[107] *Albers*, in: Voßkuhle/Eifert/Möllers (Hrsg.), GVerwR, 3. Aufl., 2022, § 22 Rn. 89.
[108] Vgl. dazu *Ricciato/Wirthmann/Hahn*, Data & Policy 2020, e7 (6): „We may regard the whole analytic methodology as a chain of smaller analytical modules designed to extract the desired final statistics from a huge amount of input data. Very often the volume and/or rate of intermediate data is greatly reduced after the first few blocks, where relatively simple selection and aggregation functions tend to be concentrated. Executing such processing blocks at the source saves on communication bandwidth and avoids duplications of storage".
[109] Siehe dazu etwa *Herbst*, in: Kühling/Buchner (Hrsg.), DSGVO/BDSG, 3. Aufl., 2020, Art. 5 Rn. 58; *Roßnagel*, in: Simitis/Hornung/Spiecker gen. Döhmann (Hrsg.), DatenschutzR, 2019, Art. 5 Rn. 125 ff.
[110] Vgl. dazu allg. bereits oben S. 255 ff. und S. 275 ff.
[111] *Keusch et al.*, Public Opinion Quarterly 83 (2019), 210 (224 f.): Weitere Gründe, nicht teilzunehmen, waren: „No incentive; incentive too low" (17%); „Not enough information/ control of what happens with data" (12%); „Do not download apps" (7%); „Not interested, no

rechtlichen Begriffen der „Integrität" und „Vertraulichkeit" sind zwei unterschiedliche Aspekte eines Systemdatenschutzes angesprochen, die selbstverständlich auch für die „klassischen" Formen der Statistikproduktion gelten. So bestimmt etwa § 11a Abs. 3 BStatG, dass bei der elektronischen Datenübermittlung ein Verschlüsselungsverfahren anzuwenden ist, das dem Stand der Technik entspricht.[112] „Smarte" Umfragen werfen indes neue Fragen auf: Beispielhaft sei hier die Verwendung des Speichermediums der Auskunftspersonen, die Sicherheit der Übermittlungswege, die damit einhergehen, sowie die ggf. erforderliche Einbindung externer IT-Dienstleister genannt. Generell sehen sich die statistischen Ämter hier mit der Herausforderung konfrontiert, die „neuen" informationstechnischen Systeme (und damit zugleich die personenbezogenen Daten) ebenso abzusichern wie die bisherige IT-Infrastruktur „innerhalb" des Statistischen Verbunds. Ein „unsicheres" IT-System gefährdet nicht nur die Funktionsfähigkeit der amtlichen Statistik, sondern birgt auch die Gefahr, das Vertrauen[113] der Auskunftspersonen nachhaltig zu erschüttern.

Der Datenschutzgrundsatz besteht aus zwei Elementen: der *Vertraulichkeit* einerseits sowie der *Integrität* andererseits. Beide sind „in ihrer Funktionalität miteinander verbunden"[114]. Nach EG 39 DSGVO, der den Grundsatz in Satz 12 nochmals zusammenfasst, sollten personenbezogene Daten so verarbeitet werden, dass ihre Sicherheit und Vertraulichkeit „hinreichend gewährleistet" ist. Dazu gehöre auch, dass Unbefugte keinen Zugang zu den Daten haben und weder die Daten noch die Geräte (z.B. Smartphones), mit denen diese verarbeitet werden, benutzen können. Dabei geht es vordergründig um die *Art und Weise der Datenverarbeitung*, nicht um den Schutz des informationstechnischen Systems. Der datenschutzrechtliche Grundsatz hat mithin eine andere Zielfunktion als die Informationssicherheit, wie sie etwa das IT-Grundschutz-Kompendium (Edition 2021) des Bundesamtes für Sicherheit in der Informationstechnik (BSI) verfolgt.[115] Das Datenschutzrecht verlangt in Art. 5 Abs. 1 Buchst. f DSGVO angemessene Schutzmaßnahmen „vor unbefugter oder unrechtmäßiger Verarbeitung" sowie „vor unbeabsichtigtem Verlust, unbeabsichtigter Zerstörung oder [...] Schädigung". Der Verantwortliche muss insofern geeignete technische und organisatorische Maßnahmen ergreifen. Das Kriterium der *Vertraulichkeit* steht

---

benefit" (6%); „Not enough time, study too long (5%); „Do not use smartphone enough; not right person for this study (5%); „Not enough storage" (1%); „Other reasons" (6%); „NA" (3%).

[112] Vgl. zur Pflicht, Daten gem. § 11a Abs. 2 BStatG grundsätzlich elektronisch zu übermitteln, VG Ansbach BeckRS 2021, 17469 Rn. 27 ff. Auch das BVerfG (ZD 2019, 266 [268, Rn. 16 f.]) erkennt in einer Eilentscheidung die Bedeutung dieser Sicherungsvorkehrung für den Grundrechtsschutz an.

[113] Vgl. dazu unten S. 516 ff.

[114] *Frenzel*, in: Paal/Pauly (Hrsg.), DSGVO/BDSG, 3. Aufl., 2021, Art. 5 Rn. 46.

[115] Zu den Unterschieden *Schulte/Wambach*, DuD 2020, 462 ff.; vgl. auch *Martini*, in: Paal/Pauly (Hrsg.), DSGVO/BDSG, 3. Aufl., 2021, Art. 32 Rn. 1b.

dabei in einem engen Zusammenhang mit der Rechtmäßigkeit: Vertraulich sind personenbezogene Daten, wenn ausschließlich befugte Personen Zugang zu ihnen haben. Mit dem Kriterium der *Integrität* ist die „Unversehrtheit" angesprochen: Es geht also um den Schutz der Vollständigkeit und Unverfälschtheit von Daten.[116]

Der Grundsatz der Integrität und Vertraulichkeit wird durch die Regelung des Art. 32 DSGVO (*Sicherheit der Verarbeitung*) konkretisiert.[117] Im Kern verpflichtet sie den Verantwortlichen (ggf. auch den Auftragsverarbeiter) dazu, „ein dem Risiko angemessenes Schutzniveau" zu gewährleisten. Die Vorschrift ist – ebenso wie die Datenschutz-Folgenabschätzung[118] – Ausdruck eines risikobasierten Ansatzes. Als besondere Risiken nennt Art. 32 Abs. 2 DSGVO die – und sei es auch unbeabsichtigte – Vernichtung, den Verlust, die Veränderung oder unbefugte Offenlegung personenbezogener Daten. Um seiner Gewährleistungspflicht gerecht zu werden, muss der Verantwortliche geeignete technische und organisatorische Maßnahmen vorsehen. Dabei hat er den Stand der Technik, die Implementierungskosten, die Art, den Umfang, die Umstände und Zwecke der Verarbeitung ebenso zu berücksichtigen wie das Risiko für die Rechte und Freiheiten der betroffenen Personen. Die Vorschrift enthält einen – nicht abschließenden („unter anderem") – Maßnahmenkatalog: Neben der *Pseudonymisierung*[119] und *Verschlüsselung*[120] gehört dazu auch die Fähigkeit des Verantwortlichen, die *Vertraulichkeit*, *Integrität*, *Verfügbarkeit* (sie entsprechen den drei „klassischen" Grundwerten der Informationssicherheit) und *Belastbarkeit* (besser: Resilienz[121]) der Systeme und Dienste auf Dauer sicherzustellen. Bei einem „technischen Zwischenfall" (z.B. einem Cyberangriff) muss er in der Lage sein, die Verfügbarkeit der personenbezogenen Daten und den Zugang zu ihnen „rasch wiederherzustellen". Das gilt insbesondere für die amtliche Statistik, die ihrem gesetzlichen Auftrag nachkommen muss.

---

[116] *Frenzel*, in: Paal/Pauly (Hrsg.), DSGVO/BDSG, 3. Aufl., 2021, Art. 5 Rn. 47 f.

[117] Siehe *Martini*, in: Paal/Pauly (Hrsg.), DSGVO/BDSG, 3. Aufl., 2021, Art. 32 Rn. 2. Hansen, in: Simitis/Hornung/Spiecker gen. Döhmann (Hrsg.), DatenschutzR, 2019, Art. 32 Rn. 13 bezieht die Regelung auch auf den Grundsatz der Verarbeitung nach Treu und Glauben.

[118] Art. 35 DSGVO; zur datenschutzrechtlichen GFA oben S. 192 ff.

[119] Siehe dazu bereits oben S. 275 ff.

[120] Siehe etwa § 11a Abs. 3 BStatG (dazu bereits oben S. 487 mit § 10 Fn. 112); Art. 11 Abs. 2 VO (EU) 2019/1700 verlangt bei europäischen Statistiken über Personen und Haushalte, „sichere Übermittlungssysteme" einzusetzen.

[121] *Hansen*, in: Simitis/Hornung/Spiecker gen. Döhmann (Hrsg.), DatenschutzR, 2019, Art. 32 Rn. 42.

## V. Grundsatz der Transparenz

Transparenz[122] ist ein eigenständiger[123] Grundsatz des Datenschutzrechts. Gleichwohl steht er in einem engen funktionellen Zusammenhang mit dem Grundsatz von Treu und Glauben,[124] der auf eine faire (engl.: „fairly"[125]) Verarbeitungsbeziehung zwischen dem Verantwortlichen und der betroffenen Person abzielt. Bezugspunkt der beiden Grundsätze ist jeweils die Verarbeitung personenbezogener Daten,[126] mithin der Verarbeitungsprozess. Es geht also – von einer Ausnahme abgesehen[127] – nicht primär um eine Ergebnis-, sondern um eine *Verfahrenstransparenz*:[128] Gemeint ist in diesem Kontext, auf welche Art und Weise personenbezogene Daten verarbeitet werden (sollen). Dies schließt eine *Verantwortungstransparenz*[129] ein – etwa die Frage, wer Verantwortlicher und wer (bloßer) Auftragsverarbeiter ist. Um diese Transparenz zu gewährleisten, sieht das europäische Datenschutzrecht eine Reihe von subjektiven Betroffenenrechten vor, die der Verordnungsgeber teilweise – spiegelbildlich – als Informationspflichten des Verantwortlichen ausgestaltet hat (dazu 2.). Um den Transparenzgrundsatz und die ihn konkretisierenden Betroffenenrechte zu operationalisieren, ist ein „Mehrebenen-Ansatz"[130] angezeigt. Schon bei der Entwicklung von *Trusted Smart Statistics*, also auf der Ebene der *Systemgestaltung*, ist darauf zu achten, dass der statistische Produktionsprozess insgesamt transparent und für die betroffenen Personen nachvollziehbar ist (dazu 3.). Auch standardisierte Bildsymbole (sog. *Privacy Icons*[131]) können – insbesondere in digitalen Verarbeitungsumgebungen – für Transparenz sorgen (dazu 4.). Zudem sind

---

[122] Zum Begriff der Transparenz bspw. *Bröhmer*, Transparenz als Verfassungsprinzip, 2004, S. 18 ff. Nach *Bröhmer* sei es gerechtfertigt, Transparenz als „zusätzliches ungeschriebenes Verfassungsprinzip" anzuerkennen (ebenda, S. 374). Vgl. ferner *Gusy*, DVBl 2013, 941 (941), der von einem „Grundsatz limitierter Transparenz" (des Staates) spricht.

[123] Wie hier z. B. *Heberlein*, in: Ehmann/Selmayr (Hrsg.), DSGVO, 2. Aufl., 2018, Art. 5 Rn. 11.

[124] Ebenso *Art. 29-Datenschutzgruppe*, Leitlinien für Transparenz gemäß der Verordnung 2016/679 v. 11.4.2018, WP 260 rev.01, Rn. 1 f., 10, 27.

[125] *Albers*, in: Voßkuhle/Eifert/Möllers (Hrsg.), GVerwR, 3. Aufl., 2022, § 22 Rn. 31 und *Roßnagel*, in: Simitis/Hornung/Spiecker gen. Döhmann (Hrsg.), DatenschutzR, 2019, Art. 5 Rn. 47 weisen zu Recht daraufhin, dass „Fairness" der treffendere Begriff für die deutsche Übersetzung gewesen wäre.

[126] Siehe Art. 5 Abs. 1 Buchst. a DSGVO („*Personenbezogene Daten* müssen […] nach Treu und Glauben und in einer für die betroffene Person nachvollziehbaren Weise *verarbeitet* werden […]"; Hervorhebung d. Verf.).

[127] Siehe Art. 22 DSGVO; vgl. dazu unten 6., S. 496.

[128] Zu dieser Unterscheidung *Bröhmer*, Transparenz als Verfassungsprinzip, 2004, S. 19 f.

[129] *Bröhmer*, Transparenz als Verfassungsprinzip, 2004, S. 22 f.

[130] *Art. 29-Datenschutzgruppe*, Leitlinien für Transparenz gemäß der Verordnung 2016/679 v. 11.4.2018, WP 260 rev.01, Rn. 35 ff.

[131] Dazu bspw. *Efroni et al.*, EDPL 2019, 352 ff. mit Fokus auf die (informierte) Einwilligung.

spielerische Elemente prinzipiell geeignet, Informationen zu vermitteln (*Gamification*; dazu 5.). Besondere Anforderungen stellen sich beim Einsatz algorithmischer Systeme (dazu 6.). Sämtliche Ansätze zielen – nicht bloß mittelbar – darauf, *Vertrauen* zwischen den betroffenen Personen und den staatlichen Akteuren (hier: den statistischen Ämtern), aufzubauen und zu erhalten (dazu 1.).

*1. Allgemeines: Transparenz schafft Vertrauen*

Damit amtliche Statistiken (künftig) nicht nur „smart", sondern auch „trusted", also vertrauenswürdig sind, muss die Datenverarbeitung für die betroffenen Personen *nachvollziehbar* sein (engl.: „in a transparent manner"; Art. 5 Abs. 1 Buchst. a DSGVO). Transparenz schafft in diesem Sinne Vertrauen – und erhält es. Die Verarbeitung personenbezogener Daten transparent und nachvollziehbar zu gestalten, ist für das Konzept *Trusted Smart Statistics* konstitutiv. Der Verordnungsgeber hat seine Motive im 39. Erwägungsgrund wie folgt allgemein zusammengefasst: Der Grundsatz der Transparenz enthalte zwei Elemente. Zum einen sollte die betroffene Person wissen, „*dass* sie betreffende Daten erhoben, verwendet, eingesehen oder anderweitig verarbeitet werden" (*Ob* der Verarbeitung); zum anderen schließt er die Frage ein, „in welchem *Umfang*" der Verantwortliche personenbezogene Daten verarbeitet oder künftig verarbeiten wird (*Wie* der Verarbeitung).[132] Wichtige Informationen sind etwa: Wer verarbeitet die Daten und zu welchem Zweck? Wie lange sollen die Daten – in personenbezogener Form – gespeichert werden? An wen werden sie ggf. übermittelt (Empfänger)? Und schließlich sollten die betroffenen Personen über ihre Rechte informiert werden; das beinhaltet auch Informationen darüber, wie sie diese geltend machen können. Kurzum: Die betroffenen Personen sollen nicht nur wissen (können), was die Behörde über sie weiß, sondern auch, welche Rechte sie haben. In komplexen Verarbeitungsumgebungen – wie bei *Trusted Smart Surveys* – genügt es nicht, den Auskunftspersonen die erforderlichen Informationen (einschließlich der bereichsspezifischen Unterrichtung gemäß § 17 BStatG[133]) nur irgendwie mitzuteilen. Vertrauen kann sich nur dann einstellen, wenn die Datenschutzerklärung auch verstanden wird. Es bedarf also regelmäßig einer Reduktion der Komplexität.[134] Das Datenschutzrecht buchstabiert hierfür ein *Verständlichkeitsgebot*[135] aus: So sind die relevanten Informationen in „transparenter, verständlicher und leicht zugänglicher Form" und „in einer klaren und einfachen Sprache" zu übermitteln (Art. 12 Abs. 1 S. 1 DSGVO).

---

[132] EG 39 S. 2 DSGVO; Hervorhebung d. Verf.
[133] Siehe dazu bereits oben S. 463.
[134] Vgl. dazu allg. etwa *Bröhmer*, Transparenz als Verfassungsprinzip, 2004, S. 18 f.
[135] *Bäcker*, in: Kühling/Buchner (Hrsg.), DSGVO/BDSG, 3. Aufl., 2020, Art. 12 Rn. 11. Die Leitlinien der *Art. 29-Datenschutzgruppe*, Leitlinien für Transparenz gemäß der Verordnung 2016/679 v. 11.4.2018, WP 260 rev.01, Rn. 9 stellen dabei auf einen „typischen Angehörigen des Zielpublikums" ab.

Gleichzeitig müssen die Informationen aber auch „präzise" sein. Das so beschriebene *Genauigkeitsgebot*[136] gerät mitunter in einen Zielkonflikt mit dem Verständlichkeitsgebot.[137] Denn je präziser die Information ist, desto umfangreicher und komplexer sind typischerweise auch die Datenschutzhinweise. Diese gegenläufigen Ziele sind in einen Ausgleich zu bringen – z.B. durch eine *mehrstufige Gestaltung* der Informationen.[138]

## 2. Konkretisierung durch die Betroffenenrechte

Der datenschutzrechtliche Grundsatz der Transparenz wird durch verschiedene Betroffenenrechte konkretisiert.[139] Aus der Perspektive des Verantwortlichen ist dabei wie folgt zu differenzieren: Die Informationspflichten gemäß Art. 13 und 14[140] – entsprechendes gilt für die Benachrichtigungspflicht des Art. 34 und die allgemeine Rechenschaftspflicht (Art. 5 Abs. 2 DSGVO) – greifen *antragsunabhängig*. Sie sind Ausdruck einer „aktiven Transparenz"[141]. Demgegenüber wird bspw. das Auskunftsrecht erst durch einen *Antrag* der betroffenen Person aktiviert (s. Art. 15 Abs. 1 [„verlangen"] und Abs. 3 S. 3 [„Antrag"]; „passive Transparenz"[142]) und der Verantwortliche daraufhin (spiegelbildlich) verpflichtet, dieses Recht zu erfüllen. Für die Datenverarbeitung zu statistischen Zwecken gelten indes *Ausnahmen*[143], die im Einzelfall zu prüfen sind. Dabei gilt die „Faustformel": Je mehr Ausnahmetatbestände greifen, desto weniger Transparenz besteht. In diesem Zusammenhang kann bspw. die Frage bedeutsam werden, welche Informationspflicht einschlägig ist, wenn die statistischen Behörden sog. passive Daten verarbeiten (Fall 2). Denn nur für die Dritterhebung (Art. 14) sieht das europäische Datenschutzrecht unmittelbare Ausnahmen für die Statistik vor (Abs. 5 Buchst. b[144]). Diese Informationspflicht greift, wenn der

---

[136] So *Bäcker*, in: Kühling/Buchner (Hrsg.), DSGVO/BDSG, 3. Aufl., 2020, Art. 12 Rn. 11.
[137] Siehe nur *Bäcker*, in: Kühling/Buchner (Hrsg.), DSGVO/BDSG, 3. Aufl., 2020, Art. 12 Rn. 12, der darauf hinweist, dass die Anforderungen an die Darstellung „schwierig zu operationalisieren" sei, dem Verantwortlichen aber auch einen „beträchtlichen Gestaltungsspielraum" zugesteht.
[138] Siehe unten S. 493.
[139] Zu nennen sind Art. 12–15, ergänzt durch Art. 34 und Art. 5 Abs. 2 DSGVO; ebenso *Art. 29-Datenschutzgruppe*, Leitlinien für Transparenz gemäß der Verordnung 2016/679 v. 11.4.2018, WP 260 rev.01, Rn. 2, 7; weitergehend *Strassemeyer*, K&R 2020, 176 (178), der auf das gesamte Kapitel III abstellt. Vgl. allg. ferner *Albers*, in: Voßkuhle/Eifert/Möllers (Hrsg.), GVerwR, 3. Aufl., 2022, § 22 Rn. 51.
[140] Entsprechendes gilt für die Benachrichtigungspflicht des Art. 34 und die allgemeine Rechenschaftspflicht nach Art. 5 Abs. 2 DSGVO
[141] *Franck*, in: Gola (Hrsg.), DSGVO, 2. Aufl., 2018, Art. 13 Rn. 3.
[142] Vgl. z.B. *Bäcker*, in: Kühling/Buchner (Hrsg.), DSGVO/BDSG, 3. Aufl., 2020, Art. 15 Rn. 1; oben S. 446.
[143] Zu diesem Aspekt des Statistikprivilegs ausf. oben S. 417 ff.
[144] Ausf. dazu oben S. 419 ff.; zu den möglichen Ausnahmen für Art. 13, die der Gesetz-

Verantwortliche personenbezogene Daten *bei* der betroffenen Person (engl.: „from the data subject") erhebt. Unmittelbare Datenquelle muss also die betroffene Person selbst sein. Es kommt jedoch nicht darauf an, ob sie die Daten selbst aktiv preisgibt (z.B. bei einer Antwort in einer Umfrage[145]). Dass die betroffene Person an der Datenerhebung „mitwirkt, sich ihr entziehen kann oder auch nur von ihr weiß",[146] ist nicht erforderlich. Somit fällt auch eine passive Datenerhebung – bspw. von Standortdaten wie in Fall 2 – unter Art. 14 DSGVO. Die Abgrenzungsfrage entschärft sich indes dadurch, dass die verantwortliche Statistikstelle regelmäßig eine informierte Einwilligung benötigt, um auf Informationen in Endeinrichtungen (z.B. Smartphones) zuzugreifen (§ 25 Abs. 1 TTDSG);[147] und diese setzt wiederum voraus, dass der Endnutzer „auf der Grundlage von klaren und umfassenden Informationen eingewilligt hat" (S. 1). Nach alledem ist auch im Fall der „passiven" Datenerhebung jedenfalls zu Beginn eine aktive Zustimmung der betroffenen Person erforderlich – und zwar in Kenntnis der maßgeblichen Umstände. Eine „heimliche" Datenerhebung darf und soll es bei *Trusted Smart Surveys* insoweit nicht geben.

### 3. Transparenz durch Design („Technikgestaltung")

„Smarte" Statistiken sind dem Konzept „Data Protection by Design"[148] (zu Deutsch: „Datenschutz durch Technikgestaltung") verschrieben. Dazu gehört

---

geber auf der Grundlage einer Öffnungsklausel (Art. 23 Abs. 1 DSGVO) jedoch erst im mitgliedstaatlichen Recht verankern muss, s. oben S. 462.

[145] Im Personenfragebogen der ZVE 2022 lautet eine Frage z.B.: „Wie viel Zeit wenden Sie für Ihr gesamtes ehrenamtliches oder freiwilliges Engagement im Durchschnitt pro Monat auf?".

[146] So *Bäcker*, in: Kühling/Buchner (Hrsg.), DSGVO/BDSG, 3. Aufl., 2020, Art. 13 Rn. 13; ebenso *Veil*, in: Gierschmann/Schlender/Stentzel/Veil (Hrsg.), DSGVO, 2018, Art. 13 und 14 Rn. 40: auch „heimliche" Erhebung. Die Gegenansicht (s. etwa *Franck*, in: Gola (Hrsg.), DSGVO, 2. Aufl., 2018, Art. 13 Rn. 4; *Ingold*, in: Sydow (Hrsg.), DSGVO, 2. Aufl., 2018, Art. 13 Rn. 8; wohl auch *Paal/Hennemann*, in: Paal/Pauly (Hrsg.), DSGVO/BDSG, 3. Aufl., 2021, Art. 13 Rn. 11: „abstraktes Bewusstsein"), die auf die Kenntnis und/oder einen Mitwirkungsakt der betroffenen Person abstellt, überzeugt nicht. Nach dem Wortlaut („bei"; „from") kommt es allein auf die Datenquelle an. Insbes. verlangt die Vorschrift keine subjektive Kenntnis des Betroffenen. Dies würde den Verantwortlichen auch vor (praktisch) kaum lösbare Probleme stellen: Der Umfang seiner Informationspflicht richtete sich danach, ob die betroffene Person von der Datenerhebung wüsste. Das kann er aber vielfach – insbes. in Massenverfahren wie der Statistik – vor dem ersten Kontakt nicht rechtssicher abschätzen. S. auch oben S. 462 mit § 9 Fn. 666.

[147] Ausf. dazu unten S. 528 ff.

[148] In der (internationalen) Literatur ist der Begriff „Privacy by Design", der auf die (ehemalige) kanadische Datenschutzbeauftragte *Ann Cavoukian* zurückgeht, bekannter. S. zu diesem Konzept bspw. *Rost/Bock*, DuD 2011, 30 ff.; *Rubinstein*, Berkeley Technology Law Journal 2011, 1409 ff.; *Baumgartner/Gausling*, ZD 2017, 308 ff.; *O'Connor et al.*, Procedia Computer Science 113 (2017), 653 ff.; zu Art. 25 DSGVO: *Rubinstein/Good*, International Data Privacy Law 10 (2020), 37 ff.

das Gebot hinreichender Transparenz.¹⁴⁹ Die Gestaltung der Verarbeitungsumgebung kann einen wertvollen Beitrag leisten, die Datenverarbeitung zu statistischen Zwecken insgesamt transparenter und damit für die betroffenen Personen nachvollziehbarer zu machen. Kurzum: *Transparenz durch Design*. Angesprochen ist damit allen voran die Phase der Entwicklung, die im GMAS unter der Phase 2 „Statistik konzipieren" firmiert. Die Weiterentwicklung der amtlichen Statistik böte die Chance, den datenschutzrechtlichen Grundsatz der Transparenz zu effektivieren. In diesem Sinne ist auch EG 78 DSGVO zu lesen: Die technischen und organisatorischen Maßnahmen i. S. d. Art. 25 Abs. 1 „könnten" – so der Verordnungsgeber – u. a. darin bestehen, „Transparenz in Bezug auf die Funktionen und die Verarbeitung personenbezogener Daten" herzustellen. Die maßgeblichen Leitlinien des EDSA unterstreichen dies, indem sie zentrale Aspekte der Technikgestaltung in Bezug auf den Grundsatz der Transparenz auflisten: Genannt wird insbesondere die *Klarheit* („in klarer, deutlicher, präziser und verständlicher Sprache"¹⁵⁰) sowie die leichte *Zugänglichkeit* der Information. Dabei hat der Verantwortliche auf eine universelle *Gestaltung* zu achten: Das umfasst bspw., eine maschinenlesbare Sprache zu verwenden, um die Lesbarkeit und Klarheit zu fördern und ggf. auch zu automatisieren. Medienbrüche sind möglichst zu vermeiden.¹⁵¹ Außerdem kann die verantwortliche Stelle *mehrere Kommunikationswege* nutzen – so könnte eine Statistikbehörde die Auskunftspersonen z. B. über Push-Nachrichten (bzw.: „Just-in-time-Pop-up-Hinweise")¹⁵² in einer App informieren (s. Fall 4).¹⁵³ Um das Spannungsfeld zwischen Genauigkeit bzw. Vollständigkeit einerseits und Verständlichkeit andererseits etwas aufzulösen, bietet es sich an, die Informationen in *mehreren Stufen* darzustellen.¹⁵⁴ Die statistischen Ämter, die Statistiken (weiter-)entwickeln, könnten sich insofern bspw. an dem Konzept *Layered Privacy Language*¹⁵⁵ orientieren. Daneben wäre auch an eine Art „Datenschutz-Dashboard"¹⁵⁶

---

¹⁴⁹ Siehe schon *Dix*, in: Roßnagel (Hrsg.), Handbuch Datenschutzrecht, 2003, S. 367 f.; *Roßnagel*, in: Simitis/Hornung/Spiecker gen. Döhmann (Hrsg.), DatenschutzR, 2019, Art. 5 Rn. 54.
¹⁵⁰ Der *EDSA*, Leitlinien 4/2019, Version 2.0 v. 20.10.2020, Rn. 66 paraphrasiert hier anscheinend die allg. Vorgabe des Art. 12 Abs. 1 DSGVO.
¹⁵¹ Vgl. auch *Paal/Hennemann*, in: Paal/Pauly (Hrsg.), DSGVO/BDSG, 3. Aufl., 2021, Art. 13 Rn. 6 m. w. N.
¹⁵² Zu Push- und Pull-Hinweisen allg. auch *Art. 29-Datenschutzgruppe*, Leitlinien für Transparenz gemäß der Verordnung 2016/679 v. 11.4.2018, WP 260 rev.01, Rn. 18, 39.
¹⁵³ Zum Mehrebenen-Ansatz in digitalen Umgebungen *Art. 29-Datenschutzgruppe*, Leitlinien für Transparenz gemäß der Verordnung 2016/679 v. 11.4.2018, WP 260 rev.01, Rn. 35 ff.
¹⁵⁴ Der *EDSA*, Leitlinien 4/2019, Version 2.0 v. 20.10.2020, Rn. 66 fügt hinzu, dass dabei den *berechtigten Erwartungen* der betroffenen Personen Rechnung zu tragen sei. Zur gestuften Vermittlung („Informationskaskade") s. auch *Martini*, Blackbox Algorithmus, 2019, S. 165.
¹⁵⁵ Vgl. dazu allg. *Paal/Hennemann*, in: Paal/Pauly (Hrsg.), DSGVO/BDSG, 3. Aufl., 2021, Art. 12 Rn. 31 („multi-layered notice").
¹⁵⁶ *Art. 29-Datenschutzgruppe*, Leitlinien für Transparenz gemäß der Verordnung

zu denken, das den betroffenen Personen – z. B. in einer mobilen App (s. Fall 1 und 2) – einen Überblick über die (komplexen) Verarbeitungsvorgänge verschafft. In diese Richtung geht das sog. Datenschutzcockpit (§ 10 OZG), welches der Bundesgesetzgeber im Rahmen der Registermodernisierung als „zusätzliches Transparenzangebot" erdacht hat.[157]

## 4. Transparenz durch Visualisierung („standardisierte Bildsymbole")

Neben der technischen Gestaltung böte es sich an, auf die „Kraft der Bilder" zu setzen.[158] Gemeint ist das weite Feld der *Visualisierung*, dem sich das europäische Datenschutzrecht nicht verschließt. Im Gegenteil: Art. 12 Abs. 7 DSGVO[159] sieht ausdrücklich die Möglichkeit[160] („können") vor, die Informationen gemäß Art. 13 und 14 DSGVO „in Kombination mit *standardisierten Bildsymbolen*[161]" bereitzustellen.[162] Sinn und Zweck der Regelung sind im Normtext ebenfalls niedergelegt: Es geht darum, der betroffenen Personen „in leicht wahrnehmbarer, verständlicher und klar nachvollziehbarer Form einen aussagekräftigen Überblick über die beabsichtigte Verarbeitung zu vermitteln". Die Regelung ist damit auch Ausdruck des Verständlichkeitsgebots;[163] sie will dem „Problem einer Informationsüberlastung" entgegenwirken.[164] Was „standardisierte Bildsymbole" sind, sagt die Verordnung indes nicht. Die Beispiele für *Privacy Icons*, die der Standpunkt des Europäischen Parlaments vom März 2014 enthielt, haben

---

2016/679 v. 11.4.2018, WP 260 rev.01, Rn. 39; s. auch *Scheurer*, PinG 2020, 13 (16), allerdings mit Bezug zur Gamification (dazu sogleich unter 5., S. 495).

[157] BT-Drs. 19/24226, S. 80. Das Datenschutzcockpit ist „eine IT-Komponente im Portalverbund, mit der sich natürliche Personen Auskünfte zu Datenübermittlungen zwischen öffentlichen Stellen anzeigen lassen können" (§ 10 Abs. 1 S. 1 OZG). Es soll künftig sowohl Protokoll- (einschließlich der übermittelten Inhaltsdaten) als auch Bestandsdaten der einschlägigen Register erfassen (s. § 10 Abs. 2 S. 1 OZG; der Regierungsentwurf beschränkte sich noch auf *Protokolldaten* [BT-Drs. 19/24226, S. 80 f.]; zur Erweiterung im Juni 2021 s. BT-Drs. 19/28836, S. 12). Ausf. dazu etwa *Botta*, DÖV 2023, 421 (426 ff.).

[158] Zu den Vorteilen visueller Informationsvermittlung *Specht-Riemenschneider/Bienemann*, in: Specht-Riemenschneider/Werry/Werry (Hrsg.), Datenrecht in der Digitalisierung, 2020, § 3.3 Rn. 18 f.

[159] Vgl. die entsprechende Regelung der ePrivacy-VO-E (KOM), Art. 8 Abs. 3, s. COM(2017) 10 final, S. 32.

[160] *Albrecht*, CR 2016, 88 (93). Vgl. aber auch *Bäcker*, in: Kühling/Buchner (Hrsg.), DS-GVO/BDSG, 3. Aufl., 2020, Art. 12 Rn. 23, der meint, für „hoheitliche Verantwortliche" könne sich eine weitergehende Verpflichtung aus Ermessensgründen ergeben.

[161] Engl.: „standardised icons"; franz.: „d'icônes normalisées".

[162] Ausf. dazu *Specht-Riemenschneider/Bienemann*, in: Specht-Riemenschneider/Werry/Werry (Hrsg.), Datenrecht in der Digitalisierung, 2020, § 3.3 Rn. 20 ff.

[163] *Bäcker*, in: Kühling/Buchner (Hrsg.), DSGVO/BDSG, 3. Aufl., 2020, Art. 12 Rn. 19, 23.

[164] *Paal/Hennemann*, in: Paal/Pauly (Hrsg.), DSGVO/BDSG, 3. Aufl., 2021, Art. 12 Rn. 77.

es nicht in die verabschiedete Fassung der Grundverordnung geschafft.[165] Wie der Wortlaut („in Kombination") zeigt, können die (standardisierten) Bildsymbole jedoch nicht für sich alleine stehen.[166] Sie können textliche – ggf. auch verbale – Informationen aber *ergänzen*. Im Sinne eines „Schichtenmodells"[167] könnten die verantwortlichen Statistikstellen bspw. auf der ersten Ebene Bildsymbole verwenden, die sodann auf der zweiten Ebene – etwa durch Anklicken – in Textform erklärt werden.

### 5. Transparenz durch Gamification?

*Gamification*[168] kann nicht nur Anreize geben, an einer Befragung teilzunehmen oder dabei zu bleiben.[169] Der Verantwortliche kann spielerische Gestaltungselemente auch einsetzen, um Informationen zu vermitteln.[170] Kurzum: *Transparenz durch Gamification*. So geht etwa *Martin Scheurer* davon aus, dass sich gamifizierte Elemente grundsätzlich dazu eignen, komplexe Sachverhalte verständlicher zu machen.[171] Die „wohlverstandene" Idee dahinter ist, dass *Gamification* die Auskunftspersonen motivieren soll, sich mit den Datenschutzhinweisen intensiver auseinanderzusetzen.[172] Das gilt insbesondere auch für die Informationspflichten nach Art. 13 und 14 DSGVO.[173] Dadurch steigt (zumindest theoretisch) der Informationsgehalt, den die betroffene Person aktiv wahrnimmt. Durch den Einsatz spielerischer Elemente erhält sie *idealiter* ein „Mehr" an Information. So schlägt *Scheurer* bspw. vor, Punktesysteme zu integrieren, die er als „Datenkarma" bezeichnet.[174] Dieses System kann etwa durch *digitale Statussymbole* (engl.: „achievements") ergänzt werden (z. B. „Privacy Explorer", „Privacy Quizmaster", „Privacy Expert").[175] Den möglichen Spielelementen sind kaum Grenzen gesetzt.[176] Im europäischen Forschungsprojekt „ESSnet

---

[165] Eine gute Übersicht zu den diversen Gestaltungsvorschlägen findet sich bei *Geminn/Francis/Herder*, ZD-Aktuell 2021, 5335.

[166] Vgl. dazu nur *Bäcker*, in: Kühling/Buchner (Hrsg.), DSGVO/BDSG, 3. Aufl., 2020, Art. 12 Rn. 21.

[167] Dazu *Specht-Riemenschneider/Bienemann*, in: Specht-Riemenschneider/Werry/Werry (Hrsg.), Datenrecht in der Digitalisierung, 2020, § 3.3 Rn. 33 ff.

[168] Zum Begriff oben S. 482 mit § 10 Fn. 82.

[169] Siehe oben S. 112 ff. sowie S. 481 ff.

[170] Vgl. dazu *Scheurer*, Spielerisch selbstbestimmt, 2019, S. 282 ff., allerdings im Kontext der Einwilligung; s. auch *Strassemeyer*, K&R 2020, 176 (182) für algorithmische Verarbeitungen.

[171] *Scheurer*, PinG 2020, 13 (15). In diesem Sinne bereits *Heckmann/Paschke*, in: Ehmann/Selmayr (Hrsg.), DSGVO, 2. Aufl., 2018, Art. 12 Rn. 20.

[172] *Scheurer*, PinG 2020, 13 (15). Vgl. auch *Heckmann/Paschke*, in: Ehmann/Selmayr (Hrsg.), DSGVO, 2. Aufl., 2018, Art. 12 Rn. 20.

[173] Vgl. *Scheurer*, PinG 2020, 13 (17).

[174] *Scheurer*, PinG 2020, 13 (15).

[175] Beispiele von *Scheurer*, PinG 2020, 13 (16).

[176] Weiterführende Spiel-Design-Elemente etwa bei *Scheurer*, PinG 2020, 13 (16 f.). Dazu

Smart Surveys" wurden die Chancen und Risiken, *Smart Surveys* zu „gamifizieren", im WP 3 untersucht; dort allerdings nur im Rahmen von Anreizsystemen („Incentive Schemes").[177] Darauf muss sich *Gamification* aber – wie gezeigt – nicht beschränken. Dabei ist selbstverständlich stets darauf zu achten, dass spielerische Elemente das Vertrauen der Auskunftspersonen nicht untergraben.[178] Gleichwohl können sie – datenschutzfreundlich gestaltet – Teil eines *Mehrebenenansatzes* sein, um Transparenz herzustellen.

### 6. Anforderungen an die Transparenz beim Einsatz algorithmischer Systeme

Das Konzept *Trusted Smart Statistics* nimmt für sich in Anspruch, auch hinsichtlich der eingesetzten Algorithmen vollständig *transparent*[179] und *nachvollziehbar* zu sein.[180] Das Datenschutzrecht setzt – wie gezeigt[181] – indes nicht unmittelbar bei den algorithmischen Systemen[182] an (sog. Technikneutralität[183]). Stattdessen reguliert es die Verarbeitung personenbezogener Daten als Prozess – mit einer Ausnahme: Für Entscheidungen, die ausschließlich auf einer automatisierten Verarbeitung beruhen (Art. 22 Abs. 1 und 4), sieht die Datenschutz-Grundverordnung spezielle Transparenzpflichten vor. Der Verantwortliche muss hierbei „aussagekräftige Informationen über die *involvierte Logik* sowie die *Trag-*

---

zählt er z. B. die Integration eines „zentralen, ergänzend gamifizierten ‚Privacy-Dashboards'" oder auch ein „Datenschutz-Highscore".

[177] *De Cubellis et al.*, Deliverable 3.1 Report on the Preliminary Framework, 28.2.2021, S. 127 ff., insbes. S. 133 ff.

[178] *De Cubellis et al.*, Deliverable 3.1 Report on the Preliminary Framework, 28.2.2021, S. 135: „[o]ne oft he main guiding principles"; „gamification has the potential to violate trust and pose ethical problems". Auf die Gefahren von *Gamification* weisen z. B. auch *Heckmann/Paschke*, in: Ehmann/Selmayr (Hrsg.), DSGVO, 2. Aufl., 2018, Art. 12 Rn. 20 hin.

[179] Siehe zum Transparenzproblem *Wischmeyer*, AöR 144 (2018), 1 (42 ff.); ausf. *Martini*, Blackbox Algorithmus, 2019, S. 176 ff.

[180] *Ricciato/Wirthmann/Hahn*, Data & Policy 2020, e7 (15): „full transparency and auditability of processing algorithms".

[181] Vgl. oben S. 403. Anders der Entwurf für eine KI-VO; s. COM(2021) 206 final, insbes. S. 46.

[182] Versuche, diesen oder ähnliche Begriffe zu definieren, gibt es viele. Vgl. etwa die „drei Elemente intelligenter Systeme" bei *Wischmeyer*, AöR 144 (2018), 1 (10 ff.); zu Grundbegriffen s. bspw. auch *Martini*, Blackbox Algorithmus, 2019, S. 17 ff. Vgl. ferner Art. 3 Nr. 1 KI-VO-E(KOM), der den Begriff „KI-System" wie folgt definiert: „System der künstlichen Intelligenz" (KI-System) ist „eine Software, die mit einer oder mehreren der in Anhang I aufgeführten Techniken und Konzepte entwickelt worden ist und im Hinblick auf eine Reihe von Zielen, die vom Menschen festgelegt werden, Ergebnisse wie Inhalte, Vorhersagen, Empfehlungen oder Entscheidungen hervorbringen kann, die das Umfeld beeinflussen, mit dem sie interagieren" (COM(2021) 206 final, S. 46); nach Anhang I fallen darunter Konzepte des maschinellen Lernens (einschließlich Deep Learning), logik- und wissensgestützte Konzepte (dazu gehören u. a. induktive (logische) Programmierungen, Inferenz- und Deduktionsmaschinen) sowie „Statistische Ansätze, Bayessche Schätz-, Such- und Optimierungsmethoden".

[183] Zu diesem Ansatz bereits *Reding*, ZD 2012, 195 (198).

weite und die *angestrebten Auswirkungen*" der Verarbeitung zur Verfügung stellen" (Art. 13 Abs. 2 Buchst. f und Art. 14 Abs. 2 Buchst. g DSGVO).[184] Mit der „involvierten Logik" ist jedoch nicht der Programmcode gemeint; diesen muss der Verantwortliche nicht offenlegen. Die Informationspflichten verlangen ihm „lediglich" ab, über die „Grundannahmen der Algorithmus-Logik"[185] bzw. über die „*abstrakte* Funktionalität"[186] vorab zu informieren. Dessen ungeachtet sprechen sich etwa *Ricciato* et al. unter Verweis auf das Projekt „Open Algorithms (OPAL)" dafür aus, dass die verantwortlichen Statistikstellen auch den (maschinenlesbaren) Code veröffentlichen sollen.[187] Eine Rechtspflicht besteht *de lege lata* indes nicht. Selbst über die involvierte Logik muss eine verantwortliche Statistikstelle nicht informieren. Denn die datenschutzrechtlichen Informationspflichten knüpfen an eine *Entscheidung* an, die gegenüber einer betroffenen Person rechtliche Wirkung entfaltet oder sie in ähnlicher Weise erheblich beeinträchtigt. Das ist bei einer Verarbeitung zu rein statistischen Zwecken aber typischerweise nicht der Fall. So setzt denn auch EG 162 S. 5 DSGVO voraus, dass die statistischen Daten und Ergebnisse „nicht für Maßnahmen oder Entscheidungen gegenüber einzelnen natürlichen Personen verwendet werden". Für die amtliche Statistik greift überdies das verfassungskräftige Rückspielverbot[188]. Den verantwortlichen Statistikstellen steht es selbstverständlich frei, Transparenz auch über das gesetzlich erforderliche Maß hinaus herzustellen. Sie könnten sich dabei bspw. an den Arbeiten zur sog. *Explainable Artificial Intelligence – XAI*[189] oder am „Right to Explanation" orientieren, das *Wachter* et al.[190] vorgeschlagen haben.[191] Hier bezögen sich die Informationen v. a. auf die statistische Methodik. Dies entspräche auch der allgemeinen Vorgabe des statistischen Verhaltenskodexes: Informationen zu den verwendeten Datenquellen, Methoden und Verfahren müssen öffentlich zugänglich sein; außerdem sind die Nutzer fortlaufend über die Methodik der statistischen Prozesse zu informieren.[192]

---

[184] Hervorhebung d. Verf. Entsprechendes gilt für das *Auskunftsrecht* auf Antrag, s. Art. 15 Abs. 1 Buchst. h DSGVO.

[185] *Paal/Hennemann*, in: Paal/Pauly (Hrsg.), DSGVO/BDSG, 3. Aufl., 2021, Art. 13 Rn. 31c.

[186] *Kumkar/Roth-Isigkeit*, JZ 2020, 277 (283) – Hervorhebung im Original.

[187] *Ricciato et al.*, SJI 35 (2019), 589 (598).

[188] Siehe oben 3. 319 ff.

[189] Siehe etwa *Deeks*, Columbia Law Review 119 (2019), 1829 ff.; aus sozialwissenschaftlicher Perspektive z. B. *Miller*, Artificial Intelligence 267 (2019), 1 ff.

[190] *Wachter/Mittelstadt/Floridi*, IDPL 2017, 76 (90 ff.).

[191] Siehe nunmehr auch den Kommissionsentwurf für eine KI-VO, der in Art. 13 Abs. 1 verlangt, Hochrisiko-KI-Systeme so zu konzipieren und zu entwickeln, dass ihr Betrieb hinreichend transparent ist, damit die *Nutzer* (nicht: die betroffenen Personen) die Ergebnisse des Systems angemessen interpretieren und verwenden können. Krit. dazu *Ebers et al.*, RDi 2021, 528 (533 f.).

[192] *Verhaltenskodex für europäische Statistiken*, Für die nationalen statistischen Ämter und Eurostat (statistisches Amt der EU), 2017, S. 19 (Indikator 15.6).

## VI. Einbindung externer IT-Dienstleister – Auftragsverarbeitung

Das Konzept von *Trusted Smart Statistics* setzt stärker als bisher auf Dezentralität. Ein wesentliches Element dieses Konzepts ist es, bestimmte Phasen der Statistikproduktion auszulagern. Sie sollen künftig nicht mehr (ausschließlich) innerhalb der statistischen Ämter ablaufen, statt „in-house processing" also „in-device data storage and processing" und „third party processing".[193] Angesprochen ist damit das Thema *IT-Outsourcing*, bei dem *Dirk Heckmann* allgemein von einem „Organisationstrend" spricht[194]; daneben wird auch das Thema *Cloud Computing*[195] relevant(er). *Ricciato* et al. bringen es auf die eingängige Formel: „Pushing Computation out instead of pulling data in".[196] Mit diesem dezentralen Ansatz („[f]rom sharing data to sharing computation"[197]) gehen auch datenschutzrechtliche Fragen einher. So treten durch die Auslagerung von Verarbeitungsprozessen typischerweise „neue" Akteure auf den Plan.[198] Mit Ausnahme der betroffenen Person („keine Verarbeitung in eigener Sache"[199]) sind die an der Datenverarbeitung beteiligten Akteure zu identifizieren und sodann rechtlich einzuordnen. Neben der (getrennten oder gemeinsamen) Verantwortlichkeit[200] kommt hierfür insbesondere die sog. Auftragsverarbeitung in Betracht. Der folgende Abschnitt geht dabei von der Prämisse aus, dass die statistischen Ämter die Kontrolle über die Datenverarbeitung behalten – und aus statistischer Sicht (etwa aus Gründen der Qualitätssicherung) wohl auch behalten müssen. Im Fokus steht daher die Rechtsfigur der Auftragsverarbeitung.

---

[193] So lauteten die Namen der Subgroups in der WG Legal im „ESSnet Smart Surveys", s. oben S. 474 ff.

[194] *Heckmann*, in: Bräutigam (Hrsg.), IT-Outsourcing und Cloud-Computing, 4. Aufl., 2019, Teil 10 Rn. 2.

[195] Dazu allg. *Bräutigam/Thalhofer*, in: Bräutigam (Hrsg.), IT-Outsourcing und Cloud-Computing, 4. Aufl., 2019, Teil 14 Rn. 1 ff. („Infrastructure as a Service"; „Platform as a Service"; „Software as a Service"; ebenda, Rn. 3). Siehe zum *Cloud Computing* der Bundesregierung z.B. BT-Drs. 19/19444, S. 2 ff.; BT-Drs. 19/32627, S. 21 f.; nach der Gesetzesbegründung sei auch die Regelung des § 80 Abs. 2 SGB X Ausdruck eines praktischen Bedürfnisses (weltweite) *Cloud Computing*-Angebote nutzen zu können (BT-Drs. 18/12611, S. 114 f.).

[196] *Ricciato et al.*, SJI 35 (2019), 589 (594); s. oben S. 472.

[197] *Ricciato/Wirthmann/Hahn*, Data & Policy 2020, e7 (5).

[198] Siehe auch *Ashofteh/Bravo*, SJI 37 (2021), 771 (776): „data that may be pre-processed by data providers or data sources, preparing it for immediate use for official statistics".

[199] Verarbeitet eine natürliche Person ausschließlich Daten über sich selbst, wird sie nicht zum Verantwortlichen.

[200] Siehe Art. 4 Nr. 7 DSGVO („allein oder gemeinsam mit anderen"); vgl. am Beispiel des Zensus bereits oben S. 36 ff.

## B. Datenschutzrechtliche Herausforderungen

### I. Auftragsverarbeitung: Begriff und Abgrenzung

Der Begriff des Auftragsverarbeiters ist in Art. 4 Nr. 8 DSGVO legaldefiniert.[201] Darunter versteht das europäische Datenschutzrecht „eine natürliche oder juristische Person, Behörde, Einrichtung oder andere Stelle, die personenbezogene Daten im Auftrag des Verantwortlichen verarbeitet". Diese Begriffsbestimmung ist jedoch großteils tautologisch („Auftragsverarbeiter"; „im Auftrag").[202] Immerhin kommt darin zum Ausdruck, dass der Auftragsverarbeiter als eigenständige Organisationseinheit[203] vom Verantwortlichen abzugrenzen ist[204] – beide Rollen schließen sich gegenseitig aus. Während der Verantwortliche über die Zwecke und Mittel der Verarbeitung *entscheidet*, also „Entscheidungshoheit"[205] besitzt, ist der Auftragsverarbeiter gerade an dessen *Weisungen gebunden*. Er

---

[201] Diese entspricht nahezu wortgleich der Vorgängerregelung (Art. 2 Buchst. e DS-RL).

[202] Krit. z.B. auch *Petri*, in: Simitis/Hornung/Spiecker gen. Döhmann (Hrsg.), DatenschutzR, 2019, Art. 4 Nr. 8 Rn. 1: „zirkulär und damit wenig aussagekräftig".

[203] Siehe auch *EDPB*, Guidelines 07/2020, Version 2.0 v. 7.7.2021, Rn. 76 f. („separate entity").

[204] Unter dem alten (deutschen) Datenschutzrecht war die Auftragsverarbeitung noch von einer weiteren Rechtsfigur abzugrenzen, der *Funktionsübertragung*. Darunter war eine Situation zu verstehen, in der „neben der Datenverarbeitung auch die zugrundeliegende Aufgabe übertragen [wurde]" (BT-Drs. 11/4306, S. 43; Hervorhebung d. Verf.). Wiewohl auch seinerzeit die Abgrenzungskriterien umstritten waren, entwickelte das Schrifttum Typologien: Von einer Funktionsübertragung war bspw. auszugehen, wenn dem Akteur die Nutzungsrechte an den personenbezogenen Daten übertragen wurden, er die Zulässigkeit und Richtigkeit der Datenverarbeitung zu gewährleisten hatte oder der „Auftraggeber" seinerseits keine tatsächliche oder rechtliche Möglichkeit hatte, die einzelnen Phasen der Verarbeitung durch den „Auftragnehmer" zu beeinflussen; dazu *Petri*, in: Simitis (Hrsg.), BDSG, 7. Aufl., 2014, § 11 BDSG a. F. Rn. 23 f. Die Funktionsübertragung war daher *nicht* als Auftragsdatenverarbeitung i. S. d. § 11 BDSG a. F. anzusehen (BT-Drs. 11/4306, S. 43). Das (neue) europäische Datenschutzrecht kennt diese Figur nicht: Derjenige, dem Aufgaben übertragen worden sind, ist entweder Verantwortlicher oder Auftragsverarbeiter. Nach der unionsrechtlichen Dichotomie besteht für den unscharfen Begriff der Funktionsübertragung weder ein Bedürfnis noch ein gesetzlicher Anknüpfungspunkt; ebenso z.B. *Hartung*, in: Kühling/Buchner (Hrsg.), DSGVO/BDSG, 3. Aufl., 2020, Art. 28 Rn. 44; *Spoerr*, in: Wolff/Brink (Hrsg.), BeckOK DatenschutzR, 40. Ed. (1.5.2022), Art. 28 Rn. 23 ff., demzufolge die „komplizierte und mit Rechtsunsicherheit behaftete Abgrenzung" entfalle; *Thomale*, in: Eßer/Kramer/von Lewinski (Hrsg.), Auernhammer, 7. Aufl., 2020, Art. 28 Rn. 14: die DSGVO erteile dem schon im BDSG a. F. nicht kodifizierten Abgrenzungskriterium der Funktionsübertragung eine „Absage"; in Bezug auf das IT-Outsourcing *Schumacher*, in: Bräutigam (Hrsg.), IT-Outsourcing und Cloud-Computing, 4. Aufl., 2019, S. 458, der eine eigenständige dritte Kategorie ablehnt; a. A. offenbar *Ingold*, in: Sydow (Hrsg.), DSGVO, 2. Aufl., 2018, Art. 28 Rn. 15, der prognostiziert, dass die „zentrale Unterscheidung von Auftragsverarbeitung und Funktionsübertragung" noch an Bedeutung gewinne; s. auch *Heckmann*, in: Bräutigam (Hrsg.), IT-Outsourcing und Cloud-Computing, 4. Aufl., 2019, S. 811 f., der an der Rechtsfigur der Funktionsübertragung festzuhalten scheint.

[205] *Petri*, in: Simitis/Hornung/Spiecker gen. Döhmann (Hrsg.), DatenschutzR, 2019, Art. 4 Nr. 7 Rn. 20 ff.

darf personenbezogene Daten ausschließlich auf Geheiß des Verantwortlichen verarbeiten. Die Rechtsfigur der Auftragsverarbeitung wird somit durch das Konzept der Delegation geprägt. Der Auftragsverarbeiter handelt *in fremdem Interesse*.[206] Personenbezogene „im Auftrag" des Verantwortlichen zu verarbeiten, heißt indes nicht, dass der Auftragsverarbeiter gar nichts entscheiden darf. Damit stellt sich die maßgebliche Abgrenzungsfrage[207]: Welchen Grad *an Einflussnahme* („level of influence"[208]) lässt das europäische Datenschutzrecht zu und worauf bezieht er sich? Die Aufsichtsbehörden gehen in ihren Leitlinien richtigerweise davon aus, dass jedenfalls derjenige verantwortlich ist, der über den *Zweck* (also das „Wozu") der Verarbeitung bestimmt.[209] Verfolgt ein Auftragsverarbeiter eigene Zwecke, mutiert er unweigerlich zum Verantwortlichen.[210] In Bezug auf die Entscheidung über die *Mittel* (also das „Wie") der Verarbeitung ist hingegen zu differenzieren:[211] *Wesentliche* Mittel, die eng mit dem Zweck und der Reichweite der Verarbeitung zusammenhängen (Welche Daten sollen verarbeitet werden? Für wie lange? Und wer soll ggf. Zugang erhalten?), sind der Entscheidungskompetenz des Verantwortlichen vorbehalten. Demgegenüber betreffen *unwesentliche* Mittel eher praktische Aspekte der Umsetzung, etwa zur eingesetzten Hard- und Software oder zu detaillierten Sicherheitsmaßnahmen.[212] Die Abgrenzung ist dabei stets kontextabhängig und im Einzelfall vorzunehmen. Schwierigkeiten entstehen ferner dadurch, dass die Grenzen zur Rechtsfigur der *gemeinsamen Verantwortung* i. S. d. Art. 26 DSGVO fließend sind. Das liegt auch an der Rechtsprechung des EuGH (z. B. „Wirtschaftsakademie Schleswig-Holstein [Facebook-Fanpage]"; „Zeugen Jehovas"; „Fashion ID"),[213] der graduelle Abstufungen der Verantwortlichkeit anerkennt: Der Gerichtshof verlangt „nicht zwangsläufig eine[n] gleichwertige[n]" Beitrag der beteiligten Akteure.[214] Vor diesem Hintergrund stellt die rechtliche Identifi-

---

[206] Vgl. nur *EDPB*, Guidelines 07/2020, Version 2.0 v. 7.7.2021, Rn. 79 f. („processes personal data for the benefit of the controller"; „serving someone else's interest").

[207] *EDPB*, Guidelines 07/2020, Version 2.0 v. 7.7.2021, Rn. 39: „The question is where to draw the line between decisions that are reserved to the controller and decisions that can be left to the discretion of the processor."

[208] *EDPB*, Guidelines 07/2020, Version 2.0 v. 7.7.2021, Rn. 37.

[209] *EDPB*, Guidelines 07/2020, Version 2.0 v. 7.7.2021, Rn. 39.

[210] Darin kann u. U. auch ein Aufgabenexzess liegen (vgl. Art. 28 Abs. 10 DSGVO); dazu bspw. *Martini*, in: Paal/Pauly (Hrsg.), DSGVO/BDSG, 3. Aufl., 2021, Art. 28 Rn. 76 f. Vgl. ferner *EDPB*, Guidelines 07/2020, Version 2.0 v. 7.7.2021, Rn. 81.

[211] *EDPB*, Guidelines 07/2020, Version 2.0 v. 7.7.2021, Rn. 40.

[212] *EDPB*, Guidelines 07/2020, Version 2.0 v. 7.7.2021, Rn. 40, s. aber auch Rn. 41, wonach im AVV bestimmte Elemente zu vereinbaren sind.

[213] EuGH, Urt. v. 5.6.2018 – C-210/16, ECLI:EU:C:2018:388; Urt. v. 10.7.2018 – C-25/17, ECLI:EU:C:2018:551; Urt. v. 29.7.2019 – C-40/17, ECLI:EU:C:2019:629, jeweils zur alten Rechtslage. Zur gemeinsamen Verantwortlichkeit zusammenfassend etwa *Gierschmann*, ZD 2020, 69 ff.

[214] EuGH, Urt. v. 29.7.2019 – C-40/17, ECLI:EU:C:2019:629, Rn. 70; zu dieser Entschei-

kation und Qualifikationen – insbesondere in komplexen Netzwerkstrukturen wie bei *Smart Surveys* – eine besondere Herausforderung für die verantwortlichen Statistikämter dar.

## 2. Auswahlverantwortung

Der Verantwortliche ist bei der Auswahl[215] des Auftragsverarbeiters nicht vollkommen frei. Vielmehr darf er „nur" mit solchen Auftragsverarbeitern zusammenarbeiten, die „hinreichend Garantien[216] dafür bieten, dass geeignete technische und organisatorische Maßnahmen" für eine verordnungskonforme Datenverarbeitung bestehen (Art. 28 Abs. 1 DSGVO). Dem Verantwortlichen kommt insofern eine *Auswahlverantwortung* zu.[217] So ist z.B. das Statistische Bundesamt kraft Unionsrecht verpflichtet, den Auftragsverarbeiter sorgfältig auszuwählen.[218] Maßgeblich für die Entscheidung ist, dass der Schutz der Rechte und Freiheiten der betroffenen Personen gewährleistet ist. Die Regelung ist so gesehen auch Ausdruck davon, das Risiko, das mit arbeitsteiligen Verarbeitungsprozessen einhergeht, zu minimieren.[219] Das gilt gerade in sensiblen Kontexten wie der amtlichen Statistik. Kriterien für die Auswahl sind – nach EG 81 S. 1 DSGVO – das Fachwissen, die Zuverlässigkeit sowie die Ressourcen des Auftragsverarbeiters, und zwar insbesondere im Hinblick auf die Sicherheit der Datenverarbeitung.[220] Dabei kann der Verantwortliche berücksichtigen, ob er genehmigte Verhaltensregeln i.S.d. Art. 40 einhält oder ob er ein genehmigtes

---

dung etwa *Zalnieriute/Churches*, The Modern Law Review 83 (2020), 861 ff. Der EuGH differenziert dabei insbes. zwischen den verschiedenen *Phasen* einer Verarbeitung.

[215] Dies setzt in der Praxis freilich voraus, dass der Verantwortliche überhaupt eine Wahlmöglichkeit hat.

[216] Nach *Kremer*, in: Schwartmann/Jaspers/Thüsing/Kugelmann (Hrsg.), DSGVO/BDSG, 2. Aufl., 2020, Art. 28 Rn. 90 sei mit dem Begriff „Garantie" keine „unbedingte Einstandspflicht" gemeint, sondern eine „hinreichende Wahrscheinlichkeit"; s. auch *EDPB*, Guidelines 07/2020, Version 2.0 v. 7.7.2021, Rn. 94: „into serious consideration".

[217] So *Martini*, in: Paal/Pauly (Hrsg.), DSGVO/BDSG, 3. Aufl., 2021, Art. 28 Rn. 19; s. zur Auswahl auch *Ingold*, in: Sydow (Hrsg.), DSGVO, 2. Aufl., 2018, Art. 28 Rn. 32 ff.; *Kremer*, in: Schwartmann/Jaspers/Thüsing/Kugelmann (Hrsg.), DSGVO/BDSG, 2. Aufl., 2020, Art. 28 Rn. 89 ff.; *Petri*, in: Simitis/Hornung/Spiecker gen. Döhmann (Hrsg.), DatenschutzR, 2019, Art. 28 Rn. 27 ff. Ferner *EDPB*, Guidelines 07/2020, Version 2.0 v. 7.7.2021, Rn. 94 ff.

[218] *Ingold*, in: Sydow (Hrsg.), DSGVO, 2. Aufl., 2018, Art. 28 Rn. 32; *Kremer*, in: Schwartmann/Jaspers/Thüsing/Kugelmann (Hrsg.), DSGVO/BDSG, 2. Aufl., 2020, Art. 28 Rn. 89, der zutreffend darauf hinweist, dass das Datenschutzrecht keine Ausschreibung fordert. Zu vergaberechtlichen Aspekten s. *Heckmann*, in: Bräutigam (Hrsg.), IT-Outsourcing und Cloud-Computing, 4. Aufl., 2019, Teil 10 Rn. 86 ff.

[219] In diesem Sinne wohl auch *EDPB*, Guidelines 07/2020, Version 2.0 v. 7.7.2021, Rn. 96 („form of risk assessment").

[220] Siehe dazu auch *EDPB*, Guidelines 07/2020, Version 2.0 v. 7.7.2021, Rn. 97. Vgl. allg. auch *Heckmann*, in: Bräutigam (Hrsg.), IT-Outsourcing und Cloud-Computing, 4. Aufl., 2019, Teil 10 Rn. 148.

*Zertifizierungsverfahren* nach Art. 42 DSGVO[221] durchlaufen hat. Das europäische Sekundärrecht erkennt diese Instrumente der (regulierten) Selbstregulierung ausdrücklich an.[222] Dem Verantwortlichen erleichtern sie den Nachweis, dass er seiner Auswahlverpflichtung nachgekommen ist (s. Art. 28 Abs. 5 DSGVO: „um […] nachzuweisen"; engl.: „to demonstrate"; franz.: „pour démontrer"). Ihnen kommt Indizwirkung zu.[223] Gleichwohl ist die Zertifizierung nur „*ein* Faktor"[224]. Mit der Entscheidung über die Auswahl und ggf. den Abschluss eines Auftragsverarbeitungsvertrags enden die Pflichten des Verantwortlichen indes nicht: Vielmehr muss er *fortwährend überprüfen*[225], ob der Auftragsverarbeiter die maßgeblichen Garantien auch weiterhin erfüllt („Dauerpflicht"[226]; „continuous obligation"[227]). Ist das nicht (mehr) der Fall, muss der Verantwortliche – etwa das Statistische Bundesamt – die Zusammenarbeit beenden.[228]

*3. Rechtliche Grundlage*

Die Auftragsverarbeitung gründet entweder auf einem *Vertrag* (engl.: „contract"; franz.: „contrat") oder auf einem *anderen Rechtsinstrument* (engl.: „other legal act"; franz.: „autre acte juridique"), Art. 28 Abs. 3 DSGVO.[229] Beiden Handlungsformen kommt dabei sowohl eine Legitimations- als auch eine Bindungsfunktion zu. Sie knüpfen bildlich gesprochen das „unsichtbare Band" zwischen dem Verantwortlichen und dem Auftragsverarbeiter und regeln damit ihr *Innenverhältnis*, insbesondere: Was darf der Auftragsverarbeiter und welche Einwirkungs- und Steuerungsbefugnisse hat der Verantwortliche?

---

[221] Zur Akkreditierung nach Art. 42 DSGVO s. bspw. *Gühr/Karper/Maseberg*, DuD 2020, 649 ff.; zur Zertifizierung etwa *Richter*, ZD 2020, 84 ff.

[222] Vgl. *Martini*, in: Voßkuhle/Eifert/Möllers (Hrsg.), GVerwR, 3. Aufl., 2022, § 33 Rn. 194. Zu Sinn und Zweck der Zertifizierung ausf. *Scholz*, in: Simitis/Hornung/Spiecker gen. Döhmann (Hrsg.), DatenschutzR, 2019, Art. 42 Rn. 4 ff., zu den Rechtswirkungen Rn. 48 ff.

[223] *Martini*, in: Paal/Pauly (Hrsg.), DSGVO/BDSG, 3. Aufl., 2021, Art. 28 Rn. 69; *Scholz*, in: Simitis/Hornung/Spiecker gen. Döhmann (Hrsg.), DatenschutzR, 2019, Art. 42 Rn. 50; ähnlich *Kremer*, in: Schwartmann/Jaspers/Thüsing/Kugelmann (Hrsg.), DSGVO/BDSG, 2. Aufl., 2020, Art. 28 Rn. 173: „widerlegliche Vermutung"; einschränkend *Spoerr*, in: Wolff/Brink (Hrsg.), BeckOK DatenschutzR, 40. Ed. (1.5.2022), Art. 28 Rn. 93: „beschränkte Nachweiswirkung".

[224] Siehe Art. 28 Abs. 5 DSGVO (Hervorhebung d. Verf.); im Englischen: „an element".

[225] In seinen Leitlinien spricht der *EDPB*, Guidelines 07/2020, Version 2.0 v. 7.7.2021, Rn. 99 von „at appropriate intervals".

[226] *Martini*, in: Paal/Pauly (Hrsg.), DSGVO/BDSG, 3. Aufl., 2021, Art. 28 Rn. 20.

[227] *EDPB*, Guidelines 07/2020, Version 2.0 v. 7.7.2021, Rn. 99.

[228] *Martini*, in: Paal/Pauly (Hrsg.), DSGVO/BDSG, 3. Aufl., 2021, Art. 28 Rn. 21.

[229] *Kremer*, in: Schwartmann/Jaspers/Thüsing/Kugelmann (Hrsg.), DSGVO/BDSG, 2. Aufl., 2020, Art. 28 Rn. 94 weist zu Recht darauf hin, dass dem Rechtsinstrument „keine konstitutive Wirkung" zukomme. Maßgeblich sind die *tatsächlichen* Verarbeitungsbeziehungen.

## a) Vertrag

Was die Verordnung unter einem Vertrag versteht, konkretisiert sie nicht. Gemeint ist ein zweiseitiges Rechtsgeschäft.[230] Ein Vertrag i. S. d. Art. 28 DSGVO setzt – nach deutschem Verständnis – mindestens zwei übereinstimmende Willenserklärungen voraus, die mit Rechtsbindungswillen darauf gerichtet sind, einen rechtlichen Erfolg herbeizuführen. Entscheidend ist weniger die Rechtsnatur denn vielmehr die *Funktion*, die das Rechtsinstrument erfüllen soll.[231] Der Vertrag muss dem Verantwortlichen die Rechtsmacht („Entscheidungshoheit") einräumen, die Datenverarbeitung des Auftragsverarbeiters anzuleiten.[232] Kurzum: Er muss auf diesen kraft rechtsgeschäftlicher Weisungsbefugnis einwirken und die Verarbeitung steuern können. Außerdem sind in dem Vertrag die unionsrechtlich geforderten Mindestvorgaben[233] zu regeln – etwa, dass der Auftragsverarbeiter personenbezogene Daten nur auf dokumentierte Weisung des Verantwortlichen verarbeitet und sämtliche Maßnahmen ergreift, die für die Datensicherheit erforderlich sind.[234] Zudem muss der Vertrag gewährleisten, dass sich die zur Datenverarbeitung befugten Personen entweder zur *Vertraulichkeit verpflichtet* haben oder einer angemessenen *gesetzlichen Verschwiegenheitspflicht* unterliegen.[235] Auf diese Weise kann auch die statistische Geheimhaltung (§ 16 BStatG; Art. 20 ff. VO (EG) Nr. 223/2009) abgesichert werden. Im Juni 2021 hat die EU-Kommission neue Standard Contractual Clauses (SCC) gemäß Art. 28 Abs. 7 DSGVO veröffentlicht.[236] Es bietet sich an, für das gesamte ESS sog. Standard Statistical Outsourcing Clauses (SSOC)[237] zu entwerfen.

---

[230] Vgl. auch *Kremer*, in: Schwartmann/Jaspers/Thüsing/Kugelmann (Hrsg.), DSGVO/BDSG, 2. Aufl., 2020, Art. 28 Rn. 96. Das *EDPB*, Guidelines 07/2020, Version 2.0 v. 7.7.2021, Rn. 101 verlangt hierfür die Schriftform (einschließlich der elektronischen Form).

[231] So gesehen ist auch ein „öffentlich-rechtlicher Vertrag" (§§ 54 ff. VwVfG) grds. geeignet, die Rechtsbeziehung zwischen dem Verantwortlichen und dem Auftragsverarbeiter zu regeln, so bereits *Kühling et al.*, Die Datenschutz-Grundverordnung und das nationale Recht, 2016, S. 79; zust. *Petri*, in: Simitis/Hornung/Spiecker gen. Döhmann (Hrsg.), DatenschutzR, 2019, Art. 28 Rn. 49; s. oben S. 154. Zum IT-Outsourcing an Private *Heckmann*, in: Bräutigam (Hrsg.), IT-Outsourcing und Cloud-Computing, 4. Aufl., 2019, Teil 10 Rn. 25: bei der funktionalen Privatisierung erfolge die Einbindung Privater regelmäßig in Form eines öffentlich-rechtlichen Vertrags, da der Vertragsgegenstand auf dem Gebiet des öffentlichen Rechts angesiedelt sei.

[232] Vgl. auch *EDPB*, Guidelines 07/2020, Version 2.0 v. 7.7.2021, Rn. 102: „must be binding on the processor with regard to the controller".

[233] Zum Mindestinhalt im Einzelnen *EDPB*, Guidelines 07/2020, Version 2.0 v. 7.7.2021, Rn. 113 ff.; aus der Kommentarliteratur z. B. *Martini*, in: Paal/Pauly (Hrsg.), DSGVO/BDSG, 3. Aufl., 2021, Art. 28 Rn. 38 ff.

[234] Art. 28 Abs. 3 UAbs. 1 S. 2 Buchst. a und c DSGVO.

[235] Art. 28 Abs. 3 UAbs. 1 S. 2 Buchst. b DSGVO.

[236] Siehe Durchführungsbeschluss (EU) 2021/915.

[237] So auch eine (bislang unveröffentlichte) Empfehlung der WG Legal im Projekt „ESSnet Smart Surveys" (s. dazu oben S. 474 ff.).

Dabei könnten sich die verantwortlichen Akteure an den (neuen) SCC der Kommission orientieren und diese ggf. bereichsspezifisch ergänzen.[238]

*b) Anderes Rechtsinstrument*

Neben dem Vertrag kann auch ein „anderes Rechtsinstrument" die Bindung zwischen dem Verantwortlichen und dem Auftragsverarbeiter herstellen. Damit ist nicht ein quasi-vertragliches Rechtsgeschäft gemeint. Der Begriff ist – ungeachtet der Syntax („Vertrag[…] oder ein[…] andere[s] Rechtsinstrument") – weiter zu verstehen. Das legen die anderen Sprachfassungen der Verordnung nahe: Die englische Fassung spricht von „other legal act under Union or Member State law". Der Begriff des anderen Rechtsinstruments knüpft mithin nicht an den zuvor genannten Vertrag an, sondern steht alternativ neben ihm. So gelesen meint er einen „gesetzliche[n] (Rechts-)Akt der Union oder des Mitgliedstaats"[239]. Während das alte Recht (§ 11 BDSG a. F.) für die Auftragsverarbeitung noch stets einen „schriftlich[en] Auftrag" (Abs. 2 S. 2) verlangte, kommen aufgrund des offenen Wortlauts nunmehr auch formelle Gesetze, Verordnungen und Satzungen als verbindliches Rechtsinstrument in Betracht.[240] Die Grundverordnung schließt die überkommenen Rechts- und Handlungsformen der Mitgliedstaaten nicht aus. Sie ist insofern „blind" gegenüber der Formenwahl. Dementsprechend hält sie in Art. 28 Abs. 3 UAbs. 1 S. 1 DSGVO (sowie für den Fall der Unterauftragsverarbeitung in Art. 28 Abs. 4 DSGVO) eine sog. echte *Öffnungsklausel*[241] vor. Die Verordnung stellt es den Mitgliedstaaten anheim, die Auftragsverarbeitung mittels eines „Rechtsinstruments" („legal act") auszugestalten. Das gilt insbesondere für die Datenverarbeitung durch öffentliche Stellen.[242] Nach dem Sinn und Zweck der Regelung ist kein Grund ersichtlich, die Auftragsverarbeitung nur auf vertraglicher bzw. vertragsähnlicher Grundlage zuzulassen. Solange ein gesetzlicher Rechtsakt die unionsrechtlichen Anfor-

---

[238] Vgl. auch EG 81 S. 4 DSGVO sowie *EDPB*, Guidelines 07/2020, Version 2.0 v. 7.7.2021, Rn. 104. Nach Klausel 2 der SCC müssen sich die Parteien verpflichten, die Klauseln nicht zu ändern, es sei denn, zur Ergänzung oder Aktualisierung der in den Anhängen angegebenen Informationen. Indes sind die Parteien nicht gehindert, weitere Klauseln oder zusätzliche Garantien hinzuzufügen, sofern diese weder unmittelbar noch mittelbar in Widerspruch zu den Klauseln stehen oder die Grundrechte oder Grundfreiheiten der betroffenen Personen beschneiden.

[239] *Martini*, in: Paal/Pauly (Hrsg.), DSGVO/BDSG, 3. Aufl., 2021, Art. 28 Rn. 26.

[240] Ähnlich *Kremer*, in: Schwartmann/Jaspers/Thüsing/Kugelmann (Hrsg.), DSGVO/BDSG, 2. Aufl., 2020, Art. 28 Rn. 98 („Verordnung, Richtlinie oder formelles Gesetz"); *Bertermann*, in: Ehmann/Selmayr (Hrsg.), DSGVO, 2. Aufl., 2018, Art. 28 Rn. 17.

[241] *Kühling et al.*, Die Datenschutz-Grundverordnung und das nationale Recht, 2016, S. 78 ff.; zur Typologie ebenda, S. 9 ff.; oben S. 158 ff.

[242] Vgl. auch *Kremer*, in: Schwartmann/Jaspers/Thüsing/Kugelmann (Hrsg.), DSGVO/BDSG, 2. Aufl., 2020, Art. 28 Rn. 98, der den Anwendungsbereich des anderen Rechtsinstruments insbes. dort sieht, wo der Abschluss eines Vertrags „ungewöhnlich" sei.

derungen an die Legitimations- und Bindungswirkung in gleicher Weise erfüllt, vermag auch diese Handlungsform eine Auftragsverarbeitung zu legitimieren.[243] Für die *Auftragsverarbeitung kraft Gesetzes*[244] finden sich durchaus Beispiele im deutschen Statistikrecht[245], etwa im Zensusvorbereitungsgesetz 2022. So ist das Statistische Bundesamt kraft gesetzlicher Anordnung „für die Entwicklung der für den Zensus benötigten technischen Anwendungen" zwar „verantwortlich" (§ 2 Abs. 1 S. 1). Ihm obliegt dabei – anders als noch beim Zensus 2011 – auch die Verantwortung für die IT-Gesamtsteuerung und den IT-Betrieb. Das Bundesamt hält indes die für die Aufbereitung und Datenhaltung notwendige IT-Infrastruktur in „Zusammenarbeit" mit dem Informationstechnikzentrum Bund (ITZBund) vor (§ 2 Abs. 2 S. 3). Das ITZBund[246] führt die damit einhergehende Verarbeitung personenbezogener Daten im Auftrag des Statistischen Bundesamts durch: Das ITZBund ist insoweit Auftragsverarbeiter im datenschutzrechtlichen Sinne (vgl. auch Fall 3a).[247] Wo aber *gesetzliche* Ausgestaltungen fehlen – gerade auch im unionsrechtlich geprägten Bereich von *Trusted Smart Surveys*[248] – müssen die verantwortlichen Statistikstellen (ggf. auch ergänzend[249]) entsprechende *Verträge* schließen.

---

[243] So im Ergebnis bereits *Kühling et al.*, Die Datenschutz-Grundverordnung und das nationale Recht, 2016, S. 78.

[244] *Petri*, ZD 2015, 305 (307) spricht im Zusammenhang mit § 1 AZRG (a. F.) bspw. von der „gesetzlichen Fiktion einer Auftragsverarbeitung". Die Vorschrift wurde zuletzt durch das Zweite Datenschutzanpassungs- und Umsetzungsgesetz EU an die Terminologie der DSGVO angepasst (BGBl. I 2019, S. 1653). Der Gesetzgeber hat den Vorgang der Datennutzung („Das Bundesverwaltungsamt verarbeitet und nutzt die Daten im Auftrag […]") gestrichen und verwendet nunmehr zu Recht den umfassenderen Verarbeitungsbegriff des Art. 4 Nr. 2 DSGVO, ohne zwischen den Verarbeitungsphasen zu differenzieren (vgl. dazu BT-Drs. 19/4674, S. 60, 266). Nach § 1 Abs. 1 S. 1 AZRG führt das Bundesamt für Migration und Flüchtlinge (BAMF) das Ausländerzentralregister (AZR). Das Bundesverwaltungsamt ist dessen Auftragsverarbeiter; es verarbeitet die Registerdaten „im Auftrag und nach Weisung" des BAMF (§ 1 Abs. 1 S. 2 AZRG).

[245] Das BStatG enthält keine ausdrückliche Regelung zur Auftragsverarbeitung. Anders ist dies bspw. im Steuerrecht (s. § 30 Abs. 9 AO) und im Sozialrecht (§ 80 SGB X; s. dazu unten S. 508 f.).

[246] Siehe zur Rechtsform § 1 Abs. 1 ITZBundG; ferner oben S. 477.

[247] Das ITZBund kann sich ggf. weiterer Auftragsverarbeiter (Unterauftragsverarbeiter) bedienen. Im Steuerbereich regelt bspw. § 10 Abs. 3 ITZBundG unter welchen Voraussetzungen dies zulässig ist.

[248] Bspw. enthält die VO (EU) 2019/1700 keine Regelung zur Auftragsverarbeitung, ebenso wenig das ZVEG des Bundes.

[249] Das *EDPB*, Guidelines 07/2020, Version 2.0 v. 7.7.2021, Rn. 102 weist zutreffend auf die *Ergänzungsfunktion* des Vertrags hin: Soweit die Rechtsvorschrift die Mindestvorgaben (s. Art. 28 Abs. 3 UAbs. 1 S. 2 DSGVO) nicht enthält, bedarf es zusätzlich einer vertraglichen Vereinbarung, die die fehlenden Elemente enthält.

## 4. Weisungsgebundenheit des Auftragsverarbeiters

Konstitutives Element jeder Auftragsverarbeitung ist die *Weisungsgebundenheit*: Wer Daten im Auftrag eines anderen verarbeitet, ist an dessen Weisungen (engl.: „instructions"; franz.: „instruction")[250] gebunden. Diese Bindung wird über einen Vertrag oder ein anderes Rechtsinstrument (etwa eine Rechtsvorschrift) hergestellt (s. oben 3.). In Art. 28 DSGVO ist unmittelbar nur *der Auftragsverarbeiter* adressiert. Die Regelung des Art. 29 DSGVO wiederholt und erweitert den Personenkreis: Neben dem Auftragsverarbeiter erfasst sie auch *Personen*, die dem Verantwortlichen[251] oder dem Auftragsverarbeiter *unterstellt* sind und die rein *faktisch Zugang*[252] zu den personenbezogenen Daten haben. Normadressat sind damit (auch) die Mitarbeiter des Auftragsverarbeiters – und zwar unmittelbar.[253] Die Regelung verlängert mithin die Weisungsgebundenheit in *personeller* Hinsicht. Verpflichtet ist der Verantwortliche. So muss etwa das Statistische Bundesamt für eine „lückenlose Weisungskette"[254] Sorge tragen. Die Vorschrift des Art. 29 DSGVO begründet insofern eine *eigenständige, organisationsrechtliche Verpflichtung*. In negativer Hinsicht lässt sich ihr ein „Verbot nicht weisungsgebundener Verarbeitung" entnehmen.[255] Sinn und Zweck dieser Rechtsnorm ist es, sicherzustellen, dass der Verantwortliche stets „Herr der Datenverarbeitung"[256] ist. Innerhalb der Verarbeitungskette dient die Weisung als Steuerungsinstrument: Es geht also generell darum, eine „unkontrollierte" oder „unkontrollierbare" Datenverarbeitung in arbeitsteiligen Ökosystemen

---

[250] Diese Weisungen hat der Verantwortliche grds. zu *dokumentieren*, vgl. etwa *Martini*, in: Paal/Pauly (Hrsg.), DSGVO/BDSG, 3. Aufl., 2021, Art. 28 Rn. 39 ff.; diff. *Kremer*, in: Schwartmann/Jaspers/Thüsing/Kugelmann (Hrsg.), DSGVO/BDSG, 2. Aufl., 2020, Art. 29 Rn. 15 f. Zum Begriff der Weisung s. nur *Kremer* (ebenda), Art. 29 Rn. 11.

[251] Mitarbeiter des Verantwortlichen sind Teil seiner Organisationseinheit; es handelt sich nicht um eine Auftragsverarbeitung s. *EDPB*, Guidelines 07/2020, Version 2.0 v. 7.7.2021, Rn. 76.

[252] Auf die rechtliche Befugnis kommt es nicht an, zutreffend *Martini*, in: Paal/Pauly (Hrsg.), DSGVO/BDSG, 3. Aufl., 2021, Art. 29 Rn. 16 m.w.N.; a.A. wohl *Petri*, in: Simitis/Hornung/Spiecker gen. Döhmann (Hrsg.), DatenschutzR, 2019, Art. 29 Rn. 11.

[253] Siehe z.B. *Petri*, in: Simitis/Hornung/Spiecker gen. Döhmann (Hrsg.), DatenschutzR, 2019, Art. 29 Rn. 9.

[254] *Kremer*, in: Schwartmann/Jaspers/Thüsing/Kugelmann (Hrsg.), DSGVO/BDSG, 2. Aufl., 2020, Art. 29 Rn. 1.

[255] So zutreffend *Kremer*, in: Schwartmann/Jaspers/Thüsing/Kugelmann (Hrsg.), DSGVO/BDSG, 2. Aufl., 2020, Art. 29 Rn. 13.

[256] Ähnlich *Martini*, in: Paal/Pauly (Hrsg.), DSGVO/BDSG, 3. Aufl., 2021, Art. 28 Rn. 2: „Herr über die Datenverarbeitung"; vgl. auch *Ziebarth*, in: Sydow (Hrsg.), DSGVO, 2. Aufl., 2018, Art. 4 Rn. 123: „Herr der Daten".

zu verhindern.[257] Ebenso wie das Statistikgeheimnis[258] stellt Art. 29 DSGVO zu diesem Zweck nicht bloß auf die Organisationseinheit (etwa auf den Auftragsverarbeiter als juristische Person), sondern auf die *konkret handelnde Person* ab. Dies ist im unionalen Datenschutzrecht die Ausnahme.[259] Stattdessen konzipiert die Grundverordnung ein abgestuftes Verantwortungssystem:[260] Vordergründig – und damit gewissermaßen auf der ersten Ebene – wird der *Verantwortliche* in die Pflicht genommen; auf der zweiten Ebene steht der *Auftragsverarbeiter*, der gleichermaßen bspw. die Datensicherheit[261] gewährleisten muss; erst auf der dritten Ebene stehen die *handelnden Personen* (insbesondere die Mitarbeiter), die der Verantwortliche und/oder der Auftragsverarbeiter in den Verarbeitungsprozess einbindet. Datenschutzrechtlich gesehen bilden alle drei Ebenen gewissermaßen eine Einheit.[262] Innerhalb dieser „Sphäre" ist es jedoch der Verantwortliche, an den die Verarbeitung stets rückgebunden sein muss. Die Vorschrift birgt damit auch einem Verantwortungsdefizit in komplexen Verarbeitungssystemen vor. Der Verantwortliche (z. B. das Statistische Bundesamt) kann sich grundsätzlich nicht exkulpieren.[263]

### 5. Statistische Geheimhaltung als Schranke für die Auftragsverarbeitung

Die Auftragsverarbeitung muss nicht nur den sekundärrechtlichen Vorgaben des (allgemeinen) Datenschutzrechts, sondern auch den Vorschriften über die statistische Geheimhaltung genügen.[264] Denn Datenschutz und Geheimnis-

---

[257] *Spoerr*, in: Wolff/Brink (Hrsg.), BeckOK DatenschutzR, 40. Ed. (1.5.2022), Art. 29 Rn. 3. Zur „Auftragskontrolle" als technische und organisatorische Maßnahme des § 9 BDSG a. F. s. Anlage 2 Nr. 6.

[258] Siehe § 16 Abs. 1 S. 1 BStatG: „[…] sind von den Amtsträgern und Amtsträgerinnen und für den öffentlichen Dienst besonders Verpflichteten, die mit der Durchführung von Bundesstatistiken betraut sind, geheimzuhalten"; dazu ausf. oben S. 284 ff.

[259] Vgl. nur Art. 32 Abs. 4 DSGVO. Dazu bspw. *Martini*, in: Paal/Pauly (Hrsg.), DSGVO/BDSG, 3. Aufl., 2021, Art. 32 Rn. 64 ff. Zur datenschutzrechtlichen Verantwortlichkeit und Sanktionierung von Mitarbeitern s. *Martini/Wagner/Wenzel*, VerwArch 109 (2018), 296 (302 ff.).

[260] *Kramer*, in: Eßer/Kramer/von Lewinski (Hrsg.), Auernhammer, 7. Aufl., 2020, Art. 29 Rn. 3.

[261] Art. 28 Abs. 3 S. 2 i. V. m. Art. 32 DSGVO; s. auch Art. 32 Abs. 1 DSGVO („treffen der Verantwortliche und der Auftragsverarbeiter […]); zur Datensicherheit oben S. 486.

[262] Vgl. z. B. *Kramer*, in: Eßer/Kramer/von Lewinski (Hrsg.), Auernhammer, 7. Aufl., 2020, Art. 29 Rn. 1.

[263] Ausnahme: Verarbeitungsexzess (vgl. Art. 28 Abs. 10 DSGVO), dazu *Martini*, in: Paal/Pauly (Hrsg.), DSGVO/BDSG, 3. Aufl., 2021, Art. 28 Rn. 76 f.

[264] Ebenso *Schnoor*, RDV 2012, 172 ff. S. aber auch *Ernst*, Der Grundsatz digitaler Souveränität, 2020, S. 63, der – unter Rekurs auf eine alte Literaturmeinung – darauf hinweist, dass dem Steuergeheimnis (§ 30 AO) eine „Vorrangwirkung" zugesprochen worden sei – „mit der Folge, dass die Regelungen der Auftragsverarbeitung schon per se keine Anwendung auf diese Konstellation" fänden. Diese Ansicht ist jedoch überholt. Aufgrund des Anwendungs-

schutz stehen nebeneinander („Zwei Schranken")[265].[266] Anders gewendet: Was die Datenschutz-Grundverordnung erlaubt, kann das Statistikrecht sehr wohl verbieten.

Dass das Statistikgeheimnis auch im Kontext der Auftragsverarbeitung grundsätzlich Anwendung findet, zeigt überdies ein Quervergleich zu anderen besonderen Amtsgeheimnissen: dem Steuergeheimnis und dem Sozialgeheimnis.[267] So regelt z. B. § 30 Abs. 9 AO, unter welchen („qualifizierten"[268]) Voraussetzungen Finanzbehörden sich eines Auftragsverarbeiters bedienen dürfen: Die durch das Steuergeheimnis geschützten[269] Daten dürfen ausschließlich durch Personen verarbeitet werden, die sich verpflichtet haben, das Steuergeheimnis zu wahren. Die Gesetzesbegründung stellt in diesem Zusammenhang klar, dass § 30 AO auch im Rahmen einer datenschutzrechtlichen Auftragsverarbeitung gilt.[270] Die Regelung „durchbricht" das Steuergeheimnis. Auftragsverarbeiter einzusetzen, stellt hiernach keine Verletzung der Geheimhaltungspflicht dar.[271] Entsprechendes gilt im Prinzip für das Sozialgeheimnis[272]: § 80 SGB X enthält bereichsspezifische Anforderungen für die Auftragsverarbeitung von – besonders schutzbedürftigen – Sozialdaten.[273] Anders als für das Steuergeheimnis hat der Bundesgesetzgeber hierfür jedoch eine eigenständige Regelung geschaffen. Diese ist jedoch im Zusammenhang mit § 35 Abs. 2 SGB I, der „allgemeine[n]

---

vorrangs lassen sich etwaige Normkonflikte nicht mehr über die Kollisionsregel *lex specialis* lösen. – Vgl. ferner *Ricciato/Wirthmann/Hahn*, Data & Policy 2020, e7 (6): „Whenever external data generated outside the SO are regarded as sensitive, whether for privacy and/or business reasons, the shift from pulling data in (to the SO) towards pushing computation out (to the data source) is functional *to hardening the protection of data confidentiality*" (Hervorhebung d. Verf.).

[265] Siehe dazu oben S. 88.
[266] Vgl. bspw. auch § 5 S. 1 LStatG BW (Vergabe statistischer Arbeiten): „Das Statistische Landesamt [kann] einzelne Arbeiten bei der Durchführung von Statistiken an Dritte übertragen, sofern sichergestellt ist, daß die Vorschriften zum Schutz personenbezogener Daten *und zur statistischen Geheimhaltung* eingehalten werden" (Hervorhebung d. Verf.); nach S. 3 dieser Vorschrift bleiben die Vorschriften der DSGVO über die Auftragsverarbeitung „unberührt".
[267] Vgl. dazu bereits *Schnoor*, RDV 2012, 172 (178).
[268] *Drüen*, in: Tipke/Kruse (Hrsg.), AO/FGO, 158. EL (Okt. 2019), § 30 AO Rn. 146 f.
[269] Siehe dazu die Legaldefinition in § 30 Abs. 2 AO.
[270] BT-Drs. 18/12611, S. 80.
[271] *Drüen*, in: Tipke/Kruse (Hrsg.), AO/FGO, 158. EL (Okt. 2019), § 30 AO Rn. 146 f.
[272] Siehe § 35 SGB I, der als „Anspruch" auf Unterlassen ausgestaltet ist. Das entspricht in der Sache einem Verbot mit Erlaubnisvorbehalt, so *Schifferdecker*, in: Körner/Leitherer/Mutschler/Rolfs (Hrsg.), KassKomm SozialversicherungsR, 103. EL (März 2019), § 35 SGB I Rn. 50.
[273] Siehe nur BT-Drs. 18/12611, S. 114 f.; vgl. auch BT-Drs. 19/4674, S. 404; ferner *Heckmann*, in: Bräutigam (Hrsg.), IT-Outsourcing und Cloud-Computing, 4. Aufl., 2019, Teil 10 Rn. 80 ff., der das IT-Outsourcing in der Sozialdatenverarbeitung unter dem Punkt „sensible Verwaltungsbereiche" erläutert.

## B. Datenschutzrechtliche Herausforderungen

Grundsatzbestimmung sozialrechtlichen Datenschutzes"[274], zu lesen. Die Vorschrift zur Auftragsverarbeitung (§ 80 SGB X) stellt eine Ausnahme des Sozialgeheimnisses dar. Der Auftragsverarbeiter ist somit unter den dort genannten Voraussetzungen *befugt*, Sozialdaten zu verarbeiten.[275]

Diese Beispiele zeigen: Daten- und Geheimnisschutz müssen „Hand in Hand" gehen – nur dann ist eine Auftragsverarbeitung insgesamt rechtmäßig. Es bedarf daher einer statistikrechtlichen Ausnahmevorschrift, die den Verantwortlichen auch von der Geheimhaltungsverpflichtung befreit.

In § 16 BStatG[276] fehlt indes eine solche allgemeine Ausnahme für die Auftragsverarbeitung. Auch sind die datenschutzrechtlichen Vorgaben des Art. 28 und 29 DSGVO nicht unter den Begriff „besondere Rechtsvorschrift" (§ 16 Abs. 1 S. 1 BStatG) zu subsumieren.[277] Dieser Vorbehalt („soweit [...] nichts anderes bestimmt ist") greift nur für Regelungen, die sich *speziell* auf die statistische Geheimhaltung beziehen.[278] Andernfalls unterliefe das allgemeine Datenschutzrecht den bereichsspezifischen Geheimnisschutz. Nichts anderes ergibt sich schließlich daraus, dass der Auftragsverarbeiter – datenschutzrechtlich betrachtet – in der „Sphäre" bzw. im „Lager" des Verantwortlichen steht und als dessen „verlängerter Arm"[279] agiert. Zwar werden die beiden Akteure als datenschutzrechtliche „Einheit"[280] gesehen, die Datenübermittlung bedarf also keiner gesonderten Rechtsgrundlage.[281] Diese Perspektive darf jedoch nicht unbesehen auf die statistische Geheimhaltung übertragen werden: Beide Rechtsgebiete sind – schon ob ihrer unterschiedlichen Schutzrichtung – zu unterscheiden. Übermittelt bspw. das Statistische Bundesamt personenbezogene Daten, die „für eine Bundesstatistik"[282] (§ 16 Abs. 1 S. 1 BStatG) gemacht worden sind, an

---

[274] *Schifferdecker*, in: Körner/Leitherer/Mutschler/Rolfs (Hrsg.), KassKomm SozialversicherungsR, 103. EL (März 2019), § 35 SGB I Rn. 2.

[275] Selbstverständlich muss er auch die unionsrechtlichen Vorgaben (insbes. Art. 28 und 29 DSGVO) erfüllen. Das stellt die Gesetzesbegründung ausdrücklich klar, BT-Drs. 18/12611, S. 114.

[276] Vgl. aus dem Landesrecht z. B. § 5 S. 1 und 3 LStatG BW; § 14 LStatG SH.

[277] Im Ergebnis ebenso – aber noch zur alten Rechtslage – *Schnoor*, RDV 2012, 172 (174).

[278] Siehe dazu oben S. 307 ff.

[279] *Martini*, in: Paal/Pauly (Hrsg.), DSGVO/BDSG, 3. Aufl., 2021, Art. 28 Rn. 2.

[280] *Kramer*, in: Eßer/Kramer/von Lewinski (Hrsg.), Auernhammer, 7. Aufl., 2020, Art. 28 Rn. 10; s. bereits *Albrecht/Jotzo*, Das neue Datenschutzrecht der EU, 2016, Teil 5 Rn. 22 („Verarbeitungseinheit"); ferner *Petri*, in: Simitis/Hornung/Spiecker gen. Döhmann (Hrsg.), DatenschutzR, 2019, Art. 28 Rn. 32.

[281] Vgl. zu dieser Privilegierung z. B. *Ingold*, in: Sydow (Hrsg.), DSGVO, 2. Aufl., 2018, Art. 28 Rn. 1; *Martini*, in: Paal/Pauly (Hrsg.), DSGVO/BDSG, 3. Aufl., 2021, Art. 28 Rn. 8a m. w. N.; a. A. etwa *Spoerr*, in: Wolff/Brink (Hrsg.), BeckOK DatenschutzR, 40. Ed. (1.5.2022), Art. 28 Rn. 30.

[282] Zu diesem Tatbestandsmerkmal oben S. 292 ff.

einen Auftragsverarbeiter (oder gewährt sie diesem Zugriff[283]; s. etwa Fall 3a), muss *zugleich* ein Ausnahmetatbestand des § 16 BStatG gegeben sein.

### 6. Private Auftragsverarbeiter und der „Grundsatz digitaler Souveränität"

Anders als in Fall 3a bedient sich die verantwortliche Statistikstelle in Fall 3b nicht eines öffentlichen, sondern eines *privaten* IT-Dienstleisters. Das europäische Datenschutzrecht unterscheidet insofern nicht. Im allgemeinen Bundesstatistikgesetz findet sich – im Unterschied zum Sozialdatenschutzrecht (§ 80 Abs. 3 SGB X) – keine Regelung zur (privaten) Auftragsverarbeitung. Nach dem mitgliedstaatlichen Verfassungsrecht kann es jedoch geboten sein, zwischen öffentlichen und privaten Auftragsverarbeitern zu differenzieren. Damit stellt sich die Frage: Darf der Verantwortliche private Dienstleister in die Wahrnehmung öffentlicher Aufgaben einbinden? Dies erinnert an die hergebrachte Diskussion zur Privatisierung öffentlicher Aufgaben, die die Staatsrechtslehre schon in den 1970er Jahren geführt hat.[284] Daran knüpft in jüngerer Zeit auch *Christian Ernst* an, um aus der Verfassung einen „Grundsatz digitaler Souveränität" abzuleiten. Er fasst darunter die Frage, „ob es für Träger staatlicher Gewalt zulässig ist, Daten aus ihrem alleinigen, öffentlich-rechtlich geprägten Einflussbereich zu entlassen und stattdessen einem Privaten einen zumindest mittelbaren Zugriff auf die Daten [...] zu ermöglichen".[285] Diesem Grundsatz komme Verfassungsrang zu.[286] *Ernst* zieht hierfür drei Begründungsansätze („drei Säulen") heran:[287] Der Grundsatz digitaler Souveränität beruhe auf dem Institut obligatorischer Staatsaufgaben (dazu a), auf der staatlichen Gewährleistungsverantwortung (dazu b) sowie auf dem Vertrauen in die Integrität und Funktionsfähigkeit staatlicher Strukturen und Institutionen (dazu c).

*a) Statistik bzw. Informationsvorsorge als obligatorische Staatsaufgabe?*

Verfassungsrechtliche Grenzen bestünden – erstens – dann, wenn es sich bei der amtlichen Statistik um eine *obligatorische Staatsaufgabe* (Pflichtaufgabe)[288]

---

[283] Siehe zum Begriff des Datenzugriffs etwa *Martini et al.*, MMR-Beil. 6/2021, 3 (17 f.).

[284] Siehe z. B. *Ossenbühl*, VVDStRL 29 (1971), 137 ff.; zur „neueren" Privatisierungsdebatte, die seit Mitte der 90er Jahre geführt wird, s. die Beiträge zum Thema „Privatisierung von Verwaltungsaufgaben" von *Osterloh*, VVDStRL 54 (1995), 204 ff. und *Bauer*, VVDStRL 54 (1995), 243 ff.; ferner *Heintzen*, VVDStRL 62 (2003), 220 ff. und *Voßkuhle*, VVDStRL 62 (2003), 266 ff. Vgl. zusammenfassend *Burgi*, in: Isensee/Kirchhof (Hrsg.), HStR IV, 3. Aufl., 2006, § 75 Rn. 3 m.w. N.

[285] *Ernst*, Der Grundsatz digitaler Souveränität, 2020, S. 17. Als Beispiel nennt er die Nutzung privater Cloud-Dienste oder privater Rechenzentren durch Träger staatlicher Gewalt.

[286] *Ernst*, Der Grundsatz digitaler Souveränität, 2020, S. 94.

[287] *Ernst*, Der Grundsatz digitaler Souveränität, 2020, S. 20 ff.

[288] Siehe zum Begriff der Staatsaufgabe bspw. *Isensee*, in: Isensee/Kirchhof (Hrsg.), HStR IV, 3. Aufl., 2006, § 73 Rn. 13: „Staatsaufgaben sind solche, auf die der Staat nach Maßgabe und in den Grenzen der Verfassung zugreift und zugreifen darf. Anders gewendet:

### B. Datenschutzrechtliche Herausforderungen

handelte. Dabei ist im Ausgangspunkt zwischen der (Staats-)Aufgabe und der damit einhergehenden Datenverarbeitung zu unterscheiden. Die Verarbeitung von (personenbezogenen) Daten ist *selbst* keine (obligatorische) Staatsaufgabe.[289] Denn jede Datenverarbeitung dient einem Zweck[290] – und sei er auch abstrakter Natur. Kurzum: Die Datenverarbeitung ist kein Selbstzweck. Es ist daher im öffentlichen Bereich stets auf die dahinter liegende Aufgabe abzustellen. Nach der Rechtsprechung des BVerfG darf die Datenverarbeitung zu *statistischen Zwecken* „nur als Hilfe zur Erfüllung öffentlicher Aufgaben" erfolgen.[291] Nach dieser Formel erschöpfte sich die (amtliche) Statistik in ihrer dienenden Funktion (vgl. auch Art. 73 Abs. 1 Nr. 11 GG: „für Bundeszwecke"[292]). Indes kann man die amtliche Statistik sehr wohl auch als *eigenständige* staatliche Aufgabe verstehen.[293] Sie bildete so gesehen die „,informationelle' Infrastruktur der Verwaltung"[294], ja des Staates insgesamt, ab. Will man so weit nicht gehen, dann ist die Datenverarbeitung zu statistischen Zwecken aber regelmäßig *integraler Bestandteil* einer *anderen* (ggf. auch obligatorischen) Staatsaufgabe.[295] Damit ist

---

Staatsaufgaben sind solche Tätigkeitsfelder, die dem Staat von Rechts wegen zugewiesen oder zugänglich sind". Die verfassungsgerichtliche Rechtsprechung und das staatsrechtliche Schrifttum stellen dabei ganz überwiegend auf einen formalen Staatsaufgabenbegriff ab: Maßgeblich ist, dass sich der Staat mittels seiner Organisationseinheiten in verfassungsrechtlich zulässiger Weise mit einer (öffentlichen) Aufgabe befasst, sie also wahrnimmt, vgl. statt vieler *Burgi*, in: Isensee/Kirchhof (Hrsg.), HStR IV, 3. Aufl., 2006, § 75 Rn. 2 m. w. N; zur begrifflichen Entwicklung ausf. *Weiß*, Privatisierung und Staatsaufgaben, 2002, S. 57 ff., der folgende Definition vorschlägt: „Staatsaufgaben sind […] alle öffentlichen Aufgaben, die der Staat in Verfolgung seines Zweckes und zu dessen Realisierung wahrnimmt" (92). Obligatorisch ist eine staatliche Aufgabe, wenn sie der Staat erfüllen *muss*, s. *Isensee*, in: Isensee/Kirchhof (Hrsg.), HStR IV, 3. Aufl., 2006, § 73 Rn. 27 ff., der u. a. die Begriffspaare „ausschließlich – konkurrierend" und „obligatorisch – fakultativ" unterscheidet; ausschließliche Staatsaufgaben sind solche, die nur der Staat erfüllen *kann*.

[289] A. A. *Ernst*, Der Grundsatz digitaler Souveränität, 2020, S. 25 f. am Bsp. des Meldewesens. Die Datenverarbeitung erfüllt aber auch hier keinen Selbstzweck, s. etwa § 2 Abs. 2 S. 1 BMG („Die Meldebehörden führen zur Erfüllung ihrer Aufgaben Melderegister.") und § 2 Abs. 3 BMG („Die Meldebehörden erteilen Melderegisterauskünfte, wirken nach Maßgabe dieses Gesetzes oder sonstiger Rechtsvorschriften bei der Durchführung von Aufgaben anderer öffentlicher Stellen mit und übermitteln Daten."). Zur Unterstützungsfunktion des Melderegisters s. auch BVerwG, Urt. v. 2.3.2022 – 6 C 7/20, juris Rn. 34.
[290] Eine zweckfreie Datenverarbeitung kennt die DSGVO nicht, s. oben S. 229 mit § 7 Fn. 47.
[291] BVerfGE 150, 1 (108, Rn. 224).
[292] Siehe oben S. 21 ff. Vgl. dazu auch die Unterscheidung zwischen finalen und instrumentalen Staatsaufgaben bei *Isensee*, in: Isensee/Kirchhof (Hrsg.), HStR IV, 3. Aufl., 2006, § 73 Rn. 32 f.
[293] So *Scholz/Pitschas*, Informationelle Selbstbestimmung und staatliche Informationsverantwortung, 1984, S. 104 zur staatlichen Informationsvorsorge; vgl. bereits einleitend S. 1 f.
[294] *Ladeur*, in: Voßkuhle/Eifert/Möllers (Hrsg.), GVerwR, 3. Aufl., 2022, § 21 Rn. 77.
[295] Siehe dazu *Ernst*, Der Grundsatz digitaler Souveränität, 2020, S. 27 ff. Dies sei der

freilich noch nicht gesagt, dass die amtliche Statistik gar keine Prozesse an private Dritte auslagern darf. Vielmehr ist auch hier zwischen dem *Aufgabenfeld* („Statistik" oder eine andere Staatsaufgabe) und einer einzelnen *Teilaufgabe* zu unterscheiden.[296] Unzulässig wäre es bspw., die Durchführung einer gesamten Bundesstatistik einem Privaten zu übertragen. Wesentliche Elemente des statistischen Produktionsprozesses (nach dem GMAS etwa die Phasen der Datengewinnung bis zur Veröffentlichung der Ergebnisse[297]) darf die Bundesstatistik somit nicht an private Dienstleister auslagern. Diese – eher theoretisch anmutende – Fallgestaltung ist privatisierungsfest. In Teil- und Randbereichen[298] – z. B. im Rahmen der Datengewinnung – kann das Statistische Bundesamt einen privaten Dritten aber sehr wohl mit einzelnen Teilaufgaben betrauen (z. B. Entwicklung und Betreuung einer Statistik-App zur Datenerhebung; Einbindung privater Cloud-Dienste oder Rechenzentren für einzelne Prozessphasen).

*b) Gewährleistungsverantwortung*

Die zweite Säule des Grundsatzes digitaler Souveränität bildet nach *Christian Ernst* das Modell der Gewährleistungsverantwortung[299].[300] Dabei unterscheidet er im Kontext von IT-Dienstleistungen (insbesondere beim IT-Outsourcing) zwischen einer Gewährleistungsverantwortung nach *innen* und einer Gewährleistungsverantwortung nach *außen*.[301]

*aa) Gewährleistungsverantwortung nach innen:*
*Funktionsfähigkeit der amtlichen Statistik*

Mit der Gewährleistungsverantwortung nach innen ist die *Funktionsfähigkeit der Verwaltung* (hier: der amtlichen Statistik) angesprochen. Diese gilt es abzusichern. Der Staat muss insbesondere gewährleisten, dass die ausgelagerten Daten jederzeit verfügbar sind, nicht inhaltlich oder sonst wie verfälscht und weder

---

Fall, „wenn die Wahrnehmung einer [obligatorischen Staatsaufgabe] mit den betreffenden Daten ‚steht und fällt'".

[296] Vgl. zu dieser Unterscheidung *Burgi*, in: Isensee/Kirchhof (Hrsg.), HStR IV, 3. Aufl., 2006, § 75 Rn. 4; ebenso *Ernst*, Der Grundsatz digitaler Souveränität, 2020, S. 23.

[297] Also die Phasen 4 bis 7; s. oben S. 62 ff.

[298] Vgl. auch § 80 Abs. 5 Nr. 2 S. 1 SGB X a. F. mit einer quantitativen Begrenzung: Danach durften *nicht-öffentliche* Stellen Sozialdaten u. a. nur dann verarbeiten, wenn der Auftrag nicht die Speicherung des „gesamten Datenbestandes" umfasste. Satz 2 ergänzte diese Bestimmung dahin, dass der „überwiegende Teil" der gespeicherten Daten beim Auftraggeber oder einem anderen öffentlichen Auftragnehmer verbleiben müsse. Der Gesetzgeber hat dieses Kriterium aber inzwischen gestrichen; es sei „nicht mehr zeitgemäß" (BT-Drs. 18/12611, S. 115).

[299] Vgl. dazu allg. im Kontext der Privatisierung *Weiß*, Privatisierung und Staatsaufgaben, 2002, S. 291 ff.

[300] *Ernst*, Der Grundsatz digitaler Souveränität, 2020, S. 32 ff.

[301] *Ernst*, Der Grundsatz digitaler Souveränität, 2020, S. 48 ff.

sachfremd genutzt noch unbefugt veröffentlicht werden.[302] Diese – aus der Verfassung abgeleiteten – Anforderungen stimmen teilweise mit den datenschutzrechtlichen Mindestvorgaben an den Inhalt der Auftragsverarbeitung überein. So muss der Auftragsverarbeiter u. a. gewährleisten, dass sich die zur Verarbeitung personenbezogener Daten befugten Personen zur Vertraulichkeit verpflichtet haben (bzw. einer angemessenen gesetzlichen Verschwiegenheitspflicht unterliegen); außerdem muss der Auftragsverarbeiter sämtliche Maßnahmen der Datensicherheit gemäß Art. 32 DSGVO ergreifen.[303] Zu Letzteren gehört bspw. auch die Fähigkeit, die Verfügbarkeit personenbezogener Daten und den Zugang zu ihnen bei einem physischen oder technischen Zwischenfall rasch wiederherstellen zu können.[304] Eine so verstandene Resilienz der informationstechnischen Infrastruktur ist für die Funktionsfähigkeit der amtlichen Statistik unabdingbar. Es handelt sich dabei zwar nicht um eine „Kritische Infrastruktur" i. S. d. § 2 Abs. 10 BSIG[305]. Gleichwohl ist die staatliche Informationsvorsorge eine unentbehrliche Steuerungsressource für die Politik. Das wird in Krisenzeiten besonders deutlich, wenn etwa statistisch generierte Parameter (z. B. die Sieben-Tage-Inzidenz[306], die das Robert Koch-Institut berechnet und veröffentlicht) als Maßstab für grundrechtseinschränkende Maßnahmen herangezogen werden, um Leben und Gesundheit der Bevölkerung zu schützen sowie die Funktionsfähigkeit des Gesundheitssystems aufrechtzuerhalten. Die staatliche Gewährleistungsverantwortung kann – insbesondere in kritischen Bereichen – mithin so weit reichen, dass (personenbezogene) Daten den öffentlich-geprägten Herrschaftsbereich gar nicht erst verlassen dürfen.[307]

---

[302] Vgl. zu diesen spezifischen Gefahren *Ernst*, Der Grundsatz digitaler Souveränität, 2020, S. 36 ff. Als Beispiel führt *Ernst*, Der Grundsatz digitaler Souveränität, 2020, S. 55 f. die elektronische Aktenführung gem. § 6 EGovG an. Nach S. 3 ist hierbei durch geeignete technisch-organisatorische Maßnahmen nach dem Stand der Technik sicherzustellen, dass die Grundsätze ordnungsgemäßer Aktenführung eingehalten werden. Diese Grundsätze (etwa das Gebot, alle wesentlichen Verfahrenshandlungen vollständig und nachvollziehbar abzubilden, diese wahrheitsgetreu aktenkundig zu machen sowie langfristig zu sichern, BT-Drs. 17/11472, S. 38) seien Ausdruck einer Gewährleistungsverantwortung nach innen; so *Ernst*, Der Grundsatz digitaler Souveränität, 2020, S. 56. Denn sie zielten darauf ab, die Funktionsfähigkeit der Verwaltung sicherzustellen.
[303] Art. 28 Abs. 3 UAbs. 1 S. 2 Buchst. b und c DSGVO. Vgl. dazu auch *Ernst*, Der Grundsatz digitaler Souveränität, 2020, S. 53.
[304] Art. 32 Abs. 1 Hs. 2 Buchst. c DSGVO. Vgl. dazu *Martini*, in: Paal/Pauly (Hrsg.), DSGVO/BDSG, 3. Aufl., 2021, Art. 32 Rn. 41 ff.
[305] Dies umfasst die Sektoren Energie, Informationstechnik und Telekommunikation, Transport und Verkehr, Gesundheit, Wasser, Ernährung, Finanz- und Versicherungswesen sowie Siedlungsabfallentsorgung.
[306] Siehe dazu § 28b Abs. 1 IfSG a. F. (sog. Bundesnotbremse ab einer Sieben-Tage-Inzidenz von 100).
[307] Dazu *Ernst*, Der Grundsatz digitaler Souveränität, 2020, S. 53 ff.

Für die amtliche Statistik ist das jedenfalls nicht generell der Fall. Vielmehr ist im Einzelfall zu prüfen, ob es eine *spezifische* Verwaltungsaufgabe erfordert, private IT-Dienstleister auszuschließen, um ihre funktionsgerechte Erfüllung zu garantieren. Im Kontext einer Auftragsverarbeitung werden Defizite in Bezug auf die Aufsicht und Kontrolle durch das Erfordernis einer strengen Weisungsgebundenheit ein Stück weit kompensiert.[308] Der Katalog des Art. 28 Abs. 3 DSGVO enthält in Buchst. h zudem bestimmte Mitwirkungspflichten des Auftragsverarbeiters: So muss er dem Verantwortlichen bspw. alle Informationen zur Verfügung stellen, die erforderlich sind, um die Einhaltung der in Art. 28 DSGVO niedergelegten Pflichten nachzuweisen; außerdem muss er dem Verantwortlichen Überprüfungen (einschließlich „Inspektionen") ermöglichen und dazu beitragen. Und schließlich unterliegt ein privater Auftragsverarbeiter ebenso der unabhängigen Datenschutzaufsicht (Art. 8 Abs. 3 GRCh; Art. 16 Abs. 2 UAbs. 1 S. 2 AEUV; Art. 51 ff. DSGVO):[309] Der Instrumentenkasten des Art. 58 DSGVO enthält neben Untersuchungsbefugnissen (Abs. 1) auch umfangreiche Abhilfebefugnisse (Abs. 2): Die Aufsichtsbehörden können nicht nur – präventiv – warnen, sondern überdies – repressiv – Verwarnungen aussprechen, den Auftragsverarbeiter anweisen, die Verarbeitungsvorgänge mit den sekundärrechtlichen Vorgaben in Einklang zu bringen, bis hin zu der Befugnis, die konkrete Verarbeitung zu untersagen.[310] Nach alledem scheinen insbesondere die datenschutzrechtlichen Rahmenvorgaben zur Auftragsverarbeitung in einem grundsätzlich hinreichenden Maße für die Funktionsfähigkeit der amtlichen Statistik zu sorgen. Weitere Beschränkungen sind dann nicht veranlasst.

*bb) Gewährleistungsverantwortung nach außen: effektiver Grundrechtsschutz*

Die Gewährleistungsverantwortung nach außen bezieht sich auf das Staat-Bürger-Verhältnis.[311] Dabei geht es insbesondere um einen *effektiven Grundrechtsschutz*, allen voran für das Recht auf Achtung des Privatlebens, das Recht auf Schutz personenbezogener Daten sowie – auf nationaler Ebene – für das Recht

---

[308] Zur Weisungsgebundenheit des Auftragsverarbeiters oben S. 506. *Ernst*, Der Grundsatz digitaler Souveränität, 2020, S. 51 ff. weist indes zu Recht darauf hin, dass diese Sicherungsmechanismen nur im Anwendungsbereich der DSGVO greifen.

[309] Zur Rolle der Datenschutzaufsicht für den Grundrechtsschutz s. etwa *Marsch*, Das europäische Datenschutzgrundrecht, 2018, S. 237 (organisatorische Dimension); ferner *Kibler*, Datenschutzaufsicht im europäischen Verbund, 2021, S. 52 ff., und S. 64 ff. zur grundgesetzlichen Verankerung.

[310] Siehe aber auch *Ernst*, Der Grundsatz digitaler Souveränität, 2020, S. 52, der die Abhilfebefugnisse der Aufsichtsbehörden auf die Geldbuße zu reduzieren scheint. Der Datenschutzaufsicht über den privaten Bereich (zuständig sind die Behörden der Länder, § 40 BDSG) stehen aber selbstverständlich alle Befugnisse des Art. 58 DSGVO zur Verfügung.

[311] *Ernst*, Der Grundsatz digitaler Souveränität, 2020, S. 56 ff.

auf informationelle Selbstbestimmung.[312] Im Ausgangspunkt ist zwar festzuhalten, dass private Stellen nach traditioneller Dogmatik *nicht unmittelbar* an die Grundrechte gebunden sind. Auch können sich aus der Grundrechtsbindung des Staates ggf. weitergehende Sicherheitsanforderungen ergeben.[313] Gleichwohl enthält gerade das europäische Datenschutzsekundärrecht diverse Konkretisierungen des (europäischen) Grundrechtsschutzes, die Private zumindest mittelbar binden. Die Grundverordnung unterscheidet, wie gezeigt[314], prinzipiell nicht zwischen öffentlichen und nicht-öffentlichen Akteuren. Maxime der sekundärrechtlichen Regelung zur Auftragsverarbeitung (Art. 28 f. DSGVO) ist es, die Rechte der betroffenen Personen zu schützen. Um das zu gewährleisten, darf der Verantwortliche nur mit Auftragsverarbeitern zusammenarbeiten, die hinreichende Gewähr dafür bieten, dass die Datenverarbeitung verordnungskonform erfolgt (Auswahlverantwortung[315]). Der Schutz der Rechte und Freiheiten der betroffenen Personen wird insbesondere dadurch gewährleistet, dass die Mitarbeiter des Auftragsverarbeiters einer gesetzlichen Verschwiegenheitspflicht unterliegen oder sich zur Vertraulichkeit verpflichten müssen.[316]

Diese normative Konstruktion entspricht in der Sache den Vorgaben der statistischen Geheimhaltung, wie sie das nationale (z. B. § 16 Abs. 7 und Abs. 8 S. 3 BStatG) und europäische Recht (z. B. Art. 4 Abs. 2 VO [EU] Nr. 557/2013[317]) kennen. In den Landesstatistikgesetzen finden sich mitunter sogar ausdrückliche Vorschriften zur „Vergabe statistischer Arbeiten". Sie schließen private Dritte nicht aus, formulieren aber zwei Bedingungen, um sie einzubinden: So haben die statistischen Landesämter jeweils sicherzustellen, dass (1.) die Vorschriften zum Schutz personenbezogener Daten und (2.) zur statistischen Geheimhaltung gewahrt sind.[318] Zur Geheimhaltungsverpflichtung treten die Maßnahmen hinzu, die für die *Sicherheit der Verarbeitung* gemäß Art. 32 DSGVO erforderlich sind.[319] Soweit bei der Abwägung auch die „Implementierungskosten" zu berücksichtigen sind, ist dabei ein objektiver Maßstab anzulegen.[320] Auch wird sich ein (privater) Auftragsverarbeiter mit dem Kostenargument nicht sämtli-

---

[312] Zu den betroffenen Grundrechten und ihre Anwendbarkeit im Mehrebenensystem ausf. oben S. 165 ff.
[313] Vgl. zu den – verfassungsrechtlich geforderten – Garantien oben S. 283 ff.
[314] Siehe etwa *Petri*, in: Simitis/Hornung/Spiecker gen. Döhmann (Hrsg.), DatenschutzR, 2019, Art. 4 Nr. 7 Rn. 17; vgl. auch S. 230 ff.
[315] Art. 28 Abs. 1 DSGVO; dazu oben S. 501 f.
[316] Art. 28 Abs. 3 UAbs. 1 S. 2 Buchst. b DSGVO.
[317] Siehe aber auch Art. 21 Abs. 5 VO (EG) Nr. 223/2009 zur Übermittlung im ESS: Danach dürfen vertrauliche Daten ausschließlich für statistische Zwecke verwendet werden und nur Personen, die mit *statistischen Angelegenheiten befasst* sind, innerhalb ihres spezifischen Aufgabenbereichs zugänglich sein.
[318] Siehe § 5 Abs. 3 S. 1 LStatG NRW; ähnlich § 5 S. 1 LStatG BW.
[319] Art. 28 Abs. 3 UAbs. 1 S. 2 Buchst. c DSGVO.
[320] Dazu *Ernst*, Der Grundsatz digitaler Souveränität, 2020, S. 60 m. w. N.

cher Sicherungsmaßnahmen entledigen dürfen.[321] Das Datenschutzrecht verlangt insgesamt ein *angemessenes Schutzniveau*, das dem Risiko einer arbeitsteiligen Verarbeitung wirksam entgegenwirkt.

Eine Verantwortungsdiffusion ist dabei nicht grundsätzlich zu besorgen.[322] Denn zum einen sind die Pflichten des Auftragsverarbeiters im europäischen Datenschutzrecht benannt – und ihre Einhaltung unterliegt aufsichtlicher Kontrolle. Zum anderen sind die statistischen Ämter auch weiterhin für die Verarbeitungsvorgänge verantwortlich. Die sekundärrechtlichen Vorgaben des Datenschutzrechts adressieren mithin die Gewährleistungsverantwortung der öffentlichen Stellen (etwa der statistischen Ämter), für den Schutz der Rechte und Freiheiten der betroffenen Personen Sorge zu tragen – und zwar in hinreichendem Maße.[323] Private Akteure als Auftragsverarbeiter auszuschließen, ist daher nur *ausnahmsweise* aus Gründen eines effektiven Grundrechtsschutzes geboten. Im Ergebnis müssen erwartete *Effektivitätsgewinne* durch die Einbindung privater (Rechen-)Systeme – wie *Ernst* zu Recht betont – gegenüber der Grundrechtsgefährdung jedenfalls überwiegen.[324] Anders gewendet: In bestimmten, datenschutzrechtlich besonders sensiblen Bereichen kann der Aspekt der staatlichen Gewährleistungsverantwortung es den statistischen Ämtern untersagen, private IT-Dienstleister in den statistischen Produktionsprozess einzubinden. Im Bereich der amtlichen Statistik ist das – angesichts der geforderten Garantien[325] – jedenfalls nicht generell der Fall.

*c) Vertrauen*

Die dritte Säule, auf der der Grundsatz digitaler Souveränität beruht, ist das Vertrauen.[326] Der schillernde Begriff ist facettenreich. In der Rechtswissenschaft hat sich, soweit ersichtlich, ein konsentiertes Begriffsverständnis noch

---

[321] Vgl. *Hansen*, in: Simitis/Hornung/Spiecker gen. Döhmann (Hrsg.), DatenschutzR, 2019, Art. 32 Rn. 21; a.A. *Martini*, in: Paal/Pauly (Hrsg.), DSGVO/BDSG, 3. Aufl., 2021, Art. 32 Rn. 60 für den Fall, dass die Gefahren für die betroffenen Personen gering und die Implementierungskosten demgegenüber unangemessen hoch sind.

[322] I. d. S. aber wohl *Ernst*, Der Grundsatz digitaler Souveränität, 2020, S. 61.

[323] Strenger *Ernst*, Der Grundsatz digitaler Souveränität, 2020, S. 62, der bezweifelt, dass „die Regeln zur Auftragsverarbeitung in ihrer Pauschalität den Besonderheiten und vielfältigen Ausgestaltungen des Verhältnisses von Trägern staatlicher Gewalt und Privaten stets gerecht werden können".

[324] Problematisch ist deshalb eine Regelung, die – wie etwa § 80 Abs. 3 S. 1 Nr. 2 SGB X – die Auftragserteilung an private Dienstleister von betriebswirtschaftlichen Erwägungen („erheblich kostengünstiger") abhängig macht. Krit. zur (neuen) Regelung des § 80 Abs. 3 SGB X z.B. auch *Ernst*, Der Grundsatz digitaler Souveränität, 2020, S. 65. S. zu dieser Regelung sowie zur Vorläuferfassung oben § 10 Fn. 298.

[325] Siehe dazu oben S. 249 ff.

[326] *Ernst*, Der Grundsatz digitaler Souveränität, 2020, S. 66 ff.

nicht herausgebildet.[327] Allgemein kann man sagen, dass Recht nicht nur Vertrauen schützt[328], sondern auch schafft. Dieses Vertrauen kann sich als Systemvertrauen[329] einstellen – etwa, dass der Rechtsstaat funktioniert und die Rechte und Freiheiten des Bürgers in diesem Rechtssystem geschützt sind.[330] Aus dem Rechtsstaats- und Demokratieprinzip lässt sich ein „allgemeines Vertrauen in die Integrität und Funktionsfähigkeit staatlicher Strukturen und Institutionen" ableiten.[331] Dabei besteht eine Wechselbezüglichkeit zwischen Staat und Bürger, die *Ernst Benda* im Nachgang zum Volkszählungsurteil auf die eingängige Formel bringt: Der Staat sei auf das Vertrauen seiner Bürger angewiesen, und er sei verpflichtet, sich hierum nach Kräften zu bemühen.[332] Vertrauen gewinne – in den Worten *Christian Ernsts* – allgemein „dort an Bedeutung, wo Kontrolle fehlt und Unsicherheit herrscht".[333] Aber worauf bezieht sich dieses Vertrauen (dazu aa)? Inwieweit ist die amtliche Statistik darauf angewiesen (dazu bb)? Und ist es gefährdet, wenn sie sich privater IT-Dienstleister bedient? Dabei bietet sich ein Quervergleich zur Datenverarbeitung in der Finanzverwaltung an (dazu cc).

#### aa) Vertrauen in den staatlichen Einsatz digitaler Informationstechnologien

Bei der Frage, ob die amtliche Statistik bestimmte Verarbeitungsprozesse auslagern darf, ist zunächst der Bezugspunkt des Vertrauens festzuhalten: In diesem Kontext geht es um das „Vertrauen in den *staatlichen* Einsatz digitaler Informa-

---

[327] Vgl. z. B. *Weilert*, Humboldt Forum Recht 2010, 207 (208), die sich gleichwohl an einer Arbeitsdefinition versucht: „Vertrauen gegenüber dem Staat und seinen Institutionen ist die dem Einzelnen innewohnende Erwartung (die sich bis zu einem festen Sich-Verlassen verdichten kann), dass der Staat sich als demokratischer Rechtsstaat verhält, insbesondere die ihm im Grundgesetz gesetzten Aufgaben erfüllt und die Grundrechte des Einzelnen achtet und schützt." Bekannt ist eine Formulierung *Georg Simmels*, wonach Vertrauen ein „Zustand zwischen Wissen und Nichtwissen" sei, zitiert nach *Eichenhofer*, Der Staat 55 (2016), 41 (51). Zu verschiedenen „Typen des Vertrauens" s. *Sutter*, Vertrauen im Recht, 2020, S. 177 ff.; zum Vertrauen im Staat-Bürger-Verhältnis auch *Kube*, AöR 146 (2021), 494 (499 f.). Vgl. auch *Scheurer*, Spielerisch selbstbestimmt, 2019, S. 252 ff. zu vertrauensbildenden Maßnahmen als Risiko- und damit Informationsminimierung.

[328] Siehe zum Vertrauensschutz im Zusammenhang mit der Rücknahme/dem Widerruf eines rechtswidrigen/rechtmäßigen VA (§§ 48 f. VwVfG) etwa *Sachs*, in: Stelkens/Bonk/Sachs (Hrsg.), VwVfG, 9. Aufl., 2018, § 48 Rn. 135 ff. und § 49 Rn. 122 f.

[329] A. A. wohl *Eichenhofer*, Der Staat 55 (2016), 41 (53 f.), der Vertrauen ausschließlich interpersonal versteht. Auch ein Vertrauen „in die Technik" gebe es nicht. Wie hier aber: *Ernst*, Der Grundsatz digitaler Souveränität, 2020, S. 67 f. m. w. N. Zum „Institutionenvertrauen" auch *Sutter*, Vertrauen im Recht, 2020, S. 226 ff.

[330] Vgl. auch *Sommermann*, in: von Mangoldt/Klein/Starck (Hrsg.), GG, 7. Aufl., 2018, Art. 20 Rn. 292 ff., der Vertrauensschutz als Element der Rechtssicherheit versteht, die ihrerseits im Rechtsstaatsprinzip gründet.

[331] *Ernst*, Der Grundsatz digitaler Souveränität, 2020, S. 68 ff., der dies „ideengeschichtlich" insbes. auf die demokratietheoretischen Überlegungen von *John Locke* zurückführt.

[332] *Benda*, DuD 1984, 86 (87).

[333] *Ernst*, Der Grundsatz digitaler Souveränität, 2020, S. 67.

tionstechnologien".³³⁴ Dabei sind mit *Ernst* „zwei gegensätzliche Entwicklungskräfte" zu beobachten:³³⁵ die Notwendigkeit eines erhöhten Maßes an Vertrauen aufgrund des Einsatzes neuartiger Technologien (insbesondere im Rahmen der Datenverarbeitung) einerseits und der Verlust herkömmlicher Kontrollmechanismen andererseits. Innerhalb dieser „Kräfte" kann es nicht allein dem Einzelnen überlassen bleiben, selbst für den Schutz „seiner" personenbezogenen Daten zu sorgen.³³⁶ Die Lösung ist vielmehr in einem wirksamen *Systemdatenschutz*³³⁷ zu suchen. Rechtliche Strukturen, die das Vertrauen des Bürgers in eine staatliche Datenverarbeitung aufbauen und erhalten (sollen), müssten daher – so die Schlussfolgerung von *Ernst* – auf einer „vorgelagerten Stufe ansetzen".³³⁸ Im Interesse einer Vertrauensbildung bedürfe es eines systemischen Ansatzes, der gewährleistet, dass personenbezogene Daten den öffentlich-rechtlich geprägten Herrschaftsbereich³³⁹ gar nicht erst verlassen.³⁴⁰

*bb) Vertrauen in die amtliche Statistik*

Für die amtliche Statistik ist Vertrauen von elementarer Bedeutung. Insbesondere primärstatistische³⁴¹ Erhebungen sind darauf angewiesen. Das BVerfG hat den Wert des Vertrauens für die Funktionsfähigkeit der amtlichen Statistik bereits in seinem Volkszählungsurteil betont:³⁴² Das Ziel, einen möglichst hohen Grad an Genauigkeit und Wahrheit zu erreichen, setze voraus, dass der (auskunftspflichtige)³⁴³ Bürger auf die Abschottung der für statistische Zwecke er-

---

³³⁴ *Ernst*, Der Grundsatz digitaler Souveränität, 2020, S. 70 ff.
³³⁵ *Ernst*, Der Grundsatz digitaler Souveränität, 2020, S. 70.
³³⁶ Zum Konzept des Selbstdatenschutzes s. schon *Roßnagel*, in: ders. (Hrsg.), Handbuch Datenschutzrecht, 2003, Kap. 3.4 Rn. 35 ff.; oben S. 414.
³³⁷ Dazu – unter der alten Rechtslage – bereits *Dix*, in: Roßnagel (Hrsg.), Handbuch Datenschutzrecht, 2003, Kap. 3.4 Rn. 1 ff.; vgl. zur Entstehungsgeschichte auch *Hansen*, in: Simitis/Hornung/Spiecker gen. Döhmann (Hrsg.), DatenschutzR, 2019, Art. 25 Rn. 5 ff.
³³⁸ *Ernst*, Der Grundsatz digitaler Souveränität, 2020, S. 76.
³³⁹ Probleme bereitet es, den Begriff „Herrschaftsbereich" zu definieren. Insoweit könnte man Anleihe an dem Begriff „Datenhoheit" nehmen. *Martini et al.*, MMR-Beil. 6/2021, 3 (16 f.) verstehen darunter die umfassende Kontrolle über die Integrität eines (digitalen) Datums, d.h. die faktische Macht, auf dessen Integrität (etwa durch Veränderung oder Löschung) einzuwirken sowie Dritten eine Einwirkungsmöglichkeit einzuräumen. Der Begriff „Datenzugriff" beschreibe hingegen „die Möglichkeit, auf ein Datum *lesend* zugreifen zu können, um es anzuzeigen, auszuwerten oder zu kopieren" (Hervorhebung d. Verf.). Dieser Begriff ist nicht mit dem des „Dateninhabers" (Art. 2 Nr. 8 DGA) zu verwechseln, der an die normative Berechtigung anknüpft, Zugang zu Daten zu gewähren oder diese weiterzugeben.
³⁴⁰ So die Konsequenz von *Ernst*, Der Grundsatz digitaler Souveränität, 2020, S. 76.
³⁴¹ Zum Begriff oben S. 5 (mit Einl. Fn. 39) und S. 293.
³⁴² Damit stellt das Gericht in der Sache einen Bezug zur Gewährleistungsverantwortung nach *innen* her, die die Funktionsfähigkeit der Verwaltung in den Blick nimmt (dazu oben S. 512).
³⁴³ Zur *freiwilligen* Auskunftserteilung (allg. oben S. 95 ff.) sogleich.

hobenen Daten vertrauen kann.³⁴⁴ In durchaus pathetischen Worten fügt der Senat hinzu:

„Eine Staatspraxis, die sich nicht um die Bildung eines solchen Vertrauens durch Offenlegung des Datenverarbeitungsprozesses und strikte Abschottung bemühte, würde auf längere Sicht zu schwindender Kooperationsbereitschaft führen, weil Mißtrauen entstünde".³⁴⁵

Diese Aussagen besitzen weiterhin Gültigkeit; das BVerfG hat sie in seiner Entscheidung zum Zensus 2011 im September 2018 teilweise wiederholt und damit jedenfalls im Kern bestätigt.³⁴⁶ Das Gericht geht davon aus, dass ohne ein solches Vertrauen die Auskunftsperson nicht ohne Weiteres bereit ist, wahrheitsgemäße Angaben zu machen. Denn *staatlicher Zwang* (etwa eine gesetzlich angeordnete Pflicht, die Fragen fristgemäß, vollständig und wahrheitsgemäß zu beantworten, § 15 Abs. 5 S. 1 BStatG) könne, so die verfassungsgerichtliche Prämisse, hier nur begrenzt und allenfalls kurzfristig wirksam werden.³⁴⁷ Falsche, aber plausible Angaben bleiben – insbesondere bei sehr großen Grundgesamtheiten – regelmäßig unentdeckt.³⁴⁸ Für ein möglichst realitätsgerechtes Abbild der Gesellschaft ist es daher von entscheidender Bedeutung, dass die Auskunftspersonen auf die Geheimhaltung und Abschottung ihrer personenbezogenen Daten vertrauen können.

Nichts anderes gilt für *freiwillige* Befragungen: Hier kann die Behörde die befragte Person schon nicht zur Auskunft zwingen. Vertrauen ist so gesehen eine wesentliche Bedingung für die Bereitschaft, an einer staatlichen Befragung überhaupt erst teilzunehmen.³⁴⁹ Anders gewendet: Die Auskunftsperson vertraut gerade *dem Staat* mitunter höchstpersönliche Daten an – und zwar, weil sie

---

³⁴⁴ BVerfGE 65, 1 (50).
³⁴⁵ BVerfGE 65, 1 (50).
³⁴⁶ Siehe BVerfGE 150, 1 (109, Rn. 224).
³⁴⁷ Vgl. BVerfGE 65, 1 (50): Auf Dauer gesehen würde ein staatliches Handeln, das die Interessen der Bürger überspielt, „zu einer Verringerung des Umfangs und der Genauigkeit der Informationen führen". Das Gericht rekurriert insoweit auf die Gesetzesbegründung zum Volkszählungsgesetz 1950 (BT-Drs. I/982, S. 20 zur statistischen Geheimhaltung, § 10): „Ohne das Gebot der Verschwiegenheit wären die Befragten vor die Alternative gestellt, entweder eine nach heutiger Rechtsauffassung nicht zumutbare Offenbarung ihrer persönlichen und wirtschaftlichen Verhältnisse zu erdulden oder aber die Unwahrheit zu sagen, wobei erfahrungsgemäß die Wahl zu Ungunsten der statistischen Wahrheit ausfällt".
³⁴⁸ Vgl. etwa die Maßnahmen zur Qualitätssicherung im Zensus 2022 (Mehrfachfallprüfung [§ 21] und Wiederholungsbefragungen zur Qualitätsbewertung [§ 22 ZensG 2022], dazu BT-Drs. 19/8693, S. 55 ff.), die (falsche) Angaben – etwa zur Stellung im Beruf oder zum höchsten allgemeinen Schulabschluss – jedoch grundsätzlich nicht verifizieren können.
³⁴⁹ Vgl. dazu aber auch die Studie von *Keusch et al.*, Public Opinion Quarterly 83 (2019), 210 ff. Sie formulieren u. a. folgende Hypothese: „Smartphone users are more willing to participate in passive mobile data collection if the study is sponsored by a statistical agency or a university than by a market research company." Die Ergebnisse zur Teilnahmebereitschaft weisen indes in eine andere Richtung: 33,1 % (German statistical agency), 35,6 % (German market research company), 36,9 % (German university). Die Autoren bemerken i. R. d. Dis-

insbesondere davon ausgeht (oder: aufgrund rechtlicher Sicherungen davon ausgehen darf), dass die Angaben geheim gehalten, ausschließlich zu statistischen Zwecken verarbeitet werden und den abgeschotteten Bereich der amtlichen Statistik (den „Tresor"[350]) nicht verlassen. Es verwundert daher nicht, dass der gewählte Name „Trusted Smart Statistics" gerade das Vertrauen als konstitutives Begriffselement hervorhebt. Wer die Rolle der Auskunftspersonen insgesamt stärkt, ja sie sogar als „Ko-Produzenten"[351] in einem künftigen statistischen Geschäftsprozessmodell begreift, der ist darauf angewiesen, dass sie den Verarbeitungsprozessen vertrauen.

*cc) Zur Vertrauenswürdigkeit privater IT-Dienstleister – Vergleich zur Finanzverwaltung*

Vor diesem Hintergrund ist zu fragen: Sind private IT-Dienstleister – strukturell betrachtet – weniger vertrauenswürdig als öffentliche IT-Dienstleister? Was unterscheidet sie? *Christian Ernst* stellt richtigerweise darauf ab, dass öffentliche Stellen unmittelbar an die Grundrechte gebunden sind[352] sowie besonderen einfach-gesetzlichen Pflichten unterliegen. Der Grund liegt insbesondere in den rechtsstaatlichen Sicherungen des Vorrangs und des Vorbehalts des Gesetzes. Auch verfolgen sie öffentliche Interessen, sie dienen dem Gemeinwohl. Private IT-Dienstleister sind hingegen allenfalls mittelbar an die Grundrechte gebunden und verfolgen typischerweise individuelle, privat-wirtschaftliche Interessen.[353] *Ernst* leitet aus diesen Wesensunterschieden ab, dass das Vertrauen gegenüber öffentlichen Akteuren bei objektiver Betrachtung strukturell ausgeprägter sei; gegenüber privaten Akteuren sei daher ein größeres Vertrauen erforderlich[354] – und zwar insbesondere dort, wo (nachträgliche) Kontrollstrukturen fehlen oder zu kurz greifen.[355] Vertrauen soll in diesen Konstellationen – so seine Schlussfolgerung – also dadurch entstehen, dass (personenbezogene) Daten in der öffentlich-rechtlichen Herrschaftssphäre verbleiben. Maßgeblich für „diese Facette des Grundsatzes digitaler Souveränität" sei, „ob die wahrgenommene

---

kussion aber zugleich, dass die Gründe für die signifikant geringere Bereitschaft, statistischen Behörden (passive) Daten preiszugeben, in künftigen Studien untersucht werden müsse (230).

350 *Hölder*, in: Statistisches Bundesamt (Hrsg.), Zum Gesetz über die Statistik für Bundeszwecke, Forum Bundesstatistik, Bd. 9, 1988, S. 135; vgl. auch *Poppenhäger*, Die Übermittlung und Veröffentlichung statistischer Daten im Lichte des Rechts auf informationelle Selbstbestimmung, 1995, S. 25.

351 Siehe oben S. 474 mit Nachweis in § 10 Fn. 39 f.

352 Siehe bereits oben S. 514 ff.

353 Dazu *Ernst*, Der Grundsatz digitaler Souveränität, 2020, S. 75.

354 *Ernst*, Der Grundsatz digitaler Souveränität, 2020, S. 75.

355 Vgl. allg. zu den Funktionen von Kontrolle der Verwaltung und des Verwaltungshandelns *Kahl*, in: Voßkuhle/Eifert/Möllers (Hrsg.), GVerwR, 3. Aufl., 2022, § 45 Rn. 8: Neben der Maßstabstreue (i. S. e. Rechtsnormtreue) diene die Kontrolle auch dazu, die Kooperation im Verhältnis Staat – Bürger zu fördern.

Aufgabe typisch für die Ausübung von hoheitlichen Befugnissen ist".[356] Hierfür kann eine Je-desto-Formel herangezogen werden: Je mehr der Staat im Hinblick auf „die reibungslose und effektive Aufgabenerfüllung darauf angewiesen ist, dass ihm die Bürger vertrauen und an der Aufgabenerfüllung einvernehmlich mitwirken, und je weniger dieser Aspekt [...] durch hoheitliche Befugnisse und Kontrollmöglichkeiten in praktikabler Weise ersetzt werden könnte", desto eher verbiete sich das IT-Outsourcing.[357] Kurzum: Vertrauen soll hier durch eine absolut verstandene Abschottung („Outsourcing-Verbot") entstehen. Beispiele finden sich im Registerwesen[358] sowie – für einen Vergleich hier naheliegend – in der Finanzverwaltung:[359] So muss – anders als etwa im Bereich des Sozialdatenschutzes[360] – das Rechenzentrum, dem bestimmte Steuerverwaltungstätigkeiten (z. B. das [zentrale] Erstellen und Versenden ermessensunabhängiger Bescheide über Nebenleistungen[361]) durch Rechtsverordnung übertragen werden (sollen), selbst *Teil der (Finanz-)Verwaltung* sein (vgl. § 17 Abs. 3 i. V. m. § 2 Abs. 2 FVG). Dies schließt private Rechenzentren aus. Gleiches gilt im Ergebnis beim „Einsatz[...] automatische[r] Einrichtungen für die Festsetzung und Erhebung von Steuern" (§ 20 Abs. 1 FVG), soweit sie sich in mechanischen Hilfstätigkeiten[362] erschöpfen: Nach § 20 Abs. 3 S. 1 FVG können die zuständigen Finanzbehörden solche Hilfstätigkeiten durch „automatische Einrichtungen der Finanzbehörden des Bundes, eines anderen Landes oder anderer Verwaltungsträger verrichten lassen".

Für die *Bundesstatistik* fehlen hierzu ausdrückliche Regelungen. Der Rechtsgedanke, das Steuergeheimnis in „institutionell-organisatorischer Hinsicht" abzusichern,[363] lässt sich jedoch auf die statistische Geheimhaltung übertragen. Denn ebenso wie das Steuergeheimnis hat auch dieses besondere Amtsgeheim-

---

[356] So *Ernst*, Der Grundsatz digitaler Souveränität, 2020, S. 76.
[357] *Ernst*, Der Grundsatz digitaler Souveränität, 2020, S. 76.
[358] Siehe § 126 Abs. 3 GBO („im Auftrag des [...] Grundbuchamts auf den Anlagen einer anderen *staatlichen Stelle* oder auf den Anlagen einer *juristischen Person des öffentlichen Rechts*"); anders § 387 Abs. 5 FamFG („Die elektronische Datenverarbeitung zur Führung des Handels-, Genossenschafts-, Gesellschafts-, Partnerschafts- oder Vereinsregisters kann im Auftrag des zuständigen Gerichts auf den Anlagen einer anderen staatlichen Stelle *oder auf den Anlagen eines Dritten* vorgenommen werden [...]"); diese Beispiele gehen auf *Ernst*, Der Grundsatz digitaler Souveränität, 2020, S. 79 ff. zurück.
[359] Siehe die Beispiele bei *Ernst*, Der Grundsatz digitaler Souveränität, 2020, S. 77 ff.
[360] Vgl. § 80 Abs. 3 S. 1 SGB X: Hier wird die Auftragserteilung an *nicht-öffentliche* Stellen (Legaldefinition in § 67 Abs. 5 SGB X), Sozialdaten zu verarbeiten, an rechtliche Bedingungen geknüpft. Sie ist alternativ nur zulässig, wenn (1.) beim Verantwortlichen andernfalls „Störungen im Betriebsablauf" auftreten können oder (2.) der Auftragsverarbeiter die übertragenen Arbeiten „erheblich kostengünstiger" besorgen kann.
[361] Siehe BT-Drs. 10/1636, S. 54; ebenso *Krumm*, in: Tipke/Kruse (Hrsg.), AO/FGO, 168. EL (Nov. 2021), § 2 FVG Rn. 8.
[362] Siehe schon BT-Drs. 10/1636, S. 53 f.
[363] So *Ernst*, Der Grundsatz digitaler Souveränität, 2020, S. 78.

nis nicht nur individualschützenden Charakter. Das Statistikgeheimnis dient vielmehr auch dazu, das *Vertrauensverhältnis* zwischen den Befragten und den statistischen Ämtern zu erhalten sowie – damit zusammenhängend – die *Zuverlässigkeit* der Angaben und die *Berichtswilligkeit* der Auskunftspersonen zu gewährleisten.[364] Aus dieser Funktion folgt jedoch nicht ohne Weiteres die Unzulässigkeit einer Datenauslagerung. Denn maßgeblich dürfte in erster Linie sein, ob die statistische Geheimhaltung *insgesamt* eingehalten wird – wenn und soweit die Auskunftspersonen darauf vertrauen können, steht die Funktionsfähigkeit der amtlichen Statistik nicht ernsthaft infrage. Das notwendige Vertrauen wird – im Fall der Verarbeitung personenbezogener Daten – jedenfalls auch dadurch hergestellt, dass die mit der Datenverarbeitung befassten Personen einer gesetzlichen Verschwiegenheitspflicht unterliegen bzw. sich zur Vertraulichkeit verpflichten müssen.[365] Das gilt selbstverständlich auch für private Auftragsverarbeiter. Die Verantwortung für die Datenverarbeitung obliegt ohnedies stets dem Auftraggeber, etwa dem jeweils zuständigen statistischen Amt. Im Übrigen kennt auch die Finanzverwaltung Ausnahmen: Nach § 20a FVG darf sich das Bundeministerium der Finanzen bspw. für sog. Druckdienstleistungen[366] unter bestimmten – strengen – Voraussetzungen[367] eines privaten Auftragsverarbeiters[368] bedienen. Die rechtlichen Sicherungen sind insofern als vertrauensfördernde Maßnahmen zu verstehen. Jedenfalls steht der Begründungsstrang des Vertrauens einer punktuellen Aufgabenübertragung an private Dienstleister nicht kategorisch entgegen.[369] Das gilt auch in den Bereichen, die – wie Finanzverwaltung und die amtliche Statistik – in besonderem Maße auf die Mitwirkung der Bürger angewiesen sind. In arbeitsteiligen Verarbeitungsprozessen kann ein – unterstelltes – strukturell geringeres Vertrauen gegenüber privaten IT-Dienstleistern durch hinreichende organisations- und verfahrensrechtliche

---

[364] Siehe nur BT-Drs. 8/2517, S. 16; BT-Drs. 10/5345, S. 20; ebenso z.B. *Ziegler*, Statistikgeheimnis und Datenschutz, 1990, S. 55 ff.; ausf. oben S. 285 ff.

[365] Siehe Art. 28 Abs. 3 UAbs. 1 S. 2 Buchst. b DSGVO; s. oben S. 514 ff.

[366] Das betrifft das „Drucken und Kuvertieren von schriftlichen Verwaltungsakten […] und sonstigen Schreiben im Verwaltungsverfahren nach der Abgabenordnung der Bundesfinanzbehörden und zu deren anschließenden verschlossenen Übergabe an einen Postdienstleister" (§ 20a Abs. 1 FVG).

[367] Siehe § 20a Abs. 1 Nr. 1–7 FVG: Danach muss die Druckleistung u.a. im Inland stattfinden; der Dienstleister muss ein IT-Sicherheitskonzept nach dem Standard des aktuellen IT-Grundschutzkatalogs erstellen, das vom BMF freizugeben ist; er muss die überlassenen Daten entsprechend der vertraglich festgelegten Frist nach Abschluss der Druckdienstleistung löschen und die Ergebnisse der Druckdienstleistung protokollieren.

[368] Der Druckdienstleister ist ein Auftragsverarbeiter im datenschutzrechtlichen Sinne, s. *Krumm*, in: Tipke/Kruse (Hrsg.), AO/FGO, 162. EL (Sept. 2020), § 20a FVG Rn. 3.

[369] In diesem Sinne auch *Ernst*, Der Grundsatz digitaler Souveränität, 2020, S. 79 in Bezug auf die Finanzverwaltung: „Angesichts der Vielfalt der Daten, die im Steuerverfahren herangezogen werden, erschiene es jedenfalls nicht ausgeschlossen, dass im Hinblick auf die Verarbeitung mancher Daten auch private IT-Dienstleister eingebunden werden könnten".

Sicherungsvorkehrungen kompensiert werden. Der Grundsatz digitaler Souveränität beschränkt sich dann darauf, besonders sensible Verarbeitungen im öffentlich-rechtlichen Herrschaftsbereich zu belassen. Im Übrigen ist auch das Vertrauen kein absoluter Wert; stets ist ein Ausgleich mit anderen Rechtsgütern zu suchen. So kann die Funktionsfähigkeit der amtlichen Statistik bspw. auch dadurch leiden, dass der Statistik bestimmte Informationsquellen (nur) deshalb verschlossen bleiben, weil sie keine privaten IT-Dienstleister einbinden dürfte.[370] Auch dies ist bei der Abwägung in Rechnung zu stellen.

*d) Zwischenergebnis*

Der verfassungskräftige Grundsatz digitaler Souveränität schließt es nicht grundsätzlich aus, dass sich die amtliche Statistik privater IT-Dienstleister bedient. Sind davon personenbezogene Daten betroffen, sieht das Datenschutzrecht prinzipiell hinreichende Sicherungsmaßnahmen vor, die einerseits die Funktionsfähigkeit der amtlichen Statistik erhalten und andererseits die Rechte und Freiheiten der betroffenen Personen angemessen schützen. Damit tragen die statistischen Ämter zugleich ihrer Gewährleistungsverantwortung Rechnung und erhalten das Vertrauen, das notwendig ist, damit die befragten Personen wahrheitsgemäße und vollständige Angaben machen. Der Grundsatz digitaler Souveränität schließt es daher nicht aus, einzelne Verarbeitungsprozesse an private Stellen zu übertragen. Verfassungsrechtlich unzulässig dürfte es aber z. B. sein, die gesamte Datenverarbeitung im Zusammenhang mit einer Bundesstatistik an einen privaten IT-Dienstleister auszulagern – dies gilt selbst dann, wenn der Dienstleister an die Weisungen der verantwortlichen Statistikbehörde strikt gebunden wäre.

*7. Ergebnis*

Setzt die amtliche Statistik Auftragsverarbeiter ein, unterliegt sie zum einen den datenschutzrechtlichen Vorgaben der Datenschutz-Grundverordnung. Die statistischen Stellen müssen danach schon bei der Auswahl des Auftragsverarbeiters dafür Sorge tragen, dass dieser hinreichende Garantien vorsieht, um den Schutz der Rechte der betroffenen Person gewährleisten zu können. Das erfordert insbesondere eine lückenlose Weisungskette von der verantwortlichen Statistikstelle bis hin zu den Mitarbeitern des (Unter-)Auftragsverarbeiters. Fehlen gesetzliche Verschwiegenheitspflichten, müssen sich die Personen, die mit der Datenverarbeitung betraut werden, zur Vertraulichkeit verpflichten; damit lässt sich auch die statistische Geheimhaltung absichern. Zum anderen muss die Auftragsverarbeitung auch die statistikrechtlichen Vorgaben einhalten – das Statis-

---

[370] Vgl. dazu auch die Bedingungen für die Auftragserteilung im Sozialdatenschutzrecht, § 80 Abs. 3 S. 1 SGB X.

tikgeheimnis bildet so gesehen eine „zweite Schranke" für die Auftragsverarbeitung. Übermittelt z. B. das Statistische Bundesamt personenbezogene Daten, die für eine Bundesstatistik gemacht worden sind, an einen Auftragsverarbeiter, ist dieser Vorgang zugleich am Maßstab des § 16 BStatG zu prüfen. Im Ergebnis muss die Auftragsverarbeitung den Vorgaben des Datenschutzrechts *und* des Statistikrechts genügen.

### *VI. Datenübermittlungen in Drittländer*

Besondere Herausforderungen ergeben sich, wenn – wie etwa in Fall 4 – personenbezogene Daten in sog. Drittländer[371] übermittelt werden (sollen). Durch das Einbinden vernetzter Geräte in die Verarbeitungsumgebung erscheint es nicht ausgeschlossen, dass – gleich ob gewollt oder ungewollt – datenschutzrechtliche Beziehungen zu Akteuren in Drittländern entstehen – das gilt mit Blick auf Smartphones insbesondere für die Anbieter „Google" und „Apple".[372] Denn immerhin ist u. a. geplant, auf die Sensoren in den smarten Endgeräten der Nutzer zuzugreifen und die (personenbezogenen) Daten in den statistischen Produktionsprozess zu integrieren. Neue Verarbeitungsbeziehungen können ferner dadurch entstehen, dass die verantwortlichen Statistikstellen einzelne Prozesse auslagern („Pushing computation out instead of pulling data in"[373]). Ob es sich dabei um eine gemeinsame Verantwortlichkeit oder um eine Auftragsverarbeitung handelt, ist eine Frage des Einzelfalls, für die Anwendung des V. Kapitels (Art. 44 ff. DSGVO) zunächst[374] aber nicht von Belang. Der Verantwortliche muss aber sehr wohl die betreffenden Verarbeitungsvorgänge identifizieren und sodann datenschutzrechtlich einordnen. Kommt es innerhalb eines Vorgangs oder einer Vorgangsreihe zu einer Datenübermittlung in ein Drittland, greift neben den allgemeinen Rechtmäßigkeitstatbeständen das ebenso strenge wie komplexe Zulässigkeitsregime der Art. 44 ff. DSGVO („Zwei-Stufen-Prüfung").[375] Die Regelungstechnik führt im Ergebnis zu einem „doppelte[n] Verbot mit Erlaubnisvorbehalt"[376].

---

[371] Vgl. dazu etwa *Pauly*, in: Paal/Pauly (Hrsg.), DSGVO/BDSG, 3. Aufl., 2021, Art. 44 Rn. 6 ff.

[372] Vgl. zur Einbindung des US-Dienstleisters Cloudflare i. R. d. Zensus 2022 etwa VG Neustadt a. d. Weinstraße ZD 2023, 366 (368, Rn. 55).

[373] *Ricciato et al.*, SJI 35 (2019), 589 (594).

[374] Dies ist z. B. relevant, um zu entscheiden, welches Modul der SCCs Anwendung findet.

[375] Siehe z. B. *Botta*, Datenschutz bei E-Learning-Plattformen, 2020, S. 241; *Pauly*, in: Paal/Pauly (Hrsg.), DSGVO/BDSG, 3. Aufl., 2021, Art. 44 Rn. 9.

[376] *Quiel/Piltz*, K&R 2020, 731 (731).

## 1. Anwendungsbereich: Übermittlung personenbezogener Daten in ein Drittland

Um den Anwendungsbereich der Art. 44 ff. DSGVO zu bestimmen, kommt es maßgeblich auf den Begriff der „Übermittlung" (engl.: „transfer") an. Die Verordnung definiert indes nicht, was sie darunter versteht. Das ist bedauerlich, weil damit eine nicht unbeträchtliche Rechtsunsicherheit einhergeht. Bei unbefangener Lesart ist ein Verarbeitungsvorgang gemeint, bei dem personenbezogene Daten von einer Person („Datenexporteur") an eine andere Person („Datenimporteur") fließen. So gesehen fände das besondere Zulässigkeitsregime des V. Kapitels bspw. dann keine Anwendung, wenn ein Unternehmen aus einem Drittland personenbezogene Daten unmittelbar in der EU erhebt (sog. Direkterhebung aus dem Drittland). Derart eng will die Verordnung den Übermittlungsbegriff aber wohl nicht verstanden wissen. Die bloße „Übermittlung *an ein Drittland*"[377] genügt (Art. 44 S. 1 DSGVO). Auch kommt es wohl nicht darauf an, ob das außereuropäische Unternehmen, dem die Daten übermittelt werden, kraft des sog. Marktortprinzips (vgl. Art. 3 Abs. 2 DSGVO) selbst und unmittelbar an die Vorgaben des europäischen Datenschutzrechts gebunden sind.[378] Die Auslegung des Übermittlungsbegriffs sollte sich am Schutzzweck des Art. 44 S. 2 DSGVO ausrichten: Danach ist sicherzustellen, dass das europäische „Schutzniveau für natürliche Personen nicht untergraben wird". Aus teleologischen Gründen[379] erscheint daher eine weite Auslegung geboten: Übermittlung i. S. d. Art. 44 ff. DSGVO ist „jede grenzüberschreitende Datenverarbeitung, bei der personenbezogene Daten das Unionsgebiet verlassen".[380]

---

[377] Hervorhebung d. Verf.
[378] So im Ergebnis auch *Schröder*, in: Kühling/Buchner (Hrsg.), DSGVO/BDSG, 3. Aufl., 2020, Art. 44 Rn. 16a f. Die SCC der EU-Kommission vom Juni 2021 (Durchführungsbeschluss [EU] 2021/914 der Kommission, ABl. L 199/31) erfassen diese Konstellation nicht (vgl. Art. 1 Abs. 1 a. E.: „Übermittlung [...] an einen Verantwortlichen oder einen (Unter-) Auftragsverarbeiter, dessen Verarbeitung der Daten *nicht dieser Verordnung unterliegt*"; Hervorhebung d. Verf.). Sie stellen aber zugleich klar, dass sie über die Auslegung des Begriffs „internationale Datenübermittlung" keine Aussage treffen („[u]nbeschadet", EG 7 S. 1 der SCC). Krit. zu dieser Ausnahme *Voigt*, CR 2021, 458 (459). Vgl. dazu allg. auch *Botta*, CR 2020, 505 (512): „[u]ngeklärtes Verhältnis" zwischen Art. 3 Abs. 2 und Art. 44 ff. DSGVO.
[379] Für eine teleologische Interpretation auch *Schantz*, in: Simitis/Hornung/Spiecker gen. Döhmann (Hrsg.), DatenschutzR, 2019, Art. 44 Rn. 10.
[380] So die Definition bei *Martini/Botta*, VerwArch 110 (2019), 235 (244); nach „Schrems II" auch *Botta*, CR 2020, 505 (512, Rn. 53). Vgl. ferner *Schantz*, in: Simitis/Hornung/Spiecker gen. Döhmann (Hrsg.), DatenschutzR, 2019, Art. 44 Rn. 10, wonach der Übermittlungsbegriff „alle Handlungen" umfasse, „durch welche ein Empfänger von diesen Daten Kenntnis erlangt". Tendenziell weiter *Zerdick*, in: Ehmann/Selmayr (Hrsg.), DSGVO, 2. Aufl., 2018, Art. 44 Rn. 7: unter Übermittlung sei „jeglicher Verarbeitungsvorgang zu verstehen, bei dem personenbezogene Daten außerhalb des Geltungsbereichs der DS-GVO gebracht werden und die Endbestimmung der Daten außerhalb des Unionsgebiets liegt oder die Daten von außer-

## 2. Zulässigkeit gemäß Art. 44 ff. DSGVO – Systematik und Rechtsgrundlagen

Die Datenübermittlung in Drittländer unterliegt strengen Anforderungen. Das Zulässigkeitsregime der Art. 44 ff. DSGVO (zweite Stufe nach der allgemeinen Rechtmäßigkeit) kennt *drei alternative Rechtsgrundlagen*: Ein Datentransfer in ein Drittland ist zulässig, wenn

1. ein Angemessenheitsbeschluss der Europäischen Kommission vorliegt;
2. andere geeignete Garantien (insbesondere in Form sog. Standard Contractual Clauses – SCCs[381]) eingehalten werden; oder
3. ein Ausnahmetatbestand nach Art. 49 DSGVO einschlägig ist.[382]

In diesem „Dreiklang" stellt der Angemessenheitsbeschluss die „primäre"[383] Rechtsgrundlage dar.[384] Die Kommission hat in Gestalt eines Durchführungsrechtsaktes eine ganze Reihe von Staaten zu sog. sicheren Drittländern erklärt – im Juni 2021 auch das Vereinigte Königreich[385].[386] In diesen Fällen bedarf die Datenübermittlung „keiner besonderen Genehmigung", wie es in Art. 45 Abs. 1 S. 2 DSGVO heißt. Selbstverständlich muss der Angemessenheitsbeschluss seinerseits mit dem europäischen Primär- und Sekundärrecht vereinbar sein. Er unterliegt – wie alle Rechtsakte der Union – gerichtlicher Kontrolle. Im Unterschied dazu wirken die SCCs nur *inter partes*, also zwischen den Vertragsparteien. Jedoch müssen auch diese Vertragsklauseln ein angemessenes bzw. gleichwertiges Schutzniveau gewährleisten.[387] Nur ausnahmsweise kann ein Verantwortlicher (oder Auftragsverarbeiter) auf Art. 49 DSGVO als Rechtsgrundlage zurückgreifen. Nach dem abschließenden Katalog des Art. 49 Abs. 1 DSGVO genügt es, wenn eine der dort aufgezählten Bedingungen erfüllt ist. Für

---

halb der Union zugänglich sind". Klarheit für die Rechtspraxis kann letztlich aber nur der EuGH schaffen.

[381] Die deutsche Fassung spricht von „Standarddatenschutzklauseln" (Art. 46 Abs. 2 Buchst. c DSGVO); in der englischen Fassung heißen sie „standard data protection clauses". In der Praxis, aber auch im Schrifttum, hat sich jedoch das Akronym „SCC" etabliert (vgl. vormals Art. 26 Abs. 4 RL 96/46/EG: „standard contractual clauses").

[382] Vgl. aus dem deutschen Recht z.B. § 80 Abs. 2 SGB X, der es ausschließt, Sozialdaten (an einen Auftragsverarbeiter) in ein unsicheres Drittland zu übermitteln (vgl. dazu BT-Drs. 18/12611, S. 114 f.). Eine solche Beschränkung kennt das Statistikrecht, soweit ersichtlich, nicht.

[383] *Botta*, CR 2020, 505 (506).

[384] Siehe nur den Wortlaut des Art. 46 Abs. 1 („Falls kein Beschluss nach Artikel 45 Absatz 3 vorliegt, […]") und Art. 49 Abs. 1 DSGVO („Falls weder ein Angemessenheitsbeschluss nach Artikel 45 Absatz 3 vorliegt noch geeignete Garantien nach Artikel 46 […]").

[385] *Europäische Kommission*, Durchführungsbeschluss (EU) 2021/1773 v. 28.6.2021, C(2021) 4801, ABl. L 360/69.

[386] Zur USA s. sogleich unter 3., S. 527.

[387] Siehe Art. 44 S. 2 DSGVO. Vgl. EuGH, Urt. v. 16.7.2020 – C-311/18, ECLI:EU:C:2020:559 – Facebook Ireland und Schrems, Rn. 132 f.

die amtliche Statistik kommt neben der Einwilligung (Buchst. a)[388] prinzipiell auch eine Übermittlung aus wichtigen Gründen des öffentlichen Interesses (Buchst. d) in Betracht. Als Ausnahmevorschriften werden sie jedoch – in Anlehnung an die Rechtsprechung des EuGH – gemeinhin restriktiv ausgelegt.[389] Hinzu kommt, dass sich die Regelung ausweislich ihrer Überschrift auf „bestimmte Fälle" beschränkt. Ob sich systematische und wiederholte Datenübermittlungen auf die Ausnahmevorschrift stützen lassen, erscheint daher zweifelhaft.[390] Im Rahmen von *Trusted Smart Statistics* kommt die (subsidiäre) Rechtsgrundlage des Art. 49 DSGVO somit regelmäßig nur für atypische Fälle, also in Randbereichen, in Betracht.

### 3. Sonderfall: Datenübermittlung in die USA

Besondere Schwierigkeiten bereiteten bislang Datenübermittlungen in die USA. Der EuGH hat im Oktober 2015 das *Safe Harbor*-Abkommen („Schrems I")[391] und im Juli 2020 das *Privacy Shield* („Schrems II")[392] für ungültig erklärt. Im letztgenannten Urteil stellte der Gerichtshof erneut fest, dass das US-amerikanische Datenschutzniveau dem der EU der Sache nach „nicht gleichwertig" sei.[393] Grund hierfür waren bzw. sind zum einen die weitreichenden Zugriffsrechte der US-Sicherheitsbehörden und zum anderen – gleichsam spiegelbildlich – die defizitären Rechtsschutzgarantien der betroffenen Unionsbürger.[394] In der Folge erklärte der EuGH den Angemessenheitsbeschluss für nichtig. Forde-

---

[388] Ob die Einwilligung wirksam ist, hängt insbes. davon ab, ob der Verantwortliche die betroffene Person „über die für sie bestehenden möglichen Risiken derartiger Datenübermittlungen" aufgeklärt hat. Zu den allg. Voraussetzungen der Einwilligung ausf. oben S. 100 ff.

[389] *Schantz*, in: Simitis/Hornung/Spiecker gen. Döhmann (Hrsg.), DatenschutzR, 2019, Art. 49 Rn. 7 m.w.N. Eine ausdrückliche Entscheidung des EuGH zu Art. 49 DSGVO liegt – soweit ersichtlich – noch nicht vor. Indes geht der Gerichtshof in ständiger Rechtsprechung davon aus, dass Ausnahmen eng auszulegen sind, s. dazu etwa EuGH, Urt. v. 9.7.2020 – C-272/19, ECLI:EU:C:2020:535 – Land Hessen, Rn. 68; Urt. v. 16.7.2020 – C-311/18, ECLI:EU:C:2020:559 – „Schrems II" Rn. 84 (jeweils zu Art. 2 Abs. 2 DSGVO); ferner *GA Bobek*, Schlussanträge v. 6.10.2021 – C-245/20, ECLI:EU:C:2021:822, Rn. 52. Krit. zur restriktiven Auslegung des Art. 49 DSGVO aber *Leibold/Roth*, ZD-Aktuell 2021, 5247.

[390] Vgl. *EDSA*, Leitlinien 2/2018 v. 25.5.2018, S. 5, der zwar zwischen den einzelnen Ausnahmen (Buchst. b, c und e einerseits; Buchst. a, d, f und g andererseits) differenziert, aber im Ergebnis doch einer restriktiven Interpretation zuneigt. S. den Meinungsstand bei *Leibold/Roth*, ZD-Aktuell 2021, 5247, die sich im Ergebnis gegen eine restriktive Auslegung des Art. 49 DSGVO aussprechen.

[391] EuGH, Urt. v. 6.10.2015 – C-362/14, ECLI:EU:C:2015:650 – Schrems, Rn. 106.

[392] EuGH, Urt. v. 16.7.2020 – C-311/18, ECLI:EU:C:2020:559 – Facebook Ireland and Schrems („Schrems II"), Rn. 201. Vgl. auch *GA Saugmandsgaard Øe*, Schlussanträge v. 19.12.2019 – C-311/18, ECLI:EU:C:2019:1145, Rn. 78 ff., insbes. Rn. 196 ff.; dazu *Botta*, CR 2020, 82 ff.

[393] Vgl. EuGH, Urt. v. 16.7.2020 – C-311/18, ECLI:EU:C:2020:559, Rn. 168 ff. Dazu *Botta*, CR 2020, 505 ff.; diff. *Spies*, ZD 2021, 478 (478 f.).

[394] EuGH, Urt. v. 16.7.2020 – C-311/18, ECLI:EU:C:2020:559, Rn. 169 ff. und 186 ff.

rungen nach einer Übergangsfrist, um ein befürchtetes „rechtliches Vakuum" zu verhindern, erteilte er eine lakonische Absage.³⁹⁵ Der Gerichtshof verweist insofern lediglich auf die Ausnahmetatbestände des Art. 49 DSGVO, die aber – nach verbreiteter Auffassung³⁹⁶ – nur ausnahmsweise als Rechtsgrundlage für entsprechende Datenübermittlungen in Betracht kommen. Im gleichen Atemzug hat er außerdem die in der Praxis bedeutsamen SCCs weiteren Restriktionen unterworfen.³⁹⁷ Im Ausgangspunkt obliegt es dem in der Union ansässigen Datenexporteur, etwa in Gestalt eines „Transfer Impact Assessments"³⁹⁸ zu prüfen, ob das Schutzniveau im Drittland angemessen bzw. gleichwertig ist. Wo das nicht der Fall ist, muss er „zusätzliche Maßnahmen"³⁹⁹ (z. B. Pseudonymisierung, Verschlüsselung⁴⁰⁰) ergreifen.⁴⁰¹ Seit dem „Schrems II"-Urteil bestand nach alledem eine erhebliche Rechtsunsicherheit⁴⁰², ob und unter welchen Voraussetzungen eine Datenübermittlung in die USA noch rechtmäßigerweise stattfinden konnte. Am 10. Juli 2023 hat die Europäische Kommission einen neuen Angemessenheitsbeschluss erlassen, das sog. EU-US Data Privacy Framework (DPF).⁴⁰³ Erfasst sind Übermittlungen an Datenimporteure, die sich unter dem DPF zertifiziert haben. Dies schafft Rechtssicherheit und erleichtert den transatlantischen Datenverkehr.

## C. ePrivacy – Schutz der Privatsphäre in Endeinrichtungen

*Trusted Smart Statistics* zielen darauf, neue digitale Daten in den „klassischen" Statistikprozess zu integrieren. Ein wichtiges Element ist die Integration von Sensordaten (s. Fall 1 und Fall 2), insbesondere im Zusammenhang mit Smartphones. Dies ruft ein weiteres Rechtsgebiet auf den Plan: die ePrivacy-Regulierung.

---

[395] EuGH, Urt. v. 16.7.2020 – C-311/18, ECLI:EU:C:2020:559, Rn. 202. Dazu und zu alternativen Rechtsgrundlagen bspw. *Botta*, CR 2020, 505 (511). Krit. auch *Schwartmann/Burkhardt*, ZD 2021, 235 (239), die eine Parallele zur Rechtsprechung des BVerfG (E 128, 326 [404]) ziehen.

[396] Siehe dazu die Nachweise in § 10 Fn. 389.

[397] Siehe EuGH, Urt. v. 16.7.2020 – C-311/18, ECLI:EU:C:2020:559, Rn. 122 ff.

[398] Dazu *Diercks/Roth*, ZdiW 2021, 313 (315), die sich im Ergebnis für eine risikoorientierte Betrachtung aussprechen; vgl. auch *Spies*, ZD 2021, 478 (479); s. dazu Klausel 14 der SCC v. 4.6.2021, Durchführungsbeschluss (EU) 2021/914 der Kommission, Abl. L 199/52.

[399] EuGH, Urt. v. 16.7.2020 – C-311/18, ECLI:EU:C:2020:559, Rn. 133.

[400] Vgl. dazu auch Use Case 3 in *EDPB*, Recommendations 01/2020, Version 2.0 v. 18.6.2021, Rn. 90.

[401] Siehe dazu *EDPB*, Recommendations 01/2020, Version 2.0 v. 18.6.2021, S. 22.

[402] Siehe statt vieler *Diercks/Roth*, ZdiW 2021, 313 (313): Verunsicherung sei groß.

[403] *European Commission*, Implementing Decision of 10.7.2023, C(2023) 4745 final.

Auf der unionsrechtlichen Ebene gibt die RL 2002/58/EG (die sog. ePrivacy-RL[404]) derzeit[405] den maßgeblichen Rechtsrahmen für den Schutz der Privatsphäre in der elektronischen Kommunikation vor. Dabei ist der Schutz der *Privatsphäre* – ebenso wie das ggf. weiter gehende Ordnungs- und Schutzkonzept – der *Privatheit* nicht gleichbedeutend mit dem (allgemeinen) „Datenschutz".[406] Die beiden Rechtsgebiete sind jedoch nicht immer trennscharf abgrenzbar. Ausgangspunkt ist die Kollisionsregel des Art. 95 DSGVO, die – in Überschneidungsbereichen – der ePrivacy-RL den Vorrang vor dem allgemeinen Datenschutzrecht einräumt.[407] Davon ist auch Art. 5 der ePrivacy-RL erfasst, der die „Vertraulichkeit der Kommunikation" garantiert. Die Regelung geht in ihrem Schutzbereich sogar über die Kommunikation im engeren Sinne hinaus. Nach Art. 5 Abs. 3 ePrivacy-RL erstreckt sich der Vertraulichkeitsschutz auch auf sog. Endgeräte: Die Mitgliedstaaten müssen danach sicherstellen, dass die *Speicherung* von Informationen oder der *Zugriff* auf Informationen, die bereits im Endgerät des Nutzers gespeichert sind, nur unter bestimmten Bedingungen zulässig ist. Dazu gehört allen voran die Einwilligung, die die betroffene Person bzw. der Nutzer „auf der Grundlage von klaren und umfassenden Informationen" erklärt haben muss.

Der Bundesgesetzgeber hat die unionsrechtliche Vorgabe, die in dieser Fassung seit 2009 gilt, mit dem sog. Telekommunikation-Telemedien-Datenschutz-Gesetz (TTDSG)[408] im Jahr 2021 umgesetzt. Dieses Gesetz findet seit dem 1.12.2021 Anwendung. Der Schutz der Privatsphäre in sog. Endeinrichtungen ist in § 25 TTDSG geregelt. Sinn und Zweck dieser Vorschrift ist es, den Endnutzer[409] davor zu schützen, dass Dritte unbefugt auf seiner Endeinrichtun-

---

[404] Richtlinie 2002/58/EG des Europäischen Parlaments und des Rates vom 12. Juli 2002 über die Verarbeitung personenbezogener Daten und den Schutz der Privatsphäre in der elektronischen Kommunikation (Datenschutzrichtlinie für elektronische Kommunikation); geändert durch RL 2009/136/EG (sog. Cookie-RL).

[405] Die EU-Kommission hat bereits am 10.1.2017 einen Vorschlag für eine ePrivacy-VO vorgelegt. Die Verhandlungen befinden sich derzeit im Trilog. Ob und wann diese abgeschlossen werden, ist jedoch unklar.

[406] Siehe *Eichenhofer*, e-Privacy, 2021, S. 51 ff. („Privatheit vs. Datenschutz"), der u.a. festhält, dass sich „Datenschutz" und „Privatheit" am ehesten anhand der Rechtsakte abgrenzen lasse, die diese Topoi umsetzen.

[407] Vgl. dazu *Kühling/Raab*, in: Kühling/Buchner (Hrsg.), DSGVO/BDSG, 3. Aufl., 2020, Art. 95 Rn. 5 ff.; *Pauly*, in: Paal/Pauly (Hrsg.), DSGVO/BDSG, 3. Aufl., 2021, Art. 95 Rn. 2 f.; ferner *Botta*, Datenschutz bei E-Learning-Plattformen, 2020, S. 105 ff. sowie – mit Blick auf das TTDSG – auch *Hanloser*, ZD 2021, 399 (399 f.) und *Piltz*, CR 2021, 555 (556).

[408] BGBl. I 2021, S. 1982. Vgl. dazu BT-Drs. 19/27441, S. 30 f. und 37 f.

[409] Siehe die Legaldefinition in Art. 2 Nr. 13 und 14 RL (EU) 2018/1972. Vgl. auch *Piltz*, CR 2021, 555 (557, Rn. 9), der auf die Gesetzesbegründung des TTDSG rekurriert.

gen Informationen *speichern* oder *auslesen* und dadurch seine Privatsphäre verletzen („Schutz der Geräteintegrität"[410]).[411]

Unter Endeinrichtung ist nach der Legaldefinition des § 2 Abs. 2 Nr. 6 TTDSG jede direkt oder indirekt an die Schnittstelle eines öffentlichen Telekommunikationsnetzes angeschlossene Einrichtung zum Aussenden, Verarbeiten oder Empfangen von Nachrichten zu verstehen. Erfasst sind demnach neben Laptops, Tablets und Smart TVs auch Smartphones, Sprachassistenten oder vernetzte Geräte im Internet of Things.[412] Entscheidend ist, dass die Geräte – sei es direkt, sei es indirekt (bspw. über einen WLAN-Router[413]) – an ein öffentliches Telekommunikationsnetz angebunden sind. Der Schutzbereich des § 25 TTDSG ist dementsprechend weit gefasst.[414] Außerdem richtet er sich an jedermann.[415] Der Tatbestand beschränkt sich gerade nicht auf Anbieter von Telemedien, sondern erfasst z. B. auch Behörden, wenn und soweit sie vernetzte Geräte in ihren statistischen Produktionsprozess integrieren.

Nach § 25 Abs. 1 S. 1 TTDSG ist die *Speicherung* von Informationen – gleich, ob sie personenbezogen sind oder nicht – in der Endeinrichtung sowie der *Zugriff* auf solche Informationen, die bereits in der Endeinrichtung (z. B. dem Smartphone) gespeichert sind, nur zulässig, wenn der Endnutzer auf der Grundlage klarer und umfassender Informationen *eingewilligt* hat. Damit eine Statistikbehörde Informationen auf dem Smartphone der Auskunftsperson ablegen bzw. dort bereits gespeicherte Informationen (z. B. Standortdaten; Fall 2) auslesen darf, ist also grundsätzlich eine *Einwilligung* des jeweiligen Endnutzers erforderlich. Im Kontext von sog. *Trusted Smart Statistics* sind die statistischen Ämter somit auf die Mitwirkung der befragten Personen angewiesen – gesetzliche Rechtsgrundlagen im Sinne von Auskunftspflichten stehen nicht zur Verfügung.[416] Die materiell-rechtlichen Anforderungen für eine rechtswirksame Einwilligungserklärung ergeben sich dann wiederum aus der Datenschutz-Grundverordnung (vgl. § 25 Abs. 1 S. 2 TTDSG).[417]

---

[410] Siehe den gleichnamigen Aufsatztitel von *Hanloser*, ZD 2021, 399 ff.

[411] So die Gesetzesbegründung BT-Drs. 19/27441, S. 38.

[412] *Hanloser*, ZD 2021, 399 (400). Die Gesetzesbegründung (BT-Drs. 19/27441, S. 38) nennt außerdem Küchengeräte, Heizkörperthermostate und Alarmsysteme, die bspw. über eine Smartphone-Anwendung an das Internet angeschlossen sind.

[413] Siehe BT-Drs. 19/27441, S. 38.

[414] Die Begründung spricht von einem „sehr weiten Anwendungsbereich", s. BT-Drs. 19/27441, S. 38.

[415] *Hanloser*, ZD 2021, 399 (400); *Schneider*, in: Assion (Hrsg.), TTDSG, 2022, § 25 Rn. 17.

[416] Die Ausnahmetatbestände des § 25 Abs. 2 TTDSG sind bei *Trusted Smart Statistics* regelmäßig nicht einschlägig. Denn weder geht es um die „Übertragung einer Nachricht über ein öffentliches Telekommunikationsnetz" (Nr. 1), noch sind die maßgeblichen Verarbeitungen (Speicherung; Zugriff) „unbedingt erforderlich", um „einen vom Nutzer ausdrücklich gewünschten Telemediendienst zur Verfügung [zu] stellen" (Nr. 2).

[417] Siehe hierzu etwa EuGH, Urt. v. 1.10.2019 – C-673/17, ECLI:EU:C:2019:801 – Planet49,

## D. Ergebnis

Das europäische Datenschutzrecht steht dem Konzept *Trusted Smart Statistics* nicht entgegen. Mit seinem technikneutralen Regulierungsansatz ist es prinzipiell geeignet, alten wie neuen Gefährdungen für die Rechte und Freiheiten betroffener Personen zu begegnen, ohne innovative Verarbeitungsprozesse gleichsam „im Keim zu ersticken".[418] In diesem Rechtsrahmen, der die Regulierung der elektronischen Kommunikation („ePrivacy") einschließt, nehmen *Trusted Smart Statistics* eine ambivalente Rolle ein. Auf der einen Seite ist es möglich, datenschutzfreundliche(re) Lösungen (z.B. *Privacy Enhancing Technologies*) in die Verarbeitungsprozesse zu integrieren und damit den Systemdatenschutz zu fördern. Sie können das Risiko für die Rechte und Freiheiten der befragten und/oder betroffenen Personen minimieren. Auf der anderen Seite bringen diese „smarten" Statistiken aber auch neue Gefährdungen für die Grundrechte auf Achtung des Privatlebens und auf Schutz personenbezogener Daten (auf nationaler Ebene: auch für das Recht auf informationelle Selbstbestimmung) mit sich. Es obliegt daher den verantwortlichen Statistikstellen, insbesondere die Grundsätze der Datenminimierung und der Integrität und Vertraulichkeit bereits auf der Ebene der Systemgestaltung zu berücksichtigen.[419] Besondere Anforderungen stellt das Datenschutzrecht an das arbeitsteilige Zusammenwirken in komplexen Datenökosystemen. Hier gilt es, die einzelnen Verarbeitungsprozesse zu identifizieren und die beteiligten Akteure rechtlich voneinander abzugrenzen. Für Auftragsverarbeitungen bietet es sich an, auf modulare Standardvertragsklauseln zurückzugreifen und diese für die statistischen Prozesse ggf. entsprechend zu ergänzen (z.B. in Form sog. *Standard Statistical Outsourcing Clauses*). Von einer Datenübermittlung in „unsichere" Drittländer ist, ob der bestehenden Rechtsunsicherheit, nach Möglichkeit abzusehen. Insgesamt bietet das europäische Datenschutzrecht verschiedene Ansätze, moderne statistische Erhebungen vertrauenswürdig zu gestalten. Dem Grundsatz der Transparenz kommt hier maßgebliche Bedeutung zu, den es im Rahmen von *Trusted Smart Statistics* zu operationalisieren gilt. Wer die Verarbeitungsprozesse in verständlicher Art und Weise offenlegt, schafft und erhält Vertrauen. Dies entspricht dem „europäischen Weg", auf den sich das ESSC in seinem *Bucharest Memorandum* im Oktober 2018 verständigt hat: Europäische Statistiken sollen nicht nur „smart", sondern auch vertrauenswürdig sein.

---

Rn. 60 ff.; Urt. v. 11.11.2020 – C-61/19, ECLI:EU:C:2020:901 – Orange Romania, Rn. 36 ff.; *Schneider*, in: Assion (Hrsg.), TTDSG, 2022, § 25 Rn. 27 ff. Zur Einwilligung bereits oben S. 100 ff.

[418] Vgl. dazu aus grundrechtlicher Perspektive allg. *Marsch*, Das europäische Datenschutzgrundrecht, 2018, S. 371, der zu Recht die Balance zwischen „Datenschutz" und „Innovationsoffenheit" betont, die das einfache Datenschutzrecht zu erreichen versucht bzw. versuchen sollte.

[419] Vgl. zu den einzelnen Phasen der Statistik allg. oben S. 55 ff.

# Zusammenfassung der wesentlichen Ergebnisse in Thesen

## I. Grundlagen der Bundesstatistik

1. Der Bedarf an aktuellen und verlässlichen Daten nimmt stetig zu. Gesetzgeber und Verwaltung stehen in der Verantwortung, die erforderlichen Informationen zu sammeln (staatliche „Informationsvorsorge"[1]). Den statistischen Ämtern kommt die Aufgabe zu, laufend Daten über Massenerscheinungen zu erheben, zu sammeln, aufzubereiten, darzustellen und zu analysieren. Dabei sind sie insbesondere den Grundsätzen der Neutralität, Objektivität und fachlichen Unabhängigkeit verpflichtet.[2] Die Ergebnisse der Statistik sollen die gesellschaftlichen, wirtschaftlichen und ökologischen Zusammenhänge für Bund, Länder (Gemeinden und Gemeindeverbände eingeschlossen), Gesellschaft, Wirtschaft, aber auch für Wissenschaft und Forschung aufschlüsseln und bereitstellen. Für einen Staat, der evidenzbasiert steuern möchte, sind sie eine unentbehrliche Handlungsgrundlage. Die amtliche Statistik ist somit insbesondere Voraussetzung für eine am Sozialstaatsprinzip orientierte Politik.

2. Das Grundgesetz spricht die amtliche Statistik nur vereinzelt ausdrücklich an, allen voran in Art. 73 Abs. 1 Nr. 11 GG. Die Vorschrift enthält eine positivierte Annexkompetenz.[3] Sie überträgt dem Bund die ausschließliche Gesetzgebungszuständigkeit über die „Statistik für Bundeszwecke" (Bundesstatistik). Unter Statistik im verfassungsrechtlichen Sinne ist die Erhebung, Sammlung, Darstellung und Auswertung von Daten und Fakten im Wege des methodischen Vorgehens für staatliche Zwecke zu verstehen. Darin kommt ihr dienender Charakter zum Ausdruck – eine Statistik zielt nicht darauf, politische Aktionen zu bewirken oder auch nur zu fördern. Mit dem Begriff „Bundeszweck" sind alle objektiven Bundesaufgaben gemeint. Die Statistik muss jedoch nicht ausschließlich Bundeszwecken dienen. So ist es unschädlich, wenn bundesstatistische Programme auch den Anforderungen der Länder Rechnung tragen. Die objektiven Statistikzwecke zu trennen, ist aus tatsächlichen Gründen oft nicht möglich. Denn im föderalen Bundesstaat überschneiden sich Gesetzes-, Verwaltungs-

---

[1] Siehe den Nachweis in Einl. Fn. 11.
[2] Siehe oben S. 41 ff.
[3] Siehe oben S. 18 ff.

und Planungszuständigkeiten in vielfältiger Weise. Jedoch müssen die Bundeszwecke die Landeszwecke überwiegen. Andernfalls verkehrte sich die ausschließliche Gesetzgebungsbefugnis über eine „Statistik für Bundeszwecke" in ihr Gegenteil. Als Kompetenznorm hat Art. 73 Abs. 1 Nr. 11 GG selbst keinen materiellen Gehalt, der etwa das Recht auf informationelle Selbstbestimmung beschränken könnte; die verfassungsrechtliche Bedeutung der amtlichen Statistik speist sich vielmehr aus anderen Bestimmungen des Grundgesetzes, z. B. aus dem Sozialstaatsprinzip (Art. 20 Abs. 1 GG).

3. Die deutsche amtliche Statistik ist in einem föderativ gegliederten Gesamtsystem organisiert (Statistischer Verbund)[4], das wiederum in ein Europäisches Statistisches System (ESS) eingebettet ist. Im Rahmen von *Bundesstatistiken* ist zu unterscheiden: Bei sog. *dezentralen* Statistiken arbeiten die statistischen Ämter des Bundes und der Länder arbeitsteilig zusammen. Den Landesämtern obliegt dabei in der Regel die Prozessphase der Datenerhebung und -aufbereitung. Das Statistische Bundesamt führt die Länderergebnisse später auf der Bundesebene zusammen. Demgegenüber werden die sog. *zentralen* Bundesstatistiken allein vom Statistischen Bundesamt konzipiert, produziert und veröffentlicht. Nach dem Subsidiaritätsprinzip, das in § 3 BStatG angelegt ist, bilden sie jedoch die Ausnahme. Beispiele sind die Zeitverwendungserhebung oder die ab dem Jahr 2022 durchgeführte Statistik über Wohnungslosigkeit. Daneben ist es dem Statistischen Bundesamt und den statistischen Ämtern der Länder gestattet, die Ausführung einzelner Arbeiten (einschließlich hierzu erforderlicher Hilfsmaßnahmen) auf andere statistische Ämter zu übertragen (§ 3a BStatG). Beispielhaft hierfür steht die Arbeit der Forschungsdatenzentren (FDZ). Die Arbeitsteilung und Aufgabenübertragung innerhalb des Statistischen Verbunds macht es aus datenschutzrechtlicher Sicht erforderlich, die jeweiligen Akteure (insbesondere Verantwortliche und etwaige Auftragsverarbeiter) zu identifizieren und – je nach Verarbeitungsphase – voneinander abzugrenzen. Komplexe Regelungen wie § 27 ZensG 2022 tragen hier nicht unbedingt zur Verantwortungsklarheit bei.

## II. Rechtsgrundlagen für die Verarbeitung personenbezogener Daten

4. Verarbeiten die statistischen Ämter personenbezogene Daten, unterliegen sie dem – primärrechtlich fundierten (Art. 8 Abs. 2 S. 1 GRCh) – Verbot mit Erlaubnisvorbehalt. Damit eine Datenverarbeitung zu statistischen Zwecken rechtmäßig ist, bedarf es entweder einer gesetzlichen Grundlage oder einer Einwilligung der betroffenen Person.

---

[4] Dazu oben S. 29 ff.

5. Die Einwilligung[5] ist gegenüber einer Behörde wie dem Statistischen Bundesamt prinzipiell zulässig. Anders als es die Erwägungsgründe nahelegen, schließt die Datenschutz-Grundverordnung eine Einwilligung im Verhältnis Bürger – Staat nicht generell aus. Tritt eine betroffene Person dem Staat nicht in einem Subordinationsverhältnis gegenüber, ist sie weniger schutzbedürftig. Es erscheint dann nicht gerechtfertigt, die Wirksamkeit einer Willensbekundung auf der Grundlage einer staatlichen Schutzpflicht auszuschließen. Eine primärrechtskonforme Auslegung bekräftigt dieses Ergebnis: Wenn Grundrechte (primär) den Staat binden und Art. 8 Abs. 2 S. 1 GRCh die Einwilligung als Legitimationsfigur ausdrücklich vorsieht, dann geht es nicht an, diese Rechtsfigur in hoheitlichen Konstellationen vollständig ihres Anwendungsbereichs zu berauben. Das gilt insbesondere gegenüber den statistischen Ämtern des Bundes und der Länder, die auf die Einwilligung bei freiwilligen statistischen Erhebungen (z. B. Einkommens- und Verbrauchsstichprobe; Zeitverwendungserhebung) zurückgreifen (müssen). Aufgrund der besonderen organisations- und verfahrensrechtlichen Sicherungsvorkehrungen (insbesondere: Statistikgeheimnis, Rückspielverbot, Abschottungsgebot und Verbot der Reidentifizierung) erscheint es gerechtfertigt, im Bereich der amtlichen Statistik die Unfreiwilligkeit nicht gemäß EG 43 S. 1 DSGVO zu vermuten. Anders gewendet: Es ist im Ausgangspunkt wahrscheinlich, dass die betroffene Person ihre Willensbekundung freiwillig erteilt hat; um diese Vermutung zu widerlegen, bedarf es besonderer Umstände im Einzelfall. Die Einwilligung war und ist damit ein tauglicher Rechtmäßigkeitstatbestand für die Datenverarbeitung der amtlichen Statistik.

6. Setzt die amtliche Statistik Anreizsysteme[6] ein, dürfen diese in der Summe jedenfalls nicht stark verhaltenssteuernd wirken. Bloße Aufwandsentschädigungen schließen die Freiwilligkeit jedoch nicht aus. Solange die Datenverarbeitung geeigneten Garantien unterliegt, erscheint es angezeigt, die Grundsätze des *Broad Consent* nicht nur bei wissenschaftlichen Forschungszwecken, sondern auch auf Statistikzwecke anzuwenden. Wird die Einwilligung ausdrücklich erteilt, kann sie sogar die Verarbeitung sensibler Daten legitimieren.[7] Bei der Einwilligung von Kindern[8] ist auf deren Einsichtsfähigkeit abzustellen; im Dienst der Rechtssicherheit sind die in Art. 8 DSGVO normierten Altersgrenzen (unter 13 Jahren; ab 16 Jahren) im Sinne einer Regelvermutung heranzuziehen. Eine gesetzliche oder gewillkürte Stellvertretung ist prinzipiell zulässig – sog. *Proxy-Interviews* können daher auf Grundlage einer Einwilligung (weiterhin) durchgeführt werden.[9] Voraussetzung ist, dass entweder eine gesetzliche Vertretungs-

---

[5] Siehe Art. 6 Abs. 1 UAbs. 1 Buchst. a i. V. m. Art. 4 Nr. 11, Art. 7 (ggf. i. V. m. Art. 9 Abs. 2 Buchst. a) DSGVO; dazu oben § 4, S. 95 ff.
[6] Siehe oben S. 112 ff.
[7] Siehe oben S. 122 ff.
[8] Siehe oben S. 124 ff.
[9] Siehe oben S. 128 ff.

macht vorliegt oder die betroffene Person die Auskunftsperson wirksam bevollmächtigt hat. An die Erteilung der Vollmacht sind die gleichen Anforderungen zu stellen wie an die Einwilligung selbst. Der Gesetzgeber kann sich schließlich auch dafür entscheiden, für manche Daten eine Auskunftspflicht anzuordnen und andere (insbesondere sensible) Daten nur auf freiwilliger Basis (Einwilligung) abzufragen.[10] Diese Kumulation der Rechtsgrundlagen in einer (Bundes-) Statistik ist zulässig, wenn und soweit die betroffene Person darüber in hinreichend transparenter Weise unterrichtet wird (§ 17 Nr. 3 BStatG). So wichtig die Einwilligung für Statistiken ohne Auskunftspflicht auch ist, so „unsicher" ist diese Rechtsgrundlage: Es gilt der Grundsatz der freien Widerruflichkeit[11], auf den die betroffene Person im Übrigen nicht rechtswirksam verzichten kann.

7. Im Bereich der Auskunftspflicht kann sich die amtliche Statistik allen voran auf die gesetzlichen Erlaubnistatbestände des Art. 6 Abs. 1 UAbs. 1 Buchst. c (Erfüllung einer gesetzlichen Verpflichtung)[12] und Buchst. e (Wahrnehmung einer öffentlichen Aufgabe)[13] berufen. Beide Tatbestände sind untrennbar mit den Öffnungsklauseln der Art. 6 Abs. 2 und 3 DSGVO verbunden. Sie ermöglichen es, das (mitgliedstaatliche) Statistikrecht mit dem Datenschutzsekundärrecht zu verbinden. Auf diese Weise lassen sich die Rechtsgrundlagen zur Verarbeitung personenbezogener Daten, die insbesondere in den Fachstatistikgesetzen enthalten sind, gleichsam „in" die Datenschutz-Grundverordnung integrieren. In ihrem Zusammenwirken verleihen sie der Datenverarbeitung Legitimation.

8. Dort, wo der (Bundes-)Gesetzgeber Rechtsgrundlagen erlässt, bewegt er sich in der Regel im gestaltungsoffenen Bereich.[14] Das unionale Datenschutzrecht ist hier auf Vielfalt angelegt und nicht voll vereinheitlicht. Der Gesetzgeber genießt dabei einen hinreichenden Gestaltungsspielraum. Folglich finden neben den Grundrechten der Charta (insbesondere Art. 7 und 8 GRCh) auch die Grundrechte des Grundgesetzes Anwendung. Das BVerfG prüft mitgliedstaatliches Fachrecht in diesen Fällen sogar „primär" an diesem Maßstab. Im Kontext der amtlichen Statistik kommt dem deutschen Recht auf informationelle Selbstbestimmung (Art. 2 Abs. 1 i.V.m. Art. 1 Abs. 1 GG) damit weiterhin herausragende Bedeutung zu. Die besonderen Sicherungsvorkehrungen des Volkszählungsurteils gelten damit unter dem aktuellen Datenschutzsekundärrecht fort. Neuere Entwicklungen, wie der Methodenwechsel von einem registergestützten Zensus zu einem rein registerbasierten Zensus (kurz: Registerzensus), müssen sich also nach wie vor am informationellen Selbstbestimmungsrecht messen lassen. Diese Erhebungsmethode ist nicht schon deshalb grundrechtsschonender, weil sie auf ergänzende primärstatistische Befragungen (z. B. Haushaltsstichprobe) ver-

---

[10] Siehe oben S. 130 ff.
[11] Siehe oben S. 132 ff.
[12] Siehe oben S. 138 ff.
[13] Siehe oben S. 142 ff.
[14] Siehe oben S. 156 ff., insbes. S. 165 ff.

zichtet und stattdessen allein auf bereits vorhandene Verwaltungsdaten zurückgreift. Insbesondere ist der strukturelle Mangel an Transparenz in die Grundrechtsprüfung einzustellen. Im Übrigen ist das Gesamtsystem eines künftigen Registerzensus in den Blick zu nehmen, das zum Zweck der Qualitätssicherung „neue" Gefährdungslagen für die Rechte und Freiheiten der betroffenen Personen zeitigen kann. Zu nennen ist hier exemplarisch die – in den Gesetzen bereits angelegte – Nutzung einer registerübergreifenden Identifikationsnummer. Vor diesem Hintergrund sollte der Gesetzgeber vorab eine Datenschutz-Folgenabschätzung gemäß Art. 35 Abs. 10 DSGVO durchführen.[15] Das Statistikrecht ist aufgrund seiner Regelungsdichte hierfür prädestiniert.

9. Einer (gesetzlichen) Rechtsgrundlage bedarf auch die Verarbeitung allgemein zugänglicher Daten[16] – jedenfalls soweit sie einen Personenbezug aufweisen. Der gegenteilige Normtext des allgemeinen Bundesstatistikgesetzes (§ 5 Abs. 5 S. 1) ist insoweit überholt. Im Anwendungsbereich des unionalen Datenschutzrechts ist jeder Verarbeitungsvorgang rechtfertigungsbedürftig. Das gilt sogar für solche personenbezogenen Daten, die die betroffene Person selbst offensichtlich öffentlich gemacht hat. Der (Bundes-)Gesetzgeber ist aufgerufen, in den Fachstatistikgesetzen entsprechende Rechtsgrundlagen für die amtliche Statistik zu schaffen. Damit würde er das *Web Scraping* der statistischen Ämter auf eine rechtssichere Grundlage stellen. Eine (datenschutzrechtliche) Generalklausel genügt hierfür nicht. Sie entspricht typischerweise nicht den Grundsätzen der Normenklarheit und -bestimmtheit, die das unionale Primärrecht und das deutsche Verfassungsrecht für Grundrechtseingriffe dieser Art formulieren.

### III. Sonderregime für die Datenverarbeitung zu statistischen Zwecken

10. Die Verarbeitung zu statistischen Zwecken gemäß Art. 89 Abs. 1 DSGVO[17] erfasst jeden Vorgang (oder jede Vorgangsreihe) im Zusammenhang mit personenbezogenen Daten, der darauf gerichtet ist, ein Massenphänomen in einer betrachteten Grundgesamtheit zu beschreiben. Der Statistik geht es – anders als dem *Profiling* – also gerade nicht darum, Daten zu verarbeiten, um (neue) Informationen über einzelne natürliche Personen zu gewinnen. Bezugspunkt ist vielmehr die Grundgesamtheit als Summe statistischer Einheiten. Das Sonderregime beschränkt sich dabei nicht auf die amtliche Statistik – auch private Akteure können Daten zu statistischen Zwecken in diesem Sinne verarbeiten. Anders als bei Archivzwecken muss die Verarbeitung nicht im öffentlichen Interesse liegen. Die Datenschutz-Grundverordnung setzt jedoch voraus, dass es sich bei den statistischen Ergebnissen um aggregierte Daten handelt, die keinen Personenbe-

---

[15] Siehe oben S. 192 ff.
[16] Siehe oben § 6, S. 198 ff.
[17] Siehe oben § 7, S. 221 ff.

zug mehr aufweisen. Ob dieses Ergebnis tatsächlich erreicht wird, ist unerheblich. Der Verantwortliche muss aber (subjektiv) eine entsprechende Absicht haben, was für jede Verarbeitungsphase gesondert festzustellen ist. Dass die statistischen Ergebnisse oder personenbezogenen Daten nicht für Maßnahmen oder Entscheidungen gegenüber einzelnen natürlichen Personen verwendet werden dürfen, ist nicht Bestandteil dieser Begriffsbestimmung. Insoweit handelt es sich um einen neuen Verarbeitungsvorgang zu nicht-statistischen Zwecken. Verfolgt der Verantwortliche neben der Statistik noch andere Zwecke, greifen die Ausnahmevorschriften[18] insgesamt nicht. Unschädlich ist es hingegen, wenn die (amtliche) Statistik zugleich personenbezogene Daten zu wissenschaftlichen Forschungszwecken verarbeitet.

### *IV. Geeignete Garantien für die Rechte und Freiheiten der betroffenen Personen*

11. Die Verarbeitung personenbezogener Daten zu statistischen Zwecken muss geeigneten Garantien (engl.: „appropriate safeguards") unterliegen. Diese Garantien (oder auch: Sicherungsvorkehrungen) formulieren die Bedingungen für das Statistikprivileg. Anders gewendet: Der Verantwortliche kommt nur dann in den Genuss der Privilegierungen (z. B. Ausnahmen von den Grundsätzen der Zweckbindung und Speicherbegrenzung), wenn er zum Ausgleich geeignete Garantien für die Rechte und Freiheiten der betroffenen Personen vorsieht (vgl. Art. 89 Abs. 1 S. 1 DSGVO). Die Garantien übernehmen so gesehen eine Kompensationsfunktion, indem sie das durch die Privilegierung ausgelöste Risiko wieder „einfangen". Zu diesem Zweck ist Art. 89 Abs. 1 DSGVO ein abgestufter Ansatz eingeschrieben: So muss der Verantwortliche, der personenbezogene Daten zu statistischen Zwecken verarbeitet, vorrangig prüfen, ob sich die Zwecke nicht auch mit anonymisierten Daten erreichen ließen. Diese Prüfpflicht greift in jedem Verarbeitungsschritt. Ist eine Anonymisierung nicht möglich, muss er – gleichsam auf der zweiten Stufe – eine Pseudonymisierung der Daten in Betracht ziehen. Diese Maßnahme der Datenminimierung hebt die Vorschrift eigens hervor. Eine Pflicht zur Pseudonymisierung besteht jedoch nicht. Vielmehr muss der Verantwortliche (ggf. auch sein Auftragsverarbeiter) insgesamt geeignete technische und organisatorische Maßnahmen vorsehen, die das Risiko ausgleichen, das durch die Verarbeitungsprivilegien entsteht.

12. Die statistische Geheimhaltung (§ 16 BStatG)[19] schützt Einzelangaben, die sich auf eine statistische Einheit beziehen. Soweit es sich dabei um eine natürliche Person handelt, erweist sich das Statistikgeheimnis als geeignete datenschutzrechtliche Garantie. Voraussetzung ist, dass die Einzelangaben für eine

---

[18] Siehe unten V., Thesen 16 bis 20.
[19] Siehe oben S. 284 ff.

Bundesstatistik gemacht worden sind. Das sind jedenfalls Angaben, die die Auskunftspersonen – aktiv – zu statistischen Zwecken machen. Über den Wortlaut hinaus sind indes auch solche Einzelangaben erfasst, die aus der Verwaltung in die Statistik fließen (z. B. Verwaltungsdaten) oder die die amtliche Statistik selbst erhoben hat, etwa aus allgemein zugänglichen Quellen. Anders als das allgemeine Datenschutzrecht nimmt die Geheimhaltungsvorschrift unmittelbar die handelnden Personen in die Pflicht: Der Geheimhaltung unterliegen Personen, die mit der Durchführung einer Bundesstatistik betraut worden sind. Die Geheimhaltungspflicht besteht auch nach Beendigung ihrer Tätigkeit fort. Die Ausnahmen, die die Geheimhaltung schon tatbestandlich ausschließen, sind eng gefasst. Der praktisch bedeutsamste Fall dürfte die Einwilligung sein; ihre Voraussetzungen ergeben sich bei personenbezogenen Daten nunmehr aus der Datenschutz-Grundverordnung. Soweit § 16 Abs. 1 S. 1 BStatG Ausnahmen kraft besonderer Rechtsvorschrift zulässt, muss sich die Vorschrift speziell auf das Statistikgeheimnis beziehen oder in einem Fachstatistikgesetz ausdrücklich geregelt sein. Eine allgemeine datenschutzrechtliche Rechtsgrundlage genügt nicht. Insoweit verbürgt § 16 BStatG einen starken Schutz personenbezogener Daten. Dies wird schließlich durch einen Blick auf die Übermittlungstatbestände der § 16 Abs. 2–6 BStatG bestätigt: Sie durchbrechen die statistische Geheimhaltung nur für spezielle Fälle. Im Übrigen sehen sie als Ausgleich besondere Sicherungsvorkehrungen vor, die das Risiko für die betroffenen Personen auf ein erträgliches Maß reduzieren.

13. Das sog. Rückspielverbot[20] ergänzt und verstärkt den Schutz, den das Statistikgeheimnis vermittelt. Es formt insbesondere den Grundsatz der Trennung von Statistik und Vollzug aus. Danach ist es verboten, personenbezogene Daten, die zu statistischen Zwecken verarbeitet worden sind, in den Verwaltungsvollzug „zurückzuspielen". Die Rechtsprechung erkennt darin eine verfassungswidrige Zweckentfremdung. Grundgedanke dieses Verbots ist, dass der statistischen Einheit (im datenschutzrechtlichen Kontext: der natürlichen Person) kein Nachteil entstehen soll, wenn sie gegenüber der amtlichen Statistik Angaben macht oder sogar machen muss. Letztlich sollen die Auskunftspersonen darauf vertrauen können, dass ihre Angaben später nicht „gegen" sie im Verwaltungsvollzug verwendet werden. Indes schließt das Rückspielverbot auch solche Übermittlungen aus, die letztlich in eine vorteilhafte Maßnahme oder Entscheidung gegenüber der betroffenen Person mündeten. Das Verbot differenziert insoweit nicht. Vor diesem Hintergrund kann man im verfassungsrechtlichen Rückspielverbot auch eine besonders strenge Ausprägung des Zweckbindungsgrundsatzes sehen, die der einfache Gesetzgeber nicht überwinden kann. Das europäische Datenschutzrecht kennt ein solches absolutes (Weiter-)Verarbeitungsverbot nicht: EG 162 S. 5 DSGVO ist zum einen rechtlich nicht verbind-

---
[20] Siehe oben S. 319 ff.

lich; zum anderen bezieht er sich auf die Privilegierung der statistischen Zwecke und lässt die Frage der Rechtmäßigkeit damit unberührt.

14. Eine weitere geeignete Garantie stellt das sog. Abschottungsgebot[21] dar. Dabei handelt es sich um eine organisationsrechtliche Vorgabe, die das Statistikgeheimnis und das Rückspielverbot zusätzlich absichert. Aus den Grundrechten, insbesondere aus dem Recht auf informationelle Selbstbestimmung, folgt der Auftrag des Gesetzgebers, die Organisation der amtlichen Statistik im föderal gegliederten Gesamtsystem so aufzustellen, dass die (noch) personenbezogenen Daten vor einer zweckwidrigen Weiterverarbeitung hinreichend geschützt sind. Das gilt insbesondere für den Fall, dass andere Behörden als die statistischen Ämter des Bundes und der Länder in die Verarbeitung eingebunden sind. Der Gesetzgeber trägt dem grundrechtlichen Gestaltungsgebot typischerweise dadurch Rechnung, dass er die statistischen Stellen von den anderen Verwaltungsbereichen in organisatorischer, räumlicher und personeller Hinsicht abschottet. Ein Beispiel findet sich in § 19 Abs. 2 S. 1 ZensG 2022.

15. Das statistikrechtliche Verbot der Reidentifizierung (§ 21 BStatG)[22] vervollständigt den Schutz personenbezogener Daten. Der Vorschrift kommt eine grundrechtssichernde Funktion zu. Sie normiert ein spezielles Verarbeitungsverbot. So soll es bei Strafe verboten sein, statistische Einheiten (und damit auch natürliche Personen) in einem statistischen Datensatz zu reidentifizieren. Die Vorschrift setzt mithin voraus, dass die statistische Einheit darin nicht mehr identifizierbar ist. Das Verbot, die Anonymisierung in diesem Sinne „rückgängig" zu machen, richtet sich an jedermann. Wer Einzelangaben aus mehreren Bundesstatistiken oder solche Angaben mit anderen Daten zusammenführt, um einen Bezug zu einer natürlichen Person außerhalb einer statistischen Aufgabenstellung herzustellen, macht sich ggf. strafbar (§ 22 i.V.m. § 21 BStatG). Die Strafbewehrung ist zwar verfassungsrechtlich nicht geboten. Gleichwohl stellt sie sich als zusätzliche Garantie ein, da ihr ein abschreckender Charakter nicht abgesprochen werden kann. Das Verbot der Reidentifizierung und seine strafrechtliche Absicherung stellen somit ebenfalls eine geeignete Garantie i.S.d. Art. 89 Abs. 1 DSGVO dar.

---

[21] Siehe oben S. 333 ff.
[22] Siehe oben S. 345 ff.

## V. Statistikprivileg – Ausnahmen für die Datenverarbeitung zu statistischen Zwecken

16. Die Verarbeitung personenbezogener Daten zu statistischen Zwecken ist privilegiert.[23] Die Privilegierung manifestiert sich in den Ausnahmebestimmungen, die die Datenschutz-Grundverordnung für diese Zwecke bereithält. Sonderregelungen gelten für den Grundsatz der Zweckbindung, den Grundsatz der Speicherbegrenzung, die Verarbeitung besonderer Datenkategorien (sog. sensible Daten) sowie für die Betroffenenrechte.

17. Das Datenschutzsekundärrecht fingiert, dass die Weiterverarbeitung zu statistischen Zwecken (Sekundärzweck) mit dem ursprünglichen Zweck (Primärzweck) stets vereinbar ist (Art. 5 Abs. 1 Buchst. b Hs. 2 DSGVO).[24] Als gesetzliche Fiktion ist diese Normaussage nicht widerlegbar. Weil schon das Gesetz die Vereinbarkeit der Zwecke anordnet, ist ein Kompatibilitätstest[25] entbehrlich. Die statistischen Ämter des Bundes und der Länder müssen die Vereinbarkeit der Zwecke (z.B. die Nutzung von Verwaltungsdaten zu statistischen Zwecken; sog. Once-only-Prinzip) somit nicht eigens prüfen. Diese Privilegierung relativiert sich indes dadurch, dass die Zweckänderung im Bereich der amtlichen Statistik regelmäßig ohnedies gesetzlich geregelt ist. Im Übrigen bedarf derjenige, der personenbezogene Daten zu statistischen Zwecken weiterverarbeitet, aus unionsrechtlicher Sicht keiner „neuen" Rechtsgrundlage. Vielmehr kann der Verantwortliche diese zweckkompatible Weiterverarbeitung auf die ursprüngliche Rechtsgrundlage stützen. Damit ist dem Grundsatz der Rechtmäßigkeit Genüge getan. Für Transparenz sorgen die Informationspflichten, die dem Verantwortlichen aufgeben, die betroffenen Personen über die Zweckänderung zu informieren. Anders als das unionale Datenschutzrecht fragt das BVerfG im Zusammenhang mit dem informationellen Selbstbestimmungsrecht nicht nach der Vereinbarkeit von Primär- und Sekundärzweck. In neueren Entscheidungen stellt das Gericht auf den Grundsatz der hypothetischen Datenneuerhebung ab. Überträgt man diese – v.a. im Sicherheitsbereich entwickelte – Rechtsfigur auf die Datenverarbeitung der amtlichen Statistik, folgt daraus: Die Übermittlung personenbezogener Daten „von der Verwaltung in die Statistik" ist von Verfassungs wegen grundsätzlich zulässig. Ganz anders stellt sich dies in umgekehrter Richtung („von der Statistik in die Verwaltung") dar: Weder darf die amtliche Statistik statistische Daten selbst zu Verwaltungszwecken weiterverarbeiten, noch ist es ihr gestattet, diese Daten („Einzelangaben") an eine Verwaltungsbehörde zu übermitteln. Das deutsche Verfassungs-

---
[23] Siehe oben S. 352 ff.
[24] Siehe oben S. 353 ff., insbes. S. 358 ff.
[25] Siehe Art. 6 Abs. 4 DSGVO; dazu oben S. 361.

recht kennt damit Zwecke, die schlechthin unvereinbar sind (unzulässige „Zweckentfremdung").

18. Nach dem Grundsatz der Speicherbegrenzung[26] darf der Verantwortliche personenbezogene Daten an sich nur so lange speichern, wie es für den Zweck der Verarbeitung erforderlich ist. Für die (amtliche) Statistik kennt das Unionsrecht eine Ausnahme (Art. 5 Abs. 1 Buchst. e Hs. 2 DSGVO), die – in Kombination mit der Ausnahme vom Grundsatz der Zweckbindung – zu einer doppelten Privilegierung führt. Das unionale Datenschutzrecht trägt damit dem Wesen der Statistik Rechnung: So werden mit einer Bundesstatistik nicht selten mehrere Zwecke verfolgt, die nicht immer von vornherein konkret bestimmt werden können. Die Datenerhebung und -verarbeitung zu statistischen Zwecken muss daher auch auf „Vorrat" möglich sein. Der multifunktionale Charakter der Statistik und das Bedürfnis, (ggf. auch personenbezogene) Daten zu bevorraten, zeigt sich bspw. im Rahmen des Zensus, der u. a. das Ziel verfolgt, bestimmte Grunddaten für das Gesamtsystem der amtlichen Statistik zu gewinnen. Die statistischen Ämter können diese Daten auf Vorrat speichern, soweit und solange sie (allgemein) statistische Zwecke verfolgen und die Garantien einhalten, die zum Schutz der Rechte und Freiheiten betroffener Personen erforderlich sind. Dies darf jedoch nicht mit der „klassischen" Vorratsdatenspeicherung von Telekommunikationsdaten verwechselt werden. Die Unterschiede sind fundamental: Zum einen stehen im Bereich der Telekommunikation die Daten dem Staat gerade nicht als Gesamtheit zur Verfügung, sondern werden dezentral bei den privaten Anbietern gespeichert; zum anderen besteht der Zweck der Bevorratung gerade nicht darin, (besonders schwere) Straftaten zu verfolgen oder Gefahren für Leib oder Leben abzuwehren – denn im datenschutzrechtlichen Kontext ist es untersagt, statistische Daten für Maßnahmen oder Entscheidungen gegenüber einzelnen natürlichen Personen zu verwenden.

19. Die Verarbeitung sensibler Daten unterliegt einem Sonderregime[27]: Sie zu verarbeiten ist grundsätzlich verboten. Der Unionsgesetzgeber hängt insoweit der Vorstellung an, dass personenbezogene Daten, die ihrem Wesen nach hinsichtlich der Grundrechte und Grundfreiheiten besonders sensibel sind, auch besonderen Schutz verdienten. Das Verbot errichtet einen Vorfeldschutz und soll insbesondere Diskriminierungen entgegenwirken, die mit der Verarbeitung sensibler Daten nach Ansicht des Gesetzgebers typischerweise einhergehen. Soweit die statistischen Ämter solche Daten (z. B. über die Gesundheit oder über religiöse oder weltanschauliche Überzeugungen) verarbeiten, können sie sich – neben der Einwilligung und einer Vorschrift für die Verarbeitung offensichtlich öffentlich gemachter Daten – auf die Öffnungsklausel des Art. 9 Abs. 2 Buchst. j DSGVO berufen. Dieser Tatbestand bezieht sich ausdrücklich auf die

---
[26] Siehe oben S. 381 ff.
[27] Art. 9 DSGVO; s. oben S. 395 ff.

statistischen Zwecke und geht der allgemeinen Generalklausel des Buchst. g vor. Der (Bundes-)Gesetzgeber muss im Ergebnis also nicht darlegen, dass eine Statistik im „erheblichen öffentlichen Interesse" liegt. Im Übrigen kann sich auch die private Statistik auf diesen Ausnahmetatbestand berufen. Seine Voraussetzungen sind gleichwohl hoch: So muss die (unionale oder mitgliedstaatliche) Rechtsgrundlage zum einen den Wesensgehalt des Grundrechts auf Datenschutz achten sowie verhältnismäßig sein; zum anderen muss der Gesetzgeber (nachgelagert auch der Verantwortliche, der die Bestimmung anwendet) angemessene und v. a. spezifische Maßnahmen vorsehen, die das besondere Risiko auf ein hinnehmbares Maß reduzieren. Im Bundesstatistikrecht sind es insbesondere die Fachstatistikgesetze, die diesen Anforderungen Rechnung tragen müssen. Nur dort, wo spezielle Rechtsgrundlagen fehlen, kann sich das Statistische Bundesamt auf die allgemeine Norm des § 27 Abs. 1 BDSG berufen.

20. Für die Verarbeitung personenbezogener Daten zu statistischen Zwecken sieht die Datenschutz-Grundverordnung zudem Ausnahmen von bestimmten Betroffenenrechten vor.[28] Diese sind im Interesse eines wirksamen Schutzes personenbezogener Daten grundsätzlich eng auszulegen. Die Rechte der Betroffenen sind in unterschiedlichen Graden grundrechtlich fundiert. Beispielhaft zeigt sich dies am Auskunftsrecht und am Recht auf Berichtigung, die ausdrücklich im unionalen Primärrecht verankert sind (Art. 8 Abs. 2 S. 2 GRCh). Ihnen geht es primär darum, Transparenz herzustellen, um (strukturellen) Informationsasymmetrien entgegenzuwirken. Nur wenn die betroffene Person von der Datenverarbeitung weiß, kann sie ggf. in einem nächsten Schritt weitere Einwirkungs- und Steuerungsrechte (wie z. B. das Widerspruchsrecht oder das Recht auf Löschung) gegenüber dem Verantwortlichen geltend machen. Die Ausnahmevorschriften zugunsten der (amtlichen) Statistik ermöglichen es, einzelne Rechte der betroffenen Personen im Einzelfall zu beschränken. Die Regelungen suchen nach einem Ausgleich zwischen den Zielen und Funktionen, die die Statistik (Entsprechendes gilt für die Forschung) verfolgt und erfüllt, und dem Recht der Betroffenen auf Schutz ihrer personenbezogenen Daten. Die Privilegierungen folgen dabei nicht immer einer kohärenten Gesamtsystematik, lassen sich aber immerhin entlang der Normebene kategorisieren: Zur ersten Kategorie gehören Rechte, die der Unionsgesetzgeber unmittelbar in der Grundverordnung selbst eingeschränkt hat (verordnungsunmittelbare Ausnahmen; dazu a)). In der zweiten und dritten Kategorie muss sie der Gesetzgeber erst „aktivieren", indem er von einer Öffnungsklausel Gebrauch macht. Dabei kann er einige Betroffenenrechte aufgrund einer speziellen Öffnungsklausel für die statistischen Zwecke beschränken (dazu b)), während es ihm freilich unbenommen bleibt, weitere Ausnahmen auf Grundlage der allgemeinen Klausel des Art. 23 DSGVO vorzusehen (dazu c)).

---

[28] Siehe oben S. 414 ff.

a) Unmittelbar anwendbare Ausnahmen sieht die Datenschutz-Grundverordnung für die Informationspflicht im Fall der Dritterhebung, für das Widerspruchsrecht sowie für das Recht auf Löschung vor.[29] Die Informationspflicht des Art. 14 DSGVO enthält zwar keine absolute Bereichsausnahme für die amtliche Statistik. Nach dessen Abs. 5 Buchst. b besteht aber eine Vermutung dafür, dass es im Kontext der Verarbeitung personenbezogener Daten zu statistischen Zwecken in der Regel unmöglich ist oder einen unverhältnismäßigen Aufwand hervorrufe, die betroffenen Personen über die Dritterhebung zu informieren. Das Widerspruchsrecht nach Art. 21 Abs. 6 DSGVO ist ebenfalls regelmäßig ausgeschlossen, da die Datenverarbeitung der amtlichen Statistik typischerweise erforderlich ist, um eine Aufgabe zu erfüllen, die im öffentlichen Interesse liegt (vgl. § 3 BStatG). Weitgehende Ausnahmen bestehen schließlich auch für das Recht auf Löschung: Wegen seiner Rechtsfolge ist dieses Betroffenenrecht zugunsten der Statistik oftmals ausgeschlossen, da sich ein Löschen einzelner Datensätze auf die Qualität der statistischen Ergebnisse grundsätzlich nachteilig auswirkt. Den Zweck der jeweiligen Statistik zu verwirklichen, ist dann zumindest ernsthaft beeinträchtigt (Art. 17 Abs. 5 Buchst. d DSGVO).

b) Die Öffnungsklausel des Art. 89 Abs. 2 DSGVO[30] ermöglicht es dem (unionalen oder mitgliedstaatlichen) Gesetzgeber, das Auskunftsrecht, das Recht auf Berichtigung, das Recht auf Einschränkung der Verarbeitung und das Widerspruchsrecht zugunsten der Statistik zu beschränken. Die Voraussetzungen sind allerdings streng: So steht die Öffnungsklausel (ebenso wie die Ausnahmevorschriften im Zusammenhang mit den Datenschutzgrundsätzen) zum einen unter dem Vorbehalt geeigneter Garantien, die insbesondere das Recht auf Schutz personenbezogener Daten absichern; zum anderen müssen die einzelnen Betroffenenrechte voraussichtlich die Verwirklichung der Statistikzwecke unmöglich machen oder wenigstens ernsthaft beeinträchtigen und im Übrigen auch sonst notwendig sein. Der Bundesgesetzgeber hat die genannten Betroffenenrechte im Bundesstatistikgesetz nicht beschränkt. Vorbehaltlich spezieller Regelungen in den Fachstatistikgesetzen kann sich das Statistische Bundesamt auf die allgemeine Ausnahme des § 27 Abs. 2 S. 1 BDSG[31] berufen. Dass diese Vorschrift die unionsrechtliche Öffnungsklausel nahezu wörtlich wiederholt und somit auch nicht zwischen den Betroffenenrechten differenziert, ist v. a. der Auffangfunktion des allgemeinen Bundesdatenschutzgesetzes geschuldet. Auf der Ebene der Rechtsanwendung muss der Verantwortliche (z. B. das Statistische Bundesamt) aber sehr wohl differenzieren. Im Rahmen einer wertenden Prognose, bei der dem Verantwortlichen kein Beurteilungsspielraum zukommt, muss er entscheiden, ob das jeweilige Betroffenenrecht den konkreten Zweck der Statistik un-

---

[29] Siehe oben S. 417 ff.
[30] Siehe oben S. 435 ff.
[31] Für die statistischen Ämter der Länder gelten die entsprechenden Vorschriften der Landesdatenschutzgesetze, s. z. B. § 13 Abs. 4 S. 1 LDSG BW.

möglich macht oder zumindest ernsthaft beeinträchtigt. Geboten ist hier also eine rechtsfolgenorientierte Betrachtung. Das Auskunftsrecht wirkt sich – anders als das Recht auf Einschränkung der Verarbeitung oder das Widerspruchsrecht – indes nicht (negativ) auf das Ergebnis aus; es berührt die statistischen Verarbeitungsvorgänge schon gar nicht. Das Recht auf Berichtigung wiederum hat typischerweise einen positiven Effekt auf die statistischen Zwecke, da es prinzipiell geeignet ist, die Qualität der Daten zu verbessern. Auf den Tatbestand des § 27 Abs. 2 S. 2 BDSG (keine Auskunft bei unverhältnismäßigem Aufwand) kann sich die amtliche Statistik indes nicht berufen: Dieser gilt nur für die wissenschaftliche Forschung. Für eine analoge Anwendung fehlt es an der Planwidrigkeit der Regelungslücke.

c) Daneben steht es dem (unionalen oder mitgliedstaatlichen) Gesetzgeber frei, die Rechte der betroffenen Personen auf der Grundlage des Art. 23 DSGVO zu beschränken.[32] Art. 89 Abs. 2 DSGVO entfaltet insofern keine Sperrwirkung: Denn beide Öffnungsklauseln verfolgen unterschiedliche Ziele und sind konzeptionell anders gefasst. Auch der Wortlaut gibt für eine Subsidiarität der allgemeinen Beschränkungsklausel nichts her. Andernfalls wäre die Verarbeitung zu statistischen Zwecken u. U. sogar schlechter gestellt als die Verarbeitung zu nicht-privilegierten Zwecken. Im Ergebnis ist von einem Nebeneinander der beiden Öffnungsklauseln auszugehen. Im Kontext der amtlichen Statistik kann sich der Bundesgesetzgeber daher insbesondere auf den Tatbestand des Art. 23 Abs. 1 Buchst. e DSGVO berufen: Die statistischen Ämter des Bundes und der Länder verfolgen dabei regelmäßig ein wichtiges Ziel des allgemeinen öffentlichen Interesses. Die – verfassungsrechtlich vorausgesetzte – Funktionsfähigkeit der amtlichen Statistik zu erhalten, lässt sich daher grundsätzlich unter diesen Beschränkungstatbestand subsumieren. Auf dieser Grundlage kann der (Bundes-)Gesetzgeber bspw. die Informationspflicht nach Art. 13 DSGVO (Direkterhebung) einschränken, für die ansonsten keine Ausnahmen zugunsten der Statistik vorgesehen sind. Gleichwohl sind auch hier die Voraussetzungen tendenziell streng (vgl. Art. 23 Abs. 2 DSGVO) – so muss nicht nur das beschränkende Gesetz, sondern auch die Anwendung dieses Gesetzes im Einzelfall insbesondere dem Grundsatz der Verhältnismäßigkeit genügen. Dessen ungeachtet greift die statistikrechtliche Pflicht, die zu Befragenden nach § 17 BStatG zu unterrichten (z. B. über die Geheimhaltung, die Auskunftspflicht, die Freiwilligkeit der Auskunftserteilung oder die Rechte und Pflichten der Erhebungsbeauftragten). Soweit sich die statistikrechtlichen Unterrichtungs- und die datenschutzrechtlichen Informationspflichten überschneiden, gehen Letztere kraft Unionsrecht vor (Anwendungsvorrang). § 17 BStatG kommt dann hauptsächlich eine Ergänzungsfunktion zu.

---

[32] Siehe oben S. 458 ff.

*VI. Rechtliche Herausforderungen von Trusted Smart Statistics*

21. Das entwicklungsoffene Konzept von *Trusted Smart Statistics*[33] beschreibt einen Transformationsprozess der amtlichen Statistik, der in einem europäischen Forschungsprojekt („ESSnet Smart Surveys") untersucht worden ist. Kern dieses Konzepts ist es, sog. neue digitale Daten in die Statistikproduktion zu integrieren. Das fordert die amtliche Statistik nicht nur methodologisch, sondern auch rechtlich heraus. Wer Verarbeitungsprozesse auslagert und z.B. auch auf „passive" Daten (wie etwa Standortdaten) zugreifen möchte, ist in der Regel auf die Mitwirkung der betroffenen Personen angewiesen. Um auf (personenbezogene) Daten auf Endgeräten zugreifen oder Daten dort speichern zu dürfen, ist grundsätzlich eine Einwilligung erforderlich.[34] Damit sie wirksam ist, bedarf es einer aktiven Zustimmung der betroffenen Person. Gestalterische oder spielerische Elemente dürfen die Auskunftsperson jedenfalls nicht zu einer Datenpreisgabe „verleiten" – sog. *Dark Patterns*[35] sind regelmäßig unzulässig. Inwieweit die betroffene Person eine informierte Entscheidung treffen kann, hängt auch maßgeblich davon ab, wie transparent die Verarbeitungsprozesse sind. Transparenz ist dabei nicht nur ein datenschutzrechtlicher Grundsatz[36], sondern auch ein konstitutives Element von *Trusted Smart Statistics*. Kurzum: Transparenz schafft Vertrauen – und erhält es. Vor diesem Hintergrund sind die betroffenen Personen über die Verarbeitung ihrer Daten zu informieren. Da die Prozesse oftmals dynamisch und komplex sind, bedarf es innovativer Ansätze, damit die Informationen vollständig und zugleich verständlich sind. Hier kann es sich anbieten, Verarbeitungsprozesse ergänzend zu visualisieren oder Informationen durch spielerische Elemente (*Gamification*) zu vermitteln. Vertrauen kann ferner dann entstehen, wenn die verantwortlichen Statistikstellen die Übermittlungswege z.B. durch eine Verschlüsselung absichern, die dem Stand der Technik entspricht. Dem Grundsatz der Integrität und Vertraulichkeit[37] kommt in dezentralen Verarbeitungssystemen herausragende Bedeutung zu. Zur Vertraulichkeit müssen sich schließlich auch die Personen verpflichten, die die statistischen Ämter in die Datenverarbeitung einbinden – seien es öffentliche oder private IT-Dienstleister. Bei diesen wird es sich regelmäßig um sog. Auftragsverarbeiter handeln, sodass grundsätzlich entsprechende Verarbeitungsverträge abzuschließen sind. Die datenschutzrechtliche Figur der Auftragsverarbeitung[38] befreit indes nicht von der statistikrechtlichen Geheimhaltungspflicht. Setzt bspw. das Statistische Bundesamt einen IT-Dienstleister ein, um eine Bundesstatistik zu

---

[33] Siehe oben S. 469 ff.
[34] Siehe oben S. 528 ff.
[35] Dazu oben S. 483 f.
[36] Siehe oben S. 489 ff.
[37] Art. 5 Abs. 1 Buchst. f DSGVO; dazu oben S. 486 ff.
[38] Siehe oben S. 498 ff.

erstellen, muss es prüfen, ob dem nicht das Statistikgeheimnis (§ 16 BStatG) entgegensteht. Den statistischen Ämtern bleibt es unbenommen, einzelne Verarbeitungsprozesse *privaten* IT-Dienstleistern zu übertragen. Dies verstößt – vorbehaltlich hinreichender Garantien für die Rechte und Freiheiten natürlicher Personen – nicht gegen den verfassungsrechtlichen „Grundsatz digitaler Souveränität"[39]. Besondere Vorsicht ist jedoch dann geboten, wenn der Dienstleister in einem „unsicheren" Drittland sitzt;[40] aus datenschutz- und statistikrechtlichen Gründen (Stichwörter sind hier insbesondere: statistische Geheimhaltung und Abschottungsgebot) sind Datenübermittlungen – gleich ob gewollt oder ungewollt – in unsichere Drittländer im Zweifel zu vermeiden. Amtliche Statistiken können so nicht nur „smart", sondern auch „vertrauenswürdig" durchgeführt werden. Die Muster, die künftig durch *Trusted Smart Statistics* sichtbar gemacht werden könn(t)en, helfen dann *idealiter* auch der Gesellschaft, sich digital „neu" zu entdecken.[41] Das Datenschutzrecht steht solchen innovativen Statistikmethoden jedenfalls nicht grundsätzlich entgegen.

---

[39] Begriff nach *Ernst*, Der Grundsatz digitaler Souveränität, 2020; dazu oben S. 510 ff.
[40] Siehe oben S. 524 ff.
[41] Siehe dazu bereits oben S. 1 mit Einl. Fn. 3.

# Literaturverzeichnis

*Abascal, Julio/Barbosa, Simone/Fetter, Mirko/Gross, Tom, et al.* (Hrsg.), Human-Computer Interaction – INTERACT 2015, Cham, 2015.
*Albers, Marion*, Informationelle Selbstbestimmung, Baden-Baden, 2005.
–, § 22 Umgang mit personenbezogenen Informationen und Daten, in: Schmidt-Aßmann, Eberhard/Hoffmann-Riem, Wolfgang/Voßkuhle, Andreas (Hrsg.), GVerwR, 2. Aufl., München, 2012 (Altauflage).
–, § 22 Umgang mit personenbezogenen Informationen und Daten, in: Voßkuhle, Andreas/ Eifert, Martin/Möllers, Christoph (Hrsg.), GVerwR, 3. Aufl., München, 2022.
*Albers, Sönke/Klapper, Daniel/Konradt, Udo/Walter, Achim/Wolf, Joachim* (Hrsg.), Methodik der empirischen Forschung, 3. Aufl., Wiesbaden, 2009.
*Albrecht, Jan Philipp*, Das neue EU-Datenschutzrecht – von der Richtlinie zur Verordnung, Überblick und Hintergründe zum finalen Text für die Datenschutz- Grundverordnung der EU nach der Einigung im Trilog, CR 2016, S. 88–98.
*Albrecht, Jan Philipp/Jotzo, Florian*, Das neue Datenschutzrecht der EU, Baden-Baden, 2016.
*Amelung, Knut*, Grundsätzliches zur Freiwilligkeit der Einwilligung des Verletzten, NStZ 2006, S. 317–320.
*Andridge, Rebecca R./Little, Roderick J. A.*, A Review of Hot Deck Imputation for Survey Non-response, Int Stat Rev 78 (2010), S. 40–64.
*von Arnim, Hans Herbert*, Volkszählungsurteil und Städtestatistik, Köln, 1987.
*Art. 29-Datenschutzgruppe*, Leitlinien für Transparenz gemäß der Verordnung 2016/679 v. 11.4.2018, WP 260 rev.01.
–, Stellungnahme 4/2007 zum Begriff „personenbezogene Daten" – WP 136, 2007.
–, Stellungnahme 5/2014 zu Anonymisierungstechniken – WP216, 2014.
*Article 29 Data Protection Working Party*, Opinion 03/2013 on purpose limitation, WP 203 (EN), 2.4.2013.
*Ashofteh, Afshin/Bravo, Jorge M.*, Data science training for official statistics: A new scientific paradigm of information and knowledge development in national statistical systems, SJI 37 (2021), S. 771–789.
*Assion, Simon* (Hrsg.), TTDSG, Kommentar, München, 2022.
*von Aswege, Hanka*, Quantifizierung von Verfassungsrecht, Zahlenverwendung im Verfassungstext und Zahlengenerierung durch das Bundesverfassungsgericht im Spannungsfeld natur- und geisteswissenschaftlicher Rationalität, Berlin, 2016.
*Augsberg, Ino*, Verantwortung als Reflexion, Die Konstruktion multilateraler Verantwortung im Informationsverbund, RW 2019, S. 109–122.
*Badura, Peter*, in: Statistisches Bundesamt (Hrsg.), Zum Gesetz über die Statistik für Bundeszwecke, Forum Bundesstatistik, Bd. 9, Stuttgart, 1988, S. 107–117.
*Baer, Susanne*, § 13 Verwaltungsaufgaben, in: Voßkuhle, Andreas/Eifert, Martin/Möllers, Christoph (Hrsg.), GVerwR, 3. Aufl., München, 2022.

*Bauer, Hartmut*, Privatisierung von Verwaltungsaufgaben (3. Bericht), VVDStRL 54 (1995), S. 243–286.

*Baumgartner, Ulrich/Gausling, Tina*, Datenschutz durch Technikgestaltung und datenschutzfreundliche Voreinstellungen, Was Unternehmen jetzt nach der DS-GVO beachten müssen, ZD 2017, S. 308–313.

*Baur, Nina/Blasius, Jörg* (Hrsg.), Handbuch Methoden der empirischen Sozialforschung, Wiesbaden, 2019.

*Behrendt, Svenja*, Entzauberung des Rechts auf informationelle Selbstbestimmung, Eine Untersuchung zu den Grundlagen der Grundrechte, Tübingen, 2023.

*Benda, Ernst*, Privatsphäre und „Persönlichkeitsprofil", Ein Beitrag zur Datenschutzdiskussion, in: Leibholz, Gerhard/Faller, Hans Joachim/Mikat, Paul u. a. (Hrsg.), Menschenwürde und freiheitliche Rechtsordnung – Festschrift Geiger, Tübingen, 1974.

–, Das Recht auf informationelle Selbstbestimmung und die Rechtsprechung des Bundesverfassungsgerichts zum Datenschutz, DuD 1984, S. 86–90.

*Benecke, Alexander/Wagner, Julian*, Öffnungsklauseln in der Datenschutz-Grundverordnung und das deutsche BDSG, Grenzen und Gestaltungsspielräume für ein nationales Datenschutzrecht, DVBl 2016, S. 600–608.

*Berg, Andreas/Bihler, Wolf*, Das Hochrechnungsverfahren für Zusatzmerkmale beim Zensus 2011, WISTA 4/2018, S. 81–90.

*Bethge, Herbert*, § 203. Grundrechtswahrnehmung, Grundrechtsverzicht, Grundrechtsverwirkung, in: Isensee, Josef/Kirchhof, Paul (Hrsg.), HStR IX, 3. Aufl., München, 2011.

*Blanke, Karen/Gauckler, Britta/Sattelberger, Sabine*, Fragebogen auf dem Prüfstand: Testmethoden und deren Einsatz in der amtlichen Statistik, WISTA 8/2008, S. 641–649.

*Blaudow, Christian/Burg, Florian*, Dynamische Preissetzung als Herausforderung für die Verbraucherpreisstatistik, WISTA 2/2018, S. 11–22.

*Blaudow, Christian/Ostermann, Holger*, Entwicklung eines generischen Programms für die Nutzung von Web Scraping in der Verbraucherpreisstatistik, WISTA 5/2020, S. 103–113.

*Blaudow, Christian/Seeger, Daniel*, Fortschritte beim Einsatz von Web Scraping in der amtlichen Verbraucherpreisstatistik, Ein Werkstattbericht, WISTA 4/2019, S. 19–30.

*Blumöhr, Torsten/Teichmann, Corina/Noack, Anke*, Standardisierung der Prozesse: 14 Jahre AG SteP, WISTA 5/2017, S. 58–75.

*Böllhoff, Cornelius/Botta, Jonas*, Das datenschutzrechtliche Verantwortlichkeitsprinzip als Herausforderung für die Verwaltungsdigitalisierung, Einer für alle, alle gemeinsam?, NVwZ 2021, S. 425–430.

*Bönders, Thomas* (Hrsg.), Kompetenz und Verantwortung in der Bundesverwaltung, 30 Jahre Fachhochschule des Bundes für öffentliche Verwaltung, München, 2009.

*Botta, Jonas*, Datenschutz bei E-Learning-Plattformen, Rechtliche Herausforderungen digitaler Hochschulbildung am Beispiel der Massive Open Online Courses (MOOCs), Baden-Baden, 2020.

–, Eine Frage des Niveaus: Angemessenheit drittstaatlicher Datenschutzregime im Lichte der Schlussanträge in „Schrems II", CR 2020, S. 82–89.

–, Zwischen Rechtsvereinheitlichung und Verantwortungsdiffusion: Die Prüfung grenzüberschreitender Datenübermittlungen nach „Schrems II", CR 2020, S. 505–513.

–, Delegierte Selbstbestimmung?, PIMS als Chance und Risiko für einen effektiven Datenschutz, MMR 2021, S. 946–951.

–, Die Datenverkehrsfreiheit, Ein Beitrag zur Schutzgutdebatte im Datenschutzrecht, DVBl 2021, S. 290–296.

–, Der digitale Staat als gläserner Staat, DÖV 2023, S. 421–430.

*Braun, Ralph*, Zensustest 2001, Ergebnisse der Testerhebungen und Ausblick auf ein zukünftiges Zensusmodell, Statistisches Monatsheft Baden-Württemberg 2004, S. 3–10.

*Bräutigam, Peter/Thalhofer, Thomas*, Teil 14. Cloud-Computing, in: Bräutigam, Peter (Hrsg.), IT-Outsourcing und Cloud-Computing, Eine Darstellung aus rechtlicher, technischer, wirtschaftlicher und vertraglicher Sicht, 4. Aufl., Berlin, 2019.

*Brenzel, Hanna/Zwick, Markus*, Eine informationelle Infrastruktur in Deutschland ist erwachsen – das FDZ des Statistischen Bundesamtes, WISTA 6/2022, S. 54–64.

*Britz, Gabriele*, Einzelfallgerechtigkeit versus Generalisierung, Verfassungsrechtliche Grenzen statistischer Diskriminierung, Tübingen, 2008.

–, Informationelle Selbstbestimmung zwischen rechtswissenschaftlicher Grundsatzkritik und Beharren des Bundesverfassungsgerichts, in: Hoffmann-Riem, Wolfgang (Hrsg.), Offene Rechtswissenschaft, Ausgewählte Schriften und begleitende Analysen, Tübingen, 2010.

*Brkan, Maja*, The Essence of the Fundamental Rights to Privacy and Data Protection, Finding the Way Through the Maze of the CJEU's Constitutional Reasoning, German Law Journal 20 (2019), S. 864–883.

*Bröhmer, Jürgen*, Transparenz als Verfassungsprinzip, Tübingen, 2004.

*Bruno, Mauro/De Cubellis, Massimo/Fausti, Fabrizio de/Vitiis, Claudia de*, et al., ESSnet Smart Surveys – Deliverable 3.4 Final Report, 29.6.2022.

*Buchheim, Johannes/Möllers, Christoph*, § 46. Gerichtliche Verwaltungskontrolle als Steuerungsinstrument, in: Voßkuhle, Andreas/Eifert, Martin/Möllers, Christoph (Hrsg.), GVerwR, 3. Aufl., München, 2022.

*Buchner, Benedikt*, Widerrufbarkeit der Einwilligung, DuD 2021, S. 831.

*Bull, Hans Peter*, Datenschutz contra Amtshilfe, Von der „Einheit der Staatsgewalt" zur „informationellen Gewaltenteilung", DÖV 1979, S. 689–696.

–, Die Nummerierung der Bürger und die Angst vor dem Überwachungsstaat, Vollständige Digitalisierung der Verwaltung und Modernisierung aller Register als Wegbereiter eines paternalistischen Verwaltungsstaates?, DÖV 2022, S. 261–274.

*Burgard, Jan Pablo/Münnich, Ralf/Rupp, Martin*, Die Entwicklung des Stichprobenkonzepts für den Zensus 2021, WISTA (Sonderheft Zensus 2021) 2019, S. 23–35.

*Burgi, Martin*, § 75 – Privatisierung, in: Isensee, Josef/Kirchhof, Paul (Hrsg.), HStR IV, 3. Aufl., Heidelberg, 2006.

*Calliess, Christian/Ruffert, Matthias* (Hrsg.), EUV/AEUV, Das Verfassungsrecht der Europäischen Union mit Europäischer Grundrechtecharta, Kommentar, 6. Aufl., München, 2022.

*Cepic, Michael*, Broad Consent: Die erweiterte Einwilligung in der Forschung, ZD-Aktuell 2021, S. 5214.

*Chlumsky, Jürgen/Egeler, Roderich/Zwick, Markus*, Amtliche Statistik: Öffentliche Verwaltung oder Wissenschaft?, in: Bönders, Thomas (Hrsg.), Kompetenz und Verantwortung in der Bundesverwaltung, 30 Jahre Fachhochschule des Bundes für öffentliche Verwaltung, München, 2009, S. 725–735.

*Chlumsky, Jürgen/Zwick, Markus*, Amtliche Statistik und Wissenschaft im Informationszeitalter, Ein Brückenschlag zwischen Disziplinen, in: Rolf, Gabriele/Zwick, Markus/Wagner, Gert G. (Hrsg.), Fortschritte in der informationellen Infrastruktur in Deutschland, Festschrift Hahlen und Krupp, Baden-Baden, 2008, S. 61–76.

*Christen, Peter/Ranbaduge, Thilina/Schnell, Rainer*, Linking Sensitive Data, Methods and Techniques for Practical Privacy-Preserving Information Sharing, Cham, 2020.

*Christensen, Björn*, Anforderungen an eine Statistik-Ausbildung im 21. Jahrhundert vor dem Hintergrund von Statistical (Il-)Literacy, AStA Wirtsch Sozialstat Arch 13 (2019), S. 193–201.

*Cielebak, Julia/Rässler, Susanne*, 30. Data Fusion, Record Linkage und Data Mining, in: Baur, Nina/Blasius, Jörg (Hrsg.), Handbuch Methoden der empirischen Sozialforschung, Wiesbaden, 2019.

*Collesi, Patrizia*, Statistical literacy: a key to comprehend a changing world, AStA Wirtsch Sozialstat Arch 13 (2019), S. 203–211.

*Conrad, Conrad Sebastian*, Die „Verarbeitung" im Sinne der DSGVO – und die Realität, DuD 2021, S. 603–608.

*De Cubellis, Massimo/Fausti, Fabrizio* de/*Vitiis, Claudia* de/*Guandalini, Alessio/Inglese, Francesca*, Deliverable 3.1 Report on the Preliminary Framework, 28.2.2021.

*Daas, Piet J.H./Puts, Marco J.H.*, Social media sentiment and consumer confidence, ECB Statistics Paper (No. 5), 2014.

*Daleki, Wolfgang*, Bundesstatistik über Religionszugehörigkeit, JZ 1983, S. 60–63.

*Dallmann, Michael/Busse, Philipp*, Verarbeitung von öffentlich zugänglichen personenbezogenen Daten, Datenschutzrechtliche Voraussetzungen und Grenzen, ZD 2019, S. 394–399.

*Dammann, Ulrich/Simitis, Spiros*, EG-Datenschutzrichtlinie, Kommentar, Baden-Baden, 1997.

*Danzer, Stephan*, „Solidarität der amtlichen Statistik?" – Verfassungsrechtliche Kompetenzen der amtlichen Statistik, DVBl 2019, S. 673–677.

*Datenethikkommission*, Gutachten, Oktober 2019.

*Datenschutzkonferenz*, Erfahrungsbericht der unabhängigen Datenschutzaufsichtsbehörden des Bundes und der Länder zur Anwendung der DS-GVO, November 2019.

*Davidson, Donald*, Subjective, Intersubjective, Objective, New York, 2001.

*Deeks, Ashley*, The judicial demand for explainable Artificial Intelligence, Columbia Law Review 119 (2019), S. 1829–1850.

*Denkhaus, Wolfgang*, Kap. 1, in: Seckelmann, Margrit (Hrsg.), Digitalisierte Verwaltung, Vernetztes E-Government, 2. Aufl., Berlin, 2019.

*Denninger, Erhard*, § 193 Staatliche Hilfe zur Grundrechtsausübung durch Verfahren, Organisation und Finanzierung, in: Isensee, Josef/Kirchhof, Paul (Hrsg.), HStR IX, 3. Aufl., München, 2011.

*Diercks, Nina/Roth, Heiko Markus*, Datenübermittlung in unsichere Drittstaaten, ZdiW 2021, S. 313–320.

*Dittrich, Stefan*, Der registergestützte Zensus 2021, Weiterentwicklung des Zensus 2011 und weitere Schritte hin zu einem registerbasierten Zensus, WISTA (Sonderheft Zensus 2021) 2019, S. 5–11.

*Dix, Alexander*, 3.5 Konzepte des Systemdatenschutzes, in: Roßnagel, Alexander (Hrsg.), Handbuch Datenschutzrecht, Die neuen Grundlagen für Wirtschaft und Verwaltung, München, 2003.

–, Grundrechtsschutz durch informationelle Gewaltenteilung, in: Roggan, Fredrik/Busch, Dörte (Hrsg.), Das Recht in guter Verfassung?, Festschrift Kutscha, Baden-Baden, 2013, S. 95–104.

*Dorer, Peter/Mainusch, Helmut/Tubies, Helga*, Bundesstatistikgesetz, Kommentar, München, 1988.

*Dorneck, Carina/Gassner, Ulrich M./Kersten, Jens/Lindner, Josef Franz, et al.*, Contextual Consent, Selbstbestimmung diesseits der Illusionen des Medizinrechts, MedR 2019, S. 431–439.

*Dove, Edward S./Chen, Jiahong*, What does it mean for a data subject to make their personal data 'manifestly public'?, Ananalysis of GDPR Article 9(2)(e), IDPL 11 (2021), S. 107–124.

*Dreier, Horst* (Hrsg.), Grundgesetz, Kommentar, 3. Aufl., Tübingen, 2013–2018.

*Dumpert, Florian*, Machine learning in der amtlichen Statistik, Ergebnisse und Bewertung eines internationalen Projekts, WISTA 4/2021, S. 53–63.

*Dumpert, Florian/Beck, Martin*, Einsatz von Machine-Learning-Verfahren in amtlichen Unternehmensstatistiken, AStA Wirtsch Sozialstat Arch 11 (2017), S. 83–106.

*Dürig, Günter/Herzog, Roman/Scholz, Rupert* (Hrsg.), Grundgesetz, Kommentar, 87. EL 2019, München.
*Duttge, Gunnar*, Recht auf Datenschutz?, Ein Beitrag zur Interpretation der grundrechtlichen Schutzbereiche, Der Staat 36 (1997), S. 281–308.
*Ebers, Martin/Hoch, Veronica R. S./Rosenkranz, Frank/Ruschemeier, Hannah/Steinrötter, Björn*, Der Entwurf für eine EU-KI-Verordnung: Richtige Richtung mit Optimierungsbedarf, Eine kritische Bewertung durch Mitglieder der Robotics & AI Law Society (RAILS), RDi 2021, S. 528–537.
*EDPB*, Guidelines 01/2022 on data subject rights – Right of access, Version 2.0 v. 28.3.2023.
–, Guidelines 07/2020 on the concepts of controller and processor in the GDPR, Version 2.0 v. 7.7.2021,
–, Recommendations 01/2020 on measures that supplement transfer tools to ensure compliance with the EU level of protection of personal data, Version 2.0 v. 18.6.2021,
*EDPS*, Opinion of the European Data Protection Supervisor on the data protection reform package, 7.3.2012.
*EDSA*, Leitlinien 2/2018 zu den Ausnahmen nach Artikel 49 der Verordnung 2016/679 v. 25.5.2018.
–, Leitlinien 4/2019 zu Artikel 25 – Datenschutz durch Technikgestaltung und durch datenschutzfreundliche Voreinstellungen, Version 2.0 v. 20.10.2020,
–, Leitlinien 5/2020 zur Einwilligung gemäß Verordnung 2016/679, Version 1.1 v. 4.5.2020,
*Efroni, Zohar/Metzger, Jakob/Mischau, Lena/Schirmbeck, Marie*, Privacy Icons: A Risk-Based Approach to Visualisation of Data Processing, EDPL 2019, S. 352–366.
*Ehmann, Eugen*, Registermodernisierung in Deutschland, Die Steuer-Identifikationsnummer als allgemeine Personenkennziffer, ZD 2021, S. 509–512.
*Ehmann, Eugen/Selmayr, Martin* (Hrsg.), Datenschutz-Grundverordnung, Kommentar, 2. Aufl., München, 2018.
*Eichenhofer, Johannes*, Privatheit im Internet als Vertrauensschutz, Eine Neukonstruktion der Europäischen Grundrechte auf Privatleben und Datenschutz, Der Staat 55 (2016), S. 41–67.
–, e-Privacy, Theorie und Dogmatik eines europäischen Privatheitsschutzes im Internet-Zeitalter, Tübingen, 2021.
*Ellerbrok, Torben*, Die öffentlich-rechtliche Satzung, Dogmatische und theoretische Grundlagen einer Handlungsform der Verwaltung, Tübingen, 2020.
*Elliot, Mark/Domingo-Ferrer, Josep*, The future of statistical disclosure control, Paper published as part of The National Statistician's Quality Review, December 2018.
*Enderle, Tobias/Vollmar, Meike*, Geheimhaltung in der Hochschulstatistik, WISTA 6/2019, S. 87–98.
*Engel, Uwe/Schmidt, Bjorn Oliver*, 27. Unit- und Item-Nonresponse, in: Baur, Nina/Blasius, Jörg (Hrsg.), Handbuch Methoden der empirischen Sozialforschung, Wiesbaden, 2019.
*Engeler, Malte*, Auswirkungen der Datenschutz Grundverordnung auf die Arbeit der justiziellen Beteiligungsgremien, NJOZ 2019, S. 593–602.
*Engeler, Malte/Quiel, Philipp*, Recht auf Kopie und Auskunftsanspruch im Datenschutzrecht, NJW 2019, S. 2201–2206.
*Ernst, Christian*, Der Grundsatz digitaler Souveränität, Eine Untersuchung zur Zulässigkeit des Einbindens privater IT-Dienstleister in die Aufgabenwahrnehmung der öffentlichen Verwaltung, Berlin, 2020.
*Ernst, Stefan*, Die Einwilligung nach der Datenschutzgrundverordnung, Anmerkungen zur Definition nach Art. 4 Nr. 11 DS-GVO, ZD 2017, S. 110–114.
*Eßer, Martin/Kramer, Philipp/von Lewinski, Kai* (Hrsg.), Auernhammer, Bundesdatenschutzgesetz und Nebengesetze, 4. Aufl., Köln, 2014.

*Eßer, Martin/Kramer, Philipp/von Lewinski, Kai* (Hrsg.), Auernhammer, Datenschutz-Grundverordnung, Bundesdatenschutzgesetz und Nebengesetze, 7. Aufl., Köln, 2020.

*European Statistical System Committee*, Bucharest Memorandum on Official Statistics in a Datafied Society (Trusted Smart Statistics) v. 12.10.2018.

*Fahrmeir, Ludwig/Heumann, Christian/Künstler, Rita/Pigeot, Iris/Tutz, Gerhard*, Statistik, Der Weg zur Datenanalyse, 8. Aufl., Berlin, 2016.

*Fassbender, Bardo*, § 76 – Wissen als Grundlage staatlichen Handelns, in: Isensee, Josef/Kirchhof, Paul (Hrsg.), HStR IV, 3. Aufl., Heidelberg, 2006.

*Faulbaum, Frank*, 35. Total Survey Error, in: Baur, Nina/Blasius, Jörg (Hrsg.), Handbuch Methoden der empirischen Sozialforschung, Wiesbaden, 2019.

*Fehling, Michael*, Verwaltung zwischen Unparteilichkeit und Gestaltungsaufgabe, Tübingen, 2001.

*Felderer, Barbara/Birg, Alexandra/Kreuter, Frauke*, 29. Paradaten, in: Baur, Nina/Blasius, Jörg (Hrsg.), Handbuch Methoden der empirischen Sozialforschung, Wiesbaden, 2019.

*Fietz, Jennifer/Friedrichs, Jürgen*, 56. Gesamtgestaltung des Fragebogens, in: Baur, Nina/Blasius, Jörg (Hrsg.), Handbuch Methoden der empirischen Sozialforschung, Wiesbaden, 2019.

*Finck, Michèle/Biega, Asia J.*, Reviving Purpose Limitation and Data Minimisation in Data-Driven Systems, Technology and Regulation 2021, S. 44–61.

*Fischer, Hans Albrecht*, Fiktionen und Bilder in der Rechtswissenschaft, AcP 117 (1919), S. 143–192.

*Flores, Luis Federico/Baumgärtner, Luisa*, Weiterentwicklung der europäischen Produktionsstatistik, WISTA 5/2019, S. 27–43.

*Forgó, Nikolaus/Krügel, Tina*, Der Personenbezug von Geodaten, Cui bono, wenn alles bestimmbar ist?, MMR 2010, S. 17–23.

*Francis, Paul/Probst-Eide, Sebastian/Wagner, David/Bauer, Felix, et al.*, Diffix Elm: Simple Diffix, arXiv:2201.04351v3 [cs.CR].

*Franzius, Claudio*, Strategien der Grundrechtsoptimierung in Europa, EuGRZ 2015, S. 139–152.

*Freier, Benjamin/Mosel, Juliane*, Online First als Leitgedanke für effiziente Primärerhebungen beim Zensus 2021, WISTA (Sonderheft Zensus 2021) 2019, S. 46–58.

*Frenz, Walter*, Handbuch Europarecht, Bd. 4, Europäische Grundrechte, Berlin, 2009.

–, Anmerkung zu EuGH, 2. K., Urt. v. 09.03.2017 – C-398/15 – Begrenzter Datenschutz im Gesellschaftsregister, DVBl 2017, S. 566–568.

*Friauf, Karl Heinrich/Höfling, Wolfram* (Hrsg.), Berliner Kommentar zum Grundgesetz, Köln, 2019.

*Fuß, Ernst-Werner*, Die Nichterklärung der Volksbefragungsgesetze von Hamburg und Bremen, AöR 44 (1958), S. 383–422.

*Gabler, Siegfried/Quatember, Andreas*, Repräsentativität von Subgruppen bei geschichteten Zufallsstichproben, AStA Wirtsch Sozialstat Arch 7 (2013), S. 105–119.

*Gauckler, Britta*, Die Entwicklung des Fragebogens zur Haushaltebefragung des Zensus 2011, Ausgewählte Ergebnisse des quantitativen Feldpretests, WISTA 8/2011, S. 718–734.

*Gawronski, Katharina*, Konzeption eines Bildungsregisters in Deutschland, WISTA 2/2020, S. 37–45.

*Gehle, Christian/Lüüs, Hans-Peter*, Prozessmanagement im Statistischen Bundesamt, WISTA 5/2017, S. 46–57.

*Geis, Max-Emanuel*, § 18. Eingriffsverwaltung, in: Kahl, Wolfgang/Ludwigs, Markus (Hrsg.), HVerwR I, München, 2021.

*Geminn, Christian L./Laubach, Anne/Fujiwara, Shizuo*, Schutz anonymisierter Daten im japanischen Datenschutzrecht, Kommentierung der neu eingeführten Kategorie der „Anonymously Processed Information", ZD 2018, S. 413–420.

*Geminn, Christian L.*, Wissenschaftliche Forschung und Datenschutz, Neuerungen durch die Datenschutz-Grundverordnung, DuD 2018, S. 640–646.

*Geminn, Christian L./Francis, Leon/Herder, Karl-Raban*, Die Informationspräsentation im Datenschutzrecht, Auf der Suche nach Lösungen, ZD-Aktuell 2021, S. 5335.

*Georgieva, Ludmila/Kuner, Christopher*, Article 9, in: Kuner, Christopher/Bygrave, Lee A./ Docksey, Christopher (Hrsg.), The EU General Data Protection Regulation (GDPR) – A Commentary, Oxford, 2020.

*Giar, Katharina/Hohlstein, Franziska/Wipke, Mirco/Scharnagl, Alexander*, Konzeption eines Statistischen Bildungsverlaufsregisters in Deutschland, Entwicklungen bis 2023 und Ausgestaltungsoptionen, WISTA 3/2023, S. 51–62.

*Gierschmann, Sybille*, Gemeinsame Verantwortlichkeit in der Praxis, Systematische Vorgehensweise zur Bewertung und Festlegung, ZD 2020, S. 69–73.

–, Gestaltungsmöglichkeiten durch systematisches und risikobasiertes Vorgehen – Was ist schon anonym?, Planung und Bewertung der Risiken der Anonymisierung, ZD 2021, S. 482–486.

*Gierschmann, Sybille/Schlender, Katharina/Stentzel, Rainer/Veil, Winfried* (Hrsg.), Datenschutz-Grundverordnung, Kommentar, Köln, 2018.

*Giessing, Sarah/Dittrich, Stefan*, Tabellengeheimhaltung im statistischen Verbund – ein Verfahrensvergleich am Beispiel der Umsatzsteuerstatistik, WISTA 8/2006, S. 805–814.

*Gola, Peter*, Neues Recht – neue Fragen: Einige aktuelle Interpretationsfragen zur DSGVO, Zur Relevanz von in der Rechtsnorm sich nicht wiederfindenden Erwägungsgründen, K&R 2017, S. 145–149.

*Gola, Peter* (Hrsg.), Datenschutz-Grundverordnung, Kommentar, 2. Aufl., München, 2018.

*Gola, Peter/Heckmann, Dirk* (Hrsg.), BDSG, Kommentar, 13. Aufl., München, 2019.

*Gola, Peter/Schomerus, Rudolf* (Hrsg.), BDSG, Kommentar, 12. Aufl., 2015.

*Golla, Sebastian J.*, § 23 Datenschutz in Forschung und Hochschullehre, in: Specht, Louisa/ Mantz, Reto (Hrsg.), Handbuch Europäisches und deutsches Datenschutzrecht, München, 2019.

*Golla, Sebastian J./Hofmann, Henning/Bäcker, Matthias*, Connecting the Dots, Sozialwissenschaftliche Forschung in Sozialen Online-Medien im Lichte von DS-GVO und BDSG-neu, DuD 2018, S. 89–100.

*Golla, Sebastian J./Skobel, Eva*, „Sie haben doch nichts zu verbergen?", Zur Möglichkeit einer Einwilligung in die Datenverarbeitung im Geltungsbereich der Richtlinie (EU) 2016/680, GSZ 2019, S. 140–145.

*Golla, Sebastian J./von Schönfeld, Max*, Kratzen und Schürfen im Datenmilieu – Web Scraping in sozialen Netzwerken zu wissenschaftlichen Forschungszwecken, K&R 2019, S. 15–21.

*Gömann, Merlin*, Das öffentlich-rechtliche Binnenkollisionsrecht der DS-GVO, Unionaler Anwendungsbereich mitgliedstaatlichen Anpassungsrechts zur Datenschutz-Grundverordnung, Tübingen, 2021.

*Göritz, Anja S.*, Incentives in Web Studies: Methodological Issues and a Review, International Journal of Internet Science 1 (2006), S. 58–70.

*Gößl, Thomas*, Der Zensus vor dem Bundesverfassungsgericht, Das Urteil vom 19. September 2018, Statistische Monatshefte Niedersachsen 2018, S. 610–617.

–, „Informationsflut" im Umwelt- und Wasserrecht, Amtliche Statistik als Lotse, ZGI 2022, S. 17–23.

*Grabitz, Eberhard/Hilf, Meinhard* (Hrsg.), Das Recht der Europäischen Union, Band IV Sekundärrecht, A. Verbraucher und Datenschutzrecht, 40. EL, 2009.

*Grabitz, Eberhard/Hilf, Meinhard/Nettesheim, Martin* (Hrsg.), Das Recht der Europäischen Union, 67. EL (Juni 2019), München.

*von Grafenstein, Maximilian*, The principle of purpose limitation in data protection laws, The risk-based approach, principles, and private standards as elements for regulating innovation, Baden-Baden, 2018.

*Greb, Klaus*, Der Anspruch der Wissenschaft auf Überlassung und Nutzung (steuer-)statistischer Daten, Die Verwaltung 44 (2011), S. 563–576.

*Grimm, Dieter*, Der Datenschutz vor einer Neuorientierung, JZ 2013, S. 585–592.

*Groeben, Hans von der/Schwarze, Jürgen/Hatje, Armin* (Hrsg.), Europäisches Unionsrecht, Vertrag über die Europäische Union, Vertrag über die Arbeitsweise der Europäischen Union, Charta der Grundrechte der Europäischen Union, 7. Aufl., Baden-Baden, 2015.

*Gröpl, Christoph*, § 121. Wirtschaftlichkeit und Sparsamkeit staatlichen Handelns, in: Isensee, Josef/Kirchhof, Paul (Hrsg.), HStR V, 3. Aufl., Heidelberg, 2007.

*Groß, Gerhard*, Das Recht auf informationelle Selbstbestimmung mit Blick auf die Volkszählung 1987, das neue Bundesstatistikgesetz und die Amtshilfe, AöR 113 (1988), S. 161–213.

*Groß, Thomas*, Ressortforschung, Agenturen und Beiräte – zur notwendigen Pluralität der staatlichen Wissensinfrastruktur, Die Verwaltung 2010 (Beiheft 9), S. 135–155.

–, § 15 Die Verwaltungsorganisation als Teil der Staatsorganisation, in: Voßkuhle, Andreas/Eifert, Martin/Möllers, Christoph (Hrsg.), GVerwR, 3. Aufl., München, 2022.

*Grundwald, Sven/Krause, Anja*, Umgang mit fehlenden Angaben in der Gebäude- und Wohnungszählung 2011, WISTA 2014, S. 437–449.

*Guckelberger, Annette*, Öffentliche Verwaltung im Zeitalter der Digitalisierung, Analysen und Strategien zur Verbesserung des E-Governments aus rechtlicher Sicht, Baden-Baden, 2019.

*Gühr, Alisha/Karper, Irene/Maseberg, Sönke*, Der lange Weg zur Akkreditierung nach Art. 42 DSGVO, DuD 2020, S. 649–653.

*Gusy, Christoph*, Der transparente Staat, DVBl 2013, S. 941–948.

–, Datenschutz als Privatheitsschutz oder Datenschutz statt Privatheitsschutz?, EuGRZ 2018, S. 244–255.

–, Das Trennungsprinzip zwischen Informationen von Nachrichtendiensten und Polizei, GSZ 2021, S. 141–149.

*Gutmann, Thomas*, Freiwilligkeit als Rechtsbegriff, München, 2001.

*Haase, Martin Sebastian*, Datenschutzrechtliche Fragen des Personenbezugs, Eine Untersuchung des sachlichen Anwendungsbereiches des deutschen Datenschutzrechts und seiner europarechtlichen Bezüge, Tübingen, 2015.

*Habersack, Mathias/Mayer, Christian*, § 14. Die überschießende Umsetzung von Richtlinien, in: Riesenhuber, Karl (Hrsg.), Europäische Methodenlehre, Handbuch für Ausbildung und Praxis, 3. Aufl., Berlin, München, Boston, 2014.

*Hacker, Philipp*, Datenprivatrecht, Neue Technologien im Spannungsfeld von Datenschutzrecht und BGB, Tübingen, 2020.

*Häder, Michael/Häder, Sabine*, Stichprobenziehung in der quantitativen Sozialforschung, in: Baur, Nina/Blasius, Jörg (Hrsg.), Handbuch Methoden der empirischen Sozialforschung, Wiesbaden, 2019.

*Hagenkort-Rieger, Susanne/Sewald, Nadin*, Theoretische und praktische Ansätze der Inflationsmessung in Zeiten der Corona-Pandemie, WISTA 1/2021, S. 19–33.

*Hanloser, Stefan*, Schutz der Geräteintegrität durch § 25 TTDSG, Neue Cookie-Regeln ab dem 1.12.2021, ZD 2021, S. 399–403.

*Hänold, Stefanie*, Die Zulässigkeit eines „broad consent" in der medizinischen Forschung – a never ending story?, ZD-Aktuell 2020, S. 6954.

*Hansen, Malte*, Dynamische Preissetzung im Onlinehandel: Zu den Auswirkungen auf den Verbraucherpreisindex, WISTA 5/2020, S. 91–102.

*Harms, Johannes/Biegler, Stefan/Wimmer, Christoph/Kappel, Karin/Grechenig, Thomas*, Gamification of Online Surveys: Design Process, Case Study, and Evaluation, in: Abascal, Julio/Barbosa, Simone/Fetter, Mirko u. a. (Hrsg.), Human-Computer Interaction – INTERACT 2015, Cham, 2015, S. 219–236.

*Hartmann, Peter H./Lengerer, Andrea*, 89. Verwaltungsdaten und Daten der amtlichen Statistik, in: Baur, Nina/Blasius, Jörg (Hrsg.), Handbuch Methoden der empirischen Sozialforschung, Wiesbaden, 2019, S. 1223–1231.

*Hartung, Barbara*, Niedersächsisches Statistikgesetz, Kommentar, Hannover, 1988.

*Hartzog, Woodrow*, What is Privacy? That's the Wrong Question, The University of Chicago Law Review 88 (2021), S. 1677–1688.

*Hartzog, Woodrow/Stutzman, Frederic*, The case for online obscurity, Calif. L. Rev. 101 (2013), S. 1–49.

*Hau, Wolfgang/Poseck, Roman* (Hrsg.), Beck'scher Online-Kommentar BGB, 61. Ed., München, 2022.

*Hauf, Stefan/Stehrenberg, Shari/Zwick, Markus*, EXDAT – Experimentelle Daten und Methoden für eine innovative Statistik, WISTA 4/2020, S. 51–61.

*Heberlein, Horst*, Konkordanz der Grundrechte – multipler Grundrechtsschutz durch die Datenschutz-Grundverordnung, DVBl 2020, S. 1225–1232.

*Heckmann, Dirk*, IT-Outsourcing der Öffentlichen Hand, in: Bräutigam, Peter (Hrsg.), IT-Outsourcing und Cloud-Computing, Eine Darstellung aus rechtlicher, technischer, wirtschaftlicher und vertraglicher Sicht, 4. Aufl., Berlin, 2019.

*Heinig, Hans Michael/Kingreen, Thorsten/Lepsius, Oliver/Möllers, Christoph, et al.*, Why Constitution Matters – Verfassungsrechtswissenschaft in Zeiten der Corona-Krise, JZ 2020, S. 861.

*Heintzen, Markus*, Beteiligung Privater an der Wahrnehmung öffentlicher Aufgaben und staatliche Verantwortung, VVDStRL 62 (2003), S. 220–265.

*Hentschel, Anja/Hornung, Gerrit/Jandt, Silke* (Hrsg.), Mensch – Technik – Umwelt: Verantwortung für eine sozialverträgliche Zukunft, Festschrift Roßnagel, Baden-Baden, 2020.

*Herberger, Marie*, „Ausnahmen sind eng auszulegen", Die Ansichten beim Gerichtshof der Europäischen Union, Berlin, 2016.

*Herbst, Tobias*, Gesetzgebungskompetenzen im Bundesstaat, Eine Rekonstruktion der Rechtsprechung des Bundesverfassungsgerichts, Tübingen, 2014.

–, Autonomie und broad consent in der medizinischen Forschung, RphZ 2019, S. 271–287.

*Hermstrüwer, Yoan*, Informationelle Selbstgefährdung, Zur rechtsfunktionalen, spieltheoretischen und empirischen Rationalität der datenschutzrechtlichen Einwilligung und des Rechts auf informationelle Selbstbestimmung, Tübingen, 2016.

*Hilbert, Patrick*, Der Datenschutz der Parlamente, NVwZ 2021, S. 1173–1177.

*Hilf, Meinhard*, § 164 Die Schranken der EU-Grundrechte, in: Merten, Delef/Papier, Hans-Jürgen (Hrsg.), Handbuch der Grundrechte VI/1, 2010.

*Hillgruber, Christian*, Der Schutz des Menschen vor sich selbst, München, 1992.

*Himme, Alexander*, Gütekriterien der Messung: Reliabilität, Validität und Generalisierbarkeit, in: Albers, Sönke/Klapper, Daniel/Konradt, Udo u. a. (Hrsg.), Methodik der empirischen Forschung, 3. Aufl., Wiesbaden, 2009.

*Hirner, Stephanie/Stiglmayr, Susanne*, Der Referenzdatenbestand im Zensus 2011, WISTA 1/2013, S. 30–41.

*Hirschey, Jeffrey Kenneth*, Symbiotic Relationships: Pragmatic Acceptance of Data Scraping, Berkeley Tech. L.J. 29 (2014), S. 897–927.

*Hoffmann, Bernhard*, Zweckbindung als Kernpunkt eines prozeduralen Datenschutzansatzes, Das Zweckproblem aus theoretischer und praktischer Sicht, 1991.

*Hoffmann-Riem, Wolfgang*, Informationelle Selbstbestimmung in der Informationsgesellschaft, Auf dem Wege zu einem neuen Konzept des Datenschutzes, AöR 123 (1998), S. 513–540.

–, Grundrechts- und Funktionsschutz für elektronisch vernetzte Kommunikation, AöR 2009, S. 513–541.

*Hoffmann-Riem, Wolfgang* (Hrsg.), Offene Rechtswissenschaft, Ausgewählte Schriften und begleitende Analysen, Tübingen, 2010.

–, Recht im Sog der digitalen Transformation, Tübingen, 2022.

*Hoffmann-Riem, Wolfgang/Bäcker, Matthias*, § 32 Rechtsformen, Handlungsformen, Folgenformen, in: Voßkuhle, Andreas/Eifert, Martin/Möllers, Christoph (Hrsg.), GVerwR, 3. Aufl., München, 2022.

*Höhne, Jörg*, Verfahren zur Anonymisierung von Einzeldaten, Statistik und Wissenschaft, Band 16, 2010.

*Höhne, Jörg/Höninger, Julia*, Die Cell-Key-Methode – ein Geheimhaltungsverfahren, Statistische Monatshefte Niedersachsen 1 (2019), S. 18–23.

*Hölder, Egon*, in: Statistisches Bundesamt (Hrsg.), Zum Gesetz über die Statistik für Bundeszwecke, Forum Bundesstatistik, Bd. 9, Stuttgart, 1988, S. 134–168.

*Hong, Mathias*, Der Menschenwürdegehalt der Grundrechte, Grundfragen, Entstehung und Rechtsprechung, Tübingen, 2019.

*Hornung, Gerrit/Gilga, Carolin*, Einmal öffentlich – für immer schutzlos?, Die Zulässigkeit der Verarbeitung öffentlicher personenbezogener Daten, CR 2020, S. 367–379.

*Hornung, Gerrit/Hofmann, Kai*, Die Auswirkungen der europäischen Datenschutzreform auf die Markt- und Meinungsforschung, ZD-Beil. 2017, S. 1–16.

*Hornung, Gerrit/Wagner, Bernd*, Anonymisierung als datenschutzrelevante Verarbeitung?, Rechtliche Anforderungen und Grenzen für die Anonymisierung personenbezogener Daten, ZD 2020, S. 223–228.

*Hoshino, Nobuaki*, A firm foundation for statistical disclosure control, Japanese Journal of Statistics and Data Science 3 (2020), S. 721–746.

*Hundenborn, Janina/Enderer, Jörg*, Die Neuregelung des Mikrozensus ab 2020, WISTA 6/2019, S. 9–17.

*Hundepool, Anco/Domingo-Ferrer, Josep/Franconi, Luisa/Giessing, Sarah, et al.*, Statistical Disclosure Control, Chichester, West Sussex (United Kingdom), 2012.

*Hunzinger, Sven*, Das Löschen im Datenschutzrecht, Baden-Baden, 2018.

*Ighreiz, Ali/Möllers, Christoph/Rolfes, Louis/Shadrova, Anna/Tischbirek, Alexander*, Karlsruher Kanones?, Selbst- und Fremdkanonisierung der Rechtsprechung des Bundesverfassungsgerichts, AöR 145 (2020), S. 537–613.

*Isensee, Josef*, Die typisierende Verwaltung, Gesetzesvollzug im Massenverfahren am Beispiel der typisierenden Betrachtungsweise des Steuerrechts, Berlin, 1976.

–, § 73 – Staatsaufgaben, in: Isensee, Josef/Kirchhof, Paul (Hrsg.), HStR IV, 3. Aufl., Heidelberg, 2006.

*Jarass, Hans D.*, Charta der Grundrechte der EU, Kommentar, 4. Aufl., München, 2021.

*Jarass, Hans D./Pieroth, Bodo* (Hrsg.), Grundgesetz für die Bundesrepublik Deutschland, Kommentar, 16. Aufl., München, 2020.

*Jestaedt, Matthias*, § 16 Grundbegriffe des Verwaltungsorganisationsrechts, in: Voßkuhle, Andreas/Eifert, Martin/Möllers, Christoph (Hrsg.), GVerwR, 3. Aufl., München, 2022.

*Joecks, Wolfgang/Miebach, Klaus* (Hrsg.), Münchener Kommentar zum StGB, 4. Aufl., München, 2020.

*Johannes, Paul C./Richter, Philipp*, Privilegierte Verarbeitung im BDSG-E, Regeln für Archivierung, Forschung und Statistik, DuD 2017, S. 300–305.
*Kahl, Wolfgang*, § 13 Gesetzesfolgenabschätzung und Nachhaltigkeitsprüfung, in: Kluth, Winfried/Krings, Günter (Hrsg.), Gesetzgebung, Heidelberg, 2014.
–, § 45. Kontrolle der Verwaltung und des Verwaltungshandelns, in: Voßkuhle, Andreas/Eifert, Martin/Möllers, Christoph (Hrsg.), GVerwR, 3. Aufl., München, 2022.
*Kahl, Wolfgang/Waldhoff, Christian/Walter, Christian* (Hrsg.), Bonner Kommentar zum Grundgesetz, 200. EL, Heidelberg, 2019.
*Kämmerer, Jörn Axel/Kotzur, Markus*, Vollendung des Grundrechtsverbunds oder Heimholung des Grundrechtsschutzes?, Die BVerfG-Beschlüsse zum „Recht auf Vergessen" als Fanal, NVwZ 2020, S. 177–184.
*Keusch, Florian/Struminskaya, Bella/Antoun, Christopher/Couper, Mick P./Kreuter, Frauke*, Willingness to Participate in Passive Mobile Data Collection, Public Opinion Quarterly 83 (2019), S. 210–235.
*Kibler, Cornelia*, Datenschutzaufsicht im europäischen Verbund, Tübingen, 2021.
*Kibler, Cornelia/Sandhu, Aqilah*, Vorwirkung von EU-Verordnungen am Beispiel der Datenschutz-Grundverordnung, NVwZ 2018, S. 528–533.
*Kienle, Thomas*, Anmerkung zu BVerfG, Urteil vom 19.9.2018 – 2 BvF 1/15, 2 BvF 2/15, ZD 2018, S. 581–582.
–, Datenmündigkeit, Zur Rechtsstellung von Kindern in der Datenschutz-Grundverordnung, PinG 2020, S. 208–214.
–, Die Verarbeitung sensibler Daten – Begriff und Rechtsfolgen, Anm. zu EuGH, Urteil vom 1.8.2022 (C-184/20), LTZ 2023, S. 50–67.
*Kienle, Thomas/Wenzel, Michael*, BVerfG billigt Testlauf für den Zensus 2021: Eilantrag gegen § 9a ZensVorbG 2021 erfolglos, ZD-Aktuell 2019, S. 6485.
*Kiesl, Hans*, 28. Gewichtung, in: Baur, Nina/Blasius, Jörg (Hrsg.), Handbuch Methoden der empirischen Sozialforschung, Wiesbaden, 2019.
*Kindhäuser, Urs/Neumann, Ulfrid/Paeffgen, Hans-Ullrich* (Hrsg.), Strafgesetzbuch, Kommentar, 5. Aufl., Baden-Baden, 2017.
*Kingreen, Thorsten*, Die Grundrechte des Grundgesetzes im europäischen Grundrechtsföderalismus, JZ 2013, S. 801–811.
*Kingreen, Thorsten/Poscher, Ralf*, Grundrechte, Staatsrecht II, 36. Aufl., Heidelberg, 2020.
*Klement, Jan Henrik*, Öffentliches Interesse an Privatheit, Das europäische Datenschutzrecht zwischen Binnenmarkt, Freiheit und Gemeinwohl, JZ 2017, S. 161–170.
*Klezl-Norberg, Felix*, Allgemeine Methodenlehre der Statistik, 2. Aufl., Wien, 1946.
*Kloepfer, Michael*, Der Vorbehalt des Gesetzes im Wandel, JZ 1984, S. 685–695.
*Kment, Martin/Vorwalter, Sebastian*, Beurteilungsspielraum und Ermessen, JuS 2015, S. 193–201.
*Knauff, Matthias/Lehmann, Lennard*, Das Registermodernisierungsgesetz, Der Bürger als Nummer oder Verwaltungsvereinfachung durch Digitalisierung?, DÖV 2022, S. 159–164.
*Kneuper, Ralf/Jacobs, Sven*, Softwaretest mit Originaldaten, Eine Analyse aus Sicht des Datenschutzes, DuD 2021, S. 163–167.
*Koch, Gertraud*, 77. Digitale Selbstvermessung, in: Baur, Nina/Blasius, Jörg (Hrsg.), Handbuch Methoden der empirischen Sozialforschung, Wiesbaden, 2019.
*Kohl, Uta/Eisler, Jacob* (Hrsg.), Data-Driven Personalisation in Markets, Politics and Law, Cambridge, 2021.
*Kolain, Michael/Grafenauer, Christian/Ebers, Martin*, Anonymity Assessment – A Universal Tool for Measuring Anonymity of Data Sets under the GDPR with a Special Focus on Smart Robotics, Rutgers Computer & Tech. L.J. 48 (2022), S. 174–223.

*Köndgen, Johannes*, § 6 – Die Rechtsquellen des Europäischen Privatrechts, in: Riesenhuber, Karl (Hrsg.), Europäische Methodenlehre, Handbuch für Ausbildung und Praxis, 3. Aufl., Berlin, München, Boston, 2014.

*König, Ariane/Pickar, Karl/Stankiewicz, Jacek/Hondrila, Kristina*, Can citizen science complement official data sources that serve as evidence-base for policies and practice to improve water quality?, SJI 37 (2021), S. 189–204.

*Körner, Anne/Leitherer, Stephan/Mutschler, Bernd/Rolfs, Christian* (Hrsg.), Kasseler Kommentar Sozialversicherungsrecht, 112. EL, München, 2020.

*Körner, Thomas/Krause, Anja/Ramsauer, Kathrin*, Anforderungen und Perspektiven auf dem Weg zu einem künftigen Registerzensus, WISTA (Sonderheft Zensus 2021) 2019, S. 74–87.

*Kotschy, Waltraut*, in: Kuner, Christopher/Bygrave, Lee A./Docksey, Christopher (Hrsg.), The EU General Data Protection Regulation (GDPR) – A Commentary, Oxford, 2020.

*Krebs, Dagmar/Menold, Natalja*, Gütekriterien quantitativer Sozialforschung, in: Baur, Nina/Blasius, Jörg (Hrsg.), Handbuch Methoden der empirischen Sozialforschung, Wiesbaden, 2019.

*Kröger, Malte*, Unabhängigkeitsregime im europäischen Verwaltungsverbund, Baden-Baden, 2020.

*Kröger, Malte/Pilniok, Arne*, Verwaltungsorganisation unter Europäisierungsdruck, Zur fachlichen Unabhängigkeit der mitgliedstaatlichen Statistikämter als unionsrechtlichem Prinzip, DÖV 2015, S. 917–927.

*Krönke, Christoph*, Datenpaternalismus, Staatliche Interventionen im Online-Datenverkehr zwischen Privaten, dargestellt am Beispiel der Datenschutz-Grundverordnung, Der Staat 55 (2016), S. 319–351.

–, Sandkastenspiele, „Regulatory Sandboxes" aus der Perspektive des Allgemeinen Verwaltungsrechts, JZ 2021, S. 434–443.

*Krügel, Tina*, Das personenbezogene Datum nach der DS-GVO, Mehr Klarheit und Rechtssicherheit?, ZD 2017, S. 455–459.

*Krüger, Nelli*, Maßnahmen zur Steigerung der Teilnahmebereitschaft an Haushaltserhebungen der amtlichen Statistik, WISTA 4/2019, S. 56–66.

*Kruis, Tobias*, Der Anwendungsvorrang des EU-Rechts in Theorie und Praxis, Tübingen, 2013.

*Kube, Hanno*, § 91. Neue Medien – Internet, in: Isensee, Josef/Kirchhof, Paul (Hrsg.), HStR IV, 3. Aufl., Heidelberg, 2006.

–, Vertrauen im Verfassungsstaat, AöR 146 (2021), S. 494–519.

*Kühling, Jürgen*, Die Europäisierung des Datenschutzrechts, Gefährdung deutscher Grundrechtsstandards, Baden-Baden, 2014.

–, Anmerkung zu BVerfG, Urt. v. 15.12.1983 – 1 BvR 209/83 u. a., NJW 2017, S. 3069–3070.

–, Das „Recht auf Vergessenwerden" vor dem BVerfG, November(r)evolution für die Grundrechtsarchitektur im Mehrebenensystem, NJW 2020, S. 275–280.

–, Der datenschutzrechtliche Rahmen für Datentreuhänder, Chancen für mehr Kommerzialisierungsfairness und Datensouveränität?, ZfDR 2021, S. 1–26.

–, Reichweite der Auskunftspflicht bei Statistikdaten, Besonderheiten der dynamischen Datenverarbeitung, ZD 2021, S. 74–79.

–, Scoring, Plausibilisierung und Imputation, Liegen beauskunftspflichtige personenbezogene Daten vor?, DuD 2021, S. 168–172.

–, Reform des Bundesstatistikgesetzes, ZGI 2023, S. 3–10.

*Kühling, Jürgen* (Hrsg.), BStatG, Kommentar, München, 2023.

*Kühling, Jürgen/Buchner, Benedikt* (Hrsg.), Datenschutz-Grundverordnung/BDSG, Kommentar, 2. Aufl., München, 2018.

*Kühling, Jürgen/Buchner, Benedikt* (Hrsg.), Datenschutz-Grundverordnung/BDSG, 3. Aufl., 2020.
*Kühling, Jürgen/Klar, Manuel*, Anmerkung zu EuGH, Urteil vom 19.10.2016 – C-582/14 – Breyer, ZD 2017, S. 27–29.
*Kühling, Jürgen/Klar, Manuel/Sackmann, Florian*, Datenschutzrecht, 5. Aufl., Heidelberg, 2021.
*Kühling, Jürgen/Martini, Mario*, Die Datenschutz-Grundverordnung: Revolution oder Evolution im europäischen und deutschen Datenschutzrecht?, EuZW 2016, S. 448–454.
*Kühling, Jürgen/Martini, Mario/Heberlein, Johanna/Kühl, Benjamin, et al.*, Die Datenschutz-Grundverordnung und das nationale Recht, Erste Überlegungen zum innerstaatlichen Regelungsbedarf, Münster, 2016.
*Kühling, Jürgen/Sackmann, Florian*, Das Mehrebenensystem der Datenschutzgrundrechte im Lichte der Rechtsprechung von BVerfG und EuGH, JURA 2018, S. 364–377.
*Kühling, Jürgen/Schildbach, Roman*, Corona-Apps – Daten- und Grundrechtsschutz in Krisenzeiten, NJW 2020, S. 1545–1550.
–, Die Reform der Datentransparenzvorschriften im SGB V, NZS 2020, S. 41–50.
*Kühnemann, Heidi*, Anwendungen des Web Scraping in der amtlichen Statistik, AStA Wirtsch Sozialstat Arch 15 (2021), S. 5–25.
*Kumkar, Lea Katharina/Roth-Isigkeit, David*, Erklärungspflichten bei automatisierten Datenverarbeitungen nach der DSGVO, JZ 2020, S. 277–286.
*Kuner, Christopher/Bygrave, Lee A./Docksey, Christopher* (Hrsg.), The EU General Data Protection Regulation (GDPR) – A Commentary, Oxford, 2020.
*Kunzendorf, Friederike Simone*, Gelenkter Wille, Das Nudging-Konzept zwischen Selbstbestimmungsfreiheit und Rechtsstaatsprinzip, Tübingen, 2021.
*Kuratli, Peter*, Die öffentliche Statistik im Recht, Zugleich ein Beitrag zur Bedeutung von statistisch-ethischen Regelwerken, Zürich, 2017.
*Ladeur, Karl-Heinz*, Das Recht auf informationelle Selbstbestimmung: Eine juristische Fehlkonstruktion?, DÖV 2009, S. 45–55.
–, § 21. Die Kommunikationsinfrastruktur der Verwaltung, in: Voßkuhle, Andreas/Eifert, Martin/Möllers, Christoph (Hrsg.), GVerwR, 3. Aufl., München, 2022.
*Lange, Kerstin/Pötzsch, Olga*, Neues Imputationsverfahren bei Antwortausfällen zu geborenen Kindern im Mikrozensus, WISTA 5/2019, S. 9–26.
*Larenz, Karl/Canaris, Claus-Wilhelm*, Methodenlehre der Rechtswissenschaft, 3. Aufl., Berlin, 1995.
*Laue, Philip/Kremer, Sascha*, Das neue Datenschutzrecht in der betrieblichen Praxis, 2. Aufl., Baden-Baden, 2019.
*Laue, Philipp*, Öffnungsklauseln in der DS-GVO – Öffnung wohin?, Geltungsbereich einzel staatlicher (Sonder-)Regelungen, ZD 2016, S. 463–467.
*Lawrence, Alexander J./Ehle, Kristina*, Combatting Unauthorized Webscraping, The remaining options in the United States for owners of public websites despite the recent hiQ Labs v. LinkedIn decision, CRi 2019, S. 171–174.
*de Lazzer, Jakob/Rengers, Martina*, Auswirkungen der Coronakrise auf den Arbeitsmarkt: Experimentelle Statistiken aus Daten von Online-Jobportalen, WISTA 3/2021, S. 71–88.
*Leibholz, Gerhard/Faller, Hans Joachim/Mikat, Paul/Reis, Hans* (Hrsg.), Menschenwürde und freiheitliche Rechtsordnung – Festschrift Geiger, Tübingen, 1974.
*Leibold, Kevin/Roth, Heiko Markus*, Gelegentliche bzw. nicht wiederholte Datenverarbeitung? Auslegungsschwierigkeiten bei Art. 49 DS-GVO, ZD-Aktuell 2021, S. 5247.
*Lenaerts, Koen*, Die EU-Grundrechtecharta: Anwendbarkeit und Auslegung, EuR 2012, S. 3–18.

–, Limits on Limitations: The Essence of Fundamental Rights in the EU, German Law Journal 2019, S. 779–793.
*von Lewinski, Kai*, Die Matrix des Datenschutzes, Tübingen, 2014.
*von Lewinski, Kai/Gülker, Marvin*, Europa-, verfassungs- und datenschutzrechtliche Grundfragen des Registermodernisierungsgesetzes (RegMoG), DVBl 2021, S. 633–641.
*Lindner, Eric*, Die datenschutzrechtliche Einwilligung nach §§ 4 Abs. 1, 4a BDSG – ein zukunftsfähiges Institut?, Hamburg, 2013.
*Lorentz, Nora*, Profiling – Persönlichkeitsschutz durch Datenschutz?, Tübingen, 2020.
*Ludwigs, Markus*, Die Verfahrensautonomie der Mitgliedstaaten, Euphemismus oder Identitätsfaktor?, NVwZ 2018, S. 1417–1422.
*Luguri, Jamie/Strahilevitz, Lior Jacob*, Shining a Light on Dark Patterns, Journal of Legal Analysis 13 (2021), S. 43–109.
*Mager, Ute*, § 166 Freiheit von Forschung und Lehre, in: Isensee, Josef/Kirchhof, Paul (Hrsg.), HStR VII, 3. Aufl., Heidelberg, 2009.
*Maier, Lucia*, Methodik und Durchführung der Zeitverwendungserhebung 2012/2013, WISTA 2014, S. 674–679.
*Mallmann, Otto*, Zielfunktionen des Datenschutzes, Schutz der Privatsphäre – Korrekte Information, Frankfurt am Main, 1977.
*von Mangoldt, Hermann/Klein, Friedrich/Pestalozza, Christian* (Hrsg.), Das Bonner Grundgesetz, Kommentar, 3. Aufl., München, 1996 (Altauflage).
*von Mangoldt, Hermann/Klein, Friedrich/Starck, Christian* (Hrsg.), Grundgesetz, 7. Aufl., München, 2018.
*Marsch, Nikolaus*, Das europäische Datenschutzgrundrecht, Grundlagen – Dimensionen – Verflechtungen, Tübingen, 2018.
–, Kontrafakturen und Cover-Versionen aus Karlsruhe, Anmerkungen zu den „Recht auf Vergessen"-Entscheidungen des Bundesverfassungsgerichts (6.11.2019, 1 BvR 16/13 und 1 BvR 276/17), ZEuS 2020, S. 597–624.
*Marsch, Nikolaus/Rademacher, Timo*, Generalklauseln im Datenschutzrecht, Zur Rehabilitierung eines zentralen Bausteins des allgemeinen Informationsverwaltungsrechts, Die Verwaltung 54 (2021), S. 1–35.
*Martens, Sebastian A. E.*, Methodenlehre des Unionsrechts, Münster, 2013.
*Martin, Kirsten/Nissenbaum, Helen*, Privacy Interests in Public Records: An Empircal Investigation, Harv. J.L. & Tech. 31 (2017), S. 111–143.
*Martini, Mario*, Der Zensus 2011 als Problem interkommunaler Gleichbehandlung, Berlin, 2011.
–, Big Data als Herausforderung für den Persönlichkeitsschutz und das Datenschutzrecht, DVBl 2014, S. 1481–1489.
–, Wie neugierig darf der Staat im Cyberspace sein?, Social Media Monitoring öffentlicher Stellen – Chancen und Grenzen, VerwArch 2016, S. 307–358.
–, Transformation der Verwaltung durch Digitalisierung, DÖV 2017, S. 443–455.
–, Blackbox Algorithmus, Grundfragen einer Regulierung Künstlicher Intelligenz, Berlin, 2019.
–, § 28. Digitalisierung der Verwaltung, in: Kahl, Wolfgang/Ludwigs, Markus (Hrsg.), HVerwR I, München, 2021.
–, § 33. Normsetzung und andere Formen exekutivischer Selbstprogrammierung, in: Voßkuhle, Andreas/Eifert, Martin/Möllers, Christoph (Hrsg.), GVerwR, 3. Aufl., München, 2022.
*Martini, Mario/Botta, Jonas*, Undurchsichtige Datentransfers – Gläserne Studierende?, VerwArch 110 (2019), S. 235–279.

*Martini, Mario/Drews, Christian/Seeliger, Paul/Weinzierl, Quirin*, Dark Patterns, Phänomenologie und Antworten der Rechtsordnung, ZfDR 1 (2021), S. 47–74.

*Martini, Mario/Hohmann, Matthias*, Der gläserne Patient: Dystopie oder Zukunftsrealität?, Perspektiven datengetriebener Gesundheitsforschung unter der DS-GVO und dem Digitale-Versorgung-Gesetz, NJW 2020, S. 3573–3578.

*Martini, Mario/Kienle, Thomas*, Facebook, die Lebenden und die Toten, Der digitale Nachlass aus telekommunikations- und datenschutzrechtlicher Sicht – zugleich Besprechung von BGH, Urteil v. 12. 7. 2018 – III ZR 183/17, JZ 2019, S. 235–241.

–, Finanzkontrolle und Datenschutz, Die Rechnungshöfe im Mehrebenensystem des europäischen Datenschutzrechts, Die Verwaltung 2019, S. 467–499.

*Martini, Mario/Kolain, Michael/Neumann, Katja/Rehorst, Tobias/Wagner, David*, Datenhoheit, Annährung an einen offenen Leitbegriff, MMR-Beil. 6/2021, S. 3–23.

*Martini, Mario/Wagner, David/Wenzel, Michael*, Das neue Sanktionsregime der DSGVO – ein scharfes Schwert ohne legislativen Feinschliff – Teil 2, VerwArch 109 (2018), S. 296–335.

*Martini, Mario/Weinzierl, Quirin*, Die Blockchain-Technologie und das Recht auf Vergessenwerden, Zum Dilemma zwischen Nicht-Vergessen-Können und Vergessen-Müssen, NVwZ 2017, S. 1251–1259.

–, Mandated Choice: der Zwang zur Entscheidung auf dem Prüfstand von Privacy by Default (Art. 25 Abs. 2 S. 1 DSGVO), RW 2019, S. 287–316.

*Martini, Mario/Wenzel, Michael*, „Once only" versus „only once": Das Prinzip einmaliger Erfassung zwischen Zweckbindungsgrundsatz und Bürgerfreundlichkeit, DVBl 2017, S. 749–758.

*Martini, Mario/Wiesner, Cornelius*, Bürgerkonto, Portalverbund, in: Veit, Sylvia/Reichard, Christoph/Wewer, Göttrik (Hrsg.), Handbuch zur Verwaltungsreform, 5. Aufl., Wiesbaden, 2019.

*Masing, Johannes*, Gesetz und Gesetzesvorbehalt – zur Spannung von Theorie und Dogmatik am Beispiel des Datenschutzrechts, in: Hoffmann-Riem, Wolfgang (Hrsg.), Offene Rechtswissenschaft, Ausgewählte Schriften und begleitende Analysen, Tübingen, 2010.

–, Herausforderungen des Datenschutzes, NJW 2012, S. 2305–2311.

–, Einheit und Vielfalt des Europäischen Grundrechtsschutzes, JZ 2015, S. 477–487.

*Mavroeidi, Aikaterini-Georgia/Kitsiou, Angeliki/Kalloniatis, Christos/Gritzalis, Stefanos*, Gamification vs. Privacy: Identifying and Analysing the Major Concerns, Future Internet 11 (2019), S. 67–84.

*Mehde, Veith*, Kap. 7. Der unionale Rahmen von E-Government, in: Seckelmann, Margrit (Hrsg.), Digitalisierte Verwaltung, Vernetztes E-Government, 2. Aufl., Berlin, 2019.

*Meissner, Claus*, Die Volkszählung in der Rechtsprechung, Versuch einer Bilanz, NVwZ 1989, S. 1–11.

*Merten, Detlef*, § 68 Verhältnismäßigkeitsgrundsatz, in: Merten, Detlef/Papier, Hans-Jürgen (Hrsg.), Handbuch der Grundrechte III, Heidelberg, 2009.

*Meyer, Jürgen/Hölscheidt, Sven* (Hrsg.), Charta der Grundrechte der Europäischen Union, Kommentar, 5. Aufl., Baden-Baden, 2019.

*Meyer, Stephan*, Landesrechtliche Legaldefinitionen der „Anonymisierung" im Anwendungsbereich der DS-GVO, Kompetenzielle und inhaltliche Vereinbarkeit mit dem Unionsrecht, ZD 2021, S. 669–674.

*Miller, Tim*, Explanation in artificial intelligence: Insights from the social sciences, Artificial Intelligence 267 (2019), S. 1–38.

*Mischau, Lena*, Daten als „Gegenleistung" im neuen Verbrauchervertragsrecht, ZEuP 2020, S. 335–365.

*Möllers, Thomas M. J.*, Juristische Methodenlehre, 2. Aufl., München, 2019.

*Monreal, Manfred*, Weiterverarbeitung nach einer Zweckänderung in der DS-GVO, Chancen nicht nur für das europäische Verständnis des Zweckbindungsgrundsatzes, ZD 2016, S. 507–512.

*Motel-Klingebiel, Andreas/Klaus, Daniela/Simonson, Julia*, Befragungen von älteren und alten Menschen, in: Baur, Nina/Blasius, Jörg (Hrsg.), Handbuch Methoden der empirischen Sozialforschung, Wiesbaden, 2019, S. 935–942.

*Müller, Marian*, Die Öffnungsklauseln der Datenschutzgrundverordnung, Ein Beitrag zur Europäischen Handlungsformenlehre, Münster, 2018.

*Müllmann, Dirk*, Zweckkonforme und zweckändernde Weiternutzung, Die Konsolidierung der Rechtsprechung des BVerfG zur Weiterverwendung zweckgebunden erhobener Daten im Urteil zum BKA-Gesetz vom 20.4.2016, NVwZ 2016, S. 1692–1696.

*von Münch, Ingo*, Grundrechtsschutz gegen sich selbst?, in: Stödter, Rolf/Thieme, Werner (Hrsg.), FS Ipsen (Hamburg, Deutschland, Europa), Beiträge zum deutschen und europäischen Verfassungs-, Verwaltungs- und Wirtschaftsrecht, Tübingen, 1977.

*von Münch, Ingo/Kunig, Philip* (Hrsg.), Grundgesetz Kommentar, 7. Aufl., München, 2021.

*von Münch, Ingo/Kunig, Philip* (Hrsg.), Grundgesetz, Kommentar, 6. Aufl., München, 2012.

*Mysegades, Jan*, Keine staatliche Gesichtserkennung ohne Spezial-Rechtsgrundlage, NVwZ 2020, S. 852–856.

*Nachtsheim, Julia/König, Susanne*, 65. Befragungen von Kindern und Jugendlichen, in: Baur, Nina/Blasius, Jörg (Hrsg.), Handbuch Methoden der empirischen Sozialforschung, Wiesbaden, 2019.

*Nassehi, Armin*, Muster – Theorie der digitalen Gesellschaft, München, 2019.

*Nettesheim, Martin*, Grundrechtsschutz der Privatheit, VVDStRL 70 (2011), S. 7–49.

*Neumann, Maximilian/Brings, Stefan*, Die neue Studienverlaufsstatistik: Hintergründe, Aufbau, Methodik und erste Ergebnisse, WISTA 1/2021, S. 67–83.

*zur Nieden, Felix/Engelhart, Alexander*, Sterbefallzahlen und Übersterblichkeit während der Corona-Pandemie, WISTA 3/2021, S. 47–57.

*Nissenbaum, Helen*, Privacy as Contextual Integrity, Wash. L. Rev. 79 (2004), S. 119–157.

*Nusser, Julian*, Die Bindung der Mitgliedstaaten an die Unionsgrundrechte, Tübingen, 2011.

*O'Connor, Yvonne/Rowan, Wendy/Lynch, Laura/Heavin, Ciara*, Privacy by Design: Informed Consent and Internet of Things for Smart Health, Procedia Computer Science 113 (2017), S. 653–658.

*Ohly, Ansgar*, „Volenti non fit iniuria" – Die Einwilligung im Privatrecht, Tübingen, 2002.

*Ohm, Paul*, Broken Promises of Privacy: Responding to the Surprising Failure of Anonymization, UCLA Law Review 57 (2010), S. 1701–1777.

*Ossenbühl, Fritz*, Die Erfüllung von Verwaltungsaufgaben durch Private, VVDStRL 29 (1971), S. 137–209.

–, § 101. Vorrang und Vorbehalt des Gesetzes, in: Isensee, Josef/Kirchhof, Paul (Hrsg.), HStR V, 3. Aufl., Heidelberg, 2007.

*Osterloh, Lerke*, Privatisierung von Verwaltungsaufgaben (2. Bericht), VVDStRL 54 (1995), S. 204–242.

*Paal, Boris P./Pauly, Daniel A.* (Hrsg.), Datenschutz-Grundverordnung, Kommentar, 3. Aufl., München, 2021.

*Papastefanou, Stefan*, „Database Reconstruction Theorem" und die Verletzung der Privatsphäre (Differential Privacy), Chancen und Risiken bei der Anwendung von Machine-Learning Algorithmen am Beispiel von Covid-19 Statistiken und des Zensus 2021, CR 2020, S. 379–386.

*Pauly, Daniel A./Mende, Luisa*, Der Bundesgerichtshof zur Reichweite des Auskunftsanspruchs nach Art. 15 DS-GVO, CCZ 2022, S. 28–31.

*Payrhuber, Melanie/Stelkens, Ulrich*, „1:1-Umsetzung" von EU-Richtlinien: Rechtspflicht, rationales Politikkonzept oder (wirtschafts)politischer Populismus? – zugleich zu Unterschieden zwischen Rechtsangleichungs- und Deregulierungsrichtlinien, EuR 2019, S. 190–222.

*Pechstein, Matthias/Nowak, Carsten/Häde, Ulrich* (Hrsg.), Frankfurter Kommentar, Tübingen, 2017.

*Pestalozza, Christian*, Volkszählung '83 – Vorschläge, NJW 1983, S. 729–730.

*Peters, Normen*, Webscraping in der Beherbergungsstatistik — ein Zwischenbericht, StaWi (Staat und Wirtschaft in Hessen) 4 (2018), S. 1–9.

*Petri, Thomas*, Auftragsdatenverarbeitung – heute und morgen, Reformüberlegungen zur Neuordnung des Europäischen Datenschutzrechts, ZD 2015, S. 305–309.

*Petschel, Anja/Will, Anne-Kathrin*, Migrationshintergrund – Ein Begriff, viele Definitionen, Ein Überblick auf Basis des Mikrozensus 2018, WISTA 5/2020, S. 78–90.

*Peuker, Enrico*, Registermodernisierung und Datenschutz, NVwZ 2021, S. 1167–1172.

*Pforr, Klaus*, GESIS Survey Guidelines – Incentives, Dezember 2016.

*Pforr, Klaus/Blohm, Michael/Blom, Annelies G./Erdel, Barbara, et al.*, Are Incentive Effects on Response Rates and Nonresponse Bias in Large-scale, Face-to-face Surveys Generalizable to Germany? Evidence from Ten Experiments, Public Opinion Quarterly 79 (2015), S. 740–768.

*Piltz, Carlo*, Das neue TTDSG aus Sicht der Telemedien, Anwendungsbereich, Tracking und Aufsichtsbehörden, CR 2021, S. 555–565.

*Podlech, Adalbert*, Individualdatenschutz – Systemdatenschutz, in: Brückner, Klaus/Dalichau, Gerhard (Hrsg.), Beiträge zum Sozialrecht – Festgabe Grüner, Percha, 1982.

–, Die Begrenzung staatlicher Informationsverarbeitung durch die Verfassung angesichts der Möglichkeit unbegrenzter Informationsverarbeitung mittels der Technik, Zur Entscheidung des Bundesverfassungsgerichts über das Volkszählungsgesetz 1983, Leviathan 1984, S. 85–98.

*Poort, Joost/Zuiderveen Borgesius, Frederik*, Personalised Pricing: The Demise of the Fixed Price?, in: Kohl, Uta/Eisler, Jacob (Hrsg.), Data-Driven Personalisation in Markets, Politics and Law, Cambridge, 2021, S. 174–189.

*Poppenhäger, Holger*, Informationelle Gewaltenteilung, Zulässigkeit und Grenzen der Nutzung personenbezogener Daten für statistische Zwecke und Zwecke des Verwaltungsvollzugs, NVwZ 1992, S. 149–151.

–, Bereichsspezifischer Datenschutz und statistische Geheimhaltung bei der Gebäude- und Wohnungszählung 1995, LKV 1995, S. 313–316.

–, Die Übermittlung und Veröffentlichung statistischer Daten im Lichte des Rechts auf informationelle Selbstbestimmung, Berlin, 1995.

–, Kap. 8.10 – Datenschutz in der amtlichen Statistik, in: Roßnagel, Alexander (Hrsg.), Handbuch Datenschutzrecht, Die neuen Grundlagen für Wirtschaft und Verwaltung, München, 2003.

*Preising, Marcel/Lange, Kerstin/Dumpert, Florian*, Imputation zur maschinellen Behandlung fehlender und unplausibler Werte in der amtlichen Statistik, Theoretische Grundlagen und praktische Umsetzung, WISTA 5/2021, S. 40–52.

*Quiel, Philipp/Piltz, Carlo*, Die Relevanz von "Übereinkommen Nr. 108" bei der Prüfung des Datenschutzniveaus in Drittländern durch Unternehmen, K&R 2020, S. 731–735.

*Radermacher, Walter J.*, Governance der amtlichen Statistik, AStA Wirtsch Sozialstat Arch 11 (2017), S. 65–81.

–, Literacy in statistics for the public discourse, SJI 2021, S. 747–752.

*Radlanski, Philip*, Das Konzept der Einwilligung in der datenschutzrechtlichen Realität, Tübingen, 2016.

*Raji, Behrang*, Rechtliche Bewertung synthetischer Daten für KI-Systeme, DuD 2021, S. 303–309.

*Rammos, Thanos*, Die datenschutzrechtliche Zulässigkeit von broad consent für Forschungszwecke nach der DSGVO, in: Taeger, Jürgen (Hrsg.), Recht 4.0 – Innovationen aus den rechtswissenschaftlichen Laboren, Tagungsband Herbstakademie 2017, Edewecht, 2017, S. 359–371.

*Rammstedt, Beatrice*, 11. Reliabilität, Validität, Objektivität, in: Wolf, Christof/Best, Henning (Hrsg.), Handbuch der sozialwissenschaftlichen Datenanalyse, Wiesbaden, 2010.

*Reding, Viviane*, Sieben Grundbausteine der europäischen Datenschutzreform, ZD 2012, S. 195–198.

*Reimer, Franz*, § 11 Das Parlamentsgesetz als Steuerungsmittel und Kontrollmaßstab, in: Voßkuhle, Andreas/Eifert, Martin/Möllers, Christoph (Hrsg.), GVerwR, 3. Aufl., München, 2022.

*Reimer, Philipp*, Können und Dürfen, Zur rechtstheoretischen Zentralität eines unterschätzten Begriffspaars, Rechtstheorie 48 (2017), S. 417–439.

–, Verwaltungsdatenschutzrecht, DÖV 2018, S. 881–890.

–, Verwaltungsdatenschutzrecht, Das neue Recht für die behördliche Praxis, Baden-Baden, 2019.

*Reinhardt, Jörn*, Konturen des europäischen Datenschutzgrundrechts, Zu Gehalt und horizontaler Wirkung von Art. 8 GRCh, AöR 142 (2017), S. 528–565.

*Rendtel, Ulrich*, Vom potenziellen Datenangreifer zum zertifizierten Wissenschaftler, Für eine Neugestaltung des Wissenschaftsprivilegs beim Datenzugang, AStA Wirtsch Sozialstat Arch 8 (2014), S. 183–197.

*Rendtel, Ulrich/Seidel, Willi/Müller, Christine/Meinfelder, Florian, et al.*, Statistik zwischen Data Science, Artificial Intelligence und Big Data: Beiträge aus dem Kolloquium „Make Statistics great again", AStA Wirtsch Sozialstat Arch 16 (2022), S. 97–147.

*Rengeling, Hans-Werner*, § 135 – Gesetzgebungszuständigkeit, in: Isensee, Josef/Kirchhof, Paul (Hrsg.), HStR VI, 3. Aufl., Heidelberg, 2008.

*Rengers, Martina*, Internetgestützte Erfassung offener Stellen, Machbarkeitsstudie im Rahmen eines ESSnet-Projekts zu Big Data, WISTA 5/2018, S. 11–33.

*Ricciato, Fabio/Wirthmann, Albrecht/Giannakouris, Konstantinos/Reis, Fernando/Skaliotis, Michail*, Trusted smart statistics: Motivations and principles, SJI 35 (2019), S. 589–603.

*Ricciato, Fabio/Wirthmann, Albrecht/Hahn, Martina*, Trusted Smart Statistics: How new data will change official statistics, Data & Policy 2020, e7.

*Richter, Frederick*, Zertifizierung unter der DS-GVO, Chance eines erleichterten internationalen Datenverkehrs darf nicht verpasst werden, ZD 2020, S. 84–87.

*Richter, Gesine/Buyx, Alena*, Breite Einwilligung (broad consent) zur Biobank-Forschung – die ethische Debatte, Ethik Med 28 (2016), S. 311–325.

*Richter, Heiko*, Information als Infrastruktur, Zu einem wettbewerbs- und innovationsbezogenen Ordnungsrahmen für Informationen des öffentlichen Sektors, Tübingen, 2021.

*Riede, Thomas/Tümmler, Thorsten/Wondrak, Stefan*, Die digitale Agenda des Statistischen Bundesamtes, WISTA 1/2018, S. 102–111.

*Riedel, Christian G. H.*, Die Grundrechtsprüfung durch den EuGH, Tübingen, 2020.

*Riesenhuber, Karl*, § 10. Die Auslegung, in: Riesenhuber, Karl (Hrsg.), Europäische Methodenlehre, Handbuch für Ausbildung und Praxis, 3. Aufl., Berlin, München, Boston, 2014.

*Riesenhuber*, Karl (Hrsg.), Europäische Methodenlehre, Handbuch für Ausbildung und Praxis, 3. Aufl., Berlin, München, Boston, 2014.

*Ritsert, Jürgen*, Was ist wissenschaftliche Objektivität?, Leviathan (Berliner Zeitschrift für Sozialwissenschaft) 26 (1998), S. 184–198.

*Roggan, Fredrik/Busch, Dörte* (Hrsg.), Das Recht in guter Verfassung?, Festschrift Kutscha, Baden-Baden, 2013.
*Rogosch, Patricia Maria*, Die Einwilligung im Datenschutzrecht, Baden-Baden, 2012.
*Rohde, Johannes/Seifert, Christiane/Gießing, Sarah*, Entscheidungskriterien für die Auswahl eines Geheimhaltungsverfahrens, WISTA 3/2018, S. 90–104.
*Röhl, Klaus F./Röhl, Hans Christian*, Allgemeine Rechtslehre, 3. Aufl., München, 2008.
*Rolf, Gabriele/Zwick, Markus/Wagner, Gert G.* (Hrsg.), Fortschritte in der informationellen Infrastruktur in Deutschland, Festschrift Hahlen und Krupp, Baden-Baden, 2008.
*Ronning, Gerd/Sturm, Roland/Höhne, Jörg/Lenz, Rainer, et al.*, Handbuch zur Anonymisierung wirtschaftsstatistischer Mikrodaten, Statistik und Wissenschaft, Band 4, Wiesbaden, 2005.
*Rossen, Helge*, Vollzug und Verhandlung, Die Modernisierung des Verwaltungvollzugs, Tübingen, 1999.
*Roßnagel, Alexander* (Hrsg.), Handbuch Datenschutzrecht, Die neuen Grundlagen für Wirtschaft und Verwaltung, München, 2003.
–, 3.4 Konzepte des Selbstdatenschutzes, in: Roßnagel, Alexander (Hrsg.), Handbuch Datenschutzrecht, Die neuen Grundlagen für Wirtschaft und Verwaltung, München, 2003.
–, Datenschutzgrundsätze – unverbindliches Programm oder verbindliches Recht?, Bedeutung der Grundsätze für die datenschutzrechtliche Praxis, ZD 2018, S. 339–344.
–, Pseudonymisierung personenbezogener Daten, Ein zentrales Instrument im Datenschutz nach der DS-GVO, ZD 2018, S. 243–247.
–, Datenschutz in der Forschung, Die neuen Datenschutzregelungen in der Forschungspraxis von Hochschulen, ZD 2019, S. 157–164.
–, Kein „Verbotsprinzip" und kein „Verbot mit Erlaubnisvorbehalt" im Datenschutzrecht, Zur Dogmatik der Datenverarbeitung als Grundrechtseingriff, NJW 2019, S. 1–5.
–, Der Datenschutz von Kindern in der DS-GVO, Vorschläge für die Evaluierung und Fortentwicklung, ZD 2020, S. 88–92.
*Roßnagel, Alexander/Geminn, Christian L./Johannes, Paul C.*, Datenschutz-Folgenabschätzung im Zuge der Gesetzgebung, Das Verfahren nach Art. 35 Abs. 10 DSGVO, ZD 2019, S. 435–440.
*Roßnagel, Alexander/Geminn, Christian L.*, Vertrauen in Anonymisierung, Regulierung der Anonymisierung zur Förderung Künstlicher Intelligenz, ZD 2021, S. 487–490.
*Rost, Martin/Bock, Kirsten*, Privacy By Design und die Neuen Schutzziele, Grundsätze, Ziele und Anforderungen, DuD 2011, S. 30–35.
*Rottmann, Verena S.*, Volkszählung 1987 – wieder verfassungswidrig?, KJ 1987, S. 77–87.
*Rubin, Donald B.*, Inference and Missing Data, Biometrika 63 (1976), S. 581–592.
*Rubinstein, Ira S.*, Regulating Privacy by Design, Berkeley Technology Law Journal 2011, S. 1409–1456.
*Rubinstein, Ira S./Good, Nathaniel*, The trouble with Article 25 (and how to fix it): the future of data protection by design and default, International Data Privacy Law 10 (2020), S. 37–56.
*Rudolf, Walter*, § 90 Recht auf informationelle Selbstbestimmung, in: Merten, Detlef/Papier, Hans-Jürgen (Hrsg.), Handbuch der Grundrechte IV, München, 2011.
*Ruffert, Matthias*, Die künftige Rolle des EuGH im europäischen Grundrechtsschutzsystem, Bemerkungen zum EuGH-Urteil v. 20.5.2003, Rechnungshof/ORF u.a., EuGRZ 2004, S. 466–471.
*Rüpke, Giselher/von Lewinski, Kai/Eckhardt, Jens*, Datenschutzrecht, München, 2018.
*Rupp, Hans Heinrich*, § 31. Die Unterscheidung von Staat und Gesellschaft, in: Isensee, Josef/Kirchhof, Paul (Hrsg.), HStR II, 3. Aufl., Heidelberg, 2004.
*Ruppert, Evelyn/Grommé, Fransisca/Upsec-Spilda, Funda/Cakici, Baki*, Citizen Data and Trust in Official Statistics, Ecostat (Economie et Statistique) 2019, S. 171–184.

*Ruschemeier, Hannah*, Die Entwicklung des informationellen Trennungsprinzips, VerfBlog, 2022/5/13, https://verfassungsblog.de/os7-info-trennung/, DOI: 10.17176/20220513-1823 22-0.

–, Eingriffsintensivierung durch Technik: Der Beschluss des Bundesverfassungsgerichts zum Antiterrordateigesetz II, VerfBlog v. 16.12.2020,

–, Der additive Grundrechtseingriff, Berlin, 2019.

–, Anforderungen an datenschutzrechtliche Einwilligungen in Krisenzeiten, „Freiwilligkeit" am Beispiel der Corona-Warn-App, ZD 2020, S. 618–622.

*Sachs, Michael* (Hrsg.), Grungesetz Kommentar, 9. Aufl., München, 2021.

*Sackmann, Florian*, Datenspende als gesetzlicher Zulässigkeitstatbestand mit Zustimmungsvorbehalt, PinG 2019, S. 277–279.

*Sacksofsky, Ute*, § 39 Anreize, in: Voßkuhle, Andreas/Eifert, Martin/Möllers, Christoph (Hrsg.), GVerwR, 3. Aufl., München, 2022.

*Sandfuchs, Barbara*, Privatheit wider Willen?, Verhinderung informationeller Preisgabe im Internet nach deutschem und US-amerikanischem Verfassungsrecht, Tübingen, 2015.

*Sandhu, Aqilah*, Grundrechtsunitarisierung durch Sekundärrecht, Zur Reichweite des mitgliedstaatlichen Grundrechtsschutzes im Anwendungsbereich von Öffnungsklauseln am Beispiel des europäischen Datenschutzsekundärrechts, Tübingen, 2021.

*Schaller, Jannik*, Datenfusion von EU-SILC und Household Budget Survey, Ein Vergleich zweier Fusionsmethoden, WISTA 4/2021, S. 76–86.

*Schantz, Peter*, Die Datenschutz-Grundverordnung – Beginn einer neuen Zeitrechnung im Datenschutzrecht, NJW 2016, S. 1841–1847.

*Schantz, Peter/Wolff, Heinrich Amadeus*, Das neue Datenschutzrecht, Datenschutz-Grundverordnung und Bundesdatenschutzgesetz in der Praxis, München, 2017.

*Scheurer, Martin*, Spielerisch selbstbestimmt, Rechtskonforme Einwilligungserklärungen in Zeiten ubiquitärer Digitalisierung, Berlin, 2019.

–, Playing consent – Informationsvermittlung durch Gamification, PinG 2020, S. 13–17.

*Schildbach, Roman*, Zugang zu Daten der öffentlichen Hand und Datenaltruismus nach dem Entwurf des Daten-Governance-Gesetzes, Datenwirtschaftsrecht IV: Mehrwert für das Teilen von Daten oder leere Hülle?, ZD 2022, S. 148–153.

*Schlacke, Sabine*, § 20 Planende Verwaltung, in: Kahl, Wolfgang/Ludwigs, Markus (Hrsg.), HVerwR I, München, 2021.

*Schlaich, Klaus*, Neutralität als verfassungsrechtliches Prinzip, Tübingen, 1972.

*Schleipfer, Stefan*, Pseudonymität in verschiedenen Ausprägungen, Wie gut ist die Unterstützung der DS-GVO?, ZD 2020, S. 284–291.

*Schliesky, Utz/Hoffmann, Christian*, Die Digitalisierung des Föderalismus, DÖV 2018, S. 193–198.

*Schliffka, Christina*, Verlässliche Daten auch in Krisenzeiten – die deutsche EU-Ratspräsidentschaft im Bereich Statistik während der Corona-Pandemie, WISTA 3/2021, S. 28–35.

*Schlink, Bernhard*, Das Recht der Informationellen Selbstbestimmung, Der Staat 25 (1986), S. 233–250.

*Schmidt, Bernd/Freund, Bernhard*, Perspektiven der Auftragsverarbeitung, Wegfall der Privilegierung mit der DS-GVO?, ZD 2017, S. 14–18.

*Schmidt-Aßmann, Eberhard*, Das allgemeine Verwaltungsrecht als Ordnungsidee, Grundlagen und Aufgaben der verwaltungsrechtlichen Systembildung, 2. Aufl., Berlin, Heidelberg, 2004.

–, § 45. Grundrechte als Organisations- und Verfahrensgarantien, in: Merten, Delef/Papier, Hans-Jürgen (Hrsg.), Handbuch der Grundrechte II, Heidelberg, 2006.

*Schmidt-Aßmann, Eberhard/Schöndorf-Haubold, Bettina*, § 5 Verfassungsprinzipien für den Europäischen Verwaltungsverbund, in: Voßkuhle, Andreas/Eifert, Martin/Möllers, Christoph (Hrsg.), GVerwR, 3. Aufl., München, 2022.

*Schneider, Hans*, Anmerkung zu BVerfG, Urt. v. 15.12.1983 – 1 BvR 209/83 u. a., DÖV 1984, S. 161–164.

*Schneider, Hans-Peter*, Das Grundgesetz – Dokumente seiner Entstehung, Band 17, Frankfurt am Main, 2007.

*Schneider, Jochen*, Schließt Art. 9 DS-GVO die Zulässigkeit der Verarbeitung bei Big Data aus?, Überlegungen, wie weit die Untersagung bei besonderen Datenkategorien reicht, ZD 2017, S. 303–308.

*Schnell, Rainer*, Nonresponse in Bevölkerungsumfragen, Ausmaß, Entwicklung und Ursachen, Opladen, 1997.

–, Eignung von Personenmerkmalen als Datengrundlage zur Verknüpfung von Registerinformationen im Integrierten Registerzensus, German Record Linkage Center, NO. WP-GRLC-2019-01, 2019.

*Schnell, Rainer/Hill, Paul B./Esser, Elke*, Methoden der empirischen Sozialforschung, 11. Aufl., Berlin/Boston, 2018.

*Schnoor, Christian*, Aufgabenübertragung durch die Statistikbehörden auf Private – insbesondere im Rahmen des Zensus 2011, RDV 2012, S. 172–179.

–, Rechtsfragen des Zensus 2011, Staatsorganisationsrechtswidrige Zuständigkeitsverlagerungen, SächsVBl 2012, S. 245–252.

*Schnorr-Bäcker, Susanne*, Georeferenzierung von Daten, Zum gleichnamigen Abschlussbericht der Arbeitsgruppe „Georeferenzierung von Daten" des Rates für Sozial- und Wirtschaftsdaten aus Sicht der Bundesstatistik, WISTA 2012, S. 563–571.

*Schoch, Friedrich/Schneider, Jens-Peter* (Hrsg.), Verwaltungsrecht: VwGO, VwVfG, Kommentar, 41. EL, 2021.

*Scholz, Rupert/Pitschas, Rainer*, Informationelle Selbstbestimmung und staatliche Informationsverantwortung, Berlin, 1984.

*Schönke, Adolf/Schröder, Horst* (Hrsg.), Strafgesetzbuch, Kommentar, 30. Aufl., München, 2019.

*Schrader, Julius*, Datenschutz Minderjähriger, Geschäftsfähigkeit als Grundlage der Einwilligungsfähigkeit im Datenrecht, Tübingen, 2021.

*Schüller, Frank/Wingerter, Christian*, Die neuen internationalen Klassifikationen der Arbeitsbeziehungen, WISTA 5/2019, S. 44–60.

*Schüller, Katharina*, Ein Framework für Data Literacy, AStA Wirtsch Sozialstat Arch 13 (2019), S. 297–317.

*Schulte, Laura/Wambach, Tim*, Zielkonflikte zwischen Datenschutz und IT-Sicherheit im Kontext der Aufklärung von Sicherheitsvorfällen, DuD 2020, S. 462–468.

*Schulz, Sebastian*, Halbwertzeit bei Bestandskundenwerbung?, Zur (fehlenden!) zeitlichen Beschränkung von Bestandskundenwerbung nach UWG und BDSG, CR 2012, S. 686–691.

*Schulz, Sönke E.*, Der elektronische Zugang zur Verwaltung, Zum Spannungsverhältnis zwischen dem Grundrecht auf mediale Selbstbestimmung und verpflichtendem E-Government, RDi 2021, S. 377–383.

*Schumacher, Pascal*, Datenschutz, in: Bräutigam, Peter (Hrsg.), IT-Outsourcing und Cloud-Computing, Eine Darstellung aus rechtlicher, technischer, wirtschaftlicher und vertraglicher Sicht, 4. Aufl., Berlin, 2019.

*Schuppan, Tino*, Internationale Entwicklungen digitaler Verwaltungstransformation, in: Veit, Sylvia/Reichard, Christoph/Wewer, Göttrik (Hrsg.), Handbuch zur Verwaltungsreform, 5. Aufl., Wiesbaden, 2019.

*Schwartmann, Rolf/Burkhardt, Lucia*, „Schrems II" als Sackgasse für die Datenwirtschaft?, Verfahrensrechtliche Grenzen datenschutzrechtlicher Sanktionen, ZD 2021, S. 235–241.
*Schwartmann, Rolf/Jaspers, Andreas/Thüsing, Gregor/Kugelmann, Dieter* (Hrsg.), DS-GVO/BDSG, Kommentar, 2. Aufl., Heidelberg, 2020.
*Schwartmann, Rolf/Papst, Heinz-Joachim* (Hrsg.), Landesdatenschutz Nordrhein-Westfalen, Baden-Baden, 2020.
*Schwartmann, Rolf/Weiß, Steffen*, Whitepaper zur Pseudonymisierung der Fokusgruppe Datenschutz der Plattform Sicherheit, Schutz und Vertrauen für Gesellschaft und Wirtschaft im Rahmen des Digital-Gipfels 2017, – Leitlinien für die rechtssichere Nutzung von Pseudonymisierungslösungen unter Berücksichtigung der Datenschutz-Grundverordnung, 2017.
–, Entwurf für einen Code of Conduct zum Einsatz DS-GVO konformer Pseudonymisierung, 2019.
–, Ein Entwurf für einen Code of Conduct zum Einsatz DS-GVO-konformer Pseudonymisierung, RDV 2020, S. 71–75.
*Seckelmann, Margrit*, Evaluation und Recht, Strukturen, Prozesse und Legitimationsfragen staatlicher Wissensgewinnung durch (Wissenschafts-)Evaluationen, Tübingen, 2018.
*Seedorf, Sebastian*, Der Grundsatz der Verhältnismäßigkeit bei der Gesetzgebung, in: Jestaedt, Matthias/Lepsius, Oliver (Hrsg.), Verhältnismäßigkeit, Zur Tragfähigkeit eines verfassungsrechtlichen Schlüsselkonzepts, Tübingen, 2015.
*Seer, Roman*, Datenschutz und Datenaustausch, DStJG 42 (2019), S. 247–286.
*Sellars, Andrew*, Twenty Years of Web Scraping and the Computer Fraud and Abuse Act, B.U. J. Sci. & Tech. L. 24 (2018), S. 372–415.
*Sheehan, Mark/Martin, James*, Can Broad Consent be Informed Consent?, Public health ethics 4 (2011), S. 226–235.
*Shettle, Carolyn/Mooney, Geraldine*, Monetary Incentives in U.S. Government Surveys, Journal of Official Statistics 15 (1999), S. 231–250.
*Siegel, Thorsten*, Entscheidungsfindung im Verwaltungsverbund, Tübingen, 2009.
*Simitis, Spiros*, Die informationelle Selbstbestimmung, Grundbedingung einer verfassungskonformen Informationsordnung, NJW 1984, S. 398–405.
–, „Sensitive Daten" – Zur Geschichte und Wirkung einer Fiktion, in: Brem, Erst/Druey, Jean Nicolas/Kramer, Ernst A. u. a. (Hrsg.), Festschrift Pedrazzini, Bern, 1999.
*Simitis*, Spiros (Hrsg.), Bundesdatenschutzgesetz, Kommentar, 7. Aufl., Baden-Baden, 2014.
*Simitis, Spiros/Hornung, Gerrit/Spiecker gen. Döhmann, Indra* (Hrsg.), Datenschutzrecht, DSGVO mit BDSG, Baden-Baden, 2019.
*Singer, Eleanor/Ye, Cong*, The Use and Effects of Incentives in Surveys, ANNALS AAPSS 645 (2013), S. 112–141.
*Sobel, Benjamin L. W.*, A New Common Law of Web Scraping, Lewis & Clark L. Rev. 25 (2021), S. 147–207.
*Solove, Daniel J.*, Access and Aggregation: Public Records, Privacy and the Constitution, Minnesota Law Review 86 (2002), S. 1137–1218.
–, The Limitations of Privacy Rights, Notre Dame L. Rev. 98 (2023), S. 975–1036.
*Sorge, Christoph/Leicht, Maximilian*, Registermodernisierungsgesetz – eine datenschutzgerechte Lösung?, ZRP 2020, S. 242–244.
*Sorge, Christoph/Lucke, Jörn von/Spiecker gen. Döhmann, Indra*, Registermodernisierung, Datenschutzkonforme und umsetzbare Alternativen, Dezember 2020.
*Specht, Louisa/Mantz, Reto* (Hrsg.), Handbuch Europäisches und deutsches Datenschutzrecht, München, 2019.

*Specht-Riemenschneider, Louisa/Bienemann, Linda*, § 3.3 Informationsvermittlung durch standardisierte Bildsymbole, in: Specht-Riemenschneider, Louisa/Werry, Nikola/Werry, Susanne (Hrsg.), Datenrecht in der Digitalisierung, Berlin, 2020.

*Specht-Riemenschneider, Louisa/Werry, Nikola/Werry, Susanne* (Hrsg.), Datenrecht in der Digitalisierung, Berlin, 2020.

*Spiecker gen. Döhmann, Indra/Eisenbarth, Markus*, Kommt das „Volkszählungsurteil" nun durch den EuGH?, Der Europäische Datenschutz nach Inkrafttreten des Vertrags von Lissabon, JZ 2011, S. 169–177.

*Spies, Axel*, EU-US-Privacy-Shield – eine schwierige Reparatur, Probleme bei den Verhandlungen und Schwierigkeiten mit der Risikoanalyse des EDSA, ZD 2021, S. 478–481.

*Spies, Ulrich*, Zweckfestlegung der Datenverarbeitung durch den Verantwortlichen, Besteht eine datenschutzrechtliche Zweckbestimmung des Verantwortlichen trotz Zweckbenennung im Gesetz?, ZD 2022, S. 75–81.

*Spindler, Gerald/Schuster, Fabian* (Hrsg.), Recht der elektronischen Medien, 4. Aufl., München, 2019.

*Statistische Ämter des Bundes und der Länder*, Ergebnisse des Zensustests, WISTA 8/2004, S. 813–833.

–, Zensus 2011 – Methoden und Verfahren, Wiesbaden, 2015.

–, Qualitätshandbuch 2021 (Version 1.21), 2021.

*Statistischer Beirat*, Fortentwicklung der amtlichen Statistik – Empfehlungen des Statistischen Beirats für die Jahre 2022 bis 2026 v. 25.10.2021.

*Statistisches Bundesamt* (Hrsg.), Zum Gesetz über die Statistik für Bundeszwecke, Forum Bundesstatistik, Bd. 9, Stuttgart, 1988.

–, Einkommens- und Verbrauchsstichprobe – Qualitätsbericht EVS 2013, 2019.

–, Digitale Agenda, Version 2.1, März 2019.

–, Das System der amtlichen Statistik, Organisation und Zusammenarbeit im nationalen, europäischen und internationalen Kontext, 2020.

–, Nachhaltige Entwicklung in Deutschland – Indikatorenbericht, 2021.

–, Umweltökonomische Gesamtrechnungen – Methode der Flächenbilanzierung der Ökosysteme, 2021.

*Stehrenberg, Shari/Volk, Johannes*, Trusted Smart Surveys: Fragebogen trifft neue digitale Daten, WISTA 1/2023, S. 59–68.

*Steinmüller, Wilhelm*, Volkszählung – Erfolg oder Mißerfolg?, Eine Zwischenbilanz, KJ 1988, S. 230–235.

*Stelkens, Paul/Bonk, Heinz Joachim/Sachs, Michael* (Hrsg.), Verwaltungsverfahrensgesetz, 9. Aufl., München, 2018.

*Stentzel, Rainer*, Das Grundrecht auf …?, Auf der Suche nach dem Schutzgut des Datenschutzes in der Europäischen Union, PinG 2015, S. 185–190.

*Stern, Klaus*, Die Kompetenz der Untersuchungsausschüsse nach Artikel 44 Grundgesetz im Verhältnis zur Exekutive unter besonderer Berücksichtigung des Steuergeheimnisses, AöR 109 (1984), S. 199–303.

*Stödter, Rolf/Thieme, Werner* (Hrsg.), FS Ipsen (Hamburg, Deutschland, Europa), Beiträge zum deutschen und europäischen Verfassungs-, Verwaltungs- und Wirtschaftsrecht, Tübingen, 1977.

*Strassemeyer, Laurenz*, Die Transparenzvorgaben der DSGVO für algorithmische Verarbeitungen, Nachvollziehbarkeit durch innovative Lösungen – Gamification, Ablaufdiagramme und Bildsymbole, K&R 2020, S. 176–183.

*Streinz, Rudolf* (Hrsg.), EUV/AEUV, Vertrag über die Europäische Union, Vertrag über die Arbeitsweise der Europäischen Union, Charta der Grundrechte der Europäischen Union, 3. Aufl., 2018.

–, „Recht auf Vergessenwerden" zwischen Unionsrecht und Verfassungsrecht, Das Datenschutzrecht als Ansatz für Neuerungen des „Kooperationsverhältnisses" zwischen EuGH und BVerfG, DuD 2020, S. 353–358.

*Streinz, Rudolf/Michl, Walther*, Die Drittwirkung des europäischen Datenschutzgrundrechts (Art. 8 GRCh) im deutschen Privatrecht, EuZW 2011, S. 384–388.

*Stürmer, Verena*, Löschen durch Anonymisieren?, Mögliche Erfüllung der Löschpflicht nach Art. 17 DS-GVO, ZD 2020, S. 626.

*Sutter, Kaspar*, Vertrauen im Recht, Eine Theorie für den demokratischen Verfassungsstaat, Zürich, 2020.

*Sydow, Gernot* (Hrsg.), Europäische Datenschutzgrundverordnung, Handkommentar, 2. Aufl., Baden-Baden, 2018.

*Sydow, Gernot* (Hrsg.), Bundesdatenschutzgesetz, Kommentar, Baden-Baden, 2020.

*Taeger, Jürgen* (Hrsg.), Recht 4.0 – Innovationen aus den rechtswissenschaftlichen Laboren, Tagungsband Herbstakademie 2017, Edewecht, 2017.

*Taeger, Jürgen/Gabel, Detlev* (Hrsg.), DSGVO – BDSG – TTDSG, 3. Aufl., Frankfurt am Main, 2022.

*Taupitz, Jochen/Weigel, Jukka*, Biobanken – das Regelungskonzept des Deutschen Ethikrates, WissR 45 (2012), S. 35–81.

*Thiel, Georg/Puth, Marie-Christin*, Der Zensus der Zukunft: Registerzensus, Die Leitlinien des Bundesverfassungsgerichts als Maßstab des Registerzensus, NVwZ 2023, S. 305–308.

*Thüsing, Gregor/Rombey, Sebastian*, Anonymisierung an sich ist keine rechtfertigungsbedürftige Datenverarbeitung, Eine Auslegung von Art. 4 Nr. 2 DS-GVO nach den Methoden des EuGH, ZD 2021, S. 548–553.

*Thym, Daniel*, Vereinigt die Grundrechte!, JZ 2015, S. 53–63.

*Tillmann, Tristan Julian/Vogt, Verena*, Personalisierte Preise im Big-Data-Zeitalter, VuR 2018, S. 447–455.

*Tipke, Klaus/*Kruse (Hrsg.), Abgabenordnung – Finanzgerichtsordnung, Kommentar, Köln, Stand: August 2022.

*Trübner, Miriam/Schmies, Tobias*, Befragung von speziellen Populationen, in: Baur, Nina/Blasius, Jörg (Hrsg.), Handbuch Methoden der empirischen Sozialforschung, Wiesbaden, 2019, S. 957–970.

*Trute, Hans-Heinrich*, § 88 Wissenschaft und Technik, in: Isensee, Josef/Kirchhof, Paul (Hrsg.), HStR IV, 3. Aufl., Heidelberg, 2006.

*Tümmler, Thorsten/Meinke, Irina*, Aufbau des Qualitätsmanagements für den Zensus 2021, WISTA (Sonderheft Zensus 2021) 2019, S. 59–73.

*Tversky, Amos/Kahnemann, Daniel*, Loss Aversion in Riskless Choice: A Reference-Dependent Model, The Quarterly Journal of Economics, 106 (1991), S. 1039–1061.

*Uecker, Philip*, Die Einwilligung im Datenschutzrecht und ihre Alternativen, Mögliche Lösungen für Unternehmen und Vereine, ZD 2019, S. 248–251.

*Freiherr von Ulmenstein, Ulrich*, Spende personenbezogener Daten, Zu ihrer Zulässigkeit unter der DSGVO, PinG 2020, S. 47–52.

*Unterreitmeier, Johannes*, Das informationelle Trennungsprinzip, – eine historisch-kritische Relecture, AöR 144 (2019), S. 234–298.

–, Es ist wieder da – das „informationelle Trennungsprinzip", Zugleich Bemerkungen zu BVerfG, Beschl. v. 10.11.2020, 1 BvR 3214/15 (Antiterrordateigesetz II), DÖV 2021, S. 659–669.

*van Buuren, Stef*, Flexible Imputation of Missing Data, 2. Aufl., Boca Raton, 2018.

*van den Brakel, Jan/Söhler, Emily/Daas, Piet/Buelens, Bart*, Social media as a data source for official statistics; the Dutch Consumer Confidence Index, Survey Methodology 43 (2017), S. 183–210.

*van Ooijen, I./Vrabec, Helena U.*, Does the GDPR Enhance Consumers' Control over Personal Data? An Analysis from a Behavioural Perspective, Journal of Consumer Policy 42 (2019), S. 91–107.
*Veil, Winfried*, DS-GVO: Risikobasierter Ansatz statt rigides Verbotsprinzip, Eine erste Bestandsaufnahme, ZD 2015, S. 347–353.
–, Die Datenschutz-Grundverordnung: des Kaisers neue Kleider, Der gefährliche Irrweg des alten wie des neuen Datenschutzrechts, NVwZ 2018, S. 686–696.
–, Einwilligung oder berechtigtes Interesse?, Datenverarbeitung zwischen Skylla und Charybdis, NJW 2018, S. 3337–3344.
–, Der Data Governance Act und sein Verhältnis zum Datenschutzrecht – Teil I, PinG 2023, S. 1–8.
*Verbände der Markt- und Sozialforschung*, Richtlinie für die Befragung von Minderjährigen, Januar 2021,
*Verhaltenskodex für europäische Statistiken*, Für die nationalen statistischen Ämter und Eurostat (statistisches Amt der EU), Angenommen vom Ausschuss für das Europäische Statistische System, 2017.
*Vogelgesang, Klaus*, Grundrecht auf informationelle Selbstbestimmung?, Baden-Baden, 1987.
*Voigt, Paul*, Neue Standardvertragsklauseln für internationale Datentransfers, Überblick und Praxistauglichkeit, CR 2021, S. 458–465.
*Volk, Johannes/Hochgürtel, Tim*, Die Auswirkung von Unit-Nonresponse in statistischen Erhebungen, WISTA 4/2016, S. 66–73.
*von Schönfeld, Max*, Screen Scraping und Informationsfreiheit, Baden-Baden, 2018.
*Vorgrimler, Daniel/Decker, Jörg*, Die Rolle der amtlichen Statistik innerhalb des Datenökosystems, WISTA 3/2021, S. 17–27.
*Voßkuhle, Andreas*, Beteiligung Privater an der Wahrnehmung öffentlicher Aufgaben und staatliche Verantwortung, VVDStRL 62 (2003), S. 266–335.
–, Grundwissen – Öffentliches Recht: Entscheidungsspielräume der Verwaltung (Ermessen, Beurteilungsspielraum, planerische Gestaltungsfreiheit), JuS 2008, S. 117–119.
*Wachter, Sandra/Mittelstadt, Brent/Floridi, Luciano*, Why a Right to Explanation of Automated Decision-Making Does Not Exist in the General Data Protection Regulation, IDPL 2017, S. 76–99.
*Wallrabenstein, Astrid*, § 19. Leistungsverwaltung, in: Kahl, Wolfgang/Ludwigs, Markus (Hrsg.), HVerwR I, München, 2021.
*Wang, Peng/Li, Xiaoyue/Zhan, Xiangping/Zhang, Yuanyuan, et al.*, Building consumer confidence index based on social media big data, Hum Behav & Emerg Tech. 1 (2019), S. 261–268.
*Weber, Max*, Die „Objektivität" sozialwissenschaftlicher und sozialpolitischer Erkenntnis, Archiv für Sozialwissenschaft und Sozialpolitik 19 (1904), S. 22–87.
*Wedde, Peter*, 4.4 Rechte der Betroffenen, in: Roßnagel, Alexander (Hrsg.), Handbuch Datenschutzrecht, Die neuen Grundlagen für Wirtschaft und Verwaltung, München, 2003.
*Weichbold, Martin*, 23. Pretest, in: Baur, Nina/Blasius, Jörg (Hrsg.), Handbuch Methoden der empirischen Sozialforschung, Wiesbaden, 2019.
*Weichert, Thilo*, „Sensitive Daten" revisited, DuD 2017, S. 538–543.
–, Die Forschungsprivilegierung in der DS-GVO, Gesetzlicher Änderungsbedarf bei der Verarbeitung personenbezogener Daten für Forschungszwecke, ZD 2020, S. 18–24.
–, Die Forschungsprivilegierung nach der DSGVO, in: Hentschel, Anja/Hornung, Gerrit/Jandt, Silke (Hrsg.), Mensch – Technik – Umwelt: Verantwortung für eine sozialverträgliche Zukunft, Festschrift Roßnagel, Baden-Baden, 2020, S. 419–436.

–, Das Bundesverfassungsgericht als Garant der Unionsgrundrechte, Zugleich Besprechung von BVerfG, Beschlüsse v. 6. 11. 2019 – 1 BvR 16/13 (Recht auf Vergessen I) und 1 BvR 276/17 (Recht auf Vergessen II), JZ 2020, S. 157–168.

*Wiengarten, Lara/Zwick, Markus*, Neue digitale Daten in der amtlichen Statistik, WISTA 5/2017, S. 19–30.

*Wimmer, Maria A.*, Once-Only und Digital First als Gestaltungsprinzipien der vernetzten Verwaltung von morgen, in: Seckelmann, Margrit/Brunzel, Marco (Hrsg.), Handbuch Onlinezugangsgesetz, Potenziale – Synergien – Herausforderungen, 2021, S. 145–163.

*Winter, Christian/Battis, Verena/Halvani, Oren*, Herausforderungen für die Anonymisierung von Daten, Technische Defizite, konzeptuelle Lücken und rechtliche Fragen bei der Anonymisierung von Daten, ZD 2019, S. 489–493.

*Wirth, Thomas*, Die Pflicht zur Löschung von Forschungsdaten, Urheber- und Datenschutzrecht im Widerspruch zu den Erfordernissen guter wissenschaftlicher Praxis?, ZUM 2020, S. 585–592.

*Wischmeyer, Thomas*, Formen und Funktionen des exekutiven Geheimnisschutzes, Die Verwaltung 51 (2018), S. 393–426.

–, Regulierung intelligenter Systeme, AöR 143 (2018), S. 1–66.

–, § 24 Informationsbeziehungen in der Verwaltung, in: Voßkuhle, Andreas/Eifert, Martin/Möllers, Christoph (Hrsg.), GVerwR, 3. Aufl., München, 2022.

*Wolff, Heinrich Amadeus/Brink, Stefan* (Hrsg.), Beck'scher Online-Kommentar Datenschutzrecht, 38. Ed., München, Stand: 1.11.2021.

*Wolff, Johanna*, Eine Annäherung an das Nudge-Konzept nach Richard H. Thaler und Cass R. Sunstein aus rechtswissenschaftlicher Sicht, RW 6 (2015), S. 194–222.

–, Anreize im Recht, Ein Beitrag zur Systembildung und Dogmatik im Öffentlichen Recht und darüber hinaus, Tübingen, 2021.

*Wollenschläger, Ferdinand*, Budgetöffentlichkeit im Zeitalter der Informationsgesellschaft, Die Offenlegung von Zuwendungsempfängern im Spannungsfeld von Haushaltstransparenz und Datenschutz, AöR 135 (2010), S. 363–403.

*Zalnieriute, Monika/Churches, Genna*, When a 'Like' Is Not a 'Like': A New Fragmented Approach to Data Controllership, The Modern Law Review 83 (2020), S. 861–876.

*Zech, Herbert*, Information als Schutzgegenstand, Tübingen, 2012.

*Zerche, Jan*, Distributed Ledger als Instrument einer dezentralen Energiewende, Baden-Baden, 2022.

*Ziegler, Otto*, Statistikgeheimnis und Datenschutz, Eine Analyse der Entwicklung der statistischen Geheimhaltung und der Übermittlung statistischer Daten vor dem Hintergrund des verfassungsrechtlichen Datenschutzes, München, 1990.

*Ziekow, Jan*, Kommunale Informationshoheit, Anforderungen der Garantie der kommunalen Selbstverwaltung an die Ausgestaltung der amtlichen Statistik, VerwArch 104 (2013), S. 529–575.

# Sachverzeichnis

Abschottungsgebot 333
– organisatorische Abschottung 337
– personelle Abschottung 341
– räumliche Abschottung 339
– Registermodernisierung 344
Aggregation 74, 243, 304
Annexkompetenz 18
Anonymisierung 255
– Außenanonymisierung 259
– Innenanonymisierung 260
– verfassungsrechtliches Anonymisierungsgebot 267
– Vorrang der Anonymisierung 265
Anonymität 255
absolute Anonymität 264, 306
– Anonymitätsgrade 260
– faktische Anonymität 262
– formale Anonymität 261
Anreiz *siehe* Incentives
Anschriften- und Gebäuderegister 67
Antwortausfall *siehe* Unit-Nonresponse
Auftragsverarbeitung 498
– Auswahlverantwortung 501
– Begriff 499
– kraft Gesetzes 505
– Privatisierung 510
– Standard Statistical Outsourcing Clauses 503
– Statistikgeheimnis 507
  Vertrag 503
– Weisungsgebundenheit 506
Auskunftspflicht 96, 175
Auskunftsrecht. Siehe Recht auf Auskunft
Ausländerzentralregister (AZR) 151
Auswahlgrundlage 60

Behördenbegriff, funktionaler 36
Belastungsarmut 51
Betroffenenrechte 414

– Grundrechtsfunktion 415
– Informationspflicht des Verantwortlichen 417, 462
– Recht auf Berichtigung 448
– Recht auf Einschränkung der Verarbeitung 453
– Systematik 416
– Widerspruchsrecht 425
Beurteilungsspielraum 443
Bevölkerungs- und Wohnungsstatistik 26
Bias 133, 451
Broad Consent 119
Bucharest Memorandum 469
Bundesamt für Sicherheit in der Informationstechnik (BSI) 487
Bundesstatistik 10
– dezentrale Bundesstatistik 31, 38
– Grundsätze der Bundesstatistik 41
– zentrale Bundesstatistik 31
Bundesstatistikgesetz 10
Bundeszweck 22

Citizen Statistics 474
Code of Practice *siehe* Verhaltenskodex für europäische Statistiken
Covid 19-Pandemie 155

Dark Patterns 483
Data Governance Act (DGA) 90
Data Literacy 6
Data Privacy Framework 528
Data Protection by Design 57, 64
Data Scraping *siehe* Web Scraping
Daten
– aggregierte Daten 243
– anonymisierte Daten 255
– personenbezogene Daten 256
– sensible Daten 395
Datenexporteur 525

Datenimporteur 525
Dateninhaber 198, 472
Datenminimierung 484
Datenmündigkeit 125
Datenpaternalismus 99
Datenschutz
– Grundrecht 205
– Wesensgehalt des Grundrechts 409
Datenschutzcockpit 494
Datenschutz-Folgenabschätzung 192
Datenschutzmanagementsystem 282
Datensicherheit 486
– IT-Grundschutz-Kompendium 487
Demoskopie 21
Dependent-Interviews 129
Drittlandstransfer 524

Eingriffsverwaltung 148
Einkommens- und Verbrauchsstichprobe (EVS) 4, 95, 114
Einwilligung 98, 481
– Bestimmtheit 118
– Broad Consent 119
– Dokumentations- und Archivierungspflicht 101
– Formfreiheit 101
– Freiwilligkeit 101
– Incentives 113, 482
– Informiertheit 115
– Smart Surveys 481
– Subordinationsverhältnis 102
– Widerruf 132
Einwohnerzahl 2
Einzelangaben 290
Entscheidung, gebundene 152
Erhebungsbeauftragte 300
Erhebungsmerkmale 269
Ermessen 152
Ermessensreduktion auf Null 152
Erwägungsgrund 242
ESSnet Smart Surveys 13
Europäisierung 8, 82
European Statistical System Committee 469
Evaluation 78
Existenzminimum, menschenwürdiges 3
Experimentelle Daten (EXDAT) 77

Forschungsdatenschutz 9
Forschungsdatenzentrum (FDZ) 34, 314
Forschungsprivileg 9

Fragebogen 178
Freiheitssicherung, intertemporale 4
Freiwilligkeit 101

Gamification 482
Gastwissenschaftlerarbeitsplätze (GWAP) 315
Geeignete Garantien 249
– Ausgleichsfunktion 253
– Schutzgut 250
Geheimhaltung *siehe* Statistikgeheimnis
Gemeinwohlbezug 145
Generalklausel 177
Generic Statistical Business Process Model (GSBPM) 56
Gesamtrechnungen, umweltökonomische 5
Geschäftsprozessmodell Amtliche Statistik (GMAS) 56
Gesetzesfolgenabschätzung 193
Gesetzgebungskompetenz 17
Gestaltungsklausel 164
Gestaltungsspielraum 170
Gleichbehandlungsgebot 43
Governance, statistische 46
Grundgesamtheit 205, 208, 225
Grundrecht
– auf Datenschutz 205
– auf Privatleben 204
– Eingriff 206
– Recht auf informationelle Selbstbestimmung 171
Grundrechtsschutz 165
– durch Organisation 333
Grundsatz digitaler Souveränität 510

Handlungsform 172
Hilfsmerkmale 270

Identifikationsnummer 68, 184, 190, 280
Imputation 70
Incentives 113
Information overload 117
Informationsdienstleister 2, 32, 58
Informationspflicht
– bei direkter Erhebung 462
– bei indirekter Erhebung 417
– Beispiel Zensus 422
Informationsvorsorge 2, 27, 510
Institut für Arbeitsmarkt- und Berufsforschung (IAB) 337

Institut für Forschung und Entwicklung in der Bundesstatistik (IFEB) 247
Integrität und Vertraulichkeit 486
Interessenabwägung 153
Item-Nonresponse 451

Kinder 124
– Einwilligungsfähigkeit 124
Klimaneutralität 4
Klimaschutz 4
Kommunalstatistik 23
Kompatibilitätstest 361
Kontrollierte Datenfernverarbeitung (KDFV) 315
Kostenwirksamkeit 50

Landesstatistik 23
Lebenszeichenansatz 191
Leistungsverwaltung 148

Massenphänomen 226
Mehrfachfallprüfung 70
Meinungsumfrage 19
Melderegisterabgleich 182
Menschenwürde 479
Merkmalsausprägung 225
Merkmalsgenerierung 271
Metadaten 58
Mikrodaten *siehe* Einzelangaben
Minderjährige *siehe* Kinder

Nanodaten 470, 478
Neutralität 42
Neutralitätsgebot 43
Nonresponse-Bias 451
Normenbestimmtheit 176
Normenklarheit 176

Objektivität 44
Öffentliche Gewalt 146
Öffentliches Interesse 145
Öffentlich-rechtlicher Vertrag 107, 154
Öffnungsklausel 156, 167, 406, 435, 458
– Begriff 156
– Grundrechtsschutz 165
– Typologie 158
Ökosystematlas 5
Ökosystemgesamtrechnung 5
Once-only-Prinzip 58, 379

Parlamentsgesetz 172
Parlamentsvorbehalt 173
Personenbezogene Ordnungsnummer (PON) 67
Personenbezug 256
Personenkennzeichen 184
Population *siehe* Grundgesamtheit
Predictive Mean Matching (PMM) 71
Pretest 95
Primärstatistik 5, 463
Primärzweck 357
Privatheit 204
Profiling 226
Prognoseentscheidung 442
Proxy-Interview 128, 463
Pseudonymisierung 275
– Begriff 275
Public Use Files 76

Querschnittsbehörde 111

Recht auf Auskunft 446
Recht auf Berichtigung 448
Recht auf Einschränkung der Verarbeitung 453
Recht auf informationelle Selbstbestimmung 170, 171, 207
Recht auf Löschung 431
Recht auf Vergessenwerden *siehe* Recht auf Löschung
Rechte und Freiheiten 250
Rechtsverordnung 139
Record Linkage 67
Registermodernisierungsgesetz 190, 280
Registerzensus 52, 189, 330
Registerzensuserprobungsgesetz 6
Regulatory Sandboxes 62
Reliabilität *siehe* Zuverlässigkeit
Repräsentativität 226
Resilienz 188
Response-Rate 113
Risikobasierter Ansatz 488
Rückspielverbot 244, 319
– Abgrenzung zum Nachteilsverbot 320
– Begründung 321
– einfach-rechtliche Ausgestaltung 325
– Registerzensus 330

Schlüssigkeits- und Vollständigkeitsprüfung 272

Scientific Use Files 76
Sekundärstatistik 418
Sekundärzweck 357
Selbstdatenschutz 414
Sicherungsvorkehrungen *siehe* Geeignete Garantien
Sozialstaatsprinzip 1
Speicherbegrenzung 381
– Abgrenzung zur Vorratsdatenspeicherung 389
– Ausnahme für die Statistik 384
– Rechtsfolge 386
Sphärentheorie 396
Standardfehler 452
Statistical Disclosure Control 243, 315
Statistik
– Bedarfsermittlung 57
– Begriff 221
– Datenanalyse 74
– Datenaufbereitung 66
– Datengewinnung 62
– Evaluation 78
– geeignete Garantien 249
– Konzeption 59
– Multifunktionalität 181
– öffentliches Interesse 230
– Produktionssystem 60
– Staatsaufgabe 510
– Verarbeitungszweck 229
– Veröffentlichung 76
Statistikgeheimnis 284
– Ausnahmen 300
– Cell-Key-Methode 76
– Durchbrechungen 309
– Schutzziele 285
– Strafbewehrung 317
– Voraussetzungen 290
Statistikmodell 4
Statistikprivileg 352
Statistische Einheit 225
Statistische Eins 312
Statistischer Beirat 6
Statistischer Verbund 29
Statistische Zwei 312
Stellvertretung 128
Stichprobe 60
– Bruttostichprobe 64
– Grundstichprobe 64
– Haushaltsstichprobe 65
– Quotenstichprobe 64

Streubreite 186
Studienverlaufsstatistik 278
Subsidiaritätsprinzip 25, 31
Systemdatenschutz 57, 487

Tabellendaten 312
Tabelleneins *siehe* Statistische Eins
Tailored-Design-Methode 113
Technische und organisatorische Maßnahmen (TOM) 281
Text Mining 199
Transparenz 53, 489
– bei algorithmischen Systemen 496
– Betroffenenrechte 491
– durch Design 492
– durch Gamification 495
– durch Visualisierung 494
– Explainable Artificial Intelligence 497
– Genauigkeitsgebot 491
– Grundsatz 53, 489
– Layered Privacy Language 493
– Verständlichkeitsgebot 490
Trennungsthese 166
Trusted Smart Statistics 469
– Begriff 470
– Gestaltungsprinzipien 472

Übermaßverbot 150, 186
Umweltökonomische Gesamtrechnung 309
Umweltstatistik 5, 175
Unabhängigkeit, fachliche 45
Unionsrecht
– Anwendungsbereich 82
Unionsstatistik 25
Unit-Nonresponse 113, 451
Unparteilichkeit 43
Unternehmensstatistik 26
Unterrichtungspflicht 463

Verantwortlicher 36
Verantwortlichkeit 140
Verantwortungsdiffusion 35, 38
Verantwortungssubjekt 36
Verantwortungstransparenz 489
Verarbeitungsverbot
– sensible Daten 405
Verbot der Reidentifizierung 345
– Entstehungsgeschichte 346
– Strafbewehrung 350
– Voraussetzungen 347

Verbot mit Erlaubnisvorbehalt 93
Verfahren, registergestütztes 5
Verfahrensautonomie der
    Mitgliedstaaten 173
Verfahrenstransparenz 489
Verhaltenskodex für europäische
    Statistiken 20
Verhaltenssteuerung 114
Verhältnismäßigkeit 170, 179
– Angemessenheit 185
– Erforderlichkeit 183
– Geeignetheit 182
– Legitimes Ziel 180
Verschlüsselung 488
Verwaltungsdaten-Informationsplattform
    (VIP) 58
Verzerrung *siehe* Bias
Volkszählung 5
Volkszählungsurteil 1, 7, 121, 174, 180,
    187, 267, 283, 373, 389, 396, 479
Vollerhebung 5
Vorbehalt des Gesetzes 153, 174
Vorratsdatenspeicherung 389

Web Scraping 198
– Rechtsgrundlage 215
Wesentlichkeitsdoktrin 171
Widerspruchsrecht 425, 450
– Privilegierung der Statistik 428
Wiederholungsverbot 8

Wirtschaftlichkeitsgebot 51
Wirtschaftsstatistik 175
Wissenschaftliche Forschungszwecke 239
Wissenschaftsfreiheit 313
Wissenschaftsklausel 314
Wissenschaftskommunikation 241
Wissenszuwachs 238

Zeitverwendungserhebung (ZVE) 31, 95,
    114
Zensus 5, 188
– Verantwortlichkeit 38
Zensustest 52
Zensusvorbereitungsgesetz 61
Zusatzaufbereitung 32
Zuverlässigkeit 49
Zweckänderung 357
– hypothetische Datenneuerhebung 374
– im deutschen Verfassungsrecht 373
– Sekundärstatistik 375
– Zweckentfremdung 378
– Zweckvereinbarkeit 374
Zweckbindung 353
– Ausnahme für die Statistik 358
– Normative Konstruktion 354
– Recht auf informationelle
    Selbstbestimmung 372
Zweckbündel 245
Zwecktrias 219
Zwei-Schranken-Theorie 88, 314

## Beiträge zum Verwaltungsrecht

herausgegeben von
Wolfgang Kahl, Jens-Peter Schneider
und Ferdinand Wollenschläger

Mit der Schriftenreihe *Beiträge zum Verwaltungsrecht* (BVwR) führt der Verlag seine Tradition, Werke mit hohem wissenschaftlichen Anspruch zu veröffentlichen, für das Verwaltungsrecht fort. Er bietet damit ein Forum für Monographien, Habilitationsschriften, herausragende Dissertationen und thematisch geschlossene Sammelbände zu zentralen und grundlegenden Fragen des Verwaltungsrechts. Beiträge mit verfassungsrechtlichen, europarechtlichen oder völkerrechtlichen Bezügen sind ebenso willkommen wie rechtsvergleichende Arbeiten.

ISSN: 2509-9272
Zitiervorschlag: BVwR

Alle lieferbaren Bände finden Sie unter *www.mohrsiebeck.com/bvwr*

Mohr Siebeck
www.mohrsiebeck.com